Bader / Creutzfeldt / Friedrich
ArbGG
Kommentar zum Arbeitsgerichtsgesetz

Reihe Arbeitsrechtliche Kurzkommentare
herausgegeben von Hans-Jürgen Dörner,
Vizepräsident des Bundesarbeitsgerichts

Bader / Creutzfeldt / Friedrich

ArbGG

Kommentar zum Arbeitsgerichtsgesetz

von

Dr. Peter Bader
Vizepräsident des Hessischen Landesarbeitsgerichts,
Frankfurt am Main

Malte Creutzfeldt
Richter am Bundesarbeitsgericht, Erfurt

Dr. Hans-Wolf Friedrich
Vors. Richter am Kirchengerichtshof der EKD,
Richter am Bundesarbeitsgericht a.D.,
Honorarprofessor an der Technischen Universität Clausthal

5. Auflage

Luchterhand 2008

Bibliografische Information Der Deutschen Bibliothek
Die Deutsche Bibliothek verzeichnet diese Publikation in der Deutschen
Nationalbibliografie; detaillierte bibliografische Daten sind im Internet
über http://dnb.ddb.de abrufbar.

ISBN 978-3-472-07011-5

Zitiervorschlag: BCF/*Bearbeiter* ArbGG, § ... Rz ...

www.wolterskluwer.de
www.luchterhand-fachverlag.de

Alle Rechte vorbehalten.
Luchterhand – eine Marke von Wolters Kluwer Deutschland.
© 2008 by Wolters Kluwer Deutschland GmbH, Luxemburger Str. 449, 50939 Köln.

Das Werk einschließlich aller seiner Teile ist urheberrechtlich geschützt.
Jede Verwertung außerhalb der engen Grenzen des Urheberrechtsgesetzes
ist ohne Zustimmung des Verlages unzulässig und strafbar. Das gilt insbesondere für Vervielfältigungen, Übersetzungen, Mikroverfilmungen und die
Einspeicherung und Verarbeitung in elektronischen Systemen.

Umschlagkonzeption: Martina Busch, Grafikdesign, Fürstenfeldbruck
Satz: Hümmer GmbH, Waldbüttelbrunn
Druck: Drukkerij Wilco, NL-Amersfoort

⊚ Gedruckt auf säurefreiem, alterungsbeständigem und chlorfreiem Papier.

Vorwort zur 5. Auflage

Der vorliegende Kommentar, der ab der 4. Auflage den seinerzeit von *Stahlhacke* und *Bader* verfassten Kommentars fortführt, will allen, die mit dem Verfahren vor den Gerichten für Arbeitsachen zu tun haben, übersichtliche und kompakte sowie zugleich präzise und zuverlässige Informationen über das Arbeitsgerichtsverfahren geben. Daher ist die Darstellung bewusst knapp gehalten, und die Zitate sind auf das notwendige Maß beschränkt. Im Hinblick auf die praktische Ausrichtung orientieren sich die Erläuterungen primär an der höchstrichterlichen und der obergerichtlichen Rechtsprechung. Streitfragen werden durch weiterführende Hinweise dokumentiert. Die Verfasser sind jedoch bemüht, alle wesentlichen Fragestellungen und Probleme abzudecken, wenngleich in einem handlichen Kommentar dieses Umfangs, der auch als Begleiter zu auswärtigen Terminen dienen soll, natürlich nicht alle Detailfragen abgehandelt werden können, erst recht nicht in allen Verästelungen. Um möglichst viel Raum für die inhaltliche Kommentierung zur Verfügung zu haben, beschränkt sich das Literaturverzeichnis auf Kommentare und Lehrbücher, und es ist auf umfangreiche Anhänge verzichtet worden.

Aktuelle Literatur und Rechtsprechung sind jedenfalls bis Mitte Mai 2008 berücksichtigt.

Selbstverständlich sind alle Gesetze aus der neuesten Zeit eingearbeitet. Das betrifft insbesondere aus neuester Zeit das Gesetz zur Neuregelung des Rechtsberatungsrechts vom 12. Dezember 2007 (BGBl. I S. 2840), das am 1. Juli 2008 in Kraft getreten ist, und das Gesetz zur Änderung des Sozialgerichtsgesetzes und des Arbeitsgerichtsgesetzes vom 26. März 2008 (BGBl. I S. 444), in Kraft ab dem 1. April 2008. Davon betroffen sind u.a. § 55 (Erweiterung der Alleinentscheidungsbefugnisse des Vorsitzenden) und § 66 Abs. 2 (Verwerfung der Berufung als unzulässig durch Beschluss des Vorsitzenden). Diese Vorschriften und § 11 in der neuen Fassung sowie die neue Vorschrift des § 48 Abs. 1a sind eingehend erläutert. In der Kommentierung berücksichtigt sind auch bereits die wichtigsten Aspekte des Gesetzes zur Verbesserung der grenzüberschreitenden Forderungsdurchsetzung und Zustellung, das am 20. Juni 2008 vom Bundestag beschlossen worden ist (Entwurf der Bundesregierung BR-Drucks. 95/08) und das jeweils in Teilen am 13. November 2008 (betreffend Zustellungen), am 12. Dezember 2008 (betreffend den Europäischen Mahnbescheid) und am 1. Januar 2009 in Kraft treten wird.

Vorwort zur 5. Auflage

Für Anregungen und Kritik sind wir wie bisher jederzeit dankbar.

Frankfurt am Main/Erfurt/Kassel, im Juni 2008

Peter Bader
Malte Creutzfeldt
Hans-Wolf Friedrich

Inhaltsverzeichnis

	Seite
Vorwort	V
Literaturverzeichnis	XIII
Abkürzungsverzeichnis	XVII
Gesetzestext ArbGG	1

Erster Teil
Allgemeine Vorschriften

§ 1	Gerichte für Arbeitssachen	61
§ 2	Zuständigkeit im Urteilsverfahren	70
§ 2a	Zuständigkeit im Beschlußverfahren	86
§ 3	Zuständigkeit in sonstigen Fällen	93
§ 4	Ausschluss der Arbeitsgerichtsbarkeit	97
§ 5	Begriff des Arbeitnehmers	99
§ 6	Besetzung der Gerichte für Arbeitssachen	108
§ 6a	Allgemeine Vorschriften über das Präsidium und die Geschäftsverteilung	113
§ 7	Geschäftsstelle, Aufbringung der Mittel	118
§ 8	Gang des Verfahrens	120
§ 9	Allgemeine Verfahrensvorschriften	122
§ 10	Parteifähigkeit	133
§ 11	Prozessvertretung	138
§ 11a	Beiordnung eines Rechtsanwalts, Prozesskostenhilfe	160
§ 12	Kosten	198
§ 12a	Kostentragungspflicht	198
§ 13	Rechtshilfe	252
§ 13a	Internationale Verfahren	259

Zweiter Teil
Aufbau der Gerichte für Arbeitssachen

Erster Abschnitt
Arbeitsgerichte

§ 14	Errichtung und Organisation	264
§ 15	Verwaltung und Dienstaufsicht	267

§ 16	Zusammensetzung	270
§ 17	Bildung von Kammern	272
§ 18	Ernennung des Vorsitzenden	275
§ 19	Ständige Vertretung	278
§ 20	Berufung der ehrenamtlichen Richter	280
§ 21	Voraussetzungen für die Berufung als ehrenamtlicher Richter	285
§ 22	Ehrenamtlicher Richter aus Kreisen der Arbeitgeber	294
§ 23	Ehrenamtlicher Richter aus Kreisen der Arbeitnehmer	297
§ 24	Ablehnung und Niederlegung des ehrenamtlichen Richteramts	298
§ 25	*(weggefallen)*	300
§ 26	Schutz der ehrenamtlichen Richter	301
§ 27	Amtsenthebung der ehrenamtlichen Richter	305
§ 28	Ordnungsgeld gegen ehrenamtliche Richter	309
§ 29	Ausschuss der ehrenamtlichen Richter	312
§ 30	Besetzung der Fachkammern	315
§ 31	Heranziehung der ehrenamtlichen Richter	317
§ 32	*(weggefallen)*	321

Zweiter Abschnitt
Landesarbeitsgerichte

§ 33	Errichtung und Organisation	322
§ 34	Verwaltung und Dienstaufsicht	323
§ 35	Zusammensetzung, Bildung von Kammern	324
§ 36	Vorsitzende	326
§ 37	Ehrenamtliche Richter	327
§ 38	Ausschuss der ehrenamtlichen Richter	328
§ 39	Heranziehung der ehrenamtlichen Richter	329

Dritter Abschnitt
Bundesarbeitsgericht

§ 40	Errichtung	330
§ 41	Zusammensetzung, Senate	333
§ 42	Bundesrichter	336
§ 43	Ehrenamtliche Richter	338
§ 44	Anhörung der ehrenamtlichen Richter, Geschäftsordnung	342
§ 45	Großer Senat	344

Dritter Teil
Verfahren vor den Gerichten für Arbeitssachen

Erster Abschnitt
Urteilsverfahren

Erster Unterabschnitt
Erster Rechtszug

§ 46	Grundsatz.	351
§ 46a	Mahnverfahren	375
§ 46b	Einreichung elektronischer Dokumente	386
§ 46c	Gerichtliches elektronisches Dokument	386
§ 46d	Elektronische Akte	387
§ 47	Sondervorschriften über *(weggefallen: Ladung und)* Einlassung	391
§ 48	Rechtsweg und Zuständigkeit	396
§ 48a	*(aufgehoben)*	411
§ 49	Ablehnung von Gerichtspersonen	412
§ 50	Zustellung	419
§ 51	Persönliches Erscheinen der Parteien	424
§ 52	Öffentlichkeit	429
§ 53	Befugnisse des Vorsitzenden und der ehrenamtlichen Richter	434
§ 54	Güteverfahren	439
§ 55	Alleinentscheidung durch den Vorsitzenden	448
§ 56	Vorbereitung der streitigen Verhandlung	463
§ 57	Verhandlung vor der Kammer	473
§ 58	Beweisaufnahme	480
§ 59	Versäumnisverfahren	505
§ 60	Verkündung des Urteils	514
§ 61	Inhalt des Urteils	521
§ 61a	Besondere Prozessförderung in Kündigungsverfahren	535
§ 61b	Klage wegen Benachteiligung	539
§ 62	Zwangsvollstreckung	545
§ 63	Übermittlung von Urteilen in Tarifvertragssachen	585

Zweiter Unterabschnitt
Berufungsverfahren

§ 64	Grundsatz	587
§ 65	Beschränkung der Berufung	602
§ 66	Einlegung der Berufung, Terminbestimmung	604

Inhaltsverzeichnis

§ 67	Zulassung neuer Angriffs- und Verteidigungsmittel	633
§ 67a	*(weggefallen)*	638
§ 68	Zurückverweisung	639
§ 69	Urteil	643
§§ 70, 71	*(weggefallen)*	646

Dritter Unterabschnitt
Revisionsverfahren

§ 72	Grundsatz	647
§ 72a	Nichtzulassungsbeschwerde	654
§ 72b	Sofortige Beschwerde wegen verspäteter Absetzung des Berufungsurteils	669
§ 73	Revisionsgründe	674
§ 74	Einlegung der Revision, Terminbestimmung	682
§ 75	Urteil	691
§ 76	Sprungrevision	698
§ 77	Revisionsbeschwerde	702

Vierter Unterabschnitt
Beschwerdeverfahren, Abhilfe bei Verletzung des Anspruchs auf rechtliches Gehör

§ 78	Beschwerdeverfahren	705
§ 78a	Abhilfe bei Verletzung des Anspruchs auf rechtliches Gehör	714

Fünfter Unterabschnitt
Wiederaufnahme des Verfahrens

§ 79		728

Zweiter Abschnitt
Beschlußverfahren

Erster Unterabschnitt
Erster Rechtszug

§ 80	Grundsatz	738
§ 81	Antrag	747
§ 82	Örtliche Zuständigkeit	755
§ 83	Verfahren	760
§ 83a	Vergleich, Erledigung des Verfahrens	768

§ 84	Beschluß	772
§ 85	Zwangsvollstreckung	777
§ 86	*(weggefallen)*	785

Zweiter Unterabschnitt
Zweiter Rechtszug

§ 87	Grundsatz	786
§ 88	Beschränkung der Beschwerde	791
§ 89	Einlegung	793
§ 90	Verfahren	799
§ 91	Entscheidung	803

Dritter Unterabschnitt
Dritter Rechtszug

§ 92	Rechtsbeschwerdeverfahren, Grundsatz	806
§ 92a	Nichtzulassungsbeschwerde	811
§ 92b	Sofortige Beschwerde wegen verspäteter Absetzung der Beschwerdeentscheidung	816
§ 93	Rechtsbeschwerdegründe	818
§ 94	Einlegung	820
§ 95	Verfahren	827
§ 96	Entscheidung	829
§ 96a	Sprungrechtsbeschwerde	832

Vierter Unterabschnitt
Beschlußverfahren in besonderen Fällen

§ 97	Entscheidung über die Tariffähigkeit und Tarifzuständigkeit einer Vereinigung	836
§ 98	Entscheidung über die Besetzung der Einigungsstelle	845
§§ 99, 100	*(weggefallen)*	854

Vierter Teil
Schiedsvertrag in Arbeitsstreitigkeiten

§ 101	Grundsatz	855
§ 102	Prozeßhindernde Einrede	855
§ 103	Zusammensetzung des Schiedsgerichts	856
§ 104	Verfahren vor dem Schiedsgericht	861
§ 105	Anhörung der Parteien	861
§ 106	Beweisaufnahme	861

§ 107 Vergleich 862
§ 108 Schiedsspruch 862
§ 109 Zwangsvollstreckung 862
§ 110 Aufhebungsklage...................................... 863

Fünfter Teil
Übergangs- und Schlußvorschriften

§ 111 Änderung von Vorschriften 870
§§ 112–116 *(weggefallen)*................................. 876
§ 117 Verfahren bei Meinungsverschiedenheiten der beteiligten Verwaltungen 877
§§ 118–120 *(weggefallen)*................................. 877
§§ 121, 121a, 122 *(aufgehoben)* 877
§ 123 *(entfallen)*.. 877

Anhänge I bis IV

Anhang I: Kostenverzeichnis zum GKG – Auszug –........... 879
Anhang II: Gebührentabelle zu § 34 GKG 891
Anhang III: Gebührenverzeichnis zum RVG – Auszug – 893
Anhang IV: Gebührentabelle zu § 13 Abs. 1 RVG............. 913

Stichwortverzeichnis 915

Literaturverzeichnis

Kommentare und Lehrbücher

AnwK-ArbR/*(Bearbeiter)*
  Hümmerich/Boecken/Düwell (Hrsg.), AnwaltKommentar Arbeitsrecht, 2 Bände, 2008
APS/*(Bearbeiter)*
  Ascheid/Preis/Schmidt (Hrsg.), Großkommentar zum Kündigungsrecht, 3. Aufl. 2007
ArbGG/*(Bearbeiter)*
  Düwell/Lipke (Hrsg.), Arbeitsgerichtsgesetz, Kommentar, 2. Aufl. 2005

BBDK/*(Bearbeiter)*
  Bader/Bram/Dörner/Kriebel, KSchG, Kommentar zum Kündigungsschutzgesetz und zu den §§ 620 bis 628 BGB (Loseblatt, derzeit: Stand April 2008)
BHK/*(Bearbeiter)*
  Bader/Hohmann/Klein, Die ehrenamtlichen Richterinnen und Richter beim Arbeits- und Sozialgericht, 12. Aufl. 2006
BLAH/*(Bearbeiter)*
  Baumbach/Lauterbach/Albers/Hartmann, Zivilprozessordnung, 66. Aufl. 2008

DFL/*(Bearbeiter)*
  Dornbusch/Fischermeier/Löwisch (Hrsg.), Fachanwaltskommentar Arbeitsrecht, 2008
DHHW/*(Bearbeiter)*
  Düwell/Hjort/Hummel/Wolmerath (Hrsg.), Arbeitsrecht, Individualarbeitsrecht mit kollektivrechtlichen Bezügen, Handkommentar, 2008
DKK/*(Bearbeiter)*
  Däubler/Kittner/Klebe (Hrsg.), BetrVG – Betriebsverfassungsgesetz mit Wahlordnung, 11. Aufl. 2008
DLW/*(Bearbeiter)*
  Dörner/Luczak/Wildschütz (Hrsg.), Handbuch des Fachanwalts Arbeitsrecht, 7. Aufl. 2008

Literaturverzeichnis

ErfK/(Bearbeiter)
Dietrich/Hanau/Schaub (Hrsg.), Erfurter Kommentar zum Arbeitsrecht, 8. Aufl. 2008

Fitting/(Bearbeiter)
Engels/Schmidt/Trebinger/Linsenmaier, Betriebsverfassungsgesetz, Kommentar, 24. Aufl. 2008

Gerold/Schmidt/(Bearbeiter)
Gerold/Schmidt/von Eicken/Madert/Müller-Rabe, Rechtsanwaltsvergütungsgesetz, Kommentar, 17. Aufl. 2006

Gift/Baur
Das Urteilsverfahren vor den Gerichten für Arbeitssachen, 1993

GK-ArbGG/(Bearbeiter)
Bader/Dörner/Mikosch/Schütz/Vossen, Gemeinschaftskommentar zum Arbeitsgerichtsgesetz (Loseblatt)

GK-BetrVG/(Bearbeiter)
Kraft/Wiese/Kreutz/Oetker/Raab/Weber/Franzen, Gemeinschaftskommentar zum Betriebsverfassungsgesetz, 8. Aufl. 2005

GK-SGB IX/(Bearbeiter)
Grossmann/Schimanski, Gemeinschaftskommentar zum Sozialgesetzbuch – Rehabilitation und Teilhabe behinderter Menschen (Loseblatt)

GMPM-G/(Bearbeiter)
Germelmann/Matthes/Prütting/Müller-Glöge, Arbeitsgerichtsgesetz, Kommentar, 6. Aufl. 2008

HaKo/(Bearbeiter)
Fiebig/Gallner/Nägele (Hrsg.), Handkommentar zum KSchG, 3. Aufl. 2007

Hartmann
Kostengesetze, Kommentar, 38. Aufl. 2008

Hauck/Helml
Arbeitsgerichtsgesetz, Kommentar, 3. Aufl. 2006

Heither
Heither F. H./Heither U./Heither M./Heither M., ArbGG, Arbeitsgerichtsgesetz, Kommentar auf Grund der Rechtsprechung des Bundesarbeitsgerichts, 4. Auflage (Loseblatt, derzeit: Stand 2008)

HK-AGG/(Bearbeiter)
Däubler/Bertzbach (Hrsg.), Allgemeines Gleichbehandlungsgesetz, Handkommentar, 2007

HWK/*(Bearbeiter)*
   Henssler/Willemsen/Kalb (Hrsg.), Arbeitsrecht, Kommentar, 3. Aufl. 2008

HzA
   Leinemann (Hrsg.), Handbuch zum Arbeitsrecht (Loseblatt)

Kissel/Mayer
   GVG, Kommentar zum Gerichtsverfassungsgesetz, 5. Aufl. 2008

Korinth
   Einstweiliger Rechtsschutz im Arbeitsgerichtsverfahren, 2. Aufl. 2007

KR/*(Bearbeiter)*
   Etzel/Bader/Fischermeier/Friedrich/Griebeling/Lipke/Pfeiffer/Rost/Spilger/Weigand/Wolff, Gemeinschaftskommentar zum Kündigungsschutzgesetz und sonstigen kündigungsschutzrechtlichen Vorschriften, 8. Aufl. 2007

MüKo-ZPO/*(Bearbeiter)*
   Lüke/Wax (Hrsg.), Münchener Kommentar zur Zivilprozessordnung, 2. Aufl. 2000 ff.

Meyer
   Gerichtskostengesetz, 9. Aufl. 2007

Musielak/(Bearbeiter)
   Kommentar zur Zivilprozessordnung, 6. Aufl. 2008

OKS
   Ostrowicz/Künzl/Schäfer, Handbuch des arbeitsgerichtlichen Verfahrens, 3. Aufl. 2006

Palandt/(Bearbeiter)
   Kommentar zum BGB, 67. Aufl. 2008

RSG
   Rosenberg/Schwab/Gottwald, Zivilprozessrecht, 16. Aufl. 2004

Schäfer/Göbel
   Das neue Kostenrecht in Arbeitssachen, 2004

Schwab/Weth/(Bearbeiter)
   Schwab/Weth (Hrsg.), ArbGG, Kommentar zum Arbeitsgerichtsgesetz, 2. Aufl. 2008

SPKArbR/*(Bearbeiter)*
   Rolfs/Giesen/Kreikebohm/Udsching (Hrsg.), Schwerpunktkommentar Arbeitsrecht, 2008

Literaturverzeichnis

Stahlhacke/Preis/Vossen/(Bearbeiter)
　Kündigung und Kündigungsschutz im Arbeitsverhältnis, Handbuch, 9. Aufl. 2005
Stein/Jonas/(Bearbeiter)
　Kommentar zur Zivilprozessordnung, 22. Aufl. 2002 ff.

Thomas/Putzo-(Bearbeiter)
　Zivilprozessordnung, Kommentar, 28. Aufl. 2007

Walker
　Der einstweilige Rechtsschutz im Zivilprozess und im arbeitsgerichtlichen Verfahren, 1993
Wieczorek/Schütze/(Bearbeiter)
　Zivilprozessordnung und Nebengesetze, Großkommentar, 3. Aufl. 1994 ff.
Wolmerath
　Der ehrenamtliche Richter in der Arbeitsgerichtsbarkeit, 2003

Zöller/(Bearbeiter)
　Zivilprozessordnung, Kommentar, 26. Aufl. 2007

Abkürzungsverzeichnis

a.A.	anderer Ansicht
a.a.O.	am angegebenen Ort
abl.	ablehnend(er)
ABl.	Amtsblatt
ABlEG	Amtsblatt der Europäischen Gemeinschaften
ABlEU	Amtsblatt der Europäischen Union
ABM	Arbeitsbeschaffungsmaßnahme
Abs.	Absatz
ÄArbVtrG	Gesetz über befristete Arbeitsverträge mit Ärzten in der Weiterbildung
AE	Arbeitsrechtliche Entscheidungen (Zeitschrift)
a.E.	am Ende
AEntG	Arbeitnehmerentsendegesetz
a.F.	alte Fassung
AiB	Arbeitsrecht im Betrieb, Zeitschrift
AG	Aktiengesellschaft
AGB	Allgemeine Geschäftsbedingungen
AGG	Allgemeines Gleichbehandlungsgesetz
AktG	Aktiengesetz
allg.	allgemein(e)
Anh.	Anhang
Anm.	Anmerkung
AnwBl.	Anwaltsblatt (Zeitschrift)
AO	Abgabenordnung
AP	Arbeitsrechtliche Praxis (Entscheidungssammlung)
ArbRB	Der Arbeitsrechtsberater (Zeitschrift)
AR-Blattei	Arbeitsrechts-Blattei
ArbG	Arbeitsgericht
ArbGG	Arbeitsgerichtsgesetz
ArbNErfG	Arbeitnehmererfindergesetz
ArbRBGB	Das Arbeitsrecht im BGB (Kommentar)
ArbzG	Arbeitszeitgesetz
Art.	Artikel
ATZG	Altersteilzeitgesetz
AuA	Arbeit und Arbeitsrecht (Zeitschrift)
Aufl.	Auflage
AuR	Arbeit und Recht (Zeitschrift)
AÜG	Arbeitnehmerüberlassungsgesetz

Abkürzungsverzeichnis

AVAG	Anerkennungs- und Vollstreckungsausführungsgesetz
BAG	Bundesarbeitsgericht
BAGE	Amtliche Sammlung der Entscheidungen des Bundesarbeitsgerichts
BAnz.	Bundesanzeiger
BArbBl.	Bundesarbeitsblatt
BAT	Bundes-Angestelltentarifvertrag
BAT-O	Bundes-Angestelltentarifvertrag (Ost)
BayStaatsmin.	Bayerisches Staatsministerium
BB	Der Betriebsberater (Zeitschrift)
BBiG	Berufsbildungsgesetz
BDSG	Bundesdatenschutzgesetz
BerHG	Beratungshilfegesetz
BEEG	Bundeselterngeld- und -elternzeitgesetz
BetrAVG	Gesetz zur Verbesserung der betrieblichen Altersversorgung
BetrVG	Betriebsverfassungsgesetz
BFH	Bundesfinanzhof
BGB	Bürgerliches Gesetzbuch
BGBl.	Bundesgesetzblatt
BGH	Bundesgerichtshof
BGHZ	Entscheidungen des Bundesgerichtshofs in Zivilsachen
BORA	Berufsordnung für Rechtsanwälte
BPersVG	Bundespersonalvertretungsgesetz
BRAO	Bundesrechtsanwaltsordnung
BSchG	Bühnenschiedsgericht
BSG	Bundessozialgericht
BSHG	Bundessozialhilfegesetz
BT-Drucks.	Drucksache des Deutschen Bundestages
BR-Drucks.	Drucksache des Bundesrates
Buchst.	Buchstabe(n)
BUrlG	Bundesurlaubsgesetz
BVerfG	Bundesverfassungsgericht
BVerfGE	Amtliche Sammlung der Entscheidungen des Bundesverfassungsgerichts
BVerwG	Bundesverwaltungsgericht
BWahlG	Bundeswahlgesetz
CEEP	Europäischer Zentralverband der öffentlichen Wirtschaft

DB	Der Betrieb (Zeitschrift)
ders.	derselbe
d.h.	das heißt
dies.	dieselbe(n)
diff.	differenzierend
DRiG	Deutsches Richtergesetz
DRiZ	Deutsche Richterzeitung (Zeitschrift)
Drucks.	Drucksache
DZWiR	Deutsche Zeitschrift für Wirtschaftsrecht (bis 1999)
DZWIR	Deutsche Zeitschrift für Wirtschafts- und Insolvenzrecht (ab 1999)
EAS	Europäisches Arbeits- und Sozialrecht, Rechtsvorschriften, Systematische Darstellungen und Entscheidungssammlung (Loseblatt)
EBRG	Gesetz über Europäische Betriebsräte
EFZG	Entgeltfortzahlungsgesetz
EG	Einführungsgesetz, Europäische Gemeinschaft
EGB	Europäischer Gewerkschaftsbund
EGBGB	Einführungsgesetz zum Bürgerlichen Gesetzbuch
EGGVG	Einführungsgesetz zum Gerichtsverfassungsgesetz
EhfG	Entwicklungshelfer-Gesetz
ErfK	Erfurter Kommentar
Ergänzungsbd.	Ergänzungsband
EU	Europäische Union
EuGH	Europäischer Gerichtshof
EuGHE	Entscheidungssammlung des EuGH
EuGVVO	Verordnung (EG) Nr. 44/2001 des Rates über die gerichtliche Zuständigkeit und die Anerkennung und Vollstreckung von Entscheidungen in Zivil- und Handelssachen vom 22.12.2000 (ABl. EG L 12/01, S. 1)
EuZustVO	Verordnung (EG) Nr. 1348/2000 des Rates vom 29.5.2000 über die Zustellung gerichtlicher und außergerichtlicher Schriftstücke in Mitgliedsstaaten
EWR	Europäischer Wirtschaftsraum
EzA	Entscheidungssammlung zum Arbeitsrecht (Loseblattausgabe)
EzAÜG	Entscheidungssammlung zum Arbeitnehmerüberlassungsgesetz (Loseblattausgabe)

Abkürzungsverzeichnis

EzBAT	Entscheidungssammlung zum Bundesangestelltentarifvertrag (Loseblattausgabe)
f.	folgende(r)
FA	Fachanwalt für Arbeitsrecht (Zeitschrift)
ff.	fortfolgende
Fn.	Fußnote
FS	Festschrift
gem.	gemäß
GmbH	Gesellschaft mit beschränkter Haftung
GmbHG	GmbH-Gesetz
GG	Grundgesetz
ggf.	gegebenenfalls
GK	Gemeinschaftskommentar
GKG	Gerichtskostengesetz
GS	Großer Senat
GVG	Gerichtsverfassungsgesetz
HAG	Heimarbeitsgesetz
Hs.	Halbsatz
Hess.	Hessisch(er/es)
h.L.	herrschende Lehre
h.M.	herrschende Meinung
Hrsg.	Herausgeber
hrsg.	herausgegeben
i.d.F.	in der Fassung
i.d.R.	in der Regel
InsO	Insolvenzordnung
i.S.d.	im Sinne des (der)
i.S.v.	im Sinne von
i.V.m.	in Verbindung mit
JMBl.	Justizministerialblatt
JuMoG	1. Justizmodernisierungsgesetz vom 24.8.2004 (BGBl. I S. 2198)
JurBüro	Das juristische Büro (Zeitschrift)
JVEG	Justizvergütungs- und -entschädigungsgesetz (Art. 2 des KostRMoG)

KAPOVAZ	Kapazitätsorientierte variable Arbeitszeit
KostRMoG	Kostenrechtsmodernisierungsgesetz vom 5.5.2004 (BGBl. I S. 718)
KSchG	Kündigungsschutzgesetz
KV	Kostenverzeichnis
k.w.	künftig wegfallend
LAG	Landesarbeitsgericht
LAGE	Entscheidungssammlung (Landesarbeitsgerichte)
LFZG	Lohnfortzahlungsgesetz
lit.	Litera / Literae
LPartG	Lebenspartnerschaftsgesetz
LPVG	Landespersonalvertretungsgesetz
m.	mit
MDR	Monatsschrift des Rechts (Zeitschrift)
MiZi	Anordnung über Mitteilungen in Zivilsachen
MTA	Manteltarifvertrag für Arbeiter des Bundes
MTL	Manteltarifvertrag für Arbeiter der Länder
MüKo	Münchener Kommentar
MünchArbR	Münchener Handbuch zum Arbeitsrecht
MuSchG	Mutterschutzgesetz
m.w.N.	mit weiteren Nachweisen
NATO-ZusAbk	Zusatzabkommen zum NATO-Truppenstatut
n.F.	neue Fassung
NJ	Neue Justiz (Zeitschrift)
NJW	Neue Juristische Wochenschrift (Zeitschrift)
NJW-RR	NJW-Rechtsprechungsreport Zivilrecht (Zeitschrift)
Nr.	Nummer(n)
NRW	Nordrhein-Westfalen
n.v.	nicht veröffentlicht
NZA	Neue Zeitschrift für Arbeitsrecht
NZA-RR	Neue Zeitschrift für Arbeitsrecht – Rechtsprechungs-Report
NZG	Neue Zeitschrift für Gesellschaftsrecht
o.Ä.	oder Ähnliches
PartG	Parteiengesetz
PKH	Prozesskostenhilfe

RdA	Recht der Arbeit (Zeitschrift)
RDG	Rechtsdienstleistungsgesetz
RDGEG	Einführungsgesetz zum Rechtsdienstleistungsgesetz
Rpfleger	Der deutsche Rechtspfleger (Zeitschrift)
RPflG	Rechtspflegergesetz
Rs.	Rechtssache
Rspr.	Rechtsprechung
RVG	Rechtsanwaltsvergütungsgesetz (Art. 3 des KostRMoG)
Rn.	Randnummer
RzK	Rechtsprechung zum Kündigungsschutzrecht (Entscheidungssammlung)
S.	Satz, Seite
s.	siehe
s.a.	siehe auch
SCE	Europäische Genossenschaft
SCEAG	Gesetz zur Ausführung der EG-VO über das Statut der Europäischen Genossenschaft (SCE)
SCEBG	Gesetz über die Beteiligung der Arbeitnehmerinnen und Arbeitnehmer in einer Europäischen Genossenschaft (SCE-Beteiligungsgesetz)
SE	Europäische Gesellschaft (Societas Europaea)
SGB III	Sozialgesetzbuch, III. Buch: Arbeitsförderung
SGB IV	Sozialgesetzbuch, IV. Buch: Sozialversicherung
SGB VI	Sozialgesetzbuch, VI. Buch: Gesetzliche Rentenversicherung
SGB IX	Sozialgesetzbuch, IX Buch: Rehabilitation und Teilhabe behinderter Menschen
SGB XII	Sozialgesetzbuch, XII. Buch: Sozialhilfe
SGGArbGGÄndG	Gesetz zur Änderung des Sozialgerichtsgesetzes und des Arbeitsgerichtsgesetzes
Slg.	Sammlung der Rechtsprechung des Gerichtshofes der Europäischen Gemeinschaft
sog.	so genannte(r)
SprAuG	Sprecherausschussgesetz
SR	Sonderregelung
str.	streitig
TV	Tarifvertrag
TVG	Tarifvertragsgesetz

TVM	Tarifvertrag über die Mitteilungspflicht
TVöD	Tarifvertrag für den öffentlichen Dienst
TzBfG	Gesetz über Teilzeitarbeit und befristete Arbeitsverträge (Teilzeit- und Befristungsgesetz)
u.	und
u.a.	und andere, unter anderem
UmwG	Umwandlungsgesetz
UNICE	Union der Industrie- und Arbeitgeberverbände Europas
UrhG	Urhebergesetz
u.U.	unter Umständen
VGH	Verwaltungsgerichtshof
vgl.	vergleiche
VV	Vergütungsverzeichnis
WM	Wertpapier-Mitteilungen (Zeitschrift)
z.B.	zum Beispiel
ZIP	Zeitschrift für Wirtschaftsrecht und Insolvenzpraxis
ZPO	Zivilprozessordnung
ZRHO	Rechtshilfeordnung für Zivilsachen
z.T.	zum Teil
ZTR	Zeitschrift für Tarifrecht
z.V.v.	zur Veröffentlichung vorgesehen
ZZP	Zeitschrift für Zivilprozess

Arbeitsgerichtsgesetz

In der Fassung der Bekanntmachung vom 2. Juli 1979
(BGBl. I S. 853, ber. S. 1036)
zuletzt geändert durch Artikel 2 des Gesetzes zur Änderung
des Sozialgerichtsgesetzes und des Arbeitsgerichtsgesetzes
vom 26. März 2008 (BGBl. I S. 444, 447)

Erster Teil
Allgemeine Vorschriften

§ 1 Gerichte für Arbeitssachen

Die Gerichtsbarkeit in Arbeitssachen – §§ 2 bis 3 – wird ausgeübt durch die Arbeitsgerichte – §§ 14 bis 31 –, die Landesarbeitsgerichte – §§ 33 bis 39 – und das Bundesarbeitsgericht – §§ 40 bis 45 – (Gerichte für Arbeitssachen).

§ 2 Zuständigkeit im Urteilsverfahren

(1) Die Gerichte für Arbeitssachen sind ausschließlich zuständig für

1. bürgerliche Rechtsstreitigkeiten zwischen Tarifvertragsparteien oder zwischen diesen und Dritten aus Tarifverträgen oder über das Bestehen oder Nichtbestehen von Tarifverträgen;

2. bürgerliche Rechtsstreitigkeiten zwischen tariffähigen Parteien oder zwischen diesen und Dritten aus unerlaubten Handlungen, soweit es sich um Maßnahmen zum Zwecke des Arbeitskampfes oder um Fragen der Vereinigungsfreiheit einschließlich des hiermit im Zusammenhang stehenden Betätigungsrechts der Vereinigungen handelt;

3. bürgerliche Rechtsstreitigkeiten zwischen Arbeitnehmern und Arbeitgebern

    a) aus dem Arbeitsverhältnis;

    b) über das Bestehen oder Nichtbestehen eines Arbeitsverhältnisses;

    c) aus Verhandlungen über die Eingebung eines Arbeitsverhältnisses und aus dessen Nachwirkungen;

    d) aus unerlaubten Handlungen, soweit diese mit dem Arbeitsverhältnis im Zusammenhang stehen;

e) über Arbeitspapiere;

4. bürgerliche Rechtsstreitigkeiten zwischen Arbeitnehmern oder ihren Hinterbliebenen und

   a) Arbeitgebern über Ansprüche, die mit dem Arbeitsverhältnis in rechtlichem oder unmittelbar wirtschaftlichem Zusammenhang stehen;

   b) gemeinsamen Einrichtungen der Tarifvertragsparteien oder Sozialeinrichtungen des privaten Rechts über Ansprüche aus dem Arbeitsverhältnis oder Ansprüche, die mit dem Arbeitsverhältnis in rechtlichem oder unmittelbar wirtschaftlichem Zusammenhang stehen,

   soweit nicht die ausschließliche Zuständigkeit eines anderen Gerichts gegeben ist;

5. bürgerliche Rechtsstreitigkeiten zwischen Arbeitnehmern oder ihren Hinterbliebenen und dem Träger der Insolvenzsicherung über Ansprüche auf Leistungen der Insolvenzsicherung nach dem Vierten Abschnitt des Ersten Teils des Gesetzes zur Verbesserung der betrieblichen Altersversorgung;

6. bürgerliche Rechtsstreitigkeiten zwischen Arbeitgebern und Einrichtungen nach Nummer 4 Buchstabe b und Nummer 5 sowie zwischen diesen Einrichtungen, soweit nicht die ausschließliche Zuständigkeit eines anderen Gerichts gegeben ist;

7. bürgerliche Rechtsstreitigkeiten zwischen Entwicklungshelfern und Trägern des Entwicklungsdienstes nach dem Entwicklungshelfergesetz;

8. bürgerliche Rechtsstreitigkeiten zwischen den Trägern des freiwilligen sozialen Jahres und Helfern nach dem Gesetz zur Förderung des freiwilligen sozialen Jahres und bürgerliche Rechtsstreitigkeiten zwischen den Trägern des freiwilligen ökologischen Jahres und Teilnehmern nach dem Gesetz zur Förderung eines freiwilligen ökologischen Jahres;

9. bürgerliche Rechtsstreitigkeiten zwischen Arbeitnehmern aus gemeinsamer Arbeit und aus unerlaubten Handlungen, soweit diese mit dem Arbeitsverhältnis im Zusammenhang stehen;

10. bürgerliche Rechtsstreitigkeiten zwischen behinderten Menschen im Arbeitsbereich von Werkstätten für behinderte Menschen und den Trägern der Werkstätten aus den in § 138 des Neunten Buches

Sozialgesetzbuch geregelten arbeitnehmerähnlichen Rechtsverhältnissen.

(2) Die Gerichte für Arbeitssachen sind auch zuständig für bürgerliche Rechtsstreitigkeiten zwischen Arbeitnehmern und Arbeitgebern,

a) die ausschließlich Ansprüche auf Leistung einer festgestellten oder festgesetzten Vergütung für eine Arbeitnehmererfindung oder für einen technischen Verbesserungsvorschlag nach § 20 Abs. 1 des Gesetzes über Arbeitnehmererfindungen zum Gegenstand haben;

b) die als Urheberrechtsstreitsachen aus Arbeitsverhältnissen ausschließlich Ansprüche auf Leistung einer vereinbarten Vergütung zum Gegenstand haben.

(3) Vor die Gerichte für Arbeitssachen können auch nicht unter die Absätze 1 und 2 fallende Rechtsstreitigkeiten gebracht werden, wenn der Anspruch mit einer bei einem Arbeitsgericht anhängigen oder gleichzeitig anhängig werdenden bürgerlichen Rechtsstreitigkeit der in den Absätzen 1 und 2 bezeichneten Art in rechtlichem oder unmittelbar wirtschaftlichem Zusammenhang steht und für seine Geltendmachung nicht die ausschließliche Zuständigkeit eines anderen Gerichts gegeben ist.

(4) Auf Grund einer Vereinbarung können auch bürgerliche Rechtsstreitigkeiten zwischen juristischen Personen des Privatrechts und Personen, die kraft Gesetzes allein oder als Mitglieder des Vertretungsorgans der juristischen Person zu deren Vertretung berufen sind, vor die Gerichte für Arbeitssachen gebracht werden.

(5) In Rechtsstreitigkeiten nach diesen Vorschriften findet das Urteilsverfahren statt.

§ 2a Zuständigkeit im Beschlußverfahren

(1) Die Gerichte für Arbeitssachen sind ferner ausschließlich zuständig für

1. Angelegenheiten aus dem Betriebsverfassungsgesetz, soweit nicht für Maßnahmen nach seinen §§ 119 bis 121 die Zuständigkeit eines anderen Gerichts gegeben ist;

2. Angelegenheiten aus dem Sprecherausschußgesetz, soweit nicht für Maßnahmen nach seinen §§ 34 bis 36 die Zuständigkeit eines anderen Gerichts gegeben ist;

3. Angelegenheiten aus dem Mitbestimmungsgesetz, dem Mitbestimmungsergänzungsgesetz und dem Drittelbeteiligungsgesetz, so-

weit über die Wahl von Vertretern der Arbeitnehmer in den Aufsichtsrat und über ihre Abberufung mit Ausnahme der Abberufung nach § 103 Abs. 3 des Aktiengesetzes zu entscheiden ist;

3a. Angelegenheiten aus den §§ 94, 95, 139 des Neunten Buches Sozialgesetzbuch;

3b. Angelegenheiten aus dem Gesetz über Europäische Betriebsräte, soweit nicht für Maßnahmen nach seinen §§ 43 bis 45 die Zuständigkeit eines anderen Gerichts gegeben ist;

3c. Angelegenheiten aus § 51 des Berufsbildungsgesetzes;

3d. Angelegenheiten aus dem SE-Beteiligungsgesetz vom 22. Dezember 2004 (BGBl. I S. 3675, 3686) mit Ausnahme der §§ 45 und 46 und nach den §§ 34 bis 39 nur insoweit, als über die Wahl von Vertretern der Arbeitnehmer in das Aufsichts- oder Verwaltungsorgan sowie deren Abberufung mit Ausnahme der Abberufung nach § 103 Abs. 3 des Aktiengesetzes zu entscheiden ist;

3e. Angelegenheiten aus dem SCE-Beteiligungsgesetz vom 14. August 2006 (BGBl. I S. 1911, 1917) mit Ausnahme der §§ 47 und 48 und nach den §§ 34 bis 39 nur insoweit, als über die Wahl von Vertretern der Arbeitnehmer in das Aufsichts- oder Verwaltungsorgan sowie deren Abberufung zu entscheiden ist;

3f. Angelegenheiten aus dem Gesetz über die Mitbestimmung der Arbeitnehmer bei einer grenzüberschreitenden Verschmelzung vom 21. Dezember 2006 (BGBl. I S. 3332) mit Ausnahme der §§ 34 und 35 und nach den §§ 23 bis 28 nur insoweit, als über die Wahl von Vertretern der Arbeitnehmer in das Aufsichts- oder Verwaltungsorgan sowie deren Abberufung mit Ausnahme der Abberufung nach § 103 Abs. 3 des Aktiengesetzes zu entscheiden ist;

4. die Entscheidung über die Tariffähigkeit und die Tarifzuständigkeit einer Vereinigung.

(2) In Streitigkeiten nach diesen Vorschriften findet das Beschlußverfahren statt.

§ 3 Zuständigkeit in sonstigen Fällen

Die in den §§ 2 und 2a begründete Zuständigkeit besteht auch in den Fällen, in denen der Rechtsstreit durch einen Rechtsnachfolger oder durch eine Person geführt wird, die kraft Gesetzes an Stelle des sachlich Berechtigten oder Verpflichteten hierzu befugt ist.

§ 4 Ausschluss der Arbeitsgerichtsbarkeit

In den Fällen des § 2 Abs. 1 und 2 kann die Arbeitsgerichtsbarkeit nach Maßgabe der §§ 101 bis 110 ausgeschlossen werden.

§ 5 Begriff des Arbeitnehmers

(1) [1]Arbeitnehmer im Sinne dieses Gesetzes sind Arbeiter und Angestellte sowie die zu ihrer Berufsausbildung Beschäftigten. [2]Als Arbeitnehmer gelten auch die in Heimarbeit Beschäftigten und die ihnen Gleichgestellten (§ 1 des Heimarbeitsgesetzes vom 14. März 1951 – Bundesgesetzbl. 1 S. 191 –) sowie sonstige Personen, die wegen ihrer wirtschaftlichen Unselbständigkeit als arbeitnehmerähnliche Personen anzusehen sind. [3]Als Arbeitnehmer gelten nicht in Betrieben einer juristischen Person oder einer Personengesamtheit Personen, die kraft Gesetzes, Satzung oder Gesellschaftsvertrags allein oder als Mitglieder des Vertretungsorgans zur Vertretung der juristischen Person oder der Personengesamtheit berufen sind.

(2) Beamte sind als solche keine Arbeitnehmer.

(3) [1]Handelsvertreter gelten nur dann als Arbeitnehmer im Sinne dieses Gesetzes, wenn sie zu dem Personenkreis gehören, für den nach § 92a des Handelsgesetzbuchs die untere Grenze der vertraglichen Leistungen des Unternehmers festgesetzt werden kann, und wenn sie während der letzten sechs Monate des Vertragsverhältnisses, bei kürzerer Vertragsdauer während dieser, im Durchschnitt monatlich nicht mehr als 1000 Euro auf Grund des Vertragsverhältnisses an Vergütung einschließlich Provision und Ersatz für im regelmäßigen Geschäftsbetrieb entstandene Aufwendungen bezogen haben. [2]Das Bundesministerium für Arbeit und Soziales und das Bundesministerium der Justiz können die in Satz 1 bestimmte Vergütungsgrenze durch Rechtsverordnung, die nicht der Zustimmung des Bundesrates bedarf, den jeweiligen Lohn und Preisverhältnissen anpassen.

§ 6 Besetzung der Gerichte für Arbeitssachen

(1) Die Gerichte für Arbeitssachen sind mit Berufsrichtern und mit ehrenamtlichen Richtern aus den Kreisen der Arbeitnehmer und Arbeitgeber besetzt.

(2) *(weggefallen)*

§ 6a Allgemeine Vorschriften über das Präsidium und die Geschäftsverteilung

Für die Gerichte für Arbeitssachen gelten die Vorschriften des Zweiten Titels des Gerichtsverfassungsgesetzes nach Maßgabe der folgenden Vorschriften entsprechend:

1. ¹Bei einem Arbeitsgericht mit weniger als drei Richterplanstellen werden die Aufgaben des Präsidiums durch den Vorsitzenden oder, wenn zwei Vorsitzende bestellt sind, im Einvernehmen der Vorsitzenden wahrgenommen. ²Einigen sich die Vorsitzenden nicht, so entscheidet das Präsidium des Landesarbeitsgerichts oder, soweit ein solches nicht besteht, der Präsident dieses Gerichts.

2. Bei einem Landesarbeitsgericht mit weniger als drei Richterplanstellen werden die Aufgaben des Präsidiums durch den Präsidenten, soweit ein zweiter Vorsitzender vorhanden ist, im Benehmen mit diesem wahrgenommen.

3. Der aufsichtführende Richter bestimmt, welche richterlichen Aufgaben er wahrnimmt.

4. Jeder ehrenamtliche Richter kann mehreren Spruchkörpern angehören.

5. Den Vorsitz in den Kammern der Arbeitsgerichte führen die Berufsrichter.

§ 7 Geschäftsstelle, Aufbringung der Mittel

(1) ¹Bei jedem Gericht für Arbeitssachen wird eine Geschäftsstelle eingerichtet, die mit der erforderlichen Zahl von Urkundsbeamten besetzt wird. ²Die Einrichtung der Geschäftsstelle bestimmt bei dem Bundesarbeitsgericht das Bundesministerium für Arbeit und Soziales im Benehmen mit dem Bundesministerium der Justiz. ³Die Einrichtung der Geschäftsstelle bestimmt bei den Arbeitsgerichten und Landesarbeitsgerichten die zuständige oberste Landesbehörde.

(2) ¹Die Kosten der Arbeitsgerichte und der Landesarbeitsgerichte trägt das Land, das sie errichtet. ²Die Kosten des Bundesarbeitsgerichts trägt der Bund.

§ 8 Gang des Verfahrens

(1) Im ersten Rechtszug sind die Arbeitsgerichte zuständig.

(2) Gegen die Urteile der Arbeitsgerichte findet die Berufung an die Landesarbeitsgerichte nach Maßgabe des § 64 Abs. 1 statt.

(3) Gegen die Urteile der Landesarbeitsgerichte findet die Revision an das Bundesarbeitsgericht nach Maßgabe des § 72 Abs. 1 statt.

(4) Gegen die Beschlüsse der Arbeitsgerichte und ihrer Vorsitzenden im Beschlussverfahren findet die Beschwerde an das Landesarbeitsgericht nach Maßgabe des § 87 statt.

(5) Gegen die Beschlüsse der Landesarbeitsgerichte im Beschlussverfahren findet die Rechtsbeschwerde an das Bundesarbeitsgericht nach Maßgabe des § 92 statt.

§ 9 Allgemeine Verfahrensvorschriften

(1) Das Verfahren ist in allen Rechtszügen zu beschleunigen.

(2) Die Vorschriften des Gerichtsverfassungsgesetzes über Zustellungs- und Vollstreckungsbeamte, über die Aufrechterhaltung der Ordnung in der Sitzung, über die Gerichtssprache, über die Wahrnehmung richterlicher Geschäfte durch Referendare und über Beratung und Abstimmung gelten in allen Rechtszügen entsprechend.

(3) ¹Die Vorschriften über die Wahrnehmung der Geschäfte bei den ordentlichen Gerichten durch Rechtspfleger gelten in allen Rechtszügen entsprechend. ²Als Rechtspfleger können nur Beamte bestellt werden, die die Rechtspflegerprüfung oder die Prüfung für den gehobenen Dienst bei der Arbeitsgerichtsbarkeit bestanden haben.

(4) Zeugen und Sachverständige erhalten eine Entschädigung oder Vergütung nach dem Justizvergütungs- und -entschädigungsgesetz.

(5) ¹Alle mit einem befristeten Rechtsmittel anfechtbaren Entscheidungen enthalten die Belehrung über das Rechtsmittel. ²Soweit ein Rechtsmittel nicht gegeben ist, ist eine entsprechende Belehrung zu erteilen. ³Die Frist für ein Rechtsmittel beginnt nur, wenn die Partei oder der Beteiligte über das Rechtsmittel und das Gericht, bei dem das Rechtsmittel einzulegen ist, die Anschrift des Gerichts und die einzuhaltende Frist und Form schriftlich belehrt worden ist. ⁴Ist die Belehrung unterblieben oder unrichtig erteilt, so ist die Einlegung des Rechtsmittels nur innerhalb eines Jahres seit Zustellung der Entscheidung zulässig, außer wenn die Einlegung vor Ablauf der Jahresfrist infolge höherer Gewalt unmöglich war oder eine Belehrung dahin erfolgt ist, dass ein Rechtsmittel nicht gegeben sei; § 234 Abs. 1, 2 und § 236 Abs. 2 der Zivilprozessordnung gelten für den Fall höherer Gewalt entsprechend.

§ 10 Parteifähigkeit

¹Parteifähig im arbeitsgerichtlichen Verfahren sind auch Gewerkschaften und Vereinigungen von Arbeitgebern sowie Zusammenschlüsse solcher Verbände; in den Fällen des § 2a Abs. 1 Nr. 1 bis 3 f sind auch die nach dem Betriebsverfassungsgesetz, dem Sprecherausschussgesetz, dem Mitbestimmungsgesetz, dem Mitbestimmungsergänzungsgesetz, dem Drittelbeteiligungsgesetz, dem § 139 des Neunten Buches Sozialgesetzbuch, dem § 51 des Berufsbildungsgesetzes und den zu diesen Gesetzen ergangenen Rechtsverordnungen sowie die nach dem Gesetz über Europäische Betriebsräte, dem SE-Beteiligungsgesetz, dem SCE-Beteiligungsgesetz und dem Gesetz über die Mitbestimmung der Arbeitnehmer bei einer grenzüberschreitenden Verschmelzung beteiligten Personen und Stellen Beteiligte. ²Parteifähig im arbeitsgerichtlichen Verfahren sind in den Fällen des § 2a Abs. 1 Nr. 4 auch die beteiligten Vereinigungen von Arbeitnehmern und Arbeitgebern sowie die oberste Arbeitsbehörde des Bundes oder derjenigen Länder, auf deren Bereich sich die Tätigkeit der Vereinigung erstreckt.

§ 11 Prozessvertretung

(1) ¹Die Parteien können vor dem Arbeitsgericht den Rechtsstreit selbst führen. ²Parteien, die eine fremde oder ihnen zum Zwecke der Einziehung auf fremde Rechnung abgetretene Geldforderung geltend machen, müssen sich durch einen Rechtsanwalt als Bevollmächtigten vertreten lassen, soweit sie nicht nach Maßgabe des Absatzes 2 zur Vertretung des Gläubigers befugt wären oder eine Forderung einziehen, deren ursprünglicher Gläubiger sie sind.

(2) ¹Die Parteien können sich durch einen Rechtsanwalt als Bevollmächtigten vertreten lassen. ²Darüber hinaus sind als Bevollmächtigte vor dem Arbeitsgericht vertretungsbefugt nur

1. Beschäftigte der Partei oder eines mit ihr verbundenen Unternehmens (§ 15 des Aktiengesetzes); Behörden und juristische Personen des öffentlichen Rechts einschließlich der von ihnen zur Erfüllung ihrer öffentlichen Aufgaben gebildeten Zusammenschlüsse können sich auch durch Beschäftigte anderer Behörden oder juristischer Personen des öffentlichen Rechts einschließlich der von ihnen zur Erfüllung ihrer öffentlichen Aufgaben gebildeten Zusammenschlüsse vertreten lassen,

2. volljährige Familienangehörige (§ 15 der Abgabenordnung, § 11 des Lebenspartnerschaftgesetzes), Personen mit Befähigung zum Rich-

teramt und Streitgenossen, wenn die Vertretung nicht im Zusammenhang mit einer entgeltlichen Tätigkeit steht,

3. selbständige Vereinigungen von Arbeitnehmern mit sozial- oder berufspolitischer Zwecksetzung für ihre Mitglieder,

4. Gewerkschaften und Vereinigungen von Arbeitgebern sowie Zusammenschlüsse solcher Verbände für ihre Mitglieder oder für andere Verbände oder Zusammenschlüsse mit vergleichbarer Ausrichtung und deren Mitglieder,

5. juristische Personen, deren Anteile sämtlich im wirtschaftlichen Eigentum einer der in Nummer 4 bezeichneten Organisationen stehen, wenn die juristische Person ausschließlich die Rechtsberatung und Prozessvertretung dieser Organisation und ihrer Mitglieder oder anderer Verbände oder Zusammenschlüsse mit vergleichbarer Ausrichtung und deren Mitglieder entsprechend deren Satzung durchführt, und wenn die Organisation für die Tätigkeit der Bevollmächtigten haftet.

[3]Bevollmächtigte, die keine natürlichen Personen sind, handeln durch ihre Organe und mit der Prozessvertretung beauftragten Vertreter.

(3) [1]Das Gericht weist Bevollmächtigte, die nicht nach Maßgabe des Absatzes 2 vertretungsberechtigt sind, durch unanfechtbaren Beschluss zurück. [2]Prozesshandlungen eines nicht vertretungsberechtigten Bevollmächtigten und Zustellungen oder Mitteilungen an diesen Bevollmächtigten sind bis zu seiner Zurückweisung wirksam. [3]Das Gericht kann den in Absatz 2 Satz 2 Nr. 1 bis 3 bezeichneten Bevollmächtigten durch unanfechtbaren Beschluss die weitere Vertretung untersagen, wenn sie nicht in der Lage sind, das Sach- und Streitverhältnis sachgerecht darzustellen.

(4) [1]Vor dem Bundesarbeitsgericht und dem Landesarbeitsgericht müssen sich die Parteien, außer im Verfahren vor einem beauftragten oder ersuchten Richter und bei Prozesshandlungen, die vor dem Urkundsbeamten der Geschäftsstelle vorgenommen werden können, durch Prozessbevollmächtigte vertreten lassen. [2]Als Bevollmächtigte sind außer Rechtsanwälten nur die in Absatz 2 Satz 2 Nr. 4 und 5 bezeichneten Organisationen zugelassen. [3]Diese müssen in Verfahren vor dem Bundesarbeitsgericht durch Personen mit Befähigung zum Richteramt handeln. [4]Eine Partei, die nach Maßgabe des Satzes 2 zur Vertretung berechtigt ist, kann sich selbst vertreten; Satz 3 bleibt unberührt.

(5) [1]Richter dürfen nicht als Bevollmächtigte vor dem Gericht auftreten, dem sie angehören. [2]Ehrenamtliche Richter dürfen, außer in den Fällen

des Absatzes 2 Satz 2 Nr. 1, nicht vor einem Spruchkörper auftreten, dem sie angehören. ³Absatz 3 Satz 1 und 2 gilt entsprechend.

(6) ¹In der Verhandlung können die Parteien mit Beiständen erscheinen. ²Beistand kann sein, wer in Verfahren, in denen die Parteien den Rechtsstreit selbst führen können, als Bevollmächtigter zur Vertretung in der Verhandlung befugt ist. ³Das Gericht kann andere Personen als Beistand zulassen, wenn dies sachdienlich ist und hierfür nach den Umständen des Einzelfalles ein Bedürfnis besteht. ⁴Absatz 3 Satz 1 und 3 und Absatz 5 gelten entsprechend. ⁵Das von dem Beistand Vorgetragene gilt als von der Partei vorgebracht, soweit es nicht von dieser sofort widerrufen oder berichtigt wird.

§ 11a Beiordnung eines Rechtsanwalts, Prozesskostenhilfe

(1) ¹Einer Partei, die außerstande ist, ohne Beeinträchtigung des für sie und ihre Familie notwendigen Unterhalts die Kosten des Prozesses zu bestreiten, und die nicht durch ein Mitglied oder einen Angestellten einer Gewerkschaft oder einer Vereinigung von Arbeitgebern vertreten werden kann, hat der Vorsitzende des Arbeitsgerichts auf ihren Antrag einen Rechtsanwalt beizuordnen, wenn die Gegenpartei durch einen Rechtsanwalt vertreten ist. ²Die Partei ist auf ihr Antragsrecht hinzuweisen.

(2) Die Beiordnung kann unterbleiben, wenn sie aus besonderen Gründen nicht erforderlich ist, oder wenn die Rechtsverfolgung offensichtlich mutwillig ist.

(2a) Die Absätze 1 und 2 gelten auch für die grenzüberschreitende Prozesskostenhilfe innerhalb der Europäischen Union nach der Richtlinie 2003/8/EG des Rates vom 27. Januar 2003 zur Verbesserung des Zugangs zum Recht bei Streitsachen mit grenzüberschreitendem Bezug durch Festlegung gemeinsamer Mindestvorschriften für die Prozesskostenhilfe in derartigen Streitsachen (ABl. EG Nr. L 26 S. 41, ABl. EU Nr. L 32 S. 15).

(3) Die Vorschriften der Zivilprozessordnung über die Prozesskostenhilfe und über die grenzüberschreitende Prozesskostenhilfe innerhalb der Europäischen Union nach der Richtlinie 2003/8/EG gelten in Verfahren vor den Gerichten in Arbeitssachen entsprechend.

(4) Das Bundesministerium für Arbeit und Soziales wird ermächtigt, zur Vereinfachung und Vereinheitlichung des Verfahrens durch Rechtsverordnung mit Zustimmung des Bundesrates Formulare für die Erklärung der Partei über ihre persönlichen und wirtschaftlichen Verhältnisse (§ 117 Abs. 2 der Zivilprozessordnung) einzuführen.

§ 12 Kosten

¹Die Justizverwaltungskostenordnung und die Justizbeitreibungsordnung gelten entsprechend, soweit sie nicht unmittelbar Anwendung finden. ²Bei Einziehung der Gerichts- und Verwaltungskosten leisten die Vollstreckungsbehörden der Justizverwaltung oder die sonst nach Landesrecht zuständigen Stellen den Gerichten für Arbeitssachen Amtshilfe, soweit sie diese Aufgaben nicht als eigene wahrnehmen. ³Vollstreckungsbehörde ist für die Ansprüche, die beim Bundesarbeitsgericht entstehen, die Justizbeitreibungsstelle des Bundesarbeitsgerichts.

§ 12a Kostentragungspflicht

(1) ¹In Urteilsverfahren des ersten Rechtszugs besteht kein Anspruch der obsiegenden Partei auf Entschädigung wegen Zeitversäumnis und auf Erstattung der Kosten für die Zuziehung eines Prozeßbevollmächtigten oder Beistands. ²Vor Abschluß der Vereinbarung über die Vertretung ist auf den Ausschluß der Kostenerstattung nach Satz 1 hinzuweisen. ³Satz 1 gilt nicht für Kosten, die dem Beklagten dadurch entstanden sind, daß der Kläger ein Gericht der ordentlichen Gerichtsbarkeit, der allgemeinen Verwaltungsgerichtsbarkeit, der Finanz- oder Sozialgerichtsbarkeit angerufen und dieses den Rechtsstreit an das Arbeitsgericht verwiesen hat.

(2) ¹Werden im Urteilsverfahren des zweiten Rechtszugs die Kosten nach § 92 Abs. 1 der Zivilprozeßordnung verhältnismäßig geteilt und ist die eine Partei durch einen Rechtsanwalt, die andere Partei durch einen Verbandsvertreter nach § 11 Abs. 2 Satz 2, Nr. 4 und 5 vertreten, so ist diese Partei hinsichtlich der außergerichtlichen Kosten so zu stellen, als wenn sie durch einen Rechtsanwalt vertreten worden wäre. ²Ansprüche auf Erstattung stehen ihr jedoch nur insoweit zu, als ihr Kosten im Einzelfall tatsächlich erwachsen sind.

§ 13 Rechtshilfe

(1) ¹Die Arbeitsgerichte leisten den Gerichten für Arbeitssachen Rechtshilfe. ²Ist die Amtshandlung außerhalb des Sitzes eines Arbeitsgerichts vorzunehmen, so leistet das Amtsgericht Rechtshilfe.

(2) Die Vorschriften des Gerichtsverfassungsgesetzes über Rechtshilfe und des Einführungsgesetzes zum Gerichtsverfassungsgesetz über verfahrensübergreifende Mitteilungen von Amts wegen finden entsprechende Anwendung.

§ 13a Internationale Verfahren

Die Vorschriften des Buches 11 der Zivilprozessordnung über die justizielle Zusammenarbeit in der Europäischen Union finden in Verfahren vor den Gerichten für Arbeitssachen Anwendung.

Zweiter Teil
Aufbau der Gerichte für Arbeitssachen

Erster Abschnitt
Arbeitsgerichte

§ 14 Errichtung und Organisation

(1) In den Ländern werden Arbeitsgerichte errichtet.

(2) Durch Gesetz werden angeordnet

1. die Errichtung und Aufhebung eines Arbeitsgerichts;
2. die Verlegung eines Gerichtssitzes;
3. Änderungen in der Abgrenzung der Gerichtsbezirke;
4. die Zuweisung einzelner Sachgebiete an ein Arbeitsgericht für die Bezirke mehrerer Arbeitsgerichte;
5. die Errichtung von Kammern des Arbeitsgerichts an anderen Orten;
6. der Übergang anhängiger Verfahren auf ein anderes Gericht bei Maßnahmen nach den Nummern 1, 3 und 4, wenn sich die Zuständigkeit nicht nach den bisher geltenden Vorschriften richten soll.

(3) Mehrere Länder können die Errichtung eines gemeinsamen Arbeitsgerichts oder gemeinsamer Kammern eines Arbeitsgerichts oder die Ausdehnung von Gerichtsbezirken über die Landesgrenzen hinaus, auch für einzelne Sachgebiete, vereinbaren.

(4) [1]Die zuständige oberste Landesbehörde kann anordnen, dass außerhalb des Sitzes des Arbeitsgerichts Gerichtstage abgehalten werden. [2]Die Landesregierung kann ferner durch Rechtsverordnung bestimmen, dass Gerichtstage außerhalb des Sitzes des Arbeitsgerichts abgehalten werden. [3]Die Landesregierung kann die Ermächtigung nach Satz 2 durch Rechtsverordnung auf die zuständige oberste Landesbehörde übertragen.

(5) Bei der Vorbereitung gesetzlicher Regelungen nach Absatz 2 Nr. 1 bis 5 und Absatz 3 sind die Gewerkschaften und Vereinigungen von Ar-

beitgebern, die für das Arbeitsleben im Landesgebiet wesentliche Bedeutung haben, zu hören.

§ 15 Verwaltung und Dienstaufsicht

(1) ¹Die Geschäfte der Verwaltung und Dienstaufsicht führt die zuständige oberste Landesbehörde. ²Vor Erlass allgemeiner Anordnungen, die die Verwaltung und Dienstaufsicht betreffen, soweit sie nicht rein technischer Art sind, sind die in § 14 Abs. 5 genannten Verbände zu hören.

(2) ¹Die Landesregierung kann durch Rechtsverordnung Geschäfte der Verwaltung und Dienstaufsicht dem Präsidenten des Landesarbeitsgerichts oder dem Vorsitzenden des Arbeitsgerichts oder, wenn mehrere Vorsitzende vorhanden sind, einem von ihnen übertragen. ²Die Landesregierung kann die Ermächtigung nach Satz 1 durch Rechtsverordnung auf die zuständige oberste Landesbehörde übertragen.

§ 16 Zusammensetzung

(1) ¹Das Arbeitsgericht besteht aus der erforderlichen Zahl von Vorsitzenden und ehrenamtlichen Richtern. ²Die ehrenamtlichen Richter werden je zur Hälfte aus den Kreisen der Arbeitnehmer und der Arbeitgeber entnommen.

(2) Jede Kammer des Arbeitsgerichts wird in der Besetzung mit einem Vorsitzenden und je einem ehrenamtlichen Richter aus Kreisen der Arbeitnehmer und der Arbeitgeber tätig.

§ 17 Bildung von Kammern

(1) Die zuständige oberste Landesbehörde bestimmt die Zahl der Kammern nach Anhörung der in § 14 Abs. 5 genannten Verbände.

(2) ¹Soweit ein Bedürfnis besteht, kann die Landesregierung durch Rechtsverordnung für die Streitigkeiten bestimmter Berufe und Gewerbe und bestimmter Gruppen von Arbeitnehmern Fachkammern bilden. ²Die Zuständigkeit einer Fachkammer kann durch Rechtsverordnung auf die Bezirke anderer Arbeitsgerichte oder Teile von ihnen erstreckt werden, sofern die Erstreckung für eine sachdienliche Förderung oder schnellere Erledigung der Verfahren zweckmäßig ist. ³Die Rechtsverordnungen auf Grund der Sätze 1 und 2 treffen Regelungen zum Übergang anhängiger Verfahren auf ein anderes Gericht, sofern die Regelungen zur sachdienlichen Erledigung der Verfahren zweckmäßig sind und sich die Zuständigkeit nicht nach den bisher geltenden Vorschriften richten soll. ⁴§ 14 Abs. 5 ist entsprechend anzuwenden.

(3) Die Landesregierung kann die Ermächtigung nach Absatz 2 durch Rechtsverordnung auf die zuständige oberste Landesbehörde übertragen.

§ 18 Ernennung des Vorsitzenden

(1) Die Vorsitzenden werden auf Vorschlag der zuständigen obersten Landesbehörde nach Beratung mit einem Ausschuss entsprechend den landesrechtlichen Vorschriften bestellt.

(2) ¹Der Ausschuss ist von der zuständigen obersten Landesbehörde zu errichten. ²Ihm müssen in gleichem Verhältnis Vertreter der in § 14 Abs. 5 genannten Gewerkschaften und Vereinigungen von Arbeitgebern sowie der Arbeitsgerichtsbarkeit angehören.

(3) Einem Vorsitzenden kann zugleich ein weiteres Richteramt bei einem anderen Arbeitsgericht übertragen werden.

(4)–(6) *(weggefallen)*

(7) Bei den Arbeitsgerichten können Richter auf Probe und Richter kraft Auftrags verwendet werden.

§ 19 Ständige Vertretung

(1) Ist ein Arbeitsgericht nur mit einem Vorsitzenden besetzt, so beauftragt das Präsidium des Landesarbeitsgerichts einen Richter seines Bezirks mit der ständigen Vertretung des Vorsitzenden.

(2) ¹Wird an einem Arbeitsgericht die vorübergehende Vertretung durch einen Richter eines anderen Gerichts nötig, so beauftragt das Präsidium des Landesarbeitsgerichts einen Richter seines Bezirks längstens für zwei Monate mit der Vertretung. ²In Eilfällen kann an Stelle des Präsidiums der Präsident des Landesarbeitsgerichts einen zeitweiligen Vertreter bestellen. ³Die Gründe für die getroffene Anordnung sind schriftlich niederzulegen.

§ 20 Berufung der ehrenamtlichen Richter

(1) ¹Die ehrenamtlichen Richter werden von der zuständigen obersten Landesbehörde oder von der von der Landesregierung durch Rechtsverordnung beauftragten Stelle auf die Dauer von fünf Jahren berufen. ²Die Landesregierung kann die Ermächtigung nach Satz 1 durch Rechtsverordnung auf die zuständige oberste Landesbehörde übertragen.

(2) Die ehrenamtlichen Richter sind in angemessenem Verhältnis unter billiger Berücksichtigung der Minderheiten aus den Vorschlagslisten zu entnehmen, die der zuständigen Stelle von den im Land bestehenden Gewerkschaften, selbständigen Vereinigungen von Arbeitnehmern mit sozial- oder berufspolitischer Zwecksetzung und Vereinigungen von Arbeitgebern sowie von den in § 22 Abs. 2 Nr. 3 bezeichneten Körperschaften oder deren Arbeitgebervereinigungen eingereicht werden.

§ 21 Voraussetzungen für die Berufung als ehrenamtlicher Richter

(1) Als ehrenamtliche Richter sind Arbeitnehmer und Arbeitgeber zu berufen, die das 25. Lebensjahr vollendet haben und im Bezirk des Arbeitsgerichts tätig sind oder wohnen.

(2) [1]Vom Amt des ehrenamtlichen Richters ist ausgeschlossen,

1. wer infolge Richterspruchs die Fähigkeit zur Bekleidung öffentlicher Ämter nicht besitzt oder wegen einer vorsätzlichen Tat zu einer Freiheitsstrafe von mehr als sechs Monaten verurteilt worden ist;

2. wer wegen einer Tat angeklagt ist, die den Verlust der Fähigkeit zur Bekleidung öffentlicher Ämter zur Folge haben kann;

3. wer das Wahlrecht zum Deutschen Bundestag nicht besitzt.

[2]Personen, die in Vermögensverfall geraten sind, sollen nicht als ehrenamtliche Richter berufen werden.

(3) Beamte und Angestellte eines Gerichts für Arbeitssachen dürfen nicht als ehrenamtliche Richter berufen werden.

(4) [1]Das Amt des ehrenamtlichen Richters, der zum ehrenamtlichen Richter in einem höheren Rechtszug berufen wird, endet mit Beginn der Amtszeit im höheren Rechtszug. [2]Niemand darf gleichzeitig ehrenamtlicher Richter der Arbeitnehmerseite und der Arbeitgeberseite sein oder als ehrenamtlicher Richter bei mehr als einem Gericht für Arbeitssachen berufen werden.

(5) [1]Wird das Fehlen einer Voraussetzung für die Berufung nachträglich bekannt oder fällt eine Voraussetzung nachträglich fort, so ist der ehrenamtliche Richter auf Antrag der zuständigen Stelle (§ 20) oder auf eigenen Antrag von seinem Amt zu entbinden. [2]Über den Antrag entscheidet die vom Präsidium für jedes Geschäftsjahr im Voraus bestimmte Kammer des Landesarbeitsgerichts. [3]Vor der Entscheidung ist der ehrenamtliche Richter zu hören. [4]Die Entscheidung ist unanfechtbar. [5]Die nach Satz 2 zuständige Kammer kann anordnen, dass der ehren-

amtliche Richter bis zu der Entscheidung über die Entbindung vom Amt nicht heranzuziehen ist.

(6) Verliert der ehrenamtliche Richter seine Eigenschaft als Arbeitnehmer oder Arbeitgeber wegen Erreichens der Altersgrenze, findet Absatz 5 mit der Maßgabe Anwendung, dass die Entbindung vom Amt nur auf Antrag des ehrenamtlichen Richters zulässig ist.

§ 22 Ehrenamtlicher Richter aus Kreisen der Arbeitgeber

(1) Ehrenamtlicher Richter aus Kreisen der Arbeitgeber kann auch sein, wer vorübergehend oder regelmäßig zu gewissen Zeiten des Jahres keine Arbeitnehmer beschäftigt.

(2) Zu ehrenamtlichen Richtern aus Kreisen der Arbeitgeber können auch berufen werden

1. bei Betrieben einer juristischen Person oder einer Personengesamtheit Personen, die kraft Gesetzes, Satzung oder Gesellschaftsvertrag allein oder als Mitglieder des Vertretungsorgans zur Vertretung der juristischen Person oder der Personengesamtheit berufen sind;

2. Geschäftsführer, Betriebsleiter oder Personalleiter, soweit sie zur Einstellung von Arbeitnehmern in den Betrieb berechtigt sind, oder Personen, denen Prokura oder Generalvollmacht erteilt ist;

3. bei dem Bunde, den Ländern, den Gemeinden, den Gemeindeverbänden und anderen Körperschaften, Anstalten und Stiftungen des öffentlichen Rechts Beamte und Angestellte nach näherer Anordnung der zuständigen obersten Bundes- oder Landesbehörde;

4. Mitglieder und Angestellte von Vereinigungen von Arbeitgebern sowie Vorstandsmitglieder und Angestellte von Zusammenschlüssen solcher Vereinigungen, wenn diese Personen kraft Satzung oder Vollmacht zur Vertretung befugt sind.

§ 23 Ehrenamtlicher Richter aus Kreisen der Arbeitnehmer

(1) Ehrenamtlicher Richter aus Kreisen der Arbeitnehmer kann auch sein, wer arbeitslos ist.

(2) [1]Den Arbeitnehmern stehen für die Berufung als ehrenamtliche Richter Mitglieder und Angestellte von Gewerkschaften, von selbständigen Vereinigungen von Arbeitnehmern mit sozial- oder berufspolitischer Zwecksetzung sowie Vorstandsmitglieder und Angestellte von Zusammenschlüssen von Gewerkschaften gleich, wenn diese Personen kraft Satzung oder Vollmacht zur Vertretung befugt sind. [2]Gleiches gilt

für Bevollmächtigte, die als Angestellte juristischer Personen, deren Anteile sämtlich im wirtschaftlichen Eigentum einer der in Satz 1 genannten Organisationen stehen, handeln und wenn die juristische Person ausschließlich die Rechtsberatung und Prozessvertretung der Mitglieder der Organisation entsprechend deren Satzung durchführt.

§ 24 Ablehnung und Niederlegung des ehrenamtlichen Richteramts

(1) Das Amt des ehrenamtlichen Richters kann ablehnen oder niederlegen,

1. wer die Regelaltersgrenze nach dem Sechsten Buch Sozialgesetzbuch erreicht hat;

2. wer aus gesundheitlichen Gründen daran gehindert ist, das Amt ordnungsgemäß auszuüben;

3. wer durch ehrenamtliche Tätigkeit für die Allgemeinheit so in Anspruch genommen ist, dass ihm die Übernahme des Amtes nicht zugemutet werden kann;

4. wer in den zehn der Berufung vorhergehenden Jahren als ehrenamtlicher Richter bei einem Gericht für Arbeitssachen tätig gewesen ist;

5. wer glaubhaft macht, dass ihm wichtige Gründe, insbesondere die Fürsorge für seine Familie, die Ausübung des Amtes in besonderem Maße erschweren.

(2) ¹Über die Berechtigung zur Ablehnung oder Niederlegung entscheidet die zuständige Stelle (§ 20). ²Die Entscheidung ist endgültig.

§ 25

(Weggefallen)

§ 26 Schutz der ehrenamtlichen Richter

(1) Niemand darf in der Übernahme oder Ausübung des Amtes als ehrenamtlicher Richter beschränkt oder wegen der Übernahme oder Ausübung des Amtes benachteiligt werden.

(2) Wer einen anderen in der Übernahme oder Ausübung seines Amtes als ehrenamtlicher Richter beschränkt oder wegen der Übernahme oder Ausübung des Amtes benachteiligt, wird mit Freiheitsstrafe bis zu einem Jahr oder mit Geldstrafe bestraft.

§ 27 Amtsenthebung der ehrenamtlichen Richter

[1]Ein ehrenamtlicher Richter ist auf Antrag der zuständigen Stelle (§ 20) seines Amtes zu entheben, wenn er seine Amtspflicht grob verletzt. [2]§ 21 Abs. 5 Satz 2 bis 5 ist entsprechend anzuwenden.

§ 28 Ordnungsgeld gegen ehrenamtliche Richter

[1]Die vom Präsidium für jedes Geschäftsjahr im Voraus bestimmte Kammer des Landesarbeitsgerichts kann auf Antrag des Vorsitzenden des Arbeitsgerichts gegen einen ehrenamtlichen Richter, der sich der Erfüllung seiner Pflichten entzieht, insbesondere ohne genügende Entschuldigung nicht oder nicht rechtzeitig zu den Sitzungen erscheint, ein Ordnungsgeld festsetzen. [2]Vor dem Antrag hat der Vorsitzende des Arbeitsgerichts den ehrenamtlichen Richter zu hören. [3]Die Entscheidung ist endgültig.

§ 29 Ausschuss der ehrenamtlichen Richter

(1) [1]Bei jedem Arbeitsgericht mit mehr als einer Kammer wird ein Ausschuss der ehrenamtlichen Richter gebildet. [2]Er besteht aus mindestens je drei ehrenamtlichen Richtern aus den Kreisen der Arbeitnehmer und der Arbeitgeber in gleicher Zahl, die von den ehrenamtlichen Richtern aus den Kreisen der Arbeitnehmer und der Arbeitgeber in getrennter Wahl gewählt werden. [3]Der Ausschuss tagt unter der Leitung des aufsichtführenden oder, wenn ein solcher nicht vorhanden oder verhindert ist, des dienstältesten Vorsitzenden des Arbeitsgerichts.

(2) [1]Der Ausschuss ist vor der Bildung von Kammern, vor der Geschäftsverteilung, vor der Verteilung der ehrenamtlichen Richter auf die Kammern und vor der Aufstellung der Listen über die Heranziehung der ehrenamtlichen Richter zu den Sitzungen mündlich oder schriftlich zu hören.[2]Er kann den Vorsitzenden des Arbeitsgerichts und den die Verwaltung und Dienstaufsicht führenden Stellen (§ 15) Wünsche der ehrenamtlichen Richter übermitteln.

§ 30 Besetzung der Fachkammern

[1]Die ehrenamtlichen Richter einer Fachkammer sollen aus den Kreisen der Arbeitnehmer und der Arbeitgeber entnommen werden, für die die Fachkammer gebildet ist. [2]Werden für Streitigkeiten der in § 22 Abs. 2 Nr. 2 bezeichneten Angestellten Fachkammern gebildet, so dürfen ihnen diese Angestellten nicht als ehrenamtliche Richter aus Kreisen der Arbeitgeber angehören. [3]Wird die Zuständigkeit einer Fachkammer gemäß § 17 Abs. 2 erstreckt, so sollen die ehrenamtlichen Richter dieser

Kammer aus den Bezirken derjenigen Arbeitsgerichte berufen werden, für deren Bezirke die Fachkammer zuständig ist.

§ 31 Heranziehung der ehrenamtlichen Richter

(1) Die ehrenamtlichen Richter sollen zu den Sitzungen nach der Reihenfolge einer Liste herangezogen werden, die der Vorsitzende vor Beginn des Geschäftsjahres oder vor Beginn der Amtszeit neu berufener ehrenamtlicher Richter gemäß § 29 Abs. 2 aufstellt.

(2) Für die Heranziehung von Vertretern bei unvorhergesehener Verhinderung kann eine Hilfsliste von ehrenamtlichen Richtern aufgestellt werden, die am Gerichtssitz oder in der Nähe wohnen oder ihren Dienstsitz haben.

§ 32

(Weggefallen)

Zweiter Abschnitt
Landesarbeitsgerichte

§ 33 Errichtung und Organisation

[1]In den Ländern werden Landesarbeitsgerichte errichtet. [2]§ 14 Abs. 2 bis 5 ist entsprechend anzuwenden.

§ 34 Verwaltung und Dienstaufsicht

(1) [1]Die Geschäfte der Verwaltung und Dienstaufsicht führt die zuständige oberste Landesbehörde. [2]§ 15 Abs. 1 Satz 2 gilt entsprechend.

(2) [1]Die Landesregierung kann durch Rechtsverordnung Geschäfte der Verwaltung und Dienstaufsicht dem Präsidenten des Landesarbeitsgerichts übertragen. [2]Die Landesregierung kann die Ermächtigung nach Satz 1 durch Rechtsverordnung auf die zuständige oberste Landesbehörde übertragen.

§ 35 Zusammensetzung, Bildung von Kammern

(1) [1]Das Landesarbeitsgericht besteht aus dem Präsidenten, der erforderlichen Zahl von weiteren Vorsitzenden und von ehrenamtlichen Richtern. [2]Die ehrenamtlichen Richter werden je zur Hälfte aus den Kreisen der Arbeitnehmer und der Arbeitgeber entnommen.

(2) Jede Kammer des Landesarbeitsgerichts wird in der Besetzung mit einem Vorsitzenden und je einem ehrenamtlichen Richter aus den Kreisen der Arbeitnehmer und der Arbeitgeber tätig.

(3) [1]Die zuständige oberste Landesbehörde bestimmt die Zahl der Kammern. [2]§ 17 gilt entsprechend.

§ 36 Vorsitzende

Der Präsident und die weiteren Vorsitzenden werden auf Vorschlag der zuständigen obersten Landesbehörde nach Anhörung der in § 14 Abs. 5 genannten Gewerkschaften und Vereinigungen von Arbeitgebern als Richter auf Lebenszeit entsprechend den landesrechtlichen Vorschriften bestellt.

§ 37 Ehrenamtliche Richter

(1) Die ehrenamtlichen Richter müssen das dreißigste Lebensjahr vollendet haben und sollen mindestens fünf Jahre ehrenamtliche Richter eines Gerichts für Arbeitssachen gewesen sein.

(2) Im Übrigen gelten für die Berufung und Stellung der ehrenamtlichen Richter sowie für die Amtsenthebung und die Amtsentbindung die §§ 20 bis 28 entsprechend.

§ 38 Ausschuss der ehrenamtlichen Richter

[1]Bei jedem Landesarbeitsgericht wird ein Ausschuss der ehrenamtlichen Richter gebildet. [2]Die Vorschriften des § 29 Abs. 1 Satz 2 und 3 und Abs. 2 gelten entsprechend.

§ 39 Heranziehung der ehrenamtlichen Richter

[1]Die ehrenamtlichen Richter sollen zu den Sitzungen nach der Reihenfolge einer Liste herangezogen werden, die der Vorsitzende vor Beginn des Geschäftsjahres oder vor Beginn der Amtszeit neu berufener ehrenamtlicher Richter gemäß § 38 Satz 2 aufstellt. [2]§ 31 Abs. 2 ist entsprechend anzuwenden.

Dritter Abschnitt
Bundesarbeitsgericht

§ 40 Errichtung

(1) Das Bundesarbeitsgericht hat seinen Sitz in Erfurt.

(2) ¹Die Geschäfte der Verwaltung und Dienstaufsicht führt das Bundesministerium für Arbeit und Soziales im Einvernehmen mit dem Bundesministerium der Justiz. ²Das Bundesministerium für Arbeit und Soziales kann im Einvernehmen mit dem Bundesministerium der Justiz Geschäfte der Verwaltung und Dienstaufsicht auf den Präsidenten des Bundesarbeitsgerichts übertragen.

§ 41 Zusammensetzung, Senate

(1) ¹Das Bundesarbeitsgericht besteht aus dem Präsidenten, der erforderlichen Zahl von Vorsitzenden Richtern, von berufsrichterlichen Beisitzern sowie ehrenamtlichen Richtern. ²Die ehrenamtlichen Richter werden je zur Hälfte aus den Kreisen der Arbeitnehmer und der Arbeitgeber entnommen.

(2) Jeder Senat wird in der Besetzung mit einem Vorsitzenden, zwei berufsrichterlichen Beisitzern und je einem ehrenamtlichen Richter aus den Kreisen der Arbeitnehmer und der Arbeitgeber tätig.

(3) Die Zahl der Senate bestimmt das Bundesministerium für Arbeit und Soziales im Einvernehmen mit dem Bundesministerium der Justiz.

§ 42 Bundesrichter

(1) ¹Für die Berufung der Bundesrichter (Präsident, Vorsitzende Richter und berufsrichterliche Beisitzer nach § 41 Abs. 1 Satz 1) gelten die Vorschriften des Richterwahlgesetzes. ²Zuständiges Ministerium im Sinne des § 1 Abs. 1 des Richterwahlgesetzes ist das Bundesministerium für Arbeit und Soziales; es entscheidet im Benehmen mit dem Bundesministerium der Justiz.

(2) Die zu berufenden Personen müssen das fünfunddreißigste Lebensjahr vollendet haben.

§ 43 Ehrenamtliche Richter

(1) ¹Die ehrenamtlichen Richter werden vom Bundesministerium für Arbeit und Soziales für die Dauer von fünf Jahren berufen. ²Sie sind im angemessenen Verhältnis unter billiger Berücksichtigung der Minderheiten aus den Vorschlagslisten zu entnehmen, die von den Gewerkschaften, den selbständigen Vereinigungen von Arbeitnehmern mit sozial- oder berufspolitischer Zwecksetzung und Vereinigung von Arbeitgebern, die für das Arbeitsleben des Bundesgebietes wesentliche Bedeutung haben, sowie von den in § 22 Abs. 2 Nr. 3 bezeichneten Körperschaften eingereicht worden sind.

(2) [1]Die ehrenamtlichen Richter müssen das fünfunddreißigste Lebensjahr vollendet haben, besondere Kenntnisse und Erfahrungen auf dem Gebiet des Arbeitsrechts und des Arbeitslebens besitzen und sollen mindestens fünf Jahre ehrenamtliche Richter eines Gerichts für Arbeitssachen gewesen sein. [2]Sie sollen längere Zeit in Deutschland als Arbeitnehmer oder als Arbeitgeber tätig gewesen sein.

(3) Für die Berufung, Stellung und Heranziehung der ehrenamtlichen Richter sowie für die Amtsenthebung und die Amtsentbindung sind im übrigen die Vorschriften der §§ 21 bis 28 und des § 31 entsprechend anzuwenden mit der Maßgabe, daß die in § 21 Abs. 5, § 27 Satz 2 und § 28 Satz 1 bezeichneten Entscheidungen durch den vom Präsidium für jedes Geschäftsjahr im voraus bestimmten Senat des Bundesarbeitsgerichts getroffen werden.

§ 44 Anhörung der ehrenamtlichen Richter, Geschäftsordnung

(1) Bevor zu Beginn des Geschäftsjahres die Geschäfte verteilt sowie die berufsrichterlichen Beisitzer und die ehrenamtlichen Richter den einzelnen Senaten und dem Großen Senat zugeteilt werden, sind je die beiden lebensältesten ehrenamtlichen Richter aus den Kreisen der Arbeitnehmer und der Arbeitgeber zu hören.

(2) Der Geschäftsgang wird durch eine Geschäftsordnung geregelt, die das Präsidium beschließt; sie bedarf der Bestätigung durch den Bundesrat. Absatz 1 gilt entsprechend.

§ 45 Großer Senat

(1) Bei dem Bundesarbeitsgericht wird ein Großer Senat gebildet.

(2) Der Große Senat entscheidet, wenn ein Senat in einer Rechtsfrage von der Entscheidung eines anderen Senats oder des Großen Senats abweichen will.

(3) [1]Eine Vorlage an den Großen Senat ist nur zulässig, wenn der Senat, von dessen Entscheidung abgewichen werden soll, auf Anfrage des erkennenden Senats erklärt hat, daß er an seiner Rechtsauffassung festhält. [2]Kann der Senat, von dessen Entscheidung abgewichen werden soll, wegen einer Änderung des Geschäftsverteilungsplanes mit der Rechtsfrage nicht mehr befaßt werden, tritt der Senat an seine Stelle, der nach dem Geschäftsverteilungsplan für den Fall, in dem abweichend entschieden wurde, nunmehr zuständig wäre. [3]Über die Anfrage und die Antwort entscheidet der jeweilige Senat durch Beschluß in der für Urteile erforderlichen Besetzung.

(4) Der erkennende Senat kann eine Frage von grundsätzlicher Bedeutung dem Großen Senat zur Entscheidung vorlegen, wenn das nach seiner Auffassung zur Fortbildung des Rechts oder zur Sicherung einer einheitlichen Rechtsprechung erforderlich ist.

(5) ¹Der Große Senat besteht aus dem Präsidenten, je einem Berufsrichter der Senate, in denen der Präsident nicht den Vorsitz führt, und je drei ehrenamtlichen Richtern aus den Kreisen der Arbeitnehmer und Arbeitgeber. ²Bei einer Verhinderung des Präsidenten tritt ein Berufsrichter des Senats, dem er angehört, an seine Stelle.

(6) ¹Die Mitglieder und die Vertreter werden durch das Präsidium für ein Geschäftsjahr bestellt. ²Den Vorsitz im Großen Senat führt der Präsident, bei Verhinderung das dienstälteste Mitglied. ³Bei Stimmengleichheit gibt die Stimme des Vorsitzenden den Ausschlag.

(7) ¹Der große Senat entscheidet nur über die Rechtsfrage. ²Er kann ohne mündliche Verhandlung entscheiden. ³Seine Entscheidung ist in der vorliegenden Sache für den erkennenden Senat bindend.

Dritter Teil
Verfahren vor den Gerichten für Arbeitssachen

Erster Abschnitt
Urteilsverfahren

Erster Unterabschnitt
Erster Rechtszug

§ 46 Grundsatz

(1) Das Urteilsverfahren findet in den in § 2 Abs. 1 bis 4 bezeichneten bürgerlichen Rechtsstreitigkeiten Anwendung.

(2) ¹Für das Urteilsverfahren des ersten Rechtszugs gelten die Vorschriften der Zivilprozessordnung über das Verfahren vor den Amtsgerichten entsprechend, soweit dieses Gesetz nichts anderes bestimmt. ²Die Vorschriften über den frühen ersten Termin zur mündlichen Verhandlung und das schriftliche Vorverfahren (§§ 275 bis 277 der Zivilprozessordnung), über das vereinfachte Verfahren (§ 495a der Zivilprozessordnung) über den Urkunden- und Wechselprozess (§§ 592 bis 605a der Zivilprozessordnung), über die Entscheidung ohne mündliche Verhandlung (§ 128 Abs. 2 der Zivilprozessordnung) und über die Verlegung von Terminen in der Zeit vom 1. Juli bis 31. August (§ 227 Abs. 3 Satz 1 der Zivilprozessordnung) finden keine Anwendung. ³§ 127 Abs. 2 der Zivilprozessordnung findet mit der Maßgabe Anwendung, dass die so-

fortige Beschwerde bei Bestandsschutzstreitigkeiten unabhängig vom Streitwert zulässig ist.

§ 46a Mahnverfahren

(1) ¹Für das Mahnverfahren vor den Gerichten für Arbeitssachen gelten die Vorschriften der Zivilprozessordnung über das Mahnverfahren einschließlich der maschinellen Bearbeitung entsprechend, soweit dieses Gesetz nichts anderes bestimmt. ²§ 690 Abs. 3 Satz 2 der Zivilprozessordnung ist nicht anzuwenden.

(2) Zuständig für die Durchführung des Mahnverfahrens ist das Arbeitsgericht, das für die im Urteilsverfahren erhobene Klage zuständig sein würde.

(3) Die in den Mahnbescheid nach § 692 Abs. 1 Nr. 3 der Zivilprozessordnung aufzunehmende Frist beträgt eine Woche.

(4) ¹Wird rechtzeitig Widerspruch erhoben und beantragt eine Partei die Durchführung der mündlichen Verhandlung, so hat die Geschäftsstelle dem Antragsteller unverzüglich aufzugeben, seinen Anspruch binnen zwei Wochen schriftlich zu begründen. ²Bei Eingang der Anspruchsbegründung bestimmt der Vorsitzende den Termin zur mündlichen Verhandlung. ³Geht die Anspruchsbegründung nicht rechtzeitig ein, so wird bis zu ihrem Eingang der Termin nur auf Antrag des Antragsgegners bestimmt.

(5) Die Streitsache gilt als mit Zustellung des Mahnbescheids rechtshängig geworden, wenn alsbald nach Erhebung des Widerspruchs Termin zur mündlichen Verhandlung bestimmt wird.

(6) ¹Im Falle des Einspruchs hat das Gericht von Amts wegen zu prüfen, ob der Einspruch an sich statthaft und ob er in der gesetzlichen Form und Frist eingelegt ist. ²Fehlt es an einem dieser Erfordernisse, so ist der Einspruch als unzulässig zu verwerfen. ³Ist der Einspruch zulässig, hat die Geschäftsstelle dem Antragsteller unverzüglich aufzugeben, seinen Anspruch binnen zwei Wochen schriftlich zu begründen. ⁴Nach Ablauf der Begründungsfrist bestimmt der Vorsitzende unverzüglich Termin zur mündlichen Verhandlung.

(7) Das Bundesministerium für Arbeit und Soziales wird ermächtigt, durch Rechtsverordnung mit Zustimmung des Bundesrates den Verfahrensablauf zu regeln, soweit dies für eine einheitliche maschinelle Bearbeitung der Mahnverfahren erforderlich ist (Verfahrensablaufplan).

(8) ¹Das Bundesministerium für Arbeit und Soziales wird ermächtigt, durch Rechtsverordnung mit Zustimmung des Bundesrates zur Verein-

fachung des Mahnverfahrens und zum Schutz der in Anspruch genommenen Partei Formulare einzuführen. ²Dabei können für Mahnverfahren bei Gerichten, die die Verfahren maschinell bearbeiten, und für Mahnverfahren bei Gerichten, die die Verfahren nicht maschinell bearbeiten, unterschiedliche Formulare eingeführt werden.

§ 46b Einreichung elektronischer Dokumente

(1) ¹Soweit für vorbereitende Schriftsätze und deren Anlagen, für Anträge und Erklärungen der Parteien sowie für Auskünfte, Aussagen, Gutachten und Erklärungen Dritter die Schriftform vorgesehen ist, genügt dieser Form die Aufzeichnung als elektronisches Dokument, wenn dieses für die Bearbeitung durch das Gericht geeignet ist. ²Die verantwortende Person soll das Dokument mit einer qualifizierten elektronischen Signatur nach dem Signaturgesetz versehen. ³Ist ein übermitteltes elektronisches Dokument für das Gericht zur Bearbeitung nicht geeignet, ist dies dem Absender unter Angabe der geltenden technischen Rahmenbedingungen unverzüglich mitzuteilen.

(2) ¹Die Bundesregierung und die Landesregierungen bestimmen für ihren Bereich durch Rechtsverordnung den Zeitpunkt, von dem an elektronische Dokumente bei den Gerichten eingereicht werden können, sowie die für die Bearbeitung der Dokumente geeignete Form. ²Die Landesregierungen können die Ermächtigung durch Rechtsverordnung auf die jeweils zuständige oberste Landesbehörde übertragen. ³Die Zulassung der elektronischen Form kann auf einzelne Gerichte oder Verfahren beschränkt werden.

(3) Ein elektronisches Dokument ist eingereicht, sobald die für den Empfang bestimmte Einrichtung des Gerichts es aufgezeichnet hat.

§ 46c Gerichtliches elektronisches Dokument

Soweit dieses Gesetz dem Richter, dem Rechtspfleger, dem Urkundsbeamten der Geschäftsstelle oder dem Gerichtsvollzieher die handschriftliche Unterzeichnung vorschreibt, genügt dieser Form die Aufzeichnung als elektronisches Dokument, wenn die verantwortenden Personen am Ende des Dokuments ihren Namen hinzufügen und das Dokument mit einer qualifizierten elektronischen Signatur versehen.

§ 46d Elektronische Akte

(1) ¹Die Prozessakten können elektronisch geführt werden. ²Die Bundesregierung und die Landesregierungen bestimmen für ihren Bereich durch Rechtsverordnung den Zeitpunkt, von dem an elektronische Ak-

ten geführt werden sowie die hierfür geltenden organisatorisch-technischen Rahmenbedingungen für die Bildung, Führung und Aufbewahrung der elektronischen Akten. ³Die Landesregierungen können die Ermächtigung durch Rechtsverordnung auf die jeweils zuständige oberste Landesbehörde übertragen. ⁴Die Zulassung der elektronischen Akte kann auf einzelne Gerichte oder Verfahren beschränkt werden.

(2) ¹In Papierform eingereichte Schriftstücke und sonstige Unterlagen sollen zur Ersetzung der Urschrift in ein elektronisches Dokument übertragen werden. ²Die Unterlagen sind, sofern sie in Papierform weiter benötigt werden, mindestens bis zum rechtskräftigen Abschluss des Verfahrens aufzubewahren.

(3) Das elektronische Dokument muss den Vermerk enthalten, wann und durch wen die Unterlagen in ein elektronisches Dokument übertragen worden sind.

§ 47 Sondervorschriften über (*Ladung und*) Einlassung

(1) Die Klageschrift muss mindestens eine Woche vor dem Termin zugestellt sein.

(2) Eine Aufforderung an den Beklagten, sich auf die Klage schriftlich zu äußern, erfolgt in der Regel nicht.

§ 48 Rechtsweg und Zuständigkeit

(1) Für die Zulässigkeit des Rechtsweges und der Verfahrensart sowie für die sachliche und örtliche Zuständigkeit gelten die §§ 17 bis 17b des Gerichtsverfassungsgesetzes mit folgender Maßgabe entsprechend:

1. Beschlüsse entsprechend § 17a Abs. 2 und 3 des Gerichtsverfassungsgesetzes über die örtliche Zuständigkeit sind unanfechtbar.

2. Der Beschluss nach § 17a Abs. 4 des Gerichtsverfassungsgesetzes ergeht, sofern er nicht lediglich die örtliche Zuständigkeit zum Gegensatz hat, auch außerhalb der mündlichen Verhandlung stets durch die Kammer.

(1a) ¹Für Streitigkeiten nach § 2 ist auch das Arbeitsgericht zuständig, in dessen Bezirk der Arbeitnehmer gewöhnlich seine Arbeit verrichtet oder zuletzt gewöhnlich verrichtet hat. ²Ist ein gewöhnlicher Arbeitsort im Sinne des Satzes 1 nicht feststellbar, ist das Arbeitsgericht örtlich zuständig, von dessen Bezirk aus der Arbeitnehmer gewöhnlich seine Arbeit verrichtet oder zuletzt gewöhnlich verrichtet hat.

(2) ¹Die Tarifvertragsparteien können im Tarifvertrag die Zuständigkeit eines an sich örtlich unzuständigen Arbeitsgerichts festlegen für

1. bürgerliche Rechtsstreitigkeiten zwischen Arbeitnehmern und Arbeitgebern aus einem Arbeitsverhältnis und aus Verhandlungen über die Eingehung eines Arbeitsverhältnisses, das sich nach einem Tarifvertrag bestimmt,

2. bürgerliche Rechtsstreitigkeiten aus dem Verhältnis einer gemeinsamen Einrichtung der Tarifvertragsparteien zu den Arbeitnehmern oder Arbeitgebern.

²Im Geltungsbereich eines Tarifvertrags nach Satz 1 Nr. 1 gelten die tarifvertraglichen Bestimmungen über das örtlich zuständige Arbeitsgericht zwischen nicht tarifgebundenen Arbeitgebern und Arbeitnehmern, wenn die Anwendung des gesamten Tarifvertrags zwischen ihnen vereinbart ist. ³Die in § 38 Abs. 2 und 3 der Zivilprozessordnung vorgesehenen Beschränkungen finden keine Anwendung.

§ 48a Entscheidung über die Zulässigkeit des Rechtsweges

(Aufgehoben)

§ 49 Ablehnung von Gerichtspersonen

(1) Über die Ablehnung von Gerichtspersonen entscheidet die Kammer des Arbeitsgerichts.

(2) Wird sie durch das Ausscheiden des abgelehnten Mitglieds beschlussunfähig, so entscheidet das Landesarbeitsgericht.

(3) Gegen den Beschluss findet kein Rechtsmittel statt.

§ 50 Zustellung

(1) ¹Die Urteile werden von Amts wegen binnen drei Wochen seit Übermittlung an die Geschäftsstelle zugestellt. ²§ 317 Abs. 1 Satz 3 der Zivilprozeßordnung ist nicht anzuwenden.

(2) Die §§ 174, 178 Abs. 1 Nr. 2 der Zivilprozessordnung sind auf die nach § 11 zur Prozessvertretung zugelassenen Personen entsprechend anzuwenden.

§ 51 Persönliches Erscheinen der Parteien

(1) ¹Der Vorsitzende kann das persönliche Erscheinen der Parteien in jeder Lage des Rechtsstreits anordnen. ²Im übrigen finden die Vorschrif-

ten des § 141 Abs. 2 und 3 der Zivilprozeßordnung entsprechende Anwendung.

(2) [1]Der Vorsitzende kann die Zulassung eines Prozeßbevollmächtigten ablehnen, wenn die Partei trotz Anordnung ihres persönlichen Erscheinens unbegründet ausgeblieben ist und hierdurch der Zweck der Anordnung vereitelt wird. [2]§ 141 Abs. 3 Satz 2 und 3 der Zivilprozeßordnung findet entsprechende Anwendung.

§ 52 Öffentlichkeit

[1]Die Verhandlung vor dem erkennenden Gericht einschließlich der Beweisaufnahme und der Verkündung der Entscheidung ist öffentlich. [2]Das Arbeitsgericht kann die Öffentlichkeit für die Verhandlung oder für einen Teil der Verhandlung ausschließen, wenn durch die Öffentlichkeit eine Gefährdung der öffentlichen Ordnung, insbesondere der Staatssicherheit, oder eine Gefährdung der Sittlichkeit zu besorgen ist oder wenn eine Partei den Ausschluß der Öffentlichkeit beantragt, weil Betriebs-, Geschäfts- oder Erfindungsgeheimnisse zum Gegenstand der Verhandlung oder der Beweisaufnahme gemacht werden; außerdem ist § 171b des Gerichtsverfassungsgesetzes entsprechend anzuwenden. [3]Im Güteverfahren kann es die Öffentlichkeit auch aus Zweckmäßigkeitsgründen ausschließen. [4]§ 169 Satz 2 sowie die §§ 173 bis 175 des Gerichtsverfassungsgesetzes sind entsprechend anzuwenden.

§ 53 Befugnisse des Vorsitzenden und der ehrenamtlichen Richter

(1) [1]Die nicht auf Grund einer mündlichen Verhandlung ergehenden Beschlüsse und Verfügungen erläßt, soweit nichts anderes bestimmt ist, der Vorsitzende allein. [2]Entsprechendes gilt für Amtshandlungen auf Grund eines Rechtshilfeersuchens.

(2) Im übrigen gelten für die Befugnisse des Vorsitzenden und der ehrenamtlichen Richter die Vorschriften der Zivilprozeßordnung über das landgerichtliche Verfahren entsprechend.

§ 54 Güteverfahren

(1) [1]Die mündliche Verhandlung beginnt mit einer Verhandlung vor dem Vorsitzenden zum Zwecke der gütlichen Einigung der Parteien (Güteverhandlung). [2]Der Vorsitzende hat zu diesem Zwecke das gesamte Streitverhältnis mit den Parteien unter freier Würdigung aller Umstände zu erörtern. [3]Zur Aufklärung des Sachverhalts kann er alle Handlungen vornehmen, die sofort erfolgen können. [4]Eidliche Vernehmungen sind jedoch ausgeschlossen. [5]Der Vorsitzende kann die Güte-

verhandlung mit Zustimmung der Parteien in einem weiteren Termin, der alsbald stattzufinden hat, fortsetzen.

(2) ¹Die Klage kann bis zum Stellen der Anträge ohne Einwilligung des Beklagten zurückgenommen werden. ²In der Güteverhandlung erklärte gerichtliche Geständnisse nach § 288 der Zivilprozeßordnung haben nur dann bindende Wirkung, wenn sie zu Protokoll erklärt worden sind. ³§ 39 Satz 1 und § 282 Abs. 3 Satz 1 der Zivilprozeßordnung sind nicht anzuwenden.

(3) Das Ergebnis der Güteverhandlung, insbesondere der Abschluß eines Vergleichs, ist in die Niederschrift aufzunehmen.

(4) Erscheint eine Partei in der Güteverhandlung nicht oder ist die Güteverhandlung erfolglos, schließt sich die weitere Verhandlung unmittelbar an oder es ist, falls der weiteren Verhandlung Hinderungsgründe entgegenstehen, Termin zur streitigen Verhandlung zu bestimmen; diese hat alsbald stattzufinden.

(5) ¹Erscheinen oder verhandeln beide Parteien in der Güteverhandlung nicht, ist das Ruhen des Verfahrens anzuordnen. ²Auf Antrag einer Partei ist Termin zur streitigen Verhandlung zu bestimmen. ³Dieser Antrag kann nur innerhalb von sechs Monaten nach der Güteverhandlung gestellt werden. ⁴Nach Ablauf der Frist ist § 269 Abs. 3 bis 5 der Zivilprozeßordnung entsprechend anzuwenden.

§ 55 Alleinentscheidung durch den Vorsitzenden

(1) Der Vorsitzende entscheidet außerhalb der streitigen Verhandlung allein

1. bei Zurücknahme der Klage;

2. bei Verzicht auf den geltend gemachten Anspruch;

3. bei Anerkenntnis des geltend gemachten Anspruchs;

4. bei Säumnis einer Partei;

4a. über die Verwerfung des Einspruchs gegen ein Versäumnisurteil oder einen Vollstreckungsbescheid als unzulässig;

5. bei Säumnis beider Parteien;

6. über die einstweilige Einstellung der Zwangsvollstreckung;

7. über die örtliche Zuständigkeit;

8. über die Aussetzung des Verfahrens;

9. wenn nur noch über die Kosten zu entscheiden ist;

10. bei Entscheidungen über eine Berichtigung des Tatbestandes, soweit nicht eine Partei eine mündliche Verhandlung hierüber beantragt;

11. im Fall des § 11 Abs. 3 über die Zurückweisung des Bevollmächtigten oder die Untersagung der weiteren Vertretung.

(2) ¹Der Vorsitzende kann in den Fällen des Absatzes 1 Nr. 1, 3 und 4a bis 10 eine Entscheidung ohne mündliche Verhandlung treffen. ²Dies gilt mit Zustimmung der Parteien auch in dem Fall des Absatzes 1 Nr. 2.

(3) Der Vorsitzende entscheidet ferner allein, wenn in der Verhandlung, die sich unmittelbar an die Güteverhandlung anschließt, eine das Verfahren beendende Entscheidung ergehen kann und die Parteien übereinstimmend eine Entscheidung durch den Vorsitzenden beantragen; der Antrag ist in die Niederschrift aufzunehmen.

(4) ¹Der Vorsitzende kann vor der streitigen Verhandlung einen Beweisbeschluß erlassen, soweit er anordnet

1. eine Beweisaufnahme durch den ersuchten Richter;

2. eine schriftliche Beantwortung der Beweisfrage nach § 377 Abs. 3 der Zivilprozeßordnung;

3. die Einholung amtlicher Auskünfte;

4. eine Parteivernehmung;

5. die Einholung eines schriftlichen Sachverständigengutachtens.

²Anordnungen nach Nummer 1 bis 3 und 5 können vor der streitigen Verhandlung ausgeführt werden.

§ 56 Vorbereitung der streitigen Verhandlung

(1) ¹Der Vorsitzende hat die streitige Verhandlung so vorzubereiten, daß sie möglichst in einem Termin zu Ende geführt werden kann. ²Zu diesem Zweck soll er, soweit es sachdienlich erscheint, insbesondere

1. den Parteien die Ergänzung oder Erläuterung ihrer vorbereitenden Schriftsätze sowie die Vorlegung von Urkunden und von anderen zur Niederlegung bei Gericht geeigneten Gegenständen aufgeben, insbesondere eine Frist zur Erklärung über bestimmte klärungsbedürftige Punkte setzen;

2. Behörden oder Träger eines öffentlichen Amtes um Mitteilung von Urkunden oder um Erteilung amtlicher Auskünfte ersuchen;

3. das persönliche Erscheinen der Parteien anordnen;

4. Zeugen, auf die sich eine Partei bezogen hat, und Sachverständige zur mündlichen Verhandlung laden sowie eine Anordnung nach § 378 der Zivilprozeßordnung treffen.

[3]Von diesen Maßnahmen sind die Parteien zu benachrichtigen.

(2) [1]Angriffs- und Verteidigungsmittel, die erst nach Ablauf einer nach Absatz 1 Satz 2 Nr. 1 gesetzten Frist vorgebracht werden, sind nur zuzulassen, wenn nach der freien Überzeugung des Gerichts ihre Zulassung die Erledigung des Rechtsstreits nicht verzögern würde oder wenn die Partei die Verspätung genügend entschuldigt. [2]Die Parteien sind über die Folgen der Versäumung der nach Absatz 1 Satz 2 Nr. 1 gesetzten Frist zu belehren.

§ 57 Verhandlung vor der Kammer

(1) [1]Die Verhandlung ist möglichst in einem Termin zu Ende zu führen. [2]Ist das nicht durchführbar, insbesondere weil eine Beweisaufnahme nicht sofort stattfinden kann, so ist der Termin zur weiteren Verhandlung, die sich alsbald anschließen soll, sofort zu verkünden.

(2) Die gütliche Erledigung des Rechtsstreits soll während des ganzen Verfahrens angestrebt werden.

§ 58 Beweisaufnahme

(1) [1]Soweit die Beweisaufnahme an der Gerichtsstelle möglich ist, erfolgt sie vor der Kammer. [2]In den übrigen Fällen kann die Beweisaufnahme, unbeschadet des § 13, dem Vorsitzenden übertragen werden.

(2) [1]Zeugen und Sachverständige werden nur beeidigt, wenn die Kammer dies im Hinblick auf die Bedeutung des Zeugnisses für die Entscheidung des Rechtsstreits für notwendig erachtet. [2]Im Falle des § 377 Abs. 3 der Zivilprozeßordnung ist die eidesstattliche Versicherung nur erforderlich, wenn die Kammer sie aus dem gleichen Grunde für notwendig hält.

§ 59 Versäumnisverfahren

[1]Gegen ein Versäumnisurteil kann eine Partei, gegen die das Urteil ergangen ist, binnen einer Notfrist von einer Woche nach seiner Zustellung Einspruch einlegen. [2]Der Einspruch wird beim Arbeitsgericht schriftlich oder durch Abgabe einer Erklärung zur Niederschrift der Geschäftsstelle eingelegt. [3]Hierauf ist die Partei zugleich mit der Zustel-

lung des Urteils schriftlich hinzuweisen. [4]§ 345 der Zivilprozeßordnung bleibt unberührt.

§ 60 Verkündung des Urteils

(1) [1]Zur Verkündung des Urteils kann ein besonderer Termin nur bestimmt werden, wenn die sofortige Verkündung in dem Termin, auf Grund dessen es erlassen wird, aus besonderen Gründen nicht möglich ist, insbesondere weil die Beratung nicht mehr am Tage der Verhandlung stattfinden kann. [2]Der Verkündungstermin wird nur dann über drei Wochen hinaus angesetzt, wenn wichtige Gründe, insbesondere der Umfang oder die Schwierigkeit der Sache, dies erfordern. [3]Dies gilt auch dann, wenn ein Urteil nach Lage der Akten erlassen wird.

(2) [1]Bei Verkündung des Urteils ist der wesentliche Inhalt der Entscheidungsgründe mitzuteilen. [2]Dies gilt nicht, wenn beide Parteien abwesend sind; in diesem Fall genügt die Bezugnahme auf die unterschriebene Urteilsformel.

(3) [1]Die Wirksamkeit der Verkündung ist von der Anwesenheit der ehrenamtlichen Richter nicht abhängig. [2]Wird ein von der Kammer gefälltes Urteil ohne Zuziehung der ehrenamtlichen Richter verkündet, so ist die Urteilsformel vorher von dem Vorsitzenden und den ehrenamtlichen Richtern zu unterschreiben.

(4) [1]Das Urteil nebst Tatbestand und Entscheidungsgründen ist vom Vorsitzenden zu unterschreiben. [2]Wird das Urteil nicht in dem Termin verkündet, in dem die mündliche Verhandlung geschlossen wird, so muß es bei der Verkündung in vollständiger Form abgefaßt sein. [3]Ein Urteil, das in dem Termin, in dem die mündliche Verhandlung geschlossen wird, verkündet wird, ist vor Ablauf von drei Wochen, vom Tage der Verkündung an gerechnet, vollständig abgefaßt der Geschäftsstelle zu übermitteln; kann dies ausnahmsweise nicht geschehen, so ist innerhalb dieser Frist das von dem Vorsitzenden unterschriebene Urteil ohne Tatbestand und Entscheidungsgründe der Geschäftsstelle zu übermitteln. [4]In diesem Fall sind Tatbestand und Entscheidungsgründe alsbald nachträglich anzufertigen, von dem Vorsitzenden besonders zu unterschreiben und der Geschäftsstelle zu übermitteln.

§ 61 Inhalt des Urteils

(1) Den Wert des Streitgegenstandes setzt das Arbeitsgericht im Urteil fest.

(2) [1]Spricht das Urteil die Verpflichtung zur Vornahme einer Handlung aus, so ist der Beklagte auf Antrag des Klägers zugleich für den Fall, daß

die Handlung nicht binnen einer bestimmten Frist vorgenommen ist, zur Zahlung einer vom Arbeitsgericht nach freiem Ermessen festzusetzenden Entschädigung zu verurteilen. ²Die Zwangsvollstreckung nach §§ 887 und 888 der Zivilprozeßordnung ist in diesem Falle ausgeschlossen.

(3) Ein über den Grund des Anspruchs vorab entscheidendes Zwischenurteil ist wegen der Rechtsmittel nicht als Endurteil anzusehen.

§ 61a Besondere Prozessförderung in Kündigungsverfahren

(1) Verfahren in Rechtsstreitigkeiten über das Bestehen, das Nichtbestehen oder die Kündigung eines Arbeitsverhältnisses sind nach Maßgabe der folgenden Vorschriften vorrangig zu erledigen.

(2) Die Güteverhandlung soll innerhalb von zwei Wochen nach Klageerhebung stattfinden.

(3) Ist die Güteverhandlung erfolglos oder wird das Verfahren nicht in einer sich unmittelbar anschließenden weiteren Verhandlung abgeschlossen, fordert der Vorsitzende den Beklagten auf, binnen einer angemessenen Frist, die mindestens zwei Wochen betragen muß, im einzelnen unter Beweisantritt schriftlich die Klage zu erwidern, wenn der Beklagte noch nicht oder nicht ausreichend auf die Klage erwidert hat.

(4) Der Vorsitzende kann dem Kläger eine angemessene Frist, die mindestens zwei Wochen betragen muß, zur schriftlichen Stellungnahme auf die Klageerwiderung setzen.

(5) Angriffs- und Verteidigungsmittel, die erst nach Ablauf der nach Absatz 3 oder 4 gesetzten Fristen vorgebracht werden, sind nur zuzulassen, wenn nach der freien Überzeugung des Gerichts ihre Zulassung die Erledigung des Rechtsstreits nicht verzögert oder wenn die Partei die Verspätung genügend entschuldigt.

(6) Die Parteien sind über die Folgen der Versäumung der nach Absatz 3 oder 4 gesetzten Fristen zu belehren.

§ 61b Klage wegen Benachteiligung

(1) Eine Klage auf Entschädigung nach § 15 des Allgemeinen Gleichbehandlungsgesetzes muss innerhalb von drei Monaten, nachdem der Anspruch schriftlich geltend gemacht worden ist, erhoben werden.

(2) ¹Machen mehrere Bewerber wegen Benachteiligung bei der Begründung eines Arbeitsverhältnisses oder beim beruflichen Aufstieg eine Entschädigung nach § 15 des Allgemeinen Gleichbehandlungsgesetzes

gerichtlich geltend, so wird auf Antrag des Arbeitgebers das Arbeitsgericht, bei dem die erste Klage erhoben ist, auch für die übrigen Klagen ausschließlich zuständig. ²Die Rechtsstreitigkeiten sind von Amts wegen an dieses Arbeitsgericht zu verweisen; die Prozesse sind zur gleichzeitigen Verhandlung und Entscheidung zu verbinden.

(3) Auf Antrag des Arbeitgebers findet die mündliche Verhandlung nicht vor Ablauf von sechs Monaten seit Erhebung der ersten Klage statt.

§ 62 Zwangsvollstreckung

(1) ¹Urteile der Arbeitsgerichte, gegen die Einspruch oder Berufung zulässig ist, sind vorläufig vollstreckbar. ²Macht der Beklagte glaubhaft, daß die Vollstreckung ihm einen nicht zu ersetzenden Nachteil bringen würde, so hat das Arbeitsgericht auf seinen Antrag die vorläufige Vollstreckbarkeit im Urteil auszuschließen. ³In den Fällen des § 707 Abs. 1 und des § 719 Abs. 1 der Zivilprozeßordnung kann die Zwangsvollstreckung nur unter derselben Voraussetzung eingestellt werden. ⁴Die Einstellung der Zwangsvollstreckung nach Satz 3 erfolgt ohne Sicherheitsleistung. ⁵Die Entscheidung ergeht durch unanfechtbaren Beschluss.

(2) ¹Im übrigen finden auf die Zwangsvollstreckung einschließlich des Arrestes und der einstweiligen Verfügung die Vorschriften des Achten Buchs der Zivilprozeßordnung Anwendung. ²Die Entscheidung über den Antrag auf Erlaß einer einstweiligen Verfügung kann in dringenden Fällen, auch dann, wenn der Antrag zurückzuweisen ist, ohne mündliche Verhandlung ergehen.

§ 63 Übermittlung von Urteilen in Tarifvertragssachen

¹Rechtskräftige Urteile, die in bürgerlichen Rechtsstreitigkeiten zwischen Tarifvertragsparteien aus dem Tarifvertrag oder über das Bestehen oder Nichtbestehen des Tarifvertrags ergangen sind, sind alsbald der zuständigen obersten Landesbehörde und dem Bundesministerium für Arbeit und Soziales in vollständiger Form abschriftlich zu übersenden oder elektronisch zu übermitteln. ²Ist die zuständige oberste Landesbehörde die Landesjustizverwaltung, so sind die Urteilsabschriften oder das Urteil in elektronischer Form auch der obersten Arbeitsbehörde des Landes zu übermitteln.

Zweiter Unterabschnitt
Berufungsverfahren

§ 64 Grundsatz

(1) Gegen die Urteile der Arbeitsgerichte findet, soweit nicht nach § 78 das Rechtsmittel der sofortigen Beschwerde gegeben ist, die Berufung an die Landesarbeitsgerichte statt.

(2) Die Berufung kann nur eingelegt werden,

a) wenn sie in dem Urteil des Arbeitsgerichts zugelassen worden ist,

b) wenn der Wert des Beschwerdegegenstandes 600 Euro übersteigt,

c) in Rechtsstreitigkeiten über das Bestehen, das Nichtbestehen oder die Kündigung eines Arbeitsverhältnisses oder

d) wenn es sich um ein Versäumnisurteil handelt, gegen das der Einspruch an sich nicht statthaft ist, wenn die Berufung oder Anschlußberufung darauf gestützt wird, daß der Fall der schuldhaften Versäumung nicht vorgelegen habe.

(3) Das Arbeitsgericht hat die Berufung zuzulassen, wenn

1. die Rechtssache grundsätzliche Bedeutung hat,

2. die Rechtssache Rechtsstreitigkeiten betrifft

   a) zwischen Tarifvertragsparteien aus Tarifverträgen oder über das Bestehen oder Nichtbestehen von Tarifverträgen,

   b) über die Auslegung eines Tarifvertrages, dessen Geltungsbereich sich über den Bezirk eines Arbeitsgerichts hinaus erstreckt, oder

   c) zwischen tariffähigen Parteien oder zwischen diesen und Dritten aus unerlaubten Handlungen, soweit es sich um Maßnahmen zum Zwecke des Arbeitskampfes oder um Fragen der Vereinigungsfreiheit einschließlich des hiermit im Zusammenhang stehenden Betätigungsrechts der Vereinigungen handelt, oder

   das Arbeitsgericht in der Auslegung einer Rechtsvorschrift von einem ihm im Verfahren vorgelegten Urteil, das für oder gegen eine Partei des Rechtsstreits ergangen ist, oder von einem Urteil des im Rechtszug übergeordneten Landesarbeitsgerichts abweicht und die Entscheidung auf dieser Abweichung beruht.

(3a) [1]Die Entscheidung des Arbeitsgerichts, ob die Berufung zugelassen oder nicht zugelassen wird, ist in den Urteilstenor aufzunehmen. [2]Ist dies unterblieben, kann binnen zwei Wochen ab Verkündung des Urteils eine entsprechende Ergänzung beantragt werden. ³Über den Antrag kann die Kammer ohne mündliche Verhandlung entscheiden.

(4) Das Landesarbeitsgericht ist an die Zulassung gebunden.

(5) Ist die Berufung nicht zugelassen worden, hat der Berufungskläger den Wert des Beschwerdegegenstandes glaubhaft zu machen; zur Versicherung an Eides Statt darf er nicht zugelassen werden.

(6) ¹Für das Verfahren vor den Landesarbeitsgerichten gelten, soweit dieses Gesetz nichts anderes bestimmt, die Vorschriften der Zivilprozeßordnung über die Berufung entsprechend. ²Die Vorschriften über das Verfahren vor dem Einzelrichter finden keine Anwendung.

(7) Die Vorschriften des § 49 Abs. 1 und 3, des § 50, des § 51 Abs. 1, der §§ 52, 53, 55 Abs. 1 Nr. 1–9, Abs. 2 und 4, der §§ 56 bis 59, 61 Abs. 2 und 3 und der §§ 62 und 63 über Ablehnung von Gerichtspersonen, Zustellungen, persönliches Erscheinen der Parteien, Öffentlichkeit, Befugnisse des Vorsitzenden und der ehrenamtlichen Richter, Vorbereitung der streitigen Verhandlung, Verhandlung vor der Kammer, Beweisaufnahme, Versäumnisverfahren, Inhalt des Urteils, Zwangsvollstreckung und Übersendung von Urteilen in Tarifvertragssachen gelten entsprechend.

(8) Berufungen in Rechtsstreitigkeiten über das Bestehen, das Nichtbestehen oder die Kündigung eines Arbeitsverhältnisses sind vorrangig zu erledigen.

§ 65 Beschränkung der Berufung

Das Berufungsgericht prüft nicht, ob der beschrittene Rechtsweg und die Verfahrensart zulässig sind und ob bei der Berufung der ehrenamtlichen Richter Verfahrensmängel unterlaufen sind oder Umstände vorgelegen haben, die die Berufung eines ehrenamtlichen Richters zu seinem Amte ausschließen.

§ 66 Einlegung der Berufung, Terminbestimmung

(1) ¹Die Frist für die Einlegung der Berufung beträgt einen Monat, die Frist zur Begründung der Berufung zwei Monate. ²Beide Fristen beginnen mit der Zustellung des in vollständiger Form abgefassten Urteils, spätestens aber mit Ablauf von fünf Monaten nach der Verkündung. ³Die Berufung muß innerhalb einer Frist von einem Monat nach Zustellung der Berufungsbegründung beantwortet werden. ⁴Mit der Zustellung der Berufungsbegründung ist der Berufungsbeklagte auf die Frist für die Berufungsbeantwortung hinzuweisen. ⁵Die Fristen zur Begrün-

dung der Berufung und zur Berufungsbeantwortung können vom Vorsitzenden einmal auf Antrag verlängert werden, wenn nach seiner freien Überzeugung der Rechtsstreit durch die Verlängerung nicht verzögert wird oder wenn die Partei erhebliche Gründe darlegt.

(2) ¹Die Bestimmung des Termins zur mündlichen Verhandlung muss unverzüglich erfolgen. ²§ 522 Abs. 1 der Zivilprozessordnung bleibt unberührt; die Verwerfung der Berufung ohne mündliche Verhandlung ergeht durch Beschluss des Vorsitzenden. ³§ 522 Abs. 2 und 3 der Zivilprozessordnung findet keine Anwendung.

§ 67 Zulassung neuer Angriffs- und Verteidigungsmittel

(1) Angriffs- und Verteidigungsmittel, die im ersten Rechtszug zu Recht zurückgewiesen worden sind, bleiben ausgeschlossen.

(2) ¹Neue Angriffs- und Verteidigungsmittel, die im ersten Rechtszug entgegen einer hierfür nach § 56 Abs. 1 Satz 2 Nr. 1 oder § 61a Abs. 3 oder 4 gesetzten Frist nicht vorgebracht worden sind, sind nur zuzulassen, wenn nach der freien Überzeugung des Landesarbeitsgerichts ihre Zulassung die Erledigung des Rechtsstreits nicht verzögern würde oder wenn die Partei die Verspätung genügend entschuldigt. ²Der Entschuldigungsgrund ist auf Verlangen des Landesarbeitsgerichts glaubhaft zu machen.

(3) Neue Angriffs- und Verteidigungsmittel, die im ersten Rechtszug entgegen § 282 Abs. 1 der Zivilprozeßordnung nicht rechtzeitig vorgebracht oder entgegen § 282 Abs. 2 der Zivilprozeßordnung nicht rechtzeitig mitgeteilt worden sind, sind nur zuzulassen, wenn ihre Zulassung nach der freien Überzeugung des Landesarbeitsgerichts die Erledigung des Rechtsstreits nicht verzögern würde oder wenn die Partei das Vorbringen im ersten Rechtszug nicht aus grober Nachlässigkeit unterlassen hatte.

(4) ¹Sobald das Vorbringen neuer Angriffs- und Verteidigungsmittel nach den Absätzen 2 und 3 zulässig sind, sind diese vom Berufungskläger in der Berufungsbegründung, vom Berufungsbeklagten in der Berufungsbeantwortung vorzubringen. ²Werden sie später vorgebracht, sind sie nur zuzulassen, wenn sie nach der Berufungsbegründung oder Berufungsbeantwortung entstanden sind oder das verspätete Vorbringen nach der freien Überzeugung des Landesarbeitsgerichts die Erledigung des Rechtsstreits nicht verzögern würde oder nicht auf Verschulden der Partei beruht.

§ 67a

(Aufgehoben)

§ 68 Zurückverweisung

Wegen eines Mangels im Verfahren des Arbeitsgerichts ist die Zurückverweisung unzulässig.

§ 69 Urteil

(1) ¹Das Urteil nebst Tatbestand und Entscheidungsgründen ist von sämtlichen Mitgliedern der Kammer zu unterschreiben. ²§ 60 Abs. 1 bis 3 und Abs. 4 Satz 2 bis 4 ist entsprechend mit der Maßgabe anzuwenden, dass die Frist nach Absatz 4 Satz 3 vier Wochen beträgt und im Falle des Absatzes 4 Satz 4 Tatbestand und Entscheidungsgründe von sämtlichen Mitgliedern der Kammer zu unterschreiben sind.

(2) Im Urteil kann von der Darstellung des Tatbestandes und, soweit das Berufungsgericht den Gründen der angefochtenen Entscheidung folgt und dies in seinem Urteil feststellt, auch von der Darstellung der Entscheidungsgründe abgesehen werden.

(3) ¹Ist gegen das Urteil die Revision statthaft, so soll der Tatbestand eine gedrängte Darstellung des Sach- und Streitstandes auf der Grundlage der mündlichen Vorträge der Parteien enthalten. ²Eine Bezugnahme auf das angefochtene Urteil sowie auf Schriftsätze, Protokolle und andere Unterlagen ist zulässig, soweit hierdurch die Beurteilung des Parteivorbringens durch das Revisionsgericht nicht wesentlich erschwert wird.

(4) ¹§ 540 Abs. 1 der Zivilprozessordnung findet keine Anwendung. ²§ 313a Abs. 1 Satz 2 der Zivilprozessordnung findet mit der Maßgabe entsprechende Anwendung, dass es keiner Entscheidungsgründe bedarf, wenn die Parteien auf sie verzichtet haben; im Übrigen sind die §§ 313a und 313b der Zivilprozessordnung entsprechend anwendbar.

§ 70

(Aufgehoben)

§ 71

(Weggefallen)

Dritter Unterabschnitt
Revisionsverfahren

§ 72 Grundsatz

(1) ¹Gegen das Endurteil eines Landesarbeitsgerichts findet die Revision an das Bundesarbeitsgericht statt, wenn sie in dem Urteil des Landesarbeitsgerichts oder in dem Beschluß des Bundesarbeitsgerichts nach § 72a Abs. 5 Satz 2 zugelassen worden ist. ²§ 64 Abs. 3a ist entsprechend anzuwenden.

(2) Die Revision ist zuzulassen, wenn

1. eine entscheidungserhebliche Rechtsfrage grundsätzliche Bedeutung hat,

2. das Urteil von einer Entscheidung des Bundesverfassungsgerichts, von einer Entscheidung des Gemeinsamen Senats der obersten Gerichtshöfe des Bundes, von einer Entscheidung des Bundesarbeitsgerichts oder, solange eine Entscheidung des Bundesarbeitsgerichts in der Rechtsfrage nicht ergangen ist, von einer Entscheidung einer anderen Kammer desselben Landesarbeitsgerichts oder eines anderen Landesarbeitsgerichts abweicht und die Entscheidung auf dieser Abweichung beruht oder

3. ein absoluter Revisionsgrund gemäß § 547 Nr. 1 bis 5 der Zivilprozessordnung oder eine entscheidungserhebliche Verletzung des Anspruchs auf rechtliches Gehör geltend gemacht wird und vorliegt.

(3) Das Bundesarbeitsgericht ist an die Zulassung der Revision durch das Landesarbeitsgericht gebunden.

(4) Gegen Urteile, durch die über die Anordnung, Abänderung oder Aufhebung eines Arrestes oder einer einstweiligen Verfügung entschieden wird, ist die Revision nicht zulässig.

(5) Für das Verfahren vor dem Bundesarbeitsgericht gelten, soweit dieses Gesetz nichts anderes bestimmt, die Vorschriften der Zivilprozessordnung über die Revision mit Ausnahme des § 566 entsprechend.

(6) Die Vorschriften des § 49 Abs. 1, der §§ 50, 52 und 53, des § 57 Abs. 2, des § 61 Abs. 2 und des § 63 über Ablehnung von Gerichtspersonen, Zustellung, Öffentlichkeit, Befugnisse des Vorsitzenden und der ehrenamtlichen Richter, gütliche Erledigung des Rechtsstreits sowie Inhalt des Urteils und Übersendung von Urteilen in Tarifvertragssachen gelten entsprechend.

§ 72a Nichtzulassungsbeschwerde

(1) Die Nichtzulassung der Revision durch das Landesarbeitsgericht kann selbständig durch Beschwerde angefochten werden.

(2) ¹Die Beschwerde ist bei dem Bundesarbeitsgericht innerhalb einer Notfrist von einem Monat nach Zustellung des in vollständiger Form abgefaßten Urteils schriftlich einzulegen. ²Der Beschwerdeschrift soll eine Ausfertigung oder beglaubigte Abschrift des Urteils beigefügt werden, gegen das die Revision eingelegt werden soll.

(3) ¹Die Beschwerde ist innerhalb einer Notfrist von zwei Monaten nach Zustellung des in vollständiger Form abgefaßten Urteils zu begründen. ²Die Begründung muß enthalten:

1. die Darlegung der grundsätzlichen Bedeutung einer Rechtsfrage und deren Entscheidungserheblichkeit,

2. die Bezeichnung der Entscheidung, von der das Urteil des Landesarbeitsgerichts abweicht, oder

3. die Darlegung eines absoluten Revisionsgrundes nach § 547 Nr. 1 bis 5 der Zivilprozeßordnung oder der Verletzung des Anspruchs auf rechtliches Gehör und der Entscheidungserheblichkeit der Verletzung.

(4) ¹Die Einlegung der Beschwerde hat aufschiebende Wirkung. ²Die Vorschriften des § 719 Abs. 2 und 3 der Zivilprozeßordnung sind entsprechend anzuwenden.

(5) ¹Das Landesarbeitsgericht ist zu einer Änderung seiner Entscheidung nicht befugt. ²Das Bundesarbeitsgericht entscheidet unter Hinzuziehung der ehrenamtlichen Richter durch Beschluß, der ohne mündliche Verhandlung ergehen kann. ³Die ehrenamtlichen Richter wirken nicht mit, wenn die Nichtzulassungsbeschwerde als unzulässig verworfen wird, weil sie nicht statthaft oder nicht in der gesetzlichen Form und Frist eingelegt und begründet ist. ⁴Dem Beschluß soll eine kurze Begründung beigefügt werden. ⁵Von einer Begründung kann abgesehen werden, wenn sie nicht geeignet wäre, zur Klärung der Voraussetzungen beizutragen, unter denen eine Revision zuzulassen ist, oder wenn der Beschwerde stattgegeben wird. ⁶Mit der Ablehnung der Beschwerde durch das Bundesarbeitsgericht wird das Urteil rechtskräftig.

(6) ¹Wird der Beschwerde stattgegeben, so wird das Beschwerdeverfahren als Revisionsverfahren fortgesetzt. ²In diesem Fall gilt die form- und fristgerechte Einlegung der Nichtzulassungsbeschwerde als Einlegung

der Revision. ³Mit der Zustellung der Entscheidung beginnt die Revisionsbegründungsfrist.

(7) Hat das Landesarbeitsgericht den Anspruch des Beschwerdeführers auf rechtliches Gehör in entscheidungserheblicher Weise verletzt, so kann das Bundesarbeitsgericht abweichend von Absatz 6 in dem der Beschwerde stattgebenden Beschluß das angefochtene Urteil aufheben und den Rechtsstreit zur neuen Verhandlung und Entscheidung an das Landesarbeitsgericht zurückverweisen.

§ 72b Sofortige Beschwerde wegen verspäteter Absetzung des Berufungsurteils

(1) ¹Das Endurteil eines Landesarbeitsgerichts kann durch sofortige Beschwerde angefochten werden, wenn es nicht binnen fünf Monaten nach der Verkündung vollständig abgefasst und mit den Unterschriften sämtlicher Mitglieder der Kammer versehen der Geschäftsstelle übergeben worden ist. ²§ 72a findet keine Anwendung.

(2) ¹Die sofortige Beschwerde ist innerhalb eine Notfrist von einem Monat beim Bundesarbeitsgericht einzulegen und zu begründen. ²Die Frist beginnt mit dem Ablauf von fünf Monaten nach Verkündung des Urteils des Landesarbeitsgerichts. ³§ 9 Abs. 5 findet keine Anwendung.

(3) ¹Die sofortige Beschwerde wird durch Einreichung einer Beschwerdeschrift eingelegt. ²Die Beschwerdeschrift muss die Bezeichnung der angefochtenen Entscheidung sowie die Erklärung enthalten, dass Beschwerde gegen diese Entscheidung eingelegt werde. ³Die Beschwerde kann nur damit begründet werden, dass das Urteil des Landesarbeitsgerichts mit Ablauf von fünf Monaten nach der Verkündung noch nicht vollständig abgefasst und mit den Unterschriften sämtlicher Mitglieder der Kammer versehen der Geschäftsstelle übergeben worden ist.

(4) ¹Über die sofortige Beschwerde entscheidet das Bundesarbeitsgericht ohne Hinzuziehung der ehrenamtlichen Richter durch Beschluss, der ohne mündliche Verhandlung ergehen kann. ²Dem Beschluss soll eine kurze Begründung beigefügt werden.

(5) ¹Ist die sofortige Beschwerde zulässig und begründet, ist das Urteil des Landesarbeitsgerichts aufzuheben und die Sache zur neuen Verhandlung und Entscheidung an das Landesarbeitsgericht zurückzuverweisen. ²Die Zurückverweisung kann an eine andere Kammer des Landesarbeitsgerichts erfolgen.

§ 73 Revisionsgründe

(1) ¹Die Revision kann nur darauf gestützt werden, daß das Urteil des Landesarbeitsgerichts auf der Verletzung einer Rechtsnorm beruht. ²Sie kann nicht auf die Gründe des § 72b gestützt werden.

(2) § 65 findet entsprechende Anwendung.

§ 74 Einlegung der Revision, Terminbestimmung

(1) ¹Die Frist für die Einlegung der Revision beträgt einen Monat, die Frist für die Begründung der Revision zwei Monate. ²Beide Fristen beginnen mit der Zustellung des in vollständiger Form abgefassten Urteils, spätestens aber mit Ablauf von fünf Monaten nach der Verkündung. ³Die Revisionsbegründungsfrist kann einmal bis zu einem weiteren Monat verlängert werden.

(2) ¹Die Bestimmung des Termins zur mündlichen Verhandlung muß unverzüglich erfolgen. ²§ 552 Abs. 1 der Zivilprozessordnung bleibt unberührt. ³Die Verwerfung der Revision ohne mündliche Verhandlung ergeht durch Beschluß des Senats und ohne Zuziehung der ehrenamtlichen Richter.

§ 75 Urteil

(1) ¹Die Wirksamkeit der Verkündung des Urteils ist von der Anwesenheit der ehrenamtlichen Richter nicht abhängig. ²Wird ein Urteil in Abwesenheit der ehrenamtlichen Richter verkündet, so ist die Urteilsformel vorher von sämtlichen Mitgliedern des erkennenden Senats zu unterschreiben.

(2) Das Urteil nebst Tatbestand und Entscheidungsgründen ist von sämtlichen Mitgliedern des erkennenden Senats zu unterschreiben.

§ 76 Sprungrevision

(1) ¹Gegen das Urteil eines Arbeitsgerichts kann unter Übergehung der Berufungsinstanz unmittelbar die Revision eingelegt werden (Sprungrevision), wenn der Gegner schriftlich zustimmt und wenn sie vom Arbeitsgericht auf Antrag im Urteil oder nachträglich durch Beschluß zugelassen wird. ²Der Antrag ist innerhalb einer Notfrist von einem Monat nach Zustellung des in vollständiger Form abgefaßten Urteils schriftlich zu stellen. ³Die Zustimmung des Gegners ist, wenn die Revision im Urteil zugelassen ist, der Revisionsschrift, andernfalls dem Antrag beizufügen.

(2) ¹Die Sprungrevision ist nur zuzulassen, wenn die Rechtssache grundsätzliche Bedeutung hat und Rechtsstreitigkeiten betrifft

1. zwischen Tarifvertragsparteien aus Tarifverträgen oder über das Bestehen oder Nichtbestehen von Tarifverträgen,

2. über die Auslegung eines Tarifvertrags, dessen Geltungsbereich sieh über den Bezirk des Landesarbeitsgerichts hinaus erstreckt, oder

3. zwischen tariffähigen Parteien oder zwischen diesen und Dritten aus unerlaubten Handlungen, soweit es sich um Maßnahmen zum Zwecke des Arbeitskampfes oder um Fragen der Vereinigungsfreiheit einschließlich des hiermit im Zusammenhang stehenden Betätigungsrechts der Vereinigungen handelt.

²Das Bundesarbeitsgericht ist an die Zulassung gebunden. ³Die Ablehnung der Zulassung ist unanfechtbar.

(3) ¹Lehnt das Arbeitsgericht den Antrag auf Zulassung der Revision durch Beschluß ab, so beginnt mit der Zustellung dieser Entscheidung der Lauf der Berufungsfrist von neuem, sofern der Antrag in der gesetzlichen Form und Frist gestellt und die Zustimmungserklärung beigefügt war. ²Läßt das Arbeitsgericht die Revision durch Beschluß zu, so beginnt mit der Zustellung dieser Entscheidung der Lauf der Revisionsfrist.

(4) Die Revision kann nicht auf Mängel des Verfahrens gestützt werden.

(5) Die Einlegung der Revision und die Zustimmung gelten als Verzicht auf die Berufung, wenn das Arbeitsgericht die Revision zugelassen hat.

(6) ¹Verweist das Bundesarbeitsgericht die Sache zur anderweitigen Verhandlung und Entscheidung zurück, so kann die Zurückverweisung nach seinem Ermessen auch an dasjenige Landesarbeitsgericht erfolgen, das für die Berufung zuständig gewesen wäre. ²In diesem Falle gelten für das Verfahren vor dem Landesarbeitsgericht die gleichen Grundsätze, wie wenn der Rechtsstreit auf eine ordnungsmäßig eingelegte Berufung beim Landesarbeitsgericht anhängig geworden wäre. ³Das Arbeitsgericht und das Landesarbeitsgericht haben die rechtliche Beurteilung, die der Aufhebung zugrunde gelegt ist, auch ihrer Entscheidung zugrunde zu legen. ⁴Von der Einlegung der Revision nach Absatz 1 hat die Geschäftsstelle des Bundesarbeitsgerichts der Geschäftsstelle des Arbeitsgerichts unverzüglich Nachricht zu geben.

§ 77 Revisionsbeschwerde

¹Gegen den Beschluss des Landesarbeitsgerichts, der die Berufung als unzulässig verwirft, findet die Rechtsbeschwerde nur statt, wenn das Landesarbeitsgericht sie in dem Beschluss zugelassen hat. ²Für die Zulassung der Rechtsbeschwerde gilt § 72 Abs. 2 entsprechend. ³Über die Rechtsbeschwerde entscheidet das Bundesarbeitsgericht ohne Zuziehung der ehrenamtlichen Richter. ⁴Die Vorschriften der Zivilprozessordnung über die Rechtsbeschwerde gelten entsprechend.

Vierter Unterabschnitt
Beschwerdeverfahren, Abhilfe bei Verletzung des Anspruchs auf rechtliches Gehör

§ 78 Beschwerdeverfahren

¹Hinsichtlich der Beschwerde gegen Entscheidungen der Arbeitsgerichte oder ihrer Vorsitzenden gelten die für die Beschwerde gegen Entscheidungen der Amtsgerichte maßgebenden Vorschriften der Zivilprozessordnung entsprechend. ²Für die Zulassung der Rechtsbeschwerde gilt § 72 Abs. 2 entsprechend. ³Über die sofortige Beschwerde entscheidet das Landesarbeitsgericht ohne Hinzuziehung der ehrenamtlichen Richter, über die Rechtsbeschwerde das Bundesarbeitsgericht.

§ 78a Abhilfe bei Verletzung des Anspruchs auf rechtliches Gehör

(1) ¹Auf die Rüge der durch die Entscheidung beschwerten Partei ist das Verfahren fortzuführen, wenn

1. ein Rechtsmittel oder ein anderer Rechtsbehelf gegen die Entscheidung nicht gegeben ist und

2. das Gericht den Anspruch dieser Partei auf rechtliches Gehör in entscheidungserheblicher Weise verletzt hat.

²Gegen eine der Endentscheidung vorausgehende Entscheidung findet die Rüge nicht statt.

(2) ¹Die Rüge ist innerhalb einer Notfrist von zwei Wochen nach Kenntnis von der Verletzung des rechtlichen Gehörs zu erheben; der Zeitpunkt der Kenntniserlangung ist glaubhaft zu machen. ²Nach Ablauf eines Jahres seit Bekanntgabe der angegriffenen Entscheidung kann die Rüge nicht mehr erhoben werden. ³Formlos mitgeteilte Entscheidungen gelten mit dem dritten Tage nach Aufgabe zur Post als bekannt gegeben. ⁴Die Rüge ist schriftlich bei dem Gericht zu erheben, dessen Entscheidung angegriffen wird. ⁵Die Rüge muss die angegriffene Ent-

scheidung bezeichnen und das Vorliegen der in Absatz 1 Satz 1 Nr. 2 genannten Voraussetzungen darlegen.

(3) Dem Gegner ist, soweit erforderlich, Gelegenheit zur Stellungnahme zu geben.

(4) [1]Das Gericht hat von Amts wegen zu prüfen, ob die Rüge an sich statthaft und ob sie in der gesetzlichen Form und Frist erhoben ist. [2]Mangelt es an einem dieser Erfordernisse, so ist die Rüge als unzulässig zu verwerfen. [3]Ist die Rüge unbegründet, weist das Gericht sie zurück. [4]Die Entscheidung ergeht durch unanfechtbaren Beschluss. Der Beschluss soll kurz begründet werden.

(5) [1]Ist die Rüge begründet, so hilft ihr das Gericht ab, indem es das Verfahren fortführt, soweit dies aufgrund der Rüge geboten ist. [2]Das Verfahren wird in die Lage zurückversetzt, in der es sich vor dem Schluss der mündlichen Verhandlung befand. [3]§ 343 der Zivilprozessordnung gilt entsprechend. [4]In schriftlichen Verfahren tritt an die Stelle des Schlusses der mündlichen Verhandlung der Zeitpunkt, bis zu dem Schriftsätze eingereicht werden können.

(6) [1]Die Entscheidungen nach den Absätzen 4 und 5 erfolgen unter Hinzuziehung der ehrenamtlichen Richter. [2]Die ehrenamtlichen Richter wirken nicht mit, wenn die Rüge als unzulässig verworfen wird oder sich gegen eine Entscheidung richtet, die ohne Hinzuziehung der ehrenamtlichen Richter erlassen wurde.

(7) § 707 der Zivilprozessordnung ist unter der Voraussetzung entsprechend anzuwenden, dass der Beklagte glaubhaft macht, dass die Vollstreckung ihm einen nicht zu ersetzenden Nachteil bringen würde.

(8) Auf das Beschlussverfahren finden die Absätze 1 bis 7 entsprechende Anwendung.

Fünfter Unterabschnitt
Wiederaufnahme des Verfahrens

§ 79

[1]Die Vorschriften der Zivilprozeßordnung über die Wiederaufnahme des Verfahrens gelten für Rechtsstreitigkeiten nach § 2 Abs. 1 bis 4 entsprechend. [2]Die Nichtigkeitsklage kann jedoch nicht auf Mängel des Verfahrens bei der Berufung der ehrenamtlichen Richter oder auf Umstände, die die Berufung eines ehrenamtlichen Richters zu seinem Amt ausschließen, gestützt werden.

Zweiter Abschnitt
Beschlußverfahren

Erster Unterabschnitt
Erster Rechtszug

§ 80 Grundsatz

(1) Das Beschlußverfahren findet in den in § 2a bezeichneten Fällen Anwendung.

(2) ¹Für das Beschlußverfahren des ersten Rechtszugs gelten die für das Urteilsverfahren des ersten Rechtszugs maßgebenden Vorschriften über Prozeßfähigkeit, Prozeßvertretung, Ladungen, Termine und Fristen, Ablehnung und Ausschließung von Gerichtspersonen, Zustellungen, persönliches Erscheinen der Parteien, Öffentlichkeit, Befugnisse des Vorsitzenden und der ehrenamtlichen Richter, Vorbereitung der streitigen Verhandlung, Verhandlung vor der Kammer, Beweisaufnahme, gütliche Erledigung des Verfahrens, Wiedereinsetzung in den vorigen Stand und Wiederaufnahme des Verfahrens entsprechend, soweit sich aus den §§ 81 bis 84 nichts anderes ergibt. ²Der Vorsitzende kann ein Güteverfahren ansetzen; die für das Urteilsverfahren des ersten Rechtszuges maßgebenden Vorschriften über das Güteverfahren gelten entsprechend.

(3) § 48 Abs. 1 findet entsprechende Anwendung.

§ 81 Antrag

(1) Das Verfahren wird nur auf Antrag eingeleitet; der Antrag ist bei dem Arbeitsgericht schriftlich einzureichen oder bei seiner Geschäftsstelle mündlich zur Niederschrift anzubringen.

(2) ¹Der Antrag kann jederzeit in derselben Form zurückgenommen werden. ²In diesem Fall ist das Verfahren vom Vorsitzenden des Arbeitsgerichts einzustellen. ³Von der Einstellung ist den Beteiligten Kenntnis zu geben, soweit ihnen der Antrag vom Arbeitsgericht mitgeteilt worden ist.

(3) ¹Eine Änderung des Antrags ist zulässig, wenn die übrigen Beteiligten zustimmen oder das Gericht die Änderung für sachdienlich hält. ²Die Zustimmung der Beteiligten zu der Änderung des Antrags gilt als erteilt, wenn die Beteiligten sich, ohne zu widersprechen, in einem Schriftsatz oder in der mündlichen Verhandlung auf den geänderten Antrag eingelassen haben. ³Die Entscheidung, daß eine Änderung des Antrags nicht vorliegt oder zugelassen wird, ist unanfechtbar.

§ 82 Örtliche Zuständigkeit

(1) ¹Zuständig ist das Arbeitsgericht, in dessen Bezirk der Betrieb liegt. ²In Angelegenheiten des Gesamtbetriebsrats, des Konzernbetriebsrats, der Gesamtjugendvertretung oder der Gesamt-Jugend- und Auszubildendenvertretung, des Wirtschaftsausschusses und der Vertretung der Arbeitnehmer im Aufsichtsrat ist das Arbeitsgericht zuständig, in dessen Bezirk das Unternehmen seinen Sitz hat. ³Satz 2 gilt entsprechend in Angelegenheiten des Gesamtsprecherausschusses, des Unternehmenssprecherausschusses und des Konzernsprecherausschusses.

(2) ¹In Angelegenheiten eines europäischen Betriebsrats, im Rahmen eines Verfahrens zur Unterrichtung und Anhörung oder des besonderen Verhandlungsgremiums ist das Arbeitsgericht zuständig, in dessen Bezirk das Unternehmen oder das herrschende Unternehmen nach § 2 des Gesetzes über Europäische Betriebsräte seinen Sitz hat. ²Bei einer Vereinbarung nach § 41 des Gesetzes über Europäische Betriebsräte ist der Sitz des vertragschließenden Unternehmens maßgebend.

(3) In Angelegenheiten aus dem SE-Beteiligungsgesetz ist das Arbeitsgericht zuständig, in dessen Bezirk die Europäische Gesellschaft ihren Sitz hat; vor ihrer Eintragung ist das Arbeitsgericht zuständig, in dessen Bezirk die Europäische Gesellschaft ihren Sitz haben soll.

(4) In Angelegenheiten aus dem SCE-Beteiligungsgesetz ist das Arbeitsgericht zuständig, in dessen Bezirk die Europäische Genossenschaft ihren Sitz hat; vor ihrer Eintragung ist das Arbeitsgericht zuständig, in dessen Bezirk die Europäische Genossenschaft ihren Sitz haben soll.

(5) In Angelegenheiten nach dem Gesetz über die Mitbestimmung der Arbeitnehmer bei einer grenzüberschreitenden Gesellschaft ist das Arbeitsgericht zuständig, in dessen Bezirk die aus der grenzüberschreitenden Verschmelzung hervorgegangene Gesellschaft ihren Sitz hat; vor ihrer Eintragung ist das Arbeitsgericht zuständig, in dessen Bezirk die aus der grenzüberschreitenden Verschmelzung hervorgehende Gesellschaft ihren Sitz haben soll.

§ 83 Verfahren

(1) ¹Das Gericht erforscht den Sachverhalt im Rahmen der gestellten Anträge von Amts wegen. ²Die am Verfahren Beteiligten haben an der Aufklärung des Sachverhalts mitzuwirken.

(1a) ¹Der Vorsitzende kann den Beteiligten eine Frist für ihr Vorbringen setzen. ²Nach Ablauf einer nach Satz 1 gesetzten Frist kann das Vorbringen zurückgewiesen werden, wenn nach der freien Überzeugung des

Gerichts seine Zulassung die Erledigung des Beschlussverfahrens verzögern würde und der Beteiligte die Verspätung nicht genügend entschuldigt. ³Die Beteiligten sind über die Folgen der Versäumung einer nach Satz 1 gesetzten Frist zu belehren.

(2) Zur Aufklärung des Sachverhalts können Urkunden eingesehen, Auskünfte eingeholt, Zeugen, Sachverständige und Beteiligte vernommen und der Augenschein eingenommen werden.

(3) In dem Verfahren sind der Arbeitgeber, die Arbeitnehmer und die Stellen zu hören, die nach dem Betriebsverfassungsgesetz, dem Sprecherausschussgesetz, dem Mitbestimmungsgesetz, dem Mitbestimmungsergänzungsgesetz, dem Drittelbeteiligungsgesetz, den §§ 94, 95, 139 des Neunten Buches Sozialgesetzbuch, dem § 18a des Berufsbildungsgesetzes und den zu diesen Gesetzen ergangenen Rechtsverordnungen sowie nach dem Gesetz über Europäische Betriebsräte und dem SE-Beteiligungsgesetz, dem SCE-Beteiligungsgesetz und dem Gesetz über die Mitbestimmung der Arbeitnehmer bei einer grenzüberschreitenden Verschmelzung im einzelnen Fall beteiligt sind.

(4) ¹Die Beteiligten können sich schriftlich äußern. ²Bleibt ein Beteiligter auf Ladung unentschuldigt aus, so ist der Pflicht zur Anhörung genügt; hierauf ist in der Ladung hinzuweisen. ³Mit Einverständnis der Beteiligten kann das Gericht ohne mündliche Verhandlung entscheiden.

(5) Gegen Beschlüsse und Verfügungen des Arbeitsgerichts oder seines Vorsitzenden findet die Beschwerde nach Maßgabe des § 78 statt.

§ 83a Vergleich, Erledigung des Verfahrens

(1) Die Beteiligten können, um das Verfahren ganz oder zum Teil zu erledigen, zur Niederschrift des Gerichts oder des Vorsitzenden einen Vergleich schließen, soweit sie über den Gegenstand des Vergleichs verfügen können, oder das Verfahren für erledigt erklären.

(2) Haben die Beteiligten das Verfahren für erledigt erklärt, so ist es vom Vorsitzenden des Arbeitsgerichts einzustellen. § 81 Abs. 2 Satz 3 ist entsprechend anzuwenden.

(3) ¹Hat der Antragsteller das Verfahren für erledigt erklärt, so sind die übrigen Beteiligten binnen einer von dem Vorsitzenden zu bestimmenden Frist von mindestens zwei Wochen aufzufordern, mitzuteilen, ob sie der Erledigung zustimmen. ²Die Zustimmung gilt als erteilt, wenn sich der Beteiligte innerhalb der vom Vorsitzenden bestimmten Frist nicht äußert.

§ 84 Beschluß

¹Das Gericht entscheidet nach seiner freien, aus dem Gesamtergebnis des Verfahrens gewonnenen Überzeugung. ²Der Beschluß ist schriftlich abzufassen. ³§ 60 ist entsprechend anzuwenden.

§ 85 Zwangsvollstreckung

(1) ¹Soweit sich aus Absatz 2 nichts anderes ergibt, findet aus rechtskräftigen Beschlüssen der Arbeitsgerichte oder gerichtlichen Vergleichen, durch die einem Beteiligten eine Verpflichtung auferlegt wird, die Zwangsvollstreckung statt. Beschlüsse der Arbeitsgerichte in vermögensrechtlichen Streitigkeiten sind vorläufig vollstreckbar; § 62 Abs. 1 Satz 2 bis 5 ist entsprechend anzuwenden. ²Für die Zwangsvollstreckung gelten die Vorschriften des Achten Buches der Zivilprozeßordnung entsprechend mit der Maßgabe, daß der nach dem Beschluß Verpflichtete als Schuldner, derjenige, der die Erfüllung der Verpflichtung auf Grund des Beschlusses verlangen kann, als Gläubiger gilt und in den Fällen des § 23 Abs. 3, des § 98 Abs. 5 sowie der §§ 101 und 104 des Betriebsverfassungsgesetzes eine Festsetzung von Ordnungs- oder Zwangshaft nicht erfolgt.

(2) ¹Der Erlaß einer einstweiligen Verfügung ist zulässig. ²Für das Verfahren gelten die Vorschriften des Achten Buches der Zivilprozeßordnung über die einstweilige Verfügung entsprechend mit der Maßgabe, daß die Entscheidungen durch Beschluß der Kammer ergehen, erforderliche Zustellungen von Amts wegen erfolgen und ein Anspruch auf Schadensersatz nach § 945 der Zivilprozeßordnung in Angelegenheiten des Betriebsverfassungsgesetzes nicht besteht.

§ 86

(Weggefallen)

Zweiter Unterabschnitt
Zweiter Rechtszug

§ 87 Grundsatz

(1) Gegen die das Verfahren beendenden Beschlüsse der Arbeitsgerichte findet die Beschwerde an das Landesarbeitsgericht statt.

(2) ¹Für das Beschwerdeverfahren gelten die für das Berufungsverfahren maßgebenden Vorschriften über die Einlegung der Berufung und ihre Begründung, über Prozeßfähigkeit, Ladungen, Termine und Fristen, Ablehnung und Ausschließung von Gerichtspersonen, Zustellun-

gen, persönliches Erscheinen der Parteien, Öffentlichkeit, Befugnisse des Vorsitzenden und der ehrenamtlichen Richter, Vorbereitung der streitigen Verhandlung, Verhandlung vor der Kammer, Beweisaufnahme, gütliche Erledigung des Rechtsstreits, Wiedereinsetzung in den vorigen Stand und Wiederaufnahme des Verfahrens sowie die Vorschriften des § 85 über die Zwangsvollstreckung entsprechend. ²Für die Vertretung der Beteiligten gilt § 11 Abs. 1 bis 3 und 5 entsprechend. ³Der Antrag kann jederzeit mit Zustimmung der anderen Beteiligten zurückgenommen werden; § 81 Abs. 2 Satz 2 und 3 und Absatz 3 ist entsprechend anzuwenden.

(3) ¹In erster Instanz zu Recht zurückgewiesenes Vorbringen bleibt ausgeschlossen. ²Neues Vorbringen, das im ersten Rechtszug entgegen einer hierfür nach § 83 Abs. 1a gesetzten Frist nicht vorgebracht wurde, kann zurückgewiesen werden, wenn seine Zulassung nach der freien Überzeugung des Landesarbeitsgerichts die Erledigung des Beschlussverfahrens verzögern würde und der Beteiligte die Verzögerung nicht genügend entschuldigt. ³Soweit neues Vorbringen nach Satz 2 zulässig ist, muss es der Beschwerdeführer in der Beschwerdebegründung, der Beschwerdegegner in der Beschwerdebeantwortung vortragen. ⁴Wird es später vorgebracht, kann es zurückgewiesen werden, wenn die Möglichkeit, es vorzutragen, vor der Beschwerdebegründung oder der Beschwerdebeantwortung entstanden ist und das verspätete Vorbringen nach der freien Überzeugung des Landesarbeitsgerichts die Erledigung des Rechtsstreits verzögern würde und auf dem Verschulden des Beteiligten beruht.

(4) Die Einlegung der Beschwerde hat aufschiebende Wirkung; § 85 Abs. 1 Satz 2 bleibt unberührt.

§ 88 Beschränkung der Beschwerde

§ 65 findet entsprechende Anwendung.

§ 89 Einlegung

(1) Für die Einlegung und Begründung der Rechtsbeschwerde gilt § 11 Abs. 4 und 5 entsprechend.

(2) ¹Die Beschwerdeschrift muß den Beschluß bezeichnen, gegen den die Beschwerde gerichtet ist, und die Erklärung enthalten, daß gegen diesen Beschluß die Beschwerde eingelegt wird. ²Die Beschwerdebegründung muß angeben, auf welche im einzelnen anzuführenden Beschwerdegründe sowie auf welche neuen Tatsachen die Beschwerde gestützt wird.

(3) ¹Ist die Beschwerde nicht in der gesetzlichen Form oder Frist eingelegt oder begründet, so ist sie als unzulässig zu verwerfen. ²Der Beschluss kann ohne vorherige mündliche Verhandlung durch den Vorsitzenden ergehen; er ist unanfechtbar. ³Er ist dem Beschwerdeführer zuzustellen. ⁴§ 522 Abs. 2 und 3 der Zivilprozessordnung ist nicht anwendbar.

(4) ¹Die Beschwerde kann jederzeit in der für ihre Einlegung vorgeschriebenen Form zurückgenommen werden. ²Im Falle der Zurücknahme stellt der Vorsitzende das Verfahren ein. ³Er gibt hiervon den Beteiligten Kenntnis, soweit ihnen die Beschwerde zugestellt worden ist.

§ 90 Verfahren

(1) ¹Die Beschwerdeschrift und die Beschwerdebegründung werden den Beteiligten zur Äußerung zugestellt. ²Die Äußerung erfolgt durch Einreichung eines Schriftsatzes beim Beschwerdegericht oder durch Erklärung zur Niederschrift der Geschäftsstelle des Arbeitsgerichts, das den angefochtenen Beschluß erlassen hat.

(2) Für das Verfahren sind die §§ 83 und 83a entsprechend anzuwenden.

(3) Gegen Beschlüsse und Verfügungen des Landesarbeitsgerichts oder seines Vorsitzenden findet kein Rechtsmittel statt.

§ 91 Entscheidung

(1) ¹Über die Beschwerde entscheidet das Landesarbeitsgericht durch Beschluß. ²Eine Zurückverweisung ist nicht zulässig. ³§ 84 Satz 2 gilt entsprechend.

(2) ¹Der Beschluß nebst Gründen ist von den Mitgliedern der Kammer zu unterschreiben und den Beteiligten zuzustellen. ²§ 69 Abs. 1 Satz 2 gilt entsprechend.

Dritter Unterabschnitt
Dritter Rechtszug

§ 92 Rechtsbeschwerdeverfahren, Grundsatz

(1) ¹Gegen den das Verfahren beendenden Beschluß eines Landesarbeitsgerichts findet die Rechtsbeschwerde an das Bundesarbeitsgericht statt, wenn sie in dem Beschluß des Landesarbeitsgerichts oder in dem Beschluß des Bundesarbeitsgerichts nach § 92a Satz 2 zugelassen wird. ²§ 72 Abs. 1 Satz 2, Abs. 2 und 3 ist entsprechend anzuwenden. ³In den Fällen des § 85 Abs. 2 findet die Rechtsbeschwerde nicht statt.

(2) ¹Für das Rechtsbeschwerdeverfahren gelten die für das Revisionsverfahren maßgebenden Vorschriften über Einlegung der Revision und ihre Begründung, Prozeßfähigkeit, Ladung, Termine und Fristen, Ablehnung und Ausschließung von Gerichtspersonen, Zustellungen, persönliches Erscheinen der Parteien, Öffentlichkeit, Befugnisse des Vorsitzenden und der Beisitzer, gütliche Erledigung des Rechtsstreits, Wiedereinsetzung in den vorigen Stand und Wiederaufnahme des Verfahrens sowie die Vorschrift des § 85 über die Zwangsvollstreckung entsprechend, soweit sich aus den §§ 93 bis 96 nichts anderes ergibt. ²Für die Vertretung der Beteiligten gilt § 11 Abs. 1 bis 3 und 5 entsprechend. ³Der Antrag kann jederzeit mit Zustimmung der anderen Beteiligten zurückgenommen werden; § 81 Abs. 2 Satz 2 und 3 ist entsprechend anzuwenden.

(3) ¹Die Einlegung der Rechtsbeschwerde hat aufschiebende Wirkung. ²§ 85 Abs. 1 Satz 2 bleibt unberührt.

§ 92a Nichtzulassungsbeschwerde

¹Die Nichtzulassung der Rechtsbeschwerde durch das Landesarbeitsgericht kann selbständig durch Beschwerde angefochten werden. ²§ 72a Abs. 2 bis 7 ist entsprechend anzuwenden.

§ 92b Sofortige Beschwerde wegen verspäteter Absetzung der Beschwerdeentscheidung

¹Der Beschluss eines Landesarbeitsgerichts nach § 91 kann durch sofortige Beschwerde angefochten werden, wenn er nicht binnen fünf Monaten nach Verkündung vollständig abgefasst und mit den Unterschriften sämtlicher Mitglieder der Kammer versehen der Geschäftsstelle übergeben worden ist. ²§ 72b Abs. 2 bis 5 gilt entsprechend. ³§ 92a findet keine Anwendung.

§ 93 Rechtsbeschwerdegründe

(1) ¹Die Rechtsbeschwerde kann nur darauf gestützt werden, daß der Beschluß des Landesarbeitsgerichts auf der Nichtanwendung oder der unrichtigen Anwendung einer Rechtsnorm beruht. ²Sie kann nicht auf die Gründe des § 92b gestützt werden.

(2) § 65 findet entsprechende Anwendung.

§ 94 Einlegung

(1) Für die Einlegung und Begründung der Rechtsbeschwerde gilt § 11 Abs. 4 und 5 entsprechend.

(2) [1]Die Rechtsbeschwerdeschrift muß den Beschluß bezeichnen, gegen den die Rechtsbeschwerde gerichtet ist, und die Erklärung enthalten, daß gegen diesen Beschluß die Rechtsbeschwerde eingelegt werde. [2]Die Rechtsbeschwerdebegründung muß angeben, inwieweit die Abänderung des angefochtenen Beschlusses beantragt wird, welche Bestimmungen verletzt sein sollen und worin die Verletzung bestehen soll. [3]§ 74 Abs. 2 ist entsprechend anzuwenden.

(3) [1]Die Rechtsbeschwerde kann jederzeit in der für ihre Einlegung vorgeschriebenen Form zurückgenommen werden. [2]Im Falle der Zurücknahme stellt der Vorsitzende das Verfahren ein. [3]Er gibt hiervon den Beteiligten Kenntnis, soweit ihnen die Rechtsbeschwerde zugestellt worden ist.

§ 95 Verfahren

[1]Die Rechtsbeschwerdeschrift und die Rechtsbeschwerdebegründung werden den Beteiligten zur Äußerung zugestellt. [2]Die Äußerung erfolgt durch Einreichung eines Schriftsatzes beim Bundesarbeitsgericht oder durch Erklärung zur Niederschrift der Geschäftsstelle des Landesarbeitsgerichts, das den angefochtenen Beschluß erlassen hat. [3]Geht von einem Beteiligten die Äußerung nicht rechtzeitig ein, so steht dies dem Fortgang des Verfahrens nicht entgegen. [4]§ 83a ist entsprechend anzuwenden.

§ 96 Entscheidung

(1) [1]Über die Rechtsbeschwerde entscheidet das Bundesarbeitsgericht durch Beschluß. [2]Die §§ 562 und 563 der Zivilprozeßordnung gelten entsprechend.

(2) Der Beschluß nebst Gründen ist von sämtlichen Mitgliedern des Senats zu unterschreiben und den Beteiligten zuzustellen.

§ 96a Sprungrechtsbeschwerde

(1) [1]Gegen den das Verfahren beendenden Beschluß eines Arbeitsgerichts kann unter Übergehung der Beschwerdeinstanz unmittelbar Rechtsbeschwerde eingelegt werden (Sprungrechtsbeschwerde), wenn die übrigen Beteiligten schriftlich zustimmen und wenn sie vom Arbeitsgericht wegen grundsätzlicher Bedeutung der Rechtssache auf Antrag in dem verfahrensbeendenden Beschluß oder nachträglich durch gesonderten Beschluß zugelassen wird. [2]Der Antrag ist innerhalb einer Notfrist von einem Monat nach Zustellung des in vollständiger Form abgefaßten Beschlusses schriftlich zu stellen. [3]Die Zustimmung

der übrigen Beteiligten ist, wenn die Sprungrechtsbeschwerde in dem verfahrensbeendenden Beschluß zugelassen ist, der Rechtsbeschwerdeschrift, andernfalls dem Antrag beizufügen.

(2) § 76 Abs. 2 Satz 2, 3, Abs. 3 bis 6 ist entsprechend anzuwenden.

Vierter Unterabschnitt
Beschlußverfahren in besonderen Fällen

§ 97 Entscheidung über die Tariffähigkeit und Tarifzuständigkeit einer Vereinigung

(1) In den Fällen des § 2a Abs. 1 Nr. 4 wird das Verfahren auf Antrag einer räumlich und sachlich zuständigen Vereinigung von Arbeitnehmern oder von Arbeitgebern oder der obersten Arbeitsbehörde des Bundes oder der obersten Arbeitsbehörde eines Landes, auf dessen Gebiet sich die Tätigkeit der Vereinigung erstreckt, eingeleitet.

(2) Für das Verfahren sind die §§ 80 bis 84, 87 bis 96a entsprechend anzuwenden.

(3) Die Vorschrift des § 63 über die Übersendung von Urteilen gilt entsprechend für die rechtskräftigen Beschlüsse von Gerichten für Arbeitssachen im Verfahren nach § 2a Abs. 1 Nr. 4.

(4) [1]In den Fällen des § 2a Abs. 1 Nr. 4 findet eine Wiederaufnahme des Verfahrens auch dann statt, wenn die Entscheidung über die Tariffähigkeit und Tarifzuständigkeit darauf beruht, daß ein Beteiligter absichtlich unrichtige Angaben oder Aussagen gemacht hat. [2]§ 581 der Zivilprozeßordnung findet keine Anwendung.

(5) [1]Hängt die Entscheidung eines Rechtsstreits davon ab, ob eine Vereinigung tariffähig oder ob die Tarifzuständigkeit der Vereinigung gegeben ist, so hat das Gericht das Verfahren bis zur Erledigung des Beschlußverfahrens nach § 2a Abs. 1 Nr. 4 auszusetzen. [2]Im Falle des Satzes 1 sind die Parteien des Rechtsstreits auch im Beschlußverfahren nach § 2a Abs. 1 Nr. 4 antragsberechtigt.

§ 98 Entscheidung über die Besetzung der Einigungsstelle

(1) [1]In den Fällen des § 76 Abs. 2 Satz 2 und 3 des Betriebsverfassungsgesetzes entscheidet der Vorsitzende allein. [2]Wegen fehlender Zuständigkeit der Einigungsstelle können die Anträge nur zurückgewiesen werden, wenn die Einigungsstelle offensichtlich unzuständig ist. [3]Für das Verfahren gelten die §§ 80 bis 84 entsprechend. [3]Die Einlassungs- und Ladungsfristen betragen 48 Stunden. [4]Ein Richter darf nur dann zum Vorsitzenden der Einigungsstelle bestellt werden, wenn aufgrund

der Geschäftsverteilung ausgeschlossen ist, dass er mit der Überprüfung, der Auslegung oder der Anwendung des Spruchs der Einigungsstelle befasst wird. [5]Der Beschluss des Vorsitzenden soll den Beteiligten innerhalb von zwei Wochen nach Eingang des Antrags zugestellt werden; er ist den Beteiligten spätestens innerhalb von vier Wochen nach diesem Zeitpunkt zuzustellen.

(2) [1]Gegen die Entscheidungen des Vorsitzenden findet die Beschwerde an das Landesarbeitsgericht statt. [2]Die Beschwerde ist innerhalb einer Frist von zwei Wochen einzulegen und zu begründen. [3]Für das Verfahren gelten § 87 Abs. 2 und 3 und die §§ 88 bis 90 Abs. 1 und 2 sowie § 91 Abs. 1 und 2 entsprechend mit der Maßgabe, dass an die Stelle der Kammer des Landesarbeitsgerichts der Vorsitzende tritt. [4]Gegen dessen Entscheidungen findet kein Rechtsmittel statt.

§ 99

(Weggefallen)

§ 100

(Weggefallen)

Vierter Teil
Schiedsvertrag in Arbeitsstreitigkeiten

§ 101 Grundsatz

(1) Für bürgerliche Rechtsstreitigkeiten zwischen Tarifvertragsparteien aus Tarifverträgen oder über das Bestehen oder Nichtbestehen von Tarifverträgen können die Parteien des Tarifvertrags die Arbeitsgerichtsbarkeit allgemein oder für den Einzelfall durch die ausdrückliche Vereinbarung ausschließen, daß die Entscheidung durch ein Schiedsgericht erfolgen soll.

(2) [1]Für bürgerliche Rechtsstreitigkeiten aus einem Arbeitsverhältnis, das sich nach einem Tarifvertrag bestimmt, können die Parteien des Tarifvertrags die Arbeitsgerichtsbarkeit im Tarifvertrag durch die ausdrückliche Vereinbarung ausschließen, daß die Entscheidung durch ein Schiedsgericht erfolgen soll, wenn der persönliche Geltungsbereich des Tarifvertrags überwiegend Bühnenkünstler, Filmschaffende, Artisten oder Kapitäne und Besatzungsmitglieder im Sinne der §§ 2 und 3 des Seemannsgesetzes umfaßt. [2]Die Vereinbarung gilt nur für tarifgebundene Personen. [3]Sie erstreckt sich auf Parteien, deren Verhältnisse sich aus anderen Gründen nach dem Tarifvertrag regeln, wenn die Par-

teien dies ausdrücklich und schriftlich vereinbart haben; der Mangel der Form wird durch Einlassung auf die schiedsgerichtliche Verhandlung zur Hauptsache geheilt.

(3) Die Vorschriften der Zivilprozeßordnung über das schiedsrichterliche Verfahren finden in Arbeitssachen keine Anwendung.

§ 102 Prozeßhindernde Einrede

(1) Wird das Arbeitsgericht wegen einer Rechtsstreitigkeit angerufen, für die die Parteien des Tarifvertrages einen Schiedsvertrag geschlossen haben, so hat das Gericht die Klage als unzulässig abzuweisen, wenn sich der Beklagte auf den Schiedsvertrag beruft.

(2) Der Beklagte kann sich nicht auf den Schiedsvertrag berufen,

1. wenn in einem Falle, in dem die Streitparteien selbst die Mitglieder des Schiedsgerichts zu ernennen haben, der Kläger dieser Pflicht nachgekommen ist, der Beklagte die Ernennung aber nicht binnen einer Woche nach der Aufforderung des Klägers vorgenommen hat;

2. wenn in einem Falle, in dem nicht die Streitparteien, sondern die Parteien des Schiedsvertrags die Mitglieder des Schiedsgerichts zu ernennen haben, das Schiedsgericht nicht gebildet ist und die den Parteien des Schiedsvertrags von dem Vorsitzenden des Arbeitsgerichts gesetzte Frist zur Bildung des Schiedsgerichts fruchtlos verstrichen ist;

3. wenn das nach dem Schiedsvertrag gebildete Schiedsgericht die Durchführung des Verfahrens verzögert und die ihm von dem Vorsitzenden des Arbeitsgerichts gesetzte Frist zur Durchführung des Verfahrens fruchtlos verstrichen ist;

4. wenn das Schiedsgericht den Parteien des streitigen Rechtsverhältnisses anzeigt, daß die Abgabe eines Schiedsspruchs unmöglich ist.

(3) In den Fällen des Absatzes 2 Nummern 2 und 3 erfolgt die Bestimmung der Frist auf Antrag des Klägers durch den Vorsitzenden des Arbeitsgerichts, das für die Geltendmachung des Anspruchs zuständig wäre.

(4) Kann sich der Beklagte nach Absatz 2 nicht auf den Schiedsvertrag berufen, so ist eine schiedsrichterliche Entscheidung des Rechtsstreits auf Grund des Schiedsvertrags ausgeschlossen.

§ 103 Zusammensetzung des Schiedsgerichts

(1) [1]Das Schiedsgericht muß aus einer gleichen Zahl von Arbeitnehmern und von Arbeitgebern bestehen; außerdem können ihm Unparteiische angehören. [2]Personen, die infolge Richterspruchs die Fähigkeit zur Bekleidung öffentlicher Ämter nicht besitzen, dürfen ihm nicht angehören.

(2) Mitglieder des Schiedsgerichts können unter denselben Voraussetzungen abgelehnt werden, die zur Ablehnung eines Richters berechtigen.

(3) [1]Über die Ablehnung beschließt die Kammer des Arbeitsgerichts, das für die Geltendmachung des Anspruchs zuständig wäre. [2]Vor dem Beschluß sind die Streitparteien und das abgelehnte Mitglied des Schiedsgerichts zu hören. [3]Der Vorsitzende des Arbeitsgerichts entscheidet, ob sie mündlich oder schriftlich zu hören sind. [4]Die mündliche Anhörung erfolgt vor der Kammer. [5]Gegen den Beschluß findet kein Rechtsmittel statt.

§ 104 Verfahren vor dem Schiedsgericht

Das Verfahren vor dem Schiedsgericht regelt sich nach den §§ 105 bis 110 und dem Schiedsvertrag, im übrigen nach dem freien Ermessen des Schiedsgerichts.

§ 105 Anhörung der Parteien

(1) Vor der Fällung des Schiedsspruchs sind die Streitparteien zu hören.

(2) [1]Die Anhörung erfolgt mündlich. [2]Die Parteien haben persönlich zu erscheinen oder sich durch einen mit schriftlicher Vollmacht versehenen Bevollmächtigten vertreten zu lassen. [3]Die Beglaubigung der Vollmachtsurkunde kann nicht verlangt werden. [4]Die Vorschrift des § 11 Abs. 1 bis 3 gilt entsprechend, soweit der Schiedsvertrag nichts anderes bestimmt.

(3) Bleibt eine Partei in der Verhandlung unentschuldigt aus oder äußert sie sich trotz Aufforderung nicht, so ist der Pflicht zur Anhörung genügt.

§ 106 Beweisaufnahme

(1) [1]Das Schiedsgericht kann Beweise erheben, soweit die Beweismittel ihm zur Verfügung gestellt werden. [2]Zeugen und Sachverständige kann das Schiedsgericht nicht beeidigen, eidesstattliche Versicherungen nicht verlangen oder entgegennehmen.

(2) ¹Hält das Schiedsgericht eine Beweiserhebung für erforderlich, die es nicht vornehmen kann, so ersucht es um die Vornahme den Vorsitzenden desjenigen Arbeitsgerichts oder, falls dies aus Gründen der örtlichen Lage zweckmäßiger ist, dasjenige Amtsgericht, in dessen Bezirk die Beweisaufnahme erfolgen soll. ²Entsprechend ist zu verfahren, wenn das Schiedsgericht die Beeidigung eines Zeugen oder Sachverständigen gemäß § 58 Abs. 2 Satz 1 für notwendig oder eine eidliche Parteivernehmung für sachdienlich erachtet. ³Die durch die Rechtshilfe entstehenden baren Auslagen sind dem Gericht zu ersetzen; § 22 Abs. 1 und § 29 des Gerichtskostengesetzes finden entsprechende Anwendung.

§ 107 Vergleich

Ein vor dem Schiedsgericht geschlossener Vergleich ist unter Angabe des Tages seines Zustandekommens von den Streitparteien und den Mitgliedern des Schiedsgerichts zu unterschreiben.

§ 108 Schiedsspruch

(1) Der Schiedsspruch ergeht mit einfacher Mehrheit der Stimmen der Mitglieder des Schiedsgerichts, falls der Schiedsvertrag nichts anderes bestimmt.

(2) ¹Der Schiedsspruch ist unter Angabe des Tages seiner Fällung von den Mitgliedern des Schiedsgerichts zu unterschreiben und muß schriftlich begründet werden, soweit die Parteien nicht auf schriftliche Begründung ausdrücklich verzichten. ²Eine vom Verhandlungsleiter unterschriebene Ausfertigung des Schiedsspruchs ist jeder Streitpartei zuzustellen. ³Die Zustellung kann durch eingeschriebenen Brief gegen Rückschein erfolgen.

(3) ¹Eine vom Verhandlungsleiter unterschriebene Ausfertigung des Schiedsspruchs soll bei dem Arbeitsgericht, das für die Geltendmachung des Anspruchs zuständig wäre, niedergelegt werden. ²Die Akten des Schiedsgerichts oder Teile der Akten können ebenfalls dort niedergelegt werden.

(4) Der Schiedsspruch hat unter den Parteien dieselben Wirkungen wie ein rechtskräftiges Urteil des Arbeitsgerichts.

§ 109 Zwangsvollstreckung

(1) ¹Die Zwangsvollstreckung findet aus dem Schiedsspruch oder aus einem vor dem Schiedsgericht geschlossenen Vergleich nur statt, wenn der Schiedsspruch oder der Vergleich von dem Vorsitzenden

des Arbeitsgerichts, das für die Geltendmachung des Anspruchs zuständig wäre, für vollstreckbar erklärt worden ist. ²Der Vorsitzende hat vor der Erklärung den Gegner zu hören. ³Wird nachgewiesen, daß auf Aufhebung des Schiedsspruchs geklagt ist, so ist die Entscheidung bis zur Erledigung dieses Rechtsstreits auszusetzen.

(2) Die Entscheidung des Vorsitzenden ist endgültig. Sie ist den Parteien zuzustellen.

§ 110 Aufhebungsklage

(1) Auf Aufhebung des Schiedsspruchs kann geklagt werden,

1. wenn das schiedsgerichtliche Verfahren unzulässig war;
2. wenn der Schiedsspruch auf der Verletzung einer Rechtsnorm beruht;
3. wenn die Voraussetzungen vorliegen, unter denen gegen ein gerichtliches Urteil nach § 580 Nr. 1 bis 6 der Zivilprozeßordnung die Restitutionsklage zulässig wäre.

(2) Für die Klage ist das Arbeitsgericht zuständig, das für die Geltendmachung des Anspruchs zuständig wäre.

(3) ¹Die Klage ist binnen einer Notfrist von zwei Wochen zu erheben. ²Die Frist beginnt in den Fällen des Absatzes 1 und 2 mit der Zustellung des Schiedsspruchs. ³Im Falle des Absatzes 1 Nr. 3 beginnt sie mit der Rechtskraft des Urteils, das die Verurteilung wegen der Straftat ausspricht, oder mit dem Tage, an dem der Partei bekannt geworden ist, daß die Einleitung oder die Durchführung des Verfahrens nicht erfolgen kann; nach Ablauf von zehn Jahren, von der Zustellung des Schiedsspruchs an gerechnet, ist die Klage unstatthaft.

(4) Ist der Schiedsspruch für vollstreckbar erklärt, so ist in dem der Klage stattgebenden Urteil auch die Aufhebung der Vollstreckbarkeitserklärung auszusprechen.

Fünfter Teil
Übergangs- und Schlußvorschriften

§ 111 Änderung von Vorschriften

(1) ¹Soweit nach anderen Rechtsvorschriften andere Gerichte, Behörden oder Stellen zur Entscheidung oder Beilegung von Arbeitssachen zuständig sind, treten an ihre Stelle die Arbeitsgerichte. ²Dies gilt nicht

für Seemannsämter, soweit sie zur vorläufigen Entscheidung von Arbeitssachen zuständig sind.

(2) ¹Zur Beilegung von Streitigkeiten zwischen Ausbildenden und Auszubildenden aus einem bestehenden Berufsausbildungsverhältnis können im Bereich des Handwerks die Handwerksinnungen, im übrigen die zuständigen Stellen im Sinne des Berufsbildungsgesetzes Ausschüsse bilden, denen Arbeitgeber und Arbeitnehmer in gleicher Zahl angehören müssen. ²Der Ausschuß hat die Parteien mündlich zu hören. ³Wird der von ihm gefällte Spruch nicht innerhalb einer Woche von beiden Parteien anerkannt, so kann binnen zwei Wochen nach ergangenem Spruch Klage beim zuständigen Arbeitsgericht erhoben werden. ⁴§ 9 Abs. 5 gilt entsprechend. ⁵Der Klage muß in allen Fällen die Verhandlung vor dem Ausschuß vorangegangen sein. ⁶Aus Vergleichen, die vor dem Ausschuß geschlossen sind, und aus Sprüchen des Ausschusses, die von beiden Seiten anerkannt sind, findet die Zwangsvollstreckung statt. ⁷Die §§ 107 und 109 gelten entsprechend.

§§ 112–116

(Weggefallen)

§ 117 Verfahren bei Meinungsverschiedenheiten der beteiligten Verwaltungen

Soweit in den Fällen der §§ 40 und 41 das Einvernehmen nicht erzielt wird, entscheidet die Bundesregierung.

§§ 118–120

(Weggefallen)

§§ 121, 121a, 122

(Aufgehoben)

§ 123

(Entfallen)

Erster Teil
Allgemeine Vorschriften

§ 1 Gerichte für Arbeitssachen

Die Gerichtsbarkeit in Arbeitssachen – §§ 2 bis 3 – wird ausgeübt durch die Arbeitsgerichte – §§ 14 bis 31 –, die Landesarbeitsgerichte – §§ 33 bis 39 – und das Bundesarbeitsgericht – §§ 40 bis 45 – (Gerichte für Arbeitssachen).

Übersicht	Rn.
A. Allgemeines	1
B. Gerichtsaufbau und Zuständigkeiten	2
C. Anwendungsbereich des ArbGG/Internationale Zuständigkeit	3
D. Örtliche Zuständigkeit	11
E. Arbeitsverhältnisse mit Kirchen	13
F. Bundesverfassungsgericht/Länderverfassungsgerichte	14
G. Europäischer Gerichtshof (EuGH)	15

A. Allgemeines

Die **Gerichte für Arbeitssachen**[1] üben die **Gerichtsbarkeit in Arbeits-** 1
sachen[2] ausschließlich aus. Ihre **Rechtswegzuständigkeit**[3] folgt aus der erschöpfenden Regelung der §§ 2 bis 3.[4] **Schiedsgerichte** können nur nach Maßgabe der §§ 101 ff. tätig werden (vgl. § 4).

B. Gerichtsaufbau und Zuständigkeiten

Der **Aufbau der Arbeitsgerichtsbarkeit** ist **dreistufig**. Das **Arbeits-** 2
gericht ist im **ersten Rechtszug stets** ohne Rücksicht auf die Höhe des Streitwertes, die Bedeutung des Rechtsstreits oder den Streitgegen-

---

[1] Nach der Legaldefinition umfasst dieser Begriff alle drei Instanzen. Zur Geschichte der Arbeitsgerichtsbarkeit GK-ArbGG/*Dörner* Einführung.
[2] Die Arbeitssachen werden in §§ 2, 2a und 3 definiert.
[3] BAG 26.3.1992, 2 AZR 443/91, EzA § 48 ArbGG 1979 Nr. 5.
[4] Paragraphen ohne Gesetzesangabe sind solche des ArbGG. Soweit Absätze oder Sätze ohne Paragraphenangabe genannt sind, handelt es sich um Absätze oder Sätze des jeweils kommentierten Paragraphen.

stand im Einzelnen zuständig (§ 8 Abs. 1), und zwar im **Urteilsverfahren** (§§ 2, 3, 46 ff.) und im **Beschlussverfahren** (§§ 2a, 3, 80 ff.).[5] Das Landesarbeitsgericht ist **Rechtsmittelgericht** (§ 8 Abs. 2, §§ 64 ff.: **Berufungsgericht**; § 8 Abs. 4, §§ 87 ff.: **Beschwerdegericht** im arbeitsgerichtlichen Beschlussverfahren; § 78 S. 1 i.V.m. §§ 567 ff. ZPO: **Beschwerdegericht** hinsichtlich der sofortigen Beschwerden und Beschwerden).[6] Das **Bundesarbeitsgericht** entscheidet im **Revisionsverfahren** (§ 8 Abs. 3, §§ 72 ff.) und im **Rechtsbeschwerdeverfahren** (§ 8 Abs. 5, §§ 92 ff. bezüglich des arbeitsgerichtlichen Beschlussverfahrens sowie § 78 S. 3 i.V.m. §§ 574 ff. ZPO – misslich ist, dass nunmehr auch der Begriff der Rechtsbeschwerde in verschiedenen Bedeutungen erscheint).[7]

C. Anwendungsbereich des ArbGG/Internationale Zuständigkeit

3 Das ArbGG enthält keine Bestimmung über seinen Geltungsbereich. Seine Anwendung setzt voraus, dass für den Rechtsstreit überhaupt ein deutsches Gericht zuständig ist. Nach dem **Territorialitätsprinzip** unterliegen grundsätzlich alle natürlichen und juristischen Personen der deutschen Gerichtsbarkeit, die sich im Gebiet der Bundesrepublik befinden bzw. in diesem Gebiet tätig sind, einschließlich der Ausländer. Die Zuständigkeit auch der Arbeitsgerichte ist jedoch nicht gegeben im Falle der **Exterritorialität** bzw. **Immunität** (Rn. 4) und ferner dann, wenn die **internationale Zuständigkeit** zu verneinen ist (Rn. 5 ff.).

4 Die **Exterritorialität** bzw. **Immunität** bestimmt sich nach den §§ 18 bis 20 GVG, die auch im arbeitsgerichtlichen Verfahren gelten.[8] Die Befreiung von der deutschen Gerichtsbarkeit gilt insbesondere für **Diplomatische Missionen** (§ 18 GVG) einschließlich ihrer Familienmitglieder und ihrer privaten Hausangestellten sowie für Mitglieder von **konsularischen Vertretungen** (§ 19 GVG).[9] Dasselbe gilt für **Repräsentanten anderer Staaten** und deren Begleitung, soweit sie sich auf amtliche Einladung in der Bundesrepublik Deutschland aufhalten (§ 20 Abs. 1 GVG) und andere Personen, die nach den allgemeinen Regeln des Völkerrechts, auf Grund völkerrechtlicher Vereinbarungen oder sonstiger Rechtsvorschriften **von der deutschen Gerichtsbarkeit befreit** sind

---

5 Vgl. weiter § 8 Rn. 1.
6 Vgl. weiter § 8 Rn. 3 u. 4.
7 Vgl. weiter § 8 Rn. 3 u. 4.
8 GMPM-G/*Matthes* § 1 Rn. 6.
9 Hierzu zählen Visa-Angelegenheiten: BAG 16.5.2002, 2 AZR 688/00, AP § 20 GVG Nr. 3. Zur weiteren Abgrenzung vgl. BAG 3.7.1996, 2 513/95, AP § 20 GVG Nr. 1; BAG 15.2.2005, 9 AZR 116/04, EzA § 612a BGB 2002 Nr. 2.

(§ 20 Abs. 2 GVG). Darunter fallen u.a. Mitarbeiter[10] ausländischer Staaten, soweit sie **hoheitlich** tätig werden.[11] Die **zivilen Arbeitskräfte** bei einer **NATO-Truppe** und bei deren zivilem Gefolge unterliegen der deutschen Gerichtsbarkeit, die Bundesrepublik Deutschland fungiert insoweit als Prozessstandschafterin (Art. 56 Abs. 1a, Abs. 8 NATO-ZusAbk).[12] Im Falle der Befreiung von der deutschen Gerichtsbarkeit ist eine Klage oder ein Antrag als unzulässig abzuweisen.[13]

Die **internationale Zuständigkeit** ist stets und in allen Instanzen[14] **von Amts wegen** zu prüfende **Prozessvoraussetzung**[15], auch im arbeitsgerichtlichen **Beschlussverfahren**.[16] Hierbei bleibt es trotz **§ 513 Abs. 2 ZPO**.[17] Die internationale Zuständigkeit kann im Einzelfall freilich auch durch **rügelose Einlassung** begründet werden (Art. 24 EuGVVO[18]). Ist die internationale Zuständigkeit zu verneinen, ist die Klage als unzulässig abzuweisen, eine Verweisung gibt es insoweit nicht.[19]

Ob die deutschen Gerichte international zuständig sind,[20] richtet sich primär – soweit vorhanden – nach entsprechenden **Vorschriften in**

---

10 Entsprechend dem Sprachgebrauch des ArbGG ist zur Vereinfachung jeweils die männliche Form verwendet. Es ist also etwa von Vorsitzenden oder vom Arbeitnehmer die Rede. Eine Diskriminierung ist damit nicht beabsichtigt.
11 Zur Abgrenzung BAG 3.7.1996, 2 AZR 513/95, EzA § 20 GVG Nr. 1. In dieser Entscheidung ist zutreffend auch darauf hingewiesen, dass der ausländische Staat auf seine Immunität verzichten kann (zum Verzicht auch *Schwab/Weth/Liebscher* § 2 Rn. 24 m.w.N.). Vgl. weiter BAG 23.11.2000, 2 AZR 490/99, NZA 2001, 683; BAG 25.10.2001, 2 AZR 501/01, BB 2000, 787; BAG 15.2.2005, 9 AZR 116/04, AP § 612a BGB Nr. 15.
12 Vgl. weiter GK-ArbGG/*Dörner* § 1 Rn. 10 (dort auch zu den Mitgliedern des Zivilen Gefolges nach Art. 1 Abs. 1b NATO-Truppenstatut, die nicht der deutschen Gerichtsbarkeit unterliegen); GK-ArbGG/*Wenzel* § 2 Rn. 76 u. § 3 Rn. 40. BAG 10.5.2005, 9 AZR 230/04, AP § 81 SGB IX Nr. 8.
13 BAG 23.11.2000, 2 AZR 490/99, NZA 2001, 683. Es wird wohl bereits die Terminsbestimmung gegen eine Befreiten unzulässig sein: *Zöller/Gummer* § 20 GVG Rn. 1.
14 Vgl. freilich BAG 18.6.1971, 5 AZR 13/71, AP § 38 ZPO Internationale Zuständigkeit Nr. 5: Rüge unbeachtlich, wenn sich die internationale Zuständigkeit aus der örtlichen Zuständigkeit ergibt und ein anderes ArbG örtlich zuständig ist.
15 BAG 3.5.1995, 5 AZR 15/94, EzA Art. 30 BGB EinführungsG Nr. 3; BAG 19.3.1996, 9 AZR 656/94, EzA § 829 ZPO Nr. 3; BAG 15.2.2005, 9 AZR 116/04, EzA § 612a BGB 2002 Nr. 2.
16 BAG 31.10.1975, 1 ABR 4/74, EzA § 106 BetrVG 1972 Nr. 6.
17 GK-ArbGG/*Bader* § 48 Rn. 104 m.w.N. zum Meinungsstand.
18 Näheres zur EuGVVO in den folgenden Ausführungen.
19 Zum die internationale Zuständigkeit bejahenden Zwischenurteil BAG 23.11.2000, 2 AZR 490/99, EzA § 20 GVG Nr. 3.
20 Falls ja, kommt grundsätzlich auch deutsches Verfahrensrecht zur Anwendung, auch im Falle der Rechtswahl: BAG 4.10.1974, 5 AZR 550/73, AP § 38 ZPO Internationale Zuständigkeit Nr. 7.

den Verfahrensgesetzen und in **internationalen Abkommen**.[21] Für Fälle der **Arbeitnehmerentsendung** ist in § 8 S. 1 AEntG (dazu Art. 67 EuGVVO i.V.m. der Entsende-Richtlinie) geregelt, dass ein nach Deutschland entsandter Arbeitnehmer eine Klage auf Gewährung der Arbeitsbedingungen nach §§ 1, 1a und 7 AEntG für die Entsendezeit auch vor einem deutschen Gericht für Arbeitssachen – zugleich Regelung des Rechtsweges – erheben kann. Diese Klagemöglichkeit besteht ebenfalls für gemeinsame Einrichtungen der Tarifvertragsparteien nach § 1 Abs. 3 AEntG hinsichtlich ihrer Beitragsansprüche im Zusammenhang mit der Urlaubsgewährung (§ 8 S. 2 AEntG). Dies erfasst gleichfalls Auskunftsansprüche, die für die Durchsetzung der Beitragsansprüche erforderlich sind – dasselbe gilt für die Inanspruchnahme von Unternehmen, die nach § 1a AEntG wie Bürgen für die Erfüllung der Beitragsansprüche haften[22] –, nicht hingegen Schadensersatzansprüche i.S.d. § 61 Abs. 2 ArbGG.[23] Streit besteht über die internationale Zuständigkeit für Beitragsklagen der Bausozialkassen gegen Personen mit einem Sitz in einem von der EuGVVO erfassten Staat,[24] die nicht auf das AEntG gestützt werden.[25]

7 Bezüglich der internationalen Abkommen ist zuerst zu nennen das **Brüsseler Übereinkommen** über die gerichtliche Zuständigkeit und die Vollstreckung gerichtlicher Entscheidungen in Zivil- und Handelssachen (**EuGVÜ**).[26] Dessen Normen sind **zwingend** und können nicht abbedungen werden, es entspricht weitgehend der in Rn. 9 abgehandelten Nachfolgeregelung der **EuGVVO**.[27]

8 In zweiter Linie spielt das **Luganer Übereinkommen** über die gerichtliche Zuständigkeit und die Vollstreckung gerichtlicher Entscheidungen in Zivil- und Handelssachen vom 16.9.1988 (BGBl. 1994 II S. 2658) eine Rolle.[28] Dieses stimmt weitgehend mit dem Brüsseler Abkommen überein. Das Luganer Übereinkommen wird in bestimmten Fällen (dazu dessen Art. 54b Abs. 2) in jedem Fall angewandt, doch hat für

---

21 BAG 17.7.1997, 8 AZR 328/95, EzA § 23 ZPO Nr. 1.
22 BAG 11.9.2002, 5 AZB 3/02, NZA 2003, 62; *Schwab/Weth/Walker* § 2 Rn. 272.
23 Vgl. auch GK-ArbGG/*Bader* § 48 Rn. 105. Zu § 61 Abs. 2 mehr in § 61 Rn. 35 ff.
24 Dazu unten Rn. 9.
25 Gegen Zuständigkeit der deutschen Gerichte ArbG Wiesbaden 10.11.1999, 3 Ca 1157/99, NZA-RR 2000, 321; a.A. *Däubler* NZA 2003, 1301.
26 Zu den Staaten, zwischen denen es in Kraft getreten ist, und zum zeitlichen Anwendungsbereich *Thomas/Putzo-Hüßtege* 23. Aufl., EuGVÜ Vorbem. Rn. 1 und 4 ff.
27 Weiter dazu GK-ArbGG/*Bader* § 48 Rn. 106.
28 *Thomas/Putzo-Hüßtege* 23. Aufl., EuGVÜ Vorbem. Rn. 17 zu den Vertragsstaaten und zum Inkrafttreten. Zum Luganer Abkommen BAG 9.10.2002, 5 AZR 307/01, EzA § 29 ZPO 2002 Nr. 1.

die Mitgliedsstaaten des EuGVÜ das **EuGVÜ grundsätzlich Vorrang** (Art. 54b Abs. 1 des Luganer Abkommens; vgl. jetzt Rn. 9). Bezüglich des Luganer Abkommens ist nicht der EuGH[29] für die Auslegung zuständig, es kann aber das nationale Gericht die Auslegungsfrage zum inhaltsgleichen EuGVÜ dem EuGH vorlegen.

Ab dem 1.3.2002 ist die **EuGVVO** vom 22.12.2000 (ABl. EG L 12/01, S. 1) in Kraft getreten. Die EuGVVO stellt **unmittelbar anwendbares Recht** dar, eine innerstaatliche Umsetzung ist nicht erforderlich. Deren Normen sind **zwingend** und können nicht abbedungen werden, sie gehen nationalem Recht vor. In ihrem zeitlichen (Art. 66 EuGVVO) und räumlichen Geltungsbereich löst die EuGVVO das EuGVÜ (Rn. 7) ab: Sie gilt für das gesamte Vertragsgebiet der EU mit Ausnahme von Dänemark. Soweit Vertragsstaaten des Luganer Übereinkommens (Rn. 8) nicht EU-Mitglieder sind, ist das Luganer Abkommen weiter anzuwenden. Die EuGVVO gilt nach ihrem Art. 1 Abs. 1 für Zivil- und Handelssachen, wozu **arbeitsrechtliche Streitigkeiten** zählen.[30] In Abschnitt 5 (**Art. 18 bis 21**) der EuGVVO[31] sind auch **Regelungen für individuelle Arbeitsverträge** enthalten. Diese erlauben ein Zurückgreifen auf die allgemeinen Vorschriften der Art. 2 bis 7 EuGVVO mit Ausnahme des Art. 4 und des Art. 5 Nr. 5 EuGVVO (Art. 18 Abs. 1 EuGVVO) nicht; Art. 21 und 24 EuGVVO sehen unter jeweils festgelegten Voraussetzungen **Gerichtsstandsvereinbarungen**[32] und die **rügelose Einlassung** vor. Arbeitgeber und Arbeitnehmer können vor den Gerichten des Staates verklagt werden, in dem sie ihren **Wohnsitz** haben (Art. 19 Nr. 1, 20 Abs. 1 EuGVVO). Daneben kann der Arbeitnehmer den Arbeitgeber auch in einem anderen Mitgliedsstaat verklagen,[33] und zwar im Falle einer Zweigniederlassung oder sonstigen **Niederlassung** vor dem Gericht des Ortes der Niederlassung (Art. 5 Nr. 5 EuGVVO – zugleich Bestimmung der örtlichen Zuständigkeit; vgl. auch Art. 19 Nr. 2 Buchst. b EuGVVO) oder vor dem Gericht des Ortes, an dem der Arbeitnehmer **gewöhnlich seine Arbeit verrichtet** oder verrichtet hat (Art. 19 Nr. 2 Buchst. a EuGVVO – zugleich Bestimmung der örtlichen Zuständigkeit). Die **Auslegung** der EuGVVO obliegt dem **EuGH**.[34] Dieser legt die Rechtsbegriffe grundsätzlich autonom aus, und vorlageberechtigt

---

29 Dazu unten die Erläuterungen unter G.
30 Zur inhaltsgleichen Regelung des EuGVÜ BAG 17.7.1997, 8 AZR 328/95, EzA § 23 ZPO Nr. 1.
31 Abgedruckt in den wesentlichen Passagen bei GK-ArbGG/*Bader* § 48 Rn. 107b.
32 Dazu *Maurer* FA 2002, 130.
33 Dazu auch ErfK/*Koch* § 1 ArbGG Rn. 5 m.w.N.
34 Dazu unten die Erläuterungen in Rn. 15.

und vorlagepflichtig sind nur die letztinstanzlichen nationalen Gerichte.[35]

10 Soweit im Übrigen nicht **bilaterale Staatsverträge** als leges speciales vorgehen, bestimmt sich die internationale Zuständigkeit regelmäßig nach den **Regeln über die örtliche Zuständigkeit**[36] – dazu gleich nachstehend. Von Bedeutung sind insoweit u.a. der **Erfüllungsort** (§ 29 ZPO)[37] und der **gewöhnliche Arbeitsort** (§ 48 Abs. 1a) sowie der Gerichtsstand des Vermögens.[38] Für die diesbezügliche Frage, ob es sich um einen vertraglichen Anspruch handelt, entscheidet das deutsche materielle Recht als **lex fori**.[39] Ob allerdings der Erfüllungsort oder der gewöhnliche Arbeitsort im Gerichtsbezirk liegt, beurteilt sich nach der **lex causae**, d.h. nach dem Recht, das nach deutschem internationalem Privatrecht zur Anwendung kommt.[40] Die internationale Zuständigkeit kann auch **vereinbart** werden.[41] Insoweit ist **Art. 30 EGBGB** zu beachten: Dem Arbeitnehmer darf nicht der Schutz durch zwingende Rechtsbestimmungen deutschen Rechts entzogen werden. Die internationale Zuständigkeit kann unter den Voraussetzungen des § 39 ZPO auch durch **rügelose Einlassung** begründet werden.[42]

D. Örtliche Zuständigkeit

11 Die **örtliche Zuständigkeit** richtet sich im **Urteilsverfahren** (für das Beschlussverfahren: § 82) nach den **§§ 12 ff. ZPO** (§ 46 Abs. 2 S. 1). Klagen gegen eine natürliche oder eine juristische Person können zunächst bei dem Gericht, bei dem die Person ihren **allgemeinen Gerichtsstand** hat, erhoben werden, sofern es nicht ein vorgehenden ausschließlichen Ge-

---

35 *Thomas/Putzo-Hüßtege* Vorbem. EuGVVO Rn. 14 (auch dazu, dass die Möglichkeit der Nichtzulassungsbeschwerde die Bejahung eines letztinstanzlichen Gerichts ausschließt); vgl. auch Art. 68, 234 Abs. 1 Buchst. b EGV.
36 BAG 3.5.1995, 5 AZR 15/94, EzA Art. 30 BGB EinführungsG Nr. 3; BAG 9.10.2002, 5 AZR 307/01, EzA § 29 ZPO 2002 Nr. 1; GK-ArbGG/*Dörner* § 1 Rn. 12 f. Dies gilt auch im arbeitsgerichtlichen Beschlussverfahren: BAG 10.10.2006, 1 ABR 59/05, EzA § 77 BetrVG 2001 Nr. 18.
37 Dazu BAG 20.4.2004, 3 AZR 301/03, EzA § 29 ZPO 2002 Nr. 2; s.a. Rn. 11.
38 Dazu GK-ArbGG/*Bader* § 48 Rn. 108 m.w.N.; *Schwab/Weth/Walker* § 1 Rn. 269 m.w.N.; vgl. auch Fn. 39.
39 BAG 17.7.1997, 8 AZR 328/95, EzA § 23 ZPO Nr. 1, darin auch zum Gerichtsstand des Vermögens gem. § 23 ZPO (dazu auch BAG 12.12.2001, 5 AZR 255/00, EzA Art. 30 EGBGB Nr. 3.
40 BAG 17.7.1997, 8 AZR 328/95, EzA § 23 ZPO Nr. 1.
41 Zur Klarheit der Rechtswahl: BAG 12.12.2001, 5 AZR 255/00, NZA 2002, 734; BAG 9.2.2002, 5 AZR 307/01, AP § 38 ZPO Internationale Zuständigkeit Nr. 18.
42 *Schwab/Weth/Walker* § 2 Rn. 274.

Gerichte für Arbeitssachen § 1

richtsstand gibt (§ 12 ZPO). Der allgemeine Gerichtsstand einer Person wird durch den **Wohnsitz** bestimmt (§ 12 ZPO i.V.m. § 7 BGB; hilfsweise gilt § 16 ZPO), der einer **juristischen Person** und einer gem. § 10 parteifähigen Vereinigung[43] durch ihren **Sitz** (§ 17 Abs. 1 ZPO; beim Bunde und den Ländern gilt § 18: Sitz der vertretungsberechtigten Behörde) und der des **Insolvenzverwalters** in Passivprozessen bezüglich der Insolvenzmasse durch den Sitz des Insolvenzgerichts (§ 19a ZPO). Daneben existieren **besondere Gerichtsstände**. Im arbeitsgerichtlichen Verfahren sind dabei primär der Gerichtsstand der **Niederlassung** (§ 21 ZPO; die Niederlassung muss bei Klageerhebung bestehen), der des **Erfüllungsortes** (§ 29 ZPO), der der **unerlaubten Handlung** (§ 32 ZPO) und der der **Widerklage** (§ 33 ZPO) von Interesse. Von besonderer Bedeutung war der Gerichtsstand des **Erfüllungsortes**. Er ergibt sich gem. § 269 Abs. 1 BGB (eine Vereinbarung darüber scheidet gem. § 269 Abs. 2 BGB aus) regelmäßig aus den Umständen, insbesondere der Natur des Schuldverhältnisses. Damit wird Erfüllungsort für die beiderseitigen Leistungen von Arbeitgeber und Arbeitnehmer im Allgemeinen der **Betriebssitz** sein, wenn der Arbeitnehmer dort ständig beschäftigt ist.[44] Bei **Reisenden** mit einem größeren Bezirk wird man als Erfüllungsort den Wohnsitz anzunehmen haben, wenn von dort aus die Reisetätigkeit ausgeübt wird.[45] Im Gerichtsstand des Erfüllungsortes können dann auch **Bestandsschutzklagen** erhoben werden.[46] Nunmehr gilt allerdings ab dem 1.4.2008 zusätzlich § 48 Abs. 1a, der Gerichtstand des **gewöhnlichen Arbeitsortes** (dazu § 48 Rn. 16 ff.) – der Gerichtsstand des Erfüllungsortes wird damit an Bedeutung verlieren. Bestehen **mehrere Gerichtsstände**, kann der Kläger unter diesen **wählen** (§ 35 ZPO). Für die sich ergebenden **Verfahrensfragen** wird auf die Kommentierung des § 48 verwiesen. Daneben ist auf **§ 61b Abs. 1** hinzuweisen, das **Verbindungsverfahren bei Klagen auf Entschädigung wegen diskriminierender Benachteiligung (§ 15 AGG)**. Machen mehrere Bewerber eine Entschädigung nach § 15 AGG gerichtlich geltend, wird auf Antrag des Arbeitgebers das erste angerufene Arbeitsgericht auch für die späteren Klagen ausschließlich zuständig. Die Rechtsstreite werden dann von Amts wegen entsprechend verwiesen und gem. § 147 ZPO verbunden.[47]

---

43 GK-ArbGG/*Wenzel* § 2 Rn. 234 m.w.N.
44 BAG 9.10.2002, 5 AZR 307/01, EzA § 29 ZPO 2002 Nr. 1.
45 BAG 3.11.1993, 5 AS 20/93, EzA § 36 ZPO Nr. 18; zur keineswegs einheitlichen Rechtsprechung GK-ArbGG/*Wenzel* § 2 Rn. 240 m.w.N.
46 BAG 12.6.1986, 2 AZR 398/85, EzA § 269 BGB Nr. 2.
47 Für die Einzelheiten vgl. die Kommentierung des § 61b.

12 **Gerichtsstandsvereinbarungen** sind für arbeitsrechtliche Streitigkeiten durch § 38 Abs. 1 ZPO **weitgehend ausgeschlossen**.[48] Erlaubt sind sie nur bei Streitigkeiten mit **Auslandsbezug** (§ 38 Abs. 2 ZPO) oder dann, wenn sie **ausdrücklich und schriftlich nach dem Entstehen der Streitigkeit** (§ 38 Abs. 3 Nr. 1 ZPO) oder **vorsorglich** für Fälle besonderer **Erschwerung der Rechtsverfolgung** (§ 38 Abs. 3 Nr. 2 ZPO) geschlossen werden. Die örtliche Zuständigkeit eines an sich unzuständigen Gerichts kann auch durch **rügelose Einlassung** begründet werden,[49] wenn der Beklagte, ohne die Unzuständigkeit geltend zu machen, zur Hauptsache – im **Kammertermin**[50] – mündlich verhandelt (§ 39 S. 1 ZPO). Voraussetzung ist, dass das Gericht den Beklagten zuvor auf die Folgen der rügelosen Einlassung zur Hauptsache hingewiesen hat (§ 39 S. 2 ZPO i.V.m. § 504 ZPO).

E. Arbeitsverhältnisse mit Kirchen

13 Soweit Mitarbeiter von Kirchen mit diesen in einem **privatrechtlichen Arbeitsverhältnis** stehen, steht ihnen auch der **Rechtsweg zu den Gerichten für Arbeitssachen** offen.[51] Dass bei den Entscheidungen ggf. die Grundsätze der Kirche zu berücksichtigen sind,[52] stellt dies nicht in Frage. Nicht der Entscheidung der staatlichen Gerichte unterliegen jedoch Streitigkeiten über die Rechte und Pflichten **kirchlicher Mitarbeitervertretungen**.[53] Dasselbe gilt für Streitigkeiten **kirchlicher Beamter, Geistlicher und Ordensangehöriger**,[54] die der innerkirchlichen Gerichtsbarkeit (Art. 140 GG, 137 Abs. 3 WRV) unterfallen.

---

48 Zur EuGVVO vgl. oben Rn. 9.
49 Hinsichtlich der EuGVVO vgl. oben Rn. 9.
50 Ein Verhandeln im Gütetermin ist noch nicht geeignet, die Folgen des § 39 S. 1 ZPO auszulösen. Ebenso GMPM-G/*Matthes* § 2 Rn. 169.
51 Zum Stellenwert der Vereinbarung einer kirchlichen Schlichtungsstelle § 4 Rn. 2. Vgl. auch *Schliemann* NZA 2000, 1311.
52 Zum Kündigungsrecht KR/*Griebeling* § 1 KSchG Rn. 70 ff. m.w.N. Teilweise krit. zur Einschränkung der gerichtlichen Überprüfung GMPM-G/*Prütting* Einleitung Rn. 122; *Wißmann* JZ 2004, 190.
53 BAG 9.9.1992, 5 AZR 456/91, EzA § 611 BGB Kirchliche Arbeitnehmer Nr. 39; 25.4.1989, 1 ABR 88/87, EzA § 611 BGB Kirchliche Arbeitnehmer Nr. 28; BAG 11.3.1986, 1 ABR 26/84, EzA § 611 BGB Kirchliche Arbeitnehmer Nr. 25.
54 ErfK/*Koch* § 1 ArbGG Rn. 3; vgl. auch BAG 7.2.1990, 5 AZR 84/89, EzA § 13 GVG Nr. 1 und BGH 28.3.2003, V ZR 261/02, NJW 2003, 2097.

F. Bundesverfassungsgericht/Länderverfassungsgerichte

Das Bundesverfassungsgericht stellt keine Superrevisionsinstanz dar. 14
Es kann aber im Wege der **Verfassungsbeschwerde** (§§ 90 ff. BVerfGG)
gegen gerichtliche Entscheidungen angerufen werden, insbesondere
wenn es um die Verletzung von **Grundrechten** oder die **Verletzung
rechtlichen Gehörs** (Art. 103 Abs. 1 GG) – dazu jetzt auch § 78a –
oder die **Verletzung des Grundsatzes des gesetzlichen Richters**
(Art. 101 Abs. 1 S. 2 GG) geht, sofern nicht insoweit bereits ein **Landesverfassungsgericht** zuständig ist. Kommt ein Gericht für Arbeitssachen
zu dem Ergebnis, dass ein entscheidungsrelevantes nachkonstitutionelles **Gesetz verfassungswidrig** ist, muss es den Rechtsstreit aussetzen
und im Wege eines Beschlusses die Frage dem Bundesverfassungsgericht vorlegen (**Art. 100 Abs. 1 GG**).

G. Europäischer Gerichtshof (EuGH)

Der **EuGH** kann in arbeitsrechtliche Streitigkeiten im Wege der **Vorab-** 15
entscheidung involviert sein. Es wird ihm dabei von dem deutschen
Gericht eine entscheidungserhebliche Frage zur Interpretation **materiellen europäischen Rechts** (Art. 234 EG-Vertrag[55]) oder **europäischen Verfahrensrechts** (dazu schon Rn. 9) vorgelegt,[56] und die Auslegung des EuGH bindet dann das deutsche Gericht bei seiner Entscheidung. In materiell-rechtlichen Fragen sind alle Gerichte vorlageberechtigt. Zur Vorlage verpflichtet sind insoweit die letztinstanzlich
entscheidenden Gerichte, wobei ein Verstoß gegen die Vorlagepflicht
zugleich eine Verletzung des Grundsatzes des gesetzlichen Richters bedeutet.[57]

---

55 KR/*Pfeiffer* Vor §§ 612a, 613a BGB Rn. 13 m.w.N.
56 GK-ArbGG/*Bader* § 48 Rn. 107a.
57 BVerfG 5.8.1998, 1 BvR 264/98, EzA Art. 119 EWG-Vertrag Nr. 53.

§ 2 Zuständigkeit im Urteilsverfahren

(1) Die Gerichte für Arbeitssachen sind ausschließlich zuständig für

1. bürgerliche Rechtsstreitigkeiten zwischen Tarifvertragsparteien oder zwischen diesen und Dritten aus Tarifverträgen oder über das Bestehen oder Nichtbestehen von Tarifverträgen;

2. bürgerliche Rechtsstreitigkeiten zwischen tariffähigen Parteien oder zwischen diesen und Dritten aus unerlaubten Handlungen, soweit es sich um Maßnahmen zum Zwecke des Arbeitskampfes oder um Fragen der Vereinigungsfreiheit einschließlich des hiermit im Zusammenhang stehenden Betätigungsrechts der Vereinigungen handelt;

3. bürgerliche Rechtsstreitigkeiten zwischen Arbeitnehmern und Arbeitgebern

   a) aus dem Arbeitsverhältnis;

   b) über das Bestehen oder Nichtbestehen eines Arbeitsverhältnisses;

   c) aus Verhandlungen über die Eingebung eines Arbeitsverhältnisses und aus dessen Nachwirkungen;

   d) aus unerlaubten Handlungen, soweit diese mit dem Arbeitsverhältnis im Zusammenhang stehen;

   e) über Arbeitspapiere;

4. bürgerliche Rechtsstreitigkeiten zwischen Arbeitnehmern oder ihren Hinterbliebenen und

   a) Arbeitgebern über Ansprüche, die mit dem Arbeitsverhältnis in rechtlichem oder unmittelbar wirtschaftlichem Zusammenhang stehen;

   b) gemeinsamen Einrichtungen der Tarifvertragsparteien oder Sozialeinrichtungen des privaten Rechts über Ansprüche aus dem Arbeitsverhältnis oder Ansprüche, die mit dem Arbeitsverhältnis in rechtlichem oder unmittelbar wirtschaftlichem Zusammenhang stehen,

   soweit nicht die ausschließliche Zuständigkeit eines anderen Gerichts gegeben ist;

5. bürgerliche Rechtsstreitigkeiten zwischen Arbeitnehmern oder ihren Hinterbliebenen und dem Träger der Insolvenzsicherung über Ansprüche auf Leistungen der Insolvenzsicherung nach dem Vierten Abschnitt des Ersten Teils des Gesetzes zur Verbesserung der betrieblichen Altersversorgung;

6. bürgerliche Rechtsstreitigkeiten zwischen Arbeitgebern und Einrichtungen nach Nummer 4 Buchstabe b und Nummer 5 sowie zwischen diesen Einrichtungen, soweit nicht die ausschließliche Zuständigkeit eines anderen Gerichts gegeben ist;

7. bürgerliche Rechtsstreitigkeiten zwischen Entwicklungshelfern und Trägern des Entwicklungsdienstes nach dem Entwicklungshelfergesetz;

8. bürgerliche Rechtsstreitigkeiten zwischen den Trägern des freiwilligen sozialen Jahres und Helfern nach dem Gesetz zur Förderung des freiwilligen sozialen Jahres und bürgerliche Rechtsstreitigkeiten zwischen den Trägern des freiwilligen ökologischen Jahres und Teilnehmern nach dem Gesetz zur Förderung eines freiwilligen ökologischen Jahres;

9. bürgerliche Rechtsstreitigkeiten zwischen Arbeitnehmern aus gemeinsamer Arbeit und aus unerlaubten Handlungen, soweit diese mit dem Arbeitsverhältnis im Zusammenhang stehen;

10. bürgerliche Rechtsstreitigkeiten zwischen behinderten Menschen im Arbeitsbereich von Werkstätten für behinderte Menschen und den Trägern der Werkstätten aus den in § 138 des Neunten Buches Sozialgesetzbuch geregelten arbeitnehmerähnlichen Rechtsverhältnissen.

(2) Die Gerichte für Arbeitssachen sind auch zuständig für bürgerliche Rechtsstreitigkeiten zwischen Arbeitnehmern und Arbeitgebern,

a) die ausschließlich Ansprüche auf Leistung einer festgestellten oder festgesetzten Vergütung für eine Arbeitnehmererfindung oder für einen technischen Verbesserungsvorschlag nach § 20 Abs. 1 des Gesetzes über Arbeitnehmererfindungen zum Gegenstand haben;

b) die als Urheberrechtsstreitsachen aus Arbeitsverhältnissen ausschließlich Ansprüche auf Leistung einer vereinbarten Vergütung zum Gegenstand haben.

§ 2　　　　　　　　　　　　　Zuständigkeit im Urteilsverfahren

(3) Vor die Gerichte für Arbeitssachen können auch nicht unter die Absätze 1 und 2 fallende Rechtsstreitigkeiten gebracht werden, wenn der Anspruch mit einer bei einem Arbeitsgericht anhängigen oder gleichzeitig anhängig werdenden bürgerlichen Rechtsstreitigkeit der in den Absätzen 1 und 2 bezeichneten Art in rechtlichem oder unmittelbar wirtschaftlichem Zusammenhang steht und für seine Geltendmachung nicht die ausschließliche Zuständigkeit eines anderen Gerichts gegeben ist.

(4) Auf Grund einer Vereinbarung können auch bürgerliche Rechtsstreitigkeiten zwischen juristischen Personen des Privatrechts und Personen, die kraft Gesetzes allein oder als Mitglieder des Vertretungsorgans der juristischen Person zu deren Vertretung berufen sind, vor die Gerichte für Arbeitssachen gebracht werden.

(5) In Rechtsstreitigkeiten nach diesen Vorschriften findet das Urteilsverfahren statt.

Übersicht	Rn.
A. Allgemeines zu Rechtswegzuständigkeit	1
B. Der Zuständigkeitskatalog des § 2 Abs. 1	4
I. Gemeinsames Erfordernis: Bürgerliche Rechtsstreitigkeiten	4
II. Die Einzelbestimmungen des Katalogs	5
1. Nr. 1	5
2. Nr. 2	6
3. Nr. 3	7
4. Nr. 4	13
5. Nr. 5	14
6. Nr. 6	15
7. Nr. 7	16
8. Nr. 8	17
9. Nr. 9	18
10. Nr. 10	19
C. Arbeitnehmererfindungs- und Urheberrechtsstreitigkeiten	20
D. Zusammenhangsstreitigkeiten (Abs. 3)	21
E. Gesetzliche Vertreter juristischer Personen des Privatrechts (Abs. 4)	25

A. Allgemeines zur Rechtswegzuständigkeit

Die **Rechtswegzuständigkeit** bezüglich des arbeitsgerichtlichen **Ur-** 1
teilsverfahrens (Abs. 5) ist in § 2 – ergänzt durch § 3 – in einem umfassenden und mehrfach erweiterten **Zuständigkeitskatalog** geregelt.[1]
Trotz des **Enumerationsprinzips** sollen damit im Ergebnis alle Streitigkeiten, die dem Arbeitsverhältnis zuzurechnen sind, vor den Gerichten für Arbeitssachen verhandelt werden. Dementsprechend besteht heute praktisch einhellig die Ansicht, dass die Zuständigkeitsnormen **weit auszulegen** sind.[2]

Die **Rechtswegzuständigkeit** der Gerichte für Arbeitssachen ist eine 2
ausschließliche (§ 2 Abs. 1). Sie besteht im Rahmen des Katalogs des § 2 (betreffend das **Urteilsverfahren**; Abs. 5) und des Katalogs des § 2a (betreffend das **Beschlussverfahren**; § 2a Abs. 2). Die Parteien können diese ausschließliche Zuständigkeit grundsätzlich nicht durch **Parteivereinbarungen** oder **rügelose Einlassungen** ändern und die Zuständigkeit etwa der ordentlichen Gerichte begründen (vgl. § 4 Rn. 1). Die Absätze 2, 3 und 4 eröffnen jedoch begrenzte Spielräume zu Gunsten der arbeitsgerichtlichen Zuständigkeit.

Die **Rechtswegzuständigkeit** ist vom Arbeitsgericht **von Amts wegen** 3
zu prüfen. Für die damit zusammenhängenden Verfahrensfragen wird auf die Kommentierung zu § 48 verwiesen (§ 48 Rn. 7 zu den erforderlichen Darlegungen[3]).

B. Der Zuständigkeitskatalog des § 2 Abs. 1

I. Gemeinsames Erfordernis: Bürgerliche Rechtsstreitigkeiten

Allen Nummern des Abs. 1 ist gemeinsam, dass es sich um **bürgerliche** 4
Rechtsstreitigkeiten handeln muss. Es hat daher ein Rechtsverhältnis des **privaten Rechts** zu Grunde zu liegen, der Lebenssachverhalt muss von privatrechtlichen Normen geprägt sein.[4] Dies ist z.B. der Fall bei **Arbeitsverhältnissen im öffentlichen Dienst**, auch bei den sog. Dienstordnungs-Angestellten.[5] Hingegen fallen Streitigkeiten

---

1 Zur **Anwendbarkeit des ArbGG** § 1 Rn. 3, 4 u. 13, zur **örtlichen Zuständigkeit** § 1 Rn. 11 f. sowie § 48 Rn. 16 ff. und zur **internationalen Zuständigkeit** § 1 Rn. 5 bis 10.
2 GK-ArbGG/*Wenzel* § 2 Rn. 8 m.w.N.
3 Dazu auch LAG Baden-Württemberg 24.5.2007, 9 Ta 2/07, NZA-RR 2008, 93.
4 BAG 5.10.2005, 5 AZB 27/05, EzA § 2 ArbGG 1979 Nr. 63.
5 BAG 11.11.1971, 2 AZR 218/70, AP § 611 BGB Dienstordnungs-Angestellte Nr. 31.

i.S.d. § 40 VwGO – etwa von **Beamten** – nicht unter § 2 Abs. 1.[6] Hierzu zählen öffentlich-rechtliche Dienstverhältnisse, die durch Verwaltungsakt begründet werden und im Wesentlichen öffentlich-rechtlich ausgestaltet sind.[7]

II. Die Einzelbestimmungen des Katalogs

1. Nr. 1

Wer **Tarifvertragspartei** sein kann, ergibt sich aus § 2 TVG (für Fragen der **Tariffähigkeit** vgl. § 97). **Dritte** sind alle, die bezüglich des betroffenen Tarifvertrages nicht Tarifvertragspartei sind. Unter Nr. 1 fallen Streitigkeiten über den **normativen und schuldrechtlichen Teil des Tarifvertrages**, und zwar **bürgerliche Rechtsstreitigkeiten**.[8] Meist wird es sich um **Feststellungsklagen** handeln, für die dann das Feststellungsinteresse gegeben sein muss. **Leistungsklagen** werden nur aus dem obligatorischen Teil des Tarifvertrages folgen. Dazu zählen Fragen der **Durchführung eines Tarifvertrages**[9] und der **Einwirkung auf Verbandsmitglieder**.[10] Erfasst werden von der Nr. 1 ansonsten etwa Streitigkeiten über den **Geltungsbereich** eines Tarifvertrages[11] oder die **Wirksamkeit eines Tarifvertrages**,[12] Streitigkeiten darum, ob eine Tarifnorm noch **geltendes Tarifrecht** ist[13] und Verfahren über den **Inhalt eines Tarifvertrages**[14] oder die **Auslegung von Tarifnormen**.[15] Dabei steht einer derartigen **Verbandsklage** (z.B. einer Gewerkschaft) nicht entgegen, dass die **einzelnen Arbeitnehmer** ihre Ansprüche auch im Wege der **Leistungsklage** durchsetzen könnten.[16] Auch Streitigkeiten zwischen Tarifvertragsparteien über das Recht und die Pflicht, über Ta-

---

6 Dazu auch § 5 Rn. 15. Vgl. weiter zur Abgrenzung zwischen öffentlich-rechtlichen und bürgerlichen Rechtsstreitigkeiten etwa DHHW/*Schmitt* § 2 ArbGG Rn. 9 ff. m.w.N.
7 BAG 30.11.1984, 7 AZR 511/83, AP § 611 BGB Lehrer, Dozenten Nr. 43.
8 Für Streitigkeiten zwischen Tarifvertragsparteien und dem zuständigen Ministerium über die Ablehnung oder Erteilung einer beantragten Allgemeinverbindlicherklärung eines Tarifvertrages sind die Verwaltungsgerichte zuständig: BVerwG 3.11.1988, 7 C 115.86, BVerwGE 80, 355.
9 BAG 9.6.1982, 4 AZR 274/81, EzA § 1 TVG Nr. 14.
10 BAG 29.4.1992, 4 AZR 432/91, EzA § 1 TVG Durchführungspflicht Nr. 2.
11 BAG 10.5.1989, 4 AZR 80/90, EzA § 256 ZPO Nr. 32.
12 BAG 23.3.1957, 1 AZR 64/56, AP Art. 3 GG Nr. 18.
13 BAG 25.9.1987, 7 AZR 315/86, EzA § 1 BeschFG 1985 Nr. 2.
14 BAG 24.2.1987, 1 ABR 73/84, EzA § 80 BetrVG 1972 Nr. 29.
15 BAG 30.5.1984, 4 AZR 512/81, EzA § 9 TVG Nr. 3; 19.2.1965, 1 AZR 237/64, NJW 1965, 1549.
16 BAG 30.5.1984, 4 AZR 512/81, EzA § 9 TVG Nr. 3; 25.9.1987, 7 AZR 315/86, EzA § 1 BeschFG 1985 Nr. 2. Zu Fragen des Rechtsschutzinteresses weiter GK-ArbGG/*Wenzel* § 2 Rn. 88 m.w.N.

rifverträge zu verhandeln und solche abzuschließen, fallen nach älterer Rspr. des BAG unter Nr. 1.[17] Das gilt hingegen nicht für Streitigkeiten zwischen konkurrierenden Gewerkschaften über deliktische Unterlassungs- oder Beseitigungsansprüche.[18] Rechtskräftige Entscheidungen in Rechtsstreitigkeiten zwischen Tarifvertragsparteien gem. Nr. 1 sind nach § 9 TVG auch darüber hinaus **bindend**. In diesem Zusammenhang ist auch § 63 zu beachten, auf dessen Erläuterungen verwiesen wird.

2. Nr. 2

§ 2 TVG regelt, wer **tariffähige Partei** ist. Es reicht allerdings im Ergebnis aus, wenn die Partei tariffähig i.S.d. § 2 TVG sein kann, da es für die Rechtmäßigkeit des Arbeitskampfes darauf ankommen kann, ob die Partei tariffähig ist oder nicht.[19] Eine solche tariffähige Partei muss jedenfalls auf einer Seite des Rechtsstreites stehen.[20] Der Begriff der **unerlaubten Handlung** ist weit auszulegen,[21] Nr. 2 erfasst damit z.B. auch Streitigkeiten über **Widerrufs- und Unterlassungsansprüche wegen ehrverletzender Behauptungen**.[22] Die unerlaubte Handlung ist hier aber nur relevant, soweit es um Maßnahmen **zum Zwecke** (nicht: nur gelegentlich) **des Arbeitskampfes**[23] oder um Fragen der Vereinigungsfreiheit geht. Der Begriff des **Arbeitskampfes** umfasst den Streik und die Aussperrung einschließlich der unterstützenden und sanktionierenden Maßnahmen, etwa auch die Frage des Einsatzes von Beamten auf den Arbeitsplätzen streikender Arbeitnehmer.[24] Das Ziel des Arbeitskampfes oder dessen Rechtmäßigkeit ist ohne Bedeutung, da es im Rechtsstreit ja gerade um die oft schwierige Frage der Abgrenzung

6

---

17 BAG 2.8.1963, 1 AZR 9/63, AP Art. 9 GG Nr. 5. Das ist aber nur zutreffend, wenn sich die Verpflichtung aus einem Tarifvertrag ergibt. Ansonsten ist Nr. 2 einschlägig.
18 BGH 7.1.1964, VI ZR 58/63, AP § 1004 BGB Nr. 1: Zuständigkeit der ordentlichen Gerichte, wenn auch Abs. 1 Nr. 2 nicht eingreift.
19 *Schwab/Weth/Walker* § 2 Rn. 57 m.w.N. Kommt es für die Entscheidung auf die Tariffähigkeit an, ist § 97 zu beachten.
20 *Schwab/Weth/Walker* § 2 Rn. 57.
21 GMPM-G/*Matthes* § 2 Rn. 44.
22 BAG 29.10.2001, 5 AZB 44/00, EzA § 2 ArbGG 1979 Nr. 56: Äußerung eines Gewerkschaftssekretärs über mangelnde Tariftreue des Arbeitgebers. LAG Baden-Württemberg 24.5.2007, 9 Ta 2/07, NZA-RR 2008, 93: bei persönlicher Diffamierung zwischen Gewerkschaftssekretär und Vertreter eines Arbeitgeberverbandes Rechtsweg zu den ordentlichen Gerichten.
23 Zur Abgrenzung etwa BGH 28.3.2000, VI ZB 31/99, NZA 2000, 735.
24 BAG 10.9.1985, 1 AZR 262/84, EzA Art. 9 GG Arbeitskampf Nr. 60. Vgl. zur Abgrenzung der hier geforderten **bürgerlichen Rechtsstreitigkeit** weiter *Schwab/Weth/Walker* § 2 Rn. 54 ff. m.w.N.

zwischen rechtmäßigem und rechtswidrigem Arbeitskampf gehen kann.[25] Zu den Fragen der **Vereinigungsfreiheit** gehören ausdrücklich auch die damit im Zusammenhang stehenden **Betätigungsrechte der Vereinigungen**. Die Frage, ob sich eine Vereinigung in einer bestimmten Weise betätigen darf, fällt damit unter Nr. 2[26] (etwa: **Mitgliederwerbung**,[27] **Wahl von Vertrauensleuten** im Betrieb[28] oder **Verteilung einer Gewerkschaftszeitung** im Betrieb,[29] auch die Frage nach der Sendung gewerkschaftlicher E-Mails an die dienstliche E-Mail-Anschrift[30]), ebenso die Frage, ob ein Dritter das Recht auf koalitionsmäßige Betätigung zu Unrecht **behindert** oder **sanktioniert**.[31] Nach im Schrifttum herrschender Ansicht stellt der **allgemeine gewerkschaftliche Unterlassungsanspruch**, wenn man ihn bejaht, einen Fall der Nr. 2 dar,[32] nicht des § 2a Abs. 1 Nr. 1.[33] Weiter zählen Streitigkeiten zwischen **konkurrierenden Koalitionen** zum Bereich der Nr. 2.[34] **Streitigkeiten zwischen Koalitionen und ihren Mitgliedern** schließlich fallen an sich in die Zuständigkeit der ordentlichen Gerichte, soweit es nicht um die Vereinigungsfreiheit geht (Beispiel: der Streit um die Aufnahme oder den Ausschluss).[35]

3. Nr. 3

7 **Buchst. a)** erfasst alle bürgerlichen Rechtsstreitigkeiten (dazu oben Rn. 4) zwischen **Arbeitnehmern** und **Arbeitgebern** aus dem **Arbeitsverhältnis** – auch aus einem **faktischen Arbeitsverhältnis**[36] –, soweit

---

25 GK-ArbGG/*Wenzel* § 2 Rn. 97 m.w.N.; *Schwab/Weth/Walker* § 2 Rn. 65 m.w.N.; a.A. BGH 29.9.1954, VI ZR 232/53, AP § 2 ArbGG 1953 Nr. 2.
26 BGH 28.3.2000, VI ZB 31/99, NZA 2000, 735 = AP § 2 ArbGG 1979 Nr. 73.
27 Etwa BAG 29.6.1965, 1 AZR 420/64, AP Art. 9 GG Nr. 6; 14.2.1978, 1 AZR 280/77, EzA Art. 9 GG Nr. 25. Zum gewerkschaftlichen Zutrittsrecht zum Betrieb zum Zwecke der Mitgliederwerbung auch BAG 28.2.2006, 1 AZR 460/04, NZA 2006, 798.
28 BAG 8.12.1978, 1 AZR 303/77, EzA Art. 9 GG Nr. 28 m. Anm. *Zöllner*.
29 BAG 23.2.1979, 1 AZR 540/77, EzA Art. 9 GG Nr. 30 m. Anm. *Zöllner*.
30 OLG Frankfurt/M. 28.3.2007, 3 W 20/07, NZA 2007, 710.
31 BAG 18.8.1987, 1 AZN 260/87, EzA § 72a ArbGG 1979 Nr. 49; 2.6.1987, 1 AZR 651/85, EzA Art. 9 GG Nr. 43.
32 *Schwab/Weth/Walker* § 2 Rn. 70 m.w.N.
33 So aber BAG 20.4.1999, 1 ABR 72/98, EzA Art. 9 GG Nr. 65 m. Anm. *Fischer*; BAG 13.3.2001, 1 AZB 19/00, NJW 2001, 3724.
34 Für die heute h.M. etwa GMPM-G/*Matthes* § 2 Rn. 46 m.w.N.; a.A. BGH 24.2.1965, IV ZR 81/64, NJW 1965, 859 ohne nähere Begründung.
35 GK-ArbGG/*Wenzel* § 2 Rn. 103 m.w.N. zum kontroversen Meinungsstand.
36 BAG 25.4.1963, 5 AZR 398/62, AP § 611 BGB Faktisches Arbeitsverhältnis Nr. 2; 28.10.1997, 9 AZB 34/97, NZA 1997, 163.

nicht an anderer Stelle im Katalog des Abs. 1 speziellere Regelungen[37] vorhanden sind. Für die Begriffe des Arbeitnehmers und des Arbeitgebers wird verwiesen auf § 5 Rn. 1 u. 4 und die Erläuterungen zu § 5 insgesamt. Arbeitgeber ist auch der **persönlich haftende Gesellschafter** einer KG, und zwar neben der KG.[38] Es handelt sich z.b. um Streitigkeiten über die **Vergütung**, die Vergütungsabrechnung, Gratifikationen und Provisionen, die geschuldete **Arbeitsleistung**, den **Urlaub**, die Rücknahme einer **Abmahnung** oder **Schadensersatz**, auch um Streitigkeiten wegen der Reduzierung der **Arbeitszeit** und wegen Fragen der **Weiterbeschäftigung**.[39]

Dass dabei u.U. öffentlich-rechtliche **Vorfragen** zu klären sind, steht der Bejahung des Rechtswegs zu den Gerichten für Arbeitssachen nicht entgegen. Andererseits fällt es grundsätzlich nicht in die Zuständigkeit der Gerichte für Arbeitssachen, über **Sozialversicherungsbeiträge** und abzuführende **Steuern** sowie deren Höhe zu entscheiden,[40] auch ist der Rechtsweg zu den Gerichten für Arbeitssachen nicht eröffnet für Streitigkeiten um Meldungen gem. § 28a Abs. 3 SGB IV.[41] Bei **Nettolohnvereinbarungen** kann jedoch der Streit über die Richtigkeit der Abzüge im arbeitsgerichtlichen Verfahren ausgetragen werden. Ebenso kann der Arbeitgeber **Nachzahlungsansprüche** bezüglich der Steuern und der Sozialversicherungsbeiträge vor den Gerichten für Arbeitssachen einklagen.[42] Geht es um Ansprüche von **Betriebsratsmitgliedern**, sind solche, die im Betriebsratsamt wurzeln, im Beschlussverfahren geltend zu machen (z.B. § 37 Abs. 2, § 40 BetrVG), während es für Vergütungsansprüche bei Nr. 3a bleibt.[43] Auch bei einer auf § 78a BetrVG gestützten Klage auf **tatsächliche Beschäftigung** handelt es sich um einen Fall der Nr. 3a.[44] 8

---

37 Liegt eine speziellere Regelung vor, ist diese heranzuziehen. Es ist freilich eine Frage der jeweiligen Auslegung, ob die speziellere Bestimmung die Anwendung der möglicherweise weiteren allgemeinen Regelung ausschließen will oder nicht. Vgl. insoweit Rn. 19 zu Nr. 10 (insoweit keine abschließende spezielle Regelung).
38 BAG 1.3.1993, 3 AZB 4/92, EzA § 2 ArbGG 1979 Nr. 24; BAG 28.2.2006, 5 AS 19/05, EzA § 36 ZPO 2002 Nr. 4.
39 *Schwab/Weth/Walker* § 2 Rn. 107; a.A. GMPM-G/*Matthes* § 2 Rn. 68: für Anwendbarkeit der Nr. 3 Buchst b).
40 ErfK/*Koch* § 2 ArbGG Rn. 6 m.w.N.
41 BAG 5.10.2005, 5 AZB 27/05, EzA § 2 ArbGG 1979 Nr. 63.
42 Insgesamt dazu m.w.N. GK-ArbGG/*Wenzel* § 2 Rn. 63. GMPM-G/*Matthes* § 2 Rn. 79 sieht insoweit teilweise Widersprüche zur BAG-Rspr. zu den Arbeitspapieren (dazu unten Rn. 12).
43 BAG 30.1.1973, 1 ABR 22/72, EzA § 37 BetrVG 1972 Nr. 5.
44 BAG 14.5.1987, 6 AZR 498/85, EzA § 78a BetrVG 1972 Nr. 18.

§ 2   Zuständigkeit im Urteilsverfahren

9 **Buchst. b)** bezieht sich auf die sog. **Bestandsstreitigkeiten**, es muss dabei immer gerade um das **Bestehen eines Arbeitsverhältnisses** gehen.[45] Hierzu zählen **Kündigungsschutzklagen**, Klagen gegen die Wirksamkeit von **Befristungen** oder von auflösenden Bedingungen in Arbeitsverträgen, Klagen gegen die Wirksamkeit von **Aufhebungsverträgen** und **Feststellungsklagen** hinsichtlich des (Fort-)Bestandes des Arbeitsverhältnisses,[46] auch Klagen betreffend das Zustandekommen von Arbeitsverträgen und auf Einstellung oder Wiedereinstellung (sofern insoweit nicht Buchst. c) eingreift). Das gilt auch für Klagen auf das Zustandekommen eines Arbeitsverhältnisses des Jugend- und Auszubildendenvertreters aufgrund eines entsprechenden Verlangens nach § 78a Abs. 2 BetrVG oder § 9 Abs. 2 BPersVG.[47] Es sollen auch Klagen über den **Inhalt des Arbeitsverhältnisses** unter Nr. 3b fallen.[48] Richtigerweise wird man insoweit jedoch Nr. 3a für einschlägig halten müssen, auch wenn die Frage der Zuordnung praktisch ohne Auswirkungen bleibt. Das gilt auch für **Änderungskündigungsschutzklagen** bei Annahme des Änderungsangebots unter Vorbehalt.

10 **Buchst. c)** spricht einerseits die **Verhandlungen über die Eingehung eines Arbeitsverhältnisses** an. Insoweit kann es um Schadensersatzansprüche, um Ansprüche auf Erstattung von Reisekosten und Rückgabe von eingereichten Unterlagen oder Löschung gespeicherter Daten gehen. Daneben kann es um einen Anspruch auf Einstellung oder die Verhinderung der Einstellung eines vorgezogenen Konkurrenten gehen, daneben etwa um den Anspruch auf Abschluss eines unbefristeten Vertrages. Zu den weiter angesprochenen **Nachwirkungen des Arbeitsverhältnisses** rechnen Ansprüche bezüglich nachvertraglicher Wettbewerbsverbote oder aus nachvertraglicher Fürsorgepflicht, auch auf Herausgabe von Material oder Unterlagen und auf Zeugniserteilung oder Zeugnisberichtigung.

11 **Buchst. d)** erfasst die Streitigkeiten aus **unerlaubten Handlungen im Zusammenhang mit dem Arbeitsverhältnis** (gerichtet auf Schadensersatz, Unterlassung, Widerruf oder sonstige Beseitigung), auch im Rahmen vorvertraglichen oder nachvertraglichen Verhaltens.[49] Hier handelt es sich um das Verhältnis zwischen **Arbeitnehmer** und **Arbeitgeber** (nicht gegenüber Dritten), während Nr. 9 (dazu Rn. 18) sich mit un-

---

45 *Schwab/Weth/Walker* § 2 Rn. 102.
46 Auch bezogen auf § 10 AÜG, daneben Klagen auf Feststellung des Bestehens eines Arbeitsverhältnisses, wenn im Streit steht, ob ein Arbeitsverhältnis oder ein freies Mitarbeiterverhältnis vorliegt (GMPM-G/*Matthes* § 2 Rn. 65).
47 S. dazu die Nachweise bei GK-ArbGG/*Wenzel* § 2 Rn. 131.
48 So etwa GMPM-G/*Matthes* § 2 Rn. 65.
49 *Schwab/Weth/Walker* § 2 Rn. 115 m.w.N.

erlaubten Handlungen zwischen Arbeitnehmern befasst. Hinsichtlich der Anforderungen an den Zusammenhang mit dem Arbeitsverhältnis wird auf Rn. 18 verwiesen. Die Gerichte für Arbeitssachen sind auch dann zuständig, wenn sich die Klage direkt gegen den Geschäftsführer einer GmbH richtet.[50]

Buchst. e) schließlich erwähnt als Spezialregelung ausdrücklich die **Arbeitspapiere**. Nach h.M. und der Rspr. des BAG sind die Gerichte für Arbeitssachen nur zuständig auf Ausfüllung (als solche – ohne erzwingbaren Inhalt im Detail) und Herausgabe der Arbeitspapiere wie der **Lohnsteuerbescheinigung** (§ 41b EStG), des **Sozialversicherungsnachweises** und der **Arbeitsbescheinigung** nach § 312 SGB III, nicht aber für diesbezügliche **Berichtigungsklagen**[51] – der diesbezügliche Streit wird dem öffentlichen Recht zugeordnet.[52] Der Rechtsweg zu den Gerichten für Arbeitssachen ist aber ohne Einschränkung (also auch für Berichtigungsklagen) gegeben, soweit es um das **Zeugnis** geht, die **Urlaubsbescheinigung** des Arbeitgebers (§ 6 BUrlG) oder um in Tarifverträgen vorgesehene Bescheinigungen, die der Arbeitgeber auszustellen hat.[53] Nr. 3 Buchst. e) erstreckt sich auch auf **Schadensersatzansprüche** wegen unterlassener, falscher oder verspäteter Ausfüllung und/oder Herausgabe von Arbeitspapieren. 12

4. Nr. 4

Die Vorschrift deckt mit dem **Buchst. a)** ein weites Spektrum ab, wobei für die Begriffe des **rechtlichen oder unmittelbaren wirtschaftlichen Zusammenhangs** auf Rn. 23 verwiesen wird. Es handelt sich einerseits um Ansprüche zwischen **Arbeitnehmern** und Arbeitgebern. Dazu zählen z.B. Ansprüche wegen **Darlehens**,[54] wegen Überlassung von Geräten oder wegen der Benutzung von Parkplätzen,[55] ebenso Ansprüche etwa aus einem **Vorruhestandsverhältnis**. Dasselbe gilt für die Klage auf Erstattung von Kosten im Zusammenhang mit einer Nebentätig- 13

---

50 BAG 24.6.1996, 5 AZB 35/95, EzA § 2 ArbGG 1979 Nr. 32.
51 BAG 11.6.2003, 5 AZB 1/03, EzA § 2 ArbGG 1979 Nr. 59. Hierbei sollte man es auch belassen, da die Gerichte für Arbeitssachen ohnehin nicht mit Bindung etwa für das Finanzamt oder die Bundesagentur für Arbeit entscheiden könnten (bezüglich der Bindungswirkung ebenso GMPM-G/*Matthes* § 2 Rn. 78 a.E.).
52 Vgl. dazu die ausführliche, teilweise kritische Darstellung bei *Schwab/Weth/Walker* § 2 Rn. 117 bis 124 m.w.N. und bei GMPM-G/*Matthes* § 2 Rn. 77 f.
53 Dazu zählen etwa die Lohnnachweiskarten des Baugewerbes (vgl. BAG 20.2.2001, 9 AZR 661/99, NZA 2002, 45). Zum Begriff des Arbeitspapiers allgemeiner GMPM-G/*Matthes* § 2 Rn. 81.
54 BAG 23.2.1999, 9 AZR 737/97, EzA § 611 BGB Inhaltskontrolle Nr. 7.
55 Beispiele bei GK-ArbGG/*Wenzel* § 2 Rn. 148 u. 152.

keit.[56] Eine Vollstreckungsgegenklage gegen eine notarielle Urkunde, in der sich ein Arbeitnehmer wegen einer Forderung aus dem Arbeitsverhältnis der sofortigen Zwangsvollstreckung unterworfen hat, wird hier einzuordnen sein.[57] Daneben werden die Ansprüche von **Hinterbliebenen** hier ausdrücklich angesprochen. Erfasst werden davon alle Ansprüche, die den Hinterbliebenen aus Anlass des Todes des Arbeitnehmers selbst zustehen (etwa aus einer **betrieblichen Altersversorgung**, für die der Arbeitgeber selbst einzustehen hat), ohne dass sie Erben sein müssen. Bezüglich der **Hinterbliebenen** in **Buchst. b)** und des **rechtlichen und mittelbaren wirtschaftlichen Zusammenhangs** gilt das eben Ausgeführte. Es geht hier um die Ansprüche der Arbeitnehmer oder ihrer Hinterbliebenen gegen **Sozialeinrichtungen** des privaten Rechts (dazu § 87 Abs. 1 Nr. 8 BetrVG)[58] oder gegen **gemeinsame Einrichtungen der Tarifvertragsparteien** (vgl. § 4 Abs. 2 TVG) wie die Sozialkassen des Baugewerbes oder des Dachdeckerhandwerks.[59] Eine **ausschließliche Zuständigkeit** eines anderen Gerichts darf **nicht** gegeben sein. Eine ausschließlich Zuständigkeit ist insbesondere in den in Rn. 24 angesprochenen **Mietstreitigkeiten** gegeben.[60] Im Übrigen ist Nr. 4 von **Abs. 3** abzugrenzen, aus dem sich nur eine fakultative Zuständigkeit ergibt.

5. Nr. 5

14 Hierbei muss es sich um Ansprüche von (ehemaligen) **Arbeitnehmern** oder ihren **Hinterbliebenen** mit Bezug zum Arbeitsverhältnis[61] handeln, und zwar gegen den **Träger** der **Insolvenzsicherung** nach dem **BetrAVG** (primär: den **Pensionssicherungsverein**). Eine **bürgerliche Rechtsstreitigkeit** liegt wie gefordert insoweit vor, wenn ohne den Insolvenzfall der Arbeitgeber oder die Sozialeinrichtung einzustehen hätte.[62] Nicht zu den Hinterbliebenen zählt der durch den Versorgungsaus-

---

56 BAG 24.9.2004, 5 AZB 46/04, EzA § 2 ArbGG 1979 Nr. 62.
57 Teilweise Einordnung bei Nr. 3a.
58 Das kann eine Beschäftigungs- und Qualifizierungsgesellschaft sein: BAG 23.8.2001, 5 AZB 11/01, AP § 2 ArbGG 1979 Nr. 2. Zu den Zusatzversorgungskassen des öffentlichen Dienstes BAG 28.4.1981, 3 AZR 255/80, AP § 4 TVG Gemeinsame Einrichtungen Nr. 3. Vgl. weiter ErfK/*Koch* § 2 ArbGG Rn. 28.
59 Hier wird nicht verlangt, dass es sich um eine privatrechtliche Organisation handelt: BAG 28.4.1981, 3 AZR 255/80, AP §§ 4 TVG Gemeinsame Einrichtungen Nr. 3. Das Verhältnis zwischen etwa der Versorgungskasse und dem Arbeitnehmer muss privatrechtlich gestaltet sein: BAG 10.8.2004, 5 AZB 26/04, EzBAT § 46 BAT Nr. 56.
60 § 23 Nr. 2a GVG. Vgl. weiter § 104 S. 1 UrhG, Vgl. Rn. 20 wegen der Zuständigkeit der Gerichte für Patentstreitsachen.
61 Gegenbeispiel in BAG 26.9.2002, 5 AZB 15/02, EzA § 17a GVG Nr. 14.
62 GMPM-G/*Matthes* § 2 Rn. 99.

gleich begünstigte geschiedene Ehegatte des (ehemaligen) Arbeitnehmers.[63] **Rückforderungsansprüche** und **Auskunftsansprüche** nach § 11 Abs. 4 BetrAVG werden ebenfalls von Nr. 5 erfasst.[64]

6. Nr. 6

Durch die gesetzliche Regelung nicht erfasst waren früher Streitigkeiten zwischen dem Pensionssicherungsverein und insolventen **Arbeitgebern**. Die Regelung in Nr. 6 stellt dies im Anschluss an eine BAG-Entscheidung[65] klar. Gleichfalls nicht geregelt war früher entgegen der nunmehrigen Regelung die Zuständigkeit für bürgerliche Rechtsstreitigkeiten etwa zwischen dem Träger der Insolvenzsicherung (Nr. 5) und Einrichtungen nach Nr. 4b (z.B. Unterstützungskassen). Nicht zuständig sind die Gerichte für **Beitragsstreitigkeiten** zwischen dem **Pensionssicherungsverein** und einzelnen Arbeitgebern, ebenso nicht Mitteilungs- und Auskunftspflichten gegenüber dem Pensionssicherungsverein, da diese Verpflichtungen öffentlich-rechtlich ausgestaltet sind.[66] Eine **ausschließliche Zuständigkeit** eines anderen Gerichts darf nicht gegeben sein.

15

7. Nr. 7

Die Beziehungen zwischen **Entwicklungshelfern** und den **Trägern** des **Entwicklungsdienstes** sind grundsätzlich **bürgerlich-rechtlich** ausgestaltet, ohne dass ein Arbeitsverhältnis besteht.[67] Insoweit sind die Gerichte für Arbeitssachen zuständig. Hingegen ist der Rechtsweg zu den Gerichten der Sozialgerichtsbarkeit gegeben (§ 19 Abs. 2 EhfG), soweit es um besondere Krankheitskosten und Ähnliches geht (§ 7 Abs. 3, §§ 9, 10, 15 EhfG).

16

8. Nr. 8

Die Regelung ist parallel zu Nr. 7 ausgestaltet, obwohl es sich auch insoweit nicht um ein Arbeitsverhältnis handelt.

17

---

63 GMPM-G/*Matthes* § 2 Rn. 98.
64 GK-ArbGG/*Wenzel* § 2 Rn. 165.
65 BAG 11.11.1986, 3 AZR 228/86, EzA § 2 ArbGG 1979 Nr. 9.
66 GK-ArbGG/*Wenzel* § 2 Rn. 172.
67 BAG 27.4.1977, 3 AZR 129/76, EzA § 611 BGB Arbeitnehmerbegriff Nr. 10.

9. Nr. 9

18 Nr. 9 regelt einerseits Rechtsstreitigkeiten **zwischen Arbeitnehmern aus gemeinsamer Arbeit**. Insoweit ist das **Gruppenarbeitsverhältnis** betroffen, aber auch die sog. **Fahrgemeinschaft**. Die Beschäftigung beim selben Arbeitgeber ist nicht Voraussetzung. Die gleichfalls angesprochenen Rechtsstreitigkeiten **zwischen Arbeitnehmern aus unerlaubter Handlung** (betreffend z.B. Schadensersatz, Widerruf oder Unterlassung ehrverletzender Äußerungen), setzen voraus, dass die unerlaubte Handlung **mit dem Arbeitsverhältnis im Zusammenhang** steht. Die unerlaubte Handlung kann auch dann einen Zusammenhang mit dem Arbeitsverhältnis haben, wenn sie auf dem Weg zur Arbeit, auf einem Betriebsausflug oder einer Jubiläumsfeier begangen wird. Ansprüche zwischen Streikposten und Arbeitswilligen können gleichfalls unter Nr. 9 fallen. Immer ist Voraussetzung, dass der Zusammenhang mit dem Arbeitsverhältnis nicht lediglich äußerlich und zufällig ist, sondern es muss die unerlaubte Handlung in der besonderen Eigenart des Arbeitsverhältnisses und den ihm eigentümlichen Reibungen und Beziehungen wurzeln.[68]

10. Nr. 10

19 Die Bestimmung hat im Wesentlichen klarstellenden Charakter. Soweit nicht ohnehin ein Arbeitsverhältnis besteht oder soweit nicht ohnehin § 5 Abs. 1 S. 2 einschlägig ist (§ 138 Abs. 1 SGB IX legt jedenfalls ein **arbeitnehmerähnliches Verhältnis** fest, sofern sich aus dem zugrunde liegenden Sozialleistungsverhältnis nichts anderes ergibt), ist die Zuständigkeit der Gerichte für Arbeitssachen danach gegeben für Streitigkeiten **aus dem Werkstattvertrag (§ 138 Abs. 1 SGB IX)**, insbesondere für Streitigkeiten über den leistungsbezogenen Steigerungsbetrag (§ 138 Abs. 2 SGB IX). Für Streitigkeiten über das Zustandekommen, das Bestehen oder Nichtbestehen eines Werkstattvertrages oder über Ansprüche aus Verhandlungen über die Eingehung eines Werkstattvertrages bzw. aus dessen Nachwirkungen sind die Gerichte für Arbeitssachen angesichts des klaren Wortlauts der Bestimmung danach jedenfalls nicht zuständig[69] – die Zuständigkeit nach den allgemeinen Bestimmungen bleibt davon aber wie schon eingangs dieser Rn. angesprochen unberührt. Hingegen sind die Streitigkeiten zwischen behinderten Menschen und den Sozialleistungsträgern öffentlich-rechtlicher Natur.[70]

---

68 Vgl. GK-ArbGG/*Wenzel* § 2 Rn. 137 m.w.N.
69 A.A. ArbG Offenbach/M. 20.2.2008, 5 Ca 16/08 – n.v.: Nr. 10 weit zu interpretieren, umfasst auch Anspruch auf Aufnahme als Werkstattmitarbeiter.
70 *Schwab/Weth/Walker* § 2 Rn. 163.

C. Arbeitnehmererfindungs- und Urheberrechtsstreitigkeiten

Abs. 2 weist die Zuständigkeit für die Klage auf Zahlung einer **festgelegten oder festgesetzten Vergütung** (bei **Arbeitnehmererfindung** [§ 2 ArbNErfG] oder **technischem Verbesserungsvorschlag** [§ 3 ArbNErfG]) – korrespondierend damit § 39 Abs. 2 ArbNErfG – bzw. einer **vereinbarten Vergütung** (bei **Urheberrechtsstreit**) den Arbeitsgerichten zu, aber hier handelt es sich **nicht** um eine **ausschließliche** Zuständigkeit, so dass **Zuständigkeitsvereinbarungen** möglich sind.[71] Hintergrund der Regelung ist, dass die Entscheidung über die inhaltlichen Sachfragen den ordentlichen Gerichten vorbehalten bleiben sollen (§ 39 Abs. 1 ArbNErfG: ausschließliche Zuständigkeit der für Patentstreitsachen zuständigen Gerichte). Damit kann von Abs. 2 kein Gebrauch gemacht werden, wenn sich herausstellt, dass keine Festlegung/Festsetzung der Vergütung bzw. Vereinbarung bezüglich der Vergütung besteht. Dasselbe gilt, wenn nicht nur auf Zahlung der Vergütung geklagt wird.[72] Allerdings sieht man **Auskunfts- und Rechnungslegungsansprüche** als von Abs. 2 miterfasst an.[73]

20

D. Zusammenhangsstreitigkeiten (Abs. 3)

Die verfassungsgemäße[74] Vorschrift des **Abs. 3** erlaubt es, unter bestimmten Voraussetzungen über den Katalog des Abs. 1 hinaus **fakultativ**[75] Streitigkeiten vor die Gerichte für Arbeitssachen zu bringen,[76] als Klageerweiterung, Widerklage[77] oder auch als selbständige neue Klage.[78] Sie gilt allerdings nur für das **Urteilsverfahren**. Voraussetzung für die Anwendung des Abs. 3 ist nach dem Wortlaut zunächst, dass ein Rechtsstreit – die **Hauptklage** – über eine Streitigkeit nach Abs. 1 oder 2 **anhängig** ist oder gleichzeitig anhängig wird (dafür genügt der Ein-

21

---

71 Zur Möglichkeit einer Schiedsvereinbarung § 4 Rn. 1.
72 *Schwab/Weth/Walker* § 2 Rn. 169 f. m.w.N.
73 *Schwab/Weth/Walker* § 2 Rn. 173.
74 ErfK/*Koch* § 2 ArbGG Rn. 35 m.w.N. Die Wahlmöglichkeit, die teilweise auch sonst gegeben ist (vgl. § 55 Abs. 3), tangiert als solche nicht den Grundsatz des gesetzlichen Richters.
75 Die einmal getroffene Wahl bindet, sie kann im Ergebnis nur über eine Klagerücknahme rückgängig gemacht werden.
76 Zur Möglichkeit von Schiedsvereinbarungen insoweit s. § 4 Rn. 1.
77 Zur Wider-Widerklage BAG 23.8.2001, 5 AZB 20/01, EzA § 2 ArbGG 1979 Nr. 54.
78 GK-ArbGG/*Wenzel* § 2 Rn. 206. Die übrigen Zulässigkeitsvoraussetzungen müssen erfüllt sein.

§ 2 Zuständigkeit im Urteilsverfahren

gang bei Gericht).[79] Aus prozessökonomischen Gründen wird es man es über den Wortlaut hinaus jedoch ausreichen lassen können, wenn erst die **Zusammenhangsklage** – es kann sich nur um eine **bürgerliche Streitigkeit** handeln[80] – und dann die **Hauptklage** erhoben wird.[81] Als Hauptklage nicht geeignet sind eine **Zwischenfeststellungsklage**, mit der gerade das zuständigkeitsbegründende Rechtsverhältnis festgestellt werden soll,[82] und ein **Hilfsantrag**,[83] ebenso aus verfassungsrechtlichen Gründen[84] nicht eine sog. **sic-non-Klage**.[85] Im Übrigen muss die Hauptklage beim **Arbeitsgericht** anhängig sein, also in erster Instanz, so dass die Zusammenhangsklage ebenfalls nur in erster Instanz erhoben werden kann.[86] Ist die Zusammenhangsklage einmal zugestellt und ist sie zu diesem Zeitpunkt zulässig, ändert ein späterer Wegfall der Hauptklage nichts mehr (§ 17 Abs. 1 S. 1 GVG).[87] Dasselbe gilt für den Fall, dass sich der Vortrag zur Hauptklage später ändert und dann kein Fall des § 2 Abs. 1 oder 2 mehr vorliegt.[88]

22 Die **Parteien** der Zusammenhangsklage müssen nicht identisch mit denen der Hauptklage sein. Es reicht aus, wenn eine Partei der Hauptklage auch Partei der Zusammenhangsklage ist.[89] Dies ist aber zugleich Mindestanforderung.[90]

23 Außerdem ist ein **rechtlicher oder unmittelbarer wirtschaftlicher Zusammenhang** erforderlich. Der rechtliche Zusammenhang ist gegeben, wenn sich die Zusammenhangsstreitigkeit ebenfalls aus dem Arbeitsverhältnis ergibt oder durch dieses bedingt ist.[91] Der unmittelbare wirtschaftliche Zusammenhang ist anzunehmen, wenn ein einheitlicher Le-

---

79 Weitere Zulässigkeitsvoraussetzungen sind in diesem Zusammenhang nicht zu prüfen: GK-ArbGG/*Wenzel* § 2 Rn. 209 m.w.N. zum Meinungsstand.
80 GK-ArbGG/*Wenzel* § 2 Rn. 211.
81 GMPM-G/*Matthes* § 2 Rn. 122 m.w.N.; a.A. ErfK/*Koch* § 2 ArbGG Rn. 39.
82 BAG 28.10.1993, 2 AZB 12/93, EzA § 2 ArbGG 1979 Nr. 26.
83 BAG 15.8.1975, 5 AZR 217/75, AP § 2 ArbGG 1953 Zuständigkeitsprüfung Nr. 32.
84 BVerfG 31.8.1999, 1 BvR 1389/97, EzA § 2 ArbGG 1979 Nr. 47.
85 BAG 11.6.2003, 5 AZB 43/02, EzA § 2 ArbGG 1979 Nr. 60. Zurückhaltender *Schwab/Weth/Walker* § 2 Rn. 183. Zur sic-non-Klage vgl. § 48 Rn. 7.
86 ErfK/*Koch* § 2 ArbGG Rn. 39 a.E.; a.A. GMPM-G/*Matthes* § 2 Rn. 127.
87 Ebenso etwa *Schwab/Weth/Walker* § 2 Rn. 185 m.w.N.; a.A. noch BAG 15.8.1975, 5 AZR 217/75, AP § 2 ArbGG 1953 Zuständigkeitsprüfung Nr. 32.
88 A.A. BAG 15.8.1975, 5 AZR 217/75, AP § 2 ArbGG 1953 Zuständigkeitsprüfung Nr. 32; ErfK/*Koch* § 2 ArbGG Rn. 36.
89 BAG 2.12.1992, 5 AS 13/92, EzA § 2 ArbGG 1979 Nr. 23.
90 BAG 11.9.2002, 5 AZB 3/02, NZA 2003, 62; a.A. GK-ArbGG/*Wenzel* § 2 Rn. 210.
91 BAG 11.9.2002, 5 AZB 3/02, NZA 2003, 62; BAG 24.9.2004, 5 AZB 46/04, NZA-RR 2005, 49; vgl. auch § 33 ZPO.

benssachverhalt vorliegt und Hauptklage und Zusammenhangsstreitigkeit darauf basieren und nicht lediglich rein zufällig eine Verbindung miteinander haben.[92] Einigkeit besteht darüber, dass diese Anforderungen großzügig auszulegen sind.[93]

Schließlich darf für den Anspruch nicht die **ausschließliche Zuständig-** 24 **keit eines anderen Gerichts** gegeben sein. Streitigkeiten über Mietstreitigkeiten i.S.d. § 29a ZPO, 23 Nr. 2a GVG[94] können daher auch nicht über Abs. 3 vor den Gerichten für Arbeitssachen geführt werden. Die ausschließliche Zuständigkeit kann sich auch aus einer Vereinbarung ergeben.[95]

E. Gesetzliche Vertreter juristischer Personen des Privatrechts (Abs. 4)

Nach Abs. 4 können **gesetzliche Vertreter von juristischen Personen** 25 **des Privatrechts** (nicht des öffentlichen Rechts!) mit ihren Dienstherren **vereinbaren**, dass **bürgerliche Rechtsstreitigkeiten** zwischen ihnen vor den Arbeitsgerichten ausgetragen werden. Erfasst wird damit ein Teil des Personenkreises des § 5 Abs. 1 S. 3 (näher dazu § 5 Rn. 12 bis 14), nicht aber die gesetzlichen Vertreter von **Personengesamtheiten**.[96] Die Vereinbarung kann generell getroffen werden oder auch für den Einzelfall, **Schriftform** ist **nicht** vorgeschrieben.[97] Eine **rügelose Einlassung** wird insoweit hingegen nicht akzeptiert.[98] Ist die Vereinbarung getroffen, **können** (nicht: müssen) die Streitigkeiten vor die Gerichte für Arbeitssachen gebracht werden. Das erstreckt sich dann auf den gesamten Katalog des Abs. 1[99] und auch auf die Zusammenhangsstreitigkeiten nach Abs. 3.[100] Zur Möglichkeit von **Schiedsvereinbarungen** insoweit s. § 4 Rn. 1.

---

92 BAG 11.9.2002, 5 AZB 3/02, NZA 2003, 62.
93 Vgl. die Beispiele bei *Schwab/Weth/Walker* § 2 Rn. 190 und GK-ArbGG/*Wenzel* § 2 Rn. 215 u. 152.
94 Insoweit ist das Amtsgericht auch bezogen auf den Rechtsweg ausschließlich zuständig: *Schwab/Weth/Walker* § 2 Rn. 194 u. 21.
95 Grundsätzlich keine abweichende Prorogation möglich: GK-ArbGG/*Wenzel* § 2 Rn. 205; *Schwab/Weth/Walker* § 2 Rn. 180; DHHW/*Schmitt* § 2 ArbGG Rn. 53.
96 Zu der streitigen Frage GMPM-G/*Matthes* § 2 Rn. 134 m.w.N.
97 GK-ArbGG/*Wenzel* § 2 Rn. 221.
98 ErfK/*Koch* § 2 ArbGG Rn. 40.
99 GMPM-G/*Matthes* § 2 Rn. 139.
100 GK-ArbGG/*Wenzel* § 2 Rn. 223.

§ 2a Zuständigkeit im Beschlußverfahren

(1) Die Gerichte für Arbeitssachen sind ferner ausschließlich zuständig für

1. Angelegenheiten aus dem Betriebsverfassungsgesetz, soweit nicht für Maßnahmen nach seinen §§ 119 bis 121 die Zuständigkeit eines anderen Gerichts gegeben ist;

2. Angelegenheiten aus dem Sprecherausschußgesetz, soweit nicht für Maßnahmen nach seinen §§ 34 bis 36 die Zuständigkeit eines anderen Gerichts gegeben ist;

3. Angelegenheiten aus dem Mitbestimmungsgesetz, dem Mitbestimmungsergänzungsgesetz und dem Drittelbeteiligungsgesetz, soweit über die Wahl von Vertretern der Arbeitnehmer in den Aufsichtsrat und über ihre Abberufung mit Ausnahme der Abberufung nach § 103 Abs. 3 des Aktiengesetzes zu entscheiden ist;

3a. Angelegenheiten aus den §§ 94, 95, 139 des Neunten Buches Sozialgesetzbuch;

3b. Angelegenheiten aus dem Gesetz über Europäische Betriebsräte, soweit nicht für Maßnahmen nach seinen §§ 43 bis 45 die Zuständigkeit eines anderen Gerichts gegeben ist;

3c. Angelegenheiten aus § 51 des Berufsbildungsgesetzes;

3d. Angelegenheiten aus dem SE-Beteiligungsgesetz vom 22. Dezember 2004 (BGBl. I S. 3675, 3686) mit Ausnahme der §§ 45 und 46 und nach den §§ 34 bis 39 nur insoweit, als über die Wahl von Vertretern der Arbeitnehmer in das Aufsichts- oder Verwaltungsorgan sowie deren Abberufung mit Ausnahme der Abberufung nach § 103 Abs. 3 des Aktiengesetzes zu entscheiden ist;

3e. Angelegenheiten aus dem SCE-Beteiligungsgesetz vom 14. August 2006 (BGBl. I S. 1911, 1917) mit Ausnahme der §§ 47 und 48 und nach den §§ 34 bis 39 nur insoweit, als über die Wahl von Vertretern der Arbeitnehmer in das Aufsichts- oder Verwaltungsorgan sowie deren Abberufung zu entscheiden ist;

3f. Angelegenheiten aus dem Gesetz über die Mitbestimmung der Arbeitnehmer bei einer grenzüberschreitenden Verschmelzung vom 21. Dezember 2006 (BGBl. I S. 3332) mit Ausnahme der §§ 34 und 35 und nach den §§ 23 bis 28 nur insoweit, als über die Wahl von Vertretern der Arbeitnehmer in das Aufsichts-

oder Verwaltungsorgan sowie deren Abberufung mit Ausnahme der Abberufung nach § 103 Abs. 3 des Aktiengesetzes zu entscheiden ist;

4. die Entscheidung über die Tariffähigkeit und die Tarifzuständigkeit einer Vereinigung.

(2) In Streitigkeiten nach diesen Vorschriften findet das Beschlußverfahren statt.

§ 2a fasst die **ausschließliche Zuständigkeit der Gerichte für Arbeitssachen im Beschlussverfahren** zusammen. § 2a Abs. 1 bestimmt abschließend, in welchen Fällen die Gerichte für Arbeitssachen in einem Beschlussverfahren zuständig sind. Das Beschlussverfahren gilt auch für das Verfahren auf Erlass einer einstweiligen Verfügung, § 85 Abs. 2. Es gilt nicht für personalvertretungsrechtliche Streitigkeiten, für die die Verwaltungsgerichte zuständig sind, §§ 83, 106 BPersVG, allerdings werden sie zuweilen nach den Vorschriften des arbeitsgerichtlichen Beschlussverfahrens entschieden, § 83 Abs. 2 BPersVG und die entsprechenden Bestimmungen der Personalvertretungsgesetze der Länder. Es gilt ferner nicht für mitarbeitervertretungsrechtliche Streitigkeiten, also für die »Betriebsverfassung« bei den Kirchen,[1] insoweit ist ausschließlich der Rechtsweg zu den Kirchengerichten gegeben.[2] Die ausschließliche Zuständigkeit ist von Amts wegen zu prüfen. Ist die Zuständigkeit der Arbeitsgerichte nicht gegeben, ist der Rechtsstreit an das zuständige Gericht zu verweisen, § 48, § 17a Abs. 2 GVG. Eine Erweiterung der Zuständigkeit ist nicht möglich. Das Beschlussverfahren kann nicht durch Vereinbarung auf andere nicht von § 2a Abs. 1 genannte Angelegenheiten erweitert werden.[3] Es ist auch nicht möglich, zusätzliche andere Streitpunkte im Beschlussverfahren entscheiden zu lassen, wenn insoweit das Urteilsverfahren die zutreffende Verfahrensart ist und umgekehrt.[4] Allerdings können personalvertretungsrechtliche oder mitarbeitervertretungsrechtliche Fragen Vorfragen einer arbeitsgerichtlichen Streitigkeit sein, über die das Arbeitsgericht entscheidet, etwa, wenn es um die Frage geht, ob der Personalrat

---

1 MAVO für den Bereich der katholischen Kirche, MVG-EKD für den Bereich der Evangelischen Kirche.
2 Vgl. für den katholischen Bereich: Kirchliche Arbeitsgerichtsordnung, KAGO, v. 21.9.2005 in Kraft ab 1.7.2005, promulgiert in diözesanen Amtsblättern, vgl. *Thiel* ZMV 2005, 165 Fn. 1; für den evangelischen Bereich: Kirchengerichtsgesetz der Evangelischen Kirche in Deutschland, KiGG.EKD, v. 6.11.2003, ABl.EKD S. 409.
3 GK-ArbGG/*Dörner* § 2a Rn. 3.
4 *Heither* B § 2a Rn. 1.

§ 2a   Zuständigkeit im Beschlußverfahren

oder die Mitarbeitervertretung zu einer in Aussicht genommenen Kündigung überhaupt oder ordnungsgemäß gehört wurde.

2   Urteilsverfahren und Beschlussverfahren schließen sich gegenseitig aus. Für die Prüfung dieser Frage gilt § 48 Abs. 1. Im Interesse der Beschleunigung des Verfahrens erfolgt die Prüfung von Amts wegen. Das Gericht hat nach Anhörung der Parteien das Verfahren ggf. in die zutreffende Verfahrensart zu verweisen.[5] Der Beschluss ist, sofern er nicht mehr angefochten werden kann, bindend.

2a   Maßgebend für die Zuordnung einer Streitigkeit zum Beschluss- oder Urteilsverfahren ist das jeweilige prozessuale Begehren, der Streitgegenstand. Eine betriebsverfassungsrechtliche Angelegenheit ist gegeben, wenn der geltend gemachte Anspruch oder die begehrte Feststellung ihre Rechtsgrundlage im Betriebsratsamt oder in einem betriebsverfassungsrechtlichen Rechtsverhältnis haben. Streitigkeiten zwischen Arbeitgeber und Betriebsrat als Gremium betreffen danach stets Angelegenheiten aus dem Betriebsverfassungsgesetz oder aus anderen Bestimmungen betriebsverfassungsrechtlichen Inhalts und sind im Beschlussverfahren auszutragen. Handelt es sich dagegen um einen individualrechtlichen Anspruch, der seinen Rechtsgrund im Arbeitsverhältnis hat, so ist das Urteilsverfahren die zutreffende Verfahrensart.[6]

3   Die Gerichte für Arbeitssachen sind im Beschlussverfahren zuständig für Streitigkeiten aus dem Betriebsverfassungsgesetz. Die Generalklausel »**Angelegenheiten aus dem Betriebsverfassungsgesetz**« (ausgenommen Maßnahmen nach den §§ 119 bis 121) will sicherstellen, dass insoweit die Zuständigkeit der Gerichte für Arbeitssachen eine umfassende ist. Dazu gehören nicht nur Streitigkeiten aus dem BetrVG selbst, etwa Streitigkeiten bei der Errichtung von Organen der Betriebsverfassung; Streitigkeiten im Zusammenhang mit Wahlen, wie Wahlanfechtung; Streitigkeiten innerhalb der betriebsverfassungsrechtlichen Organe, Streitigkeiten über Beteiligungsrechte im weiteren Sinne, über Kosten und Sachaufwand des Betriebsrats, sondern auch betriebsverfassungsrechtliche Streitigkeiten, selbst wenn sie auf anderen Vorschriften beruhen (z.B. Anzeige- und Beratungspflicht des Arbeitgebers bei Massenentlassungen, § 17 KSchG; Zusammenarbeit mit dem Betriebsrat nach § 9 ASiG, Rechte des Betriebsrats nach § 14 ASiG; Betriebsvereinbarung nach § 21a JArbSchG; Mitwirkungs- und Mitbe-

---

5 GK-ArbGG/*Bader* § 48 Rn. 32 mit Vorschlag eines Tenors s.u. *Bader* § 48 Rn. 10.
6 Vgl. z.B. ArbG Gießen 2.5.2006, 5 BV 1/06, betr. vom Betriebsrat und deren Vorsitzenden auf § 78 BetrVG gestützten Anspruch auf Widerruf einer ehrverletzenden Behauptung gegen einen Arbeitnehmer.

stimmungsrechte nach § 14 AÜG; Beteiligung des Betriebsrats bei der Bestellung eines Sicherheitsbeauftragten, § 22 SBG VII; Überwachungsaufgaben des Betriebsrats nach § 93 SGB IX; Zuständigkeit im Insolvenzverfahren nach § 122 Abs. 2 und § 126 InsO; Zuständigkeit nach dem NATO-Truppenstatut[7]). Als weitere Beispiele aus dem Betriebsverfassungsgesetz seien genannt Streitigkeiten um die Frage der Betriebsratsfähigkeit eines Betriebes, die Zusammensetzung und die Amtszeiten von betriebsverfassungsrechtlichen Organen, über die Wahlen zum Betriebsrat und anderen Organen, Mitwirkungsrechte des Betriebsrats, Kosten des Betriebsrats und anderer betriebsverfassungsrechtlicher Organe, auch Streitigkeiten um die Anerkennung einer Schulungs- oder Bildungsveranstaltung nach § 37 Abs. 7 BetrVG 1972,[8] Honoraransprüche der Mitglieder der Einigungsstelle, z.B. eines unternehmensfremden Einigungsstellenbeisitzers,[9] sog. Honorardurchsetzungskosten – Anspruch auf Erstattung der Kosten, die zur Durchsetzung des Honoraranspruchs aufgewendet werden mussten.[10] Allerdings sind Entgeltansprüche des einzelnen Betriebsratsmitglieds oder Ansprüche auf bezahlte Freistellung für die durch seine Amtstätigkeit versäumte Arbeitszeit im Urteilsverfahren geltend zu machen.[11] Der Antrag auf Ausschluss eines Betriebsratsmitglieds oder auf Auflösung des Betriebsrats ist im Beschlussverfahren geltend zu machen. Über Anträge des Arbeitgebers nach § 78a Abs. 4 BetrVG 1972 (Feststellung, dass kein Arbeitsverhältnis begründet wird bzw. ein bereits nach § 78a BetrVG 1972 begründetes Arbeitsverhältnis aufzulösen ist) entscheiden die Gerichte für Arbeitssachen im Beschlussverfahren.[12] Zu beachten ist jedoch, dass über einen Streit zwischen Arbeitgeber und Auszubildenden darüber, ob die **Voraussetzungen des § 78a Abs. 2 oder 3 BetrVG 1972** vorliegen und demgemäß zwischen ihnen ein Arbeitsverhältnis als begründet gilt, im Urteilsverfahren zu entscheiden ist.[13]

Ansprüche von Betriebsratsmitgliedern, die aufgrund **umstrittener** 3a **Betriebsratstätigkeit** geltend gemacht werden, sind im Urteilsverfah-

---

7 Dazu GK-ArbGG/*Dörner* § 2a Rn. 55.
8 BAG 25.6.1981, 6 ABR 92/79, EzA § 37 BetrVG 1972 Nr. 71; 30.8.1989, 7 ABR 65/87, EzA § 37 BetrVG 1972 Nr. 103.
9 BAG 26.7.1989, 7 ABR 72/88, EzA § 2a ArbGG 1979 Nr. 1.
10 BAG 27.7.1994, 7 ABR 10/93, EzA § 76a BetrVG 1972 Nr. 8.
11 BAG 30.1.1973, 1 ABR 22/72, EzA § 37 BetrVG 1972 Nr. 5; GK-ArbGG/*Dörner* § 2a Rn. 23 ff.; str., vgl. *Schwab/Weth/Walker* § 2a Rn. 35: Rechte in der Eigenschaft als Mitglied eines betriebsverfassungsrechtlichen Organs werden geltend gemacht.
12 BAG 5.4.1984, 6 AZR 70/83, EzA § 78a BetrVG 1972 Nr. 14; 11.1.1995, 7 AZR 574/94, EzA § 78a BetrVG 1972 Nr. 22.
13 BAG 29.11.1989, 7 ABR 67/88, EzA § 78a BetrVG 1972 Nr. 20.

ren zu entscheiden.[14] Der Anspruch eines Betriebsratsmitglieds auf Erstattung aufgewendeter **Kosten für eine Betriebsratstätigkeit** ist dagegen im Beschlussverfahren zu entscheiden.[15] Betriebsverfassungsrechtliche Rechte der Gewerkschaften sind im Beschlussverfahren zu verfolgen. Das gilt auch für den umstrittenen gewerkschaftlichen Unterlassungsanspruch.[16]

4 § 2a Abs. 1 Nr. 2 regelt die sachliche Zuständigkeit der Gerichte für Arbeitssachen in Angelegenheiten aus dem **Sprecherausschussgesetz** – SprAuG – vom 20.12.1988.[17] Dazu gehören auch Streitigkeiten aus den Wahlordnungen, § 38 SprAuG.

5 § 2a Abs. 1 Nr. 3 regelt die sachliche Zuständigkeit aus dem **Mitbestimmungsgesetz** vom 4.5.1976,[18] dem **Mitbestimmungsergänzungsgesetz** vom 7.8.1956[19] und dem **Drittelbeteiligungsgesetz** vom 18.5.2004.[20] Dabei geht es um die Wahlen von Arbeitnehmervertretern in den Aufsichtsrat und ihre Abberufung mit Ausnahme der Abberufung nach § 103 Abs. 3 AktG.[21]Verfahrensstreitigkeiten, die mit Vorstehendem zusammenhängen, werden von Nr. 3 erfasst,[22] z.B. Streit über die Kosten einer Wahlanfechtung.[23] Das **Montan-Mitbestimmungsgesetz** vom 21.5.1951[24] ist nicht genannt. Hier ist der Rechtsweg zu den ordentlichen Gerichten gegeben.[25]

6 § 2a Abs. 1 Nr. 3a sieht die Zuständigkeit der Arbeitsgerichte im Beschlussverfahren für **Angelegenheiten aus den §§ 94, 95, 139 SGB IX** vor. Auch für Angelegenheiten der Schwerbehindertenvertretung in einer Dienststelle eines öffentlichen Arbeitgebers oder Dienstherrn ist der Rechtsweg zu den Arbeitsgerichten gegeben.[26] Dabei geht es um Angelegenheiten der Schwerbehindertenvertretung, und zwar auch

---

14 BAG 18.6.1974, 1 ABR 119/73, EzA § 37 BetrVG 1972 Nr. 24; 21.5.1974, 1 ABR 73/73, EzA § 37 BetrVG 1972 Nr. 30; 19.6.1979, 6 AZR 638/77, EzA § 37 BetrVG 1972 Nr. 65.
15 BAG 31.1.1989, 7 ABR 89/87, EzA § 40 BetrVG 1972 Nr. 60.
16 BAG 20.4.1999, 1 ABR 72/98, EzA Art. 9 GG Nr. 65; a.A. *Schwab/Weth/Walker* § 2a Rn. 51.
17 BGBl. I S. 2312.
18 BGBl. I S. 1143, zuletzt geändert durch Gesetz v. 18.5.2004 BGBl. I S. 974.
19 BGBl. I S. 707, zuletzt geändert durch Gesetz v. 4.12.2004 BGBl. I S. 3166.
20 BGBl. I S. 974.
21 GK-ArbGG/*Dörner* § 2a Rn. 61.
22 *Schwab/Weth/Walker* § 2a Rn. 74.
23 BAG 25.5.2005, 7 ABR 42/04, NZA 2005, 1250; GK-ArbGG/*Dörner* § 2a Rn. 60.
24 BGBl. I S. 347, zuletzt geändert durch Gesetz v. 18.5.2004 BGBl. I. S. 974.
25 *Schwab/Weth/Walker* § 2a Rn. 71.
26 Vgl. BAG 11.11.2003, 7 AZB 40/30, EzA § 2a ArbGG 1979 Nr. 5; LAG Saarland 13.2.2008, 1 Ta BV 15/07; *Schwab/Weth/Walker* § 2a Rn. 84; GK-ArbGG/*Dörner* § 2a Rn. Rn. 71.

Zuständigkeit im Beschlußverfahren § 2a

für Freistellungsansprüche der Schwerbehindertenvertretung in Dienststellen, obwohl § 96 SGB IX in Nr. 3a nicht genannt ist[27] und um Angelegenheiten des **Werkstattrats**.

§ 2a Abs. 1 Nr. 3b sieht die Zuständigkeit der Arbeitsgerichte im Beschlussverfahren für Angelegenheiten aus dem **Gesetz über Europäische Betriebsräte – EBRG** – vom 28.10.1996[28] vor. Darunter fallen z.B. Streitigkeiten um den Auskunftsanspruch nach § 5 EBRG, über die Bildung, Zusammensetzung, Aufgaben, Tragung der Kosten des besonderen Verhandlungsgremiums, §§ 8 ff. EBRG, usw.

§ 2a Nr. 3c sieht das Beschlussverfahren für Streitigkeiten im Zusammenhang mit der **Interessenvertretung von Auszubildenden** vor, § 51 BBiG vom 25.3.2005.[29] Eine Verordnung nach § 52 BBiG n.F. (§ 18b BBiG a.F.) ist bislang nicht ergangen.

§ 2a Abs. 1 Nr. 3d sieht das Beschlussverfahren für Angelegenheiten aus dem Gesetz über die Beteiligung der Arbeitnehmer in einer **Europäischen Gesellschaft** vor. Auch das betrifft Streitigkeiten im Zusammenhang mit der Wahl der Arbeitnehmervertreter in das Aufsichts- oder Verwaltungsorgan.[30]

§ 2a Abs. 1 Nr. 3e sieht das Beschlussverfahren für Angelegenheiten aus dem Gesetz über die Beteiligung der Arbeitnehmer und Arbeitnehmerinnen in einer **Europäischen Genossenschaft** vor. Auch insoweit geht es in erster Linie um Streitigkeiten über die Wahl der Arbeitnehmervertreter/-innen in das Aufsichts- oder Verwaltungsgremium und deren Abberufung.[31]

§ 2a Abs. 1 Nr. 3 f sieht das Beschlussverfahren für Angelegenheiten aus dem Gesetz über die Mitbestimmung der Arbeitnehmer bei einer **grenzüberschreitenden Verschmelzung** vor. Die Gerichte für Arbeitssachen sind für alle mitbestimmungsrechtlichen Streitigkeiten aus diesem Gesetz zuständig, sofern die internationale deutsche Zuständigkeit gegeben ist.[32]

Nach § 2a Abs. 1 Nr. 4 entscheiden die Arbeitsgerichte im Beschlussverfahren über die **Tariffähigkeit** und/oder über die **Tarifzuständigkeit**

---

27 LAG Nürnberg 22.10.2007, 6 Ta 155/07, ZTR 2008, 116 mit zust. Anm. *Gagel* jurisPR-ArbR 5/2008 Anm. 4
28 BGBl. I S. 1548, zuletzt geändert durch Gesetz vom 21.12.2000 BGBl. I S. 1983.
29 BGBl. I S. 931 (§ 18a a.F. BBiG, insoweit ist § 2a Nr. 3c angepasst worden).
30 Einzelheiten bei *Schwab/Weth/Walker* § 2a Rn. 92a.
31 Einzelheiten bei GK-ArbGG/*Dörner* § 2a Rn. 76d; *Schwab/Weth/Walker* § 2a Rn. 92b.
32 Vgl. i.E. GK-ArbGG/*Dörner* § 2a Rn. 76 d; *Schwab/Weth/Walker* § 2a Rn. 92 c; vgl. auch *Simon/Hinrichs* NZA 2008, 391 ff.

einer Vereinigung. Der Begriff der **Tariffähigkeit** wird nicht definiert. Auch § 2 TVG nennt nur die möglichen Parteien eines Tarifvertrages und spricht diesen die Tariffähigkeit zu; die Tariffähigkeit wird dort ebenso wenig definiert wie in anderen gesetzlichen Bestimmungen (§§ 2 Abs. 1 Nr. 2; 97 Abs. 5 ArbGG, § 74 Abs. 2 BetrVG 1972). Tariffähigkeit ist die Fähigkeit, Partei eines Tarifvertrages zu sein. Bei einer Arbeitnehmervereinigung schließt das die Frage ein, ob eine Gewerkschaft vorliegt.[33] Die Mindestanforderungen an die Tariffähigkeit einer Arbeitnehmerkoalition hat das Bundesarbeitsgericht zusammengefasst.[34] **Tarifzuständigkeit** ist die Fähigkeit eines an sich tariffähigen Verbandes, Tarifverträge mit einem bestimmten Geltungsbereich abzuschließen. Die Tarifzuständigkeit eines Verbandes richtet sich nach der Verbandssatzung, die erforderlichenfalls auszulegen ist. Es geht um die Festlegung der Zuständigkeit durch den Verband. Er ist befugt, seine Tarifzuständigkeit räumlich, betrieblich, branchenbezogen oder auch personell abzugrenzen.[35] Wird in einem Verfahren streitig, ob Tariffähigkeit und/oder Tarifzuständigkeit bestehen, so hat das Gericht das nicht als Vorfrage zu entscheiden, sondern es hat das Verfahren nach § 97 Abs. 5 auszusetzen, bis das Arbeitsgericht im besonderen Beschlussverfahren nach § 97 über die Tariffähigkeit entschieden hat, wenn es auf die Tariffähigkeit tatsächlich ankommt, der Prozess also nicht – auch nicht nach Beweisaufnahme – entscheidungsreif ist,[36] wobei die Entscheidung über die Tariffähigkeit einer Vereinigung nach § 2a Abs. 1 Nr. 4, § 97 nicht erst die Tariffähigkeit begründet oder beendet, sondern die Tariffähigkeit oder Tarifunfähigkeit nur feststellt[37] (vgl. im Übrigen die Kommentierung zu § 97).

13 Nach § 2a Abs. 2 ist über die in § 2 Abs. 1 genannten Streitigkeiten im Beschlussverfahren zu entscheiden, also nach den §§ 80 ff. (vgl. die Kommentierung der einzelnen Bestimmungen über das Beschlussverfahren).

---

33 Vgl. BVerwG 5.7.2006, 6 P 17/05, AP § 22 LPVG NW (II 1c).
34 BAG 26.3.2006, 1 ABR 58/04, EzA § 2 TVG Nr. 28 (III 1) betr. Tariffähigkeit der »Christlichen Gewerkschaft Metall«(CGM).
35 BAG 18.6.2006, 1 ABR 36/05, EzA § 2 TVG Tarifzuständigkeit Nr. 10 (II 2); GMPM-G/*Matthes* § 2a Rn. 82; GK-ArbGG/*Dörner* § 2a Rn. 79; *Wiedemann/Oetker* TVG, 7.Aufl., § 2 Rn. 56 ff.; zur Antragsbefugnis nach § 97 Abs. 1 zur Einleitung eines Verfahrens nach § 2a Abs. 1 Nr. 4 und zum erforderlichen Feststellungsinteresse BAG 13.3.2007, 1 ABR 24/06, EzA § 97 ArbGG 1979 Nr. 8.
36 Vgl. z.B. BAG 28.1.2008, 3 AZB 30/07, NZA 2008, 489; LAG Niedersachsen 2.7.2007, 16 Ta 108/07, AuR 2008, 113; ArbG Berlin 16.1.2007, 81 Ca 27913/05, AuR 2007, 182.
37 BAG 15.11.2006, 10 AZR 665/05, EzA § 4 TVG Bauindustrie Nr. 131 Rn. 22.

§ 3 Zuständigkeit in sonstigen Fällen

Die in den §§ 2 und 2a begründete Zuständigkeit besteht auch in den Fällen, in denen der Rechtsstreit durch einen Rechtsnachfolger oder durch eine Person geführt wird, die kraft Gesetzes an Stelle des sachlich Berechtigten oder Verpflichteten hierzu befugt ist.

Übersicht	Rn.
A. Überblick	1
B. Rechtsnachfolge	3
C. Prozessführungsbefugnis	6

A. Überblick

Die Vorschrift **erweitert** die **Rechtswegzuständigkeit** nach §§ 2, 2a – 1 also auch für das **Beschlussverfahren** und **Zusammenhangsklagen**[1] –, indem sie den in den beiden Normen genannten Personenkreis ausdehnt auf die **Rechtsnachfolger** und diejenigen, die **kraft Gesetzes an der Stelle der Berechtigten oder Verpflichteten zur Prozessführung befugt** sind. Sofern nicht bereits die handels- und haftungsrechtliche Stellung (wie z.B. beim persönlichen haftenden Gesellschafter einer Handelsgesellschaft) die **Gleichstellung mit dem Arbeitgeber** begründet,[2] werden **Dritte** grundsätzlich erst über § 3 in den Zuständigkeitskatalog des ArbGG einbezogen.[3] § 3 begründet ebenfalls eine **ausschließliche Zuständigkeit**, die nicht durch Parteivereinbarung ausgeschlossen werden kann.[4] Ob die Voraussetzungen beim **Arbeitnehmer** oder **Arbeitgeber** eintreten, ist ohne Bedeutung. Dabei ist es unschädlich, wenn etwa auf beiden Seiten Rechtsnachfolger auftreten.[5] Soweit erst im Laufe des Verfahrens sich eine Rechtsnachfolge ergibt, berührt das die Zuständigkeit nicht (§ 17 Abs. 1 S. 1 GVG),[6] vgl. dazu § 325 ZPO und §§ 239, 240 ZPO.

Der klagende Arbeitnehmer muss z.B. nicht beweisen, dass die Voraus- 2 setzungen für eine Konzernhaftung[7] gegeben sind. Da es sich dabei

---

1 *Schwab/Weth/Walker* § 3 Rn. 2.
2 BAG 13.6.1997, 9 AZB 38/96, EzA § 3 ArbGG 1979 Nr. 1; GMPM-G/*Matthes* § 3 Rn. 10 lässt die Einordnung offen, wendet insoweit aber jedenfalls § 3 an.
3 BAG 13.6.1997, 9 AZB 38/96, EzA § 3 ArbGG 1979 Nr. 1.
4 *Hauck/Helml* § 3 Rn. 1.
5 GMPM-G/*Matthes* § 3 Rn. 1.
6 Dazu § 48 Rn. 5.
7 Dazu unten Rn. 5.

und auch sonst in den Fällen der **Rechtsnachfolge** um Konstellationen handelt, in denen zuständigkeits- und anspruchsbegründende Tatsachen teilweise zusammen fallen, reicht im Ergebnis die bloße **Rechtsbehauptung** der Klägers aus, es liege eine Rechtsnachfolge i.S.d. § 3 vor.[8]

B. Rechtsnachfolge

3 Der Begriff der **Rechtsnachfolge**[9] ist im weitesten Sinne zu verstehen.[10] Unter § 3 fällt zunächst die **Gesamtrechtsnachfolge** aufgrund gesetzlicher Regelungen. Weiter erfasst § 3 die gesetzlich vorgesehene **Einzelrechtsnachfolge**. Schließlich bezieht sich § 3 auf die **prozessuale Rechtsnachfolge** sowie die **rechtsgeschäftliche Rechtsnachfolge**.

4 **Gesamtrechtsnachfolge** setzt grundsätzlich voraus, dass die Rechte oder Pflichten von dem Gläubiger oder Schuldner auf eine andere Person **übergegangen** sind.[11] Dies ist insbesondere gegeben beim **Erbfall**,[12] den Fällen des **§ 1 UmwG** (mit Ausnahme der formwechselnden Umwandlung nach §§ 190 ff. UmwG: dabei kein neuer Rechtsträger[13]) und der **Funktionsnachfolge** bei öffentlich-rechtlichen Körperschaften.[14] Fälle von **Einzelrechtsnachfolge** sind geregelt in **§ 9 Abs. 2 BetrAVG, § 426 Abs. 2 BGB, 774 BGB, § 6 EFZG, § 115 SGB X**[15] und **§ 187 SGB III**[16]. Hingegen stellt es keinen Fall des § 3 dar, wenn gem. **§ 110 SGB VII Regress** genommen wird.[17] Dasselbe gilt für Schadens-

---

8 BAG 15.3.2000, 5 AZB 70/99, EzA § 3 ArbGG 1979 Nr. 2; *Schwab/Weth/Walker* § 3 Rn. 28; a.A. GMPM-G/*Matthes* § 3 Rn. 4; vgl. auch § 48 Rn. 7.
9 Zu Besonderheiten im Beschlussverfahren GMPM-G/*Matthes* § 3 Rn. 2; *Hauck/Helml* § 3 Rn. 9.
10 BAG 15.3.2000, 5 AZB 70/99, EzA § 3 ArbGG 1979 Nr. 2; GK-ArbGG/*Schütz* § 3 Rn. 6.
11 BAG 20.3.2002, 5 AZB 25/01, EzA § 3 ArbGG 1979 Nr. 3.
12 Sofern es um Ansprüche von Hinterbliebenen nach Abs. 1 Nr. 3, 4, 6 u. 9 geht, die diese direkt erwerben, sind die Gerichte für Arbeitssachen unmittelbar aufgrund der genannten Nummern zuständig. Für Verträge zu Gunsten Dritter vgl. Rn. 5; s. dazu weiter GK-ArbGG/*Schütz* § 3 Rn. 30. 28.
13 *Schwab/Weth/Walker* § 3 Rn. 5.
14 Zur Funktionsnachfolge m.w.N. ErfK/*Koch* § 3 ArbGG Rn. 2; GMPM-G/*Matthes* § 3 Rn. 6.
15 Hiervon wird auch erfasst der Prätendentenstreit bei Hinterlegung: BAG 12.6.1997, 9 AZB 5/97, EzA § 2 ArbGG 1979 Nr. 38.
16 Dazu ArbG Münster 2.9.2004, 3 Ca 563/04, ZIP 2004, 2159.
17 Insoweit für Zuständigkeit der ordentlichen Gerichte BAG 19.12.1967, 1 AZR 185/67, AP § 604 RVO Nr. 1; GK-ArbGG/*Schütz* § 3 Rn. 18; *Schwab/Weth/Walker* § 3 Rn. 9 m.w.N.; a.A. GMPM-G/*Matthes* 3 Rn. 7; OKS Rn. 20.

Zuständigkeit in sonstigen Fällen § 3

ersatzansprüche der Bundesagentur für Arbeit gegen den Geschäftsführer einer GmbH wegen Insolvenzverschleppung.[18]

Die **prozessuale Rechtsnachfolge**, wie sie das BAG bezeichnet, meint Fälle, bei denen ein Dritter aufgrund seiner **gesellschaftsrechtlichen Stellung** als **Inhaber des Arbeitgebers** in Anspruch genommen wird (**gesellschaftsrechtliche Durchgriffshaftung**).[19] Zur **rechtsgeschäftlichen Rechtsnachfolge** werden die Fälle der §§ 25, 28 HGB und der **Bürgschaft** zählen.[20] Rechtsgeschäftliche Rechtsnachfolge ist weiter anzunehmen bei der **Forderungsabtretung**,[21] der **Schuldübernahme**, dem **Schuldbeitritt**, einer **Pfändung** oder Verpfändung von Ansprüchen[22] sowie bei der Verfolgung von Ansprüchen aus **Verträgen zu Gunsten Dritter** oder mit **Schutzwirkung** zu Gunsten Dritter.[23] Für die Anwendung des § 3 ist es gleichgültig, ob der Schuldner einer arbeitsrechtlichen Verpflichtung wechselt oder ob ein **Dritter als weiterer Schuldner** neben den Arbeitgeber tritt.[24] Damit sind die Gerichte für Arbeitssachen etwa zuständig, wenn eine **Konzernobergesellschaft** neben dem Arbeitgeber als Mitschuldnerin in Anspruch genommen wird.[25] Dasselbe ist zu bejahen für die Inanspruchnahme des **Insolvenzverwalters persönlich** gem. § 61 InsO.[26] Der **Vertreter ohne Vertretungsmacht** ist nicht Arbeitgeber i.S.d. § 2 Abs. 1 Nr. 3a ArbGG, § 3 ist aber insoweit gleichfalls anwendbar.[27] Der **Betriebsübergang** fällt

---

18 BAG 20.3.2002, 5 AZB 25/01, EzA § 3 ArbGG 1997 Nr. 3.
19 BAG 13.6.1997, 9 AZB 38/96, EzA § 3 ArbGG 1979 Nr. 1 m.w.N., wo auch ausgeführt ist, dass diese Rechtsprechung verfassungsrechtlich unbedenklich ist.
20 ErfK/*Koch* § 3 ArbGG Rn. 3; für die Bürgschaft offen gelassen in BAG 11.9.2002, 5 AZB 3/02, NZA 2003, 62.
21 Die Zulässigkeit der Abtretung ist ohne Bedeutung (GMPM-G/*Matthes* § 3 Rn. 9).
22 Näher dazu GK-ArbGG/*Schütz* § 3 Rn. 19 ff., m.w.N.; *Schwab/Weth/Walker* § 3 Rn. 10 m.w.N. Für die Schadensersatzklage nach § 840 Abs. 2 ZPO sind hingegen die ordentlichen Gerichte zuständig: BAG 31.10.1984, 4 AZR 535/82, EzA § 840 ZPO Nr. 1 (anders bei ursprünglicher Zahlungsklage und späterem Übergang auf Schadensersatz: BSG 12.2.1998, B 6 SF 1/97 R, NJW 1998, 895); zur Möglichkeit der Zusammenhangsklage insoweit *Schwab/Weth/Walker* § 3 Rn. 11 sowie LAG Köln 17.11.1989, 9 Sa 906/89, LAGE § 12a ArbGG 1979 Nr. 14.
23 BAG 15.3.2000, 5 AZB 70/99, EzA § 3 ArbGG 1979 Nr. 2 m.w.N.
24 BAG 15.3.2000, 5 AZB 70/99, EzA § 3 ArbGG 1979 Nr. 2. Überholt dürfte damit BAG 23.6.1992, 9 AZR 308/91, EzA § 2 ArbGG 1979 Nr. 22 zur Haftung des Kommanditisten sein; wie hier im Ergebnis GMPM-G/*Prütting* § 3 Rn. 10; a.A. ErfK/*Koch* § 3 ArbGG Rn. 2; *Schwab/Weth/Walker* § 3 Rn. 17.
25 BAG 15.3.2000, 5 AZB 70/99, EzA § 3 ArbGG 1979 Nr. 2; vgl. auch BAG 23.10.1990, 3 AZR 23/90, EzA § 2 ArbGG 1979 Nr. 21.
26 BAG 9.7.2003, 5 AZR 34/03, EzA § 3 ArbGG 1979 Nr. 5; a.A. ErfK/*Koch* § 3 ArbGG Rn. 2.
27 BAG 7.4.2003, 5 AZB 2/03, EzA § 3 ArbGG 1979 Nr. 4.

an sich nicht unter § 3, da hier der Erwerber ja neuer Arbeitgeber wird; anders liegt es indes bei der Haftung des Erwerbers für Altverbindlichkeiten gem. § 613a Abs. 2 BGB.[28]

C. Prozessführungsbefugnis

6 § 3 erfasst seinem Wortlaut nach die Fälle der **Prozessstandschaft** (zur Terminologie bei Beschlussverfahren § 11 Rz 7 f.) **kraft Gesetzes**. Damit sind z.b. angesprochen der **Insolvenzverwalter** – soweit er den Betrieb weiter führt, ist er bereits Arbeitgeber i.S.d. § 2[29] –, der Nachlassverwalter und der Testamentsvollstrecker.[30] Zu erwähnen sind auch § 25 **HAG**[31] und **Art. 56 Abs. 8 NATO-ZusAbk.**[32] Über den Wortlaut hinaus gilt § 3 anerkanntermaßen ebenfalls für die Fälle der **gewillkürten Prozessstandschaft**.[33]

---

28 GMPM-G/*Prütting* § 3 Rn. 11.
29 *Hauck/Helml* § 3 Rn. 11. Vgl. BAG 20.3.2002, 5 AZB 25/01, AP § 2 ArbGG 1979 Nr. 81 zum Insolvenzverwalter.
30 Näher dazu, auch zum vorläufigen Insolvenzverwalter, GK-ArbGG/*Bader* § 11 Rn. 40. Vgl. auch § 11 Rn. 7.
31 Dazu BAG 10.4.1984, 3 AZR 60/82, AP § 25 HAG Nr. 4.
32 Dazu z.B. BAG 29.1.1986, 4 AZR 479/84, AP § 48 TVL II Nr. 2; 15.5.1991, 5 AZR 115/90, EzA § 1004 BGB Nr. 3.
33 Dazu auch § 11 Rn. 8. Sind die Voraussetzungen gewillkürter Prozessstandschaft nicht gegeben, ist die Klage deswegen als unzulässig abzuweisen: BAG 12.9.1984, 1 AZR 342/83, EzA Art. 9 GG Arbeitskampf Nr. 54.

§ 4 Ausschluss der Arbeitsgerichtsbarkeit

In den Fällen des § 2 Abs. 1 und 2 kann die Arbeitsgerichtsbarkeit nach Maßgabe der §§ 101 bis 110 ausgeschlossen werden.

Die Vorschrift dient dazu, den **Ausschluss der Arbeitsgerichtsbarkeit im Urteilsverfahren** in den zentralen Zuständigkeitsbereichen des § 2 Abs. 1 und 2 **abschließend auf bestimmte Fälle zu beschränken**.[1] Insoweit ist ein **Schiedsverfahren** nur nach Maßgabe der §§ 101 bis 110 – auf die diesbezüglichen Erläuterungen wird verwiesen – möglich, auch kann insoweit nicht anderweitig der Rechtsweg zu den Gerichten für Arbeitssachen ausgeschlossen werden.[2] In den Fällen des § 2 Abs. 3[3] und 4 hingegen greift die Beschränkung nicht ein, es gelten dafür die §§ 1025 ff. ZPO.[4] Ebenso soll nach der Rspr. des BAG ein Schiedsverfahren zulässig sein, wenn auf ein Arbeitsverhältnis ausländisches Arbeitsrecht Anwendung findet und dies dann auch zur Vereinbarung des **ausländischen Verfahrensrechts** führt, das die Schiedsabrede vorsieht.[5]

Ein **schiedsgerichtliches Vorverfahren** wird trotz der Regelung des § 4 allgemein für **zulässig** gehalten.[6] Damit ist die Arbeitsgerichtsbarkeit nämlich nicht ausgeschlossen, es gibt dadurch keine Bindungswirkung für die Gerichte für Arbeitssachen. Aus demselben Grunde sind **Regelungskommissionen** zur Bestimmung tariflicher Leistungen – ihre Ergebnisse sind gerichtlich in vollem Umfang nachprüfbar – ebenfalls unbedenklich.[7] Die arbeitsvertragliche Vereinbarung der Anrufung einer

1

2

---

1 Zur revisionsgerichtlichen Überprüfung des Verhältnisses der Arbeitsgerichte zu den nach §§ 101 ff. ArbGG zulässigerweise eingerichteten Schiedsgerichten BAG 10.4.1996, 10 AZR 722/95, EzA § 4 TVG Nachwirkung Nr. 20.
2 *Hauck/Helml* § 4 Rn. 1. Damit können auch Verbandsgerichtsentscheidungen im Bereich des Arbeitsrechts der arbeitsgerichtlichen Überprüfung zugeführt werden: GMPM-G/*Germelmann* § 4 Rn. 11. Zu einigen Unstimmigkeiten des § 4 *Schwab/Weth/Zimmerling* § 4 Rn. 15 ff.
3 Dazu BAG 28.10.1993, 2 AZB 12/93, EzA § 2 ArbGG 1979 Nr. 26.
4 *Schwab/Weth/Zimmerling* § 4 Rn. 4 u. 5, in Rn. 4 allerdings krit. bezüglich des § 2 Abs. 3.
5 Etwa BAG 27.1.1983, 2 AZR 188/81, NJW 1984, 1320; krit. dazu *Schwab/Weth/Zimmerling* § 4 Rn. 3 m.w.N. Zum Teil wird vertreten, dass § 101 immer anzuwenden sei, wenn das Schiedsgericht im Geltungsbereich des ArbGG tätig wird.
6 Gesetzlich geregelte Fälle insoweit etwa: § 111 Abs. 2 ArbGG, Ausschüsse für Streitigkeiten zwischen Ausbildenden und Auszubildenden (dazu näher GK-ArbGG/*Schütz* § 4 Rn. 25 f.) und §§ 28 ff. ArbNErfG.
7 BAG 5.2.1980, 4 AZR 127/78, EzA § 4 TVG Glasindustrie Nr. 1.

(kirchlichen) **Schlichtungsstelle** begründet keine prozesshindernde Einrede des Beklagten.[8]

3 Ein **Schiedsgutachtenvertrag** klärt lediglich die Beurteilung einzelner Elemente verbindlich. Soweit er allein **materiellrechtlich** zur Bestimmung einer Leistung nach §§ 317 ff. BGB führen soll, unterliegt er keinen prozessrechtlichen Einschränkungen. Die Feststellung von Leistungen und Elementen eines Parteienstreites hingegen (**mit Verbindlichkeit für die gerichtliche Entscheidung**) soll nach einem Teil der Literaturstimmen – nach dem Sinn und der Entstehungsgeschichte des § 4 – die frühere Zulassung der Schiedsgutachtenverträge ist gerade nicht übernommen worden – grundsätzlich nicht zugelassen werden.[9] Demgegenüber hat das **BAG** in einer ganzen Reihe von Entscheidungen[10] keinen verbotenen Schiedsgutachtenvertrag angenommen, sondern die Übertragung einer Tatsachenfeststellung auf einen Dritten, was keinen Prozessvertrag darstelle.[11] Die Praxis wird sich darauf einzustellen haben.

4 Im arbeitsgerichtlichen **Beschlussverfahren** gibt es mangels einer entsprechenden Öffnung in § 4 gar **keine Möglichkeit zu einer schiedsgerichtlichen Abrede**.[12] Die Vereinbarung, dass eine **Einigungsstelle** über die Frage entscheiden soll, welchen Inhalt eine Betriebsvereinbarung oder ein Einigungsstellenspruch haben soll, ist damit zwar möglich, sie führt aber letztlich nur zu einer Vorprüfung, die dann der gerichtlichen Überprüfung zugänglich ist.[13]

---

[8] BAG 18.5.1999, 9 AZR 682/98, AP § 4 ArbGG 1979 Nr. 1; vgl. dazu auch GK-ArbGG/*Schütz* § 4 Rn. 27 f. m.w.N.; *Schwab/Weth/Zimmerling* § 4 Rn. 13. Vgl. andererseits BAG 20.11.1990, 1 ABR 45/89, EzA § 76 BetrVG 1972 Nr. 55 m. Anm. *Rieble*: Antrag im Beschlussverfahren unzulässig, solange das vereinbarte Einigungsstellenverfahren noch nicht abgeschlossen ist.

[9] GMPM-G/*Germelmann* § 4 Rn. 9; entsprechend LAG München 29.11.1988, 2 Sa 673/88, LAGE § 3 LFZG Nr. 3: Prozessvergleich, wonach ein Arzt bindend die Arbeitsunfähigkeit feststellen sollte, als unzulässiger Schiedsgutachtenvertrag.

[10] Allerdings ist die Rechtsprechung nicht recht einheitlich: dazu näher etwa *Schwab/Weth/Zimmerling* § 4 Rn. 8 f.

[11] BAG 31.1.1979, 4 AZR 378/77, EzA § 4 TVG Bundesbahn Nr. 1: Feststellung der Dienstunfähigkeit durch Bahnarzt mit eingeschränkter gerichtlicher Überprüfung; 22.1.1997, 10 AZR 268/96, EzA § 4 TVG Schiedsgutachten Nr. 1. Tendenziell zustimmend *Schwab/Weth/Zimmerling* § 4 Rn. 9 f. m.w.N.

[12] GMPM-G/*Germelmann* § 4 Rn. 2.

[13] BAG 20.11.1990, 1 ABR 45/89, EzA § 76 BetrVG 1972 Nr. 55 m. Anm. *Rieble* (vgl. auch § 76 Abs. 7 BetrVG); a.A. ErfK/*Koch* § 4 ArbGG Rn. 2 unter Hinweis auf § 76 Abs. 6 S. 2 BetrVG.

§ 5 Begriff des Arbeitnehmers

(1) [1]Arbeitnehmer im Sinne dieses Gesetzes sind Arbeiter und Angestellte sowie die zu ihrer Berufsausbildung Beschäftigten. [2]Als Arbeitnehmer gelten auch die in Heimarbeit Beschäftigten und die ihnen Gleichgestellten (§ 1 des Heimarbeitsgesetzes vom 14. März 1951 – Bundesgesetzbl. 1 S. 191 –) sowie sonstige Personen, die wegen ihrer wirtschaftlichen Unselbständigkeit als arbeitnehmerähnliche Personen anzusehen sind. [3]Als Arbeitnehmer gelten nicht in Betrieben einer juristischen Person oder einer Personengesamtheit Personen, die kraft Gesetzes, Satzung oder Gesellschaftsvertrags allein oder als Mitglieder des Vertretungsorgans zur Vertretung der juristischen Person oder der Personengesamtheit berufen sind.

(2) Beamte sind als solche keine Arbeitnehmer.

(3) [1]Handelsvertreter gelten nur dann als Arbeitnehmer im Sinne dieses Gesetzes, wenn sie zu dem Personenkreis gehören, für den nach § 92a des Handelsgesetzbuchs die untere Grenze der vertraglichen Leistungen des Unternehmers festgesetzt werden kann, und wenn sie während der letzten sechs Monate des Vertragsverhältnisses, bei kürzerer Vertragsdauer während dieser, im Durchschnitt monatlich nicht mehr als 1000 Euro auf Grund des Vertragsverhältnisses an Vergütung einschließlich Provision und Ersatz für im regelmäßigen Geschäftsbetrieb entstandene Aufwendungen bezogen haben. [2]Das Bundesministerium für Arbeit und Soziales und das Bundesministerium der Justiz können die in Satz 1 bestimmte Vergütungsgrenze durch Rechtsverordnung, die nicht der Zustimmung des Bundesrates bedarf, den jeweiligen Lohn und Preisverhältnissen anpassen.

Übersicht	Rn.
A. Arbeitnehmer	1
B. Als Arbeitnehmer Geltende	5
I. Bereich des Heimarbeitsgesetzes (HAG)	5
II. Arbeitnehmerähnliche Personen	6
III. Handelsvertreter	9
C. Vertretungsberechtigte Organe juristischer Personen und von Personengesamtheiten	12
D. Beamte	15
E. Prüfungszeitpunkt	16

A. Arbeitnehmer

1 Abs. 1 S. 1 bietet keine Definition des Arbeitnehmerbegriffs. Er besagt nur, dass **Arbeitnehmer** i.S.d. ArbGG – ein zentraler Begriff zur Bestimmung der Zuständigkeit der Gerichte für Arbeitssachen – **Arbeiter, Angestellte** und zur ihrer **Berufsausbildung** Beschäftigte sind. Die Unterscheidung zwischen Arbeitern und Angestellten ist für das arbeitsgerichtliche Verfahren grundsätzlich ohne Belang,[1] es ist auf die allgemeine Definition des Arbeitnehmers zurückzugreifen.[2] Das Arbeitsverhältnis – ein Unterfall des Dienstverhältnisses i.S.d. §§ 611 ff. BGB – ist charakterisiert durch ein erhöhtes Maß an **persönlicher Abhängigkeit**,[3] ohne dass es auf eine wirtschaftliche Abhängigkeit ankäme. Die persönliche Abhängigkeit äußert sich darin, dass der Arbeitnehmer im Rahmen einer von Dritten bestimmten **Arbeitsorganisation** tätig ist. Die Eingliederung in diese Arbeitsorganisation zeigt sich insbesondere darin, dass der Arbeitnehmer dem **Weisungsrecht** des Arbeitgebers unterliegt, das Inhalt, Durchführung, Zeit, Dauer und Ort der Tätigkeit betreffen kann.[4] Allerdings hängt der Grad der persönlichen Abhängigkeit ab von den Eigenarten der jeweiligen Tätigkeit.[5] Jedenfalls ist derjenige kein Arbeitnehmer, der im Wesentlichen frei seine Tätigkeit gestalten und seine Arbeitszeit bestimmen kann. § **84 Abs. 1 S. 2 HGB** enthält insoweit eine allgemein geltende gesetzliche Wertung.[6] Entscheidend ist dabei regelmäßig nicht die Bezeichnung, sondern die **faktische Durchführung des Vertragsverhältnisses**[7] Zu den Arbeitnehmern zählen auch **leitende Angestellte** sowie **Arbeiter und Angestellte im öffentlichen Dienst**.[8] Besteht zwischen **Ehegatten oder Eltern und Kindern** ein Arbeitsver-

---

1 Ausnahme: § 17 Abs. 2 (Fachkammern).
2 Ausführlich dazu z.B. *Schwab/Weth/Kliemt* § 5 Rn. 7 ff. m.w.N.
3 Ähnlich EuGH 3.7.1986, Rs. 66/85, EuGHE I 1986, 2121. Ein Arbeitsverhältnis ist indes nicht anzunehmen bei Ordensschwestern, bei Angehörigen der Schwesternschaft des Deutschen Roten Kreuzes, bei Strafgefangenen (anders: Arbeitsverhältnis des Freigängers) oder bei der Heranziehung zu gemeinnütziger Arbeit nach dem SGB XII (vgl. dazu *Hauck/Helml* § 5 Rn. 15).
4 BAG 22.8.2001, 5 AZR 502/99, EzA § 611 BGB Arbeitnehmerbegriff Nr. 86; vgl. weiter etwa BAG 25.5.2005, 5 AZR 347/04, EzA § 611 BGB 2002 Arbeitnehmerbegriff Nr. 6.
5 Vgl. dazu etwa BAG 27.7.1961, 2 AZR 255/60, AP § 611 BGB Ärzte, Gehaltsansprüche Nr. 24 (Chefarzt).
6 BAG 22.8.2001, 5 AZR 502/99, EzA § 611 BGB Arbeitnehmerbegriff Nr. 86.
7 BAG 20.7.1994, 5 AZR 627/93, EzA § 611 BGB Arbeitnehmerbegriff Nr. 54. Bei Unklarheit ist der Wille der Parteien maßgebend: BAG 29.1.1992, 7 ABR 25/91, EzA § 5 BetrVG 1972 Nr. 52.
8 § 1 Rn. 13 zu Arbeitsverhältnissen mit Kirchen.

hältnis,[9] so ist gleichfalls der Rechtsweg zu den Gerichten für Arbeitssachen eröffnet.

Zur weiteren Orientierung seien einige signifikante **Beispiele** angeführt: 2

- **Dozent:** Bei Festlegung von Zeit und Ort der Tätigkeit und des Unterrichtsgegenstandes durch den Schulträger Arbeitnehmer.[10]

- **Frachtführer:** Dieser ist nicht Arbeitnehmer, wenn weder Dauer noch Beginn oder Ende der täglichen Arbeitszeit vorgeschrieben sind und er die nicht nur theoretische Möglichkeit hat, auch Transporte für eigene Kunden und für eigene Rechnung durchzuführen.[11]

- **Franchisenehmer:** Dieser kann je nach dem Ausmaß der persönlichen Abhängigkeit Arbeitnehmer sein; auch der Status der arbeitnehmerähnlichen Person kommt in Betracht.[12]

- **GmbH-Gesellschafter:** Dieser kann, wenn ihm mehr als 50 % der Stimmen zustehen, auch dann nicht Arbeitnehmer der GmbH sein, wenn er nicht Geschäftsführer ist.[13]

- **Künstler:** Bei einmaligem Auftritt auf einer Vereinsveranstaltung weder Arbeitnehmer noch arbeitnehmerähnliche Person.[14]

- **Lehrer an Abendgymnasien:** Regelmäßig Arbeitnehmer des Schulträgers.[15]

- **Lehrkraft an allgemeinbildenden Schulen:** Regelmäßig – auch bei nebenberuflicher Tätigkeit – Arbeitnehmer.[16]

---

9 Dazu z.B. BFH 17.2.1955, IV 520/53 U, AP § 611 BGB Arbeitsverhältnis zwischen Eltern und Kinder Nr. 1; BSG 5.4.1956, 3 RK 65/55, AP § 611 BGB Arbeitsverhältnis zwischen Eltern und Kindern Nr. 2.
10 BAG 19.11.1997, 5 AZR 21/97, § 611 BGB Arbeitnehmerbegriff Nr. 62 für Dozenten in der beruflichen Bildung. Zu Dozenten bzw. Lehrkräften an Volkshochschulen: BAG 26.1.1977, 5 AZR 796/75, § 611 BGB Arbeitnehmerbegriff Nr. 8; BAG 26.7.1995, 5 AZR 22/94, § 611 BGB Arbeitnehmerbegriff Nr. 56.
11 BAG 30.9.1998, 5 AZR 563/97, § 611 BGB Arbeitnehmerbegriff Nr. 74. Er kann aber Arbeitnehmer sein: BAG 19.11.1997, 5 AZR 653/96, § 611 BGB Arbeitnehmerbegriff Nr. 63.
12 BAG 16.7.1997, 5 AZB 29/96; a.A. OLG Düsseldorf in mehreren Entscheidungen bis ins Jahr 2002, zitiert bei *Schwab/Weth/Kliemt* § 5 Rn. 225 Fn. 2; LAG Rheinland-Pfalz 12.7.1996, 4 Ta 21/96, LAGE § 611 BGB Arbeitnehmerbegriff Nr. 32.
13 BAG 6.5.1998, 5 AZR 612/97, § 611 BGB Arbeitnehmerbegriff Nr. 68.
14 BAG 6.12.1974, 5 AZR 418/74, EzA § 611 BGB Nr. 18.
15 BAG 12.9.1996, 5 AZR 104/95, § 611 BGB Arbeitnehmerbegriff Nr. 60.
16 BAG 24.6.1992, 5 AZR 384/91, § 611 BGB Arbeitnehmerbegriff Nr. 46.

- **Orchestermusiker**: Bei Beschäftigung zeitlich im Wesentlichen in derselben Weise und im selben Umfang wie angestellte Musiker trotz Bezeichnung als freier Mitarbeiter Arbeitnehmer.[17]

- **Rundfunkmitarbeiter**: Ist ein Programm gestaltender Mitarbeiter auf technische Einrichtungen und Personal der Anstalt angewiesen und wird er daher in Dispositions- und Raumbelegungspläne aufgenommen, begründet das noch nicht den Arbeitnehmerstatus.[18]

- **Rundfunkreporter**: Dies können auch dann freie Mitarbeiter sein, wenn sie viele Jahre fortlaufend eingesetzt sind.[19]

- In **Telearbeit** Beschäftigte: Diese werden üblicherweise nicht als in Heimarbeit Beschäftigte angesehen. Sie können je nach den Umständen des Einzelfalles Arbeitnehmer[20] sein, aber auch arbeitnehmerähnliche Personen oder freie Mitarbeiter.[21]

- **Versicherungsvertreter**: Vertragliche Pflichten zur Konkretisierung des § 86 HGB oder aufsichts- und wettbewerbsrechtliche Vorgaben begründen keine Weisungsabhängigkeit.[22]

- **Zeitungszusteller**: Je nach Umfang und Organisation der übernommenen Tätigkeit Arbeitnehmer oder Selbständiger; bei Bewältigung der Arbeit nur mit eigenen Arbeitnehmern spricht dies gegen die Arbeitnehmereigenschaft.[23]

3 Zur **Berufsausbildung** beschäftigt sind in erster Linie Auszubildende nach dem BBiG, daneben z.B. Volontäre und Praktikanten sowie Umschüler. Unter Berufsausbildung i.S.d. Abs. 1 S. 1 ist zu verstehen jede auf privatrechtlicher Vereinbarung[24] beruhende Maßnahme zur

---

17 BAG 3.10.1975, 5 AZR 427/74, EzA § 611 BGB Arbeitnehmerbegriff Nr. 2.
18 BAG 19.1.2000, 5 AZR 644/98, EzA § 611 BGB Arbeitnehmerbegriff Nr. 81; vgl. weiter zur Arbeitnehmereigenschaft programmgestaltender Mitarbeiter etwa BAG 14.3.2007, 5 AZR 499/06, EzA § 611 BGB 2002 Arbeitnehmerbegriff Nr. 10.
19 BAG 22.4.1998, 5 AZR 191/97, EzA § 611 BGB Arbeitnehmerbegriff Nr. 69. Vgl. indes BAG 11.3.1998, 5 AZR 522/96, § 611 BGB Arbeitnehmerbegriff Nr. 64 für regelmäßig eingesetzte Sprecher und Übersetzer von Rundfunkanstalten mit nur 4 Wochenstunden; dazu auch BAG 30.11.1994, 5 AZR 704/93, § 611 BGB Arbeitnehmerbegriff Nr. 55.
20 Abzustellen ist insofern auf die organisatorische Eingliederung (vgl. § 5 Abs. 1 BetrVG) und die Überwachungs- und Weisungsmöglichkeiten.
21 Näher *Schwab/Weth/Kliemt* § 5 Rn. 212 bis 222.
22 BAG 15.12.1999, 5 AZR 169/99, EzA § 611 BGB Arbeitnehmerbegriff Nr. 82. Zu § 84 Abs. 1 S. 2 HGB insoweit BAG 15.12.1999, 5 AZR 3/99, EzA § 611 BGB Arbeitnehmerbegriff Nr. 80.
23 BAG 16.7.1997, 5 AZR 312/96, § 611 BGB Arbeitnehmerbegriff Nr. 61.
24 Also nicht: Ausbildung im Strafvollzug. Dazu BAG 18.11.1986, 7 AZR 311/85, EzA § 2 ArbGG 1979 Nr. 8.

Vermittlung beruflicher Kenntnisse und Fähigkeiten auf betrieblicher Ebene, unabhängig von der Frage einer Vergütung.[25]

Der Begriff des **Arbeitgebers** ist nicht definiert, er wird vom ArbGG vorausgesetzt. Arbeitgeber i.S.d. ArbGG ist jede natürliche oder juristische Person bzw. Personengesamtheit (vgl. Abs. 1 S. 3 und dazu Rn. 13), die jedenfalls einen Arbeitnehmer (Abs. 1 S. 1) oder eine Person beschäftigt, die einem Arbeitnehmer gleichgestellt ist (Abs. 1 S. 2 u. Abs. 3). 4

B. Als Arbeitnehmer Geltende

I. Bereich des Heimarbeitsgesetzes (HAG)

Als Arbeitnehmer gelten gem. Abs. 1 S. 2 zunächst die in Heimarbeit Beschäftigten, also die **Heimarbeiter** (§ 2 Abs. 1 HAG) und die **Hausgewerbetreibenden** (§ 2 Abs. 2 HAG). Weiter zählen dazu die diesen wegen ihrer Schutzbedürftigkeit förmlich **Gleichgestellten** (§ 1 Abs. 2 HAG).[26] Die Abgrenzung zur freien Mitarbeit vollzieht sich hier ähnlich wie beim Arbeitsvertrag.[27] Diese Regelung für die in Heimarbeit Beschäftigten ist abschließend, es kann nicht (hilfsweise) auf das Kriterium der Arbeitnehmerähnlichkeit zurückgegriffen werden. 5

II. Arbeitnehmerähnliche Personen

Arbeitnehmerähnliche Personen gelten gleichfalls als Arbeitnehmer (Abs. 1 S. 2). Diese sind zwar persönlich selbständig und damit nicht als Arbeitnehmer einzustufen, sind aber **wegen ihrer sozialen und wirtschaftlichen Situation schutzbedürftig**[28] und werden deswegen auch im materiellen Recht zum Teil den Arbeitnehmern gleichgestellt (vgl. etwa § 12a Abs. 1 TVG, § 2 S. 2 BUrlG). Die danach erforderliche **wirtschaftliche Abhängigkeit** allein reicht nicht dafür aus, Arbeitnehmerähnlichkeit zu bejahen. Es muss hinzukommen, dass die Person ihrer gesamten **sozialen Stellung** nach **einem Arbeitnehmer vergleichbar** sozial schutzbedürftig ist.[29] Gesetzlich geregelt ist – jedenfalls für 6

---

25 BAG 24.9.2002, 5 AZB 12/02, EzA § 5 ArbGG 1979 Nr. 37.
26 Weiter dazu *Schwab/Weth/Kliemt* § 5 Rn. 195 bis 198a.
27 BAG 3.4.1990, 3 AZR 258/88, EzA § 2 HAG Nr. 1.
28 BAG 21.2.2007, 5 AZB 52/06, NZA 2007, 699: Selbständige Hebamme, die aufgrund eines Belegvertrages im Krankenhaus tätig wird, ist im Verhältnis zum Krankenhaus nicht arbeitnehmerähnlich.
29 BAG 30.8.2000, 5 AZB 12/00, DB 2001, 824. Dies ist nicht gegeben, wenn der Betreffende anderweitig über hinreichende Einkünfte verfügt (*Hauck/Helml* § 5 Rn. 18). GMPM-G/*Müller-Glöge* § 5 Rn. 34 ist gewiss darin Recht zu geben,

den Regelfall –, dass die im Rahmen von **Werkstattverträgen** Beschäftigten arbeitnehmerähnlich sind (**§ 138 Abs. 1 SGB IX**, vgl. dazu weiter § 2 Rn. 19).

7 **Wirtschaftlich Abhängigkeit** ist dann zu bejahen, wenn der Betreffende auf die Verwertung seiner Arbeitskraft angewiesen ist und sich derart **an den Dienstberechtigten gebunden** hat, dass beim Ausbleiben der entsprechenden Aufträge die **wirtschaftliche Existenz** in Frage gestellt wäre.[30] Bei mehreren Auftraggebern muss der Schwerpunkt der Tätigkeit bei dem einen Auftraggeber liegen, im Verhältnis zu dem dann Arbeitnehmerähnlichkeit besteht.[31]

8 Hinsichtlich der **wirtschaftlichen Abhängigkeit** kann man ergänzend auf **§ 12a Abs. 1 Buchst. a und b, Abs. 3 TVG** zurückgreifen.[32] Jedenfalls wird man für den Personenkreis, für den Tarifverträge für arbeitnehmerähnliche Personen existieren, die Zuständigkeit der Gerichte für Arbeitssachen zu akzeptieren haben.[33]

III. Handelsvertreter

9 Wenn man so will, handelt es sich bei der Regelung in Abs. 3 um eine Spezialregelung der Arbeitnehmerähnlichkeit. Diese ist **abschließend** und erlaubt kein hilfsweises Zurückgreifen auf die allgemeinen Grundsätze der Arbeitnehmerähnlichkeit. Liegen also die von Abs. 3 geforderten Voraussetzungen nicht vor, sind die ordentlichen Gerichte zuständig.[34] Für Streitigkeiten mit **selbständigen Handelsvertretern** und Versicherungsvertretern[35] sind nach Abs. 3 S. 1 die Gerichte für Arbeitssachen nur dann zuständig, wenn sie zu dem in § 92a HGB angesprochenen Personenkreis gehören und wenn sie während der letzten sechs Monate im Durchschnitt **nicht mehr als 1.000 Euro monatlich** bezogen haben.

10 Voraussetzung ist damit zunächst, dass der Handelsvertreter nach dem Vertrag **nicht für weitere Unternehmen tätig** werden darf – das ist auch der Fall, wenn eine vertraglich mögliche Einwilligung nicht erteilt ist – oder ihm dies nach Art und Umfang der verlangten Tätigkeit nicht mög-

---

dass man mit diesem Kriterium vorsichtig und zurückhaltend umgehen sollte; es ganz aufzugeben erschient indes auch nicht sachgerecht.
30 BAG 30.8.2000, 5 AZB 12/00, DB 2001, 824.
31 BAG 11.4.1997, 5 AZB 32/96, EzA § 5 ArbGG 1979 Nr. 23; vgl. weiter BAG 28.6.1973, 5 AZR 568/72, AP § 2 BUrlG Nr. 2.
32 Vgl. dazu BAG 17.10.1990, 5 AZR 639/89, EzA § 5 ArbGG 1979 Nr. 7.
33 LAG Schleswig-Holstein 28.5.1986, 3 Sa 15/86, NZA 1986, 763.
34 GMPM-G/*Müller-Glöge* § 5 Rn. 39 m.w.N.; a.A. *Grunsky* § 5 Rn. 22.
35 GMPM-G/*Müller-Glöge* § 5 Rn. 40.

lich ist (§ 92a Abs. 1 S. 1 HGB).[36] Auch **nebenberufliche Handelsvertreter** können derartige Einfirmenvertreter sein.[37]

Was die Grenze von **nicht mehr als 1.000 Euro pro Monat in den letzten sechs Monaten** – bei kürzerem Bestand des Vertragsverhältnisses in diesem Zeitraum – angeht, kommt es auf den **rechtlichen Bestand** des Arbeitsverhältnisses an: Es ist gleichgültig, ob in dieser Zeit ganz oder teilweise nicht gearbeitet und nichts verdient worden ist.[38] In den Betrag von maximal 1.000 Euro sind die Vergütung, Provisionen[39] und der Ersatz für die im regelmäßigen Geschäftsbetrieb entstandenen Aufwendungen einzubeziehen. Entscheidend sind nach dem ausdrücklichen Wortlaut der Norm nur die tatsächlich bezogenen Beträge, auf unerfüllte Ansprüche kommt es nicht an. Ebenso bleiben Provisionsvorschüsse außer Betracht.

C. Vertretungsberechtigte Organe juristischer Personen und von Personengesamtheiten

Nach Abs. 1 S. 3 sind bestimmte **Vertretungsorgane** ausdrücklich aus dem Arbeitnehmerbegriff i.S.d. ArbGG ausgenommen worden, da diese Personengruppe Arbeitgeberfunktionen wahrnimmt. Streitigkeiten zwischen ihnen und der juristischen Person oder Personengesamtheit sind – vorbehaltlich der Regelung des § 2 Abs. 4[40] – vor den ordentlichen Gerichten auszutragen. Erfasst davon sind die Personen, die **kraft Gesetzes**, Satzung oder Gesellschaftsvertrags allein oder als Mitglied des Vertretungsorgans (etwa eines Vorstands) zur **Vertretung der juristischen Person** oder **Personengesamtheit** berufen sind.[41] Eine bloße rechtsgeschäftliche Bevollmächtigung reicht nicht aus.

Juristische Personen sind etwa die Aktiengesellschaft, der rechtsfähige Verein, die GmbH oder die eingetragene Genossenschaft sowie die Körperschaften öffentlichen Rechts. **Personengesamtheiten** sind z.B. der nicht rechtsfähige Verein, die oHG, die KG oder die GmbH & Co. KG.

---

36 Für Versicherungsvertreter vgl. ergänzend § 92a Abs. 2 S. 1 HGB.
37 BAG 15.2.2005, 5 AZB 13/04, NZA 2005, 487; ArbGG/*Krasshöfer* § 5 Rn. 8; GK-ArbGG/*Schütz* § 5 Rn. 157.
38 BAG 15.2.2005, 5 AZB 13/04, NZA 2005, 487.
39 Insoweit kommt es nicht auf eine mögliche spätere Stornierung an.
40 Vgl. dazu die diesbezüglichen Erläuterungen.
41 Interne Beschränkungen der Vertretungsmacht sind ohne Belang. Abs. 1 S. 3 gilt auch, wenn die vertraglich vorgesehene Bestellung z.B. zum Geschäftsführer unterbleibt: BAG 25.6.1997, 5 AZB 41/96, EzA § 2 ArbGG 1979 Nr. 37. Ebenso ändert sich durch eine Abberufung nichts an der Rechtsnatur des maßgeblichen Vertrages (ErfK/*Koch* § 5 Rn. 7).

Wer **gesetzlicher Vertreter** ist, ergibt sich im Einzelnen aus den jeweils einschlägigen Vorschriften.[42] Bei der **GmbH & Co. KG** ist gesetzlicher Vertreter i.S.d. § 5 Abs. 1 S. 3 der Geschäftsführer der Komplementär-GmbH.[43] Der **Kommanditist** ist von der Vertretung der Gesellschaft ausgenommen. Besteht zwischen ihm und der Gesellschaft ein Arbeitsverhältnis, ist die Zuständigkeit der Gerichte für Arbeitssachen gegeben. Dies wird nicht gehindert durch eine erteilte rechtsgeschäftliche Vollmacht oder die Bestellung zum Prokuristen.[44]

14 Wegen der Regelung des Abs. 1 S. 3 kann (vorbehaltlich der Regelung des § 2 Abs. 4) ein Rechtsstreit zwischen etwa einem GmbH-Geschäftsführer und der GmbH auch dann nicht vor den Gerichten für Arbeitssachen geführt werden, wenn der Geschäftsführervertrag sich materiell-rechtlich als Arbeitsverhältnis darstellt.[45] Nach Ansicht des BAG wird mit dem Abschluss z.B. des Geschäftsführerdienstvertrages ein vorher bestehendes Arbeitsverhältnis regelmäßig aufgehoben, so dass nach dem Ende des Geschäftsführerdienstvertrages kein Wiederaufleben des früheren Arbeitsverhältnisses eintreten kann.[46]

D. Beamte

15 **Beamte** sind als solche keine Arbeitnehmer (Abs. 2).[47] Das gilt auch für Richter, Soldaten und die Kirchenbeamten,[48] nicht hingegen für die sog. Dienstordnungsangestellten.[49] Beamte können aber daneben anderwei-

---

42 Dazu etwa *Schwab/Weth/Kliemt* § 5 Rn. 287 ff.; GK-ArbGG/*Bader* § 11 Rn. 35.
43 BAG 20.8.2003, 5 AZB 79/02, EzA § 5 ArbGG 1979 Nr. 38. Ansonsten kommt es aber darauf an, ob es um die Vertretung der jeweiligen Gesellschaft geht; bezüglich des Vertrages z.B. mit einem Trägerunternehmen kann die Zuständigkeit der Gerichte für Arbeitssachen begründet sein: BAG 25.7.1996, 5 AZB 5/96, EzA § 5 ArbGG 1979 Nr. 15.
44 Vgl. dazu BAG 26.6.1967, 3 AZR 341/66, AP § 2 ArbGG 1953 Nr. 30.
45 BAG 23.8.2001, 5 AZB 9/01, EzA § 5 ArbGG 1979 Nr. 36.
46 BAG 8.6.2000, 2 AZR 207/99, EzA § 5 ArbGG 1979 Nr. 35; 25.4.2004, 2 AZR 352/01, NJW 2003, 918. Vgl. weiter BAG 25.10.2007, 6 AZR 1045/06, NZA 2008, 168.
47 Zur Unzuständigkeit der Gerichte für Arbeitssachen für Beamtenstreitigkeiten z.B. BAG 24.10.1997, 10 AZB 28/97, EzA § 2 ArbGG 1979 Nr. 42; 16.6.1999, 5 AZB 16/99, EzA § 13 GVG Nr. 2. In personalvertretungsrechtlichen Streitigkeiten wird der Begriff des Arbeitnehmers i.S.d. § 5 jedoch überlagert durch den personalvertretungsrechtlichen Arbeitnehmerbegriff, der auch Beamte und Richter einschließt. Dasselbe gilt für arbeitsrechtliche Beschlussverfahren, insoweit gilt der Arbeitnehmerbegriff des § 5 BetrVG (GK-ArbGG/*Schütz* § 5 Rn. 187).
48 Vgl. dazu auch § 1 Rn. 13.
49 GMPM-G/*Müller-Glöge* § 5 Rn. 52.

tig in einem Arbeitsverhältnis stehen, und insoweit sind dann selbstverständlich die Gerichte für Arbeitssachen zuständig.

E. Prüfungszeitpunkt

Maßgebend ist jeweils der **Zeitpunkt der Rechtshängigkeit**, spätere Veränderungen bleiben ohne Interesse, wie § 17 Abs. 1 S. 1 GVG zeigt, der über § 48 Abs. 1 anwendbar ist.

16

§ 6 Besetzung der Gerichte für Arbeitssachen

(1) Die Gerichte für Arbeitssachen sind mit Berufsrichtern und mit ehrenamtlichen Richtern aus den Kreisen der Arbeitnehmer und Arbeitgeber besetzt.

(2) *(weggefallen)*

Übersicht

	Rn.
A. Allgemeines	1
B. Rechtsstellung der ehrenamtlichen Richter	3
I. Gleichberechtigte Richterstellung	3
II. Abgrenzung zur Alleinentscheidungsbefugnis des Vorsitzenden	6
III. Rechte und Pflichten	7
IV. Entschädigung	8
V. Persönliche Rechtsstellung	10
C. Rechtsstellung der Berufsrichter	11

A. Allgemeines

1 Die Vorschrift bestimmt in bewährter Weise, an der festzuhalten ist[1], dass die **Gerichte für Arbeitssachen** – also **in allen Instanzen** – zwingend auch mit **ehrenamtlichen Richtern** (zur Bezeichnung auch § 45a DRiG) aus den Kreisen der **Arbeitgeber und Arbeitnehmer** besetzt sind.[2] Die §§ 14 ff. (für die Arbeitsgerichte), die §§ 33 ff. (für die Landesarbeitsgerichte) und die §§ 45 ff. (für das Bundesarbeitsgericht) regeln dies näher.

2 Die ehrenamtlichen Richter sollen ihre besonderen **Sachkenntnisse** sowie ihre jeweilige **Berufserfahrung** und ihre Berufsauffassung in das Verfahren und speziell in die gerichtliche Entscheidung einbringen.[3] Dies soll mit dazu beitragen, dass die Rechtsprechung der Gerichte für Arbeitssachen auf Akzeptanz in der Bevölkerung und bei den Betroffenen stößt. Gleichzeitig wird so die demokratische Legitimation der Gerichte durch Partizipation gestärkt.

---

1 Grundsätzlich ebenso GMPM-G/*Prütting* § 6 Rn. 18. Vgl. auch BHK/*Bader* I Rn. 4.
2 Zur historischen Entwicklung GMPM-G/*Prütting* § 6 Rn. 3. Umfassend GK-ArbGG/*Wenzel* Einführung Rn. 1 ff.
3 Damit ist es nicht zu vereinbaren, wenn ein ehrenamtlicher Richter während der Amtsperiode Aufgaben übernimmt, die ihn der anderen Szene zuordnen: BAG 21.9.1999, 1 AS 6/99, EzA § 43 ArbGG 1979 Nr. 2.

B. Rechtsstellung der ehrenamtlichen Richter

I. Gleichberechtigte Richterstellung

Die ehrenamtlichen Richter sind wie die Berufsrichter staatliche, **unab-** 3
hängige und neutrale Richter (Art. 97 Abs. 1 GG).[4] Sie sind ebenso wie
diese an **Recht und Gesetz** gebunden (Art. 20 Abs. 3 GG) und nur ihrem **Gewissen** unterworfen. Dazu sagt § 45 Abs. 1 DRiG:

»Der ehrenamtliche Richter ist in gleichem Maße wie ein Berufsrichter
unabhängig. Er hat das Beratungsgeheimnis zu wahren (§ 43).«[5]

Dementsprechend unterliegen sie auch **keinerlei Weisungen** der Verbände, die sie gem. § 20 Abs. 1 S. 2 vorgeschlagen haben. Der ehrenamtliche Richter ist nicht Sachwalter bestimmter Interessen, er soll seine besondere Sachkunde (Rn. 2) in die unabhängige Entscheidung einfließen lassen und für diese nutzbar machen.[6]

Die **Beratung und Abstimmung richten** sich nach den §§ 192 ff. GVG. 4
Die Stimme der ehrenamtlichen Richter zählt dabei mit demselben Gewicht wie die des Vorsitzenden.[7] Der Vorsitzende leitet die Beratung, stellt die Fragen und sammelt die Stimmen (§ 194 Abs. 1 GVG); bei Meinungsverschiedenheiten über den Gang der Beratung entscheidet das Gericht (§ 194 Abs. 2 GVG). Bei der Abstimmung, an der der ehrenamtliche Richter sich beteiligen muss (§ 195 GVG), stimmen zunächst die ehrenamtlichen Richter ab (§ 197 S. 2 GVG), und zwar der jüngere vor dem ältern (§ 197 S. 1 GVG). Der Vorsitzende stimmt zuletzt (§ 194 S. 4 GVG). Im Ergebnis können die ehrenamtlichen Richter den Vorsitzenden überstimmen. Die Fragen der **Verkündung des Urteils** und der **Unterschrift unter das Urteil** regeln § 60 Abs. 3 und Abs. 4 S. 1 sowie §§ 69 Abs. 1, 75. Ist ein ehrenamtlicher Richter an der Unterschrift verhindert, unterschreibt der Vorsitzende mit etwa dem Vermerk »zugleich für den wegen Urlaubs an der Unterschrift verhinderten ehrenamtlichen Richter XY«.[8]

Die gleichberechtigte Mitwirkung der ehrenamtlichen Richter ist nur 5
dann zu erreichen, wenn sie über die zur Entscheidung stehenden Fälle
so **eingehend wie nur irgend möglich unterrichtet** werden. Das »Wie«
der Unterrichtung liegt freilich im pflichtgemäßen Ermessen des jewei-

---

4 GK-ArbGG/*Mikosch* § 6 Rn. 7 m.w.N.
5 Zum Beratungsgeheimnis unten Rn. 7.
6 BHK/*Bader* I Rn. 6.
7 BVerfG 4.6.1969, 2 BvR 412/66, 120/68, BVerfGE 26, 163.
8 Zum Verhinderungsvermerk in formaler Hinsicht und zur Verhinderung BAG 22.8.2007, 4 AZN 1225/06, juris.

ligen Vorsitzenden.⁹ Auf Verlangen des ehrenamtlichen Richters wird ihm jedoch regelmäßig die Möglichkeit zur vorherigen **Akteneinsicht** zu geben sein.¹⁰ Die Akteneinsichten werden dann zur Amtsausübung gehören (vgl. unten Rn. 8 und 9).¹¹

II. Abgrenzung zur Alleinentscheidungsbefugnis des Vorsitzenden

6 Die gleichberechtigte Richterstellung der ehrenamtlichen Richter führt jedoch nicht dazu, dass die ehrenamtlichen Richter uneingeschränkt an allen gerichtlichen Entscheidungen teilnehmen. § 44 Abs. 1 DRiG bestimmt:

»Ehrenamtliche Richter dürfen bei einem Gericht nur auf Grund eines Gesetzes und unter den gesetzlich bestimmten Voraussetzungen tätig werden.«

Das DRiG verweist im Übrigen in § 45 Abs. 9 auf die für die einzelnen Gerichtszweige geltenden Vorschriften. Das ArbGG regelt dementsprechend an verschiedenen Stellen, ob der **Vorsitzende allein** tätig zu werden hat oder ob die **Kammer** (§ 16 Abs. 2) zu entscheiden hat – es handelt sich dabei um die Festlegung des **gesetzlichen Richters**.¹² Zu verweisen ist dazu insbesondere auf die §§ **53, 55 ArbGG** und die zugehörigen Erläuterungen. Daneben obliegt nach § 54 Abs. 1 S. 1 die **Güteverhandlung** allein dem Vorsitzenden. § **48 Abs. 1 Nr. 1** etwa weist die Entscheidung über den richtigen Rechtsweg der Kammer zu. Auch außerhalb des ArbGG sind derartige Vorschriften zu finden. So entscheidet nach § **5 Abs. 4 S. 1 KSchG** über den Antrag auf nachträgliche Zulassung der Kündigungsschutzklage die Kammer.

III. Rechte und Pflichten

7 Die **Rechte** der ehrenamtlichen Richter in Bezug auf die **Mitwirkung** und **Mitentscheidung** im Verfahren sind in den vorstehenden Ausführungen bereits umrissen. Dem stehen auch **Pflichten** gegenüber. Sie sind verpflichtet, an den anberaumten **Sitzungen** teilzunehmen, soweit nicht hinreichende Entschuldigungsgründe entgegenstehen, und pünktlich zu erscheinen (§ 28 S. 1; vgl. § 28 insgesamt für die Sanktions-

---

9 BAG 13.5.1981, 4 AZR 1080/78, AP § 1 TVG Tarifverträge: Presse Nr. 1; näher dazu BHK S. 64 f.
10 BHK/*Bader* XIII Rn. 4.
11 Die Frage ist umstritten; vgl. dazu m.w.N. BHK/*Hohmann* XIX Rn. 2 f.
12 GK-ArbGG/*Dörner* § 16 Rn. 11 m.w.N. Vgl. auch hier § 16 Rn. 4.

möglichkeiten). Daneben haben sie das **Beratungsgeheimnis** zu wahren (§ 45 Abs. 1 S. 2 DRiG[13]). § 43 DRiG lautet:

»Der Richter hat über den Hergang bei der Beratung und Abstimmung auch nach Beendigung seines Dienstverhältnisses zu schweigen.«

Darüber hinaus kann ihnen gem. **§ 174 Abs. 3 GVG** in den dort bestimmten Fällen die Pflicht auferlegt werden, die Tatsachen aus der Verhandlung oder aus amtlichen Schriftstücken geheim zu halten.

IV. Entschädigung

Das Justizvergütungs- und -entschädigungsgesetz – **JVEG** –, das ab dem 1.7.2004 gilt, regelt in seinen §§ 1 bis 7 und 15 bis 18 die Frage **der Entschädigung der ehrenamtlichen Richter**. Die ehrenamtlichen Richter erhalten gem. § 15 JVEG **Fahrtkostenersatz** (§ 5 JVEG: grundsätzlich Bahnfahrkarte 1. Klasse oder 0,30 Euro für jeden gefahrenen Kilometer), Entschädigung für Aufwand, Ersatz für sonstige Aufwendungen, Entschädigung für Zeitversäumnis, Entschädigung für Nachteile bei der Haushaltsführung und Entschädigung für Verdienstausfall. Die Entschädigung für die notwendige[14] **Zeitversäumnis** – höchstens zehn Stunden pro Tag einschließlich der Reise- und Wartezeiten (§ 15 Abs. 2 S. 1 JVEG) – beläuft sich auf fünf Euro je begonnene Stunde (§ 16 JVEG). Die Zeit der notwendigen Aktenlektüre (vgl. oben Rn. 5) wird man als Zeit der Heranziehung i.S.d. § 15 Abs. 2 S. 1 JVEG zu werten haben.[15] Die Entschädigung für **Verdienstausfall** bemisst sich nach dem regelmäßigen Bruttoverdienst einschließlich der vom Arbeitgeber zu zahlenden Sozialversicherungsbeiträge, sie beträgt im Regelfall maximal 20 Euro je begonnene Stunde (§ 18 JVEG).

Soweit die Entschädigung für den Verdienstausfall den Entgeltausfall nicht abdeckt, haben die ehrenamtlichen Richter u.U. einen **Anspruch gegen den Arbeitgeber**. Der Arbeitgeber hat den ehrenamtlichen Richter für die Zeit der Ausübung seines Amtes **von der Arbeitsleistung freizustellen** (§ 45 Abs. 1a S. 2 DRiG), woran auch eine Unentbehrlichkeit im Betrieb nichts ändert.[16] Die Zeit zur erforderlichen Aktenlektüre wird auch insoweit dazu zählen (vgl. Rn. 8). Doch sagt dies noch nichts aus über die Verpflichtung des Arbeitgebers zur Fortzahlung der Vergütung für die Zeit der Amtsausübung. Ein Anspruch des ehrenamtlichen Richters auf Entgeltfortzahlung für die Dauer der Amtsausübung kann

---

13 Zum Wortlaut vgl. oben Rn. 3.
14 BAG 29.6.1972, 1 AZR 227/72, AP § 43 ArbGG 1953 Nr. 3.
15 BHK/*Hohmann* XIX Rn. 2 f.
16 GMPM-G/*Prütting* § 26 Rn. 14.

sich aus § 616 S. 1 BGB ergeben.[17] Doch ist diese Bestimmung abdingbar, etwaige arbeitsvertragliche oder tarifvertragliche Regelungen haben also Vorrang.[18]

V. Persönliche Rechtsstellung

10 Die ehrenamtlichen Richter genießen im Rahmen ihrer Amtsausübung (einschließlich der Teilnahme an einer Sitzung des Beisitzerausschusses) sowie auf dem Weg zu oder von einer Gerichtssitzung oder zu oder von einer Sitzung des Beisitzerausschusses den Schutz der **gesetzlichen Unfallversicherung**.[19] Wie bei den Berufsrichtern besteht für die ehrenamtlichen Richter eine zivilrechtliche **Haftung** für die Mitwirkung an einem Urteil regelmäßig nicht, es sei denn es liegt eine Pflichtverletzung vor, die sich als **Straftat** darstellt (§ 839 Abs. 2 BGB).[20] Bezüglich des **Schutzes der ehrenamtlichen Richter** wird verwiesen auf die Erläuterungen zu § 26. Im Rechtsverkehr sollten ehrenamtliche Richter darauf verzichten, mit dieser Amtsbezeichnung zu »firmieren«.[21]

C. Rechtsstellung der Berufsrichter

11 Die Berufsrichter werden nach § 17 Abs. 1 DRiG durch die Aushändigung einer **Urkunde** in das **Richterverhältnis** berufen. Für sie gilt **Art. 97 Abs. 1 GG**, sie sind unabhängig und nur dem Gesetz unterworfen. **Art. 97 Abs. 2 GG** regelt daneben die persönliche Unabhängigkeit der Berufsrichter. Für sie gilt im Übrigen das **Deutsche Richtergesetz** – DRiG –, nach dessen § 39 sich der Richter innerhalb und außerhalb seines Amtes so zu verhalten hat, dass das **Vertrauen in seine Unparteilichkeit** nicht gefährdet wird. Dies schließt freilich die Mitgliedschaft in einer Partei oder einer Gewerkschaft und auch eine entsprechende aktive Betätigung nicht aus.[22] Für die Frage der zivilrechtlichen **Haftung** gilt § 839 Abs. 2 BGB (dazu Rn. 10).

---

17 ArbGG/*Wolmerath* § 31 Rn. 15; BHK/*Hohmann* XIV Rn. 4; GK-ArbGG/*Dörner* § 26 Rn. 6 m.w.N.
18 Zum Benachteiligungsverbot des § 26 Abs. 1 vgl. § 26 Rn. 4.
19 BHK/*Klein* XVIII Rn. 1 bis 5.
20 Vgl. im Übrigen zur zivilrechtlichen Haftung und zur strafrechtlichen Verantwortlichkeit BHK/*Bader* XVIII Rn. 11 u. 12.
21 BHK/*Hohmann* VII Rn. 2; a.A. *Schmidt/Räntsch*, DRiG, 5. Aufl., § 46a Rn. 2.
22 BVerfG 15.3.1984, 1 BvR 200/84, NJW 1984, 1874.

§ 6a Allgemeine Vorschriften über das Präsidium und die Geschäftsverteilung

Für die Gerichte für Arbeitssachen gelten die Vorschriften des Zweiten Titels des Gerichtsverfassungsgesetzes nach Maßgabe der folgenden Vorschriften entsprechend:

1. ¹Bei einem Arbeitsgericht mit weniger als drei Richterplanstellen werden die Aufgaben des Präsidiums durch den Vorsitzenden oder, wenn zwei Vorsitzende bestellt sind, im Einvernehmen der Vorsitzenden wahrgenommen. ²Einigen sich die Vorsitzenden nicht, so entscheidet das Präsidium des Landesarbeitsgerichts oder, soweit ein solches nicht besteht, der Präsident dieses Gerichts.

2. Bei einem Landesarbeitsgericht mit weniger als drei Richterplanstellen werden die Aufgaben des Präsidiums durch den Präsidenten, soweit ein zweiter Vorsitzender vorhanden ist, im Benehmen mit diesem wahrgenommen.

3. Der aufsichtführende Richter bestimmt, welche richterlichen Aufgaben er wahrnimmt.

4. Jeder ehrenamtliche Richter kann mehreren Spruchkörpern angehören.

5. Den Vorsitz in den Kammern der Arbeitsgerichte führen die Berufsrichter.

§ 6 verweist auch für die **Gerichte für Arbeitssachen** (in **allen Instan-** 1 **zen**) auf die §§ 21a bis 21i GVG. Es werden lediglich einige Besonderheiten zusätzlich geregelt. Dazu gehört zunächst, dass den **Vorsitz** der Kammern zwingend der **Berufsrichter**[1] führt (Nr. 5). Ein ehrenamtlicher Richter kann damit auch nicht vertretungsweise den Vorsitz führen.[2] Weiter ist bestimmt, dass **ehrenamtliche Richter** – dazu § 6 – auch **mehreren Spruchkörpern** (Kammern oder Senaten) angehören kön-

---

1 Zur Stellung des Vorsitzenden § 18 Rn. 1.
2 Im Falle der Tatbestandsberichtigung nach § 320 ZPO, bei mündlicher Verhandlung, wenn also nicht der Vorsitzende allein entscheidet – wird man jedoch annehmen müssen, dass beim Ausfall des Vorsitzenden (§ 320 Abs. 4 S. 1 ZPO) die ehrenamtlichen Richter auch allein über die Berichtigung entscheiden können, womit dann der lebensälteste ehrenamtliche Richter insoweit als Vorsitzender agieren muss (§ 320 Abs. 4 S. 2 ZPO). Ähnlich ErfK/*Koch* § 6a ArbGG Rn. 3.

§ 6a   Allgemeine Vorschriften über das Präsidium

nen[3] (Nr. 4). Die Einzelheiten bezüglich der ehrenamtlichen Richter in den drei Instanzen regeln die §§ 14 bis 45, ihre Interessen wahrt der Ausschuss gem. § 29. Überdies ist in Nr. 1 und 2 festgelegt (in Abweichung von § 21a Abs. 2 Nr. 5 GVG[4]), wer an **kleinen Arbeitsgerichten und Landesarbeitsgerichten** die Aufgaben des **Präsidiums** wahrnimmt. Bei einem Arbeitsgericht mit zwei Vorsitzenden ist insoweit das Einvernehmen der Vorsitzenden – dies können auch Richter auf Probe oder kraft Auftrags sein (§ 18 Abs. 7) – erforderlich; andernfalls greift Nr. 1 S. 2 ein. Da bei einem Landesarbeitsgericht mit zwei Vorsitzenden die Möglichkeit der Nr. 1 S. 2 versagt, ist hier nur das (schwächere) Benehmen mit dem zweiten Vorsitzenden gefordert;[5] im Ergebnis kann damit der Präsident nach der Anhörung des weiteren Vorsitzenden mit dem Ziel der Einigung selbst entscheiden.[6]

2   Das **Präsidium**, das zwingend zu bilden ist (§ 21 Abs. 1 GVG) und das in **richterlicher Unabhängigkeit** entscheidet,[7] setzt sich gem. § 21a Abs. 2 GVG zusammen aus dem **Präsidenten** oder dem **aufsichtführenden Richter** als dem Vorsitzenden (zu deren **Vertretung**: § 21c Abs. 1 u. § 21h GVG) und **gewählten Mitgliedern** (zu deren Vertretung Rn. 3), deren Zahl § 21a Abs. 2 Nr. 1 bis 4 GVG festlegt,[8] bzw. allen wählbaren Richtern (§ 21a Abs. 2 Nr. 5 GVG: sog. **Plenarpräsidium**; zu § 6a Nr. 1 und 2 bereits Rn. 1). Die **Wahl** des Präsidiums regelt § 21b GVG, ergänzt gem. § 21b Abs. 5 GVG durch die **Wahlordnung** vom 19.9.1972 (BGBl. I S. 1821). Sie muss zwingend vor Ablauf des Geschäftsjahres stattfinden.[9] Es besteht **Wahlpflicht**,[10] ebenso hat der Gewählte das Amt im Rahmen seiner Dienstpflicht auszuüben.[11] Die Wahl des Präsidiums kann nach § 21b Abs. 6 GVG angefochten werden. Über die **Wahlanfechtung** entscheidet eine Kammer des Landesarbeitsgerichts, die in der Geschäftsverteilung festzulegen ist, beim Bundesarbeitsgericht ein in der Geschäftsverteilung zu bestimmender Senat die-

---

3   Das ändert nichts daran, dass die Listen der ehrenamtlichen Richter für die einzelnen Kammern aufzustellen sind (§ 31 Rn. 4), soweit es sich nicht um Hilfslisten handelt (§ 31 Rn. 5).
4   Nach GMPM-G/*Prütting* § 6a Rn. 11 stellt Nr. 2 keine Abweichung von § 21a Abs. 2 Nr. 5 GVG dar.
5   *Schwab/Weth/Liebscher* § 6a Rn. 10.
6   GK-ArbGG/*Mikosch* § 6a Rn. 77.
7   BGH 20.3.1959, 4 StR 416/58, NJW 1959, 1093. Maßnahmen der Dienstaufsicht sind damit insoweit unzulässig.
8   Vgl. ergänzend § 21d zur Größe des Präsidiums.
9   Hess.VGH 17.12.1986, 1 TH 3235/86, NJW 1987, 1219.
10 BVerwG 23.5.1975, VII A 1/73, AP § 21b GVG Nr. 1; a.A. *Schickedanz* DRiZ 1996, 328.
11 BVerwG 23.5.1975, VII A 1/73, AP § 21b GVG Nr. 1.

ses Gerichts. Wahlverstöße stellen die Beschlüsse des Präsidiums nicht in Frage.[12]

Eine **Vertretung der gewählten Mitglieder** des Präsidiums findet nicht statt. Lediglich in den in § 21c Abs. 2 GVG aufgeführten Fällen tritt der durch die letzte Wahl **Nächstberufene** an die Stelle des aus dem Präsidium ausgeschiedenen gewählten Mitglieds. Falls keine Nachberufenen mehr zur Verfügung stehen, muss eine **Nachwahl** stattfinden. 3

Das Präsidium ist **beschlussfähig**, wenn mehr als die Hälfte seiner Mitglieder anwesend ist (§ 21i Abs. 1 GVG); es entscheidet mit **Stimmenmehrheit** (§ 21e Abs. 7 S. 1 GVG),[13] wobei das **Umlaufverfahren** z.T. als unzulässig angesehen wird.[14] Die **Beschlüsse** sind jedenfalls nachträglich von allen Mitgliedern zu unterschreiben, wenn nicht (vom Vorsitzenden) ein entsprechendes Protokoll erstellt worden ist.[15] Das Präsidium kann sich eine **Geschäftsordnung** geben, ohne dass eine Pflicht dazu besteht.[16] Es besteht die Möglichkeit, die **Richteröffentlichkeit** zu beschließen (§ 21e Abs. 8 S. 1 GVG), wobei § 171b GVG über den Ausschluss der Öffentlichkeit entsprechend gilt (§ 21e Abs. 8 S. 2 GVG). Wenn eine Entscheidung des Präsidiums nicht rechtzeitig ergehen kann, was insbesondere bei fehlender Beschlussfähigkeit gegeben sein wird, gibt es eine **Eilzuständigkeit**: Es hat dann der Präsident oder der aufsichtführende Richter die erforderlichen Anordnungen nach § 21e zu treffen (§ 21i Abs. 2 S. 1 u. § 21e Abs. 7 S. 2 GVG). Dabei müssen die Gründe dafür schriftlich niedergelegt werden (§ 21i Abs. 2 S. 2 GVG), und die Anordnung mit der schriftlichen Begründung ist unverzüglich dem Präsidium zu Genehmigung vorzulegen (§ 21i Abs. 2 S. 3 GVG). Die Anordnung bleibt in Kraft, so lange das Präsidium nicht anderweitig beschließt (§ 21i Abs. 2 S. 4 GVG). 4

Die **Aufgaben** des Präsidiums sind gem. § 21e Abs. 1 S. 1 GVG die **Besetzung der Spruchkörper** (ein Richter kann mehreren Spruchkörpern angehören: § 21e Abs. 1 S. 4 GVG; für die ehrenamtlichen Richter vgl. Rn. 1), die **Regelung der Vertretung** (die Feststellung der nicht offen- 5

---

12 Schwab/Weth/Liebscher § 6a Rn. 45.
13 Dabei sind Stimmenthaltungen möglich, sie zählen als Neinstimmen: GMPM-G/*Prütting* § 6a Rn. 42; a.A. *Schwab/Weth/Liebscher* § 6a Rn. 104. Befangenheits- und Ablehnungsgründe gibt es nicht: *Schwab/Weth/Liebscher* § 6a Rn. 105 m.w.N.
14 GMPM-G/*Prütting* § 6a Rn. 35; *Hauck/Helml* § 6a Rn. 9; a.A. GK-ArbGG/*Mikosch* § 6a Rn. 69; BVerwG 25.4.1991, 7 C 11/90, NJW 1992, 254. *Schwab/Weth/Liebscher* § 6a Rn. 101 fordert eine Sitzung jedenfalls dann, wenn ein Mitglied es verlangt.
15 *Schwab/Weth/Liebscher* § 6a Rn. 107 m.w.N.
16 Für die h.M. *Thomas/Putzo-Hüßtege* § 21e GVG Rn. 1; vgl. auch GMPM-G/*Prütting* § 6a Rn. 33 m.w.N.

kundigen Verhinderung eines Berufsrichters obliegt dem Präsidenten oder aufsichtführenden Richter[17]) und die **Verteilung der Geschäfte**. Dabei hat es die **Anhörungspflichten** gem. § 21e Abs. 2, Abs. 3 S. 2 und Abs. 5 GVG zu beachten; allerdings macht deren Verletzung die Präsidiumsbeschlüsse nicht unwirksam.[18] Das **Präsidium ist vorher zu hören, wenn ein Richter für Aufgaben der Justizverwaltung freigestellt** werden soll (§ 21e Abs. 6 GVG).

6 Der **Geschäftsverteilungsplan** enthält die Anordnungen gem. § 21e Abs. 1 S. 1 GVG und erforderliche Einteilungen von Bereitschaftsdienst. Er muss **vor dem Beginn des Geschäftsjahrs** für dessen **gesamte Dauer** aufgestellt werden (danach tritt er automatisch außer Kraft) und muss nach **abstrakten Grundsätzen alle Geschäfte** erfassen, so dass der **gesetzliche Richter im Voraus** feststeht.[19] Unklarheiten sind daher möglichst zu vermeiden (**Bestimmtheitsgrundsatz**),[20] und es dürfen sich keine **Manipulationsmöglichkeiten** eröffnen, da dies zur Verfassungswidrigkeit führt.[21] Über die **Auslegung** des Geschäftsverteilungsplanes entscheidet dann erforderlichenfalls das Präsidium. Die fortbestehende Zuständigkeit für Altsachen kann angeordnet werden (§ 21e Abs. 4 GVG). **Während des Geschäftsjahres** darf der Geschäftsverteilungsplan nur unter den engen Voraussetzungen des § 21e Abs. 3 S. 1 GVG **geändert** werden, die **Korrektur offensichtlicher Fehler** ist daneben möglich.[22] Eine dauernde Verhinderung ist speziell bei längerer Erkrankung anzunehmen. Werden im Rahmen der nach **pflichtgemäßem Ermessen** getroffenen Anordnungen gem. § 21a Abs. 3 S. 1 GVG Sachen umverteilt, kann dies auch **Altsachen** betreffen, doch dürfen diese nicht »ausgesucht« werden, sondern die Umverteilung muss auch insoweit nach abstrakten Grundsätzen erfolgen.[23] Die Einzelzuweisung bestimmter Sitzungstage zur Vertretung an einen anderen Richter bzw. an eine andere Kammer ist daher bedenklich.

7 Allenfalls deklaratorisch hat der Geschäftsverteilungsplan die **richterlichen Aufgaben des Präsidenten oder des aufsichtführenden Richters** aufzuführen. Diese bestimmen selbst, welche richterlichen Aufga-

---

17 Näher dazu m.w.N. GK-ArbGG/*Mikosch* § 6a Rn. 118.
18 GK-ArbGG/*Mikosch* § 6a Rn. 64 m.w.N.
19 *Kissel/Mayer* § 21a Rn. 94. Korrespondierend regelt daher § 21g GVG die Geschäftsverteilung innerhalb der Spruchkörper, eine Regelung die in der Arbeitsgerichtsbarkeit nur für das BAG relevant ist.
20 GK-ArbGG/*Mikosch* § 6a Rn. 96.
21 BVerfG 24.3.1964, 2 BvR 42/63, 83/63, 89/63, AP Art. 101 GG Nr. 13; vgl. dazu auch BAG 22.3.2001, 8 AZR 565/00, EzA Art. 101 GG Nr. 5.
22 *Kissel/Mayer* § 21e Rn. 109.
23 BVerwG 18.10.1990, 3 C 19/88, NJW 1991, 1370.

Allgemeine Vorschriften über das Präsidium § 6a

ben sie wahrnehmen (§ 21e Abs. 1 S. 3 GVG, § 6a Nr. 3). Dies betrifft aber nicht den vom Präsidium festzulegenden Umfang.[24]

Der Geschäftsverteilungsplan ist **für Dritte unanfechtbar**, ein betroffener **Richter** kann dagegen u.U. Klage zum Verwaltungsgericht erheben, wenn er eine **Beeinträchtigung seiner Rechte** geltend macht.[25]

8

---

24 Dazu *Schwab/Weth/Liebscher* § 6a Rn. 55, dazu tendierend, dass auch der Umfang der Tätigkeit vom Präsidenten oder aufsichtführenden Richter festgelegt werden kann.
25 GK-ArbGG/*Mikosch* § 6a Rn. 138 bis 140 m.w.N.

§ 7 Geschäftsstelle, Aufbringung der Mittel

(1) ¹Bei jedem Gericht für Arbeitssachen wird eine Geschäftsstelle eingerichtet, die mit der erforderlichen Zahl von Urkundsbeamten besetzt wird. ²Die Einrichtung der Geschäftsstelle bestimmt bei dem Bundesarbeitsgericht das Bundesministerium für Arbeit und Soziales im Benehmen mit dem Bundesministerium der Justiz. ³Die Einrichtung der Geschäftsstelle bestimmt bei den Arbeitsgerichten und Landesarbeitsgerichten die zuständige oberste Landesbehörde.

(2) ¹Die Kosten der Arbeitsgerichte und der Landesarbeitsgerichte trägt das Land, das sie errichtet. ²Die Kosten des Bundesarbeitsgerichts trägt der Bund.

1 § 7 regelt in **Abs. 1** eine besondere Maßnahme der **Gerichtsverwaltung** (vgl. § 15 Rn. 2), nämlich die Einrichtung einer **Geschäftsstelle** (Satz 1) und die jeweiligen **Zuständigkeiten** (Satz 2 und 3), und in **Abs. 2** die Frage, wer die jeweiligen **Kosten** zu tragen hat. Dabei bedürfen Abs. 1 S. 2 und 3 und Abs. 2 keiner separaten Kommentierung.

2 Es muss **bei jedem Gericht** eine **Geschäftsstelle** eingerichtet werden, womit die Einrichtung moderner **Serviceeinheiten** in Einklang steht.[1] Damit sind gerichtsübergreifende Geschäftsstellen ausgeschlossen.[2] Es ist indes zulässig, die Geschäftsstelle eines Gerichts organisatorisch **aufzugliedern** (in Kammer- oder Senatsgeschäftsstellen).[3] Weder die Errichtung von auswärtigen Kammern noch die Abhaltung von Gerichtstagen erfordert die Errichtung einer Geschäftsstelle (§ 14 Rn. 3 u. 4). Die Geschäftsstelle kann jedoch durchaus auswärtige Sprechtage durchführen.[4]

3 Die **Aufgaben** der Geschäftsstelle ergeben sich zunächst über die entsprechenden Verweisungsvorschriften im ArbGG aus der **ZPO**.[5] Dazu zählen etwa die Protokollführung und die Bewirkung von Ladungen der Zeugen und Parteien. Daneben enthält das **ArbGG** weitere Aufga-

---

1 ArbGG/*Lipke* § 7 Rn. 12 f.; GK-ArbGG/*Mikosch* § 7 Rn. 19; zum Einsatz der EDV auch *Arnold* in: FS »Die Arbeitsgerichtsbarkeit« (1994), S. 499, 501 ff.
2 GMPM-G/*Prütting* § 7 Rn. 3; a.A. *Grunsky* § 7 Rn. 1.
3 *Hauck/Helml* § 7 Rn. 1.
4 GK-ArbGG/*Mikosch* § 7 Rn. 3.
5 Auflistung bei *Kissel/Mayer* § 153 Rn. 7 und *Schwab/Weth/Liebscher* 1. Aufl., § 7 Rn. 20.

Geschäftsstelle, Aufbringung der Mittel § 7

benzuweisungen.[6] Ansonsten folgen die Aufgaben der Geschäftsstelle aus Rechts- und allgemeinen Verwaltungsvorschriften, Geschäfts- und Dienstordnungen, Geschäftsgangsbestimmungen sowie aus Erlassen und Verfügungen.[7] Zur Geschäftsstelle des Arbeitsgerichts zählt im Übrigen die **Rechtsantragsstelle**.[8]

Abs. 1 S. 1 sieht vor, dass die Geschäftsstelle mit der **erforderlichen** 4 **Zahl von Urkundsbeamten** zu besetzen ist. Bestimmte Zahlen sind nicht festgelegt, die Zahl muss aber so bemessen sein, dass **keine dauerhaften Engpässe** auftreten, die den zu gewährenden Rechtsschutz beeinträchtigen.[9] Die Geschäftsstelle muss zudem mit **ausreichenden sächlichen Mitteln** ausgestaltet sein.[10] Der Urkundsbeamte ist ein **Organ der Rechtspflege**.[11] Mit den Aufgaben eines Urkundsbeamten der Geschäftsstelle kann betraut werden, wer die Voraussetzungen des **§ 153 Abs. 2 bis 5 GVG** erfüllt. Die Kompetenzen des Urkundsbeamten sind durch die Vorschriften des Rechtspflegergesetzes (s. § 9 Abs. 3) von denen des **Rechtspflegers** abgegrenzt.[12]

---

6 § 59 S. 2; 81 Abs. 1 2. Hs.; § 81 Abs. 2 S. 1; § 90 Abs. 1 S. 2; § 95 S. 2; § 50 Abs. 1 S. 1 i.V.m. § 168 ZPO – dazu BAG 11.2.1985, 2 AZB 1/85, EzA § 317 ZPO Nr. 1.
7 *Kissel/Mayer* § 153 Rn. 6.
8 Näher dazu *Hermann* in: FS »Die Arbeitsgerichtsbarkeit« (1994), S. 265, 275 f.; GK-ArbGG/*Mikosch* § 7 Rn. 18; GMPM-G/*Prütting* § 7 Rn. 22. Insoweit darf keine Rechtsberatung betrieben werden, aber es muss auf sachdienliche Anträge und vollständige Erklärungen hingewirkt werden: BVerfG 31.8.1992, 2 BvR 1302/91, Rpfleger 1993, 56. Vgl. dazu auch § 47 Rn. 1.
9 GK-ArbGG/*Mikosch* § 7 Rn. 11.
10 ArbGG/*Lipke* § 7 Rn. 5.
11 BAG 11.2.1985, 2 AZB 1/85, EzA § 317 ZPO Nr. 1.
12 *Schwab/Weth/Liebscher* § 7 Rn. 22.

§ 8 Gang des Verfahrens

(1) Im ersten Rechtszug sind die Arbeitsgerichte zuständig.

(2) Gegen die Urteile der Arbeitsgerichte findet die Berufung an die Landesarbeitsgerichte nach Maßgabe des § 64 Abs. 1 statt.

(3) Gegen die Urteile der Landesarbeitsgerichte findet die Revision an das Bundesarbeitsgericht nach Maßgabe des § 72 Abs. 1 statt.

(4) Gegen die Beschlüsse der Arbeitsgerichte und ihrer Vorsitzenden im Beschlussverfahren findet die Beschwerde an das Landesarbeitsgericht nach Maßgabe des § 87 statt.

(5) Gegen die Beschlüsse der Landesarbeitsgerichte im Beschlussverfahren findet die Rechtsbeschwerde an das Bundesarbeitsgericht nach Maßgabe des § 92 statt.

1 Die Vorschrift regelt **zwingend** – abweichende Vereinbarungen sind unwirksam – die **funktionelle Zuständigkeit** der Gerichte für Arbeitssachen, nicht die sachliche Zuständigkeit.[1] In **erster Instanz** sind nach Abs. 1 **stets die Arbeitsgerichte** ohne Rücksicht auf den Streitwert zuständig, sowohl im **Urteilsverfahren** (§ 2 i.V.m. § 3) als auch im **Beschlussverfahren** (§ 2a i.V.m. § 3).[2] Die Regelungen in den §§ 21 Abs. 5, 27, 28 und 43 Abs. 3 stellen keine Ausnahmen dazu dar, da sie nur Gerichtsinterna betreffen. Ebenso stellt die Regelung in § 158 Nr. 5 SGB IX keine Ausnahme dar; insoweit können allein das Bundessozialgericht und das Bundesverwaltungsgericht zuständig sein.[3]

2 Sowohl im Urteils- als auch im Beschlussverfahren ist der **Instanzenzug dreistufig**. Das Verfahren in den einzelnen Instanzen ist im ArbGG im Detail geregelt, teils durch Verweisung auf die Vorschriften der ZPO.

3 Im **Urteilsverfahren** entscheidet das **Landesarbeitsgericht** über **Berufungen** gegen die Urteile der Arbeitsgerichte (Abs. 2). Es ist daneben zuständig für die Entscheidung über **(sofortige) Beschwerden** gegen Beschlüsse und sonstige Entscheidungen der Arbeitsgerichte (§ 78 S. 1 u. 3). Das **Bundesarbeitsgericht** hat über **Revisionen** gegen die Urteile der Landesarbeitsgerichte (Abs. 3) zu entscheiden. Dazu treten die Entscheidungen über **Nichtzulassungsbeschwerden** (§ 72a), **sofor-**

---

1 GK-ArbGG/*Bader* § 8 Rn. 3 u. 4; a.A. *Grunsky* § 8 Rn. 2; *Hauck/Helml* § 8 Rn. 1.
2 Für die Abgabe bzw. Verweisung vom Urteils- ins Beschlussverfahren und umgekehrt wird verwiesen auf die Erläuterungen zu § 48.
3 GK-ArbGG/*Bader* § 8 Rn. 9; a.A. GMPM-G/*Prütting* § 8 Rn. 7; *Hauck/Helml* § 8 Rn. 5.

tige Beschwerden wegen verspäteter Absetzung des Berufungsurteils (§ 72b) und **Sprungrevisionen** gegen Urteile der Arbeitsgerichte (§ 76) sowie über **Rechtsbeschwerden** gegen Entscheidungen der Landesarbeitsgerichte (§ 78 S. 2 u. 3 i.V.m. § 574 ZPO; § 77: Sonderfall der **Revisionsbeschwerde**).[4]

Im **Beschlussverfahren** entscheidet das **Landesarbeitsgericht** über **Be-** 4 **schwerden** gegen die Beschlüsse der Arbeitsgerichte und ihrer Vorsitzenden[5] gem. § 84 (Abs. 4). Es ist daneben zuständig für Entscheidungen über **(sofortige) Beschwerden** gegen (normale) Beschlüsse und sonstige Entscheidungen der Arbeitsgerichte (§ 78 S. 1 u. 3). Das **Bundesarbeitsgericht** hat zu entscheiden über **Rechtsbeschwerden** gegen die Beschlüsse der Landesarbeitsgerichte gem. § 91 (Abs. 5). Dazu treten auch hier die Entscheidungen über **Nichtzulassungsbeschwerden** (§ 92a), **sofortige Beschwerden wegen verspäteter Absetzung der Beschwerdeentscheidung** (§ 92b) und **Sprungrechtsbeschwerden** (§ 96a) sowie über **Rechtsbeschwerden** gegen Entscheidungen der Landesarbeitsgerichte (§ 78 S. 2 und 3 i.V.m. § 574 ZPO; eine Parallele zu § 77 gibt es hier angesichts der Regelung in § 89 Abs. 3 S. 2, 2. Hs. nicht), soweit dem nicht **§ 90 Abs. 3** entgegensteht.[6]

---

4 Zu den Rechtsbeschwerden gehören auch die im Rechtswegbestimmungsverfahren. Nach der gesetzlichen Ausgestaltung sind Rechtsbeschwerden gegen Beschwerdeentscheidungen im Verfahren gem. § 5 KSchG stets unstatthaft: BAG 20.8.2002, 2 AZB 16/02, EzA § 5 KSchG Nr. 34. Dasselbe gilt für Rechtsbeschwerden in Streitwertsachen: BAG 17.3.2003, 2 AZB 21/02, NZA 2003, 682; *Bader* NZA 2002, 121.
5 Vgl. dazu GK-ArbGG/*Bader* § 8 Rn. 21; *Schwab/Weth/Zimmerling* § 8 Rn. 5.
6 Dazu näher BAG 28.2.2003, 1 AZB 53/02, NZA 2003, 516; ErfK/*Eisemann* § 90 ArbGG Rn. 3; GK-ArbGG/*Dörner* § 90 Rn. 17; *Schwab/Weth/Busemann* § 90 Rn. 28.

§ 9 Allgemeine Verfahrensvorschriften

(1) Das Verfahren ist in allen Rechtszügen zu beschleunigen.

(2) Die Vorschriften des Gerichtsverfassungsgesetzes über Zustellungs- und Vollstreckungsbeamte, über die Aufrechterhaltung der Ordnung in der Sitzung, über die Gerichtssprache, über die Wahrnehmung richterlicher Geschäfte durch Referendare und über Beratung und Abstimmung gelten in allen Rechtszügen entsprechend.

(3) [1]Die Vorschriften über die Wahrnehmung der Geschäfte bei den ordentlichen Gerichten durch Rechtspfleger gelten in allen Rechtszügen entsprechend. [2]Als Rechtspfleger können nur Beamte bestellt werden, die die Rechtspflegerprüfung oder die Prüfung für den gehobenen Dienst bei der Arbeitsgerichtsbarkeit bestanden haben.

(4) Zeugen und Sachverständige erhalten eine Entschädigung oder Vergütung nach dem Justizvergütungs- und -entschädigungsgesetz.

(5) [1]Alle mit einem befristeten Rechtsmittel anfechtbaren Entscheidungen enthalten die Belehrung über das Rechtsmittel. [2]Soweit ein Rechtsmittel nicht gegeben ist, ist eine entsprechende Belehrung zu erteilen. [3]Die Frist für ein Rechtsmittel beginnt nur, wenn die Partei oder der Beteiligte über das Rechtsmittel und das Gericht, bei dem das Rechtsmittel einzulegen ist, die Anschrift des Gerichts und die einzuhaltende Frist und Form schriftlich belehrt worden ist. [4]Ist die Belehrung unterblieben oder unrichtig erteilt, so ist die Einlegung des Rechtsmittels nur innerhalb eines Jahres seit Zustellung der Entscheidung zulässig, außer wenn die Einlegung vor Ablauf der Jahresfrist infolge höherer Gewalt unmöglich war oder eine Belehrung dahin erfolgt ist, dass ein Rechtsmittel nicht gegeben sei; § 234 Abs. 1, 2 und § 236 Abs. 2 der Zivilprozessordnung gelten für den Fall höherer Gewalt entsprechend.

Übersicht	Rn.
A. Überblick	1
B. Beschleunigungsgrundsatz (Abs. 1)	2
C. Gerichtsferien (früher Abs. 1 S. 2)	4
D. Wahrnehmung richterlicher Geschäfte durch Referendare (Abs. 2)	5
E. Anwendung von weiteren Vorschriften des Gerichtsverfassungsgesetzes im arbeitsgerichtlichen Verfahren (Abs. 2)	6
F. Rechtspfleger (Abs. 3)	8

Allgemeine Verfahrensvorschriften § 9

G. Vergütung und Entschädigung von Zeugen und Sachverständigen (Abs. 4)   10
H. Rechtsmittelbelehrung (Abs. 5)   11
    I. Belehrungspflichtige Entscheidungen   11
    II. Form und Inhalt der Belehrung   13
    III. Folgen fehlender oder fehlerhafter Rechtsmittelbelehrung   15
    IV. Jahresfrist / Wiedereinsetzung   18

A. Überblick

Die Vorschrift des § 9 enthält eine **Vielzahl einzelner Regelungsberei-**   1
che (vgl. dazu die Inhaltsübersicht), die zwar gemeinsam haben, dass
jeweils **grundlegende Fragen des Verfahrens** angesprochen sind, ansonsten aber keinen inneren Zusammenhang aufweisen.[1] Gesetzestechnisch ist die Norm wenig geglückt.

B. Beschleunigungsgrundsatz (Abs. 1)

Der allgemeine **Beschleunigungsgrundsatz** des Abs. 1 gilt **für alle**   2
Rechtszüge, für das **Urteilsverfahren** und für das arbeitsgerichtliche
Beschlussverfahren. Er entspricht einerseits dem Gebot, dass Rechtsschutz stets effektiv zu sein hat, also binnen angemessener Zeit gewährt werden muss,[2] und macht andererseits deutlich, dass die Verfahren vor den Gerichten für Arbeitssachen wegen deren sozialer Bedeutung von diesen über das normale Maß hinaus zu beschleunigen sind,[3] ohne das es auf eine spezielle Eilbedürftigkeit im konkreten Fall ankäme. Der Beschleunigungsgrundsatz[4] findet in einer Reihe von Vorschriften des ArbGG[5] seine konkrete Ausprägung, wovon besonders **§ 61a Abs. 1** zu nennen ist, wonach **Bestandsstreitigkeiten** nach Maßgabe des § 61 Abs. 2 bis 6 **vorrangig zu erledigen** sind (vgl. auch **§ 64 Abs. 8**).[6]

Der Beschleunigungsgrundsatz des Abs. 1 gilt **nur** für das **Gericht**,   3
nicht für die Parteien und Beteiligten – insoweit greifen allein die Vorschriften über die Zurückweisung verspäteten Vorbringens[7] und kos-

---

1 GMPM-G/*Prütting* § 9 Rn. 1.
2 BVerfG 16.12.1980, 2 BvR 419/80, BVerfGE 55, 369.
3 A.A. GMPM-G/*Prütting* § 9 Rn. 8.
4 Zu Einschätzung seiner Bedeutung GK-ArbGG/*Bader* § 9 Rn. 18 m.w.N.
5 Auflistungen etwa bei *Schwab/Weth/Weth* § 9 Rn. 3; *Hauck/Helml* § 9 Rn. 4.
6 Zu dieser Vorschrift vgl. die Erläuterungen hier und GK-ArbGG/*Bader* § 9 Rn. 6 bis 9.
7 Für deren Auslegung spielt § 9 Abs. 1 keine Rolle: *Schwab/Weth/Weth* § 9 Rn. 4; a.A. *Grunsky* § 9 Rn. 3.

tenrechtliche Vorschriften wie § 38 GKG ein. Ein **Rechtsmittel** kann auf die Verletzung des Beschleunigungsgrundsatzes nicht gestützt werden,[8] er ist indes bei **verfahrensleitenden Maßnahmen** zu berücksichtigen.[9] Darüber hinaus kommt dem Beschleunigungsgrundsatz eine gewisse **Ausstrahlungswirkung** im Hinblick auf eine **hinreichende Ausstattung** der Gerichte für Arbeitssachen in personeller und sächlicher Hinsicht zu.[10]

C. Gerichtsferien (früher Abs. 1 S. 2)

4 Nach Abs. 1 S. 2 früherer Fassung waren die Vorschriften des GVG über Gerichtsferien (mit Auswirkungen etwa auf die Hemmung des Laufes von Fristen) im arbeitsgerichtlichen Verfahren nicht anwendbar. Diese GVG-Vorschriften sind mit Wirkung vom 1.1.1997 ersatzlos aufgehoben worden, womit auch der Satz 2 des Abs. 1 entbehrlich wurde. Als Ersatz ist die Regelung des **§ 227 Abs. 3 ZPO** geschaffen worden. Da das arbeitsgerichtliche Verfahren in allen Instanzen keine Gerichtsferien kannte, bestand und besteht hier auch kein Bedarf für die Anwendbarkeit der Ersatzvorschrift. Dem trägt § 46 Abs. 2 S. 2 in seiner jetzigen Fassung für das **erstinstanzliche Urteilsverfahren** Rechnung, indem die Anwendbarkeit des § 227 Abs. 3 ZPO ausgeschlossen ist (für das erstinstanzliche Beschlussverfahren gilt dies ebenso: § 80 Abs. 2). Lediglich aufgrund eines Redaktionsversehens ist dies nicht entsprechend in § 64 Abs. 7 und § 72 Abs. 6 übernommen worden, weshalb man im Ergebnis davon ausgehen muss, dass die Regelung bezüglich § 227 Abs. 3 ZPO in § 46 Abs. 2 S. 2 **auch für das Verfahren vor den Landesarbeitsgerichten und dem Bundesarbeitsgericht gilt.**[11]

D. Wahrnehmung richterlicher Geschäfte durch Referendare (Abs. 2)

5 Abs. 2 ordnet u.a. die **entsprechende Geltung des § 10 GVG** für das Verfahren vor den Gerichten für Arbeitssachen (in allen Rechtszügen) an. Danach können **Rechtsreferendare unter Aufsicht des Richters Rechtshilfeersuchen** erledigen, Verfahrensbeteiligte anhören, **Beweise erheben** und die **mündliche Verhandlung** – von besonderem Interesse

---

8 GK-ArbGG/*Bader* § 9 Rn. 19.
9 BAG 4.12.1975, 2 AZR 462/74, EzA § 518 ZPO Nr. 16; *Hauck/Helml* § 9 Rn. 3; a.A. GMPM-G/*Prütting* § 9 Rn. 7; *Schwab/Weth/Weth* § 9 Rn. 4.
10 *Hauck/Helml* § 9 Rn. 3.
11 GK-ArbGG/*Bader* § 9 Rn. 24; a.A. GK-ArbGG/*Vossen* § 64 Rn. 131.

für die Güteverhandlungen – **leiten**, sie sind allerdings nicht befugt, eine Beeidigung anzuordnen oder einen Eid abzunehmen.[12] Die Möglichkeit der Beauftragung von Referendaren mit der zeitweiligen Wahrnehmung der **Geschäfte eines Rechtspflegers** enthält § 2 Abs. 5 RPflG.

E. Anwendung von weiteren Vorschriften des Gerichtsverfassungsgesetzes im arbeitsgerichtlichen Verfahren (Abs. 2)

Im Verfahren vor den Gerichten für Arbeitssachen ist das **GVG** nur in- 6 soweit anwendbar, als es ausdrücklich gesetzlich für anwendbar erklärt ist (vgl. insoweit § 2 EGGVG). Eine derartige Anordnung enthält Abs. 2 für alle Instanzen. Erfasst sind folgende Vorschriften:[13]

– über **Zustellungs- und Vollstreckungsbeamte** (§§ 154, 155 GVG),

– über die **Aufrechterhaltung der Ordnung in der Sitzung** (§§ 176 bis 183 GVG),

– über die **Gerichtssprache** (§§ 184 bis 191 GVG) und

– über die **Beratung und Abstimmung** (§§ 192 bis 197 GVG).

Hinsichtlich der **Öffentlichkeit** (§§ 169 bis 175 GVG) wird Bezug ge- 7 nommen auf die Bestimmung des § 52 und die dortigen Erläuterungen. Die Öffentlichkeit einer Sitzung wird durch das **Protokoll** bewiesen, wogegen nur der Nachweis der Fälschung möglich ist (§ 165 ZPO).[14] Vorschriften des GVG sind daneben in einer Reihe von weiteren Bestimmungen für anwendbar erklärt. Es handelt sich dabei um § 6a (Allgemeine Vorschriften über das Präsidium und die Geschäftsverteilung), § 13 Abs. 2 (Rechtshilfe) und § 48 Abs. 1 (§§ 17 bis 17b GVG).

F. Rechtspfleger (Abs. 3)

In allen Rechtszügen gelten nunmehr die Vorschriften über die Wahr- 8 nehmung der Geschäfte bei den ordentlichen Gerichten durch **Rechtspfleger** entsprechend (Abs. 3 S. 1). Als Rechtspfleger können nur Beamte bestellt werden, die die **Rechtspflegerprüfung** (dazu und zu den diesbezüglichen Voraussetzungen § 2 RPflG) oder die **Prüfung**

---

12 Für die Einzelheiten vgl. GK-ArbGG/*Bader* § 9 Rn. 25 bis 40.
13 Diese sind abgedruckt und näher erläutert bei GK-ArbGG/*Bader* § 9 Rn. 42 bis 62.
14 BAG 13.11.2007, 3 AZN 414/07, NZA 2008, 248.

für den gehobenen Dienst bei der Arbeitsgerichtsbarkeit – nicht bei einer anderen Gerichtsbarkeit – bestanden haben (Abs. 3 S. 2). Trotz des Wortes »nur« in Abs. 3 S. 2 wird man darüber hinaus auch ohne ausdrücklich Erwähnung § 2 Abs. 3 RPflG für entsprechend anwendbar halten müssen; es sind keine dagegen sprechenden Gesichtspunkte erkennbar.

9 Aufgrund der Bestimmung des Abs. 3 S. 1 ist das **Rechtspflegergesetz** anwendbar. Dessen § 3 enthält den **Katalog der Zuständigkeiten** des Rechtspflegers, wobei für die Arbeitsgerichtsbarkeit **Nr. 3 und 4** einschlägig sind.[15] Etwa sind dem Rechtspfleger bestimmte Zuständigkeiten im Verfahren über die **Prozesskostenhilfe** (§ 20 Nr. 4 u. 5 RPflG) und die **Erteilung der vollstreckbaren Ausfertigung** in den in § 20 Nr. 12 RPflG genannten Fällen (nämlich: §§ 726 Abs. 1 – darunter fällt auch der **Vergleich auf Widerruf** –, §§ 727 bis 729, 733, 738, 742, 744, 745 Abs. 2 und 749 ZPO) übertragen. Erwähnung verdient die Zuständigkeit zur Setzung einer **Klagefrist** gem. §§ 926 Abs. 1, 936 ZPO im Arrest- bzw. einstweiligen Verfügungsverfahren (§ 20 Nr. 14 RPflG). Außerdem sei angesprochen, dass der Rechtspfleger zuständig ist für das **Mahnverfahren** (§ 20 Nr. 1 RPflG), und zwar einschließlich der Prozesskostenhilfebewilligung für das Mahnverfahren (§ 46a Rn. 18). Die **Rechtsbehelfe** und **Rechtsmittel** gegen Entscheidungen des Rechtspflegers regelt § 11 RPflG.

G. Vergütung und Entschädigung von Zeugen und Sachverständigen (Abs. 4)

10 Ab dem 1.7.2004 regelt das **Justizvergütungs- und -entschädigungsgesetz (JVEG)** die Vergütung und Entschädigung von **Zeugen** und **Sachverständigen** sowie von **Dolmetschern**, **Übersetzern** und **ehrenamtlichen Richtern** sowie von **Dritten**. Die allgemeinen Bestimmungen sind in §§ 1 bis 7 JVEG enthalten. Die §§ 8 bis 10 und 12 bis 14 JVEG regeln die Vergütung und Entschädigung der **Sachverständigen**, die §§ 19 bis 22 JVEG die **Zeugenentschädigung**, die §§ 24 und 25 JVEG schließlich das **Übergangsrecht**.[16]

---

15 Näher dazu GK-ArbGG/*Bader* § 9 Rn. 65 bis 76a.
16 Abgedruckt sind die Vorschriften bei GK-ArbGG/*Bader* § 9 Rn. 79b.

H. Rechtsmittelbelehrung (Abs. 5)

I. Belehrungspflichtige Entscheidungen

Alle mit einem **befristeten Rechtsmittel (selbständig) anfechtbaren** 11
Entscheidungen aller Instanzen[17] – im Urteils- und im Beschlussverfahren – müssen eine **Rechtsmittelbelehrung** enthalten, sie mag im Einzelnen jeweils (ganz oder teilweise) positiv oder negativ sein; ebenso ist eine Belehrung stets dann erforderlich, wenn die **Entscheidung unanfechtbar** ist (Abs. 5 S. 1 und 2). Dies soll es der betroffenen Partei oder dem betroffenen Beteiligten ermöglichen, sich unmittelbar und sogleich über die Anfechtbarkeit der Entscheidung und die ggf. nötigen Schritte zu informieren. Die Belehrung ist also unabhängig davon, ob eine anwaltliche Vertretung vorliegt oder nicht, geboten.[18] Umgekehrt formuliert gilt: Eine Rechtsmittelbelehrung ist nur dann **verzichtbar**, wenn die Entscheidung lediglich mit einem **Rechtsbehelf** anfechtbar ist (Beispiel: Einspruch gegen ein erstes Versäumnisurteil; vgl. aber § 59 S. 3; die **Rüge der Verletzung des rechtlichen Gehörs** [§ 78a][19]) oder wenn die Entscheidung ausschließlich mit einem **unbefristeten Rechtsmittel** – einer einfachen Beschwerde – angegriffen werden kann (Beispiel: Beschwerde gem. 68 Abs. 1 GKG n.F.[20]).

Rechtsmittel – nur diese im eigentlichen Sinne sind in Abs. 5 angesprochen[21] – liegen vor, wenn damit eine gerichtliche Entscheidung angegriffen und einer höheren Instanz zur Nachprüfung vorgelegt wird (**Devolutiv- und Suspensiveffekt**).[22] Dazu zählen Berufung, Revision und Beschwerde (vgl. aber Rn. 11) sowie sofortige Beschwerde (die Abhilfemöglichkeit schadet insoweit nicht[23]) und Rechtsbeschwerde (§ 574 ZPO), auch die Beschwerde nach § 87 Abs. 1 und die Rechtsbeschwerde gem. § 92 sowie die Revisionsbeschwerde (§ 77). Umstritten ist die Frage, ob die **Nichtzulassungsbeschwerde** (§§ 72a, 92a) ein Rechtsmittel 12

---

17 Dazu zählen Entscheidungen im Zwangsvollstreckungsverfahren ebenso wie Endurteile, Zwischenurteile, Teilurteile, Vorbehaltsurteile, Verzichtsurteile und Anerkenntnisurteile; dazu GK-ArbGG/*Bader* § 9 Rn. 81 m.w.N. Bei Grundurteilen und Zwischenurteilen nach § 303 ZPO ist die Belehrung nach Abs. 5 S. 2 zu erteilen; ebenso *Schwab/Weth/Weth* § 9 Rn. 11.
18 GMPM-G/*Prütting* § 9 Rn. 35.
19 ErfK/*Koch* § 9 ArbGG Rn. 10.
20 Zur Vorgängerbestimmung Hess.LAG 21.1.1999, 15/6 Ta 630/98, NZA-RR 1999, 156.
21 GMPM-G/*Prütting* § 9 Rn. 21.
22 BAG 1.4.1980, 7 AZN 77/80, EzA § 72a ArbGG 1979 Nr. 12.
23 *Hauck/Helml* § 9 Rn. 11.

oder einen Rechtsbehelf darstellt. Sieht man mit dem BAG[24] darin nur einen Rechtsbehelf, reicht ein schlichter Hinweis auf die Möglichkeit der Nichtzulassungsbeschwerde jedenfalls aus. Andernfalls ist eine Belehrung gem. Abs. 5 S. 1 zu erteilen.

II. Form und Inhalt der Belehrung

13 Die **Rechtsmittelbelehrung** in ihrem vollen Text ist **Gegenstand und Bestandteil der Entscheidung selbst**, sie muss damit **schriftlich** erfolgen und in vollem Umfang **von der Unterschrift** oder den Unterschriften **gedeckt** sein. Die Belehrung hat **klar und eindeutig** zu sein[25], sie darf im Übrigen **nicht abstrakt** sein, sondern muss **konkret**[26] über das gegebene Rechtsmittel belehren.[27] Im Einzelnen gehört dazu:

- die Angabe des **statthaften Rechtsmittels**;

- die korrekte und vollständige Angabe der **Form und Frist** für die Einlegung des Rechtsmittels (einschließlich der Angabe etwaiger Wahlmöglichkeiten hinsichtlich der Form und einschließlich der Frage des Vertretungszwanges[28] sowie konkret der Regelung der Postulationsfähigkeit in § 11 Abs. 4[29]);

- Angabe des **Gerichtes**, bei dem das Rechtsmittel einzulegen ist, **mit vollständiger postalischer Anschrift** (Sitz, Straße und Postleitzahl sowie zusätzlich ggf. Postfach und zugehöriger Postleitzahl),[30] wobei freilich trotz der inzwischen akzeptierten Rechtsmitteleinlegung per Telefax (dazu § 66 Rn. 74) die Angabe einer Faxnummer nicht geboten,[31] aber durchaus empfehlenswert ist.

---

24 BAG 1.4.1980, 7 AZN 77/80, EzA § 72a ArbGG 1979 Nr. 12 = AP § 72a ArbGG 1979 Nr. 5 mit abl. Anm. *Leipold*; früher *Stahlhacke/Bader*, ArbGG, 3. Aufl., § 9 Rn. 7, diese Ansicht ist aufgegeben; a.A. GMPM-G/*Prütting* § 9 Rn. 26 m.w.N.; GK-ArbGG/*Bader* § 9 Rn. 88.
25 LAG Hamm 7.2.1980, 1 Ta 219/79, BB 1980, 265; ebenso BAG 13.4.2005, 5 AZB 76/04, EzA § 9 ArbGG 1979 Nr. 16 = NZA 2005, 836. Zu einer in sich widersprüchlichen Belehrung BAG 13.4.2005, 5 AZB 76/04, EzA § 9 ArbGG 1979 Nr. 16 = NZA 2005, 836.
26 Dazu BAG 1.3.1994, 10 AZR 50/93, EzA § 9 ArbGG 1979 Nr. 7; die Anforderungen an die Konkretheit der Rechtsmittelbelehrung wieder mehr zurücknehmend BAG 20.2.1997, 8 AZR 15/96, EzA § 9 ArbGG 1997 Nr. 11 (betreffend Besonderheiten bei Streitgenossen).
27 GMPM-G/*Prütting* §§ 37 ff. Zu den Auswirkungen GK-ArbGG/*Bader* § 9 Rn. 93.
28 BAG 29.4.1983, 7 AZR 148/81, EzA § 9 ArbGG 1979 Nr. 2.
29 GK-ArbGG/*Bader* § 9 Rn. 89 m.w.N.; a.A. BAG 29.4.1983, 7 AZR 148/81, EzA § 9 ArbGG 1979 Nr. 2; GMPM-G/*Prütting* § 9 Rn. 44; diff. dazu *Grunsky* § 9 Rn. 25.
30 BAG 6.3.1980, 3 AZR 7/80, EzA § 9 ArbGG 1979 Nr. 1.
31 A.A. *Schwab/Weth/Weth* § 9 Rn. 22.

Nicht erforderlich ist, dass angegeben wird, welche **Einzelheiten** in der Rechtsmittelschrift enthalten sein müssen und wie das Rechtsmittelverfahren weiter abläuft.[32] Dennoch hat man nach dem neuen ab 1.1.2002 geltenden Berufungsrecht davon auszugehen, dass auch die **Begründungsfrist** in die Rechtsmittelbelehrung aufzunehmen ist.[33] Die Belehrung hinsichtlich der **Berufung gegen ein zweites Versäumnisurteil** muss einerseits klar ergeben, dass kein bestimmter Wert des Beschwerdegegenstandes erreicht oder überschritten sein muss (§ 64 Abs. 2 lit. d), und die Anforderungen gem. § 514 Abs. 2 S. 1 ZPO enthalten: Anders kann die betroffene Partei nicht wissen, dass sie hier nur in sehr eingeschränkter Weise gegen das erstinstanzliche zweite Versäumnisurteil angehen kann.

Nicht notwendig ist die Belehrung über **atypische Rechtsmittel**. Dazu zählen die Anschlussrevision[34] und die Anschlussberufung.[35] Über die Sprungrevision oder die Sprungrechtsbeschwerde ist nur zu belehren, sofern diese bereits im Urteil oder im Beschluss zugelassen worden ist.[36] Ebenso ist eine Belehrung **nicht** geboten über sog. **außerordentliche Rechtsbehelfe** wie die Wiederaufnahme des Verfahrens, die Abänderungsklage und die Vollstreckungsgegenklage sowie die Wiedereinsetzung in den vorigen Stand.[37]

III. Folgen fehlender oder fehlerhafter Rechtsmittelbelehrung

Fehlt eine **Rechtsmittelbelehrung** oder entspricht sie nicht den dargestellten Anforderungen, ist also **unvollständig, unklar oder unrichtig,** so beginnt grundsätzlich die für das Rechtsmittel vorgesehene **Frist nicht zu laufen** (vgl. indes Rn. 18 f.). Dies ergibt sich aus § 9 Abs. 5 S. 3 und 4. Dabei ist es gleichgültig, ob etwa die betroffene Partei über die Rechtsmittelmöglichkeiten voll informiert ist und daher die Unrich-

---

32 Nach dem bis zum 31.12.2001 geltenden Rechtszustand war es damit nicht erforderlich, die Form und Frist der Begründung in die Rechtsmittelbelehrung aufzunehmen: GK-ArbGG/*Bader* § 9 Rn. 89 m.w.N.
33 GK-ArbGG/*Bader* § 9 Rn. 89 a.E.; a.a. auch zum neuen Recht BAG 4.6.2003, 1 AZR 586/02, NZA 2003, 1087, 1089; *Schwab/Weth/Weth* § 9 Rn. 24. Vgl. auch BAG 25.1.2007, 5 AZB 49/06, EzA § 233 ZPO 2002 Nr. 6 (ohne Eingehen auf § 9 Abs. 5) zur Möglichkeit der Wiedereinsetzung bei falscher Belehrung über die Begründungsfrist bezüglich einer Rechtsbeschwerde: Die Fristversäumung ist schuldhaft, wenn die Rechtsmittelbelehrung offensichtlich nicht geeignet ist, den Anschein der Richtigkeit zu erwecken.
34 BAG 14.5.1976, 2 AZR 539/75, NJW 1976, 2143: kein Rechtsmittel; vgl. weiter die Nachweise in der Folgefußnote.
35 GMPM-G/*Prütting* § 9 Rn. 29; GK-ArbGG/*Bader* § 9 Rn. 91 m.w.N.
36 A.A. etwa *Schwab/Weth/Weth* § 9 Rn. 13; GMPM-G/*Prütting* § 9 Rn. 28 m.w.N.
37 *Hauck/Helml* § 9 Rn. 12.

tigkeit der Belehrung erkennt oder erkennen kann. Auf die Kenntnis der Prozessbevollmächtigten kommt es ohnehin nicht an (Rn. 11). Unschädlich bleibt hingegen ein Fehler in einem Teil der Belehrung, der für den konkreten Fall ersichtlich völlig unbeachtlich ist.[38] Ist nur eine Partei falsch belehrt, läuft nur für sie die Rechtsmittelfrist nicht.[39]

16 Bei einer angegebenen **zu langen Rechtsmittelfrist** gilt nicht diese, sondern den ausreichenden Schutz für die Partei vermittelt Abs. 5 S. 4.[40] Ein bloßes **Nachschieben der (richtigen) Rechtsmittelbelehrung** ist **nicht** möglich, weil sie Bestandteil des Urteils ist. Das Gericht kann und muss aber gem. **§ 319 ZPO** verfahren.[41] Wird dann dementsprechend das Urteil mit der nunmehr zutreffenden Belehrung zugestellt,[42] beginnt die Rechtsmittelfrist zu laufen,[43] allerdings nur innerhalb der Grenzen des § 9 Abs. 5 S. 4.[44] Entdeckt das Gericht seinen Fehler nicht, wird aber das **zulässige Rechtsmittel rechtzeitig eingelegt**, so wird der Mangel geheilt[45]: Das zulässige Rechtsmittel bleibt trotz der falschen Rechtsmittelbelehrung natürlich zulässig, dies auch dann, wenn die Rechtsmittelbelehrung fälschlich aussagt, es sei kein Rechtsmittel gegeben.[46]

17 Legt die unterlegene Partei das **fehlerhaft angegebene Rechtsmittel** oder das Rechtsmittel beim falsch angegebenen Gericht oder innerhalb falsch angegebener Frist ein, so ist dies für den Lauf der Rechtsmittelfrist unschädlich, weil durch falsche Rechtsmittelbelehrung Fristen nicht in Lauf gesetzt werden. Gerichtskosten müssen dann wegen fehlerhafter Behandlung gegebenenfalls niedergeschlagen werden.[47] Durch eine fehlerhafte und **rechtsirrtümliche Rechtsmittelbelehrung** wird jedoch die **Anfechtbarkeit** des Urteils **nicht begründet**.[48] Eine falsche, die Möglichkeit der Berufung ansprechende **Rechtsmittelbeleh-**

---

38 BAG 14.11.1975, 3 AZR 609/75, AP § 9 ArbGG 1953 Nr. 16.
39 BAG 29.4.1983, 7 AZR 148/81, EzA § 9 ArbGG 1979 Nr. 2; 20.2.1997, 8 AZR 15/96, EzA § 9 ArbGG 1979 Nr. 11.
40 A.A. LAG Niedersachsen 24.5.1993, 1 TaBV 28/93, LAGE § 9 ArbGG 1979 Nr. 3; ebenso BAG 23.11.1994, 4 AZR 743/93, EzA § 9 ArbGG 1979 Nr. 9 unter Berufung auf den Aspekt des Vertrauensschutzes.
41 Ähnlich GMPM-G/*Prütting* § 9 Rn. 63. Klar ebenso wie hier BAG 13.4.2005, 5 AZB 76/04, EzA § 9 ArbGG 1979 Nr. 16.
42 Dies ist erforderlich. Vgl. weiter LAG Rheinland-Pfalz 28.1.1999, 2 Ta 3/99, NZA 1999, 1239.
43 BAG 8.6.2000, 2 AZR 584/99, NJW 2000, 3515.
44 Vgl. entsprechend BVerwG 10.11.1966, II c 99/64, NJW 1967, 591 bezüglich § 58 VwGO; *Grunsky* § 9 Rn. 30; zum Teil a.A. *Gift/Baur* E 1600.
45 ErfK/*Koch* § 9 ArbGG Rn. 18; *Grunsky* § 9 Rn. 29.
46 BAG 24.2.1988, 4 AZR 614/84, DB 1988, 1325; *Grunsky* § 9 Rn. 28.
47 § 38 GKG.
48 Etwa BAG 6.8.1997, 2 AZB 17/97, EzA § 9 ArbGG 1979 Nr. 12.

rung ersetzt etwa auch nicht die nötige Zulassung der Berufung gem. § 64 Abs. 2, 3 und 3a.[49] Das **Unterbleiben** der nach Abs. 5 S. 2 gebotenen **Negativbelehrung** ist rechtlich ohne Folgen.[50] Wird das nicht statthafte Rechtsmittel aufgrund der unterbliebenen Negativbelehrung eingelegt, ist § 38 GKG anzuwenden.[51] Ist eine **fehlerhafte Entscheidung** getroffen, so gilt der Grundsatz der **Meistbegünstigung**, die Partei kann also das für die falsche Entscheidung vorgesehene (und angegebene) Rechtsmittel einlegen, aber auch das Rechtsmittel, das gegen die richtige Entscheidung gegeben wäre.

IV. Jahresfrist/Wiedereinsetzung

Ist die Belehrung unterblieben oder unrichtig erteilt, ist zwar die zutreffende gesetzliche Rechtsmittelfrist nicht in Lauf gesetzt worden, doch ist die Rechtsmitteleinlegung dann **nicht schrankenlos** möglich: Die Einlegung des Rechtsmittels ist **nur innerhalb eines Jahres** seit Zustellung der Entschädigung zulässig. Diese Frist beginnt mit der Zustellung des in vollständiger Form abgefassten Urteils, wobei nach dem klaren Gesetzeswortlaut trotz der Einbeziehung der Rechtsmittelbelehrung in die Entscheidung das Fehlen der Rechtsmittelbelehrung nicht schadet. Hiervon gelten aber zwei **Ausnahmen**: Die Jahresfrist läuft nicht, wenn die Einlegung des Rechtsmittels infolge **höherer Gewalt** unmöglich war **oder** eine **Belehrung** dahin erfolgt war, **dass ein Rechtsmittel nicht gegeben** sei. Im zweitgenannten Fall kann in Ausnahmefällen allenfalls Verwirkung in Betracht kommen, die Jahresfrist läuft nicht. War die Einlegung des Rechtsmittels vor Ablauf der Jahresfrist wegen **höherer Gewalt** nicht möglich, so kann im Ergebnis auch noch nach Ablauf der Jahresfrist Rechtsmittel eingelegt werden. Allerdings reicht die bloße Behauptung der Hinderung durch höhere Gewalt nicht aus. Es bedarf vielmehr eines **Wiedereinsetzungsantrages**.[52] Höhere Gewalt liegt nur vor, wenn die Fristversäumnis unter den gegebenen Umständen auch durch die größte, nach Lage des Falles vernünftigerweise gerade von dem Säumigen unter Berücksichtigung seiner Lage, Erfahrung und Bildung zu erwartende Sorgfalt nicht abgewendet werden konnte.[53]

---

49 Etwa BAG 10.12.1986, 4 AZR 384/86, EzA § 72 ArbGG 1979 Nr. 7. Dabei wird es auch angesichts BVerfG 15.1.1992, 1 BvR 1184/86, EzA § 64 ArbGG 1979 Nr. 29 grundsätzlich zu bleiben haben (arg. § 64 Abs. 3a). Vgl. dazu weiter die Kommentierung zu § 64.
50 Ebenso GMPM-G/*Prütting* § 9 Rn. 54; *Gift/Baur* E 1585.
51 Ebenso *Gift/Baur* E 1585.
52 Dazu m.w.N. GK-ArbGG/*Bader* § 9 Rn. 110.
53 *Gift/Baur* E 1594; a.A. GMPM-G/*Prütting* § 9 Rn. 51.

19 Die **Frist** für die Einlegung der **Berufung** oder der **Revision** beginnt indes nach §§ 66 Abs. 1 S. 2, 74 Abs. 1 S. **2 spätestens mit Ablauf von fünf Monaten nach der Urteilsverkündung** zu laufen. Diese Regelung **überlagert Abs. 5 S. 4**, und zwar sowohl für den Fall, dass bis dahin gar keine Urteilszustellung stattgefunden hat, als auch für den Fall, dass die Rechtsmittelbelehrung fehlt oder fehlerhaft ist.[54] Ergänzend ist nunmehr auf § 72b und die zugehörige Kommentierung zu verweisen.

---

54 GK-ArbGG/*Bader* § 9 Rn. 111a, 111b; ebenso nunmehr BAG 28.10.2004, 8 AZR 492/03, EzA § 66 ArbGG 1979 Nr. 38; BAG 23.6.2005, 2 AZR 423/04, EzA § 66 ArbGG 1979 Nr. 41; GK-ArbGG/*Bader* § 9 Rn. 112 auch zum Problem der Rechtsmitteleinlegung bei immer noch nicht vorliegender Begründung (dazu auch BAG 28.10.2004, 8 AZR 492/03, EzA § 66 ArbGG 1979 Nr. 38; weiter zur Begründung eines vor Zustellung des angefochtenen Urteils eingelegten Rechtsmittels BAG 16.4.2003, 4 AZR 367/02, NZA 2004, 114). Zur Berufung gegen ein noch nicht zugestelltes Urteil vgl. auch § 60 Rn. 17.

§ 10 Parteifähigkeit

¹Parteifähig im arbeitsgerichtlichen Verfahren sind auch Gewerkschaften und Vereinigungen von Arbeitgebern sowie Zusammenschlüsse solcher Verbände; in den Fällen des § 2a Abs. 1 Nr. 1 bis 3 f sind auch die nach dem Betriebsverfassungsgesetz, dem Sprecherausschussgesetz, dem Mitbestimmungsgesetz, dem Mitbestimmungsergänzungsgesetz, dem Drittelbeteiligungsgesetz, dem § 139 des Neunten Buches Sozialgesetzbuch, dem § 51 des Berufsbildungsgesetzes und den zu diesen Gesetzen ergangenen Rechtsverordnungen sowie die nach dem Gesetz über Europäische Betriebsräte, dem SE-Beteiligungsgesetz, dem SCE-Beteiligungsgesetz und dem Gesetz über die Mitbestimmung der Arbeitnehmer bei einer grenzüberschreitenden Verschmelzung beteiligten Personen und Stellen Beteiligte. ²Parteifähig im arbeitsgerichtlichen Verfahren sind in den Fällen des § 2a Abs. 1 Nr. 4 auch die beteiligten Vereinigungen von Arbeitnehmern und Arbeitgebern sowie die oberste Arbeitsbehörde des Bundes oder derjenigen Länder, auf deren Bereich sich die Tätigkeit der Vereinigung erstreckt.

Übersicht

	Rn.
A. Die Parteifähigkeit/Beteiligtenfähigkeit im Verfahren	1
B. Parteifähigkeit im Urteilsverfahren	2
C. Beteiligtenfähigkeit im Beschlussverfahren	5
I. Allgemeines	5
II. Fälle des § 2a Abs. 1 Nr. 1 bis 3 f	6
III. Fälle des § 2a Abs. 1 Nr. 4	7

A. Die Parteifähigkeit/Beteiligtenfähigkeit im Verfahren

Die **Parteifähigkeit** (im Urteilsverfahren) ist **in jedem Stadium des Verfahrens** und **in jedem Rechtszug von Amts wegen**[1] zu prüfen (§ 56 Abs. 1 ZPO).[2] Vor der Klärung der Frage der Parteifähigkeit – diesbezüglich ist die Partei parteifähig – kann kein Versäumnisurteil erlassen werden.[3] Die Klärung erfolgt im Wege des Freibeweises,[4] und es kann auch noch vor dem Revisionsgericht eine Beweisaufnahme dazu stattfin-

1

---

1 Zu den Einzelheiten der Amtsprüfung GK-ArbGG/*Bader* § 11 Rn. 6; *Schwab/Weth/Weth* § 10 Rn. 44.
2 BAG 28.2.1974, 2 AZR 191/73, EzA § 56 ZPO Nr. 1.
3 BAG 28.2.1974, 2 AZR 191/73, EzA § 56 ZPO Nr. 1.
4 BGH 23.2.1990, V ZR 188/88, NJW 1990, 1735.

den.[5] Für die **Beteiligtenfähigkeit**, die für das arbeitsgerichtliche **Beschlussverfahren** der Parteifähigkeit entspricht, gilt Entsprechendes.

B. Parteifähigkeit im Urteilsverfahren

2 Über § 46 Abs. 2 S. 1 gilt § 50 ZPO. Danach ist gem. § 50 Abs. 1 ZPO **parteifähig**, wer **rechtsfähig** ist. Die Rechtsfähigkeit beurteilt sich nach dem materiellen Recht, für Ausländer nach dem Heimatrecht (Art. 7 EGBGB),[6] das gilt auch für die im Ausland gegründeten Gesellschaften, wenn sie ihren Sitz ins Inland verlegt haben. Dementsprechend sind rechtsfähig und somit parteifähig:

– **natürliche Personen** (§ 1 BGB);

– **juristische Personen des Privatrechts**:
Dazu zählen z. B. eingetragene Vereine (§ 21 BGB), Genossenschaften, Gesellschaften mit beschränkter Haftung, Aktiengesellschaften und seit dem 29.12.2004 die Europäische Gesellschaft (SE). Nach ganz überwiegender Sichtweise bleiben sie parteifähig bis zum Verlust der Rechtsfähigkeit, also bis zum endgültigen Abschluss der Abwicklung (Liquidation). Im Wesentlichen[7] – die Rechtsprechung ist nicht ganz einheitlich – wird man davon auszugehen haben, dass die aufgelöste und gelöschte juristische Person im Aktivprozess parteifähig bleibt. Die passive Parteifähigkeit bleibt bis zum Abschluss des anhängigen Rechtsstreits bestehen.[8] Darüber hinaus wird die passive Parteifähigkeit anerkannt, wenn vom Vermögen unabhängiger Abwicklungsbedarf – etwa bezüglich einer Zeugniserteilung oder der Wirksamkeit einer Kündigung – besteht.[9] Umgekehrt wird auch die Gesellschaft zwischen Abschluss des Gesellschaftsvertrages und der Eintragung ins Handelsregister für parteifähig gehalten.[10]
Inzwischen wird eine (Außen-)**Gesellschaft bürgerlichen Rechts**, die ja keine juristische Person darstellt, soweit sie durch Teilnahme am Rechtsverkehr eigene Rechte und Pflichten begründet, als rechtsfähig und damit aktiv und passiv parteifähig angesehen.[11]

---

5 BAG 15.9.1977, 3 AZR 410/76, AP § 56 ZPO Nr. 5.
6 BAG 5.12.1966, 3 AZR 207/66 AP § 75b HGB Nr. 1.
7 Für Einzelheiten vgl. *Schwab/Weth/Weth* § 10 Rn. 3; *Musielak/Weth* § 50 Rn. 18.
8 Vgl. dazu BAG 22.3.1998, 3 AZR 350/86, EzA § 50 ZPO Nr. 2.
9 BAG 9.7.1981, 2 AZR 329/79, EzA § 50 ZPO Nr. 1; GK-ArbGG/*Dörner* § 10 Rn. 6 m.w.N.
10 BAG 8.11.1962, 2 AZR 11/62, AP § GmbHG Nr. 1; *Musielak/Weth* § 50 Rn. 17.
11 BGH 29.1.2001, II ZR 331/00, EzA § 50 ZPO Nr. 4; BAG 1.12.2004, 5 AZR 597/03, EzA § 50 ZPO 2002 Nr. 3.

§ 10 Parteifähigkeit

- **juristische Personen des öffentlichen Rechts:**
Es handelt sich dabei um alle Körperschaften, Anstalten und Stiftungen des öffentlichen Rechts.[12] Damit werden davon u.a. die Religionsgemeinschaften erfasst, soweit sie die Voraussetzungen des Art 140 GG i.V.m. Art. 137 Abs. 5 WRV erfüllen, und die Sozialversicherungsträger (§ 29 SGB IV).

Der Kreis wird durch § 50 Abs. 2 erweitert auf die passive Parteifähigkeit des **nicht rechtsfähigen Vereins**.[13] Die Parteifähigkeit der **offenen Handelsgesellschaft** und der **Kommanditgesellschaft** folgt aus §§ 124 Abs. 1, 161 Abs. 2 HGB.[14] **Politische Parteien** (vorbehaltlich entgegenstehender Satzungsbestimmungen auch die Gebietsverbände der jeweils höchsten Stufe) sind gleichfalls parteifähig (§ 3 PartG).

Der 1. Halbs. des Satzes 1 der Vorschrift **erweitert** für das **arbeitsgerichtliche Verfahren** den Bereich der Parteifähigkeit. Angesprochen sind zunächst die **Gewerkschaften**. Diese sind regelmäßig als nichtrechtsfähige Vereine organisiert, so dass die Regelung ihre Bedeutung verloren hat, wenn man wie hier den nicht rechtsfähigen Verein auch als aktiv parteifähig ansieht.[15] Der Gewerkschaftsbegriff ist nicht gesetzlich festgelegt, sondern durch die Rechtsprechung des BAG geprägt, das von einem einheitlichen Begriff ausgeht.[16] Eine Gewerkschaft muss danach u.a. Durchsetzungskraft gegenüber dem sozialen Gegenspieler besitzen.[17] **Untergliederungen** der Gewerkschaften können ebenfalls parteifähig sein, wenn sie eine entsprechende körperschaftliche Organisation und eine weitgehende Selbständigkeit gegenüber der Gesamtorganisation aufweisen.[18]

Die ebenfalls parteifähigen **Vereinigungen von Arbeitgebern** – die Rechtsform ist gleichgültig – sind freiwillige und körperschaftlich orga-

---

12 Ausführlicher dazu GK-ArbGG/*Dörner* Rn. 9.
13 Im Hinblick auf die inzwischen anerkannte Parteifähigkeit der BGB-Gesellschaft wird zu Recht zunehmend auch die aktive Parteifähigkeit des nicht rechtsfähigen Vereins bejaht: *Thomas/Putzo* § 50 Rn. 8 m.w.N. Andernfalls hätte es dabei zu bleiben, dass alle Mitglieder klagen müssten.
14 Entsprechendes gilt für die Reederei: GK-ArbGG/*Dörner* § 10 Rn. 11 m.w.N.
15 Vgl. in Rn. 2 die Fn. zum Stichwort »nicht rechtsfähiger Verein«.
16 BAG 23.4.1971, 1 ABR 26/70, AP § 97 ArbGG 1953 Nr. 2; a.A. GMPM-G/ *Matthes* § 10 Rn. 10a.
17 Vgl. dazu insgesamt BAG 14.12.2004, 1 ABR 51/03, DB 2005, 1117; BAG 6.6.2000, 1 ABR 10/99, EzA § 2 TVG Nr. 24; BAG 16.1.1990, 1 ABR 10/89, EzA § 2 TVG Nr. 18; vgl. auch BVerfG 20.10.1981, 1 BvR 404/78, EzA § 2 TVG Nr. 13. Zur Unzulässigkeit der Klage wegen des Verlustes der Gewerkschaftseigenschaft im Laufe des Verfahrens BAG 25.9.1990, 3 AZR 266/89, EzA § 10 ArbGG 1979 Nr. 4.
18 GK-ArbGG/*Dörner* § 10 Rn. 16 mit Beispielen aus der Rspr. des BAG.

nisierte Zusammenschlüsse von Arbeitgebern zum Zwecke der Regelung der Arbeits- und Wirtschaftsbedingungen.[19] Sie müssen tariffähig sein, was allerdings im Hinblick auf § 2 Abs. 1 TVG keine bestimmte Mächtigkeit voraussetzt.[20] Die **Spitzenverbände** der Gewerkschaften und Arbeitgeberverbände sind unabhängig von ihrer Tariffähigkeit parteifähig (arg. § 2 Abs. 2 u. 3 TVG).[21]

C. Beteiligtenfähigkeit im Beschlussverfahren

I. Allgemeines

5 Zunächst sind im arbeitsgerichtlichen **Beschlussverfahren** all diejenigen **beteiligtenfähig**, die im Urteilsverfahren parteifähig sind (dazu Rn. 2 bis 4). Damit dürfte die Entscheidung des BAG vom 29.11.1989[22] zum nicht rechtsfähigen Verein im Beschlussverfahren überholt sein.[23] Der 2. Hs. des Satzes 1 sowie Satz 2 erweitern diesen Kreis,[24] damit alle, denen die angesprochenen Gesetze und Regelungen eigene Befugnisse einräumen, diese auch verfahrensrechtlich geltend machen können. Für diese **Personen**[25] ist dies an sich überflüssig, da sie ohnehin parteifähig sind, ihre Erwähnung dient aber jedenfalls der Verdeutlichung.[26] Eine **beteiligtenfähige Stelle** liegt dann vor, wenn betriebsverfassungsrechtliche Befugnisse einem Subjekt derart zugeordnet sind, dass sich ein Personenwechsel nicht auf dessen Bestand auswirkt.[27] Es ist dann die Stelle beteiligt (unabhängig von einer etwaigen Neuwahl[28]), ihre Mitglieder sind ggf. Zeugen.

II. Fälle des § 2a Abs. 1 Nr. 1 bis 3 f

6 Angesprochen sind mit den Formulierungen die einzelnen Nummern des § 2a Abs. 1 Nr. 1 bis 3 f (im Wesentlichen in derselben Reihenfolge; auf die Kommentierung des § 2a wird insoweit Bezug genommen). Bei Nr. 1 sind als beteiligtenfähige Stellen besonders anzuführen der Be-

---

19 GMPM-G/*Matthes* § 10 Rn. 12.
20 BAG 20.11.1990, 1 ABR 62/89, EzA § 2 TVG Nr. 20.
21 A.A. *Grunsky* § 10 Rn. 22.
22 BAG 29.11.1989, 7 ABR 64/87, EzA § 47 BetrVG 1972 Nr. 6.
23 Vgl. in Rn. 2 die Fn. zum Stichwort »nicht rechtsfähiger Verein«.
24 Zur Einordnung der Vorschrift GK-ArbGG/*Dörner* § 10 Rn. 23.
25 Dazu *Schwab/Weth/Weth* § 10 Rn. 17.
26 GMPM-G/*Matthes* § 10 Rn. 17.
27 GMPM-G/*Matthes* § 10 Rn. 22 f.; GK-ArbGG/*Dörner* § 10 Rn. 31 unter Auseinandersetzung mit der Rspr. des BAG.
28 *Schwab/Weth/Weth* § 10 Rn. 19.

triebsrat, die Betriebsversammlung, die Jugend- und Auszubildendenvertretung und der Betriebsausschuss.[29] Hinsichtlich der Nr. 2 handelt es sich in erster Linie um die verschiedenen Sprecherausschüsse. Beteiligtenfähig im Hinblick auf Nr. 3 können etwa der Konzernbetriebsrat, der Aufsichtsrat und die Wahlvorstände sein. In Angelegenheiten aus § 139 SGB IX (Nr. 3a) sind beteiligtenfähige Stellen die Werkstatträte. Auszubildende können gem. § 51 BBiG eine besondere Interessenvertretung bilden, auch diese ist dann beteiligtenfähig (Nr. 3c). Zu all den bisher abgehandelten Fällen erwähnt der 2. Hs. von § 10 S. 1 auch die zu den jeweiligen Gesetzen ergangenen Rechtsverordnungen: gemeint sind damit die jeweiligen Wahlordnungen, zu § 139 SGB IX die zum 1.7.2001 in Kraft getretene Werkstättenmitwirkungsverordnung vom 25.6.2001 (BGBl. I S. 1297).[30] Weiter sind beteiligtenfähige Stellen nach dem EBRG das besondere Verhandlungsgremium, der Europäische Betriebsrat oder auch der Betriebsrat (vgl. § 2a Abs. 1 Nr. 3b). Schließlich sind die nach dem SE-Beteiligungsgesetz vom 22.12.2004 (BGBl. I S. 3675, 3686) – in Kraft ab 29.12.2004 – beteiligten Stellen Beteiligte, ebenso die nach dem SCE-Beteiligungsgesetz vom 14.8.2006 (BGBl. I S. 1911, 1917) und die nach dem Gesetz über die Mitbestimmung der Arbeitnehmer bei einer grenzüberschreitenden Verschmelzung vom 21.12.2006 (BGBl. I S. 3332) beteiligten Stellen.

III. Fälle des § 2a Abs. 1 Nr. 4

In den Fällen des § 2a Abs. 1. Nr. 4 – Entscheidung über die **Tariffähigkeit** und die **Tarifzuständigkeit** einer Vereinigung (dazu § 97) – wird durch Satz 2 die Beteiligtenfähigkeit auch auf die **beteiligten Vereinigungen** von Arbeitnehmern oder von Arbeitgebern sowie auf die **oberste Arbeitsbehörde des Bundes oder derjenigen Länder** erweitert, auf deren Bereich sich die Tätigkeit der Vereinigung erstreckt. Die Vorschrift ist keineswegs überflüssig, da erst sie in jedem Fall eine Sachentscheidung ermöglicht.[31]

7

---

29 Vgl. weiter GK-ArbGG/*Dörner* § 10 Rn. 34. Vgl. indes *BAG* 20.2.1986, 6 ABR 25/85, AP § 63 BetrVG 1972 Nr. 1 und *BAG* 20.11.1973, 1 ABR 331/73, AP § 65 BetrVG 1972 Nr. 1 zur Jugendvertretung; dazu auch GK-ArbGG/*Bader* § 11 Rn. 52.
30 S. die Übersicht bei GK-ArbGG/*Dörner* § 10 Rn. 26.
31 GK-ArbGG/*Dörner* § 10 Rn. 46; a.A. *Grunsky* § 10 Rn. 28.

§ 11 Prozessvertretung[1]

(1) [1]Die Parteien können vor dem Arbeitsgericht den Rechtsstreit selbst führen. [2]Parteien, die eine fremde oder ihnen zum Zwecke der Einziehung auf fremde Rechnung abgetretene Geldforderung geltend machen, müssen sich durch einen Rechtsanwalt als Bevollmächtigten vertreten lassen, soweit sie nicht nach Maßgabe des Absatzes 2 zur Vertretung des Gläubigers befugt wären oder eine Forderung einziehen, deren ursprünglicher Gläubiger sie sind.

(2) [1]Die Parteien können sich durch einen Rechtsanwalt als Bevollmächtigten vertreten lassen. [2]Darüber hinaus sind als Bevollmächtigte vor dem Arbeitsgericht vertretungsbefugt nur

1. Beschäftigte der Partei oder eines mit ihr verbundenen Unternehmens (§ 15 des Aktiengesetzes); Behörden und juristische Personen des öffentlichen Rechts einschließlich der von ihnen zur

---

1 Wortlaut des § 11 in der bis zum 30. Juni 2008 geltenden Fassung (zur Kommentierung vgl. die 4. Aufl. dieses Kommentars):
(1) [1]Die Parteien können vor den Arbeitsgerichten den Rechtsstreit selbst führen oder sich vertreten lassen. [2]Eine Vertretung durch Vertreter von Gewerkschaften oder von Vereinigungen von Arbeitgebern oder von Zusammenschlüssen solcher Verbände ist zulässig, wenn diese Personen kraft Satzung oder Vollmacht zur Vertretung befugt sind und der Zusammenschluss, der Verband oder deren Mitglieder Partei sind. [3]Das gleiche gilt für die Prozessvertretung durch Vertreter von selbständigen Vereinigungen mit Arbeitnehmern mit sozial- oder berufspolitischer Zwecksetzung. [4]Satz 2 gilt entsprechend für Bevollmächtigte, die als Angestellte juristischer Personen, deren Anteile sämtlich im wirtschaftlichen Eigentum einer der in Satz 2 genannten Organisationen stehen, handeln, wenn die juristische Person ausschließlich die Rechtsberatung und Prozessvertretung der Mitglieder der Organisation entsprechend deren Satzung durchführt und wenn die Organisation für die Tätigkeit der Bevollmächtigten haftet. [5]Mitglieder der in Satz 2 genannten Organisationen können sich durch einen Vertreter eines anderen Verbandes oder Zusammenschlusses mit vergleichbarer Ausrichtung vertreten lassen; Satz 4 gilt entsprechend.
(2) [1]Vor den Landesarbeitsgerichten und vor dem Bundesarbeitsgericht müssen die Parteien sich durch Rechtsanwälte als Prozessbevollmächtigte vertreten lassen. [2]An ihre Stelle können vor den Landesarbeitsgerichten Vertreter von Gewerkschaften oder von Vereinigungen von Arbeitgebern oder von Zusammenschlüssen solcher Verbände treten, wenn sie kraft Satzung oder Vollmacht zur Vertretung befugt sind und der Zusammenschluss, der Verband oder deren Mitglieder Partei sind. [3]Absatz 1 Satz 4 und 5 gilt entsprechend.
(3) [1]Mit Ausnahme der Rechtsanwälte sind Personen, die die Besorgung fremder Rechtsangelegenheiten vor Gericht geschäftsmäßig betreiben, als Bevollmächtigte und Beistände in der mündlichen Verhandlung ausgeschlossen; § 157 Abs. 1 Satz 2 und Abs. 2 der Zivilprozessordnung ist entsprechend anzuwenden. [2]Dies gilt nicht für die in Abs. 1 Satz 2 bis 5, Abs. 2 Satz 2 und 3 genannten Personen.

Erfüllung ihrer öffentlichen Aufgaben gebildeten Zusammenschlüsse können sich auch durch Beschäftigte anderer Behörden oder juristischer Personen des öffentlichen Rechts einschließlich der von ihnen zur Erfüllung ihrer öffentlichen Aufgaben gebildeten Zusammenschlüsse vertreten lassen,

2. volljährige Familienangehörige (§ 15 der Abgabenordnung, § 11 des Lebenspartnerschaftsgesetzes), Personen mit Befähigung zum Richteramt und Streitgenossen, wenn die Vertretung nicht im Zusammenhang mit einer entgeltlichen Tätigkeit steht,

3. selbständige Vereinigungen von Arbeitnehmern mit sozial- oder berufspolitischer Zwecksetzung für ihre Mitglieder,

4. Gewerkschaften und Vereinigungen von Arbeitgebern sowie Zusammenschlüsse solcher Verbände für ihre Mitglieder oder für andere Verbände oder Zusammenschlüsse mit vergleichbarer Ausrichtung und deren Mitglieder,

5. juristische Personen, deren Anteile sämtlich im wirtschaftlichen Eigentum einer der in Nummer 4 bezeichneten Organisationen stehen, wenn die juristische Person ausschließlich die Rechtsberatung und Prozessvertretung dieser Organisation und ihrer Mitglieder oder anderer Verbände oder Zusammenschlüsse mit vergleichbarer Ausrichtung und deren Mitglieder entsprechend deren Satzung durchführt, und wenn die Organisation für die Tätigkeit der Bevollmächtigten haftet.

³Bevollmächtigte, die keine natürlichen Personen sind, handeln durch ihre Organe und mit der Prozessvertretung beauftragten Vertreter.

(3) ¹Das Gericht weist Bevollmächtigte, die nicht nach Maßgabe des Absatzes 2 vertretungsberechtigt sind, durch unanfechtbaren Beschluss zurück. ²Prozesshandlungen eines nicht vertretungsberechtigten Bevollmächtigten und Zustellungen oder Mitteilungen an diesen Bevollmächtigten sind bis zu seiner Zurückweisung wirksam. ³Das Gericht kann den in Absatz 2 Satz 2 Nr. 1 bis 3 bezeichneten Bevollmächtigten durch unanfechtbaren Beschluss die weitere Vertretung untersagen, wenn sie nicht in der Lage sind, das Sach- und Streitverhältnis sachgerecht darzustellen.

(4) ¹Vor dem Bundesarbeitsgericht und dem Landesarbeitsgericht müssen sich die Parteien, außer im Verfahren vor einem beauftragten oder ersuchten Richter und bei Prozesshandlungen, die vor dem Urkundsbeamten der Geschäftsstelle vorgenommen werden können,

durch Prozessbevollmächtigte vertreten lassen. ²Als Bevollmächtigte sind außer Rechtsanwälten nur die in Absatz 2 Satz 2 Nr. 4 und 5 bezeichneten Organisationen zugelassen. ³Diese müssen in Verfahren vor dem Bundesarbeitsgericht durch Personen mit Befähigung zum Richteramt handeln. ⁴Eine Partei, die nach Maßgabe des Satzes 2 zur Vertretung berechtigt ist, kann sich selbst vertreten; Satz 3 bleibt unberührt.

(5) ¹Richter dürfen nicht als Bevollmächtigte vor dem Gericht auftreten, dem sie angehören. ²Ehrenamtliche Richter dürfen, außer in den Fällen des Absatzes 2 Satz 2 Nr. 1, nicht vor einem Spruchkörper auftreten, dem sie angehören. ³Absatz 3 Satz 1 und 2 gilt entsprechend.

(6) ¹In der Verhandlung können die Parteien mit Beiständen erscheinen. ²Beistand kann sein, wer in Verfahren, in denen die Parteien den Rechtsstreit selbst führen können, als Bevollmächtigter zur Vertretung in der Verhandlung befugt ist. ³Das Gericht kann andere Personen als Beistand zulassen, wenn dies sachdienlich ist und hierfür nach den Umständen des Einzelfalles ein Bedürfnis besteht. ⁴Absatz 3 Satz 1 und 3 und Absatz 5 gelten entsprechend. ⁵Das von dem Beistand Vorgetragene gilt als von der Partei vorgebracht, soweit es nicht von dieser sofort widerrufen oder berichtigt wird.

Übersicht

	Rn.
A. Überblick	1
B. Prozessfähigkeit/Verfahrensfähigkeit	4
C. Gesetzliche Vertretung	7
D. Prozessführungsbefugnis/Verfahrensführungsbefugnis	8
E. Vertretung im Urteilsverfahren 1. Instanz	10
I. Eigene Prozessführung (Abs. 1)	10
II. Prozessführung durch Bevollmächtigte (Abs. 2)	11
1. Übersicht	11
2. Rechtsanwälte (Abs. 2 S. 1) und Gleichgestellte (§ 3 RDGEG)	12
3. Vertretung durch sonstige Personen (Abs. 2 S. 2 Nr. 1 u. 2)	14
a) Überblick	14
b) Beschäftigte (Abs. 2 S. 2 Nr. 1)	15
c) Familienangehörige, Streitgenossen und Personen mit Befähigung zum Richteramt (Abs. 2 S. 2 Nr. 2)	17
4. Vertretung durch Verbandsvertreter (Abs. 2 S. 2 Nr. 3 bis 5)	22
a) Allgemeines	22
b) Selbständige Arbeitnehmervereinigungen (Abs. 2 S. 2 Nr. 3)	24
c) Gewerkschaften und Arbeitgebervereinigungen (Abs. 2 S. 2 Nr. 4)	25

d) Juristische Personen für Rechtsberatung und Prozessvertretung (Abs. 2 S. 2 Nr. 5)	28
III. Gewährleistung ordnungsgemäßer Vertretung (Abs. 3)	29
F. Vertretung im Urteilsverfahren 2. Instanz (Abs. 4)	32
G. Vertretung im Urteilsverfahren 3. Instanz (Abs. 4)	34
H. Vertretung im Beschlussverfahren	36
I. Richter als Bevollmächtigte (Abs. 5)	39
J. Beistände (Abs. 6)	41

A. Überblick

§ 11 regelt die Frage der **Vertretung in den jeweiligen Instanzen**, nicht aber die Prozessvollmacht, für die die §§ 80 ff. ZPO gelten.[2] Vor den **Arbeitsgerichten** kann die Partei sich mit den in Abs. 1 vorgesehenen Einschränkungen selbst vertreten, sie kann sich aber auch nach Maßgabe des Abs. 2 vertreten lassen. In zweiter Instanz (vor dem **Landesarbeitsgericht**) besteht grundsätzlich Vertretungszwang nach Maßgabe der Regelungen in Abs. 4, mit einigen Besonderheiten im Beschlussverfahren. In dritter Instanz (vor dem **Bundesarbeitsgericht**) schließlich ist gleichfalls stets Vertretung durch einen Bevollmächtigten erforderlich (nach Maßgabe der Regelung in Abs. 4 – es muss sich stets um eine Person mit Befähigung zum Richteramt handeln), ebenfalls mit Besonderheiten im Beschlussverfahren. Die Norm wird vervollständigt durch Vorschriften zur **Zurückweisung** von Bevollmächtigten und zur **Untersagung der weiteren Vertretung** durch einen Bevollmächtigten (Abs. 3), Regelungen dazu, inwieweit **Berufsrichter** und **ehrenamtliche Richter** vor Gericht auftreten können (Abs. 5), und schließlich durch Abs. 6 betreffend die **Beistände** in der Verhandlung. 1

§ 11 ist **mit Wirkung vom 1. Juli 2008 geändert** (durch Art. 11 des Gesetzes zur Neuregelung des Rechtsberatungsrechts vom 12.12.2007 BGBl. I S. 2840), und zwar im Zuge einer Vereinheitlichung der Regelungen zur gerichtlichen Vertretung in den verschiedenen Verfahrensordnungen (vgl. für den Entwurf der Bundesregierung mit Begründung, die diesbezügliche Stellungnahme des Bundesrates und die Gegenäußerung der Bundesregierung dazu BT-Drucks. 16/3655). 2

Vorausgesetzt ist dabei natürlich, ohne dass dies hier geregelt wäre (§ 46 Abs. 2 S. 1 ArbGG verweist insoweit auf die ZPO-Regelungen), dass die Partei **parteifähig** bzw. der Beteiligte im Beschlussverfahren **beteiligtenfähig** ist (dazu § 10 und die dortigen Erläuterungen). Außerdem 3

---

2 Dazu GK-ArbGG/*Bader* § 11 Rn. 138 bis 150 (Stand Juli 2008).

muss die Partei **prozessfähig** (**verfahrensfähig**) oder wirksam **gesetzlich vertreten** sein, daneben muss die **Prozessführungsbefugnis** (**Verfahrenführungsbefugnis**) vorliegen.

B. Prozessfähigkeit/Verfahrensfähigkeit

4 Hinsichtlich der **Prozessfähigkeit** (für das Beschlussverfahren sollte man besser von **Verfahrensfähigkeit** sprechen) gelten vorrangig die §§ 51, 52 ZPO, weiter die §§ 53 bis 55 ZPO. Die **Überprüfung** ist in § 56 ZPO geregelt.[3]

Die **§§ 51, 52 ZPO** haben folgenden Wortlaut:

§ 51 Prozessfähigkeit; gesetzliche Vertretung; Prozessführung

(1) Die Fähigkeit einer Partei, vor Gericht zu stehen, die Vertretung nicht Prozessfähiger Parteien durch andere Personen (gesetzliche Vertreter) und die Notwendigkeit einer besonderen Ermächtigung zur Prozessführung bestimmt sich nach den Vorschriften des bürgerlichen Rechts, soweit nicht die nachfolgenden Paragraphen abweichende Vorschriften enthalten.

(2) Das Verschulden eines gesetzlichen Vertreters steht dem Verschulden der Partei gleich.

§ 52 Umfang der Prozessfähigkeit

Eine Person ist insoweit Prozessfähig, als sie sich durch Verträge verpflichten kann.

5 Die Prozessfähigkeit ist die Fähigkeit der Partei, **Prozesshandlungen** selbst oder durch Vertreter wirksam **vornehmen** bzw. entgegennehmen zu können.[4] Sie ist **Prozessvoraussetzung** und **Prozesshandlungsvoraussetzung**. **Natürliche** geschäftsfähige **Personen** sind prozessfähig, die geschäftunfähigen Personen und auch die beschränkt geschäftsfähigen[5] hingegen nicht, sie müssen durch ihre gesetzlichen Vertreter vertreten werden. Soweit bei Minderjährigen allerdings die **§§ 112, 113 BGB** reichen und eine partielle volle Geschäftsfähigkeit gewähren,[6] resultiert daraus auch die entsprechende Prozessfähigkeit. **Juristische Personen** und etwa die oHG und die KG sind als solche nicht prozessfähig und bedürfen der gesetzlichen Vertretung. Für die Prozessfähigkeit von **Ausländern** ist primär auf das Recht des Staates des Auslän-

---

3 Vgl. § 10 Rn. 1 entsprechend.
4 GK-ArbGG/*Bader* § 11 Rn. 13 m.w.N. (Stand Juli 2008).
5 Keine beschränkte Prozessfähigkeit: *Musielak/Weth* § 52 Rn. 4 m.w.N.
6 Im Detail dazu GK-ArbGG/*Bader* § 11 Rn. 16 bis 27 (Stand Juli 2008).

ders abzustellen (Art. 7 Abs. 1 EGBGB), sekundär auf § 55 ZPO. Für **Staatenlose** gilt primär Art. 5 Abs. 2 EGBGB (Recht des Staates des [gewöhnlichen] Aufenthaltsortes), sekundär § 55 ZPO.

Im **Beschlussverfahren** beanspruchen für die **Verfahrensfähigkeit** zunächst die in Rn. 4 dargestellten Grundsätze entsprechende Geltung. **§ 113 BGB** erstreckt sich auf alle Beschlussverfahren, die die Rechte und Pflichten des Minderjährigen – auch des minderjährigen Auszubildenden – betreffen.[7] Dies wird indes nicht für das Weiterbeschäftigungsverlangen nach § 78a Abs. 2 BetrVG gelten.[8] Die **Stellen i.S.d. § 10** – etwa der Betriebsrat – sind gleichfalls verfahrensfähig.[9] Eine festgelegte gesetzliche Vertretung gibt es insoweit freilich nicht,[10] so dass jede Prozesshandlung eines **Beschlusses des Gremiums** bedarf. Dabei wird widerleglich vermutet, dass eine Erklärung oder Handlung des Vorsitzenden durch einen entsprechenden Gremiumsbeschluss gedeckt ist.[11] Notfalls muss das Gremium insgesamt handeln,[12] wobei das Gremium aber, soweit kein Vertretungszwang besteht, auch einen rechtsgeschäftlich bestellten Vertreter agieren lassen kann.

6

C. Gesetzliche Vertretung

Soweit **gesetzliche Vertretung** erforderlich ist, handelt es sich um eine **Prozessvoraussetzung** und eine **Prozesshandlungsvoraussetzung**.[13] Für die **Überprüfung** gilt § 56,[14] für **Ausländer** und **Staatenlose** wird verwiesen auf Rn. 4. Partei bleibt zwar der Vertretene, der gesetzliche Vertreter hat aber die **Stellung der Partei** (vgl. § 52 Abs. 2 ZPO) und wird dementsprechend etwa als Partei vernommen (§§ 445 ff. ZPO). Wer jeweils gesetzlicher Vertreter ist, ergibt sich aus den einschlägigen Vorschriften.[15] Hinsichtlich des Beschlussverfahrens wird verwiesen auf Rn. 5.

7

---

7 GMPM-G/*Matthes* § 10 Rn. 40 m.w.N.
8 ErfK/*Koch* § 10 Rn. 8.
9 ErfK/*Koch* § 10 Rn. 8; GMPM-G/*Matthes* § 10 Rn. 41 bis 42.
10 Damit etwa keine Parteivernehmung des Betriebsratsvorsitzenden: GK-ArbGG/*Dörner* § 10 Rn. 31.
11 BAG 17.2.1981, 1 AZR 290/78, EzA § 112 BetrVG 1972 Nr. 21. Zur Sonderkonstellation der Jugend- und Auszubildendenvertretung *Schwab/Weth/Weth* § 11 Rn. 42; GK-ArbGG/*Bader* § 11 Rn. 54 (Stand Juli 2008).
12 So auch bei der Arbeitsgruppe nach § 28a BetrVG, wenn es keinen Vorsitzenden gibt. Entsprechend auch GMPM-G/*Matthes* § 10 Rn. 43.
13 Zur Bestellung eines Prozesspflegers § 57 Abs. 1 ZPO; zur entsprechenden Anwendung der Norm BAG 19.9.2007, 3 AZB 11/07, EzA § 241 ZPO 2002 Nr. 1.
14 Vgl. § 10 Rn. 1 entsprechend.
15 Dazu GK-ArbGG/*Bader* § 11 Rn. 37 (Stand Juli 2008); *Schwab/Weth/Kliemt* § 10 Rn. 39 m.w.N.

D. Prozessführungsbefugnis/Verfahrensführungsbefugnis

8 Auch bei der **Prozessführungsbefugnis** handelt es sich um eine **Prozessvoraussetzung**, spätestens zum Schluss der mündlichen Verhandlung muss sie vorliegen, und sie unterliegt ebenfalls der **Amtsprüfung**.[16] Sie ist das Recht, einen Rechtsstreit als richtige Partei im eigenen Namen zu führen. Fragen ergeben sich diesbezüglich nur, wenn jemand ein fremdes Recht im eigenen Namen oder ein Recht gegenüber dem materiell nicht Verpflichteten geltend macht. **Gesetzliche Prozessstandschaft** wird bejaht bei **Prozessführung kraft Amtes** (etwa: beim Insolvenzverwalter), sie ist auch gegeben im Falle des Art. 56 Abs. 1, Abs. 8 NATO-ZusAbk.[17] Daneben gibt es die **gewillkürte Prozessstandschaft**, die eine entsprechende Ermächtigung und ein eigenes rechtsschutzwürdiges Interesse des Prozessstandschafters erfordert.[18] Zur Zuständigkeit der Gerichte für Arbeitssachen in Fällen der Prozessführungsbefugnis vgl. § 3 Rn. 6.

9 Im **Beschlussverfahren** ist die Frage der Prozessführungsbefugnis – man sollte hier konsequenterweise von **Verfahrensführungsbefugnis** sprechen – eine Frage der **Antragsbefugnis** (dazu in den Erl. zu § 81). Eine **gesetzliche Prozessstandschaft** (Verfahrensstandschaft) ist in § 23 Abs. 3 BetrVG geregelt, eine **gewillkürte Verfahrensstandschaft** kann sich aus §§ 50 Abs. 2 S. 1, 58 Abs. 2 S. 1 BetrVG ergeben.

E. Vertretung im Urteilsverfahren 1. Instanz

I. Eigene Prozessführung (Abs. 1)

10 **Vor dem Arbeitsgericht** kann die **Partei** ihren Prozess grundsätzlich **selbst** führen **(Abs. 1 S. 1)**, sie ist **postulationsfähig** und bedarf grundsätzlich keiner Vertretung. **Eingeschränkt** wird dieser Grundsatz durch Abs. 1 S. 2. Danach müssen sich Parteien, die eine **fremde** oder ihnen **zum Zwecke der Einziehung auf fremde Rechnung abgetretene Geldforderung** geltend machen, durch einen **Rechtsanwalt** als Bevollmächtigten vertreten lassen, soweit sie nicht – damit wird die Einschränkung ihrerseits wieder eingeschränkt – nach Maß-

---

16 Vgl. § 10 Rn. 1 entsprechend.
17 Dazu § 1 Rn. 4.
18 Weiter dazu GK-ArbGG/*Bader* § 11 Rn. 44 (Stand Juli 2008). Vgl. auch BAG 19.3.2008, 5 AZR 432/07, juris: Der Arbeitnehmer kann Vergütungsansprüche, die wegen der Zahlung von Arbeitslosengeld auf die Bundesagentur für Arbeit übergegangen sind, im Wege der gewillkürten Prozessstandschaft für die Bundesagentur geltend machen.

gabe des Abs. 2 zur Vertretung des Gläubigers befugt wären oder eine Forderung einziehen, deren ursprünglicher Gläubiger sie sind. Erfasst werden von Abs. 1 S. 2 nur die Geltendmachung fremder Forderungen – im Wege gewillkürter Prozessstandschaft (dazu oben Rn. 7) – und die Geltendmachung von Forderungen, die zum Zwecke der Einziehung auf fremde Rechnung abgetreten sind.[19] Der Gesetzgeber will mit dieser klaren und von der Frage nach Umgehungstatbeständen unabhängigen Regelung über den bisherigen Rechtszustand[20] und die zugehörige Rechtsprechung[21] hinaus Schutz bieten. **Vollabtretungen** und **Sicherungsabtretungen** fallen nicht unter Abs. 1 S. 2, auch nicht der **Kauf von Forderungen durch Inkassounternehmen.**[22]

II. Prozessführung durch Bevollmächtigte (Abs. 2)

1. Übersicht

Die Partei kann sich in erster Instanz jedoch auch **vertreten lassen** (insgesamt dazu Abs. 2), und zwar zunächst durch **Rechtsanwälte** (Abs. 2 S. 1; das gilt im Ergebnis für **alle Instanzen**: vgl. dazu Abs. 4; zur Auslegung von Abs. 2 S. 1 unten Rn. 12). Daneben ist die Vertretung durch **Verbandsvertreter** (dazu Abs. 2 S. 2 Nr. 3 bis 5) oder **sonstige Personen** (dazu Abs. 2 S. 2 Nr. 1 und 2) möglich, wobei der Katalog des Abs. 2 S. 2 **abschließend** ist. 11

2. Rechtsanwälte (Abs. 2 S. 1) und Gleichgestellte (§ 3 RDGEG)

Die Vertretung durch **Rechtsanwälte**[23] unterliegt nach wie vor grundsätzlich keinen Einschränkungen.[24] Soweit **Rechtsanwaltsgesellschaften** (§ 59c BRAO) als Bevollmächtigte auftreten, handeln sie durch ihre Organe und durch die mit der Prozessvertretung beauftragten Vertreter (§ 11 Abs. 2 S. 3; vgl. auch § 59l BRAO), wobei für Fragen des Ver- 12

---

19 GMPM-G/*Germelmann* § 11 Rn. 120 auch etwa für Einbeziehung des Factoring.
20 § 157 Abs. 1 S. 2 ZPO a.F.; dazu *Zöller/Greger* § 157 Rn. 6a.
21 BGH 7.11.1995, XI ZR 114/95, NJW 1996, 393; BVerwG 29.9.1998, 1 C 4/97, NJW 1999, 440.
22 BT-Drucks. 16/3655 S. 87 zur Parallelregelung in § 79 Abs. 1 ZPO n.F.
23 Vgl. dazu auch § 59 BRAO und § 209 BRAO. Zur Beiordnung eines Notarwalts gem. § 78b ZPO BAG 28.12.2007, 9 AS 5/07, EzA § 78b ZPO 2002 Nr. 1.
24 Vgl. allerdings die Ausnahme in § 172 Abs. 1 S. 1 BRAO. Für die Vertretung durch Anwälte aus anderen Staaten vgl. GK-ArbGG/*Bader* § 11 Rn. 67 u. 68 (Stand Juli 2008) und *Musielak/Weth* § 78 Rn. 35 ff. Soweit Anwälte aus anderen Staaten danach nicht auftreten dürfen, sind sie damit als Vertreter ausgeschlossen.

schuldens (§ 85 Abs. 2 ZPO) und der Wissenszurechnung auf den konkret handelnden Vertreter bzw. das konkret handelnde Organ abzustellen ist.[25] Zum Ausschluss der Erstattung von Anwaltskosten vgl. § 12a Abs. 1 S. 1. Der Rechtsanwalt kann in erster Instanz gem. § 157 ZPO n.F. einen **Stationsreferendar**, also einen Referendar, der bei ihm im Vorbereitungsdienst beschäftigt ist, zur **Vertretung in der Verhandlung** bevollmächtigen (der Anwalt muss also insoweit nicht anwesend sein). Dies entspricht der bisherigen und nunmehr aufgehobenen Regelung in § 59 Abs. 2 S. 2 BRAO. Die bisherige und jetzt gleichfalls aufgehobene Regelung in § 59 Abs. 2 S. 1 BRAO ist hingegen entgegen dem ursprünglichen Entwurf[26] nicht in § 157 ZPO n.F. übernommen worden. Damit kann der Stationsreferendar im Anwaltsprozess nicht mehr die Ausführung der Parteirechte in Anwesenheit des Rechtsanwalts übernehmen.[27] Einem anderen **Rechtsanwalt** kann der Anwalt natürlich **Untervollmacht** erteilen, ebenso einem **Verbandsvertreter**, sofern dieser nach Abs. 2 S. 2 Nr. 3 bis 5 postulationsfähig ist. Hingegen kann der Rechtsanwalt nicht anderen bei ihm Beschäftigten Untervollmacht erteilen, also auch nicht einem **Assessor** oder einem **Bürovorsteher**.[28]

13 **Dem Rechtsanwalt** i.S.d. Abs. 2 S. 1 **gleich** steht der **Kammerrechtsbeistand** gem. § 1 Abs. 2 RDGEG (§ 3 Abs. 1 Nr. 3 des RDGEG; zur Bezeichnung § 6 RDGEG). Dasselbe gilt für die **registrierten Erlaubnisinhaber** gem. § 1 Abs. 2 RDGEG (§ 3 Abs. 2 RDGEG), soweit ihnen die gerichtliche Vertretung oder das Auftreten in der Verhandlung nach dem Umfang ihrer bisherigen Erlaubnis oder als Prozessagent durch Anordnung der Justizverwaltung nach § 157 Abs. 3 ZPO in der bislang geltenden Fassung gestattet war (§ 3 Abs. 2 S. 1 Nr. 1 und 2 RDGEG). Der Umfang dieser Befugnis ist dabei in das Rechtsdienstleistungsregister – dazu §§ 16 u. 17 RDG – einzutragen (§ 3 Abs. 2 S. 2 RDGEG), so dass insoweit keine Unklarheiten auftreten können. Registrierte Erlaubnisinhaber werden, soweit sie nicht zur gerichtlichen Vertretung oder zum Auftreten in der Verhandlung befugt sind, durch unanfechtbaren Beschluss zurückgewiesen (§ 3 Abs. 3 S. 1 RDGEG). Freilich bleiben ihre Prozesshandlungen sowie Zustellungen und Mitteilungen an sie bis

---

25 Vgl. bezüglich § 85 Abs. 2 ZPO *Zöller/Vollkommer* § 85 Rn. 16 ff. Wird die Zulassung eines Rechtsanwalts zur Rechtsanwaltschaft widerrufen und die sofortige Vollziehung dieser Verfügung im überwiegenden öffentlichen Interesse angeordnet, ist der Rechtsanwalt kein Bevollmächtigter mehr, dessen Verschulden gem. § 85 Abs. 2 ZPO der Partei zuzurechnen ist: BAG 18.7.2007, 5 AZR 848/06, juris.
26 BT-Drucks. 16/3655 S. 17.
27 A.A. GMPM-G/*Germelmann* § 11 Rn. 121, allerdings bezogen auf den Text des ursprünglichen Entwurfs.
28 GMPM-G/*Germelmann* § 11 Rn. 121.

zur Zurückweisung wirksam (§ 3 Abs. 3 S. 2 RDGEG). Sofern registrierte Erlaubnisinhaber nicht in der Lage sind, das Sach- und Streitverhältnis sachgerecht darzustellen, kann das Gericht ihnen durch unanfechtbaren Beschluss die weitere Vertretung oder das weitere Auftreten in der Verhandlung untersagen (§ 3 Abs. 3 S. 3 RDGEG; insoweit gilt gem. § 3 Abs. 3 S. 4 RDGEG die neu eingefügte Bestimmung des § 335 Abs. 1 Nr. 5 ZPO entsprechend). Abs. 2 S. 1 enthält vom Wortlaut her keine Beschränkung auf die erste Instanz, anders als in Abs. 2 S. 2 ist hier nicht von den Arbeitsgerichten die Rede. Da aber Abs. 4 für die zweite und dritte Instanz die Anwälte ausdrücklich anspricht, wird man die Regelung in Abs. 2 S. 1 ebenso wie die Regelung in Satz 2 – diese gilt ausdrücklich nur für die erste Instanz – als auf die erste Instanz beschränkt anzusehen haben.[29] Die Gleichstellungen in § 3 Abs. 1 Nr. 3 und Abs. 2 RDGEG gelten damit ebenfalls **nur für die erste Instanz**.

3. Vertretung durch sonstige Personen (Abs. 2 S. 2 Nr. 1 u. 2)

a) Überblick

Die Vertretung durch **sonstige Personen**, die nicht Rechtsanwalt oder Verbandsvertreter sind – sie müssen stets eine **Vollmacht** (dazu § 80 ZPO n.F.) vorlegen (§ 88 Abs. 2 ZPO) –, ist durch Abs. 2 S. 2 Nr. 2 gegenüber dem bisherigen Rechtszustand eingeschränkt, wobei früher auftretende Fragen, die sich aus Abs. 3 des § 11 a.F. i.V.m. § 157 ZPO a.F. ergaben,[30] sich nun nicht mehr stellen. Da **Abs. 2 S. 2 abschließend ist**, können neben Rechtsanwälten (Abs. 2 S. 1) und den diesen Gleichgestellten (Rn. 13) sowie Verbandsvertretern (Abs. 2 S. 2 Nr. 3 bis 5) nur Beschäftigte (dazu unten Rn. 15 bis 16) und die in Abs. 2 S. 2 Nr. 2 aufgeführten Personen (dazu unten Rn. 17 ff.) Bevollmächtigte sein.

14

b) Beschäftigte (Abs. 2 S. 2 Nr. 1)

Für die Vertretung durch sonstige Personen kommen zunächst die in **Abs. 2 S. 2 Nr. 1** angesprochenen **Beschäftigten** in Betracht. Nach dem ersten Halbsatz können Beschäftigte der **Partei**, mag diese eine natürliche oder eine juristische Person – des öffentlichen oder privaten Rechts – oder eine Personengesellschaft sein, als Bevollmächtigte auftreten, ebenso Beschäftigte **eines mit der Partei verbundenen Unternehmens**. Für den Begriff des verbundenen Unternehmens wird in

15

---

29 So bezogen auf die Parallelregelung in § 79 Abs. 2 S. 1 ZPO auch BT-Drucks. 16/3655 S. 87.
30 Dazu die Vorauflage § 11 Rn. 9.

der Norm verwiesen auf § 15 AktG. Danach sind verbundene Unternehmen: rechtlich selbständige Unternehmen, die im Verhältnis zueinander in Mehrheitsbesitz stehende Unternehmen und mit Mehrheit beteiligte Unternehmen (§ 16 AktG), abhängige und herrschende Unternehmen (§ 17 AktG), Konzernunternehmen (§ 18 AktG), wechselseitig beteiligte Unternehmen (§ 19 AktG) oder Vertragsteile eines Unternehmensvertrags (§§ 291, 292 AktG). Da es nicht sinnvoll wäre, wenn das Prozessgericht sich im Detail mit § 15 AktG zu befassen hätte, reicht es aus, dass sich aus der **Vollmacht** gem. § 80 ZPO n.F. ergibt, dass der Vertreter für ein verbundenes Unternehmen i.S.v. § 15 AktG auftritt.[31] Der Begriff des **Beschäftigten** ist weit auszulegen, es fallen alle öffentlich-rechtlichen und privat-rechtlichen Beschäftigungsverhältnisse darunter.[32] Damit sind unter Beschäftigten zunächst die **Arbeitnehmer** zu verstehen, daneben alle, die mit der Partei einen **Dienstvertrag** (ein Werkvertrag reicht wegen des fehlender Dauerelements nicht aus) haben, der indes nicht allein auf den Rechtsstreit bezogen abgeschlossen sein darf.[33] **Beamte** zählen ebenfalls dazu. **Leiharbeitnehmer** hingegen sind nicht Beschäftigte des Entleiherunternehmens.[34]

16 **Für Behörden** und **juristische Personen des öffentlichen Rechts** sowie für die von diesen zur Erfüllung ihrer öffentlichen Aufgaben gebildeten **Zusammenschlüsse** eröffnet der 2. Hs. des Abs. 2 S. 2 Nr. 1 zusätzliche Vertretungsmöglichkeiten.[35] Insoweit ist eine **Vertretung durch Beschäftigte** (zum Begriff oben Rn. 14) anderer **Behörden**, anderer **juristischer Personen des öffentlichen Rechts** einschließlich der von diesen zur Erfüllung ihrer öffentlichen Aufgaben gebildeten **Zusammenschlüsse** gestattet. Die Gesetzesbegründung spricht dazu Angestellte der zuständigen **Aufsichtsbehörde** oder des **kommunalen Spitzenverbandes** an und verweist dazu auf die Parallele zur Konzernvertretung.[36] Das klingt plausibel. Der bloße Wortlaut geht freilich weit darüber hinaus, erlaubt er doch die Vertretung durch Angestellte irgendeiner anderen Behörde oder irgendeiner anderen juristischen Person. Danach könnte sich etwa eine hessische Kommune durch Angestellte eines Kieler Landesministeriums vertreten lassen. Das kann kaum sinnvoll sein, es ist ausweislich der bereits angesprochenen Gesetzesbegründung auch so nicht gewollt. Entsprechend der Parallele zur Konzernvertretung wird man den 2. Hs. des Abs. 2 S. 2 Nr. 1 damit **ein-**

---

31 BT-Drucks. 16/3655 S. 87.
32 BT-Drucks. 16/3655 S. 87.
33 GMPM-G/*Germelmann* § 11 Rn. 123.
34 Ebenso GMPM-G/*Germelmann* § 11 Rn. 123.
35 GMPM-G/*Germelmann* § 11 Rn. 125: nicht erfasst sind öffentlich-rechtliche Sondervermögen, die nicht juristische Personen sind.
36 BT-Drucks. 16/3655 S. 87 u. 93.

schränkend dahingehend zu **interpretieren** haben, dass die andere Behörde, die andere juristische Person oder der andere Zusammenschluss, die den vertretenden Beschäftigten entsendet, in einem **Unter- oder Überordnungsverhältnis** zur vertretenen Behörde, zur vertretenen juristischen Person oder zu dem vertretenen Zusammenschluss stehen muss. Für den Nachweis gilt das in Rn. 15 zur **Vollmacht** Ausgeführte entsprechend, auch wenn das Unter- oder Überordnungsverhältnis hier in den meisten Fällen nicht zweifelhaft sein dürfte.

c) Familienangehörige, Streitgenossen und Personen mit Befähigung zum Richteramt (Abs. 2 S. 2 Nr. 2)

Nach Abs. 2 S. 2 Nr. 2 kommen als Bevollmächtigte im Rahmen **unentgeltlicher** (dazu unten Rn. 20) **Prozessvertretung** auch volljährige Familienangehörige, Streitgenossen und Personen mit Befähigung zum Richteramt in Betracht. Der Begriff der **Familienangehörigen** – diese müssen **volljährig** sein, also das 18. Lebensjahr vollendet haben (§§ 2, 187 Abs. 2 S. 2, 188 Abs. 2 u. 3 BGB) – ist weit und wird nur durch § 15 der Abgabenordnung und durch § 11 Abs. 1 des Lebenspartnerschaftsgesetzes begrenzt.[37]

17

§ 15 der Abgabenordnung lautet:

(1) Angehörige sind:

1. der Verlobte,

2. der Ehegatte,

3. Verwandte und Verschwägerte gerader Linie,

4. Geschwister,

5. Kinder der Geschwister,

6. Ehegatten der Geschwister und Geschwister der Ehegatten,

7. Geschwister der Eltern,

8. Personen, die durch ein auf längere Dauer angelegtes Pflegeverhältnis mit häuslicher Gemeinschaft wie Eltern und Kind miteinander verbunden sind (Pflegeeltern und Pflegekinder).

(2) Angehörige sind die in Absatz 1 aufgeführten Personen auch dann, wenn

1. in den Fällen der Nummern 2, 3 und 6 die die Beziehung begründende Ehe nicht mehr besteht;

---

37 So BT-Drucks. 16/3655 S. 88.

2. in den Fällen der Nummern 3 bis 7 die Verwandtschaft oder Schwägerschaft durch Annahme als Kind erloschen ist;

3. im Fall der Nummer 8 die häusliche Gemeinschaft nicht mehr besteht, sofern die Personen weiterhin wie Eltern und Kind miteinander verbunden sind.

§ 11 des Lebenspartnerschaftsgesetzes lautet:

(1) Ein Lebenspartner gilt als Familienangehöriger des anderen Lebenspartners, soweit nicht etwas anderes bestimmt ist.

(2) Die Verwandten eines Lebenspartners gelten als mit dem anderen Lebenspartner verschwägert. Die Linie und der Grad der Schwägerschaft bestimmen sich nach der Linie und dem Grad der sie vermittelnden Verwandtschaft. Die Schwägerschaft dauert fort, auch wenn die Lebenspartnerschaft, die sie begründet hat, aufgelöst wurde.

18 **Personen mit Befähigung zum Richteramt** (§ 5 DRiG) können ebenfalls als Bevollmächtigte vor den Arbeitsgerichten auftreten. Dabei kann es sich um einmalige, wiederholte oder auch dauernde Freundschaftsleistungen oder Gefälligkeiten handeln, aber auch um das Auftreten im Rahmen eines Ehrenamtes.[38] Dies gilt dann auch für Berufsrichter, wobei freilich Abs. 5 zu beachten ist (dazu unten Rn. 39). Soweit Personen mit der Befähigung zum Richteramt ehrenamtliche Richter sind, hat auch für sie Abs. 5 Bedeutung (vgl. Rn. 40).

19 **Diplomjuristen aus den neuen Bundesländern** (dem Beitrittsgebiet i.S.d. Art. 1 § 1 des Einigungsvertrages) mit Abschluss eines rechtswissenschaftlichen Studiums an einer Universität oder wissenschaftlichen Hochschule, die nach dem 3.10.1990 zum Richter, Staatsanwalt oder Notar ernannt, im höheren Verwaltungsdienst beschäftigt oder als Rechtsanwalt zugelassen wurden, stehen Personen mit der Befähigung zum Richteramt gleich (§ 5 Nr. 4 RDGEG). Dies gilt aber nicht für sonstige Diplom-Juristen.

20 Schließlich wird die Übernahme der Prozessvertretung durch einen **Streitgenossen** ermöglicht. Dies dient der Prozessökonomie.[39]

21 Bei allen drei genannten Personengruppen (einschließlich der Diplomjuristen i.S.d. Rn. 19) – dies gilt natürlich nicht für die Verbandsvertreter i.S.d. Abs. 2 S. 2 Nr. 3 bis 5 – muss es sich (etwas vereinfacht ausgedrückt) um eine unentgeltliche Tätigkeit handeln; die Häufigkeit der Vertretung und damit die Frage nach der Geschäftsmäßigkeit ist gleich-

---

38 BT-Drucks. 16/3655 S. 88 zur Parallelvorschrift des § 79 ZPO.
39 BT-Drucks. 16/3655 S. 88 zur Parallelvorschrift des § 79 ZPO.

gültig.[40] Das Gesetz spricht umfassender davon, dass die **Vertretung nicht im Zusammenhang mit einer entgeltlichen Tätigkeit** stehen darf.[41] Damit darf zunächst kein Entgelt für die konkrete Prozessvertretung vorliegen, also **keine Gegenleistung** in Geld oder in Gestalt irgendeines sonstigen Vermögensvorteils. Auch **Aufwandsentschädigungen** stellen ein Entgelt dar, soweit es sich um eine Honorierung der aufgewandten Arbeitszeit handelt – ein echter **Auslagenersatz** (z.B. für Portokosten oder Fahrtkosten) hingegen ist zulässig.[42] Die Gesetzesbegründung spricht weiter ausdrücklich an, dass nachträgliche **freiwillige Geschenke** im Rahmen des Üblichen der Unentgeltlichkeit nicht entgegenstehen.[43] Entgeltlich ist die Vertretung jedoch darüber hinaus auch dann, wenn eine Vergütung im Zusammenhang mit anderen beruflichen Tätigkeiten des Vertreters anfällt oder auch nur anfallen kann.[44] Jeder Zusammenhang mit einer anderen beruflichen entgeltlichen Tätigkeit ist damit schädlich, ebenso die Abhängigkeit der Vertretung von einer entgeltlichen Mitgliedschaft, selbst wenn die Vertretung als solche dann kostenfrei erfolgt.[45]

4. Vertretung durch Verbandsvertreter (Abs. 2 S. 2 Nr. 3 bis 5)

a) Allgemeines

Bezüglich der Verbandsvertreter bringt Abs. 2 S. 2 Nr. 3 bis 5 mit seinen 22 gegenüber bisher übersichtlicher gestalteten Regelungen inhaltlich wenig Neues,[46] abgesehen insbesondere von der Tatsache, dass nunmehr die **Vereinigung** oder **Gewerkschaft** jeweils selbst **Prozessbevollmächtigte** ist – sie handelt dann durch ihre **Organe** oder mit der Prozessvertretung beauftragten **Vertreter** (Abs. 2 S. 3; dafür gilt das oben in Rn. 12 Gesagte entsprechend). Diese Beauftragung kann sich wie bisher aus der **Satzung** oder sonstigen allgemeinen oder speziellen **Regelungen** ergeben. Irgendwelchen Qualifikationsanforderungen muss der Vertreter nicht entsprechen,[47] es ist Sache des Verbandes, Personen mit entsprechender Kompetenz und Sachkunde auszuwählen. Der Vertreter[48]

---

40 GMPM-G/*Germelmann* § 11 Rn. 128; BT-Drucks. 16/3655 S. 93.
41 Dazu BT-Drucks. 16/3655 S. 87 und 57.
42 BT-Drucks. 16/3655 S. 57.
43 BT-Drucks. 16/3655 S. 57.
44 BT-Drucks. 16/3655 S. 57.
45 BT-Drucks. 16/3655 S. 57.
46 GMPM-G/*Germelmann* § 11 Rn. 131.
47 BT-Drucks. 16/355 S. 93.
48 Ist der Vertreter auch Anwalt (sog. Syndikusanwalt), muss er deutlich machen, in welcher Funktion er auftritt: BAG 19.3.1996, 2 AZB 36/95, EzA § 11 ArbGG 1979 Nr. 12.

muss nicht selbst Verbandsmitglied sein, er muss aber kraft eindeutiger Regelung wie angesprochen durch Satzung oder anderweitig – generell oder für den Einzelfall – befugt sein, als Prozessbevollmächtigter für den Verband aufzutreten dürfen.[49] Es ist möglich, die Befugnis auf bestimmte Verfahren oder Instanzen zu beschränken.[50] Es kommt jedoch nicht darauf an, ob die Satzung und die Rechtsschutzrichtlinien eine Rechtsschutzgewährung für den jeweiligen Rechtsstreit vorsehen oder zulassen.[51] Unter den genannten Voraussetzungen kann etwa auch ein (Stations-)Referendar oder ein Assessor Verbandsvertreter sein.[52] Beruht die Vertretungsbefugnis auf der Mitgliedschaft der Prozesspartei im Verband, besteht sie grundsätzlich nur, soweit[53] und **so lange die Mitgliedschaft besteht.**[54] Bei Mitgliedschaft in **mehreren Verbänden** hat die Partei die Wahl, von welchem Verband sie sich vertreten lassen will. Bei **Streitgenossen** reicht es aus, wenn einer der Streitgenossen Verbandsmitglied ist: Dann kann der Verbandsvertreter alle Streitgenossen vertreten.[55] Im Übrigen wird man die Vertretungsbefugnis zu verneinen haben, wenn der Rechtsstreit keinen **Zusammenhang zu der Verbandsmitgliedschaft** hat.[56]

23 Abs. 2 S. 2 Nr. 3 bis 5 stellt sich für die **Verbandsvertreter**[57] als **abschließende Regelung** dar. Hinsichtlich der **Gewerkschaften**[58] und der **Arbeitgebervereinigungen** und der entsprechenden Spitzenverbände gelten die Ausführungen in § 10 Rn. 3 und 4 entsprechend. Zu den Arbeitgebervereinigungen zählen etwa auch die **Handwerksinnungen**, die **Innungsverbände** und die **Zusammenschlüsse der Hausgewerbetreibenden** (§ 19 HAG), nicht hingegen die Handwerkskammern, die Industrie- und Handelskammern und die Kreishandwerkerschaften. **Antidiskriminierungsverbände** können mithin vor den Arbeitsgerichten nicht als Prozessbevollmächtigte fungieren.[59]

---

49 BAG 10.6.1975, 1 ABR 140/73, EzA § 37 BetrVG 1972 Nr. 42; 22.6.1956, 1 AZB 28/55, AP § 11 ArbGG 1953 Nr. 10.
50 BAG 29.4.1983, 7 AZR 148/81, EzA § 9 ArbGG 1979 Nr. 2.
51 BAG 28.4.2004, 10 AZR 469/03, MDR 2004, 1139.
52 GK-ArbGG/*Bader* § 11 Rn. 82 (Stand Juli 2008).
53 Zum Konkursverwalter (entsprechend jetzt: Insolvenzverwalter), der nicht Verbandsmitglied ist BAG 20.11.1997, 2 AZR 52/97, EzA § 11 ArbGG 1979 Nr. 14.
54 Vgl. BAG 16.5.1975, 2 AZR 147/74, EzA § 11 ArbGG Nr. 1.
55 BAG 8.12.1970, 1 ABR 23/70, AP § 76 BetrVG Nr. 21.
56 Näher dazu m.w.N. GK-ArbGG/*Bader* § 11 Rn. 82 (Stand Juli 2008).
57 Deren Stellung ist zwar nicht die des Anwalts, ihr aber weitgehend angenähert: *Schwab/Weth/Weth* § 11 Rn. 25 ff. m.w.N.
58 Zu Unrecht für Einbeziehung bloßer Zusammenschlüsse gewerkschaftlich organisierter Mitglieder, die keine Gewerkschaften sind, BAG 29.1.1992, 7 ABR 29/91, EzA § 11 ArbGG 1979 Nr. 11.
59 BT-Drucks. 16/3655 S. 93. Sie können nur als Beistände auftreten (§ 23 Abs. 2 AGG).

b) Selbständige Arbeitnehmervereinigungen (Abs. 2 S. 2 Nr. 3)

Nach Abs. 2 S. 2 Nr. 3 sind **selbständige Vereinigungen von Arbeitnehmern mit sozial- oder berufspolitischer Zwecksetzung** (nicht deren Zusammenschlüsse) berechtigt, vor den Arbeitsgerichten (nur) für ihre eigenen **Mitglieder** aufzutreten, nicht hingegen für andere Vereinigungen mit vergleichbarer Ausrichtung und deren Mitglieder. Die genannten Vereinigungen müssen **freiwillig**[60] und **gegnerfrei**[61] sein, ihre Zielsetzung muss schwerpunktmäßig im Bereich der Sozial- oder Berufspolitik liegen, und irgendwelche Mindestanforderungen an die Vereinigung und deren Fähigkeit zur Prozessführung bestehen nicht. Zu diesen zählen die **Katholische Arbeitnehmer-Bewegung (KAB)**, die nicht tariffähigen **Christlichen Gewerkschaften** und der **Verband der Bergmanns-Versorgungsscheininhaber**. 24

c) Gewerkschaften und Arbeitgebervereinigungen (Abs. 2 S. 2 Nr. 4)

Zur Vertretung berechtigt sind gem. **Abs. 2 S. 2 Nr. 4** zunächst **Gewerkschaften und Arbeitgebervereinigungen** – zum Begriff oben Rn. 23 – (einschließlich der jeweiligen **Spitzenverbände** – das Gesetz spricht von Zusammenschlüssen der Gewerkschaften und Vereinigungen von Arbeitgebern) für ihre **Mitglieder**, wenn also das Mitglied Prozesspartei ist. 25

Diese Vertretungsbefugnis ist **erweitert**. Die Bestimmung erlaubt nicht nur die Vertretung eigener Mitglieder, sondern darüber hinaus auch die Vertretung **eines anderen Verbandes** oder Zusammenschlusses **mit vergleichbarer Ausrichtung** und von **deren Mitgliedern**. Man wird insoweit nur auf die **generelle Ausrichtung** abstellen können, also letztlich darauf, ob Arbeitnehmer- oder Arbeitgeberinteressen vertreten werden.[62] Die örtlichen Grenzen und die Branchengrenzen werden damit überschritten. 26

Die Bestimmung spricht eingangs nur von der Vertretung der Mitglieder der Gewerkschaften und Arbeitgebervereinigungen. Entsprechend dem bisherigen Rechtszustand kann sich der postulationsfähige Verband/Zusammenschluss auch **selbst vertreten**. Bestätigt wird dies da- 27

---

60 Daher ausgeschlossen die Arbeitnehmerkammern in Bremen und im Saarland: BVerfG 18.12.1974, 1 BvR 430/65 u. 259/66, BVerfGE 38, 281, 307.
61 LAG Hannover 24.1.1958, 3 Ta 11/58, BB 1958, 596 (Schwerbehinderten, und Kriegsopferverbände daher ausgeschlossen); vgl. indes auch LAG Hamm 19.12.1956, 4 Ta 99/56, BB 1957, 78.
62 *Schwab/Weth/Weth* § 11 Rn. 23; ähnlich GMPM-G/*Germelmann* § 11 Rn. 79, aber etwas einschränkend.

durch, dass er ja auch den Verband mit vergleichbarer Ausrichtung vertreten kann. Bestätigt wird dies auch durch die Regelung in Abs. 4 S. 4 Hs. 1.

d) Juristische Personen für Rechtsberatung und Prozessvertretung (Abs. 2 S. 2 Nr. 5)

28 Abs. 2 S. 2 Nr. 5 sieht schließlich vor, dass **juristische Personen**, deren Anteile sämtlich im wirtschaftlichen Eigentum einer der in Nr. 4 genannten Verbände oder Zusammenschlüsse stehen und die satzungsgemäß ausschließlich **Rechtsberatung und Prozessvertretung** für diese Verbände/Zusammenschlüsse und deren **Mitglieder** durchführen, als Vertreter auftreten können, wenn die Organisation i.S.d. Nr. 4 für die Tätigkeit der juristischen Person als des Bevollmächtigten haftet. Darüber hinaus kann die Prozessvertretung auch erfolgen für **andere Verbände** oder Zusammenschlüsse mit vergleichbarer Ausrichtung und deren Mitglieder. Für das eigene Auftreten der juristischen Person gilt das in Rn. 27 Ausgeführte entsprechend.

III. Gewährleistung ordnungsgemäßer Vertretung (Abs. 3)

29 Bevollmächtigte, die **nicht** nach Maßgabe des Abs. 2 **vertretungsbefugt** sind, werden – zwingend und von Amts wegen – vom Gericht durch **unanfechtbaren Beschluss zurückgewiesen** (Abs. 3 S. 1). Einen automatischen Ausschluss kraft Gesetzes gibt es also nicht.[63] Gegen den Zurückweisungsbeschluss ist allenfalls die Möglichkeit einer Gegenvorstellung oder der Gehörsrüge (§ 78a) gegeben. Den Beschluss erlässt außerhalb der Kammerverhandlung (vgl. § 55 Rn. 1b) der **Vorsitzende** allein (§ 55 Abs. 1 Nr. 11), nachdem zuvor auf Bedenken hingewiesen worden ist (rechtliches Gehör).[64]

30 Der Zurückweisungsbeschluss wirkt rechtsgestaltend **ex nunc** (mit Verkündung oder Zugang). Damit bleiben **Prozesshandlungen** der Bevollmächtigten sowie Zustellungen und Mitteilungen an sie bis zur Zurückweisung wirksam (Abs. 3 S. 2). Ab Erlass des Zurückweisungsbeschlusses kann der zurückgewiesene Prozessbevollmächtigte keine wirksamen Prozesshandlungen mehr vornehmen und auch keine Zustellungen und Mitteilungen mehr entgegennehmen. Die Auswirkungen auf die Möglichkeiten des Erlasses eines Versäumnisurteils regelt **§ 335 Abs. 1 Nr. 5 ZPO**.

---

63 GMPM-G/*Germelmann* § 11 Rn. 132.
64 GMPM-G/*Germelmann* § 11 Rn. 132.

Sofern Bevollmächtigte, die unter Abs. 2 S. 2 Nr. 1 bis 3 fallen (also 31 nicht: Rechtsanwälte und Kammerbeistände, Vertreter von Gewerkschaften und Arbeitgebervereinigungen sowie entsprechender Zusammenschlüsse, Vertreter der juristischen Personen i.S.d. Abs. 2 S. 2 Nr. 5), **nicht in der Lage sind, das Sach- und Streitverhältnis sachgerecht darzustellen,**[65] kann das Gericht ihnen durch unanfechtbaren Beschluss die **weitere Vertretung untersagen** (Abs. 3 S. 3). Den Beschluss erlässt außerhalb der Kammerverhandlung (vgl. § 55 Rn. 1b) der **Vorsitzende** allein (§ 55 Abs. 1 Nr. 11), auch hier nach vorausgegangenem entsprechendem Hinweis (Rn. 29 a.E.). Hier ist ebenfalls § 335 Abs. 1 Nr. 5 ZPO zu beachten.

F. Vertretung im Urteilsverfahren 2. Instanz (Abs. 4)

Im Urteilsverfahren vor den **Landesarbeitsgerichten** können die Par- 32 teien sich **grundsätzlich** nicht selbst vertreten, sie müssen sich durch **Prozessbevollmächtigte** vertreten lassen (Abs. 4 S. 1). Als Bevollmächtigte kommen ausschließlich in der Bundesrepublik Deutschland zugelassene und hier zum Auftreten berechtigte[66] – eine Zulassung beim Landesarbeitsgericht existiert nicht[67] – **Rechtsanwälte** und die **in Abs. 2 S. 2 Nr. 4 und 5 bezeichneten Organisationen** (nicht Abs. 2 S. 2 Nr. 3 !) in Betracht, also Gewerkschaften und Arbeitgebervereinigungen sowie deren Zusammenschlüsse, daneben die juristischen Personen für Rechtsberatung und Prozessführung (Abs. 4 S. 2). **Untervollmacht** kann nur einer ihrerseits postulationsfähigen Person erteilt werden. Eine Partei, die nach Abs. 4 S. 2 zur Vertretung befugt ist, kann sich auch selbst vertreten (Abs. 4 S. 4 Hs. 1).

Die Partei kann damit grundsätzlich **Prozesshandlungen** wirksam we- 33 der vornehmen noch entgegennehmen. Eine Ausnahme ist dann zu machen, wenn eine Partei die selbst eingelegte Berufung auch selbst wieder zurücknimmt.[68] Weitere **Ausnahmen** ergaben sich bisher aus § 78 **Abs. 5 ZPO**, dies ist nunmehr in **Abs. 4 S. 1** selbst geregelt. Soweit es

---

65 Der Prozessverlauf muss wesentlich behindert sein; ähnlich GMPM-G/*Germelmann* § 11 Rn. 135.
66 Der amtlich bestellte Vertreter eines Rechtsanwalts steht dem stets gleich. Vgl. weiter oben Rn. 12, dort auch in Fn. 24 zur Vertretung durch Anwälte aus anderen Staaten.
67 Doch ist hier die Ausnahme für beim BGH zugelassene Rechtsanwälte zu beachten: § 172 Abs. 1 S. 1 BRAO.
68 BGH 22.3.1994, XI ZB 3/94, NJW-RR 1994, 759. Jedenfalls bezüglich der Gerichtsgebühren parallel BAG 17.11.2004, 9 AZN 789/04 (A), AP § 11 ArbGG 1979 Prozessvertreter Nr. 19.

um das Verfahren vor dem beauftragten oder dem ersuchten Richter geht und bei Prozesshandlungen, die vor dem Urkundsbeamten der Geschäftsstelle vorgenommen werden können, kann die Partei die Prozesshandlung auch selbst oder durch eine sonstige nach Abs. 2 S. 2 vertretungsberechtigte Person als Bevollmächtigten (beachte dann aber § 88 Abs. 2 ZPO!) vornehmen. Das betrifft insbesondere die (sofortige) **Beschwerde**. Diese kann von der Partei selbst eingelegt und zurückgenommen werden, auch können von beiden Seiten ohne Vertretungszwang weitere Erklärungen abgegeben werden. Wird jedoch **mündliche Verhandlung** anberaumt, besteht diesbezüglich Vertretungszwang. Ein weiterer wesentlicher Fall ist der **Einspruch gegen ein Versäumnisurteil** des LAG,[69] diesen kann die Partei selbst einlegen.

G. Vertretung im Urteilsverfahren 3. Instanz (Abs. 4)

34 Vor dem **Bundesarbeitsgericht** besteht ebenfalls **Vertretungszwang** (Abs. 4 S. 1). Hier konnte die Vertretung bislang nur durch **Rechtsanwälte** erfolgen, einschließlich der beim Bundesgerichtshof zugelassenen Rechtsanwälte (§ 172 Abs. 1 S. 1 ZPO). Die Vertretungsmöglichkeit durch Rechtsanwälte bleibt erhalten (Abs. 4 S. 2), aber nicht mehr exklusiv. Abs. 4 S. 2 erlaubt nunmehr auch die Vertretung durch die **in Abs. 2 S. 2 Nr. 4 und 5 bezeichneten Organisationen** (nicht Abs. 2 S. 2 Nr. 3!), also durch Gewerkschaften und Arbeitgebervereinigungen sowie deren Zusammenschlüsse, daneben durch die juristischen Personen für Rechtsberatung und Prozessführung (Abs. 4 S. 2) – allerdings mit der Einschränkung, dass diese Organisationen nur durch **Personen mit Befähigung zum Richteramt** handeln können (Abs. 4 S. 3). **Untervollmacht** kann nur einer ihrerseits postulationsfähigen Person erteilt werden. Eine Partei, die nach Abs. 4 S. 2 zur Vertretung befugt ist, kann sich mit der Maßgabe des Abs. 4 S. 3 auch selbst vertreten (Abs. 4 S. 4).

35 Der Vertretungszwang erstreckt sich hier auf die **Rechtsbeschwerde** (§ 574 ZPO), die **Revisionsbeschwerde** (§ 77) und die **Nichtzulassungsbeschwerde** (§ 72a)[70] sowie die Einlegung des **Einspruchs gegen ein Versäumnisurteil** des Bundesarbeitsgerichts.[71] Ansonsten gelten auch hier die in der Rn. 33 dargestellten Einschränkungen, die sich aus

---

69 BAG GS 10.7.1957, 6 S 1/57, AP § 64 ArbGG 1953 Nr. 5. Sonstige Fälle insbesondere: § 44 Abs. 1 ZPO (Ablehnungsgesuch) und Antrag auf Bewilligung von Prozesskostenhilfe.
70 BAG 17.11.2004, 9 AZN 789/04 (A), AP § 11 ArbGG 1979 Prozessvertreter Nr. 19.
71 BAG 4.5.1956, 1 AZR 284/55, AP § 72 ArbGG 1953 Nr. 44.

Abs. 4 S. 1 ergeben. Nicht dem Anwaltszwang unterliegt die **Zustimmung zur Sprungrevision**.[72]

H. Vertretung im Beschlussverfahren

Für das Verfahren in erster Instanz vor den **Arbeitsgerichten** verweist 36
§ 80 Abs. 2 S. 1 auf **§ 11 Abs. 1, 2, 3 und 5 und 6**. Es gelten damit zunächst die oben zur Vertretung im erstinstanzlichen Urteilsverfahren dargestellten Grundsätze, und ergänzend ist auf Rn. 6 zu verweisen. Soweit es um die Vertretung durch einen **Verbandsvertreter** (Abs. 2 S. 2 Nr. 3 bis 5) geht, muss jedenfalls ein Mitglied des Gremiums oder der Stelle Verbandsmitglied sein.[73] Sofern etwa der Betriebsrat einen **Rechtsanwalt** beauftragt, ist bezüglich der Kostentragung § 40 BetrVG zu beachten.

Für die Vertretung in 2. Instanz vor dem **Landesarbeitsgericht** verweist 37
§ 87 Abs. 2 S. 2 ebenfalls auf **§ 11 Abs. 1 bis 3 und 5**, so dass auf das in Rn. 36 Dargestellte Bezug genommen werden kann. Für die **Einlegung und Begründung der Beschwerde** gilt allerdings gem. § 89 Abs. 1 § 11 Abs. 4 und 5 entsprechend. Die **Beschwerdeschrift** muss damit von einem **Rechtsanwalt** oder einem **Verbandsvertreter** i.S.d. Abs. 4 S. 2 Nr. 4 oder 5 **unterzeichnet** sein. Dasselbe gilt für die **Beschwerdebegründung**, die nach dem früheren Rechtszustand diesbezüglich bestehende Unsicherheit ist damit beseitigt.

Für das **Bundesarbeitsgericht** schließlich verweist § 92 Abs. 2 S. 2 38
gleichfalls auf **§ 11 Abs. 1 bis 3 und 5** (dazu Rn. 37). Die **Rechtsbeschwerdeschrift** und die **Rechtsbeschwerdebegründung** müssen jedoch von einem **Rechtsanwalt** oder einem **Verbandsvertreter i.S.d. Abs. 2 S. 2 Nr. 4 oder 5** – hier mit Befähigung zum Richteramt – unterschrieben sein (§ 94 Abs. 1, in dem auf § 11 Abs. 4 und 5 verwiesen wird).

I. Richter als Bevollmächtigte (Abs. 5)

Berufsrichter dürfen zur Stärkung der Unabhängigkeit der Gerichte 39
und zur Vermeidung des Anscheins von Befangenheit in allen Instanzen **nicht** als Bevollmächtigte oder auch als Beistände (Abs. 6 S. 4) **vor**

---

72 BAG 13.10.1982, 5 AZR 65/81, EzA § 76 ArbGG 1979 Nr. 2.
73 BAG 3.12.1954, 1 AZR 381/54, AP § 11 ArbGG 1953 Nr. 7; *Hauck/Helml* § 11 Rn. 28; a.A. *Grunsky* § 11 Rn. 15.

dem Gericht insgesamt (es ist nicht nur der Spruchkörper betroffen, dem der Richter angehört) **auftreten, dem sie angehören** (Abs. 5 S. 1). Gehören sie mehreren Gerichten an (auch im Falle der Abordnung an ein anderes Gericht), gilt das für alle betroffenen Gerichte. Ein Richter gehört dann einem Gericht an, wenn ihm an diesem Gericht ein Richteramt übertragen ist (Beurlaubungen oder längere Abwesenheiten beeinträchtigen dies nicht) oder er an diesem Gericht tätig ist. Gleichgültig ist es, wer vertreten werden soll. Für die **Zurückweisung** gilt Abs. 3 S. 1 und 2 – dazu oben Rn. 29 u. 30 – entsprechend (Abs. 5 S. 3).

40 **Ehrenamtliche Richter** dürfen **nicht** als Bevollmächtigte oder auch als Beistände (Abs. 6 S. 4) **vor dem Spruchkörper** – der Kammer oder dem Senat – **auftreten, dem sie angehören**. Gehören sie aufgrund längerfristiger Zuweisung[74] mehreren Spruchkörpern an, gilt dies für alle betroffenen Spruchkörper. Die Zugehörigkeit zu einer das gesamte Gericht umfassenden Not- oder Eilliste hingegen ist unschädlich, dies stellt keine längerfristige Zuweisung zu einem Spruchkörper i.S.d. Vorschrift dar. Eine **Ausnahme** von dem Vertretungsverbot wird gemacht, wenn der ehrenamtliche Richter Beschäftigter seines Arbeitgebers ist und diesen vertritt (Abs. 5 S. 2 für die Fälle des Abs. 2 S. 2 Nr. 1). Für die **Zurückweisung** gilt hier gleichfalls Abs. 3 S. 1 und 2 – dazu oben Rn. 29 u. 30 – entsprechend (Abs. 5 S. 3).

J. Beistände (Abs. 6)

41 Abs. 6 S. 1 gibt auch die Möglichkeit, sich eines **Beistandes** zu bedienen. Der Beistand tritt **nur in der mündlichen Verhandlung** auf, er trägt lediglich **neben** der (anwesenden) Partei oder neben deren (anwesenden) gesetzlichen Vertreter vor. Er ist nicht Vertreter und bedarf mithin keiner Vollmacht; seine Legitimation ergibt sich aus der Anwesenheit der Partei bzw. des gesetzlichen Vertreters; prozessfähig muss er aber sein.[75] Nach dem neuen Rechtszustand kommt ein Beistand auch **neben einem Prozessbevollmächtigten** in Betracht[76] – die Frage war bislang umstritten. Das von dem Beistand Vorgetragene gilt als von der Partei vorgebracht, soweit es nicht von dieser sofort widerrufen oder berichtigt wird (Abs. 6 S. 5). Beistand kann jede Person sein, die nach Abs. 2 S. 2 als Bevollmächtigter auftreten könnte (Abs. 6 S. 2), mit den sich aus Abs. 5 ergebenden Einschränkungen (Abs. 6 S. 4). Das Gericht

---

74 GMPM-G/*Germelmann* § 11 Rn. 141. Ein Fall von Vertretung in einem anderen Spruchkörper ist unschädlich.
75 *Zöller/Vollkommer* § 90 Rn. 1 und 2.
76 BT-Drucks. 16/3655 S. 91 zur Parallelregelung in § 90 ZPO.

kann darüber hinaus **andere Personen** als Beistand zulassen, wenn dies sachdienlich ist und hierfür nach den Umständen des Einzelfalles ein Bedürfnis besteht (Abs. 6 S. 3), wobei wieder die sich aus Abs. 5 ergebenden Einschränkungen zu beachten sind (Abs. 6 S. 4). Für die **Zurückweisung** und die **Untersagung weiteren Beistands** gilt Abs. 3 S. 1 und 3 – dazu oben Rn. 29 bis 31 – entsprechend (Abs. 6 S. 4). § 12a Abs. 1 S. 1 schließt auch die **Kostenerstattung** für die Zuziehung eines Beistandes aus.

§ 11a Beiordnung eines Rechtsanwalts, Prozesskostenhilfe

(1) ¹Einer Partei, die außerstande ist, ohne Beeinträchtigung des für sie und ihre Familie notwendigen Unterhalts die Kosten des Prozesses zu bestreiten, und die nicht durch ein Mitglied oder einen Angestellten einer Gewerkschaft oder einer Vereinigung von Arbeitgebern vertreten werden kann, hat der Vorsitzende des Arbeitsgerichts auf ihren Antrag einen Rechtsanwalt beizuordnen, wenn die Gegenpartei durch einen Rechtsanwalt vertreten ist. ²Die Partei ist auf ihr Antragsrecht hinzuweisen.

(2) Die Beiordnung kann unterbleiben, wenn sie aus besonderen Gründen nicht erforderlich ist, oder wenn die Rechtsverfolgung offensichtlich mutwillig ist.

(2a) Die Absätze 1 und 2 gelten auch für die grenzüberschreitende Prozesskostenhilfe innerhalb der Europäischen Union nach der Richtlinie 2003/8/EG des Rates vom 27. Januar 2003 zur Verbesserung des Zugangs zum Recht bei Streitsachen mit grenzüberschreitendem Bezug durch Festlegung gemeinsamer Mindestvorschriften für die Prozesskostenhilfe in derartigen Streitsachen (ABl. EG Nr. L 26 S. 41, ABl. EU Nr. L 32 S. 15).

(3) Die Vorschriften der Zivilprozessordnung über die Prozesskostenhilfe und über die grenzüberschreitende Prozesskostenhilfe innerhalb der Europäischen Union nach der Richtlinie 2003/8/EG gelten in Verfahren vor den Gerichten in Arbeitssachen entsprechend.

(4) Das Bundesministerium für Arbeit und Soziales wird ermächtigt, zur Vereinfachung und Vereinheitlichung des Verfahrens durch Rechtsverordnung mit Zustimmung des Bundesrates Formulare für die Erklärung der Partei über ihre persönlichen und wirtschaftlichen Verhältnisse (§ 117 Abs. 2 der Zivilprozessordnung) einzuführen.

Übersicht

		Rn.
A.	Überblick	1
B.	Prozesskostenhilfe	2
	I. Grundsätzliches	2
	II. Anwendungsbereich	4
	1. Personenkreis	4
	2. Instanzen/Verfahrensarten	8
	III. Voraussetzungen	10
	1. Antrag	10

	2. Erklärung über die persönlichen und wirtschaftlichen Verhältnisse / Belege	14
	3. Persönliche und wirtschaftliche Verhältnisse	16
	a) Allgemeines	16
	b) Einkommen	18
	c) Abzüge vom Einkommen	21
	d) Tabelle: monatliche Raten	27
	e) Vermögen	29
	f) Verhältnis Einkommen – Vermögen	33
	4. Hinreichende Aussicht auf Erfolg/keine Mutwilligkeit	34
	5. Beurteilungszeitpunkt	35
IV.	Verfahren bis zur Entscheidung	36
V.	Entscheidung über den Prozesskostenhilfeantrag	39
	1. Zuständigkeit	39
	2. Zeitpunkt der Entscheidung	40
	3. Inhalt der Entscheidung	41
	4. Begründung/Rechtsmittelbelehrung	43
	5. Umfang der Bewilligung	44
	6. Zeitliche Geltung der Bewilligung	45
VI.	Folgen der Bewilligung	46
VII.	Rechtsmittel gegen die Entscheidung gem. § 127 Abs. 1 S. 1 ZPO	50
C. Beiordnung (Abs. 1, 2 und 2a)		54
I.	Grundsätzliches	54
II.	Anwendungsbereich	55
III.	Voraussetzungen	56
	1. Überblick	56
	2. Antrag	57
	3. Vertretung der Gegenseite durch einen Rechtsanwalt	58
	4. Persönliche und wirtschaftliche Verhältnisse	59
	5. Fehlende Vertretungsmöglichkeit durch Gewerkschaft oder Arbeitgebervereinigung	60
IV.	Unterbleiben der Beiordnung (Abs. 2)	61
V.	Verfahren/Entscheidung/Rechtsmittel	62
VI.	Wirkung der Beiordnung	63
D. Beratungshilfe		65
E. Mögliche Reform des Prozesskostenhilferechts		68

A. Überblick

§ 11a regelt einerseits, dass die Vorschriften der ZPO über die Gewährung von **Prozesskostenhilfe** (§§ 114 bis 127a ZPO) und die Vorschriften der ZPO über die **grenzüberschreitende Prozesskostenhilfe innerhalb der Europäischen Union** nach der Richtlinie 2003/8/EG des Rates vom 27.1.2003 zur Verbesserung des Zugangs zum Recht bei Streitsachen mit grenzüberschreitendem Bezug durch Festlegung gemeinsamer Mindestvorschriften für die Prozesskostenhilfe in derartigen Streitsachen (ABl. EG Nr. L 26 S. 41), also § 116 S. 1 Nr. 2 ZPO 1 und die §§ 1076 bis 1078 ZPO, in Verfahren vor den Gerichten für Arbeitssachen entsprechend gelten (vgl. dazu jetzt auch § 13a). Damit wird sichergestellt, dass der Zugang zum Gericht nicht an einer schlechten Einkommens- und Vermögenslage scheitert. Andererseits führt die Vorschrift mit ihren Absätzen 1, 2 und 2a für die finanziell schlecht gestellte Partei zu einer **Waffengleichheit gegenüber der anwaltlich vertretenen Gegenpartei**, indem ihr ein Rechtsanwalt beigeordnet wird. Auch insoweit ordnet Abs. 3 die entsprechende Anwendung der Prozesskostenhilfevorschriften der ZPO an.

B. Prozesskostenhilfe

I. Grundsätzliches

2 Abs. 3 erklärt zunächst die Regelungen der §§ 114 ff. ZPO bezüglich der **Prozesskostenhilfe** für **im arbeitsgerichtlichen Verfahren anwendbar**. Diese Möglichkeit besteht **neben der Beiordnung gem. § 11a Abs. 1**. Die Prozesskostenhilfe stellt sich als **Sozialhilfe für den Bereich der Rechtspflege** dar, was zur Folge hat, dass die §§ 114 ff. ZPO partiell auf Vorschriften des **SGB XII** verweisen. Soweit Prozesskostenhilfe bewilligt ist, ist die Partei von den **Gerichtskosten** und den **Kosten des eigenen Anwalts** befreit bzw. **muss sich** daran lediglich nach Maßgabe festzusetzender Raten oder Beträge aus dem Vermögen **beteiligen** (insoweit zinslose Stundung). **Bestehen bleibt** aber die Verpflichtung, ggf. die **außergerichtlichen gegnerischen Kosten** (einschließlich Anwaltskosten) zu tragen – insoweit hilft die Prozesskostenhilfe nicht.

3 Gewährt wird Prozesskostenhilfe dem **Kläger** oder dem **Beklagten**[1] auf **Antrag**, wenn die beabsichtigte Rechtsverfolgung oder Rechtsverteidigung **hinreichende Aussicht auf Erfolg** bietet und **nicht mutwillig** erscheint (§ 114 S. 1 ZPO). Außerdem müssen die **finanziellen bzw. wirtschaftlichen Voraussetzungen** gegeben sein (§ 114 S. 1 i.V.m. §§ 115, 116 ZPO): Die Partei muss danach die Kosten der Prozessführung nicht, nur zum Teil oder in Raten aufbringen können, soll der Prozesskostenhilfeantrag (jedenfalls partiell) Erfolg haben.

---

[1] Die Parteirolle ist gleichgültig. Auch Nebenintervenienten kann Prozesskostenhilfe bewilligt werden. Bei Streitgenossen sind die Voraussetzungen für jeden von ihnen separat zu prüfen.

II. Anwendungsbereich

1. Personenkreis

Prozesskostenhilfe kann **natürlichen Personen** bewilligt werden, ohne 4
Einschränkungen für **Ausländer** und **Staatenlose**. Für die **grenzüberschreitende Prozesskostenhilfe innerhalb der EU** gelten gem. Abs. 3
ergänzend die §§ **1076 bis 1078 ZPO** entsprechend.[2] Für **Parteien kraft Amtes** und **juristische Personen** bzw. **parteifähige Vereinigungen** gilt
§ **116 ZPO** (nicht §§ 114, 115 ZPO) mit folgendem Wortlaut:

¹Prozesskostenhilfe erhalten auf Antrag

1. eine Partei kraft Amtes, wenn die Kosten aus der verwalteten Vermögensmasse nicht aufgebracht werden können und den am Gegenstand des Rechtsstreites wirtschaftlich Beteiligten nicht zuzumuten ist, die Kosten aufzubringen;

2. eine juristische Person oder parteifähige Vereinigung, die im Inland, in einem anderen Mitgliedsstaat der Europäischen Union oder in einem anderen Vertragsstaat des Abkommens über den Europäischen Wirtschaftsraum gegründet und dort ansässig ist, wenn die Kosten weder von ihr noch von den am Gegenstand des Rechtsstreits wirtschaftlich Beteiligten aufgebracht werden können und wenn die Unterlassung der Rechtsverfolgung oder Rechtsverteidigung allgemeinen Interessen zuwiderlaufen würde.

²§ 114 letzter Halbsatz ist anzuwenden. ³Können die Kosten nur zum Teil oder nur in Teilbeträgen aufgebracht werden, so sind die entsprechenden Beträge zu zahlen.

Bei der **Partei kraft Amtes** (speziell: **Insolvenzverwalter**) kommt es 5
nicht darauf an, ob es sich um eine inländische oder ausländische handelt. Für die Frage, ob die **Kosten** aus der verwalteten Vermögensmasse **nicht aufgebracht** werden können, ist beim Insolvenzverwalter darauf abzustellen, ob der nach Abzug der Masseschulden und Massekosten verbleibende Bestand nicht ausreicht, was bei Masseunzulänglichkeit i.S.v. § 208 InsO grundsätzlich anzunehmen ist. **Wirtschaftlich beteiligt** sind diejenigen, deren endgültigem Nutzen der Rechtsstreit dienen soll.[3] Hinsichtlich der Frage der **Zumutbarkeit der Kostenaufbringung** ist grundsätzlich das Verhältnis des vom Prozess zu erwartenden Nutzens zu den aufzubringenden Kosten maßgebend.[4] Dazu existiert eine

---

2 Dazu sind mit Verordnung der Bundesjustizministerin vom 21.12.2004 (BGBl. I S. 3538) Vordrucke eingeführt.
3 *Thomas/Putzo-Reichold* § 116 Rn. 1.
4 BGH 20.9.1994, X ZR 20/93, NJW 1994, 3170.

reichhaltige und durchaus nicht einheitliche Rechtsprechung, wofür auf die Kommentierungen zu § 116 ZPO zu verweisen ist.

6 Bei **juristischen Personen** kommen nun nach der Änderung des § 116 S. 1 Nr. 2 ZPO mit Wirkung vom 21.12.2004 nicht mehr nur **inländische** in Betracht, sondern auch **ausländische**, sofern sie im Inland, **in einem anderen Mitgliedstaat der Europäischen Union** oder in **einem anderen Vertragsstaat des Abkommens über den Europäischen Wirtschaftsraum gegründet und dort**[5] ansässig sind. Zu den angesprochenen **parteifähigen Vereinigungen** gehören speziell die KG und die oHG. **Wirtschaftlich Beteiligte** (Rn. 5) können hier vor allem sein die Gesellschafter und stillen Teilhaber bzw. die Mitglieder, daneben Mitglieder des Vorstands,[6] nicht aber wegen dessen Funktion die Mitglieder des Aufsichtsrates.[7] Maßgebend ist bei § 116 S. 1 Nr. 2 ZPO nur, ob die **Kosten nicht** (bzw. nur zum Teil oder in Teilbeträgen: § 116 S. 3 ZPO) **aufgebracht** werden können, auf die Frage der Zumutbarkeit kommt es hier nicht an. Außerdem muss die Unterlassung der Rechtsverfolgung oder Rechtsverteidigung **allgemeinen Interessen** zuwiderlaufen. Dies ist dann der Fall, wenn ohne die Durchführung des Rechtsstreites die Erfüllung der Allgemeinheit dienender Aufgaben be- oder verhindert würde oder wenn die Entscheidung größerer Kreise der Bevölkerung oder des Wirtschaftslebens anspricht und soziale Wirkungen wie den Verlust einer größeren Zahl von Arbeitsplätzen oder der Schädigung einer Vielzahl von Gläubigern in erheblicher Weise nach sich ziehen würde. Das Einzelinteresse an einer richtigen Entscheidung ist hierbei ohne Belang,[8] ebenso etwa die Tatsache, dass es sich um eine Rechtsfrage von allgemeinem Interesse handelt.

7 Nach § 116 S. 2 ZPO ist der letzte Halbsatz des § 114 ZPO anzuwenden. Die Rechtsverfolgung oder Rechtsverteidigung muss also jeweils **hinreichende Aussicht** auf Erfolg bieten und darf **nicht mutwillig** erscheinen. Im Übrigen kommt die Anordnung nur der Zahlung eines **Teiles der Kosten** oder der Zahlung von **mehreren Teilbeträgen** in Betracht, wenn die Kosten nur so aufgebracht werden können (§ 116 S. 3 ZPO). Es sind dann wie sonst Höhe und Zeitpunkt(e) der Zahlung(en) festzusetzen (§ 120 Abs. 1 ZPO). Die Tabelle des § 115 ZPO ist hierfür ohne Interesse. Ebenso gilt hier nicht die Höchstgrenze von 48 Monatsraten

---

5 Sie muss nicht im Gründungsstaat ansässig sein. Es genügt, wenn sie jetzt ihren Sitz im Inland, in einem EU-Mitgliedsstaat oder in einem Mitgliedsstaat des EWR hat.
6 *Musielak/Fischer* § 116 Rn. 14.
7 A.A. *Thomas/Putzo-Reichold* § 116 Rn. 5, dort sind auch die Gläubiger angeführt, was nicht unproblematisch ist.
8 LAG Bremen 5.11.1986, 4 SHa 6/86, AP § 116 ZPO Nr. 2.

gem. § 115 Abs. 1 S. 4 ZPO; im Rahmen des Angeordneten müssen also Teilzahlungen geleistet werden, bis die Kosten abgedeckt sind.

2. Instanzen/Verfahrensarten

In **allen Instanzen** kann Prozesskostenhilfe gewährt werden, und zwar jeweils für die betreffende Instanz (§ 119 S. 1 ZPO). Dies gilt im Verfahren der **Nichtzulassungsbeschwerde** auch für den Beschwerdegegner.[9] In Frage kommt die Prozesskostenhilfe für alle **selbständigen Gerichtsverfahren**, z.B. für das **selbständige Beweisverfahren** der §§ 485 ff. ZPO, für das **Mahnverfahren** (§ 46a Rn. 18), für die Verfahren von **Arrest** und **einstweiliger Verfügung** sowie für einzelne **Vollstreckungsmaßnahmen**, weiter für Wiederaufnahmeverfahren und die Anschließung an ein Rechtsmittel.[10] Es gibt jedoch **keine Prozesskostenhilfe für außergerichtliche Vergleichsverhandlungen**; insofern greift das **Beratungshilfegesetz** Platz (vgl. dazu unten Rn. 63 ff.). Für das Verfahren vor dem **Ausschuss gem. § 111 Abs. 2 ArbGG** kann schon deswegen Prozesskostenhilfe nicht bewilligt werden, weil es sich nicht um ein gerichtliches Verfahren handelt.

8

Die Vorschriften der §§ 114 ff. ZPO sind auch im **arbeitsgerichtlichen Beschlussverfahren** anwendbar. Dass § 114 ZPO nur von Parteien spricht, nicht aber von Beteiligten, wie sie das Beschlussverfahren kennt, ist unschädlich. Soweit es sich um **Stellen** handelt, die im Beschlussverfahren beteiligt sein können (§ 10 ArbGG, speziell dessen 2. Hs.[11]), wird die Frage der Prozesskostenhilfebewilligung freilich in aller Regel nicht praktisch, weil § 40 Abs. 1 BetrVG (Kostentragung durch den Arbeitgeber) eingreift, damit nicht die erforderlichen negativen wirtschaftlichen Verhältnisse vorliegen.[12] Dann ist **§ 116 S. 1 Nr. 2 ZPO** – dort ist ausdrücklich von parteifähigen Vereinigungen die Rede[13] – anzuwenden.[14] Allgemein wird man sagen müssen, dass wegen

9

---

9 BAG 28.4.1980, 6 AZN 96/80, AP § 72a ArbGG 1979 Nr. 6.
10 Für die Prozesskostenhilfebewilligung im Rahmen des PKH-Verfahrens vgl. *Thomas/Putzo-Reichold* § 114 Rn. 1 m.w.N. Für die Frage der Prozesskostenhilfebewilligung bei Stufenklagen vgl. *Musielak/Fischer* § 114 Rn. 10 bis 12 m.w.N.
11 Vgl. dazu die Erläuterungen zu § 10.
12 LAG Hamm 13.2.1990, 7 TaBV 9/90, LAGE § 115 ZPO Nr. 42: anders, wenn der Betriebsrat belegen kann, dass die Kosten der Prozessvertretung auch mit Hilfe gerichtlicher Inanspruchnahme nicht durchzusetzen ist. GMPM-G/*Germelmann* § 11a Rn. 15 und *OKS* Rn. 330 verlangen vorrangig den Versuch der Durchsetzung im einstweiligen Verfügungsverfahren; a.A. GK-ArbGG/*Bader* § 11a Rn. 22.
13 Vgl. für die hier in Frage kommenden Stellen und deren Beteiligtenfähigkeit § 10 Rn. 5 ff.
14 LAG Rheinland-Pfalz 4.5.1990, 9 Ta 88/90, LAGE § 116 ZPO Nr. 1.

der Zwecksetzung des Beschlussverfahrens und der betrieblichen Relevanz der diesbezüglichen gerichtlichen Entscheidung die Unterlassung der Rechtsverfolgung oder Rechtsverteidigung allgemeinen Interessen zuwiderlaufen würde.

III. Voraussetzungen

1. Antrag

10 Es ist ein **unterschriebener Antrag** an das jeweils zuständige Gericht – ggf. mit Hilfe des § 129a ZPO – notwendig (§ 117 Abs. 1 ZPO).[15] Dieser bedarf allerdings **keiner besonderen Form**, er kann auch in der mündlichen Verhandlung oder vor der **Geschäftsstelle zu Protokoll** erklärt werden (§ 117 Abs. 1 S. 1, Hs. 2 ZPO), womit der Antrag **nicht** dem **Vertretungszwang** unterliegt (§ 78 Abs. 5 ZPO). Wird kommentarlos nur ein ausgefüllter und unterschriebener Erklärungsvordruck gem. § 117 Abs. 4 ZPO eingereicht, ist durch Nachfrage (§ 139 Abs. 1 ZPO) zu klären, ob damit tatsächlich ein Antrag auf Bewilligung von Prozesskostenhilfe gestellt werden soll. Die Darstellung des **Streitverhältnisses** (§ 117 Abs. 1 S. 2 ZPO) ist regelmäßig entbehrlich, da es sich aus dem Akteninhalt ergibt. Zweckmäßig ist es, in dem Antrag bereits den **Anwalt der Wahl** (§ 121 Abs. 1 ZPO) zu benennen.

11 Ist eine **Verjährungsfrist** zu wahren, wird diese bereits durch die Einreichung des ersten **Prozesskostenhilfeantrags** gehemmt (§ 204 Abs. 1 Nr. 14 BGB). Das Gesetz stellt an sich auf die Veranlassung der Bekanntgabe ab, doch führt § 204 Abs. 1 Nr. 14 Hs. 2 BGB wie bei § 167 ZPO zur Rückbeziehung auf den Zeitpunkt der Einreichung. Ansonsten kann der fristgerecht gestellte, ordnungsgemäße und mit der Erklärung über die persönlichen und wirtschaftlichen Verhältnisse sowie den erforderlichen Belegen versehene Prozesskostenhilfeantrag einen **Wiedereinsetzungsantrag** rechtfertigen (§§ 233 ff. ZPO) – bezüglich der **Rechtsmittelbegründungsfrist** ist § 234 Abs. 1 S. 2 ZPO zu beachten.[16]

12 Ein abgelehnter Prozesskostenhilfeantrag kann grundsätzlich **wiederholt** werden – die Ablehnung erwächst nicht in materieller Rechtskraft –, wenn sich der Sachverhalt geändert hat oder wenn der Antrag zu-

---

15 Rücknahme ist möglich.
16 Ein **Antrag gem. § 5 KSchG** wird freilich nicht in Betracht kommen, da die Erhebung der Feststellungsklage, möglich ohne Anwalt und ohne Prozesskostenvorschuss, nicht an den finanziellen Möglichkeiten scheitern kann: BBDK/ *Kriebel* § 5 KSchG Rn. 105 m.w.N.

nächst wegen Nichtbenutzung des Vordruckes (§ 117 Abs. 4 ZPO) abgelehnt worden bzw. an § 118 Abs. 2 S. 4 ZPO gescheitert ist.[17]

Der Antragsteller kann die **Klageeinreichung** oder die **Einlegung** 13 **eines Rechtsmittels** mit dem Antrag auf Bewilligung von **Prozesskostenhilfe verbinden,** er kann aber auch die **Prozesskostenhilfe** beantragen etwa **für eine erst zu erhebende Klage.** Es ist jeweils im Weg der Auslegung zu ermitteln, was gewollt ist.[18] Eine bedingte, nämlich von der Bewilligung von Prozesskostenhilfe abhängig gemachte Rechtsmitteleinlegung wird nicht für zulässig gehalten. Eine entsprechende Bedingung bei der Klageerhebung wird hingegen zum Teil für möglich erachtet.[19]

2. Erklärung über die persönlichen und wirtschaftlichen Verhältnisse/Belege

Gemäß § 117 Abs. 2 S. 1 ZPO ist dem Antrag eine **Erklärung der Partei** 14 **über die persönlichen und wirtschaftlichen Verhältnisse** (Familienverhältnisse, Beruf, Vermögen, Einkommen, und Lasten) beizufügen, und zwar mit den **entsprechenden Belegen.** Hinsichtlich der Erklärung sieht § 11a Abs. 4 die Ermächtigung – hier das Bundesministerium für Arbeit und Soziales – zur **Einführung von Formularen** über diese Erklärung der Partei im Wege der Rechtsverordnung vor. Die Partei **muss sich des Formulars bedienen** (§ 117 Abs. 4 ZPO).[20] Davon **befreit** sind nach der Verordnung **Parteien kraft Amtes, juristische Personen** und **parteifähige Vereinigungen.** Eine Partei, die nach dem **SGB XII laufende Leistungen zum Lebensunterhalt** bezieht, muss die Abschnitte E bis J des Formulars zunächst nicht ausfüllen, wenn sie der Erklärung den letzten Bewilligungsbescheid des Sozialamtes beifügt; das Gericht kann dann aber die Benutzung des Formulars anordnen.

Bei dem Gebot, das Formular zu benutzen, handelt es sich jedoch **nicht** 15 um ein **prozessuales Zulässigkeitserfordernis.** Unschädlich ist damit auch die **fehlende Unterschrift** unter dem (ansonsten ausgefüllten) Formular, wenn feststeht, dass die Erklärung von dem Antragsteller stammt. Schließlich sind **Lücken** im Ausfüllen des Erklärungsformulars jedenfalls unschädlich, wenn diese Lücken durch beigefügte Belege

---

17 GK-ArbGG/*Bader* § 11a Rn. 30 m.w.N.
18 *Musielak/Fischer* § 117 Rn. 5 m.w.N. zu den denkbaren Varianten der Koppelung von Prozesskostenhilfeantrag und Klage.
19 Zum Meinungsstand *Thomas/Putzo-Reichold* § 117 Rn. 4; *Zöller/Philippi* § 117 Rn. 7.
20 Abgedruckt mit dem entsprechenden Hinweisblatt bei GK-ArbGG/*Bader* Anhang 1 zu § 11a.

klar und zweifelsfrei geschlossen werden. Ebenso führt das **Fehlen einzelner Belege** nicht zur Unzulässigkeit des Antrags. Zu den Folgen von Lücken und unvollständigen Unterlagen Rn. 37.

3. Persönliche und wirtschaftliche Verhältnisse

a) Allgemeines

16 Ob und in welchem Umfang der Partei Prozesskostenhilfe gewährt werden kann, ergibt sich bei der sog. **Naturalpartei** nach § 114 ZPO daraus, ob sie die Kosten der Prozessführung nicht, nur zum Teil oder nur in Raten aufbringen kann. Maßgebend dafür sind die **persönlichen und wirtschaftlichen Verhältnisse**. Was unter diesen zu verstehen ist, stellt § 117 Abs. 2 S. 1 in dem Klammerzusatz im Wege der Legaldefinition klar: Familienverhältnisse, Beruf, Vermögen, Einkommen und Lasten. Bei **gesetzlicher Prozessstandschaft** kommt es für die Beurteilung der persönlichen und wirtschaftlichen Verhältnisse auch auf den Rechtsinhaber an.[21]

17 Welche Auswirkungen die genannten persönlichen und wirtschaftlichen Verhältnisse auf die Bewilligung von Prozesskostenhilfe im Einzelnen haben, lässt sich aus **§ 115 ZPO,** der darin enthaltenen **Tabelle** und den dort vorgenommenen **Verweisungen** entnehmen – insgesamt eine recht komplizierte und für den Rechtsunterworfenen wenig durchsichtige Regelung. Es kommt darauf an, ob und inwieweit die Partei **Einkommen** und **Vermögen** einzusetzen hat. **§ 115 ZPO lautet** mit Wirkung vom 1.4.2005[22] wie folgt:

§ 115 Einsatz von Einkommen und Vermögen

(1) ¹Die Partei hat ihr Einkommen einzusetzen. ²Zum Einkommen gehören alle Einkünfte in Geld oder Geldeswert. ³Von ihm sind abzusetzen:

1. a) die in § 82 Abs. 2 des Zwölften Buches Sozialgesetzbuch bezeichneten Beträge;

   b) bei Parteien, die ein Einkommen aus Erwerbstätigkeit erzielen, ein Betrag in Höhe von 50 vom Hundert des höchsten durch Rechtsverordnung nach § 28 Abs. 2 Satz 1 des Zwölften Buches Sozialgesetzbuch festgesetzten Regelsatzes für den Haushaltsvorstand;

---

21 *Schwab/Weth/Vollstädt* § 11a Rn. 35, dort auch zur Frage der Beurteilung bei einer **Abtretung**.
22 Übergangsregelung in Art. 30 EGZPO.

2. a) für die Partei und ihren Ehegatten oder ihren Lebenspartner jeweils ein Betrag in Höhe des um 10 vom Hundert erhöhten höchsten durch Rechtsverordnung nach § 28 Abs. 2 Satz 1 des Zwölften Buches Sozialgesetzbuch festgesetzten Regelsatzes für den Haushaltsvorstand;

b) bei weiteren Unterhaltsleistungen auf Grund gesetzlicher Unterhaltspflicht für jede unterhaltsberechtigte Person 70 vom Hundert des unter Buchstabe a genannten Betrages;

3. die Kosten der Unterkunft und Heizung, soweit sie nicht in einem auffälligen Missverhältnis zu den Lebensverhältnissen der Partei stehen;

4. weitere Beträge, soweit dies mit Rücksicht auf besondere Belastungen angemessen ist; § 1610a des Bürgerlichen Gesetzbuchs gilt entsprechend.

[4]Maßgeblich sind die Beträge, die zum Zeitpunkt der Bewilligung der Prozesskostenhilfe gelten. [5]Das Bundesministerium der Justiz gibt jährlich die vom 1. Juli bis zum 30. Juni des Folgejahres maßgebenden Beträge nach Satz 3 Nr. 1 Buchstabe b und Nr. 2 im Bundesgesetzblatt bekannt. [6]Diese Beträge sind, soweit sie nicht volle Euro ergeben, bis zu 0,49 Euro abzurunden und von 0,50 Euro an aufzurunden. [7]Die Unterhaltsfreibeträge nach Satz 3 Nr. 2 vermindern sich um eigenes Einkommen der unterhaltsberechtigten Person. [8]Wird eine Geldrente gezahlt, so ist sie anstelle des Freibetrages abzusetzen, soweit dies angemessen ist.

(2) Von dem nach den Abzügen verbleibenden, auf volle Euro abzurundenden Teil des monatlichen Einkommens (einzusetzendes Einkommen) sind unabhängig von der Zahl der Rechtszüge höchstens achtundvierzig Monatsraten aufzubringen, und zwar bei einem

einzusetzenden Einkommen (Euro)		eine Monatsrate von (Euro)
bis	15	0
	50	15
	100	30
	150	45
	200	60
	250	75
	300	95
	350	115

einzusetzenden Einkommen (Euro)		eine Monatsrate von (Euro)
	400	135
	450	155
	500	175
	550	200
	600	225
	650	250
	700	275
	750	300
über	750	300 zuzüglich des 750 übersteigenden Teils des einzusetzenden Einkommens

(3) ¹Die Partei hat ihr Vermögen einzusetzen, soweit dies zumutbar ist. ²§ 90 des Zwölften Buches Sozialgesetzbuch gilt entsprechend.

(4) Prozesskostenhilfe wird nicht bewilligt, wenn die Kosten der Prozessführung der Partei vier Monatsraten und die aus dem Vermögen aufzubringenden Teilbeträge voraussichtlich nicht übersteigen.

Damit ist die Regelung bezüglich der Prozesskostenhilfe an den sozialhilferechtlichen Eckregelsatz des § 28 SGB XII angepasst.

b) Einkommen

18 Nach dem Gesetz hat die Partei zunächst ihr **Einkommen einzusetzen** (§ 115 Abs. 1 S. 1 ZPO). Zum Einkommen gehören **alle Einkünfte in Geld oder Geldeswert** (§ 115 Abs. 1 S. 2 ZPO). Dieses Einkommen ist zu **ermitteln** (regelmäßig mit Hilfe des zu verwendenden Formulars, s. Rn. 14), es **vermindert sich** durch die in § 115 Abs. 1 S. 3 ZPO aufgeführten Positionen, wobei Satz 3 durch die neu eingefügten Sätze 4 bis 8 ergänzt wird. Der sich ergebende Betrag stellt schließlich das **einzusetzende Einkommen** dar, nach dem sich aus der **Tabelle** (in § 115 Abs. 2 ZPO) die Höhe der monatlichen **Raten** aus dem Einkommen ablesen lässt. Eine exakte Berechnung ist geboten.

19 Der **Einkommensbegriff** des § 115 Abs. 1 S. 2 ZPO entspricht bewusst (Rn. 2) dem **sozialrechtlichen** (nicht etwa: steuerrechtlichen). Es kommt dabei nur auf die **Einkünfte der Partei selbst** an, und zwar auf das, was **aktuell und tatsächlich zufließt**, unabhängig von der Rechtsnatur und unabhängig von den steuerrechtlichen Regelungen.

§ 11a

Zum Einkommen **im Einzelnen** zählen insbesondere[23]: 20

- **Arbeitseinkommen** (Einkommen aus nichtselbständiger Tätigkeit), das gezahlt wird und nicht wirksam abgetreten ist: Lohn oder Gehalt selbst einschließlich aller Zuschläge und etwaiger Vergütung für Über- oder Mehrarbeit,[24] Urlaubs- und Weihnachtsgeld, Gratifikationen, Tantiemen, eventuelle Sachbezüge (vgl. unten »Naturalleistungen«) und Ruhegelder. Weihnachts- und Urlaubsgeld sowie ähnliche nur einmal pro Jahr gezahlte Vergütungen sind in aller Regel anteilig auf die einzelnen Monate des gesamten betreffenden Jahres umzulegen;

- **Essenzuschüsse:** Soweit ein solcher Zuschuss direkt an den Antragsteller ausgezahlt wird, handelt es sich um Einkommen, auch wenn es nicht um erhebliche Beträge geht.[25] Wenn aber der Zuschuss nur indirekt dem Antragsteller zugute kommt, indem er ihm ermöglicht, verbilligte Mahlzeiten einzunehmen, liegt kein Einkommen vor;[26]

- Einkünfte aus **Kapitalvermögen** (z.B. Sparzinsen und Dividenden): maßgebend ist ein Zwölftel der voraussichtlichen Jahreseinnahmen, wovon freilich Steuern auf die Zinsen oder den sonstigen Kapitalertrag und die mit der Erzielung der Einkünfte verbundenen notwendigen Ausgaben bereits abzuziehen sind;

- **Kindergeld:** Einkommen bei demjenigen, der es tatsächlich erhält.[27] Bei anderer Sichtweise müsste man Einkommen der Kinder annehmen, was dann zur Berücksichtigung im Rahmen des § 115 Abs. 1 S. 7 ZPO führen würde;

- **Lohnersatzleistungen** wie Krankengeld oder Arbeitslosengeld;

- **Naturalleistungen** wie Kost und Logis, Deputate, die Gewährung von Kleidung, die (kostenlose) Überlassung einer Dienstwohnung oder eines Pkws. Maßgebend ist nach § 2 der Verordnung zu § 82 SGB XII, soweit sich darin Festsetzungen finden, die jeweilige Sachbezugsverordnung gem. § 17 Abs. 2 SGB IV;

---

23 Vgl. dazu mit zahlreichen Nachweisen insbes. aus der OLG-Rspr. etwa *Musielak/Fischer* § 115 Rn. 3 bis 9. Man kann ergänzend auf die an sich hier nicht geltende Verordnung zu § 82 SGB XII (früher § 76 BSHG) zurückgreifen: *Christl* NJW 1981, 785 f.
24 *Christl* NJW 1981, 785, 787.
25 A.A. *Musielak/Fischer* § 115 Rn. 3.
26 GMPM-G/*Germelmann* § 11a Rn. 27 m.w.N.; *Schwab/Weth/Vollstädt* § 11a Rn. 42.
27 Etwa LAG Berlin 2.9.1992, 9 Ta 15/92, LAGE § 115 ZPO Nr. 47; a.A. etwa LAG Rheinland-Pfalz 24.3.1988, 1 Ta 42/88, LAGE § 115 ZPO Nr. 33.

§ 11a   Beiordnung eines Rechtsanwalts, Prozesskostenhilfe

- **Renten:** Renten aller Art gehören zum Einkommen, es sei denn, es ist spezialgesetzlich ausdrücklich vorgeschrieben, dass die Rente nicht als Einkommen anzusehen ist;

- **Selbständige Arbeit:** Einkommen hieraus ist berücksichtigungsfähig. Abzustellen wird dazu regelmäßig auf die Einnahmenüberschussrechnung für das Vorjahr sein, also im Ergebnis auf ein Zwölftel davon;

- **SGB XII – Leistungen danach:**[28] eine Ausnahme ist indes zu machen für die **Hilfe zum Lebensunterhalt** (§§ 27 ff. SGB XII), die nach richtiger Ansicht **nicht** als Einkommen zu berücksichtigen ist;[29]

- **Sozialleistungen für Aufwendungen infolge von Körper- und Gesundheitsschäden:** Insoweit verweist § 115 Abs. 1 S. 3 Nr. 4 ZPO auf § 1610a BGB, was im Ergebnis dazu führt, dass man diese Sozialleistungen, die man ansonsten erst anzusetzen und sodann in gleicher Höhe wieder abzusetzen hätte, aus Praktikabilitätsgründen bereits bei der Einkommensermittlung unberücksichtigt lässt;[30]

- **Sozialleistungen (sonstige): Unterhaltsgeld** der Agentur für Arbeit stellt Einkommen dar.[31] Hingegen sind Leistungen für **Kindererziehung** nach §§ 294, 299 SGB VI nicht als Einkommen zu werten. Ebenso bleiben aufgrund ausdrücklicher Bestimmung in § 10 Abs. 1 BEEG bis zu einer Höhe von 300 Euro (der Betrag vervielfacht sich bei Mehrlingsgeburten: § 10 Abs. 4 BEEG) das **Elterngeld**, vergleichbare Leistungen der Länder sowie die nach § 3 BEEG auf das Elterngeld angerechneten Leistungen als Einkommen unberücksichtigt;

- **Verdienstmöglichkeiten:** Ungenützte Verdienstmöglichkeiten werden regelmäßig kein Einkommen darstellen.[32] Allerdings sollen dann, wenn einem Dritten ständig unentgeltlich Dienste geleistet werden, die normalerweise vergütet oder normalerweise höher vergütet werden, die möglichen Vergütungsansprüche zum Einkommen rechnen.[33] Entzieht sich der Antragsteller zumutbarer Arbeit, so ist in klaren Fällen das erzielbare Einkommen hier anzusetzen, wobei die

---

28 *Musielak/Fischer* § 115 Rn. 4 und vor § 114 Rn. 5.
29 *Zöller/Philippi* § 115 Rn. 18 m.w.N.; a.A. *Musielak/Fischer* § 115 Rn. 4 m.w.N.
30 *Zöller/Philippi* § 115 Rn. 16 f. Wegen des nunmehrigen Arbeitslosengeldes II vgl. oben zu »Lohnersatzleistungen«.
31 LAG Bremen 8.1.1988, 1 Ta 1/88, LAGE § 115 ZPO Nr. 26.
32 *Christl* NJW 1981, 785 (786); a.A. *Musielak/Fischer* § 115 Rn. 8 m.w.N.: grundsätzlich strenger.
33 *Musielak/Fischer* § 115 Rn. 8.

Grenze zum vorsätzlich rechtsmissbräuchlichen Verhalten nicht überschritten zu sein braucht;[34]

- **Vermietung und Verpachtung:** Maßgebend ist hier ein Zwölftel der voraussichtlichen Jahreseinnahmen.

Nicht zum Einkommen zählen z.B. **vermögenswirksame Leistungen** und das **Wohngeld** – dieses reduziert vielmehr die abzuziehenden (Rn. 24) Unterkunftskosten,[35] ebenso nicht **Abfindungen**.

c) Abzüge vom Einkommen

Die **Abzüge vom Einkommen,** das nach den vorstehenden Grundsätzen brutto ermittelt ist, regelt § 115 Abs. 1 S. 3 bis 8 ZPO. Darin wird zunächst in Nr. 1 Buchst. a verwiesen auf **§ 82 Abs. 2 SGB XII,** der wie folgt lautet: 21

§ 82 Begriff des Einkommens

(1) ¹Zum Einkommen gehören alle Einkünfte in Geld oder Geldeswert mit Ausnahme der Leistungen nach diesem Buch, der Grundrente nach dem Bundesversorgungsgesetz und nach den Gesetzen, die eine entsprechende Anwendung des Bundesversorgungsgesetzes vorsehen und der Renten oder Beihilfen nach dem Bundesentschädigungsgesetz für Schaden an Leben sowie an Körper oder Gesundheit, bis zur Höhe der vergleichbaren Grundrente nach dem Bundesversorgungsgesetz. ²Bei Minderjährigen ist das Kindergeld dem jeweiligen Kind als Einkommen zuzurechnen, soweit es bei diesem zur Deckung des notwendigen Lebensunterhaltes benötigt wird.

(2) Von dem Einkommen sind abzusetzen

1. auf das Einkommen entrichtete Steuern,

2. Pflichtbeiträge zur Sozialversicherung einschließlich der Beiträge zur Arbeitsförderung,

3. Beiträge zu öffentlichen oder privaten Versicherungen oder ähnlichen Einrichtungen, soweit diese Beiträge gesetzlich vorgeschrieben oder nach Grund und Höhe angemessen sind, sowie geförderte Altersvorsorgebeiträge nach § 82 des Einkommensteuergesetzes, soweit sie den Mindesteigenbeitrag nach § 86 des Einkommensteuergesetzes nicht überschreiten,

---

34 *Musielak/Fischer* § 115 Rn. 8; ähnlich GMPM-G/*Germelmann* § 11a Rn. 34.
35 A.A. *Zöller/Philippi* § 115 Rn. 15 m.w.N.

§ 11a Beiordnung eines Rechtsanwalts, Prozesskostenhilfe

4. die mit der Erzielung des Einkommens verbundenen notwendigen Ausgaben,

5. das Arbeitsförderungsgeld und Erhöhungsbeträge des Arbeitsentgelts im Sinne von § 43 S. 4 des Neunten Buches.

(3) ¹Bei der Hilfe zum Lebensunterhalt und Grundsicherung im Alter und bei Erwerbsminderung ist ferner ein Betrag in Höhe von 30 vom Hundert des Einkommens aus selbständiger und nichtselbständiger Tätigkeit der Leistungsberechtigten abzusetzen. ²Abweichend von Satz 1 ist bei einer Beschäftigung in einer Werkstatt für behinderte Menschen von dem Entgelt ein Achtel des Eckregelsatzes zuzüglich 25 vom Hundert des diesen Betrag übersteigenden Entgelts abzusetzen. ³Im Übrigen kann in begründeten Fällen ein anderer als in Satz 1 festgelegter Betrag vom Einkommen abgesetzt werden.

(4) ¹Lebt eine Person in einer teilstationären oder stationären Einrichtung, kann die Aufbringung der Mittel für Leistungen nach dem Dritten Kapitel von ihr verlangt werden, soweit Aufwendungen für den häuslichen Lebensunterhalt erspart werden. ²Darüber hinaus soll in angemessenem Umfang die Aufbringung der Mittel verlangt werden von Personen, die auf voraussichtlich längere Zeit der Pflege in einer Einrichtung bedürfen, solange sie nicht einen anderen überwiegend unterhalten.

22 Hinsichtlich **§ 82 Abs. 2 Nr. 3 SGB XII** müssen die Beiträge, sofern sie nicht **gesetzlich vorgeschrieben** sind (so: für Kfz-Haftpflichtversicherung oder für freiwillige Mitgliedschaft in gesetzlicher Kranken- bzw. Rentenversicherung) nach Grund und Höhe **angemessen** sein. Betreffend **§ 82 Abs. 2 Nr. 4 SGB XII** ist für die sog. **Werbungskosten** bei nichtselbständiger Arbeit auf § 3 Abs. 4 bis 7 der Verordnung zu § 82 SGB XII zu verweisen.[36]

23 § 115 Abs. 1 S. 3 Nr. 1 Buchst. b bis Nr. 4 ZPO spricht die **übrigen kumulativen Abzugspositionen** an: **Nr. 1 Buchst. b** betrifft den Abzugsbetrag für **Einkommen aus Erwerbstätigkeit**. **Nr. 2 Buchst. a** betrifft die **Beträge für die Partei und für unterhaltsberechtigte Personen**, **Nr. 2 Buchst. b** die für jede **weitere unterhaltsberechtigte Person**. Diese Festlegungen sind auch aus verfassungsrechtlichen Gründen so gestaltet, dass das Existenzminimum untangiert bleibt und die erforderliche Dynamisierung gewährleistet ist. Die sich ergebenden Beträge – welche maßgeblich sind, bestimmt § 115 Abs. 1 S. 4 ZPO – werden im Interesse klarer Handhabung jährlich vom Bundesministerium für Justiz im Bun-

---

36 A.A. *Kohte* DB 1981, 1175: § 9 EStG; gleichfalls auf das Steuerrecht abstellend GMPM-G/*Germelmann* § 11a Rn. 40.

desgesetzblatt bekannt gemacht (Abs. 1 S. 5, aufzurunden oder abzurunden nach Abs. 1 S. 6), und zwar für den Zeitraum vom 1. Juli bis zum 30. Juni des Folgejahres.[37] Soweit der Ehegatte oder die weiteren unterhaltsberechtigten Personen – es kommen hier nur solche in Betracht, denen **aufgrund gesetzlicher Verpflichtung Unterhalt gewährt** wird (ansonsten greift § 115 Abs. 1 S. 3 Nr. 4 ZPO ein) – **eigenes Einkommen** hat, ist dieses von dem Unterhaltsfreibetrag wieder **in Abzug** zu bringen (§ 115 Abs. 1 S. 7 ZPO). Das abzuziehende eigene Einkommen wird dabei bereinigt (also nach Abzug der Positionen gem. § 82 Abs. 2 SGB XII) anzusetzen sein.[38] Zahlt der Antragsteller statt der Unterhaltsgewährung eine **Geldrente**, so ist diese in der konkreten Höhe (in den Grenzen der Angemessenheit) statt des Freibetrages abzuziehen (§ 115 Abs. 1 S. 8 ZPO).

Weiterhin sind Kosten für **Unterkunft und Heizung** abzuziehen (§ 115 Abs. 1 S. 3 Nr. 3 ZPO). Sie dürfen jedoch nur insoweit berücksichtigt werden, als sie nicht in einem auffälligen Missverhältnis zu den Lebensverhältnissen der Partei stehen. Zu berücksichtigen ist die monatlich tatsächlich gezahlte Miete einschließlich der Nebenkosten für Wasser, Abwasser, Müllabfuhr und etwaige Betriebskosten(umlage),[39] freilich ohne die Miete etwa für eine Garage. Ein etwaiges Wohngeld ist abzuziehen (Rn. 20 a.E.). Für die Wohnung im eigenen Heim sind die diesbezüglichen Belastungen zu berücksichtigen.[40]

24

Schlussendlich sind Beträge abzuziehen, soweit dies mit Rücksicht auf **besondere Belastungen** angemessen ist (§ 115 Abs. 1 S. 3 Nr. 4 ZPO). Auf eine detaillierte Regelung ist bis auf das Ansprechen von **§ 1610a BGB** im 2. Hs. hier bewusst verzichtet worden.[41] Man wird aber zurückgreifen können auf § 114b Abs. 2 ZPO i.d.F. des Regierungsentwurfes, da mit der pauschaleren Formulierung keine sachliche Änderung beabsichtigt war. § 114b Abs. 2 ZPO in der zitierten Entwurfsfassung lautete:

25

---

37 Nach der Prozesskostenhilfe-Bekanntmachung 2007 (BGBl. I S. 1058) für die Zeit ab 1.7.2007 bis 30.6.2008 galten folgende Beträge: für die erwerbstätige Partei 174 Euro, für die Partei und ihren Ehegatten/Lebenspartner 382 Euro und für jede weitere Person, der Unterhalt gewährt wird, 267 Euro. Die entsprechenden Beträge für die Zeit vom 1.7.2008 bis zum 30.6.2009 lauten aufgrund der Prozesskostenhilfe-Bekanntmachung 2008 vom 12.6.2008 (BGBl. I S. 1025): 176 Euro, 386 Euro und 270 Euro.
38 Zur Berücksichtigung von Unterhaltsleistungen des Ehegatten *Zöller/Philippi* § 115 Rn. 31 f.
39 Die Kosten für Strom und Gas zählen nicht dazu. Bei Heizung mit Strom oder Gas Schätzung: *Zöller/Philippi* § 115 Rn. 34.
40 *Musielak/Fischer* § 115 Rn. 25.
41 BT-Drucks. 8/3694, S. 19.

§ 11a Beiordnung eines Rechtsanwalts, Prozesskostenhilfe

»Bei der Berechnung des Einkommens sind weitere Beträge abzusetzen, soweit die Absetzung mit Rücksicht auf

1. den besonderen Umfang der gesetzlichen Unterhaltspflichten,
2. laufende Unterhaltsleistungen, die einer sittlichen Pflicht oder einer auf den Anstand zu nehmenden Rücksicht entsprechen, oder
3. sonstige besondere Belastungen der Partei

angemessen erscheint.«

Als **sonstige besondere Belastungen** (Nr. 3) können im Einzelfall in Betracht kommen: Belastungen im Zusammenhang mit Familienereignissen, Aufwendungen für die Beschaffung oder Erhaltung der Unterkunft und Aufwendungen für Fort- und Weiterbildung.[42] Daneben ist zu denken an Anwaltskosten oder Prozesskostenhilferaten aus früheren Verfahren, Ausgaben aus speziellen familiären Gründen (für Nachhilfeunterricht oder besondere ärztliche Behandlungen[43]). Unter Nr. 2 (**laufende Unterhaltsleistungen**) fallen nicht Unterhaltsleistungen gegenüber dem in eheähnlicher Gemeinschaft lebenden Lebensgefährten.[44]

26 **Schuldverpflichtungen**, insbesondere Abzahlungsverpflichtungen,[45] die eingegangen worden sind, bevor sich die Notwendigkeit, einen Prozess führen zu müssen, abzeichnete, können ebenfalls als besondere Belastungen in Betracht kommen. Regelmäßig scheiden dabei eine Angemessenheitsprüfung oder ein Abstellen auf die Ursachen der Verschuldung aus.[46] Ebenso sind Abzahlungsverpflichtungen für Anschaffungen, die erst während des Prozesses getätigt wurden, nicht abzuziehen,[47] es sei denn, es handelt sich um lebenswichtige oder jedenfalls dringend erforderliche Anschaffungen. Aufwendungen zur Tilgung einer Strafe sind nicht einkommensmindernd zu berücksichtigen.[48]

---

42 BT-Drucks. 8/3068, S. 25.
43 *Zöller/Philippi* § 115 Rn. 40.
44 Z.B. LAG Schleswig-Holstein 1.8.1989, 4 Ta 33/89, LAGE § 115 ZPO Nr. 39; GMPM-G/*Germelmann* § 11a Rn. 51; vgl. indes LAG Hamm 31.3.1992, 7 Ta 115/92, LAGE § 115 ZPO Nr. 44.
45 LAG Berlin 5.4.1989, 9 Ta 6/89, LAGE § 115 ZPO Nr. 34.
46 *Zöller/Philippi* § 115 Rn. 38 m.w.N. zu der streitigen Frage; LAG Nürnberg 4.10.1988, 3 Ta 110/88, LAGE § 115 ZPO Nr. 32; LAG Schleswig-Holstein 25.1.1989, 5 Ta 211/88, LAGE § 115 ZPO Nr. 37.
47 LAG Nürnberg 4.10.1988, 3 Ta 110/88, LAGE § 115 ZPO Nr. 32.
48 LAG Schleswig-Holstein 1.8.1989, 4 Ta 33/89, LAGE § 115 ZPO Nr. 39.

§ 11a

d) Tabelle: monatliche Raten

Ist das (nach Vornahme der Abzüge **verbleibende**) **Einkommen** entsprechend den vorstehenden Ausführungen ermittelt, ist zunächst das rechnerische Ergebnis **auf volle Euro-Beträge abzurunden** (§ 115 Abs. 2 ZPO). Es ergibt sich das **einzusetzende Einkommen**, und damit ist aus der **Tabelle** in § 115 Abs. 2 ZPO die Höhe der **monatlichen Raten** zu ersehen bzw. festzustellen, dass Prozesskostenhilfe ohne Ratenzahlung zu bewilligen ist. Eine **Interpolation** findet **nicht** statt.[49] 27

Es sind unabhängig von der Zahl der Rechtszüge **höchstens 48 Monatsraten** aufzubringen (§ 115 Abs. 2 ZPO). Dabei kommt es auf die tatsächlich gezahlten Raten, nicht auf den Ablauf von 48 Monaten ab dem Bewilligungszeitpunkt an, soweit eine einstweilige Einstellung der Zahlungspflicht die Ursache dafür ist, dass für einige Monate keine Raten gezahlt worden sind.[50] Jedoch zählen Monate einer anfänglichen Zahlungsfreiheit (bei erst später einsetzender Ratenzahlungsverpflichtung) und Monate eines zeitweiligen Wegfalls der Ratenzahlungsverpflichtung wegen verschlechterter Einkommensverhältnisse mit, da andernfalls Wertungswidersprüche sowie eine Diskrepanz zu § 120 Abs. 4 S. 3 ZPO entstünden.[51] Ergibt sich, dass **vier Raten** in der sich ergebenden Höhe die **Kosten der Prozessführung** der Partei **voraussichtlich nicht übersteigen** werden, so **scheidet die Bewilligung** von Prozesskostenhilfe bereits **aus** (§ 115 Abs. 4 ZPO). Für die **voraussichtlichen Prozesskosten der Partei** ist hinsichtlich der Gerichts- und der Anwaltsgebühren (insoweit einschließlich Pauschale gem. Nr. 7002 VV zum RVG und Mehrwertsteuer) regelmäßig abzustellen auf den **normalen Prozessverlauf** mit mündlicher Verhandlung bis zum Urteil. 28

e) Vermögen

Die Partei hat neben ihrem Einkommen auch ihr **Vermögen** einzusetzen, soweit dies **zumutbar** ist (§ 115 Abs. 3 S. 1 ZPO). Hierfür gilt **§ 90 SGB XII** entsprechend (§ 115 Abs. 3 S. 2 ZPO). Der Text der Vorschrift lautet: 29

§ 90 Einzusetzendes Vermögen

(1) Einzusetzen ist das gesamte verwertbare Vermögen.

(2) Die Sozialhilfe darf nicht abhängig gemacht werden vom Einsatz oder von der Verwertung

---

49 *Musielak/Fischer* § 115 Rn. 32.
50 *Zöller/Philippi* § 115 Rn. 44.
51 *Zöller/Philippi* § 115 Rn. 45 m.w.N.; a.A. *Thomas/Putzo-Reichold* § 115 Rn. 16.

1. eines Vermögens, das aus öffentlichen Mitteln zum Aufbau oder zur Sicherung einer Lebensgrundlage oder zur Gründung eines Hausstandes erbracht wird,

2. eines Kapitals einschließlich seiner Erträge, das der zusätzlichen Altersvorsorge im Sinne des § 10a oder des Abschnitts XI des Einkommensteuergesetzes dient und dessen Ansammlung staatlich gefördert wurde,

3. eines sonstigen Vermögens, solange es nachweislich zur baldigen Beschaffung oder Erhaltung eines Hausgrundstücks im Sinne der Nummer 8 bestimmt ist, soweit dieses Wohnzwecken behinderter (§ 53 Abs. 1 S. 1 und § 72) oder pflegebedürftiger Menschen (§ 61) dient oder dienen soll und dieser Zweck durch den Einsatz oder die Verwertung des Vermögens gefährdet würde,

4. eines angemessenen Hausrats; dabei sind die bisherigen Lebensverhältnisse der nachfragenden Person zu berücksichtigen,

5. von Gegenständen, die zur Aufnahme oder Fortsetzung der Berufsausbildung oder der Erwerbstätigkeit unentbehrlich sind,

6. von Familien- und Erbstücken, deren Veräußerung für die nachfragende Person oder ihre Familie eine besondere Härte bedeuten würde,

7. von Gegenständen, die zur Befriedigung geistiger, insbesondere wissenschaftlicher oder künstlerischer Bedürfnisse dienen und deren Besitz nicht Luxus ist,

8. eines angemessenen Hausgrundstücks, das von der nachfragenden Person oder einer anderen in den § 19 Abs. 1 bis 3 genannten Person allein oder zusammen mit Angehörigen ganz oder teilweise bewohnt wird und nach ihrem Tod von ihren Angehörigen bewohnt werden soll. Die Angemessenheit bestimmt sich nach der Zahl der Bewohner, dem Wohnbedarf (zum Beispiel behinderter, blinder oder pflegebedürftiger Menschen), der Grundstücksgröße, der Hausgröße, dem Zuschnitt und der Ausstattung des Wohngebäudes sowie dem Wert des Grundstücks einschließlich des Wohngebäudes,

9. kleinerer Barbeträge oder sonstiger Geldwerte; dabei ist eine besondere Notlage der nachfragenden Person zu berücksichtigen.

(3) ¹Die Sozialhilfe darf ferner nicht vom Einsatz oder von der Verwertung eines Vermögens abhängig gemacht werden, soweit dies für den, der das Vermögen einzusetzen hat, und für seine unterhaltsberechtig-

ten Angehörigen eine Härte bedeuten würde. ²Dies ist bei der Leistung nach dem Fünften bis Neunten Kapitel insbesondere der Fall, soweit eine angemessene Lebensführung oder die Aufrechterhaltung einer angemessenen Alterssicherung wesentlich erschwert würde.

Anders als früher § 88 BSHG enthält § 90 SGB XII nicht mehr selbst die Verordnungsermächtigung, sondern diese Verordnungsermächtigung findet sich in § 96 Abs. 2 SGB XII. Dennoch wird man auch zur Vermeidung von Rechtsunsicherheiten[52] anzunehmen haben, dass auch die **Verordnung zur Durchführung des § 90 Abs. 2 Nr. 9 SGB XII**[53] über § 115 Abs. 3 S. 2 ZPO gilt. Diese Verordnung lautet: 30

§ 1

(1) ¹Kleinere Barbeträge oder sonstige Geldwerte im Sinne des § 90 Abs. 2 Nr. 9 des Zwölften Buches Sozialgesetzbuch sind,

1. wenn die Sozialhilfe vom Vermögen der nachfragenden Person abhängig ist,

   a) bei der Hilfe zum Lebensunterhalt nach dem Dritten Kapitel des Zwölften Buches Sozialgesetzbuch 1 600 Euro, jedoch 2 600 Euro bei nachfragenden Personen, die das 60. Lebensjahr vollendet haben, sowie bei voll Erwerbsgeminderten im Sinne der gesetzlichen Rentenversicherung und den diesem Personenkreis vergleichbaren Invalidenrentnern,

   b) bei den Leistungen nach dem Fünften bis Neunten Kapitel des Zwölften Buches Sozialgesetzbuch 2 600 Euro, zuzüglich eines Betrages von 256 Euro für jede Person, die von der nachfragenden Person überwiegend unterhalten wird,

2. wenn die Sozialhilfe vom Vermögen der nachfragenden Person und ihres nicht getrennt lebenden Ehegatten oder Lebenspartners abhängig ist, der nach Nummer 1 Buchstabe a oder b maßgebende Betrag zuzüglich eines Betrages von 614 Euro für den Ehegatten oder Lebenspartner und eines Betrages von 256 Euro für jede Person, die von der nachfragenden Person, ihrem Ehegatten oder Lebenspartner überwiegend unterhalten wird,

3. wenn die Sozialhilfe vom Vermögen einer minderjährigen unverheirateten nachfragenden Person und ihrer Eltern abhängig ist, der nach Nummer 1 Buchstabe a oder b maßgebende Betrag zuzüglich

---

52 *Musielak/Fischer* § 115 Rn. 42.
53 Verordnung vom 11.2.1988 (BGBl. I S. 150), zuletzt geändert durch Art. 15 des Gesetzes zur Einordnung des Sozialhilferechts in das Sozialgesetzbuch vom 30.12.2003 (BGBl. I S. 3022 ff., 3060 f.).

eines Betrages von 614 Euro für einen Elternteil und eines Betrages von 256 Euro für die nachfragende Person und für jede Person, die von den Eltern oder von der nachfragenden Person überwiegend unterhalten wird.

²Im Falle des § 64 Abs. 3 und des § 72 des Zwölften Buches Sozialgesetzbuch tritt an die Stelle des in Satz 1 genannten Betrages von 614 Euro ein Betrag von 1 534 Euro, wenn beide Eheleute oder beide Lebenspartner (Nummer 2) oder beide Elternteile (Nummer 3) die Voraussetzungen des § 72 Abs. 5 des Zwölften Buches Sozialgesetzbuch erfüllen oder so schwer behindert sind, dass sie als Beschädigte die Pflegezulage nach den Stufen III bis VI nach § 35 Abs. 1 S. 2 des Bundesversorgungsgesetzes erhielten.

(2) ¹Ist im Falle des Abs. 1 S. 1 Nr. 3 das Vermögen nur eines Elternteils zu berücksichtigen, so ist der Betrag von 614 Euro, im Falle des § 64 Abs. 3 und des § 72 des Zwölften Buches Sozialgesetzbuch von 1 534 Euro, nicht anzusetzen. ²Leben im Falle von Leistungen nach dem Fünften bis Neunten Kapitel des Zwölften Buches Sozialgesetzbuch die Eltern nicht zusammen, so ist das Vermögen des Elternteils zu berücksichtigen, bei dem die nachfragende Person lebt; lebt sie bei keinem Elternteil, so ist Abs. 1 S. 1 Nr. 1 anzuwenden.

§ 2

(1) ¹Der nach § 1 Abs. 1 S. 1 Nr. 1 Buchstabe a oder b maßgebende Betrag ist angemessen zu erhöhen, wenn im Einzelfall eine besondere Notlage der nachfragenden Person besteht. ²Bei der Prüfung, ob eine besondere Notlage besteht, sowie bei der Entscheidung über den Umfang der Erhöhung sind vor allem Art und Dauer des Bedarfs sowie besondere Belastungen zu berücksichtigen.

(2) Der nach § 1 Abs. 1 S. 1 Nr. 1 Buchstabe a oder b maßgebende Betrag kann angemessen herabgesetzt werden, wenn die Voraussetzungen der §§ 103 oder 94 des Gesetzes vorliegen.

31 **Vermögen** sind alle beweglichen und unbeweglichen **Sachen** sowie sonstigen **Rechte**, soweit sie einer finanziellen Bewertung zugänglich sind.[54] Das Vermögen muss **verwertbar** sein (§ 90 Abs. 1 SGB XII), also für die tatsächliche Beseitigung der Hilfsbedürftigkeit bereit stehen. Was als Vermögen i.S.d. § 115 Abs. 3 ZPO **ausscheidet**, ergibt sich zunächst aus **§ 90 Abs. 2 SGB XII**. Besondere Erwähnung verdient dabei das angemessene **Hausgrundstück**, das vom Antragsteller allein

---

54 GMPM-G/*Germelmann* § 11a Rn. 43.

oder mit Angehörigen ganz oder teilweise bewohnt wird und nach seinem Tode bewohnt werden soll (§ 90 Abs. 2 Nr. 8 SGB XII).[55]

Darüber hinaus sind folgende wichtige Einzelpunkte anzusprechen: 32

– **Abfindungen:**[56] Abfindungen für den Verlust des Arbeitsplatzes zählen grundsätzlich zum einzusetzenden Vermögen, gleichgültig ob es sich um Abfindungen nach § 1a KSchG, nach §§ 9, 10 KSchG, um vertraglich oder in einem Vergleich vereinbarte Abfindungen oder um Sozialplanabfindungen handelt. Höchst streitig ist indes die Frage, ob und inwieweit ihr Einsatz zumutbar ist (§ 115 Abs. 3 S. 1 ZPO).[57] Nach der Systematik der gesetzlichen Regelung ergibt sich folgendes Vorgehen: Maßgebend ist zunächst § 90 Abs. 2 Nr. 9 SGB XII einschließlich der zugehörigen Verordnung, d.h. es müssen dem Antragsteller in jedem Fall die sich daraus zu errechnenden Mindestbeträge verbleiben.[58] Darüber hinaus ist § 90 Abs. 3 S. 2 SGB XII zu beachten (dazu auch im Folgenden). Schließlich kommt die Frage der Zumutbarkeit (§ 115 Abs. 3 S. 1 ZPO) – dazu noch nachstehend – ins Spiel.[59] Aus Praktikabilitätsgründen arbeit das BAG mit einer **Pauschalierung.** Danach wird davon ausgegangen, dass der Arbeitnehmer wegen des Verlustes des Arbeitsplatzes typischerweise Kosten hat (nicht aber, wenn er kurz nach dem Ende des alten Arbeitsverhältnisses am selben Ort eine neue Arbeitsstelle gefunden hat). Anhaltspunkt für die Höhe dieser Kosten soll (derzeit) die Höhe des Schonbetrages für Ledige nach der Durchführungsverordnung zu § 90 Abs. 2 Nr. 9 SGB XII sein – dieser Betrag ist dann zusätzlich zu dem Schonbetrag von der einzusetzenden Abfindung abzuziehen.[60] Die Praxis wird sich darauf einzustellen haben.[61] Es kommt die Härteregelung des § 90 Abs. 3 SGB XII hinzu,[62] neben der § 115 Abs. 3 S. 1 ZPO nur in ungewöhnlichen und atypischen Lebenssachverhalten Platz greifen kann.[63]

– **Gewerkschaftlicher Rechtsschutz:** Die Gewährung für die betreffende Instanz stellt regelmäßig eine verwertbare Forderung dar;

---

55 Dazu ErfK/*Koch* § 11a ArbGG Rn. 25.
56 Insgesamt dazu auch GMPM-G/*Germelmann* § 11 Rn. 48 f. m.w.N.
57 Dazu m.w.N. GK-ArbGG/*Bader* § 11a Rn. 87; *Schwab/Weth/Vollstädt* § 11a Rn. 69.
58 Freilich unter Hinzurechnung sonstiger kleinerer Barbeträge und sonstiger Geldwerte i.S.d. § 90 Abs. 2 Nr. 9 SGB XII, so dass insoweit je nach Ausgangslage nicht allein die Abfindung in Rechnung gestellt werden kann.
59 Dazu LAG Köln 30.1.2002, 7 Ta 2452/00, LAGE § 115 ZPO Nr. 58.
60 BAG 24.4.2006, 3 AZB 12/05, NZA 2006, 751.
61 GK-ArbGG/*Bader* § 48 Rn. 87.
62 *Schwab/Weth/Vollstädt* § 11a Rn. 70.
63 BAG 5.5.2006, 3 AZB 62/04, NZA-RR 2006, 616.

etwas anderes kann nur gelten, wenn die Inanspruchnahme des Rechtsschutzes im Einzelfall unzumutbar ist. Eine verwertbare Forderung liegt allerdings noch nicht in der bloßen Möglichkeit, von der Gewerkschaft Rechtsschutz erlangen zu können (str.).[64]

- **Kapital:** Verfügbares Kapital ist gem. § 90 Abs. 1 SGB XII grundsätzlich einzusetzen.

  • **Angesparte Guthaben** aller Art: diese sind grundsätzlich Kapital, sofern sie in angemessener Zeitspanne durch Kündigung oder durch Beleihung in liquide Mittel umgesetzt werden können.[65]

  • Bei **Bausparguthaben** (zu berücksichtigen, soweit nicht § 90 Abs. 2 Nr. 3 SGB XII eingreift[66]) und **Lebensversicherungen** kann freilich ein Einsatz des angesparten Betrages eine Härte i.S.d. § 90 Abs. 3 S. 1 und 2 SGB XII darstellen,[67] soweit es um die angemessene Altersversorgung geht (vgl. § 90 Abs. 3 S. 2 SGB XII).[68] Nach Ansicht des BAG ist der Einsatz einer auf die Heirat der Tochter abgeschlossenen Lebensversicherung zumutbar.[69]

- **Kredite:** Die Partei kann nicht auf die Aufnahme eines Kredites verwiesen werden; dies widerspräche dem System der Ratenzahlungen nach der Tabelle.[70]

- **Prozesskostenvorschuss nach § 1360a Abs. 4 BGB:** Soweit ein solcher Anspruch besteht, ist er gegenüber der Prozesskostenhilfe vorrangig – der Anspruch auf Prozesskostenvorschuss ist in den Grenzen der Zumutbarkeit (§ 115 Abs. 3 S. 1 ZPO) einzusetzen, soweit der Anspruch alsbald realisierbar und dies nicht mit Rechtseinbußen verbunden ist.[71] Doch besteht Streit darüber, ob die Führung eines Rechtsstreites vor den Gerichten für Arbeitssachen eine persönliche

---

64 Vgl. Insgesamt GK-ArbGG/*Bader* § 11a Rn. 88.
65 BAG 26.4.2006, 3 AZB 54/04, DB 2006, 1440. Ausnahme: Riester-Rente (arg. § 90 Abs. 2 Nr. 2 SGB XII).
66 BAG 26.4.2006, 3 AZB 54/04, DB 2006, 1440: Einsatz zumutbar, wenn die gesetzliche Sperrfirst aus dem Fünften Vermögensbildungsgesetz abgelaufen und der Bausparvertrag zuteilungsreif ist.
67 *Schwab/Weth/Vollstädt* § 11a Rn. 71; vgl. auch GMPM-G/*Germelmann* § 11a Rn. 47 m.w.N.
68 Vgl. auch insgesamt ErfK/*Koch* § 11a ArbGG Rn. 30 m.w.N.
69 BAG 5.5.2006, 3 AZB 62/04, ArbuR 2006, 295.
70 *Bröhl* BlStSozArbR 1981, 67; ähnlich *Christl* NJW 1981, 785, 790 und *Kohte* DB 1981, 1176; a.A. mit Modifikationen *Grunsky* NJW 1980, 2043; differenzierend *Zöller/Philippi* § 115 Rn. 63 ff.
71 BAG 5.4.2006, 3 AZB 61/04, DB 2006, 1440.

Angelegenheit des Arbeitnehmers ist oder nicht.[72] Ansonsten spielt das **Einkommen des Ehegatten** keine Rolle, § 115 Abs. 1 S. 3 Nr. 2 Buchst. a ZPO trifft insoweit eine abschließende Regelung.[73]

– **Rechtsschutzversicherung:** Insoweit besteht ein einzusetzender Vermögenswert, es sei denn der Rechtsschutz wird versagt.[74] Bei Ablehnung muss man jedoch nicht zuvor gegen die Rechtsschutzversicherung vorgehen.[75]

f) Verhältnis Einkommen – Vermögen

Das Gesetz geht wie schon angesprochen davon aus, dass zunächst das **Einkommen** zu prüfen ist. Ergibt sich dabei bereits, dass die voraussichtlichen Prozesskosten vier Monatsraten nicht übersteigen, so kann keine Prozesskostenhilfe gewährt werden (§ 115 Abs. 4 ZPO). Dasselbe gilt, wenn vier Raten und die Beträge aus dem Vermögen ausreichen (§ 115 Abs. 4 ZPO). Ansonsten kann je nach Einkommenslage Prozesskostenhilfe mit den entsprechenden Raten bewilligt werden. Daneben ist freilich zu prüfen, ob der Einsatz des Vermögens in Frage kommt (§ 115 Abs. 3 ZPO). Ergibt die Prüfung des Vermögens, dass die Partei die voraussichtlichen Prozesskosten voll aus ihrem Vermögen bestreiten kann, scheidet trotz einer ungünstigeren Einkommenslage die Gewährung von Prozesskostenhilfe aus. 33

g) Hinreichende Aussicht auf Erfolg/keine Mutwilligkeit

Die konkret beabsichtigte Rechtsverfolgung oder Rechtsverteidigung darf gem. § 114 S. 1 ZPO **nicht mutwillig** sein und muss **hinreichende Aussicht auf Erfolg** bieten. Es sind nur **hinreichende Erfolgsaussichten** verlangt. Daher dürfen die Anforderungen nicht überspannt werden, da es um den **Zugang zum grundrechtlich garantierten Rechtsschutz** geht. Abzustellen ist darauf, ob die Erfolgsaussichten groß genug sind, um die staatliche Sozialhilfe für die Rechtsverfolgung oder Rechtsverteidigung zu rechtfertigen.[76] Das ist zu bejahen, wenn die Klä- 34

---

72 Für persönliche Angelegenheit etwa zutreffend LAG Berlin 5.2.1982, 9 Ta 1/82, AP Nr. 4 zu § 114 ZPO und nunmehr auch BAG 5.4.2006, 3 AZB 61/04, DB 2006, 1440 sowie BAG 29.10.2007, 3 AZB 25/07, juris (für Bestandsstreitigkeiten); a.A. etwa LAG Hamburg 19.4.1989, 2 Ta 3/89, LAGE § 115 ZPO Nr. 36.
73 GMPM-G/*Germelmann* § 11 Rn. 50. Ebenso nunmehr auch BAG 5.4.2006, 3 AZB 61/04, EzA § 115 ZPO 2002 Nr. 1.
74 LAG Rheinland-Pfalz 19.2.1988, 1 Ta 76/88, LAGE § 115 ZPO Nr. 31.
75 GMPM-G/*Germelmann* § 11a Rn. 50 m.w.N.
76 BGH 7.2.2001, XII ZR 26/99, NJW-RR 2001, 1009.

rung nur im Wege einer Beweisaufnahme erfolgen kann,[77] wenn es um eine ungeklärte Rechtsfrage geht oder wenn Berufung oder Revision zugelassen sind. **Mutwillen** ist beispielsweise anzunehmen, wenn ohnehin klar ist, dass freiwillig gezahlt wird.[78] Mutwillen wird man auch dann zu bejahen haben, wenn der Antragsteller von verschiedenen gleichwertigen prozessualen Wegen den kostspieligeren beschreitet.[79] Das Erfordernis der hinreichenden Erfolgsaussichten und des fehlenden Mutwillens entfällt für die zweite und dritte Instanz, wenn der **Gegner das Rechtsmittel eingelegt** hat (§ 119 S. 2 ZPO). Allerdings ist dem Rechtsmittelbeklagten Prozesskostenhilfe i.d.R. erst dann zu gewähren, wenn das Rechtsmittel begründet worden ist und die Voraussetzungen für eine Verwerfung des Rechtsmittels nicht gegeben sind.[80]

h) Beurteilungszeitpunkt

35 Entscheidend für die **Beurteilung** der persönlichen und wirtschaftlichen Verhältnisse sowie die Frage der hinreichenden Erfolgsaussichten bzw. der Mutwilligkeit ist grundsätzlich der **Zeitpunkt der Entscheidung** über die Bewilligung von Prozesskostenhilfe.[81] Künftige Entwicklungen bleiben unberücksichtigt, ebenso ist es an sich gleichgültig, welche Änderungen sich zwischen Einreichung des Antrages und dem Zeitpunkt der Entscheidung ergeben haben. Der genannte Beurteilungszeitpunkt gilt damit auch dann, wenn das Gericht die Entscheidung ordnungswidrig verzögert hat.[82] Zur Frage der **Rückwirkung der Bewilligung** vgl. unten Rn. 45.

IV. Verfahren bis zur Entscheidung

36 Diverse Einzelheiten des Verfahrensablaufes sowie dann auch der Bewilligung und der kostenmäßigen Abwicklung finden sich in den **Bundeseinheitlichen Durchführungsbestimmungen zum Gesetz über die Prozesskostenhilfe (DB-PKHG)**.[83] § 118 Abs. 1 S. 1 ZPO schreibt für den Regelfall die **Anhörung des Gegners** vor (zu dessen Stellungnahme § 118 Abs. 1 S. 2 ZPO); im arbeitsgerichtlichen Beschlussverfahren sind dementsprechend die übrigen Beteiligten anzuhören. Die **Anhörung des Gegners** darf sich grundsätzlich **nicht** auf die **persönlichen**

---

77 GMPM-G/*Germelmann* § 11 Rn. 108.
78 Weitere Beispielsfälle bei *Zöller/Philippi* § 114 Rn. 30 ff.
79 LAG Niedersachsen 4.6.2004, 10 Ta 241/04, LAGE § 114 ZPO Nr. 2.
80 BAG 15.2.2005, 5 AZN 781/04 (A), EzA § 119 ZPO 2002 Nr. 1.
81 LAG Düsseldorf 12.11.1986, 14 Ta 348/86, LAGE § 114 ZPO Nr. 10.
82 A.A. etwa LAG Köln 7.8.1985, 3 Ta 122/85, LAGE § 114 ZPO Nr. 6.
83 Abgedruckt bei GK-ArbGG/*Bader* Anhang 2 zu § 11a.

und **wirtschaftlichen Verhältnisse** beziehen (Schutz der persönlichen Daten; vgl. auch § 117 Abs. 2 S. 3 ZPO). Nach § 118 Abs. 2 S. 1 ZPO kann der **Vorsitzende** (§ 118 Abs. 3 ZPO) verlangen, dass der Antragsteller seine **tatsächlichen Angaben glaubhaft** macht (§ 294 ZPO). § 118 Abs. 2 S. 2 ZPO gibt dem Gericht zudem die Möglichkeit, **Erhebungen** anzustellen und nennt dafür Beispiele. **Zeugen und Sachverständige** werden gem. § 118 Abs. 2 S. 3 ZPO in aller Regel nicht vernommen. Im arbeitsgerichtlichen Verfahren wenig praktisch ist die **mündliche Erörterung** zum Zwecke einer **Einigung** (§ 118 Abs. 1 S. 3 ZPO).

Soweit der Antragsteller innerhalb einer ihm vom Gericht gesetzten 37 Frist Angaben über seine **persönlichen und wirtschaftlichen Verhältnisse nicht glaubhaft gemacht** hat oder bestimmte **Fragen nicht** oder ungenügend **beantwortet** hat, **ist** die Bewilligung von Prozesskostenhilfe abzulehnen (§ 118 Abs. 2 S. 4 ZPO). Bei bestehenden **Lücken und Unklarheiten** muss daher eine angemessene **Frist zu deren Behebung** gesetzt werden. Soweit dann nach Fristablauf die Unklarheiten und/oder Lücken fortbestehen, ist dies zu Lasten des Antragstellers zu berücksichtigen. Dies gilt aber nur für die betroffenen Fragen, das Gesetz sieht nur die **Ablehnung »insoweit«** vor.

Gerichtsgebühren entstehen im Rahmen des § 118 ZPO nicht, dem 38 Gegner entstandene **Kosten** werden nicht erstattet (§ 118 Abs. 1 S. 4 ZPO). Die **Auslagen** für die Vernehmung von Zeugen und Sachverständigen nach § 118 Abs. 2 S. 3 ZPO sind als Gerichtskosten von der Partei zu tragen, der die Kosten des Rechtsstreites auferlegt werden (§ 118 Abs. 1 S. 5 ZPO).

V. Entscheidung über den Prozesskostenhilfeantrag

1. Zuständigkeit

Gemäß § 127 Abs. 1 S. 1 ZPO können Entscheidungen im Verfahren 39 über die Prozesskostenhilfe ohne mündliche Verhandlung ergehen. Ist das der Fall, trifft sie gem. § 53 Abs. 1 S. 1 ArbGG der **Vorsitzende** allein.[84] Es entscheidet das Gericht des **ersten Rechtszuges**, wenn der Rechtsstreit bei ihm anhängig ist oder anhängig gemacht werden soll. Ist das Verfahren in einem **höheren Rechtszug** anhängig, so ist das Gericht dieses Rechtszuges zuständig (§ 127 Abs. 1 S. 2 ZPO).

---

84 Vgl. im Übrigen die Kommentierung zu § 53. Zur Zuständigkeit des Rechtspflegers § 20 Nr. 5 RPflG.

2. Zeitpunkt der Entscheidung

40 Die Entscheidung ist grundsätzlich **zum frühestmöglichen Zeitpunkt** zu treffen, das Gericht hat Verzögerungen zu vermeiden. Das sachlich nicht begründete Hinausschieben der Entscheidung kann bereits eine Ablehnung sein und die **Beschwerde** rechtfertigen.

3. Inhalt der Entscheidung

41 Mit der Entscheidung wird zunächst festgelegt, ob Prozesskostenhilfe **versagt oder bewilligt** (§ 119 S. 1 ZPO) wird (ggf. **teilweise**), weiter, ob und welche **Raten** bzw. **Beträge aus dem Vermögen** zu zahlen sind (§ 120 Abs. 1 S. 1 ZPO). Wird keine Bestimmung über den **Beginn der Ratenzahlungen und/oder der Zahlung der Beträge aus dem Vermögen** getroffen,[85] setzt die Verpflichtung zu den Zahlungen mit Wirksamwerden des Beschlusses ein. Aufzunehmen ist auch der Empfänger der Zahlungen (vgl. §§ 120 Abs. 2, 122 Abs. 2 ZPO).

42 Soweit ein **Anwalt** (immer eine konkrete Person, es sei denn Prozessbevollmächtigter ist eine juristische Person[86]) **beigeordnet** werden soll,[87] gilt § 121 ZPO. Damit ist zu fragen, ob der Rechtsstreit so einfach ist, dass die Partei nach ihren persönlichen Fähigkeiten den Rechtsstreit auch ohne Anwalt führen kann.[88] Problematisch war und ist, ob die **Beiordnung eines nicht am Gerichtsort ansässigen Anwaltes** möglich ist. Die Regelung in § 121 Abs. 3 ZPO passte in der früheren Fassung nicht für die Arbeitsgerichtsbarkeit, die keine zugelassenen Anwälte kennt, sie passt auch in der heutigen Formulierung nicht für die Arbeitsgerichtsbarkeit. Man konnte ihr jedoch in der alten Fassung für das arbeitsgerichtliche Verfahren entnehmen, dass ein nicht am Gerichtsort ansässiger Anwalt nur beigeordnet werden kann, wenn keine zusätzlichen Kosten entstehen:[89] damit Beiordnung »zu den Bedingungen

---

[85] Dazu GK-ArbGG/*Bader* § 11a Rn. 122.

[86] *Musielak/Fischer* § 121 Rn. 6; dort auch zur Frage, mit wem das Mandatsverhältnis zustande kommt.

[87] Einem Rechtsanwalt als Partei kann zwar bei Erfüllung aller Voraussetzungen ein anderer Anwalt beigeordnet werden, aber eine Selbstbeiordnung scheidet aus: BAG 14.11.2007, 3 AZB 26/07, juris.

[88] *Zöller/Philippi* § 121 Rn. 4 m.w.N.; enger LAG Köln 9.2.2005, 2 Ta 28/05, juris: danach zu fragen, ob auch eine nicht arme Partei einen Anwalt eingeschaltet hätte. Vgl. auch LAG Schleswig-Holstein 19.7.2004, 2 Ta 153/04, juris: keine Anwaltsbeiordnung bei lediglich einfacher Rechenoperation.

[89] LAG Rheinland-Pfalz 18.10.1985, 1 Ta 218/85, LAGE § 121 ZPO Nr. 2; LAG Bremen 11.5.1988, 1 Ta 9/88, LAGE § 121 ZPO Nr. 3; a.A. LAG Düsseldorf 28.6.1984, 7 Ta 114/84, LAGE § 121 ZPO Nr. 1. Wie hier BAG 18.7.2005, 3 AZB 65/03, EzA § 121 ZPO 2002 Nr. 1: für Arbeitsgerichte abzustellen auf Ansässigkeit am Ort des Gerichts.

eines am Gerichtsort ansässigen Anwaltes« oder »unter Ausschluss von Reisekosten und dergleichen«. Dazu ist dann allerdings zunächst ein Vergleich mit den Gesamtkosten unter Einbeziehung fiktiver Kosten eines **Verkehrsanwalts**[90] erforderlich, und außerdem kann es zweckmäßig sein, den Anwalt vorab zu befragen, ob er mit einer entsprechend eingeschränkten Beiordnung einverstanden ist.[91] Nach der Neuregelung des Anwaltsvergütungsrechts, des ersatzlosen Wegfalls des § 126 Abs. 1 S. 2 BRAGO und des § 91 Abs. 2 S. 2 ZPO und angesichts der Tatsache, dass nach § 46 Abs. 1 RVG speziell Reisekosten nur dann nicht vergütet werden, wenn sie zur sachgemäßen Durchführung der Angelegenheit nicht erforderlich waren, wird die Ansicht vertreten, die Beschränkung habe keine Grundlage mehr.[92] Diskutiert wird auch, ob jetzt angesichts der Formulierung in **§ 121 Abs. 3 ZPO n.F.**, die auf den **Gerichtsbezirk** abstellt, eine Beschränkung der Beiordnung auf den Bezirk in Betracht kommt (so praktiziert in Hessen in Anknüpfung an die angesprochene Rechtsprechung zu § 121 Abs. 3 ZPO a.F.).[93]

4. Begründung/Rechtsmittelbelehrung

Die Entscheidung, die den gestellten Antrag **ganz oder teilweise zurückweist**, bedarf einer **Begründung**. Soweit die Gründe der Entscheidung **Angaben über die persönlichen und wirtschaftlichen Verhältnisse** der Partei enthalten, dürfen sie **dem Gegner nur mit Zustimmung** der Partei **zugänglich** gemacht werden (§ 127 Abs. 1 S. 3 ZPO). Eine – positive oder negative – **Rechtsmittelbelehrung** wird stets geboten sein (§ 9 Abs. 5). 43

5. Umfang der Bewilligung

Die Bewilligung erfolgt jeweils nur für die **betreffende Instanz** (§ 119 S. 1 ZPO), mangels besonderer Anordnung **ausschließlich der Zwangsvollstreckung**. Nicht erfasst werden die selbständigen Gerichtsverfahren.[94] **In jedem Rechtszug** sind **die persönlichen und wirtschaftlichen Verhältnisse** erneut zu prüfen. Werden in einem **Vergleich** Gegenstände mit verglichen, die nicht Gegenstand des Rechtsstreites 44

---

90 Zu den Voraussetzungen der Beiordnung eines Verkehrsanwalts BAG 17.9.2007, 3 AZB 23/06, juris.
91 *LAG Thüringen* 21.7.1997, 8 Ta 100/97, LAGE § 121 ZPO Nr. 4 hält das für zwingend. Nach BAG 18.7.2005, 3 AZB 65/03, EzA § 121 ZPO 2002 Nr. 1 indes nicht zwingend, ebenso nicht zwingend nach BAG 17.9.2007, 3 AZB 23/06, juris.
92 So *Zöller/Philippi* § 121 Rn. 13. Die Frage ist ausdrücklich offen gelassen von BAG 17.9.2007, 3 AZB 23/06, juris.
93 Vgl. dazu *Fölsch* NZA 2007, 418.
94 Vgl. allerdings zu § 5 KSchG unten Rn. 63.

waren, umfasst die gewährte Prozesskostenhilfe diese Gegenstände nicht automatisch mit. Auf entsprechenden Antrag vor Vergleichsschluss kann freilich die Prozesskostenhilfe auf den Vergleich insgesamt ausgedehnt werden. Ebenso erfasst die gewährte Prozesskostenhilfe nicht eine danach (nach Bewilligung) erhobene Widerklage oder eine **spätere Klageerweiterung**; für die Verteidigung hiergegen bzw. für die weitergehenden Anträge muss wiederum ein entsprechender Antrag gestellt werden.

6. Zeitliche Geltung der Bewilligung

45 Grundsätzlich entfaltet die **Entscheidung** Wirkung erst ab Verkündung bzw. Mitteilung/Zustellung an die Partei. Ausnahmsweise kann das Gericht dem Beschluss – dies muss dann ausdrücklich geschehen – **rückwirkende Kraft** beimessen, etwa wenn die gerichtliche Entscheidung verzögert erfolgt. Die Rückwirkung kann sich aber höchstens auf den Zeitpunkt beziehen, in dem **frühestens hätte entschieden werden können**, in dem also ein zulässiger und mit allen erforderlichen Unterlagen und Belegen versehener Antrag vorlag.[95] Ist die **Instanz oder** gar der **Rechtsstreit bereits beendet,**[96] kann gleichfalls eine rückwirkende Bewilligung noch erfolgen, wenn die eben genannten Voraussetzungen vorliegen. Nach Beendigung der Instanz kann mithin grundsätzlich ein Prozesskostenhilfeantrag nicht mehr mit Aussicht auf Erfolg gestellt werden, gleichfalls führt dann das Nachreichen fehlender Unterlagen, Angaben oder Belege grundsätzlich nicht mehr zum Erfolg.[97] Zu akzeptieren ist freilich eine **Nachfristsetzung** durch das Arbeitsgericht beim Vergleich im Gütetermin, in dem die erforderlichen Unterlagen vielfach noch nicht vorliegen. Diese Grundsätze sind auch im Rahmen einer Beschwerdeentscheidung zu beachten. Eine in der Beschwerdeinstanz nachgeholte Begründung kann zwar grundsätzlich nach § 571 Abs. 2 S. 1 ZPO berücksichtigt werden, doch ist dieser Grundsatz nicht geeignet, die dargestellten Grenzen für eine rückwirkende Bewilligung zu »überspielen«.[98]

---

95 LAG Köln 22.2.1985, 6 TaBV 13/85, LAGE § 119 ZPO Nr. 3; LAG Schleswig-Holstein 1.3.1988, 5 Ta 34/88, LAGE § 119 ZPO Nr. 5; a.A. bei unverschuldeter Verzögerung der Einreichung von Unterlagen LAG Nürnberg 10.11.1987, 6(5) Ta 11/87, LAGE § 119 ZPO Nr. 6.
96 Dazu auch LAG Hamm 11.11.2003, 4 Ta 795/03, NZA-RR 2004, 102.
97 A.A. LAG Bremen 27.7.1982, 3 Ta 42/82, EzA § 119 ZPO Nr. 1 m. Anm. *Schneider*.
98 LAG Köln 26.6.1995, 5 Ta 118/95, LAGE § 115 ZPO Nr. 50; ebenso im Ergebnis BAG 3.12.2003, 2 AZB 19/03, MDR 2004, 415.

VI. Folgen der Bewilligung

Die Bewilligung von Prozesskostenhilfe führt i.d.R. zu einer zinslosen 46
Stundung der Kosten, wobei die Ausgestaltung der Beteiligung der Partei an den Prozesskosten auch ganz oder teilweise zu einer – dann endgültigen – Kostenbefreiung führen kann. Dazu wird verwiesen auf die §§ 122, 123 ZPO, die wie folgt lauten:

§ 122 Wirkung der Prozesskostenhilfe

(1) Die Bewilligung der Prozesskostenhilfe bewirkt, dass

1. die Bundes- oder Landeskasse

    a) die rückständigen und die entstehenden Gerichtskosten und Gerichtsvollzieherkosten,

    b) die auf sie übergegangenen Ansprüche der beigeordneten Rechtsanwälte gegen die Partei nur nach den Bestimmungen, die das Gericht trifft, gegen die Partei geltend machen kann,

2. die Partei von der Verpflichtung zur Sicherheitsleistung für die Prozesskosten befreit ist,

3. die beigeordneten Rechtsanwälte Ansprüche auf Vergütung gegen die Partei nicht geltend machen können.

(2) Ist dem Kläger, dem Berufungskläger oder dem Revisionskläger Prozesskostenhilfe bewilligt und ist nicht bestimmt worden, dass Zahlungen an die Bundes- oder Landeskasse zu leisten sind, so hat dies für den Gegner die einstweilige Befreiung von den in Absatz 1 Nr. 1 Buchstabe a bezeichneten Kosten zur Folge.

§ 123 Kostenerstattung

Die Bewilligung der Prozesskostenhilfe hat auf die Verpflichtung, die dem Gegner entstandenen Kosten zu erstatten, keinen Einfluss.

Nach **§ 124 ZPO kann** (nicht: muss) unter den dort genannten Voraus- 47
setzungen die **Bewilligung aufgehoben** werden. Für einige Fälle (Nr. 2 bis 4) dieser Aufhebung ist der **Rechtspfleger** zuständig (s. § 20 Nr. 4c RPflG), im Übrigen entscheidet darüber der **Vorsitzende** ohne mündliche Verhandlung (§ 127 Abs. 1 S. 1 ZPO, § 53 Abs. 1 S. 1 ArbGG). § 124 ZPO lautet:

§ 124 Aufhebung der Bewilligung

Das Gericht kann die Bewilligung der Prozesskostenhilfe aufheben, wenn

1. die Partei durch unrichtige Darstellung des Streitverhältnisses die für die Bewilligung der Prozesskostenhilfe maßgebenden Voraussetzungen vorgetäuscht hat;
2. die Partei absichtlich oder aus grober Nachlässigkeit unrichtige Angaben über die persönlichen oder wirtschaftlichen Verhältnisse gemacht oder eine Erklärung nach § 120 Abs. 4 Satz 2 nicht abgegeben hat;
3. die persönlichen oder wirtschaftlichen Voraussetzungen für die Prozesskostenhilfe nicht vorgelegen haben; in diesem Falle ist die Aufhebung ausgeschlossen, wenn seit der rechtskräftigen Entscheidung oder sonstigen Beendigung des Verfahrens vier Jahre vergangen sind;
4. die Partei länger als drei Monate mit der Zahlung einer Monatsrate oder mit der Zahlung eines sonstigen Betrages im Rückstand ist.

48 Zusätzlich ermöglicht § 120 Abs. 4 ZPO die **Anpassung an veränderte persönliche oder wirtschaftliche Verhältnisse** mit folgendem Wortlaut:

»[1]Das Gericht kann die Entscheidung über die zu leistenden Zahlungen ändern, wenn sich die für die Prozesskostenhilfe maßgebenden persönlichen oder wirtschaftlichen Verhältnisse wesentlich geändert haben; eine Änderung der nach § 115 Abs. 1 Satz 3 Nr. 1 Buchstabe b und Nr. 2 maßgebenden Beträge ist nur auf Antrag und nur dann zu berücksichtigen, wenn sie dazu führt, dass keine Monatsrate zu zahlen ist. [2]Auf Verlangen des Gerichts hat sich die Partei darüber zu erklären, ob eine Änderung der Verhältnisse eingetreten ist. [3]Eine Änderung zum Nachteil der Partei ist ausgeschlossen, wenn seit der rechtskräftigen Entscheidung oder sonstigen Beendigung des Verfahrens vier Jahre vergangen sind.«

Damit wird auch eine **rückwirkende Verschlechterung** der Zahlungsmodalitäten möglich sein.[99] Zuständig ist für die Anordnung gem. § 120 Abs. 4 S. 1 ZPO der **Rechtspfleger** (§ 20 Nr. 4c RPflG). Er ist damit auch zuständig für das Erklärungsverlangen gem. § 120 Abs. 4 S. 2 ZPO.

---

99 *Thomas/Putzo-Reichold* § 120 Rn. 12.

Bezüglich der **Anwaltsgebühren** wird verwiesen auf die §§ 45 Abs. 1, 48 bis 50 RVG.

49

VII. Rechtsmittel gegen die Entscheidung gem. § 127 Abs. 1 S. 1 ZPO

Wird dem **Antrag nicht oder nicht voll entsprochen**,[100] findet die **sofortige Beschwerde** statt (§ 127 Abs. 2 S. 2 ZPO). Das gilt ohne Einschränkung, wenn die Versagung der Prozesskostenhilfe ausschließlich mit den **persönlichen oder wirtschaftlichen Verhältnissen** begründet ist. Andernfalls muss der **Streitwert der Hauptsache 600 Euro übersteigen.** Hiervon macht § 46 Abs. 2 S. 3 eine Ausnahme für **Bestandsschutzstreitigkeiten,** bei denen es auf den Wert nicht ankommt. Die **Beschwerdefrist** beträgt hier **einen Monat** (§ 127 Abs. 2 S. 3 ZPO).

50

Die **Bewilligung** ist nur **nach Maßgabe des § 127 Abs. 3 ZPO anfechtbar (für die Staatskasse).**[101] Die Bestimmung, hat folgenden Wortlaut:

51

»[1]Gegen die Bewilligung der Prozesskostenhilfe findet die Beschwerde der Staatskasse statt, wenn weder Monatsraten noch aus dem Vermögen zu zahlende Beträge festgesetzt worden sind. [2]Die Beschwerde kann nur darauf gestützt werden, dass die Partei nach ihren persönlichen und wirtschaftlichen Verhältnissen Zahlungen zu leisten hat. [3]Die Notfrist des § 569 Abs. 1 Satz 1 beträgt einen Monat und beginnt mit der Bekanntgabe des Beschlusses. [4]Nach Ablauf von drei Monaten seit der Verkündung der Entscheidung ist die Beschwerde unstatthaft. [5]Wird die Entscheidung nicht verkündet, so tritt an die Stelle der Verkündung der Zeitpunkt, in dem die unterschriebene Entscheidung der Geschäftsstelle übergeben wird. [6]Die Entscheidung wird der Staatskasse nicht von Amts wegen mitgeteilt.«

Eine **Beschwerdebefugnis des Gegners** ist grundsätzlich nicht gegeben.

Ist sofortige Beschwerde gegen die völlige Versagung der Prozesskostenhilfe eingelegt, kann wegen des Aspektes der Chancengleichheit bis zum Abschluss des Beschwerdeverfahrens kein Versäumnisurteil verkündet werden, auch kann der Antragsteller davon absehen, einen

52

---

100 Das sachlich nicht begründete Hinausschieben der Entscheidung kann u.U. gleichfalls die Beschwerde rechtfertigen.
101 Dazu LAG Hamm 28.1.2002, 4 Ta 18/01, LAGE § 127 ZPO Nr. 26, auch zur Beschwerde wegen greifbarer Gesetzwidrigkeit, die aber nach dem geltenden Beschwerderecht wohl nicht mehr gegeben ist.

Sachantrag zu stellen,[102] so dass in entsprechender Anwendung von § 148 ZPO die **Aussetzung des Rechtsstreites** bis zur Entscheidung über die Beschwerde in Betracht kommt.[103] Für das **Beschwerdeverfahren** wird verwiesen auf die Erläuterungen zu § 78.

53 Hinsichtlich der **Kosten** gilt: Die Kosten des Beschwerdeverfahrens werden nicht erstattet (§ 127 Abs. 4 ZPO). Hat die Beschwerde in vollem Umfang Erfolg, unterbleibt eine Kostenentscheidung. Wird die **Beschwerde zurückgewiesen oder verworfen**, ist Nr. 8613 des Kostenverzeichnisses zum GKG maßgebend, wonach der Beschwerdeführer eine Beschwerdegebühr von **40 Euro** zu tragen hat. Wird die Beschwerde nur teilweise verworfen oder zurückgewiesen, kann das Gericht danach die Gebühr nach billigem Ermessen auf die Hälfte ermäßigen oder bestimmen, dass eine Gebühr nicht zu erheben ist.

C. Beiordnung (Abs. 1, 2 und 2a)

I. Grundsätzliches

54 § 11a Abs. 1, 2 und 2a soll in denjenigen Fällen, in denen eine Partei durch einen Rechtsanwalt vertreten ist, auch der anderen Partei eine **gleichwertige Prozessvertretung** garantieren.[104] Daher ist § 11a Abs. 1 und 2 in den Voraussetzungen weniger anspruchsvoll als § 114 ZPO, andererseits in den Folgen weniger weitgehend als § 122 ZPO: Es wird nicht volle Prozesskostenhilfe gewährt, sondern nur ein Rechtsanwalt beigeordnet.

II. Anwendungsbereich

55 Anwendbar ist § 11a Abs. 1 und 2 **nur** für die **erste Instanz**. Er ist von seiner Formulierung her zugeschnitten auf das **Urteilsverfahren**. Grundsätzlich gelten dafür die Ausführungen oben zur Prozesskostenhilfe (Rn. 8 f.) entsprechend. Allerdings passt § 11a Abs. 1 und 2 nicht für Vollstreckungsmaßnahmen und das Mahnverfahren, wohl aber für das Beschlussverfahren. Auch **Ausländer** und **Staatenlose** erfasst § 11a Abs. 1 und 2 uneingeschränkt,[105] flankiert nunmehr durch **Abs. 2a** bezüglich der grenzüberschreitenden Prozesskostenhilfe in der EU (vgl.

---

102 Entsprechendes gilt bereits für die Verbescheidung des Prozesskostenhilfeantrages.
103 Ähnlich *Lepke* DB 1981, 1935.
104 Die Beiordnung nach § 11a Abs. 1 und die Bewilligung der Prozesskostenhilfe schließen sich gegenseitig nicht aus.
105 Hess. LAG 23.8.2000, 16 Ta 207/00, LAGE § 114 ZPO Nr. 38.

dazu Rn. 4). Im Übrigen beanspruchen die Ausführungen in Rn. 4 bis 7 zur Prozesskostenhilfe hier ebenfalls Geltung.

III. Voraussetzungen

1. Überblick

Die **Voraussetzungen**, die für eine Beiordnung vorliegen müssen, sind: 56

– Antrag,

– Vertretung der Gegenseite durch einen Rechtsanwalt,

– (entsprechende) persönliche und wirtschaftliche Verhältnisse und

– fehlende Vertretungsmöglichkeiten durch Gewerkschaft oder Arbeitgebervereinigung.

Liegen diese Voraussetzungen vor, **hat** die **Beiordnung zu erfolgen**. Ausnahmsweise **kann** (nicht: muss!) von ihr **abgesehen werden** (§ 11a Abs. 2).

2. Antrag

Ein **Antrag**[106] ist **stets notwendig**, eine Beiordnung von Amts wegen 57 findet nicht statt.[107] Die bloße Übersendung des ausgefüllten Formulars hinsichtlich der persönlichen und wirtschaftlichen Verhältnisse reicht insoweit nicht aus. Gemäß Abs. 1 S. 2 ist die Partei **auf ihr Antragsrecht hinzuweisen**. Die Hinweispflicht obliegt wegen des systematischen Zusammenhanges mit Abs. 1 S. 1 dem **Vorsitzenden**. Darüber hinaus kann im Einzelfall eine Verpflichtung gem. § 139 Abs. 1 ZPO bestehen, einen Antrag gem. Abs. 1 ausdrücklich **anzuregen**, ohne dass damit die Pflicht zur Unparteilichkeit verletzt wird.[108] Der **unterlassene Hinweis** kann die Besorgnis der **Befangenheit** rechtfertigen (§ 42 Abs. 2 ZPO).

---

106 Dafür und für die Benutzung des Formulars für die Erklärung über die persönlichen und wirtschaftlichen Verhältnisse gelten die obigen Ausführungen zur Prozesskostenhilfe.
107 Nach ganz h.M. ist der Antrag als Minus im Antrag auf Bewilligung von Prozesskostenhilfe enthalten: LAG Hamm 30.1.2006, 4 Ta 36/05, juris; LAG Berlin-Brandenburg 11.6.2007, 15 Ta 1077/07, LAGE § 114 ZPO 2002 Nr. 7; a.A. *Hauck/Helml* § 11a Rn. 2.
108 *Grunsky* § 11a Rn. 16; im Ergebnis ebenso GMPM-G/*Germelmann* § 11a Rn. 64.

3. Vertretung der Gegenseite durch einen Rechtsanwalt

58 Abs. 1 S. 1 setzt voraus, dass die Gegenseite durch einen **Rechtsanwalt** – ein Verbandsvertreter reicht nicht aus – vertreten wird oder selbst Rechtsanwalt ist.[109] Im **Beschlussverfahren** ist mithin diesem Erfordernis Rechnung getragen, wenn einer der sonstigen Beteiligten, der gegenteilige Anträge stellt, durch einen Rechtsanwalt vertreten ist.[110]

4. Persönliche und wirtschaftliche Verhältnisse

59 Es kommt nicht mehr auf den Wortlaut des § 11a Abs. 1 S. 1 an, nämlich darauf, dass die Partei außerstande ist, ohne Beeinträchtigung des für sie und ihre Familie notwendigen Unterhaltes die Kosten des Prozesses zu bestreiten. Aufgrund der Verweisung in Abs. 3 ist die Vorschrift bezüglich der persönlichen und wirtschaftlichen Voraussetzungen wie § 114 ZPO zu lesen, es gelten die oben zur Prozesskostenhilfe dargestellten Voraussetzungen.

5. Fehlende Vertretungsmöglichkeit durch Gewerkschaft oder Arbeitgebervereinigung

60 Schließlich fordert Abs. 1 S. 1, dass die den Antrag stellende Partei **nicht durch** ein **Mitglied** oder einen **Angestellten** einer **Gewerkschaft** oder einer **Vereinigung von Arbeitgebern** vertreten werden kann.[111] Diese Formulierung korrespondiert gar nicht mehr mit § 11 Abs. 2 S. 2 Nr. 4 u. 5. Im Ergebnis ist aber klar, dass jede **zumutbare** Vertretungsmöglichkeit nach **§ 11 Abs. 2 S. 2 Nr. 4 und 5** ausreicht.[112] Dasselbe wird man letztlich für die Vertretungsmöglichkeit i.S.d. **§ 11 Abs. 2 S. 2 Nr. 3** anzunehmen haben.[113] Auf die **Eignung** des in Frage stehenden Prozessbevollmächtigten kommt es nicht an. Im **Beschlussverfahren** ist eine Vertretung durch einen Verbandsvertreter jedenfalls dann nicht möglich, wenn in dem betreffenden Organ etwa mehrere Gewerkschaften vertreten sind und eine Einigung auf einen bestimmten Verbandsvertreter nicht möglich ist.

---

109 GMPM-G/*Germelmann* § 11a Rn. 55. Es genügt, wenn einer der Streitgenossen, es muss sich nicht um notwendige Streitgenossen handeln – auf der Gegenseite durch einen Anwalt vertreten ist.
110 A.A. GMPM-G/*Germelmann* § 11a Rn. 101: ausreichend die anwaltliche Vertretung irgendeines anderen Beteiligten.
111 Das ist nicht der Fall, wenn der Verband die Vertretung ablehnt.
112 Dazu GMPM-G/*Germelmann* § 11a Rn. 52 u. 54; GK-ArbGG/*Bader* § 11a Rn. 194.
113 GK-ArbGG/*Bader* § 11a Rn. 193 m.w.N.; a.A. GMPM-G/*Germelmann* § 11a Rn. 53.

IV. Unterbleiben der Beiordnung (Abs. 2)

Liegen die dargestellten Voraussetzungen für eine Beiordnung gem. Abs. 1 S. 1 an sich vor, **kann** (nicht: muss!) dennoch – **ausnahmsweise** – die **Beiordnung** aufgrund der Vorschrift des Abs. 2 **unterbleiben**, wenn sie aus besonderen Gründen **nicht erforderlich** ist **oder** die Rechtsverfolgung **offensichtlich mutwillig** ist. **Besondere Gründe**, die eine Beiordnung als nicht erforderlich erscheinen lassen, sind nur mit **großer Zurückhaltung** zu bejahen. Sie liegen vor, wenn der Rechtsstreit in tatsächlicher und rechtlicher Hinsicht derart einfach gelagert ist, dass die Partei den Rechtsstreit ohne jegliche Probleme selbst führen kann und eine **Beiordnung** damit als offenkundig **völlig überflüssig** erscheinen muss. Hinsichtlich der Frage des **Mutwillens** reicht es nicht aus, dass die Rechtsverfolgung (oder die Rechtsverteidigung) mutwillig ist, sie muss vielmehr **offensichtlich** mutwillig sein. Der Mutwille muss ganz klar und auf den ersten Blick ohne weitere Ermittlungen erkennbar sein.[114]

61

V. Verfahren/Entscheidung/Rechtsmittel

Für das **Verfahren** ist grundsätzlich zu verweisen auf die Ausführungen oben zur Prozesskostenhilfe.[115] Hinsichtlich der **Entscheidung** über die Beiordnung oder deren Ablehnung – stets in Gestalt eines **Beschlusses** – gilt grundsätzlich § 127 ZPO. Sie erfordert damit **keine mündliche Verhandlung** (§ 127 Abs. 1 S. 1 ZPO), zuständig ist **stets der Vorsitzende** (Abs. 1 S. 1). Es ist dem Antragsteller ein zur Vertretung bereiter **Anwalt seiner Wahl** beizuordnen (§ 121 Abs. 2 S. 1 ZPO; ansonsten § 127 Abs. 4 ZPO). Für alle übrigen Aspekte wie den **Zeitpunkt der Entscheidung**, die Festlegung von **Zahlungsbestimmungen** und die in Frage kommenden **Rechtsmittel** wird Bezug genommen auf die entsprechenden Passagen zur Prozesskostenhilfe.

62

VI. Wirkung der Beiordnung

Die Beiordnung ersetzt nicht die **Bevollmächtigung**. Sie erfasst im Normalfall des erstinstanzlichen Urteils- bzw. Beschlussverfahrens die **gesamte erste Instanz**, allerdings **ohne die Zwangsvollstreckung**. Sie erfasst damit bei einem Kündigungsschutzprozess wegen der engen Verbindung auch das an sich als selbständig ausgestaltete Verfahren der **nachträglichen Zulassung** gem. § 5 KSchG, womit hierfür keine sepa-

63

---

114 LAG Düsseldorf 29.10.1986, 14 Ta 245/86, LAGE § 11a ArbGG 1979 Nr. 4.
115 § 118 Abs. 1 S. 2 u. 3 und Abs. 2 S. 3 ZPO sind hier allerdings nicht anzuwenden.

rate Beiordnung geboten ist. Die Wirkung der Beiordnung erstreckt sich aber nur auf die im Zeitpunkt der Beiordnung im Streit befindlichen Gegenstände. Für **nachträgliche Erweiterungen** (etwa: Klageerweiterungen, Widerklagen) bedarf es der **Erstreckung der Beiordnung** hierauf. Eine Erstreckung auf einen weitergehenden Vergleich scheidet wegen des Zwecks des § 11a Abs. 1 aus.

64 Grundsätzlich gelten im Übrigen die §§ 121 ff. ZPO. § 123 ZPO (zur Verpflichtung, die dem Gegner entstandenen Kosten zu erstatten) findet **wegen § 12a Abs. 1 S. 1** nur sehr **eingeschränkt** Anwendung. **Nicht anwendbar ist § 122 Abs. 1 Nr. 1 Buchst. a ZPO**, da die Beiordnung nach Abs. 1 **keine Auswirkungen auf die Gerichtskosten hat und nur die Anwaltsbeiordnung erfasst**.

D. Beratungshilfe

65 Es geht bei der Beratungshilfe um **Hilfe für die Wahrnehmung von Rechten außerhalb eines gerichtlichen Verfahrens** (§ 1 Abs. 1 BerHG). Sie besteht in der **Beratung** und in **Vertretung, soweit** dies **erforderlich** ist (§ 2 Abs. 1 BerHG). Gewährt wird die Beratungshilfe auf **Antrag** (§ 1 Abs. 1 BerHG; zum Antrag und zum entsprechenden **Vordruck:** §§ 4 Abs. 2, 11 BerHG). **Voraussetzung** ist, dass nicht andere Möglichkeiten für eine Hilfe zur Verfügung stehen, deren Inanspruchnahme dem Rechtsuchenden zuzumuten ist (§ 1 Abs. 1 Nr. 2 BerHG), und dass die Wahrnehmung der Rechte nicht mutwillig ist (§ 1 Abs. 1 Nr. 3 BerHG). Darüber hinaus ist erforderlich, dass der Rechtsuchende die erforderlichen Mittel nach seinen persönlichen und wirtschaftlichen Verhältnissen nicht aufbringen kann (§ 1 Abs. 1 Nr. 1 BerHG); dies ist nach § 1 Abs. 2 BerHG gegeben, wenn dem Rechtsuchenden Prozesskostenhilfe nach den Vorschriften der Zivilprozessordnung ohne einen eigenen Beitrag zu den Kosten zu gewähren wäre. Beratungshilfe wird auch **Ausländern** gewährt, wenn sie nicht in der Bundesrepublik Deutschland wohnen (vgl. auch § 10 BerHG zur grenzüberschreitenden Beratungshilfe innerhalb der EU).

66 Zuständig für die Entgegennahme des Antrages und die Entscheidung darüber ist stets das **Amtsgericht**, dies auch dann, wenn es um Fragen aus dem Bereich des Arbeitsrechts geht. Örtlich zuständig ist das Amtsgericht, in dessen Bezirk der Rechtsuchende seinen **allgemeinen Gerichtsstand** (§§ 12 ff. ZPO) hat (§ 4 Abs. 1 S. 1 BerHG). Wird der Antrag zurückgewiesen, ist dagegen lediglich die **Erinnerung** statthaft (§ 6 Abs. 2 BerHG). Wird hingegen dem Antrag stattgegeben, soweit das Amtsgericht die Beratungshilfe nicht bereits selbst gewährt (§ 3 Abs. 2

BerHG), erhält der Rechtsuchende einen **Berechtigungsschein** für Beratungshilfe durch einen Rechtsanwalt seiner Wahl (§ 6 Abs. 1 BerHG).

Der Rechtsanwalt hat gegen den Rechtsuchenden, dem er Beratungshilfe gewährt, einen Anspruch auf eine **Gebühr** von **10 Euro** (§ 44 S. 2 RVG i.V.m. Nr. 2600 des Vergütungsverzeichnisses zum RVG); Vereinbarungen über eine Vergütung sind nichtig (§ 8 BerHG). Im Übrigen gilt für **Vergütungen** des Rechtsanwaltes **aus der Landeskasse** § 44 S. 1 RVG. Der in § 9 BerHG angesprochene Kostenersatz durch den Gegner scheitert bezogen auf den Bereich des Arbeitsrechts an § 12a Abs. 1 S. 1. 67

E. Mögliche Reform des Prozesskostenhilferechts

Es gibt seit längerer Zeit Bestrebungen – insbesondere wegen der enorm steigenden Kosten für die Prozesskostenhilfe –, das Prozesskostenhilferecht zu reformieren. Dazu ist zu verweisen auf den Gesetzesantrag der Länder Niedersachsen und Baden-Württemberg vom 10. April 2006 (BR-Drucks. 250/06) für ein **Gesetz zur Begrenzung der Aufwendungen für die Prozesskostenhilfe**. Der Entwurf enthält zunächst Korrekturen der Voraussetzungen für die Bewilligung von Prozesskostenhilfe, um der missbräuchlichen Inanspruchnahme entgegen zu wirken (etwa einen § 114 Abs. 2 ZPO, mit dem die Mutwilligkeit definiert wird). Außerdem ist danach als zentrale Neuerung vorgesehen, die Eigenbeteiligung der bedürftigen Partei an den Prozesskosten innerhalb der verfassungsrechtlichen Grenzen zu erhöhen. Oberhalb des im Sozialhilferecht definierten Existenzminimums soll Prozesskostenhilfe künftig nur als Darlehen gewährt werden. Schließlich ist geplant, die Vorschriften über das Verfahren zu verbessern, um sicherzustellen, dass die für die Prozesskostenhilfebewilligung maßgeblichen persönlichen und wirtschaftlichen Verhältnisse des Antragstellers einheitlich und zutreffend erfasst werden. Daneben soll die isolierte Anwaltsbeiordnung im arbeitsgerichtlichen Verfahren (§ 11a Abs. 1) entfallen. Allerdings stagnieren die Reformbemühungen, so dass sich ein weiteres näheres Eingehen darauf hier erübrigt. 68

§ 12 Kosten

¹Die Justizverwaltungskostenordnung und die Justizbeitreibungsordnung gelten entsprechend, soweit sie nicht unmittelbar Anwendung finden. ²Bei Einziehung der Gerichts- und Verwaltungskosten leisten die Vollstreckungsbehörden der Justizverwaltung oder die sonst nach Landesrecht zuständigen Stellen den Gerichten für Arbeitssachen Amtshilfe, soweit sie diese Aufgaben nicht als eigene wahrnehmen. ³Vollstreckungsbehörde ist für die Ansprüche, die beim Bundesarbeitsgericht entstehen, die Justizbeitreibungsstelle des Bundesarbeitsgerichts.

§ 12a Kostentragungspflicht

(1) ¹In Urteilsverfahren des ersten Rechtszugs besteht kein Anspruch der obsiegenden Partei auf Entschädigung wegen Zeitversäumnis und auf Erstattung der Kosten für die Zuziehung eines Prozeßbevollmächtigten oder Beistands. ²Vor Abschluß der Vereinbarung über die Vertretung ist auf den Ausschluß der Kostenerstattung nach Satz 1 hinzuweisen. ³Satz 1 gilt nicht für Kosten, die dem Beklagten dadurch entstanden sind, daß der Kläger ein Gericht der ordentlichen Gerichtsbarkeit, der allgemeinen Verwaltungsgerichtsbarkeit, der Finanz- oder Sozialgerichtsbarkeit angerufen und dieses den Rechtsstreit an das Arbeitsgericht verwiesen hat.

(2) ¹Werden im Urteilsverfahren des zweiten Rechtszugs die Kosten nach § 92 Abs. 1 der Zivilprozeßordnung verhältnismäßig geteilt und ist die eine Partei durch einen Rechtsanwalt, die andere Partei durch einen Verbandsvertreter nach § 11 Abs. 2 Satz 2, Nr. 4 und 5 vertreten, so ist diese Partei hinsichtlich der außergerichtlichen Kosten so zu stellen, als wenn sie durch einen Rechtsanwalt vertreten worden wäre. ²Ansprüche auf Erstattung stehen ihr jedoch nur insoweit zu, als ihr Kosten im Einzelfall tatsächlich erwachsen sind.

Übersicht	Rn.
A. Allgemeines	1
B. Der Streitwert und seine Funktion	3
C. Die Gerichtskosten	9
I. Gerichtsgebühren im Urteilsverfahren der ersten Instanz	11
1. Höhe der Gerichtsgebühren	12
a) Grundgebühren	14
b) Ermäßigungstatbestände	15

		aa) Entfallen der Gebühr	16
		bb) Ermäßigung der Gebühr	19
	c)	Vorgeschaltetes Mahnverfahren	23
	d)	Verfahren über Arrest und einstweilige Verfügung	24
	e)	Festgebühren	25
	2.	Fälligkeit der Gerichtsgebühren	26
	a)	Unbedingte Kostenentscheidung	28
	b)	Beendigung durch Vergleich oder Klagerücknahme	30
	c)	Sechs Monate Ruhen oder Nichtbetreiben	31
	d)	Sechs Monate Unterbrechung oder Aussetzung	34
	e)	Anderweitige Erledigung des Verfahrens	35
	3.	Gerichtskostenstreitwert	36
	a)	Höhe: Grundsatz	37
	b)	Höhe: Einzelfälle (Übersicht Streitgegenstände)	39
	c)	Höhe: Sonderfragen (Übersicht Prozesskonstellationen)	55
	d)	Festsetzungsverfahren	71
		aa) Erledigung	73
		bb) Antrag oder Angemessenheit	75
		cc) Entscheidung des Arbeitsgerichts	79
		dd) Beschwerde- und Abänderungsverfahren	81
II.	Gerichtsgebühren in Berufung und Revision		88
	1.	Landesarbeitsgericht	88
	2.	Bundesarbeitsgericht	92
III.	Beschwerdeverfahren		94
IV.	Sonstige Verfahren		98
V.	Beschlussverfahren		99
VI.	Gerichtliche Auslagen		100
D. Die außergerichtlichen Kosten			107
I.	Rechtsanwaltsgebühren und -auslagen		108
	1.	Die einzelnen Gebührentatbestände	109
	a)	Verfahrensgebühr	110
	b)	Terminsgebühr	113
	c)	Einigungsgebühr	114
	2.	Gebührenstreitwert (Gegenstandswert)	115
	a)	Höhe: Grundsatz	116
	b)	Einzelfälle, insbes. Beschlussverfahren	118
	c)	Festsetzungsverfahren	127
	3.	Anwaltliche Auslagen	131
II.	Sonstige außergerichtliche Kosten		132
E. Kostenansatz und Kostenerstattung			133
I.	Grundregel		133
II.	Kostenentscheidung		135
III.	Kostenschuldner		139
IV.	Umfang der Erstattungspflicht		142
	1.	Rechtsanwaltskosten	143
	2.	Sonstige außergerichtliche Kosten	149
	3.	Sonderfälle	151
	a)	Anrufung eines unzuständigen Gerichts	151
	b)	Zwangsvollstreckung	152

A. Allgemeines

1 Bis zum **Kostenrechtsmodernisierungsgesetz** (KostRMoG), das am 1.7.2004 in Kraft trat,[1] waren in §§ 12, 12a und in dem dazu geltenden Gebührenverzeichnis zahlreiche Sondervorschriften für das Kosten- und Gebührenrecht des Arbeitsgerichtsverfahrens geregelt. Mit der Neuregelung sind die bisherigen Vorschriften in das allgemeine Gerichtskostenrecht **integriert**, mit wenigen Ausnahmen jedoch ohne Änderungen in der Sache. Die bisherige Gebührenermäßigung von 10 % für die neuen Bundesländer ist nunmehr entfallen. Im Folgenden werden die **Grundsätze** des **Kosten-, Gebühren- und Streitwertrechts** im Zusammenhang erläutert. Dabei werden auch die im ArbGG verbliebenen Vorschriften §§ 12 und 12a kommentiert. **Streitwertübersichten** finden sich für die Streitgegenstände der Gerichtskostenwerte bei Rn. 41 ff., für bestimmte prozessuale Konstellationen (Klagehäufung etc.) bei Rn. 56 ff. und, soweit sie nur für die Rechtsanwaltsgebühren relevant sind, bei Rn. 118 ff.

2 Arbeitsgerichtsverfahren sind **kostenpflichtig**. Die kostenmäßige Durchführung von Arbeitsrechtsstreitigkeiten unterliegt einem Geflecht von Vorschriften aus verschiedenen Gesetzen, neben den Regelungen in §§ 12, 12a vor allem die Vorschriften des reformierten GKG und der ZPO. Die **Kostenpflicht** ist sowohl für die Gebühren als auch für die Auslagen jeweils **ausdrücklich geregelt**. Bei Vorgängen, für die keine Gebühr vorgesehen ist, entstehen der Partei auch keine Zahlungsverpflichtungen. Dies betrifft insbesondere den **Mahnantrag**, **Vollstreckungsanträge** (§§ 887 ff. ZPO), den Antrag auf **einstweilige Einstellung der Zwangsvollstreckung** und das **PKH-Verfahren**, ferner das Zustimmungsverfahren nach § 122 und das Beschlussverfahren nach § 126 InsO. Die Gebührenfreiheit in diesen Fällen erstreckt sich aber nicht auf die Auslagen.

B. Der Streitwert und seine Funktion

3 **Ausgangspunkt** der Kostenvorschriften ist in den allermeisten Fällen der **Wert** des »Vorgangs«, an den die Kostenpflicht anknüpft. Nur in Ausnahmefällen müssen Festbeträge unabhängig vom Wert der Sache gezahlt werden (vgl. dazu unten Rn. 25).

4 Der gebührenauslösende »Vorgang« (gleichermaßen **Gerichts**– wie **Rechtsanwaltsgebühren**) ist mithin zu **bewerten**. Dabei ist streng zu

---

1 BGBl. I S. 718.

unterscheiden: sowohl die rechtlichen Bewertungskriterien als auch das Festsetzungsverfahren als auch die Rechtswirkungen dieses Vorgangs sind je nach Funktion ganz unterschiedlich geregelt. Im Wesentlichen ist zu differenzieren zwischen dem **Gerichtskostenwert** und dem Rechtsanwaltsgebührenwert, der allgemein als **Gegenstandswert** bezeichnet wird (z.B. in § 23 RVG). Die Kriterien und die jeweiligen Verfahren werden im Folgenden dabei an den Stellen dargestellt, an denen es um die jeweils anknüpfenden Gebühren geht (zum Gerichtskostenstreitwert unten Rn. 37 ff., zum Gegenstandswert für die anwaltliche Tätigkeit unten Rn. 115 ff.). Nur diese beiden Wertkategorien werden in diesem Abschnitt ausführlich behandelt.

Eine Bewertung mittels Streitwerterrechnung ist ferner nötig für die Feststellung der **Mindestbeschwer** in verschiedenen **Rechtsmittelverfahren**. Insbesondere die Statthaftigkeit der **Berufung** ist an eine Beschwer des Berufungsklägers von mindestens 600,01 € gebunden, soweit nicht einer der Ausnahmetatbestände des § 64 Abs. 2 lit. a, c oder d ArbGG vorliegt. Der **Beschwerdewert** bezeichnet dabei das in Geld ausgedrückte Interesse des Berufungsführers an dem Streitgegenstand, hinsichtlich dessen er das Rechtsmittel eingelegt hat.[2] Für die **Kosten** spielt der Beschwerdewert **keine Rolle**. 5

Der Streitwert hat neben diesen Funktionen noch weitere Aufgaben, die jedoch keine große Relevanz entfalten. So ist im **arbeitsgerichtlichen Urteilsverfahren** »der Streitwert« des Urteils im **Tenor** festzusetzen (§ 61 Abs. 1). Dieser sog. **Urteilsstreitwert** ist ein Relikt aus der Zeit vor der Novelle des ArbGG im Jahre 1979 und entfaltet nach hier vertretener Auffassung **keinerlei Funktion mehr**. Die Vorschrift sollte de lege ferenda schlicht gestrichen werden, weil sie – ungeachtet der Nutzlosigkeit – eine gesetzliche Verpflichtung normiert, deren Erfüllung eine komplexe Quelle von Fehlern und Missverständnissen auf Seiten des Gerichts und (noch mehr) der Parteien darstellt (vgl. dazu unten Erl. zu § 61 Rn. 17 ff.).[3] 6

In der ordentlichen Gerichtsbarkeit grenzt der Streitwert die Zuständigkeit zwischen Amtsgericht und Landgericht ab; in der Arbeitsgerichtsbarkeit dagegen hat der **Zuständigkeitsstreitwert** keine Funktion mehr. 7

Von Bedeutung ist, dass die Ergebnisse der Bewertungsvorgänge in den verschiedenen Sektoren des Kostenrechts **keine wechselseitige Verbindlichkeit** entfalten. Das bedeutet, dass die Bewertung und das Ver- 8

---

2 Vgl. dazu die Erläuterungen zu § 64.
3 Ähnlich schon LAG Hamm 26.7.1979, 9 Sa 1599/79, AnwBl 1979, 431: »sinn-, zweck- und inhaltslose Bestimmung«.

fahren der Festsetzung jeweils für den **gesonderten Bereich** durchzuführen ist. Soweit § 23 Abs. 1 S. 1 RVG scheinbar die Verbindlichkeit des Gerichtskostenwerts für den Gegenstandswert normiert, ist dies daran gebunden, dass sich der Gerichtskostenwert auch auf den **gleichen »Vorgang«** bezieht wie der Gegenstandswert. Auch hier ist also eine gesonderte Betrachtung des »Gegenstands« der anwaltlichen Tätigkeit, um dessen Wert es geht, erforderlich. Ist dieser **identisch** mit dem »**Gegenstand«** der gerichtlichen Tätigkeit, ist auch der **Wert identisch.** An sich eine Selbstverständlichkeit – nur im Verfahren ergeben sich aus dieser Norm Besonderheiten. Denn nur bei **Identität der Gegenstände** ist der vom Gericht einmal festgesetzte Betrag sowohl für die Gerichts- als auch für die Rechtsanwaltsgebühren verbindlich. Wegen dieser Verbindlichkeit aber sind im Wertfestsetzungsverfahren für die Gerichtsgebühren dann auch **alle** diejenigen **Beteiligten** einzubeziehen, für die es (nur) im Bereich der Rechtsanwaltsgebühren Relevanz entfaltet, also etwa die obsiegende Partei (vgl. dazu unten detailliert bei Rn. 127 ff.).

C. Die Gerichtskosten

9 Die **Gerichtskosten** unterteilen sich in **Gerichtsgebühren** und **Auslagen** des Gerichts. Bei den Gerichtsgebühren handelt es sich um eine (relativ willkürlich) definierte Betragsgröße, die mit den realen Entstehungskosten nichts zu tun hat. Von der **absoluten Höhe** her hat vielmehr die sozialpolitische Zielsetzung, die Zugangsschwelle zum Arbeitsgericht möglichst niedrig zu halten, dazu geführt, dass die Gerichtskosten beim arbeitsgerichtlichen Urteilsverfahren **erheblich niedriger** sind als in sonstigen Verfahren. Bis zum 30.6.2004 zeigte sich dies in einer gegenüber der ordentlichen Gerichtsbarkeit ganz eigenständigen Gebührentabelle, die deutlich niedrigere Beträge aufwies und überdies mit einer absoluten Obergrenze von 500,- € limitiert war. Seit dem **Kostenrechtsmodernisierungsgesetz** ist diese Struktur geändert und auch die **Obergrenze entfallen.** Aber immer noch liegen die Kosten beim Arbeitsgericht (je nach Werthöhe) um ca. 35 % unter denen bei der ordentlichen Gerichtsbarkeit.

10 Die gerichtlichen **Auslagen** dagegen sind ihrem Charakter nach **Aufwendungsersatz.** Es handelt sich um eine Art pauschalierter Erstattungszahlungen für Leistungen des Gerichts, die von den Parteien in Anspruch genommen worden sind (vgl. dazu detailliert unten Rn. 100 ff.).

I. Gerichtsgebühren im Urteilsverfahren erster Instanz

Die Gerichtsgebühren, die im **Urteilsverfahren**[4] bei Inanspruchnahme der Arbeitsgerichtsbarkeit entstehen, berechnen sich in gleicher Weise wie bei der ordentlichen Gerichtsbarkeit; Unterschiede bestehen lediglich in der Höhe.

1. Höhe der Gerichtsgebühren

Die **Berechnungsweise** der Gerichtsgebühren ist in § 3 Abs. 1 GKG geregelt. Dieser lautet:

»§ 3 GKG

(1) Die Gebühren richten sich nach dem Wert des Streitgegenstands (Streitwert), soweit nichts anderes bestimmt ist.«

Die **Verknüpfung** einer **Gebühr** mit einem bestimmten **Streitwert** ist in § 34 GKG geregelt. Dort sind Streitwerten jeder Höhe Gebührenwerte zugeordnet (sog. Gebührentabelle), z.B. einem Streitwert bis 300 € eine Gebühr von 25 €, einem Streitwert bis 600 € eine Gebühr von 35 € usw. (abgedruckt als Anhang II).

Die **Zuordnung** einzelner gerichtlicher Handlungen zu einem bestimmten Gebührenwert erfolgt durch die **Angabe eines Vielfachen** bzw. eines **Bruchteils** einer »vollen« **Gebühr**, wobei die volle Gebühr (gesetzestechnisch mit »1,0« bezeichnet) diejenige aus der einheitlichen Gebührentabelle ist. Welche gerichtliche Handlung mit welchem Gebührensatz verbunden ist, ergibt sich aus dem **Kostenverzeichnis** (KV), das als Anl. 1 zu § 3 Abs. 2 GKG Bestandteil des Gerichtskostengesetzes ist. Das KV behandelt in mehreren Teilen die verschiedenen Gerichtsbarkeiten. In Teil 8 sind die Gerichtsgebühren für die Verfahren vor den Gerichten für Arbeitssachen geregelt (abgedruckt als Anhang I). Teil 9 des KV setzt die Erstattung von Auslagen für alle Gerichtszweige fest.

a) Grundgebühr

Die **Grundregel** des KV sieht vor, dass nicht einzelne Handlungen des Gerichts mit einer Gerichtsgebühr belegt werden, sondern dass für den Rechtsstreit in einer **Instanz** eine **Pauschalgebühr** zu entrichten ist. Dies für das arbeitsgerichtliche Verfahren erster Instanz schon bisher geltende Prinzip ist nunmehr für alle Gerichtsbarkeiten in allen Instan-

---

4 Das Beschlussverfahren ist gerichtsgebührenfrei (§ 2 Abs. 2 GKG), vgl. dazu unten Rn. 99.

zen normiert worden. Die Pauschalgebühr für das erstinstanzliche Urteilsverfahren vor den Arbeitsgerichten beläuft sich auf **2,0 Gebühren** (KV 8210). Mit diesem Betrag ist grundsätzlich das **gesamte Verfahren in der ersten Instanz** abgedeckt.[5]

b) Ermäßigungstatbestände

15 Die Gebühr **entfällt** oder **ermäßigt** sich jedoch bei einem Verfahrensgang, der die volle Auslastung der gerichtlichen bzw. richterlichen Tätigkeit nicht verlangt. Die Ermäßigungstatbestände ergeben sich aus der Vorbemerkung zu Teil 8 und aus KV 8210 Abs. 1 und 2 sowie aus KV 8211. Zu den Ermäßigungstatbeständen im Einzelnen:

aa) Entfallen der Gebühr

Die Gebühr entfällt für die Instanz bei folgenden Konstellationen:

16 – **Beendigung des Verfahrens durch einen gerichtlichen Vergleich (KV Vorbem. 8):**

Dabei ist gleichgültig, ob der Vergleich[6] in der **mündlichen Verhandlung** geschlossen wurde oder durch **Beschluss des Gerichts** gem. § 278 Abs. 6 S. 2 ZPO festgestellt wurde.[7] Die Beendigung des Verfahrens durch einen dem Gericht **bloß mitgeteilten** Vergleich genügt allerdings **nicht mehr**.[8] Erforderlich ist die **vollständige Beendigung** des Verfahrens; bei einem **Teilvergleich** entfällt die Gebühr **nicht**, sondern wird aus dem vollen Streitwert erhoben (KV Vorbem. 8 S. 2), wenn nicht aufgrund eines anderen Privilegierungstatbestandes (z.B. KV 8210 Abs. 2) die Gebühr entfällt.

---

5 Auch hier zeigt sich die kostenrechtliche Privilegierung gegenüber der ordentlichen Gerichtsbarkeit; dort beträgt die Pauschalgebühr 3,0 Gebühren, KV 1210.
6 Gem. § 794 Abs. 1 Nr. 1 ZPO; dabei muss sich das Nachgeben einer Partei nicht auf die Hauptsache beziehen; es genügt die Übernahme eines Teils der Kosten, ausdrücklich oder gem. § 98 ZPO.
7 Dabei ist es nach § 278 Abs. 6 S. 1 ZPO i.d.F. des 1. Justizmodernisierungsgesetzes vom 24.8.2004, BGBl. I S. 2198, nicht mehr erforderlich, dass der Vergleichsvorschlag vom Gericht ausgeht; es genügt, wenn die Parteien dem Gericht einen übereinstimmenden Vergleichsvorschlag unterbreiten.
8 GMPM-G/*Germelmann* § 12 Rn. 31; ArbGG/*Krönig* § 12 Rn. 7; a.A. GK-ArbGG/*Wenzel* § 12 Rn. 49; der Wortlaut ist jedoch eindeutig. Insoweit bietet aber KV 8210 Abs. 2 S. 2 u.U. eine kostengünstige Gestaltungsmöglichkeit, wenn die Titulierung der vereinbarten Rechtsfolgen nicht unerlässlich ist.

Kosten, Kostentragungspflicht §§ 12, 12a

– **Beendigung des Verfahrens ohne streitige Verhandlung und ohne Versäumnisurteil (KV 8210 Abs. 2 S. 1):** 17

Streitig wird vor dem Arbeitsgericht erst verhandelt, wenn in der Kammerverhandlung[9] die **Anträge gestellt** werden.[10] Bis zu diesem Zeitpunkt kann der Rechtsstreit **gerichtsgebührenfrei** beendet werden. Ein Versäumnisurteil lässt aber – insofern anders als nach früherer Rechtslage – die vollen Gebühren entstehen. Hauptanwendungsfall ist daher die **Klagerücknahme**. Streitig ist, ob bei einer **teilweisen** Klagerücknahme die auf den zurückgenommen Teil entfallenen Gebühren gleichfalls entfallen. Dies wird unter Berufung auf § 36 GKG teilweise bejaht.[11] Die (überwiegende) Gegenauffassung hält den Wortlaut von KV 8211, wonach eine Gebührenprivilegierung nur eingreift, wenn das »gesamte Verfahren« beendet wird, für entscheidend und verneint jede Ermäßigungsmöglichkeit bei der Teilklagerücknahme.[12]

– **Beendigung des Verfahrens aufgrund übereinstimmender Erledigungserklärungen ohne Kostenentscheidung des Gerichts oder bei Übernahme einer Kostenvereinbarung der Parteien (KV 8210 Abs. 2 S. 2):** 18

Die Gerichtskosten entfallen auch, wenn der Rechtsstreit durch **übereinstimmende Erledigungserklärungen** beendet wird, allerdings auch hier **nur dann**, wenn das Gericht **keine** eigenständige **Entscheidung über die Kosten** treffen muss, also insbesondere dann, wenn keine Kostenentscheidung beantragt wird oder dem Gericht eine Kostenvereinbarung mitgeteilt wird (was in der Sache bedeutet, dass ein Vergleich vorliegt). Werden **widerstreitende Kostenanträge** gestellt, bleiben die Gerichtsgebühren gem. KV 8210 in **voller Höhe** bestehen; es findet nicht etwa eine Reduzierung nach KV 8211 auf 0,4 Gebühren statt.

---

9 Oder entsprechend in der Verhandlung gem. § 55 Abs. 3, vgl. die Erläuterungen dort.
10 GMPM-G/*Germelmann* § 12 Rn. 18.
11 GK-ArbGG/*Wenzel* § 12 Rn. 58; *Creutzfeldt* RdA 2004, 281, 284.
12 LAG Hamm, 10.4.2006, LAGE § 3 GKG 2004 Nr. 1; *Bader* NZA 2005, 971; *Hartmann* KV 8210 Rn. 4; GMPM-G/*Germelmann* § 12 Rn. 18; *Nungeßer* AR-Blattei SD 160.9 Rn. 164; zu verfassungsrechtlichen Bedenken wegen des Erfordernisses der Beendigung des gesamten Verfahrens vgl. *Lappe* NJW 2004, 2409, 2411; insoweit aber bereits zur Vorläuferregelung BVerfG 27.8.1999, 1 BvL 7/96, NJW 1999, 3550, 3551.

bb) Ermäßigung der Gebühr auf 0,4 nach streitiger Verhandlung:

19 Die Pauschalgebühr ermäßigt sich auch **nach streitiger Verhandlung** noch auf 0,4 Gebühren,[13] wenn eine der folgenden Konstellationen vorliegt:

20 – **Beendigung des Verfahrens ohne Urteil und ohne Kostenentscheidung oder bei Übernahme einer Kostenvereinbarung der Parteien (KV 8211 Nr. 1):**

Hauptanwendungsfall ist auch hier die **Klagerücknahme** ohne Kostenantrag der Beklagten gem. § 269 Abs. 3 S. 3 ZPO. Wegen der ansonsten notwendigen Bereitschaft zum Verzicht auf eine Kostenentscheidung kommt auch diese Konstellation einem Vergleich nahe.

21 – **Beendigung des Verfahrens durch Anerkenntnisurteil, Verzichtsurteil oder Urteil, das nach § 313a Abs. 2 ZPO weder Tatbestand noch Entscheidungsgründe enthält (KV 8211 Nr. 2):**

Eine Gebührenreduktion findet bei einem Urteil auch dann statt, wenn dem Gericht die Formulierung von Tatbestand und Entscheidungsgründen nicht abverlangt wird.[14] Dies ist bei einem **Anerkenntnisurteil** und bei einem **Verzichtsurteil** nach § 313b Abs. 1 ZPO der Fall. Bei einem – selten vorkommenden – Verzicht der anfechtungsberechtigten Partei bzw. Parteien auf ein Rechtsmittel gegen ein nach mündlicher Verhandlung verkündetes Urteil bedarf es gleichfalls weder eines Tatbestands noch der Entscheidungsgründe (§ 313a Abs. 2 ZPO), was der Gesetzgeber mit einer **Gebührenreduktion** honoriert. Die Ermäßigungsmöglichkeit besteht nicht mehr, wenn bereits ein **anderes** als eines der genannten **Urteile vorausgegangen** ist. Dies gilt auch für ein Versäumnisurteil; eine Ermäßigung findet dann nicht mehr statt.[15]

---

13 Und damit auf 20 % der vollen Gebühr; bei den Amts- und Landgerichten erfolgt in der Parallelkonstellation nur eine Reduktion von 3,0 auf 1,0 Gebühren (KV 1211), also auf 33 %.

14 Vgl. dazu unten § 61 Rn. 30 ff.

15 Gleichgültig, ob das Versäumnisurteil gegen den Beklagten oder den Kläger erging, ebenso LG Bonn 19.9.2000, 8 T 189/00, JurBüro 2001, 595; a.A. *Hartmann* KV 1211 Rn. 5; GK-ArbGG/*Wenzel* § 12 Rn. 31 und 62 m.w.N.; *Jungbauer* JurBüro 2001, 230, 232; danach soll dies für ein Versäumnisurteil gegen den Kläger nicht gelten, weil auch dabei keine Sachprüfung angestellt worden ist. Aber angesichts dessen, dass KV 8211 dem Wortlaut von KV 1211 (für die ordentliche Gerichtsbarkeit) entspricht und dort im KostRMoG über die Vorgängerregelung in KV 1202 a.F. hinaus spezifiziert worden ist, ist es nicht zulässig, aus allgemeinen Erwägungen im Wege der Auslegung den ausdrücklich genannten Ausnahmen Anerkenntnisurteil, Verzichtsurteil oder Urteil gem. § 313a Abs. 2 ZPO eine weitere Ausnahme, nämlich ein Versäum-

– **Beendigung des Verfahrens aufgrund übereinstimmender Erledi-** 22
gungserklärungen ohne Kostenentscheidung des Gerichts oder
Übernahme einer Kostenvereinbarung der Parteien (KV 8211
Nr. 3):

Die in KV 8211 Nr. 3 ermöglichte Ermäßigung der Gerichtsgebühren entspricht derjenigen aus KV 8210 Abs. 2 S. 1 mit der Maßgabe, dass sie bei Erledigungserklärungen **nach streitiger Verhandlung** eingreift. Auch hier gilt: bei widerstreitenden Kostenanträgen und dadurch erforderlicher Kostenentscheidung des Gerichts nach § 91a Abs. 1 ZPO bleibt es bei den vollen 2,0 Gebühren gem. KV 8210.

c) Vorgeschaltetes Mahnverfahren

Das **arbeitsgerichtliche Mahnverfahren** hat längst nicht die Bedeu- 23
tung wie in der sonstigen Zivilgerichtsbarkeit. Dazu hat möglicherweise auch eine komplizierte und den Antragsteller im Ergebnis teilweise mehr belastende Gebührenregelung beigetragen. Diese ist nunmehr durch das Kostenrechtsmodernisierungsgesetz neu gefasst worden. Die Gebühr nach KV 8100 wird erhoben im Verfahren über den Antrag auf Erlass eines Vollstreckungsbescheids. Damit ist – abweichend vom bisherigen Rechtszustand und im Übrigen auch von der Regelung für die ordentliche Gerichtsbarkeit – der Antrag auf Erlass eines **Mahnbescheids gerichtsgebührenfrei**.[16] Die Gebühr wird erst durch den Antrag auf Erlass eines **Vollstreckungsbescheids** ausgelöst. Sie beträgt **0,4 Gebühren**, mindestens jedoch 15 €. Maßgeblich ist dabei die Höhe des im Vollstreckungsbescheid geltend gemachten Betrags. Auch diese Gebühr **entfällt** später, wenn einer der oben dargestellten **Privilegierungstatbestände** eingreift (vgl. oben Rn. 16 ff), **nicht** dagegen, wenn der beantragte Vollstreckungsbescheid **aus anderen Gründen** nicht erlassen werden kann, z.B. gem. § 701 S. 1 ZPO, und deshalb als unzulässig zurückzuweisen ist.[17]

d) Verfahren über Arrest und einstweilige Verfügung

Die Regeln über die Gerichtsgebührenhöhe im **arbeitsgerichtlichen** 24
Eilverfahren weichen von der Struktur her von den Regeln zum Urteilsverfahren ab. Denn hier wird eine **allgemeine Verfahrensgebühr** in

---

nisurteil gegen den Kläger hinzuzufügen, was sich auch aus der ausdrücklichen Erwähnung des Versäumnisurteils in KV 8210 Abs. 2 ergibt; so jetzt auch KG 29.11.2005, 1 W 348/04, MDR 2006, 596.
16 § 1 Nr. 5 GKG.
17 *Meyer* GKG, KV 8100 Rn. 5.

Höhe von **0,4 Gebühren** erhoben (KV 8310), die im Falle einer Erledigung des Verfahrens durch Urteil oder streitige Kostenentscheidung auf **2,0 Gebühren erhöht** wird (KV 8311); ausgenommen sind auch hier die oben behandelten Urteile ohne Tatbestand und Entscheidungsgründe (oben Rn. 21). Dieser **strukturelle Unterschied** wirkt sich nur aus, wenn Gebühren **fällig** werden, **bevor** das Verfahren **beendet** ist. Im Eilverfahren werden dann (zunächst) nur 0,4 Gebühren vom Antragsschuldner verlangt, im Hauptsacheverfahren können dies dagegen (ebenfalls zunächst) 2,0 Gebühren sein.

e) Festgebühren

25 Eine Reihe von Tatbeständen löst Gebühren aus, die nach neuem Recht **nicht mehr streitwertabhängig** sind, sondern mit einem **festen Betrag** berechnet werden. Hierzu gehören insbesondere die Verwerfung oder Zurückweisung einer **Rüge wegen Verletzung des Anspruchs auf rechtliches Gehör gem. § 78a** (KV 8500) und verschiedene **Beschwerdeverfahren** (vgl. dazu unten Rn. 95 ff.). Die Erhebung von **Festgebühren** wirkt sich auch auf die Erstattung gerichtlicher **Auslagen** aus. Denn bei **streitwertunabhängigen** Gebühren sind die angefallenen Zustellungskosten in **voller Höhe** zu erstatten; bei **streitwertabhängigen** Gebühren sind nach dem Willen des Gesetzgebers die Kosten für zehn Zustellungen in den Beträgen aus der Tabelle **enthalten** (KV 9002).

2. Fälligkeit der Gerichtsgebühren

26 Die Gerichtsgebühren **entstehen** mit der Einreichung der Klage oder des Mahnbescheids, und zwar – was häufig verkannt wird – bereits **in voller Höhe**. In der ordentlichen und den anderen Gerichtsbarkeiten werden sie (mit wenigen Ausnahmen) sofort fällig (§ 6 Abs. 1–3 GKG), was seine Entsprechung in einer **Vorschusspflicht** des Klägers hat (§ 12 Abs. 1 GKG). Wegen der **kostenrechtlichen Sonderstellung** des Arbeitsgerichtsverfahrens bestehen hier **abweichende Regelungen**, um den Parteien den Zugang zum Gericht nach Möglichkeit zu erleichtern.

27 Nach § 6 Abs. 4 GKG bestimmt sich die Fälligkeit der Arbeitsgerichtskosten nach § 9 GKG. Dort sind die Fälligkeiten von Gebühren (und Auslagen) anderweitig geregelt. Hiernach sind die Beträge **erst dann fällig**, wenn eine **unbedingte Kostenentscheidung** ergangen ist, wenn das Verfahren oder die **Instanz** durch Vergleich oder Klagerücknahme **beendet** ist, wenn das Verfahren **sechs Monate ruht, nicht betrieben** worden ist, **unterbrochen** oder **ausgesetzt** war oder wenn das Verfahren

in anderer Weise erledigt worden ist.[18] Bei der Berechnung der dadurch fällig gewordenen Gebühren wird unter kostenrechtlichen Gesichtspunkten eine **Beendigung des Verfahrens** zu diesem Zeitpunkt **fingiert**; ist der Aussetzungsbeschluss beispielsweise nach einer streitigen Verhandlung ergangen, fallen 0,4 Gebühren an (KV 8211), ist er vorher ergangen, wird zu diesem Zeitpunkt keine Gebühr berechnet (KV 8210 Abs. 2 S. 1).[19] Die Fälligkeitstatbestände im Einzelnen:

a) Unbedingte Kostenentscheidung (§ 9 Abs. 1 Nr. 1 GKG)

Die Kostenentscheidung erfolgt durch das **Gericht** (vgl. hierzu unten Rn. 135 ff.). Sie kann nur **einheitlich** über die gesamten Kosten des Rechtsstreits in der Instanz erfolgen; eine Aufteilung nach Verfahrensabschnitten oder eine Aufteilung in mehrere **Teil-Kostenentscheidungen** (z.B. in einem Teil-Urteil und einem Schluss-Urteil) ist **unzulässig**.[20] Sie bestimmt den **Kostenschuldner** und ermöglicht dem Gericht die genaue Bezifferung der auf die jeweilige Partei entfallenden Gerichtsgebühren. Vor einer solchen Kostenentscheidung dürfen keine Kosten erhoben werden, wenn sich deren Fälligkeit nicht aus einem der weiter in § 9 Abs. 1 GKG geregelten Fälle ergibt. 28

Das Gesetz verlangt nur »**Unbedingtheit**« der Kostenentscheidung, **nicht** deren **Rechtskraft oder Vollstreckbarkeit**. In diesem Sinne ist auch die Kostenentscheidung in einem **Versäumnisurteil** geeignet, die Fälligkeit der Gerichtsgebühren zu begründen, auch wenn Einspruch eingelegt wird.[21] 29

b) Beendigung des Rechtsstreits oder der Instanz durch Vergleich oder Klagerücknahme (§ 9 Abs. 1 Nr. 2 GKG)

Erforderlich ist die **Beendigung** des **gesamten Rechtsstreits**; weder Teilvergleiche noch Teilklagerücknahmen begründen die Fälligkeit hinsichtlich eines **Teilbetrages**. Wenn der gesamte Rechtsstreit durch Vergleich oder Klagerücknahme erledigt ist, bedarf es **nicht unbedingt** einer Kostenentscheidung. Ein **Vergleich** enthält i.d.R. auch eine Kostenvereinbarung; notfalls ist auf die Auffangvorschrift des § 98 ZPO zurückzugreifen. Bei einem gerichtlichen Vergleich entfallen die Gerichts- 30

---

18 Mit Ausnahme der Dokumentenpauschale und den Auslagen für die Aktenversendung, die auch im Arbeitsgerichtsverfahren sofort nach Entstehung fällig werden, § 9 Abs. 2 GKG; vgl. dazu unten Rn. 141.
19 Zum Kostenschuldner und weiteren Konstellationen vgl. auch unten Rn. 139 ff.
20 Vgl. dazu *Creutzfeldt* RdA 2004, 281, 282, 290 m.w.N.
21 So auch *Meyer* GKG, § 9 Rn. 6.

gebühren für die Instanz ohnehin (KV Vorbem. 8), nicht dagegen die Auslagen. Bei der **Klagerücknahme** bestimmt § 269 Abs. 3 ZPO den Kostenschuldner; i.d.R. ist es der Kläger. Die Kostentragungspflicht folgt hier unmittelbar aus dem Gesetz. Lediglich auf **Antrag** oder bei **besonderen Konstellationen** (z.B. Zahlung des Klagebetrags nach Einreichung, aber vor Zustellung der Klage) kann eine **gesonderte Kostenentscheidung** erforderlich werden. Auf die Fälligkeit der Gerichtsgebühren hat dies aber keinen Einfluss.

c) Sechs Monate Ruhen oder Nichtbetreiben (§ 9 Abs. 1 Nr. 3 GKG)

31 Die Regelung in § 9 Abs. 1 Nr. 3 GKG entspricht der früheren Vorschrift des § 12 Abs. 4 S. 1. Das **Ruhen des Verfahrens** setzt dabei eine **ausdrückliche Anordnung** des Gerichts voraus. Diese kann außerhalb der Verhandlung oder in der Kammerverhandlung erfolgen. Soweit sie in der **Güteverhandlung** erfolgt ist, ergibt sich die Kostenfälligkeit bereits aus § 9 Abs. 1 Nr. 2 GKG, da in diesen Fällen nach sechs Monaten die Klage durch **Rücknahmefiktion** als zurückgenommen gilt, § 54 Abs. 5 (vgl. unten § 54 Rn. 16 ff).

32 Das **Nichtbetreiben des Verfahrens** liegt bei faktischem Stillstand vor. Es kommt nur in Ausnahmefällen in Betracht, da Arbeitsrechtsstreitigkeiten dem Beschleunigungsgebot unterliegen, welches das Gericht zu einer zügigen Durchführung des Verfahrens verpflichtet. Deshalb kommt eine »terminslose« Situation **nur selten** in Betracht. Denkbar sind übereinstimmende Bitten der Parteien wegen außergerichtlicher Vergleichsverhandlungen, ohne dass es zu einem förmlichen Ruhensbeschluss kommt.

33 Die nach dieser Vorschrift eintretende Fälligkeit hat keinen Einfluss auf die **Rechtshängigkeit**. Sie bewirkt lediglich die Verpflichtung des **Kostenschuldners** zur Zahlung der Gebühren. Kostenschuldner ist in diesen Fällen i.d.R. der **Kläger als Antragsschuldner** (vgl. dazu unten Rn. 139).

d) Sechs Monate Unterbrechung oder Aussetzung (§ 9 Abs. 1 Nr. 4 GKG)

34 Abweichend vom bisherigen Rechtszustand bewirkt in der Arbeitsgerichtsbarkeit nunmehr auch die **Unterbrechung** und die **Aussetzung** von sechs Monaten die Fälligkeit der Gerichtsgebühren.[22] Unterbre-

---

[22] Hier ist auf den durch die Änderung der weitgehend einheitlichen Aktenordnungen der Bundesländer erfolgten Gleichklang zwischen Fälligkeit und »sta-

chungstatbestände sind insbesondere **Insolvenzeröffnung** gegen eine Prozesspartei (§ 240 ZPO) oder **Tod** einer Partei (§ 239 ZPO). Nur in wenigen Fällen wird der Rechtsstreit innerhalb von sechs Monaten nach Eintritt des Unterbrechungstatbestandes nach den Vorschriften des Insolvenzrechts wieder aufgenommen. Bei der **Aussetzung** sind die häufigsten Fälle diejenigen nach § 148 oder § 149 ZPO (vgl. hierzu ausf. § 55 Rn. 12 ff.).

e) Anderweitige Erledigung des Verfahrens (§ 9 Abs. 1 Nr. 5 GKG)

Bei § 9 Abs. 1 Nr. 5 GKG handelt es sich um eine **Auffangvorschrift** für die nicht von § 9 Abs. 1 Nr. 1 und 2 GKG erfassten Fälle, z.b. bei übereinstimmenden Erledigungserklärungen ohne Kostenantrag. 35

3. Gerichtskostenstreitwert

Die in der **Gebührentabelle** normierten Gebühren orientieren sich an dem für das Verfahren maßgeblichen Gerichtskostenstreitwert. Da das Kostenverzeichnis eine einheitliche Gebühr für das gesamte Verfahren der Instanz vorsieht, muss dem ein **einziger einheitlicher Streitwert** zu Grunde gelegt werden. 36

a) Höhe: Grundsatz

Der Streitwert bezeichnet den in einem **Geldbetrag** ausgedrückten **Wert eines Streitgegenstandes**. Wenn sich der Streitgegenstand und damit der Streitwert während der gesamten Instanz **nicht ändert**, bildet er den maßgeblichen Wert für die Gerichtskosten. Evident ist aber, dass sich (normalerweise) der Streitwert ändert, wenn sich der Streitgegenstand ändert. Dies geschieht gerade beim Arbeitsgericht nicht selten, zumeist durch eine **Klageerweiterung** (z.B. um einen weiteren Monat zwischenzeitlich nicht gezahlten Entgelts) oder durch eine **Teil-Klagerücknahme** (z.B. nach Zahlung eines Teils des klageweise geltend gemachten Betrags an den Kläger). 37

Maßgeblich für den Gerichtskostenstreitwert ist der **höchste Wert**, der sich zu einem bestimmten Zeitpunkt aus den **zu diesem Zeitpunkt anhängigen Streitgegenständen** ergibt. Beispiel: Klage auf Entgelt für die Monate Januar bis März in Höhe von insgesamt 6.000 €, Zahlung für Januar in Höhe von 2.000 € und Klagerücknahme in gleicher Höhe, dann 38

---

tistischer Erledigung« hinzuweisen, die nun auch bei Unterbrechung und Aussetzung nach 6 Monaten eintritt, vgl. z.B. ThürAktO-ArbG § 5 Abs. 4 (JMBl. 2004 S. 34).

Klageerweiterung um 4.000 € für April und Mai, Zahlung von 6.000 € für Februar bis April, Verurteilung zur Zahlung von 2.000 €. Der Gerichtskostenstreitwert beträgt 8.000 €.

b) Höhe: Einzelfälle

39 Häufig geht es vor den Arbeitsgerichten um Streitgegenstände, die **nicht** auf die **Zahlung eines Geldbetrages** ausgerichtet sind, z.B. bei Kündigungsrechtsstreitigkeiten. Dann sind die Streitgegenstände in einem **Wertungsprozess** in einem **Geldbetrag** auszudrücken. Zum Teil gibt es für diesen Wertungsprozess ausdrückliche Vorschriften (z.B. § 42 Abs. 3 und 4 GKG[23]). Soweit dies nicht der Fall ist, ist auf den **allgemeinen Grundsatz** zurückzugreifen, dass das **Interesse des Antragstellers** (des Klägers oder des Widerklägers) für die Wertberechnung entscheidend ist.[24]

40 Die Streitwertbemessung ist teilweise **außerordentlich streitig**. Da gegen Streitwertfestsetzungsbeschlüsse des Landesarbeitsgerichts auch nach neuem Recht **kein Rechtsmittel** gegeben ist (§ 68 Abs. 1 S. 4, § 66 Abs. 2 S. 3 GKG),[25] wird eine Vereinheitlichung der Rechtsprechung oberhalb der Ebene des Zuständigkeitsbereichs der einzelnen Landesarbeitsgerichte auch weiterhin unterbleiben. Deshalb hat sich ein **vielgestaltiges Nebeneinander** von Streitwertbemessungen ergeben, die Interessierte dazu zwingen, jeweils exakt die Rechtsprechung des **zuständigen Landesarbeitsgerichtes** zu eruieren.

Die wichtigsten Kostenstreitwerte:

41 – **Abfindung**: Im Zusammenhang mit einem **Auflösungsantrag** nach §§ 9, 10 KSchG oder mit einem **Beendigungsvergleich** im Bestandsschutzverfahren: keine eigenständige Bewertung (§ 42 Abs. 4 S. 2 GKG)[26]. Im Zusammenhang mit einer **eigenständigen Anspruchsgrundlage** (Sozialplan, Nachteilsausgleich): der bezifferte Zahlungsantrag.[27]

---

23 Früher § 12 Abs. 7 S. 2.
24 *Musielak/Heinrich* § 3 ZPO Rn. 6 m.w.N.
25 Vgl. detailliert zum Streitwertfestsetzungsverfahren unten Rn. 71 ff.
26 Allg. Meinung, vgl. *Schwab/Weth/Vollstädt* § 12 Rn. 190 ff. m.w.N.; a.A. LAG Berlin 30.12.1999, 7 Ta 6121/99 (Kost), LAGE § 12 ArbGG 1979 Streitwert Nr. 119b
27 LAG Berlin 17.3.1995, 1 Ta 6/95, NZA 1995, 1072; Hess. LAG 28.5.1999, 15/6 Ta 422/98, n.v.; LAG Hamburg 19.9.2003, 4 Ta 16/03, LAGE § 12 ArbGG 1979 Streitwert Nr. 131; LAG München 12.12.2006, 7 Ta 378/06, AE 2007, 276.

Kosten, Kostentragungspflicht §§ 12, 12a

- **Abmahnung:** Jeweils 1 Bruttomonatsgehalt,[28] bei mehr als zwei Abmahnungen innerhalb von sechs Monaten ist ein Zusammenhang zu vermuten, mit der Folge der wirtschaftlichen Teilidentität, in diesem Fall ab 3. Abmahnung jeweils nur ein Drittel Bruttomonatsentgelt.[29] Die Obergrenze gem. § 42 Abs. 4 S. 1 GKG gilt nicht.[30] 42

- **Änderungskündigung:** Hier gibt es zwei unterschiedliche Ansatzpunkte: zum einen die **Vergütungsdifferenz** für drei Monate[31] oder drei Jahre,[32] jeweils unter Einhaltung der Obergrenze eines Vierteljahresgehalts, teilweise zusätzlich auch einer Untergrenze von einem Monatsgehalt,[33] jedenfalls bei gleich bleibender Vergütung;[34] zum andern eine **Pauschalierung**, z.B. mit zwei[35] Monatsgehältern. Bei Ablehnung des Änderungsangebots ist der Streitwert wie bei einer Kündigung zu bewerten. 43

- **Arbeitspapiere:** Lohnsteuerkarte, Sozialversicherungsbescheinigung, Arbeitsbescheinigung gem. § 312 SGB III usw. ohne Unterschied für Ausfüllung und Übergabe/Zusendung: je 250 €[36] bzw. 500 €,[37] nach anderer Auffassung sind die jeweiligen Umstände des Einzelfalles heranzuziehen.[38] 44

---

28 Hess. LAG 1.3.1988, 6 Ta 60/88, LAGE § 12 ArbGG 1979 Streitwert Nr. 72; LAG Hamburg 12.8.1991, 1 Ta 6/91, LAGE § 12 ArbGG 1979 Streitwert Nr. 94; LAG Nürnberg 11.11.1992, 6 Ta 153/92, NZA 1993, 430; LAG Hamm 16.4.2007, 6 Ta 49/07, LAGE GKG 2004 § 42 Nr. 6a; LAG München 8.11.2006, 11 Ta 340/06; a.A. in std. Rspr. LAG Baden-Württemberg, z.B. 7.9.2006, 3 Ta 159/06: jeweils individuelle Bemessung nach § 3 ZPO, allerdings gesonderte Bewertung der Ansprüche auf Entfernung und auf Widerruf der Abmahnung.
29 Hess. LAG 20.5.2000, 15 Ta 16/00, NZA-RR 2000, 438; LAG Köln 11.8.2003, 3 Ta 228/03, LAGE § 8 BRAGO Nr. 56; a.A. LAG Berlin 28.4.2003, 17 Ta (Kost) 6024/03: zeitlicher Abstand ist ohne Belang.
30 GK-ArbGG/*Wenzel* § 12 Rn. 208; a.A. *Schwab/Weth/Vollstädt* § 12 Rn. 196.
31 LAG Sachsen 31.5.2006, 1 Ta 97/06, AE 2006, 303; LAG Rheinland-Pfalz 25.4.1985, 1 Ta 76/85, LAGE § 12 ArbGG 1979 Streitwert Nr. 37; LAG Hamm 15.6.1982, 8 Ta 127/82, EzA § 12 ArbGG 1979 Streitwert Nr. 14.
32 BAG 22.1.1997, 5 AZR 658/95, NZA 1997, 711, 713; LAG Rheinland-Pfalz 25.7.2007, 1 Ta 179/07, NZA-RR 2007, 604; LAG Köln 22.3.2005, 9 Ta 100/05, AE 2007, 276; LAG Hamburg 28.10.1996, 4 Ta 18/96, LAGE § 12 ArbGG 1979 Streitwert Nr. 110.
33 LAG Thüringen 14.12.1999, 8 Ta 180/99, ArbuR 2000, 318.
34 Hess. LAG 18.2.1999, 15/6 Ta 352/98, MDR 1999, 945.
35 LAG Berlin 29.5.1998, 7 Ta 129/97, LAGE § 12 ArbGG 1979 Streitwert Nr. 114; LAG Düsseldorf 8.11.1990, 7 Ta 355/90, LAGE § 12 ArbGG Streitwert Nr. 87.
36 LAG Hamburg, 11.1.2008, 8 Ta 13/07; LAG Köln 13.12.1999, 13 (7) Ta 366/99, LAGE § 10 BRAGO Nr. 9; LAG Düsseldorf 15.12.1996, 7 Ta 344/96, LAGE § 3 ZPO Nr. 8.
37 Hess. LAG 9.7.2003, 15 Ta 123/03, LAGE § 10 BRAGO Nr. 15, unter Berufung auf die Geldentwertung.
38 LAG Köln 12.11.1997, 8 Ta 271/97, ArbuR 1998, 206.

45 – **Beschäftigungsanspruch:** Auch als Weiterbeschäftigungsanspruch im Kündigungsschutzverfahren: nach überwiegender Meinung ein Bruttomonatsgehalt.[39]

46 – **Bestandsstreitigkeiten:** Feststellungsantrag gem. § 4 KSchG gegen (außerordentliche oder ordentliche) Kündigung: $^{1}/_{4}$ Jahresbruttogehalt (§ 42 Abs. 4 S. 1 GKG); die Höhe bemisst sich konkret nach dem auf den streitigen Beendigungszeitpunkt folgenden Zeitraum.[40] Voraussetzung: keine zeitliche Begrenzung bzw. für mindestens drei Monate nach Ablauf der Kündigungsfrist.[41] Wird die Unwirksamkeit der Kündigung für einen begrenzten Zeitraum **von weniger als drei Monaten** geltend gemacht: der auf diesen Zeitraum entfallende Bruttoentgeltanspruch.[42] Zu Mehrfachkündigungen in einem Verfahren: vgl. unten Rn. 62 (Klagehäufung). Wird mit dem Kündigungsschutzantrag ein gesonderter **allgemeiner Feststellungsantrag** ohne Angabe eines weiteren Beendigungstatbestandes gestellt, ist dieser auch dann gesondert mit einem Bruttomonatsgehalt zu bewerten.[43]

---

[39] Hess. LAG 23.4.1999, 15/6 Ta 28/98, NZA-RR 1999, 434; LAG Sachsen 15.5.1997, 7 Ta 101/97, LAGE § 12 ArbGG 1979 Streitwert Nr. 111; LAG Berlin 13.3.2001, 7 Ta 6026/01, LAGE § 12 ArbGG 1979 Streitwert Nr. 121; LAG Thüringen 27.2.1996, 8 Ta 19/96, ArbuR 1996, 196; LAG Hamburg 29.7.2004, 8 Ta 11/04, n.v.; LAG Rheinland-Pfalz 16.4.1992, 10 Ta 76/92, LAGE § 19 GKG Nr. 13; a.A. (2 Gehälter) LAG Köln 24.5.2004, 2 Ta 194/04; auch im ungekündigten Arbeitsverhältnis LAG Köln 12.9.2007, 7 Ta 125/07.

[40] Dabei sind Sonderzahlungen, die nicht im Monatsbruttoentgelt enthalten sind, aber Entgeltcharakter haben, anteilig zu berücksichtigen, Hess. LAG 12.8.1999, 15 Ta 137/99, NZA-RR 1999, 660; ErfK/*Koch* § 12 Rn. 14, nicht dagegen Aufwendungsersatzleistungen des Arbeitgebers.

[41] Ganz überwiegende Meinung, vgl. nur Hess. LAG 21.1.1999, 15/6 Ta 630/98, LAGE § 12 ArbGG 1979 Streitwert Nr. 116; LAG Niedersachsen 13.3.1993, 10 Ta 210/93, AnwBl 1994, 152; GK-ArbGG/*Wenzel* § 12 Rn. 253 m.w.N.; die vom BAG früher einmal vorgenommene Abgrenzung nach vorheriger Bestandsdauer (BAG 30.11.1984, 2 AZN 572/82, EzA § 12 ArbGG 1979 Streitwert Nr. 336; ebenso jetzt auch LAG Berlin 13.3.2001, 17 Ta 6026/01, LAGE § 12 ArbGG 1979 Streitwert Nr. 121; LAG Rheinland-Pfalz 18.11.2005, 6 Ta 253/05) ist abzulehnen.

[42] Hess. LAG 21.1.1999, 15/6 Ta 699/98, LAGE § 12 ArbGG 1979 Streitwert Nr. 117.

[43] Streitig, a.A. die herrschende Auffassung: LAG Hamm 3.2.2003, 9 Ta 520/02, LAGE § 12 ArbGG 1979 Streitwert Nr. 128; LAG Bremen 29.3.2000, 4 Ta 15/00, § 12 ArbGG 1979 Streitwert Nr. 120; LAG Köln 8.9.1998, 4 Ta 207/98, LAGE § 12 ArbGG 1979 Streitwert Nr. 115; LAG Thüringen 3.6.1996, 8 Ta 76/96, LAGE § 12 ArbGG 1979 Streitwert Nr. 106; GMPM-G/*Germelmann* § 12 Rn. 111; eine Bewertung des Antrags kann aber nicht bloß deswegen einfach entfallen, weil er häufig unzulässig ist oder zurückgenommen wird; der Feststellungsantrag erfüllt für die Partei eine vermögenswerte Funktion (Stichwort: »Schleppnetz«); wie hier jetzt auch LAG Hessen 7.1.2005, 15 Ta 688/04, z.V.v.

- **Eingruppierung:** Wie bei **wiederkehrenden Leistungen** dreijähriger 47
  Differenzbetrag zwischen begehrtem und erhaltenem Entgelt (§ 42
  Abs. 4 S. 2 GKG); ein kürzerer Zeitraum nur dann, wenn die Beendigung des Arbeitsverhältnisses feststeht (z.B. Befristung). Bei der dabei vorzunehmenden Entgeltberechnung sollen Sonderleistungen,
  (wie Gratifikationen u.a.) außer Betracht bleiben.[44] Zu problematischen Resultaten kann die Nichtaddition von Rückständen gem.
  § 42 Abs. 5 S. 1 GKG bei den Arbeitsgerichten führen;[45] angesichts
  des eindeutigen Wortlauts ist eine abweichende Praxis dennoch nicht
  möglich. Ein Abschlag bei Feststellungsklagen ist nicht vorzunehmen.[46]

- **Freistellung von der Arbeitspflicht:** Wenn die Freistellung Streitgegenstand des Verfahrens ist, ist sie mit der Höhe des Entgelts, das 48
  im fraglichen Zeitraum zu leisten ist, zu bewerten.[47] Zur Einbeziehung in einen gerichtlichen Vergleich vgl. unten Rn. 121.

- **Lohnabrechnung:** Die Klage auf Erteilung einer Lohnabrechnung 49
  wird als Unterfall der Auskunftsklage angesehen und von daher
  mit einem Bruchteil des Haupt- (Zahlungs-) Anspruchs bewertet,
  der je nach Einzelfall zwischen 10 % und 50 % zu bemessen ist.[48]

- **Teilzeit- und Befristungsgesetz:** Arbeitszeitreduzierung: wie Änderungskündigung[49] (vgl. oben Rn. 43). 50

---

44 BAG 4.9.1996, 4 AZN 151/96, EzA § 12 ArbGG 1979 Streitwert Nr. 67; GK-ArbGG/*Wenzel* § 12 Rn. 278; a.A. mit beachtl. Arg. *Meier* Streitwerte im Arbeitsrecht, 2. Aufl., Rn. 132 ff.
45 Vgl. die instruktiven Beispiele bei *Schwab/Weth/Vollstädt* § 12 Rn 179, mit dem Hinweis auf die Ausweichmöglichkeit durch die ausschließliche Klage auf Zahlung von Rückständen, Rn 182 m.w.N., auch zur Gegenmeinung.
46 LAG Hamm 18.12.1996, 7 Sa 1539/96, AnwBl. 1997, 292; LAG Berlin 7.12.1987, 9 Sa 92/87, LAGE § 12 ArbGG 1979 Streitwert Nr. 68; GMPM-G/*Germelmann* § 12 Rn. 136; ErfK/*Koch* § 12 Rn. 19; *Bader* NZA-RR 2005, 346, 347; a.A. GK-ArbGG/*Wenzel* § 12 Rn. 277.
47 So sogar für die bloße Einbeziehung beim Vergleich LAG Sachsen-Anhalt 22.11.2000, 1 Ta 133/00, LAGE § 10 BRAGO Nr. 11; LAG Köln 27.7.19995, 13 Ta 144/95, AR-Blattei ES 160.13 Nr. 199; ebenso bei der Freistellung von BR-Mitgliedern für Schulungen im Beschlussverfahren, LAG Köln 20.6.2007, 7 Ta 75/07; a.A. (lediglich 25 %): LAG Schleswig-Holstein 27.12.2006, 1 Ta 175/06, JurBüro 2007, 257; wieder anders (pauschal 1 Bruttomonatsgehalt, unabhängig vom Zeitraum) LAG Hessen 23.4.1999, 15/6 Ta 426/98, NZA-RR 1999, 382; LAG Hamburg 11.1.2008, 8 Ta 13/07.
48 LAG Köln 21.11.1997, 8 Ta 271/97, ArbuR 1998, 206: 10 %; vgl. ausf. GK-ArbGG/*Wenzel* § 12 Rn. 180 und 209; a.A. Hess. LAG 27.10.2003, 15 Ta 308/03, n.v.: Festbetrag von 200 €.
49 LAG Berlin 4.9.2001, 17 Ta 6121/01 (Kost), LAGE § 3 ZPO Nr. 13; Hess. LAG 28.11.2001, 15 Sa 361/01, LAGE § 3 ZPO Nr. 15; LAG Niedersachsen 14.12.2001, 17 Ta 396/01, NZA-RR 2002, 550; LAG Köln 5.4.2005, 3 Ta 61/05,

– Befristung: wie Bestandsstreitigkeiten (vgl. oben Rn. 46).

51 – **Urlaub:** Der Urlaubsanspruch wird sowohl im Hauptsacheverfahren als auch (regelmäßig) im Eilverfahren mit dem auf den entsprechenden Zeitraum entfallenden Vergütungsanspruch bewertet.[50]

52 – **Versetzung:** wie Änderungskündigung[51] (vgl. oben Rn. 43).

53 – **Wettbewerbsverbot:** Die Durchsetzung eines **nachvertraglichen Wettbewerbsverbots** oder die Feststellung des Nichtbestehens einer solchen Vereinbarung ist i.d.R. mit dem auf die fragliche Zeit entfallenden Betrag der Karenzentschädigung, höchstens also ein Jahreseinkommen (§ 74 Abs. 2 HGB) festzusetzen.[52] Ist eine präzise Bezifferung des zu befürchtenden Schadens möglich, so ist dieser heranzuziehen.[53] Bei Durchsetzung eines **vertraglichen Wettbewerbsverbots** ist gleichfalls vom zu erwartenden Schaden auszugehen;[54] der Hilfswert der Karenzentschädigung scheidet mangels entsprechender Vereinbarung dabei aber häufig aus.

54 – **Zeugnis:** Anspruch auf Erteilung oder Berichtigung eines qualifizierten Zeugnisses: Ein Bruttomonatsgehalt.[55] Zwischenzeugnis: 0,5 Bruttomonatsgehalt.[56] Einfaches Zeugnis: 500,– €.[57]

MDR 2005, 1438; jetzt auch unter Aufgabe der bisher anders lautenden Rspr. LAG Rheinland-Pfalz 26.10.2007, 1 Ta 242/07; a.A. LAG Düsseldorf 12.11.2001, 7 Ta 375/01, LAGE § 3 ZPO Nr. 14: 2 Monatsgehälter.

50 GK-ArbGG/*Wenzel* § 12 Rn. 322 m.w.N.; zum Eilverfahren vgl. auch unten Rn. 58.
51 GK-ArbGG/*Wenzel* § 12 Rn. 337 m.w.N.
52 LAG Nürnberg 25.6.1999, 2 Ta 56/99, MDR 199, 1410; *Schwab/Weth/Vollstädt* § 12 Rn. 279.
53 Vgl. das Beispiel bei LAG Thüringen 8.9.1998, 8 Ta 89/98, n.v.; ferner LAG Berlin 28.5.2003, 17 Ta (Kost) 6046/03, BRAGOreport 2003, 184.
54 BGH 19.11.1990, VIII ZR 117/90, WM 1990, 2058.
55 LAG Köln 28.4.1999, 13 Ta 96/99, MDR 1999, 1336; LAG Sachsen 3.8.2000, 4 Ta 117/00, MDR 2001, 282; Hess. LAG 23.4.1999, 15/5 Ta 426/98, NZA-RR 1999, 382, auch bei kurzem Arbeitsverhältnis; LAG Hamburg 11.1.2008, 8 Ta 13/07: auch gemeinsam mit einem hilfsweise begehrten Zwischenzeugnis.
56 LAG Sachsen 19.10.2000, 9 Ta 173/00, LAGE § 3 ZPO Nr. 12; Hess. LAG 25.8.1999, 15 Ta 99/99, n.v.; LAG Rheinland-Pfalz 18.1.2002, 9 Ta 1472/01, LAGE § 3 ZPO Nr. 16; LAG Köln 10.12.2006, 4 (5) Ta 437/06, AE 2007, 374; a.A. (volles Bruttomonatsgehalt) LAG Hamburg 13.1.1987, 5 Ta 35/86, Jür-Büro 1988, 1158; LAG Düsseldorf 19.8.1999, 7 Ta 238/99, LAGE § 3 ZPO Nr. 10.
57 Hess. LAG 19.11.2001, 15 Ta 85/01, NZA-RR 2002, 384.

c) Höhe: Sonderfragen

Im Folgenden werden bestimmte **prozessuale Konstellationen** im Hinblick darauf dargestellt, wie sie sich auf die Höhe des Gerichtskostenstreitwerts auswirken: 55

- **Aufrechnung, Hilfsaufrechnung:** Die Aufrechnung kann **Hauptverteidigung** sein, wenn der Beklagte den Anspruch des Klägers de facto anerkennt und sich nur mit einem seiner Meinung nach bestehenden Gegenanspruch wehrt. In dieser Konstellation bleibt die Aufrechnung unbewertet. Wehrt sich der Beklagte mit anderen Argumenten gegen die Klage und erklärt nur für den Fall, dass diese nicht durchgreifen, die Aufrechnung mit einem Gegenanspruch **(Hilfsaufrechnung)**, dann ist der Wert des Hilfsaufrechnungsanspruch dann zum Klagewert zu addieren, wenn sich das Gericht mit diesem Anspruch beschäftigt und eine der Rechtskraft fähige Entscheidung auch über den Hilfsaufrechnungsanspruch ergeht (§ 45 Abs. 3 GKG). 56

- **Beschwerde:** Der Streitwert eines Beschwerdeverfahrens entspricht dem Wert des Beschwerdegegenstandes. Für eine Reihe von Verfahren ist bei einer (erfolglosen) Beschwerde eine Festgebühr vorgesehen (z.B. KV 8610, KV 8611, KV 8614); insoweit bedarf es einer Streitwertfestsetzung nicht. Soweit es bei den Rechtsanwaltsgebühren auf den Streitwert für das Beschwerdeverfahren ankommt, ist hier von dem des Hauptsacheverfahrens auszugehen.[58] Die **Rechtswegzuständigkeitsbeschwerde** (§ 17a Abs. 4 S. 1 GVG) wird in der Arbeitsgerichtsbarkeit überwiegend mit dem Streitwert der Hauptsache bewertet.[59] 57

- **Einstweilige Verfügung:** Maßgeblich ist auch hier das Interesse des Antragstellers, diesmal an der vorläufigen Regelung. Ausgangspunkt einer Bewertung ist dabei i.d.R. der **Wert des Hauptsacheanspruchs**, von dem aus normalerweise ein **prozentualer Abschlag** vorgenommen wird, der sich in der Rechtsprechung zwischen 30 % und 70 % bewegt. Hier sind die Umstände, insbesondere die konkrete Differenz zwischen der begehrten vorläufigen Regelung und einer möglichen Durchsetzung des Hauptsacheanspruchs maßgeblich. 58

---

58 KR/*Friedrich* § 5 KSchG Rn. 178 m.w.N.; a.A. Hess. LAG 11.5.2005, 15 Ta 599/04, n.v.: ein Drittel des Hauptsachewertes.

59 LAG Hamm 19.5.1995, 4 Sa 443/95, LAGE § 48 ArbGG 1979 Nr. 12; LAG Köln 14.10.1992, 14 Ta 121/92, MDR 1993, 915; a.A. LAG Baden-Württemberg 14.11.1996, 17 Ta 12/96, JurBüro 1997, 327: 20%. Die Rechtsprechung der ordentlichen Gerichte dagegen geht von einem Drittel des Hauptsachewertes aus, OLG Köln 8.7.1993, 7 W 9/93, EzA § 17a GVG Nr. 8; OLG Frankfurt 20.4.1994, 5 W 6/94, OLGR 1994, 119; ebenso Hess. LAG 30.11.1999, 15 Ta 530/99, n.v.

Bei sog. **Befriedigungsverfügungen** kommt die vorläufige Regelung dem Erfolg in der Hauptsache nahe und ist deshalb mit dem Hauptsachewert anzusetzen. Dies betrifft vor allem Unterlassungsansprüche beim Wettbewerbsverbot,[60] Beschäftigungsverfügungen[61] und die Durchsetzung eines Urlaubsanspruchs.[62]

59 – **Erledigung der Hauptsache:** Bei übereinstimmender Erledigung der Hauptsache ändert sich der Streitgegenstand. Dies wirkt sich auf den Gerichtskostenwert nicht aus; er ist nach wie vor aus dem höchsten Wert gleichzeitig anhängiger Streitgegenstände zu bilden (vgl. oben Rn. 38).

60 – **Hilfsanträge:** Ein hilfsweise geltend gemachter Antrag erhöht den Kostenstreitwert nur dann, wenn eine Entscheidung[63] über ihn ergeht (§ 45 Abs. 1 S. 2 GKG).[64] Dies gilt auch für den sog. »**uneigentlichen Hilfsantrag**«, z.B. auf Verurteilung zur Weiterbeschäftigung für den Fall des Obsiegens mit dem Hauptantrag auf Feststellung der Unwirksamkeit einer Kündigung.[65] Beim Gerichtskostenstreitwert werden die Vorgänge berücksichtigt, die gerichtliche Arbeit auslösen.[66] Solange der Hilfsantrag nicht entschieden ist, weil die Bedingung, unter der er in den Rechtsstreit eingeführt werden soll, nicht eingetreten ist – nämlich die Entscheidung über den Hauptantrag –, fällt er kostenrechtlich nicht ins Gewicht. Da er für den Fall der Bescheidung nicht anstelle des Hauptantrags, sondern kumulativ zu diesem gestellt wurde, sind die Streitwerte beider Anträge im Bescheidungsfall auch zusammenzurechnen.[67] Gleiches gilt für den

---

60 LAG Hamm 23.12.1980, 8 Ta 148/80, EzA § 61 ArbGG 1979 Nr. 4.
61 ArbGG/*Krönig* § 12 Rn. 45.
62 A.A. ausdrücklich LAG Köln 6.8.2007, 11 Ta 210/07, NZA-RR 2007, 660: nur 2/3 des auf den Urlaub entfallenden Entgeltes, wenn nicht auch gleichzeitig die Vergütung abschließend geklärt werden sollte.
63 Als eine solche Entscheidung (in diesem Sinne) wird auch die Einbeziehung in einen gerichtlichen Vergleich angesehen, LAG Nürnberg 26.7.2000, 6 Ta 180/00, NZA-RR 2001, 53. Allerdings darf zum Zeitpunkt der Entscheidung der Hauptantrag noch nicht zurückgenommen sein, OLG Köln 7.10.1996, 26 W 13/96, JurBüro 1997, 435.
64 Das gilt nur für den Gerichtskostenwert; bei den Rechtsanwaltsgebühren entsteht der gebührenauslösende Tatbestand bereits mit der Stellung des Hilfsantrags, LAG Köln 14.9.2001, 13 Ta 214/01, NZA-RR 2002, 437; vgl. dazu auch unten Rn. 116.
65 Zur Zulässigkeit eines solchen Antrags BAG 8.4.1988, 2 AZR 777/87, EzA § 611 BGB Beschäftigungspflicht Nr. 30.
66 Deshalb gelten diese Ausführungen **nicht ohne Weiteres** zum Rechtsanwaltsgebührenstreitwert, vgl. dazu unten Rn. 116.
67 So auch GMPM-G/*Germelmann* § 12 Rn. 118; *Creutzfeldt* NZA 1996, 956, 961; GK-ArbGG/*Wenzel* § 12 Rn. 185 m.w.N.; weitergehend (in jedem Falle Wertaddition) *Schwab/Weth/Vollstädt* § 12 Rn. 150.

Hilfsantrag auf Zahlung einer Abfindung bzw. Nachteilsausgleich gem. § 113 BetrVG bei Hauptantrag auf Bestandsschutz.[68]

– **Feststellungsanspruch:** Soweit bei Feststellungsansprüchen gesonderte Bewertungsregeln bestehen, kommen diese zur Anwendung, z.B. bei Bestandsschutzstreitigkeiten (vgl. dazu oben Rn. 46). Lässt sich ansonsten der **(positive) Feststellungsantrag** mit einem Leistungsbegehren in Verbindung bringen,[69] ist von dem Wert der (fiktiven) Leistungsklage ein **Abschlag** von i.d.R. 20 % zu machen.[70] Beim **negativen Feststellungsantrag** dagegen schließt die angestrebte Rechtsfolge den vom Gegner behaupteten Hauptanspruch endgültig aus, so dass hier der **volle Wert** des Hauptanspruchs anzusetzen ist.[71] 61

– **Klagehäufung (Mehrheit von Ansprüchen):** Grundsätzlich erfolgt eine **Zusammenrechnung der Werte** der einzelnen Streitgegenstände (§ 5 ZPO). Das gilt prinzipiell auch für einen Kündigungsschutzantrag und gleichzeitigem Entgeltzahlungsantrag für den Zeitraum nach Kündigungsfristablauf, da der Entgeltanspruch nicht nur vom Bestand des Arbeitsverhältnisses, sondern auch von weiteren Voraussetzungen abhängt (Leistungswilligkeit, Leistungsfähigkeit, Angebot usw.).[72] Eine **Ausnahme** ist nur zu machen, wenn ein innerer Zusammenhang der beiden Ansprüche eine abweichende Bewertung nahe legt, insbesondere wenn wirtschaftliche Identität besteht. Dies kann beispielsweise bei **Mehrfachkündigungen** der Fall sein; besteht zwischen der ersten und der Folgekündigung ein enger zeitlicher (bis zwei Wochen[73]) und/oder inhaltlicher Zusammenhang (gleicher oder sehr ähnlicher Kündigungsgrund), ist die zweite Kün- 62

---

68 LAG Hamburg 19.9.2003, 4 Ta 16/03, LAGE § 12 ArbGG Streitwert Nr. 131; diff. für den Fall eines Änderungsschutzantrags und einem, unecht, hilfsweise gestellten Vergütungsantrag LAG Rheinland-Pfalz 19.3.1999, 6 Ta 48/99, § 12 ArbGG 1979 Streitwert Nr. 117a.
69 Ohne dass die Möglichkeit der Leistungsklage die Feststellungsklage unzulässig machen würde.
70 BAG 22.10.1968, 4 AZR 130/68, AP § 72 ArbGG 1953 Streitwertrevision Nr. 21; LAG Hamm 24.7.1986, 8 Ta 249/86, AnwBl 1986, 544.
71 BAG 19.7.1961, 3 AZR 387/60, AP § 3 ZPO Nr. 7; LAG Düsseldorf 13.4.1988, 7 Ta 131/88, JurBüro 1988, 1234; LAG München 16.2.2007, 9 Ta 43/07, NZA-RR 2007, 382.
72 Streitig, im Erg. wie hier Hess. LAG 1.8.1994, 6 Ta 139/94, LAGE § 12 ArbGG 1979 Streitwert Nr. 101; LAG Hamburg 5.3.2002, 5 Ta 2/02, JurBüro 2002, 479; wohl auch GK-ArbGG/*Wenzel* § 12 Rn. 296 ff.; a.A. (keine Addition) LAG Rheinland-Pfalz 2.12.2005, 4 Ta 279/05, AE 2007, 102; GMPM-G/*Germelmann* § 12 Rn. 114; *Schwab/Weth/Vollstädt* § 12 Rn. 234; diff. (20 % des Zahlungsbetrages) LAG Hamburg, 11.1.2008, 8 Ta 13/07.
73 Hess. LAG 24.6.2004, 15 Ta 177/04, n.v.

digung nicht eigenständig zu bewerten.[74] Besteht dieser Zusammenhang nicht (z.b. bei einer betriebsbedingten und anschließenden verhaltensbedingten Kündigung oder größerem zeitlichem Abstand), wird die Folgekündigung mit (mindestens) einem weiteren Bruttomonatsgehalt bewertet.[75] Zur Verbindung eines Kündigungsschutzantrags mit einem Feststellungsantrag ohne Einführung weiterer Kündigungstatbestände vgl. oben Rn. 46.

63 – **Nebenforderungen:** Auch hier gilt, dass der Wertberechnung der Gegenstand gerichtlichen Handelns zugrunde liegt (wie beim Hilfsantrag vgl. oben Rn. 60). Beziehen sich gerichtliche Handlungen auf die Hauptforderung und nur als Reflex auf die Nebenforderungen (z.b. Zinsen, Kosten), bleiben diese **wertmäßig unberücksichtigt** (§ 43 Abs. 1 GKG). Bei Handlungen, die ohne den Hauptanspruch zu betreffen, auf die Nebenforderungen gerichtet sind, wird hierfür der Wert der Nebenforderung angesetzt, darf aber den Wert der Hauptforderung nicht übersteigen (§ 43 Abs. 2 GKG), jedenfalls so lange die Hauptforderung noch anhängig ist.[76]

64 – **Streitgenossenschaft:** Wird ein Anspruch gegen mehrere Parteien (gesamtschuldnerisch) geltend gemacht, findet keine Erhöhung statt. Besteht keine Gesamtschuldnerschaft, sondern sind die einzelnen Ansprüche unabhängig voneinander, werden sie addiert.

65 – **Stufenklage:** Bei der Stufenklage wird nur die höher bewertete Stufe der Antragsfolge der Wertfestsetzung zugrunde gelegt (§ 44 GKG).[77]

66 – **Trennung und Verbindung:** Bis zur Trennung bzw. Verbindung gelten die bis dahin berechneten Streitwerte fort; erst ab diesem Zeitpunkt sind die Werte jeweils neu zu errechnen. Bezüglich der Gerichtskosten ergibt sich daraus für die Trennung, dass im **Ausgangsverfahren** der »gemeinsame« Wert der Pauschalgebühr zugrunde

---

74 Z.B. LAG Rheinland-Pfalz 13.6.2001, 2 Ta 619/01, LAGE § 12 ArbGG 1979 Streitwert Nr. 124 b, für zwei betriebsbedingte Kündigungen innerhalb von zwei Monaten; ähnlich LAG München 10.7.2000, 3 Ta 326/00, NZA-RR 2000, 661.
75 LAG Sachsen 31.5.2006, 1 Ta 97/06, AE 2006, 303; Hess. LAG 20.4.2004, 15 Ta 573/03, NZA-RR 2004, 432; LAG Thüringen 23.10.1996, 8 Ta 109/96, LAGE § 12 ArbGG 1979 Streitwert Nr. 107; Folgekündigung dagegen mit zwei Gehältern bei einem Monat zeitlicher Überschneidung LAG Berlin 10.4.2001, 17 Ta 6052/01 (Kost), LAGE § 12 ArbGG 1979 Streitwert Nr. 124a; prinzipiell ähnlich LAG Sachsen-Anhalt 20.9.1995, 1 (3) Ta 93/95, LAGE § 12 ArbGG 1979 Streitwert Nr. 104.
76 GK-ArbGG/*Wenzel* § 12 Rn. 174 m.w.N.
77 Abweichend von der Ermittlung des Urteilsstreitwerts nach § 61; dort werden die Werte addiert.

gelegt wird, im **abgetrennten Teil** nur der Teilwert. Bei der Verbindung ist in dem dann führenden Verfahren der »gemeinsame Wert«, im verbundenen Verfahren der bis dahin erreichte Teilwert zu Grunde zu legen.

- **Vergleich:** Streitgegenstände, die im Vergleich mitgeregelt werden, ohne vorher rechtshängig geworden zu sein (sog. Mehrvergleich), bleiben beim **Gerichtskostenstreitwert** unberücksichtigt (anders beim **Rechtsanwaltsgebührenstreitwert**, vgl. dazu unten Rn. 121). 67

- **Verweisung:** Bei Verweisung ist durch das Gericht, das den Kostenansatz erstellt, jeweils ein eigener Streitwert zu berechnen; eine Bindung an die von anderen Gerichten festgesetzten Werte besteht nicht. 68

- **Widerklage:** Klagewert und Widerklagewert sind bei der Wertberechnung zu addieren (§ 45 Abs. 1 GKG). Ausnahme: beide Anträge betreffen denselben Streitgegenstand und schließen sich daher im Ergebnis aus; dann ist der höhere Wert maßgeblich (§ 45 Abs. 1 S. 3 GKG). Die Hilfswiderklage wird gebührenrechtlich wie ein Hilfsantrag behandelt (vgl. oben Rn. 60). 69

- **Zwangsvollstreckung:** Da es an Vorschriften zu Gebühren im Zwangsvollstreckungsverfahren fehlt, sind dort keine Gerichtsgebühren zu erheben. Streitwerte im Zwangsvollstreckungsverfahren sind deshalb allenfalls als Rechtsanwaltsgebührenwerte (Gegenstandswerte) möglich (vgl. dazu unten Rn. 126). 70

d) Festsetzungsverfahren

Da sich die **Gerichtsgebühren** nach dem **Kostenstreitwert** richten, bedarf es vor der Festsetzung der Gebühren einer **Festsetzung** des maßgeblichen Streitwerts. Diese erfolgt in der ordentlichen Gerichtsbarkeit u.a. wegen der dort bestehenden Vorschusspflicht bereits bei Antragstellung bzw. Klageeinreichung, § 63 Abs. 1 GKG. Da die Vorschusspflicht in der Arbeitsgerichtsbarkeit nicht besteht, entfällt diese »vorläufige Festsetzung«. Sie wird auch dann nicht vorgenommen, wenn ausnahmsweise doch schon vor Abschluss des Verfahrens die Gerichtsgebühren fällig werden, z.B. bei Ruhen des Verfahrens nach sechs Monaten (vgl. dazu oben Rn. 31). Denn dies ist der Vorschusssituation nicht vergleichbar. Es handelt sich dabei vielmehr um einen Fall der »anderweitigen Erledigung« i.S.v. § 63 Abs. 2 GKG (vgl. dazu unten Rn. 74). 71

Die Arbeitsgerichte sind nur dann zur Festsetzung des Gerichtskostenstreitwerts in einem förmlichen Verfahren gezwungen, wenn **kumula-** 72 tiv folgende Voraussetzungen vorliegen: (aa) Das **Verfahren** muss durch eine Entscheidung über den gesamten Streitgegenstand oder auf andere Weise **erledigt** sein, und (bb) es liegt ein **Antrag** eines Beteiligten oder der Staatskasse vor oder das Gericht hält selbst eine solche Entscheidung für **angemessen**.

aa) Erledigung des Verfahrens

73 Auf die Art und Weise der Erledigung des Verfahrens kommt es nicht an. Es muss nur feststehen, dass sich das Gericht mit dem gesamten Streitgegenstand in Zukunft nicht mehr zu befassen hat. Dies kann sowohl durch ein **instanzbeendendes Urteil** als auch durch **Klagerücknahme**, **Vergleich** etc. erfolgen.

74 Dieser Art von Erledigung des Verfahrens ist kostenrechtlich die »**statistische Erledigung**« des Verfahrens gleichzustellen. Hiermit sind diejenigen Fälle gemeint, die beim Arbeitsgericht eine **Kostenfälligkeit** auslösen, **ohne die Rechtshängigkeit zu beenden**; diese Konstellationen sind identisch mit denjenigen, die es dem Gericht nach den bestehenden Aktenordnungen erlauben, die Akte einer Kostenbearbeitung zuzuführen und dann wegzulegen (zu den einzelnen Konstellationen vgl. oben Rn. 31 ff.). Die entsprechenden Tatbestände führen nämlich dazu, dass die Akte aus dem **normalen Geschäftsgang herausgezogen**[78] und – wegen der Kostenfälligkeit – dem Kostenbeamten zugeleitet wird.[79] Soll dieser nun einen Kostenansatz (vgl. dazu unten Rn. 133) verfügen, ist dafür die **Festsetzung des Kostenwertes** in gleicher Weise erforderlich wie bei einer Endentscheidung.[80]

bb) Antrag oder Angemessenheit

75 Mit den Sonderregeln für die Finanz- und Arbeitsgerichtsbarkeit in § 63 Abs. 2 S. 2 GKG soll in diesen beiden Bereichen der **Zwang zur formellen Wertfestsetzung entfallen** und stattdessen eine **Einzelfallentscheidung** über die Notwendigkeit einer Wertfestsetzung gefällt werden. Danach ist eine Wertfestsetzung nur dann geboten, wenn eine Partei oder die Staatskasse diese beantragen oder das Gericht sie für angemessen hält.

---

78 Vgl. z.B. § 5 Abs. 2 und 3 ThürAktO-ArbG.
79 Zugleich wird sie in der Statistik des Gerichts als »erledigt« bezeichnet; bei späterer Fortsetzung des Rechtsstreits, z.B. nach Ende der Aussetzung oder Unterbrechung, erhält die Akte ein neues Aktenzeichen.
80 Für eine entsprechende Anwendung auch *Hartmann* GKG, § 63 Rn. 18.

Als **antragsberechtigte** Beteiligte sind sowohl die **Parteien selbst** als auch die **Rechtsanwälte** anzusehen. Darüber hinaus steht den Rechtsanwälten auch ein eigenes, gesetzlich geregeltes **Antragsrecht** für den Zeitraum vor der in § 63 Abs. 2 vorausgesetzten Erledigung der Sache zu (§ 32 Abs. 2 RVG). Ferner kann die **Staatskasse** (d.h. der Bezirksrevisor) die gerichtliche Wertfestsetzung beantragen, nicht dagegen der Urkundsbeamte der Geschäftsstelle (Kostenbeamte). 76

Als **angemessen** wird eine Wertfestsetzung durch das Gericht dann anzunehmen sein, wenn sich der maßgebliche Wert **nicht einfach** aus den Anträgen erschließen lässt,[81] wenn er von einem ggf. festgesetzten Urteilsstreitwert nach § 61 Abs. 1 **abweicht** oder wenn der Ablauf des Verfahrens dazu Anlass geben könnte, z.B. (ggf. mehrfache) **Änderungen des Streitgegenstands**, die sich im Ergebnis auf die Gerichtsgebühren auswirken könnten. Soweit die Kosten eines Beschwerdeverfahrens vom Streitwert abhängen und nicht als Festgebühren geregelt sind, ist hier eine Festsetzung regelmäßig erforderlich. 77

Findet kein förmliches Wertfestsetzungsverfahren statt, muss dennoch für die Berechnung der geltend zu machenden Kosten auf einen Streitwert zurückgegriffen werden. In diesem Fall ist dem **Kostenbeamten**, der den Kostenansatz (vgl. dazu unten Rn. 133) verfügt, oder dem **Rechtspfleger**, der den Kostenfestsetzungsbeschluss (§§ 103 ff. ZPO) bzw. den Vergütungsfestsetzungsbeschluss (§ 11 RVG) erlässt, aufzugeben, insoweit eine Wertberechnung vorzunehmen.[82] Dabei kann er sich für den Fall, dass im Urteil vorliegt, häufig auf den **Urteilsstreitwert** gem. § 61 Abs. 1 ArbGG stützen, auch wenn dieser nicht förmlich verbindlich ist.[83] Ist ein Beteiligter mit dem vom Kostenbeamten angenommen Wert nicht einverstanden, bleibt ihm die Möglichkeit, mit einem entsprechenden **Antrag** eine richterliche Wertfestsetzung herbeizuführen. 78

cc) Die Entscheidung des Arbeitsgerichts

Das Arbeitsgericht entscheidet über die Festsetzung des Gerichtskostenwertes durch **Beschluss** (§ 63 Abs. 2 S. 1 GKG). Eine gesonderte 79

---

81 Ähnlich GMPM-G/*Germelmann* § 12 Rn. 8.
82 BAG 4.8.2004, 3 AZB 15/04, AR-Blattei ES 160.10.4 (1979) Nr. 14; *Hartmann* GKG, § 63 Rn. 2, unter Berufung auf § 4 KostVfg.
83 Zur Bedeutung und sehr eingegrenzten Wirkweise des Urteilsstreitwerts nach § 61, vgl. unten § 61 Rn. 17 ff. Es spricht auch nichts gegen die in der Praxis in anderen Fällen verbreitete Handhabung, den Richter um einen informellen Vermerk zu dem von diesem für zutreffend gehaltenen Kostenstreitwert zu bitten.

funktionelle Zuweisung besteht nicht, so dass nach § 53 ArbGG außerhalb der mündlichen Verhandlung (wohl der Regelfall) der **Vorsitzende** allein, innerhalb der mündlichen Verhandlung die **Kammer** in voller Besetzung entscheidet.[84] Eine vorherige **Anhörung aller Beteiligten** ist erforderlich. Dabei sind auch die **Parteien selbst** zu hören, weil sie von der Wertfestsetzung unmittelbar betroffen sein können und der Prozessbevollmächtigte hier im Zweifel **entgegenlaufende Interessen** hat.

80 Der Beschluss ist i.d.R. zu **begründen**. Nur wenn alle Beteiligten (z.B. in der mündlichen Verhandlung) ihr **ausdrückliches Einverständnis** mit der beabsichtigten Wertfestsetzung erklärt haben oder sich zu der beabsichtigten Wertfestsetzung **nicht geäußert** haben, ist von einem Einverständnis auszugehen, so dass eine **Begründung entbehrlich ist.** Der Beschluss bedarf weder einer **Zustellung** an die Beteiligten noch einer **Rechtsmittelbelehrung.** Die Beschwerdemöglichkeit nach § 68 Abs. 1 S. 3 GKG besteht zwar nur innerhalb von sechs Monaten nach Erlass der Entscheidung (§ 63 Abs. 3 S. 2 GKG); es handelt sich jedoch nicht um eine befristete Beschwerde, sondern um eine **allgemeine Ausschlussfrist.**[85] Der Beschluss ergeht **kostenfrei**.

dd) Das Beschwerde- und Abänderungsverfahren

81 Der **Wertfestsetzungsbeschluss** des Arbeitsgerichts kann **von Amts wegen** oder auf Antrag bzw. **Beschwerde** eines Beteiligten abgeändert werden:

82 – Bei der Abänderung von Amts wegen handelt es sich nicht um die Berichtigung offensichtlicher Schreib- oder Rechenfehler, sondern um eine **Änderung der vorher ergangenen Sachentscheidung**, die durch die Rechtslage geboten sein muss. Sie kann vom **Arbeitsgericht** ausgesprochen werden; solange das Verfahren in der Hauptsache oder einem Nebenpunkt beim **LAG** schwebt, ist auch dies zur Abänderung befugt (§ 63 Abs. 3 S. 1 GKG). Die Abänderungsentscheidung ergeht **nach vorheriger Anhörung** der Beteiligten und ist nur **innerhalb von sechs Monaten** ab Rechtskraft der Entscheidung in der Hauptsache bzw. sonstiger Erledigung möglich (§ 63 Abs. 3 S. 2 GKG). In der Praxis spielt diese Abänderungsmöglichkeit nur eine geringe Rolle; ihr Hauptanwendungsgebiet wird wohl die Auf-

---

84 Dazu *Creutzfeldt* NZA 1996, 956, 958 f.
85 LAG Hamm 3.4.1986, 8 Ta 374/85, LAGE § 25 GKG Nr. 5; LAG Köln 8.8.1991, 11 Ta 127/91, LAGE § 10 BRAGO Nr. 4; GK-ArbGG/*Wenzel* § 12 Rn. 371; ArbGG/*Krönig* § 12 Rn. 76; *Bader* NZA-RR 2005, 346; *Meyer* GKG § 63 Rn. 27; a.A. (Zustellung erforderlich): *Hartmann* § 63 GKG Rn. 32.

Kosten, Kostentragungspflicht   §§ 12, 12a

nahme begründeter Argumente aus ansonsten unzulässigen Beschwerden sein.

– Neu geregelt worden ist die **Beschwerde** gegen den Wertfestsetzungsbeschluss des Gerichts (§ 68 GKG). Sie steht den durch den Beschluss beschwerten Betroffenen offen, also in erster Linie der Partei durch eine zu hohe und dem Rechtsanwalt und der Staatskasse durch eine zu niedrige Wertfestsetzung.[86] Die **Beschwer** muss 200 € übersteigen. Sie errechnet sich aus der **Differenz** zwischen den zu zahlenden bzw. zu beanspruchenden **Gebühren** bei dem festgesetzten Wert einerseits und bei dem angestrebten Wert andererseits, und nicht etwa aus der Wertdifferenz.[87] Wird der Beschwerdewert nicht erreicht, kann das Arbeitsgericht die **Beschwerde zulassen,** wenn die zu entscheidende Frage eine grundsätzliche Bedeutung hat.[88] Die Nichtzulassung kann nicht angefochten werden.   83

Die Beschwerde muss **innerhalb von sechs Monaten** nach Rechtskraft der Hauptsacheentscheidung oder nach sonstiger Erledigung stets beim **Ausgangsgericht** eingelegt werden (§ 68 Abs. 1 S. 4 i.V.m. § 66 Abs. 5 S. 4 GKG). Nur wenn die Wertfestsetzung später als fünf Monate nach diesem Zeitpunkt erfolgt ist, gilt eine Monatsfrist ab Zustellung des Beschlusses (§ 68 Abs. 1 S. 3, § 63 Abs. 3 S. 2 GKG). Bei unverschuldeter Fristversäumung kann innerhalb eines Jahres nach Fristablauf nach allgemeinen Grundsätzen **Wiedereinsetzung in den vorigen Stand** beantragt werden (§ 68 Abs. 2 GKG).   84

Für das Beschwerdeverfahren gilt § 66 Abs. 3 bis 6 GKG sinngemäß; die Regelung entspricht im Wesentlichen dem **Verfahren** bei der **sofortigen Beschwerde** aus der ZPO (§§ 567 ff ZPO). Daraus ergibt sich auch, dass eine **weitere Beschwerde** gegen den Beschluss des Landesarbeitsgerichts **nicht zulässig ist**.[89] Abweichend von den allgemeinen Vorschriften hat das Ausgangsgericht im Rahmen des **Abhilfeverfahrens** aber **Zulässigkeit** und **Begründetheit** der Beschwerde zu überprüfen (§ 68   85

---

86 Die Staatskasse ist ausnahmsweise durch einen zu hohen Wert beschwert, wenn sie aufgrund dessen dem beigeordneten Rechtsanwalt eine höhere Vergütung zahlen muss, OLG Brandenburg 3.2.2000, 10 WF 7/00, JurBüro 2001, 93. Die Rechtsschutzversicherung ist nicht beschwerdebefugt, ebenso wenig ein Rechtsanwalt mit dem Ziel der Herabsetzung des Wertes oder des Betriebsrat mit dem Ziel der Erhöhung des Wertes, so jetzt LAG Rheinland-Pfalz 4.7.2007, 1 Ta 1476/07, ArbRB 2007, 358.
87 LAG Rheinland-Pfalz 24.9.2007, 1 Ta 208/07, für § 33 Abs. 3 RVG.
88 Etwa bei Abweichung von der Rechtsprechung des LAG oder wenn die Frage dort noch nicht entschieden ist, *Bader* NZA-RR 2005, 346.
89 BAG 4.8.2004, 3 AZB 15/04, AR-Blattei ES 160.10.4 (1979) Nr. 14; ErfK/*Koch* § 12 Rn. 11.

Abs. 1 S. 4 i.V.m. § 66 Abs. 3 S. 1 GKG).[90] Das Verschlechterungsverbot (»**reformatio in peus**«) gilt im Wertfestsetzungsverfahren für die Gerichtskosten nicht.[91]

86 Das Beschwerdeverfahren ist **gebührenfrei**; Kosten werden nicht erstattet (§ 63 Abs. 3 GKG). Eine Kostenentscheidung des Gerichts ist deshalb nicht zu treffen.

87 **Sehr streitig** ist, was zu geschehen hat, wenn durch die **Änderung des Streitwerts** die **Kostenentscheidung** in der Hauptsache **unrichtig** wird, etwa weil sich dadurch bei einer Kostenquotelung gem. § 92 Abs. 1 ZPO das Verhältnis des Unterliegens und Obsiegens der Parteien ändert. Nach einer Auffassung ist die Kostenentscheidung im Nachhinein anzupassen, z.B. im Wege einer Urteilsberichtigung gem. § 319 ZPO,[92] nach anderer Auffassung verbleibt es bei der bisherigen Kostenentscheidung.[93]

II. Berufung und Revision

1. Landesarbeitsgericht

88 Für die Berufung gilt hinsichtlich der Höhe und der Fälligkeit der Gerichtsgebühren sowie für das Wertfestsetzungsverfahren Folgendes:

89 – Die Gerichtsgebühren betragen pauschal 3,2 volle Gebühren für das **gesamte Berufungsverfahren** (KV 8220). Für die Fälligkeit gilt nichts anderes als in der ersten Instanz.[94] Die **Ermäßigungstatbestände** gliedern sich in drei Gruppen. In der ersten Gruppe findet eine Reduktion auf **0,8 Gebühren** statt. Sie tritt ein, wenn das gesamte Verfahren nach Einlegung der Berufung, aber vor Eingang des Begründungsschriftsatzes durch Rücknahme der Berufung oder der Klage beendet wird oder wenn das Verfahren zu diesem Zeitpunkt durch übereinstimmende Erledigungserklärungen beendet wird,

---

90 Vgl. dazu auch *Bader* NZA-RR 2005, 346.
91 GK-ArbGG/*Wenzel* § 12 Rn. 375; ArbGG/*Krönig* § 12 Rn. 81; *Creutzfeldt* NZA 1996, 956, 960, jeweils m.w.N.
92 So etwa OLG Hamm 11.5.2001, 7 WF 146/01, MDR 2001, 1186; OLG Düsseldorf 16.5.2001, 24 W 25/01, MDR 2001, 1074; BLAH/*Hartmann* § 319 Rn. 5; *Zöller/Vollkommer* § 319 Rn. 18.
93 OLG Köln 18.3.1993, 7 W 1/93, OLGZ 93, 446; *Musielak/Musielak* § 319 Rn. 8; nach Ansicht des BGH ist bereits die nachträgliche Streitwertänderung unzulässig, wenn sie zu einer Änderung der Kostenentscheidung führen würde, *BGH* 30.6.1977, VIII ZR 111/76, MDR 1977, 925; bestätigt durch BGH 31.8.2000, XII ZR 103/98, BRAGOreport 2001, 41.
94 Vgl. dazu oben Rn. 26 ff.

wobei die Parteien sich auf eine Kostenregelung einigen müssen,[95] so dass eine eigenständige Kostenentscheidung des Gerichts nicht erforderlich ist (KV 8221). In der zweiten Gruppe ermäßigt sich der Satz auf **1,6 Gebühren**. Dies tritt ein, wenn vor Schluss der mündlichen Verhandlung vor dem Landesarbeitsgericht die Berufung oder Klage zurückgenommen wird oder wenn ein Anerkenntnis-, Verzichts-, Versäumnis- oder sonst ein Urteil ergeht, das nach § 313a ZPO weder Tatbestand noch Entscheidungsgründe enthält (KV 8222). Die dritte Möglichkeit, die Gebühren zu reduzieren, besteht für die Parteien, wenn sie auf Tatbestand und Entscheidungsgründe im Berufungsurteil verzichten. Dann fallen nur noch **2,4 Gebühren** an (KV 8223).[96]

– Hinsichtlich der Wertfestsetzung ist zu bemerken, dass das Landesarbeitsgericht den **Gerichtskostenwert** für die Berufungsinstanz selbst festsetzt.[97] Es folgt dabei den oben (unter Rn. 71 ff.) dargestellten Grundsätzen. Zu bewerten ist der **Rechtsmittelantrag** (§ 47 Abs. 1 S. 1 GKG); an die Bewertung dieser Streitgegenstände durch das Arbeitsgericht ist das LAG nicht gebunden. Es kann von sich aus den vom Arbeitsgericht festgesetzten Wert für die erste Instanz nur nach Maßgabe von § 63 Abs. 3 S. 2 GKG von Amts wegen abändern. Kommt es zu **keinem formellen Antrag** des Rechtsmittelführers – z.B. wegen Berufungsrücknahme noch vor Einreichung der Berufungsbegründung –, ist seine Beschwer durch das erstinstanzliche Urteil maßgeblich (§ 47 Abs. 1 S. 2 GKG).

– Eine **Beschwerde** gegen den Festsetzungsbeschluss ist **nicht gegeben** (§ 68 Abs. 1 S. 4, § 66 Abs. 3 S. 3 GKG). Die **Abänderungsbefugnis** innerhalb von sechs Monaten nach Rechtskraft oder sonstiger Beendigung des Rechtsstreits (vgl. dazu oben Rn. 81 ff.) gilt allerdings auch für das Landesarbeitsgericht; deshalb ist eine (unzulässige) Beschwerde in eine Anregung auf Änderung der Entscheidung anzusehen, die jedoch nicht förmlich beschieden werden muss.

---

95 Die allerdings durchaus in einer Gerichtsentscheidung aufgenommen werden kann.
96 ArbGG/*Krönig* § 12 Rn. 12, weist darauf hin, dass dies nach § 313a ZPO nur dann in Betracht kommt, wenn unzweifelhaft kein Rechtsmittel zulässig ist, dies jedoch bei Berufungsurteilen wegen der Möglichkeit der Nichtzulassungsbeschwerde gem. § 72a ArbGG nicht ausgeschlossen werden kann.
97 Auch wenn der Kostenansatz für das Berufungsverfahren vom Kostenbeamten des Arbeitsgerichts vorgenommen wird.

2. Bundesarbeitsgericht

92 Eine ähnliche Struktur weist das Kostenverzeichnis für die Gebühren vor dem Bundesarbeitsgericht auf. Die Grundgebühren betragen hier **4,0 Gebühren** des einfachen Satzes. Die Tatbestände der Ermäßigungsmöglichkeiten entsprechen sinngemäß den oben für das Berufungsverfahren dargestellten Konstellationen, soweit es die ersten beiden Gruppen betrifft (oben Rn. 89). Die Gebühren im Revisionsverfahren werden bei der ersten Gruppe (Beendigung vor Eingang des Begründungsschriftsatzes etc.) auf **0,8 Gebühren** und bei der zweiten Gruppe (Beendigung vor Schluss der mündlichen Verhandlung durch Rücknahme von Revision oder Klage etc.) auf **2,4 Gebühren** herabgesetzt.

93 Das Verfahren über die **Nichtzulassung der Revision** gem. § 72a ArbGG kostet bei Verwerfung oder Zurückweisung des Antrags 1,6 Gebühren und bei vorheriger Beendigung durch Rücknahme oder sonstige Erledigung 0,8 Gebühren (KV 8612f). Wenn die Rüge **Erfolg** hat und die Revision zugelassen wird, entstehen **keine Gerichtsgebühren** (KV 8613 S. 2).

III. Beschwerdeverfahren

94 Im (allgemeinen) **Beschwerdeverfahren** sind die Gebühren lediglich in den Fällen streitwertabhängig, in denen die Ablehnung eines Antrags auf Erlass einer einstweiligen Verfügung bzw. eines Arrestes angefochten wird; hier betragen sie 1,2 Gebühren (KV 8330), mit der Möglichkeit die Ermäßigung auf 0,8 Gebühren bei Beendigung des Verfahrens durch Rücknahme der Beschwerde (KV 8331) herbeizuführen. Ansonsten ist zu unterscheiden:

95 – Bestimmte, **enumerativ** aufgezählte Beschwerdearten sind kostenpflichtig und mit einer **Festgebühr** von 60,– € belastet, nämlich diejenigen gegen Zwischenurteile nach § 71 Abs. 2 ZPO, gegen die Kostenentscheidung gem. § 91a Abs. 2 ZPO und § 99 Abs. 2 ZPO sowie gegen den Beschluss nach Klagerücknahme gem. § 269 Abs. 5 ZPO (KV 8610). Kostenschuldner ist hier die unterlegene Partei, da die Beschwerdegebühr auch dann erhoben wird, wenn die Beschwerde erfolgreich war. Wird das Beschwerdeverfahren ohne eine gerichtliche Entscheidung beendet, ermäßigt sich die Gebühr von 60,– € auf 40,– € (! KV 8611).

96 – **Sonstige Beschwerden**, die nicht nach anderen Vorschriften kostenfrei sind, werden nur dann mit einer Gerichtsgebühr von 40,– € belastet, wenn sie **erfolglos** sind; bei teilweisem Erfolg kann das Ge-

richt die Gebühr nach billigem Ermessen auf die Hälfte ermäßigen oder ganz erlassen (KV 8614).

Für **Rechtsbeschwerden** gilt entsprechend, dass die enumerativ aufgezählten Beschwerdearten (oben Rn. 95) mit einer Festgebühr von 120,- € (KV 8620) und die sonstigen – erfolglosen – Beschwerden (oben Rn. 96) mit einer Festgebühr von 80,- € belegt werden (KV 8623), auch hier gelten die – betragsmäßig sehr beschränkten – Ermäßigungsmöglichkeiten (KV 8621, 8622, 8624). 97

IV. Sonstige Verfahren

Gebührenpflichtig sind ferner das **selbständige Beweisverfahren**, das mit 0,6 Gebühren aus dem Wert der Sache berechnet wird (KV 8400), das Verfahren auf **Rüge der Verletzung des Anspruchs auf rechtliches Gehör**, das bei Verwerfung oder Zurückweisung einen Festbetrag von 40,- € entstehen lässt (KV 8500) und das Verfahren über Anträge auf Ausstellung einer Bestätigung für bestimmte **europäische Vollstreckungstitel** (KV 8401). 98

V. Beschlussverfahren

Die bis zum 30.6.2004 geltende Regelung aus § 12 Abs. 5 ArbGG a.F. über die **Gerichtskostenfreiheit** des **Beschlussverfahrens** gem. § 2a ArbGG ist nunmehr in § 2 Abs. 2 GKG aufgenommen und um die einschlägigen Vorschriften der **Insolvenzordnung** ergänzt worden. Es werden danach weder Gerichtsgebühren erhoben noch die Erstattung gerichtlicher Auslagen geltend gemacht. Einer **Kostenentscheidung** bedarf es deshalb im Beschlussverfahren **nicht**. Die Kostenfreiheit des Beschlussverfahrens erstreckt sich jedoch nicht auf das **Streitwertbeschwerdeverfahren** gem. §§ 23, 33 RVG; eine insoweit erfolglose Beschwerde ist deshalb kostenpflichtig gem. KV 8613.[98] 99

VI. Gerichtliche Auslagen

Ebenso wie die Gebühren werden auch die gerichtlichen Auslagen **nur in den Fällen** und **nur in der Höhe** von den Parteien erhoben, die **gesetzlich festgelegt** sind. So ist es den Gerichten z.B. verwehrt, die Erstattung von Fernsprechkosten zu verlangen, da es insoweit an einer Regelung fehlt. Die erstattbaren Auslagen sind im Kostenverzeichnis KV 9000 ff geregelt. Die wichtigsten Fälle sind: 100

---

[98] So für das bis zum 30.6.2004 geltende Recht auch schon LAG Köln 31.3.2000, 10 Ta 50/00, LAGE § 10 BRAGO Nr. 10.

101 – **KV 9000: Dokumentenpauschale.** Soweit das Gericht gezwungen ist, Fotokopien für eine Partei anzufertigen, etwa weil diese nicht die nach § 133 ZPO oder § 253 Abs. 5 ZPO notwendigen Mehrexemplare von Schriftsätzen oder Anlagen übersandt hat, werden je für die Instanz die ersten 50 Fotokopien mit je 0,50 €, jede weitere Kopie mit 0,15 € berechnet. Für die Überlassung einer elektronischen Datei wird der Partei 2,50 € in Rechnung gestellt.

102 – **KV 9002: Auslagen für Zustellungen.** Diese werden nicht mehr in jedem Falle gesondert erhoben. Wenn Gerichtsgebühren anfallen, die sich nach dem Streitwert richten, sind in diesen Gebühren die Auslagen für zehn Zustellungen in einem Rechtszug enthalten. Soweit solche streitwertabhängigen Gebühren nicht anfallen, also etwa bei nachträglichem Wegfall der Gerichtsgebühren wegen Klagerücknahme (KV 8210 Abs. 2) oder in den Beschwerdeverfahren gem. KV 8610, 8614, 8620, wird pro Zustellung eine Pauschale von 3,50 € erhoben, unabhängig davon, ob die Zustellung per Zustellungsurkunde, durch Einschreiben mit Rückschein oder durch Justizbedienstete erfolgt (KV 9002).

103 – **KV 9003: Aktenversendungspauschale.** Bei der Versendung von Akten werden pauschal je 12,– € erhoben.

104 – **KV 9005: Beträge, die nach dem JVEG zu zahlen sind.** Dort sind nunmehr die Entschädigungen von **ehrenamtlichen Richtern**, **Zeugen** und Dritten sowie die Vergütung von **Sachverständigen**, **Dolmetschern** und **Übersetzern** geregelt. Soweit hier entsprechende Beträge vom Gericht verauslagt werden, gehören sie zu den **gerichtlichen Auslagen**, die von dem Kostenschuldner zu **erstatten** sind. Die Entschädigungen für die Tätigkeit der ehrenamtlichen Richter sind dabei allerdings **ausgenommen** (KV 9005 Abs. 1). Vor den Arbeitsgerichten werden darüber hinaus Kosten für vom Gericht herangezogene Dolmetscher und Übersetzer dann nicht erhoben, wenn ein Ausländer Partei und die **Gegenseitigkeit verbürgt** ist, d.h. ein Deutscher im Heimatland des Ausländers gleichfalls keine Dolmetscherkosten zahlen müsste.[99]

105 Da gerade vor den Arbeitsgerichten Verfahren relativ häufig in einem frühen Stadium beendet werden, so dass aufgrund der Gebührenprivilegierung keine Gerichtsgebühren anfallen, ferner auch keine Rechtsanwaltskosten zu erstatten sind (vgl. dazu unten Rn. 143 ff.), sind oft nur geringe Auslagen angefallen; in vielen Fällen nur die Kosten für die Zustellung der Klage und Ladung zum Gütetermin. Eine Eintreibung die-

---

[99] Betr. derzeit Belgien, Indien, Italien, Luxemburg, Portugal, Türkei.

ser relativ geringen Beträge wäre unwirtschaftlich, so dass in den meisten Bundesländern eine sog. »**Niederschlagungsgrenze**« festgesetzt worden ist. Diese liegt i.d.R. bei 5,– € bzw. den Kosten für eine Zustellung, soweit diese höher sind als 5,– €. Beträge unterhalb dieser Grenze werden niedergeschlagen, d.h. nicht erhoben.

Ferner werden **Auslagen** auch dann **nicht erhoben**, wenn ihre Entstehung auf **unrichtige Sachbehandlung** durch das Gericht zurückzuführen ist (§ 21 GKG).[100] Das kann z.b. die unnötige förmliche Ladung einer Partei zu einem in mündlicher Verhandlung verkündeten Folgetermin (§ 218 ZPO) oder eine unnötige oder gar unzulässige Beweisaufnahme betreffen.[101] Ferner sind im Gesetz die Auslagen genannt, die infolge einer gerichtlich veranlassten **Terminsverlegung** entstanden sind (§ 21 Abs. 1 S. 2 GKG). Über die Niederschlagung wegen unrichtiger Sachbehandlung entscheidet der Kostenbeamte, ggf. durch Abänderung der getroffenen Entscheidung. Auf Antrag oder von Amts wegen kann auch das Gericht über die Nichterhebung von Kosten entscheiden; sobald eine **gerichtliche Entscheidung** getroffen ist, entfällt die Kompetenz der Verwaltung. Wegen der Rechtsmittel gilt § 66 GKG. 106

D. Die außergerichtlichen Kosten

Neben den gerichtlichen Kosten (Gebühren und Auslagen) fallen im Verfahren vor den Arbeitsgerichten auch **weitere Kosten** an, die unmittelbar bei den Parteien entstehen und zunächst von diesen zu tragen sind. Dies betrifft alle im Zusammenhang mit der gerichtlichen Rechtsverfolgung entstehenden Kosten, die im Folgenden behandelt werden sollen. 107

I. Rechtsanwaltsgebühren und -auslagen

Soweit eine Partei einen **Rechtsanwalt** als Prozessbevollmächtigten bestellt, entstehen aufgrund des dazu geschlossenen Geschäftsbesorgungsvertrags **Vergütungsansprüche** des Rechtsanwalts gegen die Partei. Die Höhe dieser Ansprüche richtet sich nach der konkreten Ausgestaltung des Mandatsverhältnisses; maßgebliche Regeln hierzu stellt das **Rechtsanwaltsvergütungsgesetz** (RVG) vom 5.5.2004[102] auf, das die Bundesrechtsanwaltsgebührenordnung (BRAGO) abgelöst hat. 108

---

100 Dies gilt im Prinzip auch für Gerichtsgebühren, was jedoch in der arbeitsgerichtlichen Praxis so gut wie nie eintritt.
101 Beispiele bei *Hartmann* § 21 GKG Rn. 14 ff.
102 BGBl. I S. 718.

1. Die einzelnen Gebührentatbestände

109 Das RVG enthält Gebührentatbestände, bei deren Eintritt jeweils die damit verbundene Gebühr fällig wird. Im Folgenden werden lediglich diejenigen Gebührentatbestände behandelt, die bei der gerichtlichen Vertretung einer Partei vor den Gerichten für Arbeitssachen entstehen können.[103]

a) Verfahrensgebühr

110 Der Rechtsanwalt erhält für die **Vertretung der Partei** in einem gerichtlichen Verfahren zunächst eine **Verfahrensgebühr,** die bereits mit Übernahme des Mandats entsteht. Sie entspricht im Wesentlichen der früheren Prozessgebühr gem. § 31 Abs. 1 Nr. 1 BRAGO.[104] Kommt es nicht zu einem Schriftsatz an das Gericht oder enthält ein solcher lediglich den Antrag, eine Einigung der Parteien über nicht rechtshängige Ansprüche zu Protokoll zu nehmen oder werden lediglich Verhandlungen zur Einigung über solche Ansprüche geführt, beträgt die Höhe des anwaltlichen Anspruchs 0,8 Gebühren aus der (als Anhang IV abgedruckten) Gebührentabelle zu § 13 Abs. 1 S. 3 RVG (VV 3101). Im Regelfall geht ein arbeitsgerichtliches Mandat jedoch darüber hinaus und lässt die Verfahrensgebühr in Höhe von 1,3 Gebühren entstehen (VV 3100).

111 Damit ist die **gesamte Tätigkeit** des Rechtsanwalts in dieser Instanz abgegolten, soweit nicht weitere gesetzliche Gebühren entstehen. Vertritt der Rechtsanwalt mehrere Auftraggeber in derselben Sache, erhöht sich der Gebührensatz[105] für jede weitere Person um 0,3 Gebühren bis zu einer Gesamthöhe von maximal 2,0 Gebühren (VV 1008). Wegen der geänderten Rechtsprechung zur Parteifähigkeit der BGB-Gesellschaft[106] ist diese nunmehr als nur ein Auftraggeber anzusehen.

112 Im **Berufungsverfahren** und im **Revisionsverfahren** erhöht sich die Verfahrensgebühr auf jeweils 1,6 (VV 3200 und 3206) mit den jeweiligen Ermäßigungstatbeständen – wie in der ersten Instanz – auf 1,1 Gebühren (VV 3201 und 3207).

---

103 Zu den Gebührenansprüchen des Rechtsanwalts, die außerhalb eines arbeitsgerichtlichen Verfahrens anfallen können, vgl. *Schaefer/Göbel* Das neue Kostenrecht in Arbeitssachen, § 5 Rn. 91 ff, zu der nicht erstattungsfähigen Hebegebühr für die Einziehung und Weiterleitung von Geldbeträgen von dem und an den Mandanten gem. VV 1009 vgl. *Gerold/Schmidt/Madert* RVG, VV 1009 Rn. 2 ff.
104 *Notz* NZA 2004, 681, 684.
105 Nur für die Verfahrens-, nicht aber für die Terminsgebühr.
106 *Gerold/Schmidt/Müller-Rabe* RVG, VV 1008 Rn. 62 f.; vgl. dazu auch unten § 46 Rn. 23.

b) Terminsgebühr

Eine weitere Gebühr, die sog. **Terminsgebühr**[107] entsteht für den Rechts- 113
anwalt, wenn er in einem **Verhandlungs-, Erörterungs- oder Beweisaufnahmetermin** vor Gericht[108] die Partei vertritt. Hierzu gehört auch die Wahrnehmung der Interessen der Partei in einer arbeitsgerichtlichen **Güteverhandlung** gem. § 54 Abs. 1 ArbGG.[109] Sie beträgt im Regelfall 1,2 Gebühren (VV 3104), reduziert sich jedoch auf 0,5 Gebühren, wenn eine Partei nicht erschienen ist und lediglich ein Prozessantrag oder ein Antrag auf Erlass eines Versäumnisurteils gestellt wird (VV 3105).[110] Die Terminsgebühr entsteht auch bei der Wahrnehmung mehrerer Termine in einer Instanz **jeweils nur einmal**.[111] Für die **Berufungsverhandlung** wird keine Erhöhung des Gebührensatzes vorgenommen (VV 3202), für die **Revisionsverhandlung** beträgt die Terminsgebühr 1,5 (VV 3210).

c) Einigungsgebühr

Für die Mitwirkung an einer Einigung der Parteien entsteht eine geson- 114
derte **Einigungsgebühr**, die weitgehend der früheren Vergleichsgebühr gem. § 23 BRAGO entspricht, jedoch nicht unbedingt ein wechselseitiges Nachgeben i.S.v. § 779 BGB voraussetzt.[112] Sie beläuft sich auf 1,5 Gebühren (VV 1000), reduziert sich jedoch auf 1,0 Gebühren, wenn die Einigung in einem bereits gerichtlich anhängigen Verfahren erfolgt (VV 1003) bzw. auf 1,3 Gebühren, wenn die Einigung erst in der Berufung oder dem Revisionsverfahren stattfindet (VV 1004). Als in diesem

---

107 Sie ersetzt die Verhandlungs-, Erörterungs- und Beweisgebühr gem. § 31 Abs. 1 Nr. 2, 4 BRAGO, *Schneider* ArbRB 2004, 152, 155.
108 Oder einem sonstigen Besprechungstermin außerhalb des Gerichts, der der Vermeidung oder der Erledigung des Verfahrens dienen soll, VV Vorbem 3 III; deshalb entsteht bei einem Vergleich nach § 278 Abs. 6 ZPO in einem Urteilsverfahren immer auch die Terminsgebühr, BAG 20.6.2006, 3 AZB 78/05, EzA § 2 RVG Anlage 1 – Terminsgebühr Nr. 1.
109 Unumstritten war dies für die Erörterungsgebühr gem. § 31 Abs. 1 Nr. 4 BRAGO; Entsprechendes muss für die Terminsgebühr auch gelten, so auch *Gerold/Schmidt/Müller-Rabe* RVG, Anh. D I Rn. 12; *Hartmann* VV 3104 Rn. 5.
110 Die nach § 35 BRAGO früher vorgesehene Ermäßigung bei nichtstreitiger Verhandlung dagegen ist in VV 3104 nicht mehr geregelt.
111 *Gerold/Schmidt/Müller-Rabe* Vorb 3 VV Rn. 1116; *Hartmann* VV 3104 Rn. 36 unter Verweis auf § 15 Abs. 2 RVG; a.A. *Schaefer/Göbel* § 5 Rn. 130.
112 Weshalb es auch bei einer »Kündigungsrücknahme« und anschließender Erledigungserklärung im Kündigungsschutzverfahren zu einer Einigungsgebühr kommen kann, LAG Berlin 8.6.2005, 17 Ta (Kost) 6023/05, NZA-RR 2005, 488; vgl. dazu auch *Selenkewitsch* FA 2005, 262 mit einem Musterschriftsatz.

Sinne anhängig gilt auch ein **Prozesskostenhilfebewilligungsverfahren** über die Sache, in der die Einigung erfolgt (VV 1003 Anm.).[113]

2. Gebührenstreitwert (Gegenstandswert)

115 Ähnlich wie bei der Berechnung der Gerichtsgebühren richtet sich auch die Vergütung des Rechtsanwaltes nach dem Wert desjenigen Gegenstandes, auf den seine Tätigkeit, speziell im Bereich des gebührenauslösenden Tatbestandes gerichtet ist. Dieser Wert heißt im Bereich des RVG **Gegenstandswert** und stimmt nur dann mit dem (Gerichtskosten-) Streitwert überein, wenn sich die Tätigkeit auf denselben Gegenstand bezieht und (als weitere Voraussetzung) überhaupt Gerichtsgebühren erhoben werden.

a) Höhe: Grundsatz

116 Maßgeblich ist für den Gegenstandswert das in einem Geldbetrag ausgedrückte Interesse des Mandanten am jeweiligen Vorgang. Soweit dies auf **Zahlung eines Geldbetrages** gerichtet ist, ergibt sich der Wert des Interesses von selbst. Soweit Einzelvorgänge einer **Bewertung** bedürfen, kann auf die Streitwertangaben zum **Gerichtskostenstreitwert** verwiesen werden (oben Rn. 39 ff.). Auch die prozessualen Sonderkonstellationen, die oben (Rn. 56 ff) behandelt wurden, haben häufig für die Festsetzung des Gegenstandswertes Bedeutung, z.B. zum Hilfsantrag, zur Klagehäufung usw. Im Folgenden werden nur Konstellationen behandelt, die dort nicht vorkommen können und ausschließlich für die Festsetzung des Gegenstandswerts der anwaltlichen Tätigkeit Bedeutung haben. Dies gilt vor allem für **Beschlussverfahren**, da diese gerichtskostenfrei sind und deshalb ein Gerichtskostenstreitwert nicht festgesetzt wird. Weitere Anwendungsfälle sind die Einbeziehung von nicht streitigen Punkten in einen Vergleich (sog. »**Mehrvergleich**«), das **PKH-Verfahren**, aber auch **Hilfsanträge**, die bei den Gerichtskosten erst zu Buche schlagen, wenn eine Entscheidung über sie ergeht (§ 45 Abs. 1 S. 2 GKG), bei der anwaltlichen Tätigkeit aber bereits mit Stellung des Antrags gebührenauslösend sind.[114] Die Festsetzung des Gegenstandswertes richtet sich in diesen Fällen deshalb **ausschließlich** nach §§ 23, 33 RVG.

---

113 Es sei denn, die PKH wird nur für die Protokollierung der Einigung (und nicht über die »Hauptsache«) beantragt, dann bleibt es bei 1,5 Gebühren, VV 1003 Anm. Satz 1.
114 Vgl. dazu *Creutzfeldt* NZA 1996, 956, 961 m.w.N.

Eine besondere Bedeutung kommt bei der Wertbemessung für die Rechtsanwaltsgebühren der Regelung zu, wonach **bei fehlenden Anhaltspunkten** für eine (erforderliche) Schätzung des Wertes und bei **nichtvermögensrechtlichen Streitigkeiten** der Gegenstandswert auf 4.000 € anzunehmen ist (§ 23 Abs. 3 S. 2 RVG). Nach überwiegender Auffassung handelt es sich dabei um einen **Hilfswert**.[115] Als wertbestimmende Faktoren bei der Ausübung des **billigen Ermessens** gem. § 23 Abs. 3 RVG kommen die Schwierigkeit und der Umfang der Sache und der anwaltlichen Tätigkeit sowie die (wirtschaftliche) Bedeutung für die Beteiligten,[116] ferner auch die Leistungsfähigkeit des Betriebs in Betracht.[117]

117

b) Beispiele aus der Rechtsprechung, insbes. zum Beschlussverfahren[118]

– **Betriebsänderung gem. § 111 BetrVG:** Bei der Bewertung von Beschlussverfahren im Zusammenhang mit Betriebsänderungen wird vorwiegend die **Zahl der betroffenen Arbeitnehmer** und die **Betriebsgröße** (= Prozentzahl der betr. Arbeitnehmer) herangezogen.[119] So ist ein Verfahren über eine einstweilige Verfügung auf Untersagung des Ausspruchs von Kündigungen für 80 Arbeitnehmer mit 40.000 € bewertet worden.[120] Für neun Arbeitnehmer ist von dem 2,5 fachen Hilfswert ausgegangen worden.[121] Bei 16 betroffenen Arbeitnehmern ist einmal auf das Vierfache des Hilfswerts[122] erkannt worden, einmal auf das Doppelte;[123] bei 28 Arbeitnehmern ist der

118

---

115 LAG Mecklenburg-Vorpommern 16.11.2000, 1 Ta 67/00, LAGE § 8 BRAGO Nr. 47; LAG Nürnberg 12.6.2001, 7 Ta 167/98, LAGE § 8 BRAGO Nr. 39; LAG Hamburg 6.1.1999, 4 Ta 9/98, LAGE § 8 BRAGO Nr. 44; Hess. LAG 11.2.2004, 5 Ta 510/03, LAGE § 8 BRAGO Nr. 57; GK-ArbGG/*Wenzel* § 12 Rn. 441; ArbGG/*Krönig* § 12 Rn. 63; a.A. (Regelwert) LAG Schleswig-Holstein 7.12.2000, 2 Ta 127/00, LAGE § 8 BRAGO Nr. 48.
116 Allg. Meinung, vgl. instr. LAG Thüringen 21.1.1997, 8 Ta 137/96, LAGE § 8 BRAGO Nr. 34 m.w.N.
117 LAG Schleswig-Holstein 6.2.2002, 2 Ta 145/01, LAGE § 8 BRAGO Nr. 52.
118 Soweit sich die Entscheidungen am Hilfswert orientierten und in DM ausgedrückt wurden, werden diese Zahlen auf den heutigen Hilfswert von 4.000 € bezogen dargestellt.
119 LAG Mecklenburg-Vorpommern 16.11.2000, 1 Ta 67/00, LAGE § 8 BRAGO Nr. 47.
120 LAG Hamburg 6.1.1999, 4 Ta 9/98, LAGE § 8 BRAGO Nr. 44.
121 LAG Thüringen 6.1.1999, 8 Ta 62/99, ArbuR 2000, 39.
122 Hess. LAG 23.12.2002, 5 Ta 630/02, n.v.
123 LAG Bremen 15.2.1990, 2 Ta 85/89, LAGE § 8 BRAGO Nr. 14.

10fache Hilfswert angenommen worden. Teilweise wird jedes Zahlenschema abgelehnt.[124]

119 – **Betriebsratswahl, Anfechtung:** Die Bewertung einer Betriebsratswahlanfechtung wird zumeist anhand der **Größe des Betriebsrates** vorgenommen. Teilweise richtet man sich neben einem Grundbetrag nach der Zahl der weiteren einzelnen **Betriebsratsmitglieder**. So sind bei einem Grundbetrag von 4.000 € pro Betriebsratsmitglied je 1.000 € angenommen worden,[125] in einem anderen Fall ist der Grundbetrag bei ansonsten gleicher Betrachtungsweise auf 6.000 € festgesetzt worden.[126] Nach einer anderen Auffassung ist nicht die Zahl der Betriebsratsmitglieder, sondern die **Staffelung gem. § 9 BetrVG** für die Wertfestsetzung maßgeblich. So ist bei einem Grundbetrag von 6.000 € für jede weitere Stufe der Staffel nach § 9 BetrVG ein Betrag von 4.000 € angenommen worden.[127]

120 – **Einigungsstelle, Einsetzung gem. § 98 ArbGG:** Bei der Besetzung der Einigungsstelle geht es häufig um die **Person des Vorsitzenden**, die **Zahl der Beisitzer** und die **Zuständigkeit der Einigungsstelle**. Nach einer Auffassung ist für jeden dieser Problembereiche, wenn er streitig ist, der Bruchteil eines Hilfswerts anzusetzen.[128] Zuweilen werden die Besetzungsfragen einheitlich mit einem Hilfswert bewertet.[129] Ist die Zuständigkeit streitig, wird auch der **Wert des Regelungsgegenstandes** herangezogen.[130] Nach anderer Meinung sind bei dem Streit um die Einigungsstelle deren **Kosten** maßgeblich, weshalb i.d.R. ein Hilfswert ausreichend sei.[131] Für diesen Ansatzpunkt werden teilweise auch die konkreten Vergütungen des Vorsitzenden und der Beisitzer herangezogen.[132]

---

124 LAG Köln 20.1.2003, 2 Ta 1/03, LAGE § 8 BRAGO Nr. 52a.
125 LAG Schleswig-Holstein 9.7.2003, 3 Ta 215/02, LAGE § 8 BRAGO Nr. 55.
126 LAG Sachsen 28.12.2006, 4 Ta 232/06, NJ 2007, 240; LAG Berlin 17.12.1991, 1 Ta 50/91 (Kost), NZA 1992, 327; LAG Rheinland-Pfalz 30.3.1992, 9 Ta 40/92, NZA 1992, 667.
127 LAG Hamm 9.3.2001, 13 TaBV 7/01, LAGE § 8 BRAGO Nr. 48a; ähnlich LAG Bremen 12.5.1999, 1 Ta 16/99, LAGE § 8 BRAGO Nr. 43.
128 LAG Schleswig-Holstein 29.9.1995, 4 Ta 105/95, NZA-RR 1996, 307: jeweils ein Sechstel.
129 LAG Hamm 26.9.1985, 8 TaBV 118/85, LAGE § 8 BRAGO Nr. 4; LAG Düsseldorf 21.9.1990, 7 Ta 248/90, DB 1991, 184; wiederum abweichend (4.000 € für Einigungsstelle, je 2.000 € für die Person des Vorsitzenden und die Beisitzerzahl) LAG Hamm 30.10.2006, 13 Ta 656/06; noch anders (2.000€ einheitlich für Einigungsstelle, ohne Berücksichtigung weiterer Gegenstände) LAG Schleswig-Holstein 16.9.2005, 1 Ta 69/05, LAGE § 23 RVG Nr. 2.
130 GK-ArbGG/*Wenzel* § 12 Rn. 468 m.w.N.
131 LAG Niedersachsen 30.4.1999, 1 Ta 71/99, LAGE § 8 BRAGO Nr. 40.
132 LAG Baden-Württemberg 8.4.1994, 13 TaBV 2/93, DB 1994, 1044.

Kosten, Kostentragungspflicht §§ 12, 12a

- **»Mehrvergleich«:** Beim sog. »Mehrvergleich« werden bisher nicht 121
rechtshängige Ansprüche in einen gerichtlichen Vergleich aufgenommen und dort geregelt. Auf den Gerichtskostenstreitwert hat dies keinen Einfluss (vgl. oben Rn. 67), aber auf den **anwaltlichen Gebührenstreitwert** wirkt sich diese Ergänzung streitwerterhöhend aus. Die mitgeregelten Gegenstände werden dabei bewertet. Hierbei ist von großer Bedeutung, ob die Ansprüche **vorher streitig** waren oder lediglich der Vollständigkeit halber oder **um eine Titulierung herbeizuführen**, in den Vergleich aufgenommen werden. Waren sie vorher streitig, werden sie mit ihrem vollen Wert aufgenommen und dem bisherigen (Gerichtskosten-)Streitwert hinzuaddiert. Handelt es sich nur um das Interesse an der Titulierung des Anspruchs (z.B. die Aufnahme einer Zeugniserteilungsverpflichtung im Beendigungs- und Abfindungsvergleich des Kündigungsschutzprozesses), wird mit dem Vergleich Einigkeit hergestellt über einen Anspruch, der unbestritten bestand (§ 109 Abs. 1 GewO) und der jetzt als Titel unmittelbar gegen den Schuldner durchgesetzt werden kann. Dieses **Titulierungsinteresse** bildet den Wert der Aufnahme in den Vergleich, so dass sich auch der Gegenstandswert darauf beschränkt. Nach hier vertretener Ansicht ist dabei prinzipiell vom Ausgangswert auszugehen (im Beispielsfall: ein Monatsgehalt) und sodann **10 % dieses Wertes** anzusetzen. Die häufig geübte Praxis, in dieser Konstellation für verschiedene Streitgegenstände verschiedene Teilwerte zu bilden,[133] ist inkonsequent und unnötig differenzierend.

- **Personelle Einzelmaßnahmen gem. § 99 BetrVG:** Dabei handelt es 122
sich um nicht-vermögensrechtliche Streitigkeiten, die nach einer Auffassung über den Hilfswert des § 23 Abs. 3 RVG zu bewerten sind. Bei mehreren Maßnahmen sollen die Einzelwerte addiert werden, bei einer Zurückführung auf eine einheitliche unternehmerische Entscheidung jedoch mit einem Wertabschlag.[134] Bei der Zustimmung des Betriebsrats zu einer **Einstellung** wird teilweise der Hilfswert als ausreichend angesehen.[135] Nach anderer Auffassung ist – zumindest bei der Ermessensausübung – auf die in § 42 Abs. 4 GKG (früher § 12 Abs. 7 ArbGG) ausgedrückten Wertungsgrundsätze zurückzu-

---

133 Z.B. LAG Düsseldorf 28.3.2006, 6 Ta 137/06: Titulierungsinteresse über ein Zeugnis 25 % eines Monatsgehaltes.
134 LAG Berlin 6.4.2001, 17 Ta 6049/01, LAGE § 8 BRAGO Nr. 49; LAG Thüringen 21.1.1997, 8 Ta 137/96, LAGE § 8 BRAGO Nr. 34; im Erg. auch LAG Bremen 19.7.2001, 4 Ta 33/01, LAGE § 8 BRAGO Nr. 51; ähnlich auch LAG München 7.12.1995, 3 Ta 10/95, LAGE § 8 BRAGO Nr. 29.
135 LAG Köln 21.1.1997, 5 Ta 196/97, LAGE § 8 BRAGO Nr. 36; LAG Bremen 20.1.1993, 4 Ta 79/92, DB 1993, 492; LAG Schleswig-Holstein 24.7.2006, 2 Ta 86/06, JurBüro 2007, 238.

greifen, z.B. mit einem Monatsgehalt bei einer Einstellung,[136] mit zwei Bruttogehältern bei einer **Versetzung**,[137] oder der 36fachen Monatsdifferenz bei einer **Ein- bzw. Umgruppierung**,[138] teilweise auch mit einem Abschlag von 20 %.[139]

123 – **Sachverständiger gem. § 80 BetrVG, Zustimmung zur Heranziehung:** Da es sich insoweit nicht um eine nicht-vermögensrechtliche Streitigkeit handelt, sind die Kosten des Sachverständigen zu Grunde zu legen.[140]

124 – **Sozialplan, Anfechtung eines Einigungsstellenspruchs:** Die Anfechtung eines Sozialplans wegen fehlerhafter Dotierung ist nach einer Meinung eine **vermögensrechtliche Streitigkeit**. Maßgeblich für die Bewertung ist danach die **Differenz** zwischen der angestrebten und der festgesetzten Dotierung, sowohl bei Überdotierung[141] als auch wegen Unterdotierung.[142] Nach anderer Auffassung stellt die Anfechtung vorwiegend auf die Geltendmachung von Mitbestimmungsrechten ab und ist deshalb als **nichtvermögensrechtliche Streitigkeit** anzusehen. Danach ist eine Sozialplananfechtung mit einem **Vielfachen des Hilfswertes** aus § 23 Abs. 3 RVG zu bewerten, z.B. 50.000,– € bei einem geplantem Abbau von 195 Arbeitsplätzen.[143] Auf das Leistungsvolumen des Sozialplans soll es dabei nicht ankommen.[144]

125 – **Zustimmungsersetzungsverfahren gem. § 103 Abs. 2 BetrVG:** Die Zustimmungsersetzungsverfahren nach § 103 BetrVG werden ganz

---

136 LAG Rheinland-Pfalz 11.5.1995, 6 Ta 48/95, LAGE § 8 BRAGO Nr. 28; LAG Hamburg 13.11.1995, 2 Ta 20/95, NZA-RR 1996, 306; a.A. (halbes Monatsgehalt) LAG Berlin 26.3.1999, 2 TaBV 2/98, AE 1999, 171; vgl. auch LAG Hamburg 27.9.2007, 8 Ta 10/07, BB 2008, 105: Zustimmung zur Einstellung eines Leiharbeitnehmers – zwei Monate Vergütung, die ArbGeb an Verleiher zu zahlen hat.
137 LAG Köln 18.5.2007, 10 Ta 105/07; LAG Düsseldorf 11.5.1999, 7 Ta 143/99, LAGE § 8 BRAGO Nr. 41; a.A. (auch hier Hilfswert) LAG München 24.5.1993, 2 Ta 295/92, NZA 1994, 47.
138 LAG Köln 27.7.1995, 4 Ta 126/95, JurBüro 1996, 590; LAG Nürnberg 2.11.1998, 7 Ta 167/98, LAGE § 8 BRAGO Nr. 39; a.A. (auch hier Hilfswert) LAG Thüringen 21.1.1997, 8 Ta 137/96, LAGE § 8 BRAGO Nr. 34; LAG Hamburg 24.5.1988, 1 Ta 9/87, LAGE § 8 BRAGO Nr. 7.
139 LAG Köln 29.10.1991, 10 Ta 205/91, MDR 1992, 195; LAG Hamburg 1.9.1995, 7 Ta 13/95, LAGE § 8 BRAGO Nr. 8.
140 LAG Hamm 12.6.2001, 10 TaBV 50/01, LAGE § 8 BRAGO Nr. 50
141 BAG 9.11.2004, 1 ABR 11/02 (A), NZA 2005, 70.
142 BAG 20.7.2005, 1 ABR 23/03 (A), n.v.; LAG Düsseldorf 29.11.1994, 7 Ta 1336/94, LAGE § 8 BRAGO Nr. 25.
143 Hess. LAG 11.2.2004, 5 Ta 510/03, LAGE § 8 BRAGO Nr. 57.
144 LAG Schleswig-Holstein 6.2.2002, 2 Ta 145/01, LAGE § 8 BRAGO Nr. 52.

überwiegend wie die **Bestandsschutzverfahren** gem. § 42 Abs. 4 S. 1 GKG bewertet[145] (vgl. dazu i.E. oben Rn. 46 ff.). Dies soll auch für die Zustimmung zu **Änderungskündigungen** gelten.[146]

– **Zwangsvollstreckung:** Im Zwangsvollstreckungsverfahren werden **keine Gerichtsgebühren** erhoben. Im anwaltlichen Gebührenrecht aber sind Maßnahmen der Zwangsvollstreckung erwähnt und zur Berechnung der Gebühren bedarf es der vorherigen Bewertung und Festsetzung der zugrunde liegenden Vorgänge. In erster Linie kommen hier Vollstreckungsanträge nach § 887 (Ermächtigung zur Ersatzvornahme), § 888 (Zwangsgeldfestsetzung) und § 890 (Ordnungsgeldfestsetzung) ZPO in Betracht. Dabei kann man sich in allen drei Fällen nicht an dem Geldbetrag orientieren, der zur Durchsetzung bzw. Ersatzvornahme der titulierten Handlung aufzuwenden ist, sondern allein an dem **Interesse des Gläubigers** an der zu erwirkenden Handlung (§ 3 ZPO). Bei §§ 887 und 888 ZPO wird dies i.d.R. hinter dem Wert der Hauptsache zurückbleiben, da der **Zwang noch nicht die Erfüllung** der titulierten Forderung bedeutet; bei § 890 ZPO kommt es auf die Art und das Ausmaß der **konkreten Zuwiderhandlung** des Schuldners an.[147]

126

c) Festsetzungsverfahren

Für die Festsetzung des Wertes für die Rechtsanwaltsgebühren gibt es kein einheitliches Verfahren. Vielmehr besteht hier zu dem für die Gerichtsgebühren maßgeblichen Wert und seinem Festsetzungsverfahren (vgl. dazu oben Rn. 71 ff.) ein **Regel-Ausnahme-Verhältnis**, das die Festsetzung unnötig kompliziert macht, gleichwohl von Gesetzes wegen zwingend ist. Der **Grundsatz**, normiert etwa in § 23 Abs. 1 S. 1 RVG, besagt, dass immer dann, wenn die Gerichtsgebühren sich nach einem Wert richten (dem Gerichtskostenstreitwert), dieser auch für die Rechtsanwaltsgebühren gilt. Dementsprechend ist dann auch der Streitwert in dem **für den Gerichtskostenstreitwert maßgeblichen Verfahren**, nämlich nach § 63 GKG festzusetzen. Ob der Wert der anwaltlichen Gebühren also im Verfahren gem. § 63 GKG oder im Verfahren gem. § 33 RVG festgesetzt wird, richtet sich allein danach, ob der Rechts-

127

---

145 LAG Rheinland-Pfalz 30.3.2004, 2 Ta 69/04, LAGE § 8 BRAGO Nr. 58; LAG Düsseldorf 11.5.1999, 7 Ta 143/99, LAGE § 8 BRAGO Nr. 41; LAG Nürnberg 21.6.2001, 6 Ta 115/01, JurBüro 2001, 595; a.A. LAG Schleswig-Holstein 20.5.1997, 4 Ta 91/97, LAGE § 8 BRAGO Nr. 35: »Regelwert«.
146 LAG Köln 22.3.1999, 11 Ta 241/98, LAGE § 8 BRAGO Nr. 44a; a.A. LAG Baden-Württemberg 15.6.1990, 8 Ta 60/90, JurBüro 1991, 62: Anderthalbfacher Hilfswert.
147 Vgl. zu allem GK-ArbGG/*Wenzel* § 12 Rn. 355 f. m.w.N.

anwaltsgebührenwert dem Gerichtskostenwert entspricht. Dies ist dann der Fall, wenn sich die Gerichtsgebühren auf den **gleichen Streitgegenstand** beziehen wie die Rechtsanwaltsgebühren. Es erscheint deshalb auch noch nachvollziehbar, dass bei **Festsetzung des Gerichtskostenstreitwerts** – unter Beteiligung aller Parteien und Bevollmächtigten – dieser Wert auch für das »Innenverhältnis« zwischen Parteien und Bevollmächtigten maßgeblich ist.

128 Nur in Konstellationen, die hiervon **abweichen**, weil der Wert der anwaltlichen Tätigkeit von dem für die Gerichtskosten maßgeblichen Wert abweicht (z.B. bei Teilklagerücknahme, beim Mehrvergleich, im Beschlussverfahren[148]), ist – und zwar jeweils nur für das konkrete Rechtsverhältnis zwischen **einer** Partei und dem **dazugehörigen Bevollmächtigten** – insoweit der Gegenstandswert **gesondert** festzusetzen.[149] Da der Gerichtskostenstreitwert – insbesondere nach der Neuregelung in § 63 Abs. 2 GKG (vgl. dazu oben Rn. 72 ff.) – jedoch keineswegs immer festgesetzt wird, kommt es häufig dazu, dass für eine Seite die Wertfestsetzung beantragt wird und dieses Verfahren **wie für einen Gerichtskostenstreitwert** (gleichsam fiktiv) durchgeführt wird, obwohl es **ausschließlich um die Rechtsanwaltsgebühren** einer Seite geht.[150] Soweit das Festsetzungsverfahren für den Gegenstandswert nach § 33 RVG durchgeführt wird, gelten gegenüber dem Verfahren zur Festsetzung des Gerichtskostenwerts (vgl. dazu oben Rn. 71 ff.) folgende **Abweichungen**:

129 **Beteiligte** sind nur die Partei und der Rechtsanwalt. Bei **Beschlussverfahren** ist in jedem Fall der **Arbeitgeber** zu beteiligen, da ihn materiellrechtlich möglicherweise eine Kostentragungspflicht hinsichtlich der Rechtsanwaltsgebühren für den Betriebsrat trifft.[151] Die Entscheidung entfaltet auch nur zwischen den Beteiligten ihre Rechtswirkung. Der **Antrag** ist erst zulässig, wenn die **Vergütung fällig** ist, die Instanz, der Auftrag oder die Angelegenheit also beendet oder eine Kostenentscheidung ergangen ist (§ 8 RVG). Außerdem wird die Vergütung fällig, wenn das Verfahren länger als drei Monate ruht. Insoweit weichen die Tatbestände von der Fälligkeit der Gerichtskosten nach § 9 Abs. 1 GKG ab. Der **Gegenstandswert** wird nur für die konkret in diesem Verhältnis angefallenen Streitgegenstände festgesetzt; ist der Rechtsanwalt erst

---

148 Vgl. dazu oben Rn. 116.
149 LAG Köln 14.9.2001, 13 Ta 214/01, NZA-RR 2002, 437.
150 Nach Hess. LAG 21.1.1999, 15/6 Ta 639/98, LAGE § 12 ArbGG 1979 Streitwert Nr. 116, sollte deshalb auch in diesen Fällen die Wertfestsetzung nach § 10 BRAGO (= § 33 RVG) erfolgen.
151 GK-ArbGG/*Wenzel* § 12 Rn. 381; ArbGG/*Krönig* § 12 Rn. 86; *Creutzfeldt* NZA 1996, 956, 961 f.

Kosten, Kostentragungspflicht §§ 12, 12a

nach einer Teilklagerücknahme aufgetreten, bleibt der zurückgenommene Teil der Klage bei der Bemessung außer Betracht. Gleiches gilt für ein Ausscheiden aus dem Mandat vor einer Klageerweiterung.

Der **Beschluss** ist den Beteiligten **zuzustellen** und bedarf einer **Rechtsmittelbelehrung**, weil es sich bei dem in § 33 Abs. 3 RVG vorgeschriebenen Verfahren um eine eigenständige Regelung handelt, die mit der dort vorgesehenen Beschwerde ein **befristetes Rechtsmittel** i.S.v. § 9 Abs. 5 S. 1 vorsieht.[152] Im Beschwerdeverfahren gilt das Verbot der »**reformatio in peus**«.[153] Im Übrigen entspricht das Festsetzungsverfahren nach § 33 RVG demjenigen nach § 63 GKG (mit Ausnahme der Abänderungsbefugnis von Amts wegen nach § 63 Abs. 3 S. 2 GKG), vgl. dazu oben Rn. 71 ff. 130

3. Anwaltliche Auslagen

Die anwaltlichen Auslagen sind Bestandteil der Vergütung (§ 1 Abs. 1 S. 1 RVG) und in VV Teil 7 geregelt. Für das arbeitsgerichtliche Verfahren sind insoweit von besonderem Interesse die Pauschale für die Herstellung von **Fotokopien** in Höhe von je 0,50 € für die ersten 50 Seiten, dann 0,15 € für jede weitere Seite (VV 7000), die Pauschale für **Post und Telefon** in Höhe von max. 20 € (VV 7002)[154], die **Fahrtkosten** von 0,30 € für jeden mit dem eigenen PKW gefahrenen Kilometer (VV 7003) und das **Tage- und Abwesenheitsgeld** bei auswärtigen Aufträgen zwischen 20 € und 60 € (VV 7005). Zur Erstattungsfähigkeit dieser Kosten vgl. unten Rn. 143 ff. 131

II. Sonstige außergerichtliche Kosten

Neben den Anwaltskosten entstehen der Partei durch die Prozessführung notwendig weitere Kosten. Dazu gehören die Aufwendungen für **Reisen** zur Wahrnehmung von Gerichtsterminen, u.U. auch nach der ausdrücklichen Anordnung des persönlichen Erscheinens, zu Besprechungsterminen mit dem Bevollmächtigten, sowie für damit verbundene **Zeitversäumnis**. Ferner hat die Partei i.d.R. **Schreibauslagen, Kopiekosten, Telefon- und Telefaxkosten** sowie ggf. weitere Aufwen- 132

---

152 GK-ArbGG/*Wenzel* § 12 Rn. 384; *Bader* NZA-RR 2005, 346.
153 Streitig, wie hier LAG Niedersachsen 26.4.1996, 3 Ta 79/95, LAGE § 8 BRAGO Nr. 31; LAG Köln 13.12.1999, 13 Ta 366/99, LAGE § 10 BRAGO Nr. 9; Hess. LAG 21.1.1999, 15/6 Ta 630/98, LAGE § 12 ArbGG 1979 Streitwert Nr. 116; ArbGG/*Krönig* § 12 Rn. 87; *Creutzfeldt* NZA 1996, 956, 962 f.; a.A. LAG Hamm 26.7.1990, 8 TaBV 70/89, AR-Blattei ES 160.13 Nr. 187; GK-ArbGG/*Wenzel* § 12 Rn. 386.
154 Sofern die Entgelte nicht einzeln abgerechnet werden, VV 7001.

dungen zur Vorbereitung des Prozesses erbracht. Zu Einzelheiten und Erstattungsfähigkeit vgl. unten Rn. 149 f.

E. Kostenansatz und Kostenerstattung

I. Grundregel

133 Die Kostenabwicklung im arbeitsgerichtlichen Verfahren erfolgt im Regelfall in zwei Schritten. In der **Kostengrundentscheidung** wird festgelegt, wie sich die Kostentragungspflicht auf die Parteien verteilt (zum Kostenschuldner bei Fälligkeit vor einer Kostengrundentscheidung vgl. unten Rn. 140). Sodann werden die Gesamtkosten errechnet, festgesetzt und je nach der Kostengrundentscheidung den Parteien in Rechnung gestellt. Soweit es um Gerichtskosten geht, erfolgt die **Beitreibung von Amts wegen**. Sie richtet sich nach dem GKG und den Nebenvorschriften hierzu, insbesondere der sog. »Kostenverfügung« (KostVfg).[155] Zuständig für die Berechnung, Geltendmachung und Beitreibung der Gerichtskosten ist der **Kostenbeamte** in Zusammenarbeit mit der Gerichtskasse bzw. Justizkasse. Dabei erstellt der Kostenbeamte eine **Gerichtskostenrechnung** und benennt den sich aus der Kostengrundentscheidung ergebenden Kostenschuldner. Dieser Vorgang wird »**Kostenansatz**« genannt (§ 4 KostVfg). Das Verfahren der Beitreibung der Kosten richtet sich nach der **Justizbeitreibungsordnung** (§ 12 S. 1).

134 Soweit es um die **Erstattung von Parteikosten** geht, sind sie entsprechend der Kostengrundentscheidung von der obsiegenden Partei zur Festsetzung bei Gericht zu beantragen. Der Rechtspfleger setzt die berechtigten Erstattungsansprüche in einem **Kostenfestsetzungsbeschluss** (§§ 103 ff ZPO) fest, der als **Vollstreckungstitel** für die erstattungsberechtigte Partei dient.

II. Kostenentscheidung

135 Das Gericht hat über die Kosten eines Rechtsstreits **von Amts wegen** zu entscheiden; eines Antrags bedarf es insoweit nicht (§ 308 Abs. 2 ZPO). In der Regel ist sie Bestandteil der Entscheidung über die Hauptsache. Sie ist nicht gesondert anfechtbar (§ 99 Abs. 1 ZPO).

---

[155] Landesrechtliche Regelungen auf Basis einer bundeseinheitlichen Vorlage des BMI vom 12.8.2004, BAnz. Nr. 166 v. 3.9.2004, S. 19765; vgl. dazu grundlegend *Hartmann* VII. A. m.w.N.

Die **Kostenentscheidung**[156] weist einer Partei oder – im Fall der Quotelung gem. § 92 Abs. 1 ZPO – beiden Parteien die Verpflichtung zu, die Gesamtkosten des Rechtsstreits zu tragen.[157] Der **Inhalt der Kostenentscheidung** richtet sich dabei nach dem **Ergebnis der Hauptsache**; soweit eine Partei im Rechtsstreit unterliegt, hat sie die Kosten zu tragen (§ 92 Abs. 1 S. 1 ZPO). Dabei ist nicht zwingend nur auf das Ausmaß des Obsiegens der Klagepartei mit den zuletzt gestellten Anträgen abzustellen. Wenn im Rechtsstreit Streitgegenstände durch einen Antrag eingeführt waren, die dann – etwa durch Teilanerkenntnis oder Teilklagerücknahme – **nicht mehr Gegenstand des Urteils** sind, umfasst die Kostenentscheidung auch die durch diese **ausgeschiedenen Streitgegenstände** ausgelösten Kosten. Denn auch wenn ein Kläger mit seinen letzten Anträgen obsiegt, können die durch **Teilklagerücknahme** vorher entstandenen Kosten dem Beklagten nicht ohne weiteres auferlegt werden. Vielmehr hat diese nach dem **Veranlasserprinzip** i.d.R. der Kläger zu tragen.[158] Die Verteilung der Kosten bei der Quotelung erfolgt nicht nach einzelnen Verfahrensabschnitten oder -teilen (etwa Klage und Widerklage), sondern durch eine **prozentuale Verteilung der Gesamtkosten**.[159]

136

Die Kostenentscheidung ergeht als einheitliche erst dann, wenn die Kosten des Rechtsstreits in der Instanz feststehen. Das bedeutet namentlich, dass eine **Kostenentscheidung** in einem **Teil-Urteil**, auch bei einer Stufenklage, **nicht möglich** ist.[160] Soweit sie dennoch ergangen ist, ist eine auf ihr beruhende Kostenfestsetzung unzulässig;[161] die fehlerhafte Kostenentscheidung ist in der Rechtsmittelinstanz von Amts wegen aufzuheben.[162]

137

Die Kostengerechtigkeit gebietet aber in bestimmten, gesetzlich ausdrücklich geregelten Konstellationen, dass **bestimmte Kosten** nach dem Veranlasserprinzip **unabhängig von dem Ausgang des Rechtsstreits** einer Partei zugewiesen werden. Dies betrifft insbesondere die Kosten der Säumnis (§§ 95, 344 ZPO), die Kosten für ein erfolglos geblie-

138

---

156 Vgl. dazu ausführlich *Creutzfeldt* RdA 2004, 281.
157 In seltenen Ausnahmefällen können auch einem Dritten (etwa dem Rechtsanwalt, der ohne Auftrag Rechtsmittel eingelegt und dann zurückgenommen hat) nach dem Veranlasserprinzip die Kosten auferlegt werden, BGH 18.11.1982, III ZR 113/79, NJW 1983, 883, 884; 4.3.1993, V ZB 5/93, NJW 1993, 1865.
158 Zu der Kontroverse um die Höhe des auf den zurückgenommenen Teil der Klage entfallenden Gerichtsgebühren vgl. oben Rn. 17.
159 So schon BGH 28.11.1955, II ZR 19/55, BGHZ 19, 172, 176 f.
160 BAG 18.10.2000, 2 AZR 465/99, EzA § 14 KSchG Nr. 5.
161 *RSG* S. 358.
162 BGH 2.2.1983, IV b ZB 702/81, NJW 1983, 1311, 1313.

benes Angriffs- oder Verteidigungsmittel (§ 96 ZPO), die Kosten der Wiedereinsetzung in den vorigen Stand (§ 238 Abs. 4 ZPO) sowie die Kosten der Verweisung in einen anderen Rechtsweg (§ 17b Abs. 2 GVG). Diese nach dem Grundsatz der »**Kostentrennung**« vorgenommene Sonderzuweisung erfolgt in der instanzabschließenden Kostenentscheidung.

III. Kostenschuldner

139 Die Partei, der die Kostenlast in der Kostenentscheidung auferlegt wird, ist der **Kostenschuldner** (§ 29 Abs. 1 Nr. 1 GKG). Bis die Kostenentscheidung ergangen ist, haftet im Arbeitsgerichtsprozess grundsätzlich der **Antragsteller**, d.h. der Kläger, für die Kosten (§ 22 Abs. 1 S. 1, Abs. 2 S. 1 GKG). Das bedeutet, dass der Kläger so lange verpflichtet ist, die Kosten zu tragen, wie es keine ihn entlastende Kostenentscheidung gibt, unabhängig vom Stand oder Ausgang des Prozesses. Sobald ein **Entscheidungsschuldner** feststeht, ist – anders als im ordentlichen Zivilprozess – der Antragsschuldner aus der Haftung vollständig entlassen; die **Zweitschuldnerhaftung** gibt es im **Arbeitsgerichtsverfahren nicht** (§ 22 Abs. 2 S. 1 GKG).

140 Deshalb wird bei Eintritt der Fälligkeit der Gerichtskosten (vgl. dazu oben Rn. 26 ff.) **immer der Kläger** in Anspruch genommen, wenn zu diesem Zeitpunkt **keine Kostenentscheidung** des Gerichts oder eine Kostenübernahme der anderen Partei in einem Vergleich (§ 29 Nr. 1 und 2 GKG) vorliegt. Dies betrifft insbesondere die in § 9 Abs. 1 Nr. 3 bis 5 GKG vorliegenden Konstellationen (sechsmonatiges Ruhen, Nichtbetreiben, Aussetzung oder Unterbrechung oder sonstige Erledigung); die in § 9 Abs. 1 Nr. 1 und 2 GKG genannten Fälligkeitstatbestände (gerichtliche Kostenentscheidung, Vergleich, Klagerücknahme) begründen i.d.R. **konstitutiv** eine eigene (ggf. abweichende) Kostenschuld (§ 29 Abs. 1 Nr. 1 und 2 GKG).[163]

141 Diese Grundregel gilt auch für die **besonderen Auslagen nach § 9 Abs. 2 GKG** (Dokumentenpauschale, Aktenversendung), die – abweichend von den sonstigen Gerichtskosten – sofort fällig werden. Hinsichtlich des Kostenschuldners ist hier zu unterscheiden: bei der **Aktenversendung** bestimmt § 28 Abs. 2 GKG, dass für die entsprechenden Kosten nur derjenige haftet, der die Aktenversendung beantragt hat. Bei den ebenfalls sofort fälligen Kosten für die **Dokumentenpauschale** ist die in der ordentlichen Gerichtsbarkeit allgemein übliche Zweit-

---

163 Zur Höhe der in diesen Fällen anfallenden Gerichtsgebühren vgl. oben Rn. 27.

schuldnerhaftung des Antragstellers[164] in § 28 Abs. 1 GKG geregelt; danach schuldet die Dokumentenpauschale »ferner« (= auch) der, der die Erteilung der Kopien beantragt hat, mit der Spezifizierung, dass die Nachholung der unterlassenen Beifügung von Abschriften für die gegnerische Partei wiederum »nur« von der nicht sorgfältigen Partei zu tragen sind. Da die Sonderregelung in § 22 Abs. 2 S. 1 GKG aber nur die Zweitschuldnerhaftung des Antragstellers aus § 29 Abs. 1 Nr. 1 und 2 GKG beseitigt, nicht dagegen die aus § 28 Abs. 1 S. 1 GKG, bleibt insoweit – systemwidrig – die **Zweitschuldnerhaftung** für den Antragsteller (= Kläger) bestehen. Sollte der Kläger hier vom Arbeitsgericht vor einer ihn entlastenden Kostenentscheidung in Anspruch genommen worden sein, kann er bzgl. der von ihm insoweit verauslagten Dokumentenpauschale eine Erstattung im Rahmen des **Kostenfestsetzungsverfahrens** verlangen.

IV. Umfang der Erstattungspflicht

Im normalen Zivilprozess hat die unterlegene Partei der obsiegenden Partei **alle Kosten** zu erstatten, die dieser bei der **zweckentsprechenden Rechtsverfolgung** oder Rechtsverteidigung notwendig entstanden sind (§ 91 Abs. 1 S. 1 ZPO). Diese Regel gilt prinzipiell auch im Arbeitsgerichtsverfahren (§ 46 Abs. 2 S. 1). Die hiervon abweichende Spezialregelung in § 12a Abs. 1 S. 1 nimmt für das **Urteilsverfahren der ersten Instanz**[165] jedoch von der grundsätzlich bestehenden Erstattungspflicht zwei wichtige Faktoren aus: die Kosten für die **Zuziehung eines Prozessbevollmächtigten** oder Beistandes und die **Entschädigung wegen Zeitversäumnis**.[166] Alle anderen (unten Rn. 149) sonstigen notwendigen Auslagen der Partei sind erstattungsfähig, was in der Praxis nicht selten übersehen wird.

142

1. Rechtsanwaltskosten

a) Urteilsverfahren erster Instanz

Die Kosten, die einer Partei für die Zuziehung eines Prozessbevollmächtigten oder Beistands entstanden sind, werden von der Gegenpartei auch dann **nicht erstattet**, wenn sie unterlegen ist (§ 12a Abs. 1 S. 1).

143

---

164 § 22 Abs. 2 S. 1 GKG gilt nur für das Arbeitsgerichtsverfahren.
165 Wozu auch die Vollstreckungsabwehrklage nach § 767 ZPO gehört, LAG Düsseldorf 9.6.2005, 16 Ta 299/05, LAGE § 12a ArbGG 1979 Nr. 23.
166 Zur Verfassungsmäßigkeit der Regelung BVerfG 20.7.1971, 1 BvR 231/69, AP § 61 ArbGG 1953 Kosten Nr. 12; ErfK/*Koch* § 12a Rn. 2; grdl. krit zur Rechtslage nach der Neuregelung des Kostenrechts ab 1.7.2004 jetzt *Ostermeier* NJW 2008, 551.

Um diese dem ordentlichen Zivilprozess widersprechende Rechtslage der mandatierenden Partei zu Bewusstsein zu bringen, ist die Partei hierüber vor Abschluss des Dienstvertrages (ggf. auch im schriftlichen Vertragsformular) zu **belehren** (§ 12a Abs. 1 S. 2). Eine unterbliebene Belehrung kann einen auf das negative Interesse gerichteten **Schadensersatzanspruch** der Partei begründen, was im Ergebnis ein Entfallen des Vergütungsanspruchs des Rechtsanwalts zur Folge haben kann.[167]

144 Der **Erstattungsausschluss** bezieht sich dabei auf alle Arten von Bevollmächtigten, nicht nur auf die Rechtsanwälte. Auch ein sich selbst vertretender Rechtsanwalt hat – anders als bei der ordentlichen Gerichtsbarkeit – keinen Erstattungsanspruch gegen die unterlegene Partei. Dies gilt für die dem Bevollmächtigten zustehenden Gebühren und Auslagen (vgl. dazu oben Rn. 109 ff., 131). Andererseits soll die unterlegene Partei auch **nicht besser gestellt** werden als wenn der Gegner sich nicht hätte vertreten lassen. Die Erstattungspflicht bleibt deshalb in derjenigen Höhe bestehen, in der sie entstanden wäre, wenn die obsiegende Partei sich selbst vertreten hätte (sog. **hypothetische Parteikostenliquidation**). Die Berechnung erfolgt i.d.R. so, dass ein Geschehensablauf fingiert wird, bei dem die Bevollmächtigung weggedacht wird und die dann (mutmaßlich) der Partei entstandenen Kosten, die erstattungsfähig wären (also etwa Reisekosten, nicht aber Zeitversäumnis), von ihr dem Unterlegenen in Rechnung gestellt und im Wege des **Kostenfestsetzungsverfahrens** geltend gemacht werden können.

145 Den Kostenerstattungsausschluss für die Bevollmächtigung kann man auch nicht etwa dadurch umgehen, dass sich die Berechnung nur auf die vorgerichtliche Tätigkeit bezieht. Nach ganz einhelliger Rechtsprechung umfasst der **Kostenerstattungsausschluss** insoweit **jede Art von vorgerichtlicher Tätigkeit** in einem arbeitsrechtlichen Mandat, und zwar auch wenn es überhaupt nicht zu einem Gerichtsverfahren kommt. Er erstreckt sich mithin über den **rein prozessualen** Kostenanspruch hinaus auch auf den **materiell-rechtlichen**. Deshalb kann selbst eine in einem Vergleich übernommene Kostenerstattungspflicht nicht im Wege des Kostenfestsetzungsverfahrens, sondern nur in einer **gesonderten Klage** geltend gemacht werden.[168]

---

167 Dazu ausf. *Weimar* ArbuR 2003, 172. Nach LAG Düsseldorf 22.12.2003, 16 Ta 565/03, NZA-RR 2004, 433, ist der Einwand der fehlenden Belehrung nichtgebührenrechtlicher Art i.S.v. § 11 Abs. 5 S. 1 RVG (früher § 19 Abs. 5 S. 1 BRAGO), der aber erfolglos bleibt, wenn der Mandant in entsprechender Weise in einem Formblatt des Arbeitsgerichts informiert worden ist.
168 Überwiegende Meinung, vgl. die Nachweise, auch für die Gegenansicht, bei GMPM-G/*Germelmann* § 12a Rn. 28 ff.

Kosten, Kostentragungspflicht §§ 12, 12a

Das hat u.a. zweierlei Konsequenzen: zum einen ist die gelegentlich an- 146
zutreffende Praxis von Rechtsanwälten, einem **Mahnschreiben** wegen
eines Kostenanspruchs (z.b. ausstehende Arbeitsvergütung) eine **Kostennote** beizufügen und den Anspruchsgegner zur Begleichung aufzufordern, **nicht zulässig**. Zum andern muss der Hinweis, den der Bevollmächtigte seinem Mandanten bei Aufnahme des Mandats erteilen muss (vgl. oben Rn. 143), bei praktisch **jedem arbeitsrechtlichen Mandat** erfolgen, in dem es um eine streitige Angelegenheit geht, auch wenn eine spätere gerichtliche Auseinandersetzung nicht geplant oder noch nicht einmal in Erwägung gezogen wird.

In einer **Ausnahmekonstellation** kann auch ein materiell-rechtlicher 147
Schadensersatzanspruch auf Erstattung von Rechtsanwaltsgebühren
geltend gemacht werden. Bei der **Drittschuldnerklage** haftet der Drittschuldner (hier: Arbeitgeber) dem Gläubiger für den Schaden, der diesem aus der Nichterfüllung der Erklärungspflicht gem. § 840 Abs. 1 ZPO erwachsen ist (§ 840 Abs. 2 S. 2 ZPO). Dieser Schaden kann auch in unnötig aufgewandten Prozess- und Rechtsanwaltskosten liegen. Insoweit gilt der **Ausschluss der Erstattungspflicht nicht**, weil es nicht um eine Kostenerstattung der obsiegenden Partei geht und auch der Schutzzweck des § 12a Abs. 1 dem nicht entgegensteht.[169] Der Schadensersatzanspruch kann deshalb nach Auskunftserteilung im Einziehungsprozess vor dem Arbeitsgericht im Wege der **Klageänderung** geltend gemacht werden;[170] die (weiteren) Verfahrenskosten dieses Arbeitsgerichtsprozesses aber unterliegen wieder dem Ausschluss der Kostenerstattung nach § 12a Abs. 1 S. 1.

Ferner steht auch der Ausschluss der Erstattungspflicht unter dem Vor- 147a
behalt absoluter Schranken, z.B. der **sittenwidrigen Schädigung** gem.
§ 826 BGB. Dieser als theoretische Möglichkeit in der höchstrichterlichen Rechtsprechung bereits früher genannte Ausnahmefall[171] ist nun in einer eindrucksvollen Praxisvariante (Kündigungsschutzklage; 7 Folgekündigungen und eine unzulässige und überdies offensichtlich unbegründete Widerklage auf 1,5 Mio. Euro Schadensersatz) Gegenstand der Rechtsprechung[172] geworden. Auch in dieser Konstellation

---

169 BAG 16.5.1990, 4 AZR 56/90, EzA § 840 ZPO Nr. 3.
170 *Schwab/Weth/Vollstädt* § 12a Rn. 29 m.w.N.; nicht jedoch im Kostenfestsetzungsverfahren, BAG 16.11.2005, 3 AZB 45/05, NZA 2006, 343.
171 Z.B. BAG 30.4.1992, 8 AZR 288/91, EzA §12a ArbGG 1979 Nr. 9.
172 ArbG Leipzig 10.5.2006, 17 Ca 7564/05, LAGE § 12a ArbGG 1979 Nr. 24 m. Anm. *Müller*; ferner dazu *Frick* DB 2006, 1624; *Ulrici* AuR 2007, 12; *Löw* MDR 2007, 637 f.; zust. auch GMPM-G/*Germelmann* § 12a Rn. 11; *Schwab/Weth/Vollstädt* § 12a Rn. 27a.

steht § 12a einem **Schadensersatzanspruch** auf Erstattung der Anwaltskosten nicht entgegen.

b) Urteilsverfahren in Berufung und Revision

148 Im **Rechtsmittelverfahren** dagegen gilt § 91 ZPO ohne Begrenzung; hier sind die Kosten eines hinzugezogenen Rechtsanwaltes nahezu **uneingeschränkt erstattungsfähig**. Ausnahme: wenn die Beauftragung eines Rechtsanwalts auch für eine unkundige Partei erkennbar nicht erforderlich ist.[173] Hinsichtlich der Prozessvertretung vor den Landesarbeitsgerichten durch einen **Verbandsvertreter** gem. § 11 Abs. 2 S. 2 können die entstandenen Kosten nur dann selbständig geltend gemacht werden, wenn sie nach der Satzung des Verbandes vorgesehen und von der Partei auch **gezahlt** worden sind, jedenfalls soweit sie die Kosten eines Rechtsanwalts nicht übersteigen. Zu einer Geltendmachung von Rechtsanwaltsgebühren nach dem RVG sind Verbandsvertreter nicht berechtigt.[174] Ansonsten sieht § 12a Abs. 2 S. 1 vor, dass bei **Kostenquotelung** gem. § 92 ZPO eine **Besserstellung** der anwaltlich vertretenen Partei gegenüber der durch einen Verbandsvertreter vertretenen Partei dadurch **ausgeschlossen** ist, dass gegenüber einer anwaltlich vertretenen Partei die andere Seite so gestellt wird, als habe sie auch einen Rechtsanwalt beauftragt und diesem die insoweit (fiktiv) entstandenen Gebühren gezahlt. Dies ist im Kostenausgleichsverfahren (§ 106 ZPO) **von Amts wegen** zu beachten; einer (fiktiven) Geltendmachung des Verbandsvertreters bedarf es nicht.[175]

2. Sonstige außergerichtliche Kosten

149 Der in § 12a Abs. 1 S. 1 geregelte **Erstattungsausschluss** für die Kosten der Zeitversäumnis umfasst insbesondere den Verdienstausfall, der etwa durch die Anfertigung von Schriftsätzen, das Aufsuchen des Gerichts, die Wahrnehmung von Terminen bei Gericht[176] oder beim Prozessbevollmächtigten entstanden ist.

---

173 Hier: bei Empfang einer vom Gegner selbst unterzeichneten Berufungsschrift und dem Hinweis des LAG, dass die Berufung verworfen werden wird, BAG 14.11.2007, 3 AZB 36/07, NJW 2008, 1340.
174 Anders, wenn der Verbandsvertreter zugleich niedergelassener Rechtsanwalt ist und in dieser Funktion auftritt, *Hauck/Helml* § 12a Rn. 16.
175 LAG Hamm 28.2.1980, 8 Ta 25/80, EzA § 12 ArbGG 1979 Nr. 1.
176 Auch bei der Anordnung des persönlichen Erscheinens durch das Gericht besteht kein Anspruch auf Verdienstausfall, ArbGG/*Krönig* § 12a Rn. 3 m.w.N.

Erstattungsfähig sind aber **Fahrt-, Verpflegungs- und ggf. notwendige Übernachtungskosten**, auch wenn die Partei im Gerichtstermin anwaltlich vertreten wird.[177] Diese müssen aber notwendig sein (§ 91 Abs. 1 S. 1 ZPO); dies ist bei der Vertretung eines Arbeitgebers durch einen in der – ggf. weit entfernten – **Zentrale** tätigen Juristen nicht notwendig der Fall, wenn in der **betroffenen Niederlassung** ein geeigneter Mitarbeiter für die Wahrnehmung des Gerichtstermins vorhanden ist;[178] Entsprechendes gilt für öffentliche Arbeitgeber.[179] Erstattungsfähig sind ferner die der obsiegenden Partei entstandenen objektiv erforderlichen Kosten für **Porto, Telefon und Telefax**. Auch hier gilt, dass dann, wenn diese Kosten beim Rechtsanwalt entstanden sind, ohne dessen Heranziehung aber von der Partei hätten aufgewendet werden müssen, die unterlegene Partei erstattungspflichtig ist (**hypothetische Parteikostenliquidation**). Sonstige erstattungsfähige Sachauslagen sind **Fotokopien** (auch die zum Zwecke der Information der Gegenpartei den Schriftsätzen an das Gericht beigefügten Unterlagen), Briefumschläge, Schreibmaschinenpapier, etc. Die im Rahmen der Rechtsanwaltsvergütung geregelte Pauschalberechnung (vgl. oben Rn. 131) gilt aber insoweit nicht; hier kann die Partei nur die von ihr **real erbrachten Aufwendungen** ersetzt verlangen.

In Betracht kommt auch die Erstattung von vorgerichtlichen **Gutachten,** soweit sie sich aus einer ex-ante-Betrachtung als notwendig darstellen,[180] und, soweit es um prozessbezogene Ermittlungen geht, u.U. auch **Detektivkosten**. Als Kosten der Prozessvorbereitung sind diese aber nur anzusehen, wenn sie in einem **unmittelbaren Zusammenhang** mit dem Prozess stehen und von vorneherein gerade für die Rechtsverfolgung in diesem Rahmen aufgewendet worden sind;[181] zur **Vorbereitung einer Kündigungsentscheidung** aufgewandte Detektivkosten, die dem Arbeitgeber bei der (notwendigen) Beobachtung seines Arbeitnehmers entstanden sind, sind dagegen **nicht als Prozesskosten** anzusehen, sondern als Aufwendungen, auf deren Erstattung der Arbeitgeber möglicherweise einen **materiell-rechtlichen Schadensersatzan-** 150

---

177 GK-ArbGG/*Wenzel* § 12a Rn. 20.
178 LAG Nürnberg 23.11.1992, 7 Ta 154/92, LAGE § 91 ZPO Nr. 20; ErfK/*Koch* § 12a Rn. 5.
179 BAG 21.1.2004, 5 AZB 43/03, NZA 2004, 398.
180 BAG 20.8.2007, 3 AZB 57/06, EzA ZPO 2002 § 91 Nr. 1.
181 LAG Hamburg 7.11.1995, 3 Ta 13/95, LAGE § 91 ZPO Nr. 26; vgl. auch LAG Düsseldorf 4.4.1995, 7 Ta 243/94, JurBüro 1995, 477; LAG Hamm 7.11.1995, 6 Sa 187/95, LAGE § 611 BGB Arbeitnehmerhaftung Nr. 19.

spruch gegen den Arbeitnehmer hat,[182] den er aber gesondert einklagen muss.[183]

3. Sonderfälle

a) Anrufung eines unzuständigen Gerichts

151 Abweichend von dem grundsätzlichen Ausschluss der Kostenerstattung für einen Prozessbevollmächtigten sind die dem Beklagten durch die **Anrufung eines unzuständigen Gerichts** eines anderes Rechtsweges entstandenen Kosten **erstattungsfähig** (§ 12a Abs. 1 S. 3). Dies umfasst die entstandenen Kosten **in voller Höhe** und nicht nur in Höhe der Differenz zu den später entstandenen und anrechnungsfähigen, aber nicht erstattungsfähigen Kosten bei der Vertretung vor dem Arbeitsgericht.[184]

b) Zwangsvollstreckung

152 Der Kostenerstattungsausschluss gilt auch nicht für die in der **Zwangsvollstreckung** von arbeitsgerichtlichen Titeln angefallenen Kosten für einen Prozessbevollmächtigten.[185] Hier richtet sich die Kostenschuld nach § 788 **Abs. 1** ZPO und ist bei den jeweiligen Vollstreckungsentscheidungen (i.d.R. bei §§ 887, 888, 891 ZPO) gesetzliche Folge, so dass es einer ausdrücklichen Kostenentscheidung nicht bedarf. Dabei können auch die einem Gläubiger entstandenen notwendigen Anwaltskosten in einem Drittschuldnerprozess im Verfahren nach § 788 ZPO festgesetzt werden.[186] Voraussetzung für eine Erstattungspflicht der entstandenen Gebühren[187] ist die **Notwendigkeit** der ihnen zugrunde liegenden Maßnahmen (§ 91 Abs. 1 S. 1 ZPO). Nach der Rechtspre-

---

182 BAG 17.9.1998, 8 AZR 5/97, EzA § 249 BGB Nr. 23.
183 Nach LAG Berlin 20.9.2001, 17 Ta 6117/01 (Kost), LAGE § 91 ZPO Nr. 31, steht die rechtskräftige Abweisung eines materiellrechtlichen Schadensersatzanspruchs einer Geltendmachung als Prozesskosten im Rahmen des Kostenfestsetzungsverfahrens nicht entgegen.
184 BAG 1.11.2004, 3 AZB 10/04, EzA § 12a ArbGG 1979 Nr. 11; Hess. LAG 8.3.1999, 9/6 Ta 651/98, NZA-RR 1999, 498; LAG Thüringen 14.8.2000, 8 Ta 87/2000, NZA-RR 2001, 106; LAG Nürnberg 8.10.1986, 4 Ta 7/86, LAGE § 12a ArbGG 1979 Nr. 8; GMPM-G/*Germelmann* § 12a Rn. 19; ArbGG/*Krönig* § 12a Rn. 9; jetzt auch *Schwab/Weth/Vollstädt* § 12a Rn. 41; a.A. LAG Bremen 5.7.1996, 2 Ta 30/96, LAGE § 12a ArbGG 1979 Nr. 19.
185 Eine Vollstreckungsgegenklage ist in diesem Zusammenhang kein Fall der Zwangsvollstreckung, sondern ein eigenes Erkenntnisverfahren, LAG Düsseldorf 9.6.2005, 16 Ta 299/05, LAGE § 12a ArbGG 1979 Nr. 23 m.w.N.
186 BGH 20.12.2005, VII ZB 57/05, MDR 2006, 831.
187 I.d.R. nach § 18 Nr. 3 RVG i.V.m. VV 3309, 3310.

chung ist dies in der Zwangsvollstreckung erst dann der Fall, wenn dem Schuldner zur **freiwilligen Erfüllung** der Verpflichtung eine **angemessene Zeit** eingeräumt worden ist.[188]

---

188 BVerfG 10.12.1998, 2 BvR 1516/93, NJW 1999, 778; Hess. LAG 8.2.1999, 9/6 Ta 152/98, BB 1999, 1879.

§ 13 Rechtshilfe

(1) ¹Die Arbeitsgerichte leisten den Gerichten für Arbeitssachen Rechtshilfe. ²Ist die Amtshandlung außerhalb des Sitzes eines Arbeitsgerichts vorzunehmen, so leistet das Amtsgericht Rechtshilfe.

(2) Die Vorschriften des Gerichtsverfassungsgesetzes über Rechtshilfe und des Einführungsgesetzes zum Gerichtsverfassungsgesetz über verfahrensübergreifende Mitteilungen von Amts wegen finden entsprechende Anwendung.

Übersicht	Rn.
A. Überblick	1
B. Das Rechtshilfeverfahren im Inland	3
I. Rechtshilfeersuchen	3
II. Durchführung des Rechtshilfeersuchens	4
III. Beweisaufnahme	7
C. Arbeitsgerichte als Rechtshilfegerichte	8
D. Amtsgerichte als Rechtshilfegerichte	9
E. Rechtshilfeverkehr mit dem Ausland	10
F. Mitteilungen von Amts wegen	11

A. Überblick

1 **Rechtshilfe** (ein Teil des Regelungsbereichs des **Art. 35 Abs. 1 GG**) ist gegeben, wenn ein Gericht im Rahmen seiner Rechtsprechungstätigkeit zwar selbst tätig werden könnte,[1] hiervon aber aus Zweckmäßigkeitsgründen absieht und ein anderes Gericht oder eine Behörde, die nicht Gericht ist, um die Ausführung der richterlichen Handlung ersucht.[2] § 13 regelt nur die Frage der **Rechtshilfe im Inland**, also die Frage, welche **deutschen Gerichte** den Gerichten für Arbeitssachen **Rechtshilfe** leisten. Es können dies die **Arbeitsgerichte** sein (Abs. 1 S. 1) oder die **Amtsgerichte** (Abs. 1 S. 2). Für beide Fälle finden die **§§ 156 ff. GVG entsprechende Anwendung** (Abs. 2). An keiner Stelle ist jedoch vorgesehen, dass Gerichte für Arbeitssachen Gerichten anderer Rechtswege Rechtshilfe zu leisten hätten.[3] Eine zu § 13 im Wesentlichen parallele Regelung für im Wege der **Rechtshilfe für Schiedsgerichte** durchzuführende Beweisaufnahmen findet sich in § 106 Abs. 2. **Vollstreckungen,**

---

1 Nach § 166 GVG kann das Gericht im Geltungsbereich dieses Gesetzes Amtshandlungen auch außerhalb seines Bezirkes vornehmen.
2 Vgl. *Hauck/Helml* § 13 Rn. 2.
3 *Grunsky* § 13 Rn. 2.

Rechtshilfe § 13

Ladungen und Zustellungen geschehen stets **unmittelbar** ohne Rechtshilfe, unabhängig von dem Ort im Inland, an dem sie vorzunehmen sind (§ 160 GVG; zur Beauftragung von **Gerichtsvollziehern** unter **Mitwirkung der Geschäftsstelle des Amtsgerichts** § 161 S. 1 GVG).

Die hier primär interessierenden §§ 156 bis 159 GVG lauten wie folgt: 2

§ 156 (Rechtshilfepflicht)

Die Gerichte haben sich in bürgerlichen Rechtsstreitigkeiten und in Strafsachen Rechtshilfe zu leisten.

§ 157 (Rechtshilfegericht)

(1) Das Ersuchen um Rechtshilfe ist an das Amtsgericht zu richten, in dessen Bezirk die Amtshandlung vorgenommen werden soll.

(2) ¹Die Landesregierungen werden ermächtigt, durch Rechtsverordnung die Erledigung von Rechtshilfeersuchen für die Bezirke mehrerer Amtsgerichte einem von ihnen ganz oder teilweise zuzuweisen, sofern dadurch der Rechtshilfeverkehr erleichtert oder beschleunigt wird. ²Die Landesregierungen können diese Ermächtigung durch Rechtsverordnung auf die Landesjustizverwaltungen übertragen.

§ 158 (Ablehnung des Rechtshilfeersuchens)

(1) Das Ersuchen darf nicht abgelehnt werden.

(2) ¹Das Ersuchen eines nicht im Rechtszuge vorgesetzten Gerichts ist jedoch abzulehnen, wenn die vorzunehmende Handlung nach dem Recht des ersuchten Gerichts verboten ist. ²Ist das ersuchte Gericht örtlich nicht zuständig, so gibt es das Ersuchen an das zuständige Gericht ab.

§ 159 (Entscheidung bei Ablehnung)

(1) ¹Wird das Ersuchen abgelehnt oder wird der Vorschrift des § 158 Abs. 2 zuwider dem Ersuchen stattgegeben, so entscheidet das Oberlandesgericht, zu dessen Bezirk das ersuchte Gericht gehört. ²Die Entscheidung ist nur anfechtbar, wenn sie die Rechtshilfe für unzulässig erklärt und das ersuchende und das ersuchte Gerichte den Bezirken verschiedener Oberlandesgerichte angehören. ³Über die Beschwerde entscheidet der Bundesgerichtshof.

(2) Die Entscheidungen ergehen auf Antrag der Beteiligten oder des ersuchenden Gerichts ohne mündliche Verhandlung.

B. Das Rechtshilfeverfahren im Inland

I. Rechtshilfeersuchen

3 Für das **Ersuchen um Rechtshilfe** (§ 157 Abs. 1 GVG) ist der **Vorsitzende** zuständig (§ 53 Abs. 1 S. 1).[4] Das gilt auch bei einem **Beweisbeschluss der Kammer**, da § 362 Abs. 1 ZPO folgenden Wortlaut hat:

»Soll die Beweisaufnahme durch ein anderes Gericht erfolgen, so ist das Ersuchungsschreiben von dem Vorsitzenden zu erlassen.«

Das Rechtshilfeersuchen ist unter Beifügung der Gerichtsakten an das **Arbeitsgericht** oder das **Amtsgericht** zu richten, in dessen Bezirk die Amtshandlung vorgenommen werden soll (§ 157 Abs. 1 GVG in entsprechender Anwendung). Sollte es nicht örtlich zuständig sein, hat es das Ersuchen von sich aus an das zuständige Gericht weiterzugeben (§ 158 Abs. 2 S. 2 GVG). Zu beachten ist hinsichtlich der Amtsgerichte freilich die Konzentrationsermächtigung des § 157 Abs. 2 GVG.

II. Durchführung des Rechtshilfeersuchens

4 Auf Seiten des ersuchten Gerichts ist wiederum der **Vorsitzende** zuständig (§ 53 Abs. 1 S. 2). Nach § 158 Abs. 1 GVG **darf** das Ersuchen **nicht abgelehnt werden**. Uneingeschränkt gilt das dann, wenn das Rechtshilfeersuchen »von einem im Rechtszuge **vorgesetzten Gericht**« stammt (§ 158 Abs. 2 S. 1 GVG).[5] Ansonsten gilt **§ 158 Abs. 2 S. 1 GVG**. Ein Verbot i.S. dieser Bestimmung ist dann anzunehmen, wenn und soweit die **vorzunehmende Handlung** als solche **gegen Bundes- oder Landesrecht verstößt**.[6]

▶ **Beispiel**

– Im Rahmen einer Beweisaufnahme im Wege der Rechtshilfe soll eine Partei als Zeuge vernommen werden.

---

4 Im Rahmen des § 4 Abs. 1 RPflG kann auch der **Rechtspfleger** um Rechtshilfe ersuchen.
5 Ein Arbeitsgericht darf daher die Durchführung einer Beweisaufnahme im Wege der Rechtshilfe für »sein« Landesarbeitsgericht nicht ablehnen.
6 BAG 23.1.2001, 10 AS 1/01, EzA § 158 GVG Nr. 2; 16.1.1991, 4 AS 7/90, EzA § 13 ArbGG 1979 Nr. 1.

Rechtshilfe § 13

- Es soll eine unzulässige Vereidigung vorgenommen werden.[7] In diesem Falle darf das Ersuchen freilich nur insoweit abgelehnt werden.
- Es fehlt im Beweisbeschluss die Angabe bestimmter Tatsachen.[8]

Anders liegt es, wenn die Beweisaufnahme (nur) möglicherweise unzweckmäßig oder unangemessen ist.[9] Auch kann das ersuchte Gericht die Beweisaufnahme nicht mit der Begründung ablehnen, es handele sich um einen **Ausforschungsbeweis**.[10]

Die Akzeptierung des Rechtshilfegesuchs erfolgt stillschweigend und 5 kann nur bei Verletzung des § 158 Abs. 2 GVG angefochten werden (§ 159 Abs. 1 S. 1 GVG). Die **ablehnende Entscheidung** in Gestalt eines **Beschlusses** bedarf keiner Rechtsmittelbelehrung (§ 9 Abs. 5 S. 1 und 2) und keiner Zustellung (§ 329 Abs. 2 S. 1 ZPO). Sie ist stets **anfechtbar** (§ 159 Abs. 1 S. 1 GVG). Anfechtungsberechtigt sind die Parteien des Verfahrens beim ersuchenden Gericht und das ersuchende Gericht (§ 159 Abs. 2 ZPO). Über die Anfechtung (schriftlich, aber ohne Anwaltszwang: § 78 Abs. 5 ZPO) entscheidet jeweils **das Oberlandesgericht**, zu dessen Bezirk das ersuchte Gericht gehört (§ 159 Abs. 1 S. 1 GVG). Ist ein Arbeitsgericht ersucht, ist das übergeordnete **Landesarbeitsgericht** zuständig (§ 159 Abs. 1 S. 1 GVG in entsprechender Anwendung). Es entscheidet ohne mündliche Verhandlung (§ 159 Abs. 2 GVG) nach Gewährung rechtlichen Gehörs durch den Vorsitzenden. Die **Entscheidung von OLG oder LAG** kann ihrerseits unter den Voraussetzungen des § 159 Abs. 1 S. 2 GVG **angefochten** werden. Über die **Beschwerde** entscheidet der **Bundesgerichtshof** (§ 159 Abs. 1 S. 3 GVG) bzw. das **Bundesarbeitsgericht** (§ 159 Abs. 1 S. 3 GVG in entsprechender Anwendung).

Über die **Kosten** der Rechtshilfe wird **nicht gesondert entschieden**, sie 6 sind Teil der Kosten der Hauptsache. Kosten und Auslagen der Rechtshilfe werden von der ersuchenden Behörde nicht erstattet (§ 164 Abs. 1 GVG). Kostenvorschüsse werden insoweit nicht erhoben, auch wenn sich das Ersuchen an ein Amtsgericht richtet.[11]

---

7 *Hauck/Helml* § 13 Rn. 5.
8 BAG 16.1.1991, 4 AS 7/90, EzA § 13 ArbGG 1979 Nr. 1.
9 Vgl. BGH 31.5.1990, III ZB 52/89, NJW 1990, 2936; ErfK/*Koch* § 13 ArbGG Rn. 3.
10 Ebenso BAG 26.10.1999, 10 AS 5/9, EzA § 158 GVG Nr. 1; *Kissel/Mayer* § 158 Rn. 33; offen gelassen noch von BAG 16.1.1991, 4 AS 7/90, EzA § 13 ArbGG 1979 Nr. 1 sowie bei *Gift/Baur* E Rn. 1251; zurückhaltender *Hauck/Helml* § 13 Rn. 6; GMPM-G/*Germelmann* § 13 Rn. 5; ErfK/*Koch* § 13 ArbGG Rn. 4.
11 GMPM-G/*Germelmann* § 13 Rn. 7 u. 9.

Bader

III. Beweisaufnahme

7 Eine **Beweisaufnahme**[12] vor dem ersuchten Gericht (§ 355 Abs. 1 S. 2 ZPO), bedarf stets eines **Beweisbeschlusses** i.S.d. § 359 ZPO (§ 358 ZPO), der auch die Entscheidung für die Durchführung im Wege der Rechtshilfe enthalten muss. Die Beweisaufnahme vor dem ersuchten Gericht ist **nicht öffentlich** (§ 169 S. 1 GVG), aber **parteiöffentlich** (§ 357 Abs. 1 ZPO; vgl. weiter § 357 Abs. 2 ZPO). Es gelten weiter die §§ 366, 377 Abs. 3, 387 ZPO, auch § 400 ZPO i.V.m. §§ 380, 381, 390, 397 Abs. 3, 398 Abs. 2 ZPO. Die **Rechtsbehelfe/Rechtsmittel** gegen die Entscheidungen des ersuchten Richters regelt § 573 ZPO. Nach der Erledigung des Rechtshilfeersuchens werden die dem ersuchten Gericht übersandten Akten mit der Niederschrift über die Beweisaufnahme (§ 159 Abs. 1 S. 1, Abs. 2 ZPO) dem ersuchenden Gericht zurückgesandt. Im Ergebnis hat das Prozessgericht **Protokollabschriften** von sich aus an die Parteien zu senden, wenn das nicht schon das ersuchte Gericht getan hat.[13] Sofern beim ersuchenden Gericht nicht bereits Termin zur Fortsetzung der mündlichen Verhandlung anberaumt ist, hat dies nun zu erfolgen (§ 370 Abs. 2 ZPO). Im Termin ist der **Vortrag des Beweisergebnisses** erforderlich (§ 285 Abs. 2 ZPO; möglich Bezugnahme auf das Protokoll: § 137 Abs. 3 ZPO).

C. Arbeitsgerichte als Rechtshilfegerichte

8 Nach dem Gesetz ist die **Rechtshilfe durch Arbeitsgerichte die Regel**. **Rechtshilfegericht** kann insoweit nur das **Arbeitsgericht** sein, niemals ein Gericht höherer Instanz; als **ersuchende Gerichte** kommen alle Gerichte für Arbeitssachen in Betracht. Es kann ein Landesarbeitsgericht auch ein Arbeitsgericht seines Bezirks um Rechtshilfe ersuchen.

D. Amtsgerichte als Rechtshilfegerichte

9 Das **Amtsgericht** kann nur um Rechtshilfe angegangen werden, wenn die Amtshandlung **außerhalb des Sitzes eines Arbeitsgerichtes**[14] vorzunehmen ist (Abs. 1 S. 2). Es steht im **Ermessen des ersuchenden Gerichts**, ob es sich an das Amtsgericht oder das Arbeitsgericht wen-

---

12 Zum Ersuchen § 362 Abs. 1 ZPO.
13 Näher GK-ArbGG/*Bader* § 13 Rn. 20.
14 Dafür reicht es aus, wenn an dem Ort sich der Sitz einer auswärtigen Kammer befindet oder ein Gerichtstag abgehalten wird; ebenso *Grunsky* § 13 Rn. 3.

det.[15] In der Regel wird um Rechtshilfe ein Amtsgericht außerhalb des Bezirks des ersuchenden Arbeitsgerichts ersucht werden, das Arbeitsgericht wird Amtshandlungen innerhalb des eigenen Gerichtsbezirks regelmäßig selbst durchführen (vgl. § 58 Abs. 1 S. 2 zur Beweisaufnahme). § 13 Abs. 1 S. 2 steht aber einem Rechtshilfeersuchen an ein Amtsgericht innerhalb des eigenen Gerichtsbezirks nicht entgegen.[16]

E. Rechtshilfeverkehr mit dem Ausland

Hinsichtlich des Rechtshilfeverkehrs mit dem **Ausland** ist zunächst hinzuweisen auf §§ 183, 363 Abs. 1 u. 2 ZPO,[17] auf welche § 46 Abs. 2 S. 1 verweist. Maßgebend sind grundsätzlich verschiedene **Übereinkommen** und Abkommen, die in der ZRHO aufgeführt sind. **Prüfungsstelle** i.S.d. § 9 Abs. 2 ZRHO für die Arbeitsgerichtsbarkeit ist der jeweilige Präsident des Landesarbeitsgerichts. Für **Beweisaufnahmen in einem Mitgliedsstaat der EU** (außer Dänemark) gelten ab 1.1.2004 vorgehende Sonderregelungen. Es handelt sich um die **EG-Beweisaufnahmeverordnung** vom 28.5.2001 (AblEG Nr. L 174 S. 1 vom 27.6.2001), die **unmittelbar geltendes Recht** darstellt, das **EG-Beweisaufnahmedurchführungsgesetz** vom 4.11.2003 (BGBl. I S. 2166) sowie die **§§ 363 Abs. 3, 1072 bis 1075 ZPO**.[18]

10

F. Mitteilungen von Amts wegen

Abs. 2 verweist für die **verfahrensübergreifenden Mitteilungen von Amts wegen** auf die **§§ 12 bis 22 EGGVG** betreffend personenbezogene Daten (zum Begriff § 3 Abs. 1 BDSG).[19] Wesentlich ist, dass die §§ 12 bis 22 EGGVG **nicht** gelten **für die Erhebung und Nutzung personenbezogener Daten im Verfahren** und für die **Übermittlung von Daten auf Ersuchen** (dazu § 299 ZPO) hin.[20] Sie schaffen im Übrigen **keine Pflicht**

11

---

15 GMPM-G/*Germelmann* § 13 Rn. 9; *Hauck/Helml* § 13 Rn. 3; a.A. *Grunsky* § 13 Rn. 3.
16 GK-ArbGG/*Bader* § 13 Rn. 26; GMPM-G/*Germelmann* § 13 Rn. 8; *Hauck/Helml* § 13 Rn. 3 (vgl. indes Rn. 4).; etwas widersprüchlich ErfK/*Koch* § 13 ArbGG Rn. 2; a.A. *Grunsky* § 13 Rn. 3; DHHW/*Roos* § 13 ArbGG Rn. 3.
17 Wortlaut bei GK-ArbGG/*Bader* § 13 Rn. 27 u. § 47 Rn. 35a; vgl. auch § 47 Rn. 7.
18 Text der Vorschriften bei GK-ArbGG/*Bader* § 13 Rn. 27 u. 29b, Erläuterungen dort in Rn. 29 u. 29a. Vgl. jetzt auch § 13a.
19 Zum Text der §§ 12 bis 22 GVG GK-ArbGG/*Bader* § 13 Rn. 31.
20 Zöller/*Gummer* Vorbem. zu §§ 12–22 EGGVG Rn. 3, in § 12 Rn. 1 auch zu weiteren Einschränkungen des Anwendungsbereichs, die aus dem Rechtsgrundsatz des § 14 Abs. 3 BDSG abgeleitet werden.

zu entsprechenden Mitteilungen, sie ermöglichen die Mitteilungen nur.[21] Von großer praktischer Bedeutung ist § 13 Abs. 1 Nr. 1 EGGVG, wonach Gerichte personenbezogene Daten zur Erfüllung der in der Zuständigkeit des Empfängers liegenden Aufgaben übermitteln dürfen, wenn eine **besondere Rechtsvorschrift** dies vorsieht oder zwingend voraussetzt. Zentrale Mitteilungsregelungen sind in der **Anordnung über Mitteilungen in Zivilsachen – MiZi** –[22] zusammengefasst – diese ist verfassungsrechtlich unbedenklich und enthält auch bereits die gebotene Interessenabwägung.[23] Bei § 17 Nr. 1 EGGVG – Datenübermittlung zur Verfolgung von **Straftaten** oder Ordnungswidrigkeiten – reicht es aus, wenn das Gericht der Ansicht ist, es müsse ein derartiges Verfahren eingeleitet werden.[24] § 17 EGGVG ergibt keine Rechtsgrundlage für die Übermittlung von Daten an Sozialversicherungsträger oder Träger der Sozialhilfe.[25] Für den **Rechtsschutz** gilt § 22 EGGVG i.V.m. §§ 23 bis 30 EGGVG.[26] Da diese Regelungen im Bereich der Arbeitsgerichtsbarkeit entsprechend anzuwenden sind, ist zuständig eine Kammer des **Landesarbeitsgerichts** (vgl. § 25 Abs. 1 EGGVG[27]).

---

21 *Schwab/Weth/Vollstädt* § 13 Rn. 41. Es kann sich aber aus anderen bereichsspezifischen Vorschriften (vgl. § 13 Abs. 1 Nr. 1 EGGVG – dazu im nächsten Satz des Textes) eine derartige Verpflichtung ergeben.
22 Dies ist eine bundeseinheitliche, aber nicht abschließende Verwaltungsvorschrift vom 1.6.1998, zuletzt geändert mit Wirkung vom 1.9.2006 (Änderung veröff. etwa in etwa BayJMBl. S 155). Der ursprüngliche Text findet sich in der NJW 1998 Beilage zu Heft 38. Zum Stellenwert und zu weiteren Mitteilungsregelungen *Zöller/Gummer* § 12 EGGVG Rn. 7.
23 *Zöller/Gummer* § 12 EGGVG Rn. 7, § 13 EGGVG Rn. 2.
24 GMPM-G/*Germelmann* § 13 Rn. 17.
25 DHHW/*Roos* § 13 ArbGG Rn. 13; ErfK/*Koch* § 13 ArbGG Rn. 9; GMPM-G/*Germelmann* § 13 Rn. 17: es bleibt bei den allgemeinen Regelungen der Rechts- und Amtshilfe: vgl. weiter HWK/*Kalb* § 13 ArbGG Rn. 10: arbeitet insoweit mit § 13 Abs. 2 EGGVG.
26 Dazu *Zöller/Gummer* § 12 EGGVG Rn. 1, § 22 EGGVG Rn. 7.
27 Die §§ 23 ff. EGGVG dürften ansonsten für die Arbeitsgerichtsbarkeit nicht anwendbar sein: *Zöller/Gummer* § 23 EGGVG Rn. 2 m.w.N.

§ 13a Internationale Verfahren

Die Vorschriften des Buches 11 der Zivilprozessordnung über die justizielle Zusammenarbeit in der Europäischen Union finden in Verfahren vor den Gerichten für Arbeitssachen Anwendung.

Übersicht	Rn.
A. Justizielle Zusammenarbeit in der Europäischen Union in Zivilsachen im Überblick	1
B. Die Vorschriften über die justizielle Zusammenarbeit in der Europäischen Union im Verfahren vor den Gerichten für Arbeitssachen	2
I. Allgemeines	2
II. Die Regelungen im Einzelnen	3
1. Zustellung	3
2. Beweisaufnahme	4
3. Prozesskostenhilfe	5
4. Europäische Vollstreckungstitel	6
C. Geplante Änderung der Vorschrift	7

A. Justizielle Zusammenarbeit in der Europäischen Union in Zivilsachen im Überblick

Das 11. Buch der Zivilprozessordnung regelt für den Bereich der ZPO die justizielle Zusammenarbeit in der Europäischen Union in Zivilsachen, und zwar im Einzelnen: 1

– die **Zustellung** nach der Verordnung (EG) Nr. 1348/2000 (Abschnitt 1: §§ 1067 bis 1071 ZPO) – vgl. zu insoweit bevorstehenden Änderungen nachstehend Rn. 1a,

– die **Beweisaufnahme** nach der Verordnung (EG) Nr. 1206/2001 (Abschnitt 2: §§ 1072 bis 1075 ZPO),

– die **Prozesskostenhilfe** nach der Richtlinie 2003/8/EG (Abschnitt 3: §§ 1076 bis 1078 ZPO) und

– die **Europäischen Vollstreckungstitel** nach der Verordnung (EG) Nr. 805/2004 (Abschnitt 4: §§ 1079 bis 1086 ZPO).

Die §§ 1079 bis 1086 ZPO sind am 21.10.2005 in Kraft getreten (Art. 3 S. 1 des EG-Vollstreckungstitel-Durchführungsgesetzes vom 18.8.2005 (BGBl. I S. 2477).

Nach dem Gesetz zur Verbesserung der grenzüberschreitenden Forderungsdurchsetzung und Zustellung (Entwurf der Bundesregierung 1a

BR-Drucks. 95/08, am 20.6.2008 vom Bundestag beschlossen) werden die §§ 1067 bis 1071 ZPO geändert, und zwar mit Wirkung vom 13. November 2008. Dies dient der Umsetzung der Verordnung (EG) Nr. 1393/2007 des Europäischen Parlaments und des Rates vom 13. November 2007 über die Zustellung gerichtlicher und außergerichtlicher Schriftstücke in Zivil- oder Handelssachen in den Mitgliedstaaten und zur Aufhebung der Verordnung (EG) Nr. 1348/2000 (ABl. EU Nr. L 324 S. 79),[1] die die Verordnung (EG) Nr. 1348/2000 des Rates ablöst. Zugleich werden die §§ 183 und 184 ZPO geändert. Bislang bestehende Unklarheiten und Schwierigkeiten sollen damit behoben werden.

1b Außerdem wird nach dem Gesetz zur Verbesserung der grenzüberschreitenden Forderungsdurchsetzung und Zustellung (s. Rn. 1a) das 11. Buch der Zivilprozessordnung zunächst mit Wirkung vom 12. Dezember 2008 um einen Abschnitt 5 »Europäisches Mahnverfahren nach der Verordnung (EG) Nr. 1896/2006«[2] – weiter dazu § 46a Rn. 19 f. – mit den §§ 1087 bis 1096 ZPO und dann mit Wirkung vom 1. Januar 2009 um einen Abschnitt 6 »Europäisches Verfahren für geringfügige Forderungen nach der Verordnung (EG) Nr. 861/2007«[3] mit den § 1097 bis 1109 ZPO erweitert (dieses jedoch nicht anwendbar im Bereich der Arbeitsgerichtsbarkeit[4]).

---

1 Diese Verordnung gilt mit Ausnahme von Informationspflichten ab dem 13.11.2008 in allen Mitgliedstaaten der Europäischen Union – einschließlich Dänemark – unmittelbar; sie führt dazu, dass die innerstaatlichen Vorschriften entsprechend anzupassen sind.
2 Diese Verordnung des Europäischen Parlaments und des Rates vom 12.12.2006 (ABlEU Nr. L 399 S. 1) gilt unmittelbar für alle Mitgliedstaaten der Europäischen Union mit Ausnahme Dänemarks, und zwar mit Ausnahme einiger Informationspflichten ab dem 12.12.2008.
3 Diese Verordnung des Europäischen Parlaments und des Rates vom 11.7.2007 (ABlEU Nr. L 199 S. 1) gilt unmittelbar für alle Mitgliedstaaten der Europäischen Union mit Ausnahme Dänemarks, und zwar mit Ausnahme einiger Informationspflichten ab dem 1.1.2009.
4 Art. 2 dieser Verordnung; vgl. auch BR-Drucks 95/08 S. 20 u. 21.

B. Die Vorschriften über die justizielle Zusammenarbeit in der Europäischen Union im Verfahren vor den Gerichten für Arbeitssachen

I. Allgemeines

Der **mit Wirkung vom 21.10.2005** (Art. 3 S. 1 des EG-Vollstreckungstitel-Durchführungsgesetzes vom 18.8.2005 BGBl. I S. 2477) durch Art. 2 Abs. 2 des EG-Vollstreckungstitel-Durchführungsgesetzes vom 18.8.2005 (BGBl. I S. 2477) eingefügte **§ 13a** ordnet nun übergreifend an, dass die in Rn. 1 genannten Vorschriften der **§§ 1067 bis 1086 ZPO** auch in den Verfahren vor den **Gerichten für Arbeitssachen Anwendung** finden. Diese Vorschrift dient jedenfalls der Klarstellung.[5] Zu den geplanten Gesetzesänderungen vgl. oben Rn. 1a und 1b.

II. Die Regelungen im Einzelnen

1. Zustellung

Über § 13a sind die §§ 1067 bis 1071 ZPO – in Kraft ab 1.1.2004 – anwendbar. Diese setzen die Verordnung (EG) Nr. 1348/2000 des Rates vom 29.5.2000 über die Zustellung gerichtlicher und außergerichtlicher Schriftstücke in Zivil- und Handelssachen in den Mitgliedsstaaten – EuZustVO – um.[6] Zu den zukünftigen Änderungen der §§ 1067 bis 1091 ZPO sowie der §§ 183 und 184 ZPO wird auf Rn. 1a verwiesen. Zur Auslandszustellung vgl. auch § 47 Rn. 7.

2. Beweisaufnahme

Ebenfalls seit dem 1.1.2004 in Kraft sind die **§§ 1072 bis 1075 ZPO**,[7] deren Anwendung § 13a gleichfalls anordnet. Diese Vorschriften stellen die Durchführungsvorschriften zur Verordnung (EG) Nr. 1206/2001 des Rates vom 28.5.2001 über die Zusammenarbeit zwischen den Gerichten der Mitgliedsstaaten auf dem Gebiet der Beweisaufnahme in Zivil- und Handelssachen – **EG-Beweisaufnahmeverordnung** – dar.[8]

---

[5] ArbGG/*Krönig* § 13a Rn. 1; vgl. auch unten Rn. 5.

[6] Der Text dieser Verordnung ist etwa bei *Thomas/Putzo-Hüßtege* im Anhang zu § 1071 ZPO abgedruckt.

[7] Text der §§ 1072, 1073 ZPO bei GK-ArbGG/*Bader* § 13 Rn. 29b, dort erläutert in Rn. 29 u. 29a.

[8] Dazu und zum Rechtshilfeverkehr mit dem Ausland vgl. auch § 13 Rn. 10. Die Verordnung ist bspw. bei *Thomas/Putzo-Hüßtege* im Anhang zu § 1075 ZPO abgedruckt.

3. Prozesskostenhilfe

5 Bezüglich der Prozesskostenhilfe trifft die Richtlinie 2003/8/EG des Rates vom 27.1.2003[9] Regelungen. Die diese umsetzenden und ergänzenden Vorschriften finden sich in den §§ 1076 bis 1078 ZPO, § 13a ordnet deren Anwendung im Verfahren vor den Gerichten für Arbeitssachen an, was indes bereits in § 11a Abs. 3 erfolgt ist.[10]

4. Europäische Vollstreckungstitel

6 Am 21.10.2005 schließlich sind die §§ 1082 bis 1086 ZPO in Kraft getreten,[11] Konsequenz der Verordnung (EG) Nr. 805/2004 des Europäischen Parlaments und des Rates zur Einführung eines Europäischen Vollstreckungstitels für unbestrittene Forderungen (ABlEU Nr. L 143 S. 15). Im Ergebnis steht damit innerhalb der Europäischen Union – mit Ausnahme Dänemarks – die Möglichkeit einer **effizienteren grenzüberschreitenden Vollstreckung** zu Gebote.[12] Voraussetzung ist, dass das innerstaatliche Verfahren bestimmten Mindeststandards entspricht, und im Hinblick darauf sind betreffend weitere **Belehrungen und Hinweise** die §§ 215, 499 ZPO neu gefasst und sind die §§ 276 und 338 ZPO ergänzt worden[13] (durch Art. 1 Nr. 2, 3, 4 u. 5 des EG-Vollstreckungstitel-Durchführungsgesetzes vom 18.8.2005 BGBl. I S. 2477, ebenfalls mit Wirkung vom 21.10.2005).[14]

C. Geplante Änderung der Vorschrift

7 Oben in Rn. 1a und 1b ist schon angesprochen, dass die 1067 ff. ZPO geändert und erweitert werden. § 13a selbst wird nach dem Gesetz zur Verbesserung der grenzüberschreitenden Forderungsdurchsetzung und Zustellung (vgl. Rn. 1a) mit Wirkung vom 12.12.2008 folgenden Wortlaut erhalten:

»Die Vorschriften des Buches 11 der Zivilprozessordnung über die justizielle Zusammenarbeit in der Europäischen Union finden in Ver-

---

9 Abgedruckt etwa bei *Thomas/Putzo-Hüßtege* im Anhang zu § 1078 ZPO.
10 Vgl. dazu § 11a Rn. 1, 4 u. 6. Flankiert wird dies durch die Regelung in § 11a Abs. 2a, dazu vgl. § 11a Rn. 55.
11 Vgl. oben Rn. 1.
12 ArbGG/*Krönig* § 13a Rn. 1.
13 Dazu ArbGG/*Krönig* § 13a Rn. 3 f. Hier sind die Änderungen jeweils im Rahmen der Kommentierungen der entsprechenden Vorschriften berücksichtigt.
14 Nähere Einzelheiten dazu stellt *Reichel* NZA 2005, 1096 dar.

Internationale Verfahren § 13a

fahren vor den Gerichten für Arbeitssachen Anwendung, soweit dieses Gesetz nichts anderes bestimmt.«

Damit ist der Tatsache Rechnung getragen, dass es nach dem Entwurf mit Wirkung vom 12.12.2008 ein Europäisches Mahnverfahren geben wird. Die Vorschriften dazu gelten im arbeitsgerichtlichen Verfahren jedoch nicht unverändert, sondern nur modifiziert (vgl. dazu § 46a Rn. 19 f.)

Zweiter Teil
Aufbau der Gerichte für Arbeitssachen

Erster Abschnitt
Arbeitsgerichte

§ 14 Errichtung und Organisation

(1) In den Ländern werden Arbeitsgerichte errichtet.

(2) Durch Gesetz werden angeordnet

1. die Errichtung und Aufhebung eines Arbeitsgerichts;
2. die Verlegung eines Gerichtssitzes;
3. Änderungen in der Abgrenzung der Gerichtsbezirke;
4. die Zuweisung einzelner Sachgebiete an ein Arbeitsgericht für die Bezirke mehrerer Arbeitsgerichte;
5. die Errichtung von Kammern des Arbeitsgerichts an anderen Orten;
6. der Übergang anhängiger Verfahren auf ein anderes Gericht bei Maßnahmen nach den Nummern 1, 3 und 4, wenn sich die Zuständigkeit nicht nach den bisher geltenden Vorschriften richten soll.

(3) Mehrere Länder können die Errichtung eines gemeinsamen Arbeitsgerichts oder gemeinsamer Kammern eines Arbeitsgerichts oder die Ausdehnung von Gerichtsbezirken über die Landesgrenzen hinaus, auch für einzelne Sachgebiete, vereinbaren.

(4) [1]Die zuständige oberste Landesbehörde kann anordnen, dass außerhalb des Sitzes des Arbeitsgerichts Gerichtstage abgehalten werden. [2]Die Landesregierung kann ferner durch Rechtsverordnung bestimmen, dass Gerichtstage außerhalb des Sitzes des Arbeitsgerichts abgehalten werden. [3]Die Landesregierung kann die Ermächtigung nach Satz 2 durch Rechtsverordnung auf die zuständige oberste Landesbehörde übertragen.

(5) Bei der Vorbereitung gesetzlicher Regelungen nach Absatz 2 Nr. 1 bis 5 und Absatz 3 sind die Gewerkschaften und Vereinigungen von Arbeitgebern, die für das Arbeitsleben im Landesgebiet wesentliche Bedeutung haben, zu hören.

Errichtung und Organisation § 14

Die Errichtung der **Arbeitsgerichte** ist Sache der **Länder**, diese sind zu 1
deren Einrichtung verpflichtet.[1]

§ 14 Abs. 2 trägt der Entscheidung des Bundesverfassungsgerichts[2] 2
Rechnung, die für die Errichtung von Gerichten den **Vorbehalt des Gesetzes** statuiert. Ursprünglich hatte das Gesetz über Rechtsverordnungen im Bereich der Gerichtsbarkeit vom 1.7.1960 (BGBl. I S. 481) gegolten, nach dem in fast allen Ländern Organisationsverordnungen erlassen worden waren.[3] § 14 Abs. 2 hat demgegenüber den Gesetzesvorbehalt stark ausgeweitet. In allen Bundesländern existieren daher entsprechende Gesetze.[4]

Die Nummern 1 bis 6 des Absatzes 2 sind aus sich heraus verständlich. 3
Von der Regelung unter **Nummer 4** hat lediglich das Saarland Gebrauch gemacht.[5] Die Errichtung von Kammern des Arbeitsgerichts an einem Ort, der nicht der Sitz des Gerichts ist, unterliegt dem Gesetzesvorbehalt (**Nummer 5**). Es handelt sich dabei um eine **Ermessensentscheidung**.[6] **Auswärtige Kammern** können eigene **Geschäftsstellen** (dann als Teil der Geschäftsstelle des Arbeitsgerichts: § 7 Rn. 2) haben, müssen dies aber angesichts der Vorschrift des § 7 nicht. Bei einem Vergleich führt ein vereinbarter **Widerrufsvorbehalt**, nach dem ein Widerruf bei der Außenkammer einzugehen hat, nicht dazu, dass ein beim Stammgericht eingehender Schriftsatz nicht ausreicht.[7] **Rechtsmittel** können fristwahrend auch bei der Außenkammer eingelegt werden.[8]

Gerichtstage – ohne Geschäftsstelle – nach § 14 Abs. 4 können durch 4
Anordnung (Verwaltungsakt, **Ermessensentscheidung**) der zuständigen obersten Landesbehörde – oberste Arbeitsbehörde oder Landesjustizverwaltung – festgelegt werden (Satz 1).[9] Daneben ist die Bestimmung von Gerichtstagen durch **Rechtsverordnung** (Art. 80 GG) möglich: durch die Landesregierung (Satz 2) oder durch die zuständige oberste Landesbehörde, wenn die Ermächtigung dazu durch Rechts-

---

1 Eine Aufstellung der einzelnen Arbeitsgerichte findet sich etwa im GK-ArbGG am Ende (unter »Anschriften«) und bei *Schwab/Weth/Liebscher* § 14 Rn. 6 sowie bei GMPM-G/*Prütting* 3 14 Rn. 9.
2 BVerfG 10.6.1953, 1 BvF 1/53, BVerfGE 2, 307.
3 Weiter zur rechtsgeschichtlichen Entwicklung GK-ArbGG/*Dörner* § 14 Rn. 2 ff.
4 Übersicht über die landesgesetzlichen Regelungen bei *Schwab/Weth/Liebscher* 1. Aufl., § 14 Rn. 7.
5 Fachkammer für den öffentlichen Dienst des Arbeitsgerichts Saarbrücken zuständig für das ganze Land.
6 GK-ArbGG/*Bader* § 33 Rn. 8.
7 BAG 4.3.2004, 2 AZR 305/03, EzA § 794 ZPO 2002 Nr. 1; a.A. die Vorinstanz: LAG Nürnberg 16.4.2003, 5 Sa 629/02, AuR 2003, 279.
8 BAG 23.9.1981, 5 AZR 603/79, NJW 1982, 1118.
9 Zum Inhalt der Anordnung GK-ArbGG/*Bader* § 33 Rn. 16.

§ 14 Errichtung und Organisation

verordnung übertragen ist (Satz 3). Das Arbeitsgericht soll außerhalb des Gerichtstages dem Gerichtstag zugehörende Sachen auch am **Hauptsitz des Gerichts** verhandeln können.[10] Streit besteht freilich darüber, ob dies der Zustimmung beider Parteien bedarf.[11] Zu beachten ist indes in jedem Fall, dass die richtigen ehrenamtlichen Richter herangezogen werden, wenn für den Gerichtstag eine separate Liste ehrenamtlicher Richter besteht; andernfalls ist nicht mehr der gesetzliche Richter tätig.

5 Wohl wegen der verbesserten Verkehrsmöglichkeiten und wegen der Kosten und des hohen organisatorischen Aufwands sind die Gerichtstage im Zurückgehen begriffen. Eine ganze Reihe von Bundesländern hat ohnehin keine Gerichtstage eingerichtet. In Niedersachsen sind die Gerichtstage im Jahre 1996 abgeschafft worden, und in Hessen sind sie mit Wirkung vom 1. Januar 2005 abgeschafft. In Nordrhein-Westfalen werden die Gerichtstagsregelungen zurzeit überprüft.

6 Von der Möglichkeit des **Absatzes 3** ist bislang kein Gebrauch gemacht. Es bedarf insoweit eines Staatsvertrages und eines Gesetzes in jedem betroffenen Land.[12]

7 Die Verletzung der **Anhörungspflicht des Absatzes 5** (nur die ausdrücklich angeführten Konstellationen umfassend!) führt zur Unwirksamkeit der Maßnahme, was aber nicht bedeutet, dass das Gericht fehlerhaft besetzt wäre.[13] Die Beschränkung der Anhörungspflicht auf die genannten Verbände ist verfassungsrechtlich unbedenklich.[14]

---

10 LAG München 1.4.1980, 7 Ta 23/80, ABl. BayStaatsmin. 1980, C 37–39. Stets aber nur ein Kann, auch eine Parteivereinbarung oder ein übereinstimmender Antrag der Parteien bindet das Gericht nicht (*Schwab/Weth/Liebscher* § 14 Rn. 20).
11 Nur mit Zustimmung der Parteien: *Schwab/Weth/Liebscher* § 14 Rn. 21. Auch ohne Zustimmung der Parteien: ArbGG/*Lipke* § 14 Rn. 12.
12 GMPM-G/*Prütting* § 14 Rn. 16.
13 *Schwab/Weth/Liebscher* § 14 Rn. 28.
14 So auch offenbar, wenngleich ohne definitive Aussage dazu, BVerfG 22.10.1985, 1 BvL 44/83, NJW 1986, 1095.

§ 15 Verwaltung und Dienstaufsicht

(1) ¹Die Geschäfte der Verwaltung und Dienstaufsicht führt die zuständige oberste Landesbehörde. ²Vor Erlass allgemeiner Anordnungen, die die Verwaltung und Dienstaufsicht betreffen, soweit sie nicht rein technischer Art sind, sind die in § 14 Abs. 5 genannten Verbände zu hören.

(2) ¹Die Landesregierung kann durch Rechtsverordnung Geschäfte der Verwaltung und Dienstaufsicht dem Präsidenten des Landesarbeitsgerichts oder dem Vorsitzenden des Arbeitsgerichts oder, wenn mehrere Vorsitzende vorhanden sind, einem von ihnen übertragen. ²Die Landesregierung kann die Ermächtigung nach Satz 1 durch Rechtsverordnung auf die zuständige oberste Landesbehörde übertragen.

§ 15 Abs. 1 S. 1 bestimmt für die Führung der Geschäfte der **Verwaltung** 1 und **Dienstaufsicht** die Zuständigkeit der **zuständigen obersten Landesbehörde**. Diese kann die **oberste Arbeitsbehörde** des Landes sein; es kann aber auch die **Landesjustizverwaltung** sein.[1] Durch die Neuregelung dieser Vorschrift mit Gesetz vom 26.6.1990 (BGBl. I S. 1206) ist die Möglichkeit für die Länder geschaffen, unter Einbeziehung der Arbeitsgerichtsbarkeit **Länder-Rechtspflegeministerien** zu schaffen,[2] während das **Bundesarbeitsgericht** gem. § 40 Abs. 2 S. 1 nach wie vor beim Bundesministerium für Arbeit und Soziales ressortiert: die Geschäfte der Verwaltung und Dienstaufsicht führt insoweit das Bundesministerium für Arbeit und Soziales im Einvernehmen mit dem Bundesministerium der Justiz (vgl. dazu die Erläuterungen zu § 40).

Der Begriff der Verwaltung umfasst die **Gerichtsverwaltung** und die 2 **Justizverwaltung**. Gerichtsverwaltung bedeutet die gesamte interne Verwaltung. Dazu zählen mithin Fragen der sächlichen Ausstattung sowie die **Personalverwaltung** einschließlich der **Dienstaufsicht**. Unter Justizverwaltung versteht man alle Verwaltungstätigkeiten mit mittelbarer Außenwirkung außerhalb der Rechtsprechungstätigkeit und außerhalb der Gerichtsverwaltung (Beispiele: Herausgabe von **Pressein-**

---

1 Zur Ressortierung in den einzelnen Bundesländern etwa *Schwab/Weth/Liebscher* § 15 Rn. 4.
2 Dies war jedenfalls seinerzeit rechtspolitisch und z.T. auch verfassungsrechtlich umstritten (vgl. dazu auch bereits etwa *G. Müller* AuR 1978, 129). Im Ergebnis wird man aber keine durchgreifenden verfassungsrechtlichen Bedenken erheben können (GK-ArbGG/*Bader* § 34 Rn. 3 m.w.N.).

§ 15 Verwaltung und Dienstaufsicht

formationen[3] und Gewährung von **Akteneinsicht** an nicht am Verfahren Beteiligte[4] sowie die Bearbeitung von **Dienstaufsichtsbeschwerden**).

3 Im Rahmen der Verwaltungs- und Dienstaufsichtsmaßnahmen sind die §§ **72 bis 75 DRiG** zu beachten (Beteiligung der Richter- und Präsidialräte). Jede Dienstaufsicht findet im Übrigen nur statt, soweit **Art. 97 Abs. 1 GG** und **§ 26 DRiG** dafür Raum lassen.

4 § 15 Abs. 1 S. 1 stellt eine **Auffangbestimmung** dar. Es gibt eine ganze Reihe von vorgehenden Spezialbestimmungen (etwa § 7 Abs. 1 und 2, § 18 und §§ 20 ff.).

5 § 15 Abs. 2 sieht die verfassungsrechtlich unbedenkliche[5] Möglichkeit der **Delegierung** der Geschäfte der Verwaltung und Dienstaufsicht vor. Die Delegierung kann im Wege der **Rechtsverordnung**[6] durch die **Landesregierung** erfolgen oder ebenfalls im Wege der Rechtsverordnung durch die zuständige **oberste Landesbehörde** (Rn. 1), wenn die Landesregierung durch Rechtsverordnung die Ermächtigung nach Satz 1 entsprechend übertragen hat (Satz 2). Die Aufgaben können auf den **Präsidenten des Landesarbeitsgerichts**[7] oder regelmäßig auf den **Präsidenten oder Direktor des Arbeitsgerichts** übertragen werden (die Diktion des Satzes 1 ist etwas veraltet[8]). Denkbar ist auch die Übertragung teilweise auf den Präsidenten des Landesarbeitsgerichts und die Übertragung ansonsten auf die Direktoren oder Präsidenten großer Arbeitsgerichte. Die Delegierung kann sich immer nur auf **Teilbereiche** beziehen, wie der Wortlaut des Satzes 1 deutlich macht (nicht: die Geschäfte).[9] Soweit eine Delegierung erfolgt ist, entscheidet etwa

---

3 Zum Gleichbehandlungsgrundsatz insoweit BVerwG 1.12.1992, 7 B 170/92, NJW 1993, 675; OVG Lüneburg 19.12.1995, 10 L 5059/93, NJW 1996, 1489.
4 Dazu § 299 Abs. 2 ZPO: Zuständig ist der Gerichtsvorstand, wobei aber die Übertragung auf die zuständigen Vorsitzenden der Spruchkörper für üblich und zulässig gehalten wird (*Schwab/Weth/Liebscher* § 15 Rn. 18; *Musielak/Huber* § 299 Rn. 5 indes nur für Übertragung im Einzelfall).
5 GK-ArbGG/*Bader* § 34 Rn. 15 m.w.N.
6 Dieser Rechtszustand gilt ab dem 1.5.2000. Soweit Delegationen auf der Basis der alten Rechtslage erfolgt sind, bleibt sie gültig bis zum Erlass der entsprechenden Verordnung (GK-ArbGG/*Dörner* § 15 Rn. 15b).
7 Zu Recht rügt GK-ArbGG/*Dörner* in Fn. 1 zu § 15, dass hier und sonst im Gesetz nur die männliche Form verwendet wird. Aus Vereinfachungsgründen wird dieser Sprachgebrauch in der Kommentierung freilich weitgehend übernommen, ohne dass damit eine Diskriminierung beabsichtigt ist.
8 Ähnlich GK-ArbGG/*Dörner* § 15 Rn. 16: a.A. GMPM-G/*Prütting* § 15 Rn. 25. Vgl. weiter *Hauck/Helml* § 15 Rn. 8.
9 *Hauck/Helml* § 34 Rn. 2.

Verwaltung und Dienstaufsicht § 15

der Präsident des Landesarbeitsgerichts in eigener Zuständigkeit, ohne dass er dazu dann irgendwelcher Zustimmungen bedürfte.

Handelt es sich um **allgemeine Anordnungen**, die die Verwaltung und 6 Dienstaufsicht betreffen und die nicht rein technischer Art[10] sind, sind die in § 14 Abs. 5 genannten **Verbände** vor deren Erlass zu hören.[11] Diese Bestimmung trägt der Bedeutung der Verbände für die Gerichte für Arbeitssachen Rechnung, umgekehrt auch der Bedeutung der Gerichte für Arbeitssachen für die Arbeit dieser Verbände. Die Anhörungspflicht greift auch dann ein, wenn etwa der Präsident des Landesarbeitsgerichts qua **Delegierung** tätig wird.[12]

---

10 Rein technische Regelungen sind anzunehmen, wenn die Interessen der genannten Verbände nicht tangiert sein können.
11 Die Anhörung kann nicht nachgeholt werden; ist sie unterblieben, ist die Anordnung nichtig (GK-ArbGG/*Bader* § 34 Rn. 10 f. m.w.N.).
12 GMPM-G/*Prütting* § 15 Rn. 28; a.A. GK-ArbGG/*Dörner* § 15 Rn. 17.

§ 16 Zusammensetzung

(1) ¹Das Arbeitsgericht besteht aus der erforderlichen Zahl von Vorsitzenden und ehrenamtlichen Richtern. ²Die ehrenamtlichen Richter werden je zur Hälfte aus den Kreisen der Arbeitnehmer und der Arbeitgeber entnommen.

(2) Jede Kammer des Arbeitsgerichts wird in der Besetzung mit einem Vorsitzenden und je einem ehrenamtlichen Richter aus Kreisen der Arbeitnehmer und der Arbeitgeber tätig.

1 Natürlich besteht ein Arbeitsgericht nicht nur aus dem **richterlichen Personal**, das in Abs. 1 S. 1 ausschließlich angesprochen ist. Bestimmte Vorgaben für die Zahl der **Vorsitzenden** und der **ehrenamtlichen Richter** enthält das Gesetz nicht. Die oberste Landesbehörde wird die jeweils erforderliche **Zahl** so zu bestimmen haben, dass die Verfahren sachgerecht in angemessener Zeit erledigt werden können. So genannte Pensenschlüssel können hierbei eine Hilfestellung sein. Da der Bedarf mittlerweile auf der Basis wissenschaftlicher Erhebungen (PEBB§Y) festgestellt werden kann, wird man anzunehmen haben, das die zuständige oberste Landesbehörde die vom Gesetz in Abs. 1 S. 1 verlangte erforderliche Zahl von Vorsitzenden dementsprechend festzusetzen haben wird, wobei kleinere Abweichungen gewiss unschädlich sind. Dabei muss die Zahl der Vorsitzenden nicht zwingend mit der **Zahl der Kammern** (dazu § 17 Abs. 1) übereinstimmen, da ein Berufsrichter durchaus Vorsitzender mehrerer Kammern sein kann.[1]

2 Für die **Berufsrichter** gilt das **allgemeine Richterrecht**, insbesondere unterfallen sie der in Art. 97 Abs. 1 GG geregelten **richterlichen Unabhängigkeit**. Bestimmungen zu ihrer **Ernennung** enthält § 18. Es wird weiter verwiesen auf § 6 Rn. 11.

3 Die **ehrenamtlichen Richterinnen und Richter** sind nach § 45 Abs. 1 S. 1 DRiG in gleichem Maße unabhängig wie ein Berufsrichter (Art. 97 Abs. 1 GG). An die Stelle des Art. 97 Abs. 2 GG tritt für ehrenamtliche Richterinnen und Richter in der Arbeitsgerichtsbarkeit § 27 zur **Amtsenthebung**. Eine »Dienstaufsicht« ist nur im Rahmen des § 28 gegeben. Weitere Ausführungen zur **Rechtsstellung** der ehrenamtlichen Richterinnen und Richter finden sich in der Kommentierung zu § 6 (dort Rn. 3 bis 10).

---

1 GK-ArbGG/*Dörner* § 16 Rn. 2.

Zusammensetzung § 16

Abs. 2 regelt die **Zusammensetzung der Kammer**, sagt aber nichts darüber aus, in welchen Fällen die Kammer und in welchen nur die oder der Vorsitzende tätig zu werden hat. Insoweit wird insbesondere verwiesen auf §§ 53 und 55 sowie die zugehörigen Erläuterungen. Entscheidet entgegen den gesetzlichen Regelungen statt der Kammer der Vorsitzende oder umgekehrt die Kammer statt des Vorsitzenden, liegt durchweg ein Verstoß gegen das Gebot des **gesetzlichen Richters** vor (vgl. dazu § 55 Rn. 2).[2]

4

---

[2] A.A. z.T. GMPM-G/*Prütting* § 16 Rn. 10 unter fälschlicher Berufung auf diesen Kommentar. Im Ergebnis wie hier indes GMPM-G/*Prütting* § 17 Rn. 15.

§ 17 Bildung von Kammern

(1) Die zuständige oberste Landesbehörde bestimmt die Zahl der Kammern nach Anhörung der in § 14 Abs. 5 genannten Verbände.

(2) ¹Soweit ein Bedürfnis besteht, kann die Landesregierung durch Rechtsverordnung für die Streitigkeiten bestimmter Berufe und Gewerbe und bestimmter Gruppen von Arbeitnehmern Fachkammern bilden. ²Die Zuständigkeit einer Fachkammer kann durch Rechtsverordnung auf die Bezirke anderer Arbeitsgerichte oder Teile von ihnen erstreckt werden, sofern die Erstreckung für eine sachdienliche Förderung oder schnellere Erledigung der Verfahren zweckmäßig ist. ³Die Rechtsverordnungen auf Grund der Sätze 1 und 2 treffen Regelungen zum Übergang anhängiger Verfahren auf ein anderes Gericht, sofern die Regelungen zur sachdienlichen Erledigung der Verfahren zweckmäßig sind und sich die Zuständigkeit nicht nach den bisher geltenden Vorschriften richten soll. ⁴§ 14 Abs. 5 ist entsprechend anzuwenden.

(3) Die Landesregierung kann die Ermächtigung nach Absatz 2 durch Rechtsverordnung auf die zuständige oberste Landesbehörde übertragen.

1 Das zuständige Ministerium[1] bestimmt die **Zahl der Kammern** bei den einzelnen Arbeitsgerichten (Abs. 1), ohne dass dazu eine gesetzliche Festlegung existiert. Es wird dabei den (voraussichtlichen) **Geschäftsanfall** zu berücksichtigen und die Zahl der Kammern so zu bemessen haben, dass eine **Erledigung der Verfahren in angemessener Zeit** gewährleistet ist.[2]

2 Die Bestimmung der Zahl der Kammern nach Abs. 1 kommt in Frage bei der Neueinrichtung eines Arbeitsgerichts.[3] Bei einem bestehenden Arbeitsgericht besteht die Bestimmung in einer Reduzierung der bisherigen Kammerzahl oder deren Erhöhung; insoweit ist auch **§ 29 Abs. 2 S. 1** zu beachten (§ 29 Rn. 5).

3 Bestimmt die zuständige oberste Landesbehörde die Zahl der Kammern, stellt sich dies als Maßnahme der **Gerichtsverwaltung** ohne unmittelbare Außenwirkung dar, sie ist damit nicht verwaltungsgerichtlich angreifbar.[4] Unterbleibt allerdings die durch Abs. 1 vorgeschrie-

---
1 Dazu § 14 Rn. 4.
2 *Hauck/Helml* § 17 Rn. 2; vgl. auch GK-ArbGG/*Bader* § 9 Rn. 5.
3 GK-ArbGG/*Dörner* § 17 Rn. 1.
4 GMPM-G/*Prütting* § 17 Rn. 7; a.A. *Grunsky* § 1 Rn. 1.

bene Anhörung der in § 14 Abs. 5 aufgeführten Verbände, ist die Maßnahme nichtig.[5]

Abs. 1 betrifft nur die regelmäßigen (festen) Kammern eines Arbeitsgerichts. Für die Einrichtung von **Hilfskammern** zur Abdeckung eines vorübergehenden erhöhten Geschäftsanfalls ist das **Präsidium** zuständig (§ 6a ArbGG i.V.m. § 21e Abs. 3 GVG).[6]   4

Abs. 2 sieht daneben zur **Bündelung besonderer Sachkunde** die Einrichtung von **Fachkammern** vor.[7] Derartige Kammern können bei entsprechendem Bedürfnis[8] für **bestimmte Berufe und Gewerbe** sowie für **bestimmte Gruppen von Arbeitnehmern** gebildet werden (Abs. 2 S. 1), also etwa für den öffentlichen Dienst oder das Gaststättengewerbe, nicht hingegen für spezielle Streitigkeiten wie z.B. für Eingruppierungsstreitigkeiten.[9] Die **Zuweisung der ehrenamtlichen Richter** zu den Fachkammern ist in § 30 geregelt. Angesichts der gesetzlichen Regelung in Abs. 2 S. 1 kann es zweifelhaft sein, ob die Einrichtung von Fachkammern für bestimmte Berufe und Gewerbe sowie für bestimmte Arbeitnehmergruppen im Wege der **Geschäftsverteilung** möglich ist.[10]   5

Die Bildung von Fachkammern obliegt der **Landesregierung**, die im Wege der **Rechtsverordnung** tätig wird (Abs. 2 S. 1); die Ermächtigung kann durch Rechtsverordnung auch auf die **zuständige oberste Landesbehörde** übertragen werden (Abs. 3). Zuvor sind die in § 14 Abs. 5 genannten **Verbände anzuhören** (Abs. 2 S. 4).[11] Die Regelungen in **Abs. 2 S. 2 und 3** verstoßen gegen § 14 Abs. 2 Nr. 4 und 6 und sind daher gegenstandslos.[12]   6

Ist eine **Fachkammer** gebildet, ist sie aufgrund der gesetzlichen Regelung für den entsprechenden Bereich **zuständig**. Ihre Zuständigkeit kann weder vereinbart noch abbedungen werden. Ist ein Verfahren einer Kammer eines Arbeitsgerichts unter positiver oder negativer Ver-   7

---

5 Vgl. § 14 Rn. 7; ArbGG/*Lipke* § 17 Rn. 1.
6 Zur personellen Besetzung der Hilfskammer GK-ArbGG/*Dörner* § 17 Rn. 3.
7 Zur geschichtlichen Entwicklung GMPM-G/*Prütting* § 17 Rn. 1 bis 4. Übersicht über Fachkammerregelungen in einzelnen Bundesländern bei *Schwab/Weth/Liebscher* § 17 Rn. 16.
8 Zur Frage der Möglichkeit der gerichtlichen Überprüfung dessen GK-ArbGG/*Dörner* § 17 Rn. 6.
9 *Schwab/Weth/Liebscher* § 17 Rn. 16. Insoweit nur Möglichkeit der Regelung im Rahmen der Geschäftsverteilung.
10 Zur Abgrenzung *Schwab/Weth/Liebscher* § 17 Rn. 16 und *Hauck/Helml* § 17 Rn. 5.
11 Zu den Folgen der unterbliebenen Anhörung § 14 Rn. 7; ebenso GK-ArbGG/*Dörner* § 17 Rn. 9.
12 GMPM-G/*Prütting* § 17 Rn. 16; verfassungsrechtliche Bedenken äußert GK-ArbGG/*Dörner* § 17 Rn. 7.

kennung einer Fachzuständigkeit zugewiesen worden, erfolgt die Korrektur durch die (formlose) **Abgabe** an die zuständige Kammer,[13] eines Antrags bedarf es insoweit nicht.[14] Ist die unzuständige Kammer tätig geworden, liegt eine **nicht ordnungsgemäße Besetzung des Gerichts** vor.[15] Dies kann gegebenenfalls mit dem entsprechenden Rechtsmittel gerügt werden, eine Zurückverweisung an das Arbeitsgericht scheitert jedoch an § 68.[16]

---

13 Zu Unrecht fordert *Schwab/Weth/Liebscher* § 17 Rn. 18, dass insoweit den Parteien zuvor rechtliches Gehör gewährt werden müsse.
14 Die §§ 97 ff. GVG sind nicht entsprechend anwendbar. Wie hier GMPM-G/ *Prütting* § 17 Rn. 13 m.w.N.
15 GK-ArbGG/*Dörner* § 17 Rn. 11; GMPM-G/*Prütting* § 17 Rn. 14 f. m.w.N.
16 *Hauck/Helml* § 17 Rn. 11.

§ 18 Ernennung des Vorsitzenden

(1) Die Vorsitzenden werden auf Vorschlag der zuständigen obersten Landesbehörde nach Beratung mit einem Ausschuss entsprechend den landesrechtlichen Vorschriften bestellt.

(2) ¹Der Ausschuss ist von der zuständigen obersten Landesbehörde zu errichten. ²Ihm müssen in gleichem Verhältnis Vertreter der in § 14 Abs. 5 genannten Gewerkschaften und Vereinigungen von Arbeitgebern sowie der Arbeitsgerichtsbarkeit angehören.

(3) Einem Vorsitzenden kann zugleich ein weiteres Richteramt bei einem anderen Arbeitsgericht übertragen werden.

(4)–(6) *(weggefallen)*

(7) Bei den Arbeitsgerichten können Richter auf Probe und Richter kraft Auftrags verwendet werden.

Übersicht	Rn.
A. Die Vorsitzenden und ihre Stellung	1
B. Das Ernennungsverfahren	2
C. Übertragung eines weiteren Richteramtes	6

A. Die Vorsitzenden und ihre Stellung

Den **Vorsitz** in den Kammern der Arbeitsgerichte führen die **Berufs-** 1
richter (§ 6a Nr. 5). Die **persönlichen Voraussetzungen** für die Ernennung zum Vorsitzenden bestimmt das **DRiG**. Der Vorsitzende muss danach die **Befähigung zum Richteramt** haben (§§ 5, 7 und 9 Nr. 3 DRiG), Deutscher i.S.d. Art. 116 GG sein und die Gewähr dafür bieten, dass er jederzeit für die freiheitliche demokratische Grundordnung i.S.d. Grundgesetzes eintritt (§ 9 Nr. 1 und 2 DRiG). Besondere **Fachkenntnisse** auf dem Gebiet des Arbeitsrechts sind zwar wünschenswert, stellen aber keine gesetzliche Voraussetzung für die Ernennung dar. Im Hinblick darauf sind **Volontariate** in Betrieben und Unternehmen, wie sie in einigen Bundesländern in unterschiedlicher Form praktiziert werden,[1] sehr zu begrüßen. Für die **Rechtsstellung** der Berufsrichter wird verwiesen auf § 6 Rn. 11. Die **Befugnisse** des Kammervorsitzenden sind im Wesentlichen zu §§ 53 und 55 kommentiert.

---

1 *Schwab/Weth/Liebscher* § 18 Rn. 8 m.w.N.

B. Das Ernennungsverfahren

2 Der Berufsrichter wird durch die Aushändigung einer **Urkunde** in das **Richterverhältnis** berufen (§ 17 Abs. 1 DRiG). Er wird in der Praxis regelmäßig zunächst zum **Richter auf Probe** (§§ 12, 13 DRiG) – mit der Amtsbezeichnung Richter – oder zum **Richter kraft Auftrags** (§§ 14, 16 DRiG) – mit der Amtsbezeichnung Richter am Arbeitsgericht (ebenso beim Richter auf Lebenszeit) – ernannt. § 18 Abs. 7 ermöglicht es, sie als Kammervorsitzende in erster Instanz einzusetzen (vgl. § 28 Abs. 1 DRiG). Die für die Ernennung **zuständige Behörde** ergibt sich aus den **landesrechtlichen Vorschriften** (Abs. 1). Ist diese Behörde nicht die oberste Landesbehörde, erfolgt die Ernennung auf Vorschlag der obersten Landesbehörde (Abs. 1).

3 Soweit in dem betreffenden Bundesland ein **Richterwahlausschuss** besteht,[2] ist dieser zuvor entsprechend den einschlägigen Bestimmungen des jeweiligen Landesrichtergesetzes zu beteiligen. Dem vorauszugehen hat nach Abs. 1 die Beratung mit dem in **Abs. 2** vorgesehenen **Ausschuss** (dem sog. **18er-Ausschuss**), was verfassungsrechtlich unbedenklich ist[3] und auch die richterliche Unabhängigkeit nicht tangiert.[4]

4 Der 18er-Ausschuss wird **von der zuständigen obersten Landesbehörde errichtet** (Abs. 2 S. 1). Diese ist dabei an die Vorgabe des **Abs. 2 S. 2** gebunden, wonach dem Ausschuss **im gleichen Verhältnis** Vertreter der in § 14 Abs. 5 genannten **Gewerkschaften** und **Vereinigungen von Arbeitgebern** sowie der **Arbeitsgerichtsbarkeit** angehören müssen – damit ist der Kreis der Ausschussmitglieder abschließend umschrieben.[5] Alles Weitere regeln wie in Abs. 1 angesprochen die landesrechtlichen Vorschriften: also die Zahl der Mitglieder, die wegen der vorgeschriebenen Drittelparität stets durch drei teilbar sein muss; das Verfahren für die Auswahl der Mitglieder bzw. die Festlegung der Personen, die die Arbeitsgerichtsbarkeit vertreten (darunter muss nicht der Präsident des Landesarbeitsgerichts sein[6]); die Geschäftsordnung.

5 Da das Gesetz eine **Beratung** mit dem Ausschuss vorschreibt, hat eine **Sitzung** stattzufinden (kein Umlaufverfahren[7]), in der der Vertreter der zuständigen obersten Landesbehörde den Ernennungsvorschlag vorstellt und begründet und in der der Ausschuss sich dazu äußern und

---

2 Dazu GK-ArbGG/*Dörner* § 18 Rn. 1.
3 GMPM-G/*Prütting* § 18 Rn. 3.
4 GMPM-G/*Prütting* § 18 Rn. 18 m.w.N.
5 Darüber besteht im Ergebnis inzwischen weitestgehend Einigkeit; a.A. *Grunsky* § 18 Rn. 3.
6 GK-ArbGG/*Dörner* § 18 Rn. 7.
7 GK-ArbGG/*Bader* § 36 Rn. 4.

ggf. Einwände vorbringen kann. Der Ausschuss hat kein Recht, die Unterlagen anderer Bewerber vorgelegt zu bekommen, und nach dem Abschluss der Beratung ist die Ernennungsbehörde frei in ihrer Entscheidung.[8] Es bestehen keine Bedenken dagegen, wenn die zuständige oberste Landesbehörde ihrerseits etwa noch die Frauenbeauftragte zu der Sitzung hinzuzieht – dies bedeutet keine Erweiterung des Ausschusses. Eine **fehlerhafte Beteiligung** des Ausschusses führt nicht zur Unwirksamkeit der Ernennung des Richters (vgl. §§ 18, 19 DRiG).

C. Übertragung eines weiteren Richteramtes

Im Normalfall wird dem Berufsrichter ein Richteramt an einem bestimmten Gericht übertragen, und zwar zusammen mit seiner Ernennung. Abs. 3 sieht jedoch vor, dass dem Berufsrichter erforderlichenfalls auch ein **weiteres Richteramt bei einem anderen Arbeitsgericht** übertragen werden kann.

6

---

8 ArbGG/*Lipke* § 28 Rn. 2.

§ 19 Ständige Vertretung

(1) Ist ein Arbeitsgericht nur mit einem Vorsitzenden besetzt, so beauftragt das Präsidium des Landesarbeitsgerichts einen Richter seines Bezirks mit der ständigen Vertretung des Vorsitzenden.

(2) ¹Wird an einem Arbeitsgericht die vorübergehende Vertretung durch einen Richter eines anderen Gerichts nötig, so beauftragt das Präsidium des Landesarbeitsgerichts einen Richter seines Bezirks längstens für zwei Monate mit der Vertretung. ²In Eilfällen kann an Stelle des Präsidiums der Präsident des Landesarbeitsgerichts einen zeitweiligen Vertreter bestellen. ³Die Gründe für die getroffene Anordnung sind schriftlich niederzulegen.

1 Die Regelung in **Abs. 1** ist wegen der Größe, die alle Arbeitsgerichte inzwischen erreicht haben, **praktisch ohne Bedeutung**. Die Erläuterungen des § 19 können sich daher auf Abs. 2 beschränken.[1]

2 An kleineren Arbeitsgerichten mit zwei oder drei Vorsitzenden kann sich die Situation ergeben, dass **kein Vertreter** gem. dem gerichtlichen Geschäftsverteilungsplan mehr zur Verfügung steht, etwa weil alle Vorsitzenden krank oder in Urlaub sind. Insbesondere für derartige Konstellationen bietet **Abs. 2** eine Lösungsmöglichkeit: Das Präsidium des Landesarbeitsgerichts kann einen **Richter eines anderen Gerichts** mit der **vorübergehenden Vertretung**[2] beauftragen, was von der **Abordnung** an ein anderes Gericht (§ 37 DRiG) zu unterscheiden ist.[3] Darüber hinaus hält die wohl h.M. eine vorübergehende Vertretung i.S.d. Abs. 2 S. 1 zutreffend dann für nötig, wenn z.B. zwar noch ein Vertreter gem. dem gerichtlichen Geschäftsverteilungsplan vorhanden ist, dieser aber **erheblich überlastet** ist, weil er selbst hohe Eingangszahlen zu bewältigen und daneben noch zwei Vorsitzende zu vertreten hat.[4]

3 Es entscheidet das **Präsidium des Landesarbeitsgerichts** (Abs. 2 S. 1), nur in **Eilfällen** – wenn also das Präsidium nicht rasch genug tätig werden kann – ist der **Präsident des Landesarbeitsgerichts** zuständig (Abs. 2 S. 2). Beauftragt der Präsident des Landesarbeitsgerichts einen Richter eines anderen Gerichts mit der vorübergehenden Vertretung, muss er die **Gründe** für die Erforderlichkeit der Vertretung und für

---

1 Zu Abs. 1 *Hauck/Helml* § 19 Rn. 2.
2 Handelt es sich nicht nur um ein vorübergehendes Problem, muss es anderweitig gelöst werden, etwa durch eine Abordnung.
3 Dazu GK-ArbGG/*Dörner* § 19 Rn. 7.
4 GMPM-G/*Prütting* § 19 Rn. 6 m.w.N.; a.A. *Kissel/Mayer* § 22b Rn. 5.

seine Eilentscheidung[5] **schriftlich niederlegen** (Abs. 2 S. 3). Auch wenn eine Regelung wie in § 21i Abs. 2 S. 3 GVG nicht vorhanden ist, wird man den Präsidenten für verpflichtet halten müssen, seine Entscheidung mit der schriftlichen Begründung unverzüglich dem Präsidium vorzulegen.[6] Andernfalls wäre die Regelung in Satz 3 wenig sinnvoll. Das **Präsidium**, dem ja an sich die Entscheidung zusteht, kann dann erforderlichenfalls eine **Änderung** oder die Aufhebung der Entscheidung des Präsidenten beschließen (§ 21i Abs. 2 S. 4 GVG analog).[7] Bis dahin bleibt die Anordnung des Präsidenten in Kraft (§ 21i Abs. 2 S. 4 GVG analog). Einer förmlichen Genehmigung durch das Präsidium bedarf es freilich mangels einer entsprechenden Vorschrift nicht,[8] auch wenn § 21i Abs. 2 S. 3 GVG von der Vorlage »zur Genehmigung« spricht.

Vor der Bestellung des vorübergehenden Vertreters ist der **betroffene Richter zu hören** (arg. § 21a Abs. 5 GVG). Eine Anhörung des Präsidiums des Gerichts des betroffenen Richters wird insoweit nicht diskutiert.[9] Die vorübergehende Vertretung kann **höchstens für zwei Monate** angeordnet werden (Abs. 2 S. 1), und zwar angesichts des klaren Wortlauts der Norm **ohne Verlängerungsmöglichkeit**.[10] 4

Die **Prozessparteien** haben gegen die Regelung der einstweiligen Vertretung **kein Rechtsmittel**. Hingegen wird nunmehr ein **Klagerecht des betroffenen Richters** weitgehend bejaht.[11] 5

---

5 GK-ArbGG/*Dörner* § 19 Rn. 6.
6 A.A. ArbGG/*Lipke* § 19 Rn. 5.
7 Darüber besteht Einigkeit; vgl. etwa GMPM-G/*Prütting* § 19 Rn. 11.
8 *Thomas/Putzo-Hüßtege* § 21i GVG Rn. 5; möglicherweise a.A. GMPM-G/*Prütting* § 19 Rn. 11.
9 Dafür bezüglich Abs. 1 etwa *Hauck/Helml* § 19 Rn. 2; GK-ArbGG/*Dörner* § 19 Rn. 2; a.A. betreffend Abs. 1 etwa *Schwab/Weth/Liebscher* § 19 Rn. 4.
10 *Hauck/Helml* § 19 Rn. 5 m.w.N.; a.A. *Kissel/Mayer* § 22b Rn. 5 m.w.N.
11 Ausführlich dazu m.w.N. aus der Rspr. des BVerwG und des BGH GK-ArbGG/*Dörner* § 19 Rn. 9; GMPM-G/*Prütting* § 19 Rn. 13 ff.

§ 20 Berufung der ehrenamtlichen Richter

(1) ¹Die ehrenamtlichen Richter werden von der zuständigen obersten Landesbehörde oder von der von der Landesregierung durch Rechtsverordnung beauftragten Stelle auf die Dauer von fünf Jahren berufen. ²Die Landesregierung kann die Ermächtigung nach Satz 1 durch Rechtsverordnung auf die zuständige oberste Landesbehörde übertragen.

(2) Die ehrenamtlichen Richter sind in angemessenem Verhältnis unter billiger Berücksichtigung der Minderheiten aus den Vorschlagslisten zu entnehmen, die der zuständigen Stelle von den im Land bestehenden Gewerkschaften, selbständigen Vereinigungen von Arbeitnehmern mit sozial- oder berufspolitischer Zwecksetzung und Vereinigungen von Arbeitgebern sowie von den in § 22 Abs. 2 Nr. 3 bezeichneten Körperschaften oder deren Arbeitgebervereinigungen eingereicht werden.

Übersicht	Rn.
A. Allgemeines zur Berufung und Stellung der ehren- amtlichen Richter	1
B. Die Berufung der ehrenamtlichen Richter	2
I. Die Berufung und ihre Dauer	2
II. Zuständigkeit	6
III. Vorschlagslisten	7
IV. Auswahl aus den Vorschlagslisten	9
C. Rechtliche Überprüfung	11

A. Allgemeines zur Berufung und Stellung der ehrenamtlichen Richter

1 Die **ehrenamtlichen Richter** haben in der Arbeitsgerichtsbarkeit einen **hohen Stellenwert**.[1] Nähere Ausführungen zu ihrer **Rechtsstellung** finden sich in § 6 Rn. 3 bis 10. Die **§§ 20 bis 31** regeln im Detail insbesondere die Berufung der ehrenamtlichen Richter, den Schutz der ehrenamtlichen Richter, die Ahndung von Pflichtverletzungen und die Heranziehung der ehrenamtlichen Richter. Ergänzt werden diese Vorschriften durch Spezialregelungen für die ehrenamtlichen Richter am **Landesarbeitsgericht** (§ 35 und §§ 37 bis 39) und am **Bundesarbeitsgericht** (§ 41 und §§ 43, 44).

---

1 GK-ArbGG/*Dörner* § 20 Rn. 3; *Hauck/Helml* § 20 Rn. 1; BHK/*Bader* I Rn. 5 ff.

B. Die Berufung der ehrenamtlichen Richter

I. Die Berufung und ihre Dauer

Die ehrenamtlichen Richter werden **berufen, nicht gewählt**. Etwa bestehende **Richterwahlausschüsse** sind nicht für die Wahl von ehrenamtlichen Richtern zuständig. Die **Berufung** stellt einen **Verwaltungsakt** dar,[2] sie ist mit der **Zustellung des Berufungsschreibens** abgeschlossen.[3] Einer förmlichen **Ernennungsurkunde** bedarf es nicht.[4]

Der ehrenamtliche Richter ist vor seiner ersten Dienstleistung in öffentlicher Sitzung des (= seines) Gerichts durch den (zuständigen) Vorsitzenden zu **vereidigen** (§ 45 Abs. 2 S. 1 DRiG). Die Vereidigung gilt **für die Dauer des Amtes**, bei erneuter Bestellung auch für die sich ohne jegliche zeitliche Unterbrechung unmittelbar anschließende Amtszeit (§ 45 Abs. 2 S. 2 DRiG).[5] Die Einzelheiten der Eidesleistung (oder des Gelöbnisses) ergeben sich aus § 45 Abs. 2 S. 3 und Abs. 3 bis 5 und 8 DRiG. Es kann zusätzlich auch eine Verpflichtung auf die Landesverfassung vorgesehen werden (§ 45 Abs. 7 DRiG). Ist ein mitwirkender ehrenamtlicher Richter nicht vereidigt, ist das Gericht **nicht vorschriftsmäßig besetzt** i.S.d. § 547 Nr. 1 ZPO.[6]

Die ehrenamtlichen Richter werden zwingend stets für die Dauer von **fünf Jahren** berufen. Weitere Berufungen sind möglich und zahlenmäßig nach oben nicht begrenzt. Allerdings kann der ehrenamtliche Richter nach zwei vollen Amtsperioden von zehn Jahren eine weitere Berufung ablehnen (§ 24 Abs. 1 Nr. 4).

Es wird jeder ehrenamtliche Richter für die Dauer von fünf Jahren berufen. Dies gilt auch dann, wenn einzelne ehrenamtliche Richter vorzeitig ausscheiden und dadurch **Ersatzberufungen** (**Ergänzungsberufungen**) notwendig werden.[7]

---

2 Zu Fragen der rechtlichen Überprüfung unten Rn. 11.
3 BAG 11.3.1965, 5 AZR 129/64, AP § 2 ArbGG 1953 Zuständigkeitsprüfung Nr. 28.
4 Eine Aushändigung einer Ernennungsurkunde hat damit allein deklaratorischen Wert.
5 Bei erneuter Berufung nach einer zeitlichen Unterbrechung hat damit eine erneute Vereidigung stattzufinden. Dasselbe gilt, wenn eine weitere Berufung an einem anderen Gericht gleicher oder anderer Instanz erfolgt (ähnlich *Schwab/Weth/Liebscher* § 20 Rn. 24).
6 BAG 11.3.1965, 5 AZR 129/64, AP § 2 ArbGG 1953 Zuständigkeitsprüfung Nr. 28.
7 BHK/*Hohmann* V Rn. 48; *Schwab/Weth/Liebscher* § 20 Rn. 22; a.A. GK-ArbGG/ *Dörner* § 20 Rn. 16; *Hauck/Helml* § 20 Rn. 4; etwas unschlüssig GMPM-G/*Prütting* § 20 Rn. 13.

II. Zuständigkeit

6 Zuständig für die Berufung der ehrenamtlichen Richter ist die **zuständige oberste Landesbehörde** (praktisch also: das Justizministerium oder das Arbeitsministerium). Doch kann die Landesregierung die Zuständigkeit im Wege der **Rechtsverordnung** auf eine **andere Stelle** – speziell, ohne darauf beschränkt zu sein, den **Präsidenten des Landesarbeitsgerichts** – übertragen (Abs. 1 S. 1).[8] Die Übertragung auf eine andere Stelle kann auch durch die zuständige oberste Landesbehörde erfolgen (wiederum durch Rechtsverordnung), wenn die Landesregierung sie dazu durch Rechtsverordnung ermächtigt hat (Abs. 1 S. 2).

III. Vorschlagslisten

7 Basis für die Berufung der ehrenamtlichen Richter sind **Vorschlagslisten**, die bei der nach Abs. 1 zuständigen Stelle einzureichen sind und außerhalb derer keine Berufungen zu ehrenamtlichen Richtern möglich sind. Berechtigt (aber nicht verpflichtet) zur Erstellung dieser Listen sind die in **Abs. 2** im Einzelnen aufgeführten **Gewerkschaften, Vereinigungen** und **Körperschaften**. Nach dem Gesetz müssen die Gewerkschaften, Vereinigungen und Körperschaften **im Lande** bestehen. Damit sind angesprochen Vereinigungen und Körperschaften, die nur in dem jeweiligen Bundesland bestehen, aber natürlich auch die örtlichen Untergliederungen für das jeweilige Bundesland bei bundesweiten Vereinigungen oder Gewerkschaften.[9] Die Vorschlagsberechtigten können von sich aus Listen einreichen. Im Bedarfsfall wird die zuständige Stelle (Abs. 1) sie unter Wahrung rechtsstaatlicher Grundsätze zur Einreichung oder Ergänzung der Listen auffordern.[10]

8 Die **Zahl der Vorschläge** auf den Listen sollte jedenfalls bei größeren Organisationen mit der Zahl der insgesamt zu berufenden ehrenamtlichen Richter (§ 16) korrespondieren.[11] Die Vorschläge haben sich auf die jeweiligen **Gerichte** (nicht: Kammern) – für **Fachkammern** können im Hinblick auf § 30 eigene Listen eingereicht werden[12] – zu beziehen

---

8 Bedenken dagegen erhebt *Hohmann* NZA 2002, 651. Beispiele derartiger Delegationen auf den Präsidenten des Landesarbeitsgerichts bei GK-ArbGG/*Dörner* § 20 Rn. 5.
9 Entscheidend ist, dass die Organisation im Lande vertreten ist, also Mitglieder hat, der Sitz ist gleichgültig: *Schwab/Weth/Liebscher* § 20 Rn. 6.
10 GK-ArbGG/*Dörner* § 20 Rn. 6; GMPM-G/*Prütting* § 20 Rn. 18 ff.: Aufforderung an die Vereinigungen muss öffentlich sein.
11 Ähnlich ArbGG/*Wolmerath* § 20 Rn. 7.
12 Zwingend ist dies aber nicht; a.A. *Schwab/Weth/Liebscher* § 20 Rn. 8. Regelmäßig wird die zuständige Stelle aus den Vorschlagslisten die unter § 30 fallenden Personen auch selbst auswählen können.

und müssen die vollständigen Namen und Anschriften der Vorgeschlagenen enthalten, daneben all die Angaben, die zur Feststellung der in §§ 21 bis 23 angesprochenen **Voraussetzungen** nötig sind,[13] damit schon im Hinblick auf § 21 Abs. 1 S. 1 auch das Geburtsdatum.[14]

Bereits die **Vorschlagslisten** haben § 44 Abs. 1a DRiG (dazu Rn. 10) zu beachten: Frauen und Männer sind angemessen zu berücksichtigen.[15] Diese bundesrechtliche Vorschrift ist gegenüber landesrechtlichen Vorschriften vorrangig (Art. 31 GG). 8a

IV. Auswahl aus den Vorschlagslisten

Das Gesetz sagt leider nichts Konkretes darüber, wie die Auswahl aus den Vorschlagslisten zu erfolgen hat. Klar ist zunächst, dass diejenigen nicht ausgewählt werden können, denen eine **Berufungsvoraussetzung** fehlt. Ebenso wird derjenige von der Vorschlagsliste gestrichen, gegen den sich die zuständige Stelle (Abs. 1) nach pflichtgemäßem Ermessen im Hinblick auf § 21 Abs. 2 S. 2 entscheidet (§ 21 Rn. 11). Im Übrigen besteht für den Bereich der Arbeitsgerichtsbarkeit weitestgehend Übereinstimmung darüber, dass die zuständige Stelle grundsätzlich an die festgelegte **Reihenfolge** auf der jeweiligen Vorschlagsliste **gebunden** sei, weil nur so dem Zweck der Vorschlagslisten hinreichend Rechnung getragen werden könne.[16] Verfassungsrechtlich dürfte dies jedoch nicht unbedenklich sein.[17] Es spricht mehr dafür, eine Auswahl nach **pflichtgemäßem Ermessen** für geboten zu halten.[18] Jedenfalls ist von einer Bindung an die Reihenfolge der Vorschlagsliste, wenn man sie denn bejaht, abzuweichen, wenn es um die vorgeschriebene Berücksichtigung von Minderheiten (dazu Rn. 10) geht.[19] 9

Abs. 2 sieht vor, dass die Auswahl **in angemessenem Verhältnis unter billiger Berücksichtigung der Minderheiten** zu erfolgen hat. Das Kriterium des angemessenen Verhältnisses bezieht sich auf das Verhältnis der verschiedenen Vorschlagsberechtigten zueinander, verlangt aber 10

---

13 BHK/*Hohmann* V 6.
14 Dazu a.A. GK-ArbGG/*Dörner* § 20 Rn. 9, der aber dafür die unpräzisere Altersangabe fordert. Den Geburtsort hält GK-ArbGG/*Dörner* § 20 Rn. 9 für entbehrlich; dazu a.A. *Schwab/Weth/Liebscher* § 20 Rn. 10. GMPM-G/*Prütting* § 20 Rn. 23 fordert darüber hinaus ohne nähere Begründung die Angabe des Familienstandes.
15 BHK/*Hohmann* V 7.
16 GK-ArbGG/*Dörner* § 20 Rn. 11 f.; GMPM-G/*Prütting* § 20 Rn. 26 ff. m.w.N.
17 Vgl. BVerfG 9.12.1985, 1 BvR 853/85, 1043/85, 1118/85, NJW 1986, 1324. Dazu eingehend und detailliert BHK/*Hohmann* V 21 ff. m.w.N.
18 BHK/*Hohmann* V Rn. 24.
19 GMPM-G/*Prütting* § 20 Rn. 37.

keine rechnerisch exakte Aufteilung, sondern eine wertende Gesamtbetrachtung, die speziell die Mitgliederzahlen (bei den Gewerkschaften und sonstigen Arbeitnehmervereinigungen) und die Arbeitnehmerzahlen der Mitgliedsverbände (bei den Arbeitgebervereinigungen) in den Blick nimmt.[20] Die billige Berücksichtigung von Minderheiten (auch Listen übergreifend) ist weit zu verstehen: Es soll sich möglichst **das gesamte Arbeitsleben** des Gerichtsbezirks in der Zusammensetzung der ehrenamtlichen Richterschaft des betreffenden Gerichts widerspiegeln, was nicht zuletzt für das **Verhältnis der Geschlechter** gilt.[21] **§ 44 Abs. 1a DRiG** – eingefügt mit Wirkung vom 1.1.2005 – sieht nunmehr ausdrücklich vor, dass Frauen und Männer bei der Berufung ehrenamtlicher Richter angemessen berücksichtigt werden sollen.

C. Rechtliche Überprüfung

11 Gegen die Entscheidungen der zuständigen Stelle haben regelmäßig nur die **vorschlagenden Vereinigungen** ein **Klagerecht**, in Ausnahmefällen auch eine **zum ehrenamtlichen Richter berufene Person**.[22] Hingegen kann eine **nicht berufene Person** nach überwiegender Meinung nicht in ihren Rechten verletzt sein, weil es auch bei Aufnahme in eine Vorschlagsliste kein Recht auf Berufung zum ehrenamtlichen Richter gebe.[23]

---

20 GMPM-G/*Prütting* § 20 Rn. 34; ausführlich GK-ArbGG/*Dörner* § 20 Rn. 13 ff.
21 *Creutzfeldt* AuA 1995, 263, 264; GK-ArbGG/*Dörner* § 20 Rn. 14.
22 GK-ArbGG/*Dörner* § 20 Rn. 19 f.; GMPM-G/*Prütting* § 20 Rn. 39 und 41. Rechtsweg zu den Verwaltungsgerichten: BHK/*Hohmann* V Rn. 53.
23 *Hauck/Helml* § 20 Rn. 8; BHK/*Hohmann* V Rn. 52; a.A. *Grunsky* § 20 Rn. 3; *Künzl* ZZP 104, 164. Der Gegenansicht ist freilich zuzugeben, dass es jedenfalls ein Recht auf die Einhaltung der in Rn. 9 und 10 dargestellten Verfahrensgrundsätze geben kann.

§ 21 Voraussetzungen für die Berufung als ehrenamtlicher Richter

(1) Als ehrenamtliche Richter sind Arbeitnehmer und Arbeitgeber zu berufen, die das 25. Lebensjahr vollendet haben und im Bezirk des Arbeitsgerichts tätig sind oder wohnen.

(2) ¹Vom Amt des ehrenamtlichen Richters ist ausgeschlossen,

1. wer infolge Richterspruchs die Fähigkeit zur Bekleidung öffentlicher Ämter nicht besitzt oder wegen einer vorsätzlichen Tat zu einer Freiheitsstrafe von mehr als sechs Monaten verurteilt worden ist;

2. wer wegen einer Tat angeklagt ist, die den Verlust der Fähigkeit zur Bekleidung öffentlicher Ämter zur Folge haben kann;

3. wer das Wahlrecht zum Deutschen Bundestag nicht besitzt.

²Personen, die in Vermögensverfall geraten sind, sollen nicht als ehrenamtliche Richter berufen werden.

(3) Beamte und Angestellte eines Gerichts für Arbeitssachen dürfen nicht als ehrenamtliche Richter berufen werden.

(4) ¹Das Amt des ehrenamtlichen Richters, der zum ehrenamtlichen Richter in einem höheren Rechtszug berufen wird, endet mit Beginn der Amtszeit im höheren Rechtszug. ²Niemand darf gleichzeitig ehrenamtlicher Richter der Arbeitnehmerseite und der Arbeitgeberseite sein oder als ehrenamtlicher Richter bei mehr als einem Gericht für Arbeitssachen berufen werden.

(5) ¹Wird das Fehlen einer Voraussetzung für die Berufung nachträglich bekannt oder fällt eine Voraussetzung nachträglich fort, so ist der ehrenamtliche Richter auf Antrag der zuständigen Stelle (§ 20) oder auf eigenen Antrag von seinem Amt zu entbinden. ²Über den Antrag entscheidet die vom Präsidium für jedes Geschäftsjahr im Voraus bestimmte Kammer des Landesarbeitsgerichts. ³Vor der Entscheidung ist der ehrenamtliche Richter zu hören. ⁴Die Entscheidung ist unanfechtbar. ⁵Die nach Satz 2 zuständige Kammer kann anordnen, dass der ehrenamtliche Richter bis zu der Entscheidung über die Entbindung vom Amt nicht heranzuziehen ist.

(6) Verliert der ehrenamtliche Richter seine Eigenschaft als Arbeitnehmer oder Arbeitgeber wegen Erreichens der Altersgrenze, findet Absatz 5 mit der Maßgabe Anwendung, dass die Entbindung vom Amt nur auf Antrag des ehrenamtlichen Richters zulässig ist.

§ 21 Voraussetzungen für die Berufung als ehrenamtlicher Richter

Übersicht	Rn.
A. Positive Berufungsvoraussetzungen	1
I. Alter	1
II. Arbeitnehmer oder Arbeitgeber	2
III. Anbindung an Gerichtsbezirk	3
B. Negative Berufungsvoraussetzungen	7
I. Fehlende Fähigkeit zur Bekleidung öffentlicher Ämter	7
II. Anklage wegen bestimmter Taten	9
III. Kein Wahlrecht zum Bundestag	10
IV. Vermögensverfall	11
V. Beamte oder Angestellte eines Gerichts für Arbeitssachen	12
VI. Sonstige Fälle	13
C. Ende der Amtszeit	17
I. Normalfall	17
II. Berufung zum ehrenamtlichen Richter im höheren Rechtszug	18
III. Amtsentbindung	19
D. Entbindung vom Amt	20
I. Voraussetzungen	20
II. Antrag	21
III. Verfahren	22

A. Positive Berufungsvoraussetzungen

I. Alter

1 Im Zeitpunkt der Berufung (im Zeitpunkt des **Zugangs des Berufungsschreibens**[1]) muss der ehrenamtliche Richter das **25. Lebensjahr vollendet** haben. Also darf das Berufungsschreiben frühestens am Tage nach dem 25. Geburtstag erfolgen (§§ 187 Abs. 2 S. 2, 188 Abs. 2 BGB). Wird das Fehlen dieser Voraussetzung nachträglich bekannt, ist nach Abs. 5 zu verfahren, natürlich aber dann nicht mehr, wenn der ehrenamtliche Richter inzwischen das 25. Lebensjahr vollendet hat.[2] Eine Höchstgrenze für die Berufung kennt das Gesetz nicht, doch kann die Übernahme des Amtes nach dem 65. Geburtstag abgelehnt werden (§ 24 Abs. 1 Nr. 1). Die Amtsentbindung wegen Erreichens der Altersgrenze ist in Abs. 6 geregelt (dazu Rn. 21).

II. Arbeitnehmer oder Arbeitgeber

2 Die Person, die zum ehrenamtlichen Richter berufen wird, muss Arbeitnehmer oder Arbeitgeber sein. Auf arbeitsrechtliche Kenntnisse oder Erfahrungen kommt es nach dem Gesetz nicht an, wenngleich solche

---

1 ArbGG/*Wolmerath* § 37 Rn. 5.
2 GK-ArbGG/*Bader* § 37 Rn. 5 m.w.N.

wie auch eine gewisse Berufserfahrung sicher sinnvoll sind. Für den Begriff des **Arbeitnehmers** wird auf § 5 und die Erläuterungen dazu Bezug genommen. Der zeitliche Umfang der Beschäftigung ist ohne Belang, auch kann es sich um ein Leiharbeitsverhältnis handeln.[3] Unschädlich ist auch eine vorübergehende Freistellung.[4] Der Arbeitnehmerkreis wird durch § 23 erweitert, wofür auf die dortige Kommentierung verwiesen wird. **Arbeitgeber** i.S.d. Vorschrift ist die natürliche Person, die jedenfalls einen Arbeitnehmer beschäftigt.[5] Die zugehörige Erweiterung wird in § 22 vorgenommen (vgl. dazu die dortigen Erläuterungen), insbesondere auf die Personen mit **Arbeitgeberfunktionen**. Ist jemand weder Arbeitgeber noch Arbeitnehmer, kann er nicht ehrenamtlicher Richter bei einem Arbeitsgericht werden. Ausgeschlossen bleiben damit etwa Beamte (§ 5 Abs. 2),[6] Studenten und Rentner oder Pensionäre.

III. Anbindung an Gerichtsbezirk

Die Person, die zum ehrenamtlichen Richter an einem Arbeitsgericht berufen wird, muss entweder **im Bezirk** dieses Arbeitsgerichts **als Arbeitgeber oder Arbeitnehmer tätig** sein, wobei aber eine nur **vorübergehende Tätigkeit** außerhalb des Gerichtsbezirks (etwa aufgrund einer Abordnung) unschädlich ist,[7] oder im Gerichtsbezirk **wohnen**. Das SGGArbGGÄndG hat mit Wirkung vom 1.4.2008 die Erweiterung bezüglich des Wohnens gebracht. Auch dann sieht der Gesetzgeber die erforderliche Vertrautheit mit den Gepflogenheiten des Arbeitslebens im Gerichtsbezirk als gegeben an.[8] Die Neuregelung erleichtert die Gewinnung ehrenamtlicher Richter, und die ehrenamtlichen Richter können damit ihr Amt behalten, wenn sie ihre Tätigkeit an einen Ort außerhalb des Gerichtsbezirks verlegen, sofern sie nur nach wie vor im Gerichtsbezirk wohnen. Insoweit wie für die übrigen gesetzlich festgelegten Berufungsvoraussetzungen gilt, dass die normierten Voraussetzungen zwingend und unabdingbar sind.[9]

3

---

3 Vgl. auch *Andelewski* NZA 2002, 655 zu Fragen der Altersteilzeit. Dazu auch unten Rn. 4.
4 BAG 25.10.2000, 7 AZB 18/00, BAGE 96, 163.
5 GK-ArbGG/*Dörner* § 22 Rn. 1.
6 Vgl. dazu LAG Schleswig-Holstein 14.3.1996, AR 14/96, LAGE § 21 ArbGG 1979 Nr. 9
7 GK-ArbGG/*Dörner* § 21 Rn. 5.
8 BR-Drucks. 820/07 S. 31.
9 LAG Bremen 20.2.1987, AR 4/87, DB 1987, 2576.

§ 21 Voraussetzungen für die Berufung als ehrenamtlicher Richter

4 Fraglich ist, ob man in der Zeit der **Freistellung** im Rahmen der **Altersteilzeit** noch eine **Tätigkeit** annehmen kann.[10] Dies ist im Hinblick darauf, dass der Betreffende noch Arbeitnehmer ist, und im Hinblick auf § 21 Abs. 6 und § 23 Abs. 1 zu bejahen. Eine Tätigkeit lässt sich indes bei einem mehrjährig ohne Bezüge beurlaubten Beamten nicht mehr annehmen.[11]

5 Die geforderte **Tätigkeit im Gerichtsbezirk** setzt voraus, dass der Betreffende im Gerichtsbezirk tatsächlich arbeitet. Es reicht also nicht aus, dass der Betreffende außerhalb des Gerichtsbezirks Tätigkeiten ausübt, die im Gerichtsbezirk Auswirkungen haben.[12] Ebenso reicht es nicht aus, wenn der Sitz des Unternehmens sich im Gerichtsbezirk befindet, der Betreffende dort aber nicht tätig ist.[13] Soweit Tätigkeiten auch außerhalb des Gerichtsbezirks ausgeübt werden, ist zu fordern, dass die Tätigkeiten im Gerichtsbezirk sich in zeitlicher Hinsicht nicht nur als völlig untergeordnet darstellen.[14] Im Übrigen wird man jetzt anknüpfen können an den Begriff des gewöhnlichen Arbeitsortes (§ 48 Abs. 1a; dazu § 48 Rn. 16 ff.).

5a Für den Begriff des **Wohnens** ist auf § 7 BGB zurückzugreifen. Damit kann ein ehrenamtlicher Richter wohnen i.S.d. § 21 Abs. 1 auch an mehreren Orten (§ 7 Abs. 2 BGB).

6 Die in Rn. 3 angesprochene Gesetzesänderung hat den Streit darüber obsolet gemacht, ob nur an die Tätigkeit oder in bestimmten Fällen auch an den **Wohnort** bzw. den **Unternehmenssitz** angeknüpft werden kann.[15] Im Falle der Arbeitslosigkeit kann an den früheren Tätigkeitsort angeknüpft werden,[16] alternativ auch auf den Wohnort.

---

10 Ablehnend GMPM-G/*Prütting* § 21 Rn. 9; vgl. weiter *Andelewski* NZA 2002, 655.
11 VGH Bayern 19.2.1992, 18 S 91.3270, PersR 1993, 340.
12 LAG Hamm 13.6.1991, 8 AR 17/91, LAGE § 21 ArbGG 1979 Nr. 7; wohl weiter GK-ArbGG/*Dörner* § 21 Rn. 5.
13 GK-ArbGG/*Dörner* § 21 Rn. 5.
14 Ähnlich LAG Schleswig-Holstein 11.1.1996, AR 4/96, NZA 1996, 504; BHK/*Hohmann* II Rn. 22; *Schwab/Weth/Liebscher* § 21 Rn. 8. Weiter GK-ArbGG/*Dörner* § 21 Rn. 5; GMPM-G/*Prütting* § 21 Rn. 9; *Hauck/Helml* § 21 Rn. 3.
15 Dazu GK-ArbGG/*Dörner* § 21 Rn. 5; *Schwab/Weth/Liebscher* § 21 Rn. 7; GMPM-G/*Prütting* § 21 Rn. 9 (im Falle der §§ 22, 23 Anknüpfung an Wohnsitz oder Sitz); vgl. weiter BHK/*Hohmann* II Rn. 21.
16 BHK/*Hohmann* II Rn. 22.

B. Negative Berufungsvoraussetzungen

I. Fehlende Fähigkeit zur Bekleidung öffentlicher Ämter

Abs. 2 S. 1 Nr. 1 bezieht sich in der 1. Alternative auf § 45 Abs. 1 und 2 StGB. Danach verliert der wegen eines Verbrechens zu einer Freiheitsstrafe von mindestens einem Jahr Verurteilte für fünf Jahre die Fähigkeit zur Bekleidung öffentlicher Ehrenämter (§ 45 Abs. 1 StGB). Das Gericht kann diese Fähigkeit in den vom Gesetz besonders vorgesehenen Fällen wie etwa in § 101 StGB (für Fälle u.a. des Landesverrats) für die Dauer von zwei bis fünf Jahren aberkennen (§ 45 Abs. 2 StGB). § 45b StGB gibt unter näher festgelegten Voraussetzungen dem Gericht die Möglichkeit, die Fähigkeit vorzeitig wieder zu verleihen.

Ebenso darf nicht zum ehrenamtlichen Richter berufen werden, wer wegen einer vorsätzlichen Tat rechtskräftig[17] zu einer **Freiheitsstrafe von mehr als sechs Monaten** verurteilt worden ist (§ 21 Abs. 2 S. 1 Nr. 1, 2. Alt.). Das gilt auch bei einer Strafaussetzung zur **Bewährung**.[18] Nach **Tilgung** der Strafe **im Bundeszentralregister** besteht der Hinderungsgrund für die Berufung zum ehrenamtlichen Richter nicht mehr.[19]

II. Anklage wegen bestimmter Taten

Zum ehrenamtlichen Richter darf nicht berufen werden, wer wegen einer Tat **angeklagt** ist (die Zustellung der Klageschrift muss vorliegen), die den **Verlust der Fähigkeit zur Bekleidung öffentlicher Ehrenämter zur Folge** haben **kann** (§ 21 Abs. 2 S. 1 Nr. 2). Es reicht damit aus, dass wegen einer Tat angeklagt ist, die von § 45 Abs. 1 oder 2 StGB (dazu Rn. 7) erfasst wird. Dies ist aus rechtsstaatlichen Erwägungen so nur dann vertretbar, wenn man den Bewerber nach dem für ihn positiven Abschluss des Ermittlungs- oder Strafverfahrens frühestmöglich zum ehrenamtlichen Richter bestellt, sofern er sich noch auf der Vorschlagsliste befindet und sich keine anderen Hinderungsgründe ergeben.[20]

III. Kein Wahlrecht zum Bundestag

Die Wahlberechtigung zum Deutschen Bundestag setzt nach den §§ 12, 13 BWahlG zunächst die **deutsche Staatsangehörigkeit** (Art. 116 GG)

---

17 GMPM-G/*Prütting* § 21 Rn. 13; a.A. GK-ArbGG/*Dörner* § 21 Rn. 8.
18 BHK/*Hohmann* IV Rn. 3.
19 BHK/*Hohmann* IV Rn. 3; GMPM-G/*Prütting* § 21 Rn. 15.
20 GK-ArbGG/*Dörner* § 21 Rn. 9; ähnlich *Hauck/Helml* § 21 Rn. 7; schwächer GMPM-G/*Prütting* § 21 Rn. 12; a.A. *Grunsky* § 21 Rn. 5; *Schwab/Weth/Liebscher* § 21 Rn. 25.

voraus. Damit können wegen der Regelung in § 21 Abs. 2 Nr. 3 derzeit **Ausländer** nicht ehrenamtliche Richter beim Arbeitsgericht werden.[21] Außerdem ist danach für die Wahlberechtigung Voraussetzung, dass man seit mindestens drei Jahren seinen Wohnsitz oder dauernden Aufenthalt in Deutschland hat. Im Übrigen wird auf § 13 BWahlG verwiesen.

IV. Vermögensverfall

11 Liegt Vermögensverfall vor, **soll** die betreffende Person nicht zum ehrenamtlichen Richter bestellt werden (Abs. 2 S. 2). Es ist dabei unter Berücksichtigung der besonderen Umstände des Einzelfalles nach **pflichtgemäßem Ermessen** zu entscheiden.[22] Entscheidet die gem. § 20 Abs. 1 zuständige Stelle sich gegen die Berufung, wird der Betreffende von der Vorschlagsliste gestrichen. Der **Vermögensverfall** bezieht sich nur auf die konkrete **Person**, nicht auf die Personengesellschaft oder Kapitalgesellschaft.[23] Der wichtigste Fall ist die Eröffnung eines **Insolvenzverfahrens**,[24] daneben kommt insbesondere die Eintragung in das **Schuldnerverzeichnis** in Betracht.[25]

V. Beamte oder Angestellte eines Gerichts für Arbeitssachen

12 Die Bestimmung des § 21 Abs. 3 soll Interessenkollisionen vorbeugen, ist aber jedenfalls zu weit gefasst und wegen der Ausklammerung der Arbeiter auch wenig stringent. Nach dem eindeutigen Wortlaut dürfen **Beamte** und **Angestellte** (nicht: **Arbeiter**) eines Gerichts für Arbeitssachen (also aller Instanzen) weder am eigenen Arbeitsgericht noch an irgendeinem anderen Gericht für Arbeitssachen zu ehrenamtlichen Richtern bestellt werden.[26] Beamte oder Angestellte von Gerichten **anderer Gerichtszweige** können hingegen bestellt werden.

VI. Sonstige Fälle

13 Nach **Abs. 4 S. 2** darf niemand **gleichzeitig** (wohl aber hintereinander[27]) ehrenamtlicher Richter der Arbeitnehmerseite und der Arbeit-

---

21 Zum diesbezüglichen Diskussionsstand ArbGG/*Wolmerath* § 21 Rn. 7a; *Jutzi* DRiZ 1997, 377; *Röper* DRiZ 1998, 195.
22 GK-ArbGG/*Dörner* § 21 Rn. 11a.
23 *Schwab/Weth/Liebscher* § 21 Rn. 38.
24 GMPM-G/*Prütting* § 21 Rn. 17 m.w.N.
25 GK-ArbGG/*Dörner* § 21 Rn. 11.
26 BHK/*Hohmann* IV Rn. 17.
27 GK-ArbGG/*Dörner* § 21 Rn. 15 m.w.N.

geberseite sein (auch nicht bei verschiedenen Arbeitsgerichten[28]) oder **gleichzeitig** als ehrenamtlicher Richter **bei mehr als einem Gericht** für Arbeitssachen berufen werden – also weder gleichzeitig bei mehreren Arbeitsgerichten oder gleichzeitig in mehreren Instanzen.

Ein **Rechtsanwalt** oder ein **Verbandsvertreter** kann, soweit er als Arbeitnehmer oder Arbeitgeber einzustufen ist, ehrenamtlicher Richter werden. Das Gesetz bietet keine Handhabe dagegen.[29] Zu beachten ist freilich, dass er dann regelmäßig nicht als **Bevollmächtigter** oder **Beistand** vor dem Spruchkörper, dem er zugeteilt ist, auftreten kann (§ 11 Abs. 5 S. 2, Abs. 6 S. 4; näher dazu § 11 Rn. 40). 14

Nach § 9 Abs. 1 des **Gesetzes zur Prüfung von Rechtsanwaltszulassungen, Notarbestellungen und Berufungen ehrenamtliche Richter** vom 24.7.1992 (BGBl. I S. 1386) sollten zu ehrenamtlichen Richtern Personen nicht berufen werden, die gegen die Grundsätze der Menschlichkeit oder der Rechtsstaatlichkeit verstoßen haben oder die – verkürzt zitiert[30] – wegen einer Tätigkeit als Mitarbeiter des **Staatssicherheitsdienstes der ehemaligen DDR** für das Amt eines ehrenamtlichen Richters nicht geeignet sind. § 9 Abs. 2 sah vor, dass von dem Vorgeschlagenen eine Erklärung verlangt werden kann, dass die Voraussetzungen des Abs. 1 bei ihm nicht vorliegen.[31] Wurden nachträglich die in § 9 Abs. 1 angeführten Umstände bekannt, war der ehrenamtliche Richter von seinem Amt abzuberufen (§ 10 Abs. 1 des Gesetzes). Nach der Aufhebung dieses Gesetzes[32] gelten nunmehr mit entsprechendem Inhalt die §§ 44a und 44b DRiG. 15

Schließlich ist es als **ungeschriebene negative Berufungsvoraussetzung** zu werten, dass jemand nicht zum ehrenamtlichen Richter berufen werden kann, der **nicht die Gewähr dafür bietet, jederzeit für die freiheitliche demokratische Grundordnung einzutreten** (Art. 33 Abs. 2 GG).[33] 16

---

28 GMPM-G/*Prütting* § 21 Rn. 23.
29 GK-ArbGG/*Dörner* § 21 Rn. 17 m.w.N. zum Meinungsstand; a.A. BAG Präsidiumsbeschluss 22. und 23.10.1975 AP § 43 ArbGG 1953 Nr. 4.
30 Der vollständige Text der §§ 9, 10 des zitierten Gesetzes ist bei *Schwab/Weth/Liebscher* 1. Aufl., § 21 Rn. 13 abgedruckt.
31 GK-ArbGG/*Dörner* § 2 Rn. 17a verlangt einen konkreten Anlass für das Verlangen.
32 BHK/*Hohmann* IV Rn. 10.
33 Vgl. dazu insgesamt *Frehse* NZA 1993, 915; GMPM-G/*Prütting* § 27 Rn. 7 m.w.N.; *Schwab/Weth/Liebscher* § 21 Rn. 12 m.w.N. Vgl. weiter § 27 Rn. 3 m.w.N.

C. Ende der Amtszeit

I. Normalfall

17 Im Normalfall endet die Amtszeit des ehrenamtlichen Richters **mit Ablauf der fünfjährigen Amtsperiode**, wie sie in § 20 Abs. 1 S. 1 vorgesehen ist.

II. Bestellung zum ehrenamtlichen Richter im höheren Rechtszug

18 Darüber hinaus endet die Amtszeit eines ehrenamtlichen Richters, der zum ehrenamtlichen Richter in einem höheren Rechtszug bestellt wird, automatisch **mit dem Beginn der Amtszeit in dem höheren Rechtszug** (Abs. 4 S. 1).

III. Amtsentbindung

19 Schließlich endet das Amt des ehrenamtlichen Richters, sobald er in dem Verfahren gem. Abs. 5 und 6 von seinem Amt entbunden ist. Die Einzelheiten sind unter Rn. 20 ff. dargestellt.

D. Entbindung vom Amt

I. Voraussetzungen

20 Wird das **Fehlen einer Voraussetzung für die Berufung in das Amt nachträglich bekannt** oder **fällt eine solche Voraussetzung nachträglich fort**, ist der ehrenamtliche Richter von seinem Amt zu entbinden (Abs. 5 S. 1).

II. Antrag

21 Verliert der ehrenamtliche Richter seine Eigenschaft als Arbeitnehmer oder Arbeitgeber wegen Erreichens der **Altersgrenze**,[34] kann den dann jeweils erforderlichen Antrag **nur der ehrenamtliche Richter** stellen (Abs. 6). In allen übrigen Fällen kann der Antrag von der **zuständigen Stelle** (§ 20),[35] oder dem **ehrenamtlichen Richter** gestellt werden (Abs. 5 S. 1).

---

34 Es kommt darauf an, ob er in Rente oder Pension geht und daher nicht mehr Arbeitnehmer oder Arbeitgeber ist. Ebenso GK-ArbGG/*Dörner* § 21 Rn. 20; *Schwab/Weth/Liebscher* § 21 Rn. 58.

35 Das gilt auch beim »Lagerwechsel«, wenn also etwa ein ehrenamtlicher Richter der Arbeitnehmerseite während seiner Amtszeit Arbeitgeber wird: BAG 19.8.2004, 1 AS 6/03, EzA § 43 ArbGG 1979 Nr. 3.

III. Verfahren

Ist ein Antrag auf Amtsentbindung gestellt, hat die nach dem Geschäfts- 22
verteilungsplan zuständige **Kammer des Landesarbeitsgerichts** ohne
Ermessensspielraum zu entscheiden (Abs. 5 S. 2). Diese hat den betroffenen ehrenamtlichen Richter zuvor zu **hören** (Abs. 5 S. 3), sei es schriftlich oder mündlich (in nichtöffentlicher Sitzung[36]). Die Entscheidung
in Form eines **Beschlusses**, der schriftlich abzufassen, zu begründen
und dem ehrenamtlichen Richter zuzustellen ist und der mit Verkündung oder sonst mit Zustellung wirksam wird, ist dann **unanfechtbar**
(Abs. 5 S. 4; § 78a ArbGG ist anwendbar).[37] Ein neuer Antrag ist nur auf
der Basis eines neuen Grundes möglich.

Abs. 5 S. 5 sieht vor, dass die zuständige Kammer des Landesarbeitsge- 23
richts anordnen kann,[38] dass der ehrenamtliche Richter bis zu der Entscheidung über den Antrag auf Amtsentbindung **nicht mehr heranzuziehen** ist. Geschieht das nicht, ist der ehrenamtliche Richter weiter turnusgemäß heranzuziehen. Dies kann nicht dadurch unterlaufen werden, dass das Präsidium den ehrenamtlichen Richter keiner Kammer
mehr zuteilt.[39]

---

36 GMPM-G/*Prütting* § 27 Rn. 13.
37 Zum Streitwert LAG Hamm 24.2.1993, 8 AR 26/92, LAGE § 21 ArbGG 1979 Nr. 2.
38 Von Amts wegen nach Gewährung rechtlichen Gehörs: LAG Hamm 28.1.1993, 8 AR 44/92, LAGE § 21 ArbGG 1979 Nr. 4.
39 GMPM-G/*Prütting* § 21 Rn. 36 m.w.N.

§ 22 Ehrenamtlicher Richter aus Kreisen der Arbeitgeber

(1) Ehrenamtlicher Richter aus Kreisen der Arbeitgeber kann auch sein, wer vorübergehend oder regelmäßig zu gewissen Zeiten des Jahres keine Arbeitnehmer beschäftigt.

(2) Zu ehrenamtlichen Richtern aus Kreisen der Arbeitgeber können auch berufen werden

1. bei Betrieben einer juristischen Person oder einer Personengesamtheit Personen, die kraft Gesetzes, Satzung oder Gesellschaftsvertrag allein oder als Mitglieder des Vertretungsorgans zur Vertretung der juristischen Person oder der Personengesamtheit berufen sind;

2. Geschäftsführer, Betriebsleiter oder Personalleiter, soweit sie zur Einstellung von Arbeitnehmern in den Betrieb berechtigt sind, oder Personen, denen Prokura oder Generalvollmacht erteilt ist;

3. bei dem Bunde, den Ländern, den Gemeinden, den Gemeindeverbänden und anderen Körperschaften, Anstalten und Stiftungen des öffentlichen Rechts Beamte und Angestellte nach näherer Anordnung der zuständigen obersten Bundes- oder Landesbehörde;

4. Mitglieder und Angestellte von Vereinigungen von Arbeitgebern sowie Vorstandsmitglieder und Angestellte von Zusammenschlüssen solcher Vereinigungen, wenn diese Personen kraft Satzung oder Vollmacht zur Vertretung befugt sind.

1 Die Vorschrift regelt in Abs. 2, wer ohne als Person selbst Arbeitgeber zu sein (§ 21 Abs. 1 S. 2), ebenfalls zum **ehrenamtlichen Richter auf Arbeitgeberseite** berufen werden kann. Abs. 1 stellt klar, dass eine **zeitweise Nichtbeschäftigung von Arbeitnehmern** den Arbeitgeberstatus nicht in Frage stellt.

2 Abs. 1 erfasst zwei Alternativen. Die zweite Alternative, dass nämlich **regelmäßig zu gewissen Zeiten des Jahres keine Arbeitnehmer beschäftigt** werden, spricht die **Saison- und Kampagnebetriebe** an. Die erste Alternative – **vorübergehend keine Arbeitnehmer beschäftigt** – greift in allen Fällen ein, in denen die Absicht, Arbeitnehmer zu beschäftigen, nicht endgültig aufgegeben worden ist.[1]

---

1 Für die h.M. GMPM-G/*Prütting* § 22 Rn. 8 m.w.N.; ArbGG/*Wolmerath* § 22 Rn. 1. Nach einjähriger Nichtbeschäftigung von Arbeitnehmern fordert *Schwab/Weth/Liebscher* § 22 Rn. 5 gesteigerte Darlegungen.

Abs. 2 Nr. 1 betrifft den Personenkreis, der in **§ 5 Abs. 1 S. 3** angespro- 3
chen ist.[2] **Abs. 2 Nr. 2** normiert, dass bestimmte **leitende Angestellte**
zu ehrenamtlichen Richten aus Kreisen der Arbeitgeber berufen werden können. Diese Angestellten werden von ihrer Funktion her dem
Arbeitgeberlager zugerechnet. Es handelt sich dabei zunächst um **Prokuristen (§ 48 HGB)** und **Generalbevollmächtigte**.[3] Außerdem sind erfasst **Geschäftsführer** (hier im untechnischen Sinne; der Geschäftsführer als gesetzlicher Vertreter fällt bereits unter Abs. 2 Nr. 1[4]), **Betriebsleiter** oder **Personalleiter**, soweit sie – das Zusatzkriterium erfasst
alle drei angesprochenen Personengruppen[5] – **zur Einstellung von
Arbeitnehmern berechtigt** sind.[6] Im Hinblick auf die Zurechnung
zum Arbeitgeberlager und die Sachkompetenz wird man auch den
stellvertretenden Personalleiter als erfasst ansehen können.[7] Die in
Abs. 2 Nr. 1 aufgeführten Personen können wegen ihrer gesetzlich geregelten Zuordnung zum Arbeitgeberlager nicht ehrenamtliche Richter
auf Arbeitnehmerseite sein.[8] Zur **Ausnahmebestimmung** des § 30
S. 2 für **Fachkammern** vgl. § 30 Rn. 3.

Bei den in **Abs. 2 Nr. 3** aufgeführten Körperschaften, Anstalten und Stif- 4
tungen des öffentlichen Rechts können noch aktive[9] **Beamte**[10] **und Angestellte** (nicht: Arbeiter) ehrenamtliche Richter auf Arbeitgeberseite
sein,[11] und zwar **nach näherer Anordnung der zuständigen obersten
Bundes- oder Landesbehörde**. Die Bundes- oder Landesbehörde hat

---

2 Vgl. dazu die Erläuterungen zu § 5; vgl. weiter BHK/*Hohmann* II Rn. 10 m.w.N.
3 Die Generalvollmacht ist jedenfalls als Generalhandlungsvollmacht i.S.d. § 54 Abs. 1 HGB zu verstehen.
4 Es kommt für den Geschäftsführer, den Betriebsleiter und den Personalleiter nicht auf die Bezeichnung, sondern auf die Funktion an: GK-ArbGG/*Dörner* § 22 Rn. 5; ebenso speziell für den Personalleiter BHK/*Hohmann* II Rn. 12.
5 GK-ArbGG/*Dörner* § 22 Rn. 5; a.A. *Grunsky* § 22 Rn. 7; BHK/*Hohmann* II Rn. 12
6 Die alleinige oder vollkommen selbständige Einstellungsbefugnis ist nicht gefordert: LAG Hamm 20.12.1990, 8 AR 21/90, LAGE § 22 ArbGG 1979 Nr. 1. Dazu, dass die Norm insgesamt wenig befriedigend ausgestaltet und auch zum Teil verfassungsrechtlich bedenklich ist, *Hohmann* NZA 2007, 958.
7 A.A. *Grunsky* § 22 Rn. 7. Bloße Personalreferenten oder Personalsachbearbeiter werden indes nicht erfasst.
8 LAG Bremen 25.4.1997, AR 22/96, MDR 1997, 659.
9 *Schwab/Weth/Liebscher* § 22 Rn. 18.
10 Zur (verneinten) Arbeitnehmereigenschaft von Bahnbeamten nach Privatisierung der Bundesbahn LAG Schleswig-Holstein 14.3.1996, AR 14/96, LAGE § 21 ArbGG 1979 Nr. 9.
11 GMPM-G/*Prütting* § 22 Rn. 17a klammert Spitzenvertreter der Exekutive wie Minister und Staatssekretäre aus. Unproblematisch ist jedenfalls ein Landrat oder Bürgermeister als ehrenamtlicher Richter.

es damit in der Hand, welchen Personenkreis sie insoweit einbezieht.[12] Das Gesetz sieht keine Beschränkung auf leitende Beamte oder Angestellte vor,[13] wenngleich es sachgerecht sein wird, die Anordnung auf Personen mit wirklicher Arbeitgeberfunktion zu begrenzen.[14] Zu beachten ist freilich § 21 Abs. 3.[15]

5 **Abs. 2 Nr. 4** erfasst zunächst die (zur Vertretung befugten) **Mitglieder** von **Arbeitgebervereinigungen**. Doch fällt dieser Personenkreis ohnehin bereits unter § 21 Abs. 1 S. 2 oder § 22 Abs. 1. Die Vorschrift des Abs. 2 Nr. 4 wird damit praktisch für die gleichfalls angesprochenen **Angestellten** und **Vorstandsmitglieder**[16] von Arbeitgebervereinigungen oder von **Zusammenschlüssen** solcher Vereinigungen. Zusätzlich ist Voraussetzung, dass die Angestellten oder Vorstandsmitglieder **kraft Satzung oder Vollmacht zur Vertretung** der Vereinigung oder des Zusammenschlusses **befugt** sind.[17]

---

12 Beispiele für derartige Anordnungen bei GK-ArbGG/*Dörner* § 22 Rn. 6 und 6a.
13 GK-ArbGG/*Dörner* § 22 Rn. 6; a.A. die h.M., dafür etwa GMPM-G/*Prütting* § 22 Rn. 16 f. m.w.N.; BHK/*Hohmann* II Rn. 16; LAG Hamm 25.4.1997, AR 22/96, NZA 1998, 448.
14 Der Erlass des Hessischen Ministeriums des Inneren und für Sport vom 27.11.2007 (Staatsanzeiger für das Land Hessen 51/2007 S. 2609) sieht vor, dass nur Personen berücksichtigt werden, die in ihrer dienstlichen Eigenschaft Arbeitgeberfunktionen ausüben, d.h. die etwa in der Personalsachbearbeitung oder leitender Funktion tätig sind. Kritisch zur Einbeziehung der bloßen Personalsachbearbeitung BHK/*Hohmann* II Rn. 16.
15 Dazu § 21 Rn. 12.
16 *Schwab/Weth/Liebscher* § 22 Rn. 22: Erfasst sind trotz der Lücke im Wortlaut auch die Vorstandsmitglieder von Arbeitgebervereinigungen.
17 Vgl. dazu § 21 Rn. 14.

§ 23 Ehrenamtlicher Richter aus Kreisen der Arbeitnehmer

(1) Ehrenamtlicher Richter aus Kreisen der Arbeitnehmer kann auch sein, wer arbeitslos ist.

(2) [1]Den Arbeitnehmern stehen für die Berufung als ehrenamtliche Richter Mitglieder und Angestellte von Gewerkschaften, von selbständigen Vereinigungen von Arbeitnehmern mit sozial- oder berufspolitischer Zwecksetzung sowie Vorstandsmitglieder und Angestellte von Zusammenschlüssen von Gewerkschaften gleich, wenn diese Personen kraft Satzung oder Vollmacht zur Vertretung befugt sind. [2]Gleiches gilt für Bevollmächtigte, die als Angestellte juristischer Personen, deren Anteile sämtlich im wirtschaftlichen Eigentum einer der in Satz 1 genannten Organisationen stehen, handeln und wenn die juristische Person ausschließlich die Rechtsberatung und Prozessvertretung der Mitglieder der Organisation entsprechend deren Satzung durchführt.

Die Vorschrift ergänzt wie § 22 für die Arbeitgeberseite § 21 Abs. 1 S. 2 für die Arbeitnehmerseite. **Abs. 1** stellt zunächst klar, dass **Arbeitslosigkeit** der Berufung zum ehrenamtlichen Richter nicht entgegensteht. Dies stellt das Pendant zu § 22 Abs. 1 dar. Der Begriff der Arbeitslosigkeit ist den §§ **118, 119 SGB III** zu entnehmen.[1] Die Dauer der Arbeitslosigkeit ist ohne Belang, ebenso, ob ein Anspruch auf Arbeitslosengeld besteht.[2]   1

Abs. 2 ist als Parallelvorschrift zu § 22 Abs. 2 Nr. 4 ausgestaltet. Die Vorschrift geht weitgehend ins Leere, weil die angesprochenen Personen ohnehin regelmäßig Arbeitnehmer sind.[3] Für die Einzelheiten wird verwiesen auf die Erläuterungen zu § 11. Hervorzuheben ist, dass die angesprochenen **Mitglieder, Angestellten** und **Vorstandsmitglieder kraft Satzung oder Vollmacht zur Vertretung befugt** sein müssen.[4]   2

---

1 ArbGG/*Wolmerath* § 23 Rn. 1; LAG Bremen 22.9.1995, AR 26/95, LAGE § 21 ArbGG 1979 Nr. 6 (Jura-Studentin).
2 GK-ArbGG/*Dörner* § 23 R 3.
3 ArbGG/*Wolmerath* § 23 Rn. 3 f.; GMPM-G/*Prütting* § 23 Rn. 7.
4 Auch hier werden trotz der Lücke im Wortlaut auch Vorstandsmitglieder von Gewerkschaften erfasst. Vgl. weiter § 21 Rn. 14.

§ 24 Ablehnung und Niederlegung des ehrenamtlichen Richteramts

(1) Das Amt des ehrenamtlichen Richters kann ablehnen oder niederlegen,

1. wer die Regelaltersgrenze nach dem Sechsten Buch Sozialgesetzbuch erreicht hat;

2. wer aus gesundheitlichen Gründen daran gehindert ist, das Amt ordnungsgemäß auszuüben;

3. wer durch ehrenamtliche Tätigkeit für die Allgemeinheit so in Anspruch genommen ist, dass ihm die Übernahme des Amtes nicht zugemutet werden kann;

4. wer in den zehn der Berufung vorhergehenden Jahren als ehrenamtlicher Richter bei einem Gericht für Arbeitssachen tätig gewesen ist;

5. wer glaubhaft macht, dass ihm wichtige Gründe, insbesondere die Fürsorge für seine Familie, die Ausübung des Amtes in besonderem Maße erschweren.

(2) [1]Über die Berechtigung zur Ablehnung oder Niederlegung entscheidet die zuständige Stelle (§ 20). [2]Die Entscheidung ist endgültig.

1 Die Vorschrift geht davon aus, dass eine **Pflicht** zur Übernahme des Amtes eines ehrenamtlichen Richters besteht und daher das Amt nur **ausnahmsweise abgelehnt** oder **niedergelegt** werden kann. Der Streit darum, ob § 24 **abschließend** ist oder nicht,[1] ist angesichts der recht weiten und dadurch insgesamt durchaus problematischen[2] Regelungen in § 24 ohne praktische Bedeutung, wenngleich die Fassung des Abs. 1 mehr für einen abschließenden Katalog spricht.

2 **Abs. 1 Nr. 1** gab nach dem bis zum 31.12.2007 geltenden Rechtszustand dem ehrenamtlichen Richter **ab dem vollendeten 65. Lebensjahr** (also: erstmals am 65. Geburtstag: §§ 187 Abs. 2 S. 2, 188 Abs. 2 BGB) die Möglichkeit, das Amt niederzulegen oder abzulehnen. Mit Wirkung vom 1.1.2008 ist insoweit jetzt aufgrund des Art. 8 des Gesetzes vom 20.4.2007 (BGBl. I S. 554) abgestellt auf die **Regelaltersgrenze nach**

---

1 Die h.M. hält § 24 für nicht abschließend. Dazu m.w.N. GMPM-G/*Prütting* § 24 Rn. 6.
2 GMPM-G/*Prütting* § 24 Rn. 13.

dem **Sechsten Buch Sozialgesetzbuch**, die zunächst weiterhin beim 65. Lebensjahr liegt, dann aber ab dem Jahre 2012 kontinuierlich ansteigt. Daneben steht die Möglichkeit des **§ 21 Abs. 6** (dazu § 21 Rn. 21). Bei **Abs. 1 Nr. 2** kommt es darauf an, ob die **gesundheitlichen Gründe** den ehrenamtlichen Richter wirklich daran hindern, das Amt ordnungsgemäß auszuüben. Erforderlichenfalls ist ein ärztliches **Attest** anzufordern,[3] die zuständige Stelle (Abs. 2) hat jedoch einen weiten **Beurteilungsspielraum**.[4]

Abs. 1 Nr. 3 soll einer **Überforderung** durch ehrenamtliche Tätigkeiten entgegenwirken. Nehmen also sonstige Ehrenämter für die Allgemeinheit[5] den ehrenamtlichen Richter derart in Anspruch, dass ihm die zusätzliche Übernahme oder die Weiterführung des Amtes eines ehrenamtlichen Richters **nicht zugemutet** werden kann, kann er das Amt ablehnen oder niederlegen. Die Aussage bezüglich des **Beurteilungsspielraums** (Rn. 2) gilt auch hier. In dieselbe Richtung wie Abs. 1 Nr. 3 zielt **Abs. 1 Nr. 4**. Hier ist Voraussetzung, dass der erneuten Berufung (jedenfalls für eine dritte Amtsperiode) **zwei volle Amtsperioden (10 Jahre)** ohne Unterbrechung unmittelbar vorausgegangen sind. Es muss sich um Amtsperioden **bei einem Gericht für Arbeitssachen** handeln. Zeiten als ehrenamtlicher Richter in anderen Gerichtsbarkeiten spielen hier keine Rolle, sie können aber im Rahmen des Abs. 1 Nr. 3 Bedeutung gewinnen.

Schließlich kann sich der ehrenamtliche Richter nach **Abs. 1 Nr. 5** darauf berufen, dass ihm **wichtige Gründe** die Ausübung des Amtes **in besonderem Maße erschweren**. Als Beispiel nennt die Norm insbesondere die **Fürsorge für die Familie**.[6] Es ist dabei zu prüfen, ob die Besonderheiten des Einzelfalles dem ehrenamtlichen Richter ein über das normale Maß erheblich hinausgehendes Sonderopfer abverlangen. Schwierige Verkehrsverhältnisse werden kaum ausreichen,[7] ebenso nicht Spannungen zwischen dem ehrenamtlichen Richter und den Berufsrichtern des Gerichts.[8] Hingegen sieht die h.M. die berufliche Überlastung als wichtigen Grund an.[9]

---

3 *Schwab/Weth/Liebscher* § 24 Rn. 8.
4 GK-ArbGG/*Dörner* § 24 Rn. 3.
5 Das ist weit zu sehen. Ebenso GK-ArbGG/*Dörner* § 24 Rn. 4; enger GMPM-G/*Prütting* § 24 Rn. 10.
6 Die Familie umfasst alle Angehörigen und wohl auch den Lebenspartner, sofern die sittliche Pflicht eine Fürsorge erfordert: *Schwab/Weth/Liebscher* § 24 Rn. 16.
7 GMPM-G/*Prütting* § 24 Rn. 12; a.A. BHK/*Hohmann* XXI Rn. 2.
8 A.A. *Grunsky* § 24 Rn. 7.
9 ArbGG/*Wolmerath* § 24 Rn. 9; BHK/*Hohmann* XXI Rn. 2. Zu Recht krit. GK-ArbGG/*Dörner* § 24 Rn. 6.

§ 24 Ablehnung und Niederlegung des ehrenamtlichen Richteramts

5 Die Ablehnung oder Niederlegung des Amtes wird erst wirksam (ex nunc[10]), wenn und sobald sie **von der zuständigen Stelle** (§ 20) **als berechtigt anerkannt** ist (Abs. 2 S. 1). Der ehrenamtliche Richter hat damit seine Erklärung der Ablehnung oder Niederlegung,[11] die nicht an eine Frist gebunden ist und die auch mündlich erfolgen kann, wenngleich Schriftform zu empfehlen ist,[12] an die zuständige Behörde zu richten. Diese prüft die angegebenen Gründe – gegebenenfalls anhand von Unterlagen[13] – und hat bei Bejahung der Voraussetzungen die Erklärung als berechtigt anzuerkennen.[14]

6 Abs. 2 S. 2 erklärt die **Entscheidung** der zuständigen Stelle für **endgültig**. Doch handelt es sich dabei um einen **Verwaltungsakt**, und dagegen muss es **gerichtlichen Rechtsschutz** geben (Art. 19 Abs. 4 S. 1 GG). Zum Teil wird daher in verfassungskonformer Auslegung der Verwaltungsgerichtsweg für eröffnet gehalten,[15] zum Teil wird Art. 100 Abs. 1 S. 1 GG für anwendbar gehalten,[16] weil kein Raum sei für eine verfassungskonforme Auslegung.[17] Es spricht mehr für die zweitgenannte Ansicht.

§ 25

(weggefallen)

---

10 Bei der Ablehnung wird die zuständige Stelle jedoch den Fortgang des Berufungsverfahrens stoppen: GK-ArbGG/*Dörner* § 24 Rn. 8.
11 Unzutreffend wird zum Teil von einem Antrag gesprochen (so etwa *Schwab/Weth/Liebscher* § 24 Rn. 19).
12 BHK/*Hohmann* XXI Rn. 4.
13 BHK/*Hohmann* XXI Rn. 2 spricht auch die Möglichkeit einer eidesstattlichen Versicherung an.
14 Zum Beurteilungsspielraum oben Rn. 2 u. 3.
15 Etwa GK-ArbGG/*Dörner* § 24 Rn. 10.
16 Etwa BHK/*Hohmann* XXI Rn. 6 m.w.N.; vgl. zum Meinungsstand weiter GMPM-G/*Prütting* § 24 Rn. 17 ff.; *Grunsky* § 24 Rn. 10; *Creutzfeldt* AuA 1995, 263, 264.
17 GMPM-G/*Prütting* § 24 Rn. 18 f.; ArbGG/*Wolmerath* § 24 Rn. 13.

§ 26 Schutz der ehrenamtlichen Richter

(1) Niemand darf in der Übernahme oder Ausübung des Amtes als ehrenamtlicher Richter beschränkt oder wegen der Übernahme oder Ausübung des Amtes benachteiligt werden.

(2) Wer einen anderen in der Übernahme oder Ausübung seines Amtes als ehrenamtlicher Richter beschränkt oder wegen der Übernahme oder Ausübung des Amtes benachteiligt, wird mit Freiheitsstrafe bis zu einem Jahr oder mit Geldstrafe bestraft.

Übersicht	Rn.
A. Allgemeines	1
B. Das Verbot des Absatzes 1	2
C. Rechtsfolgen des Verstoßes gegen Absatz 1	5
D. Strafrechtliche Folgen (Abs. 2)	6
E. § 45 Abs. 1a DRiG	7

A. Allgemeines

§ 26 insgesamt schützt den ehrenamtlichen Richter davor, bei der Übernahme oder Ausübung seines Ehrenamtes **Beschränkungen** ausgesetzt zu werden oder wegen der Übernahme oder der Ausübung des Ehrenamtes **benachteiligt** zu werden. Die Vorschrift stellt damit in **zivilrechtlicher** (Abs. 1) und **strafrechtlicher** (Abs. 2) Hinsicht die Funktionsfähigkeit der Amtsausübung sicher.[1] Darüber hinaus – § 26 ArbGG ist nicht abschließend[2] – regelt nunmehr § 45 **Abs. 1a DRiG**, eingefügt durch das Gesetz zur Vereinfachung und Vereinheitlichung der Verfahrensvorschriften zur Wahl und Berufung ehrenamtlicher Richter vom 21.12.2004 (BGBl. I S. 3599) mit Wirkung vom 1.1.2005:

»Niemand darf in der Übernahme oder Ausübung des Amtes als ehrenamtlicher Richter beschränkt oder wegen der Übernahme oder Ausübung des Amtes benachteiligt werden. Ehrenamtliche Richter sind in der Zeit ihrer Amtstätigkeit von ihrem Arbeitgeber von der Arbeitsleistung freizustellen. Die Kündigung des Arbeitsverhältnisses wegen der Übernahme oder der Ausübung des Amtes ist unzulässig. Weitergehende landesrechtliche Regelungen bleiben unberührt.«

1

---

1 BVerfG 11.4.2000, 1 BvL 2/00, EzA § 26 ArbGG 1979 Nr. 2.
2 In diesem Sinne auch BVerfG 11.4.2000, 1 BvL 2/00, EzA § 26 ArbGG 1979 Nr. 2.

B. Das Verbot des Absatzes 1

2 Abs. 1 schützt nicht nur den bereits berufenen ehrenamtlichen Richter,[3] sondern ebenso die bislang lediglich **vorgeschlagene Person**, da es ja auch um den Schutz vor Benachteiligungen bei der Übernahme des Ehrenamtes geht.[4] Richtigerweise wird man darüber hinaus auch schon das **Bemühen um die Aufnahme in eine Vorschlagsliste** schützen müssen.[5] Eine Benachteiligung wegen der Amtsausübung ist auch **nach Beendigung des Ehrenamtes** denkbar.[6] Das Verbot richtet sich nicht etwa nur an den Arbeitgeber des ehrenamtlichen Richters oder die Organisation, die den ehrenamtlichen Richter vorgeschlagen hat, sondern an **alle**.[7] Die **Übernahme und Ausübung des Amtes** umfasst alle richterlichen Tätigkeiten, die Vorbereitung darauf (etwa: Literatur- oder Aktenstudium), die Teilnahme an Sitzungen des Ausschusses der ehrenamtlichen Richter[8] sowie die Teilnahme an Schulungen für das Ehrenamt.[9] § 26 Abs. 1 gibt aber keinen Anspruch auf Urlaub für die Bewerbung um das Ehrenamt.[10]

3 Das Verbot der **Beschränkung** der Übernahme oder Ausübung des Amtes umfasst jegliche **Androhung rechtswidriger Nachteile** (etwa: Kündigung oder Versetzung) für den Fall der Übernahme des Amtes oder für den Fall einer bestimmten Tätigkeit im Rahmen der Amtsausübung und zum Beispiel die Verweigerung der Freistellung (zu § 45 Abs. 1a S. 2 DRiG[11] auch unten Rn. 7).[12]

4 Eine **Benachteiligung** ist dann gegeben, wenn der ehrenamtliche Richter wegen der Übernahme oder der Ausübung des Amtes tatsächlich mit einer negativen Maßnahme überzogen wird, wenn ihm also gekündigt wird (ausdrücklich so jetzt § 45 Abs. 1a S. 2 DRiG[13]), wenn er aus dem Gerichtsbezirk versetzt wird, damit so – wenn nicht die Wohnung im Gerichtsbezirk liegt – die Voraussetzungen für die Berufung entfallen (vgl. § 21 Abs. 1 und Abs. 5 S. 1),[14] oder wenn ihm Sonderleistungen

---

3 So GK-ArbGG/*Dörner* § 26 Rn. 3 m.w.N. zum Streitstand.
4 *Creutzfeldt* AuA 1995, 263, 265; GMPM-G/*Prütting* § 26 Rn. 11.
5 *Schwab/Weth/Liebscher* § 26 Rn. 7.
6 ArbGG/*Wolmerath* § 26 Rn. 5.
7 Also auch an Kollegen oder die Presse. Weiter dazu m.w.N. GK-ArbGG/*Dörner* § 26 Rn. 4.
8 Für die h.M. *Hauck/Helml* § 26 Rn. 2; *Schwab/Weth/Liebscher* § 26 Rn. 8.
9 BAG 25.8.1982, 4 AZR 1147/79, EzA § 26 ArbGG 1979 Nr. 1.
10 GMPM-G/*Prütting* § 26 Rn. 11.
11 Text oben in Rn. 1.
12 Vgl. auch *Schwab/Weth/Liebscher* § 26 Rn. 10.
13 Text oben in Rn. 1.
14 *Schwab/Weth/Liebscher* § 26 Rn. 11.

verweigert werden.[15] Der etwaige Wegfall des Vergütungsanspruchs gegen den Arbeitgeber stellt keine Benachteiligung in diesem Sinne dar (näher dazu § 6 Rn. 9). Auch stellt § 26 Abs. 1 kein Instrumentarium dar, mit dem man sich gegen schlechte Wahlergebnisse oder faktische Wettbewerbsnachteile (anders bei einem Boykott wegen des Verhaltens bei Gericht[16]) wehren könnte.[17]

C. Rechtsfolgen des Verstoßes gegen Absatz 1

Gegen Abs. 1 verstoßende Rechtsgeschäfte sind gem. § 134 BGB nichtig. 5
Geht es um eine **Kündigung** (Rn. 4), muss dagegen binnen der Frist des § 4 S. 1 KSchG Klage erhoben werden. Ansonsten kann je nach Fallgestaltung eine Leistungs-, Feststellungs- oder Unterlassungsklage in Betracht kommen.[18] Außerdem stellt § 26 Abs. 1 anerkanntermaßen ein Schutzgesetz i.S.d. § 823 Abs. 2 BGB dar,[19] so dass sich bei schuldhaftem Verhalten deliktische Schadensersatzansprüche ergeben können.

D. Strafrechtliche Folgen (Abs. 2)

Die Beschränkung der Übernahme oder Ausübung der Amtstätigkeit 6
oder die Benachteiligung wegen der Übernahme oder Ausübung der Amtstätigkeit – insoweit gelten die Ausführungen oben unter Rn. 2[20] – ist als **Vergehen** ausgestaltet (§ 12 Abs. 2 StGB); der Versuch ist mangels ausdrücklicher Bestimmung nicht strafbar (§ 23 Abs. 1 StGB). Es handelt sich nicht um ein Antragsdelikt, auch kann insoweit nicht auf den Weg der Privatklage verwiesen werden. Vielmehr ist die Strafverfolgung gegebenenfalls von Amts wegen zu betreiben.

E. § 45 Abs. 1a DRiG

Die ab dem 1.1.2005 geltende Bestimmung[21] geht in ihren Sätzen 1 und 3 7
nicht über die Regelung in § 26 Abs. 1 hinaus, so dass sich weitere Erläu-

---

15 GK-ArbGG/*Dörner* § 26 Rn. 6, dort auch mit weiteren Beispielen.
16 GMPM-G/*Prütting* § 26 Rn. 18.
17 GK-ArbGG/*Dörner* § 26 Rn. 8; Hauck/Helml § 26 Rn. 4.
18 Einzelheiten bei GK-ArbGG/*Dörner* § 26 Rn. 9 bis 12.
19 GMPM-G/*Prütting* § 26 Rn. 21.
20 Enger auch insoweit GK-ArbGG/*Dörner* § 26 Rn. 3, er versagt insbesondere den strafrechtlichen Schutz für den ausgeschiedenen ehrenamtlichen Richter.
21 Text oben in Rn. 1.

terungen dazu erübrigen. Satz 2 ist bereits in § 6 Rn. 9 abgehandelt. Satz 4 stellt nochmals klar,[22] dass weitergehende landesrechtliche Regelungen unberührt bleiben. Das betrifft Art. 110 Abs. 1 S. 2 der Verfassung des Landes Brandenburg, wo geregelt ist, dass während der Amtszeit die Kündigung oder Entlassung eines ehrenamtlichen Richters nur zulässig ist, wenn Tatsachen vorliegen, die den Arbeitgeber oder Dienstherrn zur fristlosen Kündigung berechtigen. Das Bundesverfassungsgericht hält es jedoch für denkbar, diese Bestimmung so zu interpretieren, dass sie Kündigungen nicht erfasst, die nichts mit der Tätigkeit als ehrenamtlicher Richter zu tun haben.[23]

---

22 So schon BVerfG 11.4.2000, 1 BvL 2/00, EzA § 26 ArbGG 1979 Nr. 2.
23 BVerfG 11.4.2000, 1 BvL 2/00, EzA § 26 ArbGG 1979 Nr. 2.

§ 27 Amtsenthebung der ehrenamtlichen Richter

¹Ein ehrenamtlicher Richter ist auf Antrag der zuständigen Stelle (§ 20) seines Amtes zu entheben, wenn er seine Amtspflicht grob verletzt. ²§ 21 Abs. 5 Satz 2 bis 5 ist entsprechend anzuwenden.

Übersicht	Rn.
A. Überblick	1
B. Grobe Amtspflichtverletzung	2
C. Amtsenthebung	5
D. Verfahren	6
E. Weitere Folgen von Amtspflichtverletzungen	9

A. Überblick

Die Vorschrift regelt die Folgen **grober Amtspflichtverletzungen** ehrenamtlicher Richter. Geringfügigere Amtspflichtverletzungen werden davon nicht erfasst, insoweit greift dann § 28 ein. Darüber hinaus gibt es keine **Disziplinarmaßnahmen** gegen ehrenamtliche Richter.[1]

B. Grobe Amtspflichtverletzung

Eine **Amtspflichtverletzung** kommt natürlich dann in Betracht, wenn es um die **Pflichten** des ehrenamtlichen Richters **im Amt** geht, speziell die, die gesetzlich geregelt sind.

Als anerkannte **Beispiele** sind zu nennen:

- Begehen einer Straftat im Amt (§§ 331 ff. StGB),
- Verletzung des Beratungsgeheimnisses (§§ 45 Abs. 1 S. 2, 43 DRiG),
- Verletzung der Verpflichtung, ohne Ansehen der Person zu urteilen (vgl. dazu § 45 Abs. 3 DRiG),
- Verweigerung der Eidesleistung (§ 45 Abs. 2 DRiG), der Urteilsunterschrift oder der Mitwirkung an Beratungen und Abstimmungen,
- wiederholtes grundloses und unentschuldigtes Fernbleiben von Sitzungen.[2]

---

1 *Hauck/Helml* § 27 Rn. 1.
2 Hier wird man zumindest für die Annahme einer groben Amtspflichtverletzung eine vorherige »Abmahnung« in Gestalt eines Hinweises durch den Kam-

§ 27 Amtsenthebung der ehrenamtlichen Richter

Soweit zum Teil auch auf ein wiederholtes **ungebührliches Erscheinen** oder die (wiederholte) Verletzung der **Sitzungsordnung** abgestellt wird,[3] kann dies allenfalls mit größter Zurückhaltung akzeptiert werden.[4] Erscheint beispielsweise ein ehrenamtlicher Richter, der gewerblicher Arbeitnehmer ist, im Blaumann zur Sitzung, wird man darin kaum ein ungebührliches Erscheinen sehen können.

3 Auch ein Verhalten **außerhalb der Teilnahme an Gerichtssitzungen** kann eine Amtspflichtverletzung darstellen.[5] Dabei ist zu beachten, dass § 27 nicht als Disziplinierungsinstrument missbraucht werden darf.[6] Eine bestimmte politische, gewerkschaftliche oder weltanschauliche bzw. religiöse **Anschauung** als solche reicht damit nicht aus für die Annahme eines Amtsenthebungsgrundes.[7] Doch kann das Arbeiten mit § 27 erforderlich sein, wenn der ehrenamtliche Richter durch sein Verhalten außerhalb das **Vertrauen in seine Objektivität** beschädigt oder gefährdet[8] oder wenn er durch sein Verhalten außerhalb erkennen lässt, dass er **nicht die Gewähr dafür bietet, jederzeit für die freiheitliche demokratische Grundordnung einzutreten**.[9] Im letztgenannten Falle greift jedoch bereits § 21 Abs. 5 S. 1 ein (vgl. § 21 Rn. 15 und 16).[10]

---

mervorsitzenden zu fordern haben – dieser Hinweis müsste dann bei den Unterlagen des ehrenamtlichen Richters aktenkundig gemacht werden. Entsprechendes gilt für wiederholte gravierende und unentschuldigte Verspätungen.

3 *Schwab/Weth/Liebscher* § 27 Rn. 6; vgl. auch *Schuldt* AuR 1961, 172, 174.

4 Jedenfalls eine grobe Amtspflichtverletzung kann allenfalls in Ausnahmefällen und nach vorheriger »Abmahnung« – dazu oben Fn. 2 – zu bejahen sein. Dasselbe hat zu gelten bei Verletzungen der Pflicht zur Mitarbeit im Ausschuss der ehrenamtlichen Richter.

5 LAG Frankfurt/M. 23.3.1950 – 1 AR 9/50 – RdA 1951, 195 m. abl. Anm. *Kaßmann*; vgl. weiter *Schuldt* AuR 1961, 172, 174; *Thiele* RdA 1954, 453; GK-ArbGG/ *Dörner* § 27 Rn. 4; GMPM-G/*Prütting* § 27 Rn. 7 m.w.N.

6 *Schwab/Weth/Liebscher* § 27 Rn. 2.

7 GMPM-G/*Prütting* § 27 Rn. 7.

8 BHK/*Hohmann* XX Rn. 13.

9 Dazu auch § 21 Rn. 16 m.w.N.; vgl. weiter LAG Hamm 4.8.1992, 9 AR 26/92, LAGE § 21 ArbGG 1979 Nr. 2; 26.11.1992, 8 AR 26/92, LAGE § 21 ArbGG 1979 Nr. 3; 25.8.1993, 8 AR 44/92, LAGE § 27 ArbGG 1979 Nr. 4. Insoweit kann auch eine Tätigkeit als Mitarbeiter des Staatssicherheitsdienstes der ehemaligen DDR eine Rolle spielen; vgl. dazu bereits § 21 Rn. 15 sowie *Creutzfeldt* AuA 1995, 267. S. auch LAG Baden-Württemberg 11.1.2008, 1 SHA 47/07, DB 2008, 192: Teilnahme an Kampagnen zur Diffamierung der Verfassung und von Verfassungsorganen. Das BVerfG hat die Verfassungsbeschwerde gegen die Entscheidung des LAG Baden-Württemberg nicht angenommen: BVerfG 6.5.2008, 2 BvR 337/08, juris.

10 *Schwab/Weth/Liebscher* § 27 Rn. 7.

Soll die Voraussetzung für eine Amtsenthebung vorliegen, muss es sich um eine **grobe Amtspflichtverletzung** handeln. Es muss also eine derart **gravierende Verletzung** vorliegen, dass das Verbleiben des ehrenamtlichen Richters in diesem Amt mit dem **Ansehen des Gerichts**[11] und damit der **Rechtsprechungsaufgabe** des Gerichts[12] nicht vereinbar ist. Hierfür kann schon ein einmaliger Verstoß etwa gegen das Beratungsgeheimnis ausreichen. Regelmäßig wird aber ein mehrmaliger Verstoß (nach entsprechender »Abmahnung«[13]) zu fordern sein. **Vorsatz oder grobe Fahrlässigkeit** muss nicht in jedem Fall vorliegen.[14] 4

C. Amtsenthebung

Die **Abberufung eines ehrenamtlichen Richters** vor Ablauf seiner Amtszeit ist nur unter den **gesetzlich bestimmten Voraussetzungen** und gegen seinen Willen nur durch **Entscheidung eines Gerichts** möglich (§ 44 Abs. 2 DRiG). Dem trägt § 27 Rechnung: In Satz 1 sind die Voraussetzungen für die Amtsenthebung festgelegt, und in Satz 2 ist durch die Verweisung auf § 21 Abs. 5 S. 2 geregelt, dass es dafür einer gerichtlichen Entscheidung bedarf. 5

D. Verfahren

Erforderlich ist zunächst ein **Antrag** der zuständigen Stelle. Die allein antragsberechtigte **zuständige Stelle** ergibt sich aus § 20 Abs. 1 (vgl. dazu die zugehörigen Erläuterungen). Erfährt die zuständige Stelle – durch wen, ist gleichgültig[15] – von einem Sachverhalt, der aus ihrer Sicht eine grobe Amtspflichtverletzung darstellt, so ist sie **verpflichtet, den Antrag zu stellen**.[16] Erforderlichenfalls hat sie zuvor die **nötigen Ermittlungen** durchzuführen, da dies nicht Sache des Gerichts ist.[17] 6

Zu richten ist der Antrag, wenn es um einen ehrenamtlichen Richter an einem Arbeitsgericht oder auch an einem Landesarbeitsgericht (§ 37 7

---

11 ArbGG/*Wolmerath* § 27 Rn. 2; GK-ArbGG/*Dörner* § 27 Rn. 5.
12 *Schwab/Weth/Liebscher* § 27 Rn. 12.
13 Dazu oben Rn. 2.
14 GK-ArbGG/*Dörner* § 27 Rn. 6; a.A. offenbar *Grunsky* § 27 Rn. 3 und *Wolmerath* Rn. 262: beide für bewusste Missachtung bzw. Pflichtverletzung.
15 Man wird die Kammervorsitzenden und die Gerichtsvorstände für verpflichtet halten müssen, entsprechende Feststellungen (auf dem Dienstwege) der zuständigen Stelle mitzuteilen.
16 GMPM-G/*Germelmann* § 11 m.w.N.
17 GK-ArbGG/*Dörner* § 27 Rn. 7; vgl. auch *Grunsky* § 27 Rn. 4.

Abs. 2) geht (für das Bundesarbeitsgericht vgl. § 43 Abs. 3), an die vom Präsidium für jedes Geschäftsjahr im Voraus bestimmte **Kammer des Landesarbeitsgerichts** (§ 27 S. 2 i.V.m. § 21 Abs. 5 S. 2), die über den Antrag zu entscheiden hat.[18] Für das **weitere Verfahren** gelten die Erläuterungen in § 21 Rn. 22 und 23 entsprechend, da § 27 S. 2 auch auf § 21 Abs. 5 S. 3 bis 5 verweist.[19] Bejaht die zuständige Kammer eine grobe Amtspflichtverletzung, ist die Amtsenthebung die zwingende Folge. Die **einstweilige Anordnung** nach § 21 Abs. 5 S. 5 bedarf keines darauf gerichteten Antrages, sie kann nach Gewährung rechtlichen Gehörs **von Amts wegen** getroffen werden.[20] Ihre Wirkung endet mit der endgültigen Entscheidung der Kammer.[21]

8 Das Amt des ehrenamtlichen Richters erlischt dann mit der für ihn negativen Entscheidung mit Wirkung **ex nunc**.[22] Frühere Amtshandlungen des ehrenamtlichen Richters bleiben wirksam. Eine **neue Berufung** des Betreffenden zum ehrenamtlichen Richter zu einem späteren Zeitpunkt ist ausgeschlossen.[23]

E. Weitere Folgen von Amtspflichtverletzungen

9 Wie schon angesprochen kann bei **geringfügigeren Amtspflichtverletzungen** ein **Ordnungsgeld** gem. § 28 verhängt werden. Im Übrigen gilt auch für den ehrenamtlichen Richter **§ 839 Abs. 2 BGB i.V.m. Art 34 GG**, und in strafrechtlicher Hinsicht sind die **§§ 331 ff. StGB** anwendbar.[24]

---

18 Zum Streitwert LAG Hamm 24.2.1993, 8 AR 26/92, LAGE § 21 ArbGG 1979 Nr. 2.
19 Zum Fall eines erneuten Amtsenthebungsverfahrens nach erneuten Amtspflichtverletzungen GK-ArbGG/*Dörner* § 27 Rn. 11 m.w.N.
20 *LAG Hamm* 28.1.1993, 8 AR 44/92, LAGE § 21 ArbGG 1979 Nr. 4.
21 A.A. *Hauck/Helml* § 27 Rn. 6: Aufhebung geboten. Die Aufhebung hält für empfehlenswert GK-ArbGG/*Dörner* § 27 Rn. 10.
22 *Schuldt* AuR 1961, 172, 175.
23 GMPM-G/*Prütting* § 27 Rn. 15.
24 *Schwab/Weth/Liebscher* § 27 Rn. 25 ff.; BHK/*Bader* XVIII Rn. 11 f. zur zivilrechtlichen und strafrechtlichen Haftung.

§ 28 Ordnungsgeld gegen ehrenamtliche Richter

¹Die vom Präsidium für jedes Geschäftsjahr im Voraus bestimmte Kammer des Landesarbeitsgerichts kann auf Antrag des Vorsitzenden des Arbeitsgerichts gegen einen ehrenamtlichen Richter, der sich der Erfüllung seiner Pflichten entzieht, insbesondere ohne genügende Entschuldigung nicht oder nicht rechtzeitig zu den Sitzungen erscheint, ein Ordnungsgeld festsetzen. ²Vor dem Antrag hat der Vorsitzende des Arbeitsgerichts den ehrenamtlichen Richter zu hören. ³Die Entscheidung ist endgültig.

Nach § 28 kann gegen den ehrenamtlichen Richter ein **Ordnungsgeld** 1 in Höhe von 5 bis 1.000 Euro (§ 6 Abs. 1 S. 1 EGStGB) – aber keine ersatzweise Ordnungshaft – verhängt werden. Es handelt sich um eine **Disziplinarmaßnahme**, die den ehrenamtlichen Richter dazu veranlassen soll, sein Amt pflichtgemäß auszuüben. Dabei besteht Einigkeit, dass § 28 **alle Arten von Amtspflichtverletzungen** erfasst.[1] Hat das Verhängen eines Ordnungsgeldes keinen Erfolg, kann bei weiteren Amtspflichtverletzungen mit § 27 (Amtsenthebung) gearbeitet werden.[2] Ebenso ist sogleich auf § 27 zurückzugreifen, wenn ein ehrenamtlicher Richter die Ausübung des Richteramtes schroff und beharrlich verweigert.[3]

Voraussetzung ist eine **Amtspflichtverletzung**. Dazu ist insbesondere 2 auf § 27 Rn. 2 zu verweisen. Die Bestimmung des § 28 S. 1 hebt das **unentschuldigte Nichterscheinen** und das **verspätete Erscheinen** als besondere Beispiele[4] hervor. Vielfach wird vertreten, dass nur die **vorsätzliche** Amtspflichtverletzung zu der Verhängung eines Ordnungsgeldes führen könne.[5] Dies wird aus dem Begriff des »Entziehens« in Satz 1 abgeleitet. Das kann jedoch nicht überzeugen, da die angeführten Beispiele (Nichterscheinen ohne genügende Entschuldigung, verspätetes Erscheinen) keineswegs zwingend Vorsatz erfordern. Auch eine **fahrlässige Pflichtverletzung** reicht damit grundsätzlich aus,[6] wobei aber zusätzlich auf die Erläuterungen unten in Rn. 4 zu verweisen ist.

---

1 GK-ArbGG/*Dörner* § 28 Rn. 1 m.w.N.
2 GK-ArbGG/*Dörner* § 28 Rn. 9 m.w.N.; vgl. auch unten Rn. 7.
3 OVG Berlin 31.8.1978, II L 13/78, DRiZ 1978, 371.
4 Dazu ausführlich BHK/*Klein* XX Rn. 4 ff.
5 Etwa GK-ArbGG/*Dörner* § 28 Rn. 4; *Schwab/Weth/Liebscher* § 28 Rn. 5.
6 ArbGV/*Wolmerath* § 28 Rn. 4; GMPM-G/*Prütting* § 28 Rn. 7.

3 Erforderlich ist auch hier ein **Antrag**, indes anders als bei § 27 nicht der zuständigen Stelle (§ 20 Abs. 1), sondern **des Kammervorsitzenden**, zu dessen Kammer der betreffende ehrenamtliche Richter gehört. Eine Amtspflicht zur Antragstellung besteht nicht.[7] **Vor der Antragstellung muss der ehrenamtliche Richter vom Vorsitzenden gehört** werden (Satz 2). Der Antrag ist an die zuständige **Kammer des Landesarbeitsgerichts** zu richten, die im Präsidium für jedes Geschäftsjahr im Voraus zu bestimmen ist und die über den Antrag zu entscheiden hat.

4 Die Kammer des Landesarbeitsgerichts hat vor ihrer Entscheidung den ehrenamtlichen Richter ihrerseits zum Zwecke der Gewährung des rechtlichen Gehörs **erneut anzuhören**.[8] Dies kann schriftlich oder in nichtöffentlicher Verhandlung mündlich geschehen.

5 Anders als bei § 27 hat die Bejahung einer Amtspflichtverletzung hier nicht zwingend die Folge, dass ein Ordnungsgeld verhängt werden muss. Da das Gesetz davon spricht, dass die Kammer das Ordnungsgeld verhängen **kann**, kann durchaus schon für die Frage, ob überhaupt ein Ordnungsgeld verhängt werden soll, etwa auf das Ausmaß des Verschuldens abgestellt werden.[9] Wird ein Ordnungsgeld verhängt, hat sich dessen festzusetzende Höhe an der Schwere der Amtspflichtverletzung, deren Auswirkungen und dem Grad des Verschuldens zu richten.

6 Kommt die Kammer zu dem Ergebnis, es liege eine **grobe Amtspflichtverletzung** i.S.d. § 27 vor, hat sie das Verfahren auszusetzen und der zuständigen Stelle i.S.d. § 20 Abs. 1 den Sachverhalt zu unterbreiten, um dieser so die Gelegenheit zu geben, ein Amtsenthebungsverfahren zu beantragen.[10] Wird dann kein Antrag nach § 27 gestellt oder wird diesem nicht stattgegeben, ist das Verfahren nach § 28 fortzusetzen. Wird hingegen ein Antrag nach § 27 gestellt und diesem stattgegeben, ist das Verfahren nach § 28 erledigt.

7 Die Entscheidung ergeht durch **Beschluss**, der bei mündlicher Verhandlung zu verkünden ist. In jedem Fall ist der (schriftlich begründete) Beschluss dem ehrenamtlichen Richter zuzustellen.[11] Der Beschluss ist **endgültig** (Satz 3).[12] Wird der Antrag zurückgewiesen, kann ein er-

---

7 GK-ArbGG/*Dörner* § 28 Rn. 5.
8 GMPM-G/*Prütting* § 28 Rn. 9.
9 A.A. GMPM-G/*Prütting* § 28 Rn. 10 und 13; GK-ArbGG/*Dörner* § 28 Rn. 7: Bei Bejahung einer Amtspflichtverletzung steht nur die Höhe des Ordnungsgeldes zur Disposition. Wie hier BHK/*Klein* XX Rn. 6.
10 Für weitere Einzelheiten vgl. GMPM-G/*Prütting* § 28 Rn. 10.
11 GMPM-G/*Prütting* § 28 Rn. 11.
12 Wegen des gerichtsförmigen Verfahrens verfassungsrechtlich unbedenklich: *Hauck/Helml* § 8 Rn. 6.

neuter Antrag nicht auf dieselbe Pflichtverletzung gestützt werden; das gilt auch für einen auf dieselbe Pflichtverletzung gestützten Antrag nach § 27.[13] Wird dem Antrag stattgegeben, kann kein Amtsenthebungsverfahren mit derselben Pflichtverletzung stattfinden.[14]

---

13 *Hauck/Helml* § 27 Rn. 6.
14 GMPM-G/*Prütting* § 28 Rn. 12 m.w.N. Nach *Schwab/Weth/Liebscher* § 28 Rn. 12 soll bei Ablehnung eines Ordnungsgeldes der nicht sanktionierte Verstoß im Rahmen eines späteren Amtsenthebungsverfahrens abwägend mit berücksichtigt werden können (problematisch).

§ 29 Ausschuss der ehrenamtlichen Richter

(1) ¹Bei jedem Arbeitsgericht mit mehr als einer Kammer wird ein Ausschuss der ehrenamtlichen Richter gebildet. ²Er besteht aus mindestens je drei ehrenamtlichen Richtern aus den Kreisen der Arbeitnehmer und der Arbeitgeber in gleicher Zahl, die von den ehrenamtlichen Richtern aus den Kreisen der Arbeitnehmer und der Arbeitgeber in getrennter Wahl gewählt werden. ³Der Ausschuss tagt unter der Leitung des aufsichtführenden oder, wenn ein solcher nicht vorhanden oder verhindert ist, des dienstältesten Vorsitzenden des Arbeitsgerichts.

(2) ¹Der Ausschuss ist vor der Bildung von Kammern, vor der Geschäftsverteilung, vor der Verteilung der ehrenamtlichen Richter auf die Kammern und vor der Aufstellung der Listen über die Heranziehung der ehrenamtlichen Richter zu den Sitzungen mündlich oder schriftlich zu hören. ²Er kann den Vorsitzenden des Arbeitsgerichts und den die Verwaltung und Dienstaufsicht führenden Stellen (§ 15) Wünsche der ehrenamtlichen Richter übermitteln.

1 Ein **Ausschuss** der ehrenamtlichen Richter ist **bei jedem Arbeitsgericht mit mehr als einer Kammer** zu bilden. Es handelt sich um ein **Selbstverwaltungsorgan eigener Art**.[1]

2 Die Größe des Ausschusses ist nicht zwingend festgelegt. Abs. 1 S. 2 schreibt nur eine **Mindestgröße** vor, indem er festgelegt, dass **mindestens je drei ehrenamtliche Richter** von Arbeitgeber- und Arbeitnehmerseite vorhanden sein müssen. Weiter müssen die Arbeitgeberseite und die Arbeitnehmerseite stets die **gleiche Zahl** an Ausschussmitgliedern aufweisen.[2] Der Ausschuss kann also auch etwa aus 5, 6 oder 7 Mitgliedern jeder Seite bestehen, wobei die Entscheidung über die Größe des Ausschusses Sache der ehrenamtlichen Richter ist. Wird keine Entscheidung getroffen, bleibt es bei je drei Mitgliedern. Den **Vorsitz** im Ausschuss führt der **Direktor oder Präsident** des Gerichts, bei dessen Verhinderung nicht der Vizepräsident oder der sonstige Vertreter im Amt, sondern der dienstälteste Kammervorsitzende (Abs. 1 S. 3). Er hat anerkanntermaßen auch die Zusammenkünfte zu organisieren (dazu auch Rn. 4), aber **kein Stimmrecht**. Der Streit darüber, ob der Di-

---

1 GK-ArbGG/*Dörner* § 29 Rn. 1.
2 Ist auch unter Berücksichtigung von Ersatzmitgliedern keine Parität mehr vorhanden, wird eine Neuwahl durchzuführen sein. Für Neuwahl nur dann, wenn sämtliche Ausschuss-Mitglieder ausgeschieden sind und auch nicht durch Ersatzmitglieder ersetzt werden können, *Schwab/Weth/Liebscher* § 29 Rn. 8.

rektor oder Präsident Mitglied des Ausschusses ist,[3] ist damit rein akademischer Natur.

Die Ausschussmitglieder werden von sämtlichen ehrenamtlichen Richterinnen und Richtern bei dem betreffenden Arbeitsgericht aus den Kreisen der Arbeitnehmer und Arbeitgeber **in jeweils getrennten Wahlen gewählt** (§ 29 Abs. 1 S. 2), zweckmäßigerweise für die Dauer von **fünf Jahren** (vgl. § 20 Abs. 1 S. 1; Wiederwahl ist natürlich möglich)[4] und unter der Wahl von **Ersatzmitgliedern**. Weitere Regelungen zum **Wahlverfahren** gibt es nicht, die Wahl muss jedoch **demokratischen Grundsätzen** entsprechen und kann als **Briefwahl** durchgeführt werden.[5] Zum Teil existieren dazu **Erlasse der obersten Landesbehörden**, etwa der Runderlass des Hessischen Ministeriums der Justiz vom 12.2.2002 (JMBl. S. 181).[6] Ansonsten können und müssen die ehrenamtlichen Richter das Wahlverfahren selbst festlegen, zweckmäßigerweise im Einvernehmen mit dem Präsidenten oder Direktor des Gerichts.[7]

Der Ausschuss kann sich eine **Geschäftsordnung** geben. Ansonsten gilt im Wesentlichen: Der Ausschuss wird von dem Direktor oder Präsidenten des Gerichts **einberufen**, den üblichen Grundsätzen entsprechend unter Angabe der **Tagesordnung**. Ein Selbstversammlungsrecht besteht nicht, doch wird man richtigerweise eine Einberufung für erforderlich halten müssen, wenn nur einzelne Ausschussmitglieder dies verlangen.[8] Die **Leitung der Sitzung** ist schon in Rn. 2 angesprochen. **Abstimmungen** erfolgen mit einfacher Mehrheit. Es sollte zumindest gutem Stil entsprechen, eine **Sitzungsniederschrift** zu fertigen und diese allen Ausschussmitgliedern zuzuleiten.[9] Erforderlichenfalls hat der Präsident oder Direktor die Beschlüsse den in § 29 Abs. 2 S. 2 genannten Stellen zu übermitteln. Die Mitglieder des Ausschusses sind **zur Teilnahme** an den Sitzungen **verpflichtet** (vgl. §§ 27, 28), sie erhalten gem. § 15 Abs. 3 Nr. 2 JVEG dafür die **Entschädigung** wie für die Teilnahme an Gerichtsterminen.

---

3 Einerseits GK-ArbGG/*Dörner* § 29 Rn. 5, andererseits GMPM-G/*Prütting* § 29 Rn. 14.
4 Läuft die Amtszeit eines Ausschussmitgliedes während der Amtsperiode des Ausschusses ab und wird das Mitglied ohne zeitliche Unterbrechung wieder bestellt, bleibt es Ausschussmitglied. Ebenso GK-ArbGG/*Dörner* § 29 Rn. 8.
5 Näher dazu BHK/*Hohmann* XVII Rn. 7 und 10.
6 Abgedruckt bei BHK S. 193 ff. als Anhang 4.
7 BHK/*Hohmann* XVII Rn. 7; a.A. GK-ArbGG/*Dörner* § 29 Rn. 6. Rein praktisch wird das so vor sich gehen können, dass der Direktor/Präsident des Gerichts allen ehrenamtlichen Richtern des Gerichts einen schriftlichen Vorschlag unterbreitet, über den schriftlich abgestimmt wird.
8 GMPM-G/*Prütting* § 29 Rn. 13.
9 Vgl. auch *Schuldt* AuR 1958, 336.

§ 29 Ausschuss der ehrenamtlichen Richter

5 Der Ausschuss der ehrenamtlichen Richter **ist** nach § 29 Abs. 2 S. 1 in einer Reihe von Angelegenheiten **zu hören,** die hier abschließend aufgeführt sind. Die Anhörung kann **schriftlich oder mündlich** erfolgen. Sieht die Geschäftsverteilung abstrakte Regelungen vor, nach denen neu oder wieder berufene ehrenamtliche Richter auf die verschiedenen Kammern zu verteilen sind, bedarf es insoweit keiner vorherigen Anhörung des Ausschusses. Er kann darüber hinaus **Anregungen** und **Wünsche** an die Verwaltung und an die die Dienstaufsicht führenden Stellen, z.B. über die Information der ehrenamtlichen Richter vor den Sitzungen, geben (Abs. 2 S. 2). Das **Unterlassen einer vorgeschriebenen Anhörung** hat keine Auswirkungen etwa auf die Wirksamkeit der Geschäftsverteilung; die ehrenamtlichen Richter können insoweit Dienstaufsichtsbeschwerde erheben.[10]

---

10 GMPM-G/*Prütting* § 29 Rn. 19; *Schwab/Weth/Liebscher* § 29 Rn. 21.

§ 30 Besetzung der Fachkammern

¹Die ehrenamtlichen Richter einer Fachkammer sollen aus den Kreisen der Arbeitnehmer und der Arbeitgeber entnommen werden, für die die Fachkammer gebildet ist. ²Werden für Streitigkeiten der in § 22 Abs. 2 Nr. 2 bezeichneten Angestellten Fachkammern gebildet, so dürfen ihnen diese Angestellten nicht als ehrenamtliche Richter aus Kreisen der Arbeitgeber angehören. ³Wird die Zuständigkeit einer Fachkammer gemäß § 17 Abs. 2 erstreckt, so sollen die ehrenamtlichen Richter dieser Kammer aus den Bezirken derjenigen Arbeitsgerichte berufen werden, für deren Bezirke die Fachkammer zuständig ist.

Sind **Fachkammern** nach § 17 Abs. 2 gebildet (so z.B. beim Arbeitsgericht Berlin), sollen diese Fachkammern mit **entsprechenden ehrenamtlichen Richtern** besetzt werden (Satz 1), damit die Richterbank sachkundig besetzt ist. Auch wenn die Fachkammer für bestimmte **Arbeitnehmergruppen** gebildet ist, sollen auch die Arbeitgeberbeisitzer aus demselben Bereich kommen.[1] Die Vorschrift richtet sich an das **Präsidium**,[2] das aber aus sachlichen Gründen von dieser **Soll-Vorschrift** abweichen kann, etwa dann, wenn gar nicht genügend viele entsprechende ehrenamtliche Richter zur Verfügung stehen.[3] Missachtet das Präsidium Satz 1, bleibt das folgenlos.[4] 1

Die **Zuweisung** nach Satz 1 bleibt **für das gesamte Geschäftsjahr** bestehen, auch dann, wenn der ehrenamtliche Richter den Beruf wechselt und damit nicht mehr von Satz 1 erfasst wird.[5] Der Gegenansicht[6] kann nicht gefolgt werden, weil das Gesetz gerade keine zwingenden Voraussetzungen für die Berufung in eine Fachkammer aufstellt. 2

Bei **Fachkammern für Streitigkeiten des Personenkreises des § 22 Abs. 2 Nr. 2** – diesem zugehörige Personen, können nach § 22 Abs. 2 Nr. 2 grundsätzlich zu ehrenamtlichen Richtern der Arbeitgeberseite berufen werden – dürfen die von § 22 Abs. 2 Nr. 2 erfassten Personen ausnahmsweise nicht als Arbeitgeberbeisitzer fungieren (Satz 2), da an- 3

---

1 Schwab/Weth/Liebscher § 30 Rn. 5; a.A. GMPM-G/Prütting § 30 Rn. 3.
2 § 29 Abs. 2 S. 1 regelt die Anhörung des Ausschusses der ehrenamtlichen Richter diesbezüglich.
3 Hauck/Helml § 30 Rn. 2.
4 GMPM-G/Prütting § 30 Rn. 9.
5 GK-ArbGG/Dörner § 30 Rn. 4 m.w.N.
6 Im Ergebnis a.A. als hier etwa ArbGG/Wolmerath § 30 Rn. 3 und GMPM-G/Prütting § 30 Rn. 4.

dernfalls die Parität der Richterbank gestört wäre. Ein Verstoß gegen diese **zwingende Vorschrift** führt zu einer nicht ordnungsgemäßen Besetzung des Gerichts (mit den Folgen speziell des § 72 Abs. 2 Nr. 3 ArbGG und des § 579 Abs. 1 Nr. 1 ZPO).[7]

4 Gibt es sog. **erweiterte Fachkammern**, also Fachkammern, die nicht nur für den Bereich eines Arbeitsgerichts zuständig sind (§ 17 Abs. 2 S. 2), sollen sich in diesen Kammern **ehrenamtliche Richter aus dem gesamten Bereich** finden (Satz 3). Die **Soll-Vorschrift**,[8] die eine Ausnahme zu § 21 Abs. 1 S. 2 darstellt,[9] richtet sich zunächst an die für die Berufung der ehrenamtlichen Richter zuständige Stelle. Sind danach ehrenamtliche Richter berufen, die ihren Wohnsitz nicht im Bezirk des betreffenden Arbeitsgerichts haben, kann das Präsidium diese nur der erweiterten Fachkammer zuteilen; andernfalls ist die Kammer nicht ordnungsgemäß besetzt.[10]

---

7 GMPM-G/*Prütting* § 30 Rn. 10. Eine Änderung der Stellung kann sich hier auswirken: *Schwab/Weth/Liebscher* § 30 Rn. 15; vgl. auch § 6 Rn. 3.
8 Ein Verstoß bleibt auch hier folgenlos.
9 Unzutreffend daher LAG Bremen 20.2.1987, AR 4/87, DB 1987, 2576.
10 ArbGG/*Wolmerath* § 30 Rn. 7; *Schwab/Weth/Liebscher* § 30 Rn. 17.

§ 31 Heranziehung der ehrenamtlichen Richter

(1) Die ehrenamtlichen Richter sollen zu den Sitzungen nach der Reihenfolge einer Liste herangezogen werden, die der Vorsitzende vor Beginn des Geschäftsjahres oder vor Beginn der Amtszeit neu berufener ehrenamtlicher Richter gemäß § 29 Abs. 2 aufstellt.

(2) Für die Heranziehung von Vertretern bei unvorhergesehener Verhinderung kann eine Hilfsliste von ehrenamtlichen Richtern aufgestellt werden, die am Gerichtssitz oder in der Nähe wohnen oder ihren Dienstsitz haben.

Übersicht	Rn.
A. Allgemeines	1
B. Aufstellung der Liste	2
C. Hilfsliste	5
D. Begriff der Sitzung	6
E. Heranziehung der ehrenamtlichen Richter(innen)	7
F. Verstöße gegen Absatz 1	10

A. Allgemeines

Die Vorschrift dient dazu, den **gesetzlichen Richter** zu gewährleisten. 1 Die Aufstellung der in Abs. 1 vorgesehenen **Liste** ist daher trotz des Begriffes »sollen« **zwingend** vorgeschrieben,[1] nur so ist Art. 101 Abs. 1 S. 2 GG Rechnung getragen.

B. Aufstellung der Liste

Gemäß Abs. 1 hat der **Vorsitzende** (nicht das Präsidium[2]) vor Beginn 2 des **Geschäftsjahres** oder vor Beginn der Amtszeit neu berufener ehrenamtlicher Richter eine **Liste** aufzustellen, nach deren **Reihenfolge** die ehrenamtlichen Richter dann zu den Sitzungen herangezogen werden sollen. Der Hinweis auf § 29 Abs. 2 macht dabei deutlich, dass zuvor der **Ausschuss der ehrenamtlichen Richter** zu hören ist. Mit dem Vorsitzenden ist der jeweilige **Kammervorsitzende** gemeint.[3] Es reicht allerdings aus, wenn er die – wie zusammen mit der Geschäftsvertei-

---
1 BAG 30.1.1963, 4 AZR 16/62, AP § 39 ArbGG 1953 Nr. 2.
2 BAG 21.6.2001, 2 AZR 359/00, EzA § 21e GVG Nr. 2.
3 BAG 21.6.2001, 2 AZR 359/00, EzA § 21e GVG Nr. 2.

lung und der Zuteilung der ehrenamtlichen Richter nach § 6a (§ 21e Abs. 1 GVG) vielfach üblich – vom Präsidium für das gesamte Gericht aufgestellten Listen für die einzelnen Kammern und damit auch für seine Kammer (ausdrücklich oder auch nur stillschweigend) **billigt** und damit zur eigenen Liste macht.[4] Die Liste unterliegt dann allerdings nicht der strengen Offenlegungsbestimmung des § 21e Abs. 9 GVG.[5] Denkbar ist auch die Erstellung der Kammerlisten durch die Verwaltung, die dann von dem Vorsitzenden bestätigt wird.[6] Die Liste darf während des Geschäftsjahres nur insoweit **geändert** werden, als es um das Ausscheiden oder die Neuberufung ehrenamtlicher Richter (dazu Rn. 3) geht.[7]

3 Die **Reihenfolge auf der Liste** – hierin sind die ehrenamtlichen Richter aus Kreisen der Arbeitgeber und der Arbeitnehmer jeweils getrennt aufzuführen – kann etwa nach dem **Alphabet** oder nach dem Datum der Berufung gestaltet sein.[8] Im Laufe des Geschäftsjahres **neu berufene ehrenamtliche Richter** wird man zweckmäßigerweise in der Reihenfolge ihrer Berufung jeweils an das Ende der bereits bestehenden Liste setzen.[9]

4 § 29 Abs. 2 S. 1 zeigt, dass die Listen nach vorheriger Verteilung der ehrenamtlichen Richter gem. § 6a auf die einzelnen Kammern jeweils **für die einzelnen Kammern** zu erstellen sind.[10] Daher sind die ehrenamtlichen Richter jeweils den einzelnen Kammern zuzuweisen; sie können freilich mehreren Kammern zugeteilt werden (§ 6a Nr. 4). **Fachkammern** müssen ohnedies eigene Listen haben (vgl. § 30). Bestehen **Gerichtstage**, können hierfür separate Listen aufgestellt werden.

---

4 BAG 30.1.1963, 4 AZR 16/62, AP § 39 ArbGG 1953 Nr. 2; 21.6.2001, 2 AZR 359/00, EzA § 21e GVG Nr. 2.
5 BAG 21.6.2001, 2 AZR 359/00, EzA § 21e GVG Nr. 2.
6 GK-ArbGG/*Dörner* § 31 Rn. 4.
7 Vgl. auch BAG 24.3.1998, 9 AZR 172/97, EzA § 21e GVG Nr. 1 zur Versorgung von Hilfskammern mit ehrenamtlichen Richtern.
8 BAG 2.3.1962, 1 AZR 258/61, AP § 39 ArbGG 1953 Nr. 1. Gibt es spezielle Anweisungen der Kammervorsitzenden zur Handhabung der Liste, unterliegen diese nicht der Anhörungspflicht des § 29 Abs. 2 Satz 1.
9 Zur praktischen Handhabung dessen GK-ArbG/*Bader* § 39 Rn. 4; vgl. auch BAG 21.6.2001, 2 AZR 359/00, EzA § 21e GVG Nr. 2 zur Frage der Ergänzung der Liste.
10 GK-ArbGG/*Bader* § 39 Rn. 5 m.w.N; GMPM-G//*Prütting* § 31 Rn. 8; a.A. etwa GK-ArbGG/*Dörner* § 31 Rn. 5; ErfK/*Koch* § 31 ArbGG Rn. 2.

C. Hilfsliste

Die Aufstellung einer **Hilfsliste** (Eilliste) ist durch Abs. 2 ermöglicht. 5
Die **Aufstellung** der Hilfsliste obliegt gleichfalls dem Vorsitzenden, wobei die oben dargestellten Grundsätze (Rn. 2) entsprechend gelten. Im Hinblick auf die in Abs. 2 genannten Kriterien (Wohnung oder Dienstsitz am Gerichtssitz oder in der Nähe) wird man es bei der Hilfsliste aber für zulässig halten müssen, sie **Kammer übergreifend** einzurichten und auch zusammenzusetzen (anders oben Rn. 4 für die normale Liste).[11] Auf die Hilfsliste darf nur im Falle der **unvorhergesehenen Verhinderung** zurückgegriffen werden,[12] und zwar ebenfalls in der **Reihenfolge der Liste**. Bei einer rechtzeitigen Absage eines ehrenamtlichen Richters steht allein die normale Liste zur Verfügung.[13] Dasselbe gilt, wenn sich herausstellt, dass die normale Liste fehlerhaft gehandhabt worden ist, die ursprünglich geladenen ehrenamtlichen Richter also nicht herangezogen werden dürfen.

D. Begriff der Sitzung

Wenn Abs. 1 von Sitzungen spricht, sind damit die jeweiligen gesamten 6
Sitzungstage (nicht: die Verhandlungen einzelner Rechtsstreite) zu verstehen.[14] Zur Heranziehung derselben ehrenamtlichen Richter für einen Fortsetzungstermin s.u. Rn. 8.

E. Heranziehung der ehrenamtlichen Richter(innen)

Abs. 1 ordnet an, dass die ehrenamtlichen Richter **nach der Reihen-** 7
folge der Liste herangezogen werden sollen. Ist also die Liste in einer bestimmten Weise (Rn. 3) aufgestellt, so ist nach der darin vorgesehenen Reihenfolge zu verfahren.[15] Zu Beginn des Geschäftsjahres ist mit jeweils der ersten aufgeführten Person zu beginnen. Die Listenreihenfolge ist **bindend**, weder der Vorsitzende noch die Geschäftsstelle ist befugt, hiervon abzuweichen.[16] Es können also beispielsweise nicht für

---

11 GK-ArbGG/*Bader* § 39 Rn. 9.
12 ArbGG/*Wolmerath* § 31 Rn. 7; *Hauck/Helml* § 31 Rn. 6. Für Einzelheiten vgl. GK-ArbGG/*Bader* § 39 Rn. 10 f. Zum Begriff der Verhinderung vgl. Rn. 18.
13 GK-ArbGG/*Dörner* § 31 Rn. 13.
14 BAG 2.3.1962, 1 AZR 258/61, AP § 39 ArbGG 1953 Nr. 1; 19.6.1973, 1 AZR 521/72, EzA Art. 9 GG Nr. 8; a.A. *Grunsky* § 31 Rn. 4.
15 GK-ArbGG/*Bader* § 39 Rn. 14 zum Verfahren bei Verhinderung eines ehrenamtlichen Richters.
16 GMPM-G/*Prütting* § 31 Rn. 12.

ungeeignet gehaltene ehrenamtliche Richter übergangen werden.[17] Ein »Überspringen« eines ehrenamtlichen Richters ist nur bei dessen **Verhinderung**[18] möglich.

8 Ebenso ist die Kammer nicht befugt, von sich aus eine andere Reihenfolge der Heranziehung im Einzelfall zu beschließen. Das gilt auch für **Fortsetzungstermine**, wenn also die mündliche Verhandlung fortgesetzt werden muss. Entgegen früherer Rechtsprechung hat sich inzwischen weithin die Auffassung durchgesetzt, dass Gerichte angesichts des **Art. 101 Abs. 1 S. 2 GG (gesetzlicher Richter)** nur so besetzt sein dürfen, wie dies in **allgemeinen Normen** (Gesetzen, Geschäftsverteilungsplänen oder in Zusatzanweisungen des Vorsitzenden zur Anwendung der Liste der ehrenamtlichen Richter seiner Kammer) nach **abstrakten Kriterien** vorgesehen ist.[19] Damit reichen bloße Sachgründe nicht dafür aus, den Fortsetzungstermin entgegen der Liste mit den ehrenamtlichen Richtern des ersten Termins durchzuführen.[20] Ausreichend ist es hingegen, wenn abstrakt geregelt ist, dass bei einem übereinstimmenden Antrag beider Parteien ein Fortsetzungstermin zwingend mit den ehrenamtlichen Richtern des ersten Termins stattzufinden hat.[21]

9 Ist nach den angesprochenen allgemeinen Normen der Termin zur Fortsetzung der Verhandlung mit denselben ehrenamtlichen Richtern fortzusetzen, bleibt es dabei, auch wenn etwa im nächsten Geschäftsjahr einer der ehrenamtlichen Richter einer anderen Kammer desselben Landesarbeitsgerichts zugewiesen ist. Die Neuzuteilung lässt die Besetzung für den oder die Fortsetzungstermine unberührt, und eine Tätigkeit eines ehrenamtlichen Richters in mehreren Kammern ist ja möglich (§ 6a Nr. 4).

---

17 BHK/*Bader* XIV Rn. 14.
18 Zum Begriff der Verhinderung und deren Feststellung BVerwG 28.2.1994, 9 C 136.82, EzA § 39 ArbGG 1979 Nr. 1.
19 BAG 26.9.1996, 8 AZR 126/95, EzA § 39 ArbGG 1979 Nr. 5; GK-ArbGG/*Bader* § 39 Rn. 17 ff.; GK-ArbGG/*Dörner* § 31 Rn. 11; weniger weit gehend GMPMG/*Prütting* § 31 Rn. 17; *Künzl* ZZP 104, 172.
20 BAG 26.9.2007, 10 AZR 35/07, juris.
21 § 55 Abs. 3 ArbGG sieht Ähnliches vor. Um einen, unzulässigen, Verzicht auf den gesetzlichen Richter handelt es sich dabei nicht. Näher dazu GK-ArbGG/*Bader* § 39 Rn. 18, in Rn. 20 auch zu Regelungen für den Fall der Verhinderung eines ehrenamtlichen Richters.

F. Verstöße gegen Absatz 1

Besteht eine ordnungsgemäße Liste nach Abs. 1 und wird diese grundsätzlich richtig angewandt, nur **in einem Einzelfall irrtümlich** oder versehentlich nicht, so zieht dies keine Folgen nach sich. Nach herrschender Ansicht ist dann mangels Willkür weder ein Revisionsgrund noch ein Grund für eine Verfassungsbeschwerde gegeben.[22] Jedes **willkürliche Abweichen** von der Liste und/oder den zugehörigen Anweisungen des Vorsitzenden verletzt jedoch Art. 101 Abs. 1 S. 2 GG und stellt einen absoluten Revisionsgrund (§ 547 Nr. 1 ZPO; § 72 Abs. 2 Nr. 3 ArbGG) dar (vgl. auch § 579 Abs. 1 Nr. 1 ZPO). **Willkür** liegt dann vor, wenn sich die Maßnahme so weit vom Grundsatz des gesetzlichen Richters entfernt, dass sie nicht mehr verständlich erscheint und unhaltbar ist; sie muss auf unvertretbaren, mithin sachfremden Erwägungen beruhen.[23] In jedem Fall führt ein Fehler bei der Heranziehung eines ehrenamtlichen Richters in einer Sache nicht dazu, dass in anderen nachfolgenden Sachen der gesetzliche Richter nicht mehr gewahrt wäre.[24]

10

§ 32

(weggefallen)

---

22 BVerfG 3.11.1992, 1 BvR 137/92, NJW 1993, 381; BAG 30.1.1963, 4 AZR 16/62, AP § 39 ArbGG 1953 Nr. 2.
23 BAG 21.6.2001, 2 AZR 359/00, EzA § 21e GVG Nr. 2.
24 BAG 7.5.1998, 2 AZR 344/97, AP § 551 ZPO Nr. 49.

Zweiter Abschnitt
Landesarbeitsgerichte

§ 33 Errichtung und Organisation

[1]In den Ländern werden Landesarbeitsgerichte errichtet. [2]§ 14 Abs. 2 bis 5 ist entsprechend anzuwenden.

1 Die Länder sind zur Einrichtung der **Landesarbeitsgerichte** als **obere Landesgerichte** verpflichtet. Einzurichten ist jeweils mindestens ein Landesarbeitsgericht. Das Land Bayern verfügt nach wie vor über zwei Landesarbeitsgerichte (München und Nürnberg), das Land Nordrhein-Westfalen immer noch über drei (Hamm, Köln und Düsseldorf).[1]

2 Da § 33 S. 2 auf § 14 Abs. 2 bis 5 verweist, kann grundsätzlich Bezug genommen werden auf die **Erläuterungen zu § 14**.

3 Die Bildung **gemeinsamer Landesarbeitsgerichte** für mehrere Bundesländer (§ 14 Abs. 3 entsprechend) ist insbesondere in den neuen Bundesländern zwar diskutiert worden, ohne dass dies jedoch – abgesehen von Berlin und Brandenburg – bislang konkrete Gestalt angenommen hätte.

4 Von der Möglichkeit, **auswärtige Kammern** einzurichten, hat Baden-Württemberg Gebrauch gemacht. Dort gibt es neben dem Hauptsitz des Landesarbeitsgerichts Baden-Württemberg in Stuttgart die Außenkammern in Freiburg und Mannheim. Wenn ein **Rechtsmittel** vor einer Kammer des Gerichts verhandelt werden muss, kann es fristwahrend auch bei einer auswärtigen Kammer dieses Gerichts eingereicht werden.[2]

---

1 Eine Aufstellung der Landesarbeitsgerichte findet sich etwa im GK-ArbGG am Ende (unter »Anschriften«) und bei *Schwab/Weth/Liebscher* § 33 Rz 16.
2 BAG 23.9.1981, 5 AZR 603/79, NJW 1982, 1118.

§ 34 Verwaltung und Dienstaufsicht

(1) ¹Die Geschäfte der Verwaltung und Dienstaufsicht führt die zuständige oberste Landesbehörde. ²§ 15 Abs. 1 Satz 2 gilt entsprechend.

(2) ¹Die Landesregierung kann durch Rechtsverordnung Geschäfte der Verwaltung und Dienstaufsicht dem Präsidenten des Landesarbeitsgerichts übertragen. ²Die Landesregierung kann die Ermächtigung nach Satz 1 durch Rechtsverordnung auf die zuständige oberste Landesbehörde übertragen.

Abs. 1 entspricht § 15 Abs. 1, wozu auf die dortigen Anmerkungen verwiesen wird. Auch die Regelung in Abs. 2 korrespondiert mit dem, was § 15 Abs. 2 regelt. Dazu gelten ebenfalls die Ausführungen zu § 15 entsprechend.

§ 35 Zusammensetzung, Bildung von Kammern

(1) ¹Das Landesarbeitsgericht besteht aus dem Präsidenten, der erforderlichen Zahl von weiteren Vorsitzenden und von ehrenamtlichen Richtern. ²Die ehrenamtlichen Richter werden je zur Hälfte aus den Kreisen der Arbeitnehmer und der Arbeitgeber entnommen.

(2) Jede Kammer des Landesarbeitsgerichts wird in der Besetzung mit einem Vorsitzenden und je einem ehrenamtlichen Richter aus den Kreisen der Arbeitnehmer und der Arbeitgeber tätig.

(3) ¹Die zuständige oberste Landesbehörde bestimmt die Zahl der Kammern. ²§ 17 gilt entsprechend.

1 Abs. 1 regelt die richterliche Zusammensetzung des Landesarbeitsgerichts in seiner Gesamtheit. Es besteht aus der **Präsidentin oder dem Präsidenten** (aus der Formulierung ergibt sich, dass sie oder er Vorsitzende oder Vorsitzender einer Kammer sein muss), der erforderlichen Zahl **weiterer Vorsitzender** (dazu § 36) sowie der erforderlichen Zahl der **ehrenamtlichen Richterinnen und Richter** (dazu § 37). Die ehrenamtlichen Richter müssen exakt je **zur Hälfte den Kreisen der Arbeitgeber und Arbeitnehmer** angehören (Abs. 1 S. 2); ein vorübergehendes Ungleichgewicht bei Ausscheiden einzelner ehrenamtlicher Richter wird unschädlich sein. Im Übrigen entspricht die Vorschrift **§ 16 Abs. 1**, auf die dortigen Erläuterungen wird verwiesen.

2 Die Regelung in Abs. 2 entspricht § 16 Abs. 2 (vgl. die zugehörige Kommentierung). Für die Frage, wann die oder der **Vorsitzende allein** entscheidet und wann die **Kammer** zu entscheiden hat, wird insbesondere verwiesen auf die **§§ 53 und 55 Abs. 1, 2 und 4**, die § 66 Abs. 7 in Bezug nimmt. Daneben gelten etwa die §§ 66 Abs. 2 S. 1, Hs. 2, 58 Abs. 1 S. 2 und § 78 S. 3 sowie § 78a Abs. 6. Wird statt des oder der allein zuständigen Vorsitzenden die Kammer tätig, handelt es sich nicht mehr um den **gesetzlichen Richter**.[1] Bei **fehlerhafter Besetzung des Landesarbeitsgerichts** liegt ein **absoluter Revisionsgrund** vor,[2] § 295 ZPO findet insoweit keine Anwendung.[3]

3 Die **Zahl der Kammern beim Landesarbeitsgericht** bestimmt die **zuständige oberste Landesbehörde**.[4] Dazu verweist Abs. 3 S. 2 auf

---

1 GK-ArbGG/*Bader* § 35 Rz 8 m.w.N.
2 GK-ArbGG/*Bader* § 35 Rz 9; BAG 31.1.1958, 1 AZR 477/57, AP ZPO § 164 Nr. 1.
3 BAG 25.8.1983, 6 ABR 31/82, EzA § 39 ArbGG 1979 Nr. 3.
4 Dazu § 14 Rz 4.

Zusammensetzung, Bildung von Kammern § 35

§ 17, womit die dortige Kommentierung entsprechend heranzuziehen ist. Dies gilt auch hinsichtlich der **Fachkammern**[5] und der **Hilfskammern**.[6]

---

5 § 30 gilt im Bereich des Landesarbeitsgerichts aber nicht entsprechend.
6 Dazu auch GK-ArbGG/*Bader* § 35 Rz 14 m.w.N.

§ 36 Vorsitzende

Der Präsident und die weiteren Vorsitzenden werden auf Vorschlag der zuständigen obersten Landesbehörde nach Anhörung der in § 14 Abs. 5 genannten Gewerkschaften und Vereinigungen von Arbeitgebern als Richter auf Lebenszeit entsprechend den landesrechtlichen Vorschriften bestellt.

1 Die **Vorsitzenden Richter am Landesarbeitsgericht** werden als **Richter auf Lebenszeit** ernannt. Doch können mit ihrem Einverständnis Richter auf Lebenszeit der ersten Instanz an das Landesarbeitsgericht **abgeordnet** werden, zum Zwecke der **Erprobung** und auch zu **Entlastungszwecken** (zur zeitweiligen Vertretung eines ausgefallenen Vorsitzenden oder zur Übernahme des Vorsitzes einer Hilfskammer[1]).[2] Die Abordnung muss sich jedoch **in gewissen zeitlichen und sachlichen Grenzen** halten. Sie darf mithin nicht allzu oft verlängert werden; auch dürfen an dem Landesarbeitsgericht nicht unverhältnismäßig viele abgeordnete Richter tätig sein.[3] § 36 schließt die Übertragung eines weiteren Richteramtes bei einem anderen Landesarbeitsgericht nicht aus.[4]

2 Zur **Ernennung** (der Vorsitzenden und auch des Präsidenten) kann verwiesen werden auf die Erläuterungen zu § 18. Zuvor ist der **Präsidialrat** zu beteiligen, soweit landesrechtlich geboten auch der Richterwahlausschuss. Außerdem sind zuvor die in § 14 Abs. 5 genannten **Gewerkschaften und Vereinigungen von Arbeitgebern anzuhören**. Hier bedarf es also anders als bei § 18 keiner Beratung,[5] eine **schriftliche** Anhörung ist möglich und vielfach üblich.

---

1 Vgl. dazu § 35 Rn. 3.
2 BAG 25.3.1971, 2 AZR 187/70, AP § 36 ArbGG 1953 Nr. 3; 27.4.1972, 5 AZR 404/71, AP § 35 ArbGG 1953 Nr. 1.
3 GK-ArbGG/*Bader* § 36 Rz 1.
4 H.M., dafür etwa *Hauck/Helml* § 36 Rz 3.
5 GK-ArbGG/*Bader* § 36 Rz 4; a.A. etwa GMPM-G/*Prütting* § 36 Rz 4: nur sprachlicher, kein inhaltlicher Unterschied.

§ 37 Ehrenamtliche Richter

(1) Die ehrenamtlichen Richter müssen das dreißigste Lebensjahr vollendet haben und sollen mindestens fünf Jahre ehrenamtliche Richter eines Gerichts für Arbeitssachen gewesen sein.

(2) Im Übrigen gelten für die Berufung und Stellung der ehrenamtlichen Richter sowie für die Amtsenthebung und die Amtsentbindung die §§ 20 bis 28 entsprechend.

Für die Stellung der ehrenamtlichen Richter kann grundsätzlich verwiesen werden auf die Anmerkungen zu § 6. Es gelten im Übrigen die **§§ 20 bis 28 entsprechend**, so dass auf die jeweiligen Erläuterungen verwiesen werden kann. 1

Abweichend von § 21 Abs. 1 S. 1 müssen ehrenamtliche Richter beim Landesarbeitsgericht das **dreißigste Lebensjahr vollendet** haben. Für die weiteren Einzelheiten dazu wird Bezug genommen auf § 21 Rn. 1. Außerdem **sollen** die ehrenamtlichen Richter **mindestens fünf Jahre** (eine Amtsperiode) **ehrenamtliche Richter bei einem Arbeitsgericht** (also in erster Instanz[1]) gewesen sein. Dies sollte man wegen der gebotenen Erfahrung auch wirklich beachten. Allerdings ist es mangels einer anders lautenden Regelung nicht notwendig, dass diese Zeit unmittelbar vor der Berufung zum Landesarbeitsgericht und/oder zusammenhängend verbracht worden ist. Der ehrenamtliche Richter kann für die Zeit der geforderten fünf Jahre auch in einem anderen Landesarbeitsgerichtsbezirk tätig gewesen sein. 2

---

1 GK-ArbGG/*Bader* § 37 Rn. 6; GMPM-G/*Prütting* § 37 Rn. 4; *Hauck/Helml* § 37 Rn. 2; a.A. ArbGG/*Wolmerath* § 37 Rn. 6.

§ 38 Ausschuss der ehrenamtlichen Richter

¹Bei jedem Landesarbeitsgericht wird ein Ausschuss der ehrenamtlichen Richter gebildet. ²Die Vorschriften des § 29 Abs. 1 Satz 2 und 3 und Abs. 2 gelten entsprechend.

1 Nach § 38 S. 1 ist bei einem jeden Landesarbeitsgericht ein **Ausschuss der ehrenamtlichen Richter** zu bilden. Es gibt davon **keine Ausnahmen**, auch ist die **Zahl der Kammern des Landesarbeitsgerichts ohne Belang**, wie sich aus dem Vergleich mit § 29 Abs. 1 S. 1 ergibt.[1]

2 § 38 S. 2 erklärt die Vorschriften des § 29 Abs. 1 S. 2 und 3 (**Bildung und Geschäftsführung**) sowie des § 29 Abs. 2 (**Aufgaben**) für entsprechend anwendbar (vgl. dazu die Erläuterungen zu § 29).

---

1 *Hauck/Helml* § 38 Rn. 1.

§ 39 Heranziehung der ehrenamtlichen Richter

¹Die ehrenamtlichen Richter sollen zu den Sitzungen nach der Reihenfolge einer Liste herangezogen werden, die der Vorsitzende vor Beginn des Geschäftsjahres oder vor Beginn der Amtszeit neu berufener ehrenamtlicher Richter gemäß § 38 Satz 2 aufstellt. ²§ 31 Abs. 2 ist entsprechend anzuwenden.

Die Regelung in Satz 1 ist bis auf die Verweisung auf § 38 S. 2 identisch mit § 31 Abs. 1. § 31 Abs. 2 ist für entsprechend anwendbar erklärt (Satz 2). Damit kann insgesamt verwiesen werden auf die **Erläuterungen zu § 31**. Anzumerken bleibt nur, dass es beim Landesarbeitsgericht keine Besonderheiten hinsichtlich der ehrenamtlichen Richter in **Fachkammern** gibt, da § 37 Abs. 2 nicht auf § 30 verweist.

Dritter Abschnitt
Bundesarbeitsgericht

§ 40 Errichtung

(1) Das Bundesarbeitsgericht hat seinen Sitz in Erfurt.

(2) ¹Die Geschäfte der Verwaltung und Dienstaufsicht führt das Bundesministerium für Arbeit und Soziales im Einvernehmen mit dem Bundesministerium der Justiz. ²Das Bundesministerium für Arbeit und Soziales kann im Einvernehmen mit dem Bundesministerium der Justiz Geschäfte der Verwaltung und Dienstaufsicht auf den Präsidenten des Bundesarbeitsgerichts übertragen.

1 Das Bundesarbeitsgericht ist oberster Gerichtshof des Bundes i.S.d. Art. 95 Abs. 1 GG für Arbeitssachen. Das Bundesarbeitsgericht ist in erster Linie Rechtmittelgericht und steht im Interesse der Rechtssicherheit für die Einheitlichkeit der Rechtsprechung auf dem Gebiet der Arbeitsgerichtsbarkeit. Es befindet über Revisionen gegen Endurteile der Landesarbeitsgerichte, wenn die Revision in dem Urteil des Landesarbeitsgerichts nach § 72a Abs. 5 S. 2 zugelassen wurde oder die Revision durch das Bundesarbeitsgericht auf die Beschwerde gegen die Nichtzulassung der Revision zugelassen wurde (§ 72 Abs. 1 S. 1), als **Revisionsgericht**, über **Rechtsbeschwerden** gegen Beschlüsse des Landesarbeitsgerichts in arbeitsgerichtlichen Beschlussverfahren (§ 2a), wenn die Rechtsbeschwerde in dem Beschluss des Landesarbeitsgerichts zugelassen wurde oder die Rechtsbeschwerde durch das Bundesarbeitsgericht auf die Beschwerde gegen die Nichtzulassung der Rechtsbeschwerde nach § 92a S. 1 i.V.m. § 72 Abs. 5 S. 2 zugelassen wurde (§ 92 Abs. 1 S. 1), als **Rechtsbeschwerdegericht**.

2 Es entscheidet ferner über:

– **Sprungrevisionen** gegen Urteile der Arbeitsgerichte, § 76;

– **Sprungrechtsbeschwerden** gegen Beschlüsse der Arbeitsgerichte in Beschlussverfahren, 96a;

– **Beschwerden gegen die Nichtzulassung der Revision** durch das Landesarbeitsgericht, § 72a;

– **Beschwerden gegen die Nichtzulassung der Rechtsbeschwerde** durch das Landesarbeitsgericht als Beschwerdegericht im Beschlussverfahren, § 92a;

Errichtung § 40

- **sofortige Beschwerden** wegen verspäteter Absetzung des Berufungsurteils oder der Beschwerdeentscheidung, §§ 72b, 92b (sog. Kassationsbeschwerde);

- **Revisionsbeschwerden** gegen die Verwerfung der Berufung als unzulässig durch das Landesarbeitsgericht, § 77;

- **Rechtsbeschwerden**, die das Landesarbeitsgericht als Beschwerdegericht oder Berufungsgericht zugelassen hat, § 78 i.V.m. §§ 574 ff. ZPO;

- **Rechtsbeschwerden über die Zulässigkeit des Rechtsweges**, § 17a Abs. 4 GVG i.V.m. §§ 574 ff. ZPO.

Ausnahmsweise ist das Bundesarbeitsgericht erst- und letztinstanzlich zuständig: 3

- für Rechtsstreitigkeiten aus dem SGB IX für den Bereich des Bundesnachrichtendienstes, § 158 Nr. 5 SGB IX.[1] Das gilt auch für Nichtigkeitsklagen gegen Urteile, die in der Revisionsinstanz erlassen wurden;[2]

- erstinstanzlich über Nichtigkeitsklagen gem. § 579 ZPO gegen in der Revisionsinstanz ergangene Urteile, § 584 ZPO;[3]

- in zweiter und letzter Instanz entscheidet das Bundesarbeitsgericht in Beschlussverfahren nach §§ 122, 126 InsO.[4]

Nach § 40 Abs. 1 hat das Bundesarbeitsgericht seinen Sitz in Erfurt, was 4 seit dem 22.11.1999 der Fall ist.[5] Es besteht zurzeit aus zehn Senaten. Es gibt 34 Richterplanstellen, so dass 4 Senate sog. überbesetzte Senate sind mit je drei statt nur je zwei berufsrichterlichen Beisitzern.[6]

Das Bundesministerium für Arbeit und Soziales führt nach § 40 Abs. 2 5 S. 1 die Geschäfte der **Verwaltung und Dienstaufsicht** im Einvernehmen mit dem Bundesministerium der Justiz. **Einvernehmen** ist die Erteilung der vorherigen Zustimmung und damit mehr als das nach § 42 erforderliche Benehmen, bei dem die Anhörung und die Kenntnis-

---

1 Dazu GK-ArbGG/*Dörner* § 40 Rn. 4.
2 BAG 20.8.2002, 3 AZR 133/02, EzA § 586 ZPO 2002 Nr. 1.
3 BAG 20.8.2002, 3 AZR 133/02, EzA § 586 ZPO 2002 Nr. 1.
4 Dazu ArbGG/*Lipke* § 40 Rn. 2 m.w.N.; *Zwanziger* Das Arbeitsrecht in der Insolvenzordnung, 3. Aufl., § 122 InsO Rn. 39 ff, § 126 InsO Rn. 31 ff.
5 Anschrift: Hugo-Preuß-Platz 1, 99084 Erfurt, Tel: 0361/2636–0, Telefax: 0361/26 36 20 00, E-Mail: bag@bundesarbeitsgericht.de, www.bundesarbeitsgericht.de.
6 Zurzeit der Zweite, Dritte, Vierte und Neunte Senat.

nahme der Argumente ausreichen.[7] Kann das Einvernehmen nicht erzielt werden, entscheidet die Bundesregeierung, § 117. Nach § 40 Abs. 2 S. 2 kann das Bundesministerium für Arbeit und Soziales im Einvernehmen mit dem Bundesministerium der Justiz die Geschäfte der Verwaltung und Dienstaufsicht auf den Präsidenten, die Präsidentin des Bundesarbeitsgerichts übertragen. Davon ist bislang nicht Gebrauch gemacht worden.[8]

6 Nach der Geschäftsordnung des Bundesarbeitsgerichts in der vom Bundesrat am 11.4.2003 bestätigten und am 1.6.2003 in Kraft getretenen Fassung[9] obliegen der Präsidentin neben ihren richterlichen Aufgaben die Leitung und Beaufsichtigung des ganzen Geschäftsgangs, also die Verteilung der Geschäfte des nichtrichterlichen Dienstes, der Räumlichkeiten usw.

---

7 *Schwab/Weth/Liebscher* § 40 Rn. 16.
8 GK-ArbGG/*Dörner* § 40 Rn. 7.
9 BAnz. 2003 Nr. 219; abgedruckt bei ArbGG/*Düwell* § 44 Rn. 6; GMPM-G/*Prütting* § 44 Rn. 10; *Schwab/Weth/Liebscher* § 44 Rn. 14.

§ 41 Zusammensetzung, Senate

(1) ¹Das Bundesarbeitsgericht besteht aus dem Präsidenten, der erforderlichen Zahl von Vorsitzenden Richtern, von berufsrichterlichen Beisitzern sowie ehrenamtlichen Richtern. ²Die ehrenamtlichen Richter werden je zur Hälfte aus den Kreisen der Arbeitnehmer und der Arbeitgeber entnommen.

(2) Jeder Senat wird in der Besetzung mit einem Vorsitzenden, zwei berufsrichterlichen Beisitzern und je einem ehrenamtlichen Richter aus den Kreisen der Arbeitnehmer und der Arbeitgeber tätig.

(3) Die Zahl der Senate bestimmt das Bundesministerium für Arbeit und Soziales im Einvernehmen mit dem Bundesministerium der Justiz.

Die Spruchkörper, die beim Bundesarbeitsgericht entscheiden, sind die 1
Senate. Beim Bundesarbeitsgericht gibt es zurzeit zehn Senate. Es besteht aus dem Präsidenten – derzeit eine Präsidentin (seit 2005) –, der erforderlichen Zahl von Vorsitzenden Richtern (zurzeit zehn einschließlich Präsidentin), von berufsrichterlichen Beisitzern (zurzeit 24) sowie von ehrenamtlichen Richterinnen und Richtern (zurzeit etwa 200).[1]
Die Geschäftsverteilung regelt der Geschäftsverteilungsplan, den das Präsidium nach Anhörung der ehrenamtlichen Richter nach Maßgabe des § 44 für das Kalenderjahr beschließt und erforderlichenfalls im Laufe des Jahres ändert. Die Geschäftsverteilung richtet sich nach den »zu entscheidenden Rechtsfragen«.[2] Neben den zehn Senaten wird nach § 45 der **Große Senat** gebildet, der entscheidet, wenn ein Senat in einer Rechtsfrage von der Entscheidung eines anderen Senates oder des Großen Senats abweichen will. Der Senat entscheidet i.d.R. in der Besetzung mit einem Vorsitzenden Richter, zwei berufsrichterlichen Beisitzern und je einem Richter von der Arbeitnehmer- und der Arbeitgeberseite.[3] Der Vorsitzende des Senats kann auch – insbesondere vertretungsweise – ein beisitzender Richter sein. Die Richterbank

---

1 Vgl. Geschäftsverteilungsplan 2008, Stand 20.5.2008.
2 Vgl. GVP 2008 Vorbemerkung A 1, einsehbar www.bundesarbeitsgericht.de; www.arbrb.de.
3 Hat ein ehrenamtlicher Richter aus Kreisen der Arbeitnehmer während seiner Amtszeit eine Funktion übernommen, die ihn objektiv der Arbeitgeberseite zuordnet, so ist er Arbeitgeber i.S.d. §§ 6, 41 Abs. 1 S. 2 geworden und ist auf Antrag des zuständigen Bundesministeriums von seinem Amt zu entbinden, BAG 19.8.2004, 1 AS 6/03, EzA § 43 ArbGG 1979 Nr. 3 m. Anm. *Wolmerath* jurisPR-ArbR 47/2004 Anm. 5.

besteht aber grundsätzlich stets aus drei Berufsrichtern und zwei ehrenamtlichen Richtern. Überbesetzte Senate nennt man solche, denen mehr als zwei berufsrichterliche Beisitzer zugewiesen sind. Eine den Anforderungen des Art. 101 Abs. 1 S. 2 GG entsprechende senatsinterne Geschäftsverteilung ist nach § 21g GVG vor Beginn des Geschäftsjahres durch die berufsrichterlichen Mitglieder des Senats zu beschließen. Der interne Geschäftsverteilungsplan kann auf der Senatsgeschäftsstelle eingesehen werden, § 21g i.V.m. § 21e Abs. 9 GVG. Die Verfahren sind nach abstrakten Kriterien den jeweiligen Sitzgruppen und einem berufsrichterlichen Beisitzer als Berichterstatter zuzuweisen, wobei im Einzelfall auch der Vorsitzende Richter eine Berichterstattung übernehmen kann. Zurzeit gibt es beim Bundesarbeitsgericht vier überbesetzte Senate (vgl. Fn. 5 zu § 40).

2 Der »volle« Senat entscheidet allerdings nicht in allen Fällen. Die Berufsrichter entscheiden ohne Hinzuziehung der ehrenamtlichen Richter – zuweilen noch »Kleiner Senat« genannt –, wenn die Nichtzulassungsbeschwerde als unzulässig zu verwerfen ist (§ 72a Abs. 5 S. 3, § 92a S. 2), weil sie nicht statthaft oder nicht in der gesetzlichen Form eingelegt und begründet worden ist. Geht es zumindest auch um die Begründetheit oder Unbegründetheit der Nichtzulassungsbeschwerde[4], sind die ehrenamtlichen Richter hinzuzuziehen.

2a Ferner wirken die ehrenamtlichen Richter nicht mit bei der Entscheidung

– über die sofortige Beschwerde wegen verspäteter Absetzung des Berufungsurteils oder der Beschwerdeentscheidung (Kassationsbeschwerde), § 72b Abs. 4 S. 1, § 92b S. 2;

– bei der Verwerfung der Revision als unzulässig ohne vorherige mündliche Verhandlung, § 74 Abs. 2 S. 3 i.V.m. § 552 ZPO;

– bei der Entscheidung über die Rechtsbeschwerde gegen die Verwerfung der Berufung als unzulässig durch Beschluss, § 77 Abs. 3;

– bei der Verwerfung der Rechtsbeschwerde im Beschlussverfahren als unzulässig durch Beschluss, § 94 Abs. 2 S. 3 i.V.m. § 74 Abs. 2 S. 3;

– über Rechtsbeschwerden nach 78 Abs. 3 Hs. 2;

---

[4] Beispiel: Sie ist unzulässig, soweit die grundsätzliche Bedeutung einer entscheidungserheblichen Rechtsfrage geltend gemacht und/oder eine Gehörsrüge erhoben wurde, aber unbegründet, soweit sie auf Divergenz gestützt wurde.

Zusammensetzung, Senate § 41

– über die Kosten nach § 91a Abs. 1 S. 2 ZPO durch Beschluss, wenn die Parteien den Rechtsstreit übereinstimmend erledigt erklärt haben ohne vorherige mündliche Verhandlung.[5]

Entscheidet der Senat mit drei Berufsrichtern anstatt in voller Besetzung, also mit den ehrenamtlichen Richtern, ist die Wiederaufnahme des Verfahrens wegen unrichtiger Besetzung der Richterbank möglich, § 79 i.V.m. § 579 Nr. 1 ZPO.[6] Entscheidet der Senat in voller Besetzung, obwohl der »kleine Senat«, also nur die Berufsrichter, hätten entscheiden müssen, kann erfolgreich Verfassungsbeschwerde wegen Verstoßes gegen Art. 101 Abs. 1 S. 2 GG eingelegt werden.[7] Der Vorsitzende Richter darf ohne die Mitwirkung der berufsrichterlichen Beisitzer keine Beschlüsse erlassen.[8] Er hat nur die Stellung, die die ZPO dem Vorsitzenden einräumt.[9]   3

Nach § 40 Abs. 3 bestimmt das Bundesministerium für Arbeit und Soziales die Anzahl der Senate im Einvernehmen mit dem Bundesministerium der Justiz, wobei Einvernehmen die vorherige Zustimmung ist (vgl. § 40 Rn. 5), wird es nicht erzielt, entscheidet die Bundesregierung, § 117.   4

---

5 BAG 23.8.1999, 4 AZR 686/98, EzA § 91a ZPO Nr. 6.
6 ArbGG/*Lipke* § 41 Rn. 5.
7 *Schwab/Weth/Liebscher* § 41 Rn. 17 f.
8 GMPM-G/*Prütting* § 41 Rn. 10; GK-ArbGG/*Dörner* § 41 Rn. 3.
9 GK-ArbGG/*Dörner* § 41 Rn. 3.

§ 42 Bundesrichter

(1) ¹Für die Berufung der Bundesrichter (Präsident, Vorsitzende Richter und berufsrichterliche Beisitzer nach § 41 Abs. 1 Satz 1) gelten die Vorschriften des Richterwahlgesetzes. ²Zuständiges Ministerium im Sinne des § 1 Abs. 1 des Richterwahlgesetzes ist das Bundesministerium für Arbeit und Soziales; es entscheidet im Benehmen mit dem Bundesministerium der Justiz.

(2) Die zu berufenden Personen müssen das fünfunddreißigste Lebensjahr vollendet haben.

1   § 42 bezieht sich nur auf die Berufung der Berufsrichter. Die Berufsrichter sind der Präsident/die Präsidentin, der Vizepräsident/die Vizepräsidentin, die berufsrichterlichen Richterinnen und Richter am Bundesarbeitsgericht, also die beisitzenden Senatsmitglieder. Die Berufung der ehrenamtlichen Richter regelt § 43.

2   Das **Wahlverfahren**, also die Berufung der Bundesrichter, erfolgt nach den Vorgaben des Art. 95 Abs. 2 GG nach dem Richterwahlgesetz – RiWG[1] – durch den Richterwahlausschuss zusammen mit dem Bundesministerium für Arbeit und Soziales. Der Richterwahlausschuss setzt sich aus den für das jeweilige Sachgebiet zuständigen Ministern der Länder und einer gleichen Anzahl von Mitgliedern zusammen, die vom Bundestag gewählt werden. Der **Präsidialrat** beim Bundesarbeitsgericht ist vor der Wahl der Bundesrichter nach Maßgabe der §§ 55 ff. DRiG zu beteiligen, dem allerdings kein Vetorecht zusteht, was bedauert wird.[2] Der Bundesminister für Arbeit und Soziales schlägt dem Bundespräsidenten den oder die gewählten Bundesrichter zur Ernennung vor, und zwar im Benehmen mit dem Bundesministerium der Justiz, wobei das Benehmen nur die Anhörung dieses Ministeriums und die Kenntnisnahme dessen Argumente bedeutet, mithin das Bundesministerium für Arbeit und Soziales letztlich allein entscheidet. Der Bundespräsident überprüft die Formalien und ernennt den Bewerber. Die Ernennung erfolgt durch die Aushändigung der Urkunde.

---

[1] Vom 25.8.1950 BGBl. I S. 368 i.d.F. v. 30.7.1968 BGBl. I S. 873 bzw. v. 17.11.2005 (BGBl. I S. 3178) mit Wirkung von dem Tag, an dem der Vertrag über eine Verfassung für Europa nach seinem Art. IV-447 Abs. 2 für die Bundesrepublik in Kraft tritt, um Vorschriften für die Beteiligung des Richterwahlausschusses bei der Ernennung der Richter und Generalanwälte beim EuGH zu haben, vgl. GK-ArbGG/*Dörner* § 42 Rn. 2, dort auch der Text des RiWG.

[2] Vgl. ArbGG/*Lipke* § 42 Rn. 4; a.A. GK-ArbGG/*Dörner* § 42 Rn. 8.

An **persönlichen Voraussetzungen** muss der Bewerber die Vorgaben 3
des § 9 i.V.m. §§ 5 ff. DRiG erfüllen, also Deutscher i.S.d. des Art. 116
GG sein und die Gewähr dafür bieten, dass er jederzeit für die freiheitliche demokratische Grundordnung i.S.d. Grundgesetzes eintritt, die
Befähigung zum Richteramt erworben haben oder ordentlicher Professor der Rechte an einer Universität im Geltungsbereich des DRiG sein.
Außerdem muss der Bewerber/die Bewerberin nach § 42 Abs. 2 das
35. Lebensjahr vollendet haben.

Das Wahlverfahren, insbesondere die Praxis des Richterwahlausschus- 4
ses ist immer wieder Gegenstand der Kritik, auf die hier nicht eingegangen werden kann.

Der Richterwahlausschuss ist nur bei der erstmaligen Berufung eines 5
Richters an das Bundesarbeitsgericht vorgesehen. Bei einer späteren **Beförderung** zum Vorsitzenden Richter, zum Vizepräsidenten, zum Präsidenten entscheidet der Bundesminister für Arbeit und Soziales allein.
Das gilt auch bei **Rückberufungen**, also wenn der zum Bundesarbeitsgericht berufene Richter außerhalb des Bundesarbeitsgerichts tätig
wird.[3]

Die Rechtsstellung der Bundesrichter ergibt sich aus §§ 46 ff. DRiG 6
i.V.m. §§ 1 ff. BBG. Der sog. berufsrichterliche Beisitzer trägt die Amtsbezeichnung »Richter/-in am Bundesarbeitsgericht«. Der Vorsitzende
des Senats trägt die Bezeichnung »Vorsitzende/r Richter/-in am Bundesarbeitsgericht«, früher: Senatspräsident. Er/Sie leitet den ihm/ihr
durch den Geschäftsverteilungsplan zugewiesenen Senat und rekrutiert sich i.d.R. aus dem Kreis der beisitzenden Richter/-innen. Der Vizepräsident vertritt den Präsidenten und leitet im Übrigen den ihm
durch den GVP zugewiesenen Senat. Er/Sie wird i.d.R. aus dem Kreis
der Vorsitzenden Richter/-innen bestimmt. Der Präsident des Bundesarbeitsgerichts – seit 2005 eine Präsidentin –, der/die entweder aus dem
Kreis der Berufsrichter am Bundesarbeitsgericht ernannt wird oder als
Außenstehende(r) das oben beschriebene Wahlverfahren durchläuft, ist
Behördenleiter/in und schließt sich einem Senat an, i.d.R. dem Ersten
Senat. Zugleich ist er/sie geborenes Mitglied des Großen Senats (§ 45
Abs. 5 S. 1 Hs. 1) und Mitglied des Gemeinsamen Senats der obersten
Gerichtshöfe des Bundes (Art. 95 Abs. 3 GG i.V.m. dem Gesetz zur Wahrung der Einheitlichkeit der Rechtsprechung der obersten Gerichtshöfe
des Bundes v. 19.6.1968 BGBl. I S. 611).

---

3 ArbGG/*Lipke* § 42 Rn. 6.

§ 43 Ehrenamtliche Richter

(1) [1]Die ehrenamtlichen Richter werden vom Bundesministerium für Arbeit und Soziales für die Dauer von fünf Jahren berufen. [2]Sie sind im angemessenen Verhältnis unter billiger Berücksichtigung der Minderheiten aus den Vorschlagslisten zu entnehmen, die von den Gewerkschaften, den selbständigen Vereinigungen von Arbeitnehmern mit sozial- oder berufspolitischer Zwecksetzung und Vereinigung von Arbeitgebern, die für das Arbeitsleben des Bundesgebietes wesentliche Bedeutung haben, sowie von den in § 22 Abs. 2 Nr. 3 bezeichneten Körperschaften eingereicht worden sind.

(2) [1]Die ehrenamtlichen Richter müssen das fünfunddreißigste Lebensjahr vollendet haben, besondere Kenntnisse und Erfahrungen auf dem Gebiet des Arbeitsrechts und des Arbeitslebens besitzen und sollen mindestens fünf Jahre ehrenamtliche Richter eines Gerichts für Arbeitssachen gewesen sein. [2]Sie sollen längere Zeit in Deutschland als Arbeitnehmer oder als Arbeitgeber tätig gewesen sein.

(3) Für die Berufung, Stellung und Heranziehung der ehrenamtlichen Richter sowie für die Amtsenthebung und die Amtsentbindung sind im übrigen die Vorschriften der §§ 21 bis 28 und des § 31 entsprechend anzuwenden mit der Maßgabe, daß die in § 21 Abs. 5, § 27 Satz 2 und § 28 Satz 1 bezeichneten Entscheidungen durch den vom Präsidium für jedes Geschäftsjahr im voraus bestimmten Senat des Bundesarbeitsgerichts getroffen werden.

1 § 43 regelt die Berufung der ehrenamtlichen Richter an das Bundesarbeitsgericht. Sie erfolgt durch das Bundesministerium für Arbeit und Soziales. Ein Richterwahlausschuss ist nicht beteiligt. Das Verfahren richtet sich im Wesentlichen nach den Vorschriften über die Berufung der ehrenamtlichen Richter an die Arbeitsgerichte, wie die Verweisung in § 43 Abs. 3 zeigt.

2 Das Ministerium für Arbeit und Soziales beruft die ehrenamtlichen Richter nach Vorschlagslisten. Vorschlagsberechtigt sind nach § 43 Abs. 1 S. 2 aber nur Gewerkschaften, selbständige Vereinigungen von Arbeitnehmern mit sozial- oder berufspolitischer Zwecksetzung und Vereinigungen von Arbeitgebern, soweit sie für das Arbeitsleben des Bundesgebietes wesentliche Bedeutung haben. Vorschlagslisten können auch von den in § 22 Abs. 2 Nr. 3 bezeichneten Körperschaften eingereicht werden. Die Vorschlagslisten werden also getrennt nach Ar-

beitnehmern und Arbeitgebern aufgestellt. Eine Bindung des Ministeriums für Arbeit und Soziales an diese Vorschlagslisten besteht nicht. Es kann einzelne Vorgeschlagene nicht ernennen und weitere Vorschläge verlangen.[1] Die ehrenamtlichen Richter sind allerdings in angemessenem Verhältnis, also unter Berücksichtigung der Bedeutung der Vereinigung,[2] unter billiger Berücksichtung der Minderheiten aus den Vorschlagslisten zu berufen, § 43 Abs. 1 S. 2. Die Dauer der Amtszeit beträgt fünf Jahre. Eine erneute Berufung ist möglich und ist in der Praxis durchaus die Regel.

Die Voraussetzungen für die Berufung, also **persönlichen Voraus-** 3 **setzungen**, richten sich nach den §§ 21 Abs. 2, 22, 23 (vgl. die Erläuterungen dort) sowie nach folgenden weiteren besonderen Voraussetzungen:

– Zwingend ist die **Vollendung des fünfunddreißigsten Lebensjahres** erforderlich, § 43 Abs. 2. Damit soll eine gewisse Lebens-, aber auch Berufserfahrung eingebracht werden. Eine Altersobergrenze besteht nicht. Allerdings kann mit Vollendung des 65. Lebensjahres die Übernahme des Amtes abgelehnt oder das Amt niedergelegt werden, § 43 Abs. 3, § 24 Abs. 1 Nr. 1.

– Zwingend erforderlich ist auch das Vorhandensein **besonderer Kenntnisse und Erfahrungen auf dem Gebiet des Arbeitsrechts und des Arbeitslebens.** Die besonderen Kenntnisse sind solche, die über die allgemeine Berufserfahrung hinausgehen und zum Beispiel durch Verbandstätigkeit erworben worden sein können. Dabei wird sich das Ministerium für Arbeit und Soziales auf die Angaben der vorschlagenden Vereinigung verlassen und allenfalls im Einzelfall nachfragen. Die Praxis zeigt, dass in erster Linie erfahrene Betriebsratsmitglieder, Personalleiter, Gewerkschafts- und Verbandsjuristen sowie langjährige Mitarbeiter bei Gewerkschaften und Verbänden zu ehrenamtlichen Richtern vorgeschlagen und berufen werden.[3]

Nicht zwingend, sondern als Sollvorschrift ist § 43 Abs. 2 letzter Hs. 4 ausgestaltet: Der Vorgeschlagene soll mindestens fünf Jahre ehrenamtlicher Richter eines Gerichts für Arbeitssachen gewesen sein. Mit der Voraussetzung einer **fünfjährigen Tätigkeit bei einem Gericht für Ar-**

---

1 BAG 28.8.1985, 5 AZR 516/84, EzA § 43 ArbGG 1979 Nr. 1; 29.8.1985, 6 ABR 63/82, AP ArbGG 1979 § 83 Nr. 13; 10.9.1985, 3 ABR 490/83, EzA § 74 HGB Nr. 46.
2 GMPM-G/*Prütting* § 43 Rn. 5.
3 ArbGG/*Wolmerath* § 43 Rn. 5.

beitssachen wird zum Ausdruck gebracht, dass eine spruchrichterliche Erfahrung als wünschenswert angesehen wird.[4] Nach der weiteren Sollvorschrift des § 43 Abs. 2 S. 2 wird eine längere Zeit der **Tätigkeit als Arbeitgeber oder Arbeitnehmer in Deutschland** vorausgesetzt. Über die Dauer und die Art der Tätigkeit besagt das Gesetz nichts. Aus § 37 Abs. 1, der bereits eine fünfjährige Amtsausübung als ehrenamtlicher Richter am Arbeitsgericht für die Berufung als ehrenamtlicher Richter an das Landesarbeitsgericht voraussetzt, wird geschlossen, dass die Tätigkeit als Arbeitnehmer oder Arbeitgeber länger als fünf Jahre angedauert haben sollte.[5] Diese Tätigkeit muss nicht unmittelbar vor der Berufung erfolgt sein. Auch kann die Tätigkeit zunächst als Arbeitgeber, dann als Arbeitnehmer erfolgt sein oder umgekehrt. Allerdings entfällt eine Berufungsvoraussetzung zum ehrenamtlichen Richter, wenn er eine Funktion auf der jeweils anderen Seite übernimmt,[6] jedoch nicht dann, wenn der Arbeitgeberbeisitzer eine Arbeitgeberfunktion im Bereich der Gewerkschaften wahrnimmt.[7]

5 Die **Rechtsstellung** der ehrenamtlichen Richter am Bundesarbeitsgericht entspricht der der ehrenamtlichen Richter am Arbeitsgericht oder am Landesarbeitsgericht. Die ehrenamtlichen Richter am Bundesarbeitsgericht werden durch das Präsidium des Bundesarbeitsgerichts einem bestimmten Senat zugeteilt. Dabei wird nach Möglichkeit einer etwaigen Anregung des ehrenamtlichen Richters entsprochen, einem bestimmten Senat zugeteilt zu werden oder den Senat zu wechseln. Die Namen der ehrenamtlichen Richter werden in alphabetischer Reihenfolge im Geschäftsverteilungsplan des Bundesarbeitsgerichts aufgeführt. Diese Aufstellung ist regelmäßig auch die vom Senatsvorsitzenden aufzustellende Liste nach § 31 Abs. 1 i.V.m. § 43 Abs. 3, nach der die ehrenamtlichen Richter zu den Sitzungen **herangezogen** werden. Nach § 9 Abs. 1 der Geschäftsordnung des Bundesarbeitsgerichts sollen die ehrenamtlichen Richter spätestens zwei Wochen vor der Sitzung durch die Geschäftsstelle geladen werden. Für den Fall der unvorhergesehen Verhinderung eines ehrenamtlichen Richters gibt es eine »Hilfsliste« i.S.d. § 31 Abs. 1 i.V.m. § 43 Abs. 2, nach der außerhalb der eigentlich vorgesehenen Reihenfolge ehrenamtliche Richter zur Sitzung geladen werden können. Diese »Hilfsliste« richtet sich danach, ob der ehrenamtliche Richter möglichst zeitnah zu der Sitzung erscheinen kann.

---

4 Vgl. *Schwab/Weth/Liebscher* § 43 Rn. 10 f.; GK-ArbGG/*Dörner* § 43 Rn. 5.
5 *Schwab/Weth/Liebscher* § 43 Rn. 12.
6 BAG 19.8.2004, 1 AS 6/03, EzA § 43 ArbGG 1979 Nr. 3.
7 BAG 21.9.1999, 1 AS 6/99, AP ArbGG 1979 § 43 Nr. 5.

Amtsenthebung und **Amtsentbindung** richten sich auf Grund der Ver- 6 weisung in § 43 Abs. 3 nach § 27 Abs. 2 und § 21 Abs. 5. Über sie entscheidet ein Senat des Bundesarbeitsgerichts, und zwar traditionsgemäß der Erste Senat.[8]

---

8 Vgl. z.B. BAG 19.8.2004, 1 AS 6/03, EzA § 43 ArbGG 1979 Nr. 3 und die Nachw. aus der älteren Rspr. bei *Heither* B § 43 Rn. 3 Nr. 1, 4.

§ 44 Anhörung der ehrenamtlichen Richter, Geschäftsordnung

(1) Bevor zu Beginn des Geschäftsjahres die Geschäfte verteilt sowie die berufsrichterlichen Beisitzer und die ehrenamtlichen Richter den einzelnen Senaten und dem Großen Senat zugeteilt werden, sind je die beiden lebensältesten ehrenamtlichen Richter aus den Kreisen der Arbeitnehmer und der Arbeitgeber zu hören.

(2) Der Geschäftsgang wird durch eine Geschäftsordnung geregelt, die das Präsidium beschließt; sie bedarf der Bestätigung durch den Bundesrat. Absatz 1 gilt entsprechend.

1 § 44 Abs. 1 regelt die Geschäftsverteilung, die Zuteilung der Berufsrichter und der ehrenamtlichen Richter an die einzelnen Senate und die Anhörung der ehrenamtlichen Richter zu der in Aussicht genommenen Geschäftsverteilung und der Zuteilung der Richter zu den einzelnen Senaten. Nach Abs. 2 kann sich das Bundesarbeitsgericht durch das Präsidium eine Geschäftsordnung geben, von dieser Möglichkeit hat es auch Gebrauch gemacht.

2 Die **Verteilung der Geschäfte** und der **Besetzungsplan**, also die Zuteilung der Richter an die einzelnen Senate, die Vertretungsregelung, erfolgen im **Geschäftsverteilungsplan**, den das Präsidium jeweils für ein Geschäftsjahr, das das Kalenderjahr ist, beschließt. Er muss für jedes Jahr neu beschlossen werden. Er wird veröffentlicht (z.B. in Fachzeitschriften[1] und im Internet[2]) und erforderlichenfalls im Laufe des Jahres geändert.[3] Der Geschäftsverteilungsplan sichert den gesetzlichen Richter, Art. 101 Abs. 1 S. 2 GG.

3 Die **Beteiligung der ehrenamtlichen Richter** bei der Zuweisung der Rechtsprechungsaufgaben, dem Besetzungsplan einschließlich Vertretungsregelung erfolgt nicht durch einen Ausschuss wie beim Arbeitsgericht und beim Landesarbeitsgericht, sondern durch **Anhörung** der beiden lebensältesten ehrenamtlichen Richter aus den Kreisen der Arbeitgeber und der Arbeitnehmer, was i.d.R. während deren Anwesenheit im Bundesarbeitsgericht am Tage der entscheidenden Sitzung des Präsidiums erfolgt. Das Präsidium ist an die Vorschläge der ehrenamtlichen Richter nicht gebunden. Eine etwaige Verletzung der Anhörungs-

---

[1] Vgl. z.B. NZA, RdA sowie Bundesanzeiger.
[2] www.bundesarbeitsgericht.de; www.arbrb.de.
[3] Zurzeit Stand 20.5.2008.

Anhörung der ehrenamtlichen Richter, Geschäftsordnung § 44

pflicht führt nicht zur Unwirksamkeit des vom Präsidium beschlossenen Geschäftsverteilungsplanes.

Das Präsidium kann zur Regelung des Geschäftsganges beim Bundesarbeitsgericht eine **Geschäftsordnung** nach Anhörung der beiden lebensältesten ehrenamtlichen Richter aus den Kreisen der Arbeitnehmer und Arbeitgeber beschließen. Sie bedarf der Bestätigung durch den Bundesrat. Davon hat das Präsidium Gebrauch gemacht. Die am 4.11.2003 vom Bundesrat bestätigte Geschäftsordnung ist am 1.6.2003 in Kraft getreten.[4] Sie enthält Bestimmungen über die Organisation, die Zuständigkeiten und das Verfahren beim Bundesarbeitsgericht. Sie bindet nur die Angehörigen des Bundesarbeitsgerichts und die ehrenamtlichen Richter, hat also keine Außenwirkung.[5]

4

---

4 BAnz. 2003 Nr. 219; sie ist z.B. bei ArbGG/*Düwell* § 44 Rn. 6, GMPM-G/*Prütting* § 44 Rn. 10, *Schwab/Weth/Liebscher* § 44 Rn. 14 abgedruckt.
5 GK-ArbGG/*Dörner* § 44 Rn. 5.

§ 45 Großer Senat

(1) Bei dem Bundesarbeitsgericht wird ein Großer Senat gebildet.

(2) Der Große Senat entscheidet, wenn ein Senat in einer Rechtsfrage von der Entscheidung eines anderen Senats oder des Großen Senats abweichen will.

(3) [1]Eine Vorlage an den Großen Senat ist nur zulässig, wenn der Senat, von dessen Entscheidung abgewichen werden soll, auf Anfrage des erkennenden Senats erklärt hat, daß er an seiner Rechtsauffassung festhält. [2]Kann der Senat, von dessen Entscheidung abgewichen werden soll, wegen einer Änderung des Geschäftsverteilungsplanes mit der Rechtsfrage nicht mehr befaßt werden, tritt der Senat an seine Stelle, der nach dem Geschäftsverteilungsplan für den Fall, in dem abweichend entschieden wurde, nunmehr zuständig wäre. [3]Über die Anfrage und die Antwort entscheidet der jeweilige Senat durch Beschluß in der für Urteile erforderlichen Besetzung.

(4) Der erkennende Senat kann eine Frage von grundsätzlicher Bedeutung dem Großen Senat zur Entscheidung vorlegen, wenn das nach seiner Auffassung zur Fortbildung des Rechts oder zur Sicherung einer einheitlichen Rechtsprechung erforderlich ist.

(5) [1]Der Große Senat besteht aus dem Präsidenten, je einem Berufsrichter der Senate, in denen der Präsident nicht den Vorsitz führt, und je drei ehrenamtlichen Richtern aus den Kreisen der Arbeitnehmer und Arbeitgeber. [2]Bei einer Verhinderung des Präsidenten tritt ein Berufsrichter des Senats, dem er angehört, an seine Stelle.

(6) [1]Die Mitglieder und die Vertreter werden durch das Präsidium für ein Geschäftsjahr bestellt. [2]Den Vorsitz im Großen Senat führt der Präsident, bei Verhinderung das dienstälteste Mitglied. [3]Bei Stimmengleichheit gibt die Stimme des Vorsitzenden den Ausschlag.

(7) [1]Der große Senat entscheidet nur über die Rechtsfrage. [2]Er kann ohne mündliche Verhandlung entscheiden. [3]Seine Entscheidung ist in der vorliegenden Sache für den erkennenden Senat bindend.

1 Nach § 45 Abs. 1 ist beim Bundesarbeitsgericht ein Großer Senat (GS) zu bilden wie bei allen obersten Bundesgerichten, Art. 95 Abs. 1 GG. Seine Aufgabe ist es, die Einheitlichkeit der Rechtsprechung auf dem Gebiet des Arbeitsrechts zu sichern und widersprechende Entscheidungen der einzelnen Senate zu verhindern. Außerdem entscheidet er über Grundfragen des Arbeitsrechts insbesondere i.S. einer bisherigen Unge-

Großer Senat § 45

klärtheit und hat für die Rechtsfortbildung zu sorgen. Geht es um die Einheitlichkeit der Rechtsprechung zwischen den obersten Gerichtshöfen des Bundes, entscheidet der Gemeinsame Senat der obersten Gerichtshöfe des Bundes. Die Zuständigkeit des Großen Senats ist abschließend geregelt. Er entscheidet in Divergenzfällen (§ 45 Abs. 2), und in Fragen von grundsätzlicher Bedeutung (§ 45 Abs. 4). Er entscheidet nach § 45 Abs. 3 nur auf Anrufung auf Grund einer Vorlage – **Divergenzvorlage** oder **Grundsatzvorlage** – durch den nach dem Geschäftsverteilungsplan für das Verfahren vor dem Bundesarbeitsgericht zuständigen Senat. Abs. 5 und Abs. 6 regeln die Zusammensetzung des Großen Senats. Abs. 7 befasst sich mit der Form und der Wirkung der Entscheidung.

Nach § 45 Abs. 2 entscheidet der Große Senat, wenn ein Senat in einer Rechtsfrage von der Entscheidung eines anderen Senats oder des Großen Senats abweichen will. Damit ist die Divergenz in einer Rechtsfrage angesprochen. Eine **Rechtsfrage** liegt dann vor, wenn es darum geht, wie ein Geschehen gem. den Kriterien der Rechtsordnung einzuordnen ist.[1] **Tatfragen** hat der zuständige Senat allein zu entscheiden. Die Abgrenzung kann im Einzelfall Schwierigkeiten bereiten.[2] Es muss sich um **dieselbe Rechtsfrage** handeln. Ob die **Identität der Rechtsfrage** gegeben ist, kann im Einzelfall zweifelhaft sein. In der Regel geht es um dieselbe Rechtsfrage, wenn dieselbe Rechtsnorm auszulegen ist. Das ist aber dann nicht der Fall, wenn dieselbe Rechtsnorm verschiedene Punkte regelt. Ist die Rechtsnorm geändert worden, liegt keine Abweichung mehr vor. Indes kann es um dieselbe Rechtsfrage gehen, wenn zwei verschiedene Rechtsnormen einschlägig sind. Das ist aber ein Ausnahmefall.[3] Die Rechtsfrage muss nicht auf geschriebenem Recht beruhen, sie kann sich auch aus der Rechtsprechung ergeben, wie etwa aus den zur betrieblichen Übung aufgestellten Grundsätzen[4] oder aus der Rechtsprechung zur Gratifikation.[5] Der mit einem Verfahren befasste Senat legt vor, will er von einem Rechtssatz einer zeitlich früher liegenden Entscheidung **abweichen**.[6] Dabei ist es unerheblich, ob es sich bei

2

---

1 *Schwab/Weth/Liebscher* § 45 Rn. 9.
2 Dazu GK-ArbGG/*Dörner* § 45 Rn. 16 f.
3 GK-ArbGG/*Dörner* § 45 Rn. 21.
4 GK-ArbGG/*Dörner* § 45 Rn. 22.
5 Vgl. auch – ganz allgemein – *Schwab/Weth/Liebscher* § 45 Rn. 9.
6 Krit. zu BAG 18.4.2007, 4 AZR 652/05, EzA § 3 TVG Bezugnahme auf Tarifvertrag Nr. 35, nach der (Rn. 38) es einer Anrufung des Großen Senats auch nach § 45 Abs. 2 nicht bedarf, weil die Rechtsprechungsänderung nur hinsichtlich der Auslegung von Verweisungsklauseln, die vor dem 31.12.2001 vereinbart worden seien, entscheidungserheblich sei, hinsichtlich der Auslegung einer solchen Klausel liege keine der jetzigen Rechtsprechung des Senats entgegenstehende Rechtsprechung eines anderen Senats oder des Großen Senats des

dieser Entscheidung um ein Urteil oder um einen Beschluss handelt, allerdings sind Vorlagebeschlüsse an den Großen Senat nicht divergenzfähig,[7] weil diese das Verfahren nicht beendet und einen Rechtssatz nicht aufgestellt haben, der für die Entscheidung tragend gewesen ist. Entscheidungen anderer Gerichte sind nicht i.S.d. § 45 divergenzfähig.[8] Eine Abweichung liegt nicht mehr vor, wenn der andere Senat seine Auffassung inzwischen aufgegeben hat oder der später zuständige Senat sie nicht mehr vertritt. Die **Abweichung (Divergenz)** i.S.d. § 45 Abs. 2 ist die bewusste inhaltliche Änderung eines abstrakten Rechtssatzes durch eine andere Auslegung einer Rechtsnorm oder die inhaltliche Änderung eines sonstigen Rechtssatzes, vgl. §§ 72, 72a.[9] Eine Abweichung liegt dann nicht vor, wenn Rechtssätze lediglich präzisiert, verdeutlicht, weiter entwickelt oder neue Rechtssätze aufgestellt werden, die zu den bisherigen nicht in Widerspruch stehen,[10] was in der Praxis nicht selten der Fall ist und etwa mit (»in Fortführung von ... «, oder mit »im Anschluss an ... «) zum Ausdruck gebracht wird. Die Rechtsfrage muss klärungsfähig und klärungsbedürftig sein.[11] Sie kann sich sowohl auf die Zulässigkeit als auch auf die Begründetheit beziehen.[12] Sie muss **entscheidungserheblich**, also tragend, für die frühere wie für die zu treffende Entscheidung sein, also beide Entscheidungen müssen auf der vertretenen und auf der in Aussicht genommenen abweichenden Auffassung beruhen.[13] Daraus folgt, dass »beiläufig« Geäußertes, also ein sog. obiter dictum, eine Alternativ- oder Hilfsbegründung durch den anderen Senat nicht ausreicht.

3 Die Abweichung muss sich auf die Entscheidung eines **anderen** Senats beziehen. Daraus ergibt sich, dass ein Senat von seiner eigenen Rechtsprechung abweichen kann (»unter Aufgabe von ... «), und zwar unabhängig von seiner Besetzung.[14] Aber auch dann, wenn ein Senat mit

---

Bundesarbeitsgerichts vor, *Höpfner* NZA 2008, 91, 94 m.w.N., jedenfalls sei eine Vorlage nach § 45 Abs. 4 wegen grundsätzlicher Bedeutung erforderlich gewesen.

7 BAG 20.8.1986, 8 AZN 244/86, EzA § 72a ArbGG 1979 Nr. 48. Auch diese Entscheidung kann als Ausdruck der Tendenz der obersten Bundesgerichte gesehen werden, den Großen Senat möglichst nicht anzurufen, dazu GMPM-G/*Prütting* § 45 Rn. 4. Das zeigen auch andere Entscheidungen: vgl. z.B. BAG 26.4.2006, 5 AZR 403/05, EzA § 4 TVG Ausschlussfristen Nr. 185 Rn. 22 ff.; 27.5.2004, 6 AZR 129/03, EzA Art. 3 GG Nr. 101 (III).
8 GMPM-G/*Prütting* § 45 Rn. 17; ArbGG/*Düwell* § 45 Rn. 3 mit Aufzählung.
9 GK-ArbGG/*Dörner* § 45 Rn. 23.
10 GK-ArbGG/*Dörner* § 45 Rn. 24.
11 BAG GS 7.3.2001, GS 1/00, EzA § 288 BGB Nr. 3.
12 *Hauck/Helml* § 45 Rn. 4; *Schwab/Weth/Liebscher* § 45 Rn. 10.
13 BAG 16.1.1991, 4 AZR 371/90, EzA § 4 Metallindustrie Nr. 80.
14 ArbGG/*Düwell* § 45 Rn. 6.

§ 45

einer anderen Ordnungsnummer von einer früheren Entscheidung abweichen will, ist eine Divergenzvorlage nicht geboten, vielmehr unzulässig, wenn er durch Änderung der Geschäftsverteilung für die zu entscheidende Rechtsfrage allein zuständig geworden ist.

Nach § 45 Abs. 3 ist die Vorlage nur zulässig, wenn der Senat, von dessen Entscheidung abgewichen werden soll, auf **Anfrage** des nunmehr entscheidenden Senats (die nach § 45 Abs. 3 S. 3, § 75 Abs. 1 in der Besetzung mit den ehrenamtlichen Richtern erfolgt) erklärt, er halte an seiner Rechtsauffassung fest, wobei auch die Antwort des angefragten Senats unter Hinzuziehung der ehrenamtlichen Richter zu erfolgen hat (eine Ausnahme ist gegeben, wenn das Ausgangsverfahren die Entscheidung über eine sofortige Beschwerde ist, lediglich die Berufsrichter entscheiden, arg. § 77 S. 3). Hält der angefragte Senat an seiner Rechtsauffassung nicht fest, kann der erkennende Senat ohne Anrufung des Großen Senats von der Entscheidung des angefragten Senats abweichen.[15] Es bleibt die Vorlage wegen einer Frage von grundsätzlicher Bedeutung nach § 45 Abs. 4. Eine Vorlage unter der Bedingung, dass der andere Senat an seiner Auffassung festhalte, ist unzulässig. Der entscheidende Senat muss die Antwort des anderen Senats abwarten.[16]   4

Anfrage und Antwort erfolgen durch Beschluss und werden, ergehen sie auf Grund mündlicher Verhandlung, verkündet, § 329 Abs. 1 ZPO. Ergehen sie ohne mündliche Verhandlung werden sie den Parteien/Beteiligten nach § 329 Abs. 2 ZPO formlos mitgeteilt. Diese Beschlüsse sind nicht anfechtbar.   5

Nach § 45 Abs. 4 kann der erkennende Senat dem Großen Senat eine Frage von grundsätzlicher Bedeutung zur Entscheidung vorlegen, wenn das nach Auffassung des erkennenden Senats zur Fortbildung des Rechts oder zur Sicherung einer einheitlichen Rechtsprechung erforderlich ist. Gegen die Verfassungsmäßigkeit der **Grundsatzvorlage** bestehen Bedenken.[17] Wenngleich die Abgrenzung der Zuständigkeiten der Fachsenate und des Großen Senats unklar bleibt, wird man sich hinsichtlich der **grundsätzlichen Bedeutung** darauf verständigen können, dass diese gegeben ist, wenn die Entscheidung über den Einzelfall hinaus für eine Vielzahl von gleich oder ähnlich liegenden Fällen   6

---

15 Vgl. z.B. Anfrage des Neunten Senats nach § 45 Abs. 3 S. 1 v. 9.9.2003, 9 AZR 478/02 (A), und Antwort des Zehnten Senats v. 13.5.2004, 10 AS 6/04, IBR 2004, 462, mit der er sich der Auffassung des Neunten Senats anschließt, dazu *Matthes* jurisPR-ArbR 42/2004 Anm. 1.
16 GK-ArbGG/*Dörner* § 45 Rn. 32.
17 I.E. GK-ArbGG/*Dörner* § 45 Rn. 36 ff.; ArbGG/*Düwell* § 45 Rn. 16 f.

richtungweisend ist[18] oder wenn es sich um eine umstrittene Frage von wesentlichem Gewicht für die Rechtsordnung und das Rechtsleben handelt,[19] jedenfalls aber, wenn es um eine Rechtsfrage geht, die sich über den Fachsenat hinaus auch anderen Senaten stellt oder stellen kann, was prozessuale Fragen des ArbGG oder allgemeine Fragen des Arbeitsrechts betreffen kann wie den Arbeitnehmerbegriff, den arbeitsrechtlichen Gleichbehandlungsgrundsatz, die betriebliche Übung, die Frage der Bindung der Tarifvertragsparteien an die Grundrechte, etwa an Art. 3 GG.[20] Den Voraussetzungen der Fortbildung des Rechts oder der Sicherung einer einheitlichen Rechtsprechung wird eine eigenständige Bedeutung nicht zugemessen.[21] Der vorlegende Senat kann seine Vorlage sowohl auf Divergenz als auch auf die grundsätzliche Bedeutung einer Frage stützen.

7 Das **Verfahren** erfolgt in der Weise, dass der vorlegende Senat die Rechtsfrage(n) formuliert, die er vom Großen Senat geklärt haben möchte. Ein Anfrageverfahren findet bei der Grundsatzvorlage nicht statt. Nach § 8 der Geschäftsordnung des BAG in der vom Bundesrat bestätigten Fassung vom 11.4.2003, die am 1.6.2003 in Kraft getreten ist,[22] übersendet der Senat mit seinem Beschluss auch die Akten der Rechtssache dem Vorsitzenden des Großen Senats.

8 Die **Besetzung** des Großen Senats ist in § 45 Abs. 5 S. 1 geregelt. Er setzt sich aus dem Präsidenten, zurzeit eine Präsidentin, und je einem Berufsrichter eines jeden Senats zusammen, in dem der Präsident/die Präsidentin nicht den Vorsitz hat. Außerdem gehören dem Großen Senat je drei ehrenamtliche Richter aus den Kreisen der Arbeitnehmer und Arbeitgeber an. Derzeit hat der Große Senat 16 Mitglieder. Die Zusammensetzung im Einzelnen ergibt sich aus dem Geschäftsverteilungsplan, der für ein Geschäftsjahr im Voraus aufgestellt und veröffentlicht wird.[23] Von den berufsrichterlichen Mitgliedern sind neben dem Präsidenten/der Präsidentin vier Vorsitzende Richter und fünf Beisitzer. Die Vorsitzenden Richter einschließlich Präsident und Vizepräsident – dieser ist zurzeit nicht Mitglied des Großen Senats – werden nach der Regelung der Stellvertretung des Vorsitzenden im jeweiligen Senat vertreten. Die Richter werden zunächst durch den jeweiligen Vorsitzenden ihres Senats und sodann durch den stellvertretenden Vorsitzenden und

---

18 BAG GS 16.3.1962, GS 1/61, EzA § 1 HATG NRW Nr. 1.
19 BAG GS 27.2.1985, GS 1/84, EzA § 611 BGB Beschäftigungspflicht Nr. 9; 16.9.1986, GS 1/82, EzA § 77 BetrVG 1972 Nr. 17 (zu II).
20 GK-ArbGG/*Dörner* § 45 Rn. 49 ff., 50, 53.
21 GK-ArbGG/*Dörner* § 45 Rn. 55; ArbGG/*Düwell* § 45 Rn. 18.
22 Abgedruckt z.B. bei GMPM-G/*Prütting* § 44 Rn. 10.
23 Z.B. für 2008 einsehbar im Internet www.bundesarbeitsgericht.de.

den ihm folgenden weiteren Richtern ihres jeweiligen Senats vertreten, bei zwei nachfolgenden Richtern durch den im Dienstalter älteren Richter, bei dienstaltersgleichen Richtern durch den lebensältesten Richter. Ist der Präsident verhindert, so tritt nach § 45 Abs. 5 S. 2 an seine Stelle ein Berufsrichter, der dem »Präsidentensenat« angehört.

Den Vorsitz im Großen Senat hat der Präsident/die Präsidentin, bei dessen Verhinderung das dienstälteste Mitglied, § 45 Abs. 6 S. 2. Der/Die Vorsitzende bestimmt zwei Berichterstatter[24], was im Lichte des § 21g GVG als zweifelhaft erscheint: Der Spruchkörper verteilt die Geschäfte.[25]

9

Der Große Senat entscheidet zunächst über die **Zulässigkeit** der Vorlage, was auch durch einen besonderen Beschluss entsprechend § 303 ZPO möglich ist. Die Zulässigkeitsprüfung erstreckt sich darauf, ob der vorlegende Senat für das Ausgangsverfahren nach dem Geschäftsverteilungsplan zuständig ist, ein Vorlagegrund i.S.d. § 45 Abs. 2 und/oder Abs. 4 geltend gemacht wird und vorliegt und im Falle der Divergenzvorlage das Anfrageverfahren durchgeführt worden ist. Allerdings ist der Große Senat daran gebunden, was der vorlegende Senat für entscheidungserheblich hält.[26] Kommt der Große Senat zu dem Ergebnis, die Vorlage sei unzulässig, so ergeht Beschluss in einer von dem/der Vorsitzenden anberaumten Sitzung, der zu begründen ist (§ 8 Abs. 3 der Geschäftsordnung), dass eine Entscheidung der vorgelegten Rechtsfrage(n) abgelehnt wird. Der Beschluss ist unanfechtbar.

9a

Ist die Vorlage zulässig, beantwortet der Große Senat die gestellten Fragen, wobei er nicht auf ein »Ja« oder ein »Nein« beschränkt ist, sondern er kann eigenständige und differenzierende Antworten auf die Vorlagefragen geben.[27] Bei Stimmengleichheit gibt die Stimme des Vorsitzenden den Ausschlag (§ 45 Abs. 6 S. 3). Der Große Senat kann in einer von dem/der Vorsitzenden anberaumten Sitzung des Großen Senats, aber auch auf Grund einer mündlichen Verhandlung entscheiden. Die mündliche Verhandlung ist nicht vorgeschrieben, § 45 Abs. 7 S. 2. Der Beschluss ist unanfechtbar.

10

Die Entscheidung ist für den vorlegenden Senat bindend, § 45 Abs. 7 S. 3.

---

24 § 8 der Geschäftsordnung in der vom Bundesrat am 11.4.2003 bestätigten Fassung, abgedr. z.B. bei GMPM-G/*Prütting* § 44 Rn. 10.
25 ArbGG/*Düwell* § 45 Rn. 27.
26 BAG GS 3.12.1991, GS 2/90, EzA § 87 BetrVG 1972 Betriebliche Lohngestaltung Nr. 30.
27 BAG GS 21.4.1971, GS 1/68, AP Art. 9 GG Arbeitskampf Nr. 45.

11 Die Parteien bleiben auch während des Verfahrens des Großen Senats Herren des Ausgangsverfahrens. Sie können es durch Vergleich, Klagerücknahme unter Zustimmung des Gegners, Rechtsmittelrücknahme, Verzicht oder Anerkenntnis beenden. Damit wird dem Großen Senat die Grundlage für seine Entscheidung entzogen. Die Vorlage des Fachsenats ist gegenstandslos.

12 Kommt es zu einer Entscheidung über die vorgelegte(n) Rechtsfrage(n) durch den Großen Senat, ist seine Entscheidung für den vorlegenden Senat in dem Ausgangsverfahren bindend, § 45 Abs. 7 S. 3. Die **Kosten** des Verfahrens des Großen Senats sind solche des Revisionsverfahrens.

13 Der Geschäftsverteilungsplan des Bundesarbeitsgerichts enthält auch die »Entsendung von Richtern des Bundesarbeitsgerichts in den **Gemeinsamen Senat der Obersten Gerichtshöfe des Bundes**«.[28] Dieser Spruchkörper soll die Einheitlichkeit der Rechtsprechung der obersten Gerichtshöfe des Bundes wahren. Auch hier ergeht ein Vorlagebeschluss durch den erkennenden Senat an den Gemeinsamen Senat, der entscheidet, wenn ein oberster Gerichtshof des Bundes in einer Rechtsfrage von einer Entscheidung eines anderen obersten Gerichtshofes oder des Gemeinsamen Senats abweichen will.

Die Entscheidung des gemeinsamen Senats ist für den vorlegenden Senat im Ausgangsverfahren bindend.[29]

---

28 Vgl. für die Geschäftsjahre 2007 und 2008: GVP D einsehbar im Internet www.bundesarbeitsgericht.de.
29 RsprEinhG v. 19.6.1968 BGBl. I S. 661.

Dritter Teil
Verfahren vor den Gerichten für Arbeitssachen

Erster Abschnitt
Urteilsverfahren

Erster Unterabschnitt
Erster Rechtszug

§ 46 Grundsatz

(1) Das Urteilsverfahren findet in den in § 2 Abs. 1 bis 4 bezeichneten bürgerlichen Rechtsstreitigkeiten Anwendung.

(2) ¹Für das Urteilsverfahren des ersten Rechtszugs gelten die Vorschriften der Zivilprozessordnung über das Verfahren vor den Amtsgerichten entsprechend, soweit dieses Gesetz nichts anderes bestimmt. ²Die Vorschriften über den frühen ersten Termin zur mündlichen Verhandlung und das schriftliche Vorverfahren (§§ 275 bis 277 der Zivilprozessordnung), über das vereinfachte Verfahren (§ 495a der Zivilprozessordnung) über den Urkunden- und Wechselprozess (§§ 592 bis 605a der Zivilprozessordnung), über die Entscheidung ohne mündliche Verhandlung (§ 128 Abs. 2 der Zivilprozessordnung) und über die Verlegung von Terminen in der Zeit vom 1. Juli bis 31. August (§ 227 Abs. 3 Satz 1 der Zivilprozessordnung) finden keine Anwendung. ³§ 127 Abs. 2 der Zivilprozessordnung findet mit der Maßgabe Anwendung, dass die sofortige Beschwerde bei Bestandsschutzstreitigkeiten unabhängig vom Streitwert zulässig ist.

Übersicht	Rn.
A. Allgemeines	1
B. Anwendbarkeit und Nichtanwendbarkeit der ZPO	2
I. Das amtsgerichtliche Verfahren	2
II. Ausdrücklich ausgenommene Vorschriften der ZPO	3
C. Allgemeine Verfahrensgrundsätze im Urteilsverfahren	9
I. Mündlichkeitsprinzip	9
II. Beibringungsgrundsatz	13
III. Dispositionsgrundsatz	17
IV. Beschleunigungsgrundsatz	18
D. Klageverfahren	19
I. Prozessvoraussetzungen	19

II.	Klageerhebung	22
III.	Die Klagearten	29
	1. Leistungs- und Unterlassungsklage	29
	a) Zahlungsklage	30
	b) Beschäftigungsklage	35
	c) Auskunftsklage / Stufenklage	37
	d) Herausgabeklage	38
	e) Unterlassungsklage betr. Wettbewerb	39
	f) Arbeitsrechtliche Konkurrentenklage	41
	g) Sonstiges	42
	2. Feststellungsklage	44
	a) Rechtsverhältnis	44
	b) Feststellungsinteresse	45
	c) Zwischenfeststellungsklage	49
	d) Kündigungsschutzklage	50
	e) Eingruppierungsfeststellungsklage	56
	3. Gestaltungsklage	59

A. Allgemeines

1 § 46 ist die **Grundlage** für das arbeitsgerichtliche Verfahrensrecht der ersten Instanz. Die Regelung in Abs. 1 ist zwar eine bloße Wiederholung von § 2 Abs. 5. Absatz 2 jedoch, insbesondere Satz 1 mit der grundlegenden Verweisung auf die ZPO hat nicht nur für das **Urteilsverfahren**, sondern auch für weite Teile des Beschlussverfahrens (§ 80 Abs. 2 S. 1) große Bedeutung. Die arbeitsgerichtlichen Vorschriften dieses Gesetzes gehen den abweichenden ZPO-Vorschriften vor. Eine Reihe von **Einzelfragen**, die im ArbGG geregelt sind, werden daher an den jeweiligen Einzelvorschriften dargestellt. Dies betrifft insbesondere:

– Ausschließung und Ablehnung von Gerichtspersonen § 49

– Aussetzung § 55

– Beweisverfahren (einschl. Beweislast) § 58

– Einstweilige Verfügung, Arrest § 62

– Funktionelle Zuständigkeit (Vors. – Kammer) §§ 53, 55

– Ladung § 47

– Öffentlichkeit § 52

– Persönliches Erscheinen § 51

– Rechtliches Gehör § 78a

– Richterliche Hinweispflicht § 57

Grundsatz § 46

- Streitwert (Bemessung, Verfahren) §§ 12, 12a
- Urteil (Verkündung, Form, Inhalt) § 60, 61
- Verhandlung (Gütetermin, Kammerverhandlung) §§ 54, 57
- Versäumnisurteil § 59
- Zurückweisung verspäteten Vorbringens § 56
- Zustellungen § 50
- Zwangsvollstreckung § 62

B. Anwendbarkeit und Nichtanwendbarkeit der ZPO

I. Das amtsgerichtliche Verfahren

Abs. 2 S. 1 verweist auf die zivilprozessualen Vorschriften über das amtsgerichtliche Verfahren. Dieses ist in §§ 495 bis 510b ZPO geregelt, allerdings mit einer weit reichenden Verweisung auf die Vorschriften für das landgerichtliche Verfahren (§ 495 ZPO), die damit auch für das Arbeitsgerichtsverfahren gelten. 2

II. Ausdrücklich ausgenommene Vorschriften der ZPO

Abs. 2 S. 2 nimmt eine Reihe von Verfahrensvorschriften von der arbeitsgerichtlichen Geltung aus, so dass die dort geregelten zivilprozessualen Verfahrensweisen vor den Arbeitsgerichten nicht möglich sind. 3

Früher erster Termin: Die Vorschriften der ZPO über den frühen ersten Termin und das schriftliche Vorverfahren (§ 276 ZPO) gelten vor den Arbeitsgerichten nicht. Dort ist mit den Regelungen der Güteverhandlung (§ 54), zur Vorbereitung der Kammerverhandlung (§ 56) sowie über die spezielle Behandlung von Bestandsstreitigkeiten (§ 61a) ein eigener Weg geregelt, der den **Grundsatz der Beschleunigung** spezifisch aufgreift und sich in der Praxis bewährt hat. Gleiches gilt für den Mündlichkeitsgrundsatz, der im erstinstanzlichen Urteilsverfahren uneingeschränkt gilt (vgl. dazu unten Rn. 9). 4

Vereinfachtes Verfahren: Das vor dem Amtsgericht durch § 495a ZPO ermöglichte vereinfachte Verfahren ist beim Arbeitsgericht nicht möglich, auch wenn sich dies aus arbeitsgerichtlichen Besonderheiten nicht ohne weiteres begründen lässt.[1] 5

---

1 So auch *Schwab/Weth/Zimmerling* § 46 Rn. 10.

Creutzfeldt

6 Urkunden- und Wechselprozess: Das vereinfachte Urkunden- und Wechselverfahren findet beim Arbeitsgericht nicht statt. Dies ist **keine Zuständigkeitsbestimmung**; dem Kläger ist lediglich diese spezifische Verfahrensart verwehrt und er ist darauf angewiesen, vor den Arbeitsgerichten jeweils aus dem Grundgeschäft zu klagen, wenn es sich um einen bürgerlich-rechtlichen Anspruch aus dem Arbeitsverhältnis usw. (§ 2) handelt.[2]

7 Entscheidung ohne mündliche Verhandlung: Eine Entscheidung ohne mündliche Verhandlung (§ 128 Abs. 2 ZPO) ist bei den Arbeitsgerichten auch dann nicht möglich, wenn die Parteien zustimmen oder dies gar ausdrücklich beantragen.[3] Anwendbar ist allerdings § 128 Abs. 3 und 4 ZPO, also eine Entscheidung ohne mündliche Verhandlung, wenn es nur noch um die Kosten geht oder keine Urteile ergehen.[4]

8 Terminsverlegung in der Sommerzeit: Auch die Nachfolgeregelung der früheren »Gerichtsferien« in § 227 Abs. 3 S. 1 ZPO findet im Arbeitsgerichtsverfahren wegen des Beschleunigungsgrundsatzes keine Anwendung.

C. Allgemeine Verfahrensgrundsätze im Urteilsverfahren

I. Mündlichkeitsprinzip

9 Der Zivilprozess wird im **Normalfall mündlich** geführt (§ 128 Abs. 1 ZPO). Dieser Grundsatz findet im Arbeitsgerichtsverfahren **verstärkt** Anwendung, weil hier häufig die Parteien selbst ihre Interessen geltend machen und über wenig Prozesserfahrung verfügen; sie sollen nicht in der Wahrnehmung ihrer Rechte behindert werden, was in einem schriftlichen Verfahren leichter geschehen könnte.[5] Entscheidungen ohne mündliche Verhandlung sind zwar in den letzten Jahren leichter möglich geworden (z.B. § 128 Abs. 4 ZPO: alle Entscheidungen, die nicht Urteile sind); aber als **Grundsatz** gilt nach wie vor: **Ohne Verhandlung kein Urteil!**[6] Hiervon gibt es jedoch zwei **Ausnahmen**: das isolierte Kostenschlussurteil nach § 128 Abs. 3 ZPO und die Urteilsverwerfung eines Einspruchs (§ 341 Abs. 2 ZPO), die nach ausdrücklicher gesetzlicher Regelung jeweils ohne mündliche Verhandlung und nach der

---

2 BAG 7.11.1996, 5 AZB 19/96, EzA § 2 ArbGG 1979 Nr. 24.
3 GMPM-G/*Germelmann* § 46 Rn. 28; *Hauck/Helml* § 46 Rn. 9.
4 Vgl. im Übrigen § 55 Abs. 2 sowie die Erläuterungen bei § 53 Rn. 4a und 10.
5 LAG Köln 30.1.1998, 4 Sa 930/97, NZA 1998, 1284.
6 GK-ArbGG/*Schütz* § 46 Rn. 38; *Schwab/Weth/Zimmerling* § 46 Rn. 19.

Grundsatz § 46

Neuregelung seit dem 1.4.2008 auch durch den Vorsitzenden allein ergehen können.[7]

Auf der anderen Seite sind die Parteien auch gezwungen, ihr Anliegen 10 in der Verhandlung mündlich vorzubringen, wobei auch eine Bezugnahme auf bereits zu den Akten gereichte Schriftsätze möglich ist. Nur das, was **Gegenstand der mündlichen Verhandlung** war, darf zum Gegenstand der Urteilsfindung gemacht werden.[8]

Hiervon besteht lediglich eine Ausnahme: in einem **nachgelassenen** 11 **Schriftsatz** enthaltener Sachvortrag darf in bestimmten Grenzen[9] in der anschließende Entscheidungsfindung des Gerichts herangezogen werden, auch ohne dass er ausdrücklich in die mündliche Verhandlung eingegangen ist. Dies ergibt sich aus den Besonderheiten bei der Zurückweisung verspäteten Vorbringens (vgl. zu dieser Konstellation unten § 56 Rn. 22).

Wenn nach Auffassung des Vorsitzenden die Sache vollständig erörtert 12 ist, schließt er die mündliche Verhandlung; hieran schließt sich – ggf. nach einer Beratung – i.d.R. die Verkündung der Entscheidung des Gerichts an (§ 136 Abs. 4 ZPO). In bestimmten Fällen kann (§ 156 Abs. 1 ZPO) bzw. muss (§ 156 Abs. 2 ZPO) die **mündliche Verhandlung** jedoch **wiedereröffnet** werden. Verpflichtet ist das Gericht hierzu (§ 156 Abs. 2 ZPO),

- wenn es einen entscheidungserheblichen und rügbaren **Verfahrensfehler**, insbesondere eine Verletzung der Hinweispflicht, der Aufklärungspflicht oder des Anspruchs auf rechtliches Gehör festgestellt hat (§ 156 Abs. 2 Nr. 1 ZPO);

- wenn eine Partei nachträglich Tatsachen vorgetragen und glaubhaft gemacht hat, aus denen sich ein **Wiederaufnahmegrund** i.S. einer Restitutions- oder Nichtigkeitsklage (§§ 579 f. ZPO) ergibt (§ 156 Abs. 2 Nr. 2 ZPO);

- wenn nach der Verhandlung ein **Richterwechsel** stattgefunden hat (§ 156 Abs. 2 Nr. 3 ZPO).

---

7 Vgl. ausf. zum SGGArbGGÄndG vom 26.3.2008 (BGBl. I S. 444) die Erläuterungen bei § 55 Rn. 1 ff. Auf die unter bestimmten Umständen bestehende weitere Möglichkeit eines Verzichts- oder Anerkenntnisurteils oder eines Urteils nach Lage der Akten (§ 251a ZPO) ohne mündliche Verhandlung durch den Vorsitzenden allein (§ 55 Abs. 2) soll hier nur hingewiesen werden, vgl. dazu ebenfalls die Erl. dort.
8 BAG 23.1.1996, 9 AZR 600/93, EzA § 128 ZPO Nr. 2.
9 Nur soweit er eine Erwiderung auf das bisherige Vorbringen der Gegenseite darstellt, nicht dagegen neues Vorbringen, vgl. dazu *Zöller/Greger* § 283 Rn. 5 ff.

§ 46 Grundsatz

II. Beibringungsgrundsatz

13 Der Zivilprozess beruht darauf, dass die Parteien den Streitstoff dem Gericht vorzulegen haben, das Gericht aber auch nur die ihm vorgetragenen Sachverhalte berücksichtigen darf. Auch **offenkundige Tatsachen** dürfen der Entscheidung nicht zugrunde gelegt werden, wenn sie nicht durch eine Partei in das Verfahren eingeführt worden sind. Eine Tatsache, die dem Gericht übereinstimmend vorgetragen wird (ausdrücklich zugestanden oder nicht bestritten, § 138 Abs. 3 ZPO), muss das Gericht seiner Entscheidung zugrunde legen.[10] Dies soll dort seine Grenzen haben, wo das Gegenteil der unstreitigen Tatsachen offenkundig ist.[11]

14 Dementsprechend ist die dem Gericht obliegende **Hinweispflicht** (§ 139 ZPO) dahingehend **begrenzt**, dass dadurch kein substanziell neuer Sachvortrag eingeführt wird, sondern nur aufgrund des bisherigen Sachvortrages bestehende Unklarheiten und **erkennbare Mängel des (bereits erbrachten!) Vortrags** ausgeräumt werden (vgl. dazu auch unten § 49 Rn. 7, § 57 Rn. 5 ff.). Auf die Stellung eines sachdienlichen Antrags kann nur hingewirkt werden; die letzte Entscheidung hierüber bleibt der Partei vorbehalten.

15 Gesetzlich der Verpflichtung zur Beibringung durch die Parteien entzogen sind **ausländische Rechtsnormen** und **Tarifverträge**, soweit sie normativ gelten.[12] Diese sind vom Gericht selbst zu ermitteln (§ 293 ZPO). Hierzu können **Auskünfte der Tarifvertragsparteien** eingeholt werden, die sich auch auf das formelle Zustandekommen der Tarifverträge erstrecken können.[13]

16 Der Beibringungsgrundsatz gilt auch für das **Beweisverfahren**. Das Gericht hat auf fehlende Beweisantritte hinzuweisen; wenn diesem Hinweis nicht nachgekommen wird, kann das Gericht nicht von sich aus Beweis erheben. Eine Ausnahme bildet die Parteivernehmung von Amts wegen unter den in § 448 ZPO genannten Voraussetzungen (vgl. dazu unten § 58 Rn. 45).

---

10 BGH 2.11.1989, IX ZR 197/88, NJW 1990, 454, 456.
11 BAG 9.12.1997, 1 AZR 319/97, EzA § 77 BetrVG 1972 Nr. 61.
12 ErfK/*Koch* § 46 Rn. 12; bei einzelvertraglicher Inbezugnahme bleibt es bei der Beibringungsverpflichtung der Partei, die sich auf die ihr günstigen Normen beruft (vgl. dazu unten § 58 Rn. 3 ff.).
13 BAG 20.3.1997, 6 AZR 865/95, NZA 1997, 896.

III. Dispositionsgrundsatz

Eine weitere Konsequenz der Parteiherrschaft im Zivilverfahren ist die Befugnis der Parteien, das Verfahren dadurch zu gestalten, dass sie selbst über die Anträge entscheiden, die sie stellen; sie können es auch **jederzeit** durch Klagerücknahme,[14] Anerkenntnis, Verzicht oder Vergleich[15] **beenden**. Auch eine übereinstimmende Erledigungserklärung (§ 91a Abs. 1 ZPO) ist nicht darauf zu überprüfen, ob der Rechtsstreit tatsächlich erledigt ist.[16]

17

IV. Beschleunigungsgrundsatz

Das arbeitsgerichtliche Verfahren unterliegt einer besonderen **Beschleunigungsverpflichtung**, die in verschiedenen Vorschriften des ArbGG (§§ 9 Abs. 1, 47 Abs. 1, 50 Abs. 1, 54, 55, 56, 61a) ausdrücklich normiert ist (vgl. hierzu ausf. die Erl. zu § 9 und zu § 61a).

18

D. Klageverfahren

I. Prozessvoraussetzungen

Die im Zivilprozess geltenden Prozessvoraussetzungen müssen auch im Urteilsverfahren beim Arbeitsgericht vorliegen. Dazu gehören insbesondere die deutsche **Gerichtsbarkeit**, die **Zulässigkeit des Rechtswegs** zu den Arbeitsgerichten, die örtliche **Zuständigkeit**, die **Partei-, Prozess- und Postulationsfähigkeit** sowie die **Prozessführungsbefugnis**, keine anderweitige **Rechtskraft** oder **Rechtshängigkeit** und das **Rechtsschutzbedürfnis**.

19

Die Prozessvoraussetzungen hat das Gericht **von Amts wegen** festzustellen. Wenn es keinen Anlass gibt, das Vorliegen dieser Voraussetzungen zu bezweifeln, darf das Gericht sie nicht von sich aus problematisieren; eine Amtsermittlung findet nicht statt. Fehlt es an einer dieser Voraussetzungen, darf **kein Sachurteil** getroffen werden; die Klage ist – nach vorherigem Hinweis und nicht ausreichend ergänztem Sachvortrag – durch Prozessurteil als **unzulässig** abzuweisen.

20

---

14 Die auch bei Nichtbetreiben des Verfahrens fingiert werden kann, § 54 Abs. 5.
15 Die Mitwirkung des Gerichts an einem gesetz- oder sittenwidrigen Vergleich kann nicht verlangt werden, ArbGG/*Kloppenburg/Ziemann* § 46 Rn. 5; GK-ArbGG/*Schütz* § 46 Rn. 55.
16 BGH 15.1.1982, V ZR 50/81, NJW 1982, 1598; nach BAG 11.9.2003, 6 AZR 457/02, EzA § 91a ZPO 2002 Nr. 1, gilt das auch für die Kostenentscheidung; wenn eine Partei die Kostenlast anerkennt, sind ihr ohne Prüfung des Sach- und Streitstands die Kosten aufzuerlegen.

§ 46 Grundsatz

21 In der Praxis ist die Rechtswegzulässigkeit (vgl. dazu unten § 48 Rn. 6 ff.) und das **Rechtsschutzbedürfnis** häufiger streitig. Eine Partei hat dann ein **berechtigtes Interesse** an der Durchführung des gerichtlichen Verfahrens, wenn es seine Rechtsschutzziele **nicht auf anderem Wege** erreichen kann. Bei der **Leistungsklage** ergibt sich das schon aus dem **Behaupten der Nichterfüllung** des geltend gemachten Anspruchs.[17] Ausnahmsweise kann es entfallen, wenn sich die Verhältnisse ändern, z.B. Ende des Arbeitsverhältnisses bei Antrag auf Entfernung einer Abmahnung[18] oder Verstreichen des Urlaubstermins bei Antrag auf Gewährung von Urlaub.[19] Zum Rechtsschutzbedürfnis gehört prinzipiell die **Vollstreckbarkeit des Leistungstitels**. Daran kann es auch bei einer Zahlungsklage fehlen, wenn die Rechtswirkung des Titels nicht über die Feststellung des bestehenden Anspruchs hinausgeht, so wie das bei einer Klage auf Zahlung einer Insolvenzforderung[20] der Fall ist; hier ist die Feststellungsklage die richtige Klageart.

II. Klageerhebung

22 Die **Klageschrift** muss eigenhändig **unterzeichnet** sein, weil sie ein bestimmender Schriftsatz i.S.v. §§ 129 Abs. 1, 130 Nr. 6 ZPO ist. Dabei muss ein **individueller Schriftzug** erkennbar sein, ohne dass unbedingt der Name lesbar sein muss.[21] Ist die Klage nicht unterschrieben, hat die Geschäftsstelle eine **Klarstellung** zu erwirken, ob es sich um einen Entwurf handelt oder die Klage versehentlich nicht unterzeichnet wurde. Die Klageeinreichung ist auch per **Telefax** möglich.[22] Zur Klage in Form eines elektronischen Dokuments vgl. § 46b.

23 Der **notwendige Inhalt** der Klageschrift ergibt sich aus § 253 Abs. 2 bis 4 ZPO. Danach müssen die **Parteien bezeichnet** werden. Hierzu ist es erforderlich, den genauen **Namen** und die ladungsfähige **Anschrift** mitzuteilen.[23] Bei **juristischen Personen** und anderen nicht prozessfähigen Personen sind die **gesetzlichen Vertreter** möglichst namhaft zu machen, auch wenn die Zulässigkeit der Klage nicht daran gebunden ist.[24] Die **BGB-Gesellschaft** ist nach neuerer Rechtsprechung **parteifä-**

---

17 BAG 15.4.1999, 7 AZR 716/97, EzA § 611 BGB Abmahnung Nr. 41.
18 BAG 14.9.1994, 5 AZR 632/93, EzA § 611 BGB Abmahnung Nr. 32.
19 BAG 18.12.1986, 8 AZR 502/84, EzA § 7 BUrlG Nr. 48.
20 Entsprechendes gilt für Altmasseforderungen nach Eintritt der Masseunzulänglichkeit, BAG 11.12.2001, 9 AZR 459/00, EzA § 210 InsO Nr. 1.
21 BAG 30.8.2000, 5 AZB 17/00, EzA § 519 Nr. 11.
22 BAG 27.3.1996, 5 AZR 576/94, EzA 72 ArbGG 79 Nr. 21.
23 BGH 9.12.1987, IV b ZR 4/87, AP § 130 ZPO Nr. 9.
24 *Zöller/Vollkommer* § 253 Rn. 8 m.w.N.

Grundsatz § 46

hig[25] und ist deshalb auch als solche zu verklagen, soweit sie selbst Anspruchsgegnerin (z.b. bei Kündigungsschutzklagen)[26] ist. Als Partei ist sie mit einem **identifizierbaren Namen** zu bezeichnen, wobei dies notfalls durch die Angabe der Gesellschafter erfolgen kann.[27] Soweit sich die Notwendigkeit stellt, die Parteibezeichnung hier der neuen Rechtslage anzupassen, ist keine Parteiänderung, sondern lediglich eine Rubrumsberichtigung erforderlich[28] (vgl. dazu Rn. 24).

Die Bezeichnung der Partei kann während des Verfahrens korrigiert 24 werden (sog. **Rubrumsberichtigung**), wenn der Kläger für die gegnerische Partei einen unrichtigen Namen angegeben hat. Diese Rubrumsberichtigung hat lediglich **deklaratorischen Charakter** und erfolgt **formlos** durch das Gericht. Davon zu unterscheiden ist die **Parteiänderung (§ 263 ZPO)**, die dann vorliegt, wenn die vom Kläger gemeinte Partei nicht mit der passiv legitimierten Partei identisch ist und dies korrigiert werden soll. Die Abgrenzung ist hier manchmal schwierig.[29] Das BAG hat eine Klage gegen eine Gesellschafterin einer OHG als von vorneherein gegen die **OHG** gerichtet angesehen und eine Parteiänderung verneint[30] und ebenso bei einer Klageerhebung gegen die Insolvenzschuldnerin den **Insolvenzverwalter**[31] bzw. bei einer Klageerhebung gegen die persönlich haftende GmbH die entsprechende **Kommanditgesellschaft**[32] als gemeinte Beklagtenpartei angesehen.[33]

Dem **Klageantrag** kommt dabei eine besondere Bedeutung zu. Denn er 25 bestimmt den **Streitgegenstand** (Art und Umfang des Rechtsschutzbegehrens)[34] und bindet das Gericht nach § 308 ZPO. Deshalb muss er hinreichend bestimmt sein,[35] zur Auslegung kann die Klagebegründung

---

25 Als sog. »Außen-GbR«, BAG 10.12.2004, 5 AZR 597/03, EzA § 50 ZPO 2002 Nr. 3; BGH 29.1.2001, II ZR 331/00, NJW 2001, 1056.
26 Vgl. zu den dabei auftretenden Problemen (immer noch) aktuell *Diller* NZA 2003, 401.
27 Solange die Identität der GbR nicht in Frage steht, sind Ungenauigkeiten dabei unschädlich, *Wertenbruch* NJW 2002, 326.
28 BGH 15.1.2003, XII ZR 300/99, NJW 2003, 1043.
29 Vgl. dazu LAG Thüringen 17.9.1997, 9 Ta 12/97, LAGE § 4 KSchG Nr. 38.
30 BAG 27.11.2003, 2 AZR 692/02, EzA § 4 KSchG Nr. 65.
31 BAG 27.3.2003, 2 AZR 272/02, EzA § 113 InsO Nr. 13.
32 BAG 12.2.2004, 2 AZR 136/03, EzA § 4 KSchG Nr. 66.
33 Bei der Frage der Wahrung der 3-Wochen-Frist des § 4 S. 1 KSchG ist das BAG großzügig, wenn sich aus dem beigefügten Kündigungsschreiben ergibt, wie die kündigende Arbeitgeberin präzise zu bezeichnen ist, vgl. z.B. BAG 1.3.2007, 2 AZR 525/05, EzA § 4 n.F. KSchG Nr. 76.
34 Ohne dass es hier schon auf die Schlüssigkeit des Klägervortrags ankommt, GK-ArbGG/*Schütz* § 46 Rn. 77.
35 So hat das BAG einen Unterlassungsantrag einer Gewerkschaft gegen den Arbeitgeber betr. Anwendung von untertariflichen Arbeitsbedingungen gegen-

ergänzend herangezogen werden.[36] Ist der Antrag **widersprüchlich** oder aus sich heraus **nicht verständlich**, hat der Vorsitzende auf eine dem erkennbaren Rechtsschutzziel des Klägers entsprechende Antragstellung **hinzuwirken** (§ 139 Abs. 1 S. 2 ZPO). Ein gleichwohl zu unbestimmter Klageantrag führt zur Unzulässigkeit der Klage, z.B. auf Feststellung eines Zurückbehaltungsrechtes an der Arbeitsleistung, bis der Arbeitgeber »Mobbing-Handlungen« unterbindet.[37] Zu Einzelheiten vgl. die Erläuterungen zu den verschiedenen Klagearten (unten Rn. 30 ff.).

26 In der Klageschrift oder mit einer entsprechenden Klageerweiterung kann der Kläger auch mehrere Ansprüche gerichtlich geltend machen, wenn das Arbeitsgericht für alle Streitigkeiten zuständig ist (**Klagehäufung, § 260 ZPO**). Dabei genügt für die anderen Ansprüche schon ein rechtlicher oder unmittelbar wirtschaftlicher Zusammenhang mit einem originär beim Arbeitsgericht anhängig zu machenden Anspruch, wenn keine ausschließliche Zuständigkeit eines anderen Gerichts gegeben ist (§ 2 Abs. 3).[38] Bei der Stellung von **Eventualanträgen** ist zu beachten, dass bedingt gestellte Anträge nur dann zulässig sind, wenn sie von einer **innerprozessualen Bedingung** abhängen, z.B. der Hilfsantrag für den Fall der Abweisung des Hauptantrags gestellt wird. Zulässig ist aber auch der sog. (unechte) Hilfsantrag, über den für den Fall entschieden werden soll, dass der Kläger in der Hauptsache obsiegt.[39]

27 Unzulässig ist aber, die Klage gegen eine Person zu erheben und hilfsweise gegen einen anderen Beklagten (subjektive eventuelle Klagehäufung).[40] Das praktisch durchaus vorkommende Interesse an einer solchen Klage (z.B. bei Unklarheit über den konkreten Anspruchsgegner) kann i.d.R. durch die mit Hilfe einer **Streitverkündung** herbeigeführte Interventionswirkung (§§ 59 ff. ZPO) gewahrt werden.[41]

28 Die Wirkung der Klageeinreichung ist die **Anhängigkeit**. Das **Prozessrechtsverhältnis** zwischen den Parteien wird jedoch nicht bereits durch

---

über seinen Mitgliedern als unzulässig, weil nicht bestimmt genug, zurückgewiesen, weil die Gewerkschaft ihre Mitglieder nicht namentlich benannt habe, BAG 19.3.2004, 4 AZR 271/02, EzA § 253 ZPO 2002 Nr. 1.
36 *Hauck/Helml* § 46 Rn. 26.
37 Wobei das Feststellungsinteresse, vgl. dazu unten, Rn. 45 ff, gleichwohl gegeben sein kann, zu allem BAG 23.1.2007, 9 AZR 557/06, NZA 2007, 1166.
38 Vgl. dazu die Erl. bei § 2 Rn. 22 ff.
39 BAG 8.4.1988, 2 AZR 77/87, EzA § 611 BGB Beschäftigungspflicht Nr. 30.
40 BAG 24.6.2004, 2 AZR 215/03, EzA § 626 BGB 2002 Unkündbarkeit Nr. 5.
41 RSG § 65 Rn. 34; dazu ferner ausf. *Oberthür* ArbRB 2006, 29.

die Einreichung des Klageschriftsatzes bei Gericht,[42] sondern erst durch dessen Zustellung bei der beklagten Partei begründet (**Rechtshängigkeit**, §§ 253 Abs. 1, 261 Abs. 1). Soll durch die Zustellung eine Frist gewahrt werden, dann ist dennoch der Zeitpunkt der Klageeinreichung maßgeblich, wenn die Klageschrift »**demnächst**« zugestellt wird (§ 167 ZPO). Als Faustregel kann gelten, dass dieses Merkmal angenommen wird, wenn die Zustellung innerhalb eines Monats nach Klageeinreichung erfolgt.[43]

III. Die Klagearten

1. Leistungs- und Unterlassungsklage

Mit der Leistungsklage fordert der Kläger von dem Beklagten ein bestimmtes (erfolgsabhängiges) **Verhalten**, das auch in einem Nicht-Verhalten, also **Unterlassen** oder **Dulden** bestehen kann. Im Folgenden werden die wichtigsten arbeitsgerichtlichen Leistungsklagen im Hinblick auf in der Praxis auftretende Fragen behandelt. 29

a) Zahlungsklage

Entgeltansprüche können nur geltend gemacht werden, soweit sie zum Zeitpunkt der letzten mündlichen Verhandlung **fällig** sind. Eine Klage auf zukünftige Leistung ist zwar prinzipiell möglich (§§ 257–259 ZPO); deren Voraussetzungen, insbesondere die Unabhängigkeit der Forderung von einer Gegenleistung bei §§ 257 und 258 ZPO, dürften bei den Arbeitsgerichten jedoch nur selten vorliegen.[44] 30

Eine Entgeltzahlungsklage kann auf einen **Brutto- oder Nettobetrag** lauten. Der Arbeitgeber schuldet dem Arbeitnehmer den Bruttobetrag; die ihm aus anderen Vorschriften des Steuer- und Sozialversicherungsrechts erwachsenen **Pflichten zur Abführung** sind ggf. als teilweise Erfüllung dieses Anspruchs anzusehen, was der Arbeitgeber dem Arbeitnehmer im Prozess auch entgegenhalten kann. Sind die Beträge tatsächlich abgeführt, hat der Arbeitnehmer nur noch den Anspruch auf den Nettobetrag. Klagt der Arbeitnehmer nur den ihm (etwa aus einer Ab- 31

---

42 Gleichwertig ist die Erklärung der Klage zu Protokoll der Geschäftsstelle des Gerichts (§ 496 ZPO), i.d.R. bei der Rechtsantragstelle, über die fast jedes Arbeitsgericht verfügt.
43 BGH 21.3.2002, VII ZR 230/01, NJW 2002, 794.
44 Zu denken wäre möglicherweise an Entgelt für einen zukünftigen Zeitraum, für den die Parteien eine Freistellungsvereinbarung ohne Anrechnung evtl. Zwischenverdienstes geschlossen haben, vgl. aber auch BAG 9.4.2008, 4 AZR 104/07, z.V.v., mit sehr einschränkender Tendenz auch zu § 259 ZPO.

rechnung) bekannten **Nettobetrag** ein, können für ihn im Hinblick auf steuerrechtliche und sozialversicherungsrechtliche Pflichten im Nachhinein praktische Probleme auftreten. So ist es nicht ausgeschlossen, dass er nach dem »Zufluss-Prinzip« selbst als **Steuerschuldner** in Anspruch genommen wird. Das Arbeitsgericht kann insoweit keine für die anderen Institutionen verbindliche Entscheidung treffen.[45] Die Charakterisierung der geschuldeten Summe als »netto« im Urteilstenor ist deshalb nur dann zu treffen, wenn feststeht, dass alle darauf entfallenden Abgaben vom Arbeitgeber zu tragen sind.[46] Zur Vollstreckung eines Bruttobetrags vgl. unten § 62 Rn. 35.

32 Zulässig ist auch die Klage auf einen **Bruttobetrag abzüglich eines bestimmten Nettobetrags** (z.B. einer Vorschusszahlung). Nicht bestimmt genug dagegen ist die Berücksichtigung eines **unbezifferten** Anspruchsübergangs auf Dritte. Der Antrag »X Euro brutto abzüglich der auf die Bundesagentur für Arbeit übergegangenen Ansprüche...:« ist deshalb unzulässig.[47]

33 Eine **Aufrechnung** im Zahlungsklageverfahren ist nur bei Gleichartigkeit der Forderungen möglich; gegen einen **Bruttoanspruch** des Arbeitnehmers kann der Arbeitgeber daher **nicht mit einem Nettoanspruch** (etwa auf Schadensersatz) aufrechnen (vgl. dazu unten § 62 Rn. 36).

34 Wenn **Zinsen** geltend gemacht werden,[48] sind sie nach Zeitraum und Höhe zu bezeichnen. Die Bestimmung anhand der gesetzlichen Formulierung in § 288 Abs. 1 S. 2 BGB (»... nebst Zinsen in Höhe von fünf[49] Prozent**punkten** über dem Basiszinssatz...«) ist dabei **hinreichend bestimmt** und vollstreckungsfähig.[50]

b) Beschäftigungsklage

35 Der gegenüber dem Arbeitgeber bestehende **Beschäftigungsanspruch** während des Arbeitsverhältnisses kann durch eine Leistungsklage geltend gemacht werden, weil die Beschäftigung des Arbeitnehmers eine **Mitwirkungshandlung** des Arbeitgebers erfordert (Zuweisung einer

---

45 ErfK/*Koch* § 46 Rn. 18 m.w.N.
46 BAG 26.5.1998, 3 AZR 96/97, EzA § 4 TVG Bauindustrie Nr. 90.
47 ErfK/*Koch* § 46 Rn. 19 m.w.N.
48 Auch vom Bruttobetrag möglich, BAG GS 7.3.2001, GS 1/00, EzA § 288 BGB Nr. 3.
49 Nicht acht Prozentpunkte nach § 288 Abs. 2 BGB, vgl. *Schaub/Linck* § 71 Rn. 8b; vgl. aber auch ErfK/*Preis* § 611 BGB Rn. 208 zum Verbraucherbegriff, insoweit auch BAG 25.5.2005, 5 AZR 572/04, EzA § 307 BGB 2002 Nr. 3, zum Arbeitsvertrag als Verbrauchervertrag i.S.v. § 310 Abs. 3 BGB.
50 BAG 1.10.2002, 9 AZR 215/01, EzA § 4 TVG Ausschlussfristen Nr. 157.

Beschäftigung). Hierbei ist das Bestimmtheitsgebot nur gewahrt, wenn die **Beschäftigung nach Art, Zeit und Ort** im Antrag genannt wird. Dies ist bei der Formulierung »... zu unveränderten Arbeitsbedingungen ...« ohne weitere Präzisierung i.d.R. nicht der Fall.[51] Wegen der Vollstreckbarkeit sollte die Art der Tätigkeit so genau umschrieben werden wie möglich, ohne dass sie die vertragliche Einsatzmöglichkeit durch den Arbeitgeber unterschreitet[52] (etwa: »... als Bauarbeiter ...« oder »... als Sachbearbeiter in der Filiale X. der Beklagten ...«).

Gleiches gilt für den **allgemeinen Weiterbeschäftigungsanspruch;** insoweit ist im Antrag lediglich ergänzend klarzustellen, dass auf dieser Basis eine Weiterbeschäftigung **bis zum rechtskräftigen Abschluss des Kündigungsschutzverfahrens** begehrt wird. 36

c) Auskunftsklage/Stufenklage

Steht einer Partei ein **Auskunftsanspruch** zu (z.B. über den erzielten Umsatz von bestimmten Geschäften in einer bestimmten Zeit, von dem der eigene **Provisionsanspruch** abhängt), kann dieser gerichtlich geltend gemacht werden. Zumeist wird er im Wege der **Klagehäufung als Stufenklage** (§ 260 ZPO) begehrt. Dabei ist die zweite Stufe abweichend von § 253 Abs. 2 Nr. 2 ZPO auch als unbezifferter Antrag (»... wird verurteilt, die sich aus der Auskunft ergebenden Provisionen an den Kläger zu zahlen ...«) zulässig.[53] Das Gericht verhandelt zunächst die erste Stufe und entscheidet im Wege des **Teilurteils,** das gesondert anfechtbar ist. Abweichend von § 68 kann das Berufungsgericht das (den Antrag der ersten Stufe) zurückweisende Urteil des Arbeitsgerichts in entsprechender Anwendung von § 538 Abs. 2 Nr. 4 ZPO aufheben und die Sache zur Verhandlung über die zweite Stufe **zurückverweisen.**[54] Eine Auskunftsklage wird aber dann wegen Wegfalls des Rechtsschutzinteresses **unzulässig,** sobald und soweit der mit der Auskunftsklage zu begründende **Zahlungsanspruch** als solcher **eingeklagt** wird.[55] 37

---

51 LAG Köln 24.10.1995, 13 (5) Ta 245/95, LAGE § 888 ZPO Nr. 36.
52 Dann wäre sie insoweit unbegründet.
53 Die Verjährung wird dabei hinsichtlich der Zahlungsansprüche trotz der fehlenden Bezifferung unterbrochen.
54 BAG 21.11.2000, 9 AZR 665/99, EzA § 242 BGB Auskunftspflicht Nr. 6; wenn durch ein Teilurteil (allgemein) ein Streitgegenstand in unzulässiger Weise geteilt wird, kann das Rechtsmittelgericht den nicht bei ihm anhängigen Teil an sich ziehen und darüber entscheiden, BAG 12.8.1993, 6 AZR 553/92, EzA § 301 ZPO Nr. 3.
55 BAG 24.11.2004, 10 AZR 169/04, EzA § 61 ArbGG 1979 Nr. 19.

d) Herausgabeklage

38 Herausgabeklagen werden zumeist vom Arbeitgeber erhoben, weil der Arbeitnehmer noch Gegenstände in **Besitz** hat, die dem Arbeitgeber gehören (Dienstfahrzeug, Werkzeug). Aber auch der Arbeitnehmer kann ihm zustehende Gegenstände vom Arbeitgeber im Wege der Herausgabeklage geltend machen (Arbeitspapiere,[56] Arbeitskleidung, Werkzeug). Besteht **Unsicherheit** darüber, ob und in welchem Umfang die Gegenseite noch im Besitz von herauszugebenden Gegenständen ist,[57] kann zunächst auf **Auskunft** und ggf. **Abgabe einer eidesstattlichen Versicherung** geklagt werden (§ 259 BGB). In jedem Fall ist auf eine möglichst präzise Beschreibung der Gegenstände Wert zu legen, damit die Vollstreckung (**Wegnahme durch Gerichtsvollzieher,** § 883 ZPO) ermöglicht wird.

e) Unterlassungsklage betr. Wettbewerb

39 Zur Einhaltung des während des Arbeitsverhältnisses (und ggf. aufgrund besonderer Vereinbarung auch danach) bestehenden **Wettbewerbsverbots** für den Arbeitnehmer kann – zumeist im Wege des einstweiligen Rechtsschutzes – gerichtliche Hilfe in Anspruch genommen werden. Sofern das zugrunde liegende Rechtsverhältnis zeitlich begrenzt ist (z.B. während der Kündigungsfrist oder bei einer Karenzvereinbarung, §§ 74 Abs. 1, 74a Abs. 1 S. 3 HGB), ist der **Zeitraum** im Antrag entsprechend zu begrenzen.

40 Ein Rechtsschutzbedürfnis des Arbeitgebers ist immer dann anzunehmen, wenn er Kenntnis von einem bereits **begangenen** oder **unmittelbar bevorstehenden Wettbewerbsverstoß** des Arbeitnehmers hat. Hierzu sind hinreichende objektive Verdachtsmomente erforderlich, aber auch ausreichend. Sind die Informationen lückenhaft, kann – bei gleichwohl begründetem Verdacht – zunächst **Auskunft** über die vom Arbeitnehmer anderweitig getätigten Geschäfte verlangt werden.[58] Der Antrag verstößt nicht gegen das **Bestimmtheitsgebot** in § 253 Abs. 2 Nr. 2 ZPO, wenn er bei **fehlender Detailkenntnis** des Arbeitgebers vom Wettbewerbsverstoß den vertraglich geregelten Bereich benennt (»... wird verurteilt, bis zum ... jegliche Kon-

---

56 Zur Vollstreckung von Ansprüchen im Zusammenhang mit Arbeitspapieren vgl. unten § 62 Rn. 51 f. und 59.
57 Was in der Praxis bzgl. firmeninterner Unterlagen, Daten oder Datenträger etc. häufig der Fall ist.
58 BAG 16.6.1976, 3 AZR 73/75, EzA § 611 BGB Treuepflicht Nr. 1.

kurrenztätigkeit im Geschäftszweig der Klägerin zu unterlassen ...«).[59]

f) Arbeitsrechtliche Konkurrentenklage

Damit soll die Besetzung einer Stelle durch den **öffentlichen Arbeitge-** 41
ber (Bindung aufgrund Art. 33 Abs. 2 GG) mit der Person des Klägers erreicht werden. Sie ist der beamtenrechtlichen Konkurrentenklage nachgebildet. Zur Erreichung des Rechtsschutzziels bestehen verschiedene Wege:

– **Unterlassung der Besetzung mit dem Konkurrenten**: dieser Anspruch kann im Wege des einstweiligen Rechtsschutzes geltend gemacht werden; das Eilverfahren verpflichtet den öffentlichen Arbeitgeber, bis zu seinem Abschluss keine endgültige Stellenbesetzung vorzunehmen, andernfalls macht er sich schadensersatzpflichtig.[60]

– **Wiederholung der Auswahlentscheidung** mit dem Antrag auf Verurteilung zur Neubescheidung: der Antrag ist zulässig, aber nicht begründet, wenn die begehrte Stelle anderweitig (rechtswirksam) besetzt worden ist.[61]

– **Übertragung einer noch nicht besetzten Stelle**: der Antrag ist zulässig, aber nur dann begründet, wenn jede andere Entscheidung ermessensfehlerhaft wäre.[62] Dabei ist den Arbeitsgerichten grundsätzlich verwehrt, maßgebende dienstliche Beurteilungen durch eine eigene Bewertung mit einem bestimmten Ergebnis zu ersetzen.[63]

e) Sonstiges

Abmahnung: Auch angesichts des Charakters der Abmahnung als le- 42
diglich rechtsgeschäftsähnliche Handlung wird dem Arbeitnehmer zugestanden, sich wegen der von ihr ausgehenden realen Beeinträchtigung gerichtlich dagegen zu wehren. Prozesstechnisch wird dies in Form eines Anspruchs auf **Entfernung aus der Personalakte** geklei-

---

59 Vgl. aber dagegen zu den hohen Anforderungen an die Bezeichnung einer Verfahrenstechnik (Betriebsgeheimnis) im Antrag BAG 25.4.1989, 3 AZR 35/88, EzA § 611 BGB Betriebsgeheimnis Nr. 2.
60 BAG 28.5.2002, 9 AZR 751/00, EzA Art. 33 GG Nr. 23 (LS 1).
61 BAG 2.12.1997, 9 AZR 445/96, EzA Art. 33 GG Nr. 17; krit. *Schwab/Weth/Zimmerling* § 46 Rn. 149 ff.; in der gleichwohl erfolgten Neubesetzung liegt eine Verletzung des grundrechtlichen Justizgewährleistungsanspruchs, BAG 18.9.2007, 9 AZR 672/06.
62 BAG 5.3.1996, 1 AZR 590/92, EzA Art. 3 GG Nr. 52.
63 BAG 24.1.2007, 4 AZR 629/06, EzA Art. 33 GG Nr. 31.

det.[64] Der **Antrag** muss demgemäß darauf lauten, »... die Abmahnung aus der Personalakte zu entfernen ...«. Ein Rechtsschutzbedürfnis entfällt jedoch i.d.R. mit dem Ende des Arbeitsverhältnisses.[65] Daneben steht dem Arbeitnehmer ein **Widerrufsanspruch** gegen den Arbeitgeber zu, der aber die fortdauernde Rechtsbeeinträchtigung zum Zeitpunkt der letzten mündlichen Verhandlung voraussetzt.[66]

43 **Urlaubsgewährung:** Die Gewährung von Urlaub durch den Arbeitgeber ist eine **Willenserklärung** und stellt den Arbeitnehmer in dem zu bezeichnenden Urlaubszeitraum von der Verpflichtung zur Arbeitsleistung frei.[67] Dementsprechend geht der **Klageantrag** darauf hin, den Arbeitgeber »... zu verurteilen, dem Kläger vom ... bis ... Urlaub zu gewähren«. **Vollstreckbar** ist der Titel erst mit **Rechtskraft** (§ 894 S. 1 ZPO). Deshalb werden Urlaubsansprüche häufig im Wege der einstweiligen Verfügung durchgesetzt (vgl. dazu unten § 62 Rn. 113 ff.).

2. Feststellungsklage

a) Rechtsverhältnis

44 Mit einer Feststellungsklage kann das **Bestehen oder Nichtbestehen eines Rechtsverhältnisses** verbindlich festgestellt werden (§ 256 Abs. 1 ZPO).[68] Ein Rechtsverhältnis erfordert eine konkrete, durch den vorgetragenen Sachverhalt belegte, **rechtliche Beziehung von Personen** untereinander oder von einer **Person zu einem Gegenstand**.[69] Dabei können auch **einzelne Rechtsbeziehungen** eines Rechtsverhältnisses in einer Feststellungsklage geklärt werden, z.B. die Anwendbarkeit eines Tarifvertrages auf ein Arbeitsverhältnis,[70] die Lage der Arbeitszeit[71]

---

64 Häufig ungeachtet dessen, ob überhaupt Personalakten geführt und sich die (ungerechtfertigte) Abmahnung in Schriftform (die für eine Abmahnung nicht erforderlich ist) in einer solchen Akte befindet. Vgl. zu den in diesem Zusammenhang besonders bedeutsamen taktischen Überlegungen vor Erhebung einer »Abmahnungs-Entfernungs-Klage« *Kleinebrink* FA 2006, 196.
65 BAG 14.9.1994, 5 AZR 632/93, EzA § 611 BGB Abmahnung Nr. 32, für eine ausnahmsweise bestehende negative Fortwirkung der Abmahnung wäre der Arbeitnehmer darlegungs- und beweispflichtig.
66 BAG 15.4.1999, 7 AZR 716/97, EzA § 611 BGB Abmahnung Nr. 41, der Antrag ist aber ggf. auch nach Entfernung der Abmahnung aus der Personalakte zulässig.
67 ErfK/*Dörner* § 7 BUrlG Rn. 4.
68 Oder die arbeitsgerichtlich selten vorkommende Feststellung der Echtheit und Unechtheit einer Urkunde.
69 RSG § 90 Rn. 6 m.w.N.
70 BAG 28.5.1997, 4 AZR 663/95, EzA § 3 TVG Bezugnahme auf Tarifvertrag Nr. 8.
71 BAG 23.6.1992, 1 AZR 57/92, EzA § 611 BGB Direktionsrecht Nr. 12.

Grundsatz § 46

oder der Umfang der geschuldeten Wochenarbeitszeit,[72] **nicht** dagegen **abstrakte Rechtsfragen**[73] oder **einzelne Elemente** eines Rechtsverhältnisses, wie z.B. die Wirksamkeit von Willenserklärungen, die Berechnungsgrundlagen eines Anspruchs,[74] der Übergang eines Arbeitsverhältnisses[75] oder die Tarifgebundenheit von OT-Mitgliedern an den Tarifvertrag ihres Verbandes.[76] Eine gesetzliche Ausnahme hiervon ist die sog. »Verbandsklage« nach § 9 TVG, in der Tarifvertragsparteien den Bestand und die Auslegung von tariflichen Normen auch abstrakt klären lassen können; rechtskräftige Entscheidungen nach § 9 TVG entfalten hier Bindungskraft für alle Gerichte.[77]

b) Feststellungsinteresse

§ 256 Abs. 1 ZPO normiert als Tatbestandsvoraussetzung das Bestehen 45 eines **rechtlichen Interesses** des Klägers an der begehrten Feststellung. In der Praxis ergibt sich daraus, dass die Feststellungsklage sich im Ergebnis gegenüber der Leistungsklage als **im Allgemeinen subsidiär** erweist. Dieser Grundsatz beruht auf Überlegungen der **Prozessökonomie** und soll einen zweiten Prozess, in dem es um die Verurteilung zur Leistung geht, vermeiden. Deshalb wird aber auch **ausnahmsweise** in denjenigen Fällen bei Leistungsansprüchen eine Feststellungsklage für zulässig gehalten, wenn durch die Feststellung eine **sachgerechte und einfache Erledigung der einschlägigen Streitfragen** der Parteien zu erreichen ist,[78] z.B. wenn von dem Beklagten mit hinreichender Sicherheit zu erwarten ist, dass er die sich aus dem festgestellten Rechtsverhältnis ergebende Verbindlichkeit auch **ohne** folgenden **Leistungstitel erfüllen** wird.[79] Dies wird in der Rechtsprechung vor allem von ju-

---

72 BAG 29.8.2007, 4 AZR 561/06, z.V.v.
73 BAG 3.6.2003, 1 AZR 349/02, EzA § 77 BetrVG 2001 Nr. 5, mit der gesetzlich geregelten Ausnahme einer sog. Verbandsklage nach § 9 TVG, vgl. dazu BAG 6.6.2007, 4 AZR 411/06, ZTR 2008,207.
74 BAG 29.11.2001, 4 AZR 757/00, EzA § 256 ZPO Nr. 64; krit. zu dieser Unterscheidung mit Hinweis auf die (zunehmende) Rechtsprechungspraxis, wonach die Zulässigkeit allein am schutzwerten Interesse des Klägers an der Feststellung des einzelnen Elements gemessen werden, GMPM-G/*Germelmann* § 46 Rn. 76 und GK-ArbGG/*Schütz* § 46 Rn. 145.
75 BAG 25.9.2003, 8 AZR 446/02, EzA § 50 ZPO 2002 Nr. 7.
76 BAG 24.4.2007, 1 ABR 27/06, EzA § 256 ZPO 2002 Nr. 8.
77 Vgl. zur Verbandsklage, ihren Voraussetzungen und Wirkungen weiter BAG 6.6.2007, 4 AZR 411/06, ZTR 2008, 207; 4.7.2007, 4 AZR 491/06, NZA 2008, 307.
78 BAG 14.4.2004, 4 AZR 322/03, n.v.
79 BGH 4.6.1996, VI ZR 123/95, NJW 1996, 2725, 2726 m.w.N.

§ 46 Grundsatz

ristischen Personen des öffentlichen Rechts[80] und von Insolvenzverwaltern erwartet.[81]

46 Für eine auf die **Vergangenheit** gerichtete Feststellung, aus der sich für die Zukunft keinerlei Rechtsfolgen ergeben können, besteht i.d.R. **kein Rechtsschutzinteresse**.[82] Nur wenn die Feststellung noch Rechtsfolgen für Gegenwart und Zukunft mit sich bringt, ist sie zulässig. Insofern muss der Kläger konkret angeben, welche Ansprüche er stellt; ein bloßer Hinweis auf mögliche Ansprüche genügt nicht.[83] Der Kläger kann auch eine **negative Feststellungsklage** mit dem Antrag stellen, festzustellen, dass ein (vom Beklagten behauptetes) Rechtsverhältnis gerade nicht bestehe, wenn dieser sich dessen berühmt, was vom Kläger im Einzelnen darzulegen ist. Die negative Feststellungsklage **wird unzulässig**, wenn der Beklagte aus dem vom Kläger negierten Rechtsverhältnis eine (gleichsam umgekehrte) Leistungsklage erhebt.

47 Das Interesse muss sich auch auf eine **alsbaldige Feststellung** richten. Ergibt sich aus einer unterschiedlichen Auffassung der Parteien über die Dauer der Betriebszugehörigkeit **kein aktueller Streit**, etwa über die Dauer der Frist einer ausgesprochenen Kündigung, ist ein Feststellungsinteresse nicht gegeben.[84]

48 Das Feststellungsinteresse muss als Sachurteilsvoraussetzung auch in der **letzten Verhandlung,** also auch vor dem Revisionsgericht noch bestehen; hierauf ist von Amts wegen zu achten.[85]

---

80 BAG 5.6.1996, 10 AZR 610/95, EzBAT § 22a BAT Nr. 11; krit. zu dieser Sonderstellung des öffentl. Arbeitgebers Etzel AR-Blattei SD 160.7.2 Rn. 33. Allerdings darf sich der öffentl. Arbeitgeber dann auch nicht auf die fehlende Vollziehung einer einstweiligen Verfügung berufen, BAG 18.9.2007, 9 AZR 672/06; vgl. zur Vollziehung in der Zwangsvollstreckung unten § 62 Rn. 126 ff.
81 Ferner, wie berechtigt auch immer, von Versicherungen (OLG Braunschweig 14.10.1993, 1 U 16/93, NJW-RR 1994, 1447), von Banken (BGH 3.6.1997, XI ZR 133/96, MDR 1997, 863) und gelegentlich auch von sonstigen privaten Arbeitgebern, z.B. BAG 15.11.1978, 5 AZR 199/77, EzA § 613a BGB Nr. 21.
82 BAG 2.3.2004, 1 ABR 15/03, AP § 256 ZPO 1977 Nr. 87.
83 BAG 24.9.1997, 4 AZR 429/95, EzA § 256 ZPO Nr. 48; 23.4.1997, 5 AZR 727/95, EzA § 256 ZPO Nr. 47.
84 BAG 19.8.2003, 9 AZR 641/02, EzA § 256 ZPO 2002 Nr. 4; 6.11.2002, 5 AZR 364/01, EzA § 256 ZPO Nr. 68.
85 BAG 10.12.1991, 9 AZR 319/90, EzA § 233 ZPO Nr. 11; deshalb ist auch noch in der Revisionsinstanz ausnahmsweise eine Erledigung der Hauptsache möglich, wenn die erledigende Tatsache von Amts wegen zu beachten ist und erst nach der Berufungsverhandlung eingetreten ist, BAG 6.6.2007, 4 AZR 411/06, ZTR 2008, 207.

Grundsatz § 46

c) Zwischenfeststellungsklage

Nach § 256 Abs. 2 ZPO hat ein Kläger die Möglichkeit, bei einer Leistungsklage eine **vorgreifliche Rechtsfrage**, die normalerweise von der Rechtskraft nicht umfasst wird, im Wege der subjektiven Klagehäufung zum eigenständigen (Feststellungs-) Gegenstand eines Urteils zu machen, indem er die Klage um einen **Zwischenfeststellungsantrag** erweitert.[86] Die **Vorgreiflichkeit** der maßgeblichen Rechtsfrage **ersetzt** dabei das ansonsten erforderliche **Feststellungsinteresse**.[87] Die vorgreifliche Rechtsfrage darf aber nicht bereits durch die Hauptentscheidung verbindlich geregelt werden; dann wäre die Zwischenfeststellungsklage nicht erforderlich und damit unzulässig.[88] 49

d) Kündigungsschutzklage

§ 4 S. 1 KSchG normiert i.V.m. § 7 KSchG ein **gesetzliches Feststellungsinteresse** an der Feststellung, dass das Arbeitsverhältnis durch die streitgegenständliche Kündigung nicht beendet worden ist; einer besonderen Darlegung dazu bedarf es nicht.[89] Das gilt auch, wenn der Arbeitnehmer inzwischen eine **neue Stelle** angetreten hat, nicht aber, wenn aufgrund **anderer Umstände** (Urteil im Parallelverfahren, Einigung der Parteien) feststeht, dass das Arbeitsverhältnis inzwischen beendet worden ist.[90] 50

Mit dem Kündigungsschutzantrag nach § 4 S. 1 KSchG wird in der Praxis häufig ein **allgemeiner Antrag** auf **Feststellung des Fortbestandes** des Arbeitsverhältnisses verbunden.[91] Die Bedürfnisse der Praxis ergeben sich aus der Auffassung vom »**punktuellen Streitgegenstand**« der Kündigungsschutzklage, die lediglich die konkrete angegriffene Kündigung erfasst, andere Kündigungen oder sonstige Beendigungstatbe- 51

---

86 Oder den entsprechenden Antrag (über den Wortlaut des Gesetzes hinaus) schon mit der Klage stellt, BAG 25.9.2003, 8 AZR 446/02, EzA § 50 ZPO 2002 Nr. 2; vgl. instruktiv zum Verhältnis zwischen § 256 Abs. 1 und 2 ZPO BAG 17.10.2007, 4 AZR 1005/06, z.V.v.
87 BAG 29.3.2001, 6 AZR 652/99, EzBAT TV Rationalisierungsschutz-TV vom 9.1.1987 Nr. 4.
88 GMPM-G/*Germelmann* § 46 Rn. 81 m.w.N.
89 Entsprechendes gilt für die Änderungsschutzklage nach §§ 2, 4 S. 2 KSchG; bei der Auslegung eines Antrags als Kündigungsschutzantrag gem. § 4 S. 1 KSchG ist die Rspr. des BAG außerordentlich großzügig, vgl. z.B. 13.12.2007, 2 AZR 818/06.
90 KR/*Friedrich* § 4 KSchG Rn. 26 m.w.N.
91 Die bloße Anhängung der Worte »..., sondern fortbesteht«, sind i.d.R. nicht als eigenständiger Antrag aufzufassen; insoweit ist aber eine Klarstellung des Gerichts angebracht, BAG 15.3.2001, 2 AZR 141/00, EzA § 4 KSchG Nr. 61.

stände aber nicht.[92] Das BAG hat diesen **allgemeinen Feststellungsantrag** für zulässig gehalten, wenn ein vom gleichzeitig gestellten Kündigungsschutzantrag nicht umfasstes **besonderes Rechtsschutzinteresse** besteht, das vom Kläger auch gesondert darzulegen ist.[93] Dies wäre etwa eine behauptete Beendigung durch Ablauf einer Befristung, durch einen Aufhebungsvertrag, durch eine Eigenkündigung des Arbeitnehmers etc. **Nicht ausreichend** zur Begründung des Feststellungsinteresses ist die **bloße Befürchtung weiterer Kündigungen**, so dass die Klage (einstweilen) unzulässig ist, was nicht ausschließt, dass sie während des Verfahrens noch zulässig werden kann. Auf eine **weitere Kündigung** kann sich der Kläger dabei prinzipiell nicht stützen, weil er diese nicht mit dem Antrag nach § 256 Abs. 1 ZPO, sondern mit dem Antrag nach § 4 S. 1 KSchG geltend machen muss.

52 Die Stellung des allgemeinen Feststellungsantrags enthebt ihn nach der Rechtsprechung des BAG aber der Notwendigkeit, auch hinsichtlich etwaiger Folgekündigungen die **Klagefrist nach § 4 S. 1 KSchG** zu wahren, da in dem allgemeinen Feststellungsantrag die Geltendmachung einer Unwirksamkeit gem. § 6 S. 1 KSchG gesehen wird.[94] Das bedeutet für Arbeitnehmer bzw. ihre Vertreter einen **gewissen Schutz** vor der Fristversäumung bei – möglicherweise nicht sogleich als solchen erkannten – **Folgekündigungen**, bereitet in der weiteren Behandlung aber Probleme und kann i.d.R. seine Funktion (sog. »**Schleppnetz-Theorie**«[95]) nur dann entfalten, wenn die **Bereitschaft** besteht, teilweise **Kosten des Rechtsstreits** zu tragen.[96] Eine insoweit entlastende Konstruktion von Hauptantrag (nach § 4 KSchG) und Hilfsantrag (nach § 256 ZPO) scheitert daran, dass der **Hilfsantrag unzulässig** ist, weil er als bedingter Antrag nicht von einer innerprozessualen, sondern einer außerprozessualen Bedingung abhängt.[97]

53 Die **Anpassung der Klageanträge** muss dann bis zur letzten mündlichen Verhandlung erfolgt sein; wird der allgemeine Feststellungsantrag auch noch in der letzten Kammerverhandlung vor dem Arbeitsgericht gestellt, ohne dass ein Beendigungstatbestand dargelegt wird, der gerade nicht durch einen Antrag nach § 4 S. 1 KSchG erfasst wäre, ist die Klage hinsichtlich des allgemeinen Feststellungsantrags mit der ent-

---

92 Dazu GK-ArbGG/*Schütz* § 46 Rn. 131 ff. m.w.N.
93 BAG 27.1.1994, 2 AZR 484/93, EzA § 4 KSchG Nr. 48.
94 BAG 13.3.1997, 2 AZR 512/96, EzA § 4 KSchG Nr. 57.
95 *Bitter* DB 1997, 1407.
96 Vgl. zu der Streitwertberechnung des allgemeinen Feststellungsantrags oben Erl. zu §§ 12, 12a Rn. 46.
97 Dazu oben Rn. 45 ff.

Grundsatz § 46

sprechenden Kostenfolge für den Kläger abzuweisen.[98] Eine **Rücknahme** nach Antragstellung ist **zustimmungspflichtig** (§ 269 Abs. 1 ZPO) und **Kosten auslösend** (§ 269 Abs. 3 S. 2 ZPO). Soll bei Obsiegen hinsichtlich des Antrags nach § 4 S. 1 KSchG und Berufungseinlegung durch den beklagten Arbeitgeber der allgemeine Feststellungsantrag auch in der Berufungsinstanz (und – wegen der **Absicherungswirkung** – vor allem während der Dauer des Verfahrens) geltend gemacht werden, ist **Anschlussberufung** einzulegen, die allerdings nur dann Erfolg haben kann, wenn ein weiterer Beendigungstatbestand vom Kläger in das Verfahren eingeführt wird; ist dies nicht der Fall, wird die Anschlussberufung des Klägers kostenpflichtig zurückzuweisen zu sein, wenn der Kläger sie nicht in der Berufungsverhandlung (allerdings ebenfalls mit Kostenbelastung, § 516 Abs. 3 ZPO) zurücknimmt.

Wird die Klagefrist – die auch für die Geltendmachung eines (tarif- oder arbeits-) vertraglichen Ausschlusses der ordentlichen Kündigung einzuhalten ist[99] – versäumt, ist auf seinen Antrag hin eine **nachträgliche Zulassung der Kündigungsschutzklage** gem. § 5 KSchG möglich.[100] Dabei handelt es sich in der Sache (immer) um einen **Hilfsantrag** für den Fall, dass das Arbeitsgericht die Klage als verspätet ansieht.[101] Voraussetzung für die nachträgliche Zulassung ist die **unverschuldete Versäumung der Klagefrist** (§ 5 Abs. 1 KSchG), die innerhalb von **zwei Wochen** nach Wegfall des Hindernisses unter Darlegung der Gründe und der Bezeichnung der Glaubhaftmachungsmittel dem Gericht dargelegt werden muss (§ 5 Abs. 2 und 3 KSchG). Nach wohl überwiegender Meinung muss sich die Partei dabei das **Verschulden ihres Prozessbevollmächtigten** entsprechend § 85 Abs. 2 ZPO **zurechnen** lassen.[102] Dabei entscheidet das Arbeitsgericht nicht mehr durch Beschluss, sondern im Regelfall im Endurteil; möglich ist aber auch eine Entscheidung hierüber in einem Zwischenurteil, das wie ein Endurteil anfechtbar ist (§ 5 Abs. 4 KSchG).[103] 54

Neben der Feststellungsklage können im Wege der **objektiven Klagehäufung** auch weitere Ansprüche geltend gemacht werden, etwa Entgeltansprüche, für den Fall des Unterliegens auch Zeugnisansprüche, Zahlungsansprüche aus einem Sozialplan etc. Häufig wird die Kündigungsschutzklage mit der Stellung eines **Hilfsantrags für den Fall** 55

---

98 BAG 7.12.1995, 2 AZR 772/94, EzA § 4 Nr. 56.
99 BAG 8.11.2007, 2 AZR 314/06, DB 2008,707.
100 Dazu grdl. KR/*Friedrich* § 5 KSchG Rn. 7a ff.
101 LAG Hessen 24.8.1998, 15 Ta 307/98, Rn.K I 10d Nr. 95.
102 Vgl. die umfangreichen Nachweise bei KR/*Friedrich* § 5 KSchG Rn. 69 ff.
103 I.d.F. vom 1.4.2008; zu Übergangsproblemen vgl. *Bader* NZA 2008, 620; *Schwab* FA 2008, 135.

§ 46   Grundsatz

des **Obsiegens** verbunden, wonach der Arbeitgeber verurteilt werden soll, den Kläger bis zum Ende des Kündigungsrechtsstreits weiterzubeschäftigen. Ein solcher sog. unechter Hilfsantrag ist **zulässig**[104] und jedenfalls dann **geboten**, wenn der Arbeitnehmer wirklich beschäftigt werden will; andernfalls kann ihn in einem späteren Eilverfahren auf Weiterbeschäftigung entgegengehalten werden, er habe die Eilbedürftigkeit selbst herbeigeführt, da er diesen Anspruch nicht bereits zum Gegenstand des Kündigungsschutzverfahrens gemacht habe.[105]

e) Eingruppierungsfeststellungsklage

56   Die Eingruppierungsfeststellungsklage ist vor allem im **öffentlichen Dienst**[106] das prozessökonomisch gegebene Mittel, die streitigen Rechtsbeziehungen der Parteien in mehrerer Hinsicht verbindlich zu klären. Deshalb braucht der Arbeitnehmer bei einer seiner Auffassung nach **fehlerhaften Eingruppierung** gegenüber dem öffentlichen Arbeitgeber nicht jeden sich aus der abweichenden Eingruppierung ergebenden Anspruch einzeln im Wege der Leistungsklage geltend zu machen, sondern kann durch die Feststellung des Gerichts verbindlich klären lassen, nach welcher **Vergütungsgruppe** er zu vergüten ist, mit allen Folgen, die sich daraus ergeben. Dies gilt jedenfalls dann, wenn das Arbeitsverhältnis **nicht beendet** ist oder Auswirkungen aus der Eingruppierung noch zu gewärtigen sind, z.B. wenn es um die Klärung geht, ob dem Arbeitnehmer für den streitigen Zeitraum eine höhere Vergütung zu zahlen ist.[107] Die gerichtliche Geltendmachung einer bestimmten Vergütungsgruppe beinhaltet dabei auch jeweils die hilfsweise Geltendmachung niedrigerer Vergütungsgruppen, wenn deren Voraussetzungen notwendig in denen der höheren Vergütungsgruppe enthalten sind.[108]

57   Der **Antrag** geht in diesem Fall darauf hin, »... festzustellen, dass der Beklagte verpflichtet ist, den Kläger seit dem ... nach der Vergütungsgruppe XY BAT zu vergüten und die rückständigen Bruttodifferenzbeträge ab Rechtshängigkeit mit Zinsen in Höhe von fünf Prozentpunkten über dem Basiszinssatz der EZB zu verzinsen.«. Die Feststellung einer **bestimmten Fallgruppe** kann der Arbeitnehmer nicht verlangen, da dies lediglich ein Element eines Rechtsverhältnisses betreffen würde

---

104 BAG 8.4.1988, 2 AZR 77/87, EzA § 611 Beschäftigungspflicht Nr. 30.
105 Vgl. dazu unten § 62 Rn. 105.
106 Aber nicht nur, vgl. BAG 20.4.1988, 4 AZR 678/87, NZA 1989, 114; 23.10.1996, 4 AZR 254/95, n.v.
107 BAG 5.11.2003, 4 AZR 632/02, EzBAT §§ 22, 23 BAT B4 VergGr IIa Nr. 4.
108 BAG 6.6.2007, 4 AZR 505/06, ZTR 2008, 156, auch zur Terminologie der »Aufbaufallgruppen«.

Grundsatz § 46

und damit auf die Erstattung eines **Rechtsgutachtens** hinausliefe.[109] Die **Darlegungslast** für alle Tatsachen, die die begehrte Eingruppierung begründen können (einschließlich der Qualifizierungsmerkmale und Arbeitsvorgänge,[110] die Verwaltungspraxis, Ergebnis und Merkmale der einzelnen eigenen Tätigkeiten einschließlich der Zusammenhangstätigkeiten), trägt der Kläger.

Bei der sog. **korrigierenden Rückgruppierung** handelt es sich um eine wertende Einordnung der Tätigkeiten des Arbeitnehmers durch den Arbeitgeber mit der Folge, dass dieser insoweit nur noch die Merkmale einer **niedrigeren Vergütungsgruppe** als gegeben ansieht. Die Umsetzung erfolgt durch eine Änderungskündigung, gegen die der Arbeitnehmer eine entsprechende Änderungsschutzklage erheben kann (§ 4 S. 2 KSchG). Möglich ist auch die formlose Vollziehung durch **Zahlung** einer entsprechend **geringeren Vergütung**. Dagegen kann sich der Arbeitnehmer gleichfalls mit einer **Eingruppierungsfeststellungsklage** wehren. Der **Unterschied** zu der Klage auf Zuordnung zu einer höheren Vergütungsgruppe liegt darin, dass hier der Kläger sich zunächst auf die **bisherige Eingruppierung** berufen kann und es nun dem beklagten Arbeitgeber obliegt, die **objektive Fehlerhaftigkeit** seiner bisherigen Praxis und deren Beruhen auf einem **Irrtum** (und nicht etwa auf einer bewussten Einzelfallentscheidung) darzulegen. Gelingt ihm das, ist der Arbeitnehmer gehalten, dem Gericht die Tatsachen für die seiner Ansicht nach fortbestehende zutreffende Eingruppierung vorzutragen (**abgestufte Darlegungs- und Beweislast**).[111]

58

3. Gestaltungsklage

Bei der Gestaltungsklage geht es – anders als bei Leistungs- und Feststellungsklage – nicht um eine nachträgliche Sanktion außergerichtlicher Vorgänge aus der Vergangenheit, sondern um die Herbeiführung einer **Veränderung der objektiven Rechtslage**; sie entfalten insoweit originär **konstitutive Wirkung**.[112] Das **Rechtsschutzbedürfnis** ergibt sich dabei schon daraus, dass das Gesetz vorsieht, das Rechtsschutzziel mit der Klage und durch das Mittel des Urteils zu erreichen.

59

---

109 St. Rspr., vgl. nur BAG 22.1.2003, 4 AZR 700/01, AP § 24 BAT Nr. 24; krit. zu dieser Rspr. *Schwab/Weth/Zimmerling* § 46 Rn. 124 f.
110 Vgl. dazu *Schaub/Linck* § 184 Rn. 38.
111 BAG 26.4.2000, 4 AZR 157/99, EzA § 4 TVG Rückgruppierung Nr. 3; 5.11.2003, 4 AZR 689/02, EzBAT §§ 22, 23 BAT A Nr. 89; vgl. dazu auch unten § 58 Rn. 20.
112 RSG § 91 Rn. 1.

60 In der Arbeitsgerichtsbarkeit kommt der Gestaltungsklage nur begrenzte Bedeutung zu. Die Hauptanwendungsfälle liegen im Bereich der Anträge auf **Auflösung des Arbeitsverhältnisses** gem. §§ 9, 10 KSchG[113] oder nach § 78a Abs. 4 Nr. 2 BetrVG sowie bei der **Entbindung von der Verpflichtung zur Weiterbeschäftigung** nach § 102 Abs. 5 BetrVG.

---

113 Zum Auflösungsantrag im Kündigungsschutzprozess vgl. *Fröhlich* ArbRB 2006, 381.

§ 46a Mahnverfahren

(1) ¹Für das Mahnverfahren vor den Gerichten für Arbeitssachen gelten die Vorschriften der Zivilprozessordnung über das Mahnverfahren einschließlich der maschinellen Bearbeitung entsprechend, soweit dieses Gesetz nichts anderes bestimmt. ²§ 690 Abs. 3 Satz 2 der Zivilprozessordnung ist nicht anzuwenden.

(2) Zuständig für die Durchführung des Mahnverfahrens ist das Arbeitsgericht, das für die im Urteilsverfahren erhobene Klage zuständig sein würde.

(3) Die in den Mahnbescheid nach § 692 Abs. 1 Nr. 3 der Zivilprozessordnung aufzunehmende Frist beträgt eine Woche.

(4) ¹Wird rechtzeitig Widerspruch erhoben und beantragt eine Partei die Durchführung der mündlichen Verhandlung, so hat die Geschäftsstelle dem Antragsteller unverzüglich aufzugeben, seinen Anspruch binnen zwei Wochen schriftlich zu begründen. ²Bei Eingang der Anspruchsbegründung bestimmt der Vorsitzende den Termin zur mündlichen Verhandlung. ³Geht die Anspruchsbegründung nicht rechtzeitig ein, so wird bis zu ihrem Eingang der Termin nur auf Antrag des Antragsgegners bestimmt.

(5) Die Streitsache gilt als mit Zustellung des Mahnbescheids rechtshängig geworden, wenn nach alsbald nach Erhebung des Widerspruchs Termin zur mündlichen Verhandlung bestimmt wird.

(6) ¹Im Falle des Einspruchs hat das Gericht von Amts wegen zu prüfen, ob der Einspruch an sich statthaft und ob er in der gesetzlichen Form und Frist eingelegt ist. ²Fehlt es an einem dieser Erfordernisse, so ist der Einspruch als unzulässig zu verwerfen. ³Ist der Einspruch zulässig, hat die Geschäftsstelle dem Antragsteller unverzüglich aufzugeben, seinen Anspruch binnen zwei Wochen schriftlich zu begründen. ⁴Nach Ablauf der Begründungsfrist bestimmt der Vorsitzende unverzüglich Termin zur mündlichen Verhandlung.

(7) Das Bundesministerium für Arbeit und Soziales wird ermächtigt, durch Rechtsverordnung mit Zustimmung des Bundesrates den Verfahrensablauf zu regeln, soweit dies für eine einheitliche maschinelle Bearbeitung der Mahnverfahren erforderlich ist (Verfahrensablaufplan).

(8) ¹Das Bundesministerium für Arbeit und Soziales wird ermächtigt, durch Rechtsverordnung mit Zustimmung des Bundesrates zur Vereinfachung des Mahnverfahrens und zum Schutz der in Anspruch ge-

nommenen Partei Formulare einzuführen. ²Dabei können für Mahnverfahren bei Gerichten, die die Verfahren maschinell bearbeiten, und für Mahnverfahren bei Gerichten, die die Verfahren nicht maschinell bearbeiten, unterschiedliche Formulare eingeführt werden.

Übersicht

	Rn.
A. Allgemeines	1
B. Voraussetzungen	3
C. Verfahren	6
I. Antrag auf Erlass eines Mahnbescheides	6
II. Entscheidung über den Mahnbescheid	8
III. Widerspruch gegen den Mahnbescheid	10
IV. Vollstreckungsbescheid	14
V. Einspruch gegen den Vollstreckungsbescheid und weiteres Verfahren	16
D. Kosten/Prozesskostenhilfe	17
E. Europäisches Mahnverfahren	19

A. Allgemeines

1 Die Vorschrift ergibt, dass es **im arbeitsgerichtlichen Verfahren** ein **Mahnverfahren** gibt und verweist dafür in Abs. 1 auf die §§ 688 ff. ZPO. Vorgehende **Sonderregelungen** gegenüber den ZPO-Vorschriften enthalten die **Abs. 2 bis 8** sowie **Abs. 1 S. 2**. Durch die Formulierungen in den Abs. 1, 7 und 8 ist auch für das Arbeitsgerichtsverfahren die Möglichkeit der **Automatisierung des Mahnverfahrens** eröffnet, die vorrangig für die Arbeitsgerichte Wiesbaden und Berlin praktisch werden dürfte, bei denen aufgrund § 48 Abs. 2 S. 1 Nr. 2 vor allem die Beitragsklageverfahren der Sozialkassen für das Baugewerbe gegen die baugewerblichen Arbeitgeber zentralisiert sind.[1]

2 Ein Urkunden-. Wechsel- und Scheckmahnverfahren (§ 703a ZPO) gibt es im arbeitsgerichtlichen Verfahren **nicht** (§ 46 Abs. 2 S. 2). Das arbeitsgerichtliche Mahnverfahren ist nur für Ansprüche anwendbar, die im **Urteilsverfahren** eingeklagt werden können. Ansprüche, die im **Beschlussverfahren** geltend zu machen sind, bleiben damit ausgeklammert.[2] Der Antragsteller **muss** sich der aufgrund der Verordnung zur Einführung von Vordrucken für das arbeitsgerichtliche Mahnverfahren gem. Abs. 8 S. 1 eingeführten **Formulare** für den **Mahnbescheid** und

---

1 Vgl. ArbGG/*Kloppenburg/Ziemann* § 46a Rn. 34.
2 Für eine Änderung betreffend de lege ferenda *Schwab/Weth/Zimmerling* § 46a Rn. 2.

den **Vollstreckungsbescheid** bedienen (vorbehaltlich der Ausnahmen in § 1 Abs. 1 S. 2 der Verordnung[3]), andernfalls der Antrag als unzulässig zurückzuweisen ist (§§ 703c Abs. 2 und 702 Abs. 1 S. 2 ZPO). Die Verordnung[4] sieht weiter ein **Formular** für den **Widerspruch** vor, doch soll man sich dessen nur bedienen (§ 692 Abs. 1 Nr. 5 ZPO), so dass der Widerspruch auch formlos möglich ist. Von den neuen Ermächtigungen gem. Abs. 7 und 8 S. 2 ist bislang noch kein Gebrauch gemacht. Da Abs. 2 die Durchführung auch des maschinellen Mahnverfahrens dem Arbeitsgericht zuweist, wird vorbehaltlich einer entsprechenden Gesetzesänderung eine Übertragung der Durchführung auf das Amtsgericht am selben Ort ausscheiden müssen, auch wenn eine derartige Übertragung durchaus sinnvoll und Kosten sparend sein könnte.

B. Voraussetzungen

Es muss der **Rechtsweg zu den Gerichten für Arbeitssachen** eröffnet sein (§§ 2, 3 u. 5) und es muss sich um einen Anspruch handeln, der im arbeitsgerichtlichen **Urteilsverfahren** geltend zu machen ist. Daneben müssen die **allgemeinen Prozessvoraussetzungen** vorliegen.[5] **Mehrere Ansprüche** können zusammen in einem Mahnbescheid geltend gemacht werden, eine Verbindung separater Mahnbescheide scheidet aus.[6] Bei **Streitgenossen** ergehen für und gegen jeden getrennte, teilweise inhaltlich gleich lautende, voneinander abhängige Mahnbescheide. Bei einer Mehrheit von Antragsgegnern muss jeder für sich Widerspruch einlegen, bei notwendiger Streitgenossenschaft wirkt der Widerspruch des einen für den oder die anderen Streitgenossen.[7] 3

Die **örtliche Zuständigkeit** ist abweichend von § 689 Abs. 2 ZPO geregelt: zuständig ist das Arbeitsgericht, das **für die Klage** örtlich zuständig wäre (Abs. 2). Es gelten also die normalen Grundsätze für die örtliche Zuständigkeit.[8] Wirksame **Gerichtsstandsvereinbarungen** gelten auch im Mahnverfahren.[9] Ein etwaiges **Wahlrecht** (§ 35 ZPO) muss be- 4

---

3 Abgedruckt bei GK-ArbGG/*Bader* § 46a als Anhang 1. Änderungen, die über die in der Verordnung enthaltenen Öffnungstatbestände hinausgehen, auch Hinzufügungen –, sind nicht zulässig.
4 Abgedruckt bei GK-ArbGG/*Bader* § 46a als Anhang 1.
5 Zur Überprüfung im Einzelnen GK-ArbGG/*Bader* § 46a Rn. 8 m.w.N.
6 GK-ArbGG/*Bader* § 46a Rn. 9 m.w.N.
7 *Schwab/Weth/Zimmerling* § 46a Rn. 5.
8 Vgl. dazu die entsprechenden Ausführungen in der Kommentierung des § 1.
9 HWK/*Ziemann* § 46a ArbGG Rn. 3.

reits im Antrag ausgeübt werden.[10] Etwaige **Veränderungen** nach der Zustellung des Mahnbescheides stellen die einmal begründete Zuständigkeit nicht in Frage. Für die bis zum Erlass des Mahnbescheids mögliche **Verweisung** im Mahnverfahren gilt § 48 Abs. 1 entsprechend,[11] allerdings entfaltet eine Verweisung nur **Bindungswirkung** für das Mahnverfahren.[12]

5 Im Mahnverfahren können lediglich Ansprüche auf Zahlung einer **bestimmten Geldsumme in Euro**, die nach Haupt- und Nebenforderungen exakt zu **beziffern** ist (§ 690 Abs. 1 Nr. 3 ZPO), geltend gemacht werden (§ 688 Abs. 1 ZPO). Ein Mahnbescheid in **ausländischer Währung** kommt in Betracht, wenn die Zustellung des Mahnbescheides gem. **§ 688 Abs. 3 ZPO** i.V.m. den Bestimmungen des **AVAG** möglich ist.[13] **Ausgeschlossen** ist das Mahnverfahren in den im arbeitsgerichtlichen Verfahren nicht praktisch werdenden Fällen des **§ 688 Abs. 2 Nr. 1 ZPO** und dann, wenn die Geltendmachung des Anspruchs **von einer noch nicht erbrachten Gegenleistung abhängig** ist (§ 688 Abs. 2 Nr. 2 ZPO), also ist z.B. die Geltendmachung künftiger Lohnansprüche ausgeschlossen. Maßgebender Beurteilungszeitpunkt ist der des Erlasses des Mahnbescheids.[14] Ebenfalls ausgeschlossen ist das Mahnverfahren, wenn die Zustellung des Mahnbescheids durch **öffentliche Bekanntmachung** (§§ 185 bis 188 ZPO) erfolgen müsste (§ 688 Abs. 2 Nr. 3 ZPO). Stellt sich die Erforderlichkeit einer öffentlichen Zustellung erst im Laufe des Mahnverfahren heraus, so ist der Antrag nach Gewährung rechtlichen Gehörs (§ 691 Abs. 1 S. 2 ZPO) zurückzuweisen (§ 691 Abs. 1 S. 1 Nr. 1 ZPO).[15]

---

10 Nach der Zustellung des Mahnbescheids kann das Wahlrecht nicht mehr ausgeübt werden. Eine Änderung durch spätere übereinstimmende Erklärungen der beiden Parteien ist ebenfalls nicht mehr möglich, da die §§ 696 Abs. 1 S. 1, 700 Abs. 3 S. 1 ZPO hier im arbeitsgerichtlichen Verfahren nicht anwendbar sind; a.A. *Schwab/Weth/Zimmerling* § 46a Rn. 13 Fn. 5.
11 A.A. GMPM-G/*Germelmann* § 46a Rn. 16. Die analoge Anwendung beschränkt sich auf die Frage der örtlichen Zuständigkeit: HWK/*Ziemann* § 46a ArbGG Rn. 21. Vgl. weiter GK-ArbGG/*Bader* § 46a Rn. 16 f. m.w.N.; ErfK/*Koch* § 46a ArbGG Rn. 2.
12 BAG 28.12.1981, 5 AR 201/81, AP § 36 ZPO Nr. 28; 27.10.1992, 5 AS 5/92, EzA § 17a GVG Nr. 2.
13 Die Zuständigkeit richtet sich nach § 703d ZPO; vgl. weiter etwa *Thomas/Putzo-Hüßtege* § 699 Rn. 6.
14 A.A. GMPM-G/*Germelmann* § 46a Rn. 5: Gegenleistung muss innerhalb der Widerspruchsfrist erbracht sein.
15 *Thomas/Putzo-Hüßtege* § 688 Rn. 5; GMPM-G/*Germelmann* § 46a Rn. 10; GK-ArbGG/*Bader* § 46a Rn. 23; a.A. *Musielak/Voit* § 688 Rn. 7.

C. Verfahren

I. Antrag auf Erlass eines Mahnbescheides

Der **Antrag** hat grundsätzlich unter Benutzung des vorgeschriebenen **Vordrucks** zu erfolgen (Rn. 2). Er ist handschriftlich zu **unterzeichnen**. Die Übermittlung durch **Telekopie** oder **Telefax** ist zulässig,[16] ebenso die Übermittlung des Antrags in **maschinell lesbarer Form** – also auch per Datenträger oder in elektronischer Form – (§ 690 Abs. 3 ZPO).[17] Der Zwang für Rechtsanwälte, sich der maschinell lesbaren Form zu bedienen (§ 690 Abs. 3 S. 2 ZPO in der ab 1.12.2008 geltenden Fassung), besteht im arbeitsgerichtlichen Verfahren nicht (Abs. 1 S. 2). Ein Bevollmächtigter muss seine **ordnungsgemäße Bevollmächtigung** versichern (§ 703 ZPO).

Die **inhaltlichen Anforderungen** an den Antrag ergeben sich aus **§ 690 Abs. 1 Nr. 1, 2, 3 und 4 ZPO**. § 690 Abs. 1 Nr. 3 ZPO verlangt keine schlüssigen Angaben, wohl aber, dass der **Anspruch individualisiert** und damit **unterscheidbar** umschrieben ist. Das gilt auch für **Nebenforderungen**. Bei **Zinsen** reicht die Angabe von Zinssatz und Laufzeit aus. Im Übrigen muss der Antrag ergeben, dass der **Rechtsweg** zu den Gerichten für Arbeitssachen gegeben und das Arbeitsgericht **örtlich zuständig** ist.

II. Entscheidung über den Mahnbescheid

Zuständig für die **Entscheidung** ist der **Rechtspfleger** (§ 9 Abs. 3 S. 1, § 20 Nr. 1 RPflG). Er erlässt bei Erfüllung aller Voraussetzungen den **Mahnbescheid**. Der **Inhalt** des Mahnbescheides ergibt sich aus § 692 Abs. 1 Nr. 1 bis 5 ZPO; die Frist der Nr. 3 wird dabei durch § 46a Abs. 3 modifiziert. Für die **Unterzeichnung** gelten die §§ 692 Abs. 2, 703b Abs. 1 ZPO. Der Mahnbescheid wird dem Antragsgegner von Amts wegen **zugestellt** (§ 693 Abs. 1 ZPO), der Antragsteller wird darüber informiert (§ 693 Abs. 2 ZPO). Für die Frage der Fristwahrung und Hemmung der Verjährung gilt **§ 167 ZPO**.

Genügt der Antrag den Vorschriften der §§ 688, 689, 690, 703c Abs. 2 ZPO nicht, wird er **zurückgewiesen** (§ 691 Abs. 1 S. 1 Nr. 1 ZPO). Der Antrag wird auch insgesamt zurückgewiesen, wenn er nur wegen eines Teils des Anspruchs nicht erlassen werden kann (§ 691 Abs. 1 S. 1 Nr. 2

---

16 GK-ArbGG/*Bader* Rn. 25.
17 Also etwa auf Diskette oder CD. Dann keine Unterschrift, es muss aber klar sein, dass die Übermittlung mit Willen des Antragstellers übermittelt wird (§ 690 Abs. 3, Hs. 2 ZPO).

ZPO). Vor der Zurückweisung ist der **Antragsteller zu hören** (§ 691 Abs. 1 S. 2 ZPO).[18] Die Zurückweisung erfolgt durch **begründeten Beschluss**, der **zuzustellen** ist (§ 691 Abs. 2 ZPO). Die **Kosten** hat der Antragsteller zu tragen (§ 91 Abs. 1 S. 1 ZPO).[19] Die **Anfechtbarkeit** ist durch § 691 Abs. 3 ZPO stark eingeschränkt, da der Antragsteller ja Klage erheben kann (keine materielle Rechtskraft der Zurückweisung). In den Normalfällen des § 691 Abs. 3 S. 2 ZPO findet die befristete Erinnerung statt (§ 11 Abs. 2 RPflG); erst die Entscheidung des Richters ist dann unanfechtbar. Trotz der Zurückweisung des Antrags kann die Frist wahrende oder Verjährung hemmende Wirkung der Einreichung des Mahnbescheides (Rn. 8 a.E.) durch eine Klageeinreichung binnen eines Monats nach Zustellung der Zurückweisung »gerettet« werden, sofern dann die Klage demnächst zugestellt wird (**§ 691 Abs. 2 ZPO**).

III. Widerspruch gegen den Mahnbescheid

10 Gegen den erlassenen Mahnbescheid gibt es nur den Rechtsbehelf des **Widerspruchs**, der sich auch nur gegen einen Teil des Anspruchs richten kann (§ 694 Abs. 1 ZPO). Der Widerspruch muss **schriftlich** erfolgen (zur **Formularbenutzung** Rn. 2), möglich ist auch die Einreichung per Telegramm, Telekopie oder Telefax. Für den **Bevollmächtigten** gilt hier ebenfalls § 703 ZPO (Rn. 6). Wird der Widerspruch vor dem Urkundsbeamten der Geschäftsstelle oder vor der Rechtsantragsstelle abgegeben (§ 702 Abs. 1 S. 1 ZPO), werden die entsprechenden Vordrucke ausgefüllt, es bedarf keines Protokolls (§ 702 Abs. 1 S. 2 u. 3 ZPO). Eine **Begründung** des Widerspruchs ist nicht vorgeschrieben. Empfehlenswert ist jedenfalls die Klarstellung, in welchem Umfang die Zahlungsverpflichtung bestritten wird.

11 Die **Widerspruchsfrist**, die mit der Zustellung des Mahnbescheids beginnt, beträgt **eine Woche** (§ 46a Abs. 3). Im Falle der **Auslandszustellung** beträgt sie einen Monat (§ 32 Abs. 3 S. 1 AVAG). Allerdings ist diese Frist keine Ausschlussfrist. Der Widerspruch kann noch eingelegt werden, **solange** der **Vollstreckungsbescheid noch nicht verfügt** ist, d.h. solange der Rechtspfleger ihn noch nicht in den Geschäftsgang gegeben hat. Geht er danach ein – verspätet i.S.v. § 694 Abs. 2 ZPO – wird er bereits **als Einspruch** gegen den Vollstreckungsbescheid **behandelt**, was dem Antragsgegner mitzuteilen ist (§ 694 Abs. 2 ZPO).

---

18 Bei behebbaren Mängeln muss ein entsprechender Hinweis erfolgen und eine Frist zur Beseitigung gesetzt werden, mit dem Hinweis, dass andernfalls die Zurückweisung erfolgt: BAG 29.9.1983, VII ZR 31/83, NJW 1984, 242.
19 HWK/*Ziemann* § 46a ArbGG Rn. 19.

Sobald der **Widerspruch eingegangen** ist, darf (bei Teilwiderspruch: insoweit) kein Vollstreckungsbescheid mehr erlassen werden, das Stadium »Mahnbescheid« ist verlassen. Dem Antragsgegner wird zunächst unter Mitteilung des Eingangsdatums eine Abschrift des Widerspruchs übersandt (§ 695 S. 1 ZPO). Das **weitere Verfahren** gestaltet sich dann wie folgt: 12

– **Variante 1:**

Ist rechtzeitig, also vor Verfügung des Vollstreckungsbescheides, Widerspruch erhoben und beantragt eine Partei die Durchführung der mündlichen Verhandlung,[20] gibt die Geschäftsstelle dem Antragsteller auf, den Anspruch binnen zwei Wochen schriftlich zu begründen (Abs. 4 S. 1).

– Sobald dann – egal wann – die Anspruchsbegründung eingeht, bestimmt der Vorsitzende den Gütetermin (Abs. 4 S. 2).

– Liegt keine Anspruchsbegründung vor, wird gem. Abs. 4 S. 3 nur dann Gütetermin anberaumt, wenn der Antragsgegner die Durchführung der mündlichen Verhandlung beantragt (hat). Fehlt der Antrag, ist nach Ablauf der Zweiwochenfrist die Akte auf Wiedervorlage nach sechs Monaten zu legen (danach: Austragen nach der Aktenordnung).

– **Variante 2:**

Es ist rechtzeitig Widerspruch erhoben, es fehlt aber an einem Antrag auf Durchführung der mündlichen Verhandlung. Dann ist sogleich die Akte auf Wiedervorlage nach sechs Monaten zu legen (danach: Austragen nach der Aktenordnung).

Der Eintritt der **Rechtshängigkeit** (§ 261 ZPO) ist in Abs. 5 geregelt. Die Rechtshängigkeit ab Zustellung des Mahnbescheids ist jedoch nur gegeben, wenn **alsbald** nach Eingang des Widerspruchs Termin **anberaumt** wird (vgl. Rn. 12). Andernfalls tritt die Rechtshängigkeit mit der späteren Terminierung ein. § 167 ZPO bleibt von Abs. 5 unberührt. 13

IV. Vollstreckungsbescheid

Auf der Basis des ordnungsgemäß erlassenen und zugestellten[21] Mahnbescheides **erlässt** der Rechtspfleger (§ 20 Nr. 1 RPflG) auf Antrag den **Vollstreckungsbescheid**, wenn die Frist des Abs. 3 verstrichen ist und wenn und soweit **kein Widerspruch** vorliegt (Rn. 12) oder wenn der 14

---

20 Der Antrag kann im Mahnantrag, im Widerspruch oder separat gestellt sein.
21 GMPM-G/*Germelmann* § 46a Rn. 28.

Widerspruch zurückgenommen ist (§ 697 Abs. 4 ZPO). Der Vollstreckungsbescheid setzt stets einen **Antrag** voraus. Dieser darf erst nach Ablauf der Widerspruchsfrist des Abs. 3 gestellt werden (§ 699 Abs. 1 S. 2 ZPO), ein vor Ablauf der Widerspruchsfrist eingegangener Antrag ist zurückzuweisen, und es muss dann ein neuer Antrag gestellt werden.[22] Die Höchstfrist für den Antrag auf Erlass eines Vollstreckungsbescheides – sechs Monate ab Zustellung des Mahnbescheides – ergibt sich aus § 701 ZPO. Für die **Form** und **Übermittlung** des Antrags gilt Rn. 6 entsprechend (vgl. auch § 699 Abs. 1 S. 2, Hs. 3 ZPO), die **inhaltlichen Anforderungen** folgen aus § 699 Abs. 1 S. 2, Hs. 2 ZPO. Der Vollstreckungsbescheid ist regelmäßig von Amts wegen **zuzustellen** (§ 699 Abs. 4 ZPO).

15 Fehlt es an einer der Voraussetzungen, wird der Antrag nach Gewährung rechtlichen Gehörs und der Einräumung der Möglichkeit der Abhilfe **zurückgewiesen**. Dies geschieht durch zu begründenden **Beschluss**, der dem Antragsteller stets **zuzustellen** ist.[23]

V. Einspruch gegen den Vollstreckungsbescheid und weiteres Verfahren

16 Der **Vollstreckungsbescheid** steht einem **Versäumnisurteil** gleich (§ 700 Abs. 1 ZPO) und ist damit **Vollstreckungstitel**. Wegen der Regelung in § 700 Abs. 1 ZPO ist der **Einspruch** statthaft (§ 338 ZPO).[24] Die Frist hierfür beträgt eine Woche (§ 59 S. 1). § 340 Abs. 1 und 2 ZPO ist anwendbar, nicht hingegen § 340 Abs. 3 ZPO. Ist der **Einspruch unzulässig** – dies ist von Amts wegen zu prüfen –, wird er **als unzulässig verworfen** (Abs. 6 S. 1 und 2, neu gefasst mit Wirkung ab 1.4.2008), wobei die Entscheidung immer durch **Urteil** (§ 341 Abs. 2 ZPO) ergeht, außerhalb der mündlichen Verhandlung stets aber durch den **Vorsitzenden** allein (§ 55 Abs. 1 Nr. 4a und Abs. 2 S. 1, neu gefasst mit Wirkung vom 1.4.2008). Auf den **zulässigen Einspruch** gibt die Geschäftsstelle – nicht der Vorsitzende – dem Antragsteller unverzüglich auf, den Anspruch binnen zwei Wochen schriftlich zu begründen (Abs. 6 S. 3, neu gefasst mit Wirkung vom 1.4.2008). Nach Ablauf dieser Begründungsfrist wird ohne weiteres – gleichgültig, ob die Begründung vorliegt oder nicht – und ohne Antrag einer Partei (Abs. 6 S. 4, neu gefasst mit

---

22 GK-ArbGG/*Bader* § 46a Rn. 64.
23 *Musielak/Voit* § 699 Rn. 5, dort auch zu den unterschiedlichen Rechtsbehelfs- und Rechtsmittelmöglichkeiten; a.A. teilweise *Thomas/Putzo-Hüßtege* § 699 Rn. 10.
24 Zu weiteren Einzelheiten vgl. die Erläuterungen zu § 59. Streit besteht darüber, ob über die Einspruchsmöglichkeit zu belehren ist; dazu *Schwab/Weth/Zimmerling* § 46a Rn. 39 m.w.N.

Wirkung vom 1.4.2008) **Kammertermin**[25] anberaumt. Erscheint der Einsprechende im Termin nicht, kann gegen ihn ein **Zweites Versäumnisurteil** ergehen; die Voraussetzungen ergeben sich aus **§ 700 Abs. 4 ZPO**, insbesondere muss die Klage **schlüssig** sein.[26]

D. Kosten/Prozesskostenhilfe

Kostenvorschüsse werden auch im arbeitsgerichtlichen Mahnverfahren nicht erhoben (§ 11 GKG). Für das Mahnverfahren gilt **Nr. 8100 des Kostenverzeichnisses zum GKG**.[27] Das Verfahren über den Antrag auf **Erlass eines Mahnbescheides** ist danach **gebührenfrei**. **Zustellungsauslagen** werden freilich nach Nr. 9002 des Kostenverzeichnisses zum GKG erhoben. Für das Verfahren über den **Antrag auf Erlass eines Vollstreckungsbescheides** beträgt die **Gebühr** 0,4 der Gebühr nach § 34 GKG, mindestens 15 Euro. Sie entfällt u.a. bei Rücknahme des Antrags auf Erlass eines Vollstreckungsbescheides.[28] Kostenschuldner ist nach einem Vollstreckungsbescheid – dann liegt eine **gerichtliche Entscheidung** vor – der Antragsgegner.[29] **Kostenschuldner** bei der Zurückweisung des Antrags auf Erlass eines Mahnbescheides – auch dann liegt eine gerichtliche Entscheidung vor (dazu Rn. 9) – ist der Antragsteller. Wird hingegen der Antrag auf Erlass eines Mahnbescheides in zulässiger Weise zurückgenommen oder kommt es ansonsten nicht zu einem Vollstreckungsbescheid (speziell: § 701 ZPO), bleibt es bei der **Antragstellerhaftung** (§§ 22 Abs. 1 S. 1 und Abs. 2 S. 1, 29 Nr. 1 GKG).

17

Die Kosten der Einschaltung eines **Rechtsanwaltes** im arbeitsgerichtlichen Mahnverfahren sind nicht erstattungsfähig (§ 12 Abs. 1 S. 1). Auch im Mahnverfahren kann **Prozesskostenhilfe** beantragt werden. Zuständig für die Entscheidung ist der **Rechtspfleger**, da er für das Mahnverfahren zuständig ist (§ 20 Nr. 1 RPflG). Allerdings beschränkt

18

---

25 *Hauck/Helml* § 46a Rn. 16 zum bisherigen Rechtszustand; a.A. *Grunsky* § 46a Rn. 5. Dabei bleibt es im Hinblick auf § 700 Abs. 1 ZPO trotz der gegenteiligen Sichtweise in der Gesetzesbegründung (BR-Drucks. 820/07 S. 31: Gütetermin anzuberaumen), da dies im Gesetzestext keinen hinreichenden Niederschlag gefunden hat.

26 Vgl. BAG 2.2.1994, 10 AZR 113/93, EzA § 513 ZPO Nr. 10. Im Übrigen dazu weiter die Kommentierung des § 59 ZPO. Vgl. auch GK-ArbGG/*Bader* § 46a Rn. 81 f.

27 Abgedruckt bei GK-ArbGG/*Wenzel* § 12 Rn. 30.

28 Für weitere Einzelheiten, etwa zum Vergleich und zum Übergang in das streitige Verfahren, vgl. GK-ArbGG/*Wenzel* § 12 Rn. 31; ErfK/*Koch* § 46a ArbGG Rn. 19.

29 Zur praktischen Handhabung GK-ArbGG/*Bader* § 46a Rn. 87.

sich die Wirkung auf das Mahnverfahren und eine Anwaltsbeiordnung wird kaum jemals erforderlich sein.[30]

E. Europäisches Mahnverfahren

19 Nach dem Gesetz zur Verbesserung der grenzüberschreitenden Forderungsdurchsetzung und Zustellung (Entwurf der Bundesregierung BR-Drucks. 95/08, am 20.6.2008 vom Bundestag beschlossen) wird das 11. Buch der Zivilprozessordnung mit Wirkung vom 12. Dezember 2008 um einen Abschnitt 5 »Europäisches Mahnverfahren nach der Verordnung (EG) Nr. 1896/2006«[31] erweitert, also um die §§ 1087 bis 1096 ZPO. Dieses Mahnverfahren ist einstufig: wird nicht fristgerecht Einspruch eingelegt, wird der Mahnbescheid für vollstreckbar erklärt. Die §§ 1087 bis 1096 ZPO gelten dann auch für das arbeitsgerichtliche Verfahren, jedoch nach Maßgabe der Bestimmung eines neuen § 46b, der ebenfalls ab dem 12.12.2008 gelten wird (die jetzigen §§ 46b bis 46d werden dann gleichzeitig zu den §§ 46c bis 46e). § 46b wird mit Wirkung vom 12.12.2008 danach folgenden Wortlaut haben:

§ 46b Europäisches Mahnverfahren nach der Verordnung (EG) Nr. 1896/2006

(1) Für das Europäische Mahnverfahren nach der Verordnung (EG) Nr. 1896/2006 des Europäischen Parlaments und des Rates vom 12. Dezember 2006 zur Einführung eines Europäischen Mahnverfahrens (ABl. EU Nr. L 399 S. 1) gelten die Vorschriften des Abschnittes 5 des Buches 11 der Zivilprozessordnung entsprechend, soweit dieses Gesetz nichts anderes bestimmt.

(2) Für die Bearbeitung von Anträgen auf Erlass und Überprüfung sowie die Vollstreckbarerklärung eines Europäischen Zahlungsbefehls nach der Verordnung (EG) Nr. 1896/2006 ist das Arbeitsgericht zuständig, das für die im Urteilsverfahren erhobene Klage zuständig sein würde.

(3) Im Falle des Artikels 17 Abs. 1 der Verordnung (EG) Nr. 1896/2006 ist § 46a Abs. 4 und 5 entsprechend anzuwenden. Der Antrag auf Durchführung der mündlichen Verhandlung gilt als vom Antragsteller gestellt.

---

30 GK-ArbGG/*Bader* § 46a Rn. 91.
31 Diese Verordnung des Europäischen Parlaments und des Rates vom 12.12.2006 (ABlEU Nr. L 399 S. 1) gilt unmittelbar für alle Mitgliedsstaaten der Europäischen Union mit Ausnahme Dänemarks, und zwar mit Ausnahme einiger Informationspflichten ab dem 12.12.2008.

§ 46b und die Neuregelungen zum Europäischen Mahnbescheid führen 20
zu einem **fakultativen Alternativangebot** zum Mahnverfahren nach
nationalem Recht. Abs. 2 belässt es bei der Regelung des § 46a Abs. 2
hinsichtlich der **örtlichen Zuständigkeit**, und funktional zuständig
bleibt der **Rechtspfleger** (§ 20 Nr. 7 u. 11 RPflG in der Fassung des Entwurfs), soweit es nicht um die Überprüfung des Europäischen Zahlungsbefehls und das Streitverfahren geht – diese sind dem **Richter** vorbehalten.

§ 46b Einreichung elektronischer Dokumente*

(1) ¹Soweit für vorbereitende Schriftsätze und deren Anlagen, für Anträge und Erklärungen der Parteien sowie für Auskünfte, Aussagen, Gutachten und Erklärungen Dritter die Schriftform vorgesehen ist, genügt dieser Form die Aufzeichnung als elektronisches Dokument, wenn dieses für die Bearbeitung durch das Gericht geeignet ist. ²Die verantwortende Person soll das Dokument mit einer qualifizierten elektronischen Signatur nach dem Signaturgesetz versehen. ³Ist ein übermitteltes elektronisches Dokument für das Gericht zur Bearbeitung nicht geeignet, ist dies dem Absender unter Angabe der geltenden technischen Rahmenbedingungen unverzüglich mitzuteilen.

(2) ¹Die Bundesregierung und die Landesregierungen bestimmen für ihren Bereich durch Rechtsverordnung den Zeitpunkt, von dem an elektronische Dokumente bei den Gerichten eingereicht werden können, sowie die für die Bearbeitung der Dokumente geeignete Form. ²Die Landesregierungen können die Ermächtigung durch Rechtsverordnung auf die jeweils zuständige oberste Landesbehörde übertragen. ³Die Zulassung der elektronischen Form kann auf einzelne Gerichte oder Verfahren beschränkt werden.

(3) Ein elektronisches Dokument ist eingereicht, sobald die für den Empfang bestimmte Einrichtung des Gerichts es aufgezeichnet hat.

§ 46c Gerichtliches elektronisches Dokument*

Soweit dieses Gesetz dem Richter, dem Rechtspfleger, dem Urkundsbeamten der Geschäftsstelle oder dem Gerichtsvollzieher die handschriftliche Unterzeichnung vorschreibt, genügt dieser Form die Aufzeichnung als elektronisches Dokument, wenn die verantwortenden Personen am Ende des Dokuments ihren Namen hinzufügen und das Dokument mit einer qualifizierten elektronischen Signatur versehen.

---

* §§ 46b–46d werden ab 12.12.2008 zu §§ 46c–46e (vgl. § 46a Rn. 19).

§ 46d Elektronische Akte*

(1) ¹Die Prozessakten können elektronisch geführt werden. ²Die Bundesregierung und die Landesregierungen bestimmen für ihren Bereich durch Rechtsverordnung den Zeitpunkt, von dem an elektronische Akten geführt werden sowie die hierfür geltenden organisatorisch-technischen Rahmenbedingungen für die Bildung, Führung und Aufbewahrung der elektronischen Akten. ³Die Landesregierungen können die Ermächtigung durch Rechtsverordnung auf die jeweils zuständige oberste Landesbehörde übertragen. ⁴Die Zulassung der elektronischen Akte kann auf einzelne Gerichte oder Verfahren beschränkt werden.

(2) ¹In Papierform eingereichte Schriftstücke und sonstige Unterlagen sollen zur Ersetzung der Urschrift in ein elektronisches Dokument übertragen werden. ²Die Unterlagen sind, sofern sie in Papierform weiter benötigt werden, mindestens bis zum rechtskräftigen Abschluss des Verfahrens aufzubewahren.

(3) Das elektronische Dokument muss den Vermerk enthalten, wann und durch wen die Unterlagen in ein elektronisches Dokument übertragen worden sind.

Die Vorschriften der §§ 46b bis 46d sollen die rechtlichen Voraussetzungen für den **elektronischen Rechtsverkehr**[1] schaffen. § 46b ist im Rahmen der Umsetzung der EG-Richtlinien 1999/93/EG und 2000/31/EG mit Wirkung vom 1.8.2001[2], §§ 46c und 46d sowie § 46b Abs. 1 S. 3 sind durch das Justizkommunikationsgesetz[3] mit Wirkung vom 1.4.2005 in das Gesetz eingefügt und zuletzt mit dem SGGArbGGÄndG vom 26.3.2008[4] geändert worden. 1

Bedingung der **Einreichung elektronischer Schriftsätze**[5] (d.h. nicht Telefax oder Computerfax) ist der Erlass von Rechtsverordnungen durch 2

---

* §§ 46b–46d werden ab 12.12.2008 zu §§ 46c–46e (vgl. § 46a Rn. 19).
1 Vgl. auch die Anpassungen im Zivilprozessrecht, etwa bei den Vorschriften zum Augenscheins- und Urkundenbeweis, §§ 371, 371a, 416a ZPO.
2 Gesetz zur Anpassung der Formvorschriften des Privatrechts und anderer Vorschriften an den modernen Rechtsgeschäftsverkehr vom 13.7.2001 BGBl. I S. 1542.
3 Gesetz über die Verwendung elektronischer Kommunikationsformen in der Justiz (JKomG) vom 22.3.2005 BGBl. I S. 837.
4 BGBl. I S. 444.
5 Das Gesetz betrifft nur die Übermittlung von E-Mails; Telefax und Computerfax dagegen unterfallen den Vorschriften über Schriftsätze, vgl. dazu auch GmS-OGB 5.4.2000, GmS-OGB 1/98, NJW 2000, 2340.

die Bundesregierung und die Länderregierungen, in denen der entsprechende Zeitpunkt festgesetzt wird (§ 46b Abs. 2). Von dieser Ermächtigung ist bislang nur vereinzelt Gebrauch gemacht worden. Hier sind aus der Arbeitsgerichtsbarkeit insbesondere das Bundesarbeitsgericht[6] sowie die Gerichte erster und zweiter Instanz in den Ländern Bremen und Hessen zu nennen (Stand: Juli 2008).[7] Die Verordnung für das BAG regelt u.a. die technischen Anforderungen, z.B. zugelassene Dateiformate.[8] Wenn andere Arbeitsgerichte gleichwohl teilweise in ihren **Briefkopf** die **E-Mail-Anschriften** der Gerichte aufnehmen, sollte ausdrücklich darauf hingewiesen werden, dass Eingaben in elektronischer Form nicht statthaft sind.[9]

3 Ferner benennt § 46b Abs. 1 weitere **Bedingungen**, unter denen elektronische Dokumente als **schriftformwahrend** angesehen werden können, z.B. als bestimmende Schriftsätze gem. § 130 ZPO.[10] Danach ist vorausgesetzt, dass es sich um ein **elektronisches Dokument** handelt, das auch vom Gericht **in elektronischer Form verarbeitet** werden kann. Die **Authentizität**, die im normalen Schriftverkehr mit den Parteien durch das Schriftformerfordernis sichergestellt werden soll, muss beim **elektronischen Dokument** mit **technischen Mitteln** dadurch gesichert werden, dass dieses im Nachhinein **nicht verändert** werden kann und dass der **Aussteller des Dokuments** sicher zu identifizieren ist. Dies soll der Zwang zur Verwendung einer **qualifiziert elektronischen Signatur** nach dem Signaturgesetz bewirken (§ 46b Abs. 1 S. 2).[11] Die Formulierung als »**Soll-Vorschrift**« ist nach Sinn und Zweck des Gesetzes dahingehend auszulegen, dass nicht ausgeschlossen werden soll, dass die weitere technische Entwicklung einen entsprechenden Sicherheitsstandard auf andere Weise sicherstellen kann. Dass sie – jeden-

---

6 Verordnung vom 9.3.2006 BGBl. I S. 519.
7 Der jeweils aktuelle Stand kann auf der Internetseite www.egvp.de (»Elektronisches Gerichts- und Verwaltungspostfach«) eingesehen werden.
8 Wegen der Einzelheiten und weiterer technischer Hinweise vgl. *Düwell* FA 2006, 172.
9 Auch im Hinblick auf § 3a Abs. 1 VwVfG und dem wortgleichen § 36a Abs. 1 SGB I, der die Übermittlung elektronischer Dokumente als zulässig definiert, soweit der Empfänger hierfür einen Zugang eröffnet, was jedenfalls für Behörden und Gerichte, die ihre E-Mail-Anschrift auf ihrem Briefkopf oder ihrer Internetseite als gegeben angesehen wird, soweit nicht ein ausdrücklich entgegenstehender Vermerk angebracht ist, *Kopp/Ramsauer* VwVfG, 10. Aufl. 2008, § 3a Rn. 12.
10 Soweit die ZPO formlose Mitteilungen des Gerichts an die Partei genügen lässt (z.B. § 104 Abs. 1 S. 4, § 270, § 329 Abs. 2 S. 1, § 497 Abs. 1 S. 1), ist im Rahmen von § 46c auch eine einfach signierte oder unsignierte E-Mail möglich, vgl. Begr. RegE BT Drucks. 15/4067 S. 25.
11 Zu den rechtlichen und technischen Bedingungen der qualifiziert elektronischen Signatur vgl. ausf. *Rossnagel* NJW 2001, 1817 ff.

falls derzeit – als »**Muss-Vorschrift**« zu lesen ist, zeigt sich auch in § 46c, der für vergleichbare gerichtliche Dokumente **genügen lässt**, dass sie durch die qualifiziert elektronische Signatur identifiziert werden, dies aber auch **erfordert**, weil es derzeit keine anderen technischen Möglichkeiten gibt, die zu vergleichbarer Sicherheit führen (vgl. dazu unten Rn. 5).[12]

Die Möglichkeit der Einreichung elektronischer Dokumente setzt voraus, dass entsprechende **Empfangsgeräte bei den Arbeitsgerichten** eingerichtet sind, die auch die Verifizierung der elektronischen Signatur ermöglichen. Soweit bei einem so ausgerüsteten Gericht ein **zur Weiterverarbeitung geeignetes** und vorschriftsgemäß **signiertes Dokument** aufgezeichnet worden ist, gilt es als eingegangen (§ 46b Abs. 3). Ist das übersandte Dokument nicht zur Weiterverarbeitung geeignet, muss dies dem Absender **unverzüglich mitgeteilt** (§ 46b Abs. 1 S. 3) und ihm durch die Mitteilung der technischen Voraussetzungen des Gerichts die Möglichkeit gegeben werden, ggf. ein geeignetes Dokument **nachzureichen** oder einen **Antrag auf Wiedereinsetzung in den vorigen Stand** zu stellen.[13] 4

§ 46c bestimmt die Anforderungen, die an ein **elektronisches Dokument des Gerichts**[14] zu stellen sind, das einer handschriftlichen Unterzeichnung bedarf (z.B. Verfügungen, Beglaubigungsvermerke, Protokolle, Beschlüsse, Urteile[15]). Auch dies ist wie das elektronische Dokument gem. § 46b Abs. 1 mit einer **qualifizierten elektronischen Signatur** nach dem Signaturgesetz zu versehen (vgl. oben Rn. 3). 5

§ 46d ermöglicht die Führung einer **elektronischen Akte** im Grundsatz, ohne alle Einzelheiten zu regeln. Auch hier sind **Rechtsverordnungen** vorgesehen, die den **Zeitpunkt der Einführung** und die **organisatorisch-rechtlichen Rahmenbedingungen** regeln sollen (§ 46d Abs. 1 S. 2 bis 4). Ferner ist in § 46d Abs. 2 und 3 die **Übertragung** von Papierdokumenten in elektronische Dokumente (und umgekehrt) geregelt. Sofern **Schriftstücke in Papierform** zu einem elektronisch geführten 6

---

12 Im Ergebnis ebenso GMPM-G/*Germelmann* § 46b Rn. 12; GK-ArbGG/*Schütz* § 46b Rn. 27; *Schwab/Weth/Herberger* § 46b Rn. 10; DFL/*Heider* § 46b Rn. 2; *Musielak/Stadler* § 130a Rn. 3; a.A. ErfK/*Koch* § 46b Rn. 2; AnwK-ArbR/*Kloppenburg* § 46b Rn. 13; *Zöller/Greger* § 130a Rn. 4; BLAH/*Hartmann* § 130a Rn. 4.
13 Die Mitteilung des Gerichts setzt dabei die Frist des § 233 ZPO in Gang, ArbGG/*Ziemann/Kloppenburg* § 46b Rn. 17.
14 Die Vorschrift gilt seit dem 1.4.2008 auch für Gerichtsvollzieher, BGBl. I S. 444.
15 § 46c gilt deshalb auch für die ehrenamtlichen Richter, Begr. RegE BT-Drucks. 15/4067 S. 43; zu den technischen Problemen bei der Unterzeichnung eines Dokuments durch mehrere Personen vgl. *Vieflues* NJW 2005, 1009, 1012.

Verfahren eingereicht werden, sind sie **einzuscannen**, gleichwohl aber bis zum rechtskräftigen Abschluss des Verfahrens auch **in Papierform aufzubewahren** (§ 46d Abs. 2 S. 2).[16]

---

16 Jedenfalls im Regelfall; zu den dabei auftretenden Problemen vgl. *Viefhues* NJW 2005, 1009, 1013.

§ 47 Sondervorschriften über (*Ladung und*[1]) Einlassung

(1) Die Klageschrift muss mindestens eine Woche vor dem Termin zugestellt sein.

(2) Eine Aufforderung an den Beklagten, sich auf die Klage schriftlich zu äußern, erfolgt in der Regel nicht.

Übersicht	Rn.
A. Klageerhebung	1
B. Ladungsfrist	3
C. Einlassungsfrist	5
I. Allgemeines/Inlandszustellung	5
II. Auslandszustellung	7
III. Folgen der Nichteinhaltung	8
D. Absatz 2	9

A. Klageerhebung

Die Voraussetzungen der **Klageerhebung** regeln sich über die Verweisung in § 46 Abs. 2 S. 1 nach § 253 ZPO. Die **Klageschrift**[2] ist dann **eingereicht**, wenn sie in den unmittelbaren Besitz der Gerichtsverwaltung gelangt ist.[3] §§ 46 Abs. 2 S. 1 ArbGG, 496 ZPO ermöglichen darüber hinaus die Anbringung einer Klage **zum Protokoll der Geschäftsstelle** (dazu auch § 7 Rn. 3). Hierfür ist an sich der Urkundsbeamte der Geschäftsstelle zuständig, doch sieht § 24 Abs. 2 Nr. 2 RPflG vor, dass Klagen der Rechtspfleger aufnehmen soll (nicht: muss – also keine Voraussetzung für die Wirksamkeit der Klageerhebung!). Die Klageerhebung zu Protokoll kann auch bei einem **unzuständigen Arbeitsgericht** erfolgen (§ 129a Abs. 1 und 2 ZPO); es tritt die Wirkung der Prozesshandlung dann aber frühestens mit Eingang bei dem Arbeitsgericht ein, an das die Klage gerichtet ist (§ 129a Abs. 2 S. 2 ZPO). Die Geschäftsstelle übersendet das Protokoll unverzüglich an das Gericht, an das die Klage gerichtet ist (§ 129a Abs. 2 S. 1 ZPO), wenn die Übermittlung nicht gem. § 129a Abs. 2 S. 3 ZPO mit dessen Zustimmung dem Kläger überlassen wird. 1

---

1 Amtliche Anmerkung: Die Worte »Ladung und« sind gegenstandslos.
2 Zu den Anforderungen GK-ArbGG/*Bader* § 47 Rn. 11 bis 14.
3 BAG 22.2.1980, 7 AZR 295/78, EzA § 1 KSchG Krankheit Nr. 5.

2 Mit der Einreichung der Klage ist der Rechtsstreit **anhängig**. **Rechtshängig** wird die Klage hingegen erst mit der Zustellung der Klageschrift (§ 253 Abs. 1 ZPO), erst dann ist die Klage erhoben (§ 261 Abs. 1 ZPO). Kommt es also auf die **Erhebung der Klage** an (so bei der Frist des § 4 S. 1 KSchG, bei der Frage der Verjährungshemmung oder bei einer tarifvertraglichen Verfallklausel, welche gerichtliche Geltendmachung vorschreibt[4]), so ist an sich das Datum der Zustellung entscheidend. Hier hilft freilich **§ 167 ZPO** mit der Rückbeziehung auf den Zeitpunkt der Klageeinreichung (Rn. 1) unter den in der Vorschrift genannten Voraussetzungen.

B. Ladungsfrist

3 Entgegen früherer Rechtslage enthält § 47 nunmehr **keine Regelung der Ladungsfrist** (= Frist zwischen der Zustellung der Ladung und dem Terminstag: § 217 ZPO[5]) mehr. Über § 46 Abs. 1 S. 1 gelten damit auch im Verfahren vor den Arbeitsgerichten die normalen **Vorschriften der ZPO**, einschließlich der §§ 215 ff. ZPO (zu den Folgen des Verstoßes gegen **§ 215 Abs. 1 ZPO** vgl. § 59 Rn. 11[6]) und 499 ZPO. Da es sich nicht um einen Anwaltsprozess handelt (§ 11 Abs. 1 S. 1), gilt gem. § 217 ZPO eine **Ladungsfrist von 3 Tagen**. Die **Fristberechnung** erfolgt gem. § 222 ZPO i.V.m. §§ 187 Abs. 1, 188 Abs. 1 BGB. Zu beachten ist darüber hinaus § 222 Abs. 2 ZPO für den Fall des Fristendes an einem **Sonntag**, einem **allgemeinen Feiertag** oder einem **Sonnabend** (Samstag). Die Ladungsfrist gilt für **alle Ladungen**[7] mit Ausnahme der Ladungen zu **Verkündungsterminen**,[8] nicht hingegen bei einer bloßen Verlegung der **Terminsstunde** am selben Tage.[9] Für die Zustellung der Ladung im **Ausland** ergeben sich hinsichtlich der Ladungsfrist keine Besonderheiten.

---

4 Zugang der Geltendmachung aber notwendig, wenn es um eine anderweitige (schriftliche oder mündliche) Geltendmachung geht.
5 Abzulehnen ist daher die Anwendung der Ladungsfrist auf die Zustellung der Klageerweiterung oder einer Widerklage. A.A. *Schwab/Weth/Berscheid/Weth* § 47 Rn. 13; GMPM-G/*Germelmann* § 47 Rn. 21.
6 Vgl. auch GK-ArbGG/*Bader* § 47 Rn. 14a: kein Versäumnisurteil, wenn die Ladung nicht den Anforderungen des § 215 ZPO entspricht.
7 Streit besteht darüber, ob die Ladungsfrist auch für verkündete Termine (§ 218 ZPO) gilt: dazu *Musielak/Stadler* § 217 Rn. 2 m.w.N.
8 ArbGG/*Kloppenburg/Ziemann* § 47 Rn. 11.
9 LG Köln 24.2.1987, 25 T 19/87, MDR 1987, 590; GMPM-G/*Germelmann* § 47 Rn. 21 m.w.N. Der Grund ist, dass die Ladungsfrist in Tagen, nicht in Stunden bemessen ist. A.A. *Musielak/Stadler* § 217 Rn. 1: jedenfalls bei beachtlicher zeitlicher Verschiebung Ladungsfrist einzuhalten.

Die Ladungsfrist kann **nicht verlängert** werden (§ 224 Abs. 2 ZPO). 4
Eine **Abkürzung** durch das Gericht (den Vorsitzenden: §§ 226 Abs. 3,
225 Abs. 1 ZPO; § 53 Abs. 1 S. 1) hingegen ist möglich, und zwar auf
nicht formbedürftigen **Antrag**,[10] der zwar nach dem Gesetzeswortlaut
keiner Begründung bedarf (§ 226 Abs. 1 ZPO), der aber im Hinblick
auf die schutzwürdigen Interessen der Gegenseite doch zu **begründen ist**.[11] Ein Antrag auf möglichst nahen Verhandlungstermin reicht
dabei nicht aus.[12] Eine vorherige Anhörung des Gegners ist nicht geboten, auch keine Zustellung der Entscheidung (§ 226 Abs. 3 ZPO).
Der Beschluss bedarf nur im Falle der Ablehnung einer kurzen Begründung, ansonsten ergibt sich die Begründung aus der Antragsbegründung.[13] Es gibt **keine Abkürzung der Ladungsfrist von
Amts wegen**. Dies gilt auch und insbesondere im Verfahren der **einstweiligen Verfügung oder des Arrestes**, in dem zwar keine Einlassungsfristen zu beachten sind, wohl aber die Ladungsfristen. Soll
also in einem einstweiligen Verfügungsverfahren mündlich verhandelt werden, kann die Ladungsfrist nur abgekürzt werden, wenn
ein entsprechender Antrag des Antragstellers (Verfügungsklägers)
vorliegt. Dieser Antrag ist nicht bereits darin zu sehen, dass der Antragsteller wegen der Eilbedürftigkeit eine schnelle Entscheidung
oder eine Entscheidung ohne mündliche Verhandlung beantragt.[14] Gegen die **Ablehnung** des Abkürzungsantrages ist die **sofortige Beschwerde** gegeben (§§ 225, 567 Abs. 1 Nr. 2 ZPO),[15] gegen die Abkürzung gibt es kein separates Rechtsmittel (vgl. §§ 512, 557 Abs. 2, 567
Abs. 1 Nr. 1 ZPO).

C. Einlassungsfrist

I. Allgemeines/Inlandszustellung

Die **Einlassungsfrist**, die § 47 Abs. 1 regelt, ist die Frist **zwischen der** 5
Zustellung der Klageschrift (nicht: Klageerweiterungen und Wider-

---

10 § 224 Abs. 1 ZPO wird insoweit kaum praktisch.
11 ArbGG/*Kloppenburg/Ziemann* § 47 Rn. 9; *Hauck/Helml* § 47 Rn. 5; GK-ArbGG/*Bader* § 47 Rn. 21.
12 A.A. *Zöller/Stöber* § 226 Rn. 2 (jedenfalls unter Umständen als Abkürzungsantrag auszulegen). Wie hier *Musielak/Stadler* § 226 Rn. 1.
13 GK-ArbGG/*Bader* § 47 Rn. 21 m.w.N.; a.A. ErfK/*Koch* § 47 ArbGG Rn. 4: stets Begründung nötig.
14 GK-ArbGG/*Bader* § 47 Rn. 22; ErfK/*Koch* § 47 ArbGG Rn. 6; a.A. GMPM-G/*Germelmann* § 47 Rn. 23; *Hauck/Helml* § 47 Rn. 11; *Schwab/Weth/Berscheid/Weth* § 47 Rn. 13.
15 Ebenso *Zöller/Stöber* § 225 Rn. 8; a.A. *Musielak/Stadler* § 225 Rn. 4.

klagen[16]) **und dem ersten Termin**, mithin i.d.R. dem Gütetermin. Sie beträgt **eine Woche**. Im Übrigen gilt über § 46 Abs. 2 S. 1 die Vorschrift des § 274 ZPO. Die Wochenfrist muss vor dem Terminstag abgelaufen sein, die **Fristberechnung** erfolgt nach den §§ 222 ZPO, 187 Abs. 1, 188 Abs. 2 BGB. § 222 Abs. 2 ZPO ist hier ebenfalls anzuwenden (dazu Rn. 3). Wo der Beklagte im **Inland** wohnt oder seinen Sitz hat, ist belanglos. Auch im Falle einer **öffentlichen Zustellung** bleibt es bei der Einlassungsfrist des § 47 Abs. 1 (vgl. § 188 ZPO zum Wirkungszeitpunkt der öffentlichen Zustellung). Zur **Abkürzung der Einlassungsfrist** gelten die Ausführungen zur Ladungsfrist entsprechend (Rn. 4).[17] Eine Verlängerung scheidet auch hier aus (§ 224 Abs. 2 ZPO). Soll die Frist abgekürzt werden, ist zuvor eingehend zu prüfen, ob damit nicht das Recht auf rechtliches Gehör verkürzt wird, weshalb vorgeschlagen wird, in jedem Falle zu erwägen, ob nicht eher eine Terminsverlegung in Betracht kommt.[18]

6 Im **Mahnverfahren** gilt § 47 Abs. 1 nicht,[19] insoweit gehen die diesbezüglichen Spezialvorschriften vor (vgl. § 46a und die zugehörigen Erläuterungen). Im Verfahren der **einstweiligen Verfügung und des Arrestes** gilt die Einlassungsfrist nicht, sie ist mit dem Zweck dieser Verfahren nicht vereinbar.[20]

II. Auslandzustellung

7 Hinsichtlich der **Auslandszustellung** ist aufgrund der Verweisung des § 46 Abs. 2 S. 1 **§ 274 Abs. 3 S. 2 ZPO** anzuwenden. Der **Vorsitzende** hat danach bei der Terminsfestsetzung die Einlassungsfrist zu **bestimmen**. Die Frist wird schon unter dem Aspekt der Gewährung rechtlichen Gehörs mindestens eine Woche betragen müssen, empfehlenswert ist regelmäßig eine erheblich längere Frist (etwa: 4 Wochen).[21] Im Übrigen ist insoweit auf die **§ 183 ZPO**[22] hinzuweisen, dessen Regelungen die **Auslandszustellung erleichtern** und die durch § 184 ZPO ergänzt wer-

---

16 GMPM-G/*Germelmann* § 47 Rn. 2; unentschieden *Hauck/Helml* § 47 Rn. 6.; a.A. ArbGG/*Kloppenburg/Ziemann* § 47 Rn. 3; *Schwab/Weth/Berscheid* § 47 Rn. 5; ErfK/*Koch* § 47 ArbGG Rn. 3.
17 Eine sofortige Beschwerde gegen die Ablehnung der beantragten Abkürzung, dazu *Hauck/Helml* § 47 Rn. 5, wird schon aus Zeitgründen kaum praktisch werden. Vgl. weiter oben Rn. 4 a.E. und GK-ArbGG/*Bader* § 47 Rn. 23.
18 GMPM-G/*Germelmann* § 47 Rn. 13.
19 *Schwab/Weth/Berscheid/Weth* § 47 Rn. 6 a.E.; a.A. GMPM-G/*Germelmann* § 47 Rn. 5.
20 *Hauck/Helml* § 47 Rn. 6.
21 GK-ArbGG/*Bader* § 47 Rn. 34 m.w.N. Dies wird auch im Hinblick auf § 1070 ZPO geboten sein. Zustimmend ErfK/*Koch* § 47 Rn. 3.
22 Zum Wortlaut GK-ArbGG/*Bader* § 47 Rn. 35a.

den. In den EU-Staaten gilt die in Abs. 3 S. 1 des § 183 ZPO angesprochne **EuZustVO**, deren Umsetzung bezüglich der Zustellungen im Ausland sich in den mit Wirkung vom 1.1.2004 eingefügten **§§ 1068 Abs. 1 und 1069 ZPO** findet (vgl. dazu § 13a). Wegen Änderungen insoweit für die Zeit ab dem 13.11.2008 wird auf die Kommentierung des § 13a verwiesen (dort Rn. 1a).

III. Folgen der Nichteinhaltung

Ist die Einlassungsfrist nicht eingehalten, so hat der Beklagte das Recht auf Rüge und **Vertagung**, auch darf dann gegen ihn **kein Versäumnisurteil** ergehen (§ 335 Abs. 1 Nr. 3 ZPO). Durch **rügelose Verhandlung** wird der Mangel geheilt.[23]

8

D. Absatz 2

Abs. 2 schreibt vor, dass i.d.R. eine **Aufforderung an den Beklagten, sich auf die Klage schriftlich zu äußern, nicht** erfolgt. Ein schriftliches Vorverfahren gibt es ohnehin nicht (§ 46 Abs. 2 S. 2). **Ausnahmsweise** kann indes anders verfahren werden, etwa wenn in einem komplexen Rechtsstreit der Gütetermin zeitlich entfernter liegt und ohne schriftsätzliche Erwiderung des Gegners ein sachgerechter Verlauf des Gütetermins als nicht gewährleistet erscheint. Entsprechendes gilt, wenn sogleich Güte- und Kammertermin anberaumt wird, der Termin also so vorbereitet werden soll, dass in ihm die die Instanz beendende Entscheidung ergehen kann.

9

---

23 GMPM-G/*Germelmann* § 47 Rn. 15.

§ 48 Rechtsweg und Zuständigkeit

(1) Für die Zulässigkeit des Rechtsweges und der Verfahrensart sowie für die sachliche und örtliche Zuständigkeit gelten die §§ 17 bis 17b des Gerichtsverfassungsgesetzes mit folgender Maßgabe entsprechend:

1. Beschlüsse entsprechend § 17a Abs. 2 und 3 des Gerichtsverfassungsgesetzes über die örtliche Zuständigkeit sind unanfechtbar.

2. Der Beschluss nach § 17a Abs. 4 des Gerichtsverfassungsgesetzes ergeht, sofern er nicht lediglich die örtliche Zuständigkeit zum Gegensatz hat, auch außerhalb der mündlichen Verhandlung stets durch die Kammer.

(1a) [1]Für Streitigkeiten nach § 2 ist auch das Arbeitsgericht zuständig, in dessen Bezirk der Arbeitnehmer gewöhnlich seine Arbeit verrichtet oder zuletzt gewöhnlich verrichtet hat. [2]Ist ein gewöhnlicher Arbeitsort im Sinne des Satzes 1 nicht feststellbar, ist das Arbeitsgericht örtlich zuständig, von dessen Bezirk aus der Arbeitnehmer gewöhnlich seine Arbeit verrichtet oder zuletzt gewöhnlich verrichtet hat.

(2) [1]Die Tarifvertragsparteien können im Tarifvertrag die Zuständigkeit eines an sich örtlich unzuständigen Arbeitsgerichts festlegen für

1. bürgerliche Rechtsstreitigkeiten zwischen Arbeitnehmern und Arbeitgebern aus einem Arbeitsverhältnis und aus Verhandlungen über die Eingehung eines Arbeitsverhältnisses, das sich nach einem Tarifvertrag bestimmt,

2. bürgerliche Rechtsstreitigkeiten aus dem Verhältnis einer gemeinsamen Einrichtung der Tarifvertragsparteien zu den Arbeitnehmern oder Arbeitgebern.

[2]Im Geltungsbereich eines Tarifvertrags nach Satz 1 Nr. 1 gelten die tarifvertraglichen Bestimmungen über das örtlich zuständige Arbeitsgericht zwischen nicht tarifgebundenen Arbeitgebern und Arbeitnehmern, wenn die Anwendung des gesamten Tarifvertrags zwischen ihnen vereinbart ist. [3]Die in § 38 Abs. 2 und 3 der Zivilprozessordnung vorgesehenen Beschränkungen finden keine Anwendung.

Übersicht	Rn.
A. Regelungen zur Bestimmung des Rechtswegs, der Verfahrensart und der örtlichen Zuständigkeit – Grundzüge des entsprechenden Verfahrens (Abs. 1)	1

Rechtsweg und Zuständigkeit § 48

B. Einzelfragen der Verweisung an Gericht eines anderen Rechtswegs   6
C. Einzelfragen der Verweisung an anderes Gericht wegen örtlicher Unzuständigkeit   9
D. Einzelfragen der Verweisung zwischen Verfahrensarten   10
E. Rechtsmittel   11
F. Bindungswirkung/Folgen der Entscheidung über die Zuständigkeit   13
G. Kompetenzkonflikt   15
H. Die Regelung des Absatzes 1a (Gerichtsstand des gewöhnlichen Arbeitsortes)   16
I. Die Regelung des Absatzes 2   21

A. Regelungen zur Bestimmung des Rechtswegs, der Verfahrensart und der örtlichen Zuständigkeit – Grundzüge des entsprechenden Verfahrens (Abs. 1)

Abs. 1 betrifft den **Rechtsweg**, die **örtliche Zuständigkeit** und die **Verfahrensart**.[1] Es wird dazu auf die §§ 17 bis 17b GVG verwiesen, und es werden einige Sonderregelungen getroffen. Die §§ 17 bis 17b GVG lauten wie folgt: 1

§ 17

(1) ¹Die Zulässigkeit des beschrittenen Rechtsweges wird durch eine nach Rechtshängigkeit eintretende Veränderung der sie begründenden Umstände nicht berührt. ²Während der Rechtshängigkeit kann die Sache von keiner Partei anderweitig anhängig gemacht werden.

(2) ¹Das Gericht des zulässigen Rechtsweges entscheidet den Rechtsstreit unter allen in Betracht kommenden rechtlichen Gesichtspunkten. ²Artikel 14 Abs. 3 Satz 4 und Artikel 34 Satz 3 des Grundgesetzes bleiben unberührt.

§ 17a

(1) Hat ein Gericht den zu ihm beschrittenen Rechtsweg rechtskräftig für zulässig erklärt, sind andere Gerichte an diese Entscheidung gebunden.

---

1 Die Erwähnung der sachlichen Zuständigkeit ist überflüssig. Die Prüfungsreihenfolge ist: Rechtsweg, danach Verfahrensart, danach örtliche Zuständigkeit (näher *Schwab/Weth/Walker* § 48 Rn. 30).

(2) ¹Ist der beschrittene Rechtsweg unzulässig, spricht das Gericht dies nach Anhörung der Parteien von Amts wegen aus und verweist den Rechtsstreit zugleich an das zuständige Gericht des zulässigen Rechtsweges. ²Sind mehrere Gerichte zuständig, wird an das vom Kläger oder Antragsteller auszuwählende Gericht verwiesen oder, wenn die Wahl unterbleibt, an das vom Gericht bestimmte. ³Der Beschluss ist für das Gericht, an das der Rechtsstreit verwiesen worden ist, hinsichtlich des Rechtsweges bindend.

(3) ¹Ist der beschrittene Rechtsweg zulässig, kann das Gericht dies vorab aussprechen. ²Es hat vorab zu entscheiden, wenn eine Partei die Zulässigkeit des Rechtsweges rügt.

(4) ¹Der Beschluss nach den Absätzen 2 und 3 kann ohne mündliche Verhandlung ergehen. ²Er ist zu begründen. ³Gegen den Beschluss ist die sofortige Beschwerde nach den Vorschriften der jeweils anzuwendenden Verfahrensordnung gegeben. ⁴Den Beteiligten steht die Beschwerde gegen einen Beschluss des oberen Landesgerichts an den obersten Gerichtshof des Bundes nur zu, wenn sie in dem Beschluss zugelassen worden ist. ⁵Die Beschwerde ist zuzulassen, wenn die Rechtslage grundsätzliche Bedeutung hat oder wenn das Gericht von der Entscheidung eines obersten Gerichtshofes des Bundes oder des Gemeinsamen Senats der obersten Gerichtshöfe des Bundes abweicht. ⁶Der oberste Gerichtshof des Bundes ist an die Zulassung der Beschwerde gebunden.

(5) Das Gericht, das über ein Rechtsmittel gegen eine Entscheidung in der Hauptsache entscheidet, prüft nicht, ob der beschrittene Rechtsweg zulässig ist.

§ 17b

(1) ¹Nach Eintritt der Rechtskraft des Verweisungsbeschlusses wird der Rechtsstreit mit Eingang der Akten bei dem im Beschluss bezeichneten Gericht anhängig. ²Die Wirkungen der Rechtshängigkeit bleiben bestehen.

(2) ¹Wird ein Rechtsstreit an ein anderes Gericht verwiesen, so werden die Kosten im Verfahren vor dem angegangenen Gericht als Teil der Kosten behandelt, die bei dem Gericht erwachsen, an das der Rechtsstreit verwiesen wurde. ²Dem Kläger sind die entstandenen Mehrkosten auch dann aufzuerlegen, wenn er in der Hauptsache obsiegt.

2 Die §§ 17 bis 17b GVG betreffen die **Verweisung** der ordentlichen Gerichte **wegen Unzulässigkeit des** zu ihnen beschrittenen **Rechtswegs**

Rechtsweg und Zuständigkeit § 48

an die Gerichte der anderen Rechtszweige. Die Vorschriften gelten auch für die anderen Rechtswege entsprechend, für die **Arbeitsgerichtsbarkeit**[2] geregelt in § 48 Abs. 1. Zugleich ordnet § 48 Abs. 1 (mit Modifizierungen) die entsprechende **interne Geltung** der §§ 17 bis 17b GVG an (§ 281 ZPO hat insoweit keine Bedeutung mehr). Im Verhältnis zu einem **Schiedsgericht** gilt § 48 nicht.[3] Ebenso ist von § 48 die **internationale Zuständigkeit** nicht erfasst (dazu § 1 Rn. 5 bis 10). Schließlich ist § 48 ohne Belang bei **gerichtsinternen Abgaben** von einer Kammer an eine andere (in derselben Verfahrensart) aufgrund der Regelungen im Geschäftsverteilungsplan.[4]

Damit ist das Verfahren bei **Verweisungen** grundsätzlich **einheitlich**. 3 Die **wesentlichen allgemeinen Grundzüge** für die Verweisung sehen wie folgt aus: Für eine Verweisung bedarf es keines Antrages mehr, das Gericht prüft vielmehr **von Amts wegen** seine Zuständigkeit in jeder Hinsicht (§ 17a Abs. 2 S. 1 GVG). Dabei sind natürlich wirksame **Zuständigkeitsvereinbarungen** nach wie vor zu berücksichtigen.[5] Hält das Gericht sich für nicht zuständig, weist es die Parteien darauf hin und spricht nach deren Anhörung von Amts wegen aus, dass es nicht zuständig ist, und **verweist** den Rechtsstreit an das zuständige Gericht (§ 17a Abs. 2 S. 1 GVG). Der **Beschluss** ist zu begründen (§ 17a Abs. 4 S. 2 GVG), er kann **ohne mündliche Verhandlung** ergehen (§ 17a Abs. 4 S. 1 GVG; gem. § 48 Abs. 1 Nr. 2 **stets** durch die **Kammer**,[6] sofern nicht nur die **örtliche Zuständigkeit** betroffen ist oder es sich um besondere Konstellationen im Rahmen des vorläufigen Rechtsschutzes handelt[7]) und enthält keine Kostenentscheidung (vgl. § 17b Abs. 2 GVG). Gegen den zuzustellenden Beschluss ist die **sofortige Beschwerde** gegeben (§ 17a Abs. 4 S. 3 GVG i.V.m. §§ 567 ff. ZPO; Ausnahme bei Entscheidung über die **örtliche Zuständigkeit** gem. § 48 Abs. 1 Nr. 1, insofern auch keine Zustellung nötig). Gegen die LAG-Entscheidung ist die **Rechtsbeschwerde** (§ 17a Abs. 4 S. 4 GVG i.V.m. §§ 574 ff. ZPO) nur

---

2 Sie stellt einen **eigenen Rechtsweg** dar: BAG 26.3.1992, 2 AZR 443/91, EzA § 48 ArbGG 1979 Nr. 5. Damit gibt es **keine Zuständigkeit der Amtsgerichte im Eilverfahren** mehr (GK-ArbGG/*Bader* Rn. 14 m.w.N.; ebenso GMPM-G/*Müller-Glöge* § 62 Rn. 81 m.w.N. und § 48 Rn. 2; *Hauck/Helml* § 62 Rn. 26 und § 48 Rn. 2; *Koch* NJW 1991, 1858: a.A. *Thomas/Putzo-Reichold* § 919 Rn. 8; *Zöller/Vollkommer* § 919 Rn. 10 und § 942 Rn. 1, jeweils m.w.N.). Im Bedarfsfall – insbesondere etwa im Falle von Arbeitskämpfen – werden die Gerichte für Arbeitssachen daher entsprechende **Not- und Bereitschaftsdienste** einzurichten haben (ErfK/ *Koch* § 48 ArbGG Rn. 1).
3 GMPM-G/*Germelmann* § 48 Rn. 7; *Schwab/Weth/Walker* § 48 Rn. 16.
4 *Schwab/Weth/Walker* § 48 Rn. 17.
5 Vgl. dazu § 2 Abs. 4 und § 1 Rn. 9 und 12.
6 § 55 Rn. 19.
7 Dazu näher GK-ArbGG/*Bader* § 48 Rn. 37.

§ 48 Rechtsweg und Zuständigkeit

bei Zulassung (wegen grundsätzlicher Bedeutung ohne Divergenz: § 17a Abs. 4 S. 5 GVG; das BAG ist an die Zulassung gebunden: § 17a Abs. 4 S. 6 GVG) statthaft. Der rechtskräftige Beschluss **bindet** das Gericht, an das verwiesen worden ist, hinsichtlich der vom verweisenden Gericht geprüften Zuständigkeitsfrage (eine Weiterverweisung aus einem anderen Grunde ist damit möglich). Bejaht das Gericht seine Zuständigkeit, kann es dies **vorab** aussprechen (§ 17a Abs. 3 S. 1 GVG; es muss dies bei fehlender Rüge jedoch nicht, sondern kann dann in den Entscheidungsgründen dazu Stellung nehmen) – es muss dies vorab tun, wenn eine Partei die Zuständigkeit rügt[8] (§ 17a Abs. 3 S. 2 GVG, wobei es sich um eine **Zulässigkeitsrüge** gem. § 282 Abs. 3 ZPO[9] handelt). Die bejahende Entscheidung bindet gem. § 17a Abs. 1 GVG andere Gerichte. **Im Hauptsacheverfahren** prüft das Rechtsmittelgericht die Zuständigkeit dann nicht mehr (§ 17a Abs. 5 GVG).

4 Die **Wirkung der Verweisung** wird in § 17b Abs. 1 GVG geregelt (dazu Rn. 14), § 17b Abs. 2 GVG spricht in bekannter Weise die Frage der **Mehrkosten** an, die durch die Anrufung des unzuständigen Gerichts entstanden sind. Diesbezüglich wird ergänzend verwiesen auf § 12a Abs. 1 S. 3 und die zugehörigen Erläuterungen.[10]

5 Ist der beschrittene **Rechtsweg zulässig**, ändert eine spätere **Veränderung der Umstände** – in tatsächlicher oder rechtlicher Hinsicht – daran nichts mehr (§ 17 Abs. 1 S. 1 GVG: **Grundsatz der perpetuatio fori**). Dies gilt freilich nur bei identischem Streitgegenstand.[11] Ist hingegen der Rechtsweg zunächst **unzulässig**, können spätere Veränderungen zur Zulässigkeit führen, was auch noch im Verfahren der sofortigen Beschwerde zu beachten ist.[12] Im Übrigen führt die eingetretene **Rechtshängigkeit** dazu, dass die Sache nicht anderweitig rechtshängig gemacht werden kann, auch nicht in einem anderen Rechtsweg (§ 17 Abs. 1 S. 2 GVG): Die weitere Klage ist unzulässig.

---

8 Die Rüge kann auch zurückgenommen werden, was das Gericht aber nicht an einer Vorabentscheidung hindert: BGH 11.1.2001, V ZB 40/99, NJW-RR 2001, 1007.

9 Damit vorzubringen innerhalb einer wirksam gesetzten Frist zur Klageerwiderung: GK-ArbGG/*Bader* § 48 Rn. 47a; ErfK/*Koch* § 48 ArbGG Rn. 3; krit. *Brückner* NJW 2006, 13.

10 BAG 1.11.2004, 3 AZB 10/04, BB 2005, 836 = EzA § 12a ArbGG 1979 Nr. 11: Der vor dem Arbeitsgericht obsiegende Beklagte hat Anspruch auf Erstattung der vor Verweisung vor dem ordentlichen Gericht entstandenen Kosten. Dazu gehören die Rechtsanwaltskosten auch dann, wenn er sich nach der Verweisung weiterhin vom selben Anwalt vertreten lässt. Zur Kostenproblematik bei Verweisung von einer Verfahrensart in die andere GMPM-G/*Germelmann* § 48 Rn. 79 bis 81.

11 BAG 28.10.1993, 2 AZB 12/93, EzA § 2 ArbGG 1979 Nr. 26.

12 *Zöller/Gummer* § 17 GVG Rn. 2 m.w.N.

B. Einzelfragen der Verweisung an Gericht eines anderen Rechtswegs

Das angerufene Arbeitsgericht hat **von Amts wegen** zu prüfen, ob der **Rechtsweg zu den Gerichten für Arbeitssachen** zulässig ist, und das Verfahren des § 17a GVG (Rn. 3) schließt eine Klageabweisung als unzulässig wegen fehlender Rechtswegzuständigkeit aus.[13] Es sind in diesem Zusammenhang die §§ 2, 2a (i.V.m. §§ 3, 5) zu prüfen, und zwar separat **für jeden** einzelnen prozessualen **Anspruch**.[14] **Zuständigkeitsvereinbarungen** hinsichtlich des Rechtsweges gibt es nicht. Die einzige Ausnahme stellt § 2 Abs. 4 dar. Kommt das Arbeitsgericht zu dem Ergebnis, dass der Rechtsweg zu den Gerichten für Arbeitssachen nicht gegeben ist, verweist es in den richtigen Rechtsweg und dort an das konkrete Gericht, das es für zuständig hält (§ 17a Abs. 2 S. 1 GVG). Kommen mehrere zuständige Gerichte in Betracht, obliegt die Auswahl dem Kläger bzw. Antragsteller – dieser ist erforderlichenfalls vorab zu befragen –, ansonsten dem Gericht (§ 17a Abs. 2 S. 2 GVG). Der Tenor des verweisenden Beschlusses kann damit etwa folgenden Wortlaut haben:

▶ **Beispiel**

Der Rechtsweg zu den Gerichten für Arbeitssachen ist unzulässig.

Der Rechtsstreit wird an das Verwaltungsgericht Frankfurt am Main verwiesen.

Steht fest, dass eine Person entweder **Arbeitnehmer** (§ 5 Abs. 1 S. 1) oder **arbeitnehmerähnliche Person** (§ 5 Abs. 1 S. 2) ist, brauchen die Tatsachen nicht weiter (etwa über eine Beweisaufnahme) aufgeklärt zu werden, es kann eine sog. **Wahlfeststellung** erfolgen.[15] Dies gilt allerdings nicht, wenn der Sachverhalt unstreitig ist, dann muss die rechtliche Einordnung vorgenommen werden.[16] Ansonsten ist bei der Prü-

---

13 *Hauck/Helml* § 48 Rn. 1.
14 Ebenso für die Widerklage. Erforderlichenfalls muss mit einer Abtrennung und Verweisung insoweit gearbeitet werden; vgl. dazu BAG 13.1.2003, 5 AS 7/02, EzA § 36 ZPO Nr. 29; GMPM-G/*Germelmann* § 48 Rn. 33. Bei Haupt- und Hilfsbegründung muss auf die Hauptbegründung abgestellt werden (*Zöller/Gummer* § 17 GVG Rn. 7; für die Hilfsbegründung gilt § 17 Abs. 2 S. 2 GVG).
15 BAG 14.1.1997, 5 AZB 22/96, EzA § 5 ArbGG 1979 Nr. 16; GK-ArbGG/*Wenzel* § 2 Rn. 292 m.w.N. aus der BAG-Rspr.
16 BAG 17.6.1999, 5 AZB 23/98, EzA § 5 ArbGG 1979 Nr. 33. Es gilt allgemein, dass bei unstreitigem Sachverhalt die rechtliche Einordnung vorgenommen werden muss und nicht offen bleiben darf.

fung grundsätzlich zunächst auf den **Sachvortrag des Klägers** abzustellen.[17] Ergibt dieser bei unterstellter Richtigkeit Rechtsfolgen oder Rechtsbeziehungen, für die die Zuständigkeit der Gerichte für Arbeitssachen gegeben ist,[18] hat regelmäßig eine Beweisaufnahme stattzufinden, wenn der Beklagte den klägerischen Vortrag bestreitet und nach dem Beklagtenvortrag die Zuständigkeit der Gerichte für Arbeitssachen zu verneinen ist.[19] Eine wesentliche **Ausnahme** ergibt sich für die sog. **sic-non-Fälle**.[20] Es handelt sich dabei um die Fälle, in denen es um einen Anspruch geht, der allein in die Zuständigkeit der Gerichte für Arbeitssachen fällt, womit allein die Gerichte für Arbeitssachen zur Entscheidung berufen sind und eine Verweisung sinnlos wäre. Hier wird die Zuständigkeit der Gerichte für Arbeitssachen ausschließlich aufgrund der Behauptung des Klägers (Rechtsbehauptung) bejaht,[21] und die Klage wird als unbegründet abgewiesen, wenn sich herausstellt, dass der Kläger nicht Arbeitnehmer war oder ist. Ein wichtiger Beispielsfall dafür ist die Klage auf **Feststellung**, dass ein **Arbeitsverhältnis** besteht, oder darauf, dass eine Kündigung das Arbeitsverhältnis nicht aufgelöst hat. Bei dem Personenkreis des § 5 Abs. 1 S. 3 ist dies freilich einzuschränken: hier reicht die bloße Rechtsbehauptung des Geschäftsführers, auch Arbeitnehmer zu sein, nicht aus.[22] Schließlich findet § 2 Abs. 3 (zu den **Zusammenhangsstreitigkeiten**) aus verfassungsrechtlichen Gründen[23] **keine Anwendung bei sic-non-Fällen**.[24]

---

17 Ausnahme: negative Feststellungsklage, dann kommt es auf die behauptete Anspruchsbegründung des Beklagten an.
18 Dabei reicht es aus, wenn der Anspruch sich sowohl auf eine arbeitsrechtliche als auch auf eine zivilrechtliche (nicht arbeitsrechtliche) oder öffentlich-rechtliche Anspruchsgrundlage gründen lässt (et-et-Fälle).
19 Ausführlich dazu GK-ArbGG/*Wenzel* § 2 Rn. 287 f. m.w.N. Das gilt auch für die sog. aut-aut-Fälle (entweder arbeitsrechtliche oder bürgerlich-rechtliche Anspruchsgrundlage, die sich gegenseitig ausschließen): *Schwab/Weth/Walker* § 2 Rn. 218 m.w.N.
20 Verfassungsrechtlich an sich unbedenklich: BVerfG 31.8.1999, 1 BVR 1389/97, EzA § 2 ArbGG 1979 Nr. 47.
21 BAG 19.12.2000, 5 AZB 16/00, EzA § 2 ArbGG 1979 Nr. 52; 17.1.2002, 5 AZB 18/00, EzA § 2 ArbGG 1979 Nr. 53; 18.11.2003, 5 AZB 56/03, EzA § 2 ArbGG 1979 Nr. 61 (Feststellung Arbeitsverhältnis).
22 BAG 28.9.1995, 5 AZB 4/95, EzA § 5 ArbGG 1979 Nr. 12; vgl. auch BAG 23.8.2001, 5 AZB 9/01, NZA 2002, 52.
23 BVerfG 31.8.1999, 1 BvR 1389/97, EzA § 2 ArbGG 1979 Nr. 47.
24 BAG 11.6.2003, 5 AZB 43/02, EzA § 2 ArbGG 1979 Nr. 60. Entsprechendes wird zu gelten haben bei Verträgen mit Schutzwirkung für Dritte (§ 3 Rn. 5), für die nach der Rspr. des BAG ebenfalls die bloße Rechtsbehauptung ausreicht.

Rechtsweg und Zuständigkeit § 48

In Verfahren des **vorläufigen Rechtsschutzes** findet nach wohl h.M. 8
§ 17a GVG Anwendung,[25] was sich freilich in dieser Pauschalität als
nicht unproblematisch darstellt.[26] Zur Anwendbarkeit des § 48 im
Mahnverfahren vgl. § 46a Rn. 7. Für das vorgeschaltete isolierte **Prozesskostenhilfeverfahren** passt § 48 nicht.[27] Nach dem BAG soll ein
im vorgeschalteten Prozesskostenhilfeverfahren ergangener Verweisungsbeschluss für das Prozesshilfeverfahren binden (Folge: das Empfängergericht kann die Prozesskostenhilfe nicht mit der Begründung
der fehlenden Rechtswegzuständigkeit verweigern), nicht aber für
das Hauptsachverfahren.[28] Wenn jedoch im Hauptverfahren Prozesskostenhilfe bewilligt ist, bindet das auch dann, wenn das Verfahren später verwiesen wird. Im **Zwangsvollstreckungsverfahren** ist § 48 i.V.m.
§ 17a GVG anwendbar.[29]

C. Einzelfragen der Verweisung an anderes Gericht wegen örtlicher Unzuständigkeit

Für die Fragen der **örtlichen Zuständigkeit** gelten die Ausführungen zu 9
§ 1 in Rn. 11 bis 12 und 9, einschließlich der Aussagen zur **rügelosen Einlassung**.[30] Die Ausführungen zum Anwendungsbereich des § 48 hinsichtlich der Rechtswegzuständigkeit (Rn. 7) finden hier entsprechend
Anwendung. Zuständig für die Entscheidung außerhalb der streitigen
Verhandlung (§ 55 Rn. 1a) ist in allen Fällen der **Vorsitzende allein**
(Abs. 1 Nr. 2; § 55 Abs. 1 Nr. 7 u. Abs. 2 S. 1), und seine Entscheidung
ist **unanfechtbar** (Abs. 1 Nr. 1) – es können sich allenfalls Einschränkungen hinsichtlich der Bindungswirkung des Verweisungsbeschlusses ergeben (dazu Rn. 12). Eine **Begründung des Beschlusses** wird dennoch erforderlich sein, sofern sie sich nicht klar aus der Aktenlage ergibt.[31] Der Beschlusstenor eines Verweisungsbeschlusses kann lauten:

---

25 Etwa *Thomas/Putzo-Hüßtege* § 17 GVG Rn. 2; *Hauck/Helml* § 48 Rn. 4 (modifiziert in Rn. 5); vgl. auch BAG 24.5.2000, 5 AZB 66/99, EzA § 17a GVG Nr. 11 = NZA 2000, 903; 29.10.2001, 5 AZB 44/00, EzA § 2 ArbGG 1979 Nr. 56.
26 Daher für eine differenzierende Lösung GK-ArbGG/*Bader* § 48 Rn. 34 bis 38 m.w.N. zum Meinungsstand. Vgl. zu differenzierenden Vorschlägen auch *Schwab/Weth/Walker* § 48 Rn. 27; GMPM-G/*Germelmann* § 48 Rn. 18 bis 21 sowie *Hauck/Helml* § 48 Rn. 5.
27 GMPM-G/*Germelmann* § 48 Rn. 14; a.A. BAG 29.9.1981, 5 AR 181/81, AP § 281 ZPO 1977 Nr. 1 zum alten Verweisungsrecht.
28 BAG 27.10.1992, 5 AS 5/92, EzA § 17a GVG Nr. 2.
29 *Schwab/Weth/Walker* § 48 Rn. 28.
30 Zu Verfahrensdetails insoweit GK-ArbGG/*Bader* § 48 Rn. 30 m.w.N.
31 *Schwab/Weth/Walker* § 48 Rn. 107; vgl. auch BAG 3.11.1993, 5 AS 20/93, AP § 17a GVG Nr. 1.

▶ **Beispiel**

Das Arbeitsgericht Eisenach ist örtlich unzuständig (oder: erklärt sich für örtlich unzuständig).

Der Rechtsstreit wird an das Arbeitsgericht Erfurt verwiesen.

D. Einzelfragen der Verweisung zwischen Verfahrensarten

10 Ob das **Urteilsverfahren** oder das **Beschlussverfahren** zur Anwendung kommt, ergibt sich aus den Regelungen in § 2 und § 2a. Hat z.B. ein Betriebsratsmitglied eine ihm aus seiner Sicht zustehende Arbeitsvergütung im Beschlussverfahren geltend gemacht, wird dieses Verfahren in das Urteilsverfahren überzuleiten sein. Auch hierfür gilt über Abs. 1 § 17a GVG entsprechend. Ein derartiger Beschluss kann in seinem Tenor etwa so lauten:

▶ **Beispiel**

Das Arbeitsgericht entscheidet nicht im Beschlussverfahren.

Das Verfahren wird in das Urteilsverfahren verwiesen.

E. Rechtsmittel

11 Der **Beschluss**, mit dem sich das Gericht für zuständig oder unzuständig erklärt, ist abgesehen von dem, der sich nur zur **örtlichen Zuständigkeit** äußert (Abs. 1 Nr. 1) **anfechtbar**, und zwar durch die **sofortige Beschwerde** (§ 17a Abs. 4 S. 3 GVG; §§ 567 ff. ZPO). Es kann damit **abgeholfen** werden (§ 572 Abs. 1 ZPO), und zwar durch die **Kammer**.[32] **Beschwerdeberechtigt** ist jede Partei.[33] Allerdings ist die Beschwerde unzulässig, wenn sie sich nur auf die Frage der örtlichen, sachlichen oder funktionellen Zuständigkeit im anderen Rechtszug bezieht – diese

---

32 ErfK/*Koch* § 48 ArbGG Rn. 7. Die Geschäftsverteilung gibt Auskunft darüber, welche ehrenamtlichen Richter heranzuziehen sind. Es sind nicht automatisch die ehrenamtlichen Richter heranzuziehen, die an der angefochtenen Entscheidung mitgewirkt haben (a.A. ErfK/*Koch* § 48 ArbGG Rn. 8; GMPM-G/*Germelmann* § 48 Rn. 82). Ist keine diesbezügliche Regelung in der Geschäftsverteilung vorhanden, sind für den Beratungstermin die nach der Liste anstehenden ehrenamtlichen Richter zu laden.
33 GK-ArbGG/*Bader* § 48 Rn. 61; a.A. GMPM-G/*Germelmann* § 48 Rn. 85 ff.; ErfK/*Koch* § 48 ArbGG Rn. 6, beide auf Beschwer abstellend.

Frage wird erst im anderen Rechtszug entschieden.[34] Die Beschwerde kann auf **neue Angriffs- und Verteidigungsmittel** gestützt werden (§ 571 Abs. 2 S. 1 ZPO; vgl. auch oben Rn. 4). Das Landesarbeitsgericht entscheidet – auch im Falle mündlicher Verhandlung – durch den **Vorsitzenden** allein (§ 78 S. 3). Die Entscheidung enthält eine **Kostenentscheidung** nur bei Unzulässigkeit bzw. Unbegründetheit der Beschwerde (§ 97 Abs. 1 ZPO).[35] Eine Zurückweisung ist nach dem BAG ausgeschlossen, und zwar im Hinblick auf § 9 Abs. 1.[36] Gegen die Entscheidung des Landesarbeitsgerichts kann **Rechtsbeschwerde** i.S.d. §§ 574 ff. ZPO eingelegt werden, wenn diese **zugelassen** ist (§ 17a Abs. 4 S. 4 GVG; eine Nichtzulassungsbeschwerde gibt es nicht[37]), wobei das Bundesarbeitsgericht an die Zulassung gebunden ist (§ 17a Abs. 4 S. 6 GVG). Für die Zulassung weicht die Formulierung in § 17a Abs. 4 S. 5 GVG von der in § 72 Abs. 2 ab, auf die § 78 S. 2 verweist. Man wird dennoch die Formulierung in § 17 Abs. 4 S. 5 GVG für maßgeblich zu halten haben.[38] Eine außerordentliche Beschwerde gibt es nicht.[39]

Entscheidet das Arbeitsgericht **fehlerhaft** trotz Rüge nicht vorab über die Zuständigkeit, sondern erst in den Gründen des der Klage stattgebenden Urteils, ist dagegen wahlweise die **sofortige Beschwerde** oder die **Berufung** statthaft.[40]   12

F. Bindungswirkung/Folgen der Entscheidung über die Zuständigkeit

Hat ein Gericht sich rechtskräftig für **zuständig** erklärt, sind **andere Gericht daran gebunden** (§ 17a Abs. 1 GVG). Eine Prüfung dieser Frage in den **weiteren Instanzen** findet nicht mehr statt, wenn das Verfahren des   13

---

34 BAG 20.9.1995, 5 AZB 1/95, EzA § 17a GVG Nr. 9.
35 GMPM-G/*Germelmann* § 48 Rn. 97; a.A. *Zöller/Gummer* § 17b GVG Rn. 4 unter Bezug auf die BGH-Rspr. Eine Wertfestsetzung ist nur bezüglich der Anwaltsgebühren erforderlich. Dabei reicht die Variationsbreite von einem Fünftel oder Drittel des vollen Verfahrenswertes bis zum vollen Wert: dazu GK-ArbGG/*Bader* § 48 Rn. 66 m.w.N.
36 BAG 17.2.2003, 5 AZB 37/02, EzA § 17a GVG Nr. 16.
37 Auch nicht bei Grundrechtsverstößen: BAG 22.10.1999, 5 AZB 21/99, EzA § 78 ArbGG 1979 Nr. 4 = NZA 2000, 503; vgl. jedoch nunmehr § 78a.
38 ErfK/*Koch* § 48 ArbGG Rn. 8; a.A. GMPM-G/*Germelmann* § 48 Rn. 94; *Schwab/Weth/Walker* § 48 Rn. 75.
39 BAG 8.8.2005, 5 AZB 31/05, EzA § 78a ArbGG 1979 Nr. 1 = NJW 2005, 3231. Das gilt auch bei der Entscheidung über die örtliche Zuständigkeit: SPKArbR/*Hamacher* § 48 ArbGG Rn. 99 m.w.N.
40 BAG 26.3.1992, 2 AZR 443/91, EzA § 48 ArbGG 1979 Nr. 5; darin auch zur weiteren Behandlung derartiger Fälle. Zu sonstigen Konstellationen fehlerhafter Entscheidungen GK-ArbGG/*Bader* § 48 Rn. 70 bis 73.

§ 17a GVG eingehalten ist (§ 17a Abs. 5 GVG).[41] Im Übrigen besagt § 17 Abs. 2 S. 1 GVG, dass das Gericht den Rechtsstreit **unter allen in Betracht kommenden rechtlichen Gesichtspunkten entscheidet** – nur Art. 14 Abs. 3 S. 4 und Art. 34 S. 3 GG bleiben unberührt (§ 17 Abs. 2 S. 2 GVG[42]). Es ist dann gleichgültig, welchem Rechtsweg die rechtlichen Aspekte »an sich« zugehören, selbst wenn es sich um ausschließliche Zuständigkeiten handeln sollte.[43] Daraus wird teilweise der Schluss gezogen, es sei nun auch die Möglichkeit der **Aufrechnung** ohne Beschränkungen möglich.[44] Demgegenüber vertritt etwa das Bundesarbeitsgericht die Ansicht, die Aufrechnung mit einer rechtswegfremden Forderung sei ausgeschlossen, soweit nicht § 2 Abs. 3 für die Aufrechnungsvorschrift gilt.[45] Teilweise wird auch vertreten, die Aufrechnung mit Ansprüchen aus dem Bereich der ordentlichen Gerichtsbarkeit sei generell möglich.[46]

14 Nach Eintritt der **Rechtskraft des Verweisungsbeschlusses** wird mit **Eingang der Akten** – sie dürfen erst nach Rechtskraft übersandt werden[47] – beim anderen Gericht der Rechtsstreit bei dem anderen Gericht **anhängig** (§ 17b Abs. 1 S. 1 GVG). Das Verfahren bildet eine **Einheit**, die Wirkungen der **Rechtshängigkeit** bleiben in prozessualer und materiell-rechtlicher Hinsicht bestehen (§ 17b Abs. 1 S. 2 GVG). Dies findet seinen Niederschlag in der **Kostenregelung** des § 17b Abs. 2 GVG (vgl. Rn. 4). Der Verweisungsbeschluss **bindet** das Gericht, an das verwiesen worden ist.[48] Nur ausnahmsweise bei **offensichtlicher Gesetzwidrigkeit** kann die Bindungswirkung entfallen, soweit es um die örtliche Zuständigkeit geht.[49]

---

41 BAG 21.1.2003, 9 AZR 695/01, EzA § 257 SGB V Nr. 1.
42 Zu einer diesbezüglichen Sonderkonstellation BAG 14.12.1998, 5 AS 8/98, EzA § 65 ArbGG 1979 Nr. 4 = AP § 17a GVG Nr. 39a.
43 *Schwab* NZA 1991, 657, 663.
44 GK-ArbGG/*Bader* § 48 Rn. 89 m.w.N.
45 BAG 23.8.2001, 5 AZB 3/01, EzA § 17 GVG Nr. 1: Bei Aufrechnung mit rechtswegfremder Forderung Vorbehaltsurteil (§ 302 ZPO) und dann nach rechtskräftiger Entscheidung des zuständigen Gerichts Nachverfahren vor dem Arbeitsgericht. A.A. GMPM-G/*Matthes* § 2 Rn. 143; ErfK/*Koch* § 2 ArbGG Rn. 45: beide für Verweisung an das für die Gegenforderung zuständige Gericht. So auch BAG 28.11.2007, 5 AZB 44/07, juris, in einem Fall der ausschließlichen Zuständigkeit des anderen Rechtswegs für die Gegenforderung.
46 GK-ArbGG/*Wenzel* § 2 Rn. 231. Vgl. dazu weiter *Schwab/Weth/Walker* § 2 Rn. 27 ff. und ErfK/*Koch* § 2 ArbGG Rn. 42 ff., beide m.w.N.
47 BAG 1.7.1992, 5 AS 4/92, EzA § 17a GVG Nr. 1.
48 Sofern der Beschluss nicht als nichtig oder als Nicht-Beschluss zu qualifizieren ist.
49 Eingehend dazu GK-ArbGG/*Bader* § 48 Rn. bis 80 m.w.N. Weitergehend wohl für alle Verweisungsbeschlüsse *Hauck/Helml* § 48 Rn. 15. Weiter geht auch das BAG, indem es auch bei einer Verweisung in einen anderen Rechtsweg bei

G. Kompetenzkonflikt

Insbesondere bei zu verneinender Bindungswirkung können Fälle eintreten, die in entsprechender Anwendung des § 36 Abs. 1 Nr. 6 ZPO zu lösen sind.[50] Zuständig hierfür sind grundsätzlich die **Landesarbeitsgerichte** (§ 36 Abs. 1 und 2 ZPO in entsprechender Anwendung).[51] Bei der Entscheidung ist eine evtl. gegebene **Bindungswirkung** von Verweisungsbeschlüssen zu beachten,[52] dies gilt auch in den Fällen des § 36 Abs. 1 Nr. 3 ZPO.[53]

H. Die Regelung des Absatzes 1a (Gerichtsstand des gewöhnlichen Arbeitsortes)

Der mit Wirkung vom 1.4.2008 durch Art. 2 Nr. 5 des Gesetzes zur Änderung des Sozialgerichtsgesetzes und des Arbeitsgerichtsgesetzes (SGGArbGGÄndG) vom 26.3.2008 (BGBl. I. S. 444) neu eingefügte Abs. 1a regelt einen zusätzlichen besonderen arbeitsrechtlichen fakultativen **Gerichtsstand des gewöhnlichen Arbeitsortes** (im Übrigen zur örtlichen Zuständigkeit und zur Wahl unter mehreren Gerichtsständen § 1 Rn. 11 ff.). Der Gerichtsstand des **Erfüllungsortes** (§ 1 Rn. 11) wird damit an Bedeutung verlieren.

Abs. 1a S. 1 gibt im Interesse der Sachnähe und der Prozessökonomie[54] unabhängig von der Dauer des Arbeitsverhältnisses die Möglichkeit, bei dem Arbeitsgericht Klage zu erheben, in dessen Bezirk der Arbeitnehmer seine vertraglich geschuldete **Arbeit** tatsächlich **gewöhnlich verrichtet** oder – wenn das Arbeitsverhältnis beendet ist – **zuletzt gewöhnlich verrichtet** hat. Der gewöhnliche Arbeitsort ist danach der Ort, wo der Arbeitnehmer seine **Tätigkeiten schwerpunktmäßig verrichtet** und vom Arbeitgeber eingesetzt wird,[55] wo also der **tatsächliche**

---

krassen Rechtsverletzungen ausnahmsweise keine Bindung annimmt, wenn nämlich im Ergebnis eine willkürliche Rechtsfindung vorliegt (BAG 28.2.2006, 5 AS 19/05, EzA § 36 ZPO 2002 Nr. 4: willkürliche Entfernung vom Grundsatz des gesetzlichen Richters oder Verletzung rechtlichen Gehörs).

50 BAG 22.7.1998, 5 AS 17/98, EzA § 36 ZPO Nr. 28; 13.1.2003, 5 AS 7/02, EzA § 36 ZPO Nr. 29; 19.3.2003, 5 AS 1/03, EzA § 36 ZPO 2002 Nr. 1.
51 Zur Zuständigkeit oberster Bundesgerichtshöfe BAG 19.3.2003, 5 AS 1/03, EzA § 36 ZPO 2002 Nr. 1; 12.7.2006, 5 AS 7/06, juris.
52 BAG 13.1.2003, 5 AS 7/02, EzA § 36 ZPO Nr. 29.
53 BAG 3.11.1993, 5 AS 20/93, EzA § 36 ZPO Nr. 18.
54 *Francken/Natter/Rieker* NZA 2007, 833.
55 *Thomas/Putzo-Hüßtege* Art. 19 EuGVVO Rn. 2.

Mittelpunkt der Tätigkeit des Arbeitnehmers liegt.[56] Die Voraussetzungen des § 29 ZPO sind dabei ohne Belang, ebenso irgendwelche Vereinbarungen.[57] Es kommt nicht darauf an, ob sich an diesem Ort, an dem die Arbeit gewöhnlich verrichtet wird, eine Niederlassung, eine Betriebsstätte oder eine sonstige räumliche Verfestigung der Betriebsstruktur[58] des Arbeitgebers befindet. Ebenfalls ist es gleichgültig, ob und von wo Arbeitsanweisungen erteilt werden oder wo die Zahlung der Vergütung veranlasst wird.[59] Besteht das Arbeitsverhältnis schon geraume Zeit, ist für den gewöhnlichen Arbeitsort nicht auf die Gesamtdauer des Arbeitsverhältnisses abzustellen. Entscheidend ist vielmehr, von welchem gewöhnlichen Arbeitsort bei Klageerhebung auszugehen ist, d.h. es ist zu fragen, wo jetzt auf der Grundlage des Arbeitsvertrages die Arbeit schwerpunktmäßig bis auf weiteres verrichtet werden soll.[60] **Vorübergehende Arbeitseinsätze** an anderen Orten ändern daran nichts. Erfolgt die Erbringung der **Arbeitsleistung gewöhnlich an mehreren Orten**, ist der Ort zu bestimmen, an dem die Arbeitsleistung **zeitlich überwiegend** erbracht wird,[61] und örtlich zuständig ist dann gem. Abs. 1a S. 1 allein das für diesen Ort zuständige Arbeitsgericht.[62] Es kommt nicht darauf an, an welchem Ort die überwiegenden Einnahmen erzielt werden.[63]

18 Bedeutung gewinnt Abs. 1a S. 1 vor allem für die Arbeitnehmer, die nicht am Sitz eines Betriebes oder einer Niederlassung, sondern ganz oder überwiegend andernorts arbeiten. Bei **Telearbeitsplätzen** ist der gewöhnliche Arbeitsort der Ort, an dem sich der PC befindet.[64] Bei Arbeitnehmern, die auf **Montage**, im Bereich der **Gebäudereinigung** oder im **Außendienst** arbeiten, ist der gewöhnliche Arbeitsort dort zu sehen, wo sie ihre arbeitsvertraglich geschuldeten Tätigkeiten zeitlich überwiegend ausüben.[65] Bei Seeleuten und dem fliegenden Personal der

---

56 GMPM-G Anhang III Rn. 6 m.w.N. insbes. aus der Rspr. des BAG zur internationalen Zuständigkeit; vgl. weiter zur Auslegung GK-ArbGG/*Bader* § 48 Rn. 93.
57 GK-ArbGG/*Bader* § 48 Rn. 93. A.A. *Bergwitz* NZA 2008, 443, 446.
58 So der in der Gesetzesbegründung verwandte Begriff: BR-Drucks. 820/07 S. 31 f.
59 BR-Drucks. 820/07 S. 32.
60 BR-Drucks. 820/07 S. 32.
61 BR-Drucks. 820/07 S. 32; *Bergwitz* NZA 2008, 443, 444.
62 A.A. GMPM-G Anhang III Rn. 7: für Zuständigkeit mehrerer Arbeitsgericht bei Schwerpunkt der Tätigkeit in mehreren Gerichtsbezirken; eine derartige Interpretation des Satzes 1 scheidet jedoch im Blick auf die Regelung in Satz 2 aus (vgl. dazu unten Rn. 19). Wie hier GK-ArbGG/*Bader* § 48 Rn. 93a.
63 GMPM-G Anhang III Rn. 7.
64 GMPM-G Anhang III Rn. 7.
65 GK-ArbGG/*Bader* § 48 Rn. 93b.

Luftverkehrsgesellschaften wird ein gewöhnlicher Arbeitsort regelmäßig ausscheiden, so dass mit den §§ 12 ff. ZPO zu arbeiten ist.[66]

Lässt sich ein **gewöhnlicher Arbeitsort** i.S.d. Satzes 1 (und damit die Zuständigkeit eines bestimmten Arbeitsgerichtes; vgl. dazu oben Rn. 17 a.E.) **nicht feststellen,** weil etwa die Tätigkeiten vertragsgemäß ohne eindeutige Schwerpunktbildung in mehreren Gerichtsbezirken zu erbringen sind,[67] ist nach dem Auffangtatbestand des Abs. 1a S. 2 das **Arbeitsgericht örtlich zuständig** (auch insoweit kein ausschließlicher Gerichtsstand), **von dessen Bezirk aus der Arbeitnehmer gewöhnlich seine Arbeit verrichtet** oder – wenn das Arbeitsverhältnis beendet ist – zuletzt gewöhnlich verrichtet hat. Entscheidend ist dann also der Ort, von dem aus die Arbeit gewöhnlich erbracht wird, wobei es nicht erforderlich ist, dass an diesem Ort selbst der überwiegende Teil der Arbeitszeit verbracht wird. Dies kann bei **Außendienstmitarbeitern** deren **Büro** sein. In Frage kommt auch die **Wohnung,** wenn dort **mit der Arbeitsleistung verbundene Tätigkeiten** erbracht werden.[68] Dies ist beispielsweise zu bejahen, wenn ein Außendienstmitarbeiter zu Hause seine Reisetätigkeiten plant und/oder Berichte schreibt.[69] Die Wohnung scheidet indes als Anknüpfungspunkt aus, wenn der Arbeitnehmer von dort aus lediglich seine Fahrten zu wechselnden Einsatzorten antritt.[70] Zusammenfassend wird man sagen können, dass der Ort, von dem aus die Arbeitsleistung gewöhnlich erbracht wird, der Ort ist, der sich **in organisatorischer und/oder technischer Hinsicht** als **der »ruhende Pol« der zu erbringenden Arbeitsleistungen** darstellt.[71]

Abs. 1a S. 1 und S. 2 erfasst alle Rechtstreitigkeiten, die unter § 2 ArbGG fallen,[72] also einschließlich der Fälle des § 2 Abs. 4 ArbGG. Er gilt nur für die **Urteilsverfahren** (§ 2 Abs. 5 ArbGG), nicht aber für das arbeitsgerichtliche Beschlussverfahren.

---

66 GMPM-G Anhang III Rn. 7.
67 BR-Drucks 820/07 S. 32.
68 Insgesamt näher dazu GK-ArbGG/*Bader* § 48 Rn. 93c.
69 BR-Drucks. 820/07 S. 32.
70 BR-Drucks. 820/07 S. 32: Montagearbeiter oder Kraftfahrer ansprechend.
71 GK-ArbGG/*Bader* § 48 Rn. 93c; a.A. *Bergwitz* NZA 2008, 443, 444: Betriebssitz maßgebend, anders aber auf S. 445 zum Außendienstmitarbeiter mit fest umrissenem Bezirk.
72 GMPM-G Anhang III Rn. 8, ausdrücklich auch positive und negative Feststellungsklagen erwähnend. § 48 Abs. 1a gilt auch für den Arbeitgeber: *Bergwitz* NZA 2008, 443, 446.

I. Die Regelung des Absatzes 2

21 Die Tarifvertragsparteien können im normativen Teil eines **Tarifvertrags** die **ausschließliche** oder **zusätzliche örtliche Zuständigkeit** eines an sich örtlich unzuständigen Arbeitsgerichts (nicht einer bestimmten Kammer) festlegen (Abs. 2 S. 1), aber nicht für das **Beschlussverfahren**. Es gilt dafür die **Schriftform** des § 1 Abs. 2 TVG. Das **Gericht** ist genau zu bezeichnen, im Falle des Abs. 2 S. 1 Nr. 2 genügt der Verweis auf den Sitz der gemeinsamen Einrichtung.[73] Das gilt einerseits für die Rechtsstreitigkeiten gem. Abs. 2 S. 1 Nr. 1, also für bürgerliche Rechtsstreitigkeiten zwischen Arbeitnehmern und Arbeitgebern **aus einem Arbeitsverhältnis** (§ 2 Abs. 1 Nr. 3a ArbGG) und aus **Verhandlungen über die Eingehung eines Arbeitsverhältnisses** (teilweise § 2 Abs. 1 Nr. 3c ArbGG), das sich nach einem Tarifvertrag bestimmt. Streitigkeiten aus **unerlaubten Handlungen** fallen daher nicht unter Abs. 2 S. 1, desgleichen nicht Streitigkeiten aus der **Nachwirkung** des Arbeitsverhältnisses.[74] Dies gilt andererseits für Rechtsstreitigkeiten gem. Abs. 2 S. 1 Nr. 2, also für bürgerliche Rechtsstreitigkeiten aus dem Verhältnis einer **gemeinsamen Einrichtung** der Tarifvertragsparteien zu den Arbeitnehmern oder Arbeitgebern (vgl. § 2 Abs. 1 Nr. 4b und Nr. 5 ArbGG und die diesbezüglichen Erläuterungen). Da entgegen § 2 Abs. 1 Nr. 4 die **Hinterbliebenen** hier nicht erwähnt sind, fallen sie nicht unter die tarifvertragliche Zuständigkeitsregelung.[75]

22 Von der tarifvertraglichen Zuständigkeit werden an sich nur die **Tarifgebundenen** erfasst. Ist der Tarifvertrag allerdings für allgemeinverbindlich erklärt, gilt die Vereinbarung auch für **Außenseiter**.[76] **Rechtsnachfolger** (§ 3) fallen mangels ausdrücklicher Erwähnung nicht unter Abs. 2 S. 1 Nr. 1. Unter Abs. 2 S. 1 Nr. 2 können indes auch Rechtsnachfolger fallen, da bürgerliche Rechtsstreitigkeiten »aus dem Verhältnis« einer gemeinsamen Einrichtung zu den Arbeitnehmern oder Arbeitgebern damit erfasst werden.[77]

23 Durch den Satz 2 ist für **nicht tarifgebundene** Parteien die Möglichkeit geschaffen, eine Vereinbarung über die örtliche Zuständigkeit eines Arbeitsgerichts zu treffen, wenn sie im Geltungsbereich des Tarifvertrages mit einer Regelung nach Abs. 2 S. 1 die Anwendung des **gesamten**

---

73 BAG 19.3.1995, 4 AZR 270/74, EzA § 5 TVG Nr. 3.
74 A.A. *Grunsky* § 48 Rn. 16; wie hier GMPM-G/*Germelmann* § 48 Rn. 101.
75 Ebenso GMPM-G/*Germelmann* § 48 Rn. 102; a.A. *Grunsky* § 48 Rn. 31.
76 BAG 19.3.1975, 4 AZR 270/94, EzA § 5 TVG Nr. 3.
77 BAG 7.10.1981, 4 AZR 173/81, BB 1982, 313.

Tarifvertrags arbeitsvertraglich vereinbaren.[78] Die **genaue Bezeichnung** des Tarifvertrages ist erforderlich. Die Vereinbarung kann **im Voraus** getroffen werden und bedarf **nicht** der **Schriftform** (Abs. 2 S. 3, der § 38 Abs. 2 und 3 ZPO für nicht anwendbar erklärt).

§ 48a Entscheidung über die Zulässigkeit des Rechtsweges

(aufgehoben)

---

78 Sie können aber bei der Vereinbarung des gesamten sonstigen Tarifvertrages die Regelung zur örtlichen Zuständigkeit ausklammern.

§ 49 Ablehnung von Gerichtspersonen

(1) Über die Ablehnung von Gerichtspersonen entscheidet die Kammer des Arbeitsgerichts.

(2) Wird sie durch das Ausscheiden des abgelehnten Mitglieds beschlussunfähig, so entscheidet das Landesarbeitsgericht.

(3) Gegen den Beschluss findet kein Rechtsmittel statt.

Übersicht	Rn.
A. Allgemeines	1
B. Ausschließung eines Richters	2
C. Ablehnung eines Richters	5
I. Ablehnungsgründe	5
II. Ablehnungsgesuch	11
III. Weiteres Verfahren	12
IV. Rechtsmittel	17

A. Allgemeines

1 § 49 trifft ausdrückliche arbeitsgerichtliche Regelungen nur für den Fall der **Ablehnung einer Gerichtsperson** (Berufsrichter, ehrenamtliche Richter, aber auch Rechtspfleger und Urkundsbeamte der Geschäftsstelle; nicht dagegen Sachverständige, Dolmetscher, Gerichtsvollzieher) und spezifiziert gegenüber den zivilprozessualen Regelungen das Verfahren; im Übrigen – d.h. insbesondere sowohl bei den materiellen Ablehnungsgründen als auch bei der Ausschließung – gelten die §§ 41–49 ZPO (§ 46 Abs. 2 S. 1).

B. Ausschließung eines Richters

2 Die **Ausschließung** eines Richters bedarf keiner gesonderten Entscheidung, da sie bei Vorliegen der gesetzlichen Voraussetzungen (§ 41 ZPO) von Gesetzes wegen erfolgt und sein geschäftsplanmäßiger Vertreter automatisch an seine Stelle tritt.

3 Ausgeschlossen ist ein **Richter**, wenn er, sein Ehegatte oder Lebenspartner (nach dem LPartG, nicht dagegen in der nichtehelichen Lebensgemeinschaft[1]) oder naher Verwandter i.S.d. BGB **Partei** eines Rechtsstreits ist (§ 41 Nr. 1–3 ZPO), wobei eine bloße Beteiligung als Aktionär

---
1 *Schwab/Weth/Kliemt* § 49 Rn. 27.

oder ein Mitgliedschaftsverhältnis, etwa eines ehrenamtlichen Richters, zur klagenden Gewerkschaft oder zum klagenden Arbeitgeberverband, nicht ausreicht; auch ist z.B. die Geschäftsführertätigkeit bei einem **Arbeitgeberverband**[2] oder einer **gewerkschaftlichen Rechtsschutz GmbH** unschädlich. Die Tätigkeit als Prozessvertreter einer Partei stellt aber genauso einen Ausschließungsgrund dar wie die Mitwirkung beim Erlass der angefochtenen Entscheidung in einem vorhergegangenen Rechtszug oder schiedsrichterlichen Verfahren (§ 41 Nr. 6 ZPO) oder wenn der Richter in der Sache als Zeuge oder Sachverständiger vernommen worden ist (§ 41 Nr. 4 ZPO). Auf **Einigungsstellenvorsitzende** trifft dies nur dann zu, wenn der Spruch der Einigungsstelle selbst Gegenstand des Rechtsstreits ist, nicht aber, wenn es im Rechtsstreit (etwa Zahlungsklagen aus Betriebsvereinbarungen, die auf einem Spruch der Einigungsstelle beruhen) um die Wirksamkeit des Spruchs lediglich als Vorfrage geht.[3] Eine solche Mitwirkung kann aber evtl. einen Ablehnungsgrund darstellen; sie ist überdies häufig im Geschäftsverteilungsplan des Gerichts ausgeschlossen.

Bestehen Zweifel über das Vorliegen eines Ausschließungsgrundes, 4 kann der Richter dies unter Anzeige der zugrunde liegenden Tatsachen einer Entscheidung des Gerichts zuführen, sog. »**Selbstablehnung**« (§ 48 ZPO). Hier ist dann zu verfahren wie bei der Richterablehnung durch eine Partei.

C. Ablehnung eines Richters

I. Ablehnungsgründe

Nach § 42 ZPO kann ein Richter von einer Partei **abgelehnt** werden, 5 wenn ein **Ausschließungsgrund** nach § 41 ZPO vorliegt oder die **Besorgnis der Befangenheit** besteht, d.h. wenn ein Grund vorliegt, der geeignet ist, Misstrauen gegen die Unparteilichkeit des Richters zu rechtfertigen.[4] Eine objektive Parteilichkeit ist nicht erforderlich; es genügt, wenn bei objektiver und vernünftiger Betrachtungsweise eine Partei Grund zur Besorgnis hat, der Richter sei nicht unparteilich. Dies bedarf einer Überprüfung im Einzelfall.

---

2 BAG 6.8.1997, 4 AZR 789/95, EzA § 49 ArbGG 1979 Nr. 5.
3 GMPM-G/*Germelmann* § 49 Rn. 13; *Schwab/Weth/Kliemt* § 49 Rn. 51.
4 Unter den gleichen Voraussetzungen ist auch eine »Selbstablehnung« des Richters möglich, GMPM-G/*Germelmann* § 49 Rn. 36.

6 Die häufigsten Konstellationen:

- Die **Äußerung einer Rechtsauffassung** in der mündlichen Verhandlung schließt die Befangenheit in aller Regel ebenso aus[5] wie die **Veröffentlichung eines wissenschaftlichen Aufsatzes**, der sich generell mit einer im Prozess relevanten Rechtsfrage befasst.[6]

7 – Allgemeine **richterliche Hinweise** nach § 139 ZPO begründen ebenfalls keine Besorgnis der Befangenheit. Dazu gehören vorläufige Meinungsäußerungen, z.B. zur Erfolgsaussicht eines Antrags oder zur Bewertung der Schlüssigkeit eines Vortrags. Auch Belehrungen und Anregungen, etwa zur Formulierung eines Antrags, sind Pflichten des Richters gem. § 139 ZPO und können im Gegenteil für den Fall des bewussten Unterlassens eines gebotenen Hinweises einen Befangenheitsantrag begründen. Sehr streitig ist dagegen, ob ein Hinweis des Richters an den Beklagten auf eine mögliche Verjährungseinrede die Besorgnis der Befangenheit begründet.[7] Die Frage ist zu bejahen: ein **Recht zum Hinweis** bedeutet im Rahmen des § 139 ZPO eine **Pflicht zum Hinweis**, nicht nur bei »rechtsunkundigen Parteien«; es kann nicht dem Gutdünken des Richters vorbehalten bleiben, bei gleicher Sachlage den Hinweis einmal zu erteilen und ein anderes Mal nicht. Damit wäre die »Unverjährtheit« des Anspruchs im Ergebnis zu einem von Amts wegen zu beachtenden »Tatbestandsmerkmal« des Anspruchs mutiert. Auch ließe sich dann nicht mehr begründen, warum nicht durch das Gericht auf eine bis dahin nicht gerügte, aber möglicherweise fehlerhafte Betriebsratsanhörung oder unrichtige Sozialauswahl hingewiesen werden müsste.[8] Dies wider-

---

5 BAG 29.10.1992, 5 AZR 377/92, EzA § 42 ZPO Nr. 3.
6 BVerfG 29.5.1973, 2 BvQ 1/73, BVerfGE 35, 171, 173; BSG 1.3.1993, 12 Rk 45/92, NJW 1993, 2261; diff. ErfK/*Koch* § 49 Rn. 11: wenn er während der Rechtshängigkeit des Verfahrens von dem damit befassten Richter im Hinblick auf die mit dem Verfahren verbundene Rechtsfrage verfasst worden ist.
7 Dafür z.B. jetzt ausdrücklich auch BGH 2.10.2003, V ZB 22/03, NJW 2004, 164; OLG Rostock 21.7.2000, 3 U 94/99, NJW-RR 2002, 576; OLG Hamburg 3.5.1984, 7 W 28/84, MDR 1984, 672; GK-ArbGG/*Schütz* § 49 Rn. 31; GMPM-G/*Germelmann* § 49 Rn. 21; *Schwab/Weth/Kliemt* § 49 Rn. 82; ErfK/*Koch* § 49 Rn. 11; *Zöller/Greger* § 139 Rn. 17; *Thomas/Putzo/Hüßtege* § 42 Rn. 12; *Prütting* NJW 1984, 361, 364 f.; dagegen z.B. KG 5.3.2002, 19 ABl 3/02, NJW 2002, 1732; ArbGG/*Kloppenburg/Ziemann* § 49 Rn. 30; *Schaub* ArbGV, § 6 Rn. 17; MüKo-ZPO/*Peters* § 139 Rn. 40 ff.; *Zöller/Vollkommer* § 42 Rn. 27; diff. BGH 12.11.1997, IV ZR 214/96, NJW 1998, 612 (bei Vergleichsgesprächen); BayObLG 24.2.1999, 2/BR 18/99, NJW 1999, 1875 (zum WEG).
8 Die Unwirksamkeit einer Kündigung gem. § 102 Abs. 1 S. 3 BetrVG ist nur auf Rüge des Arbeitnehmers zu beachten, vgl. nur BAG 23.6.1983, 2 AZR 15/82, EzA § 1 KSchG Krankheit Nr. 12; 16.3.2000, 2 AZR 75/99, EzA § 626 BGB Nr. 179; GK-BetrVG/*Raab* § 102 Rn. 88.

spricht der gesetzlichen Wertung und im Ergebnis der Neutralität des Richters. Wenn allerdings aus dem – möglicherweise laienhaften – Vorbringen der Partei zu entnehmen ist, dass sie das bloße Verstreichen der Zeit seit Entstehen des Anspruchs als Argument für ihren Abweisungsantrag in Anspruch nehmen will, ist es nicht nur möglich, sondern nach § 139 ZPO geboten, auf die hierfür geeignete rechtliche Form hinzuweisen. Gleiches gilt für den Hinweis, auch gegen Folgekündigungen müsse jeweils ein eigener Kündigungsschutzantrag gestellt werden; § 6 S. 2 KSchG geht für die dort normierte Hinweispflicht des Gerichts von einer bereits erfolgten Geltendmachung aus. Anders dagegen bei den Ausschluss- bzw. Verfallfristen: Diese sind vom Gericht von Amts wegen zu beachten, weshalb ggf. auch ein Hinweis auf die fehlende Darlegung ihrer Einhaltung zu erfolgen hat.[9]

- **Ungleichbehandlung der Parteien**, z.B. bei einer Kontaktaufnahme außerhalb der Verhandlung,[10] bei Terminsverlegungsanträgen[11] oder hinsichtlich der ihnen zugeleiteten Informationen.

- Das **eigene Verhalten einer Partei** kann als solches den Ablehnungsantrag niemals begründen, z.B. bei Strafanzeigen, Dienstaufsichtsbeschwerden oder vorangegangenen Befangenheitsanträgen.[12]

- Aus der gesellschaftlichen, allgemein-politischen oder verbandspolitischen **Stellung eines Richters** ist ein Befangenheitsgrund im Allgemeinen nicht abzuleiten. Ein ehrenamtlicher Richter darf Mitglied in einem **Arbeitgeberverband** oder einer **Gewerkschaft** sein und sich dort auch betätigen.[13] Nur wenn sich daraus ein konkretes Verhalten auf den Rechtsstreit bezogen ergibt, etwa die einseitige Kontaktaufnahme zu einer (sozial oder politisch) nahestehenden Prozesspartei, kann dies im Einzelfall eine Ablehnung rechtfertigen.[14] Ohne weitere Anhaltspunkte begründet dagegen die Tätigkeit einer Partei als ehrenamtlicher Richter nicht die Besorgnis der Befangenheit der an dem Gericht tätigen Berufsrichter.[15]

---

9 GMPM-G/*Germelmann* § 49 Rn. 21.
10 LAG Berlin 18.12.1996, 18 Sa 97/96, LAGE § 48 ArbGG 1979 Nr. 7.
11 *Musielak/Heinrich* § 42 Rn. 11 m.w.N.
12 Vgl. schon BAG 30.5.1972, 1 AZR 11/72, AP Nr. 2 zu § 42 ZPO.
13 BVerfG 15.3.1984, 1 BvR 200/84, EzA § 49 ArbGG 1979 Nr. 4.
14 Beispiele bei *Schwab/Weth/Kliemt* § 49 Rn. 95.
15 LAG Schleswig-Holstein 6.11.2006, AR 57/06, AuR 2007, 139, zu befürchteten »unbewussten Solidarisierungseffekten«.

III. Ablehnungsgesuch

11 Das **Ablehnungsgesuch** kann bis zur Einlassung in der Verhandlung oder der Antragstellung (§ 43 ZPO) beim Gericht gestellt werden.[16] Eine spätere Geltendmachung der Befangenheit ist nur dann möglich, wenn der Ablehnungsgrund erst später entstanden oder bekannt geworden ist. Das Gesuch darf sich nur auf einen **einzelnen Richter**, nicht auf einen Spruchkörper insgesamt (Kammer, Senat) beziehen. Eine Vertretung ist nicht erforderlich, auch nicht vor dem Landes- oder Bundesarbeitsgericht. Dabei sind die zugrunde liegenden **Tatsachen darzustellen** und **zugleich glaubhaft zu machen**; die eidesstattliche Versicherung der Partei scheidet jedoch aus (§ 44 Abs. 2 ZPO). Es kann aber auf die dienstliche Äußerung des abgelehnten Richters, die dieser nach einem Befangenheitsantrag abzugeben hat (§ 44 Abs. 3 ZPO), Bezug genommen werden.

IV. Weiteres Verfahren

12 Über das Gesuch entscheidet die **Kammer** des Arbeitsgerichts **ohne den abgelehnten Richter**. Der Berufsrichter wird durch seinen Vertreter ersetzt, der mit den ehrenamtlichen Richtern derjenigen Kammer entscheiden muss, deren Vorsitzender abgelehnt wurde. Wird ein ehrenamtlicher Richter abgelehnt, rückt bei der Entscheidung über das Gesuch der nach der gem. § 31 aufgestellten Liste nächst zuständige ehrenamtliche Richter nach. Diese Besetzungsregelung gilt auch bei der sog. Selbstablehnung. Das **Landesarbeitsgericht** entscheidet nach Abs. 2 nur dann, wenn die Vertretungsregelung vor dem Arbeitsgericht erschöpft ist.

13 Bis zur Entscheidung über das Ablehnungsgesuch hat sich der abgelehnte Richter jeder weiteren Amtshandlung zu enthalten; nur **unaufschiebbare Maßnahmen**, z.B. Terminsaufhebung, Fertigstellung des Protokolls usw., sind zulässig (§ 47 Abs. 1 ZPO). Das Verfahren wird aber nicht unterbrochen, Notfristen laufen weiter.[17]

14 Bei **Ablehnung während einer Verhandlung** kann nach § 47 Abs. 2 ZPO die Verhandlung unter Mitwirkung des abgelehnten Richters fortgesetzt werden, wenn die Entscheidung über das Gesuch eine Vertagung der Verhandlung erfordern würde. Diese Möglichkeit soll missbräuchlichen, lediglich auf Verzögerung bedachten Ablehnungsanträgen begegnen. Die Ermessensentscheidung über die Fortsetzung der

---

16 Zum Verlust des Ablehnungsrechts durch »rügelose Einlassung« i.S.v. § 43 ZPO vgl. ausf. *Vossler* MDR 2007, 992.
17 BAG 28.12.1999, 9 AZN 739/99, EzA § 233 ZPO Nr. 43.

Verhandlung trifft das Gericht in der jeweils aktuellen Besetzung. Eine instanzbeendende Entscheidung des Gerichts unter Mitwirkung des abgelehnten Richters kommt jedoch keinesfalls in Betracht.[18] Bei Begründetheit des Ablehnungsgesuchs ist dieser Teil der Verhandlung jedoch später zu wiederholen, denn die vorher durchgeführte Verhandlung war gesetzwidrig (§ 579 Nr. 3 ZPO). Deshalb darf das Gericht Zeugen bei einer evtl. Wiederholung der Vernehmung keine Vorhalte aus den verfahrensfehlerhaft zustande gekommenen Aussagen machen.[19] Ein in diesem Stadium geschlossener Vergleich bleibt jedoch wirksam, weil die nicht ordnungsgemäße Besetzung des Gerichts auch in anderen Fällen nicht zu einer Unwirksamkeit führt.[20]

Die Kammer **entscheidet** über das Ablehnungsgesuch **durch Beschluss**, vor dessen Erlass den Parteien rechtliches Gehör gewährt werden muss; insbesondere ist ihnen die dienstliche Stellungnahme des Richters zur Kenntnis zu übermitteln. Der Beschluss wird den Parteien formlos und dem abgelehnten Richter auf dem Dienstweg mitgeteilt. Er enthält einen Hinweis darauf, dass gegen ihn kein Rechtsmittel möglich ist (§ 9 Abs. 5 S. 2).

15

Ausnahmsweise darf ein Ablehnungsgesuch vom Gericht als **unbeachtlich** behandelt werden, wenn es ganz offensichtlich unzulässig (z.B. Wiederholung eines bereits beschiedenen Gesuchs, fehlende Glaubhaftmachung) oder unbegründet (z.B. evident abwegige Begründung) ist. Diese Möglichkeit muss – auch angesichts der Unanfechtbarkeit der darauf ergehenden Entscheidung[21] – nach sorgfältiger Prüfung auf **seltene Ausnahmekonstellationen** beschränkt bleiben.[22] Auch dann aber ist das Gesuch durch Beschluss der Kammer unter Mitwirkung des abgelehnten Richters zu bescheiden und der Beschluss zu begründen.

16

IV. Rechtsmittel

Abweichend von der ZPO ist die Entscheidung über den Ablehnungsantrag beim Arbeitsgericht **nicht anfechtbar**, Abs. 3. Diese Beschränkung ist verfassungsgemäß.[23] Teilweise ist der Partei das Recht zur »so-

17

---

18 *Musielak/Heinrich* § 47 Rn. 9; *Vossler* MDR 2006, 1383, 1384 f.
19 So auch *Knauer/Wolf* NJW 2004, 2857, 2860.
20 BGH 28.6.1961, V ZR 29/60, BGHZ 35, 309.
21 Siehe unten Rn. 17.
22 LAG Düsseldorf 19.12.2001, 7 Ta 426/01, LAGE § 49 ArbGG Nr. 9, für den Fall einer verfahrensrechtswidrigen Entscheidung unter Mitwirkung des abgelehnten Richters.
23 BAG 27.7.1998, 9 AZB 5/98, EzA § 49 ArbGG 1979 Nr. 7; 14.2.2002, 9 AZR 2/02, EzA § 49 ArbGG 1979 Nr. 8.

fortigen Beschwerde wegen greifbarer Gesetzwidrigkeit« zugesprochen worden, wenn die Entscheidung des Gerichts mit der geltenden Rechtsordnung schlechthin unvereinbar sei, weil sie jeder rechtlichen Grundlage entbehrt und dem Gesetz inhaltlich fremd ist.[24] Diese seit jeher problematische Auffassung ist nach der ZPO-Novelle 2002 jedenfalls nicht mehr gegeben.[25] Auch kann eine Fehlerhaftigkeit der Ablehnungsentscheidung nicht mit der Anhörungsrüge nach § 78a geltend gemacht werden, da es sich um eine der Endentscheidung vorausgehende Entscheidung handelt (§ 78a Abs. 1 S. 2).

---

24 Zum sehr engen Anwendungsbereich BAG 21.4.1998, 2 AZB 4/98, EzA § 49 ArbGG 1979 Nr. 6 und 14.2.2002, 9 AZR 2/02, EzA § 49 ArbGG 1979 Nr. 8.
25 BAG 8.8.2005, 5 AZB 31/05, EzA § 78a ArbGG 1979 Nr. 1; *Hess. LAG* 29.11.2007, 16 Ta 467/07; BGH 7.3.2002, IX ZB 11/02, NJW 2002, 1577; HWK/ *Ziemann* § 49 Rn. 30; vgl. ausf. unten § 62 Rn. 70.

§ 50 Zustellung

(1) ¹Die Urteile werden von Amts wegen binnen drei Wochen seit Übermittlung an die Geschäftsstelle zugestellt. ²§ 317 Abs. 1 Satz 3 der Zivilprozeßordnung ist nicht anzuwenden.

(2) Die §§ 174, 178 Abs. 1 Nr. 2 der Zivilprozessordnung sind auf die nach § 11 zur Prozessvertretung zugelassenen Personen entsprechend anzuwenden.

Übersicht	Rn.
A. Allgemeines	1
B. Zustellung	2
C. Arbeitsgerichtliche Besonderheiten	12

A. Allgemeines

Die Zustellungsvorschriften für das Arbeitsgericht sind generell der ZPO zu entnehmen. Hier gilt insbesondere: **Förmliche Zustellung** eines Schriftstücks ist erforderlich, wenn erst die Tatsache der Bekanntgabe Rechte begründet (z.B. empfangsbedürftige Willenserklärungen) oder die Rechtshängigkeit begründet (§§ 253 Abs. 1, 261 Abs. 1 ZPO, auch Sachanträge, Streitverkündung u.a.) oder die Wirksamkeit und Bestandskraft einer gerichtlichen Entscheidung konstituiert (Urteile: § 317 Abs. 1 ZPO; Beschlüsse: § 329 Abs. 2 S. 2, Abs. 3 ZPO), ferner in allen Fällen der Terminsbestimmungen, soweit sie nicht verkündet sind. Wenn lediglich eine Information des Empfängers ohne unmittelbare Rechtswirkungen materieller oder prozessualer Art erforderlich sind, erfolgt eine **formlose Mitteilung**. 1

B. Zustellung

Im Regelfall wird die Zustellung **von Amts wegen**, d.h. durch den Urkundsbeamten der Geschäftsstelle besorgt (§ 168 Abs. 1 ZPO) der sich hierfür der Post bzw. eines entsprechend § 33 Abs. 1 PostG beliehenen Unternehmers oder eines Justizbediensteten bedient. Wenn eine solche Zustellung keinen Erfolg verspricht, kann der Vorsitzende auch einen Gerichtsvollzieher oder eine andere Behörde mit der Zustellung beauftragen (§ 168 Abs. 2 ZPO). 2

§ 50 Zustellung

3 **Adressat der Zustellung** ist die Person, der das Schriftstück bekanntzugeben ist. Bei **Streitgenossen** ist die gesonderte Zustellung an jeden Einzelnen erforderlich, auch bei Ehepaaren.[1] Bei **juristischen Personen** erfolgt die Zustellung an den gesetzlichen Vertreter, bei **Behörden** an deren Leiter (§ 170 Abs. 2 ZPO). Im Beschlussverfahren sind Schriftstücke dem Betriebsratsvorsitzenden oder im Verhinderungsfall seinem Vertreter zu übergeben (§ 26 Abs. 2 S. 2 BetrVG).

4 Die **Durchführung der Zustellung** erfolgt durch Übergabe des Schriftstücks an den Zustellungsadressaten. Wenn dies nicht möglich ist, kann die Zustellungswirkung auch auf andere Weise herbeigeführt werden. Einerseits muss dann das Schriftstück nicht dem Adressaten, sondern kann auch einer **Ersatzperson** zugehen, andererseits kann die Übergabe auch durch eine **andere Form des Zugangs** ersetzt werden (sog. Ersatzzustellung). Achtung: die Regelungen über die Ersatzzustellung (§§ 178 bis 181 ZPO) gelten nur für Zustellungen mit Zustellungsurkunde (§ 176 Abs. 1 ZPO), nicht aber für Zustellungen durch Einschreiben mit Rückschein nach § 175 ZPO.[2]

5 **Ersatzperson** in diesem Sinne ist ein zur **Familie** gehörender erwachsener – Volljährigkeit ist nicht notwendig, lediglich Vergleichbarkeit mit einem Erwachsenen[3] – **Wohnungsgenosse**[4] oder eine in der Familie beschäftigte Person oder ein erwachsener **ständiger Mitbewohner,** z.B. Lebenspartner (§ 178 Abs. 1 Nr. 1 ZPO). Unterhält der Zustellungsempfänger ein **Geschäftslokal,** kann das Schriftstück auch einer dort beschäftigten Person übergeben werden (§ 178 Abs. 1 Nr. 2 ZPO), nicht dagegen, wenn er selbst dort nur beschäftigt ist.[5] Die Ersatzperson darf allerdings nicht – was in Arbeitsrechtsstreitigkeiten zuweilen vorkommt – die andere Partei sein (§ 178 Abs. 2 ZPO); dies gilt auch für Drittschuldnerklagen.[6]

---

1 BAG 26.6.1975, 5 AZR 72/75, EzA § 187 ZPO Nr. 1.
2 BSG 7.10.2004, B 3 KR 14/04 R, NJW 2005, 1303; die Entscheidung stellt überdies klar, dass Regelungen über Ersatzempfang in den AGB der Post für die Zustellung nicht verbindlich sind, weil sie zwischen der Post und dem Absender, nicht aber mit dem Empfänger vereinbart sind.
3 BGH 13.8.1981, VI ZR 180/79, NJW 1981, 1613.
4 An Familienangehörige in anderer Wohnung im selben Haus kann nicht nach § 178 ZPO zugestellt werden, BGH 28.7.1999, VIII ZB 3/99, NJW-RR 2000, 444.
5 Eine Ersatzzustellung an einen gesetzlichen Vertreter einer juristischen Person (z.B. Geschäftsführer einer GmbH) ist daher nach § 178 Abs. 1 Nr. 2 ZPO nicht in deren Geschäftsräumen möglich, BGH 16.4.1986, VIII ZB 26/85, NJW 1986, 2113; Hess. LAG 6.10.2006, 4 Ta 435/06. NZA-RR 2007, 266; ausnahmsweise ist dies dann möglich, wenn der Empfänger bewusst den Anschein erweckt hat, er habe den betr. Geschäftsraum unterhalten, Hess. LAG 23.6.2006, 10 Sa 1140/05.
6 BAG 15.10.1980, 4 AZR 662/78, NJW 1981, 1399.

Zustellung § 50

Ist eine **unmittelbare Aushändigung** des Schriftstücks **nicht möglich**, 6
genügt es, wenn der Postbote dieses in den zum Haus oder zur Wohnung gehörenden **Briefkasten** einwirft, sofern dieser zur sicheren Aufbewahrung geeignet ist (§ 180 ZPO). Entsprechendes gilt für die Zustellung unter der Anschrift des Geschäftslokals. Nur wenn diese Zustellung nicht möglich ist, kommt eine **Niederlegung** des Schriftstücks bei der **Post** oder beim **Amtsgericht** in Betracht (§ 181 Abs. 1 ZPO).

Soll ein Schriftstück im **Ausland** zugestellt werden, kann dies innerhalb 7
der EU (mit Ausnahme Dänemarks) durch Einschreiben mit Rückschein erfolgen, § 183 Abs. 3 ZPO.[7] Außerhalb dieses Bereichs ist diese vereinfachte Form der Zustellung nur bei Staaten möglich, die entsprechende völkerrechtliche Vereinbarungen unterzeichnet haben (§ 183 Abs. 1 Nr. 1 ZPO). Ansonsten ist das komplizierte konsularische Verfahren durchzuführen (§ 183 Abs. 1 Nr. 2 und 3 ZPO).

Ist eine Anschrift der Partei nicht zu ermitteln, hat das Gericht von 8
Amts wegen – fakultativ ohne mündliche Verhandlung (§ 186 Abs. 1 S. 2 ZPO), also durch den Vorsitzenden allein (§ 53) – über die Bewilligung der **öffentlichen Zustellung** zu entscheiden; eines Antrags bedarf es nicht.[8] Die Durchführung der öffentlichen Zustellung, insbesondere durch Aushang einer Benachrichtigung im Gericht, richtet sich nach § 186 Abs. 2 und 3, § 187 ZPO. Im Regelfall gilt das Schriftstück als zugestellt, wenn seit dem Aushang der Benachrichtigung im Gericht ein Monat vergangen ist (§ 188 S. 1 ZPO)

Wenn eine Partei einen **Prozessbevollmächtigten** bestellt hat, so ist an 9
ihn zuzustellen, § 172 ZPO; andernfalls ist die Zustellung unwirksam.[9] Dies gilt auch für Generalbevollmächtigte, deren Vollmacht bei Gericht hinterlegt ist, und für **Verbandsvertreter** gem. § 11.[10] Zustellungen an Rechtsanwälte, Behörden und Verbandsvertreter können gem. § 174 ZPO, § 50 Abs. 2 in vereinfachter Form erfolgen. Eine Zustellungsurkunde ist dabei nicht erforderlich; der Bevollmächtigte hat lediglich

---

7 I.V.m. Art 14 VO (EG) Nr. 1348 v. 29.5.2000, zur Durchführung §§ 1068 f. ZPO.
8 GMPM-G/*Germelmann* § 50 Rn. 14; RSG § 74 Rn. 34.
9 ErfK/*Koch* § 50 Rn. 5; die bloße Bestellungsanzeige durch den Gegner, etwa in der Klageschrift genügt in der Regel **nicht**, BGH 1.10.1980, IV b ZR 613/80, MDR 1981, 126; *Schwab/Weth/Berscheid/Korinth* § 59 Rn. 6; ausnahmsweise dann, wenn sich Prozessvollmacht für erwarteten Rechtsstreit aus vorgerichtlicher Korrespondenz eindeutig ergibt, so im Erg. auch BayObLG 29.10.1993, Vf. 128 VI/92, NJW 1994, 2280; *Musielak/Wolst* § 172 Rn. 3; BLAH/*Hartmann* § 172 Rn. 5; a.A. *Zöller/Stöber* § 172 Rn. 7; anders wohl auch BGH 28.7.1999, VIII ZB 3/99, EzFamR § 418 ZPO Nr. 7.
10 Allerdings erstreckt sich die Gleichstellung der Verbandsvertreter mit Rechtsanwälten nicht auf die Möglichkeit der vereinfachten Zustellung von Anwalt zu Anwalt nach § 195 ZPO, ebenso ErfK/*Koch* § 50 Rn. 11.

ein **Empfangsbekenntnis** zu unterzeichnen und dies (auf seine Kosten[11]) an das Gericht zurückzusenden. Misslingt die vereinfachte Zustellung, etwa weil ein Rechtsanwalt entgegen seiner Verpflichtung das Empfangsbekenntnis nicht abzeichnet oder zurücksendet, kann der Zustellungsnachweis nicht geführt und es muss erneut – diesmal förmlich – zugestellt werden. Auch bei der Zustellung an Bevollmächtigte ist die Übergabe des Schriftstücks an eine dort beschäftigte Person möglich (§ 178 Abs. 1 Nr. 2 ZPO).

10 Die erfolgte Zustellung ist durch eine – mit der Beweiskraft des § 418 ZPO versehene – **Zustellungsurkunde** nachzuweisen, die vom Zusteller an das Gericht zurückgesandt wird (§ 182 ZPO). Der Nachweis der Zustellung kann auch durch den **Rückschein** eines **Einschreibens** geführt werden (§ 175 S. 2 ZPO). Ist eine Zustellung **fehlerhaft** erfolgt, gilt sie dennoch als wirksam, wenn dem Empfänger die Urkunde tatsächlich zugegangen ist (§ 189 ZPO); andernfalls ist sie zu wiederholen.

11 Für die **elektronische Zustellung** (etwa durch E-Mail) hat der Gesetzgeber die theoretischen Voraussetzungen geschaffen (§ 174 Abs. 3 und 4 ZPO; vgl. auch §§ 46b bis 46d); in der Praxis hat dies noch keinen merklichen Eingang gefunden.

C. Arbeitsgerichtliche Besonderheiten

12 § 50 Abs. 1 trifft im Hinblick auf den Beschleunigungsgrundsatz in § 9 Abs. 1 insofern eine spezielle Regelung für die Arbeitsgerichtsbarkeit, als damit die nach § 317 Abs. 1 S. 3 ZPO den Parteien gegebene Möglichkeit, die Zustellung verkündeter Urteile einvernehmlich hinauszuschieben, beseitigt und zwingend eine **Zustellung binnen drei Wochen** nach Übergabe des vollständigen unterzeichneten Urteils an die Geschäftsstelle des Gerichts (nicht: nach Urteilsverkündung, insoweit gilt § 60 Abs. 4) vorschreibt. Adressat dieser Norm ist damit der Urkundsbeamte der Geschäftsstelle.

§ 317 ZPO Urteilszustellung und -ausfertigung

(1) [1]Die Urteile werden den Parteien, verkündete Versäumnisurteile nur der unterliegenden Partei zugestellt. [2]Eine Zustellung nach § 310 Abs. 3 genügt. [3]Auf übereinstimmenden Antrag der Parteien kann der Vorsitzende die Zustellung verkündeter Urteile bis zum Ablauf von fünf Monaten nach der Verkündung hinausschieben.

(2) ...

---

11 GMPM-G/*Germelmann* § 50 Rn. 21.

Zustellung § 50

§ 50 Abs. 1 gilt auch für die **Zwangsvollstreckung**, d.h. insbesondere 13
dann, wenn eine einstweilige Verfügung oder ein Arrestbefehl durch
ein Urteil ausgesprochen wird. § 50 Abs. 1 geht als lex specialis den allgemeinen Regeln, hier: § 750 Abs. 1 S. 2 ZPO vor,[12] so dass eine **Parteizustellung** nur dann zu erfolgen hat, wenn die einstweilige Verfügung
bzw. der Arrestbefehl ohne mündliche Verhandlung durch Beschluss
erlassen worden ist, ferner bei Prozessvergleichen (§§ 794 Abs. 1 Nr. 1,
795, 750 Abs. 1 ZPO). Streitig ist die zwingende Amtszustellung bei
Vollstreckungsbescheiden, die zwar nach § 700 Abs. 1 ZPO einem vorläufig vollstreckbaren Versäumnisurteil gleichstehen (woraus die h.M.
die Amtszustellungspflicht nach § 50 Abs. 1 ableitet[13]), aber gleichwohl
nach § 699 Abs. 4 S. 1 und 2 ZPO auf Wunsch des Antragstellers von diesem selbst und nicht durch das Gericht zugestellt wird (was für die Gegenansicht über § 46 Abs. 2 auch im arbeitsgerichtlichen Verfahren gelten und nicht durch § 50 Abs. 1 verdrängt werden soll[14]).

---

12 LAG Frankfurt 29.8.1985, 3 Ta 188/85, LAGE ArbGG 1979 § 50 Nr. 1; ArbGG/
   Krönig § 62 Rn. 57; GMPM-G/*Germelmann* § 50 Rn. 8; *Hauck/Helml* § 50 Rn. 5;
   a.A. GK-ArbGG/*Schütz* § 50 Rn. 62; ErfK/*Koch* § 50 Rn. 3; *Schwab/Weth/Berscheid/Korinth* § 50 Rn. 4.
13 GMPM-G/*Germelmann* § 50 Rn. 9; HWK/*Ziemann* § 50 Rn. 2; *Schwab/Weth/
   Berscheid/Korinth* § 50 Rn. 5.
14 GK-ArbGG/*Schütz* § 50 Rn. 68.

§ 51 Persönliches Erscheinen der Parteien

(1) ¹Der Vorsitzende kann das persönliche Erscheinen der Parteien in jeder Lage des Rechtsstreits anordnen. ²Im übrigen finden die Vorschriften des § 141 Abs. 2 und 3 der Zivilprozeßordnung entsprechende Anwendung.

(2) ¹Der Vorsitzende kann die Zulassung eines Prozeßbevollmächtigten ablehnen, wenn die Partei trotz Anordnung ihres persönlichen Erscheinens unbegründet ausgeblieben ist und hierdurch der Zweck der Anordnung vereitelt wird. ²§ 141 Abs. 3 Satz 2 und 3 der Zivilprozeßordnung findet entsprechende Anwendung.

Übersicht	Rn.
A. Anordnung	1
B. Ladung	4
C. Erscheinen	5
D. Ordnungsgeld	8

A. Anordnung

1 § 51 **modifiziert** die allgemeine zivilprozessuale Regelung über die Anordnung des persönlichen Erscheinens einer Partei in **§ 141 Abs. 1 ZPO**; § 141 Abs. 2 und 3 ZPO gilt dagegen entsprechend.

§ 141 ZPO Anordnung des persönlichen Erscheinens

(1) ...

(2) Wird das Erscheinen angeordnet, so ist die Partei von Amts wegen zu laden. Die Ladung ist der Partei selbst mitzuteilen, auch wenn sie einen Prozessbevollmächtigten bestellt hat; der Zustellung bedarf die Ladung nicht.

(3) Bleibt die Partei im Termin aus, so kann gegen sie ein Ordnungsgeld wie gegen einen im Vernehmungstermin nicht erschienenen Zeugen festgesetzt werden. Dies gilt nicht, wenn die Partei zur Verhandlung einen Vertreter entsendet, der zur Aufklärung des Tatbestandes in der Lage und zur Abgabe der gebotenen Erklärungen, insbesondere zu einem Vergleichsabschluss, ermächtigt ist. Die Partei ist auf die Folgen ihres Ausbleibens in der Ladung hinzuweisen.

2 Abweichend von § 141 Abs. 1 ZPO kann der **Vorsitzende** (und nicht das Gericht) das persönliche Erscheinen einer Partei **in jeder Lage des Ver-**

fahrens, also auch bereits zum Gütetermin, anordnen; der in § 141 Abs. 1 ZPO genannte Zweck der Aufklärung des Sachverhalts beschränkt den Arbeitsrichter nicht, so dass die Anordnung allein in seinem **pflichtgemäßen Ermessen** steht. Einzubeziehende Abwägungsfaktoren hierbei sind vor allem die **Aufklärung des Sachverhaltes,** die i.d.R. durch die Angaben der Partei präziser und umfassender erfolgen kann als durch das Wissen eines Bevollmächtigten, und die **Herbeiführung einer gütlichen Einigung,** in der dann die Erwägungen der Partei selbst unmittelbaren Eingang finden können und zu der sie selbst bei Anwesenheit dann auch ihre (endgültige) Zustimmung erteilen kann. Zu bedenken ist aber auch, dass eine Entschädigung der Partei für die Zeitversäumnis auch bei Obsiegen in der Sache nicht geleistet wird, § 12a Abs. 1 S. 1. In der Praxis wird außerordentlich unterschiedlich verfahren.

Adressat der Anordnung ist die **Partei,** d.h. bei juristischen Personen deren **gesetzliche Vertreter.**[1] Hierbei ist zu beachten, dass diese im Einzelfall zur Aufklärung möglicherweise weniger beitragen können als die unmittelbar involvierten Personalverantwortlichen des Arbeitgebers; deren persönliches Erscheinen kann aber nicht angeordnet werden. Die Person, deren persönliches Erscheinen angeordnet wird, ist in der Verfügung oder dem Beschluss des Vorsitzenden **namentlich zu bezeichnen;** bei mehreren Geschäftsführern kann die Auswahl nicht der Geschäftsstelle überlassen werden.[2] Die Anordnung ist mit **voller Unterschrift** des Vorsitzenden zu versehen; eine Paraphe genügt nicht.[3] Eine Begründung ist nicht erforderlich,[4] aber möglich und im Hinblick auf eine mögliche Sanktion bei Nichterscheinen auch ratsam. Ein **Rechtsmittel** gegen die Anordnung ist nicht gegeben, wohl aber gegen einen auf ihr beruhenden Ordnungsgeldbeschluss.[5] 3

B. Ladung

Aufgrund der Anordnung ist die **Partei** durch die Geschäftsstelle **formlos zu laden.** Die Ladung muss an die Partei selbst ergehen, auch wenn sie anwaltlich vertreten ist. Der Ladung ist eine **Belehrung** über die möglichen Folgen des Nichterscheinens beizufügen; andernfalls sind 4

---

1 LAG Köln 15.3.1996, 11 (13) Sa 1221/95, AuR 1996, 459.
2 LAG Düsseldorf 6.1.1995, 7 Ta 212/94, MDR 1996, 98.
3 LAG Hamm 11.3.1982, 8 Sa 32/82, EzA § 141 ZPO Nr. 2.
4 *Korinth* ArbRB 2007, 252; diff. ErfK/*Koch* § 51 Rn. 3.
5 Vgl. dazu unten Rn. 10.

Sanktionen wegen eines späteren Ausbleibens nicht möglich.[6] Die **Ladungsfrist** von § 217 ZPO gilt **nicht**; es ist jedoch darauf zu achten, dass die Partei tatsächlich ausreichend Möglichkeiten hat, den Termin auch wahrzunehmen, da das Ausbleiben ansonsten entschuldbar ist.

C. Erscheinen

5 Die Partei selbst braucht zu dem Termin unter bestimmten Bedingungen **nicht zu erscheinen**:

6 – wenn sie einen **Vertreter** entsendet, der in gleicher Weise wie sie selbst **auskunftsfähig** und **vergleichsbevollmächtigt** ist, § 141 Abs. 3 S. 3 ZPO. Dieser Weg ist risikobehaftet. Kommt das Gericht nämlich zum Ergebnis, dass die entsandte Person keine ausreichende Aufklärung geben kann (z.b. auf die Frage nach der Mitgliedschaft des Vertretenen in einer Tarifvertragspartei) oder hat ihr die Partei nicht die ausreichende Vollmacht erteilt, so darf der Vorsitzende (nicht die Kammer[7]) sie **zurückweisen**,[8] mit dem Resultat, dass die Partei nicht vertreten ist und gegen sie ein **Versäumnisurteil** erlassen werden kann, wenn die sonstigen Voraussetzungen hierfür vorliegen (vgl. unten § 59); dies gilt auch für ein sog.»2. Versäumnisurteil«. Gegen den Zurückweisungsbeschluss des Vorsitzenden ist **kein Rechtsmittel** gegeben.[9]

7 – wenn sie **entschuldigt verhindert** ist. Die Entschuldigung und die Mitteilung des Hinderungsgrundes hat **rechtzeitig** vor dem Termin zu erfolgen; § 381 Abs. 1 ZPO gilt entsprechend. **Entschuldigungsgründe** sind z.B. plötzliche Erkrankung, die zu Reise- oder Verhandlungsunfähigkeit führt; urlaubsbedingte Abwesenheit; anderweitiger Gerichtstermin; unaufschiebbare und persönlich wahrzunehmende Geschäfte; Todesfall in der Familie. **Keine Entschuldigungsgründe** sind z.B. bloße Arbeitsunfähigkeit,[10] die Empfehlung

---

6 LAG Hamm 22.12.1994, 4 Sa 1125/94, LAGE § 51 ArbGG 1979 Nr. 5.
7 LAG Brandenburg 23.5.2000, 3 Sa 83/00, LAGE § 51 ArbGG 1979 Nr. 7.
8 Nach LAG Schleswig-Holstein 24.11.2003, 2 Ta 250/03, NZA-RR 2004, 153, ist der Prozessbevollmächtigte »regelmäßig nicht als Vertreter i.S.d. § 141 Abs. 3 ZPO anzusehen«, da er i.d.R. nicht unmittelbar über eigene Sachkenntnis verfügt; zu den Anforderungen an die Bevollmächtigung vgl. auch Hess. LAG 15.11.2006, 4 Ta 438/06.
9 LAG Schleswig-Holstein 15.10.1987, 6 Ta 181/87, n.v.
10 LAG Köln 15.3.1996, 11 (13) Sa 1221/95, AuR 1996, 459.

des bevollmächtigten Rechtsanwalts[11] oder das Vergessen des Termins.[12]

D. Ordnungsgeld

Erscheint die Partei unentschuldigt nicht zum Termin und ist sie auch nicht gem. § 141 Abs. 3 S. 2 ZPO vertreten, so kann gegen sie nach Ermessen des Gerichts ein **Ordnungsgeld** verhängt werden. Bei einer **juristischen Person** wird das Ordnungsmittel **gegen die Partei** und nicht gegen den ausgebliebenen Vertreter verhängt.[13] Legitimiert ist das Ordnungsmittel nicht wegen einer evtl. Missachtung des Gerichts, sondern wegen der fehlenden Förderung des Verfahrens,[14] so dass ein **Ordnungsgeld ausgeschlossen** ist, wenn es trotz des Ausbleibens der Partei zu einem Vergleich oder einer sonstigen Beendigung des Verfahrens kommt.[15]

8

Streitig ist, ob der Ordnungsgeldbeschluss durch den **Vorsitzenden**[16] oder durch die **Kammer**[17] zu erfolgen hat. Da es für den Ordnungsgeldbeschluss keine originär-funktionelle Zuständigkeitsregelung gibt,[18] ist diese Frage anhand allgemeiner Kriterien zu beantworten. Daraus ergibt sich, dass der Beschluss i.d.R. vom Vorsitzenden allein zu erlassen ist. Denn selbst wenn die Partei in der Kammerverhandlung ausbleibt, ist ihr vor einem Ordnungsgeldbeschluss rechtliches Gehör zu gewäh-

9

---

11 LAG Schleswig-Holstein 2.2.2007, 1 Ta 202/06; LAG Köln 14.11.1994, 5 (4) Ta 159/94, NZA 1995, 864; LAG Rheinland-Pfalz 19.4.1985, 1 Ta 70/85, LAGE § 51 ArbGG 1979 Nr. 2; diff. HWK/*Ziemann* § 51 Rn. 16.
12 LAG Düsseldorf 1.3.1993, 7 Ta 142/92, LAGE § 51 ArbGG 1979 Nr. 4; ausf. zu Gründen für eine Terminsverlegung *Korinth* ArbRB 2007, 373.
13 ;LAG Rheinland-Pfalz 27.4.2007, 9 Ta 87/07; LAG Düsseldorf 28.12.2006, 6 Ta 622/06, MDR 2007, 678; LAG Niedersachsen 7.8.2000, 10 Ta 306/02, MDR 2002, 1333; LAG Hamm 25.1.1999, 1 Ta 727/98, LAGE § 51 ArbGG 1979 Nr. 6; ErfK/*Koch* § 51 Rn. 12; *Musielak/Stadler* § 141 Rn. 13; a.A. Hess. LAG 1.11.2005, 4 Ta 475/05, AR-Blattei ES 160.7 Nr. 227; *Zöller/Greger* § 141 Rn. 14.
14 So jetzt auch BAG 20.8.2007, 3 AZB 50/05, NJW 2008, 252, 253.
15 LAG Düsseldorf 1.8.1985, 7 Ta 264/85, LAGE § 51 ArbGG 1979 Nr. 3; LAG Niedersachsen 7.8.2002, 10 Ta 306/02, MDR 2002, 1333; a.A. *Korinth* ArbRB 2007, 252, 255.
16 So GK-ArbGG/*Schütz* § 51 Rn. 34; ArbGG/*Ziemann* § 51 Rn. 22; ErfK/*Koch* § 51 Rn. 15.
17 So für das Ausbleiben im Kammertermin LAG Bremen 4.8.1993, 1 Ta 34/03, MDR 1993, 1007; LAG Schleswig-Holstein 16.1.2003, 5 Ta 218/02, NZA-RR 2003, 215; GMPM-G/*Germelmann* § 51 Rn. 24; *Hauck/Helml* § 51 Rn. 13; *Schaub* ArbGV, § 29 Rn. 59; *Schwab/Weth/Berscheid* § 51 Rn. 27; generell Kammerbeschluss erforderlich: *Grunsky* ArbGG § 51 Rn. 13.
18 Auch nicht in § 141 Abs. 3, § 380 Abs. 3 ZPO.

ren; damit ergeht die folgende Entscheidung nicht »auf Grund« einer mündlichen Verhandlung (§ 53 Abs. 1).[19] Wird dagegen ausnahmsweise in der Kammerverhandlung ein Ordnungsgeldbeschluss erlassen, ist hierfür die vollbesetzte Kammer zuständig.

10 Die **Höhe** des Ordnungsgeldes liegt zwischen 5,– € und 1.000,– € (Art. 6 Abs. 1 EGStGB). Maßgebend sind das Ausmaß des Verschuldens und die wirtschaftliche Leistungsfähigkeit der Partei, was bei einer erstmaligen Missachtung zu einer Ausschöpfung des gesetzlichen Rahmens von 1/5, also einem Ordnungsgeld von bis zu 200,– Euro führen soll.[20] Ordnungshaft kann nicht verhängt werden, auch eine Auferlegung der durch das Ausbleiben entstandenen Kosten ist nicht möglich. Gegen den Ordnungsgeldbeschluss, der begründet werden muss, ist das **Rechtsmittel** der sofortigen Beschwerde gegeben (§ 380 Abs. 3 ZPO).

11 Entschuldigt sich die Partei nach dem Termin ausreichend, kann das Ordnungsgeld in entsprechender Anwendung von § 381 Abs. 1 S. 2 ZPO wieder aufgehoben werden.

---

19 So jetzt auch Hess. LAG 15.11.2006, 4 Ta 438/06; *Löw* MDR 2008, 180, 182 f.; wohl auch *Schwab/Weth/Berscheid/Korinth* § 51 Rn. 27; HWK/*Ziemann* § 51 Rn. 22; ArbGG/*Kloppenburg/Ziemann* § 51 Rn. 22.
20 Hess. LAG 29.5.2007, 4 Ta 157/07, AuR 2008, 78.

§ 52 Öffentlichkeit

¹Die Verhandlung vor dem erkennenden Gericht einschließlich der Beweisaufnahme und der Verkündung der Entscheidung ist öffentlich. ²Das Arbeitsgericht kann die Öffentlichkeit für die Verhandlung oder für einen Teil der Verhandlung ausschließen, wenn durch die Öffentlichkeit eine Gefährdung der öffentlichen Ordnung, insbesondere der Staatsicherheit, oder eine Gefährdung der Sittlichkeit zu besorgen ist oder wenn eine Partei den Ausschluß der Öffentlichkeit beantragt, weil Betriebs-, Geschäfts- oder Erfindungsgeheimnisse zum Gegenstand der Verhandlung oder der Beweisaufnahme gemacht werden; außerdem ist § 171b des Gerichtsverfassungsgesetzes entsprechend anzuwenden. ³Im Güteverfahren kann es die Öffentlichkeit auch aus Zweckmäßigkeitsgründen ausschließen. ⁴§ 169 Satz 2 sowie die §§ 173 bis 175 des Gerichtsverfassungsgesetzes sind entsprechend anzuwenden.

Übersicht	Rn.
A. Allgemeines	1
B. Öffentlichkeit	2

A. Allgemeines

Grundsätzlich ist die **Verhandlung** vor dem erkennenden Gericht 1 (nicht dagegen die Beweisaufnahme vor dem ersuchten Richter gem. § 13) **öffentlich**, was bedeutet, dass beliebigen Zuhörern der Zugang zum Gerichtssaal und die Wahrnehmung der Verhandlung ermöglicht werden muss.[1] Ferner ist der Verhandlungstermin und -ort in geeigneter Weise (z.B. durch Aushang an der Sitzungszimmertür) bekanntzugeben. Die Ausgabe von Platzkarten bei großem Andrang widerspricht dem Öffentlichkeitsprinzip ebenso wenig wie die Notwendigkeit, sich mit Hilfe einer Klingel Zutritt zu dem Gerichtssaal zu verschaffen.[2]

Nach der Einführung des § 128a ZPO sind Verhandlungen als sog. 1a **»Videokonferenzen« grundsätzlich auch im Arbeitsgerichtsverfahren möglich.** Soweit erkennbar wird diese Möglichkeit von den Arbeitsgerichten jedoch bislang nicht genutzt. Sie setzt die entsprechende technische Infrastruktur und das Einverständnis der Parteien (und im Er-

---

1 Bereits von den Parteien benannte Zeugen dürfen aber aufgefordert werden, den Sitzungssaal zu verlassen, BAG 21.1.1988, 2 AZR 449/87, EzA § 394 ZPO Nr. 1.
2 BAG 19.2.2008, 9 AZN 777/07, z.V.v.

gebnis wohl auch der anderen Beteiligten, also Protokollführer, Zeugen etc.[3]) voraus. Ganz ungeklärt sind die zu erwartenden Fragen der Wahrung der Öffentlichkeit bei dieser Form der Verhandlung[4] sowie der Erschwerungen bei der Beweisaufnahme und -würdigung.[5]

B. Öffentlichkeit

2 **Einschränkungen der Öffentlichkeit** sind nur in den gesetzlich zugelassenen Fällen möglich. Dies ist bei den Arbeitsgerichten neben den im Wortlaut ausdrücklich genannten Konstellationen dann der Fall, wenn die Voraussetzungen des § 171b GVG vorliegen.

> **§ 171b GVG Ausschließung der Öffentlichkeit zum Schutze des persönlichen Lebensbereichs**
>
> (1) Die Öffentlichkeit kann ausgeschlossen werden, soweit Umstände aus dem persönlichen Lebensbereich eines Prozessbeteiligten, Zeugen oder durch eine rechtswidrige Tat (§ 11 Abs. 1 Nr. 5 des Strafgesetzbuchs) Verletzten zur Sprache kommen, deren öffentliche Erörterung schutzwürdige Interessen verletzen würde, soweit nicht das Interesse an der öffentlichen Erörterung dieser Umstände überwiegt. Dies gilt nicht, soweit die Personen, deren Lebensbereiche betroffen sind, in der Hauptverhandlung dem Ausschluss der Öffentlichkeit widersprechen.
>
> (2) Die Öffentlichkeit ist auszuschließen, wenn die Voraussetzungen des Absatzes 1 Satz 1 vorliegen und der Ausschluss von der Person, deren Lebensbereich betroffen ist, beantragt wird.
>
> (3) Die Entscheidungen nach den Absätzen 1 und 2 sind unanfechtbar.

3 Praktisch relevant sind vor allem die **Erörterung von Betriebs- und Geschäftsgeheimnissen**, wozu auch Kundenlisten, Kalkulationen und Bilanzen gehören können, wenn durch die öffentliche Erörterung überwiegende schutzwürdige Interessen eines Beteiligten verletzt würden,[6] und – z.B. bei Mobbingverfahren oder bei Verfahren über Tatbestände

---

3 GMPM-G/*Germelmann* § 52 Rn. 13; BLAH/*Hartmann* § 128a Rn. 4.
4 Nach GMPM-G/*Germelmann* § 52 Rn. 13 soll es ausreichen, dass der Öffentlichkeit der Zugang zum Gerichtssaal ermöglicht wird, ähnl. *Musielak/Stadler* § 128a Rn. 2; angesichts der verfassungsrechtlichen Dimension des Öffentlichkeitsprinzips, vgl. dazu HWK/*Ziemann* § 52 Rn. 1, erscheint dies problematisch.
5 Vgl. BLAH/*Hartmann* § 128a Rn. 2 mit instr. Beispielen.
6 BAG 23.4.1985, 3 AZR 548/82, EzA § 16 BetrAVG Nr. 17.

Öffentlichkeit § 52

des BeschSchG, bei krankheitsbedingten Kündigungen sowie bei verhaltensbedingten Kündigungen wegen sexueller Übergriffe – der Schutz vor öffentlicher **Erörterung der persönlichen Lebensumstände**.

Die für die Güteverhandlung in § 52 S. 3 zusätzlich normierte Ausschließungsmöglichkeit »aus Zweckmäßigkeitsgründen« ist praktisch nicht relevant, da es i.d.R. kein Bedürfnis gibt, die Öffentlichkeit aus Gründen, die nicht in den anderen Vorschriften genannt sind, in der Güteverhandlung auszuschließen. 4

Das **Verfahren** richtet sich nach den Vorschriften aus dem GVG: 5

§ 174 Verhandlung über Ausschließung der Öffentlichkeit

(1) Über die Ausschließung der Öffentlichkeit ist in nichtöffentlicher Sitzung zu verhandeln, wenn ein Beteiligter es beantragt oder das Gericht es für angemessen erachtet. Der Beschluss, der die Öffentlichkeit ausschließt, muss öffentlich verkündet werden; er kann in nicht öffentlicher Sitzung verkündet werden, wenn zu befürchten ist, dass seine öffentliche Verkündung eine erhebliche Störung der Ordnung in der Sitzung zur Folge haben würde. Bei der Verkündung ist in den Fällen der §§ 171b, 172 und 173 anzugeben, aus welchem Grund die Öffentlichkeit ausgeschlossen wurde.

(2) Soweit die Öffentlichkeit wegen Gefährdung der Staatssicherheit ausgeschlossen wird, dürfen Presse, Rundfunk und Fernsehen keine Berichte über die Verhandlung und den Inhalt eines die Sache betreffenden amtlichen Schriftstücks veröffentlichen.

(3) Ist die Öffentlichkeit wegen Gefährdung der Staatssicherheit oder aus den in §§ 171b und 172 Nr. 2 und 3 bezeichneten Gründen ausgeschlossen, so kann das Gericht den anwesenden Personen die Geheimhaltung von Tatsachen, die durch die Verhandlung oder durch ein die Sache betreffendes amtliches Schriftstück zu ihrer Kenntnis gelangen, zur Pflicht machen. Der Beschluss ist in das Sitzungsprotokoll aufzunehmen. Er ist anfechtbar. Die Beschwerde hat keine aufschiebende Wirkung.

Über einen beabsichtigten oder beantragten Ausschluss der Öffentlichkeit ist noch **öffentlich zu verhandeln**,[7] wenn nicht eine Partei bereits hierfür den Ausschluss der Öffentlichkeit beantragt oder das Gericht seinerseits die nichtöffentliche Verhandlung für angemessen hält (§ 174 Abs. 1 S. 1 GVG). Der **Beschluss** über die Ausschließung der Öffentlichkeit ist von der Kammer zu fassen und muss öffentlich verkündet wer- 6

---
7 GK-ArbGG/*Schütz* § 52 Rn. 28; ErfK/*Koch* § 52 Rn. 12; a.A. GMPM-G/*Germelmann* § 52 Rn. 29.

den, wenn nicht ausnahmsweise für diesen Fall eine erhebliche Störung der Sitzung zu befürchten ist; dann bedarf diese Verfahrensweise eines besonderen Beschlusses (§ 174 Abs. 1 S. 2 GVG). Der Beschluss ist zu begründen und in das Protokoll aufzunehmen (§ 160 Abs. 1 Nr. 5, Abs. 3 Nr. 7 ZPO). Ein **Rechtsmittel** ist nicht gegeben.

7 Nach Beendigung der Erörterung oder der Beweisaufnahme über die geschützten Tatsachen ist die Öffentlichkeit **wiederherzustellen**. Spätestens zur Urteilsverkündung ist die Öffentlichkeit wieder zuzulassen (§ 173 Abs. 1 GVG), wenn die Gründe für die vorherige Ausschließung der Öffentlichkeit nicht auch für die Urteilsbegründung fortwirken (§ 173 Abs. 2 GVG). Die Wiederherstellung der Öffentlichkeit bedarf lediglich einer **Anordnung des Vorsitzenden**, wenn der Verfahrensabschnitt, für den die Öffentlichkeit ausgeschlossen war, beendet ist. Soll dagegen die Öffentlichkeit schon vor dem im Beschluss genannten Zeitpunkt wiederhergestellt werden, bedarf dies ebenfalls eines förmlichen Beschlusses durch die Kammer.

§ 173 GVG Urteilsverkündung

(1) Die Verkündung des Urteils erfolgt in jedem Falle öffentlich.

(2) Durch einen besonderen Beschluss des Gerichts kann unter den Voraussetzungen der §§ 171b und 172 auch für die Verkündung der Urteilsgründe oder eines Teils davon die Öffentlichkeit ausgeschlossen werden

8 Eine Einschränkung der Öffentlichkeit kann sich ferner daraus ergeben, dass **einzelnen Personen** aus bestimmten Gründen der Zutritt zu der Verhandlung untersagt wird. § 175 Abs. 2 und 3 GVG erlaubt es dem Gericht dagegen, einzelnen Personen auch während des Zeitraums der nicht öffentlichen Sitzung den Zutritt zu gestatten.

§ 175 GVG Versagung und Gestattung des Zutritts

(1) Der Zutritt zu öffentlichen Verhandlungen kann unerwachsenen und solchen Personen versagt werden, die in einer der Würde des Gerichts nicht entsprechenden Weise erscheinen.

(2) Zu nicht öffentlichen Verhandlungen kann der Zutritt einzelnen Personen vom Gericht gestattet werden. In Strafsachen soll dem Verletzten der Zutritt gestattet werden. Einer Anhörung der Beteiligten bedarf es nicht.

(3) Die Ausschließung der Öffentlichkeit steht der Anwesenheit der die Dienstaufsicht führenden Beamten der Justizverwaltung bei den Verhandlungen vor dem erkennenden Gericht nicht entgegen.

Öffentlichkeit § 52

Ton- und Fernsehaufnahmen im Gerichtssaal sind unzulässig (§ 169 9
Satz 2 GVG),[8] auch wenn die Parteien einverstanden sind; vor dem Gerichtssaal und während der Pausen sind sie dagegen mit Erlaubnis der Gerichtsverwaltung möglich. Die Anfertigung von Fotografien kann dagegen vom Vorsitzenden gestattet werden; Mitschriften und Zeichnungen sind ohne Einschränkung zulässig.[9] Die Durchführung einer Verhandlung als »Videokonferenz« i.S.v. § 128a ZPO (vgl. dazu oben Rn. 1a) unterfällt dem Verbot nicht.[10]

§ 169 GVG Öffentlichkeit der Verhandlung

Die Verhandlung vor dem erkennenden Gericht einschließlich der Verkündung der Urteile und Beschlüsse ist öffentlich. Ton- und Fernseh-Rundfunk-Aufnahmen sowie Ton- und Filmaufnahmen zum Zwecke der öffentlichen Vorführung oder Veröffentlichung ihres Inhalts sind unzulässig.

Die Öffentlichkeit der Verhandlung ist nach § 160 Abs. 1 Nr. 5 ZPO im 10
Protokoll der Verhandlung festzuhalten. Gegen den Beweiswert eines solchen Protokolls ist nur der **Nachweis der Fälschung** zulässig, § 165 S. 2 ZPO.[11] Ist der **Grundsatz der Öffentlichkeit** durch das Arbeitsgericht **verletzt** worden, bleibt dies wegen § 68 folgenlos. Bei Verhandlungen vor dem **LAG** ist in diesen Fällen dagegen ein absoluter Revisionsgrund gegeben (§ 72 Abs. 2 Nr. 3 i.V.m. § 547 Nr. 5 ZPO), bei Nichtzulassung der Revision durch das LAG kann dies nach der Neuregelung des Zugangs zur Revisionsinstanz im Wege der Nichtzulassungsbeschwerde geltend gemacht werden (§ 72a Abs. 1).

---

8 Die Regelung ist verfassungsgemäß, BVerfG 24.1.2001, 1 BvR 2623/95, NJW 2001, 1633.
9 GK-ArbGG/*Schütz* § 52 Rn. 8.
10 *Kissel/Mayer* § 169 Rn. 95 ff.
11 Vgl. dazu BAG 13.11.2007, 3 AZN 414/07, NZA 2008, 248.

§ 53 Befugnisse des Vorsitzenden und der ehrenamtlichen Richter

(1) ¹Die nicht auf Grund einer mündlichen Verhandlung ergehenden Beschlüsse und Verfügungen erläßt, soweit nichts anderes bestimmt ist, der Vorsitzende allein. ²Entsprechendes gilt für Amtshandlungen auf Grund eines Rechtshilfeersuchens.

(2) Im übrigen gelten für die Befugnisse des Vorsitzenden und der ehrenamtlichen Richter die Vorschriften der Zivilprozeßordnung über das landgerichtliche Verfahren entsprechend.

Übersicht	Rn.
A. Allgemeines	1
B. Urteile	3
C. Beschlüsse	5
I. Aufgrund mündlicher Verhandlung	7
II. Nicht aufgrund mündlicher Verhandlung	10
D. Verfügungen	11
E. Rechtshilfeersuchen	12
F. Sonstige Befugnisse der ehrenamtlichen Richter	13

A. Allgemeines

1 Die Vorschrift grenzt – teilweise abweichend von der ZPO – die Kompetenzen des Vorsitzenden und der Kammer (in voller Besetzung) voneinander ab und bestimmt auf diese Weise den gesetzlichen Richter i.S.v. Art. 101 GG. Die Zuweisung ist **zwingend**; eine dem Vorsitzenden zugewiesene Entscheidungskompetenz kann nicht der Kammer übertragen werden, auch wenn sie »verfügbar« ist.¹ Bei Verstoß liegt ein Nichtigkeitsgrund gem. § 579 Abs. 1 Nr. 1 ZPO vor.

2 Aus dem Geflecht der arbeitsgerichtlichen Grundregel in § 53, den gesondert normierten Ausnahmen und dem Auffangregelwerk der ZPO ergibt sich eine komplexe **Regel-Ausnahme-Struktur**, die – bezogen auf die unterschiedlichen Arten der Entscheidungen – folgende Zuweisungen vornimmt:

---

1 So schon BAG 17.7.1964, 1 ABR 3/64, AP ArbGG 1953 § 80 Nr. 3; vgl. ausf. unten § 55 Rn. 2.

B. Urteile

Abs. 1 gilt nur für Beschlüsse und Verfügungen. Urteile werden grundsätzlich durch die Kammer erlassen, soweit das Gesetz nicht ausdrücklich etwas Anderes vorsieht. Eine solche abweichende Regelung ist in § 55 Abs. 3 vorgesehen. ferner in den Konstellationen, die von dem Katalog des § 55 Abs. 1 erfasst werden. Aufgrund der Neuregelung zum 1.4.2008[2] bzw. 1.7.2008[3] sind auch in den dort genannten Fällen dem Vorsitzenden allein auch solche Urteile zugewiesen, die ausnahmsweise ohne mündliche Verhandlung ergehen, ferner die Urteile, die zwar aufgrund einer mündlichen Verhandlung, nicht aber aufgrund einer »streitigen Verhandlung« ergehen.[4]

Dies sind nunmehr:

– außerhalb der mündlichen Verhandlung: Verzichtsurteil, § 55 Abs. 1 Nr. 2 (dazu § 55 Rn. 6); Anerkenntnisurteil, § 55 Abs. 1 Nr. 3 (dazu § 55 Rn. 7), § 55 Abs. 2; Urteil über Verwerfung eines unzulässigen Einspruchs gegen einen Vollstreckungsbescheid oder ein Versäumnisurteil, § 55 Abs. 1 Nr. 4a (dazu § 55 Rn. 8a); Kostenschlussurteil, § 55 Abs. 1 Nr. 9 (dazu § 55 Rn. 16a);

– im (Anschluss an den) Gütetermin: Verzichtsurteil, Anerkenntnisurteil, Versäumnisurteil, auch ein sog. »unechtes« Versäumnisurteil, § 55 Abs. 1 Nr. 4 (dazu § 55 Rn. 8); streitiges Urteil nach einem in der Güteverhandlung gestellten Antrag der Parteien auf Alleinentscheidung des Vorsitzenden, § 55 Abs. 3 (dazu § 55 Rn. 17 ff.).

C. Beschlüsse

Bei **Beschlüssen** hängt die funktionelle Zuweisung der Entscheidungskompetenz generell an der Frage, ob die fragliche Entscheidung auf Grund einer mündlichen Verhandlung erfolgt. In vielen Fällen jedoch ist die Durchführung einer mündlichen Verhandlung **fakultativ**, z.B. bei übereinstimmender Erledigungserklärung gem. § 91a ZPO.[5] Große Bedeutung hat dabei die mit der ZPO-Reform 2002 eingeführte Grundregel in § 128 Abs. 4 ZPO, wonach alle gerichtlichen Entscheidungen, die nicht Urteile sind, ohne mündliche Verhandlung ergehen können,

---

2 Gesetz zur Änderung des SGG und des ArbGG, BGBl. 2008 I S. 444.
3 Gesetz zur Neuregelung des Rechtsberatungsgesetzes vom 12.12.2007 BGBl. I S. 2840.
4 Vgl. dazu detailliert die Erläuterungen zu § 55 Rn. 1a ff.
5 Zahlreiche weitere Beispiele bei GMPM-G/Germelmann § 53 Rn. 7.

soweit nichts anderes bestimmt ist. So ist nunmehr auch bei der Entscheidung über die Trennung und Verbindung mehrerer Sachen gem. §§ 145, 147 ZPO die mündliche Verhandlung freigestellt.[6] Danach wird i.d.R. nur noch im sachentscheidenden Urteilsverfahren eine mündliche Verhandlung obligatorisch sein, außerhalb dieses Bereichs jedoch eher die Ausnahme.[7]

6 Ob in den danach freigestellten Fällen eine mündliche Verhandlung durchgeführt wird, steht im **Ermessen des Vorsitzenden**. Die hierüber von ihm getroffene Entscheidung hat dann wegen § 53 Abs. 1 i.d.R. auch zur Folge, dass er die Sachentscheidung allein treffen kann. Relevant ist dies insbesondere bei dem Antrag auf Erlass einer **einstweiligen Verfügung**. Hier geht § 53 der Vorschrift des § 944 ZPO vor[8] und kann auch nicht im Hinblick auf die möglicherweise weitreichenden Folgen und die große Bedeutung der Entscheidung außer Acht gelassen werden.

I. Aufgrund mündlicher Verhandlung

7 Beschlüsse, die aufgrund einer mündlichen Verhandlung ergehen, werden **grundsätzlich** durch die **Kammer** erlassen. Daraus ergibt sich, dass an denjenigen Entscheidungen, für die eine mündliche Verhandlung vorgeschrieben ist, z.B. über eine Tatbestandsberichtigung gem. § 320 ZPO, soweit hier eine mündliche Verhandlung beantragt wurde, oder über eine Urteilsergänzung gem. § 321 ZPO stets die Kammer in voller Besetzung zu beteiligen ist. Als »aufgrund einer mündlichen Verhandlung« ergehenden Entscheidung ist auch die Wiedereröffnung einer geschlossenen Verhandlung anzusehen, die deshalb gleichfalls durch die Kammer zu erfolgen hat.[9]

8 **Ausnahmsweise** entscheidet der Vorsitzende aufgrund **ausdrücklicher gesetzlicher Zuweisung** auch bei vorhergehender mündlicher **(Güte-) Verhandlung** (nicht dagegen bei einer Kammerverhandlung) in folgenden Fällen allein durch Beschluss: **(a)** bei Klagerücknahme, § 55 Abs. 1 Nr. 1, z.B. ein Beschluss über die Kostentragungspflicht gem. § 269 Abs. 3 ZPO (dazu § 55 Rn. 5); **(b)** bei Säumnis einer oder beider Parteien, z.B. die Anordnung des Ruhens des Verfahrens, § 55 Abs. 1 Nr. 4 u. 5 (dazu § 55 Rn. 9); **(c)** über die einstweilige Einstellung der Zwangsvoll-

---

6 *Musielak/Stadler* § 145 Rn. 5; BLAH/*Hartmann* § 145 Rn. 5; a.A. *Zöller/Greger* § 145 Rn. 6, unter Berufung auf die Rechtsprechung zur alten Rechtslage.
7 *Hannich/Meyer-Seitz* ZPO-Reform 2002, § 128 Rn. 8.
8 Allg. Meinung, z.B. GK-ArbGG/*Schütz* § 53 Rn. 12 m.w.N.; BHK S. 53.
9 GMPM-G/*Germelmann* § 53 Rn. 10; BHK S. 55; diff. GK-ArbGG/*Schütz* § 53 Rn. 9 f.

streckung, § 55 Abs. 1 Nr. 6 (dazu § 55 Rn. 10); **(d)** über die örtliche Zuständigkeit, § 55 Abs. 1 Nr. 7 (dazu § 55 Rn. 11); **(e)** über die Aussetzung des Verfahrens, § 55 Abs. 1 Nr. 8 (dazu § 55 Rn. 12 ff); **(f)** bei einer Rüge der Verletzung des Anspruchs auf rechtliches Gehör gem. § 78a, wenn diese unzulässig ist oder wenn sie sich gegen eine vom Vorsitzenden allein getroffene Entscheidung (z.b. Versäumnisurteil) richtet, § 78a Abs. 6 S. 2 (dazu § 78a Rn. 22); **(g)** bei der Vorbereitung des Termins, z.b. Terminsbestimmung, § 216 ZPO, Terminsänderung, § 227 ZPO, Fristverlängerung, § 225 ZPO, Auflagen- und Hinweisbeschluss, § 56 Abs. 1; Beweisbeschluss vor der Kammerverhandlung bzgl. bestimmter Beweismittel, § 55 Abs. 4 (dazu § 55 Rn. 22) sowie bei der Prozessleitung, § 136 Abs. 1 ZPO[10] und bei der Wahrnehmung der sitzungspolizeilichen Befugnisse, § 9 Abs. 2 i.V.m. §§ 176 ff. GVG; **(h)** über die Zurückweisung eines Prozessbevollmächtigten gem. § 51 Abs. 2 und gem. § 11 Abs. 3, § 55 Abs. 1 Nr. 11 (dazu § 55 Rn. 16c); **(i)** im Rahmen der Durchführung eines Rechtshilfeersuchens, § 53 Abs. 1 S. 2 (dazu unten Rn. 12); **(k)** über die Kosten des Verfahrens, soweit dies in Beschlussform zu erfolgen hat, § 55 Abs. 1 Nr. 9 (dazu § 55 Rn. 16a).

Die Entscheidung über die Bewilligung von **Prozesskostenhilfe** oder 9 die **Beiordnung** gem. § 11a erfolgt grundsätzlich ohne mündliche Verhandlung, § 127 Abs. 1 S. 1 ZPO. Streitig ist, ob die ehrenamtlichen Richter zu beteiligen sind, wenn die Entscheidung während einer Kammerverhandlung erfolgt. Da die mündliche Erörterung der Voraussetzungen der PKH nur im Rahmen einer Anhörung gem. § 118 Abs. 1 S. 3 ZPO erfolgt und diese nicht als mündliche Verhandlung anzusehen ist,[11] ergeht die Entscheidung nicht »aufgrund mündlicher Verhandlung«; sie obliegt damit dem Vorsitzenden auch in der Kammerverhandlung allein.[12] Für die Beiordnung ergibt sich die Alleinentscheidung bereits aus § 11a Abs. 1 S. 1.

II. Nicht aufgrund mündlicher Verhandlung

Beschlüsse, die nicht aufgrund einer mündlichen Verhandlung ergehen, 10 werden **grundsätzlich** durch den **Vorsitzenden** erlassen. **Ausnahmsweise** ergehen solche Beschlüsse durch die vollbesetzte Kammer in folgenden Fällen: **(a)** über die Zulässigkeit des Rechtswegs, § 48 Abs. 1

---

10 Ausnahme: bei Beanstandung der Anordnung des Vorsitzenden durch einen Beteiligten, § 140 ZPO.
11 *Zöller/Philippi* § 127 Rn. 1; *Kalthoener/Büttner/Wrobel-Sachs* Prozesskostenhilfe und Beratungshilfe, Rn. 187.
12 So im Erg. auch *Schaub* ArbGV, § 18 Rn. 54; jetzt auch GMPM-G/*Germelmann* § 11a Rn. 79.

Nr. 2[13]; **(b)** über die Ablehnung und Ausschließung einer Gerichtsperson, § 49 Abs. 1; **(c)** die Entscheidung über eine zulässige[14] Rüge der Verletzung des Anspruchs auf rechtliches Gehör[15] gem. § 78a. Die früher zu dieser Kategorie zu zählenden Entscheidungen (Beschlüsse) über die nachträgliche Zulassung der Kündigungsschutzklage gem. § 5 Abs. 4 KSchG **müssen seit dem 1.4.2008 in Form eines Teilurteils ergehen**, das durch die vollbesetzte Kammer erlassen wird.

D. Verfügungen

11 Verfügungen sind Anordnungen des Vorsitzenden unterhalb der Ebene eines Beschlusses. Sie werden grundsätzlich durch den Vorsitzenden allein erlassen, auch wenn sie Außenwirkung haben, wie z.B. Anordnungen nach § 56 Abs. 1.

E. Rechtshilfeersuchen

12 Alle Maßnahmen, die aufgrund eines **Rechtshilfeersuchens** vorzunehmen sind, führt der Vorsitzende allein durch (Abs. 1 S. 2). Das betrifft insbesondere die Beweisaufnahme durch das gem. § 362 ZPO ersuchte Gericht. Im Übrigen kann die Kammer dem Vorsitzenden die Durchführung der Beweisaufnahme übertragen, wenn eine (notwendige) Beweisaufnahme an der Gerichtsstelle nicht möglich ist (§ 58 Abs. 1 S. 2).

F. Sonstige Befugnisse der ehrenamtlichen Richter

13 Nach § 53 Abs. 2 haben die ehrenamtlichen Richter die den berufsrichterlichen Beisitzern beim Landgericht zustehenden Befugnisse. Hierzu gehört die eigenständige Beteiligung an gerichtlichen Entscheidungen in der mündlichen Verhandlung.[16] So haben sie das Recht zur Fragestellung an die Parteien und an die Zeugen (§ 136 Abs. 2 ZPO). Sie sind an der Entscheidung gleichberechtigt zu beteiligen und haben in der Beratung das gleiche Stimmrecht wie der Vorsitzende (§§ 192 ff. GVG).

---

13 Vgl. dazu die Erläuterungen zu § 48.
14 Vorprüfungsrecht des Vorsitzenden allein, vgl. dazu oben Rn. 8 und § 78a Rn. 10.
15 *Holthaus/Koch* RdA 2002, 140, 149; ferner unten § 78a Rn. 22.
16 Dazu BHK S. 49 f.

§ 54 Güteverfahren

(1) ¹Die mündliche Verhandlung beginnt mit einer Verhandlung vor dem Vorsitzenden zum Zwecke der gütlichen Einigung der Parteien (Güteverhandlung). ²Der Vorsitzende hat zu diesem Zwecke das gesamte Streitverhältnis mit den Parteien unter freier Würdigung aller Umstände zu erörtern. ³Zur Aufklärung des Sachverhalts kann er alle Handlungen vornehmen, die sofort erfolgen können. ⁴Eidliche Vernehmungen sind jedoch ausgeschlossen. ⁵Der Vorsitzende kann die Güteverhandlung mit Zustimmung der Parteien in einem weiteren Termin, der alsbald stattzufinden hat, fortsetzen.

(2) ¹Die Klage kann bis zum Stellen der Anträge ohne Einwilligung des Beklagten zurückgenommen werden. ²In der Güteverhandlung erklärte gerichtliche Geständnisse nach § 288 der Zivilprozeßordnung haben nur dann bindende Wirkung, wenn sie zu Protokoll erklärt worden sind. ³§ 39 Satz 1 und § 282 Abs. 3 Satz 1 der Zivilprozeßordnung sind nicht anzuwenden.

(3) Das Ergebnis der Güteverhandlung, insbesondere der Abschluß eines Vergleichs, ist in die Niederschrift aufzunehmen.

(4) Erscheint eine Partei in der Güteverhandlung nicht oder ist die Güteverhandlung erfolglos, schließt sich die weitere Verhandlung unmittelbar an oder es ist, falls der weiteren Verhandlung Hinderungsgründe entgegenstehen, Termin zur streitigen Verhandlung zu bestimmen; diese hat alsbald stattzufinden.

(5) ¹Erscheinen oder verhandeln beide Parteien in der Güteverhandlung nicht, ist das Ruhen des Verfahrens anzuordnen. ²Auf Antrag einer Partei ist Termin zur streitigen Verhandlung zu bestimmen. ³Dieser Antrag kann nur innerhalb von sechs Monaten nach der Güteverhandlung gestellt werden. ⁴Nach Ablauf der Frist ist § 269 Abs. 3 bis 5 der Zivilprozeßordnung entsprechend anzuwenden.

Übersicht	Rn.
A. Allgemeines	1
B. Vorbereitung der Güteverhandlung	3
C. Gang der Güteverhandlung	4
D. Zweiter Gütetermin	6
E. Ende der Güteverhandlung	8
I. Klagerücknahme	9
II. Gerichtlicher Vergleich	10
III. Erledigung der Hauptsache	13

IV.	Anerkenntnis-, Verzichts- oder Versäumnisurteil	14
V.	Ruhen des Verfahrens	15
VI.	Erfolglosigkeit der Güteverhandlung	20
F. Protokoll		21

A. Allgemeines

1 Der erste Teil der arbeitsgerichtlichen mündlichen Verhandlung besteht in einer **obligatorischen**[1] **Güteverhandlung** vor dem Vorsitzenden der Kammer. Sie ist bei **allen Urteilsverfahren** durchzuführen,[2] auch bei einem vorangegangenen Schlichtungsverfahren in Berufsausbildungssachen gem. § 111 Abs. 2, bei einer Vollstreckungsabwehrklage und bei einer Wiederaufnahme des Verfahrens (nicht dagegen bei dem Streit über die Wirksamkeit eines gerichtlichen Vergleichs; dieser wird durch Fortsetzung des Ausgangsverfahrens in einer Kammerverhandlung weitergeführt[3]). **Änderungen des Streitgegenstandes** durch Klageerweiterung oder Widerklage begründen keine Verpflichtung zur erneuten Durchführung einer Güteverhandlung; anders dagegen bei **gewillkürtem Parteiwechsel** oder **subjektiver Klagehäufung** nach dem Gütetermin.[4] In Verfahren des **einstweiligen Rechtsschutzes** ist für den Fall, dass nicht ohnehin ohne mündliche Verhandlung entschieden wird, wegen der Eilbedürftigkeit sogleich zur Kammerverhandlung zu laden.[5] Da ein **Vollstreckungsbescheid** einem Versäumnisurteil gleichsteht (§ 700 Abs. 1 ZPO), ist nach einem Einspruch gegen ihn nicht die Güte-, sondern sogleich die Kammerverhandlung durchzuführen.[6]

2 Die Güteverhandlung soll dazu dienen, nach Möglichkeit eine **gütliche Einigung** der Parteien herbeizuführen, Abs. 1 S. 1. Für den Fall der Nichterledigung soll sie zugleich die maßgeblichen Gesichtspunkte des Streites verdeutlichen, die die gezielte Vorbereitung der Kammerverhandlung durch Auflagen und Hinweise des Vorsitzenden ermöglicht.

---

1 Zu anwaltlichen Strategien der Vermeidung einer (reinen) Güteverhandlung vgl. *Diller* FA 2008, 34.
2 Zum Beschlussverfahren vgl. § 80 Abs. 2 S. 2.
3 HWK/*Ziemann* § 54 Rn. 11.
4 Kein neuer Gütetermin erforderlich, wenn die »neue« Partei in die Übernahme des bisherigen Prozessergebnisses einwilligt, GK-ArbGG/*Schütz* § 54 Rn. 13; ArbGG/*Kloppenburg/Ziemann* § 54 Rn. 9.
5 Allg. Meinung, GK-ArbGG/*Schütz* § 54 Rn. 14 m.w.N.
6 GMPM-G/*Germelmann* § 54 Rn. 54; ErfK/*Koch* § 54 Rn. 2; *Hauck/Helml* § 54 Rn. 3; a.A. *Schwab/Weth/Bescheid/Korinth* § 54 Rn. 2.

B. Vorbereitung der Güteverhandlung

Die Terminierung und ggf. Vorbereitung der Güteverhandlung erfolgt 3
durch prozessleitende Verfügungen des Vorsitzenden, die aber nicht
die in § 56 Abs. 1 aufgeführten Maßnahmen vorsehen dürfen. Nach
§ 47 Abs. 2 soll nicht einmal der beklagten Partei aufgegeben werden,
sich vor dem Gütetermin schriftlich zur Sache zu äußern (dazu § 47
Rn. 9). Damit soll eine freie und ungezwungene Erörterung der Streitsache ermöglicht werden. Soweit dieser Zweck nicht beeinträchtigt wird,
kommt die Erteilung von **Auflagen** in Betracht, z.B. **Urkunden** zur Verhandlung mitzubringen, die sich noch nicht bei der Akte befinden (Arbeitsvertrag, Lohnabrechnungen, Kündigungsschreiben, ggf. auch ein
einschlägiger Tarifvertrag). Der Vorsitzende kann mit der Ladung
auch auf **klärungsbedürftige Fragen** hinweisen, die sich bereits aus
der Klageschrift ergeben (Anwendbarkeit des KSchG, Einhalten einer
tariflichen Ausschlussfrist, Berechnung eines Urlaubsabgeltungsanspruchs nach § 11 BUrlG, etc.). Insbesondere kommt die Anordnung
des **persönlichen Erscheinens** der Parteien gem. § 51 in Betracht.

C. Gang der Güteverhandlung

Die Güteverhandlung ist geprägt durch die **Aufklärungs- und Schlich-** 4
tungsfunktion. Oft besteht die Akte zu diesem Zeitpunkt lediglich aus
der Klageschrift. Der Vorsitzende hat deshalb das gesamte Streitverhältnis möglichst offen zu erörtern und in der Sache herauszuarbeiten, wo
der Kern des Konflikts der Parteien liegt[7] sowie nach Möglichkeit einen
Einigungsvorschlag zu unterbreiten. Dazu ist es erforderlich, dass die
Parteien so unbefangen und offen wie möglich ihre Auffassungen vortragen können. Der Zweck der Güteverhandlung **verbietet** deshalb die
strikten Rechtsfolgen, die sich in einer streitigen Verhandlung an bestimmte Prozesshandlungen knüpfen. So begründet die rügelose Einlassung in der Güteverhandlung keine Zuständigkeit eines unzuständigen Gerichts (entgegen § 39 S. 1 ZPO) und der Beklagte ist auch nicht
mit Rügen zur Zulässigkeit der Klage präkludiert, wenn er sich auf
die Güteverhandlung einlässt (entgegen § 282 Abs. 3 ZPO). Ein Bestreiten des Sachvortrags der Gegenseite muss nicht den Anforderungen
von § 138 ZPO genügen. Eine als Geständnis i.S.v. § 288 ZPO zu wertende Parteierklärung muss zur Begründung von deren Rechtswirkungen auch förmlich zu Protokoll erklärt werden (Abs. 2 S. 2).

---

7 Vgl. dazu eingehend HWK/*Ziemann* § 54 Rn. 3 (Konfliktmanagement in einem
»verbesserungsbedürftigen, aber ausfüllungsfähigem Verfahrensdesign«).

5 Zur **Aufklärung des Sachverhalts** kann der Vorsitzende alle sofort durchführbaren Maßnahmen ergreifen. Auch diese Möglichkeit wird durch den Zweck der Güteverhandlung bestimmt. Die Handlungsfreiheit der Parteien für ein evtl. fortgesetztes Verfahren darf nicht beeinträchtigt werden. Das Stellen von Anträgen in der Güteverhandlung ist zulässig, aber wenig sinnvoll und wird selten praktiziert.[8]

D. Zweiter Gütetermin

6 Der dem Rechtsstreit zugrunde liegende Sachverhalt wird in der Güteverhandlung oft nicht ausreichend aufklärbar sein, z.B. weil die Parteien die rechtliche Relevanz einer bestimmten Tatsache falsch eingeschätzt haben. In diesen Fällen kann es sinnvoll sein, einen **zweiten Gütetermin** zu »vereinbaren«, um den Parteien Gelegenheit zu geben, die weiteren erforderlichen Erkundigungen einzuziehen und sie dann mit dem Vorsitzenden mit dem Ziel der gütlichen Einigung erneut zu erörtern. Daher sieht das Gesetz die Möglichkeit eines alsbaldigen zweiten Gütetermins vor, wenn die Parteien zustimmen (Abs. 1 S. 5). Die Möglichkeit eines weiteren (dritten) Gütetermins besteht aber auch dann nicht, wenn die Parteien es wünschen.[9]

7 Voraussetzung hierfür ist die Zustimmung **beider Parteien,**[10] die daher im »ersten Gütetermin« anwesend zu sein haben. Deshalb ist es nicht zulässig, einen zweiten Gütetermin auf Ersuchen einer Partei anzuberaumen, wenn die andere Partei säumig ist. Dies mag zwar sinnvoll erscheinen, etwa um dem Kläger Gelegenheit zu geben, seine (ganz oder teilweise) noch nicht schlüssige Klage mit entsprechendem Vortrag zu »vervollständigen«, z.B. durch Vorlage von Lohnabrechnungen. Das Gesetz ist insoweit aber eindeutig.

E. Ende der Güteverhandlung

8 In der Güteverhandlung kann der Rechtsstreit auf verschiedene Weise in der Instanz beendet werden:

---

8 GMPM-G/*Germelmann* § 54 Rn. 37.
9 GMPM-G/*Germelmann* § 54 Rn. 35; HWK/*Ziemann* § 54 Rn. 18.
10 Und evtl. Streitgenossen, GMPM-G/*Germelmann* § 54 Rn. 30.

I. Klagerücknahme

Da in der Güteverhandlung die Anträge nicht gestellt werden, kann die Klage **ohne Zustimmung** der beklagten Partei zurückgenommen werden. Die Rücknahme ist zu protokollieren (§ 160 Abs. 3 Ziff. 8 ZPO). Die Klagerücknahme vor der Kammerverhandlung ist kostenrechtlich privilegiert. Die Gerichtsgebühr entfällt in voller Höhe,[11] die verbleibenden gerichtlichen Auslagen sind häufig so gering, dass sie unter der Niederschlagungsgrenze liegen (vgl. dazu oben §§ 12, 12a Rn. 105).

9

II. Gerichtlicher Vergleich

Wenn sich die Parteien – häufig auf Vorschlag des Vorsitzenden – auf eine gütliche Beendigung des Rechtsstreits einigen, ist der Vergleich zu **protokollieren** (§ 160 Abs. 3 Ziff. 1 ZPO). Dies erfordert die Verlesung bzw. das Vorspielen des auf Tonträger diktierten Vergleichs sowie dessen Genehmigung durch beide Parteien (§ 162 Abs. 1 ZPO).

10

Der Vergleich kann auch unter der aufschiebenden Bedingung geschlossen werden, dass er nicht von einer Partei bis zu einem bestimmten Datum widerrufen wird (**Widerrufsvergleich**). Dann ist die Widerrufsmöglichkeit in den Vergleichstext aufzunehmen, da sie von der Genehmigung der Parteien umfasst sein muss.

11

Wenn ein Vergleich nicht geschlossen werden kann, hat der Vorsitzende die Möglichkeit, einen **schriftlichen Vergleichsvorschlag** an die Parteien zu machen, der dann schriftsätzlich angenommen werden kann (§ 278 Abs. 6 ZPO). Dieser schriftliche Vergleichsvorschlag kann den Parteien auch in der Güteverhandlung gemacht und erläutert werden; er ist dann in das Protokoll der Güteverhandlung aufzunehmen.

12

Ein wirksamer verfahrensbeendender Vergleich kann auch dadurch geschlossen werden, dass die Parteien gemeinsam oder in getrennten Schriftsätzen ihre Einigung dem Gericht mitteilen, das daraufhin (in der streitigen Verhandlung durch die Kammer, ansonsten durch den Vorsitzenden) das **Zustandekommen** dieses **Vergleichs** durch **Beschluss** feststellt. Hierbei treten zuweilen Unzulänglichkeiten oder Unvollständigkeiten auf, etwa bei der Einreichung zweier voneinander – wenn auch geringfügig – abweichender Vergleichsformulierungen oder erkennbar unvollständiger Regelungen. In derartigen Fällen sollte der Vorsitzende den Parteien einen dem Gewollten möglichst entspre-

12a

---

11 Anl. 1 zu § 3 Abs. 2 GKG, KV 8210 (2).

chenden eigenen Vergleichsvorschlag machen.[12] Ein solcher Vergleich wahrt dann, wenn er eine Einigung über die Beendigung des Arbeitsverhältnisses enthält, auch die Formvorschrift in § 623 BGB.[13]

III. Erledigung der Hauptsache

13 Die Güteverhandlung kann auch damit enden, dass die Parteien den Rechtsstreit **übereinstimmend für erledigt erklären**, etwa wenn ein eingeklagter Zahlungsanspruch inzwischen erfüllt wurde. Normalerweise ist dies dann durch einen Vergleich oder eine Klagerücknahme zu lösen. Wenn dies – etwa wegen einer Verhärtung im Verhältnis der Parteien – nicht möglich ist, sind die Erledigungserklärungen zu Protokoll zu nehmen, da sich damit der Streitgegenstand ändert. Der Vorsitzende kann dann ohne mündliche Verhandlung außerhalb des Gütetermins – und damit ohne Hinzuziehung der ehrenamtlichen Richter – über die Kosten des Rechtsstreits entscheiden (§§ 91a Abs. 1, 128 Abs. 3 ZPO).

IV. Anerkenntnis-, Verzichts- oder Versäumnisurteil

14 Ein Gütetermin endet zuweilen auch mit einem **Anerkenntnis- oder Verzichtsurteil**, häufig dagegen mit einem **Versäumnisurteil**. Gleichwohl sind diese Urteile systematisch im streitigen Verfahren ergangen, das sich – bei Vorliegen der entsprechenden Voraussetzungen[14] – unmittelbar an die Güteverhandlung anschließt (§ 54 Abs. 4). Die Alleinentscheidungsbefugnis des Vorsitzenden ergibt sich dann aus § 55 Abs. 1 Nr. 2–4.

V. Ruhen des Verfahrens

15 Das Ruhen des Verfahrens ist anzuordnen, wenn beide Parteien in der Güteverhandlung nicht erscheinen oder nicht verhandeln (§ 54 Abs. 5 S. 1). Ein Nichtverhandeln in diesem Sinne liegt auch vor, wenn die Parteien übereinstimmend das Ruhen des Verfahrens beantragen.[15]

---

12 Vgl. zu § 278 Abs. 6 ZPO im arbeitsgerichtlichen Verfahren eingehend *Nungeßer* NZA 2005, 1027 ff.
13 Für § 278 Abs. 6 Alt. 2 ZPO (auf gerichtlichen Vorschlag) BAG 23.11.2006, 6 AZR 395/06, EzA § 278 ZPO 2002 Nr. 1; weitergehend auch für Alt. 1 (übereinst. Erklärung der Parteien) wohl BBDK/*Bader* § 623 BGB Rn. 29; ErfK/*Müller-Glöge* BGB § 623 Rn. 13; vgl. dazu eingehend *Kuckuk* ArbRB 2006, 61.
14 Hier: Anerkenntnis, Verzichtserklärung, Säumnis einer Partei; vgl. hierzu i.E. die Erläuterungen zu § 55.
15 LAG Schleswig-Holstein 9.9.2005, 2 Ta 207/05; GMPM-G/*Germelmann* § 54 Rn. 59.

Güteverfahren   § 54

Die Parteien haben dann das Recht, den Rechtsstreit weiterzuführen, in- 16
dem sie einen Antrag auf Terminsanberaumung (zur streitigen Verhandlung) stellen. Geschieht dies nicht innerhalb von **sechs Monaten** nach der Güteverhandlung, gilt die Klage als **zurückgenommen**, Abs. 5 S. 3. Damit ist das Verfahren beendet. Eine späteres Wiederaufrufen oder eine Wiedereinsetzung in den vorigen Stand ist nicht möglich (keine Notfrist), allenfalls eine neue Klageerhebung, wobei eine mögliche fristwahrende Wirkung der vorherigen Klage nicht mehr zum Tragen kommt. Wegen dieser **weitreichenden Wirkung** sollten insbesondere nicht anwaltlich vertretene Parteien auf die Sechs-Monats-Frist hingewiesen werden.

Soweit der Vorsitzende einen – gesetzlich nicht ausdrücklich vorgesehe- 17
nen – Beschluss erlässt, wonach ein Kammertermin nur auf Antrag einer Partei anberaumt wird, ist dies in der Sache eine Ruhensanordnung, wobei die für die Beendigung des Ruhenszeitraums maßgebliche Prozesshandlung, ein Antrag einer Partei, der Sachlage in Abs. 5 entspricht. Der Beschluss wird deshalb einer Ruhensanordnung nach Abs. 5 S. 1 gleichgestellt, mit der Folge, dass auch bei dieser Konstellation die Klage nach sechs Monaten als zurückgenommen gilt.[16]

Abs. 5 ist **zwingend**. Das Gericht darf deshalb keine »Entscheidung 18
nach Lage der Akten« treffen. Es hat – selbst bei entsprechendem Antrag der Parteien – auch nicht die Möglichkeit, etwa das Ruhen des Verfahrens »gem. § 251 ZPO« anzuordnen, um die Sechs-Monats-Frist und die drohende Klagerücknahmefiktion zu vermeiden.[17] § 251 ZPO wird durch die Sonderregelung in § 54 Abs. 5 verdrängt und gilt in der Güteverhandlung nicht (§ 46 Abs. 2 S. 1), wohl aber in der Kammerverhandlung.

Auf Antrag der beklagten Partei hat der Vorsitzende die Rechtswirkun- 19
gen der Klagerücknahme, insbesondere die Kostentragungspflicht des Klägers, durch Beschluss auszusprechen (§ 269 Abs. 3 und 4 ZPO).

---

16 LAG Hamm 14.4.2003, 4 Ta 259/02, n.v.; *Schwab/Weth/Berscheid/Korinth* § 54 Rn. 43; a.A. LAG Düsseldorf 7.5.2003, 12 Sa 216/03, LAGE § 54 ArbGG 1979 Nr. 6.
17 GMPM-G/*Germelmann* § 54 Rn. 59; *Schwab/Weth/Berscheid/Korinth* § 54 Rn. 40; a.A. für den Fall der vorherigen Ankündigung des Nichterscheinens im Gütetermin durch beide Parteien LAG Saarland 9.6.2000, 2 Ta 2/2000, NZA-RR 2000, 546; LAG Berlin 19.9.2003, 5 Ta 1841/03, LAGE § 54 ArbGG 1979 Nr. 7; ErfK/*Koch* § 54 Rn. 12.

VI. Erfolglosigkeit der Güteverhandlung

20 Der Hauptfall der Fortsetzung der Verhandlung ist der Übergang in die streitige (Kammer-) Verhandlung.

Diese soll nach dem Gesetzeswortlaut unmittelbar anschließend stattfinden, was aber in der Praxis nur in ganz besonders gelagerten Ausnahmefällen tatsächlich geschieht.[18] Im Regelfall wird durch Beschluss des Vorsitzenden ein gesonderter Termin zur Kammerverhandlung anberaumt, der »alsbald« stattzufinden hat, d.h. nach den gegebenen Möglichkeiten des Gerichts unter Beachtung des Beschleunigungsgrundsatzes. Den Parteien wird dabei i.d.R. im Wege eines **Auflagenbeschlusses** bereits bei der Terminierung am Ende der Güteverhandlung aufgegeben, sich zum Sach- und Streitstand insgesamt und zu einzeln aufgeführten Fragen speziell zu äußern (§ 56 Abs. 1). Die gleichfalls in der Praxis zuweilen anzutreffende Entscheidung, ein Kammertermin werde »**von Amts wegen**« anberaumt, ist allenfalls mit dem Einverständnis der Parteien zulässig[19] und kommt im Hinblick auf den Beschleunigungsgrundsatz (§ 9 Abs. 1) und den unverzichtbaren Anspruch der Parteien auf einen baldigen Verhandlungstermin über lediglich bei ganz besonderen Konstellationen in Betracht, etwa bei Einholung eines Sachverständigengutachtens, über das im Kammertermin verhandelt werden soll.

F. Protokoll

21 Über die Güteverhandlung und deren Ergebnis ist ein Protokoll aufzunehmen (Abs. 3 i.V.m. §§ 159 ff. ZPO). Bei der Protokollierung von Parteierklärungen ist im Hinblick auf den Zweck der Güteverhandlung **Zurückhaltung** geboten und i.d.R. die ausdrückliche Zustimmung der Partei zur Protokollierung einzuholen. Soweit unmittelbar im Anschluss an die Güteverhandlung in das **streitige Verfahren** übergegangen wird (Abs. 4), ist dies ausdrücklich im Protokoll zu vermerken. Dies kommt insbesondere bei Säumnisentscheidungen und beim Verfahren gem. § 55 Abs. 3 in Betracht. Auch die Zustimmung zu einem zweiten

---

18 Z.B. bei gleichgelagerten Fällen, in denen es zu einer Musterprozessvereinbarung nicht gekommen ist und bereits eine erste (Muster-) Entscheidung der Kammer vorliegt, dann kommt eine Verständigung auf eine Entscheidung durch den Vorsitzenden allein gem. § 55 Abs. 3 in Betracht; eine »spontane« Heranziehung der ehrenamtlichen Richter zur unmittelbaren Fortsetzung ist ansonsten kaum denkbar.
19 GK-ArbGG/*Schütz* § 54 Rn. 60.

Güteverfahren § 54

Gütetermin ist aufzunehmen.[20] Ein Unterbleiben der Protokollierung hat jedoch keine Rechtsfolgen (§ 68).

---

20 GMPM-G/*Germelmann* § 54 Rn. 31.

§ 55 Alleinentscheidung durch den Vorsitzenden

(1) Der Vorsitzende entscheidet außerhalb der streitigen Verhandlung allein

1. bei Zurücknahme der Klage;

2. bei Verzicht auf den geltend gemachten Anspruch;

3. bei Anerkenntnis des geltend gemachten Anspruchs;

4. bei Säumnis einer Partei;

4a. über die Verwerfung des Einspruchs gegen ein Versäumnisurteil oder einen Vollstreckungsbescheid als unzulässig;

5. bei Säumnis beider Parteien;

6. über die einstweilige Einstellung der Zwangsvollstreckung;

7. über die örtliche Zuständigkeit;

8. über die Aussetzung des Verfahrens;

9. wenn nur noch über die Kosten zu entscheiden ist;

10. bei Entscheidungen über eine Berichtigung des Tatbestandes, soweit nicht eine Partei eine mündliche Verhandlung hierüber beantragt;

11. im Fall des § 11 Abs. 3 über die Zurückweisung des Bevollmächtigten oder die Untersagung der weiteren Vertretung.

(2) ¹Der Vorsitzende kann in den Fällen des Absatzes 1 Nr. 1, 3 und 4a bis 10 eine Entscheidung ohne mündliche Verhandlung treffen. ²Dies gilt mit Zustimmung der Parteien auch in dem Fall des Absatzes 1 Nr. 2.

(3) Der Vorsitzende entscheidet ferner allein, wenn in der Verhandlung, die sich unmittelbar an die Güteverhandlung anschließt, eine das Verfahren beendende Entscheidung ergehen kann und die Parteien übereinstimmend eine Entscheidung durch den Vorsitzenden beantragen; der Antrag ist in die Niederschrift aufzunehmen.

(4) ¹Der Vorsitzende kann vor der streitigen Verhandlung einen Beweisbeschluß erlassen, soweit er anordnet

1. eine Beweisaufnahme durch den ersuchten Richter;

2. eine schriftliche Beantwortung der Beweisfrage nach § 377 Abs. 3 der Zivilprozeßordnung;

Alleinentscheidung durch den Vorsitzenden § 55

3. die Einholung amtlicher Auskünfte;
4. eine Parteivernehmung;
5. die Einholung eines schriftlichen Sachverständigengutachtens.

²Anordnungen nach Nummer 1 bis 3 und 5 können vor der streitigen Verhandlung ausgeführt werden.

Übersicht	Rn.
A. Allgemeines	1
B. Die Voraussetzungen der Alleinentscheidung im Einzelnen	4
I. Bei Zurücknahme der Klage	4
II. Bei Verzicht auf den geltend gemachten Anspruch	6
III. Bei Anerkenntnis des geltend gemachten Anspruchs	7
IV. Bei Säumnis einer Partei	8
V. Über die Verwerfung eines Einspruchs	8a
VI. Bei Säumnis beider Parteien	9
VII. Über die einstweilige Einstellung der Zwangsvollstreckung	10
VIII. Über die örtliche Zuständigkeit	11
IX. Über die Aussetzung des Verfahrens	12
X. Über die Kosten des Verfahrens	16a
XI. Über die Berichtigung des Tatbestandes ohne mündliche Verhandlung	16b
XII. Über die Zurückweisung eines Bevollmächtigten	16c
C. Alleinentscheidung des Vorsitzenden auf Antrag der Parteien	17
D. Beweisbeschluss des Vorsitzenden	22

A. Allgemeines

§ 55 ergänzt und spezifiziert die allgemeine Regelung des § 53. Die dort vorgenommene **Zuweisung** von **Entscheidungsbefugnissen** an den Vorsitzenden (Beschlüsse und Verfügungen außerhalb der mündlichen Verhandlung) wird durch § 55 noch **erweitert**. Die Regelung differenziert nicht nach der Entscheidungsform, erfasst daher – insoweit über § 53 hinausgehend – **auch Urteile** (vgl. dazu oben § 53 Rn. 3 ff.), soweit sie außerhalb der streitigen Verhandlung ergehen können. Dadurch, dass die Neuregelung im SGGArbGGÄndG zum 1.4.2008[1] in den Einleitungssatz des bisherigen Abs. 1 die Worte »außerhalb der streitigen Verhandlung« eingefügt hat, wurde der Katalog der Alleinentscheidungsgegenstände bzw. -situationen gegenüber der **bisherigen Rechtslage** zwar um vier Fälle **erweitert**, zugleich aber entgegen der bisherigen Rechtslage die Alleinentscheidungskompetenz des Vorsitzenden erheb- 1

---
[1] Vom 26.3.2008 BGBl. I S. 444.

lich **eingeschränkt**.[2] Denn die bisherigen in Abs. 1 Nr. 1 bis 8 geregelten Entscheidungen sind auch in der streitigen Verhandlung von ihm allein getroffen worden. Nunmehr erfolgt der »erste Zugriff« auf die Beantwortung der Frage nach dem **entscheidenden Spruchkörper** nicht mehr nach der Konstellation im Katalog des Abs. 1, sondern nach der Verhandlungssituation: in der »streitigen Verhandlung« entscheidet **immer die Kammer in voller Besetzung**.[3]

1a Dabei ist nach der Neufassung der Begriff der »**streitigen Verhandlung**« im Eingangssatz zu Abs. 1 als »**Kammerverhandlung**« zu lesen. Das folgt aus der Gesetzesterminologie und dem Gesetzeszweck. Das Gesetz differenziert schon bisher die »mündliche Verhandlung« in **mehreren Stufen**. Nach § 54 Abs. 1 S. 1 »beginnt« sie mit der Güteverhandlung. Erscheint eine Partei nicht oder ist die Güteverhandlung erfolglos, schließt sich nach § 54 Abs. 4 die »weitere Verhandlung« unmittelbar an. Diese ist nicht mehr Güteverhandlung, bedeutet aber auch nicht schon »streitige Verhandlung«. Denn dieser Begriff wird vom Gesetzgeber in der chronologischen Abfolge der Verhandlungsabschnitte erstmals für dasjenige Stadium der Verhandlung benutzt, das in einem neuen Termin beginnt, der (als »streitige Verhandlung«) dann vom Vorsitzenden anzuberaumen ist, wenn der »weiteren Verhandlung« unmittelbar im Anschluss an die Güteverhandlung Hinderungsgründe entgegenstehen, § 54 Abs. 4 (ebenso in § 54 Abs. 5 für den Termin nach Beendigung des Ruhens). Dafür spricht auch, dass der Gesetzgeber für diejenige Verhandlung, die nach Scheitern der Güteverhandlung unmittelbar als »weitere Verhandlung« fortgesetzt wird und der keine Hinderungsgründe entgegenstehen (weil die Parteien übereinstimmend die Alleinentscheidung des Vorsitzenden beantragt haben und eine Entscheidung auch möglich ist, § 55 Abs. 3), ebenfalls nicht den Begriff der »streitigen Verhandlung« benutzt, sondern die »Verhandlung, die sich unmittelbar an die Güteverhandlung anschließt.« Wenn man davon ausgeht, dass auch der aktuelle Gesetzgeber diese Terminologie aufge-

---

2 Das übersieht die Begründung des RegE BR-Drucks. 820/07, S. 13: »Das arbeitsgerichtliche Verfahren wird durch eine Erweiterung der Alleinentscheidungsbefugnis des Vorsitzenden vereinfacht und beschleunigt . . .«.
3 Es handelt sich deshalb insoweit auch nicht um eine »Klarstellung« (so aber *Francken/Natter/Rieker* NZA 2008, 377, 379), sondern um eine konstitutive Änderung der Rechtslage, da nach ganz überwiegender Meinung bisher in den Katalogfällen des § 55 Abs. 1 auch in der Kammerverhandlung der Vorsitzende allein zuständig war, vgl. dazu die Vorauflage § 55 Rn. 2 mit den Nachw. aus Rspr. und Lit. in Fn. 1, ferner *Kittner/Zwanziger/Zwanziger* ArbR, 4. Aufl., § 166 Rn. 184; ErfK/*Koch* § 55 Rn. 4; MünchArbR/*Brehm* 2. Aufl., § 390 Rn. 120; *Griebeling* AR-Blattei SD 160.8 Rn. 88. Aus diesem Grund hat der Deutsche Richterbund die Novellierung in diesem Punkt auch abgelehnt, Rechtsausschuss-Drucks. 16 (11) 909 vom 7.2.2008.

griffen hat, dann ist die »**weitere Verhandlung**« nach dem Ende der Güteverhandlung, die wegen Säumnis beendet werden musste, **keine** »**streitige Verhandlung**« i.S.d. Eingangssatzes zu § 55 Abs. 1.[4] Damit hat der **Vorsitzende** auch weiterhin nach § 55 Abs. 1 Nr. 4 die Möglichkeit, hier allein zu entscheiden.[5]

Allein diese Sicht entspricht auch dem ausdrücklichen **Gesetzeszweck**, da ein Verlust des Alleinentscheidungsrechts des Vorsitzenden für den Fall der Säumnis in der Güteverhandlung das erklärte Ziel der Reform, das arbeitsgerichtliche Verfahren »einfacher, schneller und bürgerfreundlicher zu gestalten«,[6] in einem Hauptanwendungsbereich konterkarieren würde. Nach der Gesetzesbegründung geht auch der Gesetzgeber für die neue Rechtslage davon aus, dass das Versäumnisurteil am Ende der Güteverhandlung allein durch den Vorsitzenden erlassen werden kann und die »streitige Verhandlung« erst mit der Beiziehung der ehrenamtlichen Richter beginnt.[7]

1b

Dem Vorsitzenden weist das Gesetz damit nicht nur die Befugnis zu Verfügungen und Beschlüssen außerhalb der mündlichen Verhandlung zu, sondern ferner zu allen Entscheidungen, auch Urteilen, in der mündlichen Verhandlung außerhalb der unmittelbaren Kammerverhandlung, soweit sie über einen der im Katalog des Abs. 1 genannten Gegenstände bzw. in einer der in diesem Katalog genannten Prozesssituationen ergeht.[8]

1c

Es liegt damit die **Zuweisung des gesetzlichen Richters** i.S.v. **Art. 101 GG** vor. Bei dem Vorsitzenden einerseits und der Kammer andererseits

2

---

4 Vgl. ebenso KV 8100 S. 2: »(Die Gebühr) entfällt auch nach Übergang in das streitige Verfahren, wenn dieses ohne streitige Verhandlung endet; dies gilt nicht, wenn ein Versäumnisurteil ergeht.« Auch hier ist das Versäumnisurteil nicht der streitigen Verhandlung zugeordnet.
5 Zur bisherigen Rechtslage wurde die Alleinentscheidungsbefugnis des Vorsitzenden bei Säumnis auch in der mündlichen (Güte- oder Kammer-)Verhandlung allein aus Abs. 1 Nr. 4 abgeleitet, vgl. nur GMPM-G/*Germelmann* § 54 Rn. 56; ErfK/*Koch* § 54 Rn. 12; HWK/*Ziemann* § 54 Rn. 40; *Schwab/Weth/Berscheid/Korinth* § 54 Rn. 38; GK-ArbGG/*Schütz* § 54 Rn. 68; ebenso hier die Voraufl. § 54 Rn. 14.
6 So die Begründung des RegE BR-Drucks 820/07, S. 1.
7 RegE BR-Drucks. 820/07, S. 23, mit der Gleichsetzung der »streitigen Verhandlung« mit der Anwesenheit der Beisitzer: »Die Alleinentscheidungsbefugnis des Vorsitzenden besteht nur außerhalb der **streitigen Verhandlung**. Erfolgt eine Entscheidung in **Anwesenheit der ehrenamtlichen Richter**, sind diese auch in den in § 55 Abs. 1 Nr. 1 bis 10 genannten Fällen zu beteiligen. ... (zu Abs. 1 Nr. 4a:) Eine Beteiligung der ehrenamtlichen Richterinnen und Richter ist nicht erforderlich, zumal **der Vorsitzende** nach geltendem Recht befugt ist, das mit dem Einspruch angegriffene Versäumnisurteil **allein zu erlassen**.«
8 Vgl. dazu auch die Übersicht in den Erläuterungen zu § 53.

handelt es sich um **zwei verschiedene Spruchkörper**, wobei der Vorsitzende nicht ein »minus«, sondern ein »aliud« gegenüber der Kammer darstellt. Die ihm zugewiesenen Entscheidungskompetenzen können daher nur von ihm und nicht (auch) von der Kammer wahrgenommen werden, und umgekehrt.[9] Entscheidet der falsche Spruchkörper, ist dies **fehlerhaft** und stellt für den Fall der zugelassenen Sprungrevision einen absoluten Revisionsgrund gem. § 547 Nr. 1 ZPO dar.[10] Bei Rechtskraft kann ein **Nichtigkeitsgrund** gem. § 579 Nr. 1 ZPO vorliegen; ferner ist auch eine **Verfassungsbeschwerde** gem. Art. 93 Abs. 1 Nr. 4a GG möglich. Wird ein auf diese Weise fehlerhaft zu Stande gekommenes Urteil mit der Berufung angegriffen, ist eine Zurückverweisung wegen des Verfahrensfehlers nicht möglich, § 68.

3 § 55 weist dem Vorsitzenden in **Abs. 1** in den dort genannten Fällen die zwingende Alleinentscheidungsbefugnis zu und eröffnet ihm darüber hinaus in der Verfahrensregelung des **Abs. 2** die Möglichkeit, bestimmte Entscheidungen ohne mündliche Verhandlung zu treffen, und damit der eigenen Entscheidungsbefugnis zu unterwerfen.[11] **Abs. 3** gibt den Parteien bei Vorliegen bestimmter Voraussetzungen die Möglichkeit, eine Alleinentscheidung des Vorsitzenden auch in Fällen herbeizuführen, in denen an sich die Kammer entscheiden muss. **Abs. 4** weist dem Vorsitzenden ferner – insoweit die ZPO-Vorschriften teilweise erweiternd – die Möglichkeit zu, bestimmte Entscheidungen über die Beweiserhebung zur Vorbereitung der Kammerverhandlung allein zu treffen und deren Durchführung zu veranlassen.

---

9 So schon BAG 17.7.1964, 1 ABR 3/64, AP § 80 ArbGG 1953 Nr. 3; LAG Rheinland-Pfalz 4.3.1997, 6 Sa 1235/96, LAGE § 68 ArbGG 1979 Nr. 1; Hess. LAG 17.2.2003, 16 Sa 1350/02; GK-ArbGG/*Schütz* § 55 Rn. 7 f.; ArbGG/*Kloppenburg/Ziemann* § 55 Rn. 3; GMPM-G/*Germelmann* § 55 Rn. 4; a.A. *Hauck/Helml* § 55 Rn. 5; *Schaub* ArbGV, § 29 Rn. 2; *Schwab/Weth/BerscheidKorinth* § 55 Rn. 9.
10 ErfK/*Koch* § 55 Rn 2; GK-ArbGG/*Schütz* § 55 Rn. 8.
11 Was möglicherweise verfassungsrechtlich nicht ganz unbedenklich ist; eine solche Befugnis ist zwar in anderen Konstellationen auch gegeben, z.B. bei der Frage, ob im Eilverfahren mit oder ohne mündliche Verhandlung entschieden wird; dies ist jedoch Ergebnis einer unvermeidlichen besonderen Verfahrenssituation (vgl. dazu unten § 62 Rn. 120). Mit § 55 Abs. 2 ist diese Möglichkeit für eine Reihe von Entscheidungen jedoch zum System gemacht worden. Zu den Anforderungen an die Vorherbestimmtheit des gesetzlichen Richters i.S.v. Art. 101 Abs. 1 S. 2 GG vgl. Plenum des BVerfG 8.4.1997, 1 PBvU 1/95, EzA Art. 101 GG Nr. 2; BAG 16.11.1995, 8 AZR 864/93, EzA Art. 20 EinigungsV Nr. 47; 26.9.1996, 8 AZR 126/95, EzA § 39 ArbGG 1979 Nr. 5; jetzt auch BAG 26.9.2007, 10 AZR 35/07, NZA 2007, 1318; 20.6.2007, 10 AZR 375/06, EzA Art. 101 GG Nr. 8.

B. Die Voraussetzungen der Alleinentscheidung nach Abs. 1 im Einzelnen

I. Bei Zurücknahme der Klage

Der Vorsitzenden entscheidet allein bei Zurücknahme der Klage (Abs. 1 Nr. 1). Dabei muss die Klagerücknahme als solche feststehen; ist streitig, **ob** die Klage zurückgenommen worden ist, entscheidet die **Kammer**, ggf. durch Zwischenurteil nach § 303 ZPO.[12] Versagt der Beklagte die ggf. nach § 269 Abs. 1 ZPO erforderliche Zustimmung, liegt keine Klagerücknahme vor. Ansonsten ergibt sich die Alleinzuständigkeit für die Folgeentscheidungen ohne mündliche Verhandlung (§ 55 Abs. 2) bereits aus § 53. Eine konstitutive Regelung trifft die Vorschrift nur für die Entscheidungen nach Klagerücknahme in der Güteverhandlung. Anders als nach der Rechtslage bis zum 1.4.2008 ergeht jedoch der Beschluss nach § 269 Abs. 4 ZPO dann durch die vollbesetzte Kammer, wenn die Klagerücknahme in der streitigen Verhandlung erklärt wird und die beklagte Partei den entsprechenden Antrag stellt.

Eine übereinstimmende **Erledigungserklärung** der Parteien gem. § 91a ZPO führt (u.a. wegen Abs. 1 Nr. 9) zum Alleinentscheidungsrecht des Vorsitzenden, wenn die Kostenentscheidung gem. § 91a Abs. 1 S. 1 ZPO außerhalb der mündlichen Verhandlung oder im Gütetermin ergeht (vgl. dazu unten Rn. 16a). Ist jedoch über die Kosten in streitiger Kammerverhandlung zu entscheiden,[13] ist die Kammer zuständig.[14]

4

5

II. Bei Verzicht auf den geltend gemachten Anspruch

Ein Verzicht nach Abs. 1 Nr. 2 liegt nur dann vor, wenn eine entsprechende Prozesserklärung gem. § 306 ZPO, also in der mündlichen Verhandlung, abgegeben worden ist. Eine **schriftliche** Verzichtserklärung genügt **nicht**, da der Gesetzestext in § 306 ZPO eindeutig ist und im Übrigen gerade bei nicht vertretenen Parteien die Abgrenzung zu einem bloß privatrechtlichen Verzicht, der – anders als der prozessuale – bei Vorliegen der Voraussetzungen angefochten und kondiziert werden kann, nicht immer eindeutig ist.[15] Deshalb entfaltet auch die Möglich-

6

---

12 GMPM-G/*Germelmann* § 55 Rn. 8; GK-ArbGG/*Schütz* § 55 Rn. 13.
13 Sei es, weil die Erledigungserklärungen in der streitigen Verhandlung abgegeben worden sind, sei es, weil das Gericht (ausnahmsweise, § 128 Abs. 3 ZPO) zur Kostenentscheidung eine gesonderte streitige Verhandlung durchführt.
14 So schon zum alten Recht GMPM-G/*Germelmann* § 55 Rn. 7; GK-ArbGG/ *Schütz* § 55 Rn. 14; *Hauck/Helml* § 55 Rn. 12.
15 Im Erg. ebenso GMPM-G/*Germelmann* § 55 Rn. 10; wohl auch ArbGG/*Kloppenburg/Ziemann* § 55 Rn. 8; a.A. GK-ArbGG/*Schütz* § 55 Rn. 16 f, insoweit auch zum Anerkenntnis gem. § 307 ZPO; § 307 S. 2 i.d.F. des JuMoG hat aber,

keit, mit Zustimmung der Parteien ohne mündliche Verhandlung zu entscheiden (§ 55 Abs. 2 S. 2) nur geringe praktische Relevanz. Mit der Verzichtserklärung wird die geltend gemachte Rechtsposition endgültig aufgegeben. Wegen der Möglichkeit der Klagerücknahme, die – anders als das Verzichtsurteil – nicht ausschließt, dass der Anspruch erneut geltend gemacht wird, kommt eine Verzichtserklärung ohnehin praktisch nur selten und lediglich dann vor, wenn eine Klagerücknahme wegen notwendiger, aber nicht erteilter Zustimmung des Beklagten nicht möglich ist. Mögliche **Folgeentscheidungen** des Vorsitzenden allein: auf Antrag (Klageabweisungsantrag genügt, auf ein streitiges Urteil besteht kein Anspruch) Verzichtsurteil gem. § 306 ZPO, bei Teilverzicht auch entsprechendes Teilurteil,[16] allerdings sämtlich nur in der Güteverhandlung. Soweit die Entscheidung in oder aufgrund einer Kammerverhandlung ergeht, ist die Kammer zuständig.

III. Bei Anerkenntnis des geltend gemachten Anspruchs

7 Ein Anerkenntnis kann schriftsätzlich oder in der mündlichen Verhandlung erfolgen (§ 307 ZPO).[17] Erforderlich, aber auch ausreichend ist, dass der Wille des Beklagten erkennbar wird, den gegen ihn erhobenen Anspruch für begründet zu erklären. Die möglichen **Folgeentscheidungen** des Vorsitzenden allein können in der Güteverhandlung, aber auch ohne mündliche Verhandlung erlassen werden (§ 55 Abs. 2 S. 1). Es sind auf (nicht unbedingt ausdrücklichen) Antrag Anerkenntnisurteil und bei Teilanerkenntnis ein Anerkenntnisteilurteil.

IV. Bei Säumnis einer Partei

8 Der Vorsitzende entscheidet auch allein bei Säumnis einer Partei (Abs. 1 Nr. 4). Eine solche Entscheidung kommt nur bei einer mündlichen Verhandlung in Betracht, wobei die Kompetenz des Vorsitzenden zur Alleinentscheidung auf die Fälle des Nichterscheinens einer Partei in der Güteverhandlung beschränkt ist. Diese ist nicht als »streitige Verhandlung« anzusehen.[18] Die möglichen Entscheidungen richten sich nach dem Verhalten der nichtsäumigen Partei. Beantragt diese ein **Versäumnisurteil** oder – ggf. nach entsprechenden Hinweisen des Vorsit-

---

neben dem schon früher unterschiedlichen Wortlaut von § 306 und § 307 S. 1 ZPO, gerade und nur für das Anerkenntnis geregelt, dass es einer mündlichen Verhandlung jedenfalls für das Urteil nicht bedarf.
16 BAG 26.10.1979, 7 AZR 752/77, EzA § 9 KSchG Nr. 7.
17 GK-ArbGG/*Schütz* § 55 Rn. 16 f; BLAH/*Hartmann* ZPO § 307 Rn. 8; *Griebeling* AR-Blatt. SD 160.8 Rn. 178 ff.; krit. *Knauer/Wolf* NJW 2004, 2857, 2861.
18 Vgl. dazu ausführlich oben Rn. 1a ff.

zenden – ein **Versäumnisteilurteil**, hat der Vorsitzende dies in bzw. nach der Güteverhandlung **allein** zu erlassen, soweit die sonstigen Voraussetzungen (§§ 330 ff. ZPO) vorliegen. Dies gilt auch für das sog. »unechte«, also **klageabweisende Versäumnisurteil**, soweit der Klageantrag nicht schlüssig ist, auch wenn es sich dabei in der Sache um ein kontradiktorisches Urteil handelt[19] (dazu ausf. § 59 Rn. 16), ferner auch für **die Zurückweisung des Antrags**, etwa, weil wegen nicht ordnungsgemäßer Ladung kein Fall der Säumnis vorliegt (dazu ausf. § 59 Rn. 6 ff.). Maßgeblich ist, dass die Entscheidung **bei** und nicht **auf Grund** der Säumnis zu treffen ist. Die nach der früheren Rechtslage dem Vorsitzenden ebenfalls zugewiesene Kompetenz zum Erlass auch eines **zweiten Versäumnisurteils** i.S.v. § 345 ZPO ist ihm nunmehr entzogen. Dabei bestand die rein theoretische Möglichkeit eines zweiten Versäumnisurteils in einem zweiten Gütetermin auch schon zur alten Rechtslage praktisch nicht,[20] da mit dem ersten Versäumnisurteil im Gütetermin die Güteverhandlung beendet war und auch bei Zustimmung beider Parteien eine »Rückkehr« in die Güteverhandlung in einem zweiten Gütetermin nicht möglich ist.[21]. Stellt die in der Güteverhandlung erschienene Partei keinen Antrag, liegt ein Fall der Säumnis beider Parteien vor (§ 333 ZPO), mithin die Entscheidungsbefugnis des Vorsitzenden gem. § 55 Abs. 1 Nr. 5.

V. Über die Verwerfung eines Einspruchs

Nach bis zum 1.4.2008 geltender Rechtslage war die Verwerfung eines Einspruchs nur durch die gesamte Kammer möglich, auch wenn sie ohne mündliche Verhandlung erfolgte, da die Entscheidung stets in Form eines Urteils ergeht, § 341 Abs. 2 ZPO. Die bei der Einführung dieser Vorschrift durch die Zivilprozessreform 2002 zunächst unterbliebene **Anpassung** für das Arbeitsgerichtsverfahren ist nunmehr nachgeholt worden[22] und erlaubt dem Vorsitzenden, das **Verwerfungsurteil** ohne mündliche Verhandlung allein zu erlassen. Die Beteiligung der ehrenamtlichen Richter erscheint insoweit auch verzichtbar, weil es dabei vorwiegend um formale Kriterien, wie die Einhaltung der Einspruchsfrist usw. geht.[23]

8a

---

19 ArbGG/*Kloppenburg/Ziemann* § 55 Rn. 13; GK-ArbGG/*Schütz* § 55 Rn. 18.
20 Anders ArbG Hamburg 9.3.2007, 11 Ca 422/06; *Schwab/Weth/Berscheid/Korinth* § 54 Rn. 38.
21 So auch GK-ArbGG/*Schütz* § 54 Rn. 69.
22 *Reinhard/Böggemann* NJW 2008, 1263, 1266; *Francken/Natter/Rieker* NZA 2007, 833, 834.
23 *Francken/Natter/Rieker* NZA 2008, 377, 379.

VI. Bei Säumnis beider Parteien

9 Bei Säumnis beider Parteien (Abs. 1 Nr. 5) ist in der **Güteverhandlung** das Ruhen des Verfahrens anzuordnen (§ 54 Abs. 5 S. 1). In der **ersten Kammerverhandlung** kommt eine Vertagung nach § 227 ZPO oder eine Ruhensanordnung nach § 251a Abs. 3 ZPO in Betracht, abweichend von der früheren Rechtslage nunmehr jeweils durch die Kammer. Ein Urteil nach Lage der Akten gem. § 251a Abs. 1 ZPO kann nur dann ergehen, wenn in einem früheren Termin mündlich verhandelt worden ist, kommt also nur bei einem **zweiten Kammertermin** in Betracht, da die Güteverhandlung nicht als »Verhandlung« i.S.v. § 251a Abs. 2 ZPO anzusehen ist,[24] weil dort keine Anträge gestellt und damit die jeweiligen Prozessziele der Parteien nicht verbindlich definiert worden sind.[25]

VII. Über die einstweilige Einstellung der Zwangsvollstreckung

10 Auch über die einstweilige Einstellung der Zwangsvollstreckung (Abs. 1 Nr. 6) entscheidet der Vorsitzende außerhalb der Kammerverhandlung allein. Dies ergibt sich für Entscheidungen **ohne mündliche Verhandlung** (in der Praxis die Regel) bereits aus § 53, erstreckt sich gem. vorliegender Regelung aber auch auf Entscheidungen, die in oder aufgrund der Güteverhandlung ergehen. Soweit das Arbeitsgericht als **Prozessgericht** im Rahmen der **Zwangsvollstreckung** tätig wird, z.B. bei der Vollstreckung von Handlungen, Duldungen oder Unterlassungen (§§ 887 ff. ZPO), entscheidet es in der streitigen Verhandlung durch die **vollständige Kammer**. Das betrifft nicht nur Urteile, sondern auch Beschlüsse, die sodann von allen drei Richtern unterzeichnet werden müssen, da § 60 Abs. 4 nicht für Beschlüsse gilt.[26]

VIII. Über die örtliche Zuständigkeit

11 Beschlüsse über die örtliche Zuständigkeit (Abs. 1 Nr. 7) werden i.d.R. gleichfalls ohne mündliche Verhandlung erlassen (§§ 17 Abs. 4 S. 1 GVG, §§ 48 Abs. 1, 55 Abs. 2 S. 1); soweit sie in der Güteverhandlung er-

---

24 LAG Bremen 25.6.2003, 2 Sa 67/03, LAGE § 68 ArbGG 1979 Nr. 6; GK-ArbGG/*Schütz* § 55 Rn. 22; ErfK/*Koch* § 55 Rn. 4; DFL/*Heider* § 55 Rn. 4; jetzt auch GMPM-G/*Germelmann* § 55 Rn. 18; a.A. Hess. LAG 31.10.2000, 9 Sa 2072/99, MDR 2001, 517; HWK/*Ziemann* § 55 Rn. 12; *Schwab/Weth/Berscheid/Korinth* § 55 Rn. 29.
25 Hierzu als Voraussetzung einer Entscheidung nach Aktenlage instr. BAG 4.12.2002, 5 AZR 556/01, EzA § 333 ZPO Nr. 1.
26 LAG Düsseldorf 8.3.1979, 3 Ta 9/79, EzA § 929 ZPO Nr. 1; GMPM-G/*Germelmann* § 62 Rn. 60.

gehen, entscheidet auch hier der Vorsitzende allein. Analog ergibt sich seine Befugnis auch für die Ablehnung der **Übernahme** eines Rechtsstreits bei offensichtlich gesetzwidriger Verweisung; z.B. wenn eine gesetzliche Zuständigkeitsänderung vom abgebenden Gericht nicht zur Kenntnis genommen worden ist.[27]

IX. Über die Aussetzung des Verfahrens

Eine **Aussetzung** des Verfahrens (Abs. 1 Nr. 8) kommt insbesondere in Betracht, wenn das Ergebnis eines anderen zivil- oder verwaltungsrechtlichen Verfahrens für den Rechtsstreit vorgreiflich ist (§ 148 ZPO), ferner in den Fällen der Unterbrechung gem. §§ 239, 241 f. ZPO, wenn dort ein Prozessbevollmächtigter bestellt ist und dieser den Antrag auf Aussetzung stellt (§ 246 ZPO). Die **Unterbrechung des Rechtsstreits** selbst tritt gem. §§ 239 ff. ZPO bei Vorliegen der entsprechenden Voraussetzungen von Gesetzes wegen ein; einer Gerichtsentscheidung hierzu bedarf es grundsätzlich nicht. 12

In den Fällen der **Vorgreiflichkeit** muss das Gericht deren Vorliegen ohne jeden Ermessensspielraum feststellen. Vorgreiflich ist die Erledigung des anderen Rechtsstreits nur dann, wenn **feststeht**, dass (a) im anderen Rechtsstreit über ein bestimmtes Rechtsverhältnis **entschieden werden muss** und eine Entscheidung auf anderem Wege nicht getroffen werden kann, und (b) dieses bestimmte Rechtsverhältnis für den vorliegenden Rechtsstreit von **entscheidender Bedeutung** ist, also auch dieser nicht unter Vermeidung der Entscheidung der Streitfrage entschieden werden kann. Die bloße Möglichkeit von (a) oder (b) genügt nicht. Liegen diese Voraussetzungen vor, hat nunmehr das Gericht nach pflichtgemäßem Ermessen zu entscheiden, ob der Rechtsstreit ausgesetzt wird. Dabei hat es die Vor- und Nachteile gegeneinander abzuwägen, wobei dem **Beschleunigungsgrundsatz** (§§ 9 Abs. 1, 61a) große Bedeutung zukommt. Eine mündliche Verhandlung ist nicht erforderlich (Abs. 2 S. 1) und wird in der Praxis auch selten durchgeführt, so dass auch nach der seit dem 1.4.2008 geltenden Rechtslage zumeist der Vorsitzende allein entscheidet. 13

Einzelfälle der Aussetzung nach § 149 ZPO: Der Kündigungsschutzprozess mag gegenüber **Entgelt- und Beschäftigungsansprüchen** vorgreiflich sein; eine Aussetzung der Rechtsstreite über diese »Folgeansprüche« ist wegen des Beschleunigungsgrundsatzes jedenfalls nach einer erstinstanzlichen Entscheidung über den Bestand i.d.R. jedoch 14

---

27 GK-ArbGG/*Schütz* Rn. 25; *Hauck/Helml* § 55 Rn. 17.

nicht gerechtfertigt[28] – anders, wenn beide Parteien einverstanden sind. In diesen Fällen kommt aber – wie auch bei einer **Musterprozessvereinbarung** – auch ein Ruhen des Verfahrens gem. § 251 ZPO in Betracht. **Bestandsschutzstreitigkeiten** selbst unterliegen dem besonderen Beschleunigungsgebot aus § 61a und sind deshalb nur ganz ausnahmsweise auszusetzen; so ist selbst über **Folgekündigungen** u.U. schon dann zu entscheiden, wenn über die vorangehende Kündigung noch kein rechtskräftiges Urteil vorliegt.[29] Die Aussetzung eines Kündigungsschutzrechtsstreits soll aber dann regelmäßig in Betracht kommen, wenn über eine materielle Voraussetzung in einem anderen Verfahren gestritten wird, z.B. **Zustimmung des Integrationsamtes** bei der Kündigung von Schwerbehinderten,[30] des zuständigen Amtes bei der Kündigung von **Schwangeren**,[31] **verwaltungsrechtliche Verfügungen**,[32] etc. Die Ermessensentscheidung ist dabei jedoch von dem konkreten Einzelfall abhängig zu machen, wobei die Erfolgsaussichten im »anderen« Rechtsstreit durchaus herangezogen werden können, namentlich wenn es dort bereits zu (wenngleich noch nicht rechtskräftigen) Entscheidungen gekommen ist. Vorrangig sind auch Möglichkeiten der **Verfahrensverbindung** gem. § 147 ZPO zu prüfen.[33]

15 Eine Aussetzung bei **Verdacht einer Straftat** gem. § 149 ZPO kommt in Betracht, wenn dessen bessere Erkenntnismöglichkeiten nutzbar gemacht werden können. Dabei müssen die Vorteile der staatsanwaltschaftlichen und polizeilichen Möglichkeiten deutlich das arbeitsgerichtliche Beschleunigungsgebot überwiegen und die dabei zu erwartenden Ergebnisse müssen sich auf die vom Arbeitsgericht zu beurteilenden Sachverhalte unmittelbar auswirken.[34] Über einen Antrag gem. § 149 Abs. 2 ZPO auf Fortsetzung der Verhandlung nach einem

---

28 LAG Frankfurt 3.7.2002, 12 Ta 213/02, BB 2002, 2075; LAG Köln 24.11.1997, 4 Ta 343/97, LAGE § 148 ZPO Nr. 32; GK-ArbGG/*Schütz* § 55 Rn. 32.
29 Sehr generell insoweit LAG Schleswig-Holstein 25.9.1998, 6 Ta 137/98, LAGE § 55 ArbGG 1979 Nr. 4; im Erg. ebenso bei außerordentlicher und ordentlicher Kündigung Hess. LAG 13.8.1999, 5 Ta 512/99, LAGE § 148 ZPO Nr. 36, anders dagegen, für Aussetzung, bei Folgekündigungen Hess. LAG 17.1.2000, 9 Ta 32/00; LAG Sachsen 12.12.2001, 4 Ta 379/01, LAGE § 148 ZPO Nr. 37
30 BAG 26.9.1991, 2 AZR 132/91, EzA § 1 KSchG Personenbedingte Kündigung Nr. 10; LAG Rheinland-Pfalz 9.10.1997, 3 Ta 187/97, MDR 1998, 724.
31 KR/*Bader* § 9 MuSchG Rn. 127; *Schaub* ArbGV, § 31 Rn. 9; ebenso zu § 18 BErzGG LAG Niedersachsen 18.3.2003, 13 Sa 1471/02, LAGE § 18 BErzGG Nr. 2.
32 Ersatzvornahme bei Kündigung im öffentlichen Dienst, LAG Thüringen 7.11.2002, 1 Sa 462/02.
33 LAG Hamm 20.10.1983, 8 Ta 291/83, EzA § 148 ZPO Nr. 14; LAG Schleswig-Holstein 25.9.1998, 6 Ta 137/98, LAGE § 55 ArbGG 1979 Nr. 4.
34 LAG Nürnberg 29.5.2002, 1 Ta 78/02, LAGReport 2002, 385.

Jahr Aussetzung entscheidet außerhalb der mündlichen Verhandlung, also i.d.R. gleichfalls der Vorsitzende allein.

Kein Alleinentscheidungsrecht dagegen besteht dann, wenn der Rechtsstreit an das **BVerfG** oder den **EuGH** vorgelegt wird; diese Entscheidung ist durch die Kammer in voller Besetzung zu treffen.[35]

16

X. Über die Kosten des Verfahrens

Da die Entscheidung über die Kosten nach § 128 Abs. 3 ZPO schon bislang ohne mündliche Verhandlung (und als Beschluss damit durch den Vorsitzenden allein, § 53 Abs. 1 S. 1) erfolgen konnte, hat die Neuregelung ausschließlich Bedeutung für Kostenentscheidungen in Urteilsform, also insbesondere für das **Kostenschlussurteil**, wenn der Streit sich nach einem **vorher ergangenen Teilurteil** im Übrigen auf andere Weise erledigt hat.[36] Auch hierbei handelt es sich um Entscheidungen, die einer Mitwirkung des aus der Praxis erwachsenen Sachverstandes der ehrenamtlichen Richter nicht unbedingt bedürfen.[37] Im Übrigen wird damit eine Anpassung an die Kammer für Handelsrecht beim Landgericht vorgenommen, die Kostenentscheidungen generell auch durch den Vorsitzenden allein erlässt (§ 349 Abs. 2 Nr. 12 ZPO).[38]

16a

XI. Über die Berichtigung des Tatbestandes ohne mündliche Verhandlung

Der Verfahrensvereinfachung und -beschleunigung soll auch die Übertragung der Alleinentscheidungskompetenz auf den Vorsitzenden für den Fall dienen, dass eine **Tatbestandsberichtigung** gem. **§ 320 ZPO** beantragt worden ist. Im allgemeinen Zivilverfahren ist hier die Entscheidung durch diejenigen Richter vorgesehen, die bei dem Urteil mitgewirkt haben, § 320 Abs. 4 S. 2 ZPO.[39] Hiervon macht für die erste Instanz das ArbGG eine Ausnahme, es sei denn, der Antragsteller beantragt zusätzlich eine **mündliche Verhandlung** über seinen Antrag, **§ 320 Abs. 3 ZPO**. Die Mitwirkung der ehrenamtlichen Richter bei der Berichtigung eines Tatbestandes, an dessen Anfertigung und Formulierung sie nicht mitgewirkt und den sie nicht unterschrieben haben,

16b

---

35 HWK/*Ziemann* § 55 Rn. 18; GMPM-G/*Germelmann* § 55 Rn. 26 f.; ErfK/*Koch* § 55 Rn. 5.
36 Vgl. dazu *Creutzfeldt* RdA 2004, 281, 286 ff.
37 *Francken/Natter/Rieker* NZA 2008, 377, 379.
38 Begründung des RegE BR-Drucks 820/07, S. 33.
39 § 53 Abs. 1 S. 1 erfasst diesen Fall nicht, da § 320 Abs. 4 S. 2 ZPO »etwas anderes bestimmt«, BHK Kap XI Rn. 56.

erscheint auch nicht zwingend,[40] wenngleich der Tatbestand selbstverständlich den Erkenntnisstand der vollständigen Kammer wiedergibt.

XII. Über die Zurückweisung eines Bevollmächtigten

16c Durch das Gesetz zur Neuregelung des Rechtsberatungsrechts vom 12.12.2007[41] ist der Kreis der vor dem Arbeitsgericht als Prozessbevollmächtigte zugelassenen vertretungsbefugten Personen wesentlich geändert worden. Soweit ein Bevollmächtigter vor dem Arbeitsgericht auftritt, der die in § 11 Abs. 2 genannten Kriterien nicht erfüllt, ist er vom Gericht durch **Beschluss** zurückzuweisen. Nach Abs. 1 Nr. 11 ist dieser Beschluss in der Kammerverhandlung durch die **gesamte Kammer**, außerhalb der Kammerverhandlung durch den **Vorsitzenden** allein zu erlassen. Gleiches gilt für den Beschluss des Arbeitsgerichts, mit dem die weitere Vertretung einem der in § 11 Abs. 2 Nr. 1 bis 3 genannten Personen untersagt wird, weil diese nicht in der Lage sind, das Sach- und Streitverhältnis sachgerecht darzustellen, § 11 Abs. 3.[42]

C. Alleinentscheidung des Vorsitzenden auf Antrag der Parteien

17 Der Vorsitzende entscheidet nach **Abs. 3** auch allein, wenn die **Parteien dies übereinstimmend beantragen** (alle Beteiligte, also ggf. auch die Streitgenossen) und weiter folgende Voraussetzungen vorliegen:

18 – Der Antrag muss **unmittelbar** nach dem Scheitern der Güteverhandlung gestellt werden; er ist zu protokollieren.

19 – Es muss mit einer gewissen Wahrscheinlichkeit erwartet werden können, dass am Ende der nun stattfindenden streitigen Verhandlung eine das Verfahren beendende Entscheidung ergehen kann. Diese **Prognose** wird nur dann zu stellen sein, wenn die Tatsachengrundlagen der Entscheidung ausreichend und unstreitig vorliegen und es nur auf Rechtsfragen ankommt oder wenn ein präsenter Zeuge zu einem streitigen Beweisthema unmittelbar vernommen werden kann und eine abschließende Klärung der streitigen Tatsache von der Beweisaufnahme zu erwarten ist. **Streitig** ist, ob auch eine »Zwi-

---
40 So *Francken/Natter/Rieker* NZA 2007, 833, 834.
41 BGBl. I S. 2840, hinsichtlich der arbeitsgerichtlichen Regelungen am 1.7.2008 in Kraft getreten.
42 Vgl. dazu ausf. oben § 11 Rn. 29 ff.

Alleinentscheidung durch den Vorsitzenden § 55

schenentscheidung« wie ein Verweisungsbeschluss[43] oder eine (isolierte) Entscheidung über die nachträgliche Zulassung der Kündigungsschutzklage gem. § 5 Abs. 4 KSchG[44] als eine verfahrensbeendende Entscheidung in diesem Sinne anzusehen sind. Dies ist zu verneinen. Im Hinblick auf **Art. 101 GG** sind Vorschriften, die den Parteien eine »Dispositionsbefugnis« über den zuständigen Richter geben, **eng auszulegen**. Alle ausdrücklichen Zuweisungsregelungen gehen insoweit vor, daher auch § 48 Abs. 1 Nr. 2. § 55 Abs. 3 spricht von einer »das Verfahren« beendenden Entscheidung. Die Aufspaltung des Rechtsstreits in »Teilverfahren« ließe jede Entscheidung zur Alleinentscheidung des Vorsitzenden zu, die Gegenstand eines Zwischenurteils gem. § 303 ZPO werden kann, also etwa über das Vorliegen von Prozesshindernissen, über die Zulässigkeit der Klage, über die Gewährung der Wiedereinsetzung in den vorigen Stand, über die Zulässigkeit einer Klageänderung oder einer Parteiänderung, über die Zulässigkeit eines Beweisantritts, über die nachträgliche Zulassung der Kündigungsschutzklage usw. Dies ist mit dem **Ausnahmecharakter des § 55 Abs. 3** nicht vereinbar. Entscheidend ist daher, dass mit der (als mit einer gewissen Wahrscheinlichkeit zu erwartenden) Entscheidung dieser Rechtsstreit bei diesem Gericht beendet werden kann. Neben dem Endurteil kommen hier nur Entscheidungen in Betracht, bei denen sich die Alleinzuständigkeit des Vorsitzenden bereits aus anderen Vorschriften ergibt, z.B. § 55 Abs. 1 (Verweisung wegen örtlicher Unzuständigkeit, Anerkenntnisurteil etc.). Im Ergebnis bedeutet dies, dass die Prognose zum Zeitpunkt des Scheiterns der Güteverhandlung dahin positiv ausfallen muss, dass nach der sofort anschließenden Durchführung der streitigen Verhandlung mit einem **Endurteil** zu rechnen ist.

– Die streitige Verhandlung muss sich ohne wesentliche Unterbrechung 20 **unmittelbar an die Güteverhandlung**[45] anschließen. Jede zwischenzeitliche anderweitige Verhandlung unterbricht diesen Zusammenhang und schließt eine Alleinentscheidung des Vorsitzenden aus.[46]

---

43 Dafür BAG 3.7.1974, 5 AR 154/74, EzA § 36 ZPO Nr. 6 (zum alten Recht); LAG Niedersachsen 23.1.1995, 3 Ta 159/94, LAGE § 48 ArbGG 1979 Nr. 10; ErfK/ Koch § 55 Rn. 6; dagegen GMPM-G/Germelmann § 55 Rn 45.
44 Zum früheren Recht (isolierter Beschluss) bejahend LAG Frankfurt 27.3.1987, 13 Ta 74/87, LAGE § 55 ArbGG 1979 Nr. 2; GK-ArbGG/Schütz § 55 Rn. 44; Schwab/Weth/Berscheid/Korinth § 55 Rn. 55; dagegen LAG Frankfurt 19.12.1986, 13 Ta 347/86, LAGE § 55 ArbGG 1979 Nr. 1; ErfK/Koch § 55 Rn. 6; GMPM-G/Germelmann § 55 Rn. 45.
45 Dies gilt auch für einen evtl. zweiten Gütetermin, Griebeling AR-Blattei SD 160.8 Rn. 197.
46 BHK S. 48; GMPM-G/Germelmann § 55 Rn. 41; diff. ArbGG/Kloppenburg/Ziemann § 55 Rn. 30.

21 Ansonsten gelten für die vom Vorsitzenden allein durchgeführten streitigen Verhandlungen **keine Besonderheiten** gegenüber der Kammerverhandlung.

D. Beweisbeschluss des Vorsitzenden

22 Abs. 4 ermöglicht den Erlass eines **Beweisbeschlusses** und (mit Ausnahme der Parteivernehmung, die in der Verhandlung vor der Kammer zu erfolgen hat) auch deren Umsetzung durch den Vorsitzenden allein, wenn er sich auf bestimmte – in der Vorschrift **abschließend** genannte – Beweismittel bezieht. Ausgenommen davon sind mithin die Anordnung einer Zeugenvernehmung und der Augenscheinseinnahme sowie die Erstattung eines mündlichen Gutachtens. Die Vorschrift dient der **Beschleunigung** des Verfahrens und soll vor allem bewirken, dass die außerhalb der mündlichen Verhandlung vor der Kammer zu erhebenden Beweise nach Möglichkeit bereits zur ersten Kammerverhandlung vorliegen. Der Beweisbeschluss unterliegt den allgemeinen Vorschriften der **§§ 359 ff. ZPO**.

§ 56 Vorbereitung der streitigen Verhandlung

(1) [1]Der Vorsitzende hat die streitige Verhandlung so vorzubereiten, daß sie möglichst in einem Termin zu Ende geführt werden kann. [2]Zu diesem Zweck soll er, soweit es sachdienlich erscheint, insbesondere

1. den Parteien die Ergänzung oder Erläuterung ihrer vorbereitenden Schriftsätze sowie die Vorlegung von Urkunden und von anderen zur Niederlegung bei Gericht geeigneten Gegenständen aufgeben, insbesondere eine Frist zur Erklärung über bestimmte klärungsbedürftige Punkte setzen;

2. Behörden oder Träger eines öffentlichen Amtes um Mitteilung von Urkunden oder um Erteilung amtlicher Auskünfte ersuchen;

3. das persönliche Erscheinen der Parteien anordnen;

4. Zeugen, auf die sich eine Partei bezogen hat, und Sachverständige zur mündlichen Verhandlung laden sowie eine Anordnung nach § 378 der Zivilprozeßordnung treffen.

[3]Von diesen Maßnahmen sind die Parteien zu benachrichtigen.

(2) [1]Angriffs- und Verteidigungsmittel, die erst nach Ablauf einer nach Absatz 1 Satz 2 Nr. 1 gesetzten Frist vorgebracht werden, sind nur zuzulassen, wenn nach der freien Überzeugung des Gerichts ihre Zulassung die Erledigung des Rechtsstreits nicht verzögern würde oder wenn die Partei die Verspätung genügend entschuldigt. [2]Die Parteien sind über die Folgen der Versäumung der nach Absatz 1 Satz 2 Nr. 1 gesetzten Frist zu belehren.

Übersicht	Rn.
A. Vorbereitende Maßnahmen des Vorsitzenden	1
I. Allgemeines	1
II. Auflagenbeschluss an die Parteien	4
III. Sonstige Maßnahmen des Vorsitzenden	7
B. Zurückweisung verspäteten Vorbringens	12
I. Voraussetzungen der Zurückweisung	13
1. Erteilung einer konkreten Auflage	14
2. Bemessung einer ausreichenden Frist	15
3. Ordnungsgemäße Belehrung der Parteien	18
4. Formelle Ordnungsgemäßheit	19
5. Verzögerung bei Zulassen des verspäteten Vorbringens	20
6. Verschulden der Partei	23
7. Anhörung der Partei	24
II. Entscheidung über die Zurückweisung	25

§ 56 Vorbereitung der streitigen Verhandlung

    III. Verstoß gegen die allgemeine Prozessförderungspflicht   28
    IV. Vermeidung der Zurückweisung durch gezieltes Parteiverhalten   29

A. Vorbereitende Maßnahmen des Vorsitzenden

I. Allgemeines

1 Die hier geregelten, von der ZPO abweichenden besonderen Kompetenzen des Vorsitzenden bei der Vorbereitung der Kammerverhandlung setzen den im arbeitsgerichtlichen Verfahren geltenden **Beschleunigungsgrundsatz** um. Der Zuweisung der genannten Kompetenzen entspricht die **Verpflichtung** des Richters, bei Vorliegen der Voraussetzungen (Sachdienlichkeit) von ihnen Gebrauch zu machen. Ein Ermessen steht dem Vorsitzenden hierbei nicht zu.[1] Hinsichtlich der Auswahl der zu treffenden Maßnahmen hat er aber einen Beurteilungsspielraum.

2 **Ziel der Regelung** ist es, die streitige Verhandlung so vorzubereiten, dass sie in einem Kammertermin zur Entscheidung geführt werden kann (§ 57 Abs. 1). Die aufgeführten Maßnahmen sind **Beispiele** für häufig geeignete Vorbereitungshandlungen, aber keineswegs abschließend. Der Vorsitzende muss deshalb **rechtzeitig** vor der Kammerverhandlung den Sachverhalt soweit aufarbeiten, dass er evtl. noch nicht ausreichenden Tatsachenvortrag oder fehlende Beweisantritte konkret bezeichnen kann. Soweit Beweise angetreten wurden, hat er – wenn möglich – dafür zu sorgen, dass die Beweismittel im Kammertermin vorliegen, also etwa Zeugen zu laden, einen Sachverständigen zu beauftragen und zu laden etc.

3 Diese Maßnahmen trifft der Vorsitzende **allein**, entweder bereits im Terminierungsbeschluss am Ende der erfolglosen Güteverhandlung oder außerhalb der mündlichen Verhandlung. Im letzteren Fall ist die Auflage vom Vorsitzenden mit voller Unterschrift zu unterzeichnen; eine bloße Paraphe genügt nicht.

II. Auflagenbeschluss an die Parteien

4 Von großer praktischer Bedeutung ist ein **Auflagenbeschluss** an die Parteien, innerhalb einer bestimmten Frist ihren bisherigen Vortrag zu erläutern oder zu ergänzen, und für die vorgetragenen Tatsachen Beweis anzutreten. Die Anforderungen an einen solchen Beschluss sind

---

1 GK-ArbGG/*Schütz* § 56 Rn. 4.

vor allem deshalb von Bedeutung, weil nach Abs. 2 der Prozess u.U. allein wegen der Nichterfüllung der erteilten Auflage verloren gehen kann.

Soweit eine Partei zu **ergänzendem Vorbringen** aufgefordert wird (**Abs. 1 Nr. 1**), sind die aufklärungsbedürftigen Punkte **genau** zu bezeichnen. Hierin liegt zugleich die Erfüllung der richterlichen Hinweispflicht gem. § 139 ZPO (hierzu ausf. unten § 57 Rn. 5 ff.), die, nach dem seit der ZPO-Reform 2002 geltenden Abs. 4, auch aktenkundig zu machen ist. Wie präzise dies zu sein hat, richtet sich nach dem bisherigen Vortrag. Ist beispielsweise zur Begründung einer betriebsbedingten Kündigung bislang kein Vortrag erfolgt, so ist es nicht erforderlich, die (umfassenden) Anforderungen der Rechtsprechung an die Darlegung eines solchen Kündigungsgrundes im Detail zu bezeichnen. Hat der Arbeitgeber aber schon im Gütetermin ausgeführt, dass er sich auf eine beabsichtigte Betriebsstilllegung berufen will, ist von ihm präzise zu fordern, den Entschluss zur Stilllegung des Betriebs, seine Umsetzung und seine Auswirkungen auf den Arbeitsplatz des Klägers darzulegen. Ausreichend ist dabei, wenn das Protokoll der vorhergehenden Güteverhandlung die Hinweise des Vorsitzenden aufweist und der Auflagenbeschluss sich erkennbar auf die genannten Punkte bezieht.[2]

Der Partei kann auch aufgegeben werden, Urkunden oder andere Gegenstände **vorzulegen**. Dies bezieht sich in der Praxis häufig auf den Arbeitsvertrag, Lohnabrechnungen, Quittungen, etc. Geeignet für eine **Inaugenscheinnahme** sind aber auch Fahrtenschreiberscheiben oder Werkstücke. Die Vorlageanordnung setzt voraus, dass mit der Urkunde bzw. der Inaugenscheinnahme eine schlüssig vorgetragene, aber erheblich bestrittene Tatsache **bewiesen** werden soll[3] (zu den Begriffen § 58 Rn. 3 ff.). Zwar sieht Abs. 1 Nr. 1 nur die Vorlage von im Besitz der Parteien befindlichen Urkunden vor und nicht, wie § 142 Abs. 1 ZPO, auch derjenigen im Besitz eines Dritten. Dabei handelt es sich jedoch um ein Redaktionsversehen; das ArbGG ist insoweit nicht an die Änderung des § 142 Abs. 1 ZPO im Jahre 2002 angepasst worden.[4]

---

2 LAG Nürnberg 18.12.1989, 7 Sa 411/89, LAGE § 56 ArbGG Nr. 1.
3 GMPM-G/*Germelmann* § 56 Rn 9.
4 So auch ErfK/*Koch* § 56 Rn 4; GMPM-G/*Germelmann* § 56 Rn 8; zum Verhältnis der Urkundenvorlegung durch die gegnerische Partei nach § 142 Abs. 1 ZPO und §§ 421 ff. ZPO *Siegmann* AnwBl. 2008, 160.

III. Sonstige Maßnahmen des Vorsitzenden

7 Der Vorsitzende kann von **Behörden** die Erteilung amtlicher Auskünfte und Übersendung von Akten verlangen.[5] Voraussetzung ist auch hier die Beweiserheblichkeit der fraglichen Tatsachen, die mit den Auskünften und Behördenakten bewiesen werden sollen. Eine Amtsermittlung findet nicht statt.[6]

8 Die Anordnung des **persönlichen Erscheinens** ist bereits in § 51 dahingehend geregelt, dass sie in jeder Lage des Verfahrens erfolgen kann; § 56 Abs. 1 S. 2 Nr. 3 ist deshalb gesetzestechnisch überflüssig.

9 Abs. 1 S. 2 Nr. 4 gibt dem Vorsitzenden die Möglichkeit, **Zeugen** und **Sachverständige** zum Termin zu laden.[7] Dabei kann dem Zeugen aufgegeben werden, bestimmte Unterlagen wie eigene Aufzeichnungen (Bautagebücher etc.) mitzubringen, wenn diese seine Aussage über eigene Wahrnehmungen erleichtern können (§ 378 ZPO). Eine Aushändigung der Unterlagen an das Gericht kann nicht gefordert werden.[8]

10 In der Ladung ist dem Zeugen das **Beweisthema** mitzuteilen, ggf. auch die mitzubringenden Unterlagen zu bezeichnen. Ist dies unterblieben, möglicherweise auch, weil es dem Vorsitzenden im Hinblick auf eine möglichst unbeeinflusste Aussage nicht ratsam erschien, kann gegen den Zeugen im Falle des Nichterscheinens keine Ordnungsmaßnahme verhängt werden.[9] Der Vorsitzende hat sich – soweit erforderlich – auch rechtzeitig und von Amts wegen um die Erteilung einer **Aussagegenehmigung** zu bemühen (§ 376 Abs. 3 ZPO).

11 Von den durch den Vorsitzenden getroffenen Maßnahmen sind die Parteien zu informieren, Abs. 1 S. 3.

---

5 Nach BAG 16.10.1985, 4 AZR 149/84, EzBAT §§ 22, 23 BAT B 1 VergGr V c Nr. 8, gilt das sinngemäß auch für Gewerkschaften und Arbeitgeberverbände, weil diese »vergleichbare Funktionen« wahrnehmen.
6 HWK/*Ziemann* § 56 Rn. 29; *Schwab/Weth/Berscheid/Korinth* § 56 Rn. 13.
7 Der frühere intensive Streit um die anwaltlichen Beweisgebühren in diesen Fällen (z.B. LAG Nürnberg 23.10.1995, 7 Ta 110/95, JurBüro 1996, 263, bei vorsorglicher Zeugenladung; LAG Frankfurt 12.2.1999, 9/6 Ta 231/98, LAGE § 31 BRAGO Nr. 27) ist mit Inkrafttreten des RVG, das keine Beweisgebühr mehr vorsieht, obsolet geworden.
8 GK-ArbGG/*Schütz* § 56 Rn. 26.
9 GMPM-G/*Germelmann* § 56 Rn 18; GK-ArbGG/*Schütz* § 56 Rn. 25.

B. Zurückweisung verspäteten Vorbringens

In **Abs. 2** werden die **Folgen verspäteten Vorbringens** geregelt. Danach 12
können Angriffs- und Verteidigungsmittel der Parteien durch das Gericht **zurückgewiesen** werden, wenn sie erst nach Ablauf der gem.
Abs. 1 S. 2 Nr. 1 gesetzten Frist vorgebracht worden sind. Das entspricht
fast völlig dem Wortlaut von § 296 Abs. 1 ZPO. § 296 Abs. 2 ZPO erfasst
dagegen einen anderen Sachverhalt und ist gem. § 46 Abs. 2 deshalb
auch ergänzend im arbeitsgerichtlichen Verfahren anwendbar. Dort
geht es um die Folgen eines Verstoßes gegen die allgemeine Prozessförderungspflicht (dazu unten Rn. 28).

I. Voraussetzungen der Zurückweisung

Die Zurückweisung verspäteten Vorbringens gem. Abs. 2 S. 1 durch das 13
Arbeitsgericht setzt demnach voraus:

1. Erteilung einer konkreten Auflage

Die der Partei erteilte Auflage muss hinreichend konkret sein (vgl. dazu 14
oben Rn. 5).

2. Bemessung einer ausreichenden Frist

Welcher Zeitraum als **angemessen** anzusehen ist, hängt davon ab, wie 15
viel Zeit die Partei für die Erfüllung der konkreten Auflage benötigt
(z.B. Einholung der erforderlichen Auskünfte, Umsetzung in Prozessvortrag). Dies kann sehr **unterschiedlich** sein, wenn man die Darlegung einer erfolgten Zahlung vergleicht mit der Darlegung der Begründung einer betriebsbedingten Kündigung oder einer Tätigkeit, die eine
höhere Eingruppierung im öffentlichen Dienst rechtfertigen soll. Regelmäßig wird sie zwei Wochen nicht unterschreiten dürfen;[10] dies kann
jedoch bei komplexeren Situationen deutlich zu kurz bemessen sein.
Bei einer Auflagenerteilung bereits im Gütetermin kann insoweit konkret Rücksprache mit der Partei genommen werden und deren **Einverständnis** mit der gesetzten Frist zu Protokoll genommen werden.

Auf Antrag, der innerhalb der gesetzten Frist eingehen muss, kann das 16
Gericht die Frist verlängern, wenn hierfür erhebliche Gründe glaubhaft
gemacht werden (§ 224 Abs. 2 ZPO). Notfalls ist dann auch die dem
Gegner bereits gesetzte Entgegnungsfrist entsprechend zu verlängern.

---

10 HWK/*Ziemann* § 56 Rn. 43; diff. *Schwab/Weth/Berscheid/Korinth* § 56 Rn. 22.

§ 56   Vorbereitung der streitigen Verhandlung

17 Erweist sich die Frist im Nachhinein als zu kurz, muss das nach Fristablauf erbrachte Vorbringen zugelassen werden, weil die Partei die Präklusionsfolgen nur bei verschuldeter Verspätung treffen darf, bei zu kurzer Frist aber kein Verschulden vorliegt.

3. Ordnungsgemäße Belehrung der Parteien

18 Die Partei muss über die möglichen Verspätungsfolgen ordnungsgemäß belehrt worden sein, Abs. 2 S. 2. Dies gilt für alle Parteien, auch wenn sie durch einen Prozessbevollmächtigten vertreten werden. Dabei ist der Wortlaut der Belehrung immer wieder Gegenstand obergerichtlicher Entscheidungen. Einigkeit besteht darüber, dass der Wortlaut von § 56 Abs. 2 S. 1 jedenfalls gegenüber einer nicht vertretenen Partei nicht ausreichen soll.[11] Dies erscheint gegenüber einem Rechtsanwalt oder Verbandsvertreter überzogen,[12] von diesen sollte erwartet werden, dass sie die einschlägigen Verfahrensvorschriften kennen. Zur Vermeidung von Auslegungsproblemen dieser Art ist es daher ratsam, eher ausführlich zu belehren als zu spärlich, etwa durch den Wortlaut von Abs. 2 S. 1, verbunden mit der Ergänzung: »Das bedeutet, dass der Rechtsstreit unter Umständen allein wegen der Nichteinhaltung der gesetzten Frist verloren gehen kann«.

4. Formelle Ordnungsgemäßheit

19 Der Auflagenbeschluss und die Belehrung müssen formell ordnungsgemäß, insbesondere durch eine vollständige Unterschrift des Vorsitzenden gedeckt sein. Eine bloße Paraphe reicht nicht aus. Ferner muss der Beschluss entweder verkündet oder an die betroffene Partei förmlich zugestellt sein, um die Frist in Lauf zu setzen (§ 329 Abs. 2 ZPO).

5. Verzögerung bei Zulassung des verspäteten Vorbringens

20 Eine Zulassung der verspätet vorgebrachten Angriffs- bzw. Verteidigungsmittel muss zu einer Verzögerung führen. Dies ist nur dann der Fall, wenn es sich um prozessual erheblichen Vortrag handelt bzw. ein Beweismittel für eine streitentscheidende Tatsache verspätet in den Prozess eingebracht wird.

---

11 BGH 12.1.1983, IV a ZR 135/81, NJW 1983, 822; GMPM-G/*Germelmann* § 56 Rn. 32.
12 BAG 19.5.1998, 9 AZR 362/97, EzA § 56 ArbGG 1979 Nr. 2; HWK/*Ziemann* § 56 Rn. 49; *Schwab/Weth/Berscheid/Korinth* § 56 Rn. 29.

Zu einer Verzögerung führt die Zulassung dieses Vortrags, wenn dadurch der Rechtsstreit nicht zu dem Zeitpunkt erledigt werden kann, zu dem er bei Nichtzulassung erledigt werden könnte, insbesondere wenn dadurch die Anberaumung eines neuen oder späteren Termins erforderlich werden würde. Wird im Termin erheblicher neuer Vortrag erbracht, durch den Gegner jedoch nicht bestritten (ggf. auch in einem nachgelassenen Schriftsatz, § 283 ZPO), ist der neue Vortrag **unstreitig** und darf nicht zurückgewiesen werden.[13] Das Gewähren eines **Schriftsatznachlasses** allein gilt nicht als Verzögerung,[14] ebenso wie die Anberaumung eines gesonderten Verkündungstermins, in dem eine Endentscheidung möglich ist.[15]

21

Geht der Schriftsatz mit dem entsprechenden Vorbringen nach Ende der Schriftsatzfrist, aber noch vor dem Verhandlungstermin ein, so hat das **Gericht** zu prüfen, ob **Maßnahmen** ergriffen werden können, die die Erledigung des Rechtsstreits auch bei Zulassung dieses Vorbringens nicht verzögern würden, etwa die vorsorgliche Ladung von Zeugen, die sofortige Beiziehung von Akten etc. Grenze ist die Zumutbarkeit des gerichtlichen Handelns; es ist nicht angezeigt, dass das Gericht unter Außerachtlassung der sonstigen Anforderungen des normalen Geschäftsbetriebs sich vorwiegend um die Heilung des Verspätungsmangels kümmert.[16] Hier kommt es auf den **Einzelfall** an. Das BAG hat eine (verspätete) Zeugenbenennung zehn Tage vor dem Kammertermin als ausreichende Möglichkeit für das Gericht angesehen, den Zeugen dennoch zu laden[17] und die Zurückweisung abgelehnt. Eine Verzögerung liegt ferner nicht vor, wenn das Gericht trotz Möglichkeit nicht rechtzeitig auf die unzulängliche Anschrift eines benannten Zeugen hinweist.[18] Gleiches gilt, wenn die Partei den (verspätet benannten) Zeugen zum Termin sistiert und eine Vernehmung auch vor dem Hintergrund der sonstigen Terminierung der Kammer **möglich** ist. Ist dies nicht der Fall oder wäre der Rechtsstreit bei Bestätigung des Beweisthemas durch den Zeugen wegen der vorsorglichen Benennung

22

---

13 LAG Berlin-Brandenburg 12.3.2007, 10 Sa 2042/06, LAGE ZPO 2002 § 296 Nr. 1.
14 *BAG* 2.3.1989, 2 AZR 275/88, NZA 1989, 635; HWK/*Ziemann* § 56 Rn. 57; *Schaub* ArbGV, § 39 Rn. 10; *Schwab/Weth/Berscheid/Korinth* § 56 Rn. 34; a.A. *LAG Köln* 2.6.1995, 13 Sa 127/95, LAGE § 67 ArbGG Nr. 4; ErfK/*Koch* § 56 Rn. 11.
15 BGH 24.4.1985, VIII ZR 95/84, NJW 1985, 1539; GMPM-G/*Germelmann* § 56 Rn. 35.
16 ErfK/*Koch* § 56 Rn. 12; *Schwab/Weth/Berscheid/Korinth* § 56 Rn. 35.
17 BAG 23.11.1988, 4 AZR 393/88, EzA § 67 ArbGG 1979 Nr. 1.
18 BVerfG 26.10.1999, 2 BvR 1292/96, NJW 2000, 945.

von Gegenzeugen durch die andere Partei ohnehin nicht am Verhandlungstag zu beenden, so liegt eine Verzögerung vor.

6. Verschulden der Partei

23 Die Verspätung darf **nicht unverschuldet** sein. Das Gesetz verlangt keinen besonderen Grad des Verschuldens; leichte Fahrlässigkeit genügt. Das Verschulden wird vermutet, kann von der Partei aber widerlegt werden. In Betracht kommt hier etwa eine Erkrankung, eine objektive und von der Partei nicht zu vertretende Verzögerung bei der Informationsbeschaffung etc. Das Gericht kann eine Glaubhaftmachung der Entschuldigungsgründe verlangen. Diese ist dann spätestens im Verhandlungstermin erforderlich (§ 294 ZPO).

7. Anhörung der Partei

24 Vor der Zurückweisungsentscheidung ist der betroffenen Partei **rechtliches Gehör** zu gewähren. Dabei ist nach möglichen Entschuldigungsgründen zu fragen und ggf. auf das Erfordernis einer Glaubhaftmachung hinzuweisen. Dieser Vorgang ist – insbesondere vor dem Hintergrund von § 78a – zweckmäßigerweise im Protokoll festzuhalten. Der Partei ist das Verschulden ihres Bevollmächtigten zuzurechnen (§ 82 Abs. 2 ZPO).

II. Entscheidung über die Zurückweisung

25 Über die Zurückweisung ergeht keine gesonderte Entscheidung, sie erfolgt konkludent. Wird das verspätete Vorbringen zurückgewiesen, ergeht die Entscheidung ohne dessen Berücksichtigung. Im **Urteil** hat das Gericht dann zu begründen, warum es das Vorbringen nicht zugelassen hat. Zu Recht zurückgewiesene Angriffs- und Verteidigungsmittel darf die Partei dann auch im Berufungsverfahren nicht mehr vorbringen (§ 67 Abs. 1).

26 Der betroffenen Partei steht ein gesondertes Rechtsmittel gegen die Zurückweisung nicht zu. In der Berufungsinstanz ist ggf. zu prüfen, ob die Zurückweisung zu Recht erfolgt ist. Ist das Urteil nicht rechtsmittelfähig, bleibt der Partei die Möglichkeit der Verfassungsbeschwerde,[19] ferner kann dem Gericht durch eine Rüge der Verletzung rechtlichen Gehörs gem. § 321a ZPO die Möglichkeit der Selbstkorrektur nahe gelegt werden.

---

19 GMPM-G/*Germelmann* § 56 Rn. 41; ErfK/*Koch* § 56 Rn. 14.

Wird das verspätete Vorbringen zugelassen, ergeht auch hierüber keine gesonderte Entscheidung; das Verfahren wird einfach fortgesetzt. Die gegnerische Partei hat dies hinzunehmen. Eine fehlerhafte Zulassung verspäteten Vorbringens kann naturgemäß nicht mehr rückgängig gemacht werden.[20]

27

III. Verstoß gegen die allgemeine Prozessförderungspflicht

Daneben bestehen die Möglichkeit der Präklusion wegen Verstoßes gegen **die allgemeine Prozessförderungspflicht** gem. §§ 296 Abs. 2, 282 Abs. 1 ZPO. Dabei müssen prinzipiell die oben genannten Voraussetzungen vorliegen, mit Ausnahme des konkreten Auflagenbeschlusses. Dieser soll verdeutlichen, was das Gericht unter Berücksichtigung der konkreten Aktenlage noch für aufklärungsbedürftig hält. Kommt dagegen von einer Partei neuer Vortrag, der nicht durch Anhaltspunkte in der Akte bereits vom Gericht angesprochen wurde bzw. werden musste, kann er auch ohne vorherigen Beschluss bei Verzögerung vom Gericht zurückgewiesen werden. Dafür ist der Verschuldensmaßstab erheblich höher; das Gesetz verlangt hier, dass die Verspätung auf **grober Nachlässigkeit** beruht. Dies ist dann der Fall, wenn die im Prozess erforderliche Sorgfalt in ungewöhnlich grobem Maße verletzt worden ist und das, was jeder Partei hätte unmittelbar einleuchten müssen, unbeachtet geblieben ist.[21] Eine Verschleppungsabsicht ist allerdings nicht erforderlich.

28

IV. Vermeidung der Zurückweisung durch gezieltes Parteiverhalten

In der Praxis haben sich zur Vermeidung der scharfen Präklusionswirkungen **prozesstaktische Gegenstrategien** entwickelt. Hierzu ist die »**Flucht in die Säumnis**« zu zählen. Dabei verzichtet die Partei auf Antragstellung und lässt gegen sich ein Versäumnisurteil ergehen, um dann in der Einspruchsbegründung auf den (nach früherer Prozesslage) verspäteten Schriftsatz Bezug zu nehmen. Dies führt dann wegen der Notwendigkeit eines Einspruchstermins nicht (mehr) zu einer Verzögerung des Rechtsstreits. Die **Kosten der Säumnis** sind dann allerdings unabhängig vom Ausgang der Sache von der Partei zu tragen (§ 344 ZPO).

29

Erkennt die Partei erst nach Antragstellung im Kammertermin, dass noch eine mündliche Ergänzung des Vorbringens erforderlich ist, im Be-

30

---
20 GK-ArbGG/*Schütz* § 56 Rn. 83; ErfK/*Koch* § 56 Rn. 14.
21 BGH 5.7.1990, I ZR 164/88, NJW 1991, 493.

streitensfalle allerdings zu einer Verzögerung führen könnte, oder dass ein Beweisantritt versehentlich nicht erfolgt ist, der bei Nachholung im Kammertermin zur Notwendigkeit einer gesonderten Beweisaufnahme und damit gleichfalls zu einer Verzögerung führen könnte, so können diese Erklärungen bewusst zurückgehalten und die Niederlage für die erste Instanz in Kauf genommen werden (»**Flucht in die Berufung**«). Dieses Vorgehen hat jedenfalls zur Folge, dass das Vorbringen nicht als verspätet zurückgewiesen werden kann und damit für die Berufung nicht nach § 67 Abs. 1 präkludiert ist.[22] In Kauf genommen wird dabei allerdings mindestens das Risiko, die **Kosten** beider Parteien (incl. Rechtsanwaltsgebühren) in der **Berufungsinstanz** zu tragen (§ 97 Abs. 2 ZPO).

31 Als prozessrechtlich zulässig wird man ferner ansehen müssen, wenn von einer Partei in der mündlichen Verhandlung der **Streitgegenstand geändert** und damit eine Sachentscheidung verhindert wird. Die Fristsetzung und damit die Präklusionsvorschriften gelten nur für Mittel des Angriffs bzw. der Verteidigung, nicht für diese selbst. Wird nun der Streitgegenstand durch **Klageerweiterung** bzw. **Widerklage** in einer Weise geändert, die dem Gericht auch den Erlass eines Teilurteils gem. § 301 ZPO verunmöglicht, weil nun keine Entscheidungsreife hinsichtlich eines abtrennbaren Anspruchsteils mehr besteht,[23] dann ist das Gericht u.U. gezwungen, einen neuen Termin anzuberaumen. Dies hängt aber auch vom Verhalten des Gegners ab. Im Übrigen besteht insoweit auch die Möglichkeit der Verhängung einer **Verzögerungsgebühr** gem. § 38 GKG.[24]

---

22 Möglicherweise aber nach § 67 Abs. 2 und 3 ArbGG; vgl. dazu auch GK-ArbGG/*Vossen* § 67 Rn. 28 ff.; HWK/*Ziemann* § 56 Rn. 88.
23 Vgl. dazu auch GK-ArbGG/*Schütz* § 56 Rn. 87 f.
24 Wovon in der Arbeitsgerichtsbarkeit allerdings sehr selten Gebrauch gemacht wird; Ausnahme z.B. LAG Sachsen-Anhalt 8.5.2000, 2/3 Ta 77/00, LAGE § 34 GKG Nr. 1, für den Fall einer »Flucht in die Säumnis«.

§ 57 Verhandlung vor der Kammer

(1) ¹Die Verhandlung ist möglichst in einem Termin zu Ende zu führen. ²Ist das nicht durchführbar, insbesondere weil eine Beweisaufnahme nicht sofort stattfinden kann, so ist der Termin zur weiteren Verhandlung, die sich alsbald anschließen soll, sofort zu verkünden.

(2) Die gütliche Erledigung des Rechtsstreits soll während des ganzen Verfahrens angestrebt werden.

Übersicht	Rn.
A. Allgemeines	1
B. Gang der Verhandlung	2
C. Richterliche Hinweispflichten	5
D. Beendigung im ersten Termin	11
E. Notwendigkeit einer Vertagung	13
F. Herbeiführung einer gütlichen Einigung	16

A. Allgemeines

Der **Beschleunigungsgrundsatz** findet auch in § 57 seinen Ausdruck. 1
Die Verhandlung soll möglichst in einem Termin zu Ende gebracht werden, wozu die Vorbereitung nach § 56 unerlässlich ist. Dem dient neben dem gesetzgeberischen Imperativ in Abs. 1 S. 1 auch die Verpflichtung zur sofortigen Verkündung des Fortsetzungstermins, sofern dieser erforderlich ist.

B. Gang der Verhandlung

Für den **Gang der Verhandlung** finden sich keine Spezialregelungen im 2
ArbGG; es gelten die Vorschriften der ZPO für das amtsgerichtliche Verfahren (§ 46 Abs. 2).

Die Verhandlung vor der Kammer beginnt mit dem **Aufruf der Sache** 3
(§ 220 ZPO). Sodann ist die Präsenz der Parteien und ihrer Bevollmächtigten, ggf. auch erschienener Zeugen oder Sachverständiger festzustellen. Ob der Vorsitzende, dem die Verhandlungsführung obliegt, dann sogleich die **Anträge der Parteien** aufnimmt (§ 137 Abs. 1 ZPO) oder vorher eine **Einführung in den Sach- und Streitstand** vornimmt, liegt

in seinem Ermessen.[1] Die Anträge sind zu Protokoll zu nehmen (§ 169 Abs. 3 Nr. 2 ZPO) und vorzulesen bzw. vom Tonträger laut vorzuspielen und zu genehmigen (§ 162 Abs. 1 ZPO). Folge der Antragstellung u.a.: die Klage kann nicht mehr ohne Einwilligung des Beklagten zurückgenommen werden (arg. § 269 Abs. 1 ZPO), eine »Flucht in die Säumnis« (vgl. dazu § 56 Rn. 29) ist nicht mehr möglich.

4 Anschließend erfolgt die **Erörterung der Sach- und Rechtslage**. Die Parteien erhalten Gelegenheit, den vorgetragenen Prozessstoff zu ergänzen und zu erläutern. Grundsätzlich ist **neues Vorbringen** bis zum Schließen der mündlichen Verhandlung zulässig. Wenn der Termin durch einen entsprechenden Auflagenbeschluss des Vorsitzenden gem. § 56 Abs. 1 S. 2 Nr. 1 ordnungsgemäß vorbereitet worden ist, läuft die Partei, die jetzt noch neuen erheblichen **Sachvortrag** erbringt, allerdings Gefahr, dass dieser zurückgewiesen wird (dazu § 56 Rn. 12 ff.). Die Äußerung von **Rechtsansichten** ist jederzeit ohne Verzögerungswirkung zulässig, aber (rechtlich) nicht erforderlich.

C. Richterliche Hinweispflichten

5 Nach § 139 ZPO hat das Gericht in erheblichem Umfang **Hinweispflichten** gegenüber den Parteien. Diese entfalten schon im Vorfeld der mündlichen Verhandlung Wirksamkeit, da es erforderlich ist, dass die Parteien auf die Hinweise noch in angemessener Zeit reagieren können (§ 139 Abs. 1 und Abs. 5 ZPO). Deshalb kann der Vorsitzende **verpflichtet** sein, bereits im Rahmen der **Vorbereitung der Verhandlung**, etwa durch einen Hinweisbeschluss auf erkennbar übersehene Punkte (fehlender Beweisantritt, unzureichende Anschrift eines Zeugen,[2] unvollständiger Tatsachenvortrag etc.) aufmerksam zu machen. Hierin liegt keine Gefährdung seiner Unabhängigkeit, sondern die Erfüllung der ihm vorgegebenen gesetzlichen Pflichten.

6 Der Umfang der Hinweispflicht ergibt sich aus § 139 ZPO:

§ 139 ZPO Materielle Prozessleitung

(1) Das Gericht hat das Sach- und Streitverhältnis, soweit erforderlich, mit den Parteien nach der tatsächlichen und rechtlichen Seite zu erörtern und Fragen zu stellen. Es hat dahin zu wirken, dass die Parteien sich rechtzeitig und vollständig über alle erheblichen Tatsachen erklä-

---

1 BGH 12.10.1989, VII ZB 4/89, NJW 1990, 840; GMPM-G/*Germelmann* § 57 Rn. 3; a.A. *Schwab/Weth/Berscheid/Korinth* § 57 Rn. 3: zuerst Antragstellung.
2 BVerfG 26.10.1999, 2 BvR 1292/96, NJW 2000, 945.

ren, insbesondere ungenügende Angaben zu den geltend gemachten Tatsachen ergänzen, die Beweismittel bezeichnen und sachdienliche Anträge stellen.

(2) Auf einen Gesichtspunkt, den eine Partei erkennbar übersehen oder für unerheblich gehalten hat, darf das Gericht, soweit nicht nur eine Nebenforderung betroffen ist, seine Entscheidung nur stützen, wenn es darauf hingewiesen und Gelegenheit zur Äußerung dazu gegeben hat. Dasselbe gilt für einen Gesichtspunkt, den das Gericht anders beurteilt als beide Parteien.

(3) Das Gericht hat auf die Bedenken aufmerksam zu machen, die hinsichtlich der von Amts wegen zu berücksichtigenden Punkte besteht.

(4) Hinweise nach dieser Vorschrift sind so früh wie möglich zu erteilen und aktenkundig zu machen. Ihre Erteilung kann nur durch den Inhalt der Akten bewiesen werden. Gegen den Inhalt der Akten ist nur der Nachweis der Fälschung zulässig.

(5) Ist einer Partei eine sofortige Erklärung zu einem gerichtlichen Hinweis nicht möglich, so soll auf ihren Antrag das Gericht eine Frist bestimmen, in der sie die Erklärung in einem Schriftsatz nachbringen kann.

Die richterliche Hinweispflicht bewegt sich hier in einem **Spannungsfeld** zwischen gebotener Transparenz und Aufklärung zur Erreichung eines materiell möglichst gerechten Ergebnisses einerseits und der Unparteilichkeit des Richters sowie des Beibringungsprinzips andererseits. Die Grenzlinie zu ziehen ist vor allem deshalb **problematisch**, weil dem **Recht zum Hinweis** auch **eine Pflicht zum Hinweis** entspricht, andererseits aber bei Überschreitung der Grenze die Unparteilichkeit des Gerichts objektiv oder subjektiv, d.h. aus Sicht der betroffenen Partei in Gefahr gerät, was leicht zu einem (begründeten) Befangenheitsantrag führen kann (dazu § 49 Rn. 7). Sie lässt sich nur von Fall zu Fall bestimmen.

7

Als Anhaltspunkte sind festzustellen:

8

– **Überraschungsentscheidungen** sind unzulässig. Generell lässt sich sagen, dass ein Urteil auf **Unschlüssigkeit** oder **Unerheblichkeit** wegen fehlender **Substantiiertheit** des Vortrags nur nach **vorherigem richterlichen Hinweis** gestützt werden kann.[3] Wenn im Rechtsstreit intensiv über das Vorliegen eines Kündigungsgrundes gestritten wurde und die Betriebsratsanhörung auf Rüge des Klägers vom be-

---

3 BAG 11.4.2006, 9 AZN 892/05, EzA § 72a ArbGG 1979 Nr. 108; GK-ArbGG/ Schütz § 57 Rn 5; HWK/Ziemann § 57 Rn. 7.

klagten Arbeitgeber nur kursorisch vorgetragen wurde, ohne das Datum der Anhörung mitzuteilen, so dass die Einhaltung der Wochenfrist gem. § 102 Abs. 2 BetrVG nicht ausreichend dargelegt ist, darf der Arbeitgeber nicht erst in der Urteilsbegründung hiermit konfrontiert werden. Auch **Rechtsauffassungen** sind vor der Entscheidungsfindung transparent zu machen; allerdings gilt dies einschränkend nur dann, wenn die abweichende Beurteilung des Gerichts von **keiner der Parteien** geteilt wird (§ 139 Abs. 2 S. 2 ZPO). Auf der anderen Seite ist es fehlerhaft, eine mangelhaft vortragende Partei durch mehrere Auflagen zur »Nachbesserung« zu veranlassen, bis ihr Vortrag endlich schlüssig ist. Ein gerichtlicher Hinweis kann aber entbehrlich sein, wenn der Prozessgegner konkret auf die mangelnde Substantiiertheit des Vortrags hingewiesen hat und bereits dieser Hinweis ausreicht, der Partei Anlass zur Ergänzung ihres Vorbringens zu geben.[4]

9 – Die Hinweispflicht bezieht sich nur auf **bereits erbrachten Vortrag** bzw. **bereits gestellte Anträge**. Das Gericht darf und muss insoweit auf erkennbare Lücken hinweisen bzw. Antragsformulierungen anregen, die den **erkennbaren** Willen der Partei in rechtlich korrekter Form wiedergeben. So ist es oft geboten, klarzustellen, ob ein »Fortbestandsantrag« im Kündigungsschutzverfahren ein eigenständiger Feststellungsantrag gem. § 256 ZPO sein soll – mit dem Erfordernis, zum Feststellungsinteresse entsprechenden Vortrag zu erbringen – oder ob es sich um ein »unselbständiges Anhängsel«[5] handelt, der dann in einer Umformulierung des Antrags schlicht zu streichen ist. Gleiches gilt für die Umstellung vom Hauptantrag zum Erledigungsantrag, auf die erforderliche Bestimmtheit in einem Unterlassungsantrag etc. Auch dürfte ein Hinweis auf die zu kurz bemessene Kündigungsfrist bei einer ansonsten wirksamen ordentlichen Kündigung zulässig sein, selbst wenn die Parteien diese Frage noch nicht angesprochen haben.

10 – **Unzulässig** ist es dagegen, die Partei anzuregen, ihren geltend gemachten Anspruch auf eine von ihr noch nicht ansatzweise eingebrachte Rechtsgrundlage zu stützen.[6] Die bisher nicht erfolgte Geltendmachung von **Zinsen** darf nicht angesprochen werden.[7] Auch entsprechende **Anregungen zur Verteidigung** gegen die Klage dür-

---

4 BAG 24.1.2007, 4 AZR 28/06, ZTR 2007, 502 m.w.N.
5 So die Formulierung des BAG 27.1.1994, 2 AZR 484/93, EzA § 4 KSchG n.F. Nr. 48.
6 GK-ArbGG/*Schütz*, § 46 Rn. 31; HWK/*Ziemann* § 57 Rn. 3.
7 *Zöller/Greger* § 139 Rn. 15; *Musielak/Stadler* § 139 Rn. 13.

fen nicht gemacht werden, etwa mögliche Aufrechnungen, Zurückbehaltungsrechte[8] oder gar Verjährungseinreden (vgl. dazu § 49 Rn. 7), wenn diese nicht im Vortrag der Partei bereits angesprochen sind und erkennbar gemacht worden ist, dass die Partei den Zeitraum, der seit dem Entstehen der Forderung verstrichen ist, zum Argument ihrer Verteidigung machen will. **Einwendungen** dagegen hat das Gericht von Amts wegen zu beachten, muss sie jedoch auch ansprechen, wenn nicht wenigstens eine der Parteien darauf abgestellt hat. Dies betrifft insbesondere einzel- oder tarifvertragliche sowie gesetzliche Ausschlussfristen.

D. Beendigung im ersten Termin

Die **Prozessförderungspflicht** der Parteien orientiert sich an dem gesetzgeberischen Ziel, den Rechtsstreit im ersten Termin zu beenden. Hierauf sind Inhalt und Zeitpunkt der vorbereitenden Schriftsätze (§§ 282, 129 Abs. 2 ZPO), ggf. nach entsprechender gerichtlicher Auflage, die spätestens zur Vorbereitung der Kammerverhandlung zu erfolgen hat, abzustellen. Dazu gehört auch der Beweisantritt bei bestrittenem Vorbringen. 11

Ist die Verhandlung durch Gericht und Parteien ausreichend und rechtzeitig vorbereitet worden, muss eine evtl. erforderliche Beweisaufnahme schon im ersten Termin stattfinden (zu den Einzelfragen vgl. die Erläuterungen zu § 58). 12

E. Notwendigkeit einer Vertagung

Nur wenn die Beendigung in dem Termin **nicht möglich** ist, darf er vertagt werden. Dies kann insbesondere der Fall sein, wenn die **Beweisaufnahme** nicht in dem Termin durchgeführt oder beendet werden kann, aber auch, wenn der Rechtsstreit trotz ausreichender Vorbereitungshandlungen noch **nicht zur Entscheidung reif** ist, etwa bei komplexeren Fragen (häufige Fälle der Praxis: krankheitsbedingte oder betriebsbedingte Kündigungen, Eingruppierungen, Geltendmachung von Überstundenvergütung, Aufrechnungsansprüche des Arbeitgebers). Auch bei entschuldigtem Ausbleiben einer Partei kann die Verhandlung vertagt werden (§ 337 ZPO). Der Fortsetzungstermin ist dann **zwingend** am Ende der Verhandlung zu verkünden; die Verkündung, ein Fortsetzungstermin werde »von Amts wegen« anberaumt, ist vom Ge- 13

---

8 BLAH/*Hartmann* § 139 Rn. 93; Zöller/Greger § 139 Rn. 17.

setz nicht gedeckt.[9] Nur in ganz besonders gelagerten **Ausnahmefällen** kann eine solche Verfahrensweise für zulässig gehalten werden, etwa wenn der Eingang eines Sachverständigengutachtens nicht absehbar ist.[10] Ein **Rechtsmittel** gegen den Vertagungsbeschluss der Kammer (§ 227 Abs. 4 S. 1 ZPO)[11] ist nicht gegeben.[12]

14 Die weiteren **vorbereitenden Maßnahmen** für den Fortsetzungstermin können im **Terminierungsbeschluss** der Kammer enthalten sein. Sie können aber auch in einem **gesonderten Beschluss** außerhalb der mündlichen Verhandlung durch den Vorsitzenden getroffen werden, etwa wenn die Erteilung eines präzisen Hinweises oder weiterer konkreter Auflagen nach einer Auswertung der Sach- und Rechtslage nach dem Ergebnis der bisherigen Verhandlung erfolgt und der Folgetermin und dessen Vorbereitung strukturiert werden soll. Auch bei der ausnahmsweise zulässigen späteren Festsetzung des Fortsetzungstermins handelt der Vorsitzende allein.[13]

15 Bei der Anberaumung eines **Verkündungstermins** handelt es sich nicht um eine Vertagung, sondern um einen gesonderten Termin für den Abschluss des vorhergehenden Verhandlungstermins. Die Einzelheiten hierzu sind in § 60 Abs. 1 und 2 geregelt (dazu die dortigen Erläuterungen).

F. Herbeiführung einer gütlichen Einigung

16 Die in § 57 Abs. 2 normierte Verpflichtung des Gerichts zum Bemühen um eine **gütliche Einigung** der Parteien ist keine spezifische Norm für die streitige Verhandlung, sondern ein **allgemeiner Grundsatz** des gesamten arbeitsgerichtlichen Verfahrens, wie sich schon aus der Formulierung »während des ganzen Verfahrens« ergibt. Zur Erfüllung dieser Verpflichtung darf der Vorsitzende auch zwischen den Verhandlungen

---

9 GMPM-G/*Germelmann* § 57 Rn. 20; ArbGG/*Kloppenburg/Ziemann* § 57 Rn. 21; *Schwab/Weth/Berscheid/Korinth* § 57 Rn. 12.
10 So auch *Schwab/Weth/Berscheid/Korinth* § 57 Rn. 12; HWK/*Ziemann* § 57 Rn. 21; dagegen krit. und auch in diesen Fällen für eine datumsgenaue Terminierung GK-ArbGG/*Schütz* § 57 Rn. 10.
11 Auch bei Säumnis beider Parteien vertagt der Vorsitzende nicht mehr allein, § 55 Abs. 1 (Nr. 5).
12 Ausnahmsweise soll eine sofortige Beschwerde analog § 252 ZPO möglich sein, wenn die Terminierung im Resultat einer Aussetzung gleichkommt, GMPM-G/*Germelmann* § 57 Rn. 21; ErfK/*Koch* § 57 Rn. 2; dies ist bei einem Zeitraum von neun Monaten bis zum Folgetermin nicht gegeben, LAG Köln 12.9.1995, 6 Ta 160/95, LAGE § 57 ArbGG 1979 Nr. 1.
13 ArbGG/*Kloppenburg/Ziemann* § 57 Rn. 21.

Anregungen und **Hinweise** geben. Dies kann im Einzelfall auch telefonisch geschehen, wenngleich hier nicht von der Hand zu weisen ist, dass die Transparenz unter der mangelnden Dokumentation des Gesprächsinhalts leidet und eine Partei sich bei dieser Verfahrensweise möglicherweise benachteiligt fühlt.[14] In diesem Zusammenhang spielt die **persönliche Integrität** und das Ansehen, das der Vorsitzende bei den Parteien und den Bevollmächtigten genießt, eine erhebliche Rolle. Allerdings ist die Vorgehensweise eines Einigungsstellenvorsitzenden bei dem Kontakt mit den Betriebsparteien, wo in getrennten Gesprächen jeweils Vertraulichkeit zugesichert (und eingehalten) wird, für einen Richter ganz undenkbar.[15]

---

[14] Zu einem Einzelfall eines begründeten Ablehnungsgesuchs LAG Berlin 18.12.1996, 18 Sa 97/96, LAGE § 49 ArbGG 1979 Nr. 7; insoweit krit. auch GK-ArbGG/*Schütz* § 57 Rn. 15 f.
[15] So auch HWK/*Ziemann* § 57 Rn. 26; *Schwab/Weth/Berscheid/Korinth* § 57 Rn. 16.

§ 58 Beweisaufnahme

(1) ¹Soweit die Beweisaufnahme an der Gerichtsstelle möglich ist, erfolgt sie vor der Kammer. ²In den übrigen Fällen kann die Beweisaufnahme, unbeschadet des § 13, dem Vorsitzenden übertragen werden.

(2) ¹Zeugen und Sachverständige werden nur beeidigt, wenn die Kammer dies im Hinblick auf die Bedeutung des Zeugnisses für die Entscheidung des Rechtsstreits für notwendig erachtet. ²Im Falle des § 377 Abs. 3 der Zivilprozeßordnung ist die eidesstattliche Versicherung nur erforderlich, wenn die Kammer sie aus dem gleichen Grunde für notwendig hält.

Übersicht	Rn.
A. Allgemeines	1
B. Voraussetzungen einer Beweisaufnahme	2
C. Pflicht zum Beweisangebot (Beweislast)	3
I. Schlüssigkeit der Klage	3
II. Erheblichkeit des Beklagtenvorbringens	4
III. Beweislast	7
1. Grundsatz	7
2. Beweislastregelungen und Beweiserleichterungen	9
3. Einzelfälle der Beweislastverteilung im arbeitsgerichtlichen Verfahren	11
D. Beweismittel und Beweisantritt	40
I. Augenschein	41
II. Zeugen	42
III. Sachverständige	43
IV. Urkunden	44
V. Parteivernehmung	45
E. Durchführung der Beweisaufnahme, Beweiserhebungsverbote	46
I. Beweisanordnung, Beweisbeschluss	46
II. Augenscheinseinnahme	49
III. Zeugenvernehmung	51
IV. Erstattung des Sachverständigengutachtens	58
V. Urkundenvorlage	61
VI. Parteivernehmung	63
F. Beweiswürdigung, Beweisverwertungsverbote	64

A. Allgemeines

1 Das ArbGG weist neben § 58 nur wenige Regeln über die Beweisaufnahme auf, so dass in weiten Zügen das allgemeine Prozessrecht der ZPO gilt. Abweichende Regelungen finden sich noch in § 54 Abs. 1

S. 3 und 4, § 54 Abs. 2 S. 2, § 55 Abs. 4 sowie zum Beschlussverfahren in § 83 Abs. 1 und 2 (vgl. jeweils die Erläuterungen zu den angegebenen Vorschriften).

B. Voraussetzungen der Beweisaufnahme

Eine Beweisaufnahme erfolgt über **Tatsachen**, die für die Entscheidung des Gerichts erheblich sind, von den Parteien aber abweichend voneinander vorgetragen werden. Das **Beibringungsprinzip** legt es den Parteien (und nicht dem Gericht) auf, die tatsächlichen Grundlagen der angestrebten Entscheidung dem Gericht vorzulegen. Ist der maßgebliche Sachverhalt unstreitig, reduziert sich die Entscheidung des Gerichts auf die rechtliche Bewertung des Sachverhalts. In vielen Fällen aber ist die tatsächliche Grundlage streitig. Soweit die Parteien dann Beweis für die Richtigkeit ihrer Tatsachendarstellung anbieten, ist das Gericht **verpflichtet**, diesem Beweisangebot nachzugehen und eine Beweisaufnahme durchzuführen. Die Pflicht zum Beweisangebot, der Beweisantritt selbst, die Durchführung der Beweisaufnahme und die Würdigung des Ergebnisses folgen dabei **allgemeinen Regeln**, die sich zum Teil aus dem materiellen Recht ergeben (insbesondere die Beweislast), zum Teil aber auch in der Zivilprozessordnung (dort vorwiegend in den §§ 284–494a) geregelt sind.

C. Pflicht zum Beweisangebot (Beweislast)

I. Schlüssigkeit der Klage

Im Arbeitsgerichtsprozess macht – wie in jedem Zivilprozess – der Kläger einen **Anspruch** geltend. Dieser ist ihm dann zuzusprechen, wenn es einen Rechtssatz gibt, der die beanspruchte Rechtsfolge ausspricht und die in diesem Rechtssatz zugrunde gelegten Tatsachenvoraussetzungen vorliegen. Der Kläger muss daher die entsprechenden Tatsachen vortragen, die die Tatbestandsmerkmale des fraglichen Rechtssatzes ausfüllen (sog. **Darlegungslast**). Dabei hat er so präzise zu sein, dass sich das Gericht über die Ausfüllung der gesetzlichen Tatbestandsmerkmale durch die vom Kläger behaupteten Tatsachen ein eigenes Bild machen kann (**Substantiierungslast**). Es genügt daher beispielsweise nicht, dass der Kläger vorträgt, er habe im Monat Februar insgesamt 22 Überstunden geleistet, da der Begriff der Überstunde (als evtl. vergütungspflichtige Arbeitszeit) vom Gericht überprüft werden muss. Er hat deshalb nach Tag und Stunde seine über die übliche Arbeitszeit hinaus geleistete Arbeit aufzulisten[1] und überdies darzulegen, dass diese Mehrarbeit auf Veranlassung oder jedenfalls mit Duldung des Arbeitgebers erfolgt ist,[2] so dass sich das Gericht selbst ein Urteil über die Charakterisierung der geleisteten Arbeit als »Überstunde« und den darauf entfallenden Teil der beanspruchten Vergütung bilden kann. Tut er dies nicht, ergibt sich also bereits aus seinem eigenen Vorbringen nicht das Vorliegen aller Tatbestandsmerkmale, so ist die **Klage unschlüssig** und – nach vorherigem richterlichen Hinweis (§ 139 ZPO) – schon aus diesem Grunde abzuweisen. Dabei ist auch ein Vortrag »ins Blaue hinein« ohne greifbare Anhaltspunkte für das Vorliegen eines Sachverhalts unzulässig.[3] Gibt es dagegen Anhaltspunkte für einen entsprechenden Sachverhalt, dürfen auch nicht sicher bekannte Tatsachen zum Parteivortrag gemacht und unter Beweis gestellt werden.[4] Soweit es bei der Überprüfung der Schlüssigkeit auf Rechtsfragen ankommt, also z.B. ob sich aus der mitgeteilten Anzahl von Arbeitnehmern mit Voll- und Teilzeitbeschäftigung auch die Anwendbarkeit des KSchG nach dessen § 23 Abs. 1 ergibt, ist dies vom Gericht zu entscheiden.

II. Erheblichkeit des Beklagtenvorbringens

4 Liegt ein schlüssiger Klägervortrag vor, wendet man sich dem Tatsachenvortrag der beklagten Partei zu. Wenn diese den Klägervortrag nicht nur aus Rechtsgründen (dann hat das Gericht zu entscheiden), sondern auch hinsichtlich der tatsächlichen Basis angreift, so hat ihr Vortrag zu ergeben, dass – bei dessen Wahrunterstellung – notwendige Tatbestandsmerkmale des fraglichen Rechtssatzes, auf den sich der Kläger für die von ihm erstrebte Rechtsfolge stützen könnte, nicht erfüllt sind (**Erheblichkeit**).

5 Das sog. **Bestreiten** des klägerischen Vortrags kann auf verschiedene Weise erfolgen. Soweit die behaupteten tatsächlichen Vorgänge Gegenstand der eigenen Wahrnehmung der beklagten Partei waren, hat sie eine eigene **substantiierte Darlegung** der Geschehnisse zu erbringen. Ein **Bestreiten mit Nichtwissen** ist nur hinsichtlich solcher Tatsachen zulässig, die nicht eigene Handlungen oder Gegenstand der eigenen Wahrnehmung der beklagten Partei waren (§ 138 Abs. 4 ZPO). Auf die Behauptung etwa, der Kläger habe an einzelnen Tagen von einer be-

---

1 BAG 17.4.2002, 5 AZR 644/00, EzA § 4 TVG Ausschlussfristen Nr. 148.
2 BAG 29.5.2002, 5 AZR 370/01, EzA § 611 BGB Mehrarbeit Nr. 10.
3 BAG 5.11.2003, 5 AZR 562/02, EzA § 615 BGB 2002 Nr. 2; BGH 25.4.1995, VI ZR 178/94, AP § 286 ZPO Nr. 23.
4 Vgl. die instr. Beispiele bei BAG 27.7.1961, 2 AZR 255/60, NJW 1961, 2085; 28.4.2004, 10 AZR 370/03, AP § 1 TVG Tarifverträge: Bau Nr. 264.

stimmten Anfangs- bis zu einer bestimmten Endzeit gearbeitet, woraus er einen Anspruch auf Überstundenentgelt und -zuschlägen ableitet, kann ein Arbeitgeber nicht mit einfachem Bestreiten reagieren, sondern muss die aus seiner Sicht zutreffende Arbeitszeit des Klägers mit der gleichen Präzision darstellen. Geschieht dies nicht oder nicht in hinreichendem Maße, ist die beklagte Partei hierauf nach § 139 ZPO hinzuweisen, und, wenn keine Nachbesserung erfolgt, der Klage stattzugeben.

Unsubstantiiert ist beispielsweise auch der Vortrag der Betriebsrat sei 6 zur Kündigung »ordnungsgemäß angehört« worden. Deswegen dürfte über diese »Tatsachenbehauptung« auch keine Beweisaufnahme (etwa durch Vernehmung des als Zeugen benannten Betriebsratsvorsitzenden) stattfinden, da die detaillierten Tatsachen, die die Beurteilung der Kommunikationsvorgänge zwischen Arbeitgeber und Betriebsrat durch das Gericht zulassen, gar nicht vorgetragen worden sind und demgemäß auch nicht bestritten werden können. Ob einem Beweisangebot ein **substantiierter Vortrag** zugrunde liegt, kann man (überschlägig) daran erkennen, dass es dann (theoretisch) ausreichen müsste, wenn der benannte Zeuge lediglich das Beweisthema bestätigt (»Ja, so war es«). Würde das Gericht für die Subsumtion aber über das vom Beweisführer formulierte Beweisthema hinaus weitere Tatsachen benötigen, die möglicherweise erst vom Zeugen in das Verfahren eingeführt werden (z.B. Ort, Zeit, Inhalt und Adressat der Information über die beabsichtigte Kündigung; Zeitpunkt und Inhalt der Reaktion des Betriebsrats), darf kein Beweis erhoben werden. Ein solcher »Beweisantritt« wird oft etwas missverständlich als »**Ausforschungsbeweis**« bezeichnet; in Wirklichkeit ist der Vortrag unschlüssig und eine Beweisaufnahme scheidet schon mangels Erheblichkeit aus.

III. Beweislast

1. Grundsatz

Im prozessualen Alltag ist die Frage der Beweislast von allergrößter Bedeutung. Denn die Antwort auf die Frage, welche Partei für eine bestimmte Behauptung die Beweislast trägt, beantwortet zugleich die Frage, zu wessen Lasten das Gericht entscheidet, wenn der Beweis nicht geführt werden kann, etwa weil kein geeignetes Beweismittel zur Verfügung steht oder die Beweisaufnahme ohne Ergebnis bleibt (sog. **non liquet**).

Grundsätzlich obliegt derjenigen Partei die Beweislast, die sich auf das 8 Vorliegen der (bestrittenen) Tatsachen beruft, die die erstrebte Rechtsfolge aus dem maßgeblichen Rechtssatz voraussetzt. Für rechtsbegründende und ggf. rechtserhaltende Tatsachen ist daher der **Anspruchsteller** beweisbelastet, für rechtshindernde, rechtsvernichtende Einwendungen und rechtshemmende Einreden muss der **Anspruchsgegner** die zugrunde liegenden Tatsachen vortragen und ggf. beweisen. In vereinfachender Form kann man sagen, dass jede Partei die für sie günstigen Umstände im Prozess vortragen und beweisen muss.

2. Beweislastregelungen und Beweiserleichterungen

9   In einzelnen Fällen ist die Darlegungs- und Beweislast – zum Teil durch den Begriff der »Vermutung« – im **Gesetz** ausdrücklich **geregelt** (z.B. § 1 Abs. 2 S. 5 KSchG einerseits, § 1 Abs. 3 S. 3 KSchG andererseits[5]).

10 Normalerweise ist der Beweisbelastete gezwungen, das Gericht vom Vorliegen aller Tatbestandsmerkmale der Norm, auf deren Rechtsfolge er sich beruft, zu überzeugen. Häufig kommt es jedoch vor, dass an sich notwendige Merkmale (insbesondere innerpersonale Vorgänge wie »Absicht« etc.) nur schwer oder gar nicht zu beweisen sind. Daneben gibt es die Lebenserfahrung, aufgrund derer bei Vorliegen bestimmter Tatsachen – A – regelmäßig auf das Vorliegen von Anschlusstatsachen – B – zu schließen ist. Die Rechtsprechung hat hier Modelle entwickelt, die dem Beweisbelasteten eine **Erleichterung der Beweisführung** bieten.

▶ **Beispiel**

Eine ärztliche Arbeitsunfähigkeitsbescheinigung lässt vermuten, dass der Arbeitnehmer tatsächlich arbeitsunfähig ist[6].

Sie werden dogmatisch unterschiedlich begründet und bilden eine relativ komplexe Struktur (Stichworte: Tatsächliche Vermutungen, Anscheinsbeweis, Indizienbeweis, Umkehr der Beweislast).[7] Ihnen gemeinsam ist, dass von dem Beweisbelasteten – jedenfalls zunächst – nicht der volle Beweis des Vorliegens aller Tatbestandsmerkmale verlangt wird, sondern dass es genügt, wenn er die **Anknüpfungstatsachen** für die Vermutung etc. beweist. Gemeinsam ist ihnen aber auch, dass es dem Gegner möglich ist, sowohl das Bestehen der Anknüpfungstatsachen zu **bestreiten** als auch die Richtigkeit der Anknüpfung im Einzelfall zu **widerlegen** (Beispiel: Der Arbeitgeber kann und muss

---
5   Vgl. auch § 1 Abs. 2 AÜG; § 125 Abs. 1 S. 1 Nr. 1 InsO, § 611a Abs. 1 S. 3 BGB, § 619a BGB.
6   Std. Rspr., vgl. BAG 15.7.1992, 5 AZR 312/91, EzA § 3 LohnFG Nr. 17.
7   Vgl. dazu ausf. GK-ArbGG/*Schütz* § 58 Rn. 7 ff. m.w.N.

Umstände darlegen und ggf. beweisen, die zu ernsthaften Zweifeln an der Richtigkeit der Arbeitsunfähigkeitsbescheinigung Anlass geben). Die häufigsten Konstellationen werden unten bei den Einzelfällen aus der arbeitsgerichtlichen Praxis (Rn. 11–39) dargestellt.

3. Einzelfälle der Beweislastverteilung im arbeitsgerichtlichen Verfahren

Darlegungs- bzw. beweisbelastet ist jeweils bei: 11

- **Abmahnung:** Arbeitgeber für die Pflichtverletzung des Arbeitnehmers. Arbeitnehmer für Rechtfertigungsgründe; die Beweislast folgt hier den Regeln, die für die verhaltensbedingte Kündigung gelten (vgl. dazu unten Rn. 27).

- **Arbeitnehmereigenschaft:** Arbeitnehmer für Feststellung der Ar- 12 beitnehmereigenschaft sowohl bei der Statusklage als auch bei der Tatbestandsvoraussetzung einer arbeitsrechtlichen Norm[8] (z.B. nach dem Entgeltfortzahlungsgesetz).

- **Arbeitskampf:** Für die Rechtmäßigkeit einer Aussperrung ist der Ar- 13 beitgeber, für die Rechtmäßigkeit eines Streiks der Arbeitnehmer beweisbelastet. Nach BAG gibt es eine tatsächliche Vermutung, dass ein von einer Gewerkschaft geführter Streik zur Verbesserung der Arbeitsbedingungen rechtmäßig ist.[9]

- **Arbeitsunfähigkeit:** Arbeitnehmer, der aber mit Vorlage einer ärzt- 13a lichen Arbeitsunfähigkeitsbescheinigung seiner Beweislast zunächst nachkommt. Die AU-Bescheinigung hat einen hohen Beweiswert; deshalb muss der Arbeitgeber, der ihre Richtigkeit anzweifelt, die dagegen sprechenden Umstände detailliert darlegen und notfalls beweisen. Gelingt dies dem Arbeitgeber, wird der Arbeitnehmer wieder wie vor der Attestvorlage beweisbelastet und kann nun versuchen, z.B. mit Zeugen (beim Arzt ggf. unter Entbindung von der Schweigepflicht) die Arbeitsunfähigkeit zu beweisen.[10]

- **Arbeitsvertrag (Abschluss, Inhalt):** Wer Ansprüche aus dem Ar- 14 beitsvertrag geltend machen will, muss dessen Abschluss und ggf. dessen Rechtsnatur als Arbeitsvertrag beweisen.[11] Steht fest, dass

---

8 BAG 9.2.1995, 2 AZR 389/94, EzA § 1 KSchG Personenbedingte Kündigung Nr. 12.
9 BAG 19.6.1973, 1 AZR 521/72, EzA Art. 9 GG Nr. 8.
10 BAG 17.6.2003, 2 AZR 123/02, EzA BGB 2002 § 626 Nr. 4; 26.8.1993, 2 AZR 154/93, EzA § 626 n.F. BGB Nr. 148.
11 BAG 9.2.1995, 2 AZR 389/94, EzA § 1 KSchG Personenbedingte Kündigung Nr. 12.

§ 58 Beweisaufnahme

der Arbeitsvertrag mit einem bestimmten Inhalt bestanden hat, muss derjenige die Änderung beweisen, der sich darauf beruft.[12] Wenn ein Arbeitnehmer die Verringerung der Arbeitszeit gem. § 8 TzBfG verlangt, hat er die Anwendbarkeit der Vorschrift und die ordnungsgemäße Geltendmachung des Anspruchs zu beweisen; dem Arbeitgeber obliegt der Nachweis, dass die für seine Ablehnung maßgeblichen betrieblichen Gründe tatsächlich vorliegen und dass die Ablehnung dem Arbeitnehmer form- und fristgerecht mitgeteilt wurde.

15 – **Arbeitsvertrag (Bestand, Beendigung):** Wer aus dem Arbeitsvertrag Ansprüche ableitet, muss im Zweifelsfall das Bestehen beweisen. Wer aus der Beendigung Ansprüche ableiten will (Abfindungen für Arbeitnehmer) oder sich mit dem Einwand des nicht mehr bestehenden Vertrages gegen Ansprüche wehren will (z.B. Entgeltansprüche), muss den von ihm behaupteten Beendigungstatbestand beweisen, wenn feststeht, dass vorher ein Arbeitsvertrag bestanden hat, z.B. der Arbeitgeber für den Abschluss eines Aufhebungsvertrages. Wenn der Arbeitnehmer einen Aufhebungsvertrag anficht, ist er für das Vorliegen der Anfechtungstatbestände darlegungs- und beweispflichtig.[13]

16 – **Befristung:** Arbeitgeber für die wirksame Vereinbarung gem. § 15 TzBfG oder das Vorliegen des sachlichen Grundes gem. § 14 TzBfG, wenn er sich auf die Wirksamkeit der Befristung eines Arbeitsvertrages beruft.[14]

17 – **Beschäftigungsanspruch:** Arbeitnehmer für den Inhalt des von ihm geltend gemachten Beschäftigungsanspruchs. Arbeitgeber, wenn er sich darauf beruft, die von ihm dem Arbeitnehmer übertragene Tätigkeit entspreche dem vertraglichen Anspruch; dies ist der Einwand der Erfüllung. Will der Arbeitgeber den Arbeitnehmer trotz Bestands des Arbeitsverhältnisses nicht mehr beschäftigen (etwa in der Kündigungsfrist), hat er den Ausnahmetatbestand der Unzumutbarkeit zu beweisen.

18 – **Betriebsübergang:** Arbeitnehmer für das tatsächliche Vorliegen eines Betriebsübergangs gem. § 613a BGB, wenn er Ansprüche geltend macht, die einen solchen voraussetzen; dabei spricht aber eine tatsächliche Vermutung dafür, dass bei Übergang der wesentlichen Betriebsmittel auf den Erwerber dies aufgrund eines Rechtsgeschäfts i.S.v. § 613a Abs. 1 BGB geschehen ist. Geht nur ein Teil des Betriebs

---

12 GK-ArbGG/*Schütz* § 58 Rn. 114.
13 BAG 12.8.1999, 2 AZR 832/98, EzA § 611 BGB Aufhebungsvertrag Nr. 35.
14 GK-ArbGG/*Schütz* § 58 Rn. 116; KR/*Lipke* § 620 BGB Rn. 147 ff.

über, ist der Arbeitnehmer verpflichtet, seine Zuordnung zu dem übergegangenen Betriebsteil darzulegen und ggf. zu beweisen. Der Arbeitgeber muss im Streitfall Zeitpunkt, Form und Inhalt der Information des Arbeitnehmers über den Betriebsübergang (§ 613a Abs. 5 BGB) beweisen, der Arbeitnehmer dagegen die Einhaltung der Form- und Fristvorschriften des § 613a Abs. 6 BGB, wenn der Widerspruch streitig ist.[15]

- **Diskriminierungsschutz:**[16] Für die Voraussetzungen von Schadensersatz- und Entschädigungsansprüchen nach § 15 Abs. 1 und 2 AGG besteht eine zweistufige Darlegungs- und Beweislast: Der Arbeitnehmer ist in vollem Umfang darlegungs- und beweispflichtig für die behauptete (unmittelbare oder mittelbare) Benachteiligung. Ferner muss er »Indizien« vortragen und ggf. beweisen, die vermuten lassen, dass die Benachteiligung auf einem der in § 1 AGG genannten Gründe beruht (§ 22 AGG).[17] Sodann ist es Sache des Arbeitgebers, darzulegen und ggf. zu beweisen, dass die Benachteiligung nicht auf einem dieser Gründe beruht oder dass sie gerechtfertigt ist (§§ 5, 8–10, 20 AGG) oder (bei Ansprüchen nach § 15 Abs. 1 AGG) dass kein Verschulden vorliegt; eine bloße Erschütterung der Vermutung genügt nicht, es muss der Vollbeweis geführt werden.[18] § 22 AGG gewährt aber keinen allgemeinen Auskunftsanspruch des Arbeitnehmers auf Offenlegung der Entscheidungskriterien durch den Arbeitgeber.[19]

- **Drittschuldnerklage:** Der Gläubiger muss den Bestand seines Vollstreckungstitels, Erlass und Zustellung eines Pfändungs- und Überweisungsbeschlusses, den Entgeltanspruch des Schuldners gegen den Drittschuldner[20] und die Tatsachen zur Höhe des gepfändeten

---

15 Zur Beweislast bei einem Schadensersatzanspruch wg. fehlerhafter Information vgl. BAG 31.1.2008, 8 AZR 1116/06, NZA 2008, 642.
16 Zu einer Klage wegen Benachteiligung vgl. unten die Erläuterungen zu § 61b.
17 Z.B. eine diskriminierende Stellenausschreibung; hier kann im Wesentlichen auf die Rspr. zu § 611a BGB a.F. zurückgegriffen werden, *Schleusener/Suckow/ Voigt* AGG § 22 Rn. 26; DFL/*Kramer* AGG § 22 Rn. 1.
18 *Schwab/Weth/Schwab* § 58 Rn. 113.
19 Streitig, wie hier *Bauer/Göpfert/Krieger* AGG, 2. Aufl. 2008, § 22 Rn. 11; *Schleusener/Suckow/Voigt* AGG § 22 Rn. 36 ff.; AnwK-ArbR/*v. Steinau-Steinrück/ Schneider* AGG § 22 Rn. 12; *Grobys* NZA 2006, 898, 903.
20 Wobei es genügt, sich auf die tarifliche bzw. übliche Vergütung zu beziehen. Bei einem Anspruch aus § 850h ZPO, verschleiertes Arbeitseinkommen, steht dem Gläubiger kein Anscheinsbeweis zur Seite (LAG Hamm 30.10.1987, 16 Sa 869/87, LAGE § 850h ZPO Nr. 1), aber es sind im Hinblick auf die Verschleierung des Einkommens durch den Schuldner und die dadurch bedingten Informationsschwierigkeiten auch keine allzu hohen Anforderungen an seine Darlegungslast zu stellen.

Teils beweisen. Der Drittschuldner muss beweisen, in welcher Höhe das erzielte Einkommen des Schuldners nicht pfändbar ist, eine evtl. Unüblichkeit der Vergütung, Einreden und Einwendungen gegen den Vergütungsanspruch,[21] im Falle der Schadensersatzklage nach § 840 Abs. 2 ZPO auch, dass er die Auskunftsverpflichtung fristgemäß erfüllt hat oder dass ihn an der Nichterfüllung der Auskunftspflicht kein Verschulden trifft.[22]

21 – **Eingruppierung:** Arbeitnehmer, wenn er Ansprüche auf Entgelt nach einer höheren Vergütungsgruppe geltend macht, für alle Tatsachen, die die höhere Eingruppierung rechtfertigen; hierzu gehört auch ggf. die Bewährung, wenn sich die höhere Eingruppierung nach BAT/BAT-O aus Bewährungsaufstieg (entspr. gilt für Fallgruppenaufstieg) ergibt. Bei der sog. »korrigierenden Abgruppierung« muss der Arbeitgeber darlegen, welcher Irrtum ihm bei der ursprünglich vorgenommenen Zuordnung der Tätigkeit des Arbeitnehmers zu einer bestimmten Vergütungsgruppe, ggf. auch Fallgruppe unterlaufen ist.[23] Dazu genügt es, dass eine der tariflichen Voraussetzungen dieser Eingruppierung fehlt.[24]

22 – **Entgeltanspruch:** Arbeitnehmer für den behaupteten Inhalt und Bestand des Arbeitsvertrages und dafür, dass er gearbeitet hat; bei Zeitlohn genügt es, wenn er nachweist, die vereinbarte Regelarbeitszeit eingehalten zu haben.[25] Arbeitgeber für die Erfüllung des Anspruchs, aber auch für die Voraussetzungen einer von ihm geltend gemachten Lohnminderung. Verlangt der Arbeitgeber von dem Arbeitnehmer zuviel gezahltes Entgelt zurück, ist der Arbeitnehmer für eine evtl. geltend gemachte Entreicherung gem. § 818 Abs. 3 BGB beweispflichtig. Allerdings billigt ihm das BAG hier gravierende Beweiserleichterungen zu.[26] Macht der Arbeitnehmer einen Anspruch aus Annahmeverzug geltend, hat er sein Arbeitsangebot oder die entsprechenden

---

21 Dabei kommt der Drittschuldnererklärung nach § 840 Abs. 1 Nr. 1 ZPO eine beweislastumkehrende Bedeutung zu, BGH 10.10.1977, VIII ZR 76/76, AP § 840 ZPO Nr. 1; LAG Berlin 13.8.1990, 9 Sa 55/90, LAGE § 840 ZPO Nr. 1.
22 BGH 28.1.1981, VIII ZR 1/80, AP § 840 ZPO Nr. 2.
23 BAG 18.2.1998, 4 AZR 581/96, NZA 1998, 950; 26.4.2000, 4 AZR 157/99, EzA § 4 TVG Rückgruppierung Nr. 3.
24 BAG 16.2.2000, 4 AZR 62/99, EzA § 4 TVG Rückgruppierung Nr. 1; 15.2.2006, 4 AZR 66/05, ZTR 2006, 538.
25 LAG Köln 7.4.1995, 13/10 Sa 1244/94, MDR 1996, 79; das LAG Nürnberg geht insoweit nur von einem Anscheinsbeweis aus, 9.4.2002, 7 Sa 518/01, LAGE § 2 NachwG Nr. 12, was in der Praxis aber zu einem ähnlichen Ergebnis führt; weitergehend zu Lasten des Arbeitgebers LAG Hamm 31.10.2002, 8 Sa 758/02, LAG-Report 2003, 316.
26 BAG 18.1.1995, 5 AZR 817/93, EzA § 818 BGB Nr. 8.

Ersetzungshandlungen zu beweisen.[27] Zum Anspruch auf Überstundenentgelt vgl. oben Rn. 3.

- **Entgeltfortzahlung:** Arbeitnehmer für Bestand eines Arbeitsverhältnisses, Höhe des geltend gemachten Betrages sowie die Arbeitsunfähigkeit; insoweit spricht bei Vorliegen einer ärztlichen Arbeitsunfähigkeitsbescheinigung eine tatsächliche Vermutung für deren Richtigkeit. Der Arbeitgeber muss dann darlegen und beweisen, dass ernsthafte Zweifel an der Arbeitsunfähigkeit bestehen, um die tatsächliche Vermutung zu erschüttern und dem Arbeitnehmer aufzuerlegen, den Beweis seiner Arbeitsunfähigkeit in anderer Weise zu führen.[28] Ferner hat der Arbeitgeber zu beweisen, dass der Arbeitnehmer die Arbeitsunfähigkeit verschuldet hat oder dass es sich um eine Fortsetzungskrankheit handelt. Bei einem Anspruch auf Entgeltfortzahlung gem. § 8 EFZG indiziert der enge zeitliche Zusammenhang zwischen Kenntnis des Arbeitgebers von der Arbeitsunfähigkeit und Ausspruch der Kündigung, dass die Kündigung aus Anlass der Arbeitsunfähigkeit ausgesprochen wurde. Diese Vermutung kann durch den Arbeitgeber entkräftet werden, der dann darlegen und beweisen muss, dass die Kündigung aus anderem Anlass erfolgt ist.[29] 23

- **Gleichbehandlungsgrundsatz:** Stützt der Arbeitnehmer einen Anspruch auf eine Sonderzahlung auf eine Verletzung des Gleichbehandlungsgrundsatzes, hat er das Vorliegen eines allgemeinen Verteilungsgrundsatzes bei Arbeitgeberleistungen darzulegen und zu beweisen. Der Arbeitgeber muss die Tatsachen für die Zulässigkeit einer evtl. Schlechterstellung des Arbeitnehmers beweisen. 24

- **Haftung des Arbeitnehmers:** Arbeitgeber für die Pflichtverletzung des Arbeitnehmers, die Entstehung und die Höhe des Schadens sowie die Kausalität zwischen Vertragsverletzung und Schadenseintritt und -höhe beweisen. Die Verschuldensvermutung des § 280 Abs. 1 BGB gilt hier nicht; insoweit trifft § 619a BGB eine Sonderregelung zu Lasten des Arbeitgebers. Macht der Arbeitnehmer eine Einschränkung seiner Haftung nach den Grundsätzen des innerbetrieblichen Schadensausgleichs geltend, hat er darzulegen und zu beweisen, dass weder Vorsatz noch grobe Fahrlässigkeit vorliegt. Bei der **Mankohaftung** ist der Arbeitgeber für den Fehlbestand und den alleinigen Zugang des Arbeitnehmers zu Bestand, Kasse o.Ä. beweisbelastet. 25

---

27 BAG 24.10.1991, 2 AZR 112/91, EzA § 615 BGB Nr. 70.
28 BAG 15.7.1992, 5 AZR 312/91, EzA § 3 LohnFG Nr. 17.
29 BAG 5.2.1998, 2 AZR 270/97, EzA § 8 EFZG Nr. 1; 13.2.2002, 5 AZR 588/00, EzA § 3 MuSchG Nr. 8.

26 – **Kündigung:** Arbeitgeber für den Zugang der schriftlichen Kündigung und für das Vorliegen eines Kündigungsgrundes. Dies gilt für den wichtigen Grund gem. § 626 Abs. 1 BGB und für die fehlende »Selbstwiderlegung« durch Einhaltung der Ausschlussfrist gem. § 626 Abs. 2 BGB. Nach der Beweislastregel in § 1 Abs. 2 S. 4 KSchG gilt dies auch für den verhaltens-, personen- oder betriebsbedingten Grund des § 1 Abs. 2 KSchG. Dazu im Einzelnen:

27 Bei einer **verhaltensbedingten Kündigung** hat der Arbeitgeber nicht nur die die Negativprognose begründende Vertragsverletzung zu beweisen, sondern auch das Fehlen von Rechtfertigungsgründen des Arbeitnehmers. Insofern gewährt ihm die Rechtsprechung aber eine Erleichterung dahingehend, dass Letzteres erst dann zu erfolgen hat, wenn der Arbeitnehmer seinerseits substantiiert das Bestehen eines Rechtfertigungsgrundes vorgetragen hat; hier fallen Darlegungslast und Beweislast auseinander.[30]

28 Bei einer **personenbedingten Kündigung** muss der Arbeitgeber die fehlende Eignung des Arbeitnehmers beweisen. Stützt sich die Kündigung auf eine Negativprognose wegen **Krankheit** des Arbeitnehmers, hat der Arbeitgeber die Fehlzeiten in der Vergangenheit, die negative Prognose für die Zukunft und die Beeinträchtigung erheblicher betrieblicher Interessen zu beweisen. Der Arbeitnehmer kann dann Gründe für die Annahme einer baldigen Genesung darlegen, wobei hier ein Hinweis auf die ihm erteilte ärztliche Auskunft und die Entbindung seines Arztes von der Schweigepflicht genügt; ferner kann er darlegen, welche leidensgerechte Beschäftigung für ihn noch möglich ist. Es ist dann wieder Sache des Arbeitgebers, diese Ausführungen zu widerlegen und ggf. die zugrunde liegenden Tatsachen zu beweisen.[31]

29 Bei einer **betriebsbedingten Kündigung** muss der Arbeitgeber die Unternehmerentscheidung, deren Umsetzung und den dadurch bewirkten Wegfall des Bedarfs an der vertraglich geschuldeten Tätigkeit des Arbeitnehmers sowie der fehlenden Weiterbeschäftigungsmöglichkeit beweisen. Der Umfang seiner Darlegungs- und Beweislast richtet sich dabei weitgehend nach der konkreten Einlassung des Arbeitnehmers. Für die Willkürfreiheit einer beschlossenen

---

30 BAG 21.5.1992, 2 AZR 10/92, EzA § 1 KSchG Verhaltensbedingte Kündigung Nr. 43; zur kompliziert abgestuften Darlegungs- und Beweislast bei einer Kündigung wegen Minderleistungen vgl. BAG 11.12.2002, 2 AZR 667/02, EzA § 1 KSchG Verhaltensbedingte Kündigung Nr. 62; 17.1.2008, 2 AZR 536/06, DB 2008, 1274.

31 Vgl. z.B. BAG 29.10.1998, 2 AZR 666/97, EzA § 615 BGB Nr. 91.

und tatsächlich durchgeführten Unternehmerentscheidung spricht eine tatsächliche Vermutung, der gegenüber der Arbeitnehmer darlegen und beweisen muss, dass sie gleichwohl willkürlich war.[32] Macht der Arbeitnehmer substantiiert geltend, der Arbeitgeber hätte ihn nach Änderung des Arbeitsvertrages auf einem anderen freien Arbeitsplatz weiterbeschäftigen können (Vorrang der Änderungskündigung), muss der Arbeitgeber darlegen und beweisen, dass dies nicht zutreffend ist,[33] etwa weil der Arbeitsplatz nicht frei war oder weil dem Arbeitnehmer die Beschäftigung nicht hätte angeboten werden müssen.

Ist die vertraglich geschuldete Tätigkeit des Arbeitnehmers im Betrieb des Arbeitgebers nicht vollständig in Wegfall geraten und besteht damit lediglich ein Überhang an vertraglich gebundenen Arbeitskräften, kommt es zu einer **Sozialauswahl**. Hier muss nach § 1 Abs. 3 S. 3 KSchG der Arbeitnehmer darlegen und beweisen, dass im Betrieb ein sozial stärkerer Arbeitnehmer beschäftigt ist, dessen Tätigkeit er nach dem Inhalt seines Vertrages ausüben könnte. Kann er dies aufgrund seines fehlenden Wissens über vergleichbare Arbeitnehmer und deren Sozialdaten nicht substantiiert leisten, hat er einen Auskunftsanspruch gegen den Arbeitgeber, den er allerdings auch geltend machen muss.[34] Etwaige entgegenstehende berechtigte betriebliche Interessen i.S.v. § 1 Abs. 3 S. 2 KSchG hat der Arbeitgeber darzulegen und zu beweisen.[35] 30

Findet sich der gekündigte Arbeitnehmer auf einer **Namensliste** zu einem Interessenausgleich (§ 1 Abs. 5 KSchG), muss der Arbeitgeber die Basis der gesetzlichen Vermutung beweisen, also eine Betriebsänderung i.S.v. § 111 BetrVG und den rechtskräftigen Bestand eines Interessenausgleichs mit Namensliste.[36] Für die Tatsachen, aus denen sich eine Widerlegung der gesetzlichen Vermutung ergeben soll, die Kündigung sei durch dringende betriebliche Erfordernisse bedingt,[37] sowie für die grobe Fehlerhaftigkeit der Sozialauswahl, ist 31

---

32 BAG 9.5.1996, 2 AZR 438/95, EzA § 1 KSchG Betriebsbedingte Kündigung Nr. 85.
33 BAG 20.1.1994, 2 AZR 489/93, EzA § 1 KSchG Betriebsbedingte Kündigung Nr. 74.
34 BAG 16.7.1998, 8 AZR 284/97, n.v.; 15.6.1989, 2 AZR 580/88, EzA § 1 KSchG Sozialauswahl Nr. 27.
35 BAG 10.2.1999, 2 AZR 715/98, RzK I 10h Nr. 49.
36 BAG 7.5.1998, 2 AZR 536/97, EzA § 1 KSchG Interessenausgleich Nr. 5; 31.5.2007, 2 AZR 254/06, EzA § 1 KSchG Interessenausgleich Nr. 12.
37 Die sich auch darauf erstreckt, dass keine Weiterbeschäftigungsmöglichkeit im Betrieb oder in einem anderen Betrieb desselben Unternehmens besteht, BAG 6.9.2007, 2 AZR 715/06, BB 2008, 727.

der Arbeitnehmer beweispflichtig, ebenso für eine wesentliche Änderung der Verhältnisse i.S.v. § 1 Abs. 5 S. 3 KSchG.[38]

32 Die ordnungsgemäße **Betriebsratsanhörung** ist als Wirksamkeitsvoraussetzung gleichfalls grundsätzlich vom Arbeitgeber darzulegen und zu beweisen. Prozessualen Anlass hierfür muss aber eine entsprechende Rüge des gekündigten Arbeitnehmers geben, der ggf. auch zu beweisen hat, dass überhaupt ein Betriebsrat existiert. Auf die Rüge des Arbeitnehmers muss ein detaillierter schlüssiger Vortrag des Arbeitgebers erfolgen. Ein entsprechender Beweisantritt ist jedoch erst dann erforderlich, wenn der Arbeitnehmer nunmehr substantiiert bestreitet, d.h. deutlich macht, welche Elemente der Arbeitgeberdarstellung er – wegen fehlender eigener Wahrnehmungsmöglichkeiten ggf. auch zulässigerweise mit Nichtwissen – bestreitet (abgestufte Darlegungs- und Beweislast).[39]

33 – **Kündigungsschutzgesetz:** Arbeitnehmer für die Anwendbarkeit des KSchG, soweit die Dauer des Arbeitsverhältnisses nach § 1 Abs. 1 KSchG im Streit ist. Steht allerdings fest, dass einmal ein Arbeitsverhältnis der Parteien bestanden hat, muss der Arbeitgeber den von ihm behaupteten Unterbrechungstatbestand beweisen. Die Betriebsmindestgröße nach § 23 Abs. 1 S. 2 KSchG muss der Arbeitnehmer nur vortragen; bestreitet der Arbeitgeber die erforderliche Anzahl von Arbeitnehmern zu beschäftigen, ist er hierfür beweispflichtig, weil es sich um eine Ausnahmevorschrift handelt.[40] Behauptet der Arbeitnehmer einen gemeinsamen Betrieb mehrerer Unternehmen, muss er dies beweisen.[41] Macht der Arbeitnehmer einen Kündigungsschutz außerhalb des KSchG geltend (z.B. § 613a Abs. 4 BGB oder §§ 138, 242 BGB), obliegt ihm für das Vorliegen der entsprechenden Voraussetzungen die Darlegungs- und Beweislast.[42]

---

38 BAG 21.2.1002, 2 AZR 581/00, EzA § 1 KSchG Interessenausgleich Nr. 10; die Auskunftspflicht des Arbeitgebers über die Gründe für die Sozialauswahl bleibt davon aber unberührt, a.a.O.
39 BAG 16.3.2000, 2 AZR 75/99, EzA § 626 n.F. BGB Nr. 179.
40 Überwiegende Auffassung, LAG Hamm 6.2.2003, 8 Sa 1614/02, LAGE § 23 KSchG Nr. 22; LAG Berlin 28.10.1994, 6 Sa 95/94, LAGE § 23 KSchG Nr. 11; KR/*Weigand* § 23 KSchG Rn. 54 ff.; *Bader* NZA 1999, 64; *Reinecke* NZA 1989, 583; *Berkowsky* MDR 1998, 82; GMPM-G/*Prütting* § 58 Rn. 91; ArbGG/*Kloppenburg/Ziemann* § 58 Rn. 137; anders BAG 15.3.2001, 2 AZR 151/00, EzA § 23 KSchG Nr. 23; *Schaub* ArbRHdb § 128 Rn. 15b; *v. Hoyningen-Huene/Linck* § 23 Rn. 28; BBDK/*Dörner* § 23 Rn. 23 f.; im Erg. auch *Schwab/Weth/Schwab* § 58 Rn. 129; relativierend zuletzt jedoch BAG 24.2.2005, 2 AZR 373/03, EzA § 23 KSchG Nr. 28.
41 BAG 29.4.1999, 2 AZR 352/98, EzA § 23 KSchG Nr. 21; LAG Köln 25.4.2001, 8 (7) Sa 96/01, NZA-RR 2002, 422.
42 BAG 22.5.2003, 2 AZR 426/02, EzA § 242 BGB 2002 Kündigung Nr. 2.

– **Leiharbeitnehmer:** Der Arbeitnehmer kann von dem Verleiher die im Beschäftigungsbetrieb an die dortigen Arbeitnehmer gezahlte Vergütung verlangen, wenn kein niedrigerer Tariflohn normativ gilt oder einzelvertraglich in Bezug genommen wurde. Für die niedrigere Vergütung ist der Arbeitgeber darlegungs- und beweispflichtig, für die Höhe des üblichen Vergleichslohns und die Vergleichbarkeit der Arbeitnehmer. Eine ihm gem. § 13 AÜG vom Entleiher erteilte schriftliche Auskunft hat die (widerlegbare) Vermutung der Richtigkeit für sich.[43]

33a

– **Mobbing:** Wenn Schadensersatz- oder Unterlassungsansprüche wegen Mobbings geltend gemacht werden, kommt der Substantiierung des klägerischen Vorbringens besondere Bedeutung zu, weil es sich hier um die rechtliche Bewertung einer Vielzahl von einzelnen Vorgängen handelt, die erst in ihrer Gesamtschau anspruchsbegründend wirken können. Hinsichtlich der Beweislast bleibt es bei dem Grundsatz, dass der Anspruchsteller die ihm günstigen Tatsachen beweisen muss. Bei der Frage der Kausalität von Mobbinghandlungen und Erkrankungen des Betroffenen können diesem Beweiserleichterungen im Wege einer tatsächlichen Vermutung bei zeitlichem Zusammenhang und »typischen Befunden« nicht generell zugebilligt werden, auch wenn es sich um ein »starkes Indiz« für die Kausalität handelt.[44]

34

– **Mutterschutz:** Einem ärztlichen Beschäftigungsverbot bzgl. einer Schwangeren kommt ein hoher Beweiswert zu, der aber durch eine anderweitige ärztliche Untersuchung oder sonstige, vom Arbeitgeber darzulegende tatsächliche Umstände widerlegt werden kann. Die Schwangere trägt dann das Lohnrisiko, der Arbeitgeber das Risiko der Nichtwiderlegung des ärztlichen Beschäftigungsverbots.[45]

35

– **Nachweisgesetz:** Die Nichterfüllung der Nachweispflicht gem. § 2 NachwG führt nicht zu einer Beweislastumkehr zu Lasten des Arbeitgebers. Aber sie bewirkt Beweiserleichterungen für den Arbeitnehmer, wenn er seine Darlegungs- und Beweislast gerade wegen des

36

---

43 BAG 19.9.2007, 4 AZR 656/06, DB 2008,243.
44 BAG 16.5.2007, 8 AZR 709/06, EzA § 611 BGB 2002 Persönlichkeitsrecht Nr. 6; LAG Berlin 15.7.2004, 16 Sa 2280/03, LAGE Art. 2 GG Persönlichkeitsrecht Nr. 9; *Benecke* NZA-RR 2003,225; a.A. Thür. LAG 10.4.2001, 5 Sa 403/00, LAGE Art. 2 GG Persönlichkeitsrecht Nr. 2; *Wickler* Handbuch Mobbing-Rechtsschutz, Teil 3 Rn. 145.
45 BAG 31.7.1996, 5 AZR 474/95, EzA § 3 MuSchG Nr. 2.

fehlenden Nachweises durch den Arbeitgeber nicht oder nur eingeschränkt erfüllen kann.[46]

37 – **Tarifrecht:** Grundsätzlich muss das Gericht den Inhalt tariflicher Rechtsnormen von Amts wegen ermitteln, wenn solche nach dem Parteivortrag entscheidungserheblich sein können (§ 293 S. 1 ZPO).[47] Dies gilt aber nur für unmittelbar wirkende Tarifnormen, nicht für einzelvertraglich in Bezug genommene Regelungen in branchenfremden Tarifverträgen.[48] Im Übrigen muss die Tarifgebundenheit oder die Inbezugnahme des Tarifvertrages von derjenigen Partei dargelegt und bewiesen werden, die sich auf dessen Wirksamkeit zu einem bestimmten Zeitpunkt oder in einem bestimmten Zeitraum beruft[49] (z.B. Arbeitnehmer für tarifliche Leistungen, Arbeitgeber für Ausschlussfristen).

38 – **Urlaub:** Arbeitnehmer für rechtzeitige Anmeldung oder sogar Gewährung des Urlaubs, Arbeitgeber für Erfüllung unstreitiger Urlaubsansprüche, auch aus dem Vorjahr, sowie für die Mitteilung der Ablehnung eines rechtzeitig angemeldeten Urlaubs,[50] ferner für entgegenstehende dringende betriebliche Belange i.S.v. § 7 Abs. 1 S. 1 BUrlG. Bei der Urlaubsabgeltung muss der Arbeitnehmer im Zweifel beweisen, dass er den Urlaub jedenfalls bis zum Ende des Übertragungszeitraums noch hätte nehmen können, weil er arbeitsfähig war.[51] Einer ärztlichen Arbeitsfähigkeitsbescheinigung kommt hier derselbe hohe Beweiswert zu wie der Arbeitsunfähigkeitsbescheinigung im Entgeltfortzahlungsbereich.[52]

39 – **Zeugnis:** Arbeitgeber für die Erfüllung des Zeugnisanspruchs. Wird über die Formulierung gestritten, trifft den Arbeitgeber die Darlegungs- und Beweislast für eine schlechtere als die durchschnittliche Beurteilung, den Arbeitnehmer dagegen, wenn er eine bessere als die durchschnittliche Beurteilung begehrt. Im Prozess sind dann Tat-

---

46 Beispiele bei LAG Rheinland-Pfalz 10.5.2007, 11 Sa 25/07; LAG Niedersachsen 21.2.2003, 10 Sa 1683/02, n.v.; LAG Nürnberg 29.4.2002, 7 Sa 518/01, LAGE § 2 NachwG Nr. 12; LAG Hamm 14.8.1998, 10 Sa 777/97, LAGE § 2 NachwG Nr. 7.
47 Std. Rspr. seit BAG 29.3.1957, 1 AZR 208/55, BAGE 4, 37; 9.8.1995, 6 AZR 1047/94, EzA § 293 ZPO Nr. 1.
48 BAG 19.11.1996, 9 AZR 376/95, EzA § 7 BUrlG Abgeltung Nr. 1.
49 BAG 18.8.1999, 4 AZR 247/98, EzA § 3 TVG Nr. 17.
50 LAG Berlin 30.7.1996, 12 Sa 53/96, n.v.
51 BAG 20.1.1998, 9 AZR 812/96, EzA § 13 BUrlG Nr. 57.
52 LAG Frankfurt 30.1.1995, 11 Sa 480/93, LAGE § 7 BUrlG Abgeltung Nr. 6.

sachen detailliert vorzutragen, die die jeweils abweichende Beurteilung begründen müssen.[53]

D. Beweismittel und Beweisantritt

Die der beweisbelasteten Partei zur Verfügung stehenden Beweismittel sind gesetzlich limitiert: Augenschein (§§ 371 f. ZPO), Zeugen (§§ 373 ff. ZPO), Sachverständige (§§ 402 ff. ZPO), Urkunden (§§ 415 ff. ZPO), Parteivernehmung (§§ 445 ff. ZPO). 40

I. Augenschein

Mit dem Augenscheinsbeweis wird der Beweis für Tatsachen geführt, die der **sinnlichen Wahrnehmung** des Gerichts zugänglich sind, also Anschauen (z.b. angeblich mangelhaftes Werkstück, Fotos, Zeichnungen, Ortsbesichtigung), Anhören (Tonband, Schallplatte), Beriechen etc. Der **ordnungsgemäße Beweisantritt** erfolgt durch Benennung des betreffenden Gegenstandes und Bezeichnung der zu damit zu beweisenden Tatsache (§ 371 Abs. 1 ZPO), ggf. auch durch den Antrag auf Erzwingung der Vorlage des Gegenstandes, wenn er sich nicht im Besitz der beweisbelasteten Partei befindet (§ 371 Abs. 2 ZPO). Gelingt die Herbeischaffung des Gegenstandes nicht, kann der Beweis nicht geführt werden. Legt der Gegner den Gegenstand nicht vor, kann die Weigerung wie ein Zugeständnis der behaupteten Tatsache gewertet werden (analog § 444 Abs. 3 ZPO). 41

II. Zeugen

Zeugen geben Auskunft über **eigene Wahrnehmungen** von vergangenen Ereignissen. Außer den Parteien des Rechtsstreits kann jede natürliche Person als Zeuge benannt und vernommen werden. Bei juristischen Personen sind die gesetzlichen bzw. satzungsmäßigen **Vertreter** als **Partei** anzusehen. Deshalb kann ein Kommanditist einer KG im Prozess der Gesellschaft auch dann als Zeuge gehört werden, wenn er zugleich Prokurist ist.[54] Wird eine teilrechtsfähige BGB-Gesellschaft als solche verklagt,[55] sind die nicht zur Vertretung befugten Gesellschafter prinzipiell als Zeugen nicht ausgeschlossen. Maßgeblich für die Zeugeneigenschaft ist der Zeitpunkt der Vernehmung. Der **ordnungsge-** 42

---

53 BAG 14.10.2003, 9 AZR 12/03, EzA § 109 GewO Nr. 1; ErfK/*Müller-Glöge* § 109 GewO Rn. 154 ff.
54 BAG 16.11.1979, 2 AZR 1052/77, EzA § 154 BGB Nr. 1.
55 Vgl. dazu grdl. BGH 29.1.2001, II ZR 331/00, EzA § 50 ZPO Nr. 4.

§ 58 Beweisaufnahme

mäße **Beweisantritt** erfolgt durch Bezeichnung des Beweisthemas und die Benennung des Zeugen, in dessen Wissen die entsprechende Wahrnehmung gestellt wird, § 373 ZPO. Die Bezeichnung »NN« genügt nicht. Wird sie – trotz Hinweises – nicht konkretisiert, ist die Angabe schlicht unbeachtlich.[56] Die Partei kann auf die Zeugen auch noch nach Erlass des Beweisbeschlusses verzichten; der Beweis darf dann in dieser Instanz nicht mehr erhoben werden.[57]

III. Sachverständige

43 Der Sachverständige vermittelt dem Gericht fehlende Kenntnis von Rechtsnormen oder Erfahrungssätzen, zieht aufgrund seines **speziellen Fachwissens** Schlussfolgerungen aus einem feststehenden Sachverhalt oder stellt aufgrund dieses Wissens Tatsachen fest. Über **Rechtsfragen** aber hat allein das Gericht zu entscheiden.[58] Als **Gehilfe des Gerichts** unterliegt die Auswahl des Sachverständigen der Entscheidung des Gerichts, das auch im Übrigen Weisungen hinsichtlich Art und Umfang der Tätigkeit erteilt (§ 404a ZPO). Wie der Richter kann auch der Sachverständige wegen Befangenheit abgelehnt werden.[59] Der **Beweisantritt** erfolgt durch die Partei, indem sie die zu begutachtenden Punkte bezeichnet (§ 403 ZPO). Das Gericht kann nach § 144 ZPO aber auch von Amts wegen einen Sachverständigen heranziehen.

43a Kein Sachverständiger ist der von einer Partei benannte sachverständige Zeuge i.S.v. § 414 ZPO. Dieser ist ein Zeuge, der sich dadurch auszeichnet, dass er seine Wahrnehmungen vergangener Tatsachen aufgrund besonderer Sachkunde machen konnte (z.B. ein behandelnder Arzt). Sachverständige dagegen sind im Grundsatz austauschbar.[60] Auch die Vorlage von Privatgutachten ist kein Sachverständigenbeweis,

---

56 RSG § 119 Rn. 34 m.w.N.
57 Das ist nicht ohne Risiko: in der ordentlichen Zivilgerichtsbarkeit wird nach der ZPO-Reform der Zeuge bei erneuter Benennung in der Berufungsinstanz nach § 531 Abs. 2 Nr. 3 ZPO nicht zugelassen, OLG Saarbrücken 25.6.2003, 1 U 118/03, OLGR 2003, 3999; ebenso OLG Köln 14.12.2004, 4 U 24/04, OLGR 2005, 99. Neue Angriffsmittel sind im Arbeitsgerichtsverfahren zwar nicht den gleichen strengen Anforderungen unterworfen; so ist § 67 lex specialis gegenüber § 531 ZPO. Aber ein Obsiegen wegen des zurückgezogenen und dann erneut benannten Zeugen muss zu kostenrechtlichen Nachteilen führen (§ 97 Abs. 2 ZPO); das Berufungsgericht hat insofern keinen Ermessensspielraum (*Schwab/Weth/Schwab* § 67 Rn. 47).
58 BAG 19.5.1982, 4 AZR 762/79, AP Nr. 61 zu §§ 22, 23 Bat 1975; instruktiv auch BAG 21.10.1998, 4 AZR 629/97, EzBAT §§ 22, 23 BAT B 1 VergGr II a Nr. 9.
59 Allerdings nicht nach § 49 (vgl. dort Rn. 1), sondern nach § 406 ZPO i.V.m. § 46 Abs. 2.
60 RSG S. 824.

sondern urkundlich belegter »qualifizierter Sachvortrag«,[61] der die Gegenpartei gem. § 138 Abs. 2 ZPO evtl. zu einem entsprechend substantiierten Vortrag zwingen kann.[62]

IV. Urkunden

Eine Urkunde im zivilprozessrechtlichen Sinn ist jede **Verkörperung eines Gedankens** durch übliche oder vereinbarte **Schriftzeichen**. Der **Beweisantritt** erfolgt durch Vorlegung der **Originalurkunde** (§ 420 ZPO). Soweit eine Kopie vorgelegt wird, was in der Praxis sehr häufig geschieht, ist die Vorlage der Originalurkunde entbehrlich, wenn der Inhalt der Urkunde vom Gegner nicht bestritten wird (§ 138 Abs. 3 ZPO). Befindet sich die Urkunde nicht im Besitz des Beweisführers, sondern des Gegners, ist der Beweis durch den Antrag, dem Gegner die Vorlage der Urkunde anzuordnen, angetreten (§ 421 ZPO). Die Vorlagepflicht des Gegners und das entsprechende weitere Verfahren ist in §§ 422 ff. ZPO, Beweisantritt und weiteres Verfahren bei der Vorlage der Urkunde durch Dritte in §§ 428 ff ZPO geregelt. Daneben besteht aber auch die Möglichkeit des Gerichts, gem. § 142 ZPO von Amts wegen die Vorlage von Urkunden durch die (gegnerische) Partei anzuordnen, was durch die beweisbelastete Partei angeregt werden kann.[63] Auch dafür ist aber ein schlüssiger Vortrag und ein erhebliches Bestreiten Voraussetzung; eine Amtsermittlung findet nicht statt.[64] Ein Urkundenbeweis ist auch die Verwertung von schriftlichen Aussagen oder Protokollen über die Aussagen von Zeugen in einem anderen Verfahren auf Antrag der beweisbelasteten Partei.[65]

44

V. Parteivernehmung

Die Parteivernehmung ist von der Anhörung der Partei streng zu unterscheiden. Die Anhörung dient der Klärung des Parteivorbringens und dem Ausräumen von Darlegungslücken und Widersprüchen. Die Parteivernehmung dient der Wahrheitsermittlung und ist ein **vollwertiges Beweismittel**. Allerdings ist die Parteivernehmung **grundsätzlich subsidiär** gegenüber einer Beweisführung mit anderen Mitteln (§ 445 Abs. 1 ZPO). Der **Beweisantritt** erfolgt durch Bezeichnung der zu be-

45

---

61 BGH 24.2.2005, VII ZR 225/03, NJW 2005, 1650.
62 *Schwab/Weth/Schwab* § 58 Rn. 56.
63 BGH 26.6.2007, XI ZR 277/05, NJW 2007, 2989.
64 In der Reichweite i.E. umstritten, vgl. dazu exponiert *Musielak* FS Vollkommer, S. 237, 239 ff.
65 BAG 12.7.2007, 2 AZR 666/05, EzA § 551 ZPO 2002 Nr. 5.

weisenden Tatsache und den Antrag, dazu den Gegner zu vernehmen.[66] Die Vernehmung der beweisbelasteten Partei ist nur bei Zustimmung des Gegners möglich (§ 447 ZPO). **Ausnahmsweise** kann das Gericht ohne Antrag und ohne Rücksicht auf die Beweislast eine oder beide Parteien vernehmen, wenn es für die Richtigkeit einer Tatsachenbehauptung eine gewisse Wahrscheinlichkeit annimmt, aber – auch unter Ausschöpfung aller sonstigen Möglichkeiten – nicht ausreichend überzeugt ist (§ 448 ZPO). In der Praxis spielt die Parteivernehmung vor allem in denjenigen Fällen eine Rolle, in denen es um den **Inhalt eines Gesprächs** zwischen zwei Personen geht und die eine als Partei am Prozess beteiligt ist, die andere jedoch als Zeuge aussagen durfte (z.B. Personalleiter). Hier bietet § 448 ZPO ein zulässiges, u.U. gebotenes Mittel, die »Waffengleichheit im Prozess« zu sichern.[67]

E. Durchführung der Beweisaufnahme, Beweiserhebungsverbote

I. Beweisanordnung, Beweisbeschluss

46 Die Durchführung einer Beweisaufnahme ist durch das Gericht anzuordnen. Diese Anordnung kann auf verschiedene Weise erfolgen: (a) vor der Kammerverhandlung durch einen **Beweisbeschluss des Vorsitzenden** allein, soweit die Beweisaufnahme durch den ersuchten Richter erfolgen soll, eine Beweisfrage schriftlich beantwortet werden soll, eine amtliche Auskunft oder ein Sachverständigengutachten einzuholen ist oder eine Parteivernehmung angeordnet wird (§ 55 Abs. 4); (b) durch **formlose Anordnung** des Vorsitzenden in der mündlichen Verhandlung oder (c) durch **förmlichen Beweisbeschluss der Kammer**; dieser ist bei Parteivernehmung geboten (§ 450 Abs. 1 S. 1 ZPO), außerdem, wenn die Beweisaufnahme ein gesondertes Verfahren erfordert (§ 358 ZPO), z.B. bei Rechtshilfeersuchen. Bei der Durchführung der Beweisaufnahme in einem gesonderten Termin ist dies nicht zwingend der Fall,[68] kann sich aber als zweckmäßig darstellen.

---

66 Und nicht etwa die eigene Partei, was auch Rechtsanwälten gelegentlich unterläuft.
67 BVerfG 21.2.2001, 2 BvR 140/00, NJW 2001, 2531; BAG 6.12.2001, 2 AZR 396/00, EzA § 611 BGB Aufhebungsvertrag Nr. 39; nun auch für den Beweis des Inhalts eines Gesprächs zwischen den Parteien: BAG 22.5.2007, 3 AZN 1155/06, EzA Art. 103 GG Nr. 8, mit der Tendenz, aus Art. 103 Abs. 1 GG ein Ermittlungsgebot abzuleiten, das die Parteien aus einer Beweisnot befreit.
68 Zöller/Greger § 358 Rn. 2; a.A. RSG § 115 Rn. 31; *Schwab/Weth/Schwab* § 58 Rn. 31.

Die **Beweisaufnahme** erfolgt vor der Kammer des Arbeitsgerichts, 47
Abs. 1 S. 1. Soweit dies nicht möglich ist, kann die Beweisaufnahme
durch Beschluss der Kammer dem Vorsitzenden übertragen werden,
Abs. 1 S. 2. Die Übertragung auf einen beauftragten oder ersuchten
Richter, wie sie in §§ 361 f. ZPO vorgesehen ist, findet beim Arbeitsgericht nicht statt. Für den Fall der Beweisaufnahme außerhalb des Gerichtsbezirks vgl. § 13. Die Parteien haben ein Anwesenheits- und Fragerecht (z.B. §§ 257, 397 ZPO).

Die Besetzung der Kammer richtet sich dabei nach dem Geschäftsverteilungsplan. Grundsätzlich ist es nicht schädlich, wenn andere Richter 48
die Entscheidung treffen als diejenigen, die die Beweisaufnahme durchgeführt haben.[69] Die Beibehaltung der Richterbank auch in den Folgeterminen darf aber nicht einem Einzelfallbeschluss der Kammer überlassen bleiben.[70]

II. Augenscheinseinnahme

Der Augenschein wird durch die Kammer vorgenommen; dies kann 49
auch durch eine Ortsbesichtigung außerhalb des Gerichtsgebäudes erfolgen. Das Ergebnis ist in das Protokoll aufzunehmen (§ 160 Abs. 3
Nr. 5 ZPO).

Einem **Beweiserhebungsverbot** unterliegen dabei Beweismittel, die 50
widerrechtlich erlangt worden sind und deren Erhebung zu einer
Grundrechtsverletzung einer Partei, insbes. gem. Art. 1 und 2 GG, führen würde. Dies ist z.B. bei Tondokumenten der Fall, die **unbefugt aufgezeichnet** worden sind,[71] oder bei verdeckt erhobenen Videoaufnahmen.[72] Dann scheidet auch die Vernehmung von Zeugen zu ihren Erkenntnissen aus dem Betrachten des Videobandes aus. Soweit die Unterlagen unrechtmäßig erlangt wurden – etwa durch Diebstahl – aber
keine Persönlichkeitsrechte verletzt werden, ist eine Beweiserhebung
nicht ohne weiteres unzulässig.[73]

---

69 GK-ArbGG/*Schütz* § 58 Rn. 18; GMPM-G/*Prütting* § 58 Rn. 46.
70 BAG 16.11.1995, 8 AZR 864/93, EzA Art 20 EV Nr. 47; bestätigt v. BAG 2.12.1999,
 2 AZR 843/98, EzA § 579 ZPO Nr. 3; vgl. im Übrigen auch die Erl. zu § 31.
71 BVerfG 31.1.1973, 2 BvR 454/71, NJW 1973, 891.
72 BAG 27.3.2003, 2 AZR 51/02, EzA § 611 BGB 2002 Persönlichkeitsrecht Nr. 1
 (mit der Ausnahme bei dem Verdacht einer strafbaren Handlung, sonstiger
 Unaufklärbarkeit und Verhältnismäßigkeit des Mittels); LAG Hamm
 24.7.2001, 11 Sa 1524/00, NZA-RR 2002, 464; OLG Karlsruhe 8.11.2001, 12 U
 180/01, NJW 2002, 2799; vgl. allg. jetzt auch restriktiv BAG 29.6.2004, 1 ABR
 21/03, EzA § 611 BGB 2002 Persönlichkeitsrecht Nr. 2; detailliert dazu *Schlewing* NZA 2004, 1071.
73 BAG 15.8.2002, 2 AZR 214/01, EzA § 103 BetrVG 1972 Nr. 44.

III. Zeugenvernehmung

51 Die Zeugen werden vom Gericht zu den benannten Beweisthemen **vernommen**. Sie haben eine Pflicht zum Erscheinen vor Gericht, die nach § 380 ZPO erzwingbar ist. Sie müssen vor Gericht wahrheitsgemäß und vollständig aussagen, was gem. § 390 ZPO gleichfalls erzwingbar ist. Allgemeine **Zeugnisverweigerungsrechte** für nahe Angehörige und bestimmte Berufsgruppen (§ 383 ZPO) und das Recht, die Antwort auf bestimmte Fragen[74] zu **verweigern** (§ 384 ZPO), stehen einer Sanktion entgegen. Hierzu gehört auch das Recht eines Gewerkschaftssekretärs, ohne Zustimmung der Arbeitnehmer keine Angaben über die Gewerkschaftszugehörigkeit der bei dem beteiligten Arbeitgeber Beschäftigten zu machen.[75] Aus der zulässigen Auskunftsverweigerung darf das Gericht keine Schlüsse ziehen, wohl aber aus der Verweigerung der Schweigepflichtentbindung für einen Zeugen durch die berechtigte Partei.[76] Wenn das Gericht nach § 377 Abs. 2 ZPO eine **schriftliche Beantwortung** der Beweisfrage angeordnet und auf die Beantwortung hin eine Partei zur Ausübung des Fragerechts die Ladung des Zeugen beantragt, ist das Gericht grundsätzlich verpflichtet, diesem Antrag nachzukommen.[77]

52 Soweit eine allgemeine Aussagegenehmigung vorgesetzter Behörden erforderlich ist (z.B. bei Beamten, Richtern), hat das **Gericht von Amts wegen** schon vor oder spätestens mit der Ladung diese Genehmigung bei der vorgesetzten Behörde einzuholen, § 376 Abs. 3 ZPO. Eine fahrlässige oder vorsätzliche Falschaussage ist strafbewehrt, §§ 153 f. StGB; hierauf sollten Zeugen in ihrer Belehrung vor der Vernehmung (§ 395 ZPO) hingewiesen werden.

53 Ein **Beweiserhebungsverbot** kommt im Rahmen der Zeugenaussage in Betracht, wenn – was häufiger geschieht – eine Partei den Ehepartner als Zeugen für ein Telefongespräch anbietet, das ohne Information der Gegenseite **mitgehört** wurde.[78] Dies gilt auch, wenn sich das Telefonat im geschäftlichen Bereich abspielt oder wenn der Arbeitnehmer seinen Dienstapparat benutzt.[79] Dieser Grundsatz kann nur unter ganz be-

---

74 Vgl. zur Abgrenzung § 383 ZPO und § 384 ZPO, Hess. LAG 27.6.2007, 11 Ta 83/07.
75 LAG Hamm 10.8.1994, 3 TaBV 92/94, LAGE § 383 ZPO Nr. 1.
76 *Schwab/Weth/Schwab* § 54 Rn. 42.
77 OLG Hamburg 8.5.2003, 6 U 38/00, OLGR 2004, 99; LG Berlin 25.11.1996, 62 S 387/96, NJW-RR 1997, 1289.
78 BVerfG 9.10.2002, 1 BvR 1611/96, EzA § 611 BGB Persönlichkeitsrecht Nr. 15; BAG 10.12.1998, 8 AZR 366/97, n.v.; 13.2.1998, 5 AZR 508/96, EzA § 611 BGB Persönlichkeitsrecht Nr. 12.
79 BVerfG 19.12.1991, 1 BvR 382/85, EzA § 611 BGB Persönlichkeitsrecht Nr. 10.

sonderen Umständen im Einzelfall außer Acht gelassen werden.[80] Ansonsten ist die Vernehmung eines Zeugen über dessen Wahrnehmungen zulässig, auch diejenige **des Zeugen »vom Hörensagen«**,[81] wenngleich die Überzeugungskraft für das Bestehen der zu beweisenden Haupttatsache entsprechend verringert sein dürfte.

Der Zeuge ist in Abwesenheit der später zu hörenden Zeugen zu vernehmen (§ 394 Abs. 1 ZPO). Nach der **Belehrung**, die auch vorher an alle Zeugen gemeinsam ergehen kann, hat er zur Person und sodann im Zusammenhang zu dem ihm mitgeteilten Beweisthema Angaben zu machen (§ 395 Abs. 2, § 396 Abs. 1 ZPO). Sodann hat er auf **Fragen des Gerichts** und danach der **Parteien** zu antworten (§ 396 Abs. 2 und 3, § 397 Abs. 1 und 2 ZPO). Der Vorsitzende darf Fragen, die unzulässig sind (nach der Formulierung: Suggestivfragen; nach dem Thema: Fragen jenseits des Beweisthemas) beanstanden; auf Antrag entscheidet das Gericht in voller Besetzung über die Zulässigkeit einer Frage (§ 397 Abs. 3 ZPO). 54

In der Regel wird die Aussage des Zeugen durch den Vorsitzenden – möglichst authentisch auch in der Diktion – auf Tonträger diktiert und dem Zeugen am Ende seiner Aussage vorgespielt bzw. vorgelesen; hierauf hat er einen Anspruch (§ 162 Abs. 2 S. 1 ZPO). Es ist aber auch ein Verzicht aller Anwesenden möglich, was wiederum zu Protokoll zu nehmen ist (§ 162 Abs. 2 S. 2 ZPO). 55

Abweichend von allgemeinen zivilprozessualen Regeln wird der Zeuge (wie der Sachverständige) vor dem Arbeitsgericht nur **beeidigt**, wenn das Gericht dies im Hinblick auf die Bedeutung des Zeugnisses für die Entscheidung im Rechtsstreit als notwendig erachtet, Abs. 2 S. 1. Eine Beeidigung zur Herbeiführung einer wahrheitsgemäßen Aussage (wie nach § 391 ZPO) ist damit **nicht zulässig**.[82] Die Beeidigung selbst richtet sich nach §§ 478 ff ZPO.[83] 56

---

80 Z.B. bei »notwehrähnlicher Lage«, BVerfG 9.10.2002, 1 BvR 1611/96, EzA § 611 BGB Persönlichkeitsrecht Nr. 15; BAG 29.10.1997, 5 AZR 508/96, EzA § 611 BGB Persönlichkeitsrecht Nr. 12; das bloße Interesse an einer Durchsetzung eines zivilrechtlichen Anspruchs genügt dabei aber nicht.

81 LAG München 2.7.1987, 4 (5) Sa 703/86, LAGE § 373 ZPO Nr. 2; einschränkend LAG Köln 7.4.1995, 13 (10) Sa 1244/94, MDR 1996, 79; anders die alte Rspr., BAG 8.8.1968, 2 AZR 348/67, EzA § 13 KSchG Nr. 1. Zu der Möglichkeit, über die Aussage eines Notars den Nachweis zu führen, dass ein Arbeitnehmer im Betrieb der Gewerkschaft angehört, ohne dessen Namen preiszugeben, vgl. BAG 25.3.1992, 7 ABR 65/90, EzA § 2 BetrVG 1972 Nr. 14.

82 BAG 5.11.1992, 2 AZR 147/92, EzA § 626 n.F. BGB Nr. 143.

83 Vom ersuchten Richter darf eine Beeidigung nur vorgenommen werden, wenn die Kammer sie zuvor angeordnet hat, *Gift/Baur* Rn. E 1091; *Musielak/Huber* § 391 Rn. 3.

57 Bei der schriftlichen Zeugenaussage entspricht dem die **eidesstattliche Versicherung** des Zeugen. Nach Abs. 2 S. 2 ist sie auch nur unter den Voraussetzungen des Abs. 2 S. 1 vom Zeugen zu verlangen.

IV. Erstattung des Sachverständigengutachtens

58 In der Regel wird das Sachverständigengutachten gegenüber dem Gericht auf dessen Verlangen in **schriftlicher Form** erstattet (§ 411 Abs. 1 ZPO). Das Gutachten ist den Parteien zugänglich zu machen; sie erhalten regelmäßig Gelegenheit, hierzu schriftsätzlich oder in der folgenden Kammerverhandlung Stellung zu nehmen.

59 Das Gericht kann aber auch die **mündliche Erläuterung** des schriftlichen Gutachtens in der Kammerverhandlung verlangen (§ 411 Abs. 3 ZPO). Auf rechtzeitiges Verlangen einer der Parteien ist das Gericht hierzu **verpflichtet** (§§ 402, 397 ZPO).[84] Das Beweisverfahren in der mündlichen Verhandlung ist dann dasselbe wie beim Zeugenbeweis.

60 Nach § 411a ZPO kann ein schriftliches Gutachten durch die **Verwertung** eines gerichtlich eingeholten Gutachtens aus einem anderen gerichtlichen (oder staatsanwaltschaftlichem) Verfahren ersetzt werden. Für diesen Fall gelten die §§ 402 ff. ZPO entsprechend.[85]

V. Urkundenvorlage

61 Die förmliche Beweisaufnahme über eine Urkunde erfolgt durch die **Vorlage in der Verhandlung** und die Inaugenscheinnahme durch das Gericht. Zu einer solchen förmlichen Beweisaufnahme kommt es aber nur selten, da in den allermeisten Fällen der Inhalt der schriftsätzlich vorgelegten Urkunde nicht bestritten wird. Behauptet der Gegner, die Urkunde sei nicht echt, hat der Beweisführer die **Echtheit** zu beweisen, was z.B. durch einen Schriftsachverständigen möglich sein kann.

62 Auch beim Urkundenbeweis sind Erhebungsverbote denkbar, etwa bei entwendeten privaten Aufzeichnungen wie Tagebüchern etc. (vgl. dazu oben Rn. 50 und 53).

VI. Parteivernehmung

63 Bei der Parteivernehmung ist **zwingend** ein Beweisbeschluss erforderlich (§ 450 Abs. 1 S. 1 ZPO). Die Durchführung der Parteivernehmung richtet sich weitgehend nach den Vorschriften über die Zeugenverneh-

---

84 BGH 29.10.2002, VI ZR 353/01, MDR 2003, 168.
85 *Musielak/Huber* § 411a Rn. 12.

mung (§ 451 ZPO). Allerdings besteht anders als beim Zeugen **keine Aussagepflicht** der Partei. Die Weigerung auszusagen kann jedoch im Rahmen der Beweiswürdigung herangezogen werden (§ 446 ZPO). Die Partei kann – anders als der Zeuge oder der Sachverständige – auch vor dem Arbeitsgericht beeidigt werden, wenn sich das Gericht hiervon einen (entscheidenden) Gewinn an Glaubhaftigkeit der Aussage verspricht (§ 451 Abs. 1 ZPO).

F. Beweiswürdigung, Beweisverwertungsverbote

Bei der **Würdigung** der erhobenen Beweise ist das Gericht im Wesentlichen frei und nur in Ausnahmefällen an Regeln gebunden. Hauptfall einer solchen Bindung ist die Beweiskraft der (echten) **Privaturkunde**, die den Beweis dafür begründet, dass die in ihm enthaltene Erklärung von dem Unterzeichner auch wirklich abgegeben worden ist (§ 415 ZPO). Die **öffentliche Urkunde** dagegen begründet weitergehend den vollen Beweis dafür, dass der in ihr dokumentierte Vorgang stattgefunden hat; hier ist allerdings der Gegenbeweis der Falschbeurkundung möglich (§ 414 ZPO). Gleiches gilt für die Zustellungsnachweise (z.B. §§ 173 ff. ZPO) und die Beweiskraft des Protokolls (§ 165 ZPO). 64

Ferner dürfen Beweise nicht verwertet werden, die einem **Beweiserhebungsverbot** unterlagen (dazu oben Rn. 50, 53 und 62). Dies betrifft in erster Linie den Bereich der Verletzung von Persönlichkeitsrechten. 65

Im Übrigen hat das Gericht unter Berücksichtigung des gesamten Inhalts der Verhandlungen, auch der Parteierklärungen,[86] sowie des Ergebnisses der Beweisaufnahme nach **freier Überzeugung** zu entscheiden, ob sie eine tatsächliche Behauptung einer Partei als wahr annimmt (§ 286 Abs. 1 S. 1 ZPO). Dabei ist eine jeden Zweifel ausschließende Gewissheit nicht gefordert und ohnehin nicht erreichbar.[87] Der Richter muss sich mit einem für das praktische Leben brauchbaren Grad an Gewissheit begnügen, die den Zweifeln Einhalt gebietet, ohne sie jedoch völlig auszuschließen.[88] Das Gericht ist jedoch gezwungen, seine **Überlegungen im Urteil** darzustellen (§ 186 Abs. 1 S. 2 ZPO). Bei den Überlegungen selbst ist das Gericht nicht gebunden. Einem Zeugen kann auch geglaubt werden, wenn drei Zeugen das Gegenteil bekundet haben. Auch die weit verbreitete Praxis, aus der **persönlichen Nähe** eines Zeugen zu einer Partei (etwa bei familiären Beziehungen) auf eine ver- 66

---

[86] BAG 8.5.1996, 5 AZR 315/95, EzA § 273 BGB Nr. 5.
[87] BAG 19.2.1997, 5 AZR 747/93, EzA § 5 EFZG Nr. 3.
[88] BAG 26.8.1993, 2 AZR 154/93, EzA § 626 n.F. BGB Nr. 148.

ringerte **Glaubwürdigkeit** des Zeugen zu schließen, ist **unzulässig,** da es einen solchen allgemeinen Satz nicht gibt und evtl. Zweifel im konkreten Einzelfall mit dem Verhalten des Zeugen oder dem Inhalt seiner Aussage zu begründen sind.[89]

67 Auch das Ergebnis eines Sachverständigengutachtens ist für das Gericht **nicht bindend.** Allerdings bedarf es besonderer Gründe für eine Abweichung, denn der Gutachter ist gerade wegen der fehlenden Sachkunde des Gerichts als dessen Helfer bestellt worden. Es muss dann nach pflichtgemäßem Ermessen entscheiden, ob es einen weiteren Gutachter beauftragt.[90]

68 Bei der Feststellung von der Entstehung und der Höhe eines Schadens senkt § 287 ZPO als Ausnahmeregelung die Anforderungen an das Beweismaß ab.[91] In diesem Bereich sind **Schätzungen** zulässig, deren tatsächliche Grundlagen allerdings im Urteil begründet werden müssen.

---

89 BGH 18.1.1995, VIII ZR 23/94, NJW 1995, 955.
90 BAG 14.1.1993, 2 AZR 343/92, EzA § 1 KSchG 1969 Krankheit Nr. 39.
91 Sog. »haftungsausfüllende Kausalität«, BAG 24.6.1999, 8 AZR 339/98, EzA § 326 BGB Nr. 1.

§ 59 Versäumnisverfahren

¹Gegen ein Versäumnisurteil kann eine Partei, gegen die das Urteil ergangen ist, binnen einer Notfrist von einer Woche nach seiner Zustellung Einspruch einlegen. ²Der Einspruch wird beim Arbeitsgericht schriftlich oder durch Abgabe einer Erklärung zur Niederschrift der Geschäftsstelle eingelegt. ³Hierauf ist die Partei zugleich mit der Zustellung des Urteils schriftlich hinzuweisen. ⁴§ 345 der Zivilprozeßordnung bleibt unberührt.

Übersicht	Rn.
A. Allgemeines	1
B. Voraussetzungen der Säumnisentscheidung	3
I. Säumnis	3
II. Antrag	4
III. Sachurteilsvoraussetzungen	6
IV. Ordnungsgemäße Ladung	11
V. Unverschuldetes Nichterscheinen	12
VI. Versäumnisurteil gegen den Kläger	13
VII. Kenntnis des Beklagten vom klägerischen Vortrag	14
VIII. Schlüssigkeit des klägerischen Vortrags	15
C. Einspruchsverfahren	17
I. Zulässigkeit des Einspruchs	18
II. Einspruchstermin	23
III. Zweites Versäumnisurteil	25
D. Entscheidung nach Lage der Akten	28

A. Allgemeines

Das Versäumnisverfahren vor dem Arbeitsgericht richtet sich im Wesentlichen nach den zivilprozessualen Regeln der §§ 330 ff. ZPO; in § 59 finden sich lediglich **wenige Besonderheiten**, auf die im Folgenden im Zusammenhang mit den zivilprozessualen Vorschriften hingewiesen wird. 1

Ein Versäumnisurteil ergeht nur auf Antrag, nicht von Amts wegen. Ein Antrag auf Erlass eines Versäumnisurteils kann je nach prozessualer bzw. materiellrechtlicher Lage vom Gericht beschieden werden mit **Zurückweisung des Antrags durch Beschluss** (§ 335 Abs. 1 ZPO), »**unechtem Versäumnisurteil**«, Vertagung durch Beschluss (§§ 337, 335 Abs. 2 ZPO) oder **Erlass des Versäumnisurteils**. 2

B. Voraussetzungen der Säumnisentscheidung

I. Säumnis

3 Ein Versäumnisurteil setzt die **Säumnis einer Partei** voraus. Diese ist dann gegeben, wenn die Partei nicht zur Sache verhandelt, mag sie auch erschienen sein (§ 333 ZPO). Das Verhandeln zur Sache erfordert in jedem Fall einen Sachantrag der Partei, da ansonsten der Streitgegenstand nicht verbindlich definiert ist.[1] Im Gütetermin wird kein Sachantrag gestellt; bei Nichterscheinen einer Partei findet aber der sofortige Übergang in die »weitere Verhandlung« statt (§ 54 Abs. 4), in der dann der Antrag auf Erlass eines Versäumnisurteils gestellt werden kann.

II. Antrag

4 Ein Versäumnisurteil setzt ferner einen entsprechenden **Antrag** voraus. In der Praxis genügt dafür ein entsprechender Sachantrag; nur dann, wenn ausdrücklich auf einer kontradiktorischen Entscheidung bestanden wird, darf das Gericht kein Versäumnisurteil erlassen. Es ist auch möglich, den Antrag auf einen Teil des Streitgegenstandes zu beschränken (Versäumnisteilurteil).

5 Das Gericht hat auf einen solchen Antrag hin verschiedene Reaktionsmöglichkeiten (vgl. oben Rn. 2). Der Prüfungsgang stellt sich wie folgt dar:

III. Sachurteilsvoraussetzungen

6 Da das Versäumnisurteil ein Sachurteil ist, müssen die von Amts wegen zu überprüfenden Prozessvoraussetzungen vorliegen, also insbes. Partei- und Prozessfähigkeit, Zulässigkeit des Rechtswegs, örtliche Zuständigkeit, Rechtsschutzbedürfnis, keine anderweitige Rechtshängigkeit etc. (vgl. dazu oben § 46 Rn. 19 ff.).

7 Liegen diese Voraussetzungen nicht vor, ist (bei Säumnis des Klägers) auf Antrag des Beklagten die Klage durch kontradiktorisches Urteil (sog. »unechtes Versäumnisurteil«) abzuweisen.[2] Hiergegen ist das Rechtsmittel der Berufung unter den Voraussetzungen des § 64 gegeben.

---

1 BAG 4.12.2002, 5 AZR 566/01, EzA § 333 ZPO Nr. 1; anders beim Beklagten, wenn sich dessen Prozessziel auch ohne Sachantrag aus der Verhandlung selbst ergibt, BAG 23.1.2007, 9 AZR 492/06, EzA Art. 33 GG Nr. 30.
2 Diese Konstellation liegt in den Rechtsmittelinstanzen häufiger vor.

Versäumnisverfahren § 59

Ist der Beklagte säumig, ist der Kläger auf die fehlenden Sachurteilsvoraussetzungen hinzuweisen und ihm Gelegenheit zu geben, den Mangel zu beheben. Kann dies sofort geschehen, ist das Versäumnisurteil bei Vorliegen der weiteren Voraussetzungen zu erlassen. Ist die Mängelbeseitigung prinzipiell möglich, aber nicht direkt im Termin, darf ein Versäumnisurteil nicht ergehen; der Kläger hat den entsprechenden Vortrag oder die fehlenden Unterlagen (z.B. Prozessvollmacht) später beizubringen. Besteht er gleichwohl auf einem Versäumnisurteil, ist der Antrag nach § 335 Abs. 1 Nr. 1 ZPO durch Beschluss zurückzuweisen; gegen diesen Beschluss ist die sofortige Beschwerde gegeben (§ 336 Abs. 1 S. 1 ZPO). Die Rechtsmittelfrist beginnt nicht mit der Verkündung, sondern erst mit der Zustellung des Beschlusses (§ 569 Abs. 1 S. 2 ZPO). 8

Ist die Beseitigung des Mangels nicht möglich, ist die Klage bei Aufrechterhaltung des Antrags des Klägers durch kontradiktorisches Urteil als unzulässig abzuweisen. Auch dieses Urteil ergeht in der unmittelbar auf die Güteverhandlung folgenden »weiteren Verhandlung« (§ 54 Abs. 4) durch den Vorsitzenden allein; in der Kammerverhandlung dagegen entscheidet nach der Neuregelung seit dem 1.4.2008 die Kammer in vollständiger Besetzung.[3] 9

Liegen die Prozessvoraussetzungen vor, sind bei der Entscheidung über den Antrag der erschienenen Partei die weiteren Zulässigkeitsvoraussetzungen einer Säumnisentscheidung zu überprüfen: 10

IV. Ordnungsgemäße Ladung

Zulässig ist ein Versäumnisurteil nur, wenn die nicht erschienene Partei **rechtzeitig** und **ordnungsgemäß** geladen war (§ 335 Abs. 1 Nr. 2 ZPO). Das setzt zunächst eine Ladungsverfügung oder einen Beschluss des Vorsitzenden voraus, die mit vollem Namen unterschrieben ist, eine Paraphe genügt nicht.[4] Ist zu einem Folgetermin geladen worden, kann die schriftliche Ladung überflüssig sein, wenn der Termin verkündet worden ist (§ 218 ZPO). Ferner ist die Einhaltung der **Einlassungsfrist** von einer Woche (§ 47) und der **Ladungsfrist** von (mindestens) drei Tagen (§ 217 ZPO, § 46 Abs. 2) einzuhalten. Die Ladung muss auch zu dem Ort und Zeitpunkt erfolgt sein, an dem der Termin stattfindet. Ferner muss sie die erforderliche Belehrung über die Folgen einer Versäumung des Termins enthalten (§ 215 Abs. 1 ZPO). Wenn die Partei erschienen ist, aber nicht verhandelt (§ 333 ZPO), kommt es dagegen 11

---

3 Vgl. dazu ausf. oben § 55 Rn. 1a ff.
4 LAG Hamm 22.7.1982, 8 Sa 734/82, EzA § 340 ZPO Nr. 2.

auf die Ordnungsgemäßheit der Ladung nicht an. Hier könnte lediglich die fehlende Wahrung der Einlassungsfrist die Annahme der Säumnis hindern.

V. Unverschuldetes Nichterscheinen

12 Unzulässig ist eine Säumnisentscheidung auch dann, wenn die Partei ohne ihr **Verschulden** am Erscheinen verhindert ist (§ 337 S. 1 ZPO). Von dem Nichterscheinen hat sich das Gericht nach der (üblichen) Wartezeit von 15 Minuten vor Erlass eines Versäumnisurteils durch einen **weiteren Aufruf** der Sache zu überzeugen. Häufig ergibt sich eine Erklärung für die Säumnis erst nach Durchführung des Termins. Soweit ein solcher Grund aber bereits zum **Zeitpunkt der Entscheidung** erkennbar ist, hat das Gericht ihn zu berücksichtigen, etwa eine mitgeteilte plötzliche Erkrankung, eine telefonisch übermittelte Verzögerung durch einen Stau[5] oder eine unzumutbare Verzögerung des Aufrufs der Sache,[6] nicht dagegen das angekündigte Ausbleiben auf einen noch nicht beschiedenen Vertagungsantrag hin.[7] Standesrechtliche Gepflogenheiten unter Rechtsanwälten hat das Gericht außer Acht zu lassen.[8] Hat das Gericht Zweifel am fehlenden Verschulden der Parteisäumnis, kann es einen Verkündungstermin für den Erlass des Versäumnisurteils anberaumen und der ausgebliebenen Partei die Gelegenheit geben, zum fehlenden Verschulden ergänzende Angaben zu machen.[9]

VI. Versäumnisurteil gegen den Kläger

13 Liegen diese Voraussetzungen vor, hat das Gericht bei **Säumnis des Klägers** auf Antrag des Beklagten ohne jede Sachprüfung ein klageabweisendes Versäumnisurteil zu erlassen (§ 330 ZPO).

VII. Kenntnis des Beklagten vom klägerischen Vortrag

14 Bei **Säumnis des Beklagten** und entsprechendem Antrag des Klägers ist sein Vortrag nur als zugestanden anzusehen, soweit er dem Beklag-

---

5 BGH 19.11.1998, IX ZR 152/98, NJW 1999, 724.
6 GK-ArbGG/*Schütz* § 59 Rn. 28, hält eine Verzögerung von mehr als einer Stunde für einen Entschuldigungsgrund, wenn sich die Partei dann entfernt.
7 ErfK/*Koch* § 59 Rn. 7; vgl. dazu auch oben § 51 Rn. 7.
8 BGH 27.9.1990, VII ZR 135/90, NJW 1991, 42; OLG Stuttgart 13.8.1993, 2 U 48/93, NJW 1994, 1884; § 13 BORA, der vorsieht, dass Rechtsanwälte bei anwaltlicher Vertretung der Gegenseite nur nach vorheriger Ankündigung ein Versäumnisurteil beantragen dürfen, nichtig, BVerfG 14.12.1999, 1 BvR 1327/98, AP ZPO § 337 Nr. 4.
9 GMPM-G/*Germelmann* § 59 Rn. 20.

ten im Prozess **rechtzeitig bekannt** gemacht worden war (§ 335 Abs. 1 Nr. 3 ZPO). Dies gewinnt insbesondere dann Relevanz, wenn der Vortrag in der Klageschrift nicht schlüssig war und erst im (Güte-)Termin »nachgebessert« wird; eine Säumnisentscheidung zu Lasten des Beklagten ist hier nicht möglich, weil dieser darauf vertrauen durfte, dass nach dem ihm mitgeteilten Sachverhalt auch das Gericht die Klage als unschlüssig ansehen würde. Kennt der Beklagte das Vorbringen nicht, ist der Antrag (auch bei durch den Kläger nunmehr herbeigeführter) Schlüssigkeit zurückzuweisen, wenn der Kläger ihn trotz Hinweises aufrechterhält.

VIII. Schlüssigkeit des klägerischen Vortrags

Ansonsten steht dem alleinigen **Abstellen auf den Klägervortrag** weder ein vorheriges Bestreiten des Beklagten noch eine möglicherweise vorher durchgeführte Beweisaufnahme entgegen. Allerdings hat das Gericht vom Kläger selbst vorgetragene rechtshindernde oder rechtsvernichtende Einwendungen zu berücksichtigen.[10]

Soweit die **vorgetragenen Tatsachen** die vom Kläger erstrebte Rechtsfolge insgesamt rechtfertigen, ist durch Versäumnisurteil auf sie zu erkennen. Soweit dies nicht oder nur teilweise der Fall ist (was z.B. bei einer Mehrheit von Zahlungsansprüchen häufig vorliegt), ist der Kläger darauf hinzuweisen (§ 139 ZPO). Er kann jetzt hinsichtlich des vom Vorsitzenden als schlüssig gekennzeichneten Anspruchs ein **Versäumnisteilurteil** beantragen und im Übrigen keinen Antrag stellen. Der Vorsitzende bzw. nach Maßgabe des § 55 Abs. 1 auch die Kammer hat dann das Versäumnisteilurteil zu erlassen und das Verfahren ruhend zu stellen (§ 54 Abs. 5 für die Güteverhandlung, § 251a Abs. 3 ZPO für die Kammerverhandlung). Wenn der Kläger auf dem gesamten Anspruch beharrt, ist ihm der durch schlüssigen Vortrag begründete Teil des Anspruchs durch Versäumnisteilurteil zuzusprechen, die Klage im Übrigen durch ein **kontradiktorisches Schlussurteil** abzuweisen,[11] wogegen jeweils die unterschiedlichen Rechtsbehelfe gegeben sind. Das Urteil muss sowohl im Tenor als auch in den Gründen, insbesondere in der Rechtsmittel- bzw. Rechtsbehelfsbelehrung, die unterschiedlichen Entscheidungsgrundlagen deutlich machen, damit Klarheit darüber besteht, wer welchen Rechtsbehelf gegen diese Entscheidung hat.

---

10 BAG 14.6.1994, 9 AZR 111/93, EzA § 196 BGB Nr. 8, zu einer Einrede der Verjährung durch den Beklagten und darauf erfolgter Stellungnahme des Klägers im Prozess.

11 § 331 Abs. 2 ZPO; a.A. GMPM-G/*Germelmann* § 59 Rn. 14.

C. Das Einspruchsverfahren

17 Gegen ein Versäumnisurteil hat der Verurteilte den **Rechtsbehelf des Einspruchs** (§ 338 ZPO). Dieser hat keine devolutive Wirkung, d.h. das Verfahren wird in derselben Instanz fortgesetzt.

I. Zulässigkeit des Einspruchs

18 Der Einspruch hat – insoweit abweichend vom Prozess in der ordentlichen Gerichtsbarkeit – innerhalb einer Notfrist (deshalb ggf. Wiedereinsetzung in den vorigen Stand möglich) von **einer Woche** nach Zustellung des Versäumnisurteils beim Arbeitsgericht einzugehen. Hierüber ist der Verurteilte – auch dies abweichend vom »normalen« Zivilprozess – ebenso zu **belehren** wie über den nach § 340 ZPO notwendigen Inhalt der Einspruchsbegründung.[12] Die Unterschrift des Vorsitzenden ist insoweit nicht erforderlich, aber auch nicht schädlich. Es genügt jedoch, wenn ein entsprechendes Informationsblatt dem Versäumnisurteil beigefügt wird.[13] Unterbleibt die Belehrung, beginnt die Rechtsbehelfsfrist nicht zu laufen. Eine **nachträgliche Belehrung** erfordert die erneute Zustellung des Versäumnisurteils (arg. Satz 3).[14]

19 Die Form und der Inhalt des Einspruchsschreibens sind in **§ 340 ZPO** geregelt. Abweichend hierzu kann der Einspruch auch bei der Geschäftsstelle des Arbeitsgerichts zu Protokoll erklärt werden (Satz 2).

Dabei ist das Urteil, gegen das sich der Einspruch richtet, zu bezeichnen; es genügt, wenn es identifizierbar ist. Der Begriff des »Einspruchs« ist **nicht zwingend**, auch hier genügt, wenn erkennbar wird, dass die Partei das Versäumnisurteil gegen sich nicht gelten lassen will und die Fortsetzung des Verfahrens verlangt.[15] Allein eine Entschuldigung für die Säumnis im Verhandlungstermin reicht aber für die Annahme, gegen das erlassene Versäumnisurteil solle Einspruch eingelegt worden sein, nicht aus.[16]

20 Die in § 340 Abs. 3 ZPO geregelten weiteren Anforderungen haben im Arbeitsgerichtsprozess keine große Bedeutung, da sie **keine Zulässigkeitsvoraussetzungen** für den Einspruch sind und die dort vorgeschriebene Einspruchsbegründung im Falle der Nichteinhaltung der

---

12 GMPM-G/*Germelmann* § 59 Rn. 22. Hieran hat § 338 S. 2 ZPO i.d.F. des EG-Vollstreckungstitel-Durchführungsgesetzes v. 18.8.2005 BGBl. I S. 2477, nichts geändert.
13 GK-ArbGG/*Schütz* § 59 Rn. 55.
14 GMPM-G/*Germelmann* § 59 Rn. 23 f.
15 BGH 9.6.1994, IX ZR 133/93, BB 1994, 2033.
16 BAG 11.3.1971, 5 AZR 184/70, NJW 1971, 1479.

Frist i.d.R. noch vor dem folgenden Einspruchs-(Kammer-)termin vorgebracht werden kann.

Das Gericht hat die **Zulässigkeit** des Einspruchs zu überprüfen, also 21
Einhaltung der Frist- und Formvorschriften; sind diese nicht eingehalten, ist der Einspruch als **unzulässig zu verwerfen** (§ 341 ZPO). Die Verwerfung erfolgt durch ein Urteil; dies ergeht i.d.R. ohne mündliche Verhandlung durch den Vorsitzenden allein (§ 341 ZPO, § 55 Abs. 1 Nr. 4a).
Gegen dieses Urteil ist die Berufung unter den Voraussetzungen des
§ 64 Abs. 2 lit. a–c zulässig.

Ist der Einspruch zulässig, wird der Prozess, soweit Einspruch eingelegt ist, in die Lage vor dem Erlass des Versäumnisurteils **zurückversetzt** (§ 342 ZPO). Eine gesonderte Entscheidung über die Zulässigkeit ist nicht angezeigt; vielmehr ist sogleich Termin zur mündlichen Verhandlung über den Einspruch und zur Hauptsache anzuberaumen (§ 341a ZPO). 22

II. Einspruchstermin

Im Termin zur streitigen mündlichen Verhandlung vor der Kammer 23
wird der Prozess ungeachtet des Versäumnisurteils **fortgesetzt**. Die Entscheidung in der Hauptsache hat jedoch die prozessuale Lage einzubeziehen. Der Antrag des Klägers bezieht sich nicht mehr auf den in der Klageschrift gestellten Sachverhalt, sondern geht dahin, das **Versäumnisurteil aufrecht zu erhalten** (§ 343 ZPO). Der Beklagte beantragt dagegen, das Versäumnisurteil aufzuheben und die Klage abzuweisen.
Entsprechendes gilt für Versäumnisteilurteile und in den Fällen, in denen das Versäumnisurteil gegen den Kläger erging. Der zwischenzeitlich erbrachte Vortrag ist dabei – vorbehaltlich § 56 Abs. 2 – zu berücksichtigen, auch wenn er im Säumnistermin hätte zurückgewiesen werden müssen (Zulässigkeit der »**Flucht in die Säumnis**«[17]). Je nach materieller Rechtslage entscheidet das Gericht. Die Kostenentscheidung folgt dabei der Hauptsache, mit der Ausnahme der **Kosten der Säumnis**, die auch bei Aufhebung des Versäumnisurteils dem Säumigen auferlegt werden (§ 344 ZPO). Eine **Klagerücknahme** führt zu einer vollständigen Kostenlast für den Kläger, auch betr. die Kosten eines gegen den Beklagten erlassenen Versäumnisurteils; das gilt auch für die fingierte Klagerücknahme nach § 54 Abs. 5 nach sechsmonatigem Ruhen bei einem vorhergegangenen Teilversäumnisurteil.[18]

---

17 Vgl. dazu oben § 56 Rn. 29.
18 *Creutzfeldt* RdA 2004, 281, 290.

23a Die **Rücknahme des Einspruchs** ist ohne Einwilligung der Gegenseite bis zur Urteilsverkündung möglich. Sie ist unwiderruflich, auch wenn sie durch einen fehlerhaften Hinweis des Gerichts ausgelöst wurde.[19] Die Rücknahme hat den Verlust des Rechtsbehelfs und die Verpflichtung zur Kostentragung zur Folge (§§ 346, 516 Abs. 3 ZPO).

24 Gegen das Urteil in der Hauptsache ist unter den in § 64 genannten Voraussetzungen das Rechtsmittel der Berufung gegeben.

III. Zweites Versäumnisurteil

25 Erscheint der Einspruchsführer in dem Einspruchstermin nicht, so wird auf Antrag der Gegenpartei der Einspruch durch ein **(zweites) Versäumnisurteil verworfen**. Dieses zweite Versäumnisurteil ergeht – abweichend von der bis zum 1.4.2008 geltenden Rechtslage – durch die Kammer, vor der der Einspruchstermin stattfindet (§ 55 Abs. 1 Nr. 3). Dies gilt jedoch nur in dem Termin, der auf den Einspruch folgt. Wird hier verhandelt und ist der Säumnisfall erst in einem **weiteren Folgetermin** (erneut) gegeben, ist auf Antrag ein »erstes« Versäumnisurteil nach §§ 330, 331 ZPO zu erlassen, gegen das wiederum ein Einspruch möglich ist.

26 Sehr **streitig** ist, ob der Erlass eines zweiten Versäumnisurteils gem. § 345 ZPO eine erneute Rechtmäßigkeitsprüfung des »ersten Versäumnisurteils« verlangt, also insbesondere auch eine **Schlüssigkeitsüberprüfung** des klägerischen Vortrags. Nach einer Auffassung soll dies unter dem Gesichtspunkt der **materiellen Gerechtigkeit** und der Gewährung rechtlichen Gehörs geboten sein.[20]

Nach zutreffender Auffassung wird dagegen § 342 ZPO durch § 345 ZPO verdrängt. Auf die Restitutionswirkung des § 342 ZPO **verzichtet** die Partei gerade durch ihre Nichtwahrnehmung des rechtlichen Gehörs in der Einspruchsverhandlung. Insoweit hat § 345 ZPO durchaus Sanktionscharakter und dient der Rechtssicherheit.[21]

---

19 LAG Rheinland-Pfalz 28.12.2007, 8 Ta 286/07.
20 Für diese Auffassung BAG 18.1.1974, 3 AZR 3/73, EzA § 345 ZPO Nr. 1; bestätigt durch BAG 2.2.1994, 10 AZR 113/93, EzA § 513 ZPO Nr. 10; LAG Frankfurt 18.9.1992, 15 Sa 138/92, LAGE § 513 ZPO Nr. 5; *Schwab/Weth/Berscheid/Korinth* § 59 Rn. 117 f.; GMPM-G/*Germelmann* § 59 Rn. 45; *Hauck/Helml* § 59 Rn. 25; *Zöller/Herget* § 345 Rn. 4; RSG S. 620.
21 Für diese Auffassung BGH 6.5.1999, V ZB 1/99, EzA § 513 Nr. 12; GK-ArbGG/*Schütz* § 59 Rn. 89; ErfK/*Koch* § 59 Rn. 17; DFL/*Heider* § 59 Rn. 14; MüKoZPO/*Prütting* § 345 Rn. 9; *Musielak/Stadler* § 345 Rn. 4; BLAH/*Hartmann* § 345 Rn. 6: *Boemke* ZZP 1993, 371,380; *Stahlhacke* FS E. Schneider, S. 109, 118 ff.

Gegen dieses zweite Versäumnisurteil steht dem Säumigen ein Einspruch nicht mehr zu; vielmehr kann er es nur mit der **Berufung** angreifen. Der Rechtsmittelführer ist dabei mit seinen Angriffsmitteln gegen das angefochtene 2. Versäumnisurteil insoweit beschränkt, als er nur geltend machen kann, dass der Fall der schuldhaften Versäumung im Einspruchstermin **nicht vorgelegen** habe (§ 514 Abs. 2 ZPO).[22]

27

D. Antrag auf Entscheidung nach Lage der Akten

Statt eines Versäumnisurteils kann die erschienene Partei auch die Entscheidung nach Aktenlage beantragen (§ 331a ZPO). Der Antragsteller erreicht hier ggf. ein **kontradiktorisches Endurteil** und kann damit die »Flucht in die Säumnis« durch den Gegner verhindern. Er muss jedoch berücksichtigen, dass anders als bei dem Versäumnisurteil das gegnerische Vorbringen **berücksichtigt** wird und bei erheblichem Bestreiten die Beweislast auslöst. Auch dürfen **Beweisergebnisse** vom Gericht verwertet werden.

28

Ferner muss der Sachverhalt **hinreichend geklärt** erscheinen, worüber das Gericht nach pflichtgemäßem Ermessen befindet. Soll es sich bei der Entscheidung um ein Urteil handeln,[23] setzt dies voraus, dass mindestens einmal vorher zur Sache verhandelt worden ist. Ein »**Aktenlageurteil**« kommt also de facto erst in bzw. nach dem **zweiten Kammertermin** in Betracht (vgl. dazu ausf. oben § 55 Rn. 9 m.w.N.). Für die Verkündung muss ein gesonderter Termin festgesetzt werden, der mindestens zwei Wochen nach dem Säumnistermin liegt (hierzu und wegen der weiteren Voraussetzungen § 251a Abs. 2 ZPO). Gegen die Ablehnung einer Entscheidung nach Lage der Akten ist ein **Rechtsmittel nicht gegeben** (§ 336 Abs. 2 ZPO), ebenso wenig wie gegen eine Entscheidung für ein Urteil nach Aktenlage, also gegen die Anberaumung eines entsprechenden Verkündungstermins.[24]

29

---

22 Insofern inkonsequent BAG 2.2.1994, 10 AZR 113/93, EzA § 513 ZPO Nr. 10, als bei dieser Prüfung entgegen der bisherigen Auffassung, z.B. in BAG 18.1.1974, 3 AZR 3/73, EzA § 345 ZPO Nr. 1, die Schlüssigkeitsprüfung betr. das »erste Versäumnisurteil« nicht erneut durchgeführt werden kann; krit. dazu GMPM-G/*Germelmann* § 59 Rn. 46.
23 Möglich ist auch ein Beweis-, ein Kosten- oder ein Auflagenbeschluss, *Musielak/Stadler* § 331a Rn. 7.
24 *Zöller/Herget* § 251a Rn. 15; *Musielak/Stadler* § 251a Rn. 3.

§ 60 Verkündung des Urteils

(1) ¹Zur Verkündung des Urteils kann ein besonderer Termin nur bestimmt werden, wenn die sofortige Verkündung in dem Termin, auf Grund dessen es erlassen wird, aus besonderen Gründen nicht möglich ist, insbesondere weil die Beratung nicht mehr am Tage der Verhandlung stattfinden kann. ²Der Verkündungstermin wird nur dann über drei Wochen hinaus angesetzt, wenn wichtige Gründe, insbesondere der Umfang oder die Schwierigkeit der Sache, dies erfordern. ³Dies gilt auch dann, wenn ein Urteil nach Lage der Akten erlassen wird.

(2) ¹Bei Verkündung des Urteils ist der wesentliche Inhalt der Entscheidungsgründe mitzuteilen. ²Dies gilt nicht, wenn beide Parteien abwesend sind; in diesem Fall genügt die Bezugnahme auf die unterschriebene Urteilsformel.

(3) ¹Die Wirksamkeit der Verkündung ist von der Anwesenheit der ehrenamtlichen Richter nicht abhängig. ²Wird ein von der Kammer gefälltes Urteil ohne Zuziehung der ehrenamtlichen Richter verkündet, so ist die Urteilsformel vorher von dem Vorsitzenden und den ehrenamtlichen Richtern zu unterschreiben.

(4) ¹Das Urteil nebst Tatbestand und Entscheidungsgründen ist vom Vorsitzenden zu unterschreiben. ²Wird das Urteil nicht in dem Termin verkündet, in dem die mündliche Verhandlung geschlossen wird, so muß es bei der Verkündung in vollständiger Form abgefaßt sein. ³Ein Urteil, das in dem Termin, in dem die mündliche Verhandlung geschlossen wird, verkündet wird, ist vor Ablauf von drei Wochen, vom Tage der Verkündung an gerechnet, vollständig abgefaßt der Geschäftsstelle zu übermitteln; kann dies ausnahmsweise nicht geschehen, so ist innerhalb dieser Frist das von dem Vorsitzenden unterschriebene Urteil ohne Tatbestand und Entscheidungsgründe der Geschäftsstelle zu übermitteln. ⁴In diesem Fall sind Tatbestand und Entscheidungsgründe alsbald nachträglich anzufertigen, von dem Vorsitzenden besonders zu unterschreiben und der Geschäftsstelle zu übermitteln.

Übersicht	Rn.
A. Allgemeines	1
B. Beratung und Entscheidung	2
C. Verkündung des Urteils	3
I. Notwendigkeit der Verkündung	3
II. Zeitpunkt der Verkündung	4
III. Form der Verkündung	7

Verkündung des Urteils § 60

D. Abfassung des Urteils 9
  I. Form 9
  II. Zeitpunkt 11
E. Folgen der Nichtbeachtung 14

A. Allgemeines

§ 60 regelt **arbeitsgerichtliche Besonderheiten** im Zusammenhang mit 1
der Verkündung und der Abfassung des Urteils, wobei ansonsten
§§ 310 bis 313b, 315 ZPO gelten (§ 46 Abs. 2 S. 1). Ihren Grund finden
diese Sonderregeln vor allem im Beschleunigungsgrundsatz; sie sollen
Verzögerungen im Zusammenhang mit der Urteilsberatung und -verkündung so weit wie möglich vermeiden.

B. Beratung und Entscheidung

Die streitige **mündliche Verhandlung** wird durch den Vorsitzenden **ge-** 2
schlossen, wenn die Sache vollständig erörtert und die Anträge gestellt
sind (§ 136 Abs. 4 ZPO). Danach schließt sich die **Beratung** der Kammer
an.[1] Für die Beratung und Abstimmung gelten §§ 192–197 GVG i.V.m.
§ 9 Abs. 2. Anschließend wird die **Entscheidung** – nach der Vorstellung
des Gesetzgebers regelmäßig ein Urteil – **verkündet**.

C. Verkündung des Urteils

I. Notwendigkeit der Verkündung

Solange ein Urteil nicht verkündet ist, entfaltet es keine Wirksamkeit. 3
Die **Verkündungspflicht** gilt zunächst für alle Urteile, auch für Urteile
nach Lage der Akten (vgl. dazu § 59 Rn. 28 f.). Ausgenommen sind aber
diejenigen Urteile, für die eine **gesetzliche Ausnahmeregelung** geschaffen wurde. § 310 Abs. 3 ZPO schreibt vor, dass die Verkündung
von bestimmten Urteilen, die ohne mündliche Verhandlung ergangen
sind,[2] durch die Zustellung ersetzt wird.[3] Davon sind für das arbeitsge-

---

1 Ausnahme: Alleinentscheidung des Vorsitzenden nach streitiger Verhandlung gem. § 55 Abs. 3; vgl. dazu oben § 55 Rn. 17 ff.
2 Keineswegs von allen Urteilen ohne mündliche Verhandlung; so sind in § 310 Abs. 3 ZPO nicht erwähnte Urteile nach wie vor zu verkünden, z.B. Kostenurteile nach § 128 Abs. 3 ZPO (so auch *Musielak/Musielak*, § 310 Rn. 6 m.w.N.) und Verzichtsurteile.
3 Sehr streitig; im Erg. weitgehend wie hier, aber unter Berufung auf § 55 Abs. 2, daher auch unter Einschluss des Verzichtsurteils GMPM-G/*Germelmann* § 60

Creutzfeldt 515

richtliche Verfahren nur das **Anerkenntnisurteil** und das Urteil, mit dem ein unzulässiger **Einspruch verworfen** wird (§ 341 Abs. 2 ZPO), von Bedeutung.

II. Zeitpunkt der Verkündung

4 Der gesetzlich vorgesehene »Normalfall« ist die Verkündung des Urteils **in dem Termin**, auf Grund dessen es erlassen wird (§ 310 Abs. 1 S. 1 ZPO). Nur wenn besondere Gründe vorliegen, kann von dieser Vorgehensweise abgesehen und ein **besonderer Verkündungstermin** anberaumt werden (Abs. 1). Als Beispielsfall für einen besonderen Grund nennt das Gesetz die Unmöglichkeit der Beratung des Urteils durch die Kammer noch am selben Tage. In der Praxis wird ein Verkündungstermin häufig wegen besonderer Schwierigkeit der Sach- und Rechtslage, wegen eines einer Partei gewährten Schriftsatznachlasses oder wegen einer Terminskollision eines der Richter anberaumt. Aber auch wenn eine Beratung möglich oder sogar bereits erfolgt ist, ist die Festsetzung eines Verkündungstermins zulässig, etwa für den Fall des Widerrufs eines in der vorhergehenden Verhandlung zwischen den Parteien geschlossenen Widerrufsvergleichs (wobei allerdings die Anträge gestellt worden sein müssen).

5 Ein etwaiger Verkündungstermin wird durch **Beschluss der Kammer** festgesetzt und am Ende der Sitzung verkündet. Erforderlich ist dabei in jedem Falle die **datumsmäßige Angabe** des Termins; die Bestimmung darf nicht einer weiteren Entscheidung vorbehalten bleiben (kein »Verkündungstermin von Amts wegen«).[4]

6 Hinsichtlich der Frist zwischen Verhandlungs- und Verkündungstermin geht das Gesetz prinzipiell von **nicht mehr als drei Wochen** aus. Auch hier jedoch können wichtige Gründe zu **Ausnahmen** berechtigen;

Rn. 5; *Schaub* ArbGVerf, § 45 Rn. 1; ErfK/*Koch* § 60 Rn. 3; *Hauck/Helml* § 60 Rn. 4; *Schwab/Weth/Berscheid/Schwab* § 60 Rn. 2; a.A. GK-ArbGG/*Schütz* § 60 Rn. 6, m. zutr. Kritik der Bezugnahme auf § 55 Abs. 2, aber mit der unzutreffenden Annahme, dass § 310 Abs. 3 ZPO durch § 60 Abs. 1 verdrängt sei. Dies ist nicht der Fall; § 60 Abs. 1 konstituiert die Verkündungspflicht nicht, sondern geht von ihr aus und regelt die Durchführung der Verkündung. Das ergibt sich bereits aus dem Wortlaut. Die Durchführungsregelung in § 310 Abs. 3 ZPO steht danach **neben** den Regelungen in § 60 und ist gem. § 46 Abs. 2 anzuwenden. Vgl. zu einer ähnlichen Auslegung der Verweisungsregeln in diesem Komplex im Übrigen GK-ArbGG/*Schütz* § 60 Rn. 18 (zur Anwendung von § 311 Abs. 2 S. 3 ZPO auf Grundlage von § 46 Abs. 2).

4 GK-ArbGG/*Schütz* § 60 Rn. 10; ErfK/*Koch* § 60 Rn. 5; im Erg. auch GMPM-G/*Germelmann* § 60 Rn. 11, aber auf häufig vorkommende gesetzwidrige Praxis hinweisend; a.A. AnwK-ArbR/*Kloppenburg* § 60 Rn. 9.

das Gesetz benennt hierfür das Beispiel des besonderen Umfangs oder der besonderen Schwierigkeit der Sache. Stellt sich beim Abfassen der Urteilsgründe heraus, dass das Urteil zum Verkündungstermin nicht in vollständig abgefasster Form vorliegen kann, ist ggf. der Verkündungstermin zu verlegen,[5] dies kann durch Beschluss des Vorsitzenden allein geschehen.

III. Form der Verkündung

Die Verkündung des Urteils hat in **öffentlicher Sitzung** zu erfolgen. Die Anwesenheit der ehrenamtlichen Richter ist nicht erforderlich; möglich ist auch die Anwesenheit anderer ehrenamtlicher Richter, insbesondere bei einem gesondert anberaumten Verkündungstermin.[6] Sind die ehrenamtlichen Richter, die mit entschieden haben, bei der Verkündung nicht anwesend, muss allerdings die Urteilsformel, die sodann verlesen wird, auch von ihnen unterschrieben worden sein.

Die Form der Urteilsverkündung ist in § 311 ZPO geregelt und nur teilweise durch § 60 Abs. 2 und 3 modifiziert. Die Verkündung besteht aus der **Verlesung des Urteilstenors** und der Mitteilung der **wesentlichen Gründe** der Entscheidung. Von beidem kann Abstand genommen werden, wenn keine der Parteien bei der Verkündung anwesend ist; in diesem Fall genügt die **Bezugnahme** auf die schriftliche Urteilsformel (Abs. 2). Die Verkündung ist als wesentliche Förmlichkeit in das Protokoll aufzunehmen (§ 160 Abs. 3 Nr. 7 ZPO).

D. Die Abfassung des Urteils

I. Form

Ein Urteil, das am Ende des Sitzungstages verkündet worden ist, muss spätestens drei Wochen nach dem Termin in **vollständig abgefasster Form** und **vom Vorsitzenden unterzeichnet** der Geschäftsstelle vorgelegt worden sein (Abs. 4 S. 3); ein Entwurf oder ein bloßes Diktat genügt nicht. Ein vollständig abgefasstes Urteil enthält die Bezeichnung der

---

5 ErfK/*Koch* § 60 Rn. 9; GK-ArbGG/*Schütz* § 60 Rn. 37 verlangt dafür einen wichtigen Grund i.S.v. Abs. 1 S. 2. Hinsichtlich des Zeitraums zwischen Verhandlung und Verkündung ist eine Höchstfrist von 5 Monaten angenommen worden, Hess. LAG 4.10.2005, 4 Ta 448/05, bei deren Nichteinhaltung die Verhandlung wieder zu eröffnen ist
6 Auch der Vorsitzende, der die Entscheidung verkündet, muss nicht derjenige sein, der bei der Entscheidung mitgewirkt hat, BAG 27.1.1983, 2 AZR 188/81, NJW 1984, 1320.

Parteien, der gesetzlichen Vertreter und der Bevollmächtigten, des Gerichts und der Richter, die an der Entscheidung mitgewirkt haben, den Tag der letzten mündlichen Verhandlung und der Verkündung, die Urteilsformel, Tatbestand, Entscheidungsgründe[7] sowie die Rechtsmittelbelehrung nebst Unterschrift des Vorsitzenden (zum Inhalt des Urteils ausführlich vgl. § 61 Rn. 2 ff.).

10 Ist dies aus besonderen Gründen **ausnahmsweise** nicht möglich (z.B. Erkrankung des Vorsitzenden), muss es so schnell wie möglich nachgeholt werden (Abs. 4 S. 4); statt des vollständigen Urteils hat der Vorsitzende ein **Urteil ohne Tatbestand und Entscheidungsgründe** (also mit vollem Rubrum, Angabe der Gerichtsbesetzung und des Verkündungsdatums sowie Tenor, Rechtsmittelbelehrung und Unterschrift) der Geschäftsstelle zu übergeben. Dieses **abgekürzte Urteil** kann der obsiegenden Partei zur **Zwangsvollstreckung** dienen. Seine Zustellung an die Parteien setzt aber nicht die Berufungsfristen in Gang, denn diese beginnen erst mit der Zustellung des vollständig abgefassten Urteils (§ 66 Abs. 1 S. 2).

II. Zeitpunkt

11 Zum Ende des Verhandlungstermins, dem regelmäßigen Zeitpunkt der Verkündung, ist die **Abfassung des schriftlichen Urteils** nicht möglich. Deshalb ist in diesen Fällen das Urteil immer im Nachhinein abzufassen. Hierfür gewährt das Gesetz dem Vorsitzenden einen Zeitraum von **drei Wochen**, vor dessen Ablauf das von ihm unterzeichnete vollständige Urteil der Geschäftsstelle zu übergeben ist (Abs. 4 S. 3).[8]

12 Wird das Urteil bei einem gesondert anberaumten **Verkündungstermin** verkündet, hat es zu diesem Zeitpunkt vollständig vorzuliegen (Abs. 4 S. 2). Ist dies nicht der Fall,[9] gilt Abs. 4 S. 3 und 4 auch für diese Konstellation; der Vorsitzende hat dann ein abgekürztes Urteil der Geschäftsstelle zu übergeben und das vollständige unverzüglich danach abzufassen.

13 Der Urkundsbeamte der Geschäftsstelle hat auf dem ihm übergebenen Urteil den Tag der Verkündung oder der Zustellung nach § 310 Abs. 3 ZPO zu **vermerken** und diesen Vermerk zu unterzeichnen (§ 315 Abs. 3 ZPO). Anschließend werden Ausfertigungen des vollständigen Urteils

---

7 § 313 Abs. 1 ZPO.
8 Zum Fall der ausnahmsweisen Unmöglichkeit der Einhaltung dieser Frist vgl. oben Rn. 10.
9 Etwa aus einem der in Rn. 6 genannten Gründe.

Verkündung des Urteils § 60

durch den Urkundsbeamten angefertigt und den Parteien zugestellt (§ 317 Abs. 1 und 3 ZPO).

E. Folgen der Nichtbeachtung

Die nachfolgend aufgeführten Regelungen werden als **bloße Ordnungsvorschriften** angesehen, deren Verletzung keine Folgen nach sich zieht,[10] insbesondere auch im Hinblick auf § 68: 14

- Anberaumung eines gesonderten Verkündungstermins ohne besonderen Grund;

- Verkündungstermin nach mehr als drei Wochen ohne besonderen Grund;[11]

- fehlende Mitteilung der Entscheidungsgründe bei der Urteilsverkündung;[12]

- Nichtvorliegen des vollständigen Urteils zum Zeitpunkt des Verkündungstermins;[13]

- Nichteinhaltung der Drei-Wochen-Frist zur Absetzung des bei Verhandlungsende verkündeten Urteils;[14]

- Nichtvorliegen des abgekürzten Urteils, wenn das vollständige Urteil nicht drei Wochen nach der Verkündung in der Sitzung an die Geschäftsstelle übergeben worden ist;

- Nichtanbringung oder -unterzeichnung des Verkündungsvermerks durch den Urkundsbeamten der Geschäftsstelle.[15]

Problematischer ist die Missachtung der **Unterzeichnungsvorschriften**. Wird die Urteilsformel – bei Verkündung in Abwesenheit der eh- 15

---

10 Dienstaufsichtsmaßnahmen gegen den gesetzwidrig handelnden Richter sind dagegen möglich, GK-ArbGG/*Schütz* § 60 Rn. 15, *Hauck/Helml* § 60 Rn. 16; so ist die schuldhafte Überschreitung der Frist nach Abs. 4 um mehr als zwei Monate »in einer Vielzahl von Verfahren« als Dienstvergehen geahndet worden, Sächs. Dienstgerichtshof für Richter, 6.7.2007, DGH 4/06, SächsVBl 2008, 43; bei Heilung nach § 295 ZPO soll eine Dienstaufsichtsbeschwerde allerdings ausgeschlossen sein, so GMPM-G/*Germelmann* § 60 Rn. 17.
11 BAG 9.2.1994, 2 AZR 666/93, EzA § 613a BGB Nr. 116.
12 GMPM-G/*Germelmann* § 60 Rn. 21; GK-ArbGG/*Schütz* § 60 Rn. 22.
13 BAG 25.9.2003, 8 AZR 472/02, EzA § 69 ArbGG 1979 Nr. 3.
14 GMPM-G/*Germelmann* § 60 Rn. 32 m.w.N.; für entsprechende Regelungen früher bereits BAG 11.6.1963, 4 AZR 180/62, AP § 320 ZPO Nr. 1.
15 So schon BGH 14.1.1953, 6 ZR 50/52, BGHZ 8, 303.

renamtlichen Richter (Abs. 3 S. 2) – nicht von allen drei Richtern unterzeichnet, hindert dies die Verkündung und Zustellung des Urteils nicht,[16] da die Unterschrift jederzeit nachholbar ist;[17] die Rechtsmittelfrist wird jedoch erst in Lauf gesetzt, wenn der Tenor durch alle drei Richter unterzeichnet ist.[18] Ist die Unterzeichnung des vollständigen Urteils durch den Vorsitzenden wegen Ausscheidens aus dem Amt oder Todes nicht möglich, kommt eine Unterzeichnung durch den ältesten Beisitzer analog § 315 Abs. 1 S. 2 ZPO nicht in Betracht, da § 60 Abs. 4 insoweit lex specialis ist.[19]

16 Wird ein nicht verkündetes Urteil zugestellt, besteht zur Beseitigung des dadurch entstandenen **Rechtsscheins** das Rechtsmittel der Berufung; in der Berufungsinstanz ist eine Zurückverweisung wegen § 68 jedoch ausgeschlossen.[20]

17 Die Nichtübergabe des vollständig abgefassten Urteils an die Geschäftsstelle führt zunächst dazu, dass es nicht zugestellt werden kann und somit die Rechtsmittelfristen zunächst noch nicht zu laufen beginnen. Dabei ist zu beachten, dass nach Ablauf von drei Monaten ab der Urteilsverkündung für die Parteien die Möglichkeit des Antrags auf Berichtigung des Tatbestandes gem. § 320 Abs. 2 S. 3 ZPO entfällt.[21] Nach fünf Monaten beginnt die Berufungsfrist auch ohne Zustellung des Urteils zu laufen (§ 66 Abs. 1 S. 2). Für eine zulässige Berufungsbegründung genügt in diesem Fall der Hinweis auf die fehlende Zustellung;[22] eine Zurückverweisung kommt aber auch in diesem Fall nicht in Betracht.[23]

---

16 GK-ArbGG/*Schütz* § 60 Rn. 24; ErfK/*Koch* § 60 Rn. 7; GMPM-G/*Germelmann* § 60 Rn. 23; *Schwab/Weth/Berscheid/Schwab* § 60 Rn. 13; a.A. LAG Sachsen-Anhalt 2.8.1994, 9 (1) Sa 299/93, LAGE § 60 ArbGG 1979 Nr. 1: Scheinurteil.
17 OLG Frankfurt/M. 9.6.1983, 4 UF 83/83, NJW 1983, 2396.
18 LAG Köln 23.2.1988, 6 Ta 28/88, BB 1988, 768: die gesetzlich erforderlichen Unterschriften.
19 So schon BAG 20.12.1956, 3 AZR 333/56, AP § 315 ZPO Nr. 1; GK-ArbGG/*Schütz* § 60 Rn. 32; *Hauck/Helml* § 60 Rn. 18; HWK/*Ziemann* ArbGG § 60 Rn. 16; ArbGG/*Kloppenburg/Ziemann* § 60 Rn. 16. Zu dem komplizierten weiteren Verfahren bei dieser Konstellation vgl. GMPM-G/*Germelmann* § 60 Rn. 37 und *Schwab/Weth/Berscheid/Schwab* § 60 Rn. 21.
20 LAG Hamm 2.7.1997, 2 Sa 2326/95, LAGE § 60 KO Nr. 3; GK-ArbGG/*Schütz* § 60 Rn. 29; a.A. LAG Sachsen-Anhalt 2.8.1994, 9 (1) Sa 299/93, LAGE § 60 ArbGG 1979 Nr. 1; GMPM-G/*Germelmann* § 60 Rn. 27; *Schwab/Weth/Berscheid/Schwab* § 60 Rn. 17.
21 In der arbeitsgerichtlichen Praxis ist dies allerdings – gegenüber dem »normalen« Zivilprozess – auch unter Berücksichtigung von § 67 von nicht allzu großer Bedeutung, insbes. wegen § 68.
22 BAG 13.9.1995, 2 AZR 855/94, LAGE § 66 ArbGG 1979 Nr. 22.
23 BAG 24.4.1996, 5 AZN 970/95, EzA § 68 ArbGG 1979 Nr. 2; DFL/*Heider* § 60 Rn. 6.

§ 61 Inhalt des Urteils

(1) Den Wert des Streitgegenstandes setzt das Arbeitsgericht im Urteil fest.

(2) ¹Spricht das Urteil die Verpflichtung zur Vornahme einer Handlung aus, so ist der Beklagte auf Antrag des Klägers zugleich für den Fall, daß die Handlung nicht binnen einer bestimmten Frist vorgenommen ist, zur Zahlung einer vom Arbeitsgericht nach freiem Ermessen festzusetzenden Entschädigung zu verurteilen. ²Die Zwangsvollstreckung nach §§ 887 und 888 der Zivilprozeßordnung ist in diesem Falle ausgeschlossen.

(3) Ein über den Grund des Anspruchs vorab entscheidendes Zwischenurteil ist wegen der Rechtsmittel nicht als Endurteil anzusehen.

Übersicht	Rn.
A. Allgemeines	1
B. Notwendiger Inhalt des Urteils	2
I. Eingangsformel	2
II. Urteilsart	3
III. Aktenzeichen	4
IV. Rubrum	5
V. Tenor	9
1. Hauptsacheentscheidung	11
2. Kostenentscheidung	16
3. Streitwertfestsetzung	17
4. Zulassung der Berufung	23
VI. Tatbestand	25
VII. Entscheidungsgründe	26
VIII. Rechtsmittelbelehrung	28
IX. Unterschriften	29
C. Abgekürztes Urteil (ohne Tatbestand und Entscheidungsgründe)	30
D. Verurteilung zur Vornahme einer Handlung	35
E. Anfechtbarkeit eines Zwischenurteils	49

A. Allgemeines

Die Vorschrift enthält Sonderregeln, die die nach § 46 Abs. 2 anzuwendenden gesetzlichen Regelungen der ZPO über den Inhalt des Urteils (im Wesentlichen § 313 ZPO) ergänzen. Aus einer Zusammenschau beider Regelungswerke ergibt sich folgender **notwendiger Inhalt eines arbeitsgerichtlichen Urteils erster Instanz**: 1

B. Notwendiger Inhalt des Urteils

I. Eingangsformel

2 Urteile ergehen »im Namen des Volkes« (§ 311 Abs. 1 ZPO). Deshalb hat jedes Urteil diese Überschrift zu enthalten.[1] Ein Verstoß hat jedoch keinen Einfluss auf die Wirksamkeit der Entscheidung.

II. Urteilsart

3 Die Angabe der Urteilsart ist nur bei Versäumnisurteil, Anerkenntnisurteil und Verzichtsurteil zwingend (§ 313b Abs. 1 S. 2 ZPO), weil für diese Urteilsarten besondere Vorschriften hinsichtlich der Rechtsmittel bzw. -behelfe ergeben.[2] Sinnvoll und üblich ist es zwar darüber hinaus auch in den Fällen eines Teil-Urteils; verbindlich, insbesondere wegen der zulässigen Rechtsbehelfe, ist jedoch allein der Inhalt der Entscheidung.[3]

III. Aktenzeichen

4 Unerlässlich ist die Angabe des Aktenzeichens,[4] schon um Verwechslungen mit Parallel-Rechtsstreitigkeiten der Parteien auszuschließen.

IV. Rubrum

5 Als Rubrum wird der Urteilseingang bezeichnet, in dem die in § 313 Abs. 1 Nr. 1–3 ZPO genannten Angaben gemacht werden:

6 – Die **Bezeichnung der Parteien**,[5] ihrer gesetzlichen Vertreter mit vollem Namen und der Prozessbevollmächtigten. Dazu gehören auch die jeweiligen Anschriften.[6] Nach der Anerkennung der Parteifähigkeit der **BGB-Gesellschaft**[7] ist diese als Partei aufzuführen. Bei **juris-**

---

1 *Musielak/Musielak* § 311 Rn. 2.
2 Deshalb muss auch ein »unechtes« (streitiges) Versäumnisurteil gegen den Kläger gem. § 331 Abs. 2 ZPO als solches erkennbar sein, BGH 31.5.1990, VII ZB 1/90, NJW-RR 1991, 255.
3 BGH 3.11.1998, VI ZB 29/98, NJW 1999, 583.
4 BLAH/*Hartmann* § 313 Rn. 7.
5 Auch die Streithelfer, nicht dagegen die nicht beigetretenen Streitverkündeten.
6 Ohne dass sich Verstöße hiergegen auf die Wirksamkeit auswirken würden, vgl. für Fehler bei Angabe der Vertretungsverhältnisse und ihre Reichweite BGH 29.6.1993, X ZR 6/93, NJW 1993, 2811.
7 Grundlegend BGH 29.1.2001, II ZR 331/00, BGHZ 146, 341 = NJW 2001, 1056; BAG 1.12.2004, 5 AZR 593/03, EzA § 50 ZPO 2002 Nr. 3.

Inhalt des Urteils § 61

tischen Personen ist die Gesellschaftsform anzugeben. Ferner ist die Bezeichnung der **Parteirolle** (Kläger, Beklagter) unerlässlich.

- Die **Bezeichnung des Gerichts** und die Namen der Richter, die bei der Entscheidung mitgewirkt haben. 7

- Die Angabe des **Tages**, an dem die mündliche Verhandlung geschlossen wurde; dies hat besondere Bedeutung im Hinblick auf die **Präklusionswirkung**, z.B. in § 296a ZPO (Grenze des möglichen Vorbringens von Angriffs- und Verteidigungsmitteln) oder in § 767 Abs. 2 ZPO (Zulässigkeit von Einwendungen durch die Vollstreckungsabwehrklage). Der Verkündungstag ergibt sich aus dem Vermerk des Urkundsbeamten der Geschäftsstelle (§ 315 Abs. 3 ZPO). 8

V. Tenor

Die Urteilsformel (der Tenor) ist notwendiger Bestandteil des Urteils (§ 313 Abs. 1 Nr. 4 ZPO). Sie bezeichnet in kurzer Form die **Entscheidung des Gerichts** über die von den Parteien gestellten Anträge. Sie bestimmt wesentlich den **Umfang der Rechtskraft** der Entscheidung und ist zugleich **Grundlage für die Zwangsvollstreckung**, soweit es sich um ein Leistungsurteil handelt. Deshalb muss sich Art und Umfang der Verpflichtung **unmittelbar** aus dem Tenor ergeben, ohne dass eine Kenntnis der Urteilsgründe erforderlich ist. Nur ganz ausnahmsweise, wenn sich der Entscheidungsgegenstand nicht anders beschreiben lässt, darf auf Aktenteile Bezug genommen werden.[8] 9

Der **arbeitsgerichtliche Urteilstenor** besteht aus der Entscheidung in der Hauptsache, der Kostenentscheidung und der Streitwertfestsetzung (§ 61 Abs. 1). Soweit eine Entscheidung über die Zulassung der Berufung ergangen ist, ist auch sie im Tenor aufzunehmen (§ 64 Abs. 3a S. 1). Abweichend von der sonstigen Zivilgerichtsbarkeit bedarf es beim Arbeitsgericht keiner Entscheidung über die vorläufige Vollstreckbarkeit des Urteils, da erstinstanzliche Urteile der Arbeitsgerichte **immer vorläufig vollstreckbar** sind (§ 62 Abs. 1 S. 1). 10

1. Die Hauptsacheentscheidung

Die Formulierung der Hauptsacheentscheidung richtet sich nach den Anträgen der Parteien. Diese sind – ggf. nach Auslegung – **vollständig** 11

---

8 BGH 14.2.1989, X ZB 8/87, MDR 1989, 909: verneint bei bloßer Beschreibung eines Patentanspruchs ohne Wiedergabe dessen Wortlauts; BGH 14.10.1999, I ZR 117/97, NJW 2000, 2207: bejaht für einen bei den Akten befindlichen Video-Mitschnitt.

zu bescheiden. Deshalb muss z.B. bei nicht vollständiger Klagestattgabe[9] die Klage im Tenor »im Übrigen« abgewiesen werden.

12 Problematisch ist die Handhabung bei **versehentlich übergangenen Anträgen**.[10] In der Sache handelt es sich dann unabhängig von der Überschrift um ein Teil-Urteil mit den sich daraus ergebenden Konsequenzen (z.B. der Unzulässigkeit einer Kostenentscheidung[11] und der weiteren Rechtshängigkeit des nicht entschiedenen Teils). Um die mögliche Konsequenz einer zeitlich nicht begrenzten Wiederaufnahmemöglichkeit durch einfachen Antrag auszuschließen,[12] wird diese Konstellation dem Anwendungsbereich von § 321 ZPO zugerechnet. Danach kann ein Urteil nach (erneuter) mündlicher Verhandlung über den übergangenen Antrag durch ein sog. **Ergänzungsurteil** vervollständigt werden.

Diese Möglichkeit bedeutet wegen der hierfür gesetzten **Antragsfrist** von zwei Wochen ab Zustellung des Urteils (§ 321 Abs. 2 ZPO) im Gegenzug aber auch die Verpflichtung zu einer solchen Antragstellung.[13] Denn wenn die Frist verstrichen ist, soll nach allgemeiner Meinung der nicht beschiedene Antrag **erlöschen** und so behandelt werden, als sei er nie anhängig geworden.[14]

13 Andererseits darf einer Partei auch nicht mehr oder etwas anderes zugesprochen werden als sie – ausgedrückt in der Formulierung ihres Antrags – begehrt hat (§ 308 Abs. 1 ZPO). Es ist daher dringend eine Abgleichung zwischen Tenor und Anträgen im Tatbestand anzuraten.

14 Bei der Zuerkennung von **Zinsen** genügt die variable Bezugnahme auf den Diskontsatz gem. § 247 BGB den Bestimmtheitsanforderungen.

15 Bei der Formulierung einer aufgegebenen Verpflichtung ist wegen der Vollstreckbarkeit auf die **erforderliche Bestimmtheit** zu achten, insbesondere bei zu unterlassenden Handlungen (auch bei Konkurrentenklagen[15]), Weiterbeschäftigungsansprüchen, herauszugebenden Sachen, Zeugnisformulierungen, usw.

---

9 Unvollständig ist auch die Nichtzuerkennung des beantragten Zinssatzes für den beantragten Zeitraum.
10 Praktisch wird öfters die Entscheidung über den in der Kündigungsschutzklage neben dem Antrag nach § 4 KSchG formularmäßig, aber unbedingt gestellten Feststellungsantrag gem. § 256 ZPO schlicht übersehen, mit den genannten Folgen, die bis in die höheren Instanzen fortwirken.
11 Vgl. dazu *Creutzfeldt* RdA 2004, 281, 282.
12 Vgl. ausführlich *Dörr* FS Willi Erdmann, 2002, S. 795 ff.
13 Eine Entscheidung des Gerichts von Amts wegen ist nicht möglich, *RSG* § 61 Rn. 23.
14 Vgl. nur *BGH* 29.11.1990, I ZR 45/89, NJW 1991, 1683, 1684; *Zöller/Vollkommer* § 321 Rn. 8; *RSG* § 61 Rn. 28; *Dörr* a.a.O., S. 800.
15 Vgl. z.B. *BAG* 22.6.1999, 9 AZR 541/98, EzA Art 33 GG Nr. 21.

2. Kostenentscheidung

Vgl. dazu die Erl. zu §§ 12, 12a Rn. 135 ff. **16**

3. Streitwertfestsetzung

§ 61 Abs. 1 verlangt eine Entscheidung des Gerichts, mit der der Wert **17** des Streitgegenstandes festgesetzt wird.[16] In dieser Vorschrift ist der Streitwert gemeint, auf den sich das Urteil bezieht.[17] Es ist also derjenige Streitgegenstand zu bewerten, über den das Urteil entscheidet (sog. »**Urteilsstreitwert**«). Die vorhergehende Entwicklung im Prozess ist dabei außer Acht zu lassen, z.B. evtl. Teil-Klagerücknahmen etc.[18]

Die Festsetzung hat auch dann zu erfolgen, wenn es sich um ein Ver- **18** säumnisurteil oder um ein Teilurteil handelt. Die **Verpflichtung** zur Streitwertfestsetzung[19] besteht aufgrund des eindeutigen gesetzlichen Wortlauts für jeden Fall, auch wenn eine Berufung mangels ausreichender Beschwer zweifelsfrei nicht zulässig ist[20] oder der Vorschrift allgemein keinerlei Sinn beigemessen wird.

Einigkeit besteht darüber, dass der Streitwert weder für die Gerichtsge- **19** bühren[21] noch für die Rechtsanwaltsgebühren[22] noch für die Zuständigkeit eine Rolle spielt.

Das Bundesarbeitsgericht hat in einer neueren Entscheidung unter Be- **20** rufung auf § 318 ZPO den festgesetzten Streitwert als prinzipiell verbindlich für das Berufungsgericht und nur bei grober Fehlerhaftigkeit für unmaßgeblich angesehen.[23] In der sonstigen Rechtsprechung und im Schrifttum wird der Streitwertfestsetzung teilweise nur noch eine »**gewisse Bedeutung**« für die Zulässigkeit der Berufung[24] zugebilligt. Selbst dies ist jedoch **zweifelhaft**. Denn die Zulässigkeit der Berufung

---

16 Zu Einzelheiten der Wertfestsetzung (Verfahren, Bewertung der Streitgegenstände) vgl. ausf. oben Erl. zu §§ 12, 12a Rn. 36 ff., 71 ff., 115 ff.
17 Zu den anderen Arten bzw. Funktionen von Streitwerten vgl. oben Erl. zu §§ 12, 12a Rn. 3 ff.
18 ArbGG/*Kloppenburg/Ziemann* § 61 Rn. 14; *Schaub* ArbGV, § 48 Rn. 18.
19 Vgl. zur Wertfestsetzung allgemein *Creutzfeldt* NZA 1996, 965 ff.
20 *Hauck/Helml* § 61 Rn. 4; GK-ArbGG/*Schütz* § 61 Rn. 26; wohl auch *Schwab/ Weth/Berscheid/Schwab* § 61 Rn. 13; a.A. für Urteile, gegen die eine Berufung nicht statthaft ist, wegen »fehlender Erforderlichkeit«: ErfK/*Koch* § 61 Rn. 2; GMPM-G/*Germelmann* § 61 Rn. 14; *Schaub* ArbGV, § 48 Rn. 18.
21 Maßgeblich hier § 63 GKG.
22 Insoweit sind §§ 23, 33 RVG einschlägig.
23 BAG 16.5.2007, 2 AZB 53/06, EzA § 61 ArbGG 1979 Nr. 20 m.w.N.
24 So die Formulierung bei GMPM-G/*Germelmann* § 61 Rn. 13; HWK/*Ziemann* § 61 Rn. 10; AnwK-ArbR/*Kloppenburg* § 61 Rn. 8; ähnlich ErfK/*Koch* § 61 Rn. 2; noch verbindlicher nach *Schwab/Weth/Berscheid/Schwab* § 61 Rn. 13.

hängt – soweit es auf einen Wert ankommt – von der Beschwer des Berufungsführers ab. Nicht einmal diese lässt sich aus dem festgesetzten Streitwert mit der notwendigen Sicherheit entnehmen oder wenigstens begrenzen.[25] Denn der Wert orientiert sich auch hier an dem wirtschaftlichen Interesse des Klägers, das mit demjenigen des Beklagten übereinstimmen kann, aber keineswegs muss. So ist die Bewertung eines Auskunftsanspruchs oder eines Rechnungslegungsanspruchs in einem erstinstanzlichen Urteil (gleich ob stattgebend oder abweisend) immer mit dem wirtschaftlichen Interesse des Klägers an der begehrten Auskunft oder Abrechnung vorzunehmen, i.d.R. ist hier der sich aus der Auskunft bzw. Rechnung voraussichtlich ergebende Zahlungsbetrag anzusetzen. Völlig anders dagegen die Beschwer des Beklagten in einem solchen Falle: diese richtet sich nach der gefestigten Rechtsprechung des BAG und des BGH nach den Kosten und dem Aufwand zur Erfüllung des Auskunftsanspruchs.[26] Im Übrigen bindet § 318 ZPO die Gerichte nur an ihre eigenen End- und Zwischenurteile, nicht dagegen instanzübergreifend. Nach § 64 Abs. 5 hat das Landesarbeitsgericht über die Zulässigkeit einer nicht ausdrücklich zugelassenen Berufung nach Maßgabe der Glaubhaftmachung des Wertes des Beschwerdegegenstandes durch den Kläger zu entscheiden. Diese (gesetzliche!) Verpflichtung des Berufungsklägers macht deutlich, dass die Glaubhaftmachung des Erreichens der Berufungssumme nicht durch das Arbeitsgericht und seine Wertfestsetzung abgeschnitten werden kann; insofern entspricht die Verpflichtung des Berufungsklägers einem Recht auf originäre Prüfung durch das Landesarbeitsgericht, gerade ohne Bindung an die Wertfestsetzung der ersten Instanz.

21 Gleichwohl ist der gesetzliche Auftrag eindeutig und angesichts des **Wortlauts** der Bestimmung auch **nicht auslegungsfähig**; das Arbeitsgericht hat den Urteilsstreitwert im Tenor des erstinstanzlichen Urteils festzusetzen. Wird dies versehentlich unterlassen, ist eine Korrektur nur im Wege des Ergänzungsurteils (§ 321 ZPO) möglich.[27]

---

25 Hinweise z.B. bei GMPM-G/*Germelmann* § 64 Rn. 49: »Der Beschwerdewert entspricht nicht unbedingt dem ... festgesetzten Streitwert. ... Der Beschwerdewert wird meist nicht höher sein als der festgesetzte Streitwert, es sei denn, ... Bei negativen Feststellungsklagen oder bei Auskunftsansprüchen kann die Beschwer höher sein als der festgesetzte Streitwert ... «.
26 BAG 27.5.1994, 5 AZB 3/94, EzA § 9 ArbGG 1979 Nr. 7; BGH 1.4.1992, VII ZB 2/92, NJW 1992, 2020; 15.6.1994, XII ZB 32/94, NJW-RR 1994, 1092; anders lediglich der 2. Zivilsenat, 21.2.1994, II ZB 13/93, NJW 1994, 1222; dieses Beispiel führt auch *Ziemann* für seine Kritik an, HWK/*Ziemann* § 61 Rn. 10.
27 GK-ArbGG/*Schütz* § 61 Rn. 27; GMPM-G/*Germelmann* § 61 Rn. 21; ArbGG/*Kloppenburg/Ziemann* § 61 Rn. 18; *Schwab/Weth/Berscheid/Schwab* § 61 Rn. 13.

Gegen die Streitwertfestsetzung im Urteil (Abs. 1) ist ein isoliertes Rechtsmittel **nicht zulässig**.[28] Soweit das Arbeitsgericht den Streitwert fehlerhaft zu niedrig angesetzt hat, ist es dem Rechtsmittelführer unbenommen, die Erreichung der erforderlichen Beschwer unabhängig davon in entsprechender Anwendung von § 64 Abs. 5 glaubhaft zu machen.[29]

4. Die Zulassung der Berufung

Der Tenor hat ferner auszusagen, ob die Berufung gegen das Urteil zugelassen wird (§ 64 Abs. 3a). Dies gilt nach übereinstimmender Meinung nur für den Fall, dass eine Berufungszulassung überhaupt relevant ist, mithin auch eine Unzulässigkeit der Berufung in Frage käme (also z.B. nicht bei Bestandsstreitigkeiten, § 64 Abs. 2 lit. c). Dabei ist allerdings zu berücksichtigen, dass auch für den Fall einer **möglichen Teilberufung** eine Zulässigkeitsentscheidung getroffen und im Tenor ausgesprochen werden muss. Dies ist immer dann der Fall, wenn es sich um einen teilbaren Streitgegenstand handelt und ein möglicher Teil einen Wert von 600,– € oder weniger aufweisen kann. De facto liegt dies bei jedem Zahlungsanspruch vor, ob er abgewiesen oder zugesprochen wird. Denn eine Berufung kann sich in diesen Fällen immer auf einen Teilbetrag beschränken, der ggf. auch unter der Berufungswertgrenze liegt. Bei dieser Konstellation könnte ein Urteilsspruch wie folgt lauten:

▶ **Beispiel**

»Soweit die Berufung nicht nach § 64 Abs. 2 ArbGG zulässig ist, wird sie nicht zugelassen«.

Diese Formulierung ist zwar kompliziert, erfasst aber alle möglichen Konstellationen und gibt zumindest eine rechtssichere Auskunft über die getroffene Entscheidung.[30]

Ist die Aufnahme der Entscheidung in den Tenor insoweit unterblieben, kann innerhalb eines Zeitraums von zwei Wochen ab Verkündung der Entscheidung eine entsprechende **Ergänzung** beantragt werden, worüber die Kammer ohne mündliche Verhandlung entscheiden kann (§ 64 Abs. 3a).

---

28 Zu den Rechtsmitteln bei der Streitwertfestsetzung nach dem GKG: vgl. oben Erl. zu §§ 12, 12a Rn. 81 ff.; nach dem RVG zu §§ 12, 12a Rn. 130.
29 DFL/*Heider* § 61 Rn. 6, vgl. im Übrigen oben Rn. 20.
30 Vgl. dazu umfassend und zutreffend *Stock* NZA 2001, 481, 484 f.

VI. Tatbestand

25 Der Tatbestand hat die Aufgabe, das **Parteivorbringen** zu bekunden. Hier besteht ein **Spannungsfeld** zwischen einerseits der Anforderung, nur **knapp** und unter möglichst umfangreicher Bezugnahme auf den Inhalt der Akten darzustellen und andererseits der Beweisfunktion des Tatbestandes (§ 314 ZPO) und der Gewährung rechtlichen Gehörs (Art. 103 Abs. 1 GG), was eine **detailreichere** Darstellung erfordert, will das Gericht einem Antrag auf Tatbestandsberichtigung (§ 320 ZPO) oder einer Rüge der Verletzung rechtlichen Gehörs (§ 78a) entgehen. In aller **Ausführlichkeit**[31] sind jedenfalls die **Sachanträge** der Parteien wiederzugeben, die den Streitgegenstand und den Umfang der Rechtskraft bestimmen. Die Einzelheiten des Parteivortrags dagegen sind eher gerafft darzustellen. Es muss allerdings ersichtlich sein, welche Tatsachen unstreitig und welche streitig geblieben sind.[32] Rechtsausführungen der Parteien gehören nicht in den Tatbestand, allenfalls ein Hinweis auf die behauptete Anspruchsgrundlage.

VII. Entscheidungsgründe

26 Für die Entscheidungsgründe besteht im Kern das gleiche Spannungsfeld wie beim Tatbestand. Vom Grundsatz her sollen auch hier die Ausführungen eher kurz und zusammengefasst sein. Es muss aber für die Parteien erkennbar bleiben, dass das Gericht sich mit ihren Argumenten auseinandergesetzt hat; diese Anforderung hat **Verfassungsrang**.[33] Die Gründe müssen so dargelegt werden, dass die Parteien die Überlegungen nachvollziehen können[34] und das Berufungsgericht das Urteil zu überprüfen in der Lage ist.

27 Diese Anforderungen der Rechtsprechung machen deutlich, dass von der Forderung nach kurzer und knapper Darstellung in der Praxis oft wenig übrig bleibt. Hier wird es auf den Einzelfall ankommen; im Zweifel gebührt der **Verständlichkeit** und der **Plausibilität** im Hinblick auf die rechtsfriedenstiftende Funktion des Gerichtsverfahrens der **Vorrang** vor der Kürze der Entscheidungsgründe.

---

31 »Vollständige Wiedergabe« verlangt der BGH z.B. 28.10.1993, I ZR 247/91, NJW-RR, 1994, 362, deshalb am besten wörtlich, ggf. auch unter sprachlicher Verbesserung, die aber keinerlei inhaltliche Änderung bringen darf, BLAH/Hartmann § 313 Rn. 19.
32 BLAH/Hartmann § 313 Rn. 22.
33 BVerfG 25.2.1994, 2 BvR 122/93, NJW 1994, 2279.
34 EuGMR 21.1.1999, 30544/96, NJW 1999, 2429 (Garcia Ruiz).

VIII. Rechtsmittelbelehrung

Die im arbeitsgerichtlichen Verfahren vorgeschriebene Rechtsmittelbelehrung ist Bestandteil des Urteils und muss von der Unterschrift des unterzeichnenden Vorsitzenden umfasst sein (zu Einzelheiten der Rechtsmittelbelehrung vgl. oben § 9 Rn. 11 ff.). 28

IX. Unterschriften

Das Urteil ist vom Vorsitzenden zu unterzeichnen (vgl. dazu oben § 60 Rn. 15). 29

C. Abgekürztes Urteil (ohne Tatbestand und Entscheidungsgründe)

In Ausnahmefällen kann das Gericht auf Tatbestand und ggf. auch auf die Entscheidungsgründe im Urteil verzichten. Wegen der Möglichkeit der Rüge nach § 78a, bei der es auch um die Feststellung der Berücksichtigung des Parteivortrags gehen kann, ist hier Zurückhaltung geboten.[35] Prinzipiell sind abgekürzte Urteile bei **folgenden Konstellationen** möglich: 30

- Gegen das Urteil ist ein **Rechtsmittel unzweifelhaft nicht zulässig** (z.B. Zahlungsklage bis zu 600 €, keine Zulassung der Berufung). Folge: Tatbestand ist nicht erforderlich, Entscheidungsgründe überdies dann nicht, wenn die Parteien verzichten oder wenn die Gründe im Wesentlichen in das Protokoll aufgenommen worden sind (§ 313a Abs. 1 ZPO). 31

- Die zur Anfechtung berechtigten Parteien **verzichten** auf **Rechtsmittel** gegen das Urteil, spätestens durch Erklärung eine Woche nach der letzten mündlichen Verhandlung. Folge: Tatbestand und Entscheidungsgründe nicht erforderlich (§ 313a Abs. 2 und 3 ZPO). 32

- **Versäumnis-, Anerkenntnis- oder Verzichtsurteil**. Folge: Tatbestand und Entscheidungsgründe sind entbehrlich (§ 313b Abs. 1 ZPO); weitere Vereinfachungsmodalitäten ergeben sich aus § 313b Abs. 2 ZPO. 33

- **Rückausnahme:** Ist damit zu rechnen, dass das Urteil im Ausland geltend gemacht werden soll, gelten diese Erleichterungsmöglichkeiten nicht (§ 313a Abs. 4 Nr. 5, § 313b Abs. 3 ZPO).[36] 34

---

35 So auch GMPM-G/*Germelmann* § 61 Rn. 5.
36 Die weitere zivilprozessuale (Rück-) Ausnahme bei Verurteilung zu künftig fällig werdenden wiederkehrenden Leistungen (§ 313a Abs. 4 Nr. 4 ZPO) ist

D. Verurteilung zur Vornahme einer Handlung

35 Als weitere Sonderregel gibt Abs. 2 dem Kläger für den Fall, dass der Beklagte zur Vornahme einer Handlung verurteilt werden soll, die Möglichkeit einer **wesentlichen Beschleunigung** der Zwangsvollstreckung. Im zivilprozessualen Normalfall richtet sich die Zwangsvollstreckung einer **Verurteilung zu einer Handlung** nach §§ 887, 888 ZPO. Bei vertretbaren Handlungen erfolgt die Zwangsvollstreckung durch Ersatzvornahme, bei unvertretbaren Handlungen durch Beugung des Schuldnerwillens mit Hilfe von Zwangsgeld und Zwangshaft. Im arbeitsgerichtlichen Urteilsverfahren kann der Kläger **an Stelle** dieser beiden Zwangsvollstreckungsmöglichkeiten die **Zahlung einer Entschädigung** durch den Beklagten für den Fall verlangen, dass dieser die Handlung nicht innerhalb einer bestimmten Frist vornimmt; das Arbeitsgericht hat bei Vorliegen der Voraussetzungen **keinen Spielraum**.[37]

36 Aus der ausdrücklichen Erwähnung von §§ 887, 888 ZPO in Abs. 2 S. 2 wird allgemein geschlossen, dass das Anwendungsgebiet dieser klägerischen Option auf Handlungen beschränkt ist, die nach diesen beiden Vorschriften zu vollstrecken sind; sie besteht nach dieser Auffassung daher **nicht** bei der Verurteilung zur **Herausgabe von Sachen** oder zur **Abgabe von Willenserklärungen**.[38]

37 **Hauptanwendungsfälle** sind daher Verurteilungen zur Ausfüllung von Arbeitspapieren (nicht allerdings zur Herausgabe, vgl. oben Rn. 36), zur Beschäftigung oder Weiterbeschäftigung, zur Erteilung oder Berichtigung eines Zeugnisses sowie die Fälle der isolierten, d.h. nicht mit einem Zahlungsanspruch im Wege der Stufenklage verbundenen Auskunfts- oder Rechnungslegungsklage, auch im Sozialkassenverfahren der Bauwirtschaft.[39]

---

im Arbeitsgerichtsverfahren praktisch sehr selten und theoretisch allenfalls bei nicht gegenleistungsgebundenen Ansprüchen, wie Darlehensrückzahlung oder Ruhegeldansprüchen möglich.

37 Im amtsgerichtlichen Verfahren dagegen kann das Gericht auf Antrag nach seinem Ermessen entscheiden, ob eine solche Verurteilung erfolgt, § 510b ZPO.

38 Z.B. GK-ArbGG/*Schütz* § 61 Rn. 37; ErfK/*Koch* § 61 Rn. 3; GMPM-G/*Germelmann* § 61 Rn. 27; ArbGG/*Kloppenburg/Ziemann* § 61 Rn. 21; *Schwab/Weth/Berscheid/Schwab* § 61 Rn. 16; für das ArbGG 1951 bereits BAG 23.1.1958, 2 AZR 62/56, BAGE 5, 75. Zwingend erscheint dies nicht; Abs. 2 S. 2 schließt §§ 887, 888 ZPO als zusätzliche Zwangsvollstreckungsmöglichkeiten aus. Daraus zu schließen, dass andere, dort nicht genannte Zwangsvollstreckungsmaßnahmen, z.B. Wegnahme gem. § 881 ZPO, schon vom Anwendungsgebiet der Norm nicht umfasst sein sollen, ist eine Schlussfolgerung, die allein durch den Wortlaut nicht gedeckt ist.

39 BAG 24.11.2004, 10 AZR 169/04, EzA § 61 ArbGG 1979 Nr. 19.

Der vom Gesetz vorausgesetzte **Antrag des Klägers**, der als **unechter** 38
Hilfsantrag anzusehen ist, kann bis zur Entscheidung über den Hauptantrag gestellt werden; das gilt auch für die Berufungsinstanz ebenso wie im einstweiligen Verfügungsverfahren.[40]

In der Sache handelt es sich um eine **Entschädigung**, die dem durch die 39
Nichterfüllung des Handlungsanspruchs eingetretenen oder mutmaßlich eintretenden **Schaden adäquat** sein muss. Dieser ist daher von dem Kläger **schlüssig** darzulegen und zu beziffern. Soweit dies nicht möglich ist, müssen die klägerischen Angaben dem Gericht eine **Schätzung ermöglichen**, aufgrund derer die Höhe der Entschädigung festgesetzt werden kann.[41] Auch ist die Angabe einer nach Auffassung des Klägers nicht zu unterschreitenden Untergrenze der Entschädigung zulässig.[42] Es gelten grundsätzlich die Anforderungen an eine normale Schadensersatzklage.[43]

Der Antrag muss aber keine bezifferte Frist benennen, nach deren Verstreichen die Entschädigung zu zahlen ist.[44] 40

Die Entscheidung des Gerichts erfolgt **einheitlich** und über beide (Teil-) 41
Anträge **zugleich**. Sie beinhaltet für den Fall der Stattgabe die Festsetzung der Erfüllungsfrist und der Entschädigung. Wird der Handlungsanspruch tituliert, der Entschädigungsanspruch jedoch abgewiesen, bleibt dem Gläubiger die Vollstreckungsmöglichkeit nach §§ 887, 888 ZPO erhalten.

Die vom Gericht zu bestimmende **Erfüllungsfrist** ist nicht kürzer als 42
die Berufungsfrist zu bemessen und orientiert sich ansonsten an der für die Vornahme der Handlung erforderlichen Zeit.[45] Sie ist nicht datumsmäßig zu bestimmen, sondern als **Zeitraum** ab Zustellung des Urteils.

---

40 *Schwab/Weth/Berscheid/Schwab* § 61 Rn. 17; ArbGG/*Kloppenburg/Ziemann* § 61 Rn. 22.
41 LAG Hessen 7.8.2001, 2 Sa 106/01, NZA-RR 2002, 263; GK-ArbGG/*Schütz* § 61 Rn. 35; ArbGG/*Kloppenburg/Ziemann* § 61 Rn. 27 f.; ErfK/*Koch* § 61 Rn. 4; *Schaub* ArbGV, § 44 Rn. 23; *Schwab/Weth/Berscheid/Schwab* § 61 Rn. 23a.
42 GK-ArbGG/*Schütz* § 61 Rn. 35; *Laber* ArbRB 2004, 290, 291.
43 GMPM-G/*Germelmann* § 61 Rn. 30; GK-ArbGG/*Schütz* § 61 Rn. 39.
44 ArbGG/*Kloppenburg/Ziemann* § 61 Rn. 26.
45 BAG 5.6.1985, 4 AZR 533/83, EzA § 4 TVG Bauindustrie Nr. 30; ErfK/*Koch* § 61 Rn. 5, diff. GK-ArbGG/*Schütz* § 61 Rn. 46. Beispiel: bei Auskunftsklage im Sozialkassenverfahren der Bauwirtschaft sechs Wochen, std. Rspr., z.B. *BAG* 28.10.1992, 10 AZR 541/91, EzA § 61 ArbGG 1979 Nr. 17.

43 Für die **Höhe der Entschädigung** ist der dem Kläger bei Nichtvornahme der Handlung entstehende Schaden maßgeblich.[46]

44 Der **Urteilsstreitwert** bemisst sich allein nach dem Hauptantrag und erhöht sich durch den Hilfsantrag nicht, da sich die Ansprüche aus demselben Tatbestand ergeben.[47]

45 Vor der Stellung eines solchen Entschädigungsantrags hat die klagende Partei in ihre Überlegungen einzubeziehen, dass damit die Vollstreckung des titulierten Hauptanspruchs **grundsätzlich ausgeschlossen** ist.[48] Die Ausfüllung der Arbeitspapiere unterbleibt dann also ebenso endgültig wie die verlangte Zeugniserteilung. Vollstreckt werden kann nach Ablauf der Frist **allein** der sich aus der Entschädigungsverpflichtung ergebende **Zahlungsanspruch**. Die Geltendmachung eines weiteren Schadens (z.B. Folgeschaden wegen Nichtausfüllung der Lohnsteuerkarte) ist dann aber auch **ausgeschlossen**.[49] Unbenommen bleibt jedoch die gesonderte Geltendmachung eines Zahlungsanspruchs, der auf einer Abrechnung beruht, die letztendlich nicht erteilt worden ist; die Beweisführung richtet sich dann nach den allgemeinen Vorschriften.[50]

46 Im Falle der Rechtsmitteleinlegung gilt der Grundsatz der **vorläufigen Vollstreckbarkeit** für den Entschädigungsanspruch nach fruchtlosem Ablauf der Frist (§ 751 Abs. 1 ZPO). Der vollstreckte Betrag ist im Fall des Rechtsmittelerfolgs zurückzuzahlen (§ 717 Abs. 2 ZPO).

47 Dem Schuldner ist es allerdings auch nach Ablauf der ihm im Urteil gesetzten Frist möglich, die Hauptverpflichtung zu erfüllen, und dadurch

---

46 BAG 28.7.2004, 10 AZR 580/03, EzA § 61 ArbGG 1979 Nr. 18. Beispiele aus der Rspr.: Auskunftsansprüche zur Vorbereitung von Zahlungsansprüchen: 80 % der mutmaßlichen Zahlungsansprüche (BAG 9.3.1993, 9 AZR 19/92, n.v.), auch für Sozialkassenbeiträge in der Bauwirtschaft (BAG 28.7.2004, 10 AZR 580/03, EzA § 61 ArbGG 1979 Nr. 19); Ausfüllen von Arbeitspapieren: je 1.000,– DM (1992) (Vorverfahren zu BAG 20.2.1997, 8 AZR 121/95, EzA § 611 BGB Arbeitgeberhaftung Nr. 5).
47 GK-ArbGG/*Schütz* § 61 Rn. 41; GMPM-G/*Germelmann* § 61 Rn. 33.
48 GK-ArGG/*Schütz* § 61 Rn. 38 hält den Vorsitzenden sogar für verpflichtet, insoweit einen Hinweis nach § 139 ZPO zu erteilen.
49 BAG 20.2.1997, 8 AZR 121/95, EzA § 611 BGB Arbeitgeberhaftung Nr. 5; der Senat scheint es hier für möglich zu halten, durch Erklärung des geltend gemachten Schadensersatzbetrags nach Abs. 2 S. 1 als »Teilbetrag« die Geltendmachung weiteren Schadens offen zu halten.
50 BAG 6.5.1987, 4 AZR 641/86, EzA § 61 ArbGG 1979 Nr. 15; der Zahlungsanspruch darf dabei aber nicht in der Auskunftsklage als (unbestimmter) Stufenantrag enthalten sein, ein solcher wäre unzulässig, BAG 24.11.2004, 10 AZR 169/04, EzA § 61 ArbGG 1979 Nr. 19.

die Vollstreckung des Entschädigungsanspruchs zu verhindern, wenn der Gläubiger die Handlung noch als **Erfüllung** des titulierten Hauptanspruchs **annimmt**.[51]

Gegen die Zwangsvollstreckung aus dem Entschädigungstitel kann sich der Schuldner, der die Hauptverpflichtung erfüllt hat, mit der **Zwangsvollstreckungsgegenklage** wehren.[52]

48

E. Anfechtbarkeit eines Zwischenurteils

Abs. 3 regelt die Anfechtbarkeit eines **Grundurteils** abweichend von § 304 Abs. 2 ZPO. Im allgemeinen Zivilprozess ist ein Zwischenurteil[53] auch über den Grund eines Anspruchs zulässig, wenn ein Anspruch hinsichtlich Grund und Betrag streitig ist und beide Bereiche voneinander getrennt werden können.

49

Anders als sonstige Zwischenurteile, die nur eine das Gericht selbst bindende Wirkung haben, ohne selbständig anfechtbar zu sein (§§ 303, 511 Abs. 1 ZPO), ist ein **Zwischenurteil über den Grund** aus prozessökonomischen Überlegungen[54] **selbständig anfechtbar** (§ 304 Abs. 2 ZPO).

Für das **Arbeitsgerichtsverfahren** gilt das nicht; hier ist das Zwischenurteil über den Grund gem. Abs. 3 keiner formellen und materiellen Rechtskraft fähig, weil es – gleichsam als **Bestandteil des Endurteils**[55] – **nicht selbständig anfechtbar** ist, sondern nur zugleich mit dem Schlussurteil, das aber auch immer.[56] Das gilt auch, wenn das Grundurteil unter einer falschen Bezeichnung (»Teilurteil«) und/oder mit einer falschen Rechtsmittelbelehrung ergangen ist.[57] Es bindet lediglich das Gericht für die weitere Sachbehandlung an die getroffene Entscheidung (§ 318 ZPO).

50

Die Begründung dieser Sonderregelung mit der angestrebten Verfahrensbeschleunigung[58] erscheint sehr zweifelhaft; die gleichfalls mit dem Aspekt der Prozessökonomie begründete zivilprozessuale Vor-

51

---

51 BAG 4.10.1989, 4 AZR 396/89, EzA § 61 ArbGG 1979 Nr. 16; Hess. LAG 30.4.1996, 15 Sa 1521/95, ARSt 1996, 260; GK-ArbGG/*Schütz* § 61 Rn. 51.
52 BAG 28.10.1992, 10 AZR 541/91, EzA § 61 ArbGG 1979 Nr. 17.
53 Entscheidung über einen oder mehrere Streitpunkte, ohne dass über einen Anspruch ganz oder teilweise entschieden würde (dann Teilurteil).
54 BGH 26.11.1980, V ZR 126/78, BGHZ 79, 45, 46.
55 So die Formulierung bei BAG 25.7.1987, 4 AZR 239/86, n.v.
56 BAG 1.12.1975, 5 AZR 466/75, AP § 61 ArbGG 1953 Grundurteil Nr. 2.
57 BAG 25.2.1999, 3 AZR 231/97, n.v.; GMPM-G/*Germelmann* § 61 Rn. 44.
58 GK-ArbGG/*Schütz* § 61 Rn. 54.

schrift in § 304 Abs. 2 ZPO entfaltet im Vergleich dazu deutlich größere Überzeugungskraft.[59]

---

[59] Vgl. dazu detailliert GMPM-G/*Germelmann* § 61 Rn. 45; *Schwab/Weth/Berscheid/Schwab* § 61 Rn. 32.

§ 61a Besondere Prozessförderung in Kündigungsverfahren

(1) Verfahren in Rechtsstreitigkeiten über das Bestehen, das Nichtbestehen oder die Kündigung eines Arbeitsverhältnisses sind nach Maßgabe der folgenden Vorschriften vorrangig zu erledigen.

(2) Die Güteverhandlung soll innerhalb von zwei Wochen nach Klageerhebung stattfinden.

(3) Ist die Güteverhandlung erfolglos oder wird das Verfahren nicht in einer sich unmittelbar anschließenden weiteren Verhandlung abgeschlossen, fordert der Vorsitzende den Beklagten auf, binnen einer angemessenen Frist, die mindestens zwei Wochen betragen muß, im einzelnen unter Beweisantritt schriftlich die Klage zu erwidern, wenn der Beklagte noch nicht oder nicht ausreichend auf die Klage erwidert hat.

(4) Der Vorsitzende kann dem Kläger eine angemessene Frist, die mindestens zwei Wochen betragen muß, zur schriftlichen Stellungnahme auf die Klageerwiderung setzen.

(5) Angriffs- und Verteidigungsmittel, die erst nach Ablauf der nach Absatz 3 oder 4 gesetzten Fristen vorgebracht werden, sind nur zuzulassen, wenn nach der freien Überzeugung des Gerichts ihre Zulassung die Erledigung des Rechtsstreits nicht verzögert oder wenn die Partei die Verspätung genügend entschuldigt.

(6) Die Parteien sind über die Folgen der Versäumung der nach Absatz 3 oder 4 gesetzten Fristen zu belehren.

Mit der 1979 aufgenommenen Vorschrift sollte die nach Kündigungen 1
oft beobachtete Folge des realen Verlustes des Arbeitsplatzes auch bei
Obsiegen des Arbeitnehmers nach Möglichkeit vermieden werden.
Ihre **Wirkungsweise** war und ist **umstritten, ihre praktischen Auswirkungen gering**.[1] Das Fehlen irgendeiner **Sanktion** bei einer von
Abs. 2–6 abweichenden Vorgehensweise ist ein Indiz für die Bedeutungslosigkeit der Vorschrift und nicht so sehr ein Grund dafür.

Dies liegt daran, dass zunächst **alle** arbeitsgerichtlichen Streitigkeiten 2
einer besonderen Beschleunigungspflicht unterliegen (§ 9 Abs. 1) und
bei der notwendig begrenzten personellen und sachlichen **Kapazität**

---

1 Vgl. dazu detailliert und praxisnah *Schwab/Weth/Berscheid/Korinth* § 61a Rn. 4;
GMPM-G/*Germelmann* § 61a Rn. 1 f.

der Arbeitsgerichte für eine weitere, daraus noch weiter herausgehobene Beschleunigung einer besonderen Gruppe von Verfahren in der Praxis **wenig Spielraum** besteht.

3 **Abs. 1** bestimmt den **Anwendungsbereich** der Beschleunigungsvorschriften der Abs. 2 bis 6. Er umfasst alle Arten von Streitigkeiten, in denen es um den **Bestand eines Arbeitsverhältnisses** zwischen den Parteien geht, also auch Statusklagen, Verfahren über die Wirksamkeit einer Anfechtung des Arbeitsverhältnisses, eines Aufhebungsvertrages oder einer Befristungsabrede sowie bei Übernahme eines Auszubildenden gem. § 78a BetrVG,[2] Änderungskündigungen daher nur dann, wenn der Arbeitnehmer keine Annahme unter Vorbehalt gem. § 2 KSchG erklärt hat.[3] **Ausgeschlossen** sind auch Streitigkeiten über den Bestand eines Arbeitsverhältnisses in der Vergangenheit[4] oder in der Zukunft, d.h. über einen Einstellungsanspruch.[5]

4 Auch die mit den hier erfassten Streitgegenständen **verbundenen Klageanträge** werden, solange sie nicht abgetrennt sind, von dem herausgehobenen Beschleunigungsgebot umfasst.[6] Wenn die von § 61a nicht erfassten Verfahrensteile (z.B. ein Zeugnisanspruch) nicht in der selben kurzen Zeit erledigt werden können, gebietet § 61a den Erlass eines **Teilurteils** oder die **Abtrennung** der Bestandsschutzsache.[7]

5 **Abs. 1** verweist für die **Durchführung** der vorrangigen Erledigung auf die weiteren Absätze der Vorschrift. Darin ist keine abschließende Verweisung zu sehen; vielmehr ist der besonderen Bedeutung der Bestandsstreitigkeiten auch außerhalb der in Abs. 2 bis 6 genannten Konstellationen Rechnung zu tragen.[8]

6 Gerade hier, außerhalb der konkreten Verfahrenssituationen der Abs. 2 bis 6, entfaltet die Vorschrift noch am ehesten praktische Relevanz. So dürfte sie bei der Frage der Reihenfolge der **Terminierung** von mehreren, dem Vorsitzenden gleichzeitig vorgelegten bzw. zur Terminierung anstehenden Akten eine Rolle spielen; insoweit verpflichtet sie den Vorsitzenden, zunächst – also zum nächsten freien (Güte- oder Kammer-) Termin – die Bestandsstreitigkeiten anzuberaumen und erst danach

---

2 HWK/*Ziemann* § 61a Rn. 3; GMPM-G/*Germelmann* § 61a Rn. 4; *Schwab/Weth/ Berscheid/Korinth* § 61a Rn. 2; ErfK/*Koch* § 61a Rn. 2.
3 GK-ArbGG/*Schütz* § 61a Rn. 6; ArbGG/*Kloppenburg/Ziemann* § 61a Rn. 3; *Schwab/Weth/Berscheid/Korinith* § 61a Rn. 3; a.A. GMPM-G/*Germelmann* § 61a Rn. 4.
4 GMPM-G/*Germelmann* § 61a Rn. 5; *Grunsky* § 61a Rn. 6.
5 GMPM-G/*Germelmann* § 61a Rn. 5.
6 ArbGG/*Kloppenburg/Ziemann* § 61a Rn. 4.
7 GK-ArbGG/*Schütz* § 61a Rn. 9.
8 *Grunsky* § 61a Rn. 10; *Hauck/Helml* § 61a Rn. 2.

die sonstigen Verfahren.⁹ Dabei ist aber zu beachten, dass auch die sonstigen Arbeitsgerichtsverfahren dem **allgemeinen Beschleunigungsgebot** (§ 9 Abs. 1) unterliegen und die durch § 61a gebotene Vorrangigkeit von Bestandsstreitigkeiten daher nur relativ ist. Auch kann von einem sozialpolitischen Vorrang der Bestandsstreitigkeiten nicht mehr ohne weiteres ausgegangen werden; die Arbeitnehmer sind auf die zeitnahe Zahlung der Vergütung existenziell angewiesen[10] und auch die Gefahr der Insolvenz der Arbeitgeber ist keineswegs nur theoretischer Natur.

Im weiteren Verlauf des Rechtsstreits ist die in § 61a zum Ausdruck 7 kommende Bewertung unter Umständen als Indiz heranzuziehen, wenn es um die **Ausübung richterlichen Ermessens** geht, z.B. bei der Entscheidung über eine mögliche **Aussetzung** des Verfahrens gem. §§ 148 f. ZPO,[11] über die Erheblichkeit eines Grundes für eine **Fristverlängerung** (§ 224 Abs. 2 ZPO)[12] oder über eine **Terminsverlegung** (§ 227 Abs. 1 S. 1 ZPO).[13] Auch deshalb dürfen die Parteien nicht ohne weiteres davon ausgehen, dass eine Beweisaufnahme ohnehin nicht im (ersten) Kammertermin stattfindet.[14]

Die im Gesetz selbst, nämlich in den **Abs. 2 bis 6** weiter ausdrücklich 8 genannten Verpflichtungen des Gerichts zur Beschleunigung des Verfahrens entsprechen der alltäglichen und sich bereits aus anderen Vorschriften (§ 9 Abs. 1, § 56) ergebenden Vorgehensweise. Die Vorschrift normiert das richterliche Vorgehen in unterschiedlicher Verbindlichkeit in zwei verschiedenen Situationen:

Zum einen soll der **Gütetermin** bereits innerhalb von zwei Wochen 9 nach Klageerhebung[15] stattfinden (**Abs. 2**), was in der Praxis nur schwer möglich ist, weil dabei ein freier Termin an dem fraglichen Ter-

---

9 *Schwab/Weth/Berscheid/Korinth* § 61a Rn. 7.
10 Hierauf weist zu Recht auch *Schwab/Weth/Berscheid/Korinth* § 61a Rn. 4, hin.
11 Für § 148 ZPO: LAG Frankfurt/M. 13.8.1999, 5 Ta 512/99, LAGE § 148 ZPO Nr. 36; LAG Köln 19.6.2006, 3 Ta 60/06, LAGE § 148 ZPO 2002 Nr. 4; für § 149 ZPO: LAG Nürnberg 29.5.2002, 1 Ta 78/02, LAGReport 2002, 385; LAG Rheinland-Pfalz 11.4.2007, 11 Ta 88/07.
12 GMPM-G/*Germelmann* § 61a Rn. 17.
13 Und zwar sowohl als Argument gegen die Verlegung einer Bestandsstreitigkeit als auch für die Verlegung eines sonstigen Arbeitsgerichtsverfahrens, um einen freien Termin für die Verhandlung einer privilegierten Streitigkeit zu bekommen (zu letzterer Konstellation GMPM-G/*Germelmann* § 61a Rn. 8; ArbGG/*Kloppenburg/Ziemann* § 61a Rn. 2).
14 LAG Berlin-Brandenburg 12.3.2007, 10 Sa 2042/06, LAGE § 296 ZPO 2002 Nr. 1.
15 Das bedeutet: nach Zustellung der Klage, wegen der Mindesteinlassungsfrist nach § 47 also frühestens in der zweiten Woche nach Zustellung, GK-ArbGG/ *Schütz* § 61a Rn. 13; HWK/*Ziemann* § 61a Rn. 6.

minstag zur Verfügung stehen müsste, was aufgrund der Personalausstattung der Arbeitsgerichte und des Terminvorlaufs **i.d.R. nicht der Fall** ist. Auch kann nur schwer für jeden Güteterminstag in Erwartung kurz zuvor eintreffender Bestandsschutzklagen vorsorglich ein bestimmtes Quantum an Verhandlungszeiten freigehalten werden. Eine Sanktion bei Verstoß ist nicht vorgesehen.

10 Zum zweiten wird dem Vorsitzenden vorgeschrieben, nach erfolgloser Güteverhandlung den Beklagten zu einer **schriftlichen Klageerwiderung** nebst **Beweisantritt** aufzufordern, wenn dies nicht ohnehin schon geschehen ist (**Abs. 3**). Diese Verpflichtung ergibt sich jedoch bereits mit derselben Verbindlichkeit aus den allgemeinen Vorschriften über die Vorbereitung des Kammertermins (insbes. § 56 Abs. 1 S. 1).

11 Auch die dem Vorsitzenden durch **Abs. 4** nahegelegte Möglichkeit, dem Kläger zur **Replik** eine angemessene Frist zu setzen, besteht bereits nach den allgemeinen Vorschriften und gehört in der Praxis zu der ordnungsgemäßen Vorbereitung des Kammertermins.

12 Nach **Belehrung** über die möglichen Folgen einer Fristversäumung (**Abs. 6**) können verspätet vorgebrachte Angriffs- und Verteidigungsmittel zurückgewiesen werden (**Abs. 5**), dies aber ebenfalls nur unter den Bedingungen, die auch in § 56 Abs. 2 genannt sind. Zu Voraussetzungen und Folgen einer Zurückweisung ist deshalb auf die dortigen Erläuterungen zu verweisen.[16] Die in Abs. 3 und 4 gebrauchten Formulierungen reichen dabei für eine wirksame Fristsetzung, die ggf. die gesetzlich vorgesehen Verspätungsfolgen nach sich ziehen könnte, in keinem Falle aus.[17]

---

16 Vgl. oben § 56 Rn. 13 ff.
17 So auch *Schwab/Weth/Berscheid/Korinth* § 61a Rn. 9 f.; GMPM-G/*Germelmann* § 61a Rn. 13, 16; DFL/*Heider* § 61a Rn. 3; a.A. ArbGG/*Kloppenburg/Ziemann* § 61a Rn. 10, 14; HWK/*Ziemann* § 61a Rn. 11; *Gift/Baur* Rn. E 805. Zu den Anforderungen an die Konkretheit der richterlichen Auflage vgl. oben § 56 Rn. 5.

§ 61b Klage wegen Benachteiligung

(1) Eine Klage auf Entschädigung nach § 15 des Allgemeinen Gleichbehandlungsgesetzes muss innerhalb von drei Monaten, nachdem der Anspruch schriftlich geltend gemacht worden ist, erhoben werden.

(2) ¹Machen mehrere Bewerber wegen Benachteiligung bei der Begründung eines Arbeitsverhältnisses oder beim beruflichen Aufstieg eine Entschädigung nach § 15 des Allgemeinen Gleichbehandlungsgesetzes gerichtlich geltend, so wird auf Antrag des Arbeitgebers das Arbeitsgericht, bei dem die erste Klage erhoben ist, auch für die übrigen Klagen ausschließlich zuständig. ²Die Rechtsstreitigkeiten sind von Amts wegen an dieses Arbeitsgericht zu verweisen; die Prozesse sind zur gleichzeitigen Verhandlung und Entscheidung zu verbinden.

(3) Auf Antrag des Arbeitgebers findet die mündliche Verhandlung nicht vor Ablauf von sechs Monaten seit Erhebung der ersten Klage statt.

Übersicht	Rn.
A. Allgemeines	1
B. Klagefrist	2
C. Örtliche Zuständigkeit	6
D. Verzögerung der mündlichen Verhandlung	11

A. Allgemeines

In dieser Vorschrift ist die arbeitsgerichtliche Durchsetzung des **Ent-** 1
schädigungsanspruchs gem. § 15 Abs. 2 AGG wegen einer Benachteiligung aus Gründen der ethnischen Herkunft, des Geschlechts, der Religion oder Weltanschauung, einer Behinderung, des Alters oder der sexuellen Identität (§§ 1, 7 AGG) geregelt. Schadensersatzansprüche gem. § 15 Abs. 1 AGG oder andere Entschädigungsansprüche (z.B. wegen sonstiger Ungleichbehandlung) werden davon **nicht** erfasst.[1] Sie kon-

---

1 Streitig, unter Berufung auf Wortlaut wie hier GK-ArbGG/*Schütz* § 61b Rn. 8; HWK/*Ziemann* § 61b Rn. 1; *Schwab/Weth/Walker* § 61b Rn. 7; DFL/*Heider* § 61b Rn. 3; MüKo-BGB/*Thüsing* 5. Aufl., AGG § 15 Rn. 45; HK-AGG/*Deinert* § 15 Rn. 97; *Wendeling-Schröder/Stein* AGG § 15 Rn. 66; a.A. wegen der Ordnungsfunktion *Adomeit/Mohr* AGG § 15 Rn. 74; *Bauer/Göpfert/Krieger* AGG 2. Aufl., § 15 Rn. 57; diff. *Schleusener/Suckow/Voigt* AGG § 15 Rn. 62.

stituiert eine **Klagefrist** (Abs. 1) und gibt dem Arbeitgeber Gestaltungsmöglichkeiten zur **Erzwingung** einer gemeinsamen Verhandlung und Entscheidung aller Parallelverfahren (Abs. 2 und 3).

1a § 15 AGG lautet auszugsweise:

§ 15 AGG Entschädigung und Schadensersatz

(1) ¹Bei einem Verstoß gegen das Benachteiligungsverbot ist der Arbeitgeber verpflichtet, den hierdurch entstandenen Schaden zu ersetzen. ²Das gilt nicht, wenn der Arbeitgeber die Pflichtverletzung nicht zu vertreten hat.

(2) ¹Wegen eines Schadens, der nicht Vermögensschaden ist, kann der oder die Beschäftigte eine angemessene Entschädigung in Geld verlangen. ²Die Entschädigung darf bei einer Nichteinstellung drei Monatsgehälter nicht übersteigen, wenn der oder die Beschäftigte auch bei benachteiligungsfreier Auswahl nicht eingestellt worden wäre.

...

(4) ¹Ein Anspruch nach Absatz 1 oder 2 muss innerhalb einer Frist von zwei Monaten schriftlich geltend gemacht werden, es sei denn, die Tarifvertragsparteien haben etwas anderes vereinbart. ²Die Frist beginnt im Falle einer Bewerbung oder eines beruflichen Aufstiegs mit dem Zugang der Ablehnung und in den sonstigen Fällen einer Benachteiligung zu dem Zeitpunkt, in dem der oder die Beschäftigte von der Benachteiligung Kenntnis erlangt.

...

B. Klagefrist

2 Die in Abs. 1 getroffene Regelung zur Klagefrist gestaltet im Zusammenwirken mit § 15 Abs. 4 AGG folgendes **System von Ausschlussfristen**:

3 Ausgangspunkt ist die **Benachteiligung** bei einer Maßnahme, insbesondere bei einer Einstellung. Die Mitteilung über die Nichtberücksichtigung des Bewerbers und entsprechend die Kenntniserlangung bei einer sonstigen Benachteiligung setzt die **erste Stufe** einer zweistufigen Verfallsfrist in Lauf. Der Benachteiligte muss nun innerhalb einer Frist von **zwei Monaten** den Anspruch beim Arbeitgeber **schriftlich** geltend machen. Die Frist kann unter bestimmten Umständen länger ausfallen, nämlich wenn die Benachteiligung in einem Arbeitsverhältnis erfolgt, das normativ oder durch arbeitsvertragliche Verweisungsklausel an

einen Tarifvertrag gebunden ist, der eine längere Geltendmachungsfrist in allgemeiner Form oder speziell für Entschädigungsansprüche vorsieht. Der Gesetzeswortlaut lässt zwar theoretisch auch eine kürzere Frist zu; eine solche dürfte jedoch europarechtlich unzulässig sein.[2] Die Darlegung der Einhaltung dieser Fristen gehört zur **Schlüssigkeit** einer später ggf. erhobenen Klage.[3]

Der **Zugang** des Forderungsschreibens beim Arbeitgeber setzt die **zweite Frist** zur gerichtlichen Geltendmachung in Lauf (Abs. 1). Für ihre Einhaltung gelten die allgemeinen Grundsätze, die auch bei § 4 Abs. 1 KSchG Anwendung finden. In analoger Anwendung von § 167 ZPO ist der **Eingang der Leistungsklage**[4] bei Gericht maßgeblich, wenn die Klage demnächst zugestellt wird, was jeweils aufgrund einer wertenden Betrachtung des Einzelfalls zu beurteilen ist.[5] Das gilt auch dann, wenn die Klage beim **örtlich unzuständigen** Gericht eingereicht wird,[6] allerdings **nicht**, wenn die Klage durch den Rechtspfleger der Rechtsantragstelle beim örtlich unzuständigen Gericht im Rahmen der **Rechtshilfe** angenommen wird. Dann ist der reale Eingang beim zuständigen Gericht maßgeblich.[7] Erhebt der Arbeitnehmer sogleich Klage, ohne vorher beim Arbeitgeber den Anspruch schriftlich geltend zu machen, kommt es auf den **Zugang der Klageschrift** beim Arbeitgeber an und nicht auf den Klageeingang.[8]

Wird die Klagefrist nicht eingehalten, ist die Klage als unbegründet abzuweisen,[9] auf ein **Verschulden** kommt es dabei **nicht an**. Eine Wiedereinsetzung in den vorigen Stand oder eine nachträgliche Zulassung der Klage findet nicht statt.[10]

---

2 Vgl. zu entsprechenden Bedenken nur *Schleusener/Suckow/Voigt* AGG § 15 Rn. 65 m.w.N.; *Schiek/Kocher* AGG § 15 Rn. halten dagegen schon die Frist von zwei Monaten wegen Europarechtswidrigkeit für unanwendbar.
3 *Schwab/Weth/Walker* § 61b Rn. 11; GK-ArbGG/*Schütz* § 61b Rn. 12.
4 Vgl. dazu *Schwab/Weth/Walker* § 61b Rn. 8.
5 Zur Kasuistik vgl. *Zöller/Greger* § 167 Rn. 10 ff.
6 BAG 31.3.1993, 2 AZR 467/92, EzA § 4 n.F. KSchG Nr. 46; vgl. auch KR/*Friedrich* § 4 KSchG Rn. 181 m.w.N.
7 KR/*Friedrich* § 4 KSchG Rn. 185; *Schwab/Weth/Walker* § 61b Rn. 16; GK-ArbGG/*Schütz* § 61b Rn. 21.
8 Wer sich des Gerichts als Briefträger bedient, obwohl dies nicht nötig ist, muss die dadurch entstehenden Verzögerungen selbst tragen, vgl. BAG 8.3.1976, 5 AZR 361/75, EzA § 4 TVG Ausschlussfristen Nr. 26.
9 GMPM-G/*Germelmann* § 61b Rn. 10; ErfK/*Koch* § 61b Rn. 2; *Schwab/Weth/Walker* § 61b Rn. 19.
10 *Schwab/Weth/Walker* § 61b Rn. 21; GK-ArbGG/*Schütz* § 61b Rn. 13.

C. Örtliche Zuständigkeit

6 Da jeder erfolglose Bewerber einen Anspruch nach § 15 Abs. 2 S. 1 AGG geltend machen kann, aber **allenfalls für einen** von ihnen – nämlich den bestqualifizierten – die **Summenbegrenzung** der Entschädigung gem. § 15 Abs. 2 S. 2 AGG **nicht gilt**, ist es sinnvoll und im Interesse des Arbeitgebers, alle Klagen **gemeinsam zu verhandeln** und zu entscheiden, um die gesetzgeberische Intention optimal durchzusetzen. Dies wird dadurch erreicht, dass dem Arbeitgeber das Recht gegeben wird, diese gemeinsame Verhandlung durch einen **einfachen formlosen Antrag** beim **Arbeitsgericht** durchzusetzen.

7 Dieser Antrag muss nur **einmal** gestellt werden, allerdings bis spätestens zur erstinstanzlichen Entscheidung.[11] Das Arbeitsgericht, das auf diese Weise Kenntnis davon erlangt hat, dass – vorher oder nachher – bei einem anderen Arbeitsgericht entsprechende Parallel-Klagen eingereicht worden sind, muss **von Amts wegen** Erkundigungen einziehen und dann entweder die anderen Gerichte zur Verweisung auffordern oder seinerseits den Rechtsstreit an das zuständige Gericht der ersten Klage **verweisen**. Entscheidend ist dabei der **Zeitpunkt der Zustellung** der Klage.[12] Lässt sich dieser Zeitpunkt nicht ermitteln, gilt § 36 ZPO entsprechend.[13]

8 Die **Verweisung** ist **zwingend** und ohne Rücksicht auf evtl. andere (ansonsten) mögliche Gerichtsstände[14] oder die Bindungswirkung evtl. vorhergehender Verweisungsbeschlüsse auszusprechen. Ein **Rechtsmittel** ist gegen den Beschluss, der durch die Kammer zu ergehen hat, **nicht gegeben** (§ 48 Abs. 1 Nr. 1).

9 Wie der Rechtsstreit beim aufnehmenden Gericht verteilt wird, ist zunächst Sache des **Geschäftsverteilungsplans**. Gesetzlich vorgeschrieben ist eine ausdrückliche Regelung insoweit nicht. Es kann daher zu einer Situation kommen, die sich auch ergibt, wenn bei demselben Gericht, aber verschiedenen Kammern die parallelen Entschädigungsklagen anhängig gemacht worden sind.[15]

---

11 GMPM-G/*Germelmann* § 61b Rn. 18; GK-ArbGG/*Schütz* § 61b Rn. 33, mit dem Hinweis, dass eine ansonsten in Parallelfällen zugesprochene unbegrenzte Entschädigung in der Berufung nicht mit dem Argument angegriffen werden kann, diese unbegrenzte Entschädigung sei gesetzlich nur einmal vorgesehen. Generell a.A. *Schwab/Weth/Walker* § 61b Rn. 32: Antragstellung bis Eintritt der Rechtskraft des ersten Urteils möglich.
12 GMPM-G/*Germelmann* § 61b Rn. 22; GK-ArbGG/*Schütz* § 61b Rn. 34.
13 ErfK/*Koch* § 61b Rn. 5.
14 *Schwab/Weth/Walker* § 61b Rn. 33.
15 Ohne Antrag des Arbeitgebers kommt es auch bei dieser Konstellation nicht zu einer Verbindung.

Das Gericht ist dann **verpflichtet**, die späteren Parallelverfahren mit 10
dem ersten Verfahren zur gleichzeitigen Verhandlung und Entscheidung zu **verbinden** (Abs. 2 S. 2). Diese Verbindung erfolgt gem. § 147 ZPO, **ohne** dass dem Gericht der dort genannte **Ermessensspielraum** zustände.[16] Sie bedarf – nach vorheriger Anhörung der Parteien – eines Beschlusses des Kammervorsitzenden (bei kammerübergreifender Verbindung des Vorsitzenden der aufnehmenden Kammer[17]), wenn nicht ausnahmsweise mündlich über die Verbindung verhandelt worden ist (§ 53 Abs. 1). Die Verbindung hat zur **Folge**, dass die verschiedenen Kläger nunmehr **einfache Streitgenossen** sind (§ 61 ZPO).[18]

D. Verzögerung der mündlichen Verhandlung

Da eine konsequente Anwendung des arbeitsgerichtlichen Beschleuni- 11
gungsprinzips (§ 9 Abs. 1) möglicherweise dazu führen würde, dass der Rechtsstreit eines Bewerbers **schon entschieden** ist, bevor den Arbeitgeber überhaupt ein Forderungsschreiben eines weiteren Mitbewerbers erreicht hat,[19] hat der Arbeitgeber die Möglichkeit, durch einen (neben dem nach Abs. 2 gesondert zu stellenden[20]) Antrag nach Abs. 3 zu erreichen, dass die **mündliche Verhandlung** (Güte- oder Kammerverhandlung[21]) frühestens sechs Monate nach Zustellung der ersten Klage stattfindet. Diese **Ausnahme vom Beschleunigungsgebot** rechtfertigt sich durch den besonderen Zweck von § 15 AGG und § 61b.

Die überwiegende Meinung verlangt für die Zulässigkeit des Antrags 12
das Vorliegen **mindestens einer weiteren Klage**.[22] Dies erscheint **nicht zwingend**. Der Wortlaut des Gesetzes reicht insoweit nicht aus, weil die Verwendung des Begriffs »erste Klage« in Abs. 3, auf den sich die überwiegende Meinung stützt, nicht notwendig schon zu diesem Zeitpunkt

---

16 *Schwab/Weth/Walker* § 61b Rn. 35; GK-ArbGG/*Schütz* § 61b Rn. 39. Deshalb ist die Vorgehensweise auch im Hinblick auf Art. 101 GG unbedenklich; vgl. zur Bedeutung des Ermessens bei § 147 ZPO auch BAG 22.3.2001, 8 AZR 565/00, EzA Art. 101 GG Nr. 5.
17 Nicht der abgebenden Kammer, *Zöller/Greger* § 147 Rn. 2.
18 *Schwab/Weth/Walker* § 61b Rn. 36; GK-ArbGG/*Schütz* § 61b Rn. 41.
19 Z.B. bei einer tariflichen sechsmonatigen Frist gem. § 15 Abs. 4 S. 1 AGG, etwa im öffentlichen Dienst, § 37 Abs. 1 TVöD.
20 GK-ArbGG/*Schütz* § 61b Rn. 43; *Schwab/Weth/Walker* § 61b Rn. 40.
21 GMPM-G/*Germelmann* § 61b Rn. 27; *Schwab/Weth/Walker* § 61b Rn. 37; GK-ArbGG/*Schütz* § 61b Rn. 44; **a.A.** (nur Kammerverhandlung) ErfK/*Koch* § 61b Rn. 6: in der Güteverhandlung kann ohne Zustimmung des Arbeitgebers keine Sachentscheidung ergehen.
22 GMPM-G/*Germelmann* § 61b Rn. 28; GK-ArbGG/*Schütz* § 61b Rn. 44; *Schwab/Weth/Walker* § 61b Rn. 40; HWK/*Ziemann* § 61b Rn. 9.

die Rechtshängigkeit einer anderen Klage voraussetzt, sondern wohl eher i.S.v. »einer ersten Klage« gemeint sein dürfte. Denn die Vorschrift kann ihren Zweck, **Einzelentscheidungen** zu **vermeiden**, dann sehr viel besser erfüllen, wenn der Arbeitgeber schon bei Vorliegen einer ersten Klage die gemeinsame Verhandlung veranlassen kann. Es ist angesichts der geltenden Fristen keineswegs ausgemacht, dass ihm auch nur das Geltendmachungsschreiben eines zweiten Bewerbers zugeht, bevor die »erste Klage« bereits entschieden worden ist.[23]

---

23 Ebenso ErfK/*Koch* § 61b Rn. 6; DFL/*Heider* § 61b Rn. 6. Die (schlimmstenfalls unbegründet) eingetretene Verzögerung ist vom Sinn der Vorschrift her zu rechtfertigen.

§ 62 Zwangsvollstreckung

(1) ¹Urteile der Arbeitsgerichte, gegen die Einspruch oder Berufung zulässig ist, sind vorläufig vollstreckbar. ²Macht der Beklagte glaubhaft, daß die Vollstreckung ihm einen nicht zu ersetzenden Nachteil bringen würde, so hat das Arbeitsgericht auf seinen Antrag die vorläufige Vollstreckbarkeit im Urteil auszuschließen. ³In den Fällen des § 707 Abs. 1 und des § 719 Abs. 1 der Zivilprozeßordnung kann die Zwangsvollstreckung nur unter derselben Voraussetzung eingestellt werden. ⁴Die Einstellung der Zwangsvollstreckung nach Satz 3 erfolgt ohne Sicherheitsleistung. ⁵Die Entscheidung ergeht durch unanfechtbaren Beschluss.

(2) ¹Im übrigen finden auf die Zwangsvollstreckung einschließlich des Arrestes und der einstweiligen Verfügung die Vorschriften des Achten Buchs der Zivilprozeßordnung Anwendung. ²Die Entscheidung über den Antrag auf Erlaß einer einstweiligen Verfügung kann in dringenden Fällen, auch dann, wenn der Antrag zurückzuweisen ist, ohne mündliche Verhandlung ergehen.

Übersicht	Rn.
A. Allgemeines	1
B. Voraussetzungen der Zwangsvollstreckung	3
I. Vollstreckbarer Titel	3
1. Art des Titels	4
2. Vollstreckbarer Inhalt des Titels	5
3. Rechtskräftige Titel	9
4. Vorläufige Vollstreckbarkeit nicht rechtskräftiger Titel	11
II. Klausel	23
III. Zustellung	25
C. Durchführung der Zwangsvollstreckung	28
I. Allgemeine Regeln	28
1. Antrag	28
2. Vollstreckungsorgane	29
3. Allgemeine Prozessvoraussetzungen	33
4. Kosten der Zwangsvollstreckung	34
II. Vollstreckung von Geldforderungen	35
III. Exkurs: Lohnpfändung und Drittschuldnerklage	39
IV. Vollstreckung der Herausgabe von Sachen	47
V. Vollstreckung von Forderungen auf Handeln, Dulden, Unterlassen	49
D. Rechtsbehelfe in der Zwangsvollstreckung	60
I. Einstweilige Einstellung der Zwangsvollstreckung	61
1. Antrag bei fehlender oder angegriffener Rechtskraft des Titels	62
2. Antrag bei Angriff auf die Vollstreckbarkeit des Titels	67

		3. Entscheidung	69
		4. Schadensersatzpflicht	71
	II.	Rechtsbehelfe betr. die Vollstreckungsklausel	73
		1. Rechtsbehelfe des Gläubigers	74
		2. Rechtsbehelfe des Schuldners	78
	III.	Erinnerung gem. § 766 ZPO	82
	VI.	Vollstreckungsgegenklage gem. § 767 ZPO	83
	V.	Drittwiderspruchsklage gem. § 771 ZPO	87
	VI.	Beschwerde gem. § 793 ZPO	88
E.	**Einstweiliger Rechtsschutz im Arbeitsrecht**		89
	I.	Allgemeines	89
	II.	Arrest	92
	III.	Einstweilige Verfügung	95
		1. Verfügungsanspruch	96
		2. Verfügungsgrund	98
		3. Beispiele	99
	IV.	Verfahren	119
	V.	Vollziehung (Vollstreckung) der gerichtlichen Eilentscheidung	126
	VI.	Rechtsbehelfe	129
		1. Widerspruch, sofortige Beschwerde, Berufung	129
		2. Weitere besondere Rechtsbehelfe im Eilverfahren	132

A. Allgemeines

1 § 62 bestimmt **Umfang** und **Grenzen** der **Anwendbarkeit zivilprozessualer Vorschriften** über die Zwangsvollstreckung. Dabei wird eine Reihe **wichtiger Ausnahmen** normiert, die sämtlich auf die besondere sozialpolitische Funktion des Arbeitsgerichtsverfahrens zurückzuführen sind. Dies betrifft sowohl die grundsätzliche Verbesserung der Position des Klägers (in der weit überwiegenden Zahl der Verfahren des Arbeitnehmers) als auch den das ganze Verfahrensrecht durchziehenden Grundsatz der Beschleunigung.

2 Aus dem Geflecht der Regeln des 8. Buches der ZPO (Zwangsvollstreckung) und den Sondervorschriften des ArbGG, insbesondere des § 62, ergeben sich folgende **Grundzüge der Zwangsvollstreckung** arbeitsrechtlicher Titel:

B. Voraussetzungen der Zwangsvollstreckung

3 Die Zwangsvollstreckung eines arbeitsrechtlichen Titels setzt – wie im Zivilprozessrecht allgemein – voraus, dass ein **vollstreckbarer** und **zugestellter Titel** besteht, der mit einer **Vollstreckungsklausel** versehen ist, und dass kein sonstiges Vollstreckungshindernis besteht.

Zwangsvollstreckung § 62

I. Vollstreckbarer Titel

1. Art des Titels

Als vollstreckbare Titel kommen auch im Arbeitsrecht neben den **End-** 4 **urteilen** (§ 704 ZPO)[1] alle in § 794 ZPO genannten weiteren Titel in Betracht. Dies betrifft in der Praxis besonders die **gerichtlichen Vergleiche**, auch solche nach § 278 Abs. 6 ZPO, **Vollstreckungsbescheide** und **Kostenfestsetzungsbeschlüsse**.

2. Vollstreckbarer Inhalt

Der Titel muss einen **vollstreckbaren Inhalt** haben. Dies setzt eine be- 5 stimmte Leistungsverpflichtung des Schuldners voraus, ist also bei klageabweisenden Entscheidungen ebenso ausgeschlossen wie bei Feststellungs-[2] und Gestaltungsurteilen.[3]

Die ausgesprochene Leistungsverpflichtung muss darüber hinaus **hin-** 6 **reichend bestimmt** sein. Art und Umfang einer möglichen Erfüllungshandlung müssen sich **unmittelbar** aus dem Titel ergeben, so dass der Gerichtsvollzieher aus dem **Tenor** selbst, bei **Urteilen** ergänzend auch aus **Tatbestand und Entscheidungsgründen**[4] erkennen kann, was er vom Schuldner verlangen kann und muss. Diese Anforderungen werden nach allgemeiner Ansicht auch von einem auf eine Bruttozahlung gerichteten Titel erfüllt.[5]

Die **Bestimmtheit eines Leistungsantrags** ist Voraussetzung für die Zu- 7 lässigkeit der Klage und von Amts wegen zu beachten.[6] Zu einem nicht hinreichend bestimmten Leistungsurteil dürfte es demnach eigentlich nicht kommen. Ist der Titel gleichwohl zu **unbestimmt**, um als vollstreckbar angesehen zu werden, darf der Urkundsbeamte die **Vollstreckungsklausel nicht erteilen**.

Insbesondere bei Vergleichen kommt es in der Praxis allerdings häufi- 8 ger vor, dass die Parteien im Rahmen einer Einigung auch **materiellrechtliche Fragen** regeln, z.B. wenn sich in der konkreten Verhand-

---

1 Also auch den Teilurteilen (§ 301 ZPO) und Versäumnisurteilen (§§ 330, 331 ZPO, § 59), nicht aber den Zwischenurteilen (§§ 303 f. ZPO, 61 Abs. 3).
2 Z.B. gem. § 4 S. 1 KSchG.
3 Z.B. Auflösungsantrag gem. § 9 KSchG, Entbindung von der Weiterbeschäftigungspflicht gem. § 102 Abs. 5 BetrVG.
4 BGH 4.3.1993, IX ZB 55/92, BGHZ 122, 16, 18; LAG Thüringen 29.3.2003, 1 Ta 93/03, LAGE § 888 ZPO 2002 Nr. 4.
5 GK-ArbGG/*Vossen* § 62 Rn. 10; GMPM-G/*Germelmann* § 46 Rn. 43 m.w.N.; zur konkreten Pfändung vgl. unten Rn. 32 f.
6 Vgl. dazu oben § 46 Rn. 25.

lungssituation nicht unstreitig stellen lässt, ob ein bestimmter Betrag schon gezahlt worden ist oder noch nicht. Eine Einigung darauf, dass dem Kläger dieser Betrag jedenfalls zustehen soll, ist zulässig und sinnvoll, auch wenn sich bei einer Aufnahme in den Vergleich hieraus nicht unmittelbar vollstrecken lässt.[7]

3. Rechtskräftige Titel

9 Mit Eintritt der **Rechtskraft** ist klargestellt, dass dem Gläubiger die Leistung des Schuldners **endgültig** zusteht. Eine Vollstreckung ist deshalb aus allen rechtskräftigen Titeln möglich (§§ 704, 795 ZPO). Die Rechtskraft eines Urteils wird durch das **Rechtskraft- und Notfristzeugnis** (§ 706 ZPO) nachgewiesen, das das Arbeitsgericht[8] durch den Urkundsbeamten auf Antrag zu erteilen hat.

10 Einwendungen gegen die Durchführung der Vollstreckung können dann nur noch insoweit erhoben werden, als sie sich **nicht gegen den Titel** selbst, sondern nur gegen seine **Vollstreckung** richten, etwa dass die titulierte Leistung bereits erbracht sei (§ 767 ZPO).[9]

4. Vorläufige Vollstreckbarkeit nicht rechtskräftiger Titel

11 Bei nicht rechtskräftigen Titeln besteht bis zum endgültigen Abschluss des Rechtsstreits eine **Ungewissheit** über deren **dauernden Bestand**. Einerseits hat der Gläubiger ein **berechtigtes Interesse** daran, einen ihm immerhin von einem Gericht nach einem ordentlichen Erkenntnisverfahren bereits zugestandenen Anspruch auch zeitnah durchzusetzen; andererseits wird bei einer solchen Vollstreckung vor Rechtskraft u.U. ein Zustand hergestellt werden, der bei einer späteren Abänderung der vollstreckten Entscheidung **nicht mehr rückgängig** gemacht werden kann. In der ordentlichen Gerichtsbarkeit gibt es zur Regelung dieses Interessenwiderstreits ein kompliziertes und komplexes Geflecht von Normen.[10] In der **Arbeitsgerichtsbarkeit**[11] dagegen gilt der

---

7 Weitere vergleichbare Konstellationen bei LAG Hessen 17.3.2003, 16 Ta 82/03, LAGE § 888 ZPO 2002 Nr. 2; LAG Düsseldorf 17.7.2003, 16 (18) Ta 108/02, LAGE § 888 ZPO Nr. 50.

8 Im Ausnahmefall auch das Landesarbeitsgericht, wenn sich die Akten dort befinden, dazu *Zöller/Stöber* § 706 Rn. 4.

9 Vgl. dazu unten Rn. 80 ff.

10 Z.B. in §§ 708 bis 720a ZPO.

11 Präzise: bei ArbG und LAG, nicht dagegen beim BAG. Relevanz entfaltet diese Ausnahme wegen der Rechtskraft der meisten BAG-Entscheidungen aber nur für das vom BAG erlassene Versäumnisurteil; dies ist nach allgemeinen zivilprozessualen Maßgaben, insbes. § 708 Nr. 2 ZPO, vorläufig vollstreckbar.

vereinfachende **Grundsatz, dass alle Endurteile** (auch Versäumnisurteile) von Gesetzes wegen **vorläufig vollstreckbar** sind (Abs. 1 S. 1).

Einstweilige Verfügungen und **Arrestentscheidungen** sind nach h.M. dagegen von Abs. 1 S. 1 auch dann nicht erfasst, wenn sie in Urteilsform ergehen; dies wird damit begründet, dass diese Entscheidungen auch ohne die Regelung in Abs. 1 S. 1 ohne weiteres vollstreckbar sind.[12] Das ist nicht überzeugend. **Abs. 1 S. 1** konstituiert eine **Sonderregelung für das Arbeitsgerichtsverfahren**, die auch dann gilt, wenn eine der daraus erwachsenden Rechtsfolgen bereits in einer anderen (allgemeinen) Regelung vorgesehen ist. Das Urteil, in dem eine einstweilige Verfügung erlassen wird, ist ein Endurteil (§ 704), gegen welches die Berufung statthaft ist (Abs. 1 S. 1).[13]

Zwar gilt die vorläufige Vollstreckbarkeit theoretisch auch für **klageabweisende Urteile**. Sie entfaltet insoweit aber keine praktischen Auswirkungen, da diese keinen vollstreckbaren Inhalt haben. Die in einer Klageabweisung enthaltene Kostenentscheidung ist nicht vollstreckbar, weil sie lediglich die **Grundentscheidung** darstellt, die zur Erwirkung eines vollstreckbaren Titels (z.B. Kostenfestsetzungsbeschluss) dienen kann.[14]

Die vorläufige Vollstreckbarkeit gilt für **jeden vollstreckungsfähigen Inhalt** der Entscheidung, auch für die Verurteilung zu einer Abfindung im Rahmen einer Auflösungsentscheidung gem. § 9 KSchG.[15]

12

13

14

---

12 GK-ArbGG/*Vossen* § 62 Rn. 6; ErfK/*Koch* § 62 Rn. 2; *Hauck/Helml* § 62 Rn. 2.
13 Daraus folgt, dass die einstweilige Einstellung der Zwangsvollstreckung bei einer Urteilsverfügung nach Abs. 1 S. 3 zu beurteilen ist, aber auch, dass die Vollziehung einer Beschlussverfügung (für die Abs. 2 gilt) im Widerspruchsverfahren gem. § 924 Abs. 3 ZPO vorläufig eingestellt werden kann (so auch *Schwab/Weth/Walker* § 62 Rn. 32); die unterschiedliche Behandlung ist nicht nur gesetzlich zwingend, sondern auch sachlich dadurch begründet, dass die Gläubigerbevorzugung in Abs. 1 S. 1 jedenfalls insoweit gerechtfertigt ist, als der Schuldner im Rahmen des Erkenntnisverfahrens (und zwar sowohl im Hauptsache- als auch im durch Urteil abgeschlossenen Eilverfahren) Gelegenheit hatte, seine Interessen zu wahren, während bei der Beschlussverfügung i.d.R. keine Anhörung des Antragsgegners erfolgt (so auch *Gift/Baur* Rn. J 142).
14 Deshalb trägt die Bezeichnung »der Beklagte« in § 62 Abs. 1 S. 2 den tatsächlichen Verhältnissen Rechnung, auch wenn zuzugestehen ist, dass damit systematisch selbstverständlich jeder Vollstreckungsschuldner gemeint sein muss, so zutreffend HWK/*Ziemann* § 62 Rn. 7 m.w.N.
15 Ohne Rücksicht auf die (fehlende) Rechtskraft der Auflösungsentscheidung, BAG 9.12.1987, 4 AZR 561/87, EzA § 9 n.F. KSchG Nr. 22; KR/*Spilger* § 9 KSchG Rn. 96 m.w.N.; a.A. LAG Hamburg 28.10.1982, 1 Sa 6/82, NJW 1983, 1344; LAG Berlin 17.2.1986, 9 Sa 119/85, LAGE § 9 KSchG Nr. 1.

§ 62　Zwangsvollstreckung

15　Die in Abs. 1 S. 1 zum Ausdruck kommende **Grundentscheidung** des Gesetzgebers kann in begründeten Einzelfällen im Urteil selbst vom Arbeitsgericht **suspendiert** werden. Auf Antrag des Beklagen, der vor Schluss der mündlichen Verhandlung zu stellen ist, hat das Arbeitsgericht die **vorläufige Vollstreckbarkeit** des (gleichzeitig von ihm erlassenen) Urteils **auszuschließen**, wenn der Beklagte glaubhaft macht, dass die Vollstreckung ihm einen nicht zu ersetzenden Nachteil bringen würde (Abs. 1 S. 2). Eine mögliche Sicherheitsleistung hat hier – anders als in der ordentlichen Gerichtsbarkeit – gänzlich außer Betracht zu bleiben.[16]

16　Der **nicht zu ersetzende Nachteil** liegt dann vor, wenn der durch die Vollstreckung eintretende Schaden beim Schuldner im Falle eines späteren Wegfalls des Titels weder **mit Geld** noch **auf andere Weise** auszugleichen ist.[17] Es genügt deshalb die **bloße Unmöglichkeit** der Rückabwicklung **nicht**. Andernfalls wäre bei jedem Anspruch auf Vornahme, Unterlassung oder Duldung einer Handlung ein nicht zu ersetzender Nachteil gegeben; die bloße Einschränkung der Dispositionsfreiheit reicht daher nicht aus.[18] Durch die Vollstreckung eines Beschäftigungsanspruchs tritt beim Arbeitgeber i.d.R. kein nicht zu ersetzender Nachteil ein, auch weil er durch die Arbeitsleistung einen Gegenwert erhält.[19]

17　Auch ist eine **bloße Gefährdung** der Rückabwicklung **nicht ausreichend**, z.B. beabsichtigter Umzug des Gläubigers innerhalb der EU,[20] die Arbeitslosigkeit des Gläubigers,[21] die nichtdeutsche Staatsangehörigkeit oder die Bewilligung von Prozesskostenhilfe ohne Ratenzahlungen.[22]

18　Als genügend ist dagegen angesehen worden, wenn mit **überwiegender Wahrscheinlichkeit** erwartet werden muss, dass eine evtl. Rückzahlungsverpflichtung betr. eines vollstreckten Geldbetrages nicht er-

---

16　LAG Frankfurt 27.11.1985, 13 Ta 344/85, LAGE § 62 ArbGG 1979 Nr. 12; LAG Berlin LAGE § 62 ArbGG 1979 Nr. 20; ErfK/*Koch* § 62 Rn. 3; HWK/*Ziemann* § 62 Rn. 18; GMPM-G/*Germelmann* § 62 Rn. 33.
17　GMPM-G/*Germelmann* § 62 Rn. 19; *Schwab/Weth/Walker* § 62 Rn. 12.
18　BAG GS 27.2.1985, GS 1/84, EzA § 611 BGB Beschäftigungspflicht Nr. 9.
19　GMPM-G/*Germelmann* § 62 Rn. 22; *Hauck/Helml* § 62 Rn. 6.
20　LAG Schleswig-Holstein 12.6.1998, 3 Sa 213a/98, LAGE § 62 ArbGG 1979 Nr. 25 (unter Hinweis auf Art. 48 EWG-V); GMPM-G/*Germelmann* § 62 Rn. 26.
21　So LAG Bremen 25.10.1982, 4 Sa 265/82, LAGE § 62 ArbGG 1979 Nr. 9; vgl. aber auch GMPM-G/*Germelmann* § 62 Rn. 25, die bei Vorliegen konkreter Umstände, die für eine Dauerhaftigkeit der Arbeitslosigkeit sprechen, einen nicht zu ersetzenden Nachteil annehmen.
22　LAG Bremen 30.11.1992, 4 Sa 345/92, LAGE § 62 ArbGG 1979 Nr. 19.

füllt werden wird,[23] erst recht, wenn die wirtschaftliche Existenz des Schuldners zerstört werden würde,[24] was in Ausnahmefällen schon bei der Abgabe der eidesstattlichen Vermögensversicherung eintreten kann.[25] Die bloße Kreditgefährdung dagegen genügt nicht.[26]

Die **Unterlassung von Wettbewerb** wird nur in Ausnahmefällen von der vorläufigen Vollstreckbarkeit ausgenommen werden können, da die vorläufige Regelung in jedem Falle unwiederbringliche Fakten schafft und dieser Konflikt im Regelfall nach der gesetzlichen Wertentscheidung zu Gunsten des Gläubigers zu lösen ist.[27] Ein **nicht zu ersetzender Nachteil** droht aber dann, wenn sonstige **Schäden ohne Ausgleichsmöglichkeit** durch die Zwangsvollstreckung entstehen, z.B. die Versteigerung von beweglichen Sachen, für die nur ein im Vergleich zum tatsächlichen Wert unverhältnismäßig geringer Erlös zu erwarten ist.[28] 19

Streitig ist, ob im Rahmen der Abwägung des entscheidenden Gerichts die **Erfolgsaussicht eines Rechtsmittels** eine Rolle spielen kann.[29] Hier wird häufig nicht genau genug differenziert: Abs. 1 S. 2 behandelt die Entscheidung des Gerichts, die **zugleich mit dem Urteil in der Hauptsache** ergeht.[30] Dabei geht es dann um ein noch nicht einmal eingelegtes Rechtsmittel; die Kammer wäre gehalten, die Zweifel an ihrer eigenen Entscheidung, die sie soeben trifft, selbst zu bewerten. Deshalb kann hier die Erfolgsaussicht, wenn überhaupt, nur in Ausnahmefällen eine Rolle spielen.[31] 20

Das Gericht darf bei seiner Entscheidung nur diejenigen Tatsachen heranziehen, die vom Beklagten **glaubhaft gemacht** worden sind oder 21

---

23 LAG Düsseldorf 28.2.1992, 12 Sa 112/92, LAGE § 62 ArbGG 1979 Nr. 18.
24 BGH 28.9.1955, III ZR 171/55, BGHZ 18, 219.
25 *Musielak/Lackmann* § 707 Rn. 9.
26 *Gift/Baur* Rn. E 1692 m.w.N.
27 BAG 22.6.1972, 3 AZR 263/72, BAGE 24, 331; im Ergebnis auch BGH 6.7.1979, I ZR 55/79, MDR 1979, 996.
28 GMPM-G/*Germelmann* § 62 Rn. 28.
29 Dafür HWK/*Ziemann* § 62 Rn. 9; *Schwab/Weth/Walker* § 62 Rn. 11; ErfK/*Koch* § 62 Rn. 4; diff. GMPM-G/*Germelmann* § 62 Rn. 20.
30 Hiervon zu unterscheiden sind die beiden anderen in § 62 genannten Konstellationen: die nachträgliche Einstellung der Zwangsvollstreckung bei einem Angriff auf die Rechtskraft des Titels (geregelt in Abs. 1 S. 3, hierzu unten Rn. 59 ff.) und bei einem Angriff auf die Vollstreckbarkeit des Titels (geregelt in Abs. 2 S. 1, hierzu unten Rn. 60 ff.). Gerichtsentscheidungen, die zu diesen Konstellationen ergangen sind, werden häufig für die in Abs. 1 S. 2 genannte Entscheidung herangezogen.
31 Zu denken wäre möglicherweise an eine noch nicht entschiedene, völlig neu beurteilte Rechtsfrage oder an eine bewusste, begründete Abweichung von der höherinstanzlichen Rechtsprechung.

die sich ansonsten aus dem Akteninhalt ergeben. Für die Glaubhaftmachung gilt § 294 ZPO; der Kläger kann die Glaubhaftmachung durch entgegengesetzten Vortrag und entsprechende Glaubhaftmachung seinerseits entkräften. Die weit verbreitete Praxis der **Bezugnahme** auf den Schriftsatz des Bevollmächtigten ist dabei **nicht hinreichend**.[32]

22 Die **Entscheidung** des Gerichts erfolgt im Tenor des Urteils, und zwar sowohl die stattgebende als auch die abweisende Entscheidung.[33] Möglich ist auch der **Ausschluss bestimmter Vollstreckungsmaßnahmen**, wenn die Voraussetzungen des Abs. 1 S. 2 nur bei ihnen vorliegen.[34] Die Entscheidung des Gerichts ist im schriftlichen Urteil **zu begründen**. Eine versehentliche Übergehung des Antrags kann durch eine Urteilsergänzung nach § 321 ZPO korrigiert werden.[35]

II. Klausel

23 Neben einem vollstreckbaren Titel ist die Erteilung einer **Vollstreckungsklausel** Voraussetzung für die Zwangsvollstreckung (§ 724 ZPO). Sie wird in der in § 725 ZPO festgelegten Form auf eine einzelne Ausfertigung des Titels durch das Gericht (Urkundsbeamten) angebracht; das gilt nunmehr regelmäßig auch für **Widerrufsvergleiche**, § 795b ZPO.[36] Dadurch soll die mehrfache Vollstreckung des gleichen Anspruchs verhindert werden.

24 Die Vollstreckungsklausel ist **nicht erforderlich** bei Titeln im Eilverfahren (Arrest, einstweilige Verfügung[37]) sowie bei einem Vollstreckungsbescheid gegen die im Titel selbst genannten Personen (§§ 929 Abs. 1, 936, 796 Abs. 1 ZPO).

---

32 BGH 13.1.1988, IVa ZB 13/87, NJW 1988, 2045.
33 Weil es sich um einen förmlichen Antrag handelt.
34 BAG 24.9.1958, 2 AZR 395/58, AP ZPO § 719 Nr. 2; *Hauck/Helml* § 62 Rn. 7.
35 Vgl. hierzu § 61 Rn. 12.
36 Neu geregelt durch das 2. JuModG v. 30.12.2006 BGBl. I S. 3416, in Kraft seit 1.1.2007. Zur vorherigen Rechtslage (Zuständigkeit des Rechtspflegers) vgl. BAG 5.11.2003, 10 AZB 38/03, EzA § 726 ZPO 2002 Nr. 1, unter Berufung auf § 726 Abs. 1 ZPO. Aber **Achtung**: nach dem Gesetzeswortlaut gilt das nach der neuen Rechtslage nur, wenn die »Wirksamkeit ausschließlich vom Eintritt einer sich aus der Verfahrensakte ergebenden Tatsache abhängig ist« (§ 795b ZPO), d.h. wenn der **Widerruf** des Vergleichs nach seinem Wortlaut **nur gegenüber dem Gericht** erklärt werden konnte. Ist im Vergleich hierüber keine ausdrückliche Regelung getroffen worden, kommt auch ein Widerruf gegenüber der Gegenpartei in Betracht, BGH 30.9.2005, V ZR 275/04, NJW 2005, 3576. Die Klausel bei einem solchen Vergleich dürfte nach wie vor vom Rechtspfleger zu erteilen sein; evtl. kann auch eine entsprechende Erklärung vom Widerrufsgegner eingeholt werden.
37 Vgl. dazu unten Rn. 86 ff.

Zwangsvollstreckung § 62

III. Zustellung

Die Zwangsvollstreckung darf ferner nur stattfinden, wenn der **Titel** 25 dem Schuldner **zugestellt** worden ist (§§ 750, 795 ZPO). Ausnahmen hiervon gelten nur für den Vollzug von Arrest (§ 929 Abs. 3 ZPO) und einstweiliger Verfügung (§ 936 ZPO) sowie bei der Vorpfändung (§ 845 Abs. 1 ZPO).[38]

Gegenstand der Zustellung ist der Titel; eine **einmalige Zustellung ge-** 26 **nügt** für alle folgenden Vollstreckungsmaßnahmen. Dabei muss es sich nicht um das vollständige Urteil mit Tatbestand und Entscheidungsgründen handeln; insoweit kann auch eine einfache Titelausfertigung, etwa gem. § 60 Abs. 4 S. 3 genügen. Die Zustellung erfolgt bei **Urteilen von Amts wegen** (§ 50 Abs. 1). **Vergleiche** müssen durch die **Parteien** selbst zugestellt werden.[39]

Nur in **Ausnahmefällen** muss die vollstreckbare Ausfertigung selbst 27 oder weitere Urkunden zugestellt werden, z.b. bei der Vollstreckung einer Zug-um-Zug-Leistung, wenn der Gerichtsvollzieher die Vorleistung des Gläubigers nicht selbst anbietet (§ 756 Abs. 1 ZPO).[40]

C. Durchführung der Zwangsvollstreckung

I. Allgemeine Regeln

1. Antrag

Ohne Antrag des Gläubigers findet keine Zwangsvollstreckung statt. 28

2. Vollstreckungsorgane

An wen sich der Antrag richtet, hängt davon ab, welches der **Vollstre-** 29 **ckungsorgane** für den konkreten Vorgang zuständig ist. Grundsätzlich unterscheidet man zwischen Gerichtsvollzieher, Prozessgericht und Vollstreckungsgericht:[41]

– Der **Gerichtsvollzieher** ist dann zuständig, wenn die Vollstreckung 30 nicht ausdrücklich den Gerichten zugewiesen ist (§ 753 ZPO). In

---

[38] Hier bestehen aber Folgeverpflichtungen für den Gläubiger, bei deren Nichterfüllung die Wirkung der Vollziehung bzw. der Pfändung entfällt (§§ 929 Abs. 3, 936, 845 Abs. 2 ZPO).
[39] Zur Ausführung der Zustellung und ihrer Wirksamkeit vgl. Erl. zu § 50.
[40] Weitere Fälle hierzu bei § 750 Abs. 2 ZPO.
[41] Ferner das Grundbuchamt als Vollstreckungsorgan bei der Eintragung einer die Forderung nur sichernden Zwangshypothek gem. § 867 ZPO.

der Praxis ist er vor allem für die Vollstreckung von Geldforderungen in bewegliche Sachen (vorwiegend Pfändung) und die Herausgabevollstreckung tätig.

31 – Das **Prozessgericht** (Arbeitsgericht) ist zuständig für die Vollstreckung von Handlungen, Duldungen und Unterlassungen (§§ 887 ff. ZPO). Es entscheidet durch den Vorsitzenden allein, wenn, wie in aller Regel, die Entscheidung ohne mündliche Verhandlung ergeht. Findet eine mündliche Verhandlung statt, ist die Kammer in voller Besetzung zuständig.[42]

32 – Das **Vollstreckungsgericht** ist das Amtsgericht (§ 764 ZPO). Es ist zuständig für alle sonstigen den Gerichten zugewiesenen Anordnungen im Rahmen des Vollstreckungsverfahrens, die je nach Zuweisung durch den Richter oder den Rechtspfleger ausgesprochen werden.

3. Allgemeine Prozessvoraussetzungen

33 Wie im sonstigen Zivilverfahren müssen die allgemeinen Prozessvoraussetzungen auch im Rahmen des Vollstreckungsverfahrens vorliegen; sie sind von Amts wegen zu beachten. Insoweit kann auf die Erläuterungen zu § 46 (Rn. 19 ff.) verwiesen werden.

4. Kosten der Zwangsvollstreckung

34 Die Kosten der Zwangsvollstreckung trägt der Schuldner, soweit sie erforderlich waren (§ 788 ZPO). Dazu gehören auch die dem Gläubiger durch die Inanspruchnahme eines Bevollmächtigten entstandenen Kosten;[43] § 12a findet im Vollstreckungsverfahren keine Anwendung.[44] Soweit aber im Rahmen des Zwangsvollstreckungsverfahrens vom Schuldner eine Klage erhoben wird (§§ 732, 767 ZPO), ist die Kostenerstattung ausgeschlossen.[45]

---

42 Die Entscheidung muss dann auch von allen Richtern unterzeichnet werden, da die Sonderregelung des § 60 Abs. 4 nicht für Beschlüsse gilt, GMPM-G/*Germelmann* § 62 Rn. 60 m.w.N.; § 55 Abs. 1 Nr. 6 greift hier nicht ein.
43 Zum vorgerichtlichen Mahnschreiben im Vollstreckungsverfahren LAG Hessen 8.2.1999, 9/6 Ta 152/98, BB 1999, 1879.
44 BAG 16.5.1990, 4 AZR 56/90, EzA § 840 ZPO Nr. 3; vgl. ferner dazu oben Erl. zu §§ 12, 12a Rn. 152.
45 Für § 732 ZPO: LAG Rheinland-Pfalz 8.4.1991, 9 Ta 57/91, LAGE § 12a ArbGG 1979 Nr. 17; für § 767 ZPO: LAG Baden-Württemberg 12.9.1985, 1 Ta 168/85, LAGE § 12a ArbGG 1979 Nr. 3; allg. *Gift/Baur* Rn. E 1749; *Schwab/Weth/Walker* § 62 Rn. 85 ff.

Zwangsvollstreckung § 62

II. Vollstreckung von Geldforderungen

Arbeitsrechtliche **Zahlungsansprüche** (Vergütung, Abfindung, Schadensersatz, Rückzahlung) lassen i.d.R. erkennen, ob sie auf einen Netto- oder Bruttobetrag gerichtet sind.[46] Eine **Nettoforderung** wird in Höhe des bezifferten Betrags vollstreckt. Soweit die Forderung als **Bruttobetrag** ausgewiesen ist (und der Arbeitgeber dem Gerichtsvollzieher gegenüber nicht durch die Vorlage von Quittungen für bereits an den Sozialversicherungsträger oder das Finanzamt abgeführte Zahlungen den Beweis der – teilweisen – Erfüllung erbringen kann), ist der **gesamte Betrag** beizutreiben und an den Arbeitnehmer auszuzahlen, der nunmehr die Abzüge errechnen und abführen muss. **Nicht hinreichend bestimmt** ist dagegen die Verurteilung zu einer bezifferten Bruttosumme abzgl. einer unbezifferten Nettosumme[47] (z.B. »abzgl. bereits gezahlten Krankengeldes«). 35

Da es sich bei Brutto- und Nettoforderungen um keine gleichartigen Forderungen handelt, ist auch – entgegen einer weitverbreiteten Praxis – eine **Aufrechnung** mit einer Nettoforderung gegenüber einer Bruttoforderung **nicht möglich**, dementsprechend auch keine Erfüllung.[48] 36

Geldforderungen werden durch **Pfändung** des beweglichen Vermögens oder von Forderungen und anderen Rechten vollstreckt. Die Vollstreckung in das unbewegliche Vermögen des Schuldners erfolgt durch Eintragung einer Zwangshypothek, Zwangsverwaltung und Zwangsversteigerung. 37

Die Pfändung wird durch die **Inbesitznahme der zu pfändenden Sache** durch den Gerichtsvollzieher vollzogen (§§ 808, 831 ZPO). Die Forderungspfändung erfolgt durch (i.d.R. gemeinsam ergehenden) **Pfändungs- und Überweisungsbeschluss** des Vollstreckungsgerichts. Die daraufhin bei nicht freiwilliger Zahlung des Drittschuldners erfolgende Einziehungsklage (**Drittschuldnerklage**) ist im Arbeitsrecht insofern von besonderer Bedeutung, als der Anspruch des Schuldners auf Arbeitsentgelt möglicher Gegenstand der Pfändung ist und für die auf Zahlung gerichtete Klage an den Gläubiger dann die **Arbeitsgerichte zuständig** sind. 38

---

46 Zu den Voraussetzungen der Zulässigkeit einer Nettoklage vgl. oben § 46 Rn. 31.
47 BAG 15.11.1978, 5 AZR 199/77, EzA § 613a BGB Nr. 21.
48 BAG 13.11.1980, 5 AZR 572/78, n.v.; LAG Sachsen 22.2.2002, 3 Sa 768/01, n.v.; LAG Hamm 18.1.2001, 4 Sa 1197/01, AP § 55 InsO Nr. 3; LAG Schleswig-Holstein 11.1.2001, 4 Sa 379/00, n.v.; LAG Nürnberg 2.3.1999, 6 Sa 1137/96, LAGE § 387 BGB Nr. 2; *Schaub/Koch* ArbRHdb § 87 Rn. 9; GMPM-G/*Germelmann* § 62 Rn. 56, unter Hinweis auf § 322 Abs. 2 ZPO.

III. Exkurs: Lohnpfändung und Drittschuldnerklage

39 Die **Pfändung von Arbeitseinkommen** setzt einen vollstreckbaren Titel gegen den Arbeitnehmer voraus. Das Zahlungsverbot an den Arbeitgeber kann bereits vor Erwirkung eines Pfändungs- und Überweisungsbeschlusses erreicht werden, wenn der Gläubiger durch den Gerichtsvollzieher dem Arbeitgeber und dem Schuldner mitteilt, dass eine Pfändung bevorsteht und über die Forderung nicht mehr verfügt werden darf (sog. **Vorpfändung,** § 845 ZPO). Die Pfändung muss dann innerhalb eines Monats erfolgen.

40 Der **Pfändungs- und Überweisungsbeschluss** hat die gepfändete Forderung genau zu bezeichnen. Dabei wird der Begriff »**Arbeitseinkommen**« von der Rechtsprechung als ausreichend angesehen, um auch Forderungen einzubeziehen, die nicht unmittelbar monatliches Entgelt für geleistete Arbeit darstellen, also z.B. Abfindungen bei Kündigungen[49] oder aufgrund eines Sozialplans.[50] Der unter Anwendung von §§ 850c ff. ZPO letztlich pfändbare Anteil braucht in dem Beschluss nicht beziffert zu werden; er muss dann vom Drittschuldner ermittelt werden.

41 Der Pfändungs- und Überweisungsbeschluss ist dem Arbeitgeber durch den Gerichtsvollzieher **förmlich zuzustellen** und entfaltet sodann die Pfändungswirkung der **Beschlagnahme** (§ 829 Abs. 2 und 3 ZPO). Die darin weiter ausgesprochene **Überweisung** ersetzt die **Einziehungsermächtigung** des Schuldners (§ 836 Abs. 1 ZPO), führt aber nicht zu einem Gläubigerwechsel.[51] Die Hauptforderung wird dabei nur insoweit erfüllt als Beträge tatsächlich eingezogen werden; das Risiko der Erfüllung der gepfändeten Forderung verbleibt damit bei dem Schuldner.[52]

42 Der **Drittschuldner (Arbeitgeber)** hat dem Gläubiger innerhalb von zwei Wochen nach Zustellung des Beschlusses **Auskunft** zu erteilen, ob und inwieweit er die Forderung anerkennt und zur Zahlung bereit

---

49 BAG 12.9.1979, 4 AZR 420/77, EzA § 9 KSchG Nr. 8.
50 BAG 13.11.1991, 4 AZR 20/91, EzA § 850 ZPO Nr. 4; einer besonderen Erwähnung bedarf allerdings die Pfändung des vom Arbeitgeber vorzunehmenden Lohnsteuerjahresausgleichs nach § 42b EStG, LAG Hamm 12.2.1988, 16 Sa 1834/87, NZA 1989, 528; ebenso wenig erfasst sind davon die Ansprüche des Arbeitnehmers auf Gehaltsumwandlung, BAG 17.2.1998, 3 AZR 611/97, EzA § 850 Nr. 5.
51 BAG 20.8.1998, 9 AZR 964/94, EzA § 767 ZPO Nr. 2.
52 Für den Normalfall der Überweisung zur Einziehung, der immer dann angenommen wird, wenn der Antrag ohne spezifische Angaben dazu ergeht, BLAH/*Hartmann* § 835 Rn. 5; *Zöller/Stöber* § 835 Rn. 2, vgl. dort auch Rn. 8 f. zur Ausnahme der Überweisung an Zahlungs statt.

ist, ob und ggf. welche andere Personen Ansprüche auf die Forderung geltend machen und ob die Forderung schon anderweitig gepfändet ist (§ 840 Abs. 1 ZPO). Detaillierte Angaben werden dabei von der Rechtsprechung nicht verlangt.[53]

Kommt der Arbeitgeber der Auskunftsverpflichtung nicht nach (**keine, unvollständige oder fehlerhafte Auskunft**), haftet er dem Gläubiger für den diesem daraus entstehenden **Schaden** (§ 840 Abs. 2 S. 2 ZPO). Der Schaden besteht im Regelfall aus den **Prozessführungskosten** des Gläubigers bei gerichtlicher Geltendmachung einer Forderung, von der sich nach dann erteilter Auskunft herausstellt, dass sie nicht besteht. Insoweit steht § 12a einem Erstattungsanspruch bzgl. der Rechtsanwaltskosten nicht entgegen.[54] Die Klage ist dann auf Zahlung umzustellen. 43

Die beim Arbeitgeber entstandenen Kosten der Pfändung können nicht auf den Schuldner abgewälzt werden. Hierfür fehlt es an einer Anspruchsgrundlage. Eine solche kann auch nicht durch eine (freiwillige) Betriebsvereinbarung begründet werden.[55] Ob eine einzelvertragliche Übernahme der Kostenpflicht rechtlich zulässig ist, ist umstritten.[56] 43a

Die gerichtliche Geltendmachung der zur Einziehung überwiesenen Forderung (sog. **Drittschuldnerklage**) unterliegt den allgemeinen Regeln. Die **Zulässigkeit des Rechtswegs** zu den Arbeitsgerichten ergibt sich für **Lohnforderungen** aus § 2 Abs. 1 Nr. 3a. Für eine evtl. Klage auf Auskunftserteilung[57] sind aber die ordentlichen Gerichte zuständig.[58] Auch für die örtliche Zuständigkeit gibt es keine Besonderheiten. Der Gläubiger ist verpflichtet, dem Schuldner (Arbeitnehmer) den **Streit zu verkünden** (§ 841 ZPO). 44

---

53 Z.B. keine Angaben zu Lohnhöhe, Abzugsbeträgen, Unterhaltspflichten, vgl. LAG Düsseldorf 14.2.1995, 16 Sa 1996/94, LAGE § 840 ZPO Nr. 2; auch kann eine Lohnabrechnung im Rahmen der Auskunftsverpflichtung nicht verlangt und der Anspruch des Arbeitnehmers auf Erteilung nicht gepfändet werden, LAG Hessen 24.1.2002, 5 Sa 1213/01, n.v.
54 BAG 16.5.1990, 4 AZR 56/90, EzA § 840 ZPO Nr. 3.
55 BAG 18.7.2006, 1 AZR 578/05, EzA § 75 BetrVG 2001 Nr. 4.
56 Für möglich hält das *Preis* Arbeitsvertrag 2. Aufl., Teil II A 10 Rn. 45 ff.; schon 1981 *v. Hoyningen-Huene* Anm. zu AP KSchG 1969 § 1 Verhaltensbedingte Kündigung Nr. 4; zweifelnd *Tschöpe/Schmalenberg* AnwHdb 5. Aufl., Rn. 2 A 670; *Bengelsdorf* Pfändung und Abtretung von Lohn 2. Aufl., Rn. 656; abl. *Boewer* Handbuch Lohnpfändung Rn. 250 ff.
57 Nach überwiegender Meinung besteht ein solcher Anspruch im Hinblick auf § 840 Abs. 2 S. 2 ZPO nicht, BGH 17.4.1984, IX ZR 153/83, NJW 1984, 1901; *Zöller/Stöber* § 840 Rn. 15; a.A. LAG Baden-Württemberg 24.8.1993, 10 Sa 39/93, JurBüro 1994, 135; vgl. auch *Staab* NZA 1993, 339, 341 ff.: für einen Auskunftsanspruch, der dann in einer Stufenklage geltend gemacht werden kann.
58 BAG 31.10.1984, 4 AZR 535/82, EzA § 940 ZPO Nr. 1.

45 Der Kläger der Einziehungsklage muss zur **schlüssigen Begründung** den Titel und die darauf bezogene Vollstreckungsmaßnahme darlegen, sodann die Daten des Erlasses und der Zustellung des Pfändungs- und Überweisungsbeschlusses, die Art der Tätigkeit des Schuldners, die Höhe der Entgeltansprüche brutto und netto sowie der pfändbaren Einkommensanteile und die den nunmehr geltend gemachten Beträgen zuzuordnenden Zeiträume. Soweit er über diese Informationen nicht verfügt, wird **in der Praxis** mit auf Schätzungen beruhenden Annahmen häufig »ins Blaue« vorgetragen.[59] Soweit der Drittschuldner die Angaben (substantiiert, § 138 ZPO) bestreitet, muss der Gläubiger die relevanten Tatsachen beweisen.[60]

46 Für das weitere Verfahren gelten **keine Besonderheiten**. Dem Arbeitgeber stehen alle Einreden und Einwände zu, die er auch gegen einen klagenden Arbeitnehmer vorbringen könnte. Den zugrunde liegenden Vollstreckungstitel dagegen kann er nicht angreifen.[61]

IV. Vollstreckung der Herausgabe

47 Die Verpflichtung zur **Herausgabe von bestimmten beweglichen Sachen** (z.B. Arbeitsmaterialien, Dienstfahrzeug) wird nach einer eigenen Vorschrift vollstreckt (§ 893 ZPO) und nicht nach den allgemeinen Regeln über die Vollstreckung zur Vornahme einer Handlung gem. §§ 887, 888 ZPO. Sie wird erzwungen durch die **Wegnahme** des im Titel bezeichneten Gegenstandes **durch den Gerichtsvollzieher**.

48 Bei der Vollstreckung aus dem Bereich der **Arbeitspapiere** ist zwischen der **Ausfüllung** und der **Herausgabe** zu unterscheiden. Die Ausfüllung ist vertretbare oder unvertretbare Handlung,[62] die Herausgabe wird nach § 883 ZPO durch Wegnahme durch den Gerichtsvollzieher

---

59 Die rechtlich bestehende Möglichkeit der Geltendmachung einer umfassenden Auskunftspflicht des Schuldners (§ 836 Abs. 3 ZPO) wird aus praktischen Gründen (Zeitverlust, problematisch besonders im Zusammenhang mit Ausschlussfristen) nur selten in Anspruch genommen Zuständig hierfür sind die ordentlichen Gerichte. Nach dem BGH ist auf Antrag bereits im Pfändungs- und Überweisungsbeschluss dem Arbeitgeber aufzugeben, Lohnabrechnungen an den Gläubiger auszuhändigen (BGH 28.6.2006, VII ZB 142/05, NJW-RR 2006, 1576), und zwar auch für die letzten drei Monate vor Erlass des Beschlusses (BGH 20.12.2006, VII ZB 58/06, NZA-RR 2007, 142).
60 Im Hinblick auf die größere Sachnähe weist die Rechtsprechung in dieser Konstellation dem Drittschuldner beim Bestreiten eine intensive Substantiierungslast zu, vgl. nur instr. BGH 1.12.1982, VIII ZR 279/81, NJW 1983, 687.
61 BAG 7.12.1988, 4 AZR 471/88, EzA § 829 ZPO Nr. 2.
62 Vgl. dazu unten Rn. 51 f., 59.

vollstreckt.⁶³ So überaus unpraktisch dies ist, lässt doch die ZPO keine andere Handhabe zu. Hier ist schon bei der Antragstellung Präzision erforderlich; ggf. hat ein richterlicher Hinweis nach § 139 ZPO zu erfolgen.

V. Vollstreckung von Handeln, Dulden, Unterlassen

Eine **Handlungsverpflichtung**, die nicht unbedingt vom Schuldner persönlich, sondern auch von einem Dritten erfüllt werden kann (**vertretbare Handlung**), wird dadurch vollstreckt, dass der Gläubiger ermächtigt wird, auf Kosten des Schuldners die Handlung vornehmen zu lassen (sog. **Ersatzvornahme**, § 887 Abs. 1 ZPO); der Gläubiger kann zugleich den Schuldner zur Zahlung der voraussichtlichen Kosten verurteilen lassen (§ 887 Abs. 2 ZPO). Kann die Verpflichtung **nur vom Schuldner selbst** vorgenommen werden (**unvertretbare Handlung**), ist er durch **Zwangsmaßnahmen** (Zwangsgeld, ersatzweise Zwangshaft) dazu anzuhalten (§ 888 Abs. 1 ZPO). **Unterlassungen** und **Duldungen** werden durch Androhung und ggf. Verhängung eines **Ordnungsgeldes**, ersatzweise Ordnungshaft, für jeden Fall der Zuwiderhandlung durch den Schuldner erzwungen (§ 890 ZPO). Die Vollstreckung nach §§ 887, 888 ZPO ist aber ausgeschlossen, soweit der Schuldner für den Fall der nicht fristgerechten Erfüllung der Verpflichtung im arbeitsgerichtlichen Urteil zur Zahlung eines Schadensersatzes verurteilt worden ist (§ 61 Abs. 2).⁶⁴ 49

Für die gerichtlichen Entscheidungen ist insoweit **abweichend** vom sonstigen Verfahren das **Prozessgericht** erster Instanz, also das **Arbeitsgericht** zuständig. Es entscheidet auf Antrag des Gläubigers **nach vorheriger Anhörung** des Schuldners ohne mündliche Verhandlung durch Beschluss des **Vorsitzenden** allein (§ 891 ZPO); bei (zulässiger) ausnahmsweiser Durchführung der mündlichen Verhandlung ergeht der Beschluss durch die **Kammer** (§§ 53, 55).⁶⁵ 50

Einzelfälle aus dem Arbeitsrecht: 51

- **Abrechnung**: Wenn die für die Abrechnung maßgeblichen persönlichen Daten des Arbeitnehmers bekannt sind (Steuerklasse, Kinderzahl), kann die Lohnabrechnung von jedem dafür geeigneten Lohn-

---

63 Die Erzwingung der Ausfüllung setzt dabei den Besitz der Arbeitspapiere voraus; dieser ist ggf. gem. § 883 ZPO zuvor zu vollstrecken, LAG Berlin 7.1.1998, 9 Ta 1/98, LAGE § 888 ZPO Nr. 40; Hess. LAG 13.8.2002, 16 Ta 321/02, LAGE § 888 ZPO 2002 Nr. 1.
64 Vgl. dazu oben die Erl. bei § 61 Rn. 36.
65 Vgl. dazu oben die Erl. bei § 55 Rn. 10.

bzw. Steuerbüro im Wege der Ersatzvornahme nach § 887 ZPO vorgenommen werden. Nur soweit besondere Kenntnisse erforderlich sind, kommt eine Zwangsvollstreckung nach § 888 ZPO in Betracht.[66]

52 – **Arbeitspapiere**: Die **Ausfüllung** von Arbeitspapieren[67] ist i.d.R. eine unvertretbare Handlung, da die Arbeitspapiere im Rechtsverkehr nur dann Beweiskraft entfalten, wenn sie vom Arbeitgeber ausgefüllt wurden.[68] Dies gilt nicht für die bloße Erteilung von Abrechnungen, die von Dritten vorgenommen werden können.

53 – **Arbeitsleistung**: Bei der Verpflichtung zur Arbeitsleistung differenziert die überwiegende Ansicht danach, ob es sich um einfache Arbeitsleistungen handelt – dann soll eine Ersatzvornahme zulässig sein – oder um höherwertige Dienste handelt, die nur vom Schuldner persönlich zu erbringen ist.[69] Angesichts des Gebots der Klarheit und Transparenz des Vollstreckungsverfahrens und vor dem Hintergrund von § 613 BGB und § 888 Abs. 3 ZPO, die jeweils nicht nach dem Grad der Komplexität der Tätigkeit differenzieren,[70] ist die Verpflichtung zur Arbeitsleistung nicht zu vollstrecken (§ 888 Abs. 3 ZPO).[71]

54 – **Beschäftigungsanspruch**: Die Zuweisung eines Arbeitsplatzes und die Beauftragung mit Arbeiten setzt eine Entscheidung des Arbeitgebers voraus, die **nur von diesem selbst** oder einem von ihm selbst Beauftragten ergehen und umgesetzt werden kann.[72] Die Vollstreckung richtet sich also nach § 888 ZPO und wird durch die Verhängung eines **einheitlichen Zwangsgeldes** vollzogen.[73] Der Wegfall des Be-

---

66 *Schwab/Weth/Walker* § 62 Rn. 68 und HWK/*Ziemann* § 62 Rn. 35, soweit nach dieser Auffassung auch bei Unvollständigkeit der Unterlagen gem. § 888 ZPO vollstreckt werden soll, ist dies unzutreffend, vgl. Rn. 48; wohl a.A. (in jedem Falle Vollstreckung nach § 888 ZPO) LAG Frankfurt 15.1.1993, 9 Ta 470/92, LAGE § 888 ZPO Nr. 29.
67 Zur Herausgabe von Arbeitspapieren vgl. oben Rn. 47 f.
68 *Schwab/Weth/Walker* § 62 Rn. 73 m.w.N.
69 *Gift/Baur* Rn. E 1761; GMPM-G/*Germelmann* § 62 Rn. 62 »Arbeitsleistung«; *Schwab/Weth/Walker* § 62 Rn. 66; HWK/*Ziemann* § 62 Rn. 36.
70 Deshalb ist die Darstellung, § 888 Abs. 3 ZPO verbiete die Vollstreckung einer Verurteilung zur Leistung von **unvertretbaren** Diensten aus einem Dienstvertrag (so *Zöller/Stöber* § 888 Rn. 18), mit dem Wortlaut der Vorschrift nicht vereinbar.
71 Ebenso MHdbArbR/*Blomeyer* § 50 Rn. 2; jetzt auch *Korinth* Teil I Rn. 3; diff. MüKo-BGB/*Müller-Glöge* § 611 Rn. 1033 f.
72 LAG Frankfurt 13.7.1987, 1 Ta 151/87, LAGE § 888 ZPO Nr. 12.
73 Nicht durch ein Zwangsgeld für jeden Tag der Nichtbeschäftigung, LAG München 11.9.1993, 2 Ta 214/93, LAGE § 888 ZPO Nr. 34; LAG Frankfurt/M. 11.3.1988, 9 Ta 20/88, LAGE § 888 ZPO Nr. 16; LAG Hamm 22.1.1986, 1 Ta 399/85, LAGE § 888 ZPO Nr. 4; LAG Köln 21.10. 1996, 10 Ta 218/96, LAGE § 888 ZPO Nr. 39; GMPM-G/*Germelmann* § 62 Rn. 62 »Weiterbeschäftigungs-

schäftigungsanspruchs durch eine **erneute** (nicht offensichtlich unwirksame) **Kündigung**[74] ist vom Arbeitgeber nicht im Rahmen des Zwangsgeldfestsetzungsverfahrens, sondern mit einer Vollstreckungsgegenklage geltend zu machen.[75]

– **Einstellung**: Die Einstellung als Realakt ist wie der Beschäftigungsanspruch zu vollstrecken. Die Abgabe der Willenserklärung (etwa auf Vertragsschluss) erfolgt gem. § 894 ZPO. 55

– **Teilzeit**: Sowohl die Zustimmung zur Vertragsänderung als auch die Verteilung der Arbeitszeit gem. § 8 Abs. 4 S. 1 TzBfG ist eine Willenserklärung und wird nach § 894 ZPO vollstreckt.[76] 56

– **Urlaubserteilung**: Willenserklärung des Arbeitgebers, die in der Bezeichnung desjenigen Zeitraums liegt, in dem der Arbeitnehmer von der Verpflichtung zur Arbeitsleistung freigestellt ist; die Vollstreckung richtet sich deshalb nach § 894 ZPO.[77] 57

– **Wettbewerbsverbot**: ist auf ein Unterlassen ausgerichtet, Vollstreckung daher gem. § 890 ZPO.[78] 58

– **Zeugnis**: Soweit es um die Erteilung eines Zeugnisses geht, ist dies eine **unvertretbare Handlung** und wird nach § 888 ZPO vollstreckt.[79] Dabei hat sich das Vollstreckungsorgan lediglich darum zu kümmern, dass das Zeugnis den allgemeinen Anforderungen an Form und Inhalt entspricht; eine **inhaltliche Kontrolle** der Richtigkeit **scheidet** im Vollstreckungsverfahren **aus** und muss ggf. in einem neuen Rechtsstreit angestrebt werden; anders, wenn dem Arbeitgeber bestimmte Formulierungen im Titel vorgeschrieben sind. 59

---

anspruch«; a.A. LAG Hamburg 7.7.1988, H 4 Ta 21/88, LAGE § 888 ZPO Nr. 17.
74 Vgl. dazu BAG 19.12.1985, 2 AZR 190/85, EzA § 611 BGB Beschäftigungspflicht Nr. 17; LAG Berlin 14.7.1993, 8 Sa 79/93, LAGE § 62 ArbGG 1979 Nr. 20.
75 Streitig, wie hier LAG München 11.9.1993, 2 Ta 214/93, LAGE § 888 ZPO Nr. 34; GK-ArbGG/*Vossen* § 62 Rn. 24; GMPM-G/*Germelmann* § 62 Rn. 22; a.A. LAG Berlin 14.7.1993, 8 Sa 79/93, LAGE § 62 ArbGG 1979 Nr. 20; (wohl auch) *Schwab/Weth/Walker* § 62 Rn. 25.
76 BAG 12.9.2006, 9 AZR 686/05, EzA § 8 TzBfG Nr. 15; 19.8.2003, 9 AZR 542/02, EzA § 8 TzBfG Nr. 4.
77 BAG 12.10.1961, 5 AZR 294/60, BAGE 11, 312; *Leinemann/Linck* UrlR, 2. Aufl. 2001, § 7 Rn. 94; GK-ArbGG/*Vossen* § 62 Rn. 47; a.A. ErfK/*Dörner* § 7 BUrlG Rn. 29; zu den daraus erwachsenden Problemen im Bereich des einstweiligen Rechtsschutzes bei der Urlaubserteilung vgl. unten Rn. 113 ff.
78 *Schwab/Weth/Walker* § 62 Rn. 75.
79 BAG 29.1.1986, 4 AZR 479/84, BAGE 51, 104.

E. Rechtsbehelfe im Zwangsvollstreckungsverfahren

60 Das System der Rechtsbehelfe im Zwangsvollstreckungsverfahren gibt den Beteiligten die Möglichkeit, **Maßnahmen und Entscheidungen der Vollstreckungsorgane** überprüfen zu lassen. Dabei richtet sich die Statthaftigkeit des konkreten Rechtsbehelfs nach der angefochtenen Maßnahme bzw. Entscheidung und dem dafür verantwortlichen Vollstreckungsorgan.

I. Einstweilige Einstellung der Zwangsvollstreckung

61 Gegen die **Vollstreckbarkeit** des Titels[80] richtet sich der **Antrag** des Schuldners, die Zwangsvollstreckung aus dem Titel **einstweilen**, d.h. auflösend bedingt **einzustellen**. Er setzt voraus, dass eine weitere Entscheidung noch zu treffen ist, die die Vollstreckbarkeit endgültig beseitigen kann.

1. Antrag bei fehlender oder angegriffener Rechtskraft des Titels

62 Dies kann zunächst Konstellationen betreffen, in denen das Urteil **nicht rechtskräftig** ist oder in denen die eingetretene **Rechtskraft nachträglich** wieder **beseitigt** werden soll (z.B. im Wege der Wiedereinsetzung in den vorigen Stand oder durch eine Nichtigkeits- oder Restitutionsklage oder – nach der Neuregelung in § 78a – durch eine Anhörungsrüge). Diese Fälle sind in §§ 707 Abs. 1, 719 Abs. 1 ZPO geregelt und erfahren vor den Arbeitsgerichten durch Abs. 1 S. 3 eine Spezifizierung.

63 Ausgeschlossen ist ein entsprechender Antrag auf einstweilige Einstellung deshalb bei Entscheidungen, gegen die ein Rechtsmittel nicht zulässig ist,[81] es sei denn, dass der rechtskraftdurchbrechende Antrag (Wiedereinsetzung, Nichtigkeits- bzw. Restitutionsklage oder Gehörsrüge) **bereits gestellt** worden ist. Gleichermaßen muss auch gegen noch anfechtbare Entscheidungen das Rechtsmittel **bereits eingelegt** worden sein.[82]

64 In den danach geeigneten Konstellationen ordnet Abs. 1 S. 3 als **arbeitsgerichtliche Besonderheit** ausdrücklich an, dass eine Einstellung der Zwangsvollstreckung nur unter der Voraussetzung erfolgen darf, dass der Beklagte (Schuldner) **glaubhaft** gemacht hat, dass ihm durch die Vollstreckung ein **nicht zu ersetzender Nachteil** entstehen würde.

---

80 Vgl. dazu oben Rn. 4 ff.
81 Als Prinzip in § 713 ZPO formuliert.
82 GMPM-G/*Germelmann* § 62 Rn. 42; GK-ArbGG/*Vossen* § 62 Rn. 30.

Insoweit gelten die Ausführungen zu dem Ausschluss der vorläufigen Vollstreckbarkeit im Urteil selbst entsprechend (oben Rn. 15 ff.).

An dieser Stelle sind in gewissem Sinne auch die **Erfolgsaussichten** der Angriffe des Schuldners auf den Titel (Berufung, Wiedereinsetzungsantrag etc.) bei der Abwägung einzubeziehen. Zwar ist der Begriff des nicht zu ersetzenden Nachteils unabhängig von Erfolg oder Misserfolg eines Rechtsmittels. Bei einem Rechtsmittel, das **mit hoher Wahrscheinlichkeit ohne Erfolg** bleibt, kommt aber eine Einstellung der Zwangsvollstreckung schon deshalb nicht in Betracht, weil auch bei einer Vollstreckung **kein nicht zu ersetzender Nachteil** eintreten würde.[83]

65

Die **Einstellung gegen Leistung einer Sicherheit** ist hier nach der ausdrücklichen (Neu-) Regelung in Abs. 1 S. 4 **nicht möglich**;[84] die frühere Kontroverse ist damit beendet.

66

2. Antrag bei Angriff auf die Vollstreckbarkeit

Möglich ist aber auch, dass bei **Fortbestand des Titels** eine gesonderte Entscheidung über die Vollstreckbarkeit aussteht. Dies liegt etwa bei einer **Vollstreckungsgegenklage** (z.B. nach Erfüllung der titulierten Forderung)[85] oder Angriffen gegen die Erteilung der Vollstreckungsklausel (z.B. **Erinnerung** wegen fehlender Bestimmtheit des Titels, § 732 ZPO)[86] vor. In diesen Fällen kann der Schuldner auch einen Antrag auf **einstweilige Einstellung der Zwangsvollstreckung** stellen.[87]

67

---

83 So auch GMPM-G/*Germelmann* § 62 Rn. 20 ff. m.w.N.; *Hauck/Helml* § 62 Rn. 6. In der »entgegengesetzten Richtung« (einstweilige Einstellung bei überwiegender Wahrscheinlichkeit für einen Rechtsmittelerfolg) ist eine entsprechende Wertung wegen Abs. 1 S. 1 aber nicht möglich, a.A. LAG Düsseldorf 31.3.1982, 7 Ta 69/82, EzA § 62 ArbGG 1979 Nr. 6; *Gift/Baur* Rn. E 1072: bei nicht ordnungsgemäßer Ladung zum Termin, in dem das Versäumnisurteil ergangen ist, sogar ohne jegliche Glaubhaftmachung; vgl. auch LAG Brandenburg 23.8.1995, 2 Ta 137/95, NZA-RR 1996, 107.

84 So bereits zur früheren Rechtslage die Vorauflage, § 62 Rn. 66; ferner LAG Frankfurt/M. 27.11.1985, 13 Ta 344/85, LAGE § 62 ArbGG 19779 Nr. 12; GMPM-G/*Germelmann* § 62 Rn. 46; ErfK/*Koch* § 62 Rn. 5; GK-ArbGG/*Vossen* § 62 Rn. 36; *Schwab/Weth/Walker* § 62 Rn. 24 f.; a.A. noch zur Rechtslage vor 1.4.2008: LAG Düsseldorf 28.2.1992, 12 Sa 111/92, LAGE § 62 ArbGG 1979 Nr. 18; *Beckers* NZA 1997, 251, 253; *Müller-Glöge* RdA 1999, 80, 89.

85 Dazu unten Rn. 83 ff.

86 Dazu unten Rn. 73 ff.

87 Bei einer einstweiligen Anordnung nach § 732 Abs. 2 ZPO kann das Gericht auch von Amts wegen handeln, *Zöller/Stöber* § 732 Rn. 17; *Gift/Baur* Rn. E 1728.

§ 62 Zwangsvollstreckung

68 Anders als in den oben unter 1. genannten Fällen greift hier **nicht** Abs. 1 S. 3 ein, sondern es gilt Abs. 2 S. 1. Hier ist also eine einstweilige **Einstellung der Zwangsvollstreckung** auch **gegen Sicherheitsleistung** möglich.[88]

3. Entscheidung

69 **Zuständig** ist für die Entscheidung über Anträge gem. §§ 707, 719 ZPO das **Gericht, das über die Rechtsbehelfe zu entscheiden** hat. Dies ist das Arbeitsgericht insbesondere bei Einspruch gegen einen Vollstreckungsbescheid oder ein erstinstanzliches Versäumnisurteil. Die zu begründende **Entscheidung** über die einstweilige Einstellung der Zwangsvollstreckung ergeht **nach Anhörung** des Gläubigers durch Beschluss des **Vorsitzenden** allein (§ 55 Abs. 1 Nr. 6), – wenn wie in der Praxis ganz üblich – dazu keine mündliche Verhandlung stattfindet, was im Ermessen des Vorsitzenden liegt (§ 55 Abs. 2). Nach Einlegung der Berufung ist das Landesarbeitsgericht zuständig.[89] In den Fällen gem. §§ 732, 766, 767, 771 ZPO erfolgt die Einstellung durch **einstweilige Anordnung** des Prozessgerichts (§ 769 ZPO); in dringenden Fällen ist danach auch eine Entscheidung des Vollstreckungsgerichts möglich (§ 769 Abs. 2 S. 1 ZPO).

70 Gegen die Entscheidung des Prozessgerichts ist ein **Rechtsmittel nicht gegeben**.[90] Für solche nach Abs. 1 S. 3 folgt dies seit dem 1.4.2008 unmittelbar aus der klarstellenden Neuregelung in Abs. 1 S. 5,[91] schon früher jedoch auch aus **§ 707 Abs. 2 ZPO**, der auch bei den anderen Konstellationen (§§ 769, 732 ZPO) Anwendung findet.[92] Die in der Vergangenheit weitgehend angenommene Möglichkeit einer »außerordentlichen Be-

---

88 Hess. LAG 10.9.1997, 16 Ta 371/97, MDR 1998, 925; *Schwab/Weth/Walker* § 62 Rn. 32; GMPM-G/*Germelmann* § 62 Rn. 50; *Gift/Baur* Rn. E 1729 und E 1735; a.A. LAG Bremen 24.6.1996, 2 Ta 28/96, LAGE § 62 ArbGG 1979 Nr. 22; LAG Köln 12.2.2002, 4 Sa 480/02, LAGE § 62 ArbGG 1979 Nr. 28.
89 Vgl. dazu Hess. LAG 31.7.2003, 16 Ta 295/03, LAGE § 62 ArbGG 1979 Nr. 30; LAG Bremen 26.5.1998, 4 Ta 30/98, LAGE § 62 ArbGG 1979 Nr. 26.
90 Eine Eilentscheidung des Vollstreckungsgerichts ist dann mit der Erinnerung angreifbar, wenn der Rechtspfleger entschieden hat, *Musielak/Lackmann* § 769 Rn. 6.
91 SGG-ArbGG-ÄndG vom 26.3.2008 BGBl. I S. 444.
92 Z.B. für § 769 ZPO: LAG Düsseldorf 23.2.2006, 16 Ta 82/06; OLG Koblenz 1.12.1997, 5 W 750/97, NJW-RR 1998, 1450; *Thomas/Putzo* § 732 Rn. 11 und § 769 Rn. 18; *Zöller/Herget* § 769 Rn. 13; *Musielak/Lackmann* § 769 Rn. 6; das gilt auch im arbeitsgerichtlichen Verfahren, *Schwab/Weth/Walker* § 62 Rn. 80; GK-ArbGG/*Vossen* § 62 Rn. 37, wohl auch GMPM-G/*Germelmann* § 62 Rn. 48; a.A. *Hauck/Helml* § 62 Rn. 12.

schwerde«[93] wegen »greifbarer Gesetzwidrigkeit«[94] besteht seit der ZPO-Novelle 2002 **nicht mehr;**[95] viele der früheren Anwendungsfälle sind mit der Möglichkeit der Rüge der Verletzung rechtlichen Gehörs gem. § 78a darüber hinaus jetzt gesetzlich erfasst. Dagegen kann das Gericht seine Entscheidung **jederzeit** überprüfen und durch Beschluss abändern.[96]

4. Schadensersatzpflicht

Vollstreckt der Kläger aus dem nach Abs. 1 S. 1 **vorläufig vollstreckbarem Urteil**[97] und wird dieses später aufgehoben oder abgeändert, ist der Kläger dem Beklagten ohne Rücksicht auf sein Verschulden zum **Ersatz** desjenigen **Schadens** verpflichtet, der sich aus der durchgeführten Vollstreckung ergibt (§ 717 Abs. 2 ZPO). Aus dem Rechtsgedanken des § 254 BGB und § 97 Abs. 2 ZPO ergibt sich aber, dass ein **haftungsausschließendes Mitverschulden** des Beklagten vorliegt, wenn das vollstreckte Urteil nur deshalb ergangen ist, weil er eine Einwendung oder ein entscheidendes Vorbringen nicht bereits in dieser, sondern erst in der nächsten Instanz vorgebracht hat.[98] 71

Der Anspruch kann im laufenden Prozess – unabhängig von der Instanz[99] – oder in einem neuen Verfahren, ggf. auch im Wege der Aufrechnung geltend gemacht werden. 72

---

93 Vgl. z.B. bei Ermessensfehlgebrauch: KG 11.12.1981, 24 W 5152/81, JurBüro 1982, 308; OLG Karlsruhe 27.6.1973, 2 W 54/73, OLGZ 1973, 486, 487; OLG Koblenz 9.10.1980, 8 W 377/80, OLGZ 1981, 243; OLG Köln 29.2.1988, 2 W 180/87, NJW-RR 1988, 1467; OLG München 10.5.1990, 4 WF 91/90, FamRZ 1990, 1267; dagegen schon früher LAG Thüringen 29.12.1997, 9 Ta 135/97, LAGE § 62 ArbGG 1979 Nr. 24; Hess. LAG 4.3.2002, 16 Ta 58/02, LAGE § 62 ArbGG 1979 Nr. 27; vgl. dazu jetzt auch BAG 8.8.2005, 5 AZB 31/05, NJW 2005, 3231.
94 Die allerdings den Makel aufwies, ihrerseits, und zwar unwiderleglich, »greifbar gesetzwidrig« zu sein, so auch schon *Chlosta* NJW 1993, 2160.
95 BGH 7.3.2002, IX ZB 11/02, NJW 2002, 1577: nur noch Gegenvorstellung möglich; BAG 8.8.2005, 5 AZB 31/05, EzA § 78a ArbGG 1979 Nr. 1; *Schwab/Weth/Walker* § 62 Rn. 30; GK-ArbGG/*Vossen* § 62 Rn. 37a; diff. auch zur neuen Rechtslage Hess. LAG 31.7.2003, 16 Ta 58/02, LAGE § 62 ArbGG 1979 Nr. 27.
96 OLG Koblenz 2.12.1997, 5 W 750/97, NJW-RR 1998, 1450, 1451; *Musielak/Lackmann* § 707 Rn. 14; *Schwab/Weth/Walker* § 62 Rn. 31.
97 Das gilt auch für Beschlüsse, nicht aber für Vergleiche, *Schaub* ArbGVerf, § 70 Rn. 11.
98 *Zöller/Herget* § 717 Rn. 3.
99 *Musielak/Lackmann* § 717 Rn. 14.

II. Rechtsbehelfe betr. die Vollstreckungsklausel

73 Das System der Rechtsbehelfe im Verfahren über die Erteilung der Vollstreckungsklausel ist kompliziert und vielgestaltig.

1. Rechtsbehelfe des Gläubigers

74 Das Interesse des Gläubigers geht darauf, die Vollstreckungsklausel erteilt zu bekommen. Wird sie ihm verweigert, kann er zur Verfolgung seines Zweckes verschiedene Rechtsbehelfe einlegen:

75 Verweigert ihm der (nach § 724 ZPO prinzipiell zuständige) **Urkundsbeamte der Geschäftsstelle** die Klausel, kann er hiergegen **sofortige Erinnerung** einlegen (§ 573 Abs. 1 ZPO). Dann entscheidet das **Arbeitsgericht** als Prozessgericht; gegen dessen Entscheidung ist die **sofortige Beschwerde** statthaft (§ 573 Abs. 2 ZPO).

76 Erteilt der (ausnahmsweise zuständige[100]) **Rechtspfleger** die Klausel nicht, kann der Gläubiger dagegen **sofortige Beschwerde** einlegen (§ 567 ZPO). Bei Nichtabhilfe hat der Rechtspfleger die Sache dem Beschwerdegericht vorzulegen (§ 11 Abs. 1 RPflG).

77 Wenn der Gläubiger einen an sich erforderlichen Urkundsbeweis[101] nicht erbringen kann, hat er die Möglichkeit, eine **Klage auf Erteilung der Vollstreckungsklausel** (§ 731 ZPO) zu erheben. Diese unterliegt den allgemeinen Vorschriften.

2. Rechtsbehelfe des Schuldners

78 Ist die Vollstreckungsklausel erteilt worden, obwohl die gesetzlichen Voraussetzungen nicht vorlagen, kann der Schuldner hiergegen **Erinnerung** einlegen (§ 732 ZPO). Beispiele: fehlende Vollstreckbarkeit des Titels wegen Unbestimmtheit, Erteilung gegen nicht beteiligten Schuldner oder zu Gunsten eines nicht beteiligten Gläubigers, Verletzung von Verfahrensregeln.

79 Zuständig ist das Gericht, das die Vollstreckungsklausel erteilt hat, i.d.R. also das **Arbeitsgericht** oder das Landesarbeitsgericht (§ 724 Abs. 2). Bis zur Entscheidung kann das Gericht durch einstweilige Anordnung die Zwangsvollstreckung **einstweilen einstellen**. Da der Ausschluss der Sicherheitsleistung (§ 62 Abs. 1 S. 3) nur auf die Maßnahme

---

100 Z.B. § 20 Nr. 12, § 13 RPflG.
101 Z.B. bei Titelumschreibung gem. § 727 ZPO, etwa nach einem Betriebsübergang gem. § 613a BGB, BAG 15.12.1976, 5 AZR 600/75, AP Nr. 1 zu § 325 ZPO.

nach §§ 707 und 719 ZPO bezogen ist, ist die Anordnung nach § 732 Abs. 2 ZPO **auch gegen Sicherheitsleistung** möglich.

Die **Entscheidung** ergeht nach Anhörung des Gläubigers durch Beschluss, i.d.R. ohne mündliche Verhandlung durch den Vorsitzenden allein (§ 53 Abs. 1), im Falle der einstweiligen Einstellung jetzt nach streitiger Verhandlung durch die Kammer.[102] Maßgeblich ist die Rechtslage zum Zeitpunkt der Entscheidung des Gerichts.[103] Gegen die Entscheidung ist die **sofortige Beschwerde** statthaft (§ 567 Abs. 1 Nr. 2 ZPO). 80

Erhebt der Schuldner **sachliche Einwendungen** gegen die Erteilung der Vollstreckungsklausel, z.B. gegen den Inhalt der für eine Titelumschreibung vorgelegten Urkunden, muss er diese in einer **Klage gegen die Vollstreckungsklausel** (§ 768 ZPO) geltend machen, die insofern (negativ) der Klage des Gläubigers gem. § 731 ZPO entspricht. 81

III. Erinnerung gemäß § 766 ZPO

Wird eine Partei des Vollstreckungsverfahrens (Gläubiger oder Schuldner) durch eine **Vollstreckungsmaßnahme**[104] in ihren Rechten beeinträchtigt, kann sie hiergegen Erinnerung beim Vollstreckungsgericht (Amtsgericht) einlegen. Dies kommt für den Gläubiger insbesondere bei der Weigerung des Gerichtsvollziehers in Betracht, bestimmte Vollstreckungshandlungen vorzunehmen. Eine Erinnerung des Schuldners wird in der Praxis häufig bei einem Verstoß gegen ein Pfändungsverbot, etwa nach § 811 ZPO, eingelegt. Zuständig ist das **Vollstreckungsgericht**; gegen die Entscheidung ist die **sofortige Beschwerde** (§ 793 ZPO) möglich. 82

IV. Vollstreckungsgegenklage gemäß § 767 ZPO

Einwendungen des Schuldners, die **nicht den Titel** als solchen, sondern lediglich die **Vollstreckbarkeit** des titulierten Anspruchs betreffen, sind im Wege der **Vollstreckungsgegenklage** geltend zu machen. Der **Antrag** lautet dahin, die Zwangsvollstreckung aus dem Titel für unzulässig zu erklären. 83

---

102 Die Alleinentscheidungsbefugnis des Vorsitzenden nach § 55 Abs. 1 Nr. 6 besteht nach der Neuregelung seit dem 1.4.2008 nur noch außerhalb der streitigen Verhandlung, vgl. dazu ausf. oben die Erl. zu § 55 Rn. 1a ff.
103 KG 6.8.1986, 1 W 3825/84, NJW-RR 1987, 3.
104 Nicht: Klauselerteilung (dann § 732 ZPO) oder Entscheidung (dann § 793 ZPO).

84 Die Vollstreckungsgegenklage kann nur auf **Einwände** gestützt werden, die **nach der letzten mündlichen Verhandlung** entstanden sind (§ 767 Abs. 2 ZPO) und deshalb nicht mehr in der gerichtlichen Entscheidung berücksichtigt werden konnten. Da **Prozessvergleichen** keine Rechtskraft zukommt, sind hiergegen auch Einwände zulässig, die vor dem Vergleichsabschluss entstanden sind.[105] Die materiell-rechtliche Unwirksamkeit eines gerichtlichen Vergleichs ist aber in der **Fortsetzung des Ausgangsverfahrens** geltend zu machen.[106]

85 Wichtigster Fall ist in der Praxis der **Einwand der Erfüllung** der titulierten Forderung, auch wenn die Leistung mit befreiender Wirkung an Dritte erfolgt ist.[107] Auch die nachträglich eingetretene **Unmöglichkeit** der titulierten Verpflichtung[108] ist im Wege der Vollstreckungsgegenklage geltend zu machen.

86 Zuständig ist das **Arbeitsgericht** (Prozessgericht des ersten Rechtszugs). Für die Vollstreckungsgegenklage gelten ansonsten die allgemeinen Vorschriften.

V. Drittwiderspruchsklage gemäß § 771 ZPO

87 Macht ein Dritter an einem Gegenstand der Zwangsvollstreckung ein eigenes Recht geltend, das der Veräußerung entgegensteht (z.B. Eigentum an einer gepfändeten Sache, Inhaberschaft einer gepfändeten Forderung), muss er dieses im Wege der **Drittwiderspruchsklage** (§ 771 ZPO) beim **ordentlichen Gericht** geltend machen, auch wenn der Titel selbst beim Arbeitsgericht erwirkt wurde.[109] Hierfür gelten die allgemeinen Vorschriften.

---

105 BAG 13.11.1991, 4 AZR 39/91, Rn.K I 11c Nr. 8; 12.9.1979, 4 AZR 420/77, EzA § 9 KSchG Nr. 8; BGH 14.5.1987, BLw 5/86, DB 1987, 2200.
106 BAG 15.5.1997, 2 AZR 43/96, EzA § 123 BGB Nr. 48; *Zöller/Stöber* § 794 Rn. 15a m.w.N.
107 Z.B. Sozialversicherungsträger, Finanzamt, vgl. LAG Köln 20.2.2003, 6 Sa 886/02, n.v.
108 Z.B. der Wegfall der Beschäftigungsmöglichkeit bei der Verurteilung zur Weiterbeschäftigung des Arbeitnehmers, LAG Köln 21.10.1996, 10 Ta 218/96, LAGE § 888 ZPO Nr. 39; der nachträgliche Eintritt der Masseunzulänglichkeit, BAG 9.6.1998, 9 AZR 451/96, KTS 1999, 247. Sehr streitig ist, ob, unter welchen Umständen und ggf. in welchem Umfang die Unmöglichkeit der Leistung auch im Vollstreckungsverfahren nach § 888 ZPO zu berücksichtigen ist, zum Streitstand vgl. *Musielak/Lackmann* § 888 Rn. 8 f.; *Zöller/Stöber* § 888 Rn. 11.
109 LAG Berlin 7.3.1989, 9 Ta 5/89, MDR 1989, 572.

VI. Beschwerde gemäß § 793 ZPO

Gegen alle Entscheidungen,[110] die im Zwangsvollstreckungsverfahren **ohne mündliche Verhandlung** ergehen können (z.B. des Prozessgerichts gem. §§ 887, 888, 890 ZPO), ist die **sofortige Beschwerde** gegeben. Hiervon sind kraft ausdrücklicher gesetzlicher Regelung die Entscheidungen über die einstweilige Einstellung der Zwangsvollstreckung gem. § 707 Abs. 2 ZPO, diejenigen nach § 769 ZPO in analoger Anwendung **ausgenommen**.[111] **Zuständig** für die sofortige Beschwerde ist das **Landesarbeitsgericht**, dessen Entscheidung nicht anfechtbar ist. Das gilt auch, wenn das LAG erstmals entscheidet und nicht ausnahmsweise die Rechtsbeschwerde (§ 574 Abs. 1 Nr. 2 ZPO) zugelassen hat.

88

E. Einstweiliger Rechtsschutz im Arbeitsgerichtsverfahren

I. Allgemeines

In der Regel vergeht bis zum Erlangen eines Titels und der Zwangsvollstreckung eine längere Zeit. Besteht die Gefahr, dass in diesem Zeitraum die Vollstreckung aus dem angestrebten Titel verunmöglicht wird, steht dem Anspruchsteller ein **gerichtliches Eilverfahren** zur Verfügung. Dieses ist in der Sache kein Zwangsvollstreckungsverfahren, sondern ein **(summarisches) Erkenntnisverfahren**; gleichwohl ist es in der ZPO im 8. Buch (Zwangsvollstreckung) geregelt. Das ArbGG orientiert sich an dieser unsystematischen Einordnung.

89

Die Sicherung von Geldforderungen (nicht die – vorläufige – Erfüllung) erfolgt durch **Arrest**, sonstige Forderungen werden durch eine **einstweilige Verfügung** gesichert bzw. geregelt. Für beide Verfahren gelten die Vorschriften der ZPO mit einer geringfügigen Abweichung auch im Arbeitsgerichtsverfahren (Abs. 2). Dabei ist der Arrest in der ZPO ausführlich geregelt (§§ 916–934 ZPO), die Vorschriften über die einstweilige Verfügung (§§ 935–945 ZPO) nehmen hierauf weitgehend Bezug. Der Arrest spielt vor den Arbeitsgerichten nur eine untergeordnete Rolle.[112]

90

Befürchtet der Schuldner den Erlass einer Eilentscheidung und will er der Gefahr vorbeugen, dass die Anhörung erfolgt, kann er seine Argumente in einer **Schutzschrift** darlegen, die bei Gericht hinterlegt wird.

91

---

110 Nicht: Maßnahmen, insoweit gilt § 766 ZPO.
111 Vgl. oben Rn. 70 und die dazu angeführten Belege.
112 GK-ArbGG/*Vossen* § 62 Rn. 57.

Das Gericht hat dann vor Erlass der Eilentscheidung die Ausführungen des Antragsgegners zu berücksichtigen.[113]

II. Arrest

92 Voraussetzung für die Anordnung eines Arrestes ist das Bestehen eines **Arrestanspruchs**, der auf eine Geldforderung gerichtet ist oder auf eine Forderung, die in eine Geldforderung übergehen kann. Das Bestehen der Forderung ist im Verfahren glaubhaft zu machen.[114]

93 Weitere Voraussetzung ist das Vorliegen eines **Arrestgrundes**. Ein solcher liegt vor, wenn ohne die Verhängung des Arrestes die Vollstreckung eines Urteils vereitelt oder wesentlich erschwert werden würde. Dies ist beispielsweise dann der Fall, wenn das Urteil im Ausland vollstreckt werden müsste. Nicht ausreichend ist dagegen die bloße Verschlechterung der Vermögenslage oder die Verschleppung des Prozesses in der Hauptsache.[115] Die Gewichtigkeit des Arrestanspruchs (z.B. bei einer unbestrittenen Forderung) hat keinen Einfluss auf die Annahme eines Arrestgrundes.

94 In Ausnahmefällen kann auch ein sog. **persönlicher Arrest** ausgesprochen werden, wenn der dingliche Arrest sich als nicht ausreichend erweist. Die Vollziehung erfolgt durch Haft wie im Verfahren über die eidesstattliche Offenbarungsversicherung oder durch sonstige besondere freiheitsbeschränkende Anordnungen des Arbeitsgerichts (§ 933 S. 1 ZPO).

III. Einstweilige Verfügung

95 Die einstweilige Verfügung sichert die **Vollstreckung** eines möglichen Titels, der **nicht auf eine Geldleistung gerichtet** ist. Die früher strenge Unterscheidung zwischen der Sicherungsverfügung (§ 935 ZPO) und der Regelungsverfügung (§ 940 ZPO) hat in der Praxis an Bedeutung verloren.[116] Maßgeblich ist, dass eine **einstweilige Maßnahme** ergriffen werden muss, um den noch zu erstreitenden Titel des Antragstellers nicht von vorneherein wertlos werden zu lassen; die konkrete Anordnung des Gerichts erfolgt ohne strenge Bindung an die Antragsformulierung (§ 938 Abs. 1 ZPO). Sie darf die **Befriedigung** des Antragstellers im Grundsatz **nicht vorwegnehmen**. Hiervon sind lediglich in ganz be-

---

113 *Schwab/Weth/Walker* § 62 Rn. 110 m.w.N.; krit. GMPM-G/*Germelmann* § 62 Rn. 93.
114 Zur Glaubhaftmachung vgl. oben Rn. 21.
115 GMPM-G/*Germelmann* § 62 Rn. 74.
116 Vgl. dazu *Schwab/Weth/Walker* § 62 Rn. 93.

sonderen Konstellationen **Ausnahmen** zu machen. Auch diese ergeben sich aus dem **Sicherungszweck** der einstweiligen Verfügung: nur wenn mit keiner anderen als einer den Antragsteller (vorläufig) befriedigenden Maßnahme sein im Hauptsacheverfahren zu erstreitender Anspruch **gesichert** werden kann, etwa weil er ansonsten endgültig unterginge, darf die einstweilige Verfügung das Verbot der Vorwegnahme der Hauptsache – soweit erforderlich – außer Acht lassen.[117] In der Arbeitsgerichtsbarkeit stellt die »Befriedigungsverfügung« einen relativ großen Anteil der Eilverfahren dar.

1. Verfügungsanspruch

Wie beim Arrest setzt auch hier eine Entscheidung zugunsten des Antragstellers das Bestehen eines **Anspruchs** voraus. Dieser ist i.d.R. auf ein **Handeln, Dulden** oder **Unterlassen** gerichtet. Ein Feststellungsanspruch kann so gut wie nie Gegenstand einer einstweiligen Verfügung sein, ebenso wenig ein Anspruch auf Abgabe einer Willenserklärung.[118] Beide Ansprüche werden nicht mit der Zwangsvollstreckung durchgesetzt, sondern entfalten ihre endgültige Wirkung mit Rechtskraft. »Vorläufige Rechtskraft« aber ist ein Widerspruch in sich.

96

In der Rechtsprechung ist in **Einzelfällen** eine einstweilige Verfügung in diesen Konstellationen erlassen worden, weil ansonsten ein endgültiger Rechtsverlust gedroht hätte; sie sind also in der Wirkung Befriedigungsverfügungen gleichgesetzt und nach dieser Auffassung unter den gleichen Umständen zulässig.[119]

97

2. Verfügungsgrund

Neben dem Verfügungsanspruch bedarf es in jedem Falle des **Verfügungsgrundes**, der die Notwendigkeit einer Eilentscheidung gesondert begründet. Er liegt nicht vor, wenn vor der Hauptsacheentscheidung keine **endgültige Rechtsbeeinträchtigung** des Antragstellers **droht**. Das Bestehen eines Anspruchs allein, mag er noch so eindeutig und unbestritten sein, besagt noch nichts über die Berechtigung eines Eilantrags; die Rechtsordnung mutet **generell** dem Inhaber eines Anspruchs zu, das ordentliche Verfahren einzuhalten und die zwangsweise Erfüllung eines bestehenden Anspruchs erst nach einer Entscheidung in der Hauptsache herbeiführen zu können. Dadurch entstehende

98

---

117 Vgl. die Beispielsfälle unten Rn. 99 ff.
118 Vgl. hierzu *Musielak/Huber* § 940 Rn. 26.
119 Z.B. LAG Berlin 31.8.2000, 10 Sa 1728/00, NZA 2001, 53 für den Bestand des Arbeitsverhältnisses eines Lizenzfußballers; allg. GK-ArbGG/*Vossen* § 62 Rn. 61a.

Nachteile werden nach materiell-rechtlichen Regelungen substituiert (z.B. Verzugsvorschriften). Erst soweit **darüber hinausgehende** und dadurch gerade **nicht ersetzbare Nachteile** drohen, kann ein Verfügungsgrund bestehen. Die Eilbedürftigkeit darf ferner nicht durch den Antragsteller **selbst herbeigeführt** worden sein, etwa durch zögerliches Verhalten oder fehlende Antragstellung im Hauptsacheverfahren.[120]

3. Beispiele

99 – **Arbeitskampf:**[121] Im Arbeitskampf spielen insbesondere **Unterlassungsverfügungen** eine große Rolle. Der Antragsteller hat dabei die Rechtswidrigkeit der zu untersagenden Kampfmaßnahme darzulegen und glaubhaft zu machen. Da die Entscheidung häufig unter großem Zeitdruck erfolgt und einen bedeutsamen Einfluss auf die Arbeitskampfparität haben kann und dabei i.d.R. die Hauptsache jedenfalls für einen bestimmten Zeitraum vorwegnimmt, ist hier **besondere Zurückhaltung** geboten.[122] Deshalb kann nach nahezu übereinstimmender Rechtsprechung ein **Streik** nur dann im Wege der einstweiligen Verfügung untersagt werden, wenn er **eindeutig rechtswidrig** ist und dies glaubhaft gemacht wird.[123] Ein von der Gewerkschaft ausgerufener Streik soll dabei die Vermutung der Rechtmäßigkeit für sich haben.[124]

100 – **Arbeitspapiere:** Die **Herausgabe** von Arbeitspapieren (Lohnsteuerkarte u.a.) kann vom Arbeitnehmer im Eilverfahren geltend gemacht werden. Die Praxis stellt an die Darlegung eines Verfügungsgrundes hier **keine großen Anforderungen**, weil hinsichtlich der Arbeitspapiere ein Zurückbehaltungsrecht des Arbeitgebers nicht besteht. Der Arbeitnehmer muss **glaubhaft machen**, dass er die Papiere **dringend benötigt**, etwa für ein neues Arbeitsverhältnis oder für einen Antrag auf Arbeitslosengeld.

---

120 LAG Frankfurt 29.9.1995, 15 SaGa 1558/95, ARSt 1996, 100; LAG Frankfurt 22.10.1998, 15 Ta 577/98, NZA-RR 1999, 606.
121 Zu weiteren Fallgruppen des einstweiligen Rechtsschutzes in Beschlussverfahren vgl. ausf. *Korinth* Teil K Rn. 1 ff.
122 GMPM-G/*Germelmann* § 62 Rn. 114
123 Vgl. nur LAG Chemnitz 2.11.2007, 7 SaGa 19/07, LAGE Art. 9 GG Arbeitskampf Nr. 80 mit zahlr. Nachw.; keine Eindeutigkeit verlangt insoweit GMPM-G/*Germelmann* § 62 Rn. 113; *Schwab/Weth/Walker* § 62 Rn. 142. Zum Streit über einen Notdienst vgl. LAG Berlin-Brandenburg 24.10.2007, 7 SaGa 2044/07, LAGE Art. 9 GG Arbeitskampf Nr. 79.
124 *Korinth* Teil J Rn. 12; nach der gefestigten Rspr des BAG ist auch die Aussperrung durch die Arbeitgeber grundsätzlich ein legitimes Kampfmittel im Arbeitskampf, BAG 26.4.1988, 1 AZR 399/86, EzA Art. 9 GG Arbeitskampf Nr. 74.

§ 62

– **Beschäftigung:** Eine auf Beschäftigung des Arbeitnehmers gerichtete einstweilige Verfügung nimmt für die Dauer ihres Vollzuges die Hauptsache vorweg. Sie ist deshalb nur unter besonderen Ausnahmebedingungen zulässig. Dabei ist hinsichtlich der einzelnen Konstellationen zu unterscheiden:

101

Im **ungekündigten Arbeitsverhältnis** ergibt sich der **Verfügungsanspruch** aus einer Abwägung zwischen den Interessen des Arbeitgebers an der Nichtbeschäftigung und den (in dieser Konstellation i.d.R. überwiegenden) Interessen des Arbeitnehmers an einer Beschäftigung.[125] Dieser Anspruch ist – wenn er besteht – nach der Rechtsordnung im **Hauptsacheverfahren** durchsetzbar; ein Präjudiz für das Bestehen eines Verfügungsgrundes ergibt sich daraus nicht unmittelbar.[126] Für den Erlass einer einstweiligen Verfügung ist der zusätzlich erforderliche **Verfügungsgrund** nur dann gegeben, wenn die Beschäftigung über die bloße Anspruchserfüllung hinaus eine **besondere Dringlichkeit für den Arbeitnehmer** darstellt. Dies kann bei der Inanspruchnahme der Arbeit eines Schauspielers, bei zeitbegrenzten Projekten oder bei der Notwendigkeit des Erhalts der erworbenen Qualifikation und Fertigkeiten (z.B. Chirurg) der Fall sein.[127] In der **Rechtsprechung der Landesarbeitsgerichte** wird, vor allem im Hinblick auf die fehlende Nachholbarkeit der Beschäftigung und die notwendige Effektivität des vorläufigen Rechtsschutzes, häufig aus dem Verfügungsanspruch auf ein Bestehen eines Verfügungsgrundes geschlossen, so dass nach dieser Auffassung eine einstweilige Verfügung regelmäßig dann ergehen kann, wenn nach einer – notwendig vorläufigen – Einschätzung der Sach- und Rechtslage keine ernsthaften Zweifel an dem behaupteten Anspruch des Arbeitnehmers bestehen.[128]

102

---

125 Dazu grundlegend BAG 27.2.1985, GS 1/84, EzA § 611 BGB Beschäftigungspflicht Nr. 9.
126 Streitig, wie hier LAG Köln 6.8.1996, 11 Ta 151/96, LAGE § 611 BGB Beschäftigungspflicht Nr. 40; *Schäfer* Der einstweilige Rechtsschutz im ArbVerh, Rn. 74; GK-ArbGG/*Vossen* § 62 Rn. 69a; GMPM-G/*Germelmann* § 62 Rn. 108; *Reinhard/Kliemt* NZA 2005, 545, 547; vgl. auch LAG Hamm 18.2.1998, 3 Sa 297/98, LAGE § 611 BGB Beschäftigungspflicht Nr. 41; a.A. LAG München 19.8.1992, 5 Ta 185/92, LAGE § 611 BGB Beschäftigungspflicht Nr. 32; *Schwab/Weth/Walker* § 62 Rn. 122, *Korinth* Teil I Rn. 94; ArbGG/*Krönig* § 62 Rn. 43 und HWK/*Ziemann* § 62 Rn. 85, jeweils mit dem Hinweis auf die bereits beim Anspruch vorgenommene Interessenabwägung zugunsten des Arbeitnehmers.
127 Vgl. z.B. LAG Köln 25.3.2001, 6 Ta 46/01, LAGE § 611 BGB Beschäftigungspflicht Nr. 44.
128 Vgl. z.B. LAG München 18.9.2002, 5 Sa 619/02, LAGE § 611 BGB Beschäftigungspflicht Nr. 45; LAG Hamm 8.11.2004, 8 Sa 1798/04, n.v.; Hess. LAG

§ 62 Zwangsvollstreckung

103 Nach Ausspruch einer **(ordentlichen) Kündigung** ändert sich daran während der Kündigungsfrist grundsätzlich nichts. Auch während des Kündigungsschutzprozesses ist eine einstweilige Verfügung vor dem erstinstanzlichen Urteil im Wesentlichen **nur unter den gleichen Bedingungen** möglich: Geht man allgemein von einer Indizierung des Verfügungsanspruchs für das Vorliegen eines Verfügungsgrundes aus,[129] wird eine einstweilige Verfügung häufig zu bejahen sein. Nach der anderen Auffassung schlägt auch hier die mutmaßliche Existenz eines Verfügungsanspruchs nicht auf das Vorliegen eines Verfügungsgrundes durch. Die Rechtsprechung billigt dieser Phase dem Arbeitgeber u.U. ein berechtigtes Interesse an der Nichtbeschäftigung zu, z.B. bei Vertrauensstellungen.

104 **Nach Ablauf der Kündigungsfrist** und noch nicht (erstinstanzlich) entschiedenem Kündigungsschutzprozess ist eine einstweilige Verfügung auf Weiterbeschäftigung darüber hinaus **nur dann denkbar**, wenn die Kündigung **ganz offensichtlich unbegründet** ist, deren Unwirksamkeit frist- und formgerecht geltend gemacht und ein Weiterbeschäftigungsantrag zumindest als (unechter) Hilfsantrag gestellt wurde und dann ein unabweisbares Bedürfnis für die Weiterbeschäftigung schon für die Zeit bis zum erstinstanzlichen Urteil besteht.

105 Nach dem **(obsiegenden) erstinstanzlichen Urteil** kann der Arbeitnehmer, wenn er den Weiterbeschäftigungsantrag gestellt hat, die (ganz »normale«) Zwangsvollstreckung dieses Titels betreiben. Hat der den Antrag nicht gestellt, hat er die Eilbedürftigkeit **selbst verursacht**, so dass ein Verfügungsgrund nicht besteht.[130]

106 – Der **Weiterbeschäftigungsanspruch nach § 102 Abs. 5 BetrVG** kann im Wege der einstweiligen Verfügung geltend gemacht werden, wobei der Verfügungsgrund durch die ausdrückliche **gesetzliche Wertung** in § 102 Abs. 5 BetrVG im Zusammenhang mit dem drohenden Zeitablauf indiziert ist und nur in Ausnahmefällen entfallen kann.[131]

107 Will der Arbeitgeber sich von der Verpflichtung zur Weiterbeschäftigung nach **§ 102 Abs. 5 BetrVG entbinden** lassen, muss er dazu eine

---

10.7.2002, 8 SaGa 781/02, n.v.; LAG Thüringen 10.4.2001, 5 Sa 403/00, LAGE Art. 2 GG Persönlichkeitsrecht Nr. 2; LAG Sachsen 8.3.1996, 3 Sa 77/96, NZA-RR 1997, 4.

129 Vgl. dazu oben Rn. 102.
130 LAG Köln 18.8.2000, 12 Ta 189/00, LAGE § 935 ZPO Nr. 14.
131 LAG Hamburg 25.1.1994, 2 Sa 50/92, LAGE § 102 BetrVG 1972 Beschäftigungspflicht Nr. 21; LAG Köln 2.8.1994, 5 Ta 133/84, NZA 1984, 300; GK-ArbGG/*Vossen* § 62 Rn. 72 m.w.N.; a.A. LAG Baden-Württemberg 30.8.1993, 15 Sa 35/93, LAGE § 102 BetrVG 1972 Beschäftigungspflicht Nr. 20.

einstweilige Verfügung erwirken. Auch hier **indiziert** ein Verfügungsanspruch (§ 102 Abs. 2 Nr. 1 bis 3 BetrVG) das Vorliegen eines Verfügungsgrundes.[132]

- Eine **einstweilige Verfügung auf Arbeitsleistung** gegen den Arbeitnehmer ist nicht möglich, da es sich dabei um eine nicht vollstreckbare Leistung handelt (§ 888 Abs. 3 ZPO).[133] Aber auch, wenn man von einer vertretbaren Handlung ausgeht, ergibt sich daraus bereits die fehlende Dringlichkeit, da die Handlung dann eben gerade nicht von diesem Arbeitnehmer erbracht werden muss.[134] 108

- **Entgelt:** Eine einstweilige Verfügung auf Zahlung von Arbeitsentgelt nimmt die Hauptsache vorweg und führt zu einer (ggf. teilweisen) Befriedigung des Arbeitnehmers. An ihren Erlass sind deshalb hohe Anforderungen zu stellen: 109

Der **Verfügungsanspruch** setzt die Glaubhaftmachung des Bestandes des Arbeitsverhältnisses und ggf. der Annahmeverzugsvoraussetzungen (z.B. § 615 BGB) voraus. Ist das Arbeitsverhältnis gekündigt und liegt der fragliche Zeitraum nach Ablauf der Kündigungsfrist, ist die Unwirksamkeit der Kündigung und die rechtzeitige Erhebung der Kündigungsschutzklage glaubhaft zu machen.[135] 110

Ein **Verfügungsgrund** ist nur gegeben, wenn der Arbeitnehmer zur Bestreitung seines Lebensunterhaltes **dringend auf die Zahlungen angewiesen** ist. Das setzt voraus, dass **keine anderen Einkommensquellen** und keine Vermögenswerte vorhanden sind, die vorrangig genutzt werden können. Auf Arbeitslosenunterstützung und Sozialhilfe kann der Arbeitnehmer nicht verwiesen werden, da diese subsidiär sind.[136] Der Verfügungsgrund wird i.d.R. nicht die volle Entgelthöhe rechtfertigen, sondern allenfalls einen Betrag in **Höhe der Pfändungsfreigrenzen**.[137] 111

---

132 LAG München 13.7.1994, 5 Sa 408/94, LAGE § 102 BetrVG 1972 Beschäftigungspflicht Nr. 17; GK-ArbGG/*Vossen* § 62 Rn. 73 m.w.N.
133 Vgl. dazu oben Rn. 53; wie hier jetzt auch *Korinth* Teil I Rn. 3.
134 Ebenso LAG Hamburg 18.7.2002, 3 Ta 18/02, LAGE § 940 ZPO 2002 Nr. 2; GMPM-G/*Germelmann* § 62 Rn. 107; GK-ArbGG/*Vossen* § 62 Rn. 73; *Schwab/Weth/Walker* § 62 Rn. 117.
135 LAG Köln 26.6.2002, 8 Ta 221/02, LAGE § 935 ZPO 2002 Nr. 1.
136 *Schwab/Weth/Walker* § 62 Rn. 116; HWK/*Ziemann* § 62 ArbGG Rn. 79; GMPM-G/*Germelmann* § 62 Rn. 104; a.A. für Arbeitslosenunterstützung mit beachtl. Argumenten GK-ArbGG/*Vossen* § 62 Rn. 67; ArbGG/*Krönig* § 62 Rn. 42; im Erg. auch LAG Köln 26.6.2002, 6 Ta 221/02, LAGE § 935 ZPO 2002 Nr. 1.
137 So auch GMPM-G/*Germelmann* § 62 Rn. 104; ArbGG/*Krönig* § 62 Rn. 42; *Schwab/Weth/Walker* § 62 Rn. 116; *Keßler* AuA 1996, 419, 420; *Vossen* RdA 1991, 216, 221.

§ 62 Zwangsvollstreckung

112 – **Teilzeit:** Hier bestehen schon deshalb Probleme, weil die **Reduzierung der Arbeitszeit** nach § 8 Abs. 1 TzBfG auf einer **Willenserklärung** des Arbeitgebers beruht,[138] die nach § 894 ZPO vollstreckt wird.[139] Selbst bei einer Antragstellung auf teilweise Freistellung von der Arbeit oder auf Teilzeitbeschäftigung dürfte ein **Verfügungsgrund** angesichts der Wertung des Gesetzgebers, die in § 8 Abs. 3 und 5 TzBfG zum Ausdruck kommt, **nur selten** gegeben sein. Möglich erscheint dies bei der Glaubhaftmachung **ganz überwiegender Interessen des Arbeitnehmers**, die auch unter Berücksichtigung der teilweisen Vorwegnahme der Hauptsache eine vorläufige Regelung in diesem Sinne **unabweisbar** machen, z.B. bei der Notwendigkeit der Betreuung oder Pflege von im Haushalt lebenden Personen.[140] Eine **Selbstwiderlegung** hinsichtlich der Eilbedürftigkeit ist nach den zum Weiterbeschäftigungsanspruch geltenden Grundsätzen anzunehmen;[141] der Arbeitnehmer kann im Hauptsacheverfahren (gerichtet auf die Abgabe der Willenserklärung zur Arbeitsvertragsänderung) im Wege der subjektiven Klagehäufung (ggf. auch als unechter Hilfsantrag) eine – vorläufige – Beschäftigung zu den geänderten Bedingungen verlangen.

113 – **Urlaub:** In der Praxis werden **häufig** Anträge auf einstweilige Verfügung auf **Gewährung von Urlaub** gestellt. Dies ist grundsätzlich **problematisch**, weil die Urlaubsgewährung durch eine **Willenserklärung des Arbeitgebers** erfolgt, die in der Benennung desjenigen Zeitraums besteht, innerhalb dessen der Arbeitnehmer von der Verpflichtung zur Arbeitsleistung befreit wird.[142] Eine Willenserklärung ist aber generell nicht im Wege der Zwangsvollstreckung durchsetzbar, sondern gilt mit **Rechtskraft der Verurteilung** zur Abgabe als abgegeben (§ 894 ZPO).[143] Ferner ist mit der Gewährung des Urlaubs im Wege der einstweiligen Verfügung die Hauptsache vorweg-

---

138 BAG 8.5.2007, 9 AZR 1112/06, EzA § 8 TzBfG Nr. 18.
139 Vgl. zu den dabei bestehenden Problemen auch unten Rn. 113.
140 Vgl. die Beispiele LAG Hamburg 6.9.2001, 8 Sa 59/01, AfP 2001, 153; LAG Berlin 20.2.2002, 4 Sa 2243/01, NZA 2002, 858; LAG Köln 5.3.2002, 10 Ta 50/02, EzBAT § 15b TzBfG Nr. 2; 23.12.2005, 9 Ta 397/05, LAGE § 8 TzBfG Nr. 16; LAG Rheinland-Pfalz 12.4.2002, 3 Sa 161/02, LAGE § 8 TzBfG Nr. 6; LAG Hamm 6.5.2002, 8 Sa 641/02, NZA-RR 2003, 178; LAG Düsseldorf 4.12.2003, 11 Sa 1507/03, NZA-RR 2004, 181; LAG Schleswig-Holstein 18.12.2003, 4 Sa 96/03; ferner GK-ArbGG/*Vossen* § 62 Rn. 77; *Tiedemann* ArbRB 2006, 284.
141 Vgl. dazu oben Rn 105.
142 ErfK/*Dörner* § 7 BUrlG Rn. 4.
143 Gleichwohl wird in der Praxis häufig die Möglichkeit einer entsprechenden Verfügung bejaht, z.B. LAG Hamburg 15.9.1989, 3 Ta 17/89, LAGE § 7 BUrlG Nr. 26; LAG Berlin 20.5.1985, 9 Sa 38/85, LAGE § 7 BUrlG Nr. 9.

genomment, ohne dass eine Rückabwicklungsmöglichkeit bestünde, so dass hier besonders strenge Anforderungen zu stellen sind.

Gleichwohl ist das **Bedürfnis der Praxis** nach vorläufigen Regelungen hier unabweisbar. Im Grunde handelt es sich dabei aber um die **Ausschließung des Kündigungsrisikos** für den Arbeitnehmer, wenn er seinen Urlaub ohne ausdrückliche Erklärung des Arbeitgebers antritt.[144] Die Berechtigung dieser Sanktion begründet sich mit der Möglichkeit rechtmäßigen Alternativverhaltens, wobei ständig auf den **effektiven Rechtsschutz** durch Eilverfahren hingewiesen wird.[145] Im Vordringen begriffen ist nunmehr eine Ansicht, die **unmittelbar auf dieses Rechtsschutzziel** abstellt und eine Leistungsverfügung bejaht, die etwa auf Freistellung von der Arbeitsleistung ergehen kann.[146] Damit ist dem Rechtsschutzbedürfnis des Arbeitnehmers hinreichend Rechnung getragen, ohne dass (entgegen der ZPO) eine einstweilige Verfügung auf Abgabe einer Willenserklärung erfolgen müsste. 114

Bei der Überprüfung eines **Verfügungsanspruchs** könnte daraus eine Schwierigkeit erwachsen, dass ein dem Arbeitnehmer einmal bewilligter Urlaub nicht zurückgenommen werden kann.[147] Hat der Arbeitgeber nämlich den Urlaub erteilt und erst kurz vor Antritt (etwa unter Berufung auf betriebliche Erfordernisse) den »Urlaub widerrufen« und dem Arbeitnehmer bei Androhung einer Kündigung »untersagt«, den Urlaub anzutreten, hat der Arbeitnehmer deshalb **kein Rechtsschutzinteresse** an der begehrten Verfügung. Ob der Arbeitnehmer die notwendige Sicherheit für diese Auffassung dann aus der Abweisungsbegründung herleiten kann, könnte im Einzelfall problematisch werden. Jedenfalls mangelte es für den Fall, dass die Verfügung im Nachhinein im Widerspruchs-, Rechtsmittel- oder Hauptsacheverfahren nicht bestätigt werden würde, an einem eine 115

---

144 Dagegen hält *Walker* (FS Leinemann S. 641, 644) aus Sicht der Interessenlage des Arbeitnehmers den Aspekt der Bezahlung des Urlaubs für genau so wichtig; insoweit ist aber ein Verfügungsgrund zu verneinen. Zur »Selbstbeurlaubung« als Grund für eine außerordentliche Kündigung vgl. BAG 16.3.2000, 2 AZR 75/99, EzA § 626 n.F. BGB Nr. 179.
145 Vgl. nur BAG 22.1.1998, 2 ABR 19/97, EzA § 626 BGB Ausschlussfrist Nr. 11.
146 So GMPM-G/*Germelmann* § 62 Rn. 101; *Corts* NZA 1998, 357, 358; *Leinemann/Linck* Urlaubsrecht, § 7 Rn. 95; MünchArbR/*Leinemann* § 89 Rn. 135; ArbGG/*Krönig* § 62 Rn. 46; *Reinhard/Kliemt* NZA 2005, 545, 550; unentsch. *Schwab/Weth/Walker* § 62 Rn. 120a; eher ablehnend GK-ArbGG/*Vossen* § 62 Rn. 78; ganz ablehnend ErfK/*Dörner* BUrlG § 7 Rn. 32. .
147 BAG 14.3.2006, 9 AZR 11/05, EzA § 7 BUrlG Nr. 117; 20.6.2000, 9 AZR 405/99, EzA § 1 BUrlG Nr. 23; ErfK/*Dörner* BUrlG § 7 Rn. 43; *Schaub/Linck* ArbRHdb § 102 Rn. 91; a.A. für einen betrieblichen Notfall: LAG Düsseldorf 29.3.1995, 11 Sa 1911/94.

Kündigung begründenden Verschulden des Arbeitnehmers, soweit er nicht unzutreffende Angaben gegenüber dem Gericht gemacht hat.[148]

116 Zum **Verfügungsanspruch** muss der Arbeitnehmer **glaubhaft** machen, welcher Urlaubsanspruch entstanden ist, inwieweit er bereits erfüllt oder noch nicht erfüllt worden ist, und – wenn der Anspruch im Übertragungszeitraum geltend gemacht wird – dass der Anspruch übertragen worden ist (§ 7 Abs. 3 S. 2 BUrlG). Zum **Verfügungsgrund** gehört, dass der Anspruch rechtzeitig geltend gemacht wurde, dass eine Urlaubserteilung zu einem späteren Zeitpunkt aus konkreten Gründen unzumutbar ist und dass die Eilbedürftigkeit auch ansonsten nicht auf eigenem Verhalten beruht;[149] das **drohende Erlöschen** des Urlaubsanspruchs wegen Ende des Kalenderjahres bzw. Übertragungszeitraums dagegen **genügt nicht**, da insoweit ein auf Naturalrestitution gerichteter Schadensersatzanspruch (nachträgliche Freistellung im Urlaubsumfang) entstanden ist.[150]

117 – **Wettbewerbsverbot:** Eine einstweilige Verfügung, mit der ein Wettbewerbsverbot ausgesprochen wird, nimmt die Hauptsache, jedenfalls für einen bestimmten Zeitraum, vorweg und ist daher nur in Ausnahmefällen auszusprechen. Zum **Verfügungsanspruch** gehört die Glaubhaftmachung, dass hinsichtlich der befürchteten Handlung ein Unterlassungsanspruch besteht, weil ein Wettbewerbsverstoß vorliegt (etwa wegen eines **nachvertraglichen Wettbewerbsverbots**, das allerdings den Anforderungen der §§ 74 f. HGB entsprechen muss; vorher im bestehenden Arbeitsverhältnis z.B. gem. § 60 Abs. 1 HGB bzw. **aus Vertrag,**[151] wobei der Bestand des Arbeitsverhältnisses glaubhaft gemacht werden muss und der Arbeitnehmer seinerseits darlegen und glaubhaft machen kann, aus wichtigem Grunde eine wirksame außerordentliche Kündigung ausgesprochen zu haben). Ein **Verfügungsgrund** kann dann gegeben sein, wenn die konkrete Gefahr einer Zuwiderhandlung besteht; dies kann sich aus einer vorangegangenen Verbotsverletzung ergeben. Dabei ist zu berücksichtigen, dass durch die angestrebte Entscheidung in das Grundrecht des Arbeitnehmers auf Berufsausübung und in seine wirtschaftliche Existenzgrundlage eingegriffen werden kann, z.B. bei der Abgrenzung

---

148 Das gilt sinngemäß auch dann, wenn die einstweilige Verfügung wegen mangelnder Zustellung nicht vollzogen wird, vgl. dazu unten Rn. 123 ff., LAG Hamm 13.6.2000, 19 Sa 2246/99, NZA-RR 2001, 134.
149 GK-ArbGG/*Vossen* § 62 Rn. 77.
150 BAG 7.11.1985, 6 AZR 169/84, EzA § 7 BUrlG Nr. 43.
151 Allg. Ansicht, vgl. z.B. BAG 26.1.1995, 2 AZR 355/94, EzA § 626 BGB n.F. Nr. 155.

von bloßen Vorbereitungshandlungen für eine geplante eigene Geschäftstätigkeit von verbotenen Wettbewerbshandlungen.[152]

– **Sonstige Fälle:** Die Unterlassung von **Mobbing**-Handlungen kann Gegenstand einer einstweiligen Verfügung sein,[153] ebenso die **Übersendung eines Zeugnisses**. Bei Erhebung einer **Konkurrentenklage** ist es i.d.R. nicht nur gestattet, sondern geradezu geboten, eine einstweilige Verfügung auf Unterlassung der Neubesetzung der vakanten Stelle zu erwirken, da andernfalls endgültiger Rechtsverlust droht und der Antragsteller auf einen möglichen Schadensersatzanspruch verwiesen werden kann.[154]

118

IV. Verfahren

Für die Anordnung des Arrestes ist das Arbeitsgericht **zuständig**, das in der Hauptsache zu entscheiden hätte.[155] Wenn die Hauptsache schon in der Berufungsinstanz anhängig ist, entscheidet das Landesarbeitsgericht über den Arrest (§ 943 Abs. 1 ZPO).

119

Das Gericht entscheidet mit oder ohne mündliche Verhandlung über den Arrestantrag (§ 922 Abs. 1 S. 1 ZPO). Findet **keine mündliche Verhandlung** statt, entscheidet der **Vorsitzende** allein (§ 53)[156] durch einen Beschluss, der keiner Begründung bedarf, wenn er im Inland geltend gemacht wird (§ 922 Abs. 1 S. 2 ZPO). Die Anhörung des Antragsgegners darf nur in Ausnahmefällen unterbleiben, etwa wegen besonderer Dringlichkeit der Sache.

120

Abweichend vom Arrestverfahren kann eine **einstweilige Verfügung** nur in dringenden Fällen ohne mündliche Verhandlung ergehen (§ 937 Abs. 2 ZPO). Anders als im Verfahren vor den ordentlichen Gerichten gilt dies auch für eine Zurückweisung des Antrags (Abs. 2 S. 2). Ein solcher dringender Fall kann vorliegen, wenn Eilbedürftigkeit besonders gravierend ist oder wenn der Antragsgegner nicht gewarnt werden

121

---

152 Dazu BAG 28.9.1989, 2 AZR 97/89, Rn.K I 6a Nr. 58; *Reinhard/Kliemt* NZA 2005, 545, 551; *Korinth* Teil I Rn. 12 ff.
153 Thüringer LAG 10.4.2001, 5 Sa 403/00, LAGE Art. 2 GG Persönlichkeitsrecht Nr. 2.
154 BAG 2.12.1997, 9 AZR 445/96, EzA Art. 33 GG Nr. 17; LAG Berlin 25.8.2006, 6 Sa 592/06, LAGE Art. 33 GG Nr. 16; problematisch ist hier zumeist der Verfügungsanspruch, vgl. dazu BAG 24.1.2007, 4 AZR 629/06, EzA Art. 33 GG Nr. 31.
155 Die früher auch gegebene mögliche Zuständigkeit des Amtsgerichts besteht nicht mehr, vgl. GMPM-G/*Germelmann* § 62 Rn. 81; wird es dennoch angerufen, hat es die Sache von Amts wegen an das zuständige Arbeitsgericht zu verweisen, § 17a Abs. 2 GVG, vgl. *Schwab/Weth/Walker* § 62 Rn. 100.
156 GMPM-G/*Germelmann* § 62 Rn. 86; *Schwab/Weth/Walker* § 62 Rn. 103.

darf, soll der Sicherungseffekt nicht vereitelt werden. Diese Vorgehensweise ist im Beschluss gesondert zu **begründen**.[157]

122 Wenn mündlich verhandelt wird, findet keine Güteverhandlung, sondern sogleich die **Kammerverhandlung** statt.[158] Die Ladungsfrist beträgt auch hier mindestens drei Tage (§ 217 ZPO), kann aber auf Antrag **abgekürzt** werden (§ 226 Abs. 1 ZPO). Ein solcher Antrag ist nicht bereits in dem Ersuchen enthalten, ohne mündliche Verhandlung zu entscheiden, sondern muss ausdrücklich gestellt werden.[159] § 47 (Einlassungsfrist) ist im Eilverfahren nicht anzuwenden.[160]

123 Das **Urteil** im Eilverfahren wird **von Amts wegen** an den Antragsgegner zugestellt, ein **Beschluss** muss von der obsiegenden **Partei** zugestellt werden (§ 922 Abs. 2 ZPO).

124 Da Abs. 2 S. 1 umfänglich auf die ZPO-Vorschriften verweist, ist auch die Anordnung gegen **Sicherheitsleistung** des Antragstellers (§ 921 S. 1 ZPO), aber auch die Vollziehungshemmung (§ 923 ZPO) und die Aufhebung der einstweiligen Verfügung (§ 939 ZPO) gegen Sicherheitsleistung des Antragsgegners möglich;[161] in der Praxis wird davon höchst selten Gebrauch gemacht.

125 Erweist sich die Anordnung eines Arrestes als ungerechtfertigt oder erfolgt die Aufhebung der angeordneten Maßnahme, ist der Gläubiger – unabhängig von einem etwaigen Verschulden – dem Schuldner zum **Schadensersatz** verpflichtet (§ 945 ZPO).

V. Vollziehung

126 Der Arrest bzw. die einstweilige Verfügung muss vom Antragsteller dann noch **vollzogen** werden. Die Vollziehung **entspricht** der **Zwangsvollstreckung** eines Titels; eine Vollstreckungsklausel ist jedoch nicht erforderlich.[162] Der Arrest wird durch eine Pfändung nach den allgemeinen Vorschriften vollzogen, die einstweilige Verfügung je nach der

---

157 GK-ArbGG/*Vossen* § 62 Rn. 92 m.w.N.; bestand ein solcher besonderer Grund tatsächlich nicht, soll das LAG die Sache an das Arbeitsgericht zurückverweisen dürfen, § 68 gelte hier nicht, LAG Chemnitz 8.4.1997, 1 Ta 89/97, LAGE § 62 ArbGG 1979 Nr. 23.
158 Allg. Meinung, vgl. *Schwab/Weth/Walker* § 62 Rn. 102 m.w.N.
159 Vgl. oben Erl. zu § 47 Rn. 4; ErfK/*Koch* § 47 Rn. 6; GK-ArbGG/*Bader* § 47 Rn. 22; a.A. GMPM-G/*Germelmann* § 47 Rn. 23; *Schwab/Weth/Berscheid/Weth* § 47 Rn. 13; *Hauck/Helml* § 62 Rn. 11.
160 Einhellige Meinung, vgl. oben Erl. zu § 47 Rn. 4; ErfK/*Koch* § 47 Rn. 3; GMPM-G/*Germelmann* § 47 Rn. 6; HWK/*Ziemann* § 47 Rn. 4.
161 *Schwab/Weth/Walker* § 62 Rn. 104 ff.
162 Außer bei einem Wechsel einer Partei, § 929 Abs. 1 ZPO.

aufgegebenen Verpflichtung. Zuständig ist hier das **Arbeitsgericht**[163] als Vollstreckungsgericht (§§ 930 Abs. 1 S. 3, 933 ZPO).

Die Vollziehung muss **innerhalb eines Monats** nach der Entscheidung bzw. seit Zustellung der Entscheidung an den Antragsteller erfolgen (§ 929 Abs. 2 ZPO). Eine nach Ablauf der Vollziehungsfrist durchgeführte Vollziehung ist unwirksam.[164] Die Frist ist **nicht verlängerbar**, auch nicht durch Parteivereinbarung; eine Wiedereinsetzung in den vorigen Stand ist nicht möglich. Sie wird gewahrt durch eine Handlung, aus der der **Wille des Gläubigers** unzweideutig hervorgeht, von der erwirkten Entscheidung Gebrauch zu machen. Dies ist durch die Zustellung der Entscheidung im Parteibetrieb hinreichend erfolgt.[165] Die Zustellung eines Urteils von Amts wegen reicht nur dann aus, wenn in der Entscheidung die Androhung eines Ordnungsgeldes (§ 890 Abs. 2 ZPO) enthalten ist.[166] Die konkrete Arbeitsaufnahme bei einer Beschäftigungsverfügung macht auch ohne Parteizustellung den Willen des Arbeitnehmers deutlich und genügt den Anforderungen einer Vollziehung.[167]

127

Die Vollziehung der Eilentscheidung kann wie die Zwangsvollstreckung eines Urteils **eingestellt** werden, was aber höchst selten geschieht. Allenfalls wenn der Beschluss ohne mündliche Verhandlung ergangen ist und im Widerspruchsverfahren relevante Fakten vorgetragen werden, dürfte eine Einstellung in Betracht kommen. Voraussetzung dafür ist **nicht** die Gefahr eines nicht zu ersetzenden Nachteils (Abs. 1 S. 3); insoweit gilt Abs. 2 S. 1, der auf die Vorschriften der ZPO verweist.[168]

128

VI. Rechtsbehelfe

1. Widerspruch, sofortige Beschwerde, Berufung

Hat das Ausgangsgericht zugunsten des Gläubigers durch **Beschluss** entschieden, kann der Antragsgegner hier eine Überprüfung innerhalb der Instanz aufgrund einer mündlichen Verhandlung erzwingen, in-

129

---

163 Ist die Entscheidung durch das Landesarbeitsgericht erstmalig ergangen, ist dieses zuständig.
164 BGH 25.10.1990, IX ZR 211/89, BGHZ 112, 346.
165 Allg. Meinung, vgl. nur *Zöller/Vollkommer* § 929 Rn. 12 m.w.N.
166 LAG Nürnberg 31.7.2001, 6 Sa 408/01, LAGE § 929 ZPO Nr. 5; LAG Berlin 12.11.1997, 3 Ta 15/97, n.v.; schon ein Antrag auf Verhängung eines Ordnungsgeldes soll genügen nach Hess. LAG 18.7.2000, 5 TaBVGa 120/00, n.v.
167 LAG Berlin 10.6.1985, 12 Sa 32/85, LAGE § 929 ZPO Nr. 2.
168 LAG Nürnberg 21.8.1985, 6 TaBV 3/85, LAGE § 62 ArbGG 1979 Nr. 15; *Schwab/Weth/Walker* § 62 Rn. 108.

dem er **Widerspruch** gegen den Arrest bzw. die einstweilige Verfügung einlegt (§ 924 ZPO). Das dadurch eingeleitete Widerspruchsverfahren wird in der Instanz durch ein Endurteil abgeschlossen.

130 Hat das Ausgangsgericht ein **Arresturteil** bzw. eine **einstweilige Verfügung durch Urteil** erlassen, steht dem Schuldner hiergegen das Rechtsmittel der **Berufung** zu, wenn nicht das Landesarbeitsgericht entschieden hat. In diesem Fall ist die Entscheidung endgültig.[169] Entsprechendes gilt für die Zurückweisung des Antrags durch Urteil.

131 Hat das Ausgangsgericht dagegen den Antrag auf Arrest bzw. Erlass einer einstweiligen Verfügung ohne mündliche Verhandlung durch **Beschluss zurückgewiesen**, hat der Antragsteller hiergegen die Möglichkeit der **sofortigen Beschwerde** gem. § 567 ZPO. Hilft das Arbeitsgericht nicht ab, muss es die Akte dem Landesarbeitsgericht vorlegen. Die Form von dessen Entscheidung richtet sich nicht nach der angefochtenen Entscheidung, sondern nur nach der **Verfahrensweise des LAG**. Ohne mündliche Verhandlung ergeht ein Beschluss durch den Vorsitzenden allein; wird dagegen mündlich verhandelt, ist durch Urteil der Kammer zu entscheiden. Das LAG kann den **Beschluss aufheben** und die Sache zur Durchführung einer mündlichen Verhandlung an das Arbeitsgericht **zurückverweisen**; insofern steht § 68 dem nicht entgegen, weil es sich dabei um eine Vorschrift handelt, die nur das Berufungsverfahren betrifft.[170] Streitig ist, ob bei Beschwerdestattgabe und Erlass der einstweiligen Verfügung ohne mündliche Verhandlung durch das LAG das daraufhin mögliche Widerspruchsverfahren (§ 924 ZPO) direkt beim LAG oder wieder in erster Instanz beim ArbG durchzuführen ist. Zwar ist das **Widerspruchsverfahren** prinzipiell (wie das Säumnisverfahren) als interne Instanzkontrolle ausgestaltet; ihm fehlt die Devolutivwirkung.[171] Dies erscheint jedoch nicht ausreichend. Der **Beschwerdebeschluss ersetzt** lediglich den, von dieser abgelehnten Beschluss der ersten Instanz, so dass das Widerspruchsverfahren auch dort stattzufinden hat. Im Übrigen würde bei einer unmittelbaren Zuständigkeit des LAG für das Widerspruchsverfahren der dem Antragsgegner zustehende **Rechtsschutz** unnötig und in unzulässiger Weise **verkürzt**; er müsste im Ergebnis nur in einer Instanz überhaupt angehört werden, nämlich in der Beschwerdeinstanz. Soweit das für

---

169 Auch wenn das LAG fehlerhafterweise die »Rechtsbeschwerde zugelassen« hat, BAG 22.1.2003, 9 AZB 7/03, EzA § 72 ArbGG 1979 Nr. 29.
170 LAG Sachsen 8.4.1997, 1 Ta 81/97, LAGE § 62 ArbGG 1979 Nr. 23; LAG Nürnberg 27.4.1998, 5 Ta 42/98, NZA-RR 1998, 563 (LS).
171 Deshalb für Widerspruchsverfahren beim Beschwerdegericht/LAG: *Schuschke/Walker* Vollstreckung und vorläufiger Rechtsschutz, § 924 Rn. 9; *Stein/Jonas/Grunsky* § 924 Rn. 9.

ausreichend, ja, geboten gehalten wird, weil das Beschwerdegericht letztendlich sowieso in der Sache entscheide,[172] verkennt dies die Funktion der mündlichen Verhandlung. Der **Widerspruch** ist deshalb beim **Arbeitsgericht** auch dann einzulegen, wenn die einstweilige Verfügung bzw. der Arrestbeschluss durch das Landesarbeitsgericht erlassen worden ist.[173]

2. Weitere besondere Rechtsbehelfe im Eilverfahren

Als weiteren besonderen Rechtsbehelf im Eilverfahren kann der Beklagte verlangen, dass der Verfügungskläger die **Hauptsacheklage** innerhalb einer bestimmten Frist erhebt, soweit dies noch nicht geschehen ist (§ 926 Abs. 1, § 936 ZPO). Wenn der Kläger einen Titel im Eilverfahren erlangt hat, kann es Konstellationen geben, in denen er kein Interesse an einer weiteren Klärung hat (z.B. weil ihm ein Vollbeweis der anspruchsbegründenden Tatsachen nicht möglich ist oder bei einer Befriedigungsverfügung, vgl. oben Rn. 95). Der Antrag ist jederzeit möglich,[174] zu der entsprechenden Entscheidung ohne mündliche Verhandlung ist das Arbeitsgericht (während des Eilverfahrens der Richter, danach der Rechtspfleger) als Arrestgericht verpflichtet, wenn die Prozessvoraussetzungen im Übrigen gegeben sind. Auf die Erfolgsaussicht der Hauptsacheklage kommt es nicht an.[175] Die zu bemessende Frist darf zwei Wochen nicht unter- und sollte einen Monat nicht überschreiten.[176] Verstreicht die Frist, ohne dass der Verfügungskläger die Hauptsache rechtshängig gemacht hat,[177] kann der Verfügungsbeklagte beantragen, die Verfügung durch Endurteil aufzuheben (§ 926 Abs. 2 ZPO). Bis zum Ende der mündlichen Verhandlung über diesen Antrag kann der Verfügungskläger durch Klagerhebung in der Hauptsache die Aufhebung der Verfügung noch verhindern, allerdings i.d.R. unter Inkaufnahme der Kostenlast des Aufhebungsprozesses.[178] Wenn die Ver-

132

---

172 So *Schuschke/Walker* a.a.O.; mit diesem Argument könnte man auf die unteren Instanzen generell verzichten.
173 Ebenso *Schaub* ArbGVerf, § 56 Rn. 17; *Zöller/Vollkommer* § 924 Rn. 6; BLAH/ *Hartmann* § 924 Rn. 11; *Musielak/Huber* § 924 Rn. 6; *Wieczorek/Schütze/Thümmel* § 924 Rn. 3; *Thomas/Putzo* § 924 Rn. 2; im Ergebnis wohl gleichfalls MüKo-ZPO/*Heinze* § 924 Rn. 13, anders aber Rn. 7.
174 Auch schon vor der Entscheidung im Eilverfahren kann der Antrag vorsorglich gestellt werden; die entsprechende Anordnung kann dann im Verfügungsurteil selbst ergehen.
175 *Musielak/Huber* § 926 Rn. 10 m.w.N., auch für die Gegenmeinung.
176 *Korinth* Teil E Rn. 49.
177 Ausreichend ist die Klageeinreichung, wenn die Klage demnächst zugestellt wird, wie bei § 167 ZPO.
178 Vgl. dazu und zu weiteren Gesichtspunkten des § 926 ZPO im Arbeitsgerichtsverfahren *Korinth* Teil E Rn. 58 ff.

fügung aufgehoben wird, wirkt dies zurück,[179] mit der Folge einer Schadensersatzpflicht des Verfügungsklägers nach § 945 ZPO.

133 Aufgrund der bloß summarischen Prüfung der Voraussetzungen für eine einstweilige Verfügung bzw. einen Arrest ist deren Änderung bzw. Aufhebung auch noch in anderer Weise erleichtert. Bei Änderung wesentlicher Umstände kann der Verfügungsschuldner beim Arbeitsgericht, das die Verfügung erlassen hat, oder, wenn die Hauptsache noch anhängig ist, beim Gericht der Hauptsache (§ 927 Abs. 2 ZPO), die **Aufhebung** der (rechtskräftigen) **Verfügung** beantragen, § 927 Abs. 1, § 936 ZPO. Gegenstand der Überprüfung ist dabei nicht die ursprüngliche Rechtmäßigkeit der Verfügung, sondern der mögliche **nachträgliche Wegfall einer Voraussetzung**; deshalb droht dem Verfügungskläger hier kein Schadensersatzanspruch nach § 945 ZPO. Das Gesetz nennt dabei selbst den Änderungsgrund der Erledigung des Arrest- bzw. Verfügungsgrundes. Aber auch der Wegfall des Verfügungsanspruchs kann einen Antrag nach § 927 ZPO rechtfertigen. So führt die rechtskräftige Abweisung des Anspruchs in der Hauptsache nicht zu einem automatischen Wegfall der Verfügung bzw. des Arrestes.[180] Die Entscheidung ergeht in Form eines Endurteils (§ 927 Abs. 2 ZPO), gegen welches die gewöhnlichen Rechtsmittel statthaft sind.

---

179 BLAH/*Hartmann* § 926 Rn. 15.
180 Vgl. dazu ausf. *Korinth* Teil E Rn. 88 ff. m.w.N.

§ 63 Übermittlung von Urteilen in Tarifvertragssachen

¹Rechtskräftige Urteile, die in bürgerlichen Rechtsstreitigkeiten zwischen Tarifvertragsparteien aus dem Tarifvertrag oder über das Bestehen oder Nichtbestehen des Tarifvertrags ergangen sind, sind alsbald der zuständigen obersten Landesbehörde und dem Bundesministerium für Arbeit und Soziales in vollständiger Form abschriftlich zu übersenden oder elektronisch zu übermitteln. ²Ist die zuständige oberste Landesbehörde die Landesjustizverwaltung, so sind die Urteilsabschriften oder das Urteil in elektronischer Form auch der obersten Arbeitsbehörde des Landes zu übermitteln.

Die Vorschrift dient der **verfahrensrechtlichen Absicherung von § 9** 1
TVG, der einander widersprechende Auslegungen von tarifvertraglichen Normen verhindern soll.[1] Die Bindungswirkung, die danach von den rechtskräftigen arbeitsgerichtlichen Entscheidungen ausgehen soll, verlangt die Zugänglichkeit dieser Entscheidungen. Für eine entsprechende Veröffentlichung haben die Justiz- bzw. Arbeitsministerien zu sorgen; die Arbeitsgerichte werden durch § 63 verpflichtet, die notwendige Zuarbeit in Form der Urteilsübersendung vorzunehmen.

Adressat der in § 63 genannten Verpflichtung ist der **Vorsitzende der** 2
Kammer des Arbeitsgerichts (bzw. des Landesarbeitsgerichts oder der Senatsvorsitzende beim BAG, §§ 64 Abs. 7, 72 Abs. 6). Er hat die Übersendung an die im Gesetz genannten Behörden zu veranlassen, wenn durch den von ihm geleiteten Spruchkörper eine entsprechende Entscheidung ergangen ist. Dabei ist eine **vollständige Abschrift** oder Kopie des Urteils zu übersenden; Kürzungen etwa auf den vom Vorsitzenden für maßgeblich gehaltenen Teil des Tatbestands oder des Urteils sind nicht zulässig. Eine evtl. für erforderlich gehaltene Anonymisierung darf nur insoweit durchgeführt werden, als die notwendige Erkennbarkeit des betr. Tarifvertrages, ggf. auch über die Bezeichnung der Prozessparteien gewährleistet ist.

Merkmale der zu übersendenden Entscheidungen: 3

– Es muss sich um **Urteile in bürgerlichen Rechtsstreitigkeiten zwischen Tarifvertragsparteien** handeln. Dies entspricht einem Teil der Zuständigkeitszuweisung in § 2 Abs. 1 Nr. 1, gilt aber nur für

---

1 Vgl. dazu BAG 4.7.2007, 4 AZR 491/06, NZA 2008, 307.

Rechtsstreitigkeiten, in denen sich jedenfalls zwei Tarifvertragsparteien als Prozessbeteiligte gegenübergestanden haben.

– Es muss um die **Auslegung oder den Bestand eines Tarifvertrags** gegangen sein. In der Regel dürfte es sich dabei um Feststellungsklagen nach § 256 ZPO handeln; dies ist jedoch nicht zwingend. Wegen der Zielsetzung des § 63 muss es dabei jedoch stets um die Auslegung von Sachfragen gegangen sein; die Bindungswirkung des § 9 TVG erstreckt sich nicht auf Prozessurteile.

– Die Entscheidungen müssen **rechtskräftig** sein.

4 Die Sonderregelung in § 97 Abs. 3, mit der ansonsten von § 63 nicht erfasste Entscheidungen ebenfalls der Übersendungspflicht unterstellt werden, erweitert den Anwendungsbereich auf rechtskräftige Beschlüsse im **Beschlussverfahren über die Tariffähigkeit und Tarifzuständigkeit** gem. § 2a Abs. 1 Nr. 4.

Zweiter Unterabschnitt
Berufungsverfahren

§ 64 Grundsatz

(1) Gegen die Urteile der Arbeitsgerichte findet, soweit nicht nach § 78 das Rechtsmittel der sofortigen Beschwerde gegeben ist, die Berufung an die Landesarbeitsgerichte statt.

(2) Die Berufung kann nur eingelegt werden,

a) wenn sie in dem Urteil des Arbeitsgerichts zugelassen worden ist,

b) wenn der Wert des Beschwerdegegenstandes 600 Euro übersteigt,

c) in Rechtsstreitigkeiten über das Bestehen, das Nichtbestehen oder die Kündigung eines Arbeitsverhältnisses oder

d) wenn es sich um ein Versäumnisurteil handelt, gegen das der Einspruch an sich nicht statthaft ist, wenn die Berufung oder Anschlußberufung darauf gestützt wird, daß der Fall der schuldhaften Versäumung nicht vorgelegen habe.

(3) Das Arbeitsgericht hat die Berufung zuzulassen, wenn

1. die Rechtssache grundsätzliche Bedeutung hat,

2. die Rechtssache Rechtsstreitigkeiten betrifft

   a) zwischen Tarifvertragsparteien aus Tarifverträgen oder über das Bestehen oder Nichtbestehen von Tarifverträgen,

   b) über die Auslegung eines Tarifvertrages, dessen Geltungsbereich sich über den Bezirk eines Arbeitsgerichts hinaus erstreckt, oder

   c) zwischen tariffähigen Parteien oder zwischen diesen und Dritten aus unerlaubten Handlungen, soweit es sich um Maßnahmen zum Zwecke des Arbeitskampfes oder um Fragen der Vereinigungsfreiheit einschließlich des hiermit im Zusammenhang stehenden Betätigungsrechts der Vereinigungen handelt, oder

das Arbeitsgericht in der Auslegung einer Rechtsvorschrift von einem ihm im Verfahren vorgelegten Urteil, das für oder gegen eine Partei des Rechtsstreits ergangen ist, oder von einem Urteil des im Rechtszug übergeordneten Landesarbeitsgerichts abweicht und die Entscheidung auf dieser Abweichung beruht.

§ 64 Grundsatz

(3a) ¹Die Entscheidung des Arbeitsgerichts, ob die Berufung zugelassen oder nicht zugelassen wird, ist in den Urteilstenor aufzunehmen. ²Ist dies unterblieben, kann binnen zwei Wochen ab Verkündung des Urteils eine entsprechende Ergänzung beantragt werden. ³Über den Antrag kann die Kammer ohne mündliche Verhandlung entscheiden.

(4) Das Landesarbeitsgericht ist an die Zulassung gebunden.

(5) Ist die Berufung nicht zugelassen worden, hat der Berufungskläger den Wert des Beschwerdegegenstandes glaubhaft zu machen; zur Versicherung an Eides Statt darf er nicht zugelassen werden.

(6) ¹Für das Verfahren vor den Landesarbeitsgerichten gelten, soweit dieses Gesetz nichts anderes bestimmt, die Vorschriften der Zivilprozeßordnung über die Berufung entsprechend. ²Die Vorschriften über das Verfahren vor dem Einzelrichter finden keine Anwendung.

(7) Die Vorschriften des § 49 Abs. 1 und 3, des § 50, des § 51 Abs. 1, der §§ 52, 53, 55 Abs. 1 Nr. 1–9, Abs. 2 und 4, der §§ 56 bis 59, 61 Abs. 2 und 3 und der §§ 62 und 63 über Ablehnung von Gerichtspersonen, Zustellungen, persönliches Erscheinen der Parteien, Öffentlichkeit, Befugnisse des Vorsitzenden und der ehrenamtlichen Richter, Vorbereitung der streitigen Verhandlung, Verhandlung vor der Kammer, Beweisaufnahme, Versäumnisverfahren, Inhalt des Urteils, Zwangsvollstreckung und Übersendung von Urteilen in Tarifvertragssachen gelten entsprechend.

(8) Berufungen in Rechtsstreitigkeiten über das Bestehen, das Nichtbestehen oder die Kündigung eines Arbeitsverhältnisses sind vorrangig zu erledigen.

Übersicht	Rn.
A. Allgemeines	1
B. Die Berufung	3
I. Statthaftigkeit der Berufung	4
1. Zulassung im Urteil des Arbeitsgerichts	6
2. Beschwerdewert übersteigt 600,00 Euro	8
3. Rechtsstreitigkeiten über das Bestehen, das Nichtbestehen oder die Kündigung eines Arbeitsverhältnisses	10b
4. Anschlussberufung	11
5. Berufung gegen zweite Versäumnisurteile	11a
6. Anwendung des § 69 Abs. 2	12
II. Rücknahme der Berufung	13

Grundsatz § 64

A. Allgemeines

Die Berufung ist Rechtsmittel i.S.d. ZPO, d.h., die Sache geht mit der Einlegung automatisch auf das Landesarbeitsgericht über (Devolutiveffekt). Das Arbeitsgericht darf sich mit der Berufung nicht befassen. Darüber hinaus wird durch die Einlegung einer statthaften Berufung der Eintritt der Rechtskraft gehemmt **(Suspensiveffekt).** Wird eine statthafte Berufung verspätet begründet oder entspricht die Begründung nicht den Erfordernissen des § 519 ZPO, so wird die Entscheidung mit der Rechtskraft der Entscheidung des Berufungsgerichts gem. § 522 ZPO formell rechtskräftig. 1

Berufungsgericht ist das Landesarbeitsgericht.[1] 2

B. Die Berufung

Die Berufung findet gegen **Endurteile** der Arbeitsgerichte statt, d.h. die Entscheidungen, die den Rechtsstreit beim Arbeitsgericht ganz oder teilweise beenden. Das Teilurteil nach § 301 ZPO ist ebenso Endurteil wie das Vorbehaltsurteil nach § 302 ZPO, das Ergänzungsurteil nach § 321 ZPO, das ein selbständiges Teilurteil ist, und das Anerkenntnisurteil nach § 307 ZPO. Ein über den Grund des Anspruchs vorab entscheidendes Zwischenurteil ist nach § 61 Abs. 3 im Gegensatz zu § 304 ZPO im arbeitsgerichtlichen Verfahren nicht als Endurteil anzusehen. Hat das Gericht ein Endurteil fehlerhaft als Beschluss bezeichnet, gilt der Grundsatz der Meistbegünstigung. Der Partei stehen dann beide Rechtsmittel offen.[2] Keine Berufung findet statt, soweit nach § 78 das Rechtsmittel der sofortigen Beschwerde gegeben ist. Fälle: § 71 Abs. 2 ZPO (Zwischenstreit über Nebenintervention), § 99 Abs. 2 ZPO (Entscheidung über die Kosten in einem Anerkenntnisurteil) und § 387 Abs. 3 ZPO (Rechtmäßigkeit einer Zeugnisverweigerung). Das **Versäumnisurteil** kann nicht mit der Berufung angefochten werden. Ist der Einspruch gegen das Versäumnisurteil **an sich nicht statthaft,** so unterliegt es der Berufung insoweit, als diese darauf gestützt wird, dass der Fall der Versäumung nicht vorgelegen hat (§ 64 Abs. 2 Buchst. d[3]). 3

---

1 Vgl. zur Besetzung § 1 Rn. 5.
2 BAG 28.4.1983, 2 AZR 438/81, EzA § 5 KSchG Nr. 20.
3 Vgl. § 514 Abs. 2 ZPO.

I. Statthaftigkeit der Berufung

4 Die Berufung ist in vier Fällen an sich statthaft:
– wenn sie in dem Urteil des Arbeitsgerichts zugelassen worden ist,
– wenn der Wert des Beschwerdegegenstandes 600,00 Euro übersteigt,
– in Rechtsstreitigkeiten über das Bestehen, das Nichtbestehen oder die Kündigung eines Arbeitsverhältnisses,
– wenn es sich um ein Versäumnisurteil handelt, gegen das der Einspruch an sich nicht statthaft ist, wenn die Berufung oder Anschlussberufung darauf gestützt wird, dass der Fall der schuldhaften Versäumnis nicht vorgelegen habe.

5 Die Statthaftigkeit der Berufung ist in den Buchst. a) bis d) des Abs. 2 abschließend geregelt. In den Fällen der Buchstaben b) bis d) ist die Statthaftigkeit kraft Gesetzes gegeben, nach Buchst. a) ist eine Entscheidung über die Zulassung der Berufung notwendig. Das ArbG hat sonach eine Entscheidung über die Zulassung der Berufung nur dann zu treffen, wenn sie nicht ohnehin statthaft ist.

1. Zulassung im Urteil des Arbeitsgerichts

6 Das Landesarbeitsgericht ist an die Zulassung der Berufung nach § 64 Abs. 4 gebunden. Die Zulassung der Berufung hat zu erfolgen, wenn die Voraussetzungen des § 64 Abs. 3 vorliegen. Im Übrigen kann das ArbG die Berufung zulassen, also auch dann, wenn die Voraussetzungen des § 64 Abs. 2 Buchst. b) bis d) nicht vorliegen, etwa der Beschwerdewert von mehr als 600 Euro nicht erreicht ist, eine Bestandsschutzstreitigkeit nicht vorliegt, ein Fall der fehlenden schuldhaften Säumnis nicht geltend gemacht wurde und ein Fall des § 64 Abs. 3 nicht gegeben ist. Auf einen Antrag der Parteien kommt es nicht an. Ein solcher Antrag ist als Anregung zu verstehen.

6a Nach Abs. 3 Buchst. a) ist die Entscheidung des ArbG, ob die Berufung zugelassen wird oder nicht zugelassen wird, in den Urteilstenor aufzunehmen, dies aus Gründen der Rechtsmittelklarheit und der Rechtssicherheit. Ist die Entscheidung über die Zulassung nicht erfolgt, ist binnen zwei Wochen nach Verkündung des Urteils der Antrag einer Ergänzung des Urteils möglich, über den dieselbe Kammer zu entscheiden hat.[4] Gegen die Nichtzulassung gibt es kein Rechtsmittel[5], auch nicht den Rechtsbehelf der Nichtzulassungsbeschwerde. Die Rechtsmittelbe-

---

4 *Hauck/Helml* § 64 Rn. 9.
5 LAG Schleswig-Holstein 7.11.1980, 3 Ta 2/80, DB 1980, 1030.

lehrung des Urteils, nach der die unterlegene Partei Berufung gegen das Urteil einlegen könne, ersetzt nicht die nach § 64 Abs. 3a erforderliche Zulassungsentscheidung, die zwingend in den Urteilstenor aufzunehmen ist; eine entsprechende Ergänzung kann nur innerhalb zwei Wochen ab Verkündung des Urteils beantragt werden, § 64 Abs. 3a S. 2, und ist nach Ablauf dieser Frist nicht mehr möglich. § 321 ZPO ist nicht anwendbar.[6]

Das Arbeitsgericht kann die Zulassung der Berufung auf einzelne Streitgegenstände oder einzelne Ansprüche beschränken.[7] Das muss sich eindeutig aus der Urteilsformel ergeben.[8] Der Hinweis in der Rechtsmittelbelehrung, es könne Berufung eingelegt werden, stellt noch keine Zulassung der Berufung dar.[9] Ist das zugelassene Rechtsmittel fehlerhaft bezeichnet, so ist davon auszugehen, dass das prozessual zulässige Rechtsmittel zugelassen werden sollte.[10] Die Zulassung der Berufung kann im arbeitsgerichtlichen Verfahren weder durch Berichtigungsbeschluss erfolgen noch bei fehlender Verkündung durch Aufnahme in die Entscheidungsgründe nachgeholt werden.[11] Die Zulassung in den Entscheidungsgründen kann nur in besonderen Ausnahmefällen ausreichen.[12]

7

2. Beschwerdewert übersteigt 600,00 Euro

Voraussetzung für die Berufung ist, dass der Berufungskläger durch das Urteil des Arbeitsgerichts beschwert ist und er mit der Berufung die Beschwer bekämpft.[13] Beim Kläger ist das der Fall, wenn das Arbeitsgericht einen Teil der Klage abgewiesen hat (sog. **formelle Beschwer**). Der Beklagte ist dagegen auch dann bereits beschwert, wenn z.B. die Klage als unzulässig statt als unbegründet abgewiesen worden ist (sog. **materielle Beschwer**). Im umgekehrten Fall ist dagegen keine Beschwer gegeben, da die Rechtskraft dieses Urteils weiter reicht als die eines Prozessurteils. Beim **Anerkenntnisurteil** wird allgemein eine materielle Beschwer angenommen, auch wenn der Beklagte das An-

8

---

6 Sächsisches LAG 31.1.2001, 3 Sa 532/01, LAGE § 319 ZPO Nr. 9.
7 BAG 2.4.1982, 6 AZB 9/80, EzA § 64 ArbGG 1979 Nr. 11; vgl. dazu § 72 Rn. 7.
8 GMPM-G/*Germelmann* § 64 Rn. 43; *Lansnicker* Prozesse in Arbeitssachen, Rn. 256 S. 163.
9 BAG 1.4.1982, 6 AZB 18/81, EzA § 64 ArbGG 1979 Nr. 8; 4.4.1989, 5 AZB 9/80, EzA § 64 ArbGG 1979 Nr. 27.
10 BAG 5.12.1984, 5 AZR 354/84, EzA § 72 ArbGG 1979 Nr. 6.
11 BAG 19.8.1986, 4 AZB 15/86, EzA § 64 ArbGG 1979 Nr. 18.
12 Dazu LAG Berlin 6.2.1990, 3 Sa 110/89, LAGE § 64 ArbGG 1979 Nr. 22 (ausdrückliche Zulassung in den Gründen und Verkündung dieser Gründe).
13 BAG 17.1.2007, 7 AZR 20/06, EzA § 14 TzBfG Nr. 37 (I 2 Rn. 12).

§ 64 Grundsatz

erkenntnis abgegeben hat.[14] Erfüllt der Schuldner nach Verkündung des Urteils freiwillig und endgültig, d.h. nicht zur Abwendung einer Zwangsvollstreckung, so erledigt sich die Hauptsache und einer späteren Berufung fehlt die notwendige Beschwer.[15]

9 Bis zur Leitentscheidung des BAG vom 2.3.1983[16] war heftig umstritten, ob das Berufungsgericht bei der Ermittlung des Wertes des Beschwerdegegenstandes an die Streitwertfestsetzung des Arbeitsgerichts gebunden war oder ob es den Wert des Beschwerdegegenstandes selbst zu ermitteln und zu bestimmen hatte.[17] Das BAG nimmt an, dass die Streitwertfestsetzung im Urteil des Arbeitsgerichts auch weiterhin für die Statthaftigkeit der Berufung Bedeutung hat. Es geht davon aus, der Beschwerdewert könne **nie höher liegen als der Streitwert** zum Schluss der letzten mündlichen Verhandlung. Daher sei mit der Verkündung der Entscheidung weitgehend erkennbar, ob das Rechtsmittel der Berufung statthaft sei oder nicht. Eine Ausnahme könne nur angenommen werden, wenn die Streitwertfestsetzung **offensichtlich unrichtig** sei. Das BAG hat seine Rechtsprechung wiederholt[18] bestätigt, wenngleich die Bedenken gegen diese Rechtsprechung,[19] keinesfalls ausgeräumt sind.[20]

Die **Anschlussberufung** nach § 524 ZPO setzt keine Beschwer in Höhe von mehr als 600,00 Euro voraus.[21]

Bei einer **Berufung gegen ein zweites Versäumnisurteil muss** die Grenze des Beschwerdewertes von 600,00 Euro nicht überschritten sein.

---

14 Vgl. *Dütz* Anm. EzA § 64 ArbGG 1979 Nr. 5 m. zahlreichen Hinw.; GMPM-G/*Germelmann* § 64 Rn. 14; BGH LM Nr. 6 zu § 545 ZPO; a.A. LAG Berlin 5.11.1979, 9 Sa 95/79, EzA § 64 ArbGG 1979 Nr. 5.
15 LAG Frankfurt 11.11.1985, 11 Sa 460/85, LAGE § 64 ArbGG 1979 Nr. 11.
16 2 AZB 25/82, EzA § 64 ArbGG 1979 Nr. 12 mit Anm. *Vollkommer;* AP Nr. 6 zu § 64 ArbGG 1979 mit krit. Anm. *Lappe* und *Satzky.*
17 Vgl. *LAG Köln* 21.10.1982, 3 Sa 715/82, EzA § 64 ArbGG 1979 Nr. 10 und BAG a.a.O. m. zahlreichen Hinw.
18 EzA § 64 ArbGG 1979 Nr. 14 und 22; 27.5.1994, 5 AZB 3/94; 16.5.2007, 2 AZB 53/06, EzA § 61 ArbGG 1979 Nr. 20; 11.12.2007, 3 AZR 280/06; vgl. aus der Rspr. der Instanzgerichte z.B. Hess. LAG 25.2.2008, 7 Sa 677/07, juris: Die Festsetzung des Streitwerts ist offensichtlich unrichtig, wenn das ArbG bei einer Klage auf Feststellung einer vom Insolvenzverwalter bestrittenen Forderung entgegen § 182 InsO den Wert nach der vollen Höhe der Forderung festgesetzt hat, obwohl Masseunzulänglichkeit vorliegt und die zu erwartende Quote keinesfalls einen Betrag von über 600 Euro erwarten lässt; LAG Berlin-Brandenburg 8.2.2008, 8 Sa 2231/07, juris.
19 Wie sie namentlich *Schilken* Anm. EzA § 64 ArbGG 1979 Nr. 22, GK-ArbGG/*Vossen* § 64 Rn. 32 ff. dargelegt haben.
20 Dem BAG folgt *Schwab/Weth/Schwab* § 64 Rn. 62.
21 Vgl. *Thomas/Putzo* § 524 Rn. 17 m. Hinw.; GMPM-G/*Germelmann* § 64 Rn. 104.

Grundsatz § 64

Die Voraussetzungen für die Statthaftigkeit der Berufung gegen ein zweites Versäumnisurteil sind ausschließlich in § 64 Abs. 2 Buchst. d) geregelt; eine Bezugnahme auf Buchst. b) fehlt.[22]

Legen mehrere **Streitgenossen** Berufung ein, so sind die auf sie entfallenden Beschwerdewerte zusammenzurechnen.[23]

Da die – vom Berufungsführer nach § 64 Abs. 5 glaubhaft zu machende 10 – Beschwer nach § 64 Abs. 2 im Zeitpunkt der Berufungseinlegung vorliegen muss – nach § 2 ZPO i.V.m. § 5 ZPO werden mehrere in einer Klage geltend gemachte Ansprüche zur Wertfeststellung zusammengerechnet, wobei selbständige prozessuale Ansprüche i.S.v. § 260 ZPO gemeint sind, die verschiedene Streitgegenstände betreffen, was für das arbeitsgerichtliche Verfahren gilt, § 64 Abs. 6 ArbGG, so dass bei Abweisung von Anträgen, die isoliert betrachtet jeweils die Berufungssumme nicht erreichen, zulässig Berufung eingelegt werden kann, wenn der Wert sämtlicher Anträge, deren Abweisung mit der Berufung angegriffen wird, den Wert von 600,– Euro übersteigt –,[24] kann sie nicht erst durch Klageerweiterung geschaffen werden. Die Berufung ist unzulässig, wenn sie allein zu dem Zweck eingelegt wird, im Wege der Klageänderung einen in erster Instanz nicht geltend gemachten Anspruch zur Entscheidung zu stellen. Das in der Vorinstanz abgewiesene Begehren muss zumindest teilweise weiterverfolgt werden.[25] Eine zulässige Klageänderung in der Berufungsinstanz setzt die Zulässigkeit des Rechtsmittels voraus. Das ist nur dann der Fall, wenn der Berufungsführer die aus dem erstinstanzlichen Urteil herrührende Beschwer wenigstens mit einem 600 Euro übersteigenden Wert noch beseitigt wissen will.[26] Ist der Kläger mit seiner Klage unterlegen und auf die Widerklage verurteilt worden, errechnet sich die Beschwer aus beiden Positionen, nur der Kläger ist betroffen[27] (zur Berechnung des Beschwerdewertes, wenn der Rechtsmittelkläger nach Ablauf der Berufungsbegründungsfrist **Widerklage** erhebt, vgl. LAG Frankfurt LAGE § 64 ArbGG 1979 Nr. 15; für den Fall der **Aufrechnung** vgl. LAG Frankfurt LAGE § 611 BGB Gratifikation Nr. 1). Übersteigt z.B. der nach § 42 Abs. 3 S. 1 GKG nach dem dreifachen Jahresbetrag der wiederkehrenden Leis-

---

22 GK-ArbGG/*Vossen* Rn. 81a; *Schwab/Weth/Schwab* Rn. 93 f.; a.A. *Hauck/Helml* Rn. 10 m.w.N.
23 BAG 31.1.1984, 1 AZR 174/81, EzA § 87 BetrVG 1972 Betriebliche Lohngestaltung Nr. 7.
24 BAG 27.1.2004, 1 AZR 105/03, EzA § 64 ArbGG 1979 Nr. 39 (II 2a).
25 BAG 17.1.2007, 7 AZR 20/06, EzA § 14 TzBfG Nr. 37 (I 2 Rn. 12 m.w.N.).
26 BAG 10.2.2005, 6 AZR 183/04, EzA § 64 ArbGG 1979 Nr. 40 (1a); LAG Köln 21.3.2005, 2 (10) Sa 1632/04; LAG Rheinland-Pfalz 11.1.2005, 2 Sa 683/04.
27 BGH 28.9.1994, XII ZR 50/94, NJW 1994, 3292.

tung festgesetzte Streitwert 600 Euro nicht, ist die Berufung nicht nach § 64 Abs. Buchst. 2b) statthaft[28]. Unterliegt der Kläger erstinstanzlich mit seinem Hauptantrag gegen eine Änderungskündigung und mit dem Hilfsantrag auf Feststellung der Unwirksamkeit einer Dienstanweisung als unwirksam und wird mit der Berufung nur noch der Hilfsantrag als Hauptantrag verfolgt, ist nicht der vom Arbeitsgericht festgesetzte Streitwert maßgebend, sondern die eigene den Wert von 600 Euro übersteigende Beschwer durch die noch angegriffene Dienstvereinbarung ist – etwa durch den Vortrag, in welchem Umfang Betroffenheit besteht – glaubhaft zu machen.[29] Obsiegt der Kläger mit der Klage auf Feststellung zur Insolvenztabelle teilweise und hat das Arbeitsgericht den Streitwert offensichtlich unrichtig unter Missachtung der voraussichtlichen Insolvenzquote, § 182 InsO, auf den Betrag der geltend gemachten Forderung festgesetzt, so hat der Berufungsführer das Erreichen des Beschwerdewertes unter Berücksichtigung der zu erwartenden Quote glaubhaft zu machen, das Bestreiten der vom Insolvenzverwalter angegebenen Quote durch den Arbeitnehmer reicht nicht aus.[30] Die ursprünglich nach dem vom Arbeitsgericht festgesetzten Streitwert zulässig eingelegte Berufung wird unzulässig, wenn der Berufungsführer seine Anträge freiwillig auf einen Wert unterhalb der Berufungssumme einschränkt; er kann nicht günstiger behandelt werden, als wenn er die Berufung von vornherein in unzulässigem Umfang eingelegt hätte.[31] Das gilt auch dann, wenn das Berufungsgericht erklärt hat, das Rechtsmittel sei auch bei teilweiser Rücknahme der Berufung zulässig.[32] Das Revisionsgericht prüft nicht, ob dem verbliebenen Teil des Rechtsstreits grundsätzliche Bedeutung i.S.v. § 64 Abs. 3 Nr. 1 ArbGG zukommt oder ob die Berufung aus anderen Gründen zuzulassen wäre, was zu prüfen für das Arbeitsgericht nicht veranlasst war.[33] Voraussetzung ist eine aus freien Stücken erfolgte »willkürliche« spätere Minderung des Beschwerdewertes durch den Berufungsführer. Das ist nicht der Fall, wenn auf Grund eines Verhaltens des Berufungsbeklagten

---

28 Vgl. LAG Berlin-Brandenburg 8.2.2008, 8 Sa 2231/07, juris: Rückständige Beträge werden nicht hinzugerechnet.
29 LAG Rheinland-Pfalz 11.8.2005, 4 Sa 329/05.
30 LAG Rheinland-Pfalz 7.5.2005, 4 Sa 92/05.
31 BAG 9.7.2003, 10 AZR 615/02, EzA § 64 ArbGG 1979 Nr. 37; 19.1.2006, 6 AZR 259/05, EzA § 64 ArbGG Nr. 41 (II2a); unterlässt der Kläger eine nach dem Verfahrensverlauf gebotenen Reduzierung seines Zahlungsantrags unter die Berufungssumme, so verhält sich der Kläger jedenfalls dann nicht rechtsmissbräuchlich, wenn er wegen der grundsätzlichen Bedeutung seines Streitfalls auf die Zulassung der Berufung nach § 64 Abs. 3 Nr. 1 vertrauen durfte, BAG 11.12.2007, 3 AZR 280/06.
32 BAG 23.4.2004, 3 AZR 35/03, EzA § 64 ArbGG 1979 Nr. 38.
33 BAG 19.1.2006, 6 AZR 259/05, EzA § 64 ArbGG 1979 Nr. 41 (II2c).

Grundsatz § 64

der Rechtsstreit teilweise außergerichtlich einer Einigung zugeführt wird und die Teilerledigterklärungen vereinbarungsgemäß abgegeben werden und der Berufungsführer seine Berufung auf den nicht erledigten Teil beschränkt[34] (vgl. im Übrigen zur Berücksichtigung von **Veränderungen** des Beschwerdewertes nach Einlegung des Rechtsmittels LAG Baden-Württemberg v. 6.11.1986[35] und LAG Berlin v. 25.1.1988[36]). Macht der Rechtsmittelkläger im Wege der Klageänderung einen **anderen Anspruch** geltend, so wird der Wert des Beschwerdegegenstandes von 600,00 Euro nicht überschritten, auch wenn es nominell um einen höheren Betrag geht.[37] Das BAG nimmt **nur dann** keine Bindung des Berufungsgerichts an den vom Arbeitsgericht festgesetzten Streitwert an, wenn die Streitwertfestsetzung **offensichtlich unrichtig ist,** d.h., wenn sie in jeder Hinsicht unverständlich und unter keinem vernünftigen Gesichtspunkt zu rechtfertigen ist.[38]

Zur Beschwer bei einem **unbezifferten Klageantrag** vgl. *Bauer* DB 1990, 2471 und *Lepke*, BB 1990, 273, mit ausführlichen Hinweisen auf die Rechtsprechung. Zum **Beschwerdewert,** wenn ein Kläger seine ursprünglich auf 1200,00 Mark der früheren Deutschen Demokratischen Republik gerichtete Klage auf einen nominell gleichen Betrag in Deutscher Mark umstellt, vgl. *LAG Berlin* 19.10.1990, 6 Sa 79/90, LAGE § 64 ArbGG 1979 Nr. 24. Der **Beschwerdewert einer Bruttolohnklage** ist ohne Rücksicht auf die Arbeitgeberanteile zur Sozialversicherung zu bestimmen.[39] Zahlt die erstinstanzlich unterlegene Partei auf Grund des vorläufig vollstreckbaren Titels, so entfällt nicht die Beschwer, auch ein Rechtsmittelverzicht liegt nicht vor, vielmehr ist davon auszugehen, dass nur zur Abwendung der Zwangsvollstreckung gezahlt wurde.[40]

10a

---

34 BAG 27.1.2004, 1 AZR 105/03, EzA § 64 ArbGG 1979 Nr. 39; LAG Berlin 13.9.2005, 3 Sa 696/05.
35 4 Sa 53/86, LAGE § 1 LohnFG Nr. 17.
36 12 Sa 108/78, LAGE § 63 HGB Nr. 7.
37 LAG Berlin 5.7.1990, 6 SHa 1/90, LAGE § 64 ArbGG 1979 Nr. 23.
38 BAG 2.3.1983, 5 AZR 594/82, EzA § 64 ArbGG 1979 Nr. 12; 22.5.1984, 2 AZB 25/82, EzA § 64 ArbGG 1979 Nr. 14: 11.6.1986, 5 AZR 512/83, EzA § 64 ArbGG 1979 Nr. 17; 13.1.1988, 5 AZR 410/87, EzA § 64 ArbGG 1979 Nr. 22. Aus der Rechtsprechung: LAG Köln 21.11.1986, 5 Sa 984/86, LAGE § 64 ArbGG 1979 Nr. 13; LAG Hamm 16.7.1987, 10 Sa 113/87, LAGE § 64 ArbGG Nr. 16; 5.10.1990, 5 Sa 344/90, LAGE § 64 ArbGG 1979 Nr. 25.
39 LAG Düsseldorf 23.10.1990, 3 Sa 1078/90, LAGE § 64 ArbGG 1979 Nr. 26.
40 LAG Köln 10.2.2006, 11(13) Sa 1214/05.

3. Rechtsstreitigkeiten über das Bestehen, das Nichtbestehen oder die Kündigung eines Arbeitsverhältnisses

10b In diesen Fällen ist eine Berufung streitwertunabhängig und ohne besondere Zulassung statthaft. Eine solche Bestandsstreitigkeit ist auch dann gegeben, wenn der Arbeitnehmer nur den Fortbestand des Arbeitsverhältnisses bis zu einem bestimmten Zeitpunkt geltend macht.[41] Es kommt hier nicht auf den wirtschaftlichen Wert der Klage an. Der großen sozialen Bedeutung des Arbeitsverhältnisses für den Arbeitnehmer wird Rechnung getragen.

4. Anschlussberufung

11 Die nach § 524 ZPO, der auch im arbeitsgerichtlichen Verfahren anwendbar ist, zulässige **Anschlussberufung** muss durch Einreichung eines entsprechenden Schriftsatzes beim Berufungsgericht eingelegt werden. Sie kann nicht zu Protokoll der Geschäftsstelle erklärt werden.[42] Die Anschließung ist bis zum Ablauf der Berufungserwiderungsfrist zulässig. Wegen der gesetzlichen Beantwortungsfrist von einem Monat nach Zustellung der Berufungsbegründung, § 66 Abs. 1 S. 3 ArbGG ist das die maßgebliche Frist, es sei denn, die Berufungsbegründungsfrist wurde nach § 66 Abs. 1 S. 5 ArbGG verlängert, dann verlängert sich die Anschlussberufungseinlegungsfrist entsprechend.[43] Die nur noch mögliche unselbständige Anschlussberufung verliert mit dem Fortfall der Hauptberufung ihre Wirksamkeit. Das gilt auch dann, wenn über die mit der Hauptberufung geltend gemachten Ansprüche ein Vergleich geschlossen wird.[44] Die Anschlussberufung ist in der Anschlussschrift zu begründen, § 524 Abs. 3 ZPO. Formuliert eine Partei in einem Schriftsatz an das LAG, auch die Gegenseite habe separat Berufung eingelegt, so dass die Sache ohnehin anhängig geblieben sei, liegt eine Anschlussberufung vor.[45] Zu ihrem erforderlichen Inhalt vgl. § 66 Rn. 31.

5. Berufung gegen zweite Versäumnisurteile

11a **Eine unverschuldete Säumnis** i.S.v. § 64 Abs. 2 Buchst. d), § 514 Abs. 2 ZPO liegt nicht schon dann vor, wenn eine Partei tatsächlich unverschuldet daran gehindert ist, den Gerichtstermin wahrzunehmen. Die

---

41 LAG Düsseldorf 28.9.2001, 18 Sa 844/01, LAGE § 64 ArbGG 1979 Nr. 36.
42 BAG 5.12.1981, 4 AZR 251/79, EzA § 522a ZPO Nr. 1.
43 HWK/*Kalb* 2.Aufl., § 64 ArbGG Rn. 40 m.w.N Fn. 11; BAG 6.9.2006, 5 AZR 644/05, Rn. 20.
44 BAG 14.5.1976, 2 AZR 539/75, EzA § 522 ZPO Nr. 1.
45 LAG Hamm 15.3.2007, 8 Sa 1787/06, (II 1) juris.

unverschuldete Säumnis erfordert neben der unverschuldeten Verhinderung zusätzlich, dass die säumige Partei im Rahmen des Möglichen und Zumutbaren alles versucht hat, um dem Gericht die Verhinderung rechtzeitig mitzuteilen und ihm mindestens die Möglichkeit zur Vertagung nach § 337 ZPO zu geben. Unterlässt es die säumige Partei, das Gericht von ihrer Verhinderung rechtzeitig zu informieren, obwohl es ihr möglich und zumutbar war, war der Erlass des zweiten Versäumnisurteils für sie nicht unabwendbar; es kann nicht mehr mit Erfolg angefochten werden. Fehlt der insoweit erforderliche Sachvortrag oder ist er nicht schlüssig, ist die Berufung als unzulässig zu verwerfen.[46] Anders soll es sein, wenn nach einem nicht vollstreckbaren erstinstanzlichen Feststellungsurteil, das zur Gewährung von Urlaub verpflichtet, dieser Urlaub gewährt wird, bevor Berufung eingelegt wurde.[47]

6. Anwendung des § 69 Abs. 2

Zur Anwendung des § 69 Abs. 2 ArbGG (§ 543 Abs. ZPO a.F.) vgl. § 69 Rn. 2. **12**

II. Rücknahme der Berufung

Die Berufung kann **ganz oder teilweise zurückgenommen** werden. **13** Eine entgegen dem Vertretungszwang[48] von der Partei selbst eingelegte Berufung kann von ihr auf die gleiche Weise wirksam zurückgenommen werden.[49] Für die Rücknahme einer solchen Berufung die Einschaltung eines Rechtsanwalts oder einer nach § 11 Abs. 2 zugelassenen Person zu verlangen, wäre eine den Berufungskläger unbillig belastende und dem Gesetzeszweck nicht entsprechende leere Förmelei. Der Zweck des Vertretungszwangs, zu einer möglichst sachgerechten Durchführung des Berufungsverfahrens beizutragen, spielt bei der Rücknahme einer unzulässigen Berufung, die von der Partei selbst eingelegt wurde, keine Rolle.[50]

Beträgt der Beschwerdewert nach der teilweisen Rücknahme der Beru- **13a** fung nur noch 600,00 Euro oder weniger, so ist dies unschädlich für die Zulässigkeit des Rechtsmittels, es sei denn, die Ermäßigung ist willkürlich erfolgt.[51] Die Zurücknahme der Berufung hat nach § 516 Abs. 3 S. 1

---

46 Vgl. z.B. LAG Hamm 18.8.2006, 10 Sa 177/06.
47 Hess. LAG 11.11.1985, 11 Sa 460/85, LAGE § 64 ArbGG 1979 Nr. 11.
48 Vgl. dazu § 66 Rn. 22.
49 LG Bremen 21.8.1978, 7 S 293/78, NJW 1979, 987.
50 BGH 22.3.1994, XI ZB 3/94, NJW-RR 1994, 759; Niedersächsisches OVG 13.8.1999, 7 L 3255/99, juris.
51 Vgl. oben Rn. 10.

ZPO die Verpflichtung zur Folge, die durch das Rechtsmittel **entstandenen Kosten** zu tragen. Dazu gehören auch die Kosten einer unselbständigen **Anschlussberufung**. Die Rücknahme der Berufung ist mit Einwilligung des Gegners auch nach Verkündung des Berufungsurteils bis zum Eintritt der Rechtskraft möglich.[52] Die Einwilligung des Berufungsbeklagten ist vor Verkündung des Berufungsurteils nicht nötig. Eine »Flucht in die Rücknahme der Berufung« durch den Arbeitgeber nach Erörterung der Sach- und Rechtslage, um dem in der Berufungserwiderung angekündigten Auflösungsantrag des Arbeitnehmers nach §§ 9, 10 KSchG zu entgehen, ist nicht möglich, auch wenn noch keine Anträge gestellt worden waren. Die mündliche Verhandlung vor der Berufungskammer endet nicht mit der Rücknahme. Der rechtshängige Auflösungsantrag ist zu verbescheiden.[53] Bei Verwerfung der Hauptberufung als unzulässig fallen die Kosten der Anschlussberufung dem Abschlussberufungsführer zur Last, er hatte sich einer unzulässigen Berufung angeschlossen.[54] Das gilt auch bei unzulässiger oder zurückgenommener oder unbegründeter Anschlussberufung: Die Kosten werden verhältnismäßig geteilt, § 92 Abs. 1 ZPO. Hat eine Partei ein Rechtsmittel, das vor Zustellung des Urteils eingelegt worden war, in der erkennbaren Absicht zurückgenommen, es nach Zustellung des Urteils erneut einzulegen, so hat das Gericht nicht nach § 516 Abs. 3 ZPO über die Kosten der Zurücknahme zu entscheiden, da eine einheitliche Entscheidung geboten ist.[55]

14 Im Berufungsverfahren gelten nach § 64 Abs. 7 schließlich bestimmte Verfahrensvorschriften der 1. Instanz.[56] Durch das Gesetz zur Änderung des Sozialgerichtsgesetzes und des Arbeitsgerichtsgesetzes vom 26.3.2008 (BGBl. I S. 444, 448) wurde mit Wirkung ab 1.4.2008 durch Art. 2 Nr. 8 die Angabe »§ 55 Abs. 1, 2 und 4« durch die Angabe »§ 55 Abs. 1 Nr. 1–9, Abs. 2 und 4« ersetzt. § 55 Abs. 1 Nr. 10 ist nicht genannt. Wegen der besonderen Bedeutung des landesarbeitsgerichtlichen Urteils für die Revision sollen die ehrenamtlichen Richter bei der Berichti-

---

52 BAG 20.12.2007, 9 AZR 1040/06, erfolgt bei Rücknahme der Berufung mit Einwilligung des Beklagten, der in der Berufungsinstanz unterlegen war, und wird die vom Beklagten eingelegte Revision (nicht die Hauptsache!) übereinstimmend für erledigt erklärt, hat der Beklagte die Kosten der Revision zu tragen: Er hat sich in die Rolle des Unterlegenen begeben.
53 LAG Bremen 29.6.2006, 3 Sa 222/05, LAGE § 9 KSchG Nr. 38, Revision anhängig, 2 AZR 720/06.
54 *Thomas/Putzo/Reichold* 25. Aufl., § 516 Rn. 11.
55 BAG 12.11.1976, 5 AZR 261/76, EzA § 519b ZPO Nr. 3.
56 Vgl. z.B. BAG 19.2.2008, 9 AZN 777/07, n.v., zu § 64 Abs. 7 i.V.m. § 52 S. 1 (Öffentlichkeit); BVerwG 31.1.2008, 2 A 4/06, NJW 2008, 1398 Rn. 17 (§ 64 Abs. 7 i.V.m. § 56 Abs. 1 S. 2 Nr. 1 und 2).

Grundsatz § 64

gung des Tatbestandes – anders als in der ersten Instanz – beteiligt werden. Die Beschränkung des Alleinentscheidungsrechts des Vorsitzenden auf das erstinstanzliche Verfahren trägt zugleich dem Umstand Rechnung, dass die Entscheidung in der zweiten Instanz auch von den ehrenamtlichen Richtern unterschrieben wird. Sie sollen deshalb an der Berichtigung des Tatbestandes des Landesarbeitsgerichtlichen Urteils auch dann beteiligt sein, wenn die Berichtigung außerhalb der mündlichen Verhandlung erfolgt.[57] Vgl. insoweit die Ausführungen zu den genannten Bestimmungen.

Der Vorsitzende erlässt den Kostenbeschluss i.S.d. §§ 64 Abs. 6 ArbGG, 91a Abs. 1 ZPO nach §§ 64 Abs. 7, 53 Abs. 1 S. 1 ArbGG allein, wenn die Parteien den Rechtsstreit außerhalb der mündlichen Verhandlung für erledigt erklärt haben. Wird der Rechtsstreit in der mündlichen Verhandlung vor der Berufungskammer übereinstimmend für erledigt erklärt, ist der Kostenbeschluss von der voll besetzten Kammer zu erlassen, arg. § 349 Abs. 2 ZPO.[58] Entsprechendes gilt für die Rücknahme der Berufung, den Verzicht auf die Berufung, das Anerkenntnis und die Säumnis.[59] 15

Der Beschluss, mit dem eine Berufung als unzulässig verworfen wird, ergeht ohne Mitwirkung der ehrenamtlichen Richter, § 66 Abs. 2 i.d.F. des Gesetzes zur Änderung des SGG und des ArbGG erweitert die Entscheidungsbefugnis des Vorsitzenden auf die Verwerfung einer unzulässigen Berufung (vgl. dort Rn. 44). Bei »Säumnis einer Partei« in der mündlichen Verhandlung vor der Berufungskammer entscheidet der Vorsitzende allein nach § 55 Abs. 1 Nr. 4, der über § 64 Abs. 7 auch im Berufungsverfahren anzuwenden ist. Kann das vom Berufungskläger begehrte Versäumnisurteil nicht ergehen, etwa weil das Vorbringen des Berufungsklägers nicht geeignet ist, den Erlass eines klagezusprechenden Versäumnisurteils zu rechtfertigen, so dass die Berufung zurückzuweisen ist, § 539 Abs. 2 ZPO, entscheidet der Vorsitzende allein.[60] Die Anwesenheit ehrenamtlicher Richter in der Berufungsverhandlung steht nicht entgegen. Die Entscheidungsfindung hat allein durch den Vorsitzenden zu erfolgen. Die Heranziehung der ehrenamt- 16

---

57 Entwurf S. 38 Begr. zu Nr. 8 (§ 64 Abs. 7); *Francken/Natter/Rieker* NZA 2008, 377, 379.
58 LAG Hamm 15.12.2005, 4 Sa 1613/04; str. a.A. die wohl h.M. vgl. z.B. HWK/ *Kalb* § 64 Rn. 52; *Hauck/Helml* § 64 Rn. 13a.
59 A.A. LAG Berlin 14.7.1997, 9 Sa 52/97, LAGE § 626 BGB Nr. 108 (II1b).
60 LAG Hamm 12.2.2007, 16 Sa 1366/06; *Schwab/Weth/Schwab* 2. Aufl., § 64 Rn. 241, 244; die gegenteilige Auffassung, z.B. LAG Düsseldorf 25.7.2003, 14 Sa 522/03, LAGE § 66 ArbGG 1979 Nr. 19 wird im Lichte des § 66 Abs. 2 n.F. nicht mehr vertreten werden können.

lichen Richter ist unzulässig.[61] Das gilt auch für die Entscheidung über die Wiedereinsetzung gegen die Versäumung der Berufungs- und/oder der Berufungsbegründungsfrist, arg. § 238 ZPO.

17 § 49 Abs. 1 und 3 sind auf die Ablehnung von Richtern entsprechend anwendbar. Über das Ablehnungsgesuch entscheidet die Kammer des Landesarbeitsgerichts. Für den abgelehnten Richter ist der nächstberufene Vertreter heranzuziehen. Werden alle Richter einer Kammer in der amtierenden Besetzung abgelehnt, entscheiden die jeweiligen Vertreter. Bei Ablehnung sämtlicher Vorsitzender eines Landesarbeitsgerichts entscheidet der nach der Geschäftsverteilung des Bundesarbeitsgerichts zuständige Senat unter Hinzuziehung der ehrenamtlichen Richter.[62]

18 Erscheint der Berufungsbeklagte im Termin zur mündlichen Verhandlung vor der Berufungskammer nicht und beantragt der Berufungsführer ein Versäumnisurteil, so ist das tatsächliche mündliche Vorbringen des Berufungsklägers als zugestanden anzusehen, § 539 Abs. 2 S. 1 ZPO. Soweit es den Berufungsantrag rechtfertigt, ist nach dem Antrag zu erkennen, § 539 Abs. 2 S. 1 Hs. 1 ZPO. Erscheint der Berufungskläger nicht, ist seine Berufung auf Antrag des Berufungsbeklagten durch Versäumnisurteil zurückzuweisen, § 539 Abs. 1 ZPO. Wegen der Verweisung auf § 59 beträgt die Einspruchsfrist gegen ein Versäumnisurteil des LAG **nur eine Woche.** Die Partei kann den Einspruch wirksam selbst durch Abgabe einer Erklärung zur Niederschrift der Geschäftsstelle einlegen.[63]

19 § 64 Abs. 7 nennt § 46 nicht. Deshalb ist § 128 Abs. 2 S. 1 ZPO anwendbar. Die Kammer kann mit Zustimmung der Parteien ohne mündliche Verhandlung entscheiden.[64]

20 § 227 Abs. 3 ZPO, der einen Anspruch auf Terminsverlegung für die Zeit vom 1. Juli bis 31. August einräumt, ist im Verfahren vor den Landesarbeitsgerichten anwendbar.[65]

21 Berufungen in Rechtsstreitigkeiten über das Bestehen oder Nichtbestehen oder die Kündigung eines Arbeitsverhältnisses sind vorrangig zu erledigen. Diese Vorschrift dürfte keine allzu großen praktischen Auswirkungen haben. Der Termin muss nach § 66 Abs. 2 S. 1 unverzüglich

---

61 LAG Hamm 12.2.2007, 16 Sa 1366/06; s.o. § 55 Rn. 2; krit. *Schwab/Weth/Schwab* § 64 Rn. 241, 244.
62 GMPM-G/*Germelmann* § 64 Rn. 122.
63 BAG GS 10.7.1957, GS 1/57, AP ArbGG 1953 § 64 Nr. 5.
64 GK-ArbGG/*Vossen* § 64 Rn. 131, 129.
65 GK-ArbGG/*Vossen* § 64 Rn. 131 m. Hinw. auf die Gegenansicht.

Grundsatz § 64

bestimmt werden. Das kann nur an bereiter Stelle erfolgen, denn es wird sich nicht durchsetzen, dass der Vorsitzende bereits anberaumte Termine abzusetzen hat, um dem § 64 Abs. 8 Rechnung zu tragen. Deshalb dürfte § 64 Abs. 8 wohl nur die Bestimmung einer allgemeinen Prozessförderungspflicht enthalten, die auch ohnehin anzunehmen wäre.

§ 65 Beschränkung der Berufung

Das Berufungsgericht prüft nicht, ob der beschrittene Rechtsweg und die Verfahrensart zulässig sind und ob bei der Berufung der ehrenamtlichen Richter Verfahrensmängel unterlaufen sind oder Umstände vorgelegen haben, die die Berufung eines ehrenamtlichen Richters zu seinem Amte ausschließen.

1 § 65 ist durch Art. 6 des Gesetzes zur Neuregelung des verwaltungsgerichtlichen Verfahrens vom 17.12.1990 (BGBl. I S. 2809) und durch Art. 30 Nr. 7 des Gesetzes zur Reform des Zivilprozesses vom 27.7.2001 (BGBl. I S. 1877) neu gefasst worden. Die Entscheidung über den beschrittenen Rechtsweg, die richtige Verfahrensart und die sachliche oder örtliche Zuständigkeit soll abschließend und eine Prüfung in der Berufungsinstanz nicht mehr möglich sein.

2 Das Arbeitsgericht prüft von Amts wegen, ob der eingeschlagene Rechtsweg der richtige ist. Bei Unzulässigkeit des Rechtsweges ergeht nach Anhörung der Parteien Beschluss des Arbeitsgerichts – durch die vollbesetzte Kammer –, dass der Rechtsweg zu den Gerichten für Arbeitssachen unzulässig ist und der Rechtsstreit an das ... verwiesen wird, also keine Abweisung der Klage als unzulässig. Der Beschluss ist für das Gericht, an das verwiesen wurde, hinsichtlich des Rechtsweges bindend (§ 17a Abs. 2 S. 1 GVG), allerdings ist innerhalb dieses Rechtswegs eine Weiterverweisung möglich. Hält das Arbeitsgericht den Rechtsweg zu den Arbeitsgerichten für gegeben, so kann es dies durch Beschluss nach pflichtgemäßem Ermessen vorab aussprechen (§ 17a Abs. 3 S. 1 GVG). Dies muss es tun, wenn eine Partei die Zulässigkeit des Rechtswegs leugnet (Rechtswegrüge, § 17a Abs. 3 S. 2 GVG). Der Beschluss des Arbeitsgerichts, mit dem es den Rechtsweg zu den Arbeitsgerichten für zulässig oder für unzulässig erklärt hat, ist mit der sofortigen Beschwerde anfechtbar. Das Hauptsacheverfahren ist bis zur Rechtskraft des den Rechtsweg klärenden Beschlusses gem. § 148 ZPO auszusetzen.[1] Das Landesarbeitsgericht kann gegen seine Entscheidung die weitere Beschwerde zulassen (§ 17a Abs. 4 S. 4 GVG). Ist auf diese Weise die Frage des Rechtsweges rechtskräftig entschieden, ist eine Überprüfung im Hauptsacheverfahren grundsätzlich ausgeschlossen. Eine Ausnahme besteht nur dann, wenn das Arbeitsgericht nicht vorab entschieden hatte, obwohl die Zulässigkeit des Rechtsweges gerügt worden war. In einem solchen Fall entscheidet das Landesarbeitsgericht vorab durch Beschluss, unabhängig davon, ob Be-

---

1 BAG 26.3.1992, 2 AZR 443/91, § 48 ArbGG 1979 Nr. 5.

schwerde oder Berufung gegen das Urteil eingelegt worden war. Ist die Verweisung des Rechtsstreits trotz Unzulässigkeit des Rechtsweges zu den Gerichten für Arbeitssachen entgegen § 17a Abs. 2 GVG unterblieben, so ist das vom Landesarbeitsgericht hinzunehmen.[2]

Die Berufung kann nicht mit Erfolg auf Mängel gestützt werden, die bei der Anwendung der §§ 20 bis 23 entstanden sind. Mängel bei der Berufung der ehrenamtlichen Richter nach § 20[3] oder das Fehlen der Berufungsvoraussetzungen der §§ 21 bis 23 können somit vom Rechtsmittelkläger nicht mit Erfolg gerügt werden (vgl. aber § 21 Abs. 5). 3

§ 65 erstreckt sich nicht auf andere Gründe, die z.B. die ordnungsgemäße Besetzung des Gerichts betreffen. Insoweit gelten die allgemeinen Grundsätze, d.h., die fehlerhafte Besetzung des Gerichts kann auch mit der Berufung gerügt werden. Zu beachten ist jedoch § 68, so dass derartige Rügen für den Rechtsmittelkläger praktisch nur dann zum Erfolg führen, wenn er auch in der Sache Erfolg hat. 4

---

2 LAG München 6.10.2005, 3 Sa 381/05.
3 Vgl. BAG 28.8.1985, 5 AZR 616/84, EzA § 43 ArbGG 1979 Nr. 1.

§ 66 Einlegung der Berufung, Terminbestimmung

(1) ¹Die Frist für die Einlegung der Berufung beträgt einen Monat, die Frist zur Begründung der Berufung zwei Monate. ²Beide Fristen beginnen mit der Zustellung des in vollständiger Form abgefassten Urteils, spätestens aber mit Ablauf von fünf Monaten nach der Verkündung. ³Die Berufung muß innerhalb einer Frist von einem Monat nach Zustellung der Berufungsbegründung beantwortet werden. ⁴Mit der Zustellung der Berufungsbegründung ist der Berufungsbeklagte auf die Frist für die Berufungsbeantwortung hinzuweisen. ⁵Die Fristen zur Begründung der Berufung und zur Berufungsbeantwortung können vom Vorsitzenden einmal auf Antrag verlängert werden, wenn nach seiner freien Überzeugung der Rechtsstreit durch die Verlängerung nicht verzögert wird oder wenn die Partei erhebliche Gründe darlegt.

(2) ¹Die Bestimmung des Termins zur mündlichen Verhandlung muss unverzüglich erfolgen. ²§ 522 Abs. 1 der Zivilprozessordnung bleibt unberührt; die Verwerfung der Berufung ohne mündliche Verhandlung ergeht durch Beschluss des Vorsitzenden. ³§ 522 Abs. 2 und 3 der Zivilprozessordnung findet keine Anwendung.

Übersicht	Rn.
A. Allgemeines	1
B. Berufung	3
I. Einlegung der Berufung	3
II. Rücknahme der Berufung	5
III. Berufungsfrist	6
1. Lauf der Berufungsfrist	9
2. Ende der Berufungsfrist	10
3. Berufungsbeantwortungsfrist	11
IV. Urteil im einstweiligen Verfügungsverfahren	12
V. Versäumung der Berufungsfrist	13
VI. Fallgruppen	16
1. Organisationspflicht des Rechtsanwalts	16
2. Büropersonal	17
3. Krankheit der Partei	18
4. Postverkehr	19
5. Prozesskostenhilfe	20
6. Unzutreffende oder fehlerhafte Rechtsmittelbelehrung	20d
VII. Fristablauf	21
VIII. Einreichung der Berufungsschrift	22
IX. Berufungsbegründung	31
X. Verwerfung der Berufung	44

Einlegung der Berufung, Terminbestimmung § 66

A. Allgemeines

Das Rechtsmittel der Berufung ist zeitlich begrenzt. Nach § 66 betragen 1 die Frist für die Berufung einen Monat nach wirksamer Zustellung des erstinstanzlichen Urteils in vollständiger Form und die Berufsbegründung zwei Monate nach wirksamer Zustellung des erstinstanzlichen Urteils in vollständiger Form. Nach Ablauf der Frist von fünf Monaten seit Verkündung des Urteils beginnt die einmonatige Einlegungsfrist, wenn bis Ablauf der Fünf-Monats-Frist keine Zustellung des Urteils in vollständiger Form erfolgt ist. Nach Ablauf von sechs Monaten seit der Verkündung des Urteils ist das Urteil rechtskräftig.

Die Verlängerung der Berufungsbegründungs- sowie der Berufungsbe- 2 antwortungsfrist ist nur einmal zulässig. Die Berufungsfrist beträgt stets einen Monat. Die Form der Zustellung ist dabei ohne Bedeutung. Die Fristberechnung folgt aus den §§ 222 ZPO, 187, 188 BGB. Fällt das Ende der Berufungsfrist auf einen Sonntag, einen Sonnabend oder einen gesetzlichen Feiertag, so verlängert sich die Frist nach § 222 Abs. 2 ZPO, sie endet dann mit Ablauf des nächsten Werktages. Abzustellen ist auf den Ort, an dem das Rechtsmittel einzulegen ist. Ist der Tag dort kein gesetzlicher Feiertag, so greift § 222 Abs. 2 ZPO nicht ein.[1] Die Fünf-Monatsfrist ist keine gesetzliche Frist, insbesondere keine Notfrist. § 222 Abs. 2 ZPO gilt für diese nicht.[2]

B. Berufung

I. Einlegung der Berufung

Die Berufungseinlegung setzt die Existenz des Urteils voraus. Vor der Ver- 3 kündung des Urteils liegt allenfalls ein Urteilsentwurf vor, gegen den das Rechtsmittel der Berufung unzulässig ist. Die Partei kann vor allem auch nicht bereits während des Verfahrens vorsorglich Berufung einlegen. Das Rechtsmittel der Berufung ist bedingungsfeindlich.[3] Konsequenz dieser Auffassung ist die Notwendigkeit der Wiederholung der Einlegung des Rechtsmittels, selbst wenn vor einer Entscheidung des Berufungsgerichts über die eingelegte Berufung das Urteil verkündet wird.[4]

---

1 BAG 16.1.1989, 5 AZR 579/88, EzA § 222 ZPO Nr. 1.
2 *Thomas/Putzo/Reichold* § 517 Rn. 4; *GMPM-G/Germelmann* § 66 Rn. 17; BAG 17.2.2000, 2 AZR 350/99, EzA § 551 ZPO Nr. 8.
3 BAG 13.8.1985 AP Nr. 22 zu § 72a ArbGG 1979.
4 *GMPM-G/Germelmann* § 66 Rn. 14; a.A. *Stein/Jonas/Grunsky* § 516 Rn. 11 für den Fall, dass für die Einlegung der Berufung vor Erlass des Urteils ein praktisches Bedürfnis besteht; *Thomas/Putzo/Reichold* § 517 Rn. 1.

4 Der Rechtsmittelkläger kann schon **vor der Zustellung** des Urteils wirksam Berufung einlegen.[5] Dabei hat er aber zu bedenken, dass die **Berufungsbegründungsfrist** mit der Zustellung des Urteils zu laufen beginnt. Verzögert sich die Zustellung des in vollständiger Form abgefassten Urteils über die Berufungsbegründungsfrist hinaus, so geht er das Risiko ein, eine Berufungsbegründung vorzulegen, die dem § 520 Abs. 3 ZPO nicht genügt, da er die Urteilsgründe nicht kennt. Die Verlängerung der Berufungsbegründungsfrist nach § 66 Abs. 1 S. 5 dürfte kaum zu erreichen sein, da für eine Berufungseinlegung vor der Zustellung des Urteils keine Notwendigkeit besteht. In der Praxis werden diese (verfrühten) Berufungen, falls sie nicht zurückgenommen werden, regelmäßig wegen Versäumung der Berufungsbegründungsfrist nach § 66 Abs. 2 S. 2 i.V.m. § 522 Abs. 1 ZPO als unzulässig verworfen. Allerdings ist eine ordnungsgemäße Begründung des Rechtsmittels vor Zustellung des Urteils möglich, etwa, wenn die Begründung mit verkündet wurde oder auf andere Weise deutlich wurde, welche Gründe zu der Entscheidung geführt haben, so dass eine hinreichende Auseinandersetzung mit den Urteilsgründen der angegriffenen Entscheidung stattfinden kann.[6]

II. Rücknahme der Berufung

5 **Die Rücknahme der Berufung,** die vor der Zustellung des Urteils eingelegt worden war, in der erkennbaren Absicht, sie nach erfolgter Zustellung des Urteils erneut einzulegen, löst keine Kostenentscheidung des Gerichts nach § 516 Abs. 3 ZPO aus, da eine einheitliche Entscheidung geboten ist.[7] Der Kostentragungspflicht kann der Berufungskläger nicht entgehen, wenn die (verfrüht) eingelegte Berufung als unzulässig verworfen wird.

Der Berufungskläger kann trotz der Verwerfung der Berufung erneut Berufung einlegen, **falls die Berufungsfrist noch nicht abgelaufen** oder wegen ihrer Versäumung Wiedereinsetzung in den vorigen Stand gewährt worden ist. Wird gegen das Urteil sofort nach Verkündung Berufung eingelegt, diese dann wegen Versäumung der Berufungsbegründungsfrist nach den §§ 66 Abs. 2 S. 2 i.V.m. § 522 Abs. 1 ZPO verworfen, so beginnt mit der danach erfolgten Zustellung des Urteils die Berufungsfrist zu laufen. Die Rechtskraft des Verwerfungsbeschlusses steht dem nicht entgegen. Durch ihn wurde nur festgestellt, dass die

---

5 BAG 17.2.1961, 1 AZR 287/59, AP Nr. 16 zu § 519 ZPO; *Dütz* Anm. zu LAG München EzA Art. 9 GG Arbeitskampf Nr. 35; vgl. BAG 22.2.2008, 3 AZB 56/07.
6 Vgl. BAG 16.4.2003, 4 AZR 367/02, EzA § 74 ArbGG 1979 Nr. 3.
7 BAG 12.11.1976, 5 AZR 271/76, EzA § 519b ZPO Nr. 3.

III. Berufungsfrist

Nach § 66 Abs. 1 S. 2 beginnt die Berufungsfrist von einem Monat mit der **Zustellung** des in vollständiger Form abgefassten Urteils[9], spätestens aber mit dem Ablauf von **fünf Monaten nach der Verkündung**.

Daran ändert ein späterer **Berichtigungsbeschluss**, § 319 Abs. 1 ZPO, nichts. Eine Berichtigung des Urteils wegen Schreibfehlern, Rechnungsfehlern und ähnlichen offenbaren Unrichtigkeiten beeinflusst grundsätzlich nicht den Beginn und die Dauer der Berufungsfrist.[10] Das gilt im arbeitsgerichtlichen Verfahren nicht für unrichtig erteilte Rechtsmittelbelehrungen. Der Schutz des § 9 Abs. 5 S. 3 und 4 ArbGG ist umfassend und schließt offenbare Unrichtigkeiten i.S.v. § 319 Abs. 1 ZPO ein, soweit das Richtige nicht selbst offenbar ist.[11] Im Übrigen beginnt ausnahmsweise dann mit der Bekanntgabe des Berichtigungsbeschlusses die Berufungsfrist neu, wenn das Urteil insgesamt nicht klar genug war, um die Grundlage für die Entschließung und das weitere Handeln der Parteien und für die Entscheidung des Berufungsgerichts zu bilden. Der Irrtum des Gerichts darf sich nicht dahin auswirken, dass die Rechtmittelmöglichkeiten einer Partei beeinträchtigt oder gar vereitelt werden, etwa, wenn sich die Beschwer der Partei erst aus dem Berichtigungsbeschluss ergibt.[12] Außerdem besteht die Möglichkeit, im Hinblick auf den Berichtigungsbeschluss gem. § 66 Abs. 1 S. 5 eine Verlängerung der Berufungsbegründungsfrist zu beantragen.[13]

Ergeht innerhalb der Berufungsfrist ein **Ergänzungsurteil**, § 321 ZPO, so beginnt mit dessen Zustellung eine neue Berufungsfrist gegen das Haupturteil.[14] Nach Ablauf der Berufungsfrist gegen das Haupturteil,

---

8 Vgl. BGH 7.5.1981, VII ZR 366/80, NJW 1981, 1962; RG GSZ RGZ 158, 53, gegen RGZ 147, 313; *Zöller/Schneider* § 519b Rn. 5; a.A. *Stein/Jonas/Grunsky* § 516 Rn. 10 und § 519b Rn. 15.
9 Der Lauf der Rechtsmittelfrist kann nicht durch eine schuldhaft verzögerte Unterzeichnung des Empfangsbekenntnisses hinausgeschoben werden, vgl. LAG Nürnberg 26.6.2007, 2 Sa 163/07, Revisionsbeschwerde eingelegt, 3 AZB 28/07.
10 BAG 15.8.2001, 7 ABR 53/00, EzA § 66 ArbGG 1979 Nr. 32.
11 BAG 13.4.2005, 5 AZB 76/04, EzA § 9 ArbGG 1979 Nr. 16 (B5).
12 BGH 9.11.1994, XII ZR 184/93, NJW 1995, 533.
13 Darauf weist das Hess. LAG ausdrücklich hin, 25.4.2005, 7 Sa 151/04.
14 GK-ArbGG/*Vossen* § 66 Rn. 32.

§ 66 Einlegung der Berufung, Terminbestimmung

unterliegt nur das Ergänzungsurteil als Teilurteil der Berufung, wenn die Voraussetzungen für eine statthafte Berufung gegeben sind.[15]

7 Die Zustellung des Urteils an die einzelnen Parteien erfolgt oft nicht an demselben Tag. Der Fristbeginn und der Fristablauf ist für jeden Berufungskläger getrennt festzustellen.

8 Die **Rechtsmittelbelehrung** nach § 9 Abs. 5 ist Teil der Entscheidung (§ 9 Abs. 5 S. 1). Sie muss vom Gericht unterschrieben werden (vgl. § 60 Abs. 4 S. 1, d.h. vom Vorsitzenden der Kammer). Ist das nicht der Fall, so ist die Zustellung des Urteils nicht ordnungsgemäß, d.h., die Berufungsfrist wird nicht in Lauf gesetzt.[16] Dann gilt § 5 Abs. 5 S. 4. Ist die Zustellung der gesamten Entscheidung unterblieben, sind allein die §§ 66 Abs. 1 S. 2, 74 Abs. 1 anzuwenden. Die Rechtsmittelfristen – Berufung, Revision – beginnen spätestens fünf Monate ab Verkündung des Urteils zu laufen (vgl. oben Rn. 1, 6).

1. Lauf der Berufungsfrist

9 Der **Lauf der Berufungsfrist beginnt** spätestens mit dem Ablauf von fünf Monaten nach der Verkündung des Urteils. Wird das Urteil überhaupt nicht oder fehlerhaft zugestellt, so würde keine Rechtskraft eintreten. Mit der Regelung des § 66 Abs. 1 S. 2 ist sichergestellt, dass die Berufungsfrist in jedem Falle zu laufen beginnt. Der Partei wird, das ist letztlich der Sinn dieser Regelung, zugemutet, sich beim Gericht zu erkundigen, ob und ggf. welches Terminergebnis vorliegt, insbesondere welche Entscheidung gefällt worden ist.

2. Ende der Berufungsfrist

10 Die Berufungsfrist endet im Falle der Nichtzustellung des arbeitsgerichtlichen Urteils mit Ablauf von sechs Monaten, die Berufungsbegründungsfrist mit Ablauf von sieben Monaten nach der Verkündung des erstinstanzlichen Urteils. Die unterbliebene Rechtsmittelbelehrung führt – anders als nach früherem Recht[17] – nicht zu einer Verlängerung der Berufungsfrist auf 17 Monate.[18]

---

15 *Thomas/Putzo/Reichold* 25. Aufl., § 320 Rn. 6.
16 BAG 6.3.1980, 3 AZR 7/80, EzA § 9 ArbGG 1979 Nr. 1; GMPM-G/*Prütting* § 9 Rn. 36.
17 Vgl. BAG 8.6.2000, 2 AZR 584/99, EzA § 9 ArbGG 1979 Nr. 15: Wegen fehlender Rechtsmittelbelehrung schloss sich die Jahresfrist des § 9 Abs. 5 S. 4 an die Fünf-Monatsfrist des § 516 ZPO a.F. an.
18 BAG 28.10.2004, 8 AZR 492/03, EzA ArbGG 1979 § 66 Nr. 38, std. Rspr. zuletzt 24.10.2006, 9 AZR 709/05, EzA § 66 ArbGG 1979 Nr. 41, die Landesarbeitsgerichte folgen dem, vgl. z.B. Thüringer LAG 10.10.2005, 7/4/7 Sa 196/04.

3. Berufungsbeantwortungsfrist

Die **Berufungsbeantwortungsfrist** beträgt einen Monat nach Zustellung der Berufungsbegründung. Sie dient der Konzentration und Beschleunigung des Berufungsverfahrens. Es soll zügig vorbereitet werden können. Der in § 66 Abs. 1 S. 4 vorgesehene Hinweis darf sich nicht auf die Berufungsbeantwortungsfrist als solche beschränken, sondern muss sich sinnvollerweise auf die Folgen der Nichtbeachtung erstrecken, § 67.[19] Eine einmalige Verlängerung der Berufungsbeantwortungsfrist ist im Gesetz vorgesehen. Die Parteien können eine Abkürzung vereinbaren, § 224 Abs. 1 ZPO.

IV. Urteil im einstweiligen Verfügungsverfahren

Das Urteil im **einstweiligen Verfügungsverfahren,** durch das über den Widerspruch entschieden wird (§§ 936, 925 Abs. 1 ZPO), unterliegt nach allgemeinen Grundsätzen der Anfechtbarkeit. Die Berufungsfrist beträgt einen Monat, und es gelten für den Fristbeginn die oben dargelegten Grundsätze. Wegen der Eilbedürftigkeit wird der Berufungskläger bestrebt sein, möglichst bald die nach § 66 Abs. 2 zu bestimmende mündliche Berufungsverhandlung zu erreichen. Das LAG München[20] hat mit zutreffenden Gründen zugelassen, dass der Berufungskläger die Berufung aufgrund der mündlich verkündeten Urteilsgründe vor der Zustellung des Urteils begründet. In Erfüllung des Justizgewährungsanspruchs des Berufungsklägers hat das Gericht unter Abkürzung der Ladungsfrist auf 24 Stunden nach § 64 Abs. 6 i.V.m. den §§ 525 S. 1, 224 Abs. 2, 226 ZPO Termin bereits auf den folgenden Tag anberaumt, damit in der Sache (Verbot eines Streiks) eine Sachentscheidung ergehen konnte. Einlassungsfrist und Berufungsbeantwortungsfrist des § 66 Abs. 1 S. 3 gelten im summarischen Verfahren der einstweiligen Verfügung nicht.[21]

V. Versäumung der Berufungsfrist

Die Berufungsfrist ist eine **Notfrist.** Sie kann weder **verlängert** noch **verkürzt** werden (§ 224 Abs. 1 S. 2 ZPO). Gegen ihre Versäumung ist nur die Wiedereinsetzung in den vorigen Stand nach § 233 ZPO möglich. Voraussetzung ist, dass die Partei **ohne ihr Verschulden** verhindert war, die Notfrist einzuhalten. Über die Wiedereinsetzung entschei-

---

19 GMPM-G/*Germelmann* § 66 Rn. 26 m.w.N.
20 19.12.1979, 9 Sa 1015/79, EzA Art. 9 GG Arbeitskampf Nr. 35.
21 Vgl. LAG München a.a.O.; LAG Berlin 20.5.1985, 9 Sa 38/85, LAGE § 7 BUrlG Nr. 9; GK-ArbGG/*Vossen* § 66 Rn. 40, 149; GMPM-G/*Germelmann* § 66 Rn. 28.

det die Kammer des Landesarbeitsgerichts (§ 237 ZPO). Das Verschulden des Prozessbevollmächtigten ist nach § 85 Abs. 2 ZPO der Partei zuzurechnen.

14 Diese Grundsätze gelten auch für **Verbandsvertreter**. Die Anforderungen an ihre Sorgfaltspflichten sind in demselben Maße zu stellen wie an Rechtsanwälte. Auch bei der Beurteilung schwieriger Rechtsfragen oder der Kenntnis der höchstrichterlichen Rechtsprechung sind keine Unterschiede zu machen. Das Gesetz (§ 11) geht von der Gleichstellung aus, was auch gleiche Pflichten bedeutet.[22]

15 Zum Verschulden bei der Versäumung der Berufungsfrist ist auf eine umfangreiche Rechtsprechung hinzuweisen,[23] die sich allerdings jeweils stark auf den Einzelfall stützt, d.h., also nur mit gebotener Vorsicht auf andere Fälle zu übertragen sein wird. Der Verschuldensmaßstab des § 233 ZPO ist ein objektiver. Entscheidend ist, ob von einem Bevollmächtigten die übliche Sorgfalt eines ordentlichen Rechtsanwalts beobachtet worden ist.[24]

VI. Fallgruppen

1. Organisationspflicht des Rechtsanwalts

16 Das Verschulden kann in einer unzureichenden Büroorganisation liegen. Zu beachten ist aber, dass es auf Organisationsmängel dann nicht ankommt, wenn der Rechtsanwalt im Einzelfall zuverlässigen Bürokräften ausreichende Anweisungen für die Behandlung eines Schriftstückes gegeben hat.[25]

16a Die Fristenkontrolle muss an Hand eines Fristenkalenders erfolgen.[26] Zur Organisation des Fristenwesens einer Kanzlei gehört es, dass der Rechtsanwalt durch geeignete Anweisungen sicherstellt, dass die Berechnung einer Frist, ihre Notierung auf den Handakten, und die Eintragung im Fristenkalender sowie die Quittierung der Kalendereintragung durch einen Erledigungsvermerk auf den Handakten von der zuständigen Bürokraft zum frühest möglichen Zeitpunkt und im unmittelbaren zeitlichen Zusammenhang vorgenommen werden.[27] Die Verwendung loser Zettel genügt nicht. Die gem. § 66 Abs. 1 S. 2 mit

---

22 A.A. *Grunsky* § 66 Rn. 3.
23 Vgl. z.B. die Übersicht bei *Pentz* NJW 2003, 858 ff.
24 Vgl. BAG 21.1.1987, 4 AZR 86/86, EzA § 233 ZPO Nr. 8.
25 BAG 9.1.1990, 3 AZR 528/89, EzA § 233 ZPO Nr. 12.
26 BGH 5.2.2003, VIII ZB 115/02, NJW 2003, 1815; die Rspr. d. BGH zusammenfassend BGH 22.1.2008, VI ZB 46/07, NJW 2008, 1670.
27 BGH 5.2.2003, VII ZB 115/02, NJW 2003, 1815.

dem Ablauf von fünf Monaten nach der Verkündung des Urteils beginnenden Fristen für die Einlegung und für die Begründung der Berufung müssen bereits im unmittelbaren Zusammenhang mit der Kenntnisnahme von der Verkündung – etwa auf Grund des Eingangs des Protokolls über die mündliche Verhandlung – berechnet, auf der Handakte notiert und im Fristenkalender eingetragen sowie die Eintragung im Fristenkalender durch Erledigungsvermerk auf der Handakte festgehalten werden.[28] Außerdem gehört zur Organisationspflicht des Prozessbevollmächtigten, dass eine Frist im Fristenkalender erst dann gestrichen wird, wenn die zur Fristwahrung notwendige Maßnahme auch tatsächlich durchgeführt worden ist. Postfertig reicht somit nicht aus; Streichung der Notfrist darf erst erfolgen, wenn die Berufungsschrift abgegangen ist.[29]

Kann eine Aufklärung der Ursachen, die in einem Büroversehen liegen, 16b nicht erfolgen, so geht das zu Lasten der Partei, falls sie nicht darlegen kann, dass den von ihr beauftragten Rechtsanwalt kein Verschulden trifft.[30] Das Bundesarbeitsgericht hat diesen Grundsatz übernommen. Verschulden des Büropersonals könne der Partei nicht zugerechnet werden. Die Unaufklärbarkeit gehe **nur dann** zu Lasten einer Partei, wenn das Verschulden des mit der Sache befassten Rechtsanwalts nicht ausgeschlossen werden könne. Ist ein Verschulden auszuschließen, so geht die Unaufklärbarkeit der Gründe für den verspäteten Zugang eines Schriftsatzes nicht zu Lasten der Partei.[31]

2. Büropersonal

Die Rechtsprechung lässt zwar seit langem zu, dass der Rechtsanwalt 17 bestimmte Arbeiten, die bei der Prüfung im Rahmen des § 233 ZPO relevant sind, auf sein Personal überträgt, jedoch darf es sich dabei nur um solche Arbeiten handeln, die einfache Verrichtungen darstellen und keine juristische Schulung verlangen.[32] Diese Tätigkeiten können

---

28 LAG Köln 17.8.2007, 4 Sa 407/07, juris; vgl. auch *Gravenhorst* jurisPR-ArbR 29/2007 Anm. 3 zu BAG 24.10.2006, 9 AZR 709/05, EzA § 66 ArbGG 1979 Nr. 41 (D).
29 Vgl. BGH 9.7.1985, VI ZB 10/85, VersR 1985, 1184; LAG Köln 28.4.1983, 10(6) Sa 422/83, EzA § 233 ZPO Nr. 5; OLG München AnwBl. 1985, 646, zur wirksam organisierten Ausgangskontrolle in Bezug auf die Faxübermittlung von Schriftsätzen an den richtigen Empfänger vgl. LAG Baden-Württemberg 16.3.2007, 7 Sa 115/06, AE 2007, 260: Überprüfung z.B. an Hand eines Verzeichnisses, die Überprüfung des Sendeberichts reicht nicht aus.
30 Vgl. BGH 4.10.1982, II ZB 9/82, VersR 1982, 1167 und 21.2.1983, VIII ZR 343/81, VersR 1983, 401.
31 BAG 9.1.1990, 3 AZR 528/89, EzA § 233 ZPO Nr. 12.
32 BGH 12.12.1984, IV b ZB 103/84, NJW 1985, 1226.

dem Personal zur **selbständigen** Erledigung übertragen werden. Für Fehler braucht die Partei nicht einzutreten, d.h., es ist ihr Wiedereinsetzung zu gewähren, falls bedingt durch einen solchen Fehler die Berufungsfrist versäumt wird. Notwendig ist stets die **sorgfältige Auswahl des Personals** und seine **Überwachung und Belehrung**.

17a **Arbeiten, die übertragen werden können, sind:** Erledigung der ausgehenden Post;[33] Postbeförderung an das Rechtsmittelgericht;[34] Überprüfung der Schriftsätze auf Unterschriften;[35] Berechnung einfacher und im Büro **geläufiger Fristen (sog. Routinefristen)** durch geschultes und zuverlässiges Personal.[36] Der **Ausgangspunkt der Fristberechnung** ist dem Rechtsanwalt vorbehalten.[37]

Arbeiten, die nicht auf das Büropersonal übertragen werden können: Überprüfen der eingehenden Post auf Fristsachen,[38] Überprüfung der Rechtsmittelschrift auf Vollständigkeit, richtige Adressierung,[39] Berechnung von Fristen, die nicht als Routinefristen bezeichnet werden können; Feststellung des Beginns der Berufungsfrist und ihre Sicherstellung sowie die Eintragung des Fristendes in den Fristenkalender, bevor das Empfangsbekenntnis nach § 212a ZPO zurückgesandt wird.[40] Erteilt der Rechtsanwalt seiner zuverlässigen Sekretärin eine konkrete Einzelanweisung, so kann das ein Verschulden der Partei ausschließen.[41] Zur Wiedereinsetzung bei fehlender Unterschrift des Rechtsanwalts vgl. BGH 16.12.1982,[42] aber auch BGH 12.12.1984,[43] wenn fehlende Unterschrift auf Versehen des Büropersonals beruht. Zur Verwendung von **Blankounterschriften** durch das Büropersonal vgl. BAG 28.7.1982.[44]

---

33 BGH 11.7.1979, VIII ZB 22/79, VersR 1979, 1028.
34 OLG Frankfurt 9.4.1987, 1 U 58/87, NJW 1988, 2805; BAG 9.1.1990, 3 AZR 528/89, EzA § 233 ZPO Nr. 12 (auch zur Frage der Beauftragung einer Auszubildenden).
35 Hess. LAG 19.3.2007, 16 Sa 1297/06, Rn. 24 m. Nachw. aus der Rspr. des BGH, juris.
36 BGH 12.12.1965, IV ZR 231/63, NJW 1965, 1021 st. Rspr., a.A. BAG 27.11.1974, 2 AZR 408/74, EzA §§ 232–233 ZPO Nr. 11.
37 BGH 9.5.1980, 12 R 89/79, NJW 1980, 1846; zur Führung des Fristenkalenders BGH 18.5.1983, VII ZB 1/83, VersR 1983, 753.
38 BGH 2.7.1980, IV b ZB 516/80, NJW 1980, 2261.
39 BGH 29.4.1982, I ZB 2/82, VersR 1982, 769; BAG 15.2.1973, 5 AZR 554/72, EzA §§ 232–233 ZPO Nr. 1; BGH 10.7.1985 VersR, IV a ZB 8/85, 1985, 971: Aufführung aller Streitgenossen in der Berufungsschrift als Rechtsmittelkläger.
40 BGH 12.5.1985, IV b ZR 23/85, VersR 1985, 963.
41 Vgl. BAG 28.7.1982, 7 AZR 97/80, EzA § 233 ZPO Nr. 4.
42 VII ZB 31/81, VersR 1983, 271.
43 IV b ZB 103/84, NJW 1985, 1226.
44 7 AZR 97/80, EzA § 233 ZPO Nr. 4.

…

3. Krankheit der Partei

In besonderen Fällen kann die Krankheit der Partei eine Wiedereinsetzung rechtfertigen.[45] Dazu gehört – nach Bundesgerichtshof – auch ein durch eine schwere Krankheit verursachter seelischer Erregungszustand.

4. Postverkehr

Der Rechtsmittelkläger kann sich darauf verlassen, dass ein richtig frankierter, mit der vollständigen und richtigen Anschrift des Rechtsmittelgerichts versehener Brief innerhalb der von der Post bekannt gegebenen Brieflaufzeiten zugeht.[46] Verzögerungen in der Brieflaufzeit können dem Bürger nicht angelastet werden.[47] Beruht die Fristversäumung allein darauf, dass die Berufungsschrift erst am vorletzten Tag zur Post gegeben wurde und **unvollständig adressiert** war (keine Straßenangabe), so ist Wiedereinsetzung zu versagen.[48] Das Bundesarbeitsgericht begründet seine Auffassung mit der dem Urteil beigefügten Rechtsmittelbelehrung, aus der die vollständige Anschrift des Gerichts ersichtlich sei.

Wird die Rechtsmittelschrift unter Angabe einer unrichtigen Nummer per **Telefax** übermittelt, die auf telefonische Anfrage vom Berufungsgericht mitgeteilt wurde, so ist die Wiedereinsetzung gerechtfertigt.[49] Wird die Berufung per **Telefax** eingelegt, so darf die Frist erst im Fristenkalender gelöscht werden, wenn ein ausgedruckter Einzelnachweis vorliegt, der die ordnungsgemäße Übermittlung belegt.[50] Wird infolge eines Papierstaus am gerichtlichen Empfangsgerät die vom Prozessbevollmächtigten unterschriebene Seite nicht empfangen, ist Wiedereinsetzung in den vorigen Stand zu gewähren.[51] Wird die Berufungsschrift infolge der Eingabe einer falschen Faxnummer durch das Büropersonal

---

45 BGH 23.1.1985, IV b ZB 55/84, MDR 1985, 919; strenger BAG 14.2.1964, 1 AZR 427/63, AP Nr. 40 zu § 233 ZPO.
46 BAG 21.8.1975, 5 AZB 15/75, AP Nr. 72 zu § 233 ZPO; BVerfG 4.12.1979, 2 BvR 376/77, EzA § 233 ZPO Nr. 2; BAG 2.6.1987, 3 AZR 692/85, EzA § 233 ZPO Nr. 9; BGH 23.1.2008, XII ZB 155/07, NJW-Spezial 2008, 319: Dieser Grundsatz gilt auch für die Nutzung privater Kurierdienste; zur Problematik der Wahrung von Fristen im Zusammenhang mit Brieflaufzeiten *Volbers* WzS 2003, 289 ff.
47 Vgl. BVerfG 1.12.1982, 2 BvR 607/82, NJW 1983, 1479; 4.12.1979, 2 BvR 376/77, NJW 1980, 769.
48 BAG 2.6.1987, 3 AZR 692/85, EzA § 233 ZPO Nr. 9; a.A. BGH 30.9.1968, II ZB 1/68, BGHZ 51, 1 und 3.7.1984, VI ZB 7–8/84, VersR 1984, 871.
49 BGH 6.10.1988, VII ZB 17/88, NJW 1989, 589.
50 BGH 28.9.1989, VII ZB 9/89, NJW 1990, 187.
51 BGH 23.11.2004, XI ZB 4/04, CR 2005, 273.

an das unzuständige Rechtsmittelgericht übermittelt und dadurch die Rechtsmittelfrist versäumt, ist keine Wiedereinsetzung in den vorigen Stand gegen die Versäumung der Berufungsfrist zu gewähren. Der Rechtsanwalt trägt für die richtige Adressierung seiner Schriftsätze auch bei Übermittlung per Telefax die persönliche Verantwortung. Soweit er die Adressierung seinem Büropersonal überlässt, hat er sie selbst auf Vollständigkeit und Richtigkeit zu überprüfen.[52] Allerdings wird auch angenommen, der Prozessbevollmächtigte müsse die zutreffende Telefaxnummer weder selbst feststellen noch selbst überprüfen. Wegen der Fehlerträchtigkeit der Ermittlung und Eingabe der Faxnummer hat der Rechtsanwalt die möglichen und zumutbaren organisatorischen Vorkehrungen zu treffen, etwa die Anweisung an das Büropersonal, den Sendebericht nicht nur auf die vollständige und fehlerfreie Übermittlung des Textes zu überprüfen, sondern auch auf die richtige Empfängernummer zu kontrollieren. Bei der Tätigkeit einer Auszubildenden im ersten Lehrjahr ist auf die Anweisungen an eine/n erfahrene/n Mitarbeiter/in abzustellen, die/der die Auszubildende zu überwachen hat.[53]

5. Prozesskostenhilfe

20 Der bedürftigen Partei, die deshalb innerhalb der Frist das Rechtsmittel nicht einlegen kann, ist Wiedereinsetzung zu gewähren. Die Partei muss das vollständige Gesuch um die Bewilligung der PKH unter Beifügung aller Unterlagen (dazu gehört auch eine neue Erklärung über die persönlichen und wirtschaftlichen Verhältnisse), für eine Entscheidung **innerhalb der Berufungsfrist** (am letzten Tag ist ausreichend) vorlegen.[54] Eine von der Partei persönlich eingelegte, somit unzulässige Berufung **kann** als Prozesskostenhilfeantrag auszulegen sein. Dies dürfte der Fall sein, wenn der Rechtsmittelführer deutlich macht, er wende sich persönlich an das Gericht, weil er nicht über die Mittel verfüge, sich einen Anwalt leisten zu können.

20a **Wird der Antrag auf PKH bewilligt** oder nur wegen mangelnder Erfolgsaussicht versagt, so ist Wiedereinsetzung zu gewähren. Zur Frist für den Antrag vgl. § 234 ZPO. Hier ist zu beachten: Wann fällt das Hindernis weg?[55] Hat die Partei Prozesskostenhilfe und Beiordnung eines

---

52 OLG Frankfurt 1.3.2004, 23 U 118/03, OLGR Frankfurt 2004, 235 bestätigt von BGH 6.6.2005, II ZB 9/04, NJW-RR 2005, 1373, Verfassungsbeschwerde eingelegt, 1 BvR 1784/05.
53 LAG Nürnberg 8.3.2006, 7 Sa 13/06, AR-Blattei ES 160.11 Nr. 144 m.w.N.
54 BGH 16.3.1983, VI ZB 73/82, NJW 1983, 2145; 11.7.1985, III ZB 13/83, VersR 1985, 972.
55 Vgl. z.B. Hess. LAG 15.5.2006, 16 Sa 989/05.

Rechtsanwalts beantragt, so beginnt die Frist mit Zugang des Beschlusses an die Partei zu laufen, weil der vom Gericht ausgewählte Rechtsanwalt keine Vollmacht hat. Hat dagegen der beigeordnete Rechtsanwalt Prozessvollmacht, so beginnt die Frist mit der Bekanntgabe des Beschlusses an ihn.

Versagt das Gericht die Prozesskostenhilfe, so kann Wiedereinsetzung 20b nur dann gewährt werden, wenn sich die Partei für bedürftig halten durfte.[56] Hat dem Gericht eine neue Erklärung über die persönlichen und wirtschaftlichen Verhältnisse nicht vorgelegen und wurde deshalb PKH abgelehnt, so ist dennoch Wiedereinsetzung zu gewähren, wenn der Rechtsanwalt seiner zuverlässigen Bürokraft Weisung gegeben hatte, eine neue Erklärung der Partei dem Antrag beizufügen.[57]

Der Partei wird eine kurze Überlegungsfrist eingeräumt zur Entschei- 20c dung der Frage, ob sie das Rechtsmittel nun auf eigene Kosten einlegen will oder nicht. Die Länge dieser Frist – nach ihrem Ablauf beginnt die Wiedereinsetzungsfrist des § 234 ZPO zu laufen – ist unsicher. Die Rechtsprechung nimmt drei bis vier Tage an.[58] Der vorsichtige Prozessbevollmächtigte sollte diese Frist möglichst nicht in Anspruch nehmen. Der Beginn der Wiedereinsetzungsfrist wird durch eine Gegenvorstellung nicht hinausgeschoben.[59]

6. Unzutreffende oder fehlerhafte Rechtsmittelbelehrung

Beruht die Fristversäumung auf einer unzutreffenden Rechtsmittelbe- 20d lehrung, sind die Anforderungen an eine Wiedereinsetzung mit besonderer Fairness zu handhaben, es sei denn, die Rechtsmittelbelehrung ist offensichtlich falsch. Das Gericht darf aus eigenen oder ihm zuzurechnenden Fehlern, Unklarheiten oder Versäumnissen keine Verfahrensnachteile ableiten.[60]. Anders ist es, wenn die Versäumung der Berufungsfrist nicht auf der fehlerhaften Rechtsmittelbelehrung beruht, was z.B. dann der Fall ist, wenn das Urteil mit der fehlerhaften Rechtsmittelbelehrung dem Berufungskläger erst nach Ablauf von sechs Monaten seit Verkündung des erstinstanzlichen Urteils zugestellt worden war, die Berufungsfrist sonach längst abgelaufen war.[61]

---

56 Vgl. BGH 6.2.1985, VIII ZB 25/84, VersR 1985, 396 und 11.7.1985, III ZB 13/85, VersR 1985, 972; 24.6.1981, IV b ZB 680/81, VersR 1981, 854.
57 BGH 11.7.1985, IV b ZB 49/85, VersR 1985, 972.
58 BGH 30.4.1982, V ZB 6/82, VersR 1982, 757.
59 BGH 26.9.1979, VI ZB 52/79, VersR 1980, 86.
60 BAG 16.12.2004, 2 AZR 611/03, EzA § 233 ZPO 2002 Nr. 3.
61 BAG 24.10.2006, 9 AZR 709/05, EzA § 64 ArbGG 1979 Nr. 41.

VII. Fristablauf

21 Die Berufungsfrist endet am Tage des Fristablaufs um 24.00 Uhr. Der Rechtsmittelkläger muss die Möglichkeit haben, die Frist voll, d.h. bis zur letzten Minute, auszuschöpfen. Da die Gerichte nur innerhalb bestimmter Dienststunden besetzt sind, müssen die Gerichtsverwaltungen sicherstellen, dass geeignete Einrichtungen vorhanden sind **(Nachtbriefkästen)**, die das sicherstellen. Diese Nachtbriefkästen müssen deutlich sichtbar am Haupteingang des Gerichts angebracht sein.[62] Darüber hinaus geht die Berufung aber auch dann innerhalb der Frist ein, wenn sie in einen normalen Briefkasten des Gerichts vor 24.00 Uhr eingeworfen wird ohne Rücksicht darauf, wann der Briefkasten geleert wird.[63] Allerdings trifft den Rechtsmittelkläger in diesem Fall die Beweislast für den rechtzeitigen Einwurf der Berufungsschrift.[64] Glaubhaftmachung genügt nicht.

VIII. Einreichung der Berufungsschrift

22 Die Berufung wird durch **Einreichung der Berufungsschrift** bei dem Berufungsgericht eingelegt (§ 64 Abs. 6 iVm § 518 Abs. 1 ZPO). Berufungsgericht ist das Landesarbeitsgericht (§ 64 Abs. 1). Der Rechtsmittelkläger ist darüber in der nach § 9 Abs. 5 notwendigen Rechtsmittelbelehrung zu informieren, die neben dem Rechtsmittel u.a. das Gericht und dessen Anschrift zu enthalten hat.

22a Die Berufungsschrift kann fristwahrend auch bei einer sog. **Außenkammer** des Landesarbeitsgerichts eingelegt werden. Außenkammer und Stammgericht bilden eine einheitliche Justizbehörde.[65] Dasselbe gilt umgekehrt auch, d.h., eine Berufungsschrift kann fristwahrend beim Stammgericht eingelegt werden, wenn sie vor den Außenkammern zu verhandeln ist.[66] Auf die Rechtsmittelbelehrung ist nicht abzustellen, d.h., es ist ohne Bedeutung, ob in ihr richtig die Außenkammern oder das Stammgericht als Berufungsgericht angegeben worden sind.

22b Die Berufungsschrift ist ein sog. **bestimmender Schriftsatz**, d.h., er muss von einem Rechtsanwalt oder einem nach § 11 Abs. 4 zugelassenen Verbandsvertreter eigenhändig unterschrieben werden.[67] Nach Ab-

---

62 Vgl. BVerfG 3.10.1979, 1 BvR 726/78, BVerfGE 52, 203.
63 Vgl. BVerfG 3.10.1979, 1 BvR 726/78, BVerfGE 52, 203; BGH 26.3.1981, IVa ZB 4/81, MDR 1981, 740 = NJW 1981, 1789.
64 Vgl. BGH 25.10.1979, III ZB 13/79, VersR 1980, 90 und 26.3.1981, IVa ZB 4/81, NJW 1981, 1789.
65 BAG 23.8.1981, 5 AZR 603/79, AP Nr. 2 zu § 64 ArbGG 1979.
66 BAG 12.12.1968, 1 AZB 35/68, AP Nr. 26 zu § 64 ArbGG 1953.
67 Einzelheiten s. § 11 Rn. 32 f.

lauf der Berufungsfrist ist der Berufungskläger nach § 230 ZPO mit der Prozesshandlung – hier der Berufung – ausgeschlossen. Eine Heilung der nach § 519 ZPO vorgesehenen zwingenden Verfahrensvorschriften ist ausgeschlossen. Das folgt unmittelbar aus § 522 Abs. 1 ZPO, der eine Prüfung von Amts wegen darüber vorschreibt, ob die Berufung an sich statthaft und ob sie in der gesetzlichen Form und Frist eingelegt und begründet worden ist. Beim Mangel an einem dieser Erfordernisse ist die Berufung als unzulässig zu verwerfen. Ist die Berufungsschrift ohne Unterschrift bereits eine Woche vor Ablauf der Berufungsfrist bei Gericht eingegangen, ohne dass dem Prozessbevollmächtigten durch eine alsbaldige Beanstandung Gelegenheit gegeben wurde, eine Unterschrift nachzuholen, ist die Berufung wegen des Gebots des fairen Verfahrens als zulässig zu behandeln.[68]

Der Berufungskläger kann mehrere Berufungsschriften einreichen. Das entspricht der ganz herrschenden Meinung.[69] Gründe für die wiederholte Einreichung einer Berufungsschrift können vielfältig sein: Dem Prozessbevollmächtigten kommen Bedenken im Hinblick auf die Zulässigkeit der Berufung (fehlende eigenhändige Unterschrift; keine Angabe über den Rechtsmittelkläger; unrichtige oder fehlende Angaben über das angefochtene Urteil). Der vorsichtige Prozessbevollmächtigte wird auch nur bei Zweifeln über die Zulässigkeit eine neue Berufungsschrift fristgerecht vorlegen. In diesen Fällen handelt es sich trotz der wiederholten Berufungsschrift um nur **ein Rechtsmittel,** über das einheitlich zu entscheiden ist. Die erste, evtl. unzulässige Berufung ist also nicht als unzulässig zu verwerfen.[70] Waren beide Berufungsschriften zulässig, so bedarf es keiner Rücknahme einer Berufung. Das Gericht hat über das Rechtsmittel zu entscheiden. Die Übermittlung der Berufung durch Fax und Original ist als mehrfache Einlegung der Berufung zu werten. Die zunächst wirkungslose zweite Berufung wird wirksam, wenn die durch Fax eingelegte Berufung ihre Wirksamkeit verliert.[71]

Nimmt der Rechtsmittelkläger eine bestimmte Berufung zurück, so ist er dadurch nicht gehindert, innerhalb der Berufungsfrist erneut Berufung einzulegen.[72]

---

68 LAG Berlin 27.8.2004, 6 Sa 949/04, LAG Report 2005, 62.
69 Vgl. BGH 28.3.1985, VII ZR 317/84, NJW 1985, 2480; *Zöller/Schneider* § 518 Rn. 3; *Stein/Jonas/Grunsky* § 518 Rn. 4; BAG 14.11.1975, 3 AZR 609/75, AP Nr. 16 zu § 9 ArbGG 1953 m. Anm. *Grunsky;* 13.9.1972, 2 AZR 32/71, AP Nr. 8 zu § 519b ZPO.
70 BAG 13.9.1972, 2 AZR 32/71, AP Nr. 8 zu § 519b ZPO; BGH 10.7.1985, IV b ZB 129/84, NJW 1985, 2834; GMPM-G/*Germelmann*§ 64 Rn. 53.
71 *Gehrlein* MDR 2004, 661, 664; BGH 25.9.2003, III ZB 84/02, BGH Report 2003, 1360.
72 *Zöller/Schneider* § 515 Rn. 4; *Stein/Jonas/Grunsky* § 515 Rn. 12 m. Nachw.

§ 66 Einlegung der Berufung, Terminbestimmung

24 Die Berufung muss schriftlich eingelegt werden. Die Rechtsprechung erkennt seit langem[73] auch die **telegrafische Einlegung** der Berufung an.[74] Sie muss allerdings den notwendigen Erfordernissen des § 519 ZPO genügen, d.h. auch ihren Verfasser eindeutig erkennen lassen. Notwendig ist die Feststellung, ob das Rechtsmittel von einem postulationsfähigen Vertreter eingelegt worden ist, der für sie die Verantwortung übernimmt. Die an sich notwendige eigenhändige Unterzeichnung der Berufungsschrift ist bei der telegrafischen Berufungseinlegung unmöglich, insbesondere wenn das Telegramm fernmündlich aufgegeben oder durch das Fernmeldeamt dem Gericht zugesprochen wird.[75] Aber auch in diesen Fällen muss sichergestellt sein, dass aus dem Ankunftstelegramm der Name der Person ersichtlich ist, die für das Rechtsmittel die Verantwortung trägt. Im Falle einer Anwaltssozietät muss deutlich gemacht werden, welcher der Anwälte die Verantwortung trägt.[76] Wird das Telegramm telefonisch dem Gericht durchgesagt, ist eine Niederschrift zu fertigen, die das Ankunftstelegramm bis zu dessen Eintreffen ersetzt. Jede im Gericht tätige Person kann die Entgegennahme des Telegramms aufnehmen.[77]

24a **Die Berufung kann nicht telefonisch eingelegt werden.** Die Aufnahme eines Vermerks über das Telefonat genügt nicht.[78]

24b **Fernschriftliche Rechtsmitteleinlegung** ist zulässig. Sie muss, soweit technisch möglich, den notwendigen Voraussetzungen des § 519 ZPO entsprechen. **Eingegangen** ist das Fernschreiben in dem Zeitpunkt, in dem es im Empfängerapparat ausgedruckt wird ohne Rücksicht darauf, ob dies nach Dienstschluss stattfindet und die Fernschreibzentrale noch besetzt ist oder nicht.[79]

Die Berufung kann durch Telekopie eingelegt werden. Das ist die konsequente Fortführung der Rechtsprechung zur Rechtsmitteleinlegung durch Telegramm und Fernschreiben. Auch bei der Telekopie ist der

---

[73] *RG* RGZ 158, 82.
[74] BAG 1.7.1971, 5 AZR 75/71, AP Nr. 1 zu § 129 ZPO und 27.9.1983, 3 AZR 424/81, EzA § 518 ZPO Nr. 29; BGH 28.2.1983, Anw Z(B) 2/83, NJW 1983, 1498.
[75] BAG a.a.O.
[76] BAG a.a.O.
[77] *Zöller/Schneider* § 518 Rn. 17; BVerfG 3.10.1979, 1 BvR 726/78, BVerfGE 52, 203; BGH 12.2.1981, VII ZB 27/80, MDR 1981, 576.
[78] *Zöller/Schneider* § 518 Rn. 19; BFH 10.7.1964, III 120/61 W, NJW 1965, 174; a.A. *Stephan* Anm. AP Nr. 1 zu § 129 ZPO, der meint, es sei nicht einzusehen, warum man einen Unterschied mache zwischen einer telefonischen Durchsage an das Fernmeldeamt und der Durchsage unmittelbar an das Gericht.
[79] BGH 3.6.1987, IVa ZR 292/85, EzA § 553 ZPO Nr. 10; LAG Hamm 27.11.1989, 19 Sa 1618/89, LAGE § 518 ZPO Nr. 3 für die Telekopie.

Sinn der Schriftform, dass aus dem Schriftstück der Inhalt der Erklärung und die Person, von der sie ausgeht, zuverlässig entnommen werden kann, erfüllt. Zudem muss auszuschließen sein, dass es sich um einen Entwurf handelt, sondern das Schriftstück mit Wissen und Wollen des Unterzeichnenden dem Gericht zugeht. Die von einem Original aufgenommene und als Telekopie dem Rechtsmittelgericht zugeleitete Berufungsschrift erfüllt diese Voraussetzungen. Das hat das Bundesarbeitsgericht zunächst für den Fall erkannt, dass die Telekopie dem Rechtsmittelgericht auf **postalischem Wege** zugeht.[80] Später hat das Bundesarbeitsgericht auch die Rechtsmitteleinlegung durch Telekopie von einem Rechtsanwalt unmittelbar an das Rechtsmittelgericht – ohne Übermittlung durch die Deutsche Bundespost – für zulässig erklärt und bemerkt, sie biete gegenüber dem Telegramm oder dem Fernschreiben sogar noch eine erhöhte Inhalts- und Unterschriftsgarantie.[81] Der Bundesgerichtshof hat allerdings die Einlegung des Rechtsmittels unter Benutzung des Telefaxsystems **dann nicht für zulässig** gehalten, wenn die Telekopie **einem privaten Zwischenempfänger** übermittelt und dann von diesem per Boten dem Gericht überbracht werde.[82] Hierbei sei nicht ausreichend sichergestellt, dass es sich nicht nur um einen Entwurf einer Rechtsmittelschrift handele. Ist gewährleistet, dass von der »Absendung« der Fernkopie bis zur Ankunft beim Rechtsmittelgericht keine dritte Person mehr eingeschaltet ist, so genügt eine Berufungsbegründung auch dann dem Formerfordernis des § 130 Nr. 6 ZPO, wenn die Fernkopie nicht von einem Fernkopieranschluss der Deutsehen Bundespost oder des Prozessbevollmächtigten gesendet worden ist, sondern von dem Privatanschluss eines Dritten.[83]

Der notwendige Inhalt der Berufungsschrift folgt aus § 519 Abs. 2 ZPO 25 i.V.m. § 64 Abs. 6 S. 1. Darüber hinaus ist zu beachten, dass die Berufungsschrift ein sog. **bestimmender Schriftsatz** ist, der von den nach § 11 Abs. 4 vor den Landesarbeitsgerichten zur Prozessvertretung zugelassenen Personen eigenhändig unterschrieben sein muss,[84] sofern für die Einlegung nicht die modernen Übermittlungsformen, Telegramm, Telex, Telekopie, bei denen die Unterschriftsleistung technisch ausgeschlossen ist, gewählt werden. Die Berufung kann auch von einem postulationsfähigen Rechtsanwalt, der in Untervollmacht für einen ande-

---

80 BAG 1.7.1983, 5 AZR 468/80, EzA § 1 LohnFG Nr. 66 und 14.1.1986, 1 ABR 86/83, EzA § 94 ArbGG 1979 Nr. 3.
81 BAG 24.9.1986, 7 AZR 669/84, EzA § 554 ZPO Nr. 4; so auch BGH 6.10.1988, VII ZB 17/88, NJW 1989, 589.
82 BGH 5.2.1981, X ZB 13/80, BGHZ 79, 314.
83 BAG 14.3.1989, 1 AZB 26/88, EzA § 519 ZPO Nr. 5; 5.7.1990, 8 AZB 16/89, EzA § 519 ZPO Nr. 7 = NJW 1990, 3165.
84 Einzelheiten s. § 11 Rn. 32 f.

ren Rechtsanwalt handelt, unterzeichnet werden.[85] Wird in einem dieser Punkte die Form nicht gewahrt, so ist die Berufung als unzulässig zu verwerfen. Das Rechtsmittelgericht hat das von Amts wegen zu prüfen. Die Notwendigkeit der Verwerfung folgt aus § 519b Abs. 1 ZPO i.V.m. § 64 Abs. 6.

26 Notwendig ist nach § 519 Abs. 2 Nr. 1 ZPO die **Bezeichnung des Urteils,** gegen das die Berufung gerichtet ist.

Die Angabe ist erforderlich, weil klar sein muss, welches Urteil von den Wirkungen der Rechtsmitteleinlegung – z.B. Hemmung der Rechtskraft – erfasst wird. Daraus folgt: Bei behebbaren Identitätszweifeln besteht kein Anlass, die Unzulässigkeit der Berufung anzunehmen.[86] Für die Beurteilung dieser Frage sind alle Unterlagen heranzuziehen, die dem Berufungsgericht im Zeitpunkt des Ablaufs der Berufungsfrist vorliegen, insbesondere die angeforderten Akten.

27 Nach § 519 Abs. 2 Nr. 2 ZPO muss die Berufungsschrift die Erklärung enthalten, dass gegen das bezeichnete Urteil Berufung eingelegt wird. Ein Antrag ist nicht erforderlich; ebenso wenig ist die Verwendung des Wortes »Berufung« notwendig. Unschädlich ist auch die Verwendung der Begriffe »Revision«, »Beschwerde« oder »Widerspruch«, sofern nur deutlich wird, dass die Partei eine Prüfung ihres Antrages, den das erstinstanzliche Gericht abgewiesen hat, **durch das Berufungsgericht** will.

28 Die Rechtsprechung hat seit Jahrzehnten kontinuierlich über den Wortlaut des § 519 Abs. 2 ZPO hinaus verlangt, die Rechtsmittelschrift müsse erkennen lassen, **für wen** das Rechtsmittel **eingelegt wird und gegen wen** es sich richtet, insbesondere, wenn beide Parteien beschwert sind oder wenn auf einer Parteiseite mehrere Personen stehen und nicht für oder gegen alle die Berufung eingelegt wird. Diese Angaben unterliegen der Schriftform; sie können also nicht fernmündlich durchgegeben werden.[87] Auch bei Rechtsmitteleinlegung mit Hilfe der modernen Übermittlungsmethoden ist das so erkannt worden. Begründet wird dies mit dem Gebot der Rechtssicherheit. Dieses zwingende Gebot müsse innerhalb der Rechtsmittelfrist erfüllt sein.[88] Von Interesse ist

---

85 BAG 22.5.1990, 3 AZR 55/90, EzA § 519 ZPO Nr. 6.
86 *Zöller/Schneider* § 518 Rn. 33; BAG 9.2.1981, 2 AZB 20/80, AP Nr. 45 zu § 518 ZPO.
87 BGH 9.7.1985, VI ZB 8/85, NJW 1985, 2650.
88 BAG 20.2.1973, 5 AZB 5/73, AP Nr. 19 zu § 518 ZPO; 18.5.1976, 3 AZB 14/76, AP Nr. 34 zu § 518 ZPO; LAG Köln 7.9.1988, 2 Se 541/88, LAGE § 518 ZPO Nr. 2.

an dieser Stelle ein Beschluss des BVerfG vom 26.11.1985.[89] Das Landgericht hatte eine Berufung verworfen, die wie folgt formuliert war: In dem Rechtsstreit Sch. ./. D., Aktz.: AG Marburg 9 G 824/82, legen wir namens des Klägers gegen das Urteil vom 17.4.1984, eingegangen am 2.5.1984, fristgerecht Berufung ein. Das Bundesverfassungsgericht führt aus, nur der an erster Stelle bezeichnete Beschwerdeführer konnte Kläger und danach Berufungskläger sein; die an zweiter Stelle genannte Person Beklagte und Berufungsbeklagte. Die Beurteilung des Landgerichts sei offensichtlich sachwidrig und damit objektiv willkürlich. Die Entscheidung ist wegen Verstoßes gegen das aus Art. 3 Abs. 1 GG folgende Willkürverbot aufgehoben worden. Sind bei den Namen der Prozessparteien deren Parteirollen nicht angegeben, ist die Reihenfolge, in der die Parteien aufgeführt sind, dann zur Identifizierung des Berufungsklägers ausreichend, wenn es im Bezirk des betreffenden Berufungsgerichts allgemein üblich ist, eingangs der Schriftsätze und gerichtlichen Entscheidungen in allen Instanzen unabhängig von den Parteirollen in der Rechtsmittelinstanz den Kläger stets an erster und den Beklagten an zweiter Stelle zu nennen. Unabhängig davon ist zur Klarstellung der Parteirollen die Reihenfolge, in der die Parteien aufgeführt worden sind, nur dann ausreichend, wenn der Kläger der Berufungsführer ist, weil der Kläger als Rechtsmittelführer nicht erst an zweiter Stelle genannt wird, was nicht greift, wenn der Beklagte die Berufung eingelegt hat.[90]

Lange Zeit ist in der Rechtsprechung der obersten Bundesgerichtshöfe die Frage unterschiedlich beurteilt worden, ob es notwendig ist, dass in der Rechtsmittelschrift die **ladungsfähige Anschrift des Berufungsbeklagten oder seines Prozessbevollmächtigten** enthalten ist. Während der Bundesgerichtshof diese Frage stets verneint hat,[91] erkannte das Bundesarbeitsgericht in st. Rspr. die Notwendigkeit auch dieser Angaben.[92] Der Große Senat des Bundesarbeitsgerichts hat auf diese Vorlage am 16.9.1986 erkannt, die Rechtsmittelschrift sei im arbeitsgerichtlichen Verfahren auch dann ordnungsgemäß, wenn sie nicht die ladungsfähige Anschrift des Rechtsmittelbeklagten oder seines Prozessbevollmächtigten enthalte.[93]   28a

Die Berufungsschrift muss von einem bei einem deutschen Gericht zugelassenen **Rechtsanwalt oder einem Verbandsvertreter (§ 11 Abs. 4)**   29

---

89 BVerfG 26.11.1985, 2 BvR 851/84, BVerfGE 71, 202.
90 BGH 5.10.2000, IX ZB 47/00, NJW-RR 2001, 572.
91 Vgl. BGH 25.9.1975, VII ZB 9/75, BGHZ 65, 114 = AP Nr. 32 zu § 518 ZPO.
92 Vgl. die Nachweise im Vorlagebeschluss des 7. Senats v. 18.10.1985, 7 AZR 585/82, EzA § 518 ZPO Nr. 30.
93 BAG GrS 16.9.1986, GS 1/82, EzA § 518 ZPO Nr. 31.

§ 66 Einlegung der Berufung, Terminbestimmung

eigenhändig unterschrieben sein. § 64 Abs. 6 S. 1 verweist auf § 519 ZPO, dessen Absatz 4 bestimmt: Die allgemeinen Vorschriften über die vorbereitenden Schriftsätze gelten auch für die Berufungsschrift. Nach § 130 Nr. 6 ZPO sollen in Anwaltsprozessen die vorbereitenden Schriftsätze die Unterschrift des Rechtsanwalts tragen. **Bestimmende Schriftsätze,** das sind solche, die ein Vorbringen nicht nur ankündigen, sondern Parteierklärungen enthalten, müssen eigenhändig unterschrieben sein. Mit ihrer Einreichung oder Zustellung ist die Prozesshandlung vollzogen. Die Berufungsschrift, die einen besonderen Verfahrensabschnitt eröffnet, ist ein bestimmender Schriftsatz. Die Notwendigkeit der eigenhändigen Unterschrift für den bestimmenden Schriftsatz war bei Erlass der Zivilprozessordnung so selbstverständlich, dass der Gesetzgeber von einer ausdrücklichen Regelung dieser Frage absah.[94] Die Auffassung wird heute von allen obersten Bundesgerichtshöfen vertreten.[95]

29a Die Schriftform ist jedoch nicht um ihrer selbst willen einzuhalten. Deshalb dürfen die Anforderungen an sie nicht überspannt werden. Für Abgrenzungen muss es genügen, dass dem Sinn und Zweck der Schriftform Rechnung getragen wird: Es muss aus Gründen der Klarheit für alle Verfahrensbeteiligten sichergestellt sein, dass eine bestimmte Erklärung für den Rechtsverkehr abgegeben ist, dass sie vom Verfasser herrührt und von ihm verantwortet wird.[96] Diesem Erfordernis der Schriftform ist genügt, wenn eine Rechtsanwältin den zweiten Teil ihres Doppelnamens mit den beiden Anfangsbuchstaben abkürzt.[97] Die Unterschrift des postulationsfähigen Vertreters (§ 11 Abs. 2) unter der Berufungsschrift muss ein **individuelles Schriftbild mit charakteristischen Merkmalen** aufweisen und sich als eine die Identität des Unterzeichnenden ausreichende Kennzeichnung des Namens darstellen, die von Dritten nicht ohne weiteres nachgeahmt werden kann. Es ist nicht erforderlich, dass die Unterschrift lesbar ist oder einzelne Buchstaben zweifelsfrei erkennbar sind. Es genügt, dass ein Dritter, der den Namen des Unterzeichnenden kennt, diesen Namen aus dem Schriftbild noch herauslesen kann. Es muss deutlich werden,

---

94 Vgl. RG GrS RGZ 151, 82; BGH 4.10.1984, VII ZR 342/83, NJW 1985, 328.
95 BAG 15.12.1987, 3 AZR 606/87, EzA § 518 ZPO Nr. 33; 26.6.1986, 2 AZR 358/85, EzA § 4 KSchG n.F. Nr. 25; BGH 9.11.1988, I ZR 149/87, NJW 1989, 588; vgl. auch *Baumbach/Lauterbach* § 129 Anm. 1 B; *Zöller/Schneider* § 518 Rn. 22; zum Teil kritisch *Thomas/Putzo/Reichold* § 129 Rn. 6; a.A. *Vollkommer* Formstrenge und prozessuale Billigkeit, 1973, S. 126 ff.; *Kunz/Schmidt* NJW 1987, 1296.
96 BAG 15.12.1987, 3 AZR 606/87, EzA § 518 ZPO Nr. 33.
97 BAG 15.12.1987, 3 AZR 606/87, EzA § 518 ZPO Nr. 33.

dass es nicht nur die Abzeichnung eines Entwurfs mit einer Paraphe darstellt.[98]

Fehlt die Unterschrift des Prozessbevollmächtigten unter der Berufungsschrift, so dürfte es ein nobile officium des Gerichts darstellen, sofern dies bemerkt wird, den Rechtsanwalt oder Verbandsvertreter darauf hinzuweisen, damit Gelegenheit besteht, diesen offensichtlichen Fehler innerhalb der Berufungsfrist zu beseitigen.[99] 29b

Hat das Gericht eine unleserliche Unterschrift längere Zeit nicht beanstandet, so können nachteilige Folgen erst nach Vorwarnung des Rechtsanwalts gezogen werden.[100] 29c

§ 519 Abs. 3 ZPO bestimmt, dass mit der Berufungsschrift eine Ausfertigung oder beglaubigte Abschrift des angefochtenen Urteils vorgelegt werden soll. Die Sollvorschrift wird in der Praxis sehr häufig nicht erfüllt. Ihre Beachtung – sichergestellt durch entsprechende organisatorische Vorkehrungen –, die angesichts der heutigen Kopiermöglichkeit auf keinerlei Schwierigkeiten stößt, würde manche der oben erörterten Probleme vermeiden. 30

IX. Berufungsbegründung

Die Berufungsbegründung ist das Kernstück des Berufungsverfahrens. Sie steckt den Rahmen ab, in dem der Berufungskläger eine Überprüfung des angefochtenen Urteils beantragt. Darüber hinaus dient sie i.V.m. § 67 der Konzentration des Verfahrens. Der Berufungskläger muss in der Berufungsbegründungsschrift vortragen, aus welchen Gründen er das angefochtene Urteil beanstandet. Diese Begründung muss auf den konkreten Streitfall zugeschnitten sein, der Berufungskläger muss sich mit dem angefochtenen Urteil aus tatsächlichen oder/und rechtlichen Gründen auseinandersetzen. Gemäß § 64 Abs. 6 i.V.m. § 513 Abs. 1 ZPO kann eine Berufung nur darauf gestützt werden, dass die angefochtene Entscheidung auf einer Rechtsverletzung (§ 546 ZPO) beruht oder nach § 529 ZPO zugrunde zu legende Tatsachen eine andere Entscheidung rechtfertigen. Dem muss der notwendige Inhalt einer Berufungsbegründung nach § 520 Abs. 3 S. 2 Nr. 2 und Nr. 3 ZPO entsprechen. Demnach muss die Berufungsbegründung die Bezeichnung der Umstände, aus denen sich eine Rechtsverletzung und 31

---

98 BAG 29.7.1981, 4 AZR 632/79, EzA § 518 ZPO Nr. 28; 28.3.1977, 3 AZR 652/76, EzA § 518 ZPO Nr. 20; BGH 29.10.1986, IVa ZB 13/86, MDR 1988, 128 = NJW 1987, 1333.
99 Vgl. oben Rn. 22.
100 BVerfG 26.4.1988, 1 BvR 669/87 u.a., NJW 1988, 2787.

deren Erheblichkeit für die angegriffene Entscheidung ergeben, oder die Bezeichnung der Anhaltspunkte, die Zweifel an der Richtigkeit und Vollständigkeit der Tatsachenfeststellungen durch das Arbeitsgericht begründen und deshalb eine neue Feststellung gebieten, enthalten. Dabei muss die Berufungsbegründung geeignet sein, das gesamte Urteil in Frage zu stellen, es sei denn, es werden nur einzelne Streitgegenstände in die Berufungsinstanz gebracht, das Ergebnis hinsichtlich anderer hingenommen. Wenn das Arbeitsgericht seine Entscheidung zu einem Streitgegenstand auf mehrere, voneinander unabhängige, die Entscheidung selbständig tragende Erwägungen stützt, muss die Berufungsbegründung für jede dieser Erwägungen darlegen, warum sie unzutreffend sein soll; andernfalls ist die Berufung unzulässig.[101] Auf die Berufungsbegründung sollte in der Praxis mehr Sorgfalt verwandt werden, um eine Verwerfung der Berufung als unzulässig wegen fehlender ordnungsgemäßer Berufungsbegründung zu vermeiden.

32 Die Frist zur Begründung der Berufung beträgt nach § 66 Abs. 1 S. 1 **zwei Monate.** Die Berufungsbegründung ist, sofern sie nicht bereits in der Berufungsschrift enthalten ist, in einem Schriftsatz bei dem Berufungsgericht – dem Landesarbeitsgericht, § 8 Abs. 2 – einzureichen (§ 64 Abs. 6 S. 1 i.V.m. § 512 Abs. 3 S. 1 ZPO).

32a Die Berufungsbegründungsfrist beginnt mit der **Zustellung des in vollständiger Form abgefassten Urteils, spätestens mit Ablauf von fünf Monaten nach der Verkündung des Urteils** (§ 66 Abs. 1 S. 2). Ohne Bedeutung ist, ob das Urteil bereits in vollständiger Form zugestellt war.

32b Hat der Berufungskläger innerhalb der Berufungsfrist mehrere Berufungen eingelegt (dazu oben Rn. 23), so hat das wegen der Regelung des § 66 Abs. 1 S. 2 für die Berufungsbegründungsfrist keine Bedeutung mehr. Entscheidend ist, dass wenigstens eine zulässige Berufung vorliegt.

33 Die Frist zur Begründung der Berufung kann vom Vorsitzenden **auf Antrag einmal** verlängert werden, wenn nach seiner freien Überzeugung der Rechtsstreit durch die Verlängerung nicht verzögert wird oder wenn die Partei erhebliche Gründe dargelegt hat (§ 66 Abs. 1 S. 5). Im Verfahren vor den Landesarbeitsgerichten kann die Berufungsbegründungsfrist vom Vorsitzenden in Abweichung von § 520 Abs. 2 S. 3 ZPO nicht mehrmals verlängert werden. Der Antrag auf Verlängerung muss vor Fristablauf eingehen. Er unterliegt dem Vertretungszwang, d.h., er muss von einem Rechtsanwalt oder einem der in § 11 Abs. 2 genannten Verbandsvertreter gestellt und **eigenhändig unterschrieben**

---

101 LAG Düsseldorf 25.7.2003, 14 Sa 522/03, LAGE § 99 ArbGG 1979 Nr. 19.

sein. Es gelten insoweit dieselben Grundsätze, die (oben Rn. 22, 24 ff.) für die Berufungsschrift dargelegt worden sind.

Als Gründe für die Verlängerung der Berufungsbegründungsfrist nennt das Gesetz: 34

– keine Verzögerung des Rechtsstreits nach der freien Überzeugung des Vorsitzenden,

– erhebliche Gründe des Berufungsklägers.

Als erhebliche Gründe kommen in Betracht: Erkrankung des Prozessbevollmächtigten und keine oder keine zumutbare Vertretung; Umfang und Schwierigkeit des Prozessstoffes; berufliche Überlastung;[102] Urlaub des Prozessbevollmächtigten ohne zumutbare Vertretung; Urlaub oder Abwesenheit des Mandanten und damit gegebene Informationsschwierigkeiten; das Einverständnis des Gegners ist nicht ausreichend, andererseits sollte nicht ganz außer Betracht bleiben, dass es sich um einen Parteiprozess handelt, der vielleicht angesichts der nicht gerade seltenen Überlastung der Landesarbeitsgerichte ohnehin länger dauert und daher oft kein Grund besteht, die Prozessbevollmächtigten in die Fristen zu zwingen mit der Konsequenz, dass der erste Verhandlungstermin dann lange auf sich warten lässt.[103]

Die Verlängerungsverfügung muss nicht förmlich zugestellt werden, erforderlich ist aber eine schriftliche Festlegung durch den Vorsitzenden. Allerdings kann sich der Vertreter des Berufungsführers auf eine – beweisbare – mündliche Verlängerung verlassen. 34a

Eine Verlängerung nach Ablauf ist möglich; entscheidend ist, dass der Antrag auf Fristverlängerung vor Ablauf der Frist beim Landesarbeitsgericht eingegangen ist. Die Zurückweisung des Antrags auf Fristverlängerung ist unanfechtbar, § 225 Abs. 3 ZPO. Die Berufung wird dann als unzulässig verworfen, es sei denn, ein Antrag auf Wiederein- 34b

---

102 BVerfG 28.2.1989, 1 BvR 649/88, NJW 1989, 1147; OLG Düsseldorf 19.1.2004, I 24 U 194/03, EzA § 66 ArbGG 1979 Nr. 36 »besonders starke Arbeitsüberlastung«.
103 Anzuraten ist in jedem Fall eine auf den Einzelfall abgestellte konkrete Einzelbegründung; LAG Berlin 26.1.1990, 6 Sa 91/89, LAGE § 66 ArbGG 1979 Nr. 8, insbesondere dann, wenn die Praxis eines LAG oder eines seiner Vorsitzenden bekanntermaßen restriktiv ist, zumal die Rechtsprechung die Wiedereinsetzung in den vorigen Stand gegen die Versäumung der Berufungsbegründungsfrist verweigert, wenn der Prozessbevollmächtigte mit einer Verlängerung der Frist nicht rechnen durfte, z.B. BAG 27.9.1994, 2 AZB 18/94, EzA § 66 ArbGG 1979 Nr. 18; allerdings lassen viele Vorsitzende den Hinweis auf Arbeitsüberlastung oder Urlaub ohne nähere Konkretisierung ausreichen.

setzung in den vorigen Stand gegen die Versäumung der Berufungsbegründungsfrist wäre erfolgreich. War die Berufungsbegründungsfrist vor Eingang des Antrags auf Fristverlängerung bereits abgelaufen, geht die gleichwohl erteilte Verlängerung ins Leere. Eine bereits abgelaufene Frist kann nicht wirksam verlängert werden. In der Praxis wird häufig darauf hingewiesen, dass die Verlängerung nur wirksam ist, wenn die Berufung rechtzeitig erfolgt ist und der Antrag auf Verlängerung vor Ablauf der Begründungsfrist eingegangen ist, insbesondere dann, wenn – etwa weil die Vorakten noch nicht vorliegen – das Zustelldatum des angegriffenen Urteils nicht feststellbar ist.

34c In der Regel wird die Berufungsbegründungsfrist um einen Monat verlängert. Es kommen aber auch kürzere Verlängerungen vor.

34d Über einen Monat hinaus mag dann verlängert werden, wenn es sich um einen umfangreichen Rechtsstreit handelt und die Terminsituation der Kammer ohnehin zu einem zeitlich fernen Termin zur mündlichen Verhandlung vor der Berufungskammer führen muss.

35 War die Partei ohne ihr Verschulden verhindert, die Frist zur Begründung der Berufung einzuhalten, so ist ihr auf Antrag Wiedereinsetzung in den vorigen Stand zu gewähren (§ 233 ZPO).[104]

36 Die Berufungsbegründungsschrift muss, von einer **postulationsfähigen Person** (§ 11 Abs. 4) eigenhändig unterschrieben, innerhalb der Berufungsbegründungsfrist beim Landesarbeitsgericht eingehen. Die Unterzeichnung durch einen Unterbevollmächtigten, der beim Rechtsmittelgericht postulationsfähig ist, reicht aus.[105] Der Rechtsmittelkläger kann sich für die Berufungsbegründung der **modernen Übermittlungsmethoden** bedienen wie auch bei Einlegung der Berufung. Insoweit ist die eigenhändige Unterschrift entbehrlich, weil unmöglich.[106]

36a Der Inhalt der Berufungsbegründungsschrift wird auch im Verfahren vor den Landesarbeitsgerichten durch § 520 Abs. 3 ZPO (Verweisung enthält § 64 Abs. 6) zwingend vorgeschrieben. Die Nichtbeachtung dieser Vorschrift führt zur Verwerfung der Berufung. Die Berufungsbegründung muss die Erklärung enthalten, inwieweit das Urteil angefochten wird und welche Abänderungen des Urteils beantragt werden (Berufungsanträge). Die wohl unausrottbare Antragstellung: »unter Aufhebung des erstinstanzlichen Urteils nach den Schlussanträgen erster Instanz zuerkennen«, entspricht nicht den gesetzlichen Anforderun-

---

104 Einzelheiten dazu oben Rn. 16 ff.
105 BAG 22.5.1990, 3 AZR 55/90, EzA § 519 ZPO Nr. 6.
106 Vgl. BAG 24.9.1986, 7 AZR 669/84, EzA § 554 ZPO Nr. 4; BVerfG 11.2.1987, 1 BvR 475/85, MDR 1987, 728 = AP Nr. 37 zu Art. 103 ff.

gen. Nach § 64 Abs. 6 i.V.m. § 520 Abs. 3 S. 2 Nr. 1 ZPO ist die Erklärung erforderlich, inwieweit das Urteil angefochten wird und welche Abänderungen des Urteils beantragt werden. Der Berufungsantrag bestimmt die Grenzen der erneuten Verhandlung des Rechtsstreits. Er macht typischerweise die geltend gemachte Beschwer deutlich. Aus der genannten Antragstellung ist das jedenfalls dann nicht ersichtlich, wenn die Klage teils als unbegründet, teils als zurzeit unzulässig abgewiesen wird.[107] Nicht notwendig ist es allerdings, dass der Berufungskläger einen besonders formulierten, vom übrigen Text der Begründungsschrift abgehobenen Antrag stellt. Es reicht aus, dass – auch ohne förmlichen Berufungsantrag – aus dem Inhalt der Berufungsbegründung ersichtlich ist, in welchem Umfang und mit welchem Ziel das Urteil angefochten werden soll.[108]

Der Berufungskläger muss in der Berufungsbegründungsschrift im Einzelnen angeben, in welchen Punkten und aus welchen Gründen das angefochtene Urteil unrichtig ist. Es müssen alle Streitpunkte im Rahmen der gestellten Berufungsanträge erörtert werden. Das soll der Beschleunigung des Verfahrens dienen. Keine ausreichende Berufungsbegründung liegt vor, wenn sich der Berufungskläger, der die Berufung nicht ausschließlich auf § 520 Abs. 3 Nr. 3 ZPO mit entsprechendem Vorbringen stützt, mit keinem einzigen der Streitpunkte befasst, hinsichtlich derer er durch das angefochtene Urteil beschwert ist. Das Berufungsgericht muss bereits durch das Lesen des Urteils und dem darin in Bezug genommenen Schriftgut und der Berufungsbegründungsschrift in der Lage sein, zu erkennen, was der Berufungskläger gegen das angefochtene Urteil vorbringen will.[109] Die nur formelhaften Hinweise auf die besonderen Haftungsgrundsätze im Arbeitsrecht reichen nicht aus. Es muss verlangt werden, dass sich der Berufungskläger im Einzelnen mit den Gründen des angefochtenen Urteils auseinandersetzt.[110] Greift der Berufungskläger in erster Linie die Rechtsauffassung des Urteils an, so hat er seine abweichende Auffassung im Einzelnen darzulegen. Es gelten die Regeln, die die Rechtsprechung zu § 551

36b

---

107 *LAG Hamm* 25.10.2005, 4 Sa 1163/04.
108 Vgl. BAG 20.12.1988, 1 ABR 63/87, EzA § 80 BetrVG 1972 Nr. 33; 24.2.1987, 1 ABR 18/85, EzA § 87 BetrVG 1972 Nr. 10.
109 BAG 20.7.1971, 1 AZR 314/70, AP Nr. 25 zu § 519 ZPO.
110 *LAG Berlin* 16.6.1980, 9 Sa 25/80, AP Nr. 31 zu § 519 ZPO; *LAG Schleswig-Holstein* 30.5.2007, 6 Sa 487/06, SchlHA 2007,541: Wiederholung des erstinstanzlichen Vortrags in verkürzter Form reicht nicht aus; BAG 25.4.2007, 6 AZR 436/05, EzA § 520 ZPO 2002 Nr. 5; BAG 25.4.2007, 10 AZR 586/06, Rn. 20 f.; auf der anderen Seite reicht eine kurze Auseinandersetzung mit den Ausführungen des Arbeitsgerichts, eine schlüssige und rechtlich haltbare Begründung kann nicht verlangt werden, *LAG Baden-Württemberg* 26.2.2007, 4 Sa 63/06, DB 2007, 1310.

§ 66 Einlegung der Berufung, Terminbestimmung

Abs. 3 Nr. 2a ZPO[111]) entwickelt hat. Der Berufungskläger hat sich argumentativ mit den Entscheidungsgründen auseinanderzusetzen.[112] Die allgemeine Wendung, das Berufungsgericht möge die Rechtsauffassung des Arbeitsgerichts überprüfen, oder, es werde gerügt, das materielle Recht sei verletzt, reicht nicht.[113] Die Beanstandung **tatsächlicher Feststellungen** ist ebenfalls konkret zu bezeichnen, und zwar unter Berücksichtigung des § 520 Abs. 3 Nr. 3 ZPO, damit das Berufungsgericht erkennen kann, was genau im Einzelfall beanstandet wird.

36c Mit den Regelungen über den Vertretungszwang (§ 11 Abs. 4) und über den notwendigen Inhalt einer Berufungsbegründung (§ 520 Abs. 3 ZPO) soll erreicht werden, dass ein mit dem Verfahren betrauter Prozessbevollmächtigter dem Gericht und dem Gegner den Sachverhalt unter genauer Bezeichnung der im Einzelnen auszuführenden Berufungsgründen vorträgt. Deshalb muss die Berufungsbegründung Ergebnis der geistigen Arbeit des Prozessbevollmächtigten sein. Auf jeden Fall ist es erforderlich, dass der Prozessbevollmächtigte den von der Partei gefertigten Schriftsatz prüft und auf Grund dieser Überprüfung die volle Verantwortung übernimmt.[114]

37 **Wird im angefochtenen Urteil über mehrere Ansprüche entschieden** und wird das Urteil **insgesamt** angefochten, so ist notwendig, dass sich die Berufungsbegründung mit allen Teilen des Urteils befasst. Geschieht dies nicht, so ist die Berufung teilweise, nämlich für den nicht begründeten Teil, sonach für die nicht oder unzureichend behandelten Ansprüche, Streitgegenstände, unzulässig.[115] Das Bundesarbeitsgericht hat von diesem Grundsatz Ausnahmen dann zugelassen, wenn die Begründetheit des einen Anspruchs von der Begründetheit eines anderen Anspruchs praktisch unmittelbar abhängt.[116] Der Berufungskläger

---
111 § 554 Abs. 3 Nr. 3 ZPO aF.
112 BAG 27.10.1997, 5 AZR 624/96, EzA § 544 ZPO Nr. 7 = NJW 1998, 2470; BAG 17.1.2007, 7 AZR 20/06, EzA § 14 TzBfG Nr. 37 <I2>.
113 *Stein/Jonas/Grunsky* § 519 Rn. 26.
114 Vgl. BGH 24.1.2008, IX ZB 258/05, NJW-Spezial 2008, 255.
115 BAG 2.4.1987, 2 AZR 418/86, EzA § 626 BGB Nr. 108 und 3.4.1987 NZA 1987, 37; aus der Rspr. der Instanzgerichte z.B. LAG Rheinland-Pfalz 11.1.2007, 4 Sa 783/06, Rn. 31, juris; LAG Düsseldorf 29.6.2007, 9 Sa 447/07, LAGE § 611 BGB Aufhebungsvertrag Nr. 4 (1).
116 BAG 24.3.1977, 3 AZR 232/76, EzA § 630 BGB Nr. 9, Schadensersatz wegen nicht ordnungsgemäßer Erteilung eines Zeugnisses in bestimmter Höhe für die Vergangenheit und ein Feststellungsantrag für Zukunftsschaden; 16.6.1976, 3 AZR 1/75, AP Nr. 27 zu § 72 ArbGG 1953 Streitwertrevision, Kündigungsschutzklage gegen fristlose Entlassung, die abgewiesen wurde, und Klage auf Verzugslohn; 2.4.1987, 2 AZR 418/86, EzA § 626 BGB n.F. Nr. 108, Kündigungsschutzklage, die abgewiesen wurde, und Weiterbeschäftigungsanspruch.

Einlegung der Berufung, Terminbestimmung § 66

muss sich in den genannten Fällen in der Berufungsbegründung jedoch immer dann mit beiden Ansprüchen befassen, wenn das Urteil eigenständige Ausführungen dazu gemacht hat.

Gründet das Gericht seine Entscheidung auf mehrere voneinander unabhängige, selbständig tragende rechtliche Erwägungen, so muss der Berufungskläger in der Berufungsbegründung für jede dieser Erwägungen darlegen, warum sie die Entscheidung nicht rechtfertigen; anderenfalls ist das Rechtsmittel insgesamt unzulässig. Die Berufungsbegründung gegen eine der beiden das Urteil selbständig tragenden Begründungen reicht nicht aus.[117] Wird eine Klage auf Überstundenbezahlung abgewiesen, weil der Sachvortrag nicht schlüssig sei und ferner weil die Verjährungseinrede durchgreife, so ist die Berufung insgesamt unzulässig, wenn die Berufungsbegründung zur Verjährung lediglich auf das erstinstanzliche Vorbringen verweist. 38

Liegen die schriftlichen Urteilsgründe noch nicht vor, gilt Folgendes: 38a

Die Berufung kann zulässig auf neue Angriffs- und Verteidigungsmittel gestützt werden, § 520 Abs. 3 Nr. 4 ZPO, allerdings bei mehreren Streitgegenständen bezogen auf jeden einzelnen, soweit sie weiter verfolgt werden sollen.

Im Übrigen reicht bei fehlender Zustellung des vollständig abgefassten Urteils die Auseinandersetzung mit den hypothetischen Urteilsgründen aus, um den Zulässigkeitsanforderungen des § 520 Abs. 3 Nr. 2 ZPO zu genügen.[118]

Das gilt auch, wenn die Berufung wegen Ablaufs der fünf Monate betragenden Frist des § 66 Abs. 1 S. 2 binnen sechs Monaten nach Verkündung des erstinstanzlichen Urteils eingelegt und innerhalb sieben Monaten begründet werden muss (vgl. oben Rn. 10). Ist die Auseinandersetzung mit den hypothetischen Entscheidungsgründen nicht möglich, reicht der Hinweis aus, dass das arbeitsgerichtliche Urteil nicht mit Gründen versehen ist.[119] Allerdings wird der Berufungsführer deutlich zu machen haben, welchen Vortrag das Landesarbeitsgericht seiner Entscheidung zu Grunde legen soll; wegen des fehlenden Tatbestandes mangelt es an jedweder Tatsachenfeststellung. Ob dies bereits in der Berufungsbegründung zu geschehen hat,[120] oder ob das Landesarbeitsge-

---

117 BGH 25.1.1990, IX ZB 89/89, MDR 1990, 712; LAG Hamm 20.6.2007, 6 Sa 37/07, (II Rn. 30 ff.), juris.
118 Vgl. z.B. BAG 28.10.2004, 8 AZR 492/03, EzA § 66 ArbGG 1979 Nr. 38.
119 GK-ArbGG/*Vossen* § 66 Rn. 134e
120 So Thüringer LAG 10.10.2005, 7/4/7 Sa 356/04, jurisPR extra 2006, 159 m. Anm. *Gravenhorst* jurisPR-ArbR 20/2006 Anm. 3, jurisPR extra 2006, 160 f.

richt wegen des Zurückverweisungsverbots des § 68 – von Amts wegen – eine vollständige Sachaufklärung zu betreiben hat, also wie eine erste Instanz den Rechtsstreit völlig neu anzugehen hat,[121] wird im letzteren Sinne zu beantworten sein: Das LAG wird nach Studium der erstinstanzlichen Akten die entsprechenden Hinweise zu geben haben; der Sachverhalt kann unstreitig, der Sachvortrag unschlüssig sein, die Rechtsfragen können unterschiedlich gesehen werden, usw.

39 Die Berufungsbegründung muss in **ihrem vollen Wortlaut** von einer nach § 11 Abs. 2 postulationsfähigen Person unterzeichnet sein. Daraus leitet die Rechtsprechung das Verbot der Bezugnahme auf Schriftstücke ab, die nicht von dem Bevollmächtigten unterzeichnet sind.

39a **Neue Tatsachen, Beweismittel und Beweiseinreden,** die die Partei zur Rechtfertigung ihrer Berufung anführen will, müssen in der Berufungsbegründung enthalten sein (§ 67 Abs. 4 i.V.m. § 520 Abs. 3 Nr. 4 ZPO). Grundsätzlich kann der Berufungskläger im Berufungsverfahren neue Tatsachen und Beweismittel vortragen, denn die Berufungsinstanz ist Tatsacheninstanz. Damit jedoch Verzögerungen des Verfahrens ausgeschlossen oder gemindert werden können, lässt der Gesetzgeber das Vorbringen neuer Tatsachen und Beweismittel nur in engen Grenzen zu. Dass dies ggf. auf Kosten der materiellen Gerechtigkeit geht, wird im Interesse einer Rechtspflege, die Verfahren im Rahmen eines angemessenen Zeitraums abwickeln können soll, in Kauf genommen (Einzelheiten dazu bei § 67).

40 Im Gegensatz zu § 521 Abs. 2 S. 1 ZPO sieht das ArbGG in § 66 Abs. 1 S. 3 **zwingend** vor, dass die Berufung innerhalb einer Frist von **einem Monat** nach Zustellung der Berufung **beantwortet werden muss.** Mit der Zustellung der Berufungsbegründung ist der Berufungsbeklagte auf die Frist für die Berufungsbeantwortung hinzuweisen.

41 Die Berufungserwiderung muss vom postulationsfähigen Prozessbevollmächtigten wie die Berufungsbegründungsschrift eigenhändig unterschrieben werden.

Die Frist zur Berufungsbeantwortung kann auf Antrag vom Vorsitzenden einmal verlängert werden. Es gelten die Voraussetzungen, die für die Verlängerung der Berufungsbegründungsfrist dargelegt worden sind (oben Rn. 33 f.).

42 **Rechtsfolgen,** die sich an die **Versäumung der Berufungsbeantwortungsfrist** knüpfen, sind im Gesetz nicht enthalten. Für neues Vorbringen gilt § 67 Abs. 4. Fehlt der Hinweis auf die Berufungsbeantwor-

---

121 So wohl GK-ArbGG/*Vossen* § 66 Rn. 134e.

tungsfrist, ist eine Zurückweisung des Vorbringens nicht möglich. Im einstweiligen Verfügungsverfahren ist die Berufungsbeantwortungsfrist des § 66 Abs. 1 nicht anwendbar.[122]

An den Inhalt der Berufungserwiderung werden keine hohen Anforderungen gestellt. Der Berufungsgegner als die in erster Instanz obsiegende Partei kann sich i.d.R. darauf beschränken, das ihm günstige Urteil zu verteidigen. Trägt der Berufungsbeklagte zur Sache nichts vor, gilt das tatsächliche Vorbringen des Berufungsführers als zugestanden.[123]   42a

Eine **Klageerweiterung** im zweiten Rechtszug kommt nur bei einer zulässigen Berufung oder bei einer zulässigen Anschlussberufung in Betracht. Dem erstinstanzlich obsiegenden Kläger steht zur Erweiterung der Klage im zweiten Rechtszug nur die Anschlussberufung zur Verfügung. Die Zulässigkeit der Klageänderung, Aufrechnungserklärung, Widerklage richtet sich nach § 533 ZPO. § 533 ZPO gilt nicht für die Fälle des § 264 ZPO. Ein Fall des § 264 Nr. 2 ZPO liegt z.B. nicht vor, wenn mit der Anschlussberufung nicht ohne Änderung des Klagegrundes der Klageantrag in der Hauptsache nur erweitert wird, sondern neue Streitgegenstände (§ 253 Abs. 1 Nr. 2 ZPO) in den Prozess eingeführt werden.[124]   42b

Die Bestimmung des Termins durch den Vorsitzenden hat nach § 66 Abs. 2 S. 1 unverzüglich zu erfolgen. Maßgebend ist der Eingang der Berufungsbegründung, nicht der der Berufungsbeantwortung. Zu terminieren ist an bereiter Stelle, d.h., es muss immer terminiert werden, selbst dann, wenn die Kammer völlig überlastet ist und ein Termin erst nach Monaten stattfinden kann,[125] wobei die Berufungsbeantwortungsfrist zu berücksichtigen ist, was bei der derzeitigen Terminslage der Landesarbeitsgerichte unschwer möglich ist.   43

---

122 LAG Berlin 20.5.1985, 9 Sa38/85, LAGE § 66 ArbGG 1979 Nr. 5; LAG München 19.12.1979, 9 Sa 1015/79, EzA Art. 9 GG Arbeitskampf Nr. 35.
123 LAG Nürnberg 13.5.2004, 5 Sa 1051/01, LAGE § 66 ArbGG 1979 Nr. 21.
124 Allerdings kann z.B. ein Antrag auf Verpflichtung der Beklagten zur Beschäftigung im bestehenden Arbeitsverhältnis im Wege der Auslegung als Antrag auf Abschluss eines Arbeitsvertrages verstanden werden, so dass die Klageänderung nach §§ 525,263 ZPO zulässig ist, BAG 24.8.2006, 8 AZR 556/05, EzA § 613a BGB 2005 Nr. 59 (B II 2a Rn. 34).
125 LAG München 5.6.1984, 8 Ta 104/84, MDR 1984, 877; GK-ArbGG / *Vossen* § 66 Rn. 150.

X. Verwerfung der Berufung

44 Die Verwerfung der Berufung nach § 522 Abs. 1 S. 2 und 3 ZPO durch Beschluss **ohne mündliche Verhandlung** ist nach § 66 Abs. 2 S. 2 zulässig. Der Beschluss ergeht nach dem am 1.4.2008 in Kraft getretenen Gesetz zur Änderung des Sozialgerichtsgesetzes und des Arbeitsgerichtsgesetzes vom 26.3.2008, Art. 2 Nr. 9 (BGBl. I S. 444, 448) durch den **Vorsitzenden** allein, nicht mehr durch die Kammer (§ 66 Abs. 2 S. 2 Hs. 2 n.F.). Dadurch soll das arbeitsgerichtliche Verfahren vereinfacht und beschleunigt werden. Dort, wo eine Beteiligung der ehrenamtlichen Richter sachlich nicht geboten ist, kann der Vorsitzende allein entscheiden (Begr. zum Entwurf SGGArbGGÄndG S. 17). Vor Erlass des Verwerfungsbeschlusses ist der Berufungskläger zu hören.[126] Das Verfahren nach § 522 Abs. 2 ZPO, das das Berufungsgericht von unnötigen mündlichen Verhandlungen entlasten soll,[127] ist im arbeitsgerichtlichen Verfahren nicht vorgesehen, § 66 Abs. 2 S. 3.

45 Eine Verwerfung der Berufung als unzulässig kommt nicht in Betracht, wenn im Zeitpunkt der Entscheidung eine weitere Berufung derselben Partei vorliegt, die sich gegen dasselbe Urteil richtet. Das Gericht hat dann eine einheitliche Entscheidung zu treffen.[128] Das gilt auch dann, wenn zuvor nicht über einen vorliegenden Antrag auf Verlängerung der Berufungsbegründungsfrist entschieden wurde.[129]

---

126 BAG 15.8.1989, 8 AZR 557/88, EzA § 233 ZPO Nr. 11.
127 Dazu *Schellenberg* MDR 2005, 610 ff.
128 BAG 12.11.1976, 5 AZR 261/76, EzA § 519b ZPO Nr. 3.
129 BGH 5.4.2001, VII ZB 37/00, MDR 2001, 951.

§ 67 Zulassung neuer Angriffs- und Verteidigungsmittel

(1) Angriffs- und Verteidigungsmittel, die im ersten Rechtszug zu Recht zurückgewiesen worden sind, bleiben ausgeschlossen.

(2) ¹Neue Angriffs- und Verteidigungsmittel, die im ersten Rechtszug entgegen einer hierfür nach § 56 Abs. 1 Satz 2 Nr. 1 oder § 61a Abs. 3 oder 4 gesetzten Frist nicht vorgebracht worden sind, sind nur zuzulassen, wenn nach der freien Überzeugung des Landesarbeitsgerichts ihre Zulassung die Erledigung des Rechtsstreits nicht verzögern würde oder wenn die Partei die Verspätung genügend entschuldigt. ²Der Entschuldigungsgrund ist auf Verlangen des Landesarbeitsgerichts glaubhaft zu machen.

(3) Neue Angriffs- und Verteidigungsmittel, die im ersten Rechtszug entgegen § 282 Abs. 1 der Zivilprozeßordnung nicht rechtzeitig vorgebracht oder entgegen § 282 Abs. 2 der Zivilprozeßordnung nicht rechtzeitig mitgeteilt worden sind, sind nur zuzulassen, wenn ihre Zulassung nach der freien Überzeugung des Landesarbeitsgerichts die Erledigung des Rechtsstreits nicht verzögern würde oder wenn die Partei das Vorbringen im ersten Rechtszug nicht aus grober Nachlässigkeit unterlassen hatte.

(4) ¹Sobald das Vorbringen neuer Angriffs- und Verteidigungsmittel nach den Absätzen 2 und 3 zulässig sind, sind diese vom Berufungskläger in der Berufungsbegründung, vom Berufungsbeklagten in der Berufungsbeantwortung vorzubringen. ²Werden sie später vorgebracht, sind sie nur zuzulassen, wenn sie nach der Berufungsbegründung oder Berufungsbeantwortung entstanden sind oder das verspätete Vorbringen nach der freien Überzeugung des Landesarbeitsgerichts die Erledigung des Rechtsstreits nicht verzögern würde oder nicht auf Verschulden der Partei beruht.

Das Berufungsverfahren ist Tatsacheninstanz. Der daraus folgende Satz, dass neues Vorbringen grundsätzlich zulässig ist, wird allerdings durch § 67 erheblich eingeschränkt. Das Landesarbeitsgericht soll an nicht angegriffene erstinstanzliche Feststellungen grundsätzlich gebunden sein. Das Berufungsverfahren soll sich auf eine Fehlerkontrolle und Fehlerbeseitigung beschränken. Dabei wird § 67 als abschließende Regelung gesehen, so dass die Präklusionsregelungen der ZPO nicht anwendbar sind, insbesondere nicht § 531 Abs. 2 ZPO.[1]

2 § 67 Abs. 2 verweist auf die Präklusionsvorschriften der §§ 56 Abs. 1 S. 2 Nr. 1 und 61a Abs. 3 oder 4 (vgl. die dortigen Bemerkungen).

3 **§ 67 erfasst vier Fallgruppen:**

a) § 67 Abs. 1 sieht vor, dass Angriffs- und Verteidigungsmittel, z.B. Behauptungen, Bestreiten, Beweisanträge und Einreden, die das Arbeitsgericht nach § 56 Abs. 2, § 61a Abs. 5, § 296 Abs. 2 i.V.m. § 282 ZPO, § 46 Abs. 2 S. 1 oder § 340 Abs. 3 S. 3 ZPO, der nach § 46 Abs. 2 S. 1 auch im Versäumnisverfahren vor dem Arbeitsgericht anzuwenden ist, zu Recht zurückgewiesen hatte, in der Berufungsinstanz ausgeschlossen bleiben. Der wirksame Ausschluss ist endgültig und ist in der Berufungsinstanz nicht mehr heilbar. Hatte das Arbeitsgericht verspätetes Vorbringen zugelassen, obwohl es hätte zurückgewiesen werden müssen, ist das Berufungsgericht daran gebunden.[2]

§ 67 Abs. 1 bezieht sich nicht auf Sachvortrag, der nach Auffassung des Arbeitsgerichts nicht schlüssig ist, also, die Richtigkeit unterstellt, das Begehren nicht zu rechtfertigen vermag. Ein als verspätet zurückgewiesener Beweisantrag für rechtzeitiges Vorbringen hindert nicht daran, in der Berufungsbegründung neue Zeugen zu benennen.[3]

Unstreitiger oder unstreitig gewordener Sachvortrag ist stets zu berücksichtigen.[4]

Die Berufungskammer hat zu überprüfen, ob das Arbeitsgericht die Angriffs- und Verteidigungsmittel zu Recht zurückgewiesen hat.[5] Es müssen alle Voraussetzungen für die Zurückweisung vorgelegen haben. Es wird geprüft, ob beim Arbeitsgericht eine Verzögerung des Rechtsstreits eingetreten wäre, ob die Verzögerung

---

1 *Schwab/Weth/Schwab* § 67 Rn. 2 f.; GK-ArbGG/*Vossen* § 67 Rn. 11a; BAG 15.2.2005, 9 AZN 892/04, EzA § 72a ArbGG 1979 Nr. 98 (II2b bb [3]); 25.1.2005, 9 AZR 44/04, EzA § 1 Arbeitnehmer-Entsendegesetz Nr. 8 (AII2b); 15.2.2005, 9 AZN 892/04, EzA § 72a ArbGG 1979 Nr. 98; 25.4.2007, 6 AZR 436/05, EzA § 520 ZPO 2002 Nr. 5 (I3a); vgl. aber Sächsisches LAG 26.3.2003, 2 Sa 466/02, das das Verhältnis zwischen § 531 ZPO und § 67 für »klärungsbedürftig« hält.
2 GK-ArbGG/*Vossen* § 67 Rn. 20; BVerfG 26.1.1995, 1 BvR 1068, EzA § 67 ArbGG 1979 Nr. 6.
3 GK-ArbGG/*Vossen* § 67 Rn. 23.
4 HWK/*Kalb* § 67 Rn. 4.
5 Vgl. z.B. LAG Rheinland-Pfalz 23.1.2007, 5 Sa 515/06, Rn. 32 betr. § 56 Abs. 2, juris.

durch geeignete Prozessleitung seitens des Gerichts hätte vermieden werden können und ob die Partei die Verspätung ihres Vorbringens genügend entschuldigt hat. Eine schuldlos unterbliebene Entschuldigung der Verspätung kann in der Berufungsbegründung nachgeholt werden.[6]

Bei Zurückweisung neuer Angriffs- und Verteidigungsmittel nach Fristsetzung, § 56 Abs. 2, § 61a Abs. 5, hat das Landesarbeitsgericht auch zu prüfen, ob die Frist wirksam gesetzt worden war. Das ist dann nicht der Fall, wenn das Klärungsbedürftige nicht genau bezeichnet und schriftlich niedergelegt wurde. Den Parteien muss klar geworden sein, was das Arbeitsgericht an Vortrag für erforderlich hielt. Über die Folgen verspäteten Vorbringens war zu belehren.[7]

Hatte das Arbeitsgericht Vorbringen einer Partei zu Unrecht als verspätet zurückgewiesen, ist es in der Berufungsinstanz zu berücksichtigen.

b) Nach § 67 Abs. 2 sind neue Angriffs- und Verteidigungsmittel, die entgegen einer hierfür gesetzten zulässigen Frist nach den §§ 56 Abs. 1 S. 2 Nr. 1 oder § 61a Abs. 3 oder 4 erst im Berufungsverfahren vorgebracht werden, nur zuzulassen, wenn nach der freien Überzeugung des Landesarbeitsgerichts ihre Zulassung den Rechtsstreit nicht verzögern würde oder wenn die Partei die Verspätung genügend entschuldigt, wobei der Entschuldigungsgrund auf Verlangen des Landesarbeitsgerichts glaubhaft zu machen ist. Im Falle des § 67 Abs. 2 war Sachvortrag erstinstanzlich von der Partei gar nicht gebracht worden, während im Falle des Abs. 1 die Partei verspätet vorgetragen hatte. Das Landesarbeitsgericht hat vor der Entscheidung über die Zurückweisung der neuen Angriffs- und Verteidigungsmittel zu prüfen, ob die Fristsetzung durch das Arbeitsgericht wirksam war. Das Arbeitsgericht hat die klärungsbedürftigen Punkte genau zu bezeichnen (§ 56 Abs. 1 S. 2 Nr. 1), die in der arbeitsgerichtlichen Praxis nicht selten vorzufindende Wendung, es sei innerhalb einer gesetzten Frist zu einem bestimmten Vorbringen (Schriftsatz) Stellung zu nehmen, reicht nicht aus. Eine allgemein gehaltene Auflage reicht aber dann aus, wenn die einzelnen klärungsbedürftigen Punkte bei der Erörterung der Sach- und Rechtslage genau bezeichnet und im Protokoll aufgeführt wurden.[8] Auch die Form der Fristset-

---

6 GK-ArbGG/*Vossen* § 67 Rn. 24.
7 GK-ArbGG/*Vossen* § 67 Rn. 25 m.w.N.
8 GK-ArbGG/*Vossen* § 67 Rn. 29 m.w.N.

zung ist durch das Landesarbeitsgericht zu überprüfen. Eine Fristsetzung durch den Vorsitzenden muss von ihm unterschrieben sein. Die nach § 56 Abs. 2 erforderliche Belehrung muss erfolgt sein. Die Widerklage, die Klageerweiterung, die Klageänderung und die Aufrechnung mit einer Gegenforderung fallen nicht unter § 67. Ein im Berufungsverfahren erstmals in den Rechtsstreit eingeführter prozessualer Anspruch und die zu seiner Begründung neu vorgetragenen Tatsachen sind keine »Angriffsmittel« und unterliegen damit nicht den Bestimmungen des § 67.[9] Bei § 67 Abs. 2 handelt es sich um einen Fall der notwendigen Zurückweisung. Zum Begriff der Verzögerung vgl. § 56. Die Entscheidung erfolgt im Urteil des Berufungsgerichts. Der Partei **muss Gelegenheit zur Stellungnahme** gegeben werden, damit sie ggf. die Verzögerung entschuldigen kann.

c) Nach § 67 Abs. 3 ist die Verletzung der Prozessförderungspflicht des § 282 ZPO (vgl. die Anmerkungen zu § 56) mit Präklusionssanktionen verbunden, im Gegensatz zu § 296 Abs. 2 ZPO im Berufungsverfahren jedoch in Form einer **notwendigen Zurückweisung.** Voraussetzung für die Zulassung ist, dass der Rechtsstreit nicht verzögert wird oder die Partei das Vorbringen im ersten Rechtszug nicht aus grober Nachlässigkeit unterlassen hat. Ist das neue Vorbringen zuzulassen, muss es in der Berufungsbegründung oder in der Berufungsbeantwortung vorgebracht werden, § 67 Abs. 4 S. 1. Hatte das Arbeitsgericht entgegen § 282 ZPO verspätet vorgebrachte Angriffs- und Verteidigungsmittel berücksichtigt, so hat es dabei zu verbleiben, eine einmal eingetretene Verzögerung kann im Berufungsrechtszug nicht mehr rückgängig gemacht werden.[10] **Grobe Nachlässigkeit** entspricht der groben Fahrlässigkeit, d.h., es müssen die prozessualen Sorgfaltspflichten in ungewöhnlich großem Maße verletzt worden sein. Fehlen diese Maßstäbe, so ist das Vorbringen auch dann zuzulassen, wenn der Rechtsstreit verzögert wird. Die Nichtzulassung setzt voraus, dass Verzögerung und fehlende Entschuldigung zusammentreffen.

d) § 67 Abs. 4 regelt allein die Frage der Prozessförderungspflicht in der Berufungsinstanz.

Die neuen Angriffs- und Verteidigungsmittel, die nach § 67 Abs. 2 und Abs. 3 zulässig sind, sind nach § 67 Abs. 4 S. 1 vom Berufungskläger in der Berufungsbegründung, vom Berufungsbeklag-

---

9 BAG 11.4.2006, 9 AZN 892/05, EzA § 72a ArbGG 1979 Nr. 108; LAG Nürnberg 4.9.2007, 7 Sa 822/06, Rn. 53, juris.
10 GK-ArbGG/*Vossen* § 67 Rn. 63 m.w.N.

ten in der Berufungsbeantwortung vorzutragen. Hierbei handelt es sich um gesetzliche Ausschlussfristen.[11]

Allerdings sieht § 67 Abs. 4 S. 2 drei Ausnahmen vor: Späteres Vorbringen ist nur zuzulassen, wenn die Angriffs- oder Verteidigungsmittel erst nach der Berufungsbegründung oder Berufungsbeantwortung entstanden sind oder es den Rechtsstreit nicht verzögern würde oder nicht auf Verschulden der Partei beruht, die sich das Verschulden ihres Bevollmächtigten zurechnen lassen muss (§ 85 Abs. 2 ZPO). Die Anwendung des § 64 Abs. 4 S. 2 setzt aber voraus, dass die eingelegte Berufung zulässig ist. In § 64 Abs. 2 S. 2 werden nur Ausnahmen von der Grundregel des § 64 Abs. 4 S. 1 gemacht, nach der der Berufungskläger neues Vorbringen in der Berufungsbegründung vorzutragen hat.[12]

Fraglich ist, ob von der Möglichkeit des Ausschlusses von Parteivorbringen oder Beweismitteln **wegen Verspätung** auch dann Gebrauch gemacht werden kann, wenn ein Schriftsatz so rechtzeitig beim Berufungsgericht eingeht, dass die Ladung eines darin benannten Zeugen zu einem bereits anberaumten Termin möglich ist oder der betreffende Zeuge im Termin gestellt wird. Die Rechtsprechung hat dies verneint im Falle der Benennung *eines Zeugen*, der vom Vorsitzenden zum Termin durch prozessleitende Verfügung hätte geladen werden können.[13] Andererseits wurde diese Frage bejaht in dem Falle der Benennung von sechs Zeugen.[14] Dem Gericht ist nicht zuzumuten, umfangreiche Beweisaufnahmen nach verspäteten Beweisantritten durchzuführen.[15] Verzögerungshindernde Terminvorbereitung durch den Vorsitzenden entfällt dann. 4

Verzögerung ist auch bei Benennung nur eines Zeugen anzunehmen, wenn die andere Partei nicht rechtzeitig Gegenbeweis antreten kann **und ihr daher** Vertagung des Termins zu gewähren wäre.[16] Kündigt die Partei die Gegenbeweise schriftsätzlich an, dann kann die Ladung des (der) Zeugen rückgängig gemacht werden.[17] Wird ein Zeuge in der mündlichen Verhandlung gestellt, so darf er wegen Verspätung 5

---

11 BAG 5.9.1985, 6 AZR 216/81, EzA § 4 TVG Lohnerhöhung Nr. 7 (I); LAG Berlin-Brandenburg 12.3.2007, 10 Sa 1945/06, Rn. 26, juris.
12 BAG 25.4.2007, 6 AZR 436/05, EzA § 520 ZPO 2002 Nr. 5 (I 3a).
13 Vgl. BAG 2.3.1988, 4 AZR 393/88, EzA § 67 ArbGG 1979 Nr. 1.
14 LAG Köln 4.2.1988, 8 Sa 173/87, LAGE § 528 ZPO Nr. 3.
15 OLG Köln 18.10.1984, 2 U 77/83, ZIP 1985, 436; vgl. BVerfG 24.1.2005, 1 BvR 2653/03, NJW 2005, 1768.
16 Vgl. *Zöller/Gummer/Heßler* § 530 Rn. 19 und BGH 26.3.1982, V ZR 149/81, BGHZ 83, 310 = MDR 1982, 658.
17 OLG Köln 12.6.1985, 2 U 169/84, MDR 1985, 772.

des Beweisantritts nicht vernommen werden, wenn der Gegner widerspricht.[18] Andernfalls wäre das Recht zur Erkundigung und damit der Stellung sachgerechter Fragen abgeschnitten.

6 Erscheint der im Wege prozessleitender Verfügung geladene Zeuge nicht, so ist streitig, ob eine Verzögerung anzunehmen ist.[19] Voraussetzung für die Nichtanwendung der Präklusionsnormen ist nach Ansicht des BGH jedoch, dass der Zeuge **ordnungsgemäß und rechtzeitig geladen war**. Die dann dennoch eintretende Verspätung kann der verspätet vortragenden Partei nicht angelastet werden. Hat der Zeuge die Ladung nicht erhalten, oder bleibt er dem Termin fern, obwohl er der Partei, die ihn verspätet benannt hat, zugesagt hat zu erscheinen, so ist Verzögerung anzunehmen.[20]

7 Zur verspäteten Vorlage von Urkunden vgl. *BAG* 5.7.1978, 4 AZR 795/76, AP BAT 1975 §§ 22, 23 Nr. 7 = EzA §§ 22–23 BAT Nr. 17.

8 **Das Bundesarbeitsgericht prüft im Revisionsverfahren, ob das Landesarbeitsgericht das Vorbringen einer Partei zu Recht als verspätet zurückgewiesen hat.**[21] Hat das Landesarbeitsgericht verspätetes Vorbringen unzutreffenderweise zugelassen, bleibt es dabei.[22] Allerdings kann mit Erfolg gerügt werden, das Landesarbeitsgericht habe entgegen § 67 Abs. 1 Vorbringen berücksichtigt; die zwingende Vorschrift des § 67 Abs. 1 ist in der Revisionsinstanz zu beachten.[23]

§ 67a

(weggefallen)

---

18 OLG Hamm 3.7.1985, 18 U 138/84, MDR 1986, 766.
19 **Ja:** BLAH/*Hartmann* § 296 Rn. 45 m.w.N.; **nein:** BGH 1.10.1986, 1 ZR 125/84, NJW 1987, 202; 13.1.1987, VI ZR 280/85, NJW 1987, 1949; 19.10.1988, VII ZR 298/87, NJW 1989, 720.
20 BGH NJW 19.8.1988, VII ZR 298/87, 1989, 719.
21 Vgl. z.B. BAG 23.6.2005, 2 AZR 193/04, II2a, betr. Zurückweisung nach § 67 Abs. 4 S. 2.
22 BAG 19.2.2008, 9 AZN 1085/07, Rn. 11: »Die Präklusionsvorschriften dienen der Beschleunigung, nicht der Sanktion«.
23 *Hauck/Helml* § 68 Rn. 12.

§ 68 Zurückverweisung

Wegen eines Mangels im Verfahren des Arbeitsgerichts ist die Zurückverweisung unzulässig.

§ 68 soll der Prozessbeschleunigung dienen. Den Verlust einer Instanz 1
nimmt der Gesetzgeber bewusst in Kauf. § 538 Abs. 2 S. 1 Nr. 1 ZPO findet im Verfahren vor dem Landesarbeitsgericht keine Anwendung. Das gilt selbst bei schwersten Verfahrensverstößen. Dazu zählen auch Verfassungsverstöße, z.B. ein Verstoß gegen Art. 103 Abs. 1 GG (rechtliches Gehör) oder Art. 101 Abs. 1 S. 2 GG (gesetzlicher Richter). Wird das Urteil des Arbeitsgerichts später als fünf Monate nach der Verkündung zugestellt, so liegt zwar ein Verfahrensmangel vor, da es sich um ein Urteil ohne Gründe handelt, jedoch ist eine Zurückverweisung an die erste Instanz dennoch unzulässig.[1] Eine Zurückverweisung erfolgt ebenfalls nicht, wenn das Arbeitsgericht offenkundig streitiges Vorbringen übergeht oder den streitigen Parteivortrag als unstreitig ansieht, also keine Beweisaufnahme durchführt.[2]

Einige Ausnahmen hat die Rechtsprechung anerkannt. Hier sind die 2
Verfahrensverstöße im Berufungsverfahren nicht reparabel:

a) Keine Entscheidung über den Antrag auf nachträgliche Zulassung der Kündigungsschutzklage, über den nur das Arbeitsgericht entscheiden kann.[3] Stellt sich erst in 2. Instanz heraus, dass das Arbeitsgericht über einen Antrag auf nachträgliche Zulassung entscheiden muss, so ist fraglich, ob das Berufungsgericht den Rechtsstreit gem. § 148 ZPO auszusetzen hat[4] oder ob das Urteil des Arbeitsgerichts aufzuheben und der Rechtsstreit an das ArbG zurückzuverweisen ist, und zwar zur Entscheidung über den Antrag auf nachträgliche Zulassung.[5] Diese Ausnahme ist mit dem 1.4.2008 entfallen. Denn § 5 Abs. 4 und 5 KSchG i.d.F. des SGGArbGGÄndG vom 26.3.2008 (BGBl. I S. 444, 448) sehen nunmehr vor, dass i.d.R. das ArbG über den gesamten Rechtsstreit entscheidet, also einschließlich des Antrages auf nachträgliche Zulassung der Kündigungsschutzklage durch Urteil (§ 60), das der Berufung unterliegt. Nur ausnahmsweise, wenn das ArbG zunächst die Klärung des Antrags auf nachträgliche

---

1 Vgl. BAG 24.4.1996, 5 AZN 970/95, EzA § 68 ArbGG 1979 Nr. 2.
2 A.A. LAG Köln 4.12.1985, 7 Sa 882/85, BB 1986, 464.
3 LAG Düsseldorf Kammer Köln, 26.9.1974, 3 Sa 399/74, BB 1975, 139.
4 So LAG Berlin 23.8.1988, 3 Sa 43/88, LAGE § 5 KSchG Nr. 38.
5 So zutr. GK-ArbGG/*Vossen* § 68 Rn. 14; KR-*Friedrich* § 5 KSchG Rn. 167 je m.N. aus der Rspr.

§ 68 Zurückverweisung

Zulassung der Kündigungsschutzklage für angebracht hält, entscheidet es vorab über diesen Antrag, aber nicht mehr durch Beschluss, sondern durch Zwischenurteil, das der Berufung unterliegt.[6]

b) Auch die Nichtbeachtung der Hinweispflicht nach § 6 S. 2 KSchG durch das Arbeitsgericht führte zur Zurückverweisung, der Verfahrensfehler habe nicht mehr vom Berufungsgericht behoben werden können. Das soll auch für § 6 S. 1 KSchG n.F. gelten.[7] Die Neufassung des § 6 KSchG rechtfertigt die Zurückverweisung nicht mehr. Vielmehr kann die Geltendmachung weiterer Unwirksamkeitsgründe auch noch in der zweiten Instanz erfolgen.[8]

c) Hat das Arbeitsgericht ein unzulässiges Teilurteil erlassen, so hat das Berufungsgericht das Urteil aufzuheben und trotz § 68 den Rechtsstreit an das Arbeitsgericht zurückzuverweisen.[9]

d) Waren im Gütetermin die Sach- und Rechtslage erörtert worden, die Güteverhandlung gescheitert, der Kläger im anberaumten Termin zur mündlichen Verhandlung vor der Kammer nicht erschienen, nachdem der beklagte Arbeitgeber fristgerecht die Kündigung begründet hatte, der Kläger aber nicht Stellung genommen hatte, und beantragte der Beklagte, die Klage abzuweisen und nach Lage der Akten zu entscheiden, soll auf die Berufung des Klägers die Zurückverweisung wegen wesentlichen Verfahrensmangels – Entscheidung nach Lage der Akten ohne Klageantrag – gem. § 538 ZPO geboten sein.[10] Der Hinweis auf BAG 4.12.2002, 5 AZR 556/01,[11] trägt nicht: Der Prozessbevollmächtigte des Klägers hatte vor der Berufungskammer erklärt, heute keine Anträge stellen zu wollen. Nur beim Rechtsmittelkläger liegt ohne Antragstellung

---

6 Vgl. nur *Schwab* »Neue Regeln für die nachträgliche Zulassung der Kündigungsschutzklage« FA 2008, 135 ff.; vgl. im Übrigen die Nachw. § 78 Rn. 7a 428, dort auch zur fehlenden Übergangsregelung.
7 GK-ArbGG/*Vossen* § 67 Rn. 16 m.N.; ErfK/*Koch* § 68 Rn. 3 m.w.N.; GMPM-G/*Germelmann* § 68 Rn. 6 f.; *Schwab/Weth/Schwab* § 68 Rn. 43.
8 KR-*Friedrich* § 6 KSchG Rn. 38 m.w.N.; ArbGG/*Breinlinger* § 68 Rn. 13; HWK/ *Quecke* § 6 KSchG Rn. 12.
9 GK-ArbGG/*Vossen* § 68 Rn. 17 m.N. aus der Rspr. der Landesarbeitsgerichte, a.A. BAG in std. Rspr., zuletzt 24.11.2004, 10 AZR 169/04, EzA § 61 ArbGG 1979 Nr. 19 (BI4c) wegen der vom BGH 13.10.2000, V ZR 356/99, NJW 2001, 78 bejahten Kompetenz im Falle eines unzulässigen Teilurteils den nicht verbeschiedenen Teil des Rechtsstreits an sich zu ziehen, im Verhältnis der Instanzgerichte untereinander, was wegen des Beschleunigungsgrundsatzes im arbeitsgerichtlichen Verfahren jedenfalls für das Revisionsgericht gelte.
10 LAG Bremen 25.6.2003, 2 Sa 67/03, LAGE § 68 ArbGG 1979 Nr. 6.
11 EzA § 333 ZPO Nr. 1.

kein Verhandeln vor. Als frühere mündliche Verhandlung i.S.d. §§ 331a, 251a ZPO reicht die Güteverhandlung aus.[12]

e) Hat das Arbeitsgericht § 240 ZPO – Unterbrechung des Verfahrens wegen Insolvenz – übersehen oder von der Verfahrensunterbrechung keine Kenntnis gehabt und in der Sache entschieden, hat das Landesarbeitsgericht auf die Berufung, deren Einlegung auch durch den Insolvenzverwalter unter Vorbehalt der Aufnahme des Rechtsstreits möglich ist, das Urteil aufzuheben und trotz § 68 den Rechtsstreit an das Arbeitsgericht zurückzuverweisen; nur so ist die Zurückversetzung des Verfahrens in das erstinstanzliche Stadium der Unterbrechung möglich.[13]

Im Verfahren vor den Landesarbeitsgerichten ist § 538 Abs. 2 S. 1 Nr. 2 bis Nr. 6 ZPO, soweit die dort geregelten Fälle im arbeitsgerichtlichen Verfahren Bedeutung haben, über § 64 Abs. 6 S. 1 anwendbar, d.h., es darf Zurückverweisung erfolgen, wenn das Arbeitsgericht über die Klageforderung nicht oder nicht endgültig entschieden hat, eine Partei die Zurückverweisung beantragt und eine weitere Verhandlung in der Sache nötig ist, der Rechtsstreit noch nicht entscheidungsreif ist, § 300 ZPO.

a) Verwerfung eines Einspruchs durch Urteil als unzulässig, § 538 Abs. 2 S. 1 Nr. 2 ZPO (vgl. § 341 ZPO).[14]

b) Entscheidung nur über die Zulässigkeit der Klage, § 538 Abs. 2 S. 1 Nr. 3 ZPO: wenn z.B. das Feststellungsinteresse verneint worden ist.[15] Auch andere Fälle, in denen es zu keiner Sachentscheidung gekommen ist, fallen unter Nr. 3, z.B. wenn das Arbeitsgericht den Fortgang des Verfahrens abgelehnt hat mit der Begründung, ein abgeschlossener Vergleich sei wirksam.[16] Hat das Arbeitsgericht in einem Kündigungsschutzstreit die Eigenschaft des Arbeitnehmers als eines leitenden Angestellten verneint und die Kündigung ohne Prüfung der Kündigungsgründe allein aus § 102 BetrVG 1972 für unwirksam erklärt, so kann das LAG den Rechtsstreit nicht zur Prü-

---

12 LAG Hessen 31.10.2000, 9 Sa 2072/99, BB 2001, 1205 = MDR 2001, 517; LAG Berlin 3.2.1997, 9 Sa 133/96, LAGE § 251a ZPO Nr. 1; a.A. *Creutzfeldt* § 55 Rn. 9 m.w.N.; GK-ArbGG/*Schütz* § 59 Rn. 51; *Schwab/Weth/Berscheid* § 59 Rn. 53; ArbGG/*Kloppenburg/Ziemann* § 59 Rn. 32; *Hauck/Helml* § 59 Rn. 13.
13 *U. Fischer* Anm. zu BAG 6.12.2006, 5 AZR 844/06, jurisPraxisReport 4/2007, 84 f sub. D; vgl. auch LAG Köln 20.4.2007, 4 Sa 22/07, Rn. 37, juris, Revision anhängig, 6 AZR 478/07, Termin: 26.5.2008.
14 LAG Hamm 14.3.2007, 2 Sa 1284/06, juris.
15 Vgl. z.B. Sächsisches LAG 16.8.2006, 2 Sa 434/06: Abweisung der Klage mangels Rechtsschutzbedürfnisses.
16 Vgl. BAG 18.7.1969, 2 AZR 498/68, AP Nr. 17 zu § 794 ZPO.

fung der Kündigungsgründe an das ArbG zurückverweisen, wenn es die Statusfrage anders als das Arbeitsgericht beurteilt.[17]

c) Grundurteil, § 538 Abs. 2 S. 1 Nr. 4 ZPO: Diese Bestimmung ist im arbeitsgerichtlichen Verfahren nicht anwendbar, arg. § 61 Abs. 3. Nr. 4 ist allerdings bei einer Stufenklage analog (§ 254 ZPO) anwendbar: Das Arbeitsgericht hatte die Klage insgesamt abgewiesen, während die Berufungsinstanz zur Auskunftserteilung verurteilt.[18]

d) Urkunden- und Wechselprozess, § 538 Abs. 2 S. 1 Nr. 5 ZPO: Diese Bestimmung ist im arbeitgerichtlichen Verfahren nicht anwendbar, weil vor dem Arbeitsgericht ein solcher Prozess nicht geführt wird, von fehlerhaften, aber das Arbeitsgericht bindenden Verweisungen einmal abgesehen.

e) Das angefochtene Urteil ist ein zweites Versäumnisurteil, § 538 Abs. 2 S. 1 Nr. 6 ZPO: Das Landesarbeitsgericht hebt ein Versäumnisurteil auf, gegen das der Einspruch an sich nicht statthaft ist, weil ein Fall der schuldhaften Versäumung nicht vorgelegen hat (§ 64 Abs. 2 Buchst. b) und verweist den Rechtsstreit auf Antrag einer Partei an das Arbeitsgericht zurück.[19] Nr. 6 ist entsprechend anwendbar, wenn durch das Arbeitsgericht ein Anerkenntnisurteil (§ 307 ZPO) trotz fehlenden Anerkenntnisses ergangen ist.[20]

f) Das LAG München[21] verweist den Rechtsstreit in entsprechender Anwendung des § 538 Abs. 2 Nr. 1 ZPO an das Arbeitsgericht zurück, wenn das Arbeitsgericht bei einem Stufenantrag in ein und demselben Urteil der Klage hinsichtlich beider Stufen stattgegeben hat. Andernfalls verlöre die beklagte Partei eine Instanz, in der sie Einwendungen und Einreden gegen den Zahlungsanspruch geltend machen könnte. Das ist mit § 68 nicht vereinbar.

4 Im Beschwerdeverfahren findet § 68 keine Anwendung.[22]

---

17 BAG 4.7.1978, 1 AZR 301/77, EzA § 68 ArbGG Nr. 1.
18 BAG 21.11.2000, 9 AZR 665/99, EzA § 242 BGB Auskunftspflicht Nr. 6.
19 GK-ArbGG/*Vossen* § 68 Rn. 27; Sächsisches LAG 24.11.2004, 2 Sa 263/04, LAGE § 68 ArbGG 1979 Nr. 8; vgl. auch LAG München 5.4.1989, 8 Sa 38/89, LAGE § 11 ArbGG 1979 Nr. 8.
20 *Schwab/Weth/Schwab* § 68 Rn. 21 m.w.N. in Fn. 1.
21 6.12.2007, 3 Sa 702/07, juris.
22 LAG Bremen 30.4.1987, 4 Ta 25/87, LAGE § 78 ArbGG 1979 Nr. 1; 5.1.2006, 3 Ta 69/05, LAGE § 68 ArbGG 1979 Nr. 9; GK-ArbGG/*Vossen* § 68 Rn. 29 m.w.N.

§ 69 Urteil

(1) ¹Das Urteil nebst Tatbestand und Entscheidungsgründen ist von sämtlichen Mitgliedern der Kammer zu unterschreiben. ²§ 60 Abs. 1 bis 3 und Abs. 4 Satz 2 bis 4 ist entsprechend mit der Maßgabe anzuwenden, dass die Frist nach Absatz 4 Satz 3 vier Wochen beträgt und im Falle des Absatzes 4 Satz 4 Tatbestand und Entscheidungsgründe von sämtlichen Mitgliedern der Kammer zu unterschreiben sind.

(2) Im Urteil kann von der Darstellung des Tatbestandes und, soweit das Berufungsgericht den Gründen der angefochtenen Entscheidung folgt und dies in seinem Urteil feststellt, auch von der Darstellung der Entscheidungsgründe abgesehen werden.

(3) ¹Ist gegen das Urteil die Revision statthaft, so soll der Tatbestand eine gedrängte Darstellung des Sach- und Streitstandes auf der Grundlage der mündlichen Vorträge der Parteien enthalten. ²Eine Bezugnahme auf das angefochtene Urteil sowie auf Schriftsätze, Protokolle und andere Unterlagen ist zulässig, soweit hierdurch die Beurteilung des Parteivorbringens durch das Revisionsgericht nicht wesentlich erschwert wird.

(4) ¹§ 540 Abs. 1 der Zivilprozessordnung findet keine Anwendung. ²§ 313a Abs. 1 Satz 2 der Zivilprozessordnung findet mit der Maßgabe entsprechende Anwendung, dass es keiner Entscheidungsgründe bedarf, wenn die Parteien auf sie verzichtet haben; im Übrigen sind die §§ 313a und 313b der Zivilprozessordnung entsprechend anwendbar.

Das vollständig abgefasste Urteil in der Berufungsinstanz ist vom Vorsitzenden und von den ehrenamtlichen Richtern zu unterschreiben. Ist ein Richter an der Unterschriftsleistung verhindert, so wird dies unter Angabe des Verhinderungsgrundes vom Vorsitzenden oder bei dessen Verhinderung von dem dienstältesten ehrenamtlichen Richter unter dem Urteil vermerkt (§ 64 Abs. 6 S. 1; §§ 525 S. 1, 315 Abs. 1 S. 2 ZPO). Üblich ist ein Vermerk mit dem Wortlaut: »Zugleich für den wegen Krankheit oder z.B. Urlaub verhinderten ehrenamtlichen Richter...«, besser: »Der ehrenamtliche Richter... befindet sich im Urlaub und ist daher an der Unterschrift gehindert, der Vorsitzende...«.[1] Ist der Vorsitzende verhindert, vermerkt der dienstälteste ehrenamtliche Richter den Verhinderungsgrund und unterzeichnet ihn. Allerdings muss der Verhinderungsvermerk nicht zwingend unterschrieben werden. Erfor-

1

---

1 Vgl. BAG 17.8.1999, 3 AZR 526/97, EzA § 69 ArbGG 1979 Nr. 2.

§ 69 Urteil

derlich ist nur, dass die Verhinderung vermerkt wird. Es muss sich aus der Fassung des Vermerks und dessen räumlicher Stellung zweifelsfrei ergeben, dass der Vermerk von dem Vorsitzenden Richter stammt, dieser dafür die Verantwortung übernimmt.[2] Entsprechendes gilt im Falle der Verhinderung des Vorsitzenden für den dienstältesten ehrenamtlichen Richter. Im Rechtsmittelverfahren ist grundsätzlich nicht zu prüfen, ob der unter dem Urteil vermerkte Verhinderungsgrund auch tatsächlich vorgelegen hat,[3] es sei denn, der Rechtsmittelführer legt im Einzelnen dar, dass der Verhinderungsvermerk auf willkürlichen oder sachfremden Erwägungen beruht oder der Rechtsbegriff der Verhinderung verkannt worden ist.[4] Enthält die zugestellte Urteilsausfertigung keinen Verhinderungsgrund, so wird die Berufungsfrist nicht in Lauf gesetzt. Der nach der Verkündung ausgeschiedene Richter kann das Urteil, an dem er mitgewirkt hat, noch unterschreiben.[5]

2 In der Praxis ist es weitgehend üblich, dass auch die verkündete Urteilsformel von den ehrenamtlichen Richtern unterzeichnet wird. Das ist sinnvoll, denn so kann stets der Nachweis erbracht werden, dass das Urteil in dieser Form beraten und verkündet worden ist. Weigert sich ein ehrenamtlicher Richter, das vollständige Urteil zu unterschreiben, z.B. weil die Begründung nicht dem Beratungsergebnis entspricht, muss die Kammer in derselben Besetzung über diese Frage abstimmen. Ein überstimmter Richter darf die Unterschrift nicht verweigern. Gegen ehrenamtliche Richter können in solchen Fällen Ordnungsmaßnahmen beschlossen werden (§ 28).

3 Von der erneuten Darstellung des Tatbestandes kann nach § 69 Abs. 2 abgesehen werden. Das kommt nur in Betracht, wenn der Sachverhalt unstreitig ist und in zweiter Instanz keine neuen Tatsachen vorgetragen werden, es etwa »nur« um eine Rechtsfrage geht. Der Tatbestand erster Instanz muss aber »schulmäßig« sein, also zwischen streitigem und unstreitigem Vorbringen und Rechtsansichten unterscheiden; bei einem unklaren, unrichtigen oder widersprüchlichen Tatbestand erster Instanz ist ein neuer Tatbestand zweiter Instanz geboten. Auch die erneute Darstellung der Entscheidungsgründe ist entbehrlich, wenn das Berufungsgericht den Gründen des Arbeitsgerichts folgt und dies in seinem Urteil ausschließlich feststellt. In der Praxis findet sich diese Feststellung, anschließend heißt es etwa, dass im Hinblick auf das Vorbringen in der Berufungsinstanz »lediglich folgende Ergänzungen ver-

---

2 BAG 22.8.2007, 4 AZN 1225/06, dazu *Wolmerath* jurisPR-ArbR 47/2007 Anm. 2.
3 Vgl. BGH 18.1.1983, 1 StR 757/82, NJW 1983, 1745 = MDR 1983, 421.
4 BAG 17.8.1999, 3 AZR 526/97, EzA § 69 ArbGG 1979 Nr. 2.
5 Str., vgl. GK-ArbGG/*Vossen* § 69 Rn. 6 m.w.N.; wie hier *Vollkommer* NJW 1968, 1309.

Urteil § 69

anlasst sind«.[6] Ist gegen das Urteil des Landesarbeitsgerichts die Revision statthaft, »soll« der Tatbestand eine gedrängte Darstellung des Sach- und Streitstandes auf der Grundlage des mündlichen Vorbringens der Parteien enthalten, § 69 Abs. 3 S. 1. Allerdings ist eine Bezugnahme auf das arbeitsgerichtliche Urteil, die Schriftsätze, die Protokolle und auf andere Unterlagen möglich, soweit hierdurch die Beurteilung des Parteivorbringens durch das Revisionsgericht nicht wesentlich erschwert wird, § 69 Abs. 3 S. 2. Enthält das Berufungsurteil entgegen § 69 keinen den gesetzlichen Bestimmungen entsprechenden Tatbestand, so ist es auf die vom Landesarbeitsgericht zugelassene Revision schon deswegen aufzuheben.[7] Wird die Revision auf eine Nichtzulassungsbeschwerde hin zugelassen und wird das Beschwerdeverfahren als Revision fortgesetzt, § 72a Abs. 6, so liegt ein Fall des § 69 Abs. 3 S. 1 vor, d.h., das Urteil ohne Tatbestand ist von Amts wegen aufzuheben und der Rechtsstreit ist an das Landesarbeitsgericht zurück zu verweisen.[8]

§ 540 Abs. 1 ZPO (Inhalt des Berufungsurteils) ist auf das landesarbeitsgerichtliche Urteil nicht anwendbar, § 69 Abs. 4 S. 1. **Entscheidungsgründe** können nach Maßgabe des § 313a Abs. 1 S. 2 ZPO, § 69 Abs. 4 S. 2 Hs. 1 entfallen, wenn die Parteien auf sie verzichtet haben. Die Verweisung auf §§ 313a und 313b ZPO in § 69 Abs. 4 S. 2 Hs. 2 besagt, dass ein Tatbestand nicht erforderlich ist, wenn ein Rechtsmittel gegen das Urteil unzweifelhaft nicht statthaft ist. In diesem Fall sind Entscheidungsgründe nicht nötig, wenn die Parteien auf sie verzichtet haben oder der wesentliche Inhalt der Entscheidungsgründe in das Protokoll aufgenommen worden ist. Tatbestand und Entscheidungsgründe können auch entfallen bei Urteilsverkündung im Termin der letzten mündlichen Verhandlung, wenn die anfechtungsberechtigte(n) Partei(en) auf Rechtsmittel verzichtet(en), also bei Urteilen des Landesarbeitsgerichts auf die Revision. Der Verzicht auf Entscheidungsgründe nach § 313a Abs. 1 ZPO oder auf Rechtsmittel nach § 313a Abs. 2 ZPO kann bereits vor Verkündung des Urteils erfolgen; er muss aber spätestens innerhalb einer Woche nach dem Schluss der mündlichen Verhandlung gegenüber dem Gericht erklärt sein. Tatbestand und Entscheidungsgründe entfallen (§ 313b Abs. 1 S. 1 ZPO), wenn es sich um ein Versäumnis-, Anerkenntnis- oder Verzichtsurteil handelt, das als solches zu bezeichnen ist, § 313b Abs. 1 S. 2 ZPO. Die abgekürzte Form ist in § 313b Abs. 2 ZPO geregelt. Versäumnis- oder Anerkenntnisurteile, die im Ausland geltend gemacht werden sollen, sind in vollständiger Form abzufassen,

4

---

6 Vgl. z.B. Sächsisches LAG 13.11.2002, 2 Sa 179/02.
7 BAG 19.6.2007, 2 AZR 599/06, EzA § 69 ArbGG 1979 Nr. 6.
8 Vgl. BAG 21.4.1993, 5 AZR 513/92, EzA § 543 ZPO Nr. 8.

§ 313b Abs. 3 ZPO. Enthält das Berufungsurteil keinen Tatbestand oder genügt er nicht den Anforderungen des § 69 Abs. 3, so ist das Berufungsurteil im Revisionsverfahren grundsätzlich auch dann aufzuheben und der Rechtsstreit an das Landesarbeitsgericht zurückzuverweisen, wenn die Revision erst **durch das BAG auf eine Nichtzulassungsbeschwerde** zugelassen worden ist.[9]

5 Die Frist des § 69 Abs. 1 S. 2 (Verlängerung auf vier Wochen wegen der erforderlichen Unterschriften der ehrenamtlichen Richter) ist eine Sollvorschrift, auf deren Verletzung grundsätzlich die Revision nicht mit Erfolg gestützt werden kann.[10] Wird allerdings ein Urteil später als fünf Monate nach der Verkündung vollständig abgefasst und von den beteiligten Richtern unterschrieben, so handelt es sich um ein Urteil ohne Gründe i.S.d. § 547 Nr. 6 ZPO mit der Folge, dass es auf entsprechende Rüge aufzuheben und der Rechtsstreit zur neuen Verhandlung und Entscheidung an das Landesarbeitsgericht zurückzuverweisen ist. Ist die Revision nicht zugelassen worden, kann die Überschreitung der Fünfmonatsfrist mit dem besonderen Rechtsbehelf der sog. Kassationsbeschwerde (sofortige Beschwerde) des § 72b geltend gemacht werden (Einzelheiten siehe dort).

§§ 70 und 71
(weggefallen)

---

9 Vgl. BAG 21.4.1993, 5 AZR 413/92, EzA § 543 ZPO Nr. 8; 29.8.1984, 5 AZR 646/79, EzA § 543 ZPO Nr. 4.
10 Vgl. BAG 7.12.1983, 4 AZR 394/81, EzA § 69 ArbGG 1979 Nr. 1.

Dritter Unterabschnitt
Revisionsverfahren

§ 72 Grundsatz

(1) ¹Gegen das Endurteil eines Landesarbeitsgerichts findet die Revision an das Bundesarbeitsgericht statt, wenn sie in dem Urteil des Landesarbeitsgerichts oder in dem Beschluß des Bundesarbeitsgerichts nach § 72a Abs. 5 Satz 2 zugelassen worden ist. ²§ 64 Abs. 3a ist entsprechend anzuwenden.

(2) Die Revision ist zuzulassen, wenn

1. eine entscheidungserhebliche Rechtsfrage grundsätzliche Bedeutung hat,

2. das Urteil von einer Entscheidung des Bundesverfassungsgerichts, von einer Entscheidung des Gemeinsamen Senats der obersten Gerichtshöfe des Bundes, von einer Entscheidung des Bundesarbeitsgerichts oder, solange eine Entscheidung des Bundesarbeitsgerichts in der Rechtsfrage nicht ergangen ist, von einer Entscheidung einer anderen Kammer desselben Landesarbeitsgerichts oder eines anderen Landesarbeitsgerichts abweicht und die Entscheidung auf dieser Abweichung beruht oder

3. ein absoluter Revisionsgrund gemäß § 547 Nr. 1 bis 5 der Zivilprozessordnung oder eine entscheidungserhebliche Verletzung des Anspruchs auf rechtliches Gehör geltend gemacht wird und vorliegt.

(3) Das Bundesarbeitsgericht ist an die Zulassung der Revision durch das Landesarbeitsgericht gebunden.

(4) Gegen Urteile, durch die über die Anordnung, Abänderung oder Aufhebung eines Arrestes oder einer einstweiligen Verfügung entschieden wird, ist die Revision nicht zulässig.

(5) Für das Verfahren vor dem Bundesarbeitsgericht gelten, soweit dieses Gesetz nichts anderes bestimmt, die Vorschriften der Zivilprozessordnung über die Revision mit Ausnahme des § 566 entsprechend.

(6) Die Vorschriften des § 49 Abs. 1, der §§ 50, 52 und 53, des § 57 Abs. 2, des § 61 Abs. 2 und des § 63 über Ablehnung von Gerichtspersonen, Zustellung, Öffentlichkeit, Befugnisse des Vorsitzenden und der ehrenamtlichen Richter, gütliche Erledigung des Rechtsstreits so-

§ 72 Grundsatz

wie Inhalt des Urteils und Übersendung von Urteilen in Tarifvertragssachen gelten entsprechend.

1 **Revisionsgericht** ist das Bundesarbeitsgericht. §§ 72 ff. regeln das Revisionsverfahren des arbeitsgerichtlichen Urteilsverfahrens. Mit dem Rechtsmittel der Revision werden die Urteile der Landesarbeitsgerichte und im Falle der Sprungrevision die Urteile der Arbeitsgerichte durch das Bundesarbeitsgericht überprüft. Dabei geht es um die rechtliche Überprüfung des Rechtsstreits, nicht um die Überprüfung von Tatsachen.

2 Die Regelung über die Zulässigkeit der Revision in den §§ 72 und 72a ist im Grundsatz eine abschließende.

3 Die Revision ist nach **§ 72 Abs. 1 nur** statthaft, wenn

– das Landesarbeitsgericht sie im Urteil zugelassen hat oder

– das Bundesarbeitsgericht sie nach § 72a Abs. 5 zugelassen hat.

4 Die Entscheidung des Landesarbeitsgerichts, ob die Revision zugelassen wird oder nicht, ist in den **Urteilstenor** aufzunehmen, § 72 Abs. 1 S. 2 i.V.m. § 64 Abs. 3a.[1] Fehlt es daran, ist die Beantragung einer entsprechenden Ergänzung innerhalb zwei Wochen ab Verkündung des Urteils möglich. Es soll sichergestellt sein, dass die Parteien innerhalb von zwei Wochen nach Verkündung der landesarbeitsgerichtlichen Entscheidung wissen, ob mit der Zulassung der Revision noch zu rechnen ist.

4a Das Bundesarbeitsgericht ist an die Zulassung der Revision durch das Landesarbeitsgericht gebunden (§ 72 Abs. 3). Es gibt kein Rechtsmittel gegen die Zulassung der Revision. Die Zulassung der Revision ist nur dann nicht bindend, wenn sie gesetzwidrig ist, d.h., z.B. das Rechtsmittel der Revision ausdrücklich ausgeschlossen ist.[2]

---

[1] Die Zulassung der **Rechtsbeschwerde** muss vom LAG in der anzufechtenden Entscheidung zwar ausdrücklich ausgesprochen werden, aber in nicht verkündeten Beschlüssen nicht in die Beschlussformel aufgenommen werden, sie kann auch in den Gründen erfolgen; § 78 verweist nicht auf § 64 Abs. 3a, BAG 17.1.2007, 5 AZB 43/06, EzA § 78 ArbGG 1979 Nr. 8 = AP § 64 ArbGG 1979 Nr. 40.

[2] Z.B. § 72 Abs. 4; Zulassung der Revision bei Entscheidung des Landesarbeitsgerichts durch Urteil statt durch Beschluss im Verfahren über die nachträgliche Zulassung der Kündigungsschutzklage, § 5 KSchG, BAG 14.10.1982, 2 AZR 570/80, EzA § 5 KSchG Nr. 19, 25.10.2001, 2 AZR 340/00, EzA § 5 KSchG Nr. 33, ab 1.4.2008 überholt durch die Neufassung der Abs. 4 und 5 des § 5 KSchG durch Art. 3 SGGArbGGÄndG vom 26.3.2008 (BGBl. I S. 444, 448), mit der

Grundsatz § 72

Die Revision kann ohne jede Einschränkung zugelassen werden (»Die **4b** Revision wird zugelassen«), so dass bei entsprechender Beschwer beide Parteien Revision einlegen können. Eine **Beschränkung** auf bestimmte Rechtsfragen oder auf einzelne Angriffs- und Verteidigungsmittel ist möglich, wenn sie sich auf einen »tatsächlich und rechtlich selbständigen und abtrennbaren Teil des Gesamtstreitstoffes« bezieht,[3] z.B. Berufung, Anschlussberufung, einen oder mehreren von verschiedenen Streitgegenständen, Klage, Widerklage; allerdings muss – entgegen der früheren Rechtslage – der Tenor des landesarbeitsgerichtlichen Urteils diese Einschränkung enthalten, in den Entscheidungsgründen kann sie nicht mehr wirksam erfolgen.[4] Die im Tenor ausgesprochene Beschränkung der Zulassung der Revision kann in den Entscheidungsgründen nicht wirksam weiter eingeschränkt werden.[5] Hat das LAG laut Urteilstenor die Revision unbeschränkt zugelassen und verhält sich die Begründung der Zulassung nur zu einem Teil der Streitgegenstände, so ist aus Gründen der Rechtsklarheit die Revision als unbeschränkt zugelassen anzusehen.[6]

Die Beschränkung der Zulassung kann nach den Entscheidungsgrün- **5** den auch nur **für eine Partei** gelten.[7] Wird die Revision von dieser Partei eingelegt, kann die andere Partei die unselbständige Anschlussrevision einlegen (§ 554 Abs. 1 ZPO[8]). Hat das Berufungsgericht die Revisionszulassung auf einen Streitgegenstand beschränkt, so kann der Streitgegenstand, für den eine Zulassung nicht erfolgt ist, auch nicht mittels einer unselbständigen Anschlussrevision zur Entscheidung gestellt werden.[9]

---

der Gesetzgeber den Weg zum BAG eröffnet hat, indem im Regelfall das ArbG durch Urteil über den gesamten Rechtsstreit entscheidet, also auch über den Antrag auf nachträgliche Zulassung der Kündigungsschutzklage, nur ausnahmsweise über den Antrag auf nachträgliche Zulassung der Kündigungsschutzklage separat durch Zwischenurteil, gegen welche Urteile die Berufung und nach der Entscheidung durch das LAG die von ihm oder nach erfolgreicher Nichtzulassungsbeschwerde durch das BAG zugelassene Revision möglich ist, vgl. nur *Schwab* FA 2008, 135 f. und unten § 78 Rn. 7a, dort auch zur fehlenden Übergangsregelung.

3 Vgl. BAG 2.6.1982, 7 AZR 32/80, EzA § 12 SchwbG Nr. 10; 18.12.1984, 3 AZR 125/84, EzA § 17 BetrAVG Nr. 2.
4 BAG 19.3.2003, 5 AZN 751/02, EzA § 72 ArbGG 1979 Nr. 30.
5 BAG 5.11.2003, 4 AZR 643/02, EzA § 72 ArbGG 1979 Nr. 31.
6 Vgl. BAG 6.9.1990, 2 AZR 165/90, EzA § 615 BGB Nr. 67.
7 Vgl. BAG 21.10.1982, 2 AZR 628/80, EzA § 1 KSchG Tendenzbetrieb Nr. 13.
8 *Thomas/Putzo* § 554 Rn. 3; BAG 16.6.2005, 6 AZR 411/04, EzA § 14 BBiG Nr. 13 (II3a); 12.3.2008, 10 AZR 148/07, (A).
9 BAG 19.10.1982, 4 AZR 303/82, EzA § 72 ArbGG 1979 Nr. 5.

6 Hat das Berufungsgericht die »Revisionsbeschwerde« gegen ein Urteil zugelassen, so ist davon auszugehen, dass es das prozessual zulässige Rechtsmittel zulassen wollte.[10] Ist die Revisionszulassung im Berufungsurteil vom Landesarbeitsgericht nicht erwähnt worden, so stellt dies die negative Entscheidung des Gerichts dar. Eine Ergänzung des Urteils nach § 321 ZPO findet nicht statt.[11] Die Zulassung der Revision muss nach § 72 Abs. 1 S. 2 i.V.m. § 64 Abs. 3a in den Urteilstenor aufgenommen werden. Das gilt auch für die Nichtzulassung der Revision. Eine Zulassung der Revision in den Entscheidungsgründen oder gar in der Rechtsmittelbelehrung ist unbeachtlich. Auch eine beschränkte Zulassung der Revision ist in den Tenor aufzunehmen, eine Einschränkung in den Entscheidungsgründen ist unbeachtlich. Fehlt die Entscheidung über die Revisionszulassung oder über die Nichtzulassung der Revision im Tenor, kann innerhalb von zwei Wochen ab Verkündung des Urteils die Ergänzung des Urteils beantragt werden. Über diesen Antrag entscheidet die Kammer in derselben Besetzung ohne mündliche Verhandlung durch Beschluss. Wird ein entsprechender Ergänzungsantrag nicht oder verspätet gestellt, ist die Revision nicht zugelassen. Es bleibt nur die Möglichkeit der Nichtzulassungsbeschwerde.

7 Auch wenn die Revision auf absolute Revisionsgründe (§ 547 ZPO) gestützt wird, ist sie nur statthaft, wenn sie gem. § 72 Abs. 1 zugelassen worden ist, die in § 547 ZPO aufgezählten Revisionsgründe beziehen sich nicht auf die Statthaftigkeit der Revision, sondern auf deren Begründetheit.[12]

8 Das Landesarbeitsgericht hat die Revision in drei Fällen zuzulassen (§ 72 Abs. 2 i.d.F. des Gesetzes über die Rechtsbehelfe bei Verletzung des Anspruchs auf rechtliches Gehör – Anhörungsrügengesetz –[13], das die Zulassung der Revision neu ab 1.1.2005 geregelt hat):

a) **Entscheidungserhebliche Rechtsfrage grundsätzlicher Bedeutung**: Grundsätzliche Bedeutung hat die Rechtsfrage, auch eine des formellen Rechts, wenn sie klärungsbedürftig und von **allgemeiner Bedeutung – die Entscheidung durch das Bundesarbeitsgericht dient der Erhaltung der Rechtseinheit oder der Rechtsfortbildung – ist und darüber noch keine Entscheidung des BAG vorliegt**. Es muss um eine **entscheidungserhebliche Grundsatzfrage** gehen. Sind nur die Parteien des Verfahrens betroffen, reicht dies in aller Regel nicht aus, es sei denn, es handelt sich um außergewöhnliche wirt-

---

10 BAG 5.12.1984, 5 AZR 354/84, EzA § 72 ArbGG 1979 Nr. 6.
11 BAG 26.9.1980, 7 AZR 338/80, EzA § 72 ArbGG Nr. 2.
12 BAG 20.2.2001, 4 AZR 677/00, EzA § 72 ArbGG 1979 Nr. 26.
13 BGBl. 2004 I S. 3220.

Grundsatz § 72

schaftliche oder soziale Folgen, die durch die Entscheidung entstehen.[14] Ist die Rechtsfrage bereits durch das BAG entschieden, so ist die Revision nur zuzulassen, wenn von der Partei erhebliche Gesichtspunkte vorgetragen oder solche in der Literatur gegen die Rechtsprechung geltend gemacht worden sind.

b) **Divergenz:** Wenn die Voraussetzungen des § 72 Abs. 2 Nr. 2 vorliegen. Die eine Divergenz begründende Entscheidung muss vor der anzufechtenden Entscheidung ergangen sein.[15] Zur Frage, wann eine Entscheidung des BAG ergangen ist; vgl. BAG v. 10.2.1988 EzA § 72a ArbGG 1979 Nr. 50.

c) **Verfahrensfehler:**

aa) Absoluter Revisionsgrund:
Bei Vorliegen der in § 547 Nr. 1–5 ZPO aufgeführten absoluten Revisionsgründe ist die Revision zuzulassen.
Dabei geht es um:

1. die vorschriftsmäßige Besetzung des Gerichts,

2. die Mitwirkung eines Richters, der vom Richteramt ausgeschlossen ist, § 41 ZPO, wenn nicht ein auf diesen Grund gestütztes Ablehnungsgesuch rechtskräftig abgelehnt ist, § 46 Abs. 2 ZPO,

3. die Mitwirkung eines Richters an der Entscheidung, der wegen Besorgnis der Befangenheit erfolgreich abgelehnt worden war, auch nach Selbstablehnung, §§ 42–48 ZPO,

4. die mangelnde Vertretung im Prozess,[16] wobei die Genehmigung der Prozessführung den Mangel heilt,

5. Verletzung der Öffentlichkeit der Verhandlung, etwa weil die Öffentlichkeit zu Unrecht ausgeschlossen oder zu zugelassen worden war, §§ 169 ff. GVG, oder ein Verstoß gegen § 174 Abs. 1 GVG – Verfahren über den Ausschluss – vorliegt.

In diesen Fällen muss eine Entscheidungserheblichkeit des Verstoßes nicht festgestellt werden. § 547 ZPO fingiert die Entschei-

---

14 Vgl. BAG 9.9.1981, 4 AZN 241/81, AP Nr. 9 zu § 1 TVG Tarifverträge Metallindustrie.
15 Vgl. BAG 10.2.1981, 1 ABN 19/80, EzA § 72 ArbGG 1979 Nr. 3.
16 Vgl. z.B. BAG 6.12.2006, 5 AZR 844/06, betr. Sachentscheidung des LAG trotz Unterbrechung nach § 240 ZPO: Die Insolvenzeröffnung beendete die Vollmacht des Prozessbevollmächtigten der späteren Gemeinschuldnerin; eine ordnungsgemäße Vertretung im landesarbeitsgerichtlichen Verfahren war nicht mehr gegeben, dazu *U. Fischer* jurisPraxisReport 4/2007 S. 84 f.

dungserheblichkeit. Das Gesetz ordnet an, die Entscheidung sei stets als auf einer Verletzung des Gesetzes beruhend anzusehen, wenn einer der genannten Tatbestände vorliegt. »Wo § 547 ZPO versagt, bleibt die Kausalität nach § 545 ZPO zu prüfen«.[17]

§ 547 Nr. 6 ZPO – fehlende Entscheidungsgründe – ist nicht genannt. Für diesen Fall ist die **Kassationsbeschwerde** des § 72b vorgesehen (vgl. dort).

Auch wenn die Revision auf einen absoluten Revisionsgrund i.S.d. § 547 Nr. 1 bis 5 ZPO gestützt wird, ist sie gegen ein landesarbeitsgerichtliches Urteil nur statthaft, wenn sie im Tenor des Urteils des Landesarbeitsgerichts zugelassen wurde oder eine Nichtzulassungsbeschwerde erfolgreich war. Die genannten absoluten Revisionsgründe beziehen sich nicht auf die Statthaftigkeit der Revision, sondern auf deren Begründetheit; sie sind nur im Rahmen einer zulässigen Revision zu überprüfen.[18]

bb) Entscheidungserhebliche Verletzung des Anspruchs auf rechtliches Gehör durch das Landesarbeitsgericht:
Zur Verletzung des Anspruchs auf rechtliches Gehör vgl. § 72a Rn. 5. Die Verletzung rechtlichen Gehörs ist entscheidungserheblich, wenn das Landesarbeitsgericht ohne sie möglicherweise ganz oder teilweise zugunsten der unterlegenen Partei entschieden hätte. Bei der Frage der Revisionszulassung ist der Zulassungsgrund der Verletzung rechtlichen Gehörs ohne praktische Bedeutung. Erkennt das Landesarbeitsgericht einen solchen Verstoß, darf es nicht ein Urteil verkünden und die Revision zulassen, sondern muss den Verstoß beseitigen, z.B. durch Wiedereröffnung der mündlichen Verhandlung.

8a § 72 Abs. 4 trägt dem provisorischen Charakter und der vorläufigen Bedeutung u.a. des einstweiligen Verfügungsverfahrens Rechnung. Ist bereits die Revision, deren Zulassung im Wege des Nichtzulassungsbeschwerdeverfahrens nach § 72a begehrt wird, unstatthaft, ist folgerichtig die Nichtzulassungsbeschwerde ebenfalls nicht statthaft. Das gilt auch dann, wenn das Landesarbeitsgericht im Tenor die Revision nicht zugelassen hatte. § 72 Abs. 1 S. 2 i.V.m. § 64 Abs. 3 a S. 1 gilt nicht im Verfahren u.a. auf Erlass einer einstweiligen Verfügung.[19] Ergeht die Entscheidung durch das Landesarbeitsgericht im Verfahren vorläufigen Rechtsschutzes durch Beschluss, ist eine Rechtsbeschwerde wegen

---

17 *Thomas/Putzo/Reichold* 25. Aufl., § 547 ZPO Rn. 1.
18 BAG 8.10.2002, 8 AZR 259/02, EzA § 72 ArbGG 1979 Nr. 28.
19 BAG 16.12.2004, 9 AZN 969/04, EzA § 72 ArbGG 1979 Nr. 33.

Grundsatz § 72

der Systematik des Revisionsrechts selbst dann nicht statthaft, wenn das Landesarbeitsgericht sie zugelassen hatte.[20]

Für das Verfahren vor dem Bundesarbeitsgericht gelten, soweit das ArbGG nichts anderes bestimmt, nach § 72 Abs. 5 die Vorschriften der ZPO über die Revision mit Ausnahme des § 566 entsprechend.[21] Obwohl § 72 Abs. 5 auch auf § 565 ZPO verweist, ist nach der Rechtsprechung des BAG gegen ein Zweites Versäumnisurteil die Revision auch dann nicht zulassungsfrei statthaft, wenn der Revisionsführer geltend macht, ein Fall der schuldhaften Säumnis habe nicht vorgelegen: § 72 Abs. 5 spreche nur »das Verfahren vor dem Bundesarbeitsgericht« an, setze also voraus, dass bereits ein statthaftes Verfahren vor dem BAG anhängig sei, welche Voraussetzung gerade nicht gegeben sei; das ArbGG enthalte eine eigenständige und abschließende Regelung des Revisionszugangs zum Bundesarbeitsgericht.[22]

9

§ 72 Abs. 6 bestimmt die entsprechende Anwendung einer Reihe von Vorschriften des ArbGG.[23] Soweit nach § 53 bestimmte Beschlüsse vom Vorsitzenden allein erlassen werden können, treten im Revisionsverfahren der Vorsitzende und die berufsrichterlichen Beisitzer an seine Stelle.[24]

10

---

20 BAG 22.1.2003, 9 AZB 7/03, EzA § 72 ArbGG 1979 Nr. 29.
21 Vgl. i.E. die Aufstellung bei GK-ArbGG/*Mikosch* § 72 Rn. 61, 62; z.B. BAG 12.3.2008, 10 AZR 148/07, (A) betr. Anschlussrevision.
22 BAG 22.4.2004, 2 AZR 314/03, EzA § 72 ArbGG 1979 Nr. 32.
23 Vgl. i.E. die Darstellung bei GK-ArbGG/*Mikosch* § 72 Rn. 63 ff.
24 BAG 2.6.1954, 2 AZR 63/53, AP Nr. 1 zu § 53 ArbGG 1953.

§ 72a Nichtzulassungsbeschwerde

(1) Die Nichtzulassung der Revision durch das Landesarbeitsgericht kann selbständig durch Beschwerde angefochten werden.

(2) [1]Die Beschwerde ist bei dem Bundesarbeitsgericht innerhalb einer Notfrist von einem Monat nach Zustellung des in vollständiger Form abgefaßten Urteils schriftlich einzulegen. [2]Der Beschwerdeschrift soll eine Ausfertigung oder beglaubigte Abschrift des Urteils beigefügt werden, gegen das die Revision eingelegt werden soll.

(3) [1]Die Beschwerde ist innerhalb einer Notfrist von zwei Monaten nach Zustellung des in vollständiger Form abgefaßten Urteils zu begründen. [2]Die Begründung muß enthalten:

1. die Darlegung der grundsätzlichen Bedeutung einer Rechtsfrage und deren Entscheidungserheblichkeit,

2. die Bezeichnung der Entscheidung, von der das Urteil des Landesarbeitsgerichts abweicht, oder

3. die Darlegung eines absoluten Revisionsgrundes nach § 547 Nr. 1 bis 5 der Zivilprozeßordnung oder der Verletzung des Anspruchs auf rechtliches Gehör und der Entscheidungserheblichkeit der Verletzung.

(4) [1]Die Einlegung der Beschwerde hat aufschiebende Wirkung. [2]Die Vorschriften des § 719 Abs. 2 und 3 der Zivilprozeßordnung sind entsprechend anzuwenden.

(5) [1]Das Landesarbeitsgericht ist zu einer Änderung seiner Entscheidung nicht befugt. [2]Das Bundesarbeitsgericht entscheidet unter Hinzuziehung der ehrenamtlichen Richter durch Beschluß, der ohne mündliche Verhandlung ergehen kann. [3]Die ehrenamtlichen Richter wirken nicht mit, wenn die Nichtzulassungsbeschwerde als unzulässig verworfen wird, weil sie nicht statthaft oder nicht in der gesetzlichen Form und Frist eingelegt und begründet ist. [4]Dem Beschluß soll eine kurze Begründung beigefügt werden. [5]Von einer Begründung kann abgesehen werden, wenn sie nicht geeignet wäre, zur Klärung der Voraussetzungen beizutragen, unter denen eine Revision zuzulassen ist, oder wenn der Beschwerde stattgegeben wird. [6]Mit der Ablehnung der Beschwerde durch das Bundesarbeitsgericht wird das Urteil rechtskräftig.

(6) [1]Wird der Beschwerde stattgegeben, so wird das Beschwerdeverfahren als Revisionsverfahren fortgesetzt. [2]In diesem Fall gilt die form- und fristgerechte Einlegung der Nichtzulassungsbeschwerde

als Einlegung der Revision. ³Mit der Zustellung der Entscheidung beginnt die Revisionsbegründungsfrist.

(7) Hat das Landesarbeitsgericht den Anspruch des Beschwerdeführers auf rechtliches Gehör in entscheidungserheblicher Weise verletzt, so kann das Bundesarbeitsgericht abweichend von Absatz 6 in dem der Beschwerde stattgebenden Beschluß das angefochtene Urteil aufheben und den Rechtsstreit zur neuen Verhandlung und Entscheidung an das Landesarbeitsgericht zurückverweisen.

Zum 1.1.2005 ist das Gesetz über die Rechtsbehelfe bei Verletzung des Anspruchs auf rechtliches Gehör – Anhörungsrügengesetz – in Kraft getreten.[1] Durch die Neuregelung ist die Nichtzulassungsbeschwerde nicht mehr auf Divergenz und wenige spezielle kollektivrechtliche Fragen beschränkt. Es können vielmehr sämtliche Zulassungsgründe geltend gemacht werden: Grundsätzliche Bedeutung einer entscheidungserheblichen Rechtsfrage, Divergenz, absolute Revisionsgründe, § 547 ZPO Nrn. 1–5, entscheidungserhebliche Verletzung des Anspruchs auf rechtliches Gehör. 1

Die Nichtzulassungsbeschwerde ist kein Rechtsmittel, sondern ein Rechtsbehelf. Deshalb scheidet die Notwendigkeit der Rechtsmittelbelehrung nach § 9 Abs. 5 S. 3 aus. Ein Hinweis auf die Möglichkeit der Nichtzulassungsbeschwerde genügt.[2] Hat das Landesarbeitsgericht die Revision nur zum Teil zugelassen (vgl. dazu § 72 Rn. 7), so kann im Übrigen Nichtzulassungsbeschwerde nach § 72a eingelegt werden. Ist das Landesarbeitsgericht bei einer Entscheidung über mehrere Ansprüche nur bei einem Anspruch von der divergenzfähigen Entscheidung eines anderen Gerichts abgewichen, so kann die Revision im Verfahren nach § 72a auch nur soweit zugelassen werden.[3] 2

§ 72a bestimmt in Abs. 1 die Voraussetzungen der Nichtzulassungsbeschwerde. Das Verfahren ist in § 72a Abs. 2 bis 7 geregelt. Die gesetzliche Regelung der Nichtzulassungsbeschwerde unterliegt keinen verfassungsrechtlichen Bedenken.[4] 2a

---

1 BGBl. 2004 I S. 3220.
2 So BAG 1.4.1980, 4 AZN 77/80, EzA § 72a ArbGG 1979 Nr. 12; 9.7.2003, 5 AZN 316/03, EzA § 72a ArbGG 1979 Nr. 96; GK-ArbGG/*Mikosch* § 72a Rn. 2 m.w.N.; GMPM-G/*Müller-Glöge* § 72a Rn. 4 m.w.N.
3 BAG 19.6.1981, 5 AZN 395/80, EzA § 72a ArbGG 1979 Nr. 30.
4 BAG 3.9.1980, 6 AZN 226/80, EzA § 72a ArbGG 1979 Nr. 16 und 28.1.1981, 5 AZN 440/80, EzA § 72a ArbGG 1979 Nr. 24.

Friedrich

§ 72a Nichtzulassungsbeschwerde

3 Die Nichtzulassungsbeschwerde im Arbeitsgerichtsgesetz weicht von der in anderen Verfahrensordnungen ab. Sie ist gegeben im Falle des § 72 Abs. 2 Nr. 1 **(grundsätzliche Bedeutung einer entscheidungserheblichen Rechtsfrage)**, Nr. 2 **(Divergenz)**, Nr. 3 **(absoluter Revisionsgrund nach § 547 Nr. 1 bis 5 ZPO oder entscheidungserhebliche Verletzung des Anspruchs auf rechtliches Gehör)**. Die Individualstreitigkeiten sind damit praktisch ausgenommen, von Nr. 1 und 3 abgesehen. Hier findet eine Kontrolle der Zulassungspraxis der Landesarbeitsgerichte wegen grundsätzlicher Bedeutung einer Rechtsfrage nicht statt. Das Landesarbeitsgericht entscheidet darüber endgültig.

4 **Unrichtige Rechtsanwendung** rechtfertigt die Nichtzulassungsbeschwerde nicht.[5] Auch bei sog. »Rückläufern« gelten für die Beschwerde nach § 72a die allgemeinen Grundsätze.[6] Im Verfahren auf Erlass einer einstweiligen Verfügung ist eine Nichtzulassungsbeschwerde von vornherein unstatthaft, weil das Nichtzulassungsbeschwerdeverfahren auf die Zulassung der Revision gerichtet ist, die nach § 72 Abs. 4 im Verfahren der einstweiligen Verfügung gesetzlich ausgeschlossen ist:[7]

a) Die grundsätzliche Bedeutung einer Rechtsfrage setzt voraus, dass über eine Rechtsfrage gestritten wird, »die klärungsbedürftig und von allgemeiner Bedeutung und entscheidungserheblich ist«. Eine entscheidungserhebliche Rechtsfrage grundsätzlicher Bedeutung i.S.d. § 72a Abs. 1, § 72 Abs. 2 Nr. 1 liegt vor, wenn die Entscheidung des Rechtsstreits von einer klärungsfähigen und klärungsbedürftigen Rechtsfrage abhängt und die Klärung entweder von allgemeiner Bedeutung für die Rechtsordnung ist oder wegen ihrer tatsächlichen Auswirkungen die Interessen zumindest eines größeren Teils der Allgemeinheit berührt. Klärungsfähig ist eine Rechtsfrage, wenn sie in der Revisionsinstanz beantwortet werden kann. Klärungsbedürftig ist sie, wenn sie höchstrichterlich noch nicht entschieden und ihre Beantwortung nicht offenkundig ist. Entscheidungserheblich ist sie, wenn die Entscheidung des Landesarbeitsgerichts von ihr abhängt.[8]

---

5 BAG 16.12.1982, 2 AZN 337/82, EzA § 72a ArbGG 1979 Nr. 43, std. Rspr., vgl. z.B. BAG 6.12.2006, 4 AZN 529/06, EzA § 72a ArbGG 1979 Nr. 111 II2a aa [2]).
6 BAG 24.10.1988, 4 AZN 424/88, EzA § 72a ArbGG 1979 Nr. 54.
7 BAG 16.12.2004, 9 AZN 969/04, EzA § 72 ArbGG 1979 Nr. 33.
8 Vgl. z.B. BAG 2.10.2007, 1 AZN 793/07, EzA § 75 BetrVG 2001 Nr. 6 Rn. 3; 25.7.2006, 3 AZN 108/06, EzA § 72a ArbGG 1979 Nr. 112: Eine entscheidungserhebliche Rechtsfrage grundsätzlicher Bedeutung kann auch die Verfassungsmäßigkeit eines Gesetzes sein; BAG 26.9.2007, 10 AZN 768/07, EzA § 72a ArbGG 1979 Nr. 113: Eine entscheidungserhebliche Rechtsfrage grundsätzlicher Bedeutung kann auch vorliegen, wenn die Rechtsfrage auf der Auslegung von Normen beruht, deren Geltungsbereich sich nicht über den Bezirk eines LAG hinaus erstreckt, betr. tarifliche Bestimmungen.

§ 72a

b) Die Nichtzulassungsbeschwerde ist gegeben, wenn die Voraussetzungen des § 72 Abs. 2 Nr. 2 vorliegen (Divergenz). Die Entscheidung muss auf der Abweichung beruhen, d.h., das Urteil hätte zu einem anderen Ergebnis führen müssen. Eine Divergenz liegt nur dann vor, wenn das Berufungsgericht mit einem tragenden Rechtssatz von einem abstrakten Rechtssatz einer **angezogenen Entscheidung** abweicht. Es darf nicht zweifelhaft bleiben, welchen Rechtssatz die voneinander abweichenden Entscheidungen jeweils aufgestellt haben.[9] Das ist z.B. dann nicht der Fall, wenn das Berufungsgericht den Sachverhalt unter bestimmten rechtlichen Aspekten überhaupt nicht gewürdigt hat.[10] Die Entscheidung des BAG i.S.d. § 72 Abs. 2 Nr. 2 ist schon dann »**ergangen**«, wenn es lediglich in der Begründung einer Entscheidung zu einer anderen Rechtsfrage eine bestimmte Rechtsansicht geäußert hat.[11] Enthält das Urteil des Berufungsgerichts eine Doppelbegründung und weicht nur eine von der divergenzfähigen Entscheidung ab, so reicht dies für die schlüssige Darlegung der Divergenz i.S.v. § 72 Abs. 2 Nr. 2 ArbGG nicht aus.[12] Besteht im Zeitpunkt der **Einlegung** der Nichtzulassungsbeschwerde eine Divergenz, nicht aber mehr im Zeitpunkt der Entscheidung über die Nichtzulassungsbeschwerde, weil zwischenzeitlich das BAG entschieden hat, so ist die Nichtzulassungsbeschwerde nicht begründet.[13] Für die Frage der Divergenz ist auf die jeweils letzte Entscheidung des BAG zu der Rechtsfrage abzustellen, sofern sie noch vor der Entscheidung des LAG ergangen ist.[14] Ein sog. Vorlagebeschluss an den Großen Senat ist keine divergenzfähige Entscheidung.[15]

c) Die Nichtzulassungsbeschwerde kann auf die absoluten Revisionsgründe des § 547 Nr. 1 bis 5 ZPO gestützt werden.[16]

d) Ferner kann mit der Nichtzulassung die Verletzung des rechtlichen Gehörs und die Entscheidungserheblichkeit der Verletzung geltend gemacht werden.

---

9 BAG 16.12.1982, 2 AZN 337/82, EzA § 72a ArbGG 1979 Nr. 43.
10 BAG 10.7.1984, 2 AZN 337/84, EzA § 72a ArbGG 1979 Nr. 44.
11 BAG 17.2.1981, 1 AZN 25/80, EzA § 72a ArbGG 1979 Nr. 27.
12 BAG 9.12.1980, 7 AZN 374/80, EzA § 72a ArbGG 1979 Nr. 23.
13 BAG 3.11.1982, 4 AZN 420/82, EzA § 72a ArbGG 1979 Nr. 42.
14 BAG 15.7.1986, 1 ABN 13/86, EzA § 72a ArbGG 1979 Nr. 47.
15 BAG 20.8.1986, 8 AZN 244/86, EzA § 72a ArbGG 1979 Nr. 48.
16 Vgl. z.B. BAG 13.11.2007, 3 AZN 414/07, NZA 2008, 248 = NJW 2008, 1021 betr. Rüge des § 547 Nr. 5 ZPO i.V.m. § 72a Abs. 1, § 72 Abs. 2 Nr. 3: Die mündliche Verhandlung des Landesarbeitsgerichts, auf die das Urteil erging, sei nicht öffentlich gewesen.

5 Die Begründung muss den geltend gemachten Zulassungsgrund erkennen lassen. Auf die Erfüllung der Anforderungen an die Begründung sollte in der Praxis mehr geachtet werden.

a) Im Falle des § 72 Abs. 1 Nr. 1 ist im Einzelnen darzulegen, dass eine Rechtsfrage entscheidungserheblich ist und diese grundsätzliche Bedeutung hat. Die durch die anzufechtende Entscheidung aufgeworfene Rechtsfrage muss konkret benannt werden, es sei denn, dass deren Inhalt nach dem Vorbringen des Beschwerdeführers nicht zweifelhaft ist. Dabei ist regelmäßig erforderlich, dass die Rechtsfrage mit »Ja« oder mit »Nein« beantwortet werden kann.[17] Ihre Klärungsfähigkeit, Klärungsbedürftigkeit, Entscheidungserheblichkeit sind aufzuzeigen. Klärungsfähig ist eine Rechtsfrage, wenn sie in der Revisionsinstanz beantwortet werden kann. Klärungsbedürftig ist sie, wenn sie höchstrichterlich noch nicht entschieden ist oder entschieden ist, aber gewichtige Gesichtspunkte gegen diese Entscheidung vorgebracht werden. Entscheidungserheblich ist sie, wenn die Entscheidung des Landesarbeitsgerichts von ihr abhängt.[18] Eine Rechtsfrage, mit der sich das Landesarbeitsgericht nicht befasst hat, ist regelmäßig nicht entscheidungserheblich.[19] Dem entspricht es, dass mit dem Zulassungsgrund der Grundsatzbedeutung die Verfassungsmäßigkeit eines Gesetzes nur erfolgreich geltend gemacht werden kann, wenn sich das Landesarbeitsgericht damit befasst hat, wobei nach § 77a Abs. 3 darzulegen ist, warum die Norm verfassungswidrig sein soll.[20] Darüber hinaus muss es ausreichen, wenn sich das Landesarbeitsgericht mit der entscheidungserheblichen Rechtsfrage gar nicht auseinandergesetzt hat, etwa, weil es die Frage nicht gesehen hat.[21] Das gilt auch dann, wenn es keine Veranlassung sah, diese zu behandeln, etwa nachdem der Berufungsführer einen vom Arbeitsgericht als nicht gegeben angesehenen Grund für die Unwirksamkeit einer Kündigung in der Berufung nicht aufgegriffen hatte, ihn aber dann – zutreffend – als entscheidungserhebliche Rechtsfrage in der Nichtzulassungsbeschwerdebegründung geltend macht. Entscheidend ist, ob eine entscheidungserhebliche Rechtsfrage »durch die« – nicht »in der« – angefochtene(n) Entscheidung aufgeworfen wird.[22] Die grundsätzliche Bedeutung einer Rechts-

---

17 BAG 23.1.2007, 9 AZN 792/06, AP § 72a ArbGG 1979 Grundsatz Nr. 66.
18 BAG 14.5.2005, 1 AZN 840/04, EzA § 72a ArbGG 1979 Nr. 102.
19 BAG 13.6.2006, 9 AZN 226/04, EzA § 72a ArbGG 1979 Nr. 109.
20 BAG 25.7.2006, 3 AZN 108/06, AP § 72a ArbGG 1979 Grundsatz Nr. 67.
21 BAG 15.2.2005, 9 AZN 982/04, EzA § 72a ArbGG 1879 Nr. 99 (II2c betr. fehlende Auseinandersetzung mit den Auswirkungen des Art. 12 GG bei einer vorgenommenen Grundrechtsabwägung).
22 BGH 11.5.2004, XI ZB 39/03, WM 2004, 1407 = ZIP 2005, 503.

frage ist nur dann zu bejahen, wenn die Entscheidung des Rechtsstreits von einer klärungsfähigen und klärungsbedürftigen Rechtsfrage abhängt und die Klärung entweder von allgemeiner Bedeutung für die Rechtsordnung ist oder wegen ihrer Auswirkungen die Interessen der Allgemeinheit oder eines größeren Teils der Allgemeinheit eng berührt,[23] also nicht nur Einzelfälle in Betracht kommen, sondern noch zahlreiche Sachverhalte betroffen sind, die mit dem Sachverhalt des entschiedenen Falles vergleichbar sind.[24] Die grundsätzliche Bedeutung kann etwa damit begründet werden, dass und warum es sich um einen Musterprozess handelt oder um einen Fall einer erforderlichen einheitlichen Gesetzesauslegung.[25] Der Hinweis, eine höchstrichterliche Entscheidung der Rechtsfrage liege nicht vor, ist nicht ausreichend. Es gilt, eine unbestimmte Vielzahl von Fällen aufzuzeigen oder die Auswirkungen des Rechtsstreits auf die Allgemeinheit und das sich daraus ergebende Bedürfnis einer Entscheidung durch das Bundesarbeitsgericht darzustellen oder Ausführungen dazu zu machen, wie die Rechtsfrage in der Literatur behandelt wird oder dass und warum die entscheidungserhebliche Rechtsfrage für einen bestimmten Bereich, Verkehrskreis, gewichtig ist.[26] Die grundsätzliche Bedeutung ist zu verneinen, wenn z.B. ein Tarifbegriff in langjähriger Rechtsprechung bereits geklärt ist und neue Gesichtspunkte nicht vorgebracht werden.[27] Eine Bedeutung nur für wenige gleich gelagerte Arbeitsverhältnisse reicht nicht aus.[28] Die grundsätzliche Bedeutung ist zu verneinen, wenn die Rechtslage eindeutig ist, d.h., sich die streitige Rechtsfrage ohne weiteres aus dem Gesetz beantworten lässt.[29]

Allerdings ist es unerheblich, wenn der Beschwerdeführer sich auf »Divergenz« beruft und sich auf den Zulassungsgrund der Grundsatzbedeutung nicht beruft. Zwar ist das Bundesarbeitsgericht an die in der Beschwerde angegebenen Gründe gebunden, § 72a Abs. 3 S. 2, aber es kommt nicht auf die Rechtsansicht der Beschwerde an, sondern auf die in der Begründung angeführten Gründe. Maßgeb-

---

23 St. Rspr., z.B. BAG 9.11.2005, 6 AZN 9/05; 21.10.1998, 10 AZN 588/98, EzA § 72a ArbGG 1979 Nr. 86; 5.12.1979, 4 AZN 41/79, EzA § 72a ArbGG 1979 Nr. 4.
24 Vgl. BAG 24.3.1993, 4 AZN 5/93, BAGE 73, 4, 9.
25 *Oberthür* ArbRB 2004, 372.
26 BAG 5.12.1979, 4 AZN 41/79, EzA § 72a ArbGG 1979 Nr. 4.
27 BAG 28.1.1981, 4 AZN 468/80, EzA § 72a ArbGG 1979 Nr. 25 und 3.11.1982, 4 AZN 420/82, EzA § 72a ArbGG 1979 Nr. 42.
28 BAG 20.10.1982, 4 AZN 406/82, EzA § 72a ArbGG 1979 Nr. 40.
29 BAG 15.2.2005, 9 AZN 982/04, EzA § 72a ArbGG 1979 Nr. 99 (II2a); 23.1.2007, 9 AZN 792/06, AP § 72a ArbGG 1979 Grundsatz Nr. 66 (II2a).

lich ist, ob die Darlegungen zur Begründung einer Divergenz zugleich die Voraussetzungen einer Grundsatzbeschwerde erfüllen.[30]

Zu beachten ist, dass dann, wenn das anzufechtende Urteil auf **mehrere je selbständig tragende Gründe** gestützt ist – kumulative Mehrfachbegründung –, die als grundsätzlich bedeutsam bezeichnete Rechtsfrage nur dann entscheidungserheblich ist, wenn zu jeder dieser Begründungen ein Zulassungsgrund – nicht notwendigerweise Grundsatzbedeutung, sondern etwa auch Divergenz – geltend gemacht wird; die Nichtzulassungsbeschwerde ist nur dann begründet, wenn hinsichtlich jeder Urteilsbegründung ein Zulassungsgrund vorliegt. Ist nämlich nur für eine der mehreren selbständig tragenden Begründungen ein Zulassungsgrund gegeben, kann diese Begründung hinweggedacht werden, ohne dass sich am Ergebnis der Entscheidung etwas ändert.[31]

b) Die auf Divergenz gestützte Nichtzulassungsbeschwerde muss die Darlegung enthalten, welche divergierenden abstrakten, also fallübergreifenden Rechtssätze das anzufechtende wie das herangezogene Urteil zu derselben Rechtsfrage aufgestellt haben und dass jedenfalls das anzufechtende Urteil auf dem abweichenden Rechtssatz beruht.[32] Die Erfüllung der zuletzt genannten Anforderung – das sog. Beruhen – ist konkret, also fallbezogen darzulegen.[33] Dadurch soll der bloß formelhaften Behauptung, die anzufechtende Entscheidung beruhe auf der/den vorgetragenen Divergenz(en) entgegengewirkt und eine Beschränkung des Rechtsstoffs im Beschwerdeverfahren erreicht werden. Der Prozessbevollmächtigte des Beschwerdeführers soll mit dieser Anforderung dazu angehalten werden, das anzufechtende Urteil genau zu durchdenken und nur solche Divergenzen zu rügen, die die anzufechtende Entscheidung tragen. Von dem Grundsatz, dass das Beruhen der anzufechtenden Entscheidung auf der behaupteten Divergenz konkret fallbezogen darzulegen ist, kann nur dann eine Ausnahme gemacht werden, wenn im Einzelfall aus dem Inhalt der Beschwerdebegründung

---

30 BAG 15.2.2005, 9 AZN 892/04, EzA § 72a ArbGG 1979 Nr. 98 (II2b cc [1]).
31 Vgl. BAG 27.10.1998, 9 AZN 575/98, EzA § 72a ArbGG 1979 Nr. 87 LS = AP § 72a ArbGG 1979 Divergenz Nr. 39; 10.3.1999, 4 AZN 857/98, EzA § 72a ArbGG 1979 Nr. 88; 6.12.2006, 4 AZN 529/06, EzA § 72a ArbGG 1979 Nr. 111 (II1): instruktiv VGH München 24.8.2006, 9 ZB 05.442, juris = KommunalPraxis BY 2006, 398.
32 St. Rspr. des BAG seit 9.12.1980, 7 AZR 374/80, EzA § 72 ArbGG 1979 Nr. 23; vgl. etwa BAG 14.4.2005, 1 AZN 840/04, EzA § 72a ArbGG 1979 Nr. 102 (1a); 6.12.2006, 4 AZN 529/06, EzA § 72a ArbGG 1979 Nr. 111 (II2a aa [1]); 5.9.2007, 3 AZB 41/06, EzA § 72a ArbGG 1979 Nr. 114 (II3a).
33 BAG 10.7.1996, 4 AZN 34/96, ZTR 1996, 420.

ohne weiteres klar ersichtlich ist, dass auch diese Anforderung im Falle des Vorliegens der behaupteten Divergenz erfüllt wäre. Hat die Klage z.b. fünf Streitgegenstände, bezüglich derer der Beschwerdeführer insgesamt elf angeblich divergierende Rechtssätze des Landesarbeitsgerichts behauptet, die von zahlreichen Rechtssätzen in einer Vielzahl vom Beschwerdeführer herangezogenen Entscheidungen, vorwiegend solche des Bundesarbeitsgerichts, abweichen sollen, im Übrigen die anzufechtende Entscheidung verschiedene Doppelbegründungen enthält und hinsichtlich eines Streitgegenstandes eine Gesamtwürdigung verschiedener Argumente gegeben ist, kann erst mittels genauer Analyse der Gründe der anzufechtenden Entscheidung festgestellt werden, ob und bei welchem Streitgegenstand sie auf einer vom Beschwerdeführer behaupteten Divergenz beruht. Das darzulegen, ist Aufgabe der Beschwerdebegründung.[34] Die Nichtzulassungsbeschwerde wegen Divergenz kann auch zulässig damit begründet werden, das Berufungsgericht habe in seiner nur scheinbar fallbezogenen Würdigung einen verdeckten divergierenden Rechtssatz aufgestellt (Das Landesarbeitsgericht habe »unausgesprochen« folgenden abstrakten Rechtssatz aufgestellt, seinen Ausführungen lasse sich folgender abstrakter Rechtssatz »entnehmen«, »ableiten« usw.[35]). Erforderlich ist aber, im Einzelnen dazulegen, inwiefern auf den behaupteten, angeblich divergierenden Rechtssatz des Berufungsgerichts zu schließen ist. Es bedarf der Darstellung der Gesichtspunkte und der Schlussregeln für die Ableitung – »Deduktion« – des behaupteten abstrakten Rechtssatzes aus den fallbezogenen Ausführungen des Landesarbeitsgerichts. Das ist insbesondere dann erforderlich, wenn das Landesarbeitsgericht seinen fallbezogenen Ausführungen nicht nur Rechtssätze des Bundesarbeitsgerichts vorangestellt hat, sondern sogar solche aus einer Entscheidung, die die Beschwerde herangezogen hat, von denen das Landesarbeitsgericht nach Auffassung der Beschwerde abgewichen sein soll.[36]

Zu beachten ist, dass Entscheidungen des Bundesgerichtshofs und der Oberlandesgerichte und des Europäischen Gerichtshofs nicht divergenzfähig sind. Divergenzfähig ist ein herangezogenes landesarbeitsgerichtliches Urteil nicht, wenn es von derselben Kammer erlassen worden ist wie die anzufechtende Entscheidung. Nur Entscheidungen einer anderen Kammer des Landesarbeitsgerichts oder

---

34 BAG 15.9.2004, 4 AZN 281/04, FA 2004, 366, 382.
35 BAG 18.5.2004, 9 AZN 653/03, FA 2004, 244 LS.
36 BAG 6.12.2006, 4 AZN 529/06, EzA § 72a ArbGG 1979 Nr. 111 (II2a aa [2]); ausf. BAG 10.12.1997, 4 AZN 737/97, EzA § 72a ArbGG 1979 Nr. 83 (II2.2.1).

eines anderen Landesarbeitsgerichts sind divergenzfähig, § 72 Abs. 2 Nr. 2; einen Meinungswandel innerhalb desselben Spruchkörpers hat der Gesetzgeber als die Rechtseinheit nicht in gleicher Weide gefährdend angesehen wie eine Divergenz zwischen verschiedenen Spruchkörpern.[37] Die Entscheidung, die herangezogen wird, um eine Divergenz zu der anzufechtenden Entscheidung zu begründen, **muss zeitlich vor der anzufechtenden Entscheidung ergangen sein.** Ausnahmsweise genügt der Verweis auf eine spätere Entscheidung, wenn diese nur einen Rechtsatz wiederholt, der bereits vor Verkündung der anzufechtenden Entscheidung in einer divergenzfähigen Entscheidung aufgestellt worden war.[38]

Die Nichtzulassungsbeschwerde hat keinen Erfolg, wenn im Zeitpunkt der Entscheidung über die Nichtzulassungsbeschwerde die herangezogene Entscheidung aufgehoben war; eine Divergenz kann dann nicht mehr vorliegen. Das gilt auch dann, wenn das Landesarbeitsgericht zwar von einem Rechtsatz des Bundesarbeitsgerichts abgewichen ist, dieser aber im maßgeblichen Zeitpunkt wieder aufgegeben worden war.[39]

c) aa) Zulassungsgründe sind die absoluten Revisionsgründe des § 547 Nr. 1 bis 5 ZPO. Der Beschwerdeführer muss im Einzelnen die Tatsachen anführen, aus denen sich die Gesetzesverletzung ergeben soll. Die Kausalität der Gesetzesverletzung für das Urteil wird unwiderlegbar vermutet (vgl. § 72 Rn. 8). Ob der geltend gemachte absolute Revisionsgrund vorliegt, ist eine Frage der Begründetheit der Nichtzulassungsbeschwerde.

bb) Wird mit der Nichtzulassungsbeschwerde gem. § 72 Abs. 2 Nr. 3 ArbGG eine **entscheidungserhebliche Verletzung des Anspruchs auf rechtliches Gehör** geltend gemacht, muss nach § 72a Abs. 3 S. 2 Nr. 3 ArbGG die Beschwerdebegründung die Darlegung der Verletzung dieses Anspruchs und deren Entscheidungserheblichkeit enthalten. Die bloße Benennung dieses Zulassungsgrundes genügt nicht. Der Beschwerdeführer hat vielmehr zu dessen Voraussetzungen substantiiert vorzutragen. Stützt er die Nichtzulassungsbeschwerde auf eine entscheidungserhebliche Verletzung des Anspruchs auf rechtliches Gehör, ist diese so darzulegen, dass das Revisionsgericht allein an Hand der Beschwerdebegründung und des Berufungsurteils das Vorliegen der Voraussetzungen für die Zulassung der Revi-

---

37 BAG 21.2.2002, 2 AZN 909/01, EzA § 72 ArbGG 1979 Nr. 27.
38 BAG 15.11.1994, 5 AZN 617/94, EzA § 72a ArbGG 1979 Nr. 66.
39 Vgl. GK-ArbGG/*Mikosch* § 72a Rn. 37 m.w.N.

sion prüfen kann.[40] Will der Beschwerdeführer geltend machen, das Berufungsgericht habe seinen Anspruch auf rechtliches Gehör verletzt, indem es der Hinweispflicht nach § 139 ZPO nicht nachgekommen sei, muss er zum einen konkret, also im Einzelnen, vortragen, welchen Hinweis das Landesarbeitsgericht hätte geben müssen und was er auf diesen Hinweis hin vorgetragen hätte (Vortrag von Tatsachen, rechtliche Ausführungen). Außerdem ist die Entscheidungserheblichkeit der Verletzung der Hinweispflicht darzutun, also die Kausalität zwischen der Gehörsverletzung und dem Ergebnis des Berufungsurteils (»Hätte das Landesarbeitsgericht gefragt, wäre(n) folgender Sachverhalt, folgender Beweisantritt, folgende rechtliche Ausführungen vorgebracht worden und dann wäre, weil der Zeuge X den Sachvortrag bestätigt hätte, das Berufungsgericht den rechtlichen Ausführungen – etwa wegen der fallbezogenen Aufarbeitung der gesamten Rechtsprechung – gefolgt wäre, der Klage stattgegeben worden«). Dabei genügt der nachvollziehbare Vortrag, dass das Berufungsgericht bei Beachtung seiner Hinweispflicht möglicherweise anders entschieden hätte.[41] Häufig werden die auf § 72a Abs. 2 Nr. 3 gestützten Nichtzulassungsbeschwerden wegen Verletzung der Hinweispflicht daran scheitern, dass die Darlegung fehlt, welche tatsächlichen oder rechtlichen Ausführungen gemacht worden wären, wenn der vermisste Hinweis erteilt worden wäre und/oder dass unter deren Berücksichtigung die Entscheidung des Berufungsgerichts möglicherweise anders ausgefallen wäre.

Bei übergangenem Sachvortrag und/oder Beweisangebot muss der übergangene Sachvortrag im Einzelnen dargestellt werden unter Hinweis darauf, wo er erfolgt sein soll (Schriftsatz und dessen Blattzahl sind zu nennen), und/oder der Beweisantritt mit Thema und Beweismittel und Fundstelle angegeben werden. Außerdem ist darzustellen, inwiefern das Landesarbeitsgericht darauf hätte ausdrücklich eingehen müssen,[42] mit anderen Worten, das Berufungsgericht möglicherweise zu einem anderen Ergebnis gekommen wäre.[43]

Die Nichtzulassungsbeschwerde ist beim BAG[44] innerhalb einer **Notfrist von einem Monat** nach Zustellung des in vollständiger Form abge- 6

---

40 BAG 20.1.2005, 2 AZR 941/04, EzA § 72 ArbGG 1979 Nr. 97 (II3a).
41 BAG 14.3.2005, 1 AZN 1002/04, EzA § 72a ArbGG 1979 Nr. 100.
42 BAG 20.1.2005, 2 AZN 941/04, EzA § 72a ArbGG 1979 Nr. 97 (II3b).
43 BAG 10.5.2005, 9 AZN 195/05, EzA § 72a ArbGG 1979 Nr. 103 (II2).
44 BAG 4.11.1980, 4 AZN 370/80, EzA § 72a ArbGG 1979 Nr. 19; die Einlegung beim LAG wirkt nicht fristwahrend.

§ 72a   Nichtzulassungsbeschwerde

fassten Urteils schriftlich einzulegen. Da es sich um eine Notfrist handelt, ist Wiedereinsetzung in den vorigen Stand zulässig (§ 233 ZPO). Die Beschwerdeschrift muss das Urteil bezeichnen, gegen das Revision eingelegt werden soll. Dazu gehört die Angabe des Berufungsgerichts.[45] Der Beschwerdeschrift soll eine Ausfertigung oder beglaubigte Abschrift des anzufechtenden Urteils beigefügt werden. Die Nichtzulassungsbeschwerde muss erkennen lassen, wer Beschwerdeführer und Beschwerdegegner ist.[46] Sie muss von einem Rechtsanwalt oder einer Person mit Befähigung zum Richteramt einer der in § 11 Abs. 2 Nr. 4 und 5 bezeichneten Organisationen unterzeichnet sein (§ 11 Abs. 4).[47] Das BAG verlangt für den Fristbeginn nicht die Belehrung nach § 9 Abs. 5 über die Nichtzulassungsbeschwerde.[48] Wiedereinsetzung nach § 233 ZPO ist möglich. Gemäß § 72a Abs. 4 S. 1 hat die Einlegung der Beschwerde aufschiebende Wirkung. Der Eintritt der Rechtskraft wird gehemmt.

7 Die Beschwerde ist innerhalb einer **Notfrist von zwei Monaten** nach Zustellung des in vollständiger Form abgefassten Urteils zu begründen. Es besteht Vertretungszwang (§ 11 Abs. 4). Es kommt auch für die Begründungsfrist allein auf den Tag der Zustellung des Urteils an. Wiedereinsetzung in den vorigen Stand gegen die Versäumung der Begründungsfrist ist möglich. Eine Verlängerung der Frist ist nicht zulässig. Die Begründungsfrist endet auch dann zwei Monate nach der Zustellung des Urteils des LAG, wenn der Beschwerdeführer die Beschwerdefrist versäumt hat und über seinen Wiedereinsetzungsantrag bei Ablauf der Begründungsfrist noch nicht entschieden ist.[49] Etwas anderes soll gelten, wenn über den Prozesskostenhilfeantrag der armen Partei nicht innerhalb der Begründungsfrist entschieden werden konnte: Frist von einem Monat ab Zustellung des Wiedereinsetzungsbeschlusses.[50] Die Begründungsschrift muss den Voraussetzungen des § 72a Abs. 3 S. 2 entsprechen (vgl. oben Rn. 5). Neue Tatsachen können nicht wirksam vorgetragen werden. Da das BAG nur über die Zulassung der Revision entscheidet, braucht zur Revision selbst nichts vorgetragen zu werden. Andererseits hat die Beschwerde die Voraussetzungen der Zulassung im Einzelnen darzulegen. Leerformeln oder die Wie-

---

45 BAG 27.10.1981, 3 AZN 283/81, EzA § 72a ArbGG 1979 Nr. 35.
46 BAG 27.10.1981, 3 AZN 315/81, EzA § 72a ArbGG 1979 Nr. 36.
47 Vgl. § 11 Rn. 35.
48 BAG 1.4.1980, 4 AZN 77/80, EzA § 72a ArbGG 1979 Nr. 12; GK-ArbGG/*Mikosch* § 72a Rn. 45; a.A. *Grunsky* § 72 Rn. 2; GMPM-G/*Prütting* § 9 Rn. 25 f.; wie hier GMPM-G/*Müller-Glöge* § 72a Rn. 4 m.w.N.
49 Vgl. BAG 26.7.1988, 1 ABN 16/88, EzA § 72a ArbGG 1979 Nr. 51.
50 BAG 26.7.1988, 1 ABN 16/88, EzA § 72a ArbGG 1979 Nr. 51; dazu GK-ArbGG/*Mikosch* § 72a Rn. 51.

derholung des Gesetzestextes reichen nicht aus. Auch genügt nicht die Bezugnahme auf früher eingereichte Schriftsätze.

Das Urteil wird nicht rechtskräftig (§ 72a Abs. 4). Nach § 719 Abs. 2 Nr. 3 ZPO kann die Zwangsvollstreckung vorläufig eingestellt werden. 8

Das BAG **kann** über die Nichtzulassungsbeschwerde ohne mündliche Verhandlung entscheiden, wobei eine mündliche Verhandlung die absolute Ausnahme ist. Vorher ist der Beschwerdegegner zu hören (Art. 103 Abs. 1 GG). An der Beschlussfassung wirken die ehrenamtlichen Richter grundsätzlich mit. Das ist nicht der Fall, wenn die Beschwerde als unzulässig verworfen wird, und zwar ab 1.1.2005 auch dann nicht, wenn es darum geht, ob die Voraussetzungen der grundsätzlichen Bedeutung der Rechtsfrage ausreichend dargelegt worden sind. Der Beschluss soll begründet werden. Das BAG kann jedoch nach Maßgabe des § 72a Abs. 5 S. 5 von einer Begründung des Beschlusses absehen. 9

Ist die Nichtzulassungsbeschwerde unzulässig – etwa, weil sie nicht in der nach § 72a Abs. 3 S. 2 vorgeschriebenen Form begründet worden ist –, wird sie als unzulässig verworfen. 9a

Ergibt die Prüfung der Nichtzulassungsbeschwerdebegründung, dass der behauptete Zulassungsgrund nicht vorliegt, wird die Nichtzulassungsbeschwerde als unbegründet zurückgewiesen. Das Bundesarbeitsgericht kann auch die Zulässigkeit der Beschwerde dahinstehen lassen, wenn sie ohnehin unbegründet ist.[51] 9b

Die Grundsatzbeschwerde ist begründet, wenn die aufgezeigte Rechtsfrage grundsätzliche Bedeutung hat, klärungsfähig, weil entscheidungserheblich ist, und klärungsbedürftig ist und nicht so einfach zu beantworten ist, dass divergierende Entscheidungen der Landesarbeitsgerichte auszuschließen sind.[52] Der Zulassungsgrund »Sicherung der einer einheitlichen Rechtsprechung« iSv § 543 Abs. 2 S. 1 Nr. 2 2.Alt. ZPO ist nicht auf die Grundsatzbeschwerde nach dem ArbGG übertragbar. Die Sicherung einer einheitlichen Rechtsprechung ist für sich genommen kein Zulassungsgrund nach dem ArbGG, soweit keine Divergenz, § 72 Abs. 2 Nr. 2, vorliegt.[53] 10

Die Divergenzbeschwerde ist begründet, wenn sich der anzufechtenden und der herangezogenen Entscheidung tatsächlich die behaupteten Rechtssätze entnehmen lassen, diese dieselbe Rechtsfrage betreffenden Rechtssätze voneinander abweichen und die anzufechtende Ent- 10a

---

51 GK-ArbGG/*Mikosch* § 72a Rn. 77.
52 Vgl. z.B. BAG 15.2.2005, 9 AZN 982/04, EzA § 72a ArbGG 1979 Nr. 99 (II2c).
53 Vgl. z.B. BAG 15.2.2005, 9 AZN 982/04, EzA § 72a ArbGG 1979 Nr. 99 (II2c).

scheidung auf dieser Abweichung beruht. Das ist häufig dann nicht der Fall, wenn fallbezogenen Ausführungen des Berufungsgerichts ein angeblich fallübergreifender abstrakter Rechtssatz entnommen wird. Die Prüfung im Einzelnen ergibt nicht selten, dass das Landesarbeitsgericht den behaupteten allgemeinen, fallübergreifenden abstrakten Rechtssatz nicht aufgestellt hat. Zwar kann sich nach der ständigen Rechtsprechung des Bundesarbeitsgerichts ein divergenzfähiger abstrakter Rechtssatz auch aus fallbezogenen Ausführungen des Landesarbeitsgerichts zur Begründung seiner Entscheidung ergeben.[54] Daraus folgt jedoch nicht, jede vom Landesarbeitsgericht für sein Ergebnis gegebene Begründung setze notwendig voraus, dass es den Rechtssatz, der aus seiner Begründung nach Auffassung der Beschwerde logisch folgen soll, als abstrakten Rechtssatz aufgestellt hat. Die bloße Möglichkeit hierfür genügt nicht. Vielmehr muss der abstrakte Rechtssatz den fallbezogenen Ausführungen im anzufechtenden Urteil zwingend zu entnehmen sein.[55] Diese Annahme verbietet sich regelmäßig dann, wenn das Berufungsgericht seinen fallbezogenen Ausführungen die Rechtssätze vorangestellt hat, von denen es ausgeht, oder wenn es streng zwischen fallübergreifenden Ausführungen zu der Rechtsfrage und der Anwendung der von ihm aufgestellten fallübergreifenden Rechtssätze auf den Streitfall unterscheidet.

10b Die Nichtzulassungsbeschwerde wegen Divergenz ist ferner unbegründet, wenn die behaupteten abstakten Rechtssätze in den Entscheidungen gar nicht vorhanden sind oder wenn das Berufungsurteil eine Haupt- und eine Hilfsbegründung enthält und lediglich eine Divergenz hinsichtlich der Hauptbegründung aufgezeigt wird und vorliegt, was aber hinsichtlich der Hilfsbegründung nicht der Fall ist.

10c Die Nichtzulassungsbeschwerde wegen eines absoluten Revisionsgrundes ist begründet, wenn der geltend gemachte absolute Revisionsgrund vorliegt.

10d Die Nichtzulassungsbeschwerde wegen entscheidungserheblicher Verletzung des Anspruchs auf rechtliches Gehör ist begründet, wenn eine entscheidungserhebliche Anhörungsverletzung tatsächlich gegeben ist[56] (vgl. dazu auch § 78a Rn. 17 ff.).

---

54 BAG 4.8.1981, 3 AZN 107/81, AP § 72a ArbGG 1979 Divergenz Nr. 9; 18.5.2004, 9 AZN 653/03, FA 2004, 244 = AP Nr. 46 zu § 72a ArbGG 1979.
55 BAG 10.7.1984, 2 AZN 337/84, AP § 72a ArbGG 1979 Divergenz Nr. 15.
56 Vgl. z.B. BAG 31.7.2007, 3 AZN 326/07, EzA Art. 103 GG Nr. 9: Nicht erteilter Hinweis auf die Unzulässigkeit der Berufung, so dass dem Prozessbevollmächtigten die Möglichkeit genommen wurde, eine Umdeutung seiner unzulässigen Berufung in eine zulässige Anschlussberufung anzuregen; BAG 20.3.2008, 8 AZN 1062/07, FA 2007, 274: Entgegen einem zuvor gegebenen

Nichtzulassungsbeschwerde § 72a

Mit der Ablehnung der Beschwerde wird das Urteil des Landesarbeits- 10e
gerichts rechtskräftig, § 72a Abs. 5 S. 6. Ein Rechtmittel ist nicht mehr
gegeben. Die aufschiebende Wirkung nach § 72a Abs. 4 S. 1 endet. Ein
etwa nach § 719 Abs. 2 ZPO ergangener Einstellungsbeschluss wird
wirkungslos.

Gibt das BAG der Beschwerde statt, so wird nach § 72a Abs. 6 das Be- 11
schwerdeverfahren als Revision fortgesetzt. Die form- und fristgerechte
Einlegung der Nichtzulassungsbeschwerde gilt als Einlegung der Revision. Eine gesonderte Revisionseinlegung ist damit nicht mehr erforderlich. Mit der Zustellung des der Nichtzulassungsbeschwerde stattgebenden Beschlusses beginnt die Revisionsbegründungsfrist. Sie beträgt
zwei Monate. Nach erfolgreicher Nichtzulassungsbeschwerde ist eine
eigenständige Revisionsbegründung innerhalb der zweimonatigen
Begründungsfrist erforderlich, und zwar auch dann, wenn die Nichtzulassungsbeschwerdebegründung bereits den Anforderungen des
§ 551 Abs. 3 ZPO i.V.m. § 72 Abs. 5 entspricht; in diesem Fall bedarf
es einer Bezugnahme innerhalb der Zweimonatsfrist.[57]

Hat das Landesarbeitsgericht den Anspruch des Beschwerdeführers in 11a
entscheidungserheblicher Weise verletzt, kann das Bundesarbeitsgericht an Stelle einer Zulassung der Revision das Urteil das Landesarbeitsgerichts aufheben und den Rechtsstreit an das Landesarbeitsgericht zurückverweisen, § 72a Abs. 7. Die Vorschrift dient der Verfahrensbeschleunigung. Die Anwendung dieser Vorschrift bietet sich insbesondere dann an, wenn das Revisionsverfahren keine Möglichkeit
bietet, die Gehörsverletzung zu heilen und revisible Rechtsfragen nicht
ersichtlich sind.[58] Es besteht die Möglichkeit der Zurückverweisung an
eine andere Kammer in entsprechender Anwendung von § 563 Abs. 1
S. 2 ZPO.[59]

Hat das BAG die Revision auf eine Nichtzulassungsbeschwerde zuge- 12
lassen, **enthält das Berufungsurteil jedoch keinen Tatbestand**, oder

---

Hinweis wird auf tragende rechtliche Gesichtspunkte abgestellt, für die die
Möglichkeit weiteren Vortrags angekündigt worden war; BAG 22.5.2007, 3
AZN 1155/06: Übergehen eines Beweisantrags auf Heranziehung einer beweisbelasteten Partei auf Heranziehung der Partei als Beweismittel als unzulässig; BAG 11.4.2006, 9 AZN 892/05, EzA § 72a ArbGG 1979 Nr. 108: Abweisung der Klage auch hinsichtlich eines bislang noch nicht vorgetragenen Lebenssachverhaltes, ohne der Partei zuvor Gelegenheit zu geben, Tatsachen
vorzutragen; instruktiv BAG 19.2.2008, 9 AZN 1085/07: Abgrenzung zu
Rechtsanwendungsfehlern.
57 BAG 8.5.2008, 1 ABR 56/06 (BI zur Rechtsbeschwerdebegründung).
58 BAG 10.5.2005, 9 AZN 195/05, EzA § 72a ArbGG 1979 Nr. 103; 10.5.2005, 9
AZN 195/05, EzA § 72a ArbGG 1979 Nr. 103 (III1).
59 BAG 12.12.2006, 3 AZN 625/06, EzA § 72 ArbGG 1979 Nr. 35 (II2c cc Rn. 33 f.).

genügt er nicht den Anforderungen des § 540 ZPO, so ist das Berufungsurteil im Revisionsverfahren aufzuheben.[60]

13 Die Kosten einer erfolglosen Nichtzulassungsbeschwerde hat nach § 97 Abs. 1 ZPO der Beschwerdeführer zu tragen. Wird die Revision zugelassen, sind die Kosten des Nichtzulassungsbeschwerdeverfahrens Teil der Kosten des Revisionsverfahrens, was durch § 72a Abs. 6 deutlich wird. Derjenige, dem die Kosten der Revision auferlegt werden, hat dann auch die Kosten der Nichtzulassungsbeschwerde zu tragen. Wird die zugelassene Revision nicht durchgeführt, weil sie zurückgenommen oder nicht begründet wird, hat der Beschwerdeführer die Kosten zu tragen.[61] Die Gerichtsgebühr beträgt nach Nr. 8611 des Gebührenverzeichnisses in der Anlage 1 zu § 3 Abs. 2 GKG 1, 6, wenn die Nichtzulassungsbeschwerde als unzulässig verworfen oder als unbegründet zurückgewiesen wird. Bei Rücknahme oder Erledigung des Nichtzulassungsbeschwerdeverfahrens auf andere Weise beträgt die Gebühr 0,8. Der Rechtsanwalt erhält für seine Tätigkeit im Verfahren über die Nichtzulassungsbeschwerde eine 1,6-fache Gebühr nach Nr. 3506 der Anlage 1 zu § 2 Abs. 2 RVG. Diese Gebühr wird auf die Verfahrensgebühr eines ggf. nachfolgenden Revisionsverfahrens angerechnet.[62] Der Streitwert des Nichtzulassungsbeschwerdeverfahrens ist der des Berufungsverfahrens, wenn das Nichtzulassungsbeschwerdeverfahren sämtliche Streitgegenstände des Berufungsverfahrens erfasst. Manche Senate des Bundesarbeitsgerichts werfen den Streitwert in der Beschlussformel aus, andere Senate setzen den Streitwert nur nach entsprechendem Antrag fest.

---

60 BAG 29.8.1984, 7 AZR 617/82, EzA § 543 ZPO Nr. 4.
61 Vgl. ArbGG/*Bepler* § 72a Rn. 67.
62 GMPM-G/*Müller-Glöge* § 72a Rn. 47.

§ 72b Sofortige Beschwerde wegen verspäteter Absetzung des Berufungsurteils

(1) ¹Das Endurteil eines Landesarbeitsgerichts kann durch sofortige Beschwerde angefochten werden, wenn es nicht binnen fünf Monaten nach der Verkündung vollständig abgefasst und mit den Unterschriften sämtlicher Mitglieder der Kammer versehen der Geschäftsstelle übergeben worden ist. ²§ 72a findet keine Anwendung.

(2) ¹Die sofortige Beschwerde ist innerhalb eine Notfrist von einem Monat beim Bundesarbeitsgericht einzulegen und zu begründen. ²Die Frist beginnt mit dem Ablauf von fünf Monaten nach Verkündung des Urteils des Landesarbeitsgerichts. ³§ 9 Abs. 5 findet keine Anwendung.

(3) ¹Die sofortige Beschwerde wird durch Einreichung einer Beschwerdeschrift eingelegt. ²Die Beschwerdeschrift muss die Bezeichnung der angefochtenen Entscheidung sowie die Erklärung enthalten, dass Beschwerde gegen diese Entscheidung eingelegt werde. ³Die Beschwerde kann nur damit begründet werden, dass das Urteil des Landesarbeitsgerichts mit Ablauf von fünf Monaten nach der Verkündung noch nicht vollständig abgefasst und mit den Unterschriften sämtlicher Mitglieder der Kammer versehen der Geschäftsstelle übergeben worden ist.

(4) ¹Über die sofortige Beschwerde entscheidet das Bundesarbeitsgericht ohne Hinzuziehung der ehrenamtlichen Richter durch Beschluss, der ohne mündliche Verhandlung ergehen kann. ²Dem Beschluss soll eine kurze Begründung beigefügt werden.

(5) ¹Ist die sofortige Beschwerde zulässig und begründet, ist das Urteil des Landesarbeitsgerichts aufzuheben und die Sache zur neuen Verhandlung und Entscheidung an das Landesarbeitsgericht zurückzuverweisen. ²Die Zurückverweisung kann an eine andere Kammer des Landesarbeitsgerichts erfolgen.

Die sofortige Beschwerde bei verspätet abgesetzten Urteilen – nur – des Landesarbeitsgerichts, auch **Kassationsbeschwerde** genannt, ist durch das Anhörungsrügengesetz[1] mit Wirkung ab 1.1.2005 als besonderer Rechtsbehelf bei verspäteter Entscheidungsbegründung mit § 72b in das ArbGG eingefügt worden. Seit dem Beschluss des Gemeinsamen

1

---

1 BGBl. I 2004 S. 3220.

Senats der Obersten Gerichtshöfe des Bundes vom 27.4.1993[2] wird ein Urteil als eine nicht mit Gründen versehene Entscheidung i.S.d. § 547 Nr. 6 ZPO n.F. (§ 551 Nr. 7 ZPO a.F.) angesehen, wenn die Entscheidungsgründe nicht binnen fünf Monaten nach der Verkündung der Entscheidung schriftlich niedergelegt und von allen beteiligten Richtern unterschrieben zur Geschäftsstelle gelangt ist. Es handele sich um einen Verfahrensmangel, der der Rüge bedürfe, die man erheben, aber auch zurücknehmen könne. Eine derart verspätet abgesetzte Entscheidung verstoße – so das BVerfG[3] – gegen das Rechtsstaatsprinzip und könne keine geeignete Grundlage mehr für das Revisionsgericht sein, um das Vorliegen von Revisionszulassungsgründen in rechtsstaatlicher Weise zu überprüfen. Das führte dazu, dass das Bundesarbeitsgericht eine Nichtzulassungsbeschwerde gegen eine verspätet abgesetzte Entscheidung für nicht zulässig hielt und auf die Verfassungsbeschwerde verwies.[4] Diese Rechtsprechung widersprach dem Anliegen des BVerfG, dass grundrechtlich relevante Verfahrensverstöße in erster Linie durch die Fachgerichtsbarkeit selbst korrigiert werden. § 72b führt deshalb die Sofortige Beschwerde für den Fall des verspätet abgesetzten Urteils ein mit dem ausschließlichen Ziel, mit dieser Rüge die Aufhebung des landesarbeitsgerichtlichen Urteils zu erreichen und die Zurückverweisung der Sache zur neuen Entscheidung an das Landesarbeitsgericht.

2 Wurde ein landesarbeitsgerichtliches Urteil nicht innerhalb von fünf Monaten abgesetzt und mit den Unterschriften der Richter (also des Vorsitzenden und der beiden Ehrenamtlichen Richter) versehen der Geschäftsstelle übergeben, kann die beschwerte Partei innerhalb einer Notfrist von einem Monat beim Bundesarbeitsgericht sofortige Beschwerde einlegen, mit der nur mit Erfolg geltend gemacht werden kann, es liege eine Entscheidung ohne Gründe wegen verspäteter Absetzung vor. Die Frist beginnt mit dem Ablauf von fünf Monaten nach Verkündung des Endurteils. Auf die fehlende Rechtsbehelfsbelehrung kommt es nicht an. Nach Abs. 1 S. 2 ist § 9 Abs. 5 nicht anwendbar.

2a Das Endurteil des Landesarbeitsgerichts ist i.S.v. § 72b Abs. 1 vollständig abgefasst, wenn es den formalen Anforderungen der §§ 313 bis 315b ZPO, § 69 entspricht. § 72b stellt auf den formalen Mindestinhalt eines

---

2 GmS 1/92, EzA § 551 ZPO Nr. 1.
3 26.3.2001, 1 BvR 383/00, EzA § 551 ZPO Nr. 9.
4 BAG 1.10.2003, 1 ABN 62/01, EzA § 92a ArbGG 1979 Nr. 5 für das Beschlussverfahren; vgl. jetzt § 92b und die Kommentierung dazu; BAG 13.12.1995, 4 AZN 576/95, EzA § 72a ArbGG 1979 Nr. 74 für das Urteilsverfahren.

Sofortige Beschwerde § 72b

Urteils ab. Die äußere Form des Urteils ist entscheidend, nicht aber das Fehlen notwendiger Gründe i.S.d. § 547 Nr. 6 ZPO.[5]

Liegen die Voraussetzungen für eine sofortige Beschwerde nach § 72b 2b ArbGG vor, ist dies der einzige Rechtsbehelf, der gegen ein verspätet abgesetztes Urteil des Landesarbeitsgerichts statthaft ist.[6] Eine gleichwohl eingelegte Nichtzulassungsbeschwerde – das Landesarbeitsgericht hatte die Revision gegen sein erst später als fünf Monate nach seiner Verkündung vollständig abgefasstes und mit den Unterschriften sämtlicher erkennender Richter versehenes an die Geschäftsstelle gelangtes und dann zugestelltes Urteil nicht zugelassen – ist nach § 72b Abs. 1 S. 2 unstatthaft und deshalb unzulässig. Eine an sich mögliche Umdeutung der Nichtzulassungsbeschwerde in eine Kassationsbeschwerde scheidet aus, wenn sie wegen Versäumung der Einlegungs- und Begründungsfrist – von einem Monat seit Ablauf von fünf Monaten nach Verkündung des landesarbeitsgerichtlichen Urteils, § 72b Abs. 2 S. 1 – ohnehin unzulässig ist.[7]

In der Beschwerdeschrift – es besteht Vertretungszwang, § 11 Abs. 4 – 3 muss die angefochtene Entscheidung benannt werden und es bedarf der Erklärung, dass gegen sie – sofortige – Beschwerde eingelegt werde. Die Begründung muss in der Beschwerdeschrift nicht enthalten sein. Es reicht aus, wenn sie innerhalb der Monatsfrist nachgebracht wird. Die Beschwerdebegründung kann sich auf die Nennung des Zeitpunkts der Verkündung der Entscheidung und auf die unter Beweis durch einzuholende Auskunft der Geschäftsstelle der Kammer des Landesarbeitsgerichts, die das angefochtene Urteil verkündet hat, gestellte Behauptung beschränken, dass das Urteil innerhalb von fünf Monaten seit seiner Verkündung nicht abgesetzt und/oder mit den Unterschriften der erkennenden Richter versehen zur Geschäftsstelle gelangt ist (allerdings verlangt der BGH[8] die Darlegung, dass die Aufklärung dieses gerichtsinternen Vorgangs versucht wurde, die Rüge dürfe nicht auf bloßen Verdacht hin erhoben werden – zu einer Besetzungsrüge). Das Bundesarbeitsgericht wird diesem Vortrag nachgehen. Der Beschwerdeführer sollte aber tunlichst selbst bei Gericht nachfragen und das Er-

---

5 BAG 20.12.2006, 5 AZB 35/06, EzA § 72b ArbGG 1979 Nr. 2. betr. übergangene Hilfsausrechnung, wobei *Gravenhorst* jurisPR-ArbR 38/2007 Anm. 5 die Prüfung vermisst, ob die Beschwerde, wenngleich ausschließlich auf § 72b gestützt, nicht als Beschwerde nach § 72a aufgefasst werden könnte, eine Frage, die der Vierte Senat für den umgekehrten Fall, Umdeutung einer Nichtzulassungsbeschwerde in eine Kassationsbeschwerde geprüft hat, 2.11.2006, 4 AZN 716/06, EzA § 72b ArbGG 1979 Nr. 1 (II 2).
6 BAG 2.11.2006, 4 AZN 716/06, EzA § 72b ArbGG 1979 Nr. 1 (III1).
7 BAG 2.11.2006, 4 AZN 716/06, EzA § 72b ArbGG 1979 Nr. 1 (II2).
8 BGH 20.6.1991, VII ZR 11/91, NJW 1992, 512.

gebnis seiner Nachfrage vortragen. Jedenfalls haben der Beschwerdeführer oder sein Prozessbevollmächtigter die genannten Fristen zu kontrollieren, um Rechtsnachteile wegen der verspäteten Absetzung eines Urteils zu vermeiden. Praktikabler wäre es gewesen, nicht auf die Übergabe des vollständig abgefassten, von sämtlichen Richtern unterschrieben Urteils an die Geschäftsstelle abzustellen, sondern auf dessen Zustellung, weil die Übergabe an die Geschäftsstelle ein gerichtsinterner Vorgang ist, den der Beschwerdeführer erst durch eigene Nachforschungen im Gericht ermitteln kann, während der Zeitpunkt der Zustellung ihm bekannt ist, zumal die Gerichtspraxis zeigt, dass zwischen der Übergabe des vollständig abgefassten, von allen Richtern unterschriebenen Urteils an die Geschäftsstelle und dessen Zustellung an die Parteien Wochen liegen können, was auf die unterschiedlichsten Ursachen zurückzuführen ist und zu letztlich unnötigen Kassationsbeschwerden führt, wenn der Beschwerdeführer letztlich auf den Zeitpunkt der Zustellung abstellt, der im Normalfall die verspätete Entscheidungsbegründung indiziert.[9]

3a Die sofortige Beschwerde wegen verspäteter Absetzung des Berufungsurteils ist unbegründet, wenn das angefochtene Urteil noch innerhalb der Fünf-Monats-Frist des § 72b Abs. 1 S. 1 abgesetzt worden ist. Das ist etwa dann der Fall, wenn die fehlende Unterschrift eines ehrenamtlichen Richters rechtzeitig sowie formell ordnungsgemäß und verfahrensrechtlich statthaft durch einen Verhinderungsvermerk ersetzt worden ist (§ 64 Abs. 6, § 525 ZPO, § 315 ZPO).[10]

4 Bei formell ordnungsgemäß eingelegter und begründeter Beschwerde und wenn das angefochtene Urteil tatsächlich fünf Monate nach Verkündung vollständig abgesetzt und mit den Unterschriften aller beteiligter Richter noch immer nicht an die Geschäftsstelle übergeben worden war, ist das Urteil durch Beschluss der Berufsrichter des zuständigen Senats aufzuheben und die Sache zur neuen Entscheidung an das Landesarbeitsgericht zurückzuverweisen. Der Beschluss, der ohne mündliche Verhandlung ergehen »kann« (Abs. 4 S. 1), was die Regel ist, »soll« kurz begründet werden (Abs. 4 S. 2). Die Zurückverweisung kann auch an eine andere als die Kammer erfolgen, die die aufgehobene Entscheidung getroffen hat. Das wird sich im Hinblick auf die beschwerte Partei anbieten, dann aber nicht sinnvoll sein, wenn die einzige Fachkammer – z.B. für den öffentlichen Dienst – die Entscheidung getroffen hatte. Außerdem darf das Bundesarbeitsgericht nicht die Kammer bestimmen (etwa Kammer 1, i.d.R. die Präsidentenkammer).

---
9 Vgl. dazu zutr. *Gravenhorst* NZA 2005, 24, 27.
10 BAG 22.8.2007, 4 AZN 1225/06, EzA § 72b ArbGG 1979 Nr. 3.

Wegen Art. 101 GG hat der Geschäftsverteilungsplan des Landesarbeitsgerichts den Vorrang.

§ 72b ist entsprechend anwendbar, wenn ein verkündetes arbeitsgerichtliches Urteil, in dem die Sprungrevision zugelassen worden ist, verspätet zur Geschäftsstelle gelangt.[11]

Auf sonstige erstinstanzliche Urteile, die nicht rechtzeitig abgefasst wurden, ist § 72b nicht anwendbar. Gegen diese ist die Berufung statthaft, die gem. § 66 Abs. 1 S. 2 binnen sechs Monaten eingelegt und binnen eines weiteren Monats begründet werden muss.[12]

Bei verspäteter Absetzung der Urteilsgründe durch einen Senat des Bundesarbeitsgerichts bleibt nur die Verfassungsbeschwerde.

Für den Prozessbevollmächtigten des durch ein Berufungsurteil Beschwerten stellt sich im Falle verspäteter Absetzung nach Ablauf von fünf Monaten die Frage, ob er den Weg des § 72b geht oder aber die im Tenor des Berufungsgerichts **zugelassene Revision** einlegt. Letzteres kann er jedenfalls dann sinnvoll tun, wenn das Berufungsgericht – sei es in der mündlichen Verhandlung, sei es bei der Begründung des Urteils gelegentlich der Verkündung (§ 69 S. 2 i.V.m. § 60 Abs. 2 S. 1) hinreichend zu erkennen gegeben hat, auf welche Tatsachen und rechtlichen Erwägungen es seine Entscheidung stützen will (stützt), also eine ordnungsgemäße Begründung der Revision möglich ist. Auch der Fall ist denkbar, dass nach Ablauf der Fünfmonatsfrist, aber vor Ablauf von sechs Monaten vorsorglich Revision eingelegt wurde, das Berufungsurteil vor Ablauf von sieben Monaten vollständig zugestellt wird und die Revision daher noch ordnungsgemäß begründet werden kann. Es kann sowohl die zugelassene Revision als auch die Kassationsbeschwerde einlegen. Gibt das Bundesarbeitsgericht der sofortigen Beschwerde statt, ist die Revision gegenstandslos.[13]

---

11 *Bepler* Änderungen im arbeitsgerichtlichen Verfahren durch das Anhörungsrügengesetz, S. 32.
12 *Oberthür* ArbRB 2004, 371, 373.
13 GK-ArbGG/*Mikosch* § 72b Rn. 21, 59.

§ 73 Revisionsgründe

(1) ¹Die Revision kann nur darauf gestützt werden, daß das Urteil des Landesarbeitsgerichts auf der Verletzung einer Rechtsnorm beruht. ²Sie kann nicht auf die Gründe des § 72b gestützt werden.

(2) § 65 findet entsprechende Anwendung.

1 Die Revision ist begründet, wenn das Urteil des LAG auf der Verletzung einer Rechtsnorm beruht, d.h. eine Rechtsnorm nicht oder nicht richtig angewandt worden ist (vgl. § 546 ZPO). Im Verfahren vor dem BAG gilt § 547 Nr. 1 bis Nr. 6 ZPO (sog. absolute Revisionsgründe); auf Gründe des § 72b kann die Revision aber nicht mit Erfolg gestützt werden. Das ist ganz allgemein anerkannt, obwohl das ArbGG keine dem § 551 ZPO vergleichbare Vorschrift enthält und auch eine Verweisung fehlt (dazu u. Rn. 6), vgl. aber § 72a Abs. 3 S. 2 Nr. 3.

2 An den vom LAG festgestellten Tatbestand ist das BAG gebunden[1], es sei denn, das LAG hat insoweit eine Verfahrensnorm verletzt und diese Verletzung wird in der Revisionsbegründung gerügt (§ 551 Abs. 3 Nr. 2b ZPO).

3 § 73 geht wesentlich weiter als die entsprechende Vorschrift (§ 545) in der ZPO. Es genügt die Verletzung jeder Rechtsnorm, gleichgültig ob es sich um Verfahrensnormen oder um materielle Normen handelt.[2] Nur muss die Verletzung von Verfahrensrecht nach § 551 Abs. 3 Nr. 2b ZPO im Wege der sog. Verfahrensrüge erhoben werden. Die Verletzung des § 69 Abs. 1 S. 2 und § 60 Abs. 4 S. 3 rechtfertigt die Revision grundsätzlich nicht, da es sich nur um Sollvorschriften handelt. Wenn Tatbestand und Entscheidungsgründe nicht innerhalb von fünf Monaten nach der Verkündung des Berufungsurteils schriftlich niedergelegt und von allen Richtern unterschrieben vorliegen, liegt zwar ein Verstoß gegen § 547 Nr. 6 ZPO vor, aber darauf kann die Revision nicht mit Er-

---

1 Die Beweiskraft des Tatbestandes und seine Bindungswirkung für das Revisionsgericht entfallen, wenn die Feststellungen unklar, lückenhaft und widersprüchlich sind. Derartige Mängel sind auch ohne Verfassungsrüge i.S.v. § 551 Abs. 3 S. 1 Nr. 2b, § 559 Abs. 1 S. 2 ZPO zu berücksichtigen. Beruht die rechtliche Würdigung des Berufungsgerichts auf Feststellungen, die dem Revisionsgericht keine ausreichend sichere Beurteilung des Parteivorbringens erlauben, ist das Berufungsurteil wegen dieses Mangels aufzuheben, BAG 15.4.2008, 9 AZR 159/07 (BI4a).
2 § 73 Abs. 1 ist so auszulegen. dass im arbeitsgerichtlichen Urteilsverfahren die Revision auch auf fehlerhafte Anwendung einer bereits außer Kraft getretenen Rechtsnorm gestützt werden kann, BAG 5.6.2007, 9 AZR 82/07, EzA § 15 BErzGG Nr. 16, Rn. 16.

folg gestützt werden (§ 73 Abs. 1 S. 2): Es ist die Kassationsbeschwerde des § 72b einzulegen (dazu und zu denkbaren Ausnahmen vgl. Erl. zu § 72b). Wenn der Rechtsmittelkläger die Möglichkeit verlieren würde, eine Tatbestandsberichtigung nach § 320 Abs. 2 S. 3 ZPO zu beantragen, kann Revision eingelegt werden.[3] Nach einer älteren Entscheidung[4] ist im Falle der Zustellung des Urteils später als drei Monate nach seiner Verkündung der Tatbestand so, wie er auf einen Berichtigungsantrag hin berichtigt worden wäre, vom Revisionsgericht zu Grunde zu legen, wenn die Partei vorträgt, dass sie bei rechtzeitiger Zustellung den Berichtigungsantrag gestellt hätte. Revisibel sind neben den staatlichen Rechtsnormen auch ausländische Rechtsnormen, tarifliche Normen und die Normen der Betriebsvereinbarung sowie Satzungsrecht (Satzungen von Vereinen).

Unbestimmte Rechtsbegriffe (z.B. die Sozialwidrigkeit einer Kündigung) können vom Revisionsgericht nur daraufhin überprüft werden, ob das angefochtene Urteil den Rechtsbegriff selbst verkannt, ob es bei der Subsumtion Denkgesetze oder allgemeine Erfahrungssätze verletzt und alle wesentlichen Umstände berücksichtigt hat und ob es in sich widerspruchsfrei ist.[5] 3a

Die **Auslegung von Verträgen** durch das LAG ist grundsätzlich nicht revisibel. Hier bestehen jedoch Ausnahmen, die die Rechtsprechung für sog. typische Verträge oder Willenserklärungen entwickelt hat. Zu nennen sind **Verträge, die auf Tarifver**träge Bezug nehmen, und überhaupt sog. Musterverträge, die in vielen Fällen gleichlautend verwandt werden. Die Auslegung der typischen Vertragsklauseln des Formulararbeitsvertrages kann vom Revisionsgericht ohne Einschränkung überprüft werden.[6] Auch die Auslegung von einheitlichen **Ausgleichsquittungen** kann vom BAG überprüft werden.[7] Bedeutung haben diese Grundsätze ferner für die Auslegung von **Ruhegeldzusagen,** die auf Grund einheitlicher Arbeitsbedingungen im Betrieb gelten.[8] 4

Die Auslegung von **Einzelverträgen – Auslegung atypischer Willenserklärungen** – kann in der Revisionsinstanz nicht unbeschränkt überprüft werden. Sie ist nur daraufhin nachprüfbar, ob das Berufungsge- 4a

---

3 Vgl. BAG 10.10.1990, 5 AZR 404/89, EzA § 138 BGB Nr. 24 unter 12 der Gründe; 7.12.1983, 4 AZR 394/81, EzA § 69 ArbGG 1979 Nr. 1.
4 BAG 3.5.1957, 1 AZR 563/55, BAGE 4, 81 = AP § 60 ArbGG 1953 Nr. 2.
5 BAG 29.3.1990, 2 AZR 369/89, EzA § 1 KSchG Soziale Auswahl Nr. 29.
6 BAG 30.8.2000, 4 AZR 581/99, EzA § 3 TVG Bezugnahme auf Tarifvertrag Nr. 13; 16.5.2000, 9 AZR 245/99, EzA § 125 BGB Nr. 15.
7 BAG 6.4.1977, 4 AZR 721/75, EzA § 4 KSchG n.F. Nr. 12.
8 Vgl. *Grunsky* § 73 Rn. 15 m. Hinw.

richt gegen die Auslegungsregeln der §§ 133, 157 BGB, gegen Gesetze der Logik oder gegen allgemeine Erfahrungssätze verstoßen hat.[9]

5 Das Urteil muss, von den absoluten Revisionsgründen in § 547 Nr. 1–5 ZPO abgesehen, auf der Verletzung des Rechts beruhen, d.h., bei richtiger Rechtsanwendung hätte die Entscheidung des LAG anders, für den Revisionskläger günstiger ausfallen müssen, was nicht immer der Fall ist, weil sich das Urteil im Ergebnis aus anderen Gründen als richtig erweisen kann (§ 561 ZPO i.V.m. § 72 Abs. 5). Bei Verfahrensverstößen reicht es nach der Rechtsprechung aus, dass das LAG bei richtiger Anwendung möglicherweise anders erkannt hätte.[10]

6 Liegt ein sog. **absoluter Revisionsgrund** (§ 547 Nr. 1–5 ZPO) vor, so wird die Entscheidung stets als auf einer Verletzung des Gesetzes beruhend angesehen. War das Gericht nicht vorschriftsmäßig besetzt, so ist die Revision auch dann begründet, wenn feststeht, dass es in vorschriftsmäßiger Besetzung ebenso entschieden hätte. Zu beachten ist, dass die absoluten Revisionsgründe nur die **Begründetheit** der Revision betreffen. Die Revision muss zunächst **statthaft und in der richtigen Form und Frist eingelegt worden sein** (dazu § 74). Das BAG prüft auch die sog. absoluten Revisionsgründe nicht **von Amts wegen**, sondern nur auf Grund einer ordnungsgemäß erhobenen Rüge.

Es sind die Tatsachen genau anzugeben, die die Gesetzesverletzung ausmachen sollen.

▶ **Beispiel**

a) § 547 Nr. 1 ZPO: Nicht ordnungsgemäße Besetzung des Gerichts

Erfasst werden Befähigung zum Richteramt, ordnungsgemäße Bestellung, §§ 8 ff DRiG. Wegen der Verweisung in § 73 Abs. 2 auf § 65 prüft das Revisionsgericht nicht, ob in der Vorinstanz bei der Berufung der ehrenamtlichen Richter Verfahrensmängel unterlaufen sind oder ob Umstände vorgelegen haben, die die Berufung eines ehrenamtlichen Richters zu seinem Amt ausschließen. Geprüft wird aber, ob an der Entscheidung ehrenamtliche Richter mitwirkten, die nach der Geschäftsverteilung nicht hätten herangezogen werden dürfen, § 31. Allerdings hat die **Rechtsprechung bisher einen absolu**ten Revisionsgrund in diesen Fällen nur dann angenommen, wenn willkürlich vom Geschäftsverteilungsplan abgewichen wurde.[11] Willkür ist aber be-

---

9 Vgl. z.B. BAG 24.9.2003, 10 AZR 640/02, EzA § 47 InsO Nr. 1.
10 Vgl. BAG 6.1.2004, 9 AZR 680/02, EzA § 551 ZPO 2002 Nr. 1.
11 BAG 25.8.1983, 6 ABR 31/82, EzA § 39 ArbGG 1979 Nr. 3.

Revisionsgründe § 73

reits dann anzunehmen, wenn zwar die Geschäftsstelle **irrtümlich handelt,** das Gericht danach in Kenntnis der fehlerhaften Besetzung die Verhandlung durchführt. Die Zustimmung der Parteien ist dabei ohne Bedeutung.[12]

Fragen treten im Zusammenhang mit der ordnungsmäßigen Besetzung auch im Verhinderungsfalle eines ehrenamtlichen Richters auf. Das BVerwG nimmt hier einen großzügigen Standpunkt ein mit dem Hinweis, die ehrenamtlichen Richter seien auf eine gewissenhafte Amtsführung vereidigt.[13] Deshalb bedürfe es der förmlichen Feststellung der Verhinderung durch das Gericht nicht, die Geschäftsstelle könne vielmehr ohne Prüfung einen ehrenamtlichen Richter nach der Hilfs- bzw. Notliste heranziehen. Diese mit § 54 GVG für Hilfsschöffen vergleichbare Regelung wird im arbeitsgerichtlichen Verfahren auch für die »planmäßigen« ehrenamtlichen Richter am Sitzungstag angewandt (nicht ganz unbedenklich). Für einen etwa erforderlich werdenden Fortsetzungstermin (ein Zeuge ist nicht erschienen, auf den nicht verzichtet werden kann), sollte in der Geschäftsverteilung eine Regelung getroffen werden. Beschließt die Kammer in derselben Besetzung zu tagen, so wird damit von § 39 abgewichen, was einen absoluten Revisionsgrund darstellen kann[14]

Ohne Vereidigung der ehrenamtlichen Richter vor ihrer ersten Amtsausübung ist das Gericht nicht ordnungsmäßig besetzt. Die Vereidigung erstreckt sich auf die Dauer des Amtes, bei erneuter Bestellung auch für die sich unmittelbar anschließende Amtszeit.[15]

Nur die zur Entscheidung berufenen Richter haben zu entscheiden. Kurzfristige Abwesenheit eines mitwirkenden Richters oder der Schlaf eines Richters führt zu einer nicht ordnungsgemäßen Besetzung des Gerichts. Das gilt auch für die Verletzung des § 193 GVG, Mitwirkung von Personen an der Beratung, die dazu nicht berufen waren.[16] Zu ihrer juristischen Ausbildung beschäftigte Personen und wissenschaftliche Mitarbeiter dürfen

---

12 BAG a.a.O.; vgl. aber BAG 7.5.1998, 2 AZR 344/97, EzA § 551 ZPO Nr. 6; 26.9.2007, 10 AZR 35/07, NZA 2007, 1318.
13 BVerwG 28.2.1984, 9 C 136.82, EzA § 39 ArbGG 1979 Nr. 1.
14 BAG 20.9.1996, 8 AZR 126/95, EzA §39 ArbGG 1979 Nr. 5; 26.9.2007, 10 AZR 35/07, NZA 2007, 1318.
15 § 45 Abs. 2 S. 2 DRiG i.d.F. des Arbeitsgerichtsänderungsgesetzes v. 26.6.1990 BGBl. I S. 1206.
16 GK-ArbGG/*Mikosch* § 73 Rn. 55 m.w.N., a.A. BAG 22.2.1967, 4 AZR 127/66, AP GVG § 193 Nr. 2 m. zutr. Anm. *Wieczorek*.

bei der Beratung und Abstimmung zugegen sein, soweit der Vorsitzende deren Anwesenheit gestattet, was von den Vorsitzenden der Senate des Bundesarbeitsgerichts unterschiedlich gehandhabt wird.

Wird die vorschriftsmäßige Besetzung des Gerichts beanstandet, müssen die Tatsachen vorgetragen werden, die die Fehlerhaftigkeit der Besetzung begründen sollen.

Ist der absolute Revisionsgrund des § 547 Nr. 1 ZPO gegeben, ist die Sache an dieselbe Kammer des Landesarbeitsgerichts zurückzuverweisen, weil nur dadurch der Verstoß gegen die Garantie des gesetzlichen Richters geheilt werden kann.[17]

b) Ein Verstoß gegen § 547 Nr. 6 ZPO liegt zwar vor, wenn das Urteil nicht innerhalb von fünf Monaten vollständig abgefasst mit sämtlichen Unterschriften der beteiligten Richter versehen der Geschäftsstelle übergeben worden war, dieser Mangel ist aber nur mit der Kassationsbeschwerde nach § 72b geltend zu machen (vgl. dort), § 73 Abs. 1 S. 2. Allerdings kann sich der Revisionsführer bei zugelassener Revision auf andere Rügen stützen, wenn dies möglich ist, und auf diese Weise eine Entscheidung in der Sache herbeiführen.

c) Weitere absolute Revisionsgründe:

aa) § 547 Nr. 2 ZPO, wenn bei der Entscheidung ein Richter mitgewirkt hat, der von der Ausübung des Richteramts kraft Gesetzes ausgeschlossen war (§ 41 ZPO), sofern nicht dieses Hindernis mittels eines Ablehnungsgesuchs ohne Erfolg geltend gemacht ist (§ 46 Abs. 2 ZPO);

bb) § 547 Nr. 3 ZPO, wenn bei der Entscheidung ein Richter mitgewirkt hat, obgleich er wegen Besorgnis der Befangenheit abgelehnt und das Ablehnungsgesuch für begründet erklärt war – auch bei Selbstablehnung – (§§ 42–48 ZPO).

cc) § 547 Nr. 4 ZPO, wenn eine Partei in dem Verfahren nicht nach Vorschrift der Gesetze vertreten war, sofern sie nicht die Prozessführung ausdrücklich oder stillschweigend genehmigt hat.

Dieser absolute Revisionsgrund liegt vor, wenn trotz Unterbrechung des Verfahrens wegen Insolvenz, § 240 ZPO, das Landesarbeitsgericht ein Urteil in der Sache verkündet:

---

[17] BAG 20.7.2007, 10 AZR 375/06; 26.9.2007, 10 AZR 35/07, NZA 2007, 1318.

Vor dem Landesarbeitsgericht herrscht Vertretungszwang. Die Eröffnung des Insolvenzverfahrens beendete die Vollmacht des Prozessbevollmächtigten des Insolvenzschuldners, er war vor dem LAG nicht mehr ordnungsgemäß vertreten.[18] Das Urteil ist ohne Sachprüfung einschließlich des Verfahrens ab dem Tag der Eröffnung des Insolvenzverfahrens aufzuheben (§ 562 Abs. 1 und Abs. 2 ZPO). Auf eine Kenntnis des Gerichts vom Unterbrechungsgrund kommt es nicht an.[19]

dd) § 547 Nr. 5, wenn die Entscheidung auf Grund einer mündlichen Verhandlung ergangen ist, bei der die Vorschriften über die Öffentlichkeit des Verfahrens verletzt sind. Das ist dann der Fall, wenn während der letzten mündlichen Verhandlung, auf die das Urteil ergeht, entgegen den zwingenden Vorschriften ausgeschlossen war, § 52 ArbGG (vgl. dort, §§ 169 S. 2, 173 bis 175 GVG) oder trotz Ausschlusses zugelassen worden war, oder § 174 Abs. 1 GVG fehlerhaft angewandt wurde.[20]

Von Amts wegen wird berücksichtigt: 7

Fehlende staatliche Rechtsprechungsgewalt, wobei als Beispiel genannt sei, dass für mitarbeitervertretungsrechtliche Streitigkeiten zwischen Mitarbeitervertretung (nach MAVO im katholischen Bereich und nach MVG.EKD im evangelischen Bereich) und ihrer Dienststellenleitung oder umgekehrt der Rechtsweg zu den staatlichen Gerichten nicht gegeben ist. Das Mitarbeitervertretungsrecht der Kirchen wurde im Rahmen ihres Selbstbestimmungsrechts geschaffen. Auch eine subsidiäre Zuständigkeit staatlicher Gerichte ist nicht gegeben, da die Kirchen für diese Rechtsstreitigkeiten einen eigenen Rechtsweg geschaffen haben (Schlichtungsstellen oder Kirchengerichte, Kirchliche Arbeitsgerichte erster Instanz, Kirchengerichtshof der EKD und Kirchlicher Arbeitsgerichtshof der Katholischen Kirche zweiter Instanz), der den Anforderungen an Gerichte genügt.[21] Die Kirchen können auch nicht ohne weiteres die Zuständigkeit staatlicher Gerichte für Streitigkeiten aus

---

18 BAG 6.12.2006, 5 AZR 844/06, m. zutr. Anm. *U. Fischer* jurisPraxisReportextra 4/07 S. 84 f.; weitere Beispiele bei GK-ArbGG/*Mikosch* § 73 Rn. 59.
19 BAG 6.12.2006, 5 AZR 844/06.
20 GK-ArbGG/*Mikosch* § 73 Rn. 61; *Thomas/Putzo /Reichold* § 574 Rn. 10.
21 Vgl. BAG 11.3.1986, 1 ABR 26/84, EzA § 611 BGB Kirchliche Arbeitnehmer Nr. 25; 25.4.1989, 1 ABR 88/87, EzA § 611 BGB Kirchliche Arbeitnehmer Nr. 28; 9.9.1992, 5 AZR 456/91, EzA § 611 BGB Kirchliche Arbeitnehmer Nr. 39.

§ 73   Revisionsgründe

dem Mitarbeitervertretungsrecht begründen. Dazu bedürfte es einer staatlichen Zustimmung und Ermächtigung.[22]

Die internationale Zuständigkeit ist eine auch in der Revisionsinstanz von Amts wegen zu prüfende Sachurteilsvoraussetzung. Die Zuständigkeit deutscher Gerichte kann nicht wirksam durch rügelose Einlassung des Beklagten nach § 39 ZPO begründet werden.[23]

8 Allgemeine Prozessvoraussetzungen, also solche Umstände, die in jedem Verfahren vorliegen müssen: Etwa wirksame Klageerhebung, Partei- und Prozessfähigkeit, gesetzliche Vertretung Prozessunfähiger, Prozessführungsbefugnis, keine entgegenstehende Rechtskraft, keine anderweitige Rechtshängigkeit, Rechtsschutzbedürfnis.

9 Es wird von Amts wegen geprüft, ob die Revision zulässig ist, § 552 ZPO. Das gilt auch für die sog. Prozessfortsetzungenbedingen – Zulässigkeit vorangegangener Rechtsbehelf und Rechtsmittel; es wird z.B. geprüft, ob die Berufung oder Anschlussberufung zulässig war, wobei das Revisionsgericht nicht an die Auffassung des Berufungsgerichts gebunden ist.[24] Eine Wiedereinsetzung in den vorigen Stand gegen die Versäumung einer Frist ist unanfechtbar, § 238 Abs. 3 ZPO und daher für die übergeordneten Rechtsmittelgerichte bindend.[25]

10 Ein fehlender oder widersprüchlicher Tatbestand, der nach zulässiger Revision eine revisionsrechtliche Überprüfung und damit eine Sachentscheidung nicht zulässt, führt von Amts wegen zur Aufhebung des landesarbeitsgerichtlichen Urteils und zur Zurückverweisung der Sache an das Landesarbeitsgericht.[26] Das gilt auch, wenn die Revision erst auf Grund einer Nichtzulassungsbeschwerde vom Bundesarbeitsgericht zugelassen worden ist.[27]

11 Ferner wird von Amts wegen geprüft, ob der Streitgegenstand i.S.d. § 253 Abs. 2 Nr. 2 ZPO hinreichend bestimmt ist.[28] Indes kann die fehlende hinreichende Bestimmtheit des Streitgegenstandes noch in der Revisionsinstanz durch eine entsprechende Erklärung des Klägers be-

---

22 OVG Schleswig 12.4.1996, 12 L 7/95, AP § 22 MitarbeitervertretungsG-EK Schleswig-Holstein Nr. 1.
23 BAG 13.11.2007, 9 AZR 134/07 (A).
24 Vgl. z.B. BAG 17.1.2007, 7 AZR 20/06, EzA § 14 TzBfG Nr. 37 (I1), betr. Zulässigkeit der Berufung als Prozessvoraussetzung für das gesamte weitere Verfahren nach Einlegung der Berufung; sie ist deshalb vom Revisionsgericht von Amts wegen zu prüfen, st. Rspr.
25 *Thomas/Putzo/Hüßtege* § 238 Rn. 13.
26 BAG 25.4.2002, 2 AZR 352/01, EzA § 543 ZPO Nr. 11.
27 BAG 15.8.2002, 2 AZR 386/01, EzA § 534 ZPO Nr. 12.
28 Vgl. z.B. BAG 2.12.1998, 4 AZR 59/98, EzBAT §§ 22,23 BAT F.2, Vc (I.1); 20.9.2000, 5 AZR 20/99, AP § 8 BMT-G II (A).

seitigt werden, so dass eine Sachentscheidung ergehen kann, wenn dazu keine neuen Tatsachen erforderlich sind oder diese in der Revisionsinstanz unstreitig gestellt werden.[29]

In der Revisionsinstanz ist die Zulässigkeit eines Teilurteils von Amts wegen zu prüfen.[30]   12

§ 73 Abs. 2 S. 1 bestimmt die entsprechende Anwendung des § 65, d.h., die dort genannten Rechtsverletzungen werden im Revisionsverfahren nicht geprüft: 13

– Zulässigkeit des Rechtsweges und der Verfahrensart;

– Mängel bei der Berufung der ehrenamtlichen Richter;

– Vorliegen von Umständen, die die Berufung eines Richters zu seinem Amt ausschließen.[31]

---

29 GK-ArbGG/*Mikosch* § 73 Rn. 48.
30 GK-ArbGG/*Mikosch* § 73 Rn. 48; a.A. *Thomas/Putzo/Reichold* § 301 Rn. 6: Grundsätzlich nur auf eine § 551 Abs. 3 Nr. 2b ZPO entsprechende Verfahrensrüge.
31 Vgl. dazu BAG 28.8.1985, 5 AZR 616/84, EzA § 43 ArbGG 1979 Nr. 1.

§ 74 Einlegung der Revision, Terminbestimmung

(1) ¹Die Frist für die Einlegung der Revision beträgt einen Monat, die Frist für die Begründung der Revision zwei Monate. ²Beide Fristen beginnen mit der Zustellung des in vollständiger Form abgefassten Urteils, spätestens aber mit Ablauf von fünf Monaten nach der Verkündung. ³Die Revisionsbegründungsfrist kann einmal bis zu einem weiteren Monat verlängert werden.

(2) ¹Die Bestimmung des Termins zur mündlichen Verhandlung muß unverzüglich erfolgen. ²§ 552 Abs. 1 der Zivilprozessordnung bleibt unberührt. ³Die Verwerfung der Revision ohne mündliche Verhandlung ergeht durch Beschluß des Senats und ohne Zuziehung der ehrenamtlichen Richter.

1 Revisionsgericht ist das Bundesarbeitsgericht. Der Revisionskläger muss durch das Urteil des LAG beschwert sein. Wird die Revision durch den Nebenintervenienten eingelegt, so ist wegen der Beschwer auf die prozessuale Lage der Hauptpartei abzustellen. Der streitgenössische Nebenintervenient kann Revision auch gegen den Willen der Hauptpartei einlegen.[1]

2 Die Revisionseinlegungsfrist beträgt **einen Monat**. Die Revisionsbegründungsfrist beträgt **zwei Monate**. Die Fristen beginnen mit der Zustellung des in vollständiger Form abgefassten Urteils, wobei die Zustellung von Amts wegen entscheidend ist. Ein ohne unterschriebene Rechtsmittelbelehrung zugestelltes Urteil setzt die Rechtsmittelfrist nicht in Lauf, da die Rechtsmittelbelehrung nach § 9 Abs. 5 S. 1 Bestandteil des Urteils ist.[2] Im arbeitsgerichtlichen Verfahren beginnt wegen § 74 die Revisionseinlegungsfrist für die vom Landesarbeitsgericht zugelassene Revision mit Ablauf von fünf Monaten nach der Urteilsverkündung, auch wenn bei einem nicht zugestellten Urteil die Rechtsmittelbelehrung naturgemäß nicht vorhanden ist, mit anderen Worten: Sie endet mit Ablauf des sechsten auf die Verkündung des Berufungsurteils folgenden Monats.[3] Die Revisionsfrist ist eine **Notfrist**. Sie kann nicht verlängert werden. Gegen ihre Versäumung ist **Wiedereinsetzung in den vorigen Stand** nach § 230 ff. ZPO möglich.[4]

---

1 BAG 15.1.1985, 3 AZR 39/84, EzA § 256 ZPO Nr. 23.
2 BAG 15.5.1984, 1 AZR 532/80, NZA 1984, 98.
3 BAG 16.1.2008, 7 AZR 1090/06; GMPM-G/*Müller-Glöge* § 74 Rn. 7.
4 Vgl. z.B. BAG 19.12.2007, 5 AZR 196/07, betr. das Fehlen einer eigenhändigen Unterschrift des Prozessbevollmächtigten des Revisionsführers unter dem Revisionsschriftsatz, Verschulden der Bürokraft des Prozessbevollmächtigten.

Der einfache Streithelfer (§ 66 ZPO) kann Revision nur solange einlegen, wie die Rechtsmittelfrist für die Hauptpartei läuft. Die rechtlich unnötige Zustellung des Urteils an den Streithelfer setzt für diesen keine eigene Rechtsmittelfrist in Lauf.[5]

Für die Revisionsschrift gilt Schriftform. Zu den modernen Kommunikationsmitteln **Telegramm und Telekopie** vgl. die Bemerkungen zu § 66. Es besteht Vertretungszwang, § 11 Abs. 4. Die Revisionsschrift muss von einem Rechtsanwalt oder durch eine Person mit Befähigung zum Richteramt einer Organisation i.S.d. § 11 Abs. 2 Nr. 4 und 5 eigenhändig unterschrieben werden.[6] Wird sie durch Telekopie übermittelt, so genügt diese dem Erfordernis nur, wenn sie einem Empfangsgerät des Rechtsmittelgerichts zugeht oder einem Empfangsgerät der Post und von dort auf postalischem Weg (Telebrief) dem Rechtsmittelgericht zugeleitet wird.[7]

Zum Inhalt der Revisionsschrift im Übrigen vgl. § 549 ZPO. Darüber hinaus verlangt die Rechtsprechung, dass der Rechtsmittelführer angibt, für wen und gegen wen die Revision eingelegt wird.[8] Es reicht aus, wenn sich diese Angaben innerhalb der Einlegungsfrist aus anderen dem Bundesarbeitsgericht vorliegenden Unterlagen ergeben.[9] Schon deshalb empfiehlt es sich, mit der Revisionsschrift eine Ausfertigung oder beglaubigte Abschrift des angefochtenen Urteils vorzulegen, wie es die Ordnungsvorschrift des § 550 ZPO vorsieht. Der Angabe der ladungsfähigen Anschrift des Revisionsbeklagten und/oder seines Prozessbevollmächtigten bedarf es nicht.[10] Es reicht aus, wenn die Parteien und ihre Vertreter so deutlich bezeichnet werden, dass an ihrer Identität keine Zweifel aufkommen können.

War der Nichtzulassungsbeschwerde stattgegeben worden, gilt die form- und fristgerechte Einlegung der Nichtzulassungsbeschwerde als Einlegung der Revision, § 72a Abs. 6 S. 1, 2.

Die Revision muss innerhalb der Revisionsbegründungsfrist von zwei Monaten, die nach § 74 Abs. 1 S. 2 mit der **Zustellung des in vollständiger Form abgefassten Berufungsurteils**, spätestens mit Ablauf von fünf Monaten nach Verkündung des landesarbeitsgerichtlichen Urteils oder nach § 72a Abs. 6 S. 3 mit der **Zustellung des der Nichtzu-**

---

5 BAG 17.8.1984, 3 AZR 597/83, EzA § 74 ArbGG 1979 Nr. 1.
6 Einzelheiten s. § 11 Rn. 34 ff.; vgl. auch *Düwell* jurisPR-ArbR 25/2008 Anm. 6.
7 BAG 5.7.1990, 8 AZB 16/89, EzA § 519 ZPO Nr. 7.
8 BAG 13.10.1972 EzA § 518 ZPO Nr. 1; 23.8.2001, 7 ABR 15/01, EzA § 518 ZPO Nr. 44 = NZA 2001, 1214.
9 BAG 13.12.1995, 4 AZR 503/94, EzA § 4 TVG Nachwirkung Nr. 19.
10 BAG 16.9.1986, GS 4/85, EzA § 518 ZPO Nr. 31.

§ 74 Einlegung der Revision, Terminbestimmung

lassungsbeschwerde stattgebenden Beschlusses zu laufen beginnt, begründet werden (Wiedereinsetzung in den vorigen Stand gegen die Versäumung der Revisionsbegründungsfrist nach § 233 ZPO ist möglich,[11] wobei mit dem Wiedereinsetzungsgesuch zugleich die Revision begründet werden muss, jedenfalls bis zum Ablauf der Antragsfrist von einem Monat, § 234 Abs. 1 S. 2, § 236 Abs. 2 S. 2 ZPO; ein Antrag auf Verlängerung der bereits abgelaufenen Revisionsbegründungsfrist reicht nicht). Die Revisionsbegründungsfrist kann nur einmal bis zu einem weiteren Monat verlängert werden, § 74 Abs. 1 S. 3. Über die Verlängerung beschließt nach § 551 Abs. 2 S. 5 ZPO, § 72 Abs. 5, der Vorsitzende des Senats, bei dessen Verhinderung sein Vertreter.

5a Eine Revisionsbegründung ist nicht schon deshalb unzulässig, weil sie vor der Zustellung des Urteils verfasst und eingereicht worden ist, etwa weil die Revision innerhalb von sechs Monaten nach Verkündung des Urteils eingelegt und zugleich begründet wurde. Die Begründung muss aber eine hinreichende Auseinandersetzung mit den Urteilsgründen des angefochtenen Urteils enthalten, die auf Grund der mündlichen Verhandlung vor der Berufungskammer bekannt sein können. Ggf. muss die Revisionsbegründung nach Zustellung des Urteils mit Gründen innerhalb der Revisionsbegründungsfrist ergänzt werden.[12]

5b Die **Revisionsbegründungsschrift** muss nach § 11 von **einem Prozessbevollmächtigten** unterzeichnet sein. Als Prozessbevollmächtigte sind außer Rechtsanwälten ab 1.7.2008 auch die in § 11 Abs. 2 S. 2 Nr. 4 und 5 n.F. bezeichneten Organisationen zugelassen. Diese müssen in Verfahren vor dem Bundesarbeitsgericht durch Personen mit Befähigung zum Richteramt handeln.[13] Die Revisionsbegründungsschrift kann durch Telegramm, Fernschreiben, Telekopie oder Telefax eingelegt werden (vgl. dazu die Bemerkungen zur Berufungsbegründung bei § 66 Rn. 36 ff.).

6 Zum Inhalt der Revisionsbegründung vgl. § 551 Abs. 3 ZPO. Sie muss nach Nr. 1 einen **Revisionsantrag,** einen Sachantrag enthalten, d.h.,

---

11 Vgl. z.B. BAG 19.7.2007, 6 AZR 432/06, FA 2007, 349 betr. Ausgangskontrolle bei Einsatz eines Telefaxgerätes; 26.9.2007, 10 AZR 657/06, EzA § 613a BGB 2002 Nr. 73 (I), betr. Fehler beim Zählen der zu faxenden Seiten durch Rechtsanwaltsfachangestellte; BAG 19.3.2008, 7 AZR 1100/06, betr. fehlerhafte Fristverlängerung seitens des Gerichts; 31.1.2008, 8 AZR 27/07: keine Wiedereinsetzung, wenn der Rechtsanwalt die Akte, die ihm noch vor Ablauf der Revisionsbegründungsfrist vorgelegt worden war, bearbeitet, ohne selbst zu prüfen, ob im Fristenkalender der richtige Fristablauf für die Revisionsbegründung vermerkt war.
12 BAG 16.4.2003, 4 AZR 367/02, EzA § 74 ArbGG 1979 Nr. 3 m. zutr. Anm. *Gravenhorst*.
13 Vgl. i.E. § 11 Rn. 34 ff.; *Düwell* jurisPR-ArbR 25/2008 Anm. 6.

Einlegung der Revision, Terminbestimmung § 74

deutlich machen, inwieweit das Urteil angefochten wird. Ausdrücklich braucht dies nicht zu erfolgen. Es reicht aus, wenn dies aus der Revisionsbegründung ersichtlich ist. Auf eine richtige Antragstellung sollte mehr geachtet werden, auch wenn das Bundesarbeitsgericht großzügig ist und die zutreffenden Anträge im Wege der Auslegung gewinnt. Hat der Revisionskläger in erster Instanz gewonnen und in zweiter Instanz verloren, lautet der Antrag: »Unter Aufhebung des angefochtenen Urteils (genaue Bezeichnung!) die Berufung des Beklagten gegen das erstinstanzliche Urteil (genaue Bezeichnung!) zurückzuweisen.« Ist der Revisionskläger in beiden Instanzen unterlegen gewesen, lautet der Antrag: »Unter Aufhebung des angefochtenen Urteils auf die Berufung des Klägers das Urteil des Arbeitsgerichts ... abzuändern und den Beklagten zu verurteilen ...« (festzustellen, dass das Arbeitsverhältnis zwischen den Parteien nicht durch die Kündigung vom ... beendet worden ist, dass die Beklagte verpflichtet ist, den Kläger ab [Datum!] Vergütung nach Vergütungsgruppe ... BAT/VKA zu zahlen; geltend gemachte Zinsen sollten nicht vergessen werden). Bei Abweisung der Klage durch das Arbeitsgericht, Verurteilung des Beklagten durch das Landesarbeitsgericht, Revision des Beklagten lautet der Antrag: »Auf die Revision des Beklagten wird unter Aufhebung des angefochtenen Urteils in Abänderung des arbeitsgerichtlichen Urteils die Berufung des Klägers gegen das Urteil des Arbeitsgerichts zurückgewiesen.« Die Unsitte bei der Antragstellung, dass auf die Revision nach den Schlussanträgen beim Landesarbeitsgericht entschieden werden möge oder dass das landesarbeitsgerichtliche Urteil abzuändern sei und der Rechtsstreit zur neuen Verhandlung und Entscheidung an das Landesarbeitsgericht zurückzuverweisen sei, sollte abgestellt werden. Der Antrag sollte auf den ersten Blick erkennen lassen, welche Änderung in der Sache der Revisionsführer verfolgt; dass er den Rechtsstreit gewinnen will und dabei nicht einen Umweg über das Landesarbeitsgericht erstrebt, dürfte klar sein. Kann das Bundesarbeitsgericht nicht »durchentscheiden«, etwa, weil ausreichende Feststellungen durch das Landesarbeitsgericht nicht getroffen sind, da es auf diese nach seiner Auffassung nicht ankam, erfolgt die Zurückverweisung der Sache zur neuen Verhandlung und Entscheidung an das Landesarbeitsgericht von Amts wegen;[14] eines Antrags dazu bedarf es nicht.

Das Revisionsgericht ist an die von den Parteien gestellten Anträge gebunden, § 557 ZPO. Eine Änderung des Sachantrags – **Klageänderung** – ist in der Revisionsinstanz unzulässig. Das Bundesarbeitsgericht überprüft nur, ob das Landesarbeitsgericht rechtsfehlerfrei entschieden

6a

---

14 Vgl. z.B. BAG 25.3.2004, 2 AZR 399/03, EzA § 626 BGB 2002 Unkündbarkeit Nr. 4 = AP § 54 BMT-G II Nr. 5 (D).

hat. Ausnahmsweise ist die Änderung des Sachantrages zulässig, wenn der geänderte Sachantrag auf den vom Landesarbeitsgericht festgestellten Sachverhalt oder auf unstreitiges tatsächliches Vorbringen gestützt werden kann.[15] Daher ist der Übergang von einem Feststellungsantrag auf einen Leistungsantrag möglich. Das gilt auch für den Übergang von einem Leistungsantrag auf einen Feststellungsantrag.[16] Die Einführung eines zusätzlichen **Hilfsantrages** in der Revisionsinstanz stellt eine nachträgliche Anspruchshäufung (§ 260 ZPO) und damit eine Klageänderung gem. § 263 ZPO dar. Ein Fall des § 264 ZPO liegt nicht vor. Deshalb ist eine solche Klageänderung in der Revisionsinstanz unzulässig. Das Revisionsgericht kann nicht erstmals ein bisher nicht beschiedenes Begehren beurteilen, das die Feststellung neuer Tatsachen erfordert. Nach § 559 Abs. 1 S. 1 ZPO unterliegt der Beuteilung des Revisionsgerichts nur dasjenige Parteivorbringen, das aus dem Tatbestand des Berufungsurteils oder aus dem Sitzungsprotokoll ersichtlich ist.[17]

6b Zur ordnungsgemäßen Revisionsbegründung gehört die Angabe der Revisionsgründe, § 551 Abs. 3 Nr. 2 ZPO. Gemäß § 551 Abs. 3 Nr. 2a ZPO sind bei einer Sachrüge die Umstände zu bezeichnen, aus denen sich die Rechtsverletzung ergeben soll. Die verletzte Rechtsnorm muss nicht angegeben werden. Der Revisionskläger muss aber den Rechtsfehler des Landesarbeitsgerichts so aufzeigen, dass Gegenstand und Richtung des Revisionsangriffs erkennbar sind. Er muss sich dabei mit den Gründen der angefochtenen Entscheidung auseinandersetzen und konkret die Gründe darlegen, weswegen das angefochtene Urteil rechtsfehlerhaft sein soll. Dadurch soll u.a. sichergestellt werden, dass der Prozessbevollmächtigte des Revisionsführers das angefochtene Urteil im Hinblick auf das Rechtsmittel der Revision eingehend überprüft und mit Blickrichtung auf die Rechtslage genau durchdenkt. Außerdem soll die Revisionsbegründung durch ihre Kritik des angefochtenen Urteils zur richtigen Rechtsfindung durch das Revisionsgericht beitragen.[18] Eine formelhafte Begründung reicht nicht aus.[19]

6c Sind **mehrere Ansprüche** geltend gemacht worden, muss sich die Revisionsbegründung mit jedem einzelnen befassen. Fehlt sie bei einem

---

15 Eingehend BAG 6.6.2007, 4 AZR 411/06, EzA § 91a ZPO 2002 Nr. 3 (BI).
16 *Hauck/Helml* § 74 Rn. 14.
17 BAG 12.7.2006, 5 AZR 646/05, EzA § 108 GewO Nr. 1 (III Rn. 17 betr. hilfsweisen Übergang von, unzulässiger, Stufenklage auf einen bezifferten Zahlungsantrag); 13.2.2007, 9 AZR 575/05, EzA § 9 TzBfG Nr. 2 (BIV)
18 BAG 6.1.2004, 9 AZR 680/02, EzA § 551 ZPO 2002 Nr. 1 (II2a); 11.10.2006, 4 AZR 544/05, EzA § 551 ZPO 2002 Nr. 3 (I); 20.2.2008, 10 AZR 119/07 (II); 19.3.2008, 7 AZR 1100/06 (A II 1).
19 BAG 10.4.1984, 1 ABR 62/82, EzA § 94 ArbGG 1979 Nr. 2; BSG 26.5.1987, 4a RJ 61/86, NZA 1987, 716.

Einlegung der Revision, Terminbestimmung § 74

Streitgegenstand, so ist die Revision insoweit unzulässig[20] (Klage auf eine bestimmte Vergütung wegen Erfüllung der tarifvertraglichen Voraussetzungen und wegen Verletzung des Gleichbehandlungsgrundsatzes[21]). Davon ist nur dann eine Ausnahme zu machen, wenn die Entscheidung über den zweiten Anspruch notwendig von der über den anderen abhängt (Weiterbeschäftigungsanspruch und Sozialwidrigkeit der Kündigung[22]). Zur Revisionsbegründung allein mit neuen Tatsachen, sofern diese nach der letzten mündlichen Verhandlung vor dem Berufungsgericht entstanden sind, vgl. BAG v. 16.5.1990.[23]

Rügt der Revisionskläger die Verletzung einer **Verfahrensnorm,** so sind 7 dazu auch die Tatsachen vorzutragen, die den Verfahrensmangel ergeben (§ 551 Abs. 3 Nr. 2b ZPO). Ferner ist darzulegen, dass der Verfahrensverstoß für die Entscheidung des Landesarbeitsgerichts tragend gewesen ist.[24] Es genügt, wenn der Schluss gerechtfertigt ist, bei richtigem Verfahren hätte das Berufungsgericht möglicherweise anders entschieden.[25] Rügt der Revisionskläger das Übergehen eines **Beweisantrages,** genügt der Hinweis nicht, das Landesarbeitsgericht habe angebotene Beweise nicht berücksichtigt. Es ist im Einzelnen anzugeben, in welchen Schriftsätzen sich wo (Blattzahl) die übergangenen Beweisangebote befinden, d.h., zu welchen Punkten das Landesarbeitsgericht eine Beweisaufnahme unterlassen hat und welches Ergebnis sie gehabt hätte, mit anderen Worten, dass die Unterlassung der Beweiserhebung kausal für die Entscheidung gewesen ist.[26] Wird eine Beweisaufnahme vom Landesarbeitsgericht durchgeführt, so muss die Partei die gestellten, aber nicht erledigten Beweisanträge wiederholen. Geschieht dies nicht, so ist in aller Regel davon auszugehen, dass der Beweisantrag nicht aufrechterhalten wird. Dann liegt im Übergehen dieses nicht wie-

---

20 BAG 15.3.2006, 4 AZR 73/05, EzA § 551 ZPO 2002 Nr. 2 m.w.N.; 20.2.2008, 10 AZR 119/07, (II); 29.1.1987, 2 AZR 109/86, EzA § 620 BGB Nr. 87 (CI); 22.3.2007, 6 AZR 100/06: Wenn sich die Revisionsbegründung des Klägers nicht mit der Begründung des LAG zur Abweisung der gegen die Beklagte zu 2) gerichteten Klage auseinandersetzt, ist die Revision insoweit unzulässig.
21 Zwei voneinander zu unterscheidende, selbständige Lebenssachverhalte und damit zwei Streitgegenstände i.S.v. § 253 Abs. 2 Nr. 2 ZPO, BAG 17.4.2002, 5 AZR 400/00, AP § 322 ZPO Nr. 34 (I1,I2).
22 BAG 2.4.1987, 2 AZR 418/86, EzA § 626 BGB n.F. Nr. 108.
23 EzA § 554 ZPO Nr. 5
24 BAG 6.1.2004, 9 AZR 680/02, EzA § 551 ZPO 2002 Nr. 1 (II2a), unter Hinweis auf BAG 9.3.1972, 1 AZR 261/71, AP Nr. 2 zu § 561 ZPO.
25 BAG 6.1.2004, 9 AZR 680/02, EzA § 551 ZPO 2002 Nr. 1 (II2a a.E.).
26 BAG 25.4.2007, 6 AZR 622/06, EzA § 113 InsO Nr. 19 (III3 Rn. 43); 6.1.2004, 9 AZR 680/02, EzA § 551 ZPO 2002 Nr. 1 (II3d aa) unter Hinweis u.a. auf BAG 11.4.1985, 2 AZR 239/84, EzA § 102 BetrVG 1972 Nr. 62 unter II1 der Gründe, st. Rspr.

§ 74 Einlegung der Revision, Terminbestimmung

derholten Beweisantrages kein Verfahrensverstoß.[27] Wird eine Verletzung der dem Landesarbeitsgericht obliegenden **Aufklärungspflicht**, § 139 ZPO, gerügt, reicht es nicht aus, pauschal auf die Verletzung der Aufklärungspflicht hinzuweisen. Es muss vielmehr im Einzelnen vorgetragen werden, welchen konkreten Hinweis das Landesarbeitsgericht nach Auffassung des Revisionsführers ihm auf Grund welcher Tatsachen hätte geben müssen und welche weiteren erheblichen Tatsachen er dann in der Berufungsinstanz vorgebracht hätte.[28] Es muss deutlich gemacht werden, auf Grund welcher Tatsachen weiterer Aufklärungsbedarf bestand. Der Vortrag muss völlig nachgeholt werden und über die Verfahrensrüge schlüssig gemacht werden.[29] Es ist darzulegen, dass die Entscheidung anders ausgefallen wäre.[30]

8 Nach Ablauf der Begründungsfrist kann die Verletzung von Verfahrensnormen nicht mehr gerügt werden. Das BAG darf sie dann nicht mehr aufgreifen, es sei denn, es handelt sich um **von Amts wegen** zu beachtende Verfahrensverstöße.[31]

9 **Die Terminbestimmung hat** unverzüglich, also ohne schuldhaftes Zögern, nach Eingang der Revisionsbegründung zu erfolgen. Es reicht aus, wenn der Termin erst dann bestimmt wird, wenn die mündliche Verhandlung in absehbarer Zeit stattfinden kann. Die Terminsbestimmung erfolgt durch den Vorsitzenden. Mit der Terminsbestimmung ist über die Zulässigkeit der Revision noch nichts gesagt. Die Revision kann auch noch nach mündlicher Verhandlung durch Urteil als unzulässig verworfen werden, etwa, weil die Begründung als nicht ausreichend erachtet wurde.

10 Ist die Revision nicht statthaft oder nicht in der gesetzlichen Form und Frist eingelegt und begründet worden, so ist sie als unzulässig zu verwerfen (vgl. § 552 ZPO). Das gilt auch dann, wenn nur unzulässige Verfahrensrügen erhoben worden sind. Die Überprüfung der sachlichen Richtigkeit des angefochtenen Urteils ist dann nicht möglich. Zwar ist das Revisionsgericht nach § 557 Abs. 3 S. 1 ZPO nicht an die geltend gemachten Revisionsgründe gebunden. Beruht das angefochtene Urteil

---

27 BAG 7.6.1963, 1 AZR 276/62, AP Nr. 4 zu § 276 BGB Verschulden bei Vertragsschluss.
28 BAG 6.1.2004, 9 AZR 680/02, EzA § 551 ZPO 2002 Nr. 1 zu II 3e aa der Gründe; 24.8.2006, 8 AZR 317/05, EzA § 613a BGB 2002 Nr. 18 (II1a cc Rn. 34).
29 BAG 18.10.2000, 2 AZR 380/99, EzA § 123 BGB Nr. 56 zu II 2 bcc (1) der Gründe.
30 BAG 15.12.1994, 2 AZR 327/97, EzA § 1 KSchG Betriebsbedingte Kündigung Nr. 75 zu B II 2c cc (1) der Gründe; zusammenfassend ErfK/*Koch* § 74 Rn. 15.
31 Vgl. dazu GMPM-G/*Müller-Glöge* § 75 Rn. 7; *Grunsky* § 74 Rn. 10 m. Hinw.; BAG 16.3.1972, 5 AZR 435/71, AP Nr. 1 zu § 542 ZPO.

Einlegung der Revision, Terminbestimmung § 74

auf einer anderen Verletzung materiellen Rechts oder auf Verfahrensmängeln, die von Amts wegen zu berücksichtigen sind, ist es auch dann aufzuheben, wenn der Mangel nicht gerügt ist.[32] § 557 Abs. 3 S. 1 ZPO setzt aber voraus, dass die Revision zulässig ist, also wenigstens eine Verfahrensrüge zulässig erhoben worden ist oder eine Sachrüge hinreichend ist.[33] Die Entscheidung kann ohne mündliche Verhandlung durch **Beschluss** ergehen. Die Zuziehung der ehrenamtlichen Richter ist nicht vorgesehen. Der Beschluss nach § 552 Abs. 2 ZPO kann auch die Zulässigkeit der Revision bejahen.[34] Wird mündlich vor dem Senat verhandelt, wird durch Urteil entschieden, und zwar unter Mitwirkung der ehrenamtlichen Richter.

Nach § 72 Abs. 5 i.V.m. § 554 ZPO ist die Anschlussrevision als unselbständiges Angriffsmittel möglich. Mit ihr schließt sich der Revisionsbeklagte dem Rechtsmittel des Gegners an. Eine Anschlussrevision liegt nicht vor, wenn beide Parteien nach entsprechender Zulassung der Revision Revision einlegen; es handelt sich dann um zwei von einander unabhängige Revisionen. Die Anschließung erfolgt durch Einreichung der Revisionsanschlussschrift, § 554 Abs. 1 S. 2 ZPO, und ist nur bis zum Ablauf eines Monats nach Zustellung der Revisionsbegründung möglich.[35] Sie ist zugleich, jedenfalls innerhalb der Anschlussfrist zu begründen, § 554 Abs. 3 ZPO. Für die Anschlussrevision ist eine Beschwer durch die Entscheidung des Berufungsgerichts erforderlich, weil eine Klageerweiterung oder Widerklage in der Revisionsinstanz nicht zulässig ist.[36] Auch wenn die Revision nur beschränkt zugelassen wurde, kann die Anschlussrevision auch auf den Teil des Rechtsstreits bezogen werden, für den die Revision nicht zugelassen wurde (arg. § 554 Abs. 2 S. 1 ZPO).[37] 11

Liegen die Voraussetzungen des § 719 Abs. 2 ZPO vor, stellt das Bundesarbeitsgericht auf Antrag die Zwangsvollstreckung aus dem Urteil des Landesarbeitsgerichts einstweilen ein. Der Antrag hat keinen Erfolg, wenn einer zeitlich beschränkten Verurteilung jede Wirkung genommen werden würde[38] oder die Revision keine Aussicht auf Erfolg hat. 12

---

32 BAG 15.4.2008, 9 AZR 759/07 (BI2b).
33 BAG 6.1.2004, 9 AZR 680/02, EzA § 551 ZPO 2002 Nr. 1 (II4).
34 BAG 15.5.1984, 1 AZR 532/80, NZA 1984, 98.
35 Vgl. z.B. BAG 12.3.2008, 10 AZR 148/07 (A)
36 GK-ArbGG/*Mikosch* § 74 Rn. 93; BAG 26.1.1995, 2 AZR 355/94, EzA § 626 n.F. BGB Nr. 155 (I2).
37 Str., wie hier GK-ArbGG/*Mikosch* § 74 Rn. 94 m.w.N; vgl. aber BGH 22.11.2007, I ZR 74/05, (BII1 Rn. 38 ff.) NJW 2008, 921, 922.
38 BAG 22.6.1972, 3 AZR 263/72, AP § 719 ZPO Nr. 4; GK-ArbGG/*Mikosch* § 74 Rn. 98; ArbGG/*Düwell* § 74 Rn. 99.

13 Wenn das Landesarbeitsgericht die vorläufige Vollstreckbarkeit des an sich nach § 62 Abs. 1 vorläufig vollstreckbaren Urteils ausgeschlossen hat, kann das Bundesarbeitsgericht das Urteil gem. § 558 ZPO i.V.m. § 72 Abs. 5 für vorläufig vollstreckbar erklären, soweit es durch die Revision nicht angegriffen ist.

§ 75 Urteil

(1) ¹Die Wirksamkeit der Verkündung des Urteils ist von der Anwesenheit der ehrenamtlichen Richter nicht abhängig. ²Wird ein Urteil in Abwesenheit der ehrenamtlichen Richter verkündet, so ist die Urteilsformel vorher von sämtlichen Mitgliedern des erkennenden Senats zu unterschreiben.

(2) Das Urteil nebst Tatbestand und Entscheidungsgründen ist von sämtlichen Mitgliedern des erkennenden Senats zu unterschreiben.

Mit dieser Vorschrift werden Verkündung und Unterzeichnung des Revisionsurteils geregelt. Zum Inhalt des Urteils vgl. die §§ 561 bis 565 ZPO, die über § 72 Abs. 5 anwendbar sind. Verkündungstermine kann der Senat nach § 310 ZPO bestimmen. Für die Form der Verkündung gilt § 311 ZPO. 1

Das Urteil des Bundesarbeitsgerichts ist wie jedes andere Urteil zu verkünden, und zwar unabhängig davon, ob es aufgrund mündlicher Verhandlung oder im schriftlichen Verfahren nach § 128 ZPO ergeht. Das Urteil wird erst durch die Verkündung existent, zuvor ist es ein unverbindlicher Entwurf, der der Einsicht oder Mitteilung entzogen ist, § 299 Abs. 4 ZPO.[1] Nach § 310 Abs. 1 ZPO (anwendbar durch die Verweisung in § 72 Abs. 5, § 555 ZPO) wird das Urteil in dem Termin, in dem die mündliche Verhandlung geschlossen wird, oder in einem sofort anzuberaumenden Termin verkündet. Der Verkündungstermin wird nur dann über drei Wochen hinaus angesetzt, wenn wichtige Gründe, insbesondere der Umfang oder die Schwierigkeit der Sache, dies erfordern (§ 310 Abs. 1 S. 2 ZPO). Die ehrenamtlichen Richter müssen bei der Verkündung nicht anwesend sein (§ 75 Abs. 1 S. 1), wohl aber die berufsrichterlichen Beisitzer. Üblicherweise werden die Urteile am Ende der Sitzung des Senats nach seiner Beratung (nicht am Ende der jeweiligen mündlichen Verhandlung) im Beisein aller Mitglieder des Senats, die an der Sitzung teilgenommen haben, also auch der ehrenamtlichen Richter, verkündet. Das jeweilige Verfahren wird erneut aufgerufen und die jeweils dazu Erschienenen werden im Protokoll festgehalten. 2

Erfolgt die Verkündung ohne die ehrenamtlichen Richter, ist die Urteilsformel von sämtlichen erkennenden Richtern des Senats (also bei übersetzten Senaten von den Berufsrichtern der Sitzgruppe) und von den hinzugezogenen zwei ehrenamtlichen Richtern zu unterschreiben. Bei einem Verkündungstermin kann der Senatsvorsitzende das Urteil al- 3

---

1 GK-ArbGG/*Mikosch* § 75 Rn. 2 m.N.

lein verkünden, § 311 Abs. 4 ZPO. Das Urteil wird durch Verlesung der Urteilsformel verkündet, § 311 Abs. 2 S. 1 ZPO. Die Verlesung der Urteilsformel kann durch Bezugnahme auf die Urteilsformel ersetzt werden, wenn von den Parteien oder ihren Vertretern niemand erschienen ist, § 311 Abs. 2 S. 2 ZPO. Versäumnis-, Anerkenntnis- oder Verzichtsurteile können nach § 311 Abs. 2 S. 3 ZPO auch ohne vorherige schriftliche Niederlegung verkündet werden. Anders als bei Urteilen erster Instanz (§ 60 Abs. 2) und bei Berufungsurteilen (§ 69 Abs. 1 i.V.m. § 60 Abs. 2) werden die Entscheidungsgründe nur dann verlesen oder mündlich mitgeteilt, wenn der erkennende Senat das für angemessen hält. Das ist i.d.R. der Fall, wenn die Parteien oder ihre Vertreter bei der Verkündung anwesend sind oder aber Besucher, die die Urteilsformel allein häufig nicht richtig zuzuordnen vermögen. Das mag bei umfangreichen schwierigen Verfahren anders sein, weil eine kurze Begründung zu Missverständnissen Anlass geben könnte. Bei Rechtsstreitigkeiten, die über den Einzelfall hinaus von Bedeutung sind oder die in der Öffentlichkeit, insbesondere in den Medien auf Beachtung gestoßen sind, verfasst der Senat, wenn er das für sinnvoll hält, Pressemitteilungen, die in gebotener Kürze Sachverhalt und den wesentlichen Inhalt der Entscheidungsgründe unmissverständlich darstellen (sollen). Sie sind im Internet abrufbar,[2] stehen aber nicht den bindenden späteren Entscheidungsgründen gleich, eine Nichtzulassungsbeschwerde wegen Divergenz kann nicht zulässig auf eine Pressemitteilung gestützt werden (Stichwort: Pressemitteilung als Rechtsquelle ?).

4 Ist die Revision nicht statthaft oder unzulässig, wird sie nach mündlicher Verhandlung durch Urteil als unzulässig verworfen, ohne mündliche Verhandlung durch Beschluss, § 74 Abs. 2 S. 2 (siehe dort). Ist die Revision zulässig, wird das Berufungsurteil ohne Bindung an die geltend gemachten Rügen der Verletzung materiellen Rechts auf seine Richtigkeit überprüft. Allerdings sind Verfahrensmängel im Einzelnen zulässig (vgl. insoweit § 551 Abs. 3 Nr. 3b ZPO, § 72 Abs. 5) vorzubringen, und zwar auch absolute Revisionsgründe , soweit es sich nicht um von Amts wegen zu prüfende unverzichtbare Prozessvoraussetzungen handelt; der Gesetzgeber hat bei den absoluten Revisionsgründen des § 547 Nr. 1–6 ZPO lediglich von dem Erfordernis der Entscheidungskausalität abgesehen. Es reicht aber aus, wenn eine Rüge zulässig erhoben worden ist. Ist eine Rechtsverletzung nicht gegeben oder erweist sich das Urteil aus anderen Gründen als im Ergebnis zutreffend (§ 561 ZPO), wird die Revision zurückgewiesen. Ist die Revision begründet, wird das Berufungsurteil ganz oder teilweise aufgehoben (§ 562 ZPO). Bei teilweiser Aufhebung ist die Revision im Übrigen zurückzuweisen.

---

2 www.bundesarbeitsgericht.de.

Wird das Berufungsurteil ganz oder teilweise aufgehoben, muss über die Berufung entschieden werden. Das Bundesarbeitsgericht trifft eine eigene Sachentscheidung, wenn das möglich ist:

▶ **Beispiel**

Auf die Berufung des Beklagten wird das Urteil des Arbeitsgerichts ... vom ... Aktenzeichen ... abgeändert: Die Klage wird abgewiesen. Der Kläger trägt die Kosten des Rechtsstreits

oder

Auf die Berufung des Klägers wird das Urteil des Arbeitsgerichts ... vom ... Aktenzeichen ... abgeändert und die Beklagte verurteilt, an den Kläger ... Euro brutto nebst ... Zinsen zu zahlen, die Beklagte trägt die Kosten des Rechtsstreits.

Bei teilweisem Unterliegen und Obsiegen der Parteien in den Instanzen, insbesondere auch bei Klageerweiterungen und/oder teilweisen Klagerücknahmen kann die schulmäßige Fassung des Tenors unverständlich werden. In solchen Fällen empfiehlt es sich trotz Bedenken hinsichtlich der Vollstreckung, die möglicherweise bereits – teilweise – erfolgt ist, den Tenor völlig neu zu fassen. Ist eine abschließende Entscheidung nicht möglich, etwa, weil Tatsachen nicht festgestellt sind, die festzustellen das Landesarbeitsgericht von seinem Standpunkt aus keinen Anlass hatte (z.B. Die Anhörung des Betriebsrats wurde als unzureichend angesehen und deshalb den strittigen Kündigungstatsachen nicht, auch nicht hilfsweise, nachgegangen), ist der Rechtsstreit zur neuen Verhandlung und Entscheidung an das Landesarbeitsgericht zurückzuverweisen, § 563 Abs. 1 S. 1 ZPO, § 72 Abs. 5. Das kann auch an eine andere Kammer des Landesarbeitsgerichts geschehen (§ 563 Abs. 1 S. 2 ZPO), nicht aber an eine bestimmte, etwa die »Präsidentenkammer«, wie früher nicht selten erfolgt. Dies deswegen nicht, weil sich das Bundesarbeitsgericht nicht über den Geschäftsverteilungsplan des Landesarbeitsgerichts hinwegsetzen kann, der die Zuständigkeit für die sog. »Rückläufer« regelt (arg. Art. 101 GG). Nach der Zurückverweisung wird die Sache beim Landesarbeitsgericht neu verhandelt. Das Berufungsgericht ist dabei an die Rechtsauffassung des Bundesarbeitsgerichts gebunden, allerdings nicht an die rechtlichen Hinweise des Bundesarbeitsgerichts zur weiteren Behandlung der Sache (»Das Landesarbeitsgericht wird zu prüfen haben ...«, sog. »Schularbeiten«), es sei denn, sie sind zugleich die Aufhebungsgründe. Neue Tatsachen können im Rahmen des § 67 vorgetragen werden, also auch solche, die in der Revisionsinstanz vorgetragen wurden, aber wegen der grundsätzlichen Bindung des Revisionsgerichts an die tatsächlichen Feststellungen des Berufungsgerichts (§ 559 ZPO), nicht berücksichtigt werden konnten, nachdem sie auch nicht unstreitig gestellt worden waren.

6 Hinsichtlich der Form und des Inhalts des Urteils verweist § 72 Abs. 5 auf § 313 ZPO. Das Revisionsurteil enthält daher Rubrum, Urteilsformel, Entscheidungsgründe, nicht aber notwendig einen Tatbestand (§ 313a Abs. 1 S. 1 ZPO) mit Ausnahme der Fälle des § 313a Abs. 4 ZPO, von denen im arbeitsgerichtlichen Verfahren nur die Nrn. 4 und 5 relevant sind. Die Urteile des Bundesarbeitsgerichts enthalten aber in aller Regel einen Tatbestand. Die Gründe sollen eine kurze Zusammenfassung der tragenden Erwägungen sein. Wenngleich darauf verwiesen wird, dass wissenschaftliche Abhandlungen nicht geboten seien,[3] entspricht es guter Tradition, sich in den Urteilen mit den etwa abweichenden Auffassungen in der juristischen Literatur auseinanderzusetzen und nicht nur die eigene Rechtsprechung zu reflektieren. Das gilt insbesondere bei Grundsatzentscheidungen. Eine Erleichterung bringt § 564 ZPO.

▶ **Beispiel**

Die Entscheidung braucht hinsichtlich gerügter Verfahrensmängel nicht begründet zu werden, wenn sie für nicht durchgreifend erachtet werden, was allerdings nicht für absolute Revisionsgründe, § 547 ZPO gilt. Versäumnis-, Anerkenntnis- oder Verzichtsurteile bedürfen keiner Begründung, § 313b ZPO. Auf Entscheidungsgründe können die Parteien verzichten, die Gebührenermäßigung ist allerdings (leider) entfallen. Das gilt jedoch nicht bei Zurückverweisung des Rechtsstreits zur neuen Verhandlung und Entscheidung an das Landesarbeitsgericht. Es muss wissen, weshalb sein Urteil aufgehoben wurde.[4]

7 Das vollständig abgefasste Urteil ist nach Abs. 2 von sämtlichen Mitgliedern des erkennenden Senats zu unterschreiben, also auch von den ehrenamtlichen Richtern. Ist ein Richter verhindert, seine Unterschrift zu leisten, so vermerkt dieses der Vorsitzende des Senats oder, ist dieser verhindert, der dienstälteste beisitzende Richter (§ 315 ZPO), bei gleichem Dienstalter der lebensälteste Richter, § 21 f Abs. 2 GVG.[5] Sind diese verhindert, so unterschreibt der verbliebene berufsrichterliche Beisitzer die Verhinderungsvermerke, notfalls der letzte verblie-

---

3 *Schwab/Weth/Ulrich* § 75 Rn. 27; GK-ArbGG/*Mikosch* § 72 Rn. 13.
4 *Schwab/Weth/Ulrich* § 75 Rn. 29 m.w.N.
5 *Zöller/Vollkommer* § 315 Rn. 1 m.w.N.

bene ehrenamtliche Richter. Der Vermerk muss die Tatsache und den Grund der Verhinderung angeben (z.b. Richter X ist krank und kann daher nicht unterschreiben) und ist zu unterschreiben.[6] Die Wendung »Zugleich für den erkrankten und daher an der Unterschrift verhinderten X«, sollte entgegen der Rechtsprechung des BGH[7] nicht gewählt werden, weil § 315 ZPO keine Vollmacht fingiert. Die von einem nicht verhinderten (etwa überstimmten) Richter verweigerte Unterschrift fällt nicht unter § 315 ZPO. Die Weigerung ist nicht zulässig. Die Unterschrift bedeutet nicht die volle Zustimmung zu der Entscheidung und deren Formulierungen, sondern nur die Beurkundung ihres ordnungsgemäßen Zustandekommens, der Übereinstimmung mit dem Beratungsergebnis.[8]

Ist das Urteil, das in dem Termin, in dem die mündliche Verhandlung geschlossen wird, bei der Verkündung noch nicht vollständig schriftlich abgefasst, ist es vor Ablauf von drei Wochen gerechnet vom Tage der Verkündung an vollständig abgefasst der Geschäftsstelle zu übergeben (§ 315 Abs. 2 S. 1 ZPO). Kann dies ausnahmsweise nicht geschehen, ist nach § 315 Abs. 2 S. 2 ZPO innerhalb dieser Frist das von den Richtern unterschriebene Urteil ohne Tatbestand und Entscheidungsgründe der Geschäftsstelle zu übergeben und nach § 315 Abs. 2 S. 3 ZPO sind Tatbestand und Entscheidungsgründe alsbald nachträglich anzufertigen, von den Richtern besonders zu unterschreiben und an die Geschäftsstelle zu übergeben. Die Ausnahme ist beim Bundesarbeitsgericht die Regel, dies schon deswegen, weil das Absetzen der Entscheidung, die Unterschriften der berufsrichterlichen Mitglieder des Senats und das Versenden des Urteilsentwurfs an die ehrenamtlichen Richter per Post zur Unterzeichnung und dessen Rücksendung schlechterdings nicht innerhalb drei Wochen zu schaffen ist. 8

Das Revisionsurteil wird den Parteien von Amts wegen zugestellt, § 72 Abs. 6 i.V.m. § 50. 9

Das **Versäumnisverfahren** bei der Revision bestimmt sich nach § 555 i.V.m. §§ 330 ff. ZPO. § 539 ZPO ist entsprechend anwendbar.[9] Ist der Revisionsführer säumig, wird die – zulässige – Revision auf Antrag des Revisionsbeklagten durch – echtes – Versäumnisurteil zurückge- 9a

---

6 Zutr. *Zöller/Vollkommer* a.a.O.
7 30.1.1984, II ZR 159/83, VersR 1984, 287, dem folgend *Thomas/Putzo/Reichold* § 315 Rn. 1.
8 *Kissel/Mayer* GVG, § 195 Rn. 6; *Zöller/Gummer* § 195 GVG Rn. 1; vgl. BGH 25.2.1975, 1 StR 558/74, BGHSt 26, 92 = NJW 1975, 1177: »Er (scil. der Richter) bezeugt nur durch sie (scil. die Unterschrift), daß die Urteilsgründe nach der Überzeugung der Mehrheit mit dem Ergebnis der Beratung übereinstimmen.«
9 GMPM-G/*Müller-Glöge* § 75 Rn. 54 m.w.N.

wiesen, die unzulässige durch unechtes Versäumnisurteil verworfen. Ist der Revisionsbeklagte säumig, wird über die Revision durch Versäumnisurteil in der Sache entschieden, d.h., soweit das Revisionsvorbringen den Revisionsantrag rechtfertigt, wird ihm entsprochen, im Übrigen wird die Revision zurückgewiesen. Die Einspruchsfrist beläuft sich auf zwei Wochen, §§ 565, 525, 339 ZPO. § 59 gilt im Revisionsverfahren nicht.[10] Der Einspruch kann wegen des Anwaltszwangs vor dem Revisionsgericht wirksam nur durch einen Rechtsanwalt eingelegt werden. Ein unzulässiger Einspruch wird verworfen bei freigestellter mündlicher Verhandlung, aber unter Mitwirkung der ehrenamtlichen Richter.[11] Wird trotz Säumnis des Revisionsbeklagten die Revision durch unechtes Versäumnisurteil zurückgewiesen, hat es damit sein Bewenden.

10 Eine **Entscheidung nach Lage der Akten** ist auch in der Revisionsinstanz möglich, wenn die Voraussetzungen des § 332a ZPO vorliegen.

10a Bei **Erledigung der Hauptsache** in der Revisionsinstanz gilt § 91a ZPO. Eine beiderseitige Erledigungserklärung setzt eine zulässige Revision voraus, andernfalls ist die Revision als unzulässig zu verwerfen. Der Beschluss nach § 91a ZPO bedarf der Mitwirkung der ehrenamtlichen Richter nur, wenn auf Grund mündlicher Verhandlung entschieden wird, was die Ausnahme ist. Der Revisionskläger kann die Hauptsache einseitig für erledigt erklären. Die Hauptsache ist erledigt, wenn die Revision ursprünglich zulässig gewesen ist, die Klage zulässig und begründet war und nachträglich ein erledigendes Ereignis eingetreten ist. Ist das erledigende Ereignis streitig, ist darüber vor dem Bundesarbeitsgericht Beweis zu erheben (einer der seltenen Fälle der Beweiserhebung vor dem Revisionsgericht!). Liegt ein erledigendes Ereignis nicht vor oder ist es nicht bewiesen, ist die Klage auf Feststellung, dass der Rechtsstreit in der Hauptsache erledigt ist, abzuweisen. Liegen alle Voraussetzungen vor, wird festgestellt, dass die Hauptdache erledigt ist. War die Klage unzulässig oder unbegründet, ist die Klage auf Feststellung der Erledigung in der Hauptsache abzuweisen.

11 Der Revisionskläger hat die Kosten seiner unzulässigen oder unbegründeten Revision zu tragen, § 97 Abs. 1 ZPO. Hat die Revision Erfolg, richtet sich die Kostenentscheidung nach § 91 ZPO. Wird der Rechtsstreit

---

10 GMPM-G/*Müller-Glöge* § 75 Rn. 56; *Schwab/Weth/Ulrich* § 75 Rn. 41; ArbGG/*Düwell* § 75 Rn. 25.

11 GMPM-G/*Müller-Glöge* § 75 Rn. 56: § 55 ist im Revisionsverfahren nicht anwendbar; a.A. ArbGG/*Düwell* § 75 Rn. 26 unter Hinweis auf die nicht mehr einschlägige Entscheidung BAG 17.5.1968, 1 AZR 339/67, AP § 340a ZPO Nr. 1.

Urteil § 75

zur neuen Verhandlung und Entscheidung an das Landesarbeitsgericht zurückverwiesen, ergeht keine Kostenentscheidung, sie erfolgt durch das Landesarbeitsgericht. Die Gerichtsgebühr beträgt 4,0. Bei Revisions- oder Klagerücknahme vor Eingang der Revisionsbegründungsschrift ermäßigt sich die Gerichtsgebühr auf 0,8.

Weitere Ermäßigungen ergeben sich aus Nr. 8232 des Gebührenverzeichnisses. Für den Rechtsanwalt ergeben sich die Vergütungen aus dem RVG. Die Verfahrensgebühr beträgt 1,6, die Verhandlungsgebühr 1,5 der Gebühr nach § 13 RVG (Nr. 3206, 3210 Vergütungsverzeichnis zu § 2 Abs. 2 RVG). 12

§ 76 Sprungrevision

(1) ¹Gegen das Urteil eines Arbeitsgerichts kann unter Übergehung der Berufungsinstanz unmittelbar die Revision eingelegt werden (Sprungrevision), wenn der Gegner schriftlich zustimmt und wenn sie vom Arbeitsgericht auf Antrag im Urteil oder nachträglich durch Beschluß zugelassen wird. ²Der Antrag ist innerhalb einer Notfrist von einem Monat nach Zustellung des in vollständiger Form abgefaßten Urteils schriftlich zu stellen. ³Die Zustimmung des Gegners ist, wenn die Revision im Urteil zugelassen ist, der Revisionsschrift, andernfalls dem Antrag beizufügen.

(2) ¹Die Sprungrevision ist nur zuzulassen, wenn die Rechtssache grundsätzliche Bedeutung hat und Rechtsstreitigkeiten betrifft

1. zwischen Tarifvertragsparteien aus Tarifverträgen oder über das Bestehen oder Nichtbestehen von Tarifverträgen,

2. über die Auslegung eines Tarifvertrags, dessen Geltungsbereich sich über den Bezirk des Landesarbeitsgerichts hinaus erstreckt, oder

3. zwischen tariffähigen Parteien oder zwischen diesen und Dritten aus unerlaubten Handlungen, soweit es sich um Maßnahmen zum Zwecke des Arbeitskampfes oder um Fragen der Vereinigungsfreiheit einschließlich des hiermit im Zusammenhang stehenden Betätigungsrechts der Vereinigungen handelt.

²Das Bundesarbeitsgericht ist an die Zulassung gebunden. ³Die Ablehnung der Zulassung ist unanfechtbar.

(3) ¹Lehnt das Arbeitsgericht den Antrag auf Zulassung der Revision durch Beschluß ab, so beginnt mit der Zustellung dieser Entscheidung der Lauf der Berufungsfrist von neuem, sofern der Antrag in der gesetzlichen Form und Frist gestellt und die Zustimmungserklärung beigefügt war. ²Läßt das Arbeitsgericht die Revision durch Beschluß zu, so beginnt mit der Zustellung dieser Entscheidung der Lauf der Revisionsfrist.

(4) Die Revision kann nicht auf Mängel des Verfahrens gestützt werden.

(5) Die Einlegung der Revision und die Zustimmung gelten als Verzicht auf die Berufung, wenn das Arbeitsgericht die Revision zugelassen hat.

Sprungrevision § 76

(6) ¹Verweist das Bundesarbeitsgericht die Sache zur anderweitigen Verhandlung und Entscheidung zurück, so kann die Zurückverweisung nach seinem Ermessen auch an dasjenige Landesarbeitsgericht erfolgen, das für die Berufung zuständig gewesen wäre. ²In diesem Falle gelten für das Verfahren vor dem Landesarbeitsgericht die gleichen Grundsätze, wie wenn der Rechtsstreit auf eine ordnungsmäßig eingelegte Berufung beim Landesarbeitsgericht anhängig geworden wäre. ³Das Arbeitsgericht und das Landesarbeitsgericht haben die rechtliche Beurteilung, die der Aufhebung zugrunde gelegt ist, auch ihrer Entscheidung zugrunde zu legen. ⁴Von der Einlegung der Revision nach Absatz 1 hat die Geschäftsstelle des Bundesarbeitsgerichts der Geschäftsstelle des Arbeitsgerichts unverzüglich Nachricht zu geben.

§ 76 regelt die Sprungrevision abschließend. § 566 ZPO gilt im arbeitsgerichtlichen Verfahren nicht, § 72 Abs. 5. Die Sprungrevision ist Ausnahme. Sie kommt nur in Betracht, wenn die Tatsachen unstreitig sind oder erstinstanzlich vollständig aufgeklärt wurden und es i.d.R. nur um Rechtsfragen geht, die beschleunigt geklärt werden sollen. Die Praxis zeigt, dass der Teufel im Detail liegt und viele Sprungrevisionen unzulässig sind, weil irgendwo ein Fehler in dem besonderen Zulassungsverfahren aufgetreten ist. Die Sprungrevision gegen ein arbeitsgerichtliches Urteil ist nur statthaft, wenn sie durch das Arbeitsgericht zugelassen wurde. 1

Die Sprungrevision setzt einen **Antrag** voraus, die **schriftliche Zustimmung** des Rechtsmittelgegners sowie die **Zulassung** durch das Arbeitsgericht, die allerdings nur erfolgen kann, wenn die Voraussetzungen des § 76 Abs. 2 vorliegen. 2

a) Die Zulassung der Sprungrevision erfordert einen Antrag, und zwar vom Kläger oder vom Beklagten oder von beiden Parteien. Der Antrag ist vor Ergehen des erstinstanzlichen Urteils durch Schriftsatz oder in der mündlichen Verhandlung möglich. Er kann auch innerhalb einer Notfrist (Wiedereinsetzung in den vorigen Stand ist möglich, § 233 ZPO) von einem Monat nach Zustellung des arbeitsgerichtlichen Urteils eingebracht werden. Möglich ist auch ein Antrag zu Protokoll der Geschäftsstelle. 3

Der Antrag einer Partei im Verfahren vor dem Arbeitsgericht, die Sprungrevision zuzulassen (kein Anwaltszwang), enthält nicht ohne weiteres auch die Zustimmung zur Einlegung der Sprungrevision durch die jeweils beschwerte Partei. Zwischen beiden Erklärungen be- 3a

§ 76 Sprungrevision

steht ein wesentlicher Unterschied. Der Antrag, der schon vor Erlass des Urteils abzugeben ist, enthält nur dann die erforderliche Zustimmung, wenn sein Inhalt auch insoweit eindeutig ist.[1] Das ist angesichts der Wirkungen der Zustimmung nach § 76 Abs. 5 (Verzicht auf das Rechtsmittel der Berufung) geboten.[2]

4 Die Zustimmungserklärung unterliegt **nicht** dem Anwaltszwang.[3] Auch die Vertreter einer Gewerkschaft oder eines Arbeitgeberverbandes können die Zustimmungserklärung abgeben.[4] Die Zustimmung kann auch von der Partei selbst erklärt werden.[5] Sie bedarf der Schriftform.[6]

5 Die Zustimmungserklärung des Gegners ist notwendiger Bestandteil der Sprungrevision. Wurde die Revision im arbeitsgerichtlichen Urteil zugelassen, ist die schriftliche Zustimmung der Revisionsschrift beizufügen. Wird sie erst innerhalb der Notfrist von einem Monat nach Zustellung des in vollständiger Form abgefassten Urteils schriftlich beantragt, ist die schriftliche Zustimmung dem Antrag beizufügen. Hier liegt eine der Fehlerquellen: Während Übermittlung durch Telegramm, Fernschreiben oder Telefax wie bei der Revision und ihrer Begründung ausreicht, genügen weder Fotokopie, E-Mail oder durch den revisionsklägerischen Anwalt beglaubigte Fotokopie der gegnerischen Zustimmungserklärung. Vielmehr muss die dem Revisionsgericht vorzulegende Zustimmungserklärung eigenhändig unterschrieben sein.[7] Es reicht aus, wenn die Zustimmung innerhalb der Revisionsfrist beim Bundesarbeitsgericht eingeht, und zwar auch durch den Gegner. Wurde die Zustimmungserklärung zu Protokoll erster Instanz erklärt, muss die erstinstanzliche Akte innerhalb der Revisionsfrist beim Bundesarbeitsgericht vorliegen.

6 b) Die Sprungrevision **ist** vom Arbeitsgericht bei Vorliegen der Voraussetzungen des § 76 Abs. 2, d.h. wenn die dort genannten tarif- oder kollektivrechtlichen Streitigkeiten gegeben sind **und** die Rechtssache grundsätzliche Bedeutung hat, zuzulassen. Ein Ermessensspielraum

---

1 BAG 4.12.2002, 10 AZR 83/02, EzA § 76 ArbGG Nr. 9.
2 BAG 28.10.1986, 3 AZR 218/86, EzA § 76 ArbGG 1979 Nr. 5; 16.6.1998, 5 AZR 67/97, EzA § 4 EFZG Tarifvertrag Nr. 3.
3 BAG 9.6.1982, 4 AZR 247/80, AP Nr. 8 zu §§ 22, 23 BAT Lehrer; 12.2.1985, 3 AZR 335/82, EzA § 76 ArbGG 1979 Nr. 3.
4 BAG 13.10.1982, 5 AZR 65/81, EzA § 76 ArbGG 1979 Nr. 2.
5 BAG 17.4.1985, 5 AZR 191/83, EzA § 76 ArbGG 1979 Nr. 4.
6 GMPM-G/*Müller-Glöge* § 76 Rn. 17; BAG 28.10.1986, 3 AZR 218/86, EzA § 76 ArbGG 1979 Nr. 5.
7 BAG 14.2.2001, 4 AZR 368/00, EzA § 76 ArbGG 1979 Nr. 8 betr. der Revisionsschrift beigefügte, vom Prozessbevollmächtigten des die Revision führenden Beklagten mit einem bedeutungslosen Beglaubigungsvermerk versehene Kopie der Zustimmungserklärung des Klägers.

Sprungrevision § 76

besteht nicht.[8] Die Sprungrevision ist bei den in § 76 Abs. 2 angesprochenen Materien des kollektiven Arbeitsrechts sinnvoll, weil nur Rechtsfragen im Vordergrund stehen (sollten), die ohnehin an das Bundesarbeitsgericht gebracht werden sollen, so dass das Landesarbeitsgericht nur »Durchlauferhitzer« wäre. Die Praxis zeigt aber, dass nicht selten die Tatsachen nicht hinreichend festgestellt sind, das Arbeitsgericht sich ceteris paribus Sachvortrag der Parteien in eine Rechtsfrage »verliebt« hat.

Die Zulassung erfolgt im Urteil – die Zulassung der Revision muss sich, 7 trotz des Wortlauts »im Urteil«, aus dem Tenor ergeben[9] – oder nachträglich durch Beschluss der Kammer, die für die Hauptsache zuständig war, aber nicht notwendig in derselben Besetzung. Die Entscheidung kann auch ohne mündliche Verhandlung ergehen durch den Vorsitzenden allein, § 53 Abs. 1.[10] Die Zulassung ist unanfechtbar. Auch die Ablehnung der Zulassung ist unanfechtbar.

Das BAG ist an die Zulassung gebunden, soweit das Arbeitsgericht die 8 grundsätzliche Bedeutung der Rechtssache bejaht hat. Verletzt jedoch das Arbeitsgericht den § 76 Abs. 2 S. 1, so besteht keine Bindung. Das BAG ist dann an die Entscheidung des ArbGG nicht gebunden.[11]

Trotz Zulassung der Sprungrevision kann wahlweise Berufung eingelegt werden. Fraglich ist, ob die Partei trotz der Verzichtswirkung des § 76 Abs. 5 noch Berufung einlegen kann, wenn die vom Arbeitsgericht zugelassene Sprungrevision vom BAG als unzulässig verworfen wird, weil die Voraussetzungen des § 76 Abs. 2 S. 1 Nrn. 1 bis 3 nicht vorliegen. Dann hätte der Rechtsmittelkläger das volle Risiko der Zulässigkeit des vom Arbeitsgericht zugelassenen Rechtsmittels. Das dürfte dem Zweck des Rechtsmittels und auch dem Vertrauensschutz der Partei nicht gerecht werden, denn immerhin hat ein Gericht dem Antrag entsprochen. Es sollte daher entweder § 76 Abs. 5 einschränkend ausgelegt werden oder von der Möglichkeit der Wiedereinsetzung nach § 9 Abs. 5 S. 4 Gebrauch gemacht werden.[12]

---

8 GK-ArbGG/*Mikosch* § 76 Rn. 12 m.w.N.; ArbGG/*Bepler* § 76 Rn. 16.
9 GK-ArbGG/*Mikosch* § 76 Rn. 9: Entsprechende Anwendung des § 64 Abs. 3a S. 1.
10 ArbGG/*Bepler* § 76 Rn. 15; BAG 9.6.1982, 4 AZR 247/80, AP §§ 22, 23 BAT Lehrer Nr. 8.
11 BAG 12.2.1985, 3 AZR 335/82, EzA § 76 ArbGG 1979 Nr. 3; anders 25.4.1996, 3 AZR 316/95(A), EzA § 76 ArbGG 1979 Nr. 6, Vorlagebeschluss, der durch Vergleich in der Hauptsache nicht zum Tragen kam; ArbGG/*Bepler* § 76 Rn. 21.
12 Offen gelassen vom BAG 12.2.1985, 3 AZR 335/82, EzA § 76 ArbGG 1979 Nr. 3; zust. GMPM-G/*Müller-Glöge* § 76 Rn. 28; anders *Schwab/Weth/Ulrich* § 76 Rn. 46.

§ 77 Revisionsbeschwerde

¹Gegen den Beschluss des Landesarbeitsgerichts, der die Berufung als unzulässig verwirft, findet die Rechtsbeschwerde nur statt, wenn das Landesarbeitsgericht sie in dem Beschluss zugelassen hat. ²Für die Zulassung der Rechtsbeschwerde gilt § 72 Abs. 2 entsprechend. ³Über die Rechtsbeschwerde entscheidet das Bundesarbeitsgericht ohne Zuziehung der ehrenamtlichen Richter. ⁴Die Vorschriften der Zivilprozessordnung über die Rechtsbeschwerde gelten entsprechend.

1 § 77 regelt die Anfechtung eines landesarbeitsgerichtlichen Beschlusses, mit dem nach § 66 Abs. 2 S. 2 i.V.m. § 522 Abs. 1 ZPO eine Berufung als unzulässig verworfen wurde. Das Landesarbeitsgericht muss die an sich statthafte Rechtsbeschwerde zugelassen haben. Erst dann kann der Verwerfungsbeschluss des Landesarbeitsgerichts aufgehoben werden mit der Folge, dass das Landesarbeitsgericht über die Berufung in der Sache zu entscheiden hat. Hatte das Landesarbeitsgericht die Berufung durch Urteil als unzulässig verworfen, ist nicht die Revisionsbeschwerde, sondern die Revision gegeben, wenn sie zugelassen wurde. § 77 S. 4 erklärt die Vorschriften der ZPO über das Rechtsbeschwerdeverfahren (§§ 574–577) für anwendbar.

2 Der Beschluss über die Verwerfung der Berufung nach § 522 Abs. 1 ZPO, der aufgrund § 66 Abs. 2 n.F.[1] durch den Vorsitzenden ergeht, ist nur dann anfechtbar, wenn das LAG die sofortige Beschwerde zugelassen hat. Eine nachträgliche Zulassung ist nicht möglich. Die Zulassung muss im Verwerfungsbeschluss selbst erfolgen. Das kann allerdings auch in den Gründen des Beschlusses erfolgen,[2] der ohne mündliche Verhandlung ergeht und deshalb mit Zustellung an die Parteien (§ 329 Abs. 3 ZPO) wirksam wird. § 77 ist entsprechend anzuwenden, wenn das Landesarbeitsgericht einen Antrag auf Wiedereinsetzung in den vorigen Stand gegen die Versäumung der Berufungsfrist oder der Berufungsbegründungsfrist zurückgewiesen hat,[3] und zwar unabhängig davon, ob die Berufung bereits vorher durch Beschluss als unzulässig verworfen worden war.[4] Die Zulassung in dem nachfolgenden Ver-

---

1 Art. 2 Nr. 9 SGGArbGGÄndG v. 26.3.2008 BGBl. I S. 444, 448, das am 1.4.2008 in Kraft getreten ist.
2 Vgl. BAG 17.1.2007, 5 AZB 43/06, EzA § 78 ArbGG 1979 Nr. 8 (II1).
3 BAG 23.5.1989, 2 AZB 1/89, EzA § 233 ZPO Nr. 10.
4 BAG 4.8.1969, 1 AZB 16/69, AP § 519b ZPO Nr. 6.

werfungsbeschluss ist entscheidend.[5] Bei unterbliebener Zulassung kann in entsprechender Anwendung des § 72 Abs. 1 i.V.m. § 64 Abs. 3a S. 2 binnen zwei Wochen nach der Zustellung des Verwerfungsbeschlusses eine Ergänzung beantragt werden. Hat das LAG die »Revision« zugelassen, so liegt darin die nach § 77 notwendige Zulassung der sofortigen Beschwerde, da davon auszugehen ist, dass das LAG das gesetzlich vorgeschriebene Rechtsmittel zulassen wollte. Allerdings ist die Revisionsbeschwerde nur dann gegeben, wenn gegen ein Urteil gleichen Inhalts die Revision statthaft wäre, von ihrer Zulassung abgesehen, mit der Folge, dass in Arrestverfahren und in Verfahren über den Erlass einer einstweiligen Verfügung die Revisionsbeschwerde nicht wirksam zugelassen werden kann. Erfolgt das gleichwohl, ist trotz entsprechender Rechtsmittelbelehrung die Revisionsbeschwerde nicht statthaft.

Für die Entscheidung über die Zulassung der Revisionsbeschwerde gilt § 72 Abs. 2 entsprechend. Sie ist nur wegen grundsätzlicher Bedeutung einer entscheidungserheblichen Rechtsfrage oder wegen Divergenz zuzulassen und nach der Neufassung des § 72 Abs. 2 auch dann, wenn ein absoluter Revisionsgrund gem. § 547 Nr. 1 bis 5 ZPO oder eine Gehörsverletzung geltend gemacht wird und vorliegt. Das Landesarbeitsgericht braucht die Zulassung nicht zu begründen. Ist die Begründung unzutreffend – die gesehene Divergenz ist nicht gegeben –, so ändert das nichts daran, dass das Bundesarbeitsgericht an die Zulassung der Rechtsbeschwerde gebunden ist. Der Grund der Zulassung ist unerheblich. Ist die Rechtsbeschwerde zugelassen worden, ist dem Beschluss eine Rechtsmittelbelehrung über die Revisionsbeschwerde beizufügen. Verfassungsrechtliche Bedenken gegen die Regelung der Revisionsbeschwerde in § 77 ArbGG bestehen nicht. 3

Die **Nichtzulassung der Revisionsbeschwerde** kann nicht selbständig durch Beschwerde angefochten werden. § 72a Abs. 1 ist nicht entsprechend anzuwenden.[6] 4

Entscheidet das LAG nach mündlicher Verhandlung durch Endurteil, gelten für die Revision die allgemeinen Grundsätze. Unter den in § 72a geregelten Voraussetzungen findet die Nichtzulassungsbeschwerde statt.[7] 5

---

5 BAG 4.2.1994, 8 AZB 16/93, EzA § 66 ArbGG 1979 Nr. 17; *Schwab/Weth/Ulrich* § 77 Rn. 5, 8.
6 BAG 4.9.2007, 3 AZB 41/04, EzA § 72a ArbGG 1979 Nr. 114 Rn. 7; 19.12.2002, 5 AZB 54/02, EzA § 17a GVG Nr. 15.
7 BAG 31.7.2007, 3 AZN 326/07, EzA Art. 103 GG Nr. 9 (II1).

5a Die Revisionsbeschwerde muss beim BAG durch Einreichung einer Beschwerdeschrift eingelegt werden, § 575 Abs. 1 S. 1 ZPO, § 77 S. 4. Sie muss wegen des Vertretungszwangs vor dem Bundesarbeitsgericht von einem Rechtsanwalt unterzeichnet sein.

6 Die Beschwerdefrist beträgt **einen Monat**. Sie beginnt mit der Zustellung des Verwerfungsbeschlusses. Es handelt sich um eine **Notfrist** (§ 575 Abs. 1 S. 1 ZPO), so dass § 233 ZPO anwendbar ist. Eine Begründung der Beschwerde ist nach § 575 Abs. 2 ZPO innerhalb der Monatsfrist vorzulegen, sofern nicht schon die Beschwerdeschrift die Begründung enthält. Die Begründungsfrist kann auf Antrag durch den Senatsvorsitzenden verlängert werden, bei Einwilligung des Gegners ohne zeitliche Begrenzung durch das Gesetz, sonst um bis zu zwei Monate.

7 Die Entscheidung über die Revisionsbeschwerde erfolgt i.d.R. ohne mündliche Verhandlung, und zwar nur durch die berufsrichterlichen Mitglieder des Senats, bei überbesetztem Senat durch die nach der senatsinternen Geschäftsverteilung dazu berufene Sitzgruppe. Bei nicht form- und/oder nicht fristgerechter Einlegung und/oder Begründung der Revisionsbeschwerde wird sie als unzulässig verworfen, bei Unbegründetheit wird sie als unbegründet zurückgewiesen. Ist sie begründet, wird der Verwerfungsbeschluss aufgehoben. Aus den Gründen ergibt sich, dass die Berufung zulässig ist. Das Landesarbeitsgericht hat über die Berufung in der Sache zu entscheiden, § 577 Abs. 4 S. 4 ZPO. Ausnahmsweise kann es zur Aufhebung und Zurückverweisung an das Landesarbeitsgericht zur neuen Entscheidung über die Zulässigkeit der Berufung kommen. Das ist dann der Fall, wenn dem Landesarbeitsgericht Verfahrensfehler unterlaufen sind und die Sache daher nicht entscheidungsreif ist.[8]

8 Ist die Rechtsbeschwerde nicht zugelassen worden, obwohl eindeutig die Voraussetzungen des § 72 Abs. 2 vorliegen, kommt eine Beschwerde nur in absoluten Ausnahmefällen in Betracht, zu denken ist eher an die Abhilfemöglichkeit des § 78a, ggf. an eine Verfassungsbeschwerde.[9]

---

8 *Schwab/Weth/Ulrich* § 75 Rn. 21 m.w.N. Fn. 1; GK-ArbGG/*Mikosch* § 77 Rn. 27 m.w.N.
9 GK-ArbGG/*Mikosch* § 77 Rn. 6, 16 m.N. auch aus der Rspr.

Vierter Unterabschnitt
Beschwerdeverfahren, Abhilfe bei Verletzung des Anspruchs auf rechtliches Gehör

§ 78 Beschwerdeverfahren

¹Hinsichtlich der Beschwerde gegen Entscheidungen der Arbeitsgerichte oder ihrer Vorsitzenden gelten die für die Beschwerde gegen Entscheidungen der Amtsgerichte maßgebenden Vorschriften der Zivilprozessordnung entsprechend. ²Für die Zulassung der Rechtsbeschwerde gilt § 72 Abs. 2 entsprechend. ³Über die sofortige Beschwerde entscheidet das Landesarbeitsgericht ohne Hinzuziehung der ehrenamtlichen Richter, über die Rechtsbeschwerde das Bundesarbeitsgericht.

Das ArbGG verweist auf das Beschwerdeverfahren nach der ZPO, d.h. 1
auf die §§ 567 bis 577. § 78 S. 1 sieht der Sache nach die sofortige Beschwerde als Rechtsmittel gegen Entscheidungen des Arbeitsgerichts und/oder eines Vorsitzenden einer Kammer im Urteilsverfahren vor, soweit nicht Entscheidungen in der Sache selbst vorliegen. Für das Beschlussverfahren verweist § 83 Abs. 5 auf § 78. Zu beachten ist besonderes Beschwerderecht außerhalb der ZPO mit zuweilen abweichenden Verfahrensvorschriften (z.B. §§ 66–70 GKG, §§ 33¹, 56, 59 RVG). Nach § 66 Abs. 3 S. 3 GKG, § 33 Abs. 4 S. 3 RVG, § 4 Abs. 4 S. 3 JVEG findet eine Beschwerde an einen obersten Gerichtshof des Bundes nicht statt. Das Landesarbeitsgericht überprüft erstinstanzliche Entscheidungen des Arbeitsgerichts während des noch laufenden erstinstanzlichen Verfahrens und berichtigt es bei erfolgreicher sofortiger Beschwerde. Landesarbeitsgerichtliche Entscheidungen im laufenden Berufungsverfahren erfasst § 78 nicht. Gegen solche Entscheidungen findet die Rechtsbeschwerde statt, wenn das Landesarbeitsgericht sie zugelassen hat, § 574 Abs. 1 Nr. 2 ZPO. Die Zulassung der Rechtsbeschwerde muss vom Landesarbeitsgericht in der anzufechtenden Entscheidung zwar ausdrücklich ausgesprochen werden, sie muss aber in nicht verkündeten Beschlüssen nicht in die Beschlussformel aufgenommen werden, sie kann vielmehr auch in den Gründen erfolgen.² Gegen Beschlüsse außerhalb des Beschlussverfahrens ist die Nichtzulassungsbeschwerde nicht statthaft. § 78 S. 2 verweist für die Zulassung der Rechtsbeschwerde

---

1 Beschwerde gegen Wertfestsetzungsbeschluss, vgl. z.B. Sächsisches LAG 15.3.2007, 4 Ta 61/07 (5), juris.
2 BAG 17.1.2007, 5 AZB 43/06, EzA § 78 ArbGG 1979 Nr. 8 (II).

nach dem auch im arbeitsgerichtlichen Verfahren anwendbaren § 574 Abs. 1 ZPO zwar auf § 72 Abs. 2, nicht dagegen auf § 72a. Die Möglichkeit, eine nachträgliche Zulassung der Rechtsbeschwerde auf Beschwerde hin zu erreichen, ist damit nicht eröffnet. Gegen die Nichtzulassung der Rechtsbeschwerde nach § 574 Abs. 1 ZPO findet eine Nichtzulassungsbeschwerde nicht statt.[3]

2 Auch wenn das LAG ohne mündliche Verhandlung entscheidet, trifft der Vorsitzende die Entscheidung allein.[4] Beschwerdefähig sind solche Entscheidungen, gegen die die sofortige Beschwerde ausdrücklich gesetzlich zugelassen ist, § 567 Abs. 1 Nr. 1 ZPO, z.B.:

- § 127 Abs. 2, 3 ZPO (Bewilligung der Prozesskostenhilfe);

- § 141 Abs. 3 ZPO (Verhängung von Ordnungsgeld gegen eine nicht erschienene Partei);

- § 252 ZPO (Aussetzung des Verfahrens);

- § 319 Abs. 2 ZPO (vorgenommene Urteilsberichtigung);

- §§ 380 Abs. 3, 390 Abs. 3, 409 Abs. 2 ZPO (Ordnungsgeld oder Ordnungshaft gegen Zeugen und Sachverständige);

- § 793 ZPO (Beschlüsse im Rahmen der Zwangsvollstreckung ohne mündliche Verhandlung);

- § 159 GVG (Ablehnung eines Rechtshilfeersuchens);

- § 48 Abs. 1 i.V.m. § 17a Abs. 4 S. 3 GVG (Zulässigkeit des Rechtswegs);

- sowie nach § 567 Abs. 1 Nr. 2 ZPO gegen solche Entscheidungen des Arbeitsgerichts, die ohne mündliche Verhandlung ergehen können, durch die ein das Verfahren betreffendes Gesuch einer der Parteien zurückgewiesen wurden (z.B. § 11a [Beiordnung eines Rechtsanwaltes], § 204 ZPO [Anordnung der öffentlichen Zustellung], § 255 ZPO [Ablehnung der Verkürzung einer Frist]).[5]

---

3 BAG 19.9.2007, 3 AZB 11/07, NZG 2008, 270 (II1).
4 *Schwab/Weth* § 78 Rn. 7; ArbGG/*Treber* § 78 Rn. 42.
5 Die sofortige Beschwerde gegen die Vertagung eines Verhandlungstermins ist unstatthaft; durch die Vertagung des Termins ist kein Gesuch i.S.d. § 567 Abs. 1 Nr. 2 ZPO zurückgewiesen worden; im Übrigen: arg. § 277 Abs. 4 S. 3 ZPO; keine analoge Anwendung des § 252 ZPO, LAG Rheinland-Pfalz 28.2.2008, 9 Ta 20/08; LAG Saarland 19.1.2007, 2 Ta 38/06: Sofortige Beschwerde unstatthaft gegen Ausschluss eines Bevollmächtigten wegen § 11 Abs. 3 S. 1 a.F. in der mündlichen Verhandlung; zur Kostenentscheidung i.S.d. § 91a Abs. 1 ZPO vgl. LAG Rheinland-Pfalz 17.1.2008, 3 Ta 281/07.

Beschwerdeverfahren § 78

Die Erinnerung (§ 573 Abs. 1 ZPO) ist auch im arbeitsgerichtlichen Verfahren anzuwenden. Zur außerordentlichen Beschwerde wegen greifbarer Gesetzwidrigkeit vgl. GMPM-G/*Müller-Glöge* § 78 Rn. 8; *Schwab/ Weth* § 78 Rn. 100 ff.; ArbGG/*Treber* § 78 Rn. 59 ff.[6] So ist seit dem In-Kraft-Treten des § 78a eine außerordentliche Beschwerde wegen Verletzung des Anspruchs auf rechtliches Gehör nicht mehr statthaft.[7] 3

Die Einlegung der sofortigen Beschwerde beim Arbeitsgericht erfolgt durch Einreichung einer Beschwerdeschrift (§ 569 Abs. 2 ZPO). Sie kann auch durch Erklärung zu Protokoll der Geschäftsstelle, auch eines anderen Arbeitsgerichts, eines Amtsgerichts oder des Landesarbeitsgerichts, eingelegt werden. Vertretungszwang besteht nicht. Die sofortige Beschwerde ist grundsätzlich bei dem Arbeitsgericht einzulegen, von dem oder dessen Kammervorsitzenden die angegriffene Entscheidung ergangen ist, judex a quo, sie kann aber auch beim Beschwerdegericht eingelegt werden (§ 569 Abs. 1 ZPO), judex ad quem. Zu beachten ist, dass es wegen des erforderlichen Nichtabhilfeverfahrens (dazu Rn. 5) der Beschleunigung dient, die Beschwerde beim Arbeitsgericht einzulegen, weil das Landesarbeitsgericht die Beschwerde dem Arbeitsgericht wegen einer etwaigen Abhilfe vorzulegen hat. Die sofortige Beschwerde muss die Entscheidung der angefochtenen Entscheidung sowie die Erklärung enthalten, dass Beschwerde gegen diese Entscheidung eingelegt werde, was sich auch aus dem Zusammenhang ergeben kann.[8] Die Beschwerdeschrift muss vom Beschwerdeführer oder von seinem Bevollmächtigten eigenhändig unterschrieben sein, anders bei Einreichung durch Telegramm, Fernschreiben, Telebrief oder Telefax. Die sofortige Beschwerde muss nicht begründet werden (§ 571 Abs. 1 ZPO), wenngleich eine Begründung gegeben werden sollte. Neue Angriffs- und Verteidigungsmittel sind zulässig, § 571 Abs. 2 ZPO. Grenzen neuen Vorbringens setzt § 571 Abs. 3 ZPO. Der Beschwerdeführer muss durch die angefochtene Entscheidung beschwert sein. Diese Beschwer muss noch im Zeitpunkt der Entscheidung durch das Landesarbeitsgericht vorliegen.[9] Gegen Entscheidungen über Kosten, Gebühren und Auslagen ist die sofortige Beschwerde nur zulässig, wenn der Wert des Beschwerdegegenstandes 200 Euro übersteigt, § 567 Abs. 2 ZPO. Allerdings gilt § 127 Abs. 2 S. 2 ZPO auch im arbeitsgerichtlichen Verfahren. § 64 Abs. 2 ist nicht entsprechend anzuwenden.[10] Die **sofortige** 4

---

6 Vgl. aus der Rspr. z.B. LAG Rheinland-Pfalz 25.7.2006, 2 Ta 111/06, Rn. 9 betr. angeblich greifbar gesetzwidriger Verweisungsbeschluss.
7 BAG 8.8.2005, 5 AZB 31/05, EzA § 78a ArbGG 1979 Nr. 1.
8 Vgl. BGH 8.10.1991, XI ZB 6/91, NJW 1992, 243.
9 GMPM-G/*Müller-Glöge* § 78 Rn. 23.
10 GMPM-G/*Müller-Glöge* § 78 Rn. 23; a.A. GK-ArbGG/*Wenzel* § 78 Rn. 64.

Beschwerde ist nach § 569 Abs. 1 S. 1 ZPO innerhalb einer Notfrist von zwei Wochen einzulegen, falls gesetzlich keine andere Frist bestimmt ist (wie z.B. in § 127 Abs. 2 S. 3 und Abs. 3 ZPO: Beschwerdefrist von einem Monat). Wiedereinsetzung nach § 233 ZPO ist zulässig. Die Frist beginnt mit der Zustellung der angefochtenen Entscheidung. Bei fehlerhafter oder unterbliebener Zustellung beginnt die Beschwerdefrist in entsprechender Anwendung des § 569 Abs. 1 S. 2 ZPO spätestens mit Ablauf von fünf Monaten nach Bekanntgabe der Entscheidung – Verkündung, sonstiger Mitteilung. Wegen der an sich erforderlichen, aber in diesen Fällen fehlenden Rechtsmittelbelehrung nach § 9 Abs. 5 beträgt die Frist 17 Monate, weil eine § 66 Abs. 1 S. 2 und § 74 Abs. 1 S. 2 entsprechende Regelung in § 78 fehlt, so dass die Beschwerde bis zum Ablauf von 17 Monaten zuzüglich zwei Wochen zulässig eingelegt werden kann.[11] Nach § 570 ZPO hat die sofortige Beschwerde nur dann aufschiebende Wirkung, wenn sie gegen die Festsetzung eines Ordnungs- oder Zwangsgeldes gerichtet ist. Der Vollzug der Entscheidung kann allerdings auf Antrag oder von Amts wegen durch Beschluss des Arbeitsgerichts oder des Kammervorsitzenden ausgesetzt werden. Ab Vorlage der Beschwerde an das Landesarbeitsgericht ist dieses zuständig, § 570 Abs. 3 ZPO. Die sofortige Beschwerde kann bis zur Entscheidung zurückgenommen werden (Kosten: § 516 Abs. 3 ZPO in entsprechender Anwendung). Die Anschlussbeschwerde durch den Beschwerdegegner ist in § 567 Abs. 3 ZPO geregelt. Die Anschließung verliert ihre Wirkung, wenn die sofortige Beschwerde zurückgenommen oder als unzulässig verworfen wird.

5 Im Abhilfeverfahren als Teil des Beschwerdeverfahrens hat das Arbeitsgericht – durch die Kammer in der für den Tag der Entscheidung maßgeblichen Besetzung[12] – oder der Kammervorsitzende die sofortige Beschwerde vor ihrer Vorlage an das Landesarbeitsgericht zu prüfen und ihr abzuhelfen, falls sie als begründet erachtet wird. Wurde die sofortige Beschwerde unmittelbar beim Landesarbeitsgericht eingelegt, ist sie dem Arbeitsgericht zum Zwecke der etwaigen Abhilfe vorzulegen. Neuer Tatsachenvortrag ist zu berücksichtigen. Die Entscheidung ergeht durch Beschluss, der jedenfalls bei bisher fehlender Begründung oder bei neuem Tatsachenvortrag zu begründen ist. Mitunter wird ein Nichtabhilfevermerk für ausreichend gehalten.[13] Die Entscheidung ist

---

11 *Schwab/Weth* § 78 Rn. 27 f; ArbGG/*Treber* § 78 Rn. 27.
12 LAG Schleswig-Holstein 8.8.2005, 2 Ta 166/05, LAGE § 78 ArbGG 1979 Nr. 2; LAG Berlin 15.2.2006, 13 Ta 170/06, LAGE § 623 BGB 2002 Nr. 5; *Gravenhorst* Anm. zu LAG Rheinland-Pfalz 25.1.2007, 11 Ta 10/07, jurisPR-ArbR 43/2007 Anm. 6 betr. Nichtabhilfebeschluss im Falle der Rechtswegverweisung.
13 GK-ArbGG/*Wenzel* § 78 Rn. 78 f.

Beschwerdeverfahren § 78

den Parteien mitzuteilen, notfalls durch das Landesarbeitsgericht. Die Nichtabhilfeentscheidung ist regelmäßig Voraussetzung einer Beschwerdeentscheidung des Landesarbeitsgerichts, aber dann nicht, wenn das Arbeitsgericht eine Abhilfeentscheidung nicht für zulässig hält, etwa in einem Verfahren nach § 5 KSchG a.F. und das LAG anderer Auffassung ist, die Akten sollen nicht ständig hin und her geschickt werden. Da die ordnungsgemäße Durchführung des Abhilfeverfahrens nicht Verfahrensvoraussetzung für das Beschwerdeverfahren oder für die Beschwerdeentscheidung ist, kann das Beschwerdegericht bei fehlerhaftem oder fehlenden Abhilfeverfahren selbst in der Sache entscheiden.[14] Will das Arbeitsgericht oder der Kammervorsitzende abhelfen, ist dem Gegner rechtliches Gehör zu gewähren. Wird ganz oder teilweise abgeholfen, kann der Gegner beschwert sein, dem dann ggf. seinerseits die sofortige Beschwerde eröffnet ist. Hilft das Arbeitsgericht der sofortigen Beschwerde nicht ab, ist sie unverzüglich dem Landesarbeitsgericht vorzulegen.

Das Landesarbeitsgericht verwirft die Beschwerde als unzulässig, 6 wenn die Prüfung ergibt, dass sie nicht an sich statthaft[15] oder nicht in der gesetzlichen Form und/oder Frist eingelegt ist, § 572 Abs. 2 ZPO. Die Entscheidung ergeht durch Beschluss. Bei offensichtlicher Unzulässigkeit braucht der Gegner nicht gehört zu werden. Ist die Beschwerde unbegründet, wird sie zurückgewiesen. Ist die Beschwerde begründet, wird die angegriffene Entscheidung aufgehoben und in der Sache entschieden, also ggf. das Begehrte zugesprochen, etwa bei Ablehnung eines Antrages. Das Landesarbeitsgericht kann aber auch die Sache an das Arbeitsgericht zurückverweisen. Neue Tatsachen und Beweismittel sind zu berücksichtigen, § 571 Abs. 2 S. 1 ZPO. Da eine Beschwerdebeantwortungsfrist gesetzlich nicht vorgeschrieben ist, sollte eine Beantwortungsfrist gesetzt werden, § 571 Abs. 3 ZPO. Der Beschluss ergeht i.d.R. ohne mündliche Verhandlung (im Falle des § 127 Abs. 1 S. 1 ZPO ohnehin), und zwar ohne Mitwirkung der ehrenamtlichen Richter, § 78 S. 3. Das Zurückverweisungsverbot des § 68 gilt im Beschwerdeverfahren nicht.[16] Wird mündliche Verhandlung angeordnet, besteht für diese Vertretungszwang, § 11 Abs. 2. Sind Ge-

---

14 LAG Berlin 15.2.2006, 13 Ta 170/06, LAGE § 623 BGB 2002 Nr. 5; LAG Hamm 3.5.2007, 10 Ta 692/06, Rn. 71 m.w.N. betr. Beschluss i.S.d. § 85 Abs. 1; *Thomas/Putzo/Reichold* § 572 Rn. 11.
15 Vgl. z.B. LAG Rheinland-Pfalz 25.7.2006, 2 Ta 111/06, betr. Unanfechtbarkeit der Verweisungsbeschlüsse bezüglich der örtlichen Unzuständigkeit nach § 48 Abs. 1 Nr. 1.
16 LAG Bremen 30.4.1987, 4 Ta 25/87, LAGE § 78 ArbGG 1979 Nr. 1; anders für §§ 17a ff. GVG, Rechtswegbestimmungsverfahren BAG 17.2.2003, 5 AZB 37/02, EzA § 17a GVG Nr. 16.

Friedrich

richtskosten oder erstattungsfähige außergerichtliche Kosten entstanden, bedarf es einer Kostenentscheidung, wenn das Landesarbeitsgericht in der Sache entscheidet.

6a Der Beschluss wird formlos mitgeteilt, § 329 Abs. 2 S. 1 ZPO, es sei denn, die Rechtsbeschwerde wurde zugelassen, dann ist sie zuzustellen, § 329 Abs. 2 S. 2 ZPO.[17]

7 Gegen die Entscheidung des Landesarbeitsgerichts ist die **Rechtsbeschwerde zum Bundesarbeitsgericht** gegeben, wenn sie vom Landesarbeitsgericht nach § 72 Abs. 2, 78 S. 2 zugelassen worden ist, sonach bei grundsätzlicher Bedeutung einer entscheidungserheblichen Rechtsfrage oder Divergenz oder bei absolutem Revisionsgrund gem. § 547 Nrn. 1–5 ZPO oder bei entscheidungserheblicher Gehörsverletzung. Die Zulassung der Rechtsbeschwerde ist auch bei eigenen erstinstanzlichen Entscheidungen des Landesarbeitsgerichts, also während des laufenden Berufungsverfahrens, möglich.[18] Die Zulassung der Rechtsbeschwerde ist im Beschluss des Landesarbeitsgerichts ausdrücklich auszusprechen; enthält der Beschluss in dieser Frage keine Aussage, ist die Rechtsbeschwerde nicht zugelassen; die Zulassung kann nicht wirksam nachgeholt werden.[19] Die Zulassungsentscheidung muss jedoch in nicht verkündeten Beschlüssen nicht in die Beschlussformel aufgenommen werden, sie kann vielmehr auch in den Gründen erfolgen, da § 78 weder unmittelbar noch mittelbar – über § 78 S. 2 – auf § 64 Abs. 3 a, § 78 S. 2 verweist.[20] Das Bundesarbeitsgericht ist an die Zulassung gebunden, § 574 Abs. 3 S. 2 ZPO. Indes wird die Statthaftigkeit der Beschwerde an sich geprüft. § 574 Abs. 2 Nr. 2 ZPO ist nur anwendbar, wenn auf die ZPO verwiesen wird. Das ist nicht immer der Fall. Deshalb war die Rechtsbeschwerde im Verfahren über die nachträgliche Zulassung der Kündigungsschutzklage nach § 5 KSchG nicht statthaft.[21]

7a § 5 Abs. 4 KSchG ist durch Art. 3 des Gesetzes zur Änderung des Sozialgerichtsgesetzes und des Arbeitsgerichtsgesetzes vom 26.3.2008[22] mit Wirkung ab 1.4.2008 durch folgende Absätze 4 und 5 ersetzt worden:

---

[17] ArbGG/*Treber* § 78 Rn. 44.
[18] BAG 20.8.2002, 2 AZB 16/02, EzA § 5 KSchG Nr. 34; GMPM-G/*Müller-Glöge* § 78 Rn. 38 m.w.N.; a.A. *Schwab/Weth* § 78 Rn. 76, arg. ersatzlose Aufhebung des § 70.
[19] GMPM-G/*Müller-Glöge* § 78 Rn. 39 m.N.; großzügiger wohl *Schwab/Weth* § 78 Rn. 75.
[20] BAG 17.1.2007, 5 AZB 43/06, EzA § 78 ArbGG 1979 Nr. 8 (II1).
[21] BAG 20.8.2002, 2 AZB 16/02, EzA § 5 KSchG Nr. 34; 15.9.2005, 3 AZB 48/05, NZA-RR 2006, 211; vgl. Voraufl. m. Nachw.
[22] BGBl. I S. 444, 448.

»(4) Das Verfahren über den Antrag auf nachträgliche Zulassung ist mit dem Verfahren über die Klage zu verbinden. Das Arbeitsgericht kann das Verfahren zunächst auf die Verhandlung und Entscheidung über den Antrag beschränken. In diesem Fall ergeht die Entscheidung durch Zwischenurteil, das wie ein Endurteil angefochten werden kann.

(5) Hat das Arbeitsgericht über einen Antrag auf nachträgliche Klagezulassung nicht entschieden oder wird ein solcher Antrag erstmals vor dem Landesarbeitsgericht gestellt, entscheidet hierüber die Kammer des Landesarbeitsgerichts. Absatz 4 gilt entsprechend.«

Das Arbeitsgericht soll also i.d.R. über die nachträgliche Klagezulassung und über die Kündigungsschutzklage gemeinsam durch Urteil entscheiden, das nach allgemeinen Grundsätzen der Berufung unterliegt. Gegen das Urteil des Landesarbeitsgerichts ist dann die Revision bei deren Zulassung möglich; wird sie nicht zugelassen, die Nichtzulassungsbeschwerde.

Wird das mögliche Zwischenverfahren gewählt, ergeht Zwischenurteil, § 303 ZPO. Dieses Zwischenurteil kann, anders als nach der ZPO, wie ein Endurteil angefochten werden, so dass Berufung und Revision grundsätzlich möglich sind.[23]

Eine Übergangsregelung fehlt.

Die Arbeitsgerichte haben ab dem 1.4.2008 über die nachträgliche Zulassung einer Kündigungsschutzklage gem. § 5 Abs. 4 n.F. durch Urteil oder durch Zwischenurteil zu entscheiden. Die Neuregelung erfasst auch die Anträge auf nachträgliche Zulassung der Kündigungsschutzklage, die vor dem 1.4.2008 gestellt wurden, über die aber noch nicht entschieden wurde.

Wurde erstinstanzlich vor dem 1.4.2008 über einen Antrag auf nachträgliche Zulassung einer Kündigungsschutzklage entschieden, ist gegen diesen Beschluss auch nach dem 1.4.2008 die sofortige Beschwerde nach § 5 Abs. 4 KSchG a.F. gegeben.[24]

---

23 Zur Neuregelung vgl. *Reinhard/Böggemann* NJW 2008, 1263, 1268; *Francken/Natter/Rieker* NZA 2008, 377, 380 ff.; *Schwab* FA 2008, 135 ff.
24 BBDK/*Kriebel* § 5 KSchG aktuell Anm. 5 S. 7; *Bader* NZA 2008, 620, 621, allerdings mit der Maßgabe, dass die Rechtsbeschwerde zum Bundesarbeitsgericht zugelassen werden kann; a.A. *Francken/Natter/Rieker* NZA 2008, 377, 382 f., die davon ausgehen, dass das LAG den arbeitsgerichtlichen Beschluss als Zwischenurteil zu behandeln habe.

7b Dagegen ist in Kostenfestsetzungsverfahren nach § 104 ZPO und in Verfahren um eine Klauselerteilung die Rechtsbeschwerde an sich statthaft.[25]

8 Die Rechtsbeschwerde ist innerhalb einer Notfrist (Wiedereinsetzung in den vorigen Stand nach § 233 ZPO also möglich[26]) von einem Monat nach Zustellung des Beschlusses des Landesarbeitsgerichts beim Bundesarbeitsgericht einzulegen und innerhalb dieser Frist auch zu begründen unter Angabe eines Beschwerdeantrages, nicht notwendigerweise in der Beschwerdeschrift, § 575 ZPO. Die Einreichung beim Landesarbeitsgericht ist nur dann fristwahrend, wenn die Rechtsbeschwerde noch fristgerecht beim Bundesarbeitsgericht eingeht. Fehlen die Zustellung und/oder die Rechtsmittelbelehrung, wird in entsprechender Anwendung der §§ 515, 548 ZPO von einer Fünfmonatsfrist ausgegangen, der sich die Jahresfrist des § 9 Abs. 5 anschließt.[27] Für die Rechtsbeschwerde besteht Vertretungszwang. Das Landesarbeitsgericht hat keine Abhilfemöglichkeit. Die Begründungsfrist kann nach § 575 Abs. 2 S. 2, § 551 Abs. 2 S. 5, 6 ZPO verlängert werden. Eine Anschlussrechtsbeschwerde durch einzureichenden Schriftsatz, der den Anforderungen an eine Rechtsbeschwerde entspricht, innerhalb einer Notfrist von einem Monat nach Zustellung der Rechtsbeschwerdebegründung ist möglich, § 574 Abs. 4 ZPO. Da sie unselbständig ist, verliert sie ihre Wirkung, wenn die Rechtsbeschwerde zurückgenommen oder als unzulässig verworfen wird.

9 Das Bundesarbeitsgericht entscheidet über die Rechtsbeschwerde durch Beschluss ohne Heranziehung der ehrenamtlichen Richter, und zwar auch dann, wenn – ausnahmsweise – auf Grund mündlicher Verhandlung entschieden wird. Ist die Rechtsbeschwerde unzulässig, wird sie verworfen. Ist sie an sich statthaft und im Übrigen zulässig,[28] aber unbegründet oder erweist sich die angegriffene Entscheidung aus anderen Gründen als richtig, wird sie zurückgewiesen. Ist sie begründet, wird die landesarbeitsgerichtliche Entscheidung aufgehoben und die Sache zur erneuten Entscheidung an das Landesarbeitsgericht zurückverwiesen (ggf. auch an eine andere Kammer des Landesarbeitsgerichts) oder bei Entscheidungsreife durch das Bundesarbeitsgericht in der Sache entschieden, § 577 ZPO. Die Kostenentscheidung erfolgt bei einer abschließenden Entscheidung. Bei Zurückverweisung der Sache

---

25 GMPM-G/*Müller-Glöge* § 78 Rn. 51 m.N.; ArbGG/*Treber* § 78 Rn. 51.
26 Vgl. z.B. BAG 25.1.2007, 5 AZB 49/06, (BI): Falsche Rechtsmittelbelehrung über die Länge der Rechtsbeschwerdebegründungsfrist.
27 GMPM-G/*Müller-Glöge* § 78 Rn. 46; a.A. *Schwab/Weth* § 78 Rn. 78 wegen Fehlens einer § 569 Abs. 1 S. 2 vergleichbaren Vorschrift in § 575 ZPO.
28 Vgl. z.B. BAG 27.2.2008, 5 AZB 43/07, Rn. 4.

an das Landesarbeitsgericht bleibt die Kostenentscheidung über das Rechtsbeschwerdeverfahren i.d.R. dem Landesarbeitsgericht überlassen. In Verfahren um die Bewilligung von Prozesskostenhilfe ergeht keine Kostenentscheidung.[29]

Gegen Entscheidungen und Verfügungen des Bundesarbeitsgerichts im laufenden Revisionsverfahren gibt es kein Rechtsmittel. Es ist die Gegenvorstellung denkbar, die greifen kann, wenn es seine Entscheidung ändern darf.

---

29 GMPM-G/*Müller-Glöge* § 78 Rn. 51.

§ 78a Abhilfe bei Verletzung des Anspruchs auf rechtliches Gehör

(1) ¹Auf die Rüge der durch die Entscheidung beschwerten Partei ist das Verfahren fortzuführen, wenn

1. ein Rechtsmittel oder ein anderer Rechtsbehelf gegen die Entscheidung nicht gegeben ist und
2. das Gericht den Anspruch dieser Partei auf rechtliches Gehör in entscheidungserheblicher Weise verletzt hat.

²Gegen eine der Endentscheidung vorausgehende Entscheidung findet die Rüge nicht statt.

(2) ¹Die Rüge ist innerhalb einer Notfrist von zwei Wochen nach Kenntnis von der Verletzung des rechtlichen Gehörs zu erheben; der Zeitpunkt der Kenntniserlangung ist glaubhaft zu machen. ²Nach Ablauf eines Jahres seit Bekanntgabe der angegriffenen Entscheidung kann die Rüge nicht mehr erhoben werden. ³Formlos mitgeteilte Entscheidungen gelten mit dem dritten Tage nach Aufgabe zur Post als bekannt gegeben. ⁴Die Rüge ist schriftlich bei dem Gericht zu erheben, dessen Entscheidung angegriffen wird. ⁵Die Rüge muss die angegriffene Entscheidung bezeichnen und das Vorliegen der in Absatz 1 Satz 1 Nr. 2 genannten Voraussetzungen darlegen.

(3) Dem Gegner ist, soweit erforderlich, Gelegenheit zur Stellungnahme zu geben.

(4) ¹Das Gericht hat von Amts wegen zu prüfen, ob die Rüge an sich statthaft und ob sie in der gesetzlichen Form und Frist erhoben ist. ²Mangelt es an einem dieser Erfordernisse, so ist die Rüge als unzulässig zu verwerfen. ³Ist die Rüge unbegründet, weist das Gericht sie zurück. ⁴Die Entscheidung ergeht durch unanfechtbaren Beschluss. Der Beschluss soll kurz begründet werden.

(5) ¹Ist die Rüge begründet, so hilft ihr das Gericht ab, indem es das Verfahren fortführt, soweit dies aufgrund der Rüge geboten ist. ²Das Verfahren wird in die Lage zurückversetzt, in der es sich vor dem Schluss der mündlichen Verhandlung befand. ³§ 343 der Zivilprozessordnung gilt entsprechend. ⁴In schriftlichen Verfahren tritt an die Stelle des Schlusses der mündlichen Verhandlung der Zeitpunkt, bis zu dem Schriftsätze eingereicht werden können.

(6) ¹Die Entscheidungen nach den Absätzen 4 und 5 erfolgen unter Hinzuziehung der ehrenamtlichen Richter. ²Die ehrenamtlichen Richter wirken nicht mit, wenn die Rüge als unzulässig verworfen wird oder sich gegen eine Entscheidung richtet, die ohne Hinzuziehung der ehrenamtlichen Richter erlassen wurde.

(7) § 707 der Zivilprozessordnung ist unter der Voraussetzung entsprechend anzuwenden, dass der Beklagte glaubhaft macht, dass die Vollstreckung ihm einen nicht zu ersetzenden Nachteil bringen würde.

(8) Auf das Beschlussverfahren finden die Absätze 1 bis 7 entsprechende Anwendung.

Übersicht	Rn.
A. Allgemeines	1
B. Anfechtbare Entscheidungen	2
C. Zulässigkeit	12
I. Frist	12
II. Form	16
D. Begründetheit	17
E. Verfahren	20
F. Rechtskraft und einstweilige Einstellung der Zwangsvollstreckung	26
G. Beschlussverfahren	27

A. Allgemeines

Die Vorschrift wurde durch das Gesetz über die Rechtsbehelfe bei Verletzung des Anspruchs[1] auf rechtliches Gehör (**Anhörungsrügengesetz**) vom 14.12.2004[2] als Umsetzung des Gesetzgebungsauftrags des BVerfG zur effektiven Fachgerichtskontrolle der Verletzung des Anspruchs auf Gewährung rechtlichen Gehörs[3] in das ArbGG eingefügt. Sie hat die Vorgängerregelung in § 321a ZPO a.F. abgelöst und den Kreis der **anfechtbaren Entscheidungen** deutlich **erweitert**. Anders als nach der Vorgängerregelung hindert die Einlegung der Rüge den Eintritt der Rechtskraft nicht; 705 ZPO wurde entsprechend geändert. Damit ist die

1

---

1 Eine – immerhin mögliche – sprachliche Kritik an der »Verletzung« eines »Anspruchs« soll im Weiteren außer Betracht bleiben.
2 BGBl. I S. 3320.
3 BVerfG 30.4.2003, 1 PbvU 1/02, NJW 2003, 1924.

Anhörungsrüge ein der Wiedereinsetzung ähnlicher außerordentlicher Rechtsbehelf.[4]

B. Anfechtbare Entscheidungen

2   Nach Abs. 1 sind **alle Endentscheidungen** der Arbeitsgerichte mit dem Mittel der Anhörungsrüge[5] angreifbar, wenn gegen sie ein Rechtsmittel oder ein anderer Rechtsbehelf nicht gegeben ist. Dies können beispielsweise sein:

3   – **Arbeitsgericht: Endurteile** unterhalb der Berufungssumme ohne Zulassung der Berufung im Hauptsache- oder im Eilverfahren, auch isolierte Kostenschlussurteile; Entscheidungen über die **vorläufige Einstellung der Zwangsvollstreckung**; **Streitwertfestsetzungsbeschlüsse** gem. § 63 Abs. 2 GKG unterhalb der Beschwerdegrenze (§ 68 Abs. 1 GKG); ebensolche nach § 33 Abs. 1 RVG unterhalb der Beschwerdegrenze (§ 33 Abs. 3 S. 1 RVG); nach § 127 Abs. 2 ZPO nicht anfechtbare **Beschlüsse im PKH-Verfahren**; auch die Erinnerungsentscheidung über den **Kostenansatz** gem. § 66 Abs. 1 GKG oder im **Kostenfestsetzungsverfahren** (§ 104 Abs. 1 ZPO i.V.m. § 11 Abs. 2 S. 3 RPflG), soweit der Beschwerdewert von 200 Euro nicht erreicht und die Beschwerde nicht zugelassen worden ist.

4   – Streitig ist, ob diejenigen **Endentscheidungen** mit der Rüge angreifbar sind, bei denen die **Rechtsmittel- oder Rechtsbehelfsfrist** bereits **abgelaufen** ist, die Rügefrist nach Abs. 2 aber noch nicht. Zu dieser Konstellation kann es kommen, weil die **Rügefrist** erst mit **Kenntnisnahme** beginnt, dieser Zeitpunkt aber (evtl. sogar deutlich) nach **Zustellung der Entscheidung** liegen kann (vgl. dazu unten Rn. 13 f.). Teilweise wird angenommen, die Rüge sei in diesen Fällen möglich.[6] Da die Anhörungsrüge nach ihrer Entstehungsgeschichte und den Gesetzesmaterialien vorwiegend die Notwendigkeit der Erhebung

---

4   GK-ArbGG/*Dörner* § 78a Rn. 14; SPK/*Klose* § 78a Rn. 14; *Treber* NJW 2005, 97, 99; *Thomas/Putzo/Hüßtege* § 705 Rn. 1; *Zöller/Stöber* § 705 Rn. 1; *Zöller/Vollkommer* § 321a Rn. 19; a.A. GMPM-G/*Prütting* § 78a Rn. 6; BLAH/*Hartmann* § 705 Rn. 12.

5   Zur Terminologie: der in diesem Zusammenhang zuweilen gebrauchte Begriff der »Gehörsverletzung« erscheint wegen seiner Nähe zu medizinischen Disziplinen unangebracht.

6   ArbGG/*Treber* § 78a Rn. 5, unter Berufung auf den Wortlaut; *Zöller/Vollkommer* § 321a Rn. 5 (»auf diese Weise erhält die Rüge einen umfassenden Anwendungsbereich«); weitergehend *Schnabl* AnwBl. 2008, 188, der die Rüge auch nach einem Rechtsmittelverzicht für statthaft hält; a.A. gleichfalls unter Berufung auf den Wortlaut GK-ArbGG/*Dörner* § 78a Rn. 12.

Abhilfe bei Verletzung des Anspruchs auf rechtliches Gehör § 78a

einer Verfassungsbeschwerde[7] beseitigen und damit zu einer fundamentalen **Entlastung des Bundesverfassungsgerichts** führen sollte,[8] ihrerseits aber subsidiär gegenüber allen sonstigen zivilprozessualen Möglichkeiten sein soll (»**gestufte Subsidiarität**«), muss die Einlegung eines Rechtsmittels **prinzipiell** einen die Rügemöglichkeit ausschließenden Vorrang haben. Besonders deutlich wird dies auch durch die besondere Regelung für die Berufungsurteile ohne Revisionszulassung (§§ 72 Abs. 2 Nr. 3; 72a Abs. 2 S. 2 Nr. 3; dazu unten Rn. 6), bei denen § 78a unanwendbar ist,[9] was auch bei Versäumung der Rechtsbehelfsmöglichkeit gelten muss. Damit besteht die **Rügemöglichkeit** auch dann **nicht**, wenn die **Rechtsmittelfrist verstrichen** und die Entscheidung unanfechtbar geworden ist.[10] Dies wird auch durch einen Blick auf das **Ergebnis** unterstützt: Erlangt eine Partei erst nach Ablauf der Rechtsmittelfrist Kenntnis von der Entscheidung, begänne erst zu diesem Zeitpunkt die **Rügefrist** zu laufen. Gleichzeitig aber beginnt i.d.R. die ebenfalls zweiwöchige **Frist** für den Antrag auf **Wiedereinsetzung in den vorigen Stand** gegen die Versäumung der Rechtsmittelfrist (§ 234 ZPO). Gegenüber der Rüge wäre daher in diesen Fällen ohnehin der Wiedereinsetzungsantrag vorrangig, weil er zu der Wiederherstellung der Möglichkeit einer (vorrangigen) Rechtsmitteleinlegung führt. Die Wiedereinsetzung hat einen größeren Anwendungsbereich als die Anhörungsrüge, umfasst diese aber stets.[11] Auch bei **ähnlichen subsidiären Rechtsbehelfen** ist die Möglichkeit der Wiedereinsetzung als vorrangig betrachtet worden.[12] Die von einer Wiedereinsetzungs-

---

7 Zur Subsidiarität der Verfassungsbeschwerde § 90 Abs. 2 S. 1 BVerfGG.
8 Vgl. insoweit schon hinreichend klar BVerfG 30.4.2003, 1 PbvU 1/02, NJW 2003, 1924; RegE BR-Drucks. 663/04, S. 13 ff.; dann dazu ausführlich *Gehb* DÖV 2005, 683; zur Vorgeschichte *Polep/Rensen* Die Gehörsrüge, S. 5 ff.
9 GK-ArbGG/*Dörner* § 78a Rn. 11 m.w.N. aus den Gesetzesmaterialien; *Treber* NJW 2005, 97, 99; *Gravenhorst* NZA 2005, 24, 26.
10 So auch GK-ArbGG/*Dörner* § 78a Rn. 12; DFL/*Friedrich* § 78a Rn. 3; SPK/*Klose* § 78a Rn. 4; letztlich a.A. GMPM-G/*Prütting* § 78a Rn. 13; ebenso AnwK-ArbR/*Treber* § 78a Rn. 5.
11 Krit. hierzu jetzt AnwK-ArbR/*Treber* § 78a Rn. 5.
12 Für die Verfassungsbeschwerde gehört die Wiedereinsetzungsmöglichkeit zur Erschöpfung des Rechtswegs i.S.v. § 90 Abs. 2 S. 1 BVerfGG, std. Rspr., z.B. BVerfG 30.6.1976, 2 BvR 212/76, BVerfGE 42, 252, 255. Bestimmte Nichtigkeitsklagen finden nicht statt, wenn die Nichtigkeit mittels eines Rechtsmittels geltend gemacht werden konnte (§ 579 Abs. 2 ZPO); dazu gehört auch die Wiedereinsetzungsmöglichkeit, *Musielak/Musielak* § 579 Rn. 11. Die Restitutionsklage ist unzulässig, wenn gegen den Ablauf der Rechtsmittelfrist eine Wiedereinsetzung in den vorigen Stand möglich war, BLAH/*Hartmann* § 582 Rn. 5; MüKo-ZPO/*Braun* § 582 Rn. 6; *Stein/Jonas/Grunsky* § 582 Rn. 8.

möglichkeit nicht erfassten Rechtsbehelfsfristen, die keine Notfristen sind, sind in diesem Zusammenhang bedeutungslos.

5 – Für die Rüge gegen ein erstinstanzliches **Versäumnisurteil** oder einen **Vollstreckungsbescheid** gilt nichts anderes. Auch wenn in diesen Fällen die Rügefrist – selbst bei Zusammenfallen von Zustellung und Kenntnisnahme – ausnahmsweise länger ist als die Rechtsbehelfsfrist (§ 59), ist die Rüge wegen ihrer Subsidiarität ausgeschlossen, soweit die Entscheidung jedenfalls einmal anfechtbar war (vgl. dazu oben Rn. 4).

6 – Da auch (für sich genommen unanfechtbare) **Nebenentscheidungen** isolierter Gegenstand einer Anhörungsrüge sein können, auch wenn die Hauptentscheidung anfechtbar ist, kann z.B. eine **Kostenentscheidung** (unanfechtbar nach § 99 Abs. 1 ZPO) mit der Anhörungsrüge angegriffen werden.[13] Dies erscheint durchaus problematisch, ist aber wohl als Konsequenz der gesetzlichen Regelung hinzunehmen, die die Rüge von Teilen einer Entscheidung ausdrücklich vorsieht (Abs. 5 S. 1: »... soweit ...«). Wenn also schon innerhalb einer einheitlichen Entscheidung u.U. nach Streitgegenständen unterschieden werden muss,[14] muss dies erst recht für eine gesondert tenorierte und isoliert nicht anfechtbare Entscheidung gelten. Die Festsetzung des Urteilsstreitwerts (§ 61 Abs. 1) ist der Rüge entzogen, weil sie unverbindlich ist und die beschwerte Partei bei Einlegung der Berufung im Zweifel die Mindestbeschwer glaubhaft machen kann (§ 64 Abs. 5).

7 – **Landesarbeitsgericht:** Nicht rechtsmittelfähige **Endentscheidungen** wie Urteile im **Eilverfahren** (§ 72 Abs. 4); alle **Beschwerdeentscheidungen** ohne Zulassung der weiteren Beschwerde (§ 574 Abs. 1 Nr. 2 ZPO i.V.m. § 78 S. 1), auch diejenigen im **Nebenverfahren** über PKH, Streitwertfestsetzung, Kostenansatz, Zwangsvollstreckung etc.; ferner die oben unter Rn. 5 genannten Entscheidungen. **Endurteile** des LAG müssen dagegen mit der (neu eingeführten) Nichtzulassungsbeschwerde wegen der Verletzung des Anspruchs auf rechtliches Gehör angefochten werden (§§ 72 Abs. 2 Nr. 3, 72a Abs. 1, Abs. 3 Nr. 3). Die **Anhörungsrüge** ist hier wegen der grundsätzlichen Subsidiarität (dazu oben Rn. 4) auch dann **ausgeschlossen**, wenn die Kenntnisnahme der Anhörungsverletzung erst nach Verstreichen der Beschwerdefrist erfolgt (vgl. dazu unten Rn. 13 f.).

---

13 OLG Frankfurt/M. 12.10.2004, 21 U 75/03, NJW 2005, 517.
14 *Musielak/Musielak* § 321a Rn. 11; *Bepler* RdA 2005, 65, 68, mit dem Beispiel einer Ausschlussfrist für einen Teil der Forderung, Fn 20.

Abhilfe bei Verletzung des Anspruchs auf rechtliches Gehör § 78a

– **Bundesarbeitsgericht:** Alle **Urteile** und **Beschlüsse** in Revisions- 8
und Revisionszulassungsverfahren, aufgrund derer der Rechtsstreit
beendet wird, und die damit **zusammenhängenden Entscheidungen**, also auch Kostenentscheidungen, Streitwertfestsetzungen, etc.
Zurückverweisende Entscheidungen sind dagegen nicht rügefähig,
auch wenn das Berufungsgericht an die rechtliche Beurteilung des
Revisionsgerichts gebunden ist (§ 563 Abs. 2 ZPO). Der Anspruch
auf rechtliches Gehör kann in der erneuten Verhandlung vor dem Tatsachengericht ausreichend gewahrt werden.[15]

Nicht der Anhörungsrüge unterworfen sind die **Zwischenentschei-** 9
dungen eines Gerichts, auch wenn sie unanfechtbar sind. Das betrifft
etwa Terminierung, Auflagen, Beweisbeschlüsse, Entscheidungen
über Befangenheitsanträge[16] (jedenfalls beim ArbG und beim LAG[17]),
etc. Insoweit stünde auch die **Kausalität** der Anhörungsverletzung
für eine Beschwer in der Endentscheidung nicht fest. Deshalb sind
auch unanfechtbare Verweisungen des Arbeitsgerichts wegen **örtlicher
Unzuständigkeit** (§ 48 Abs. 1 Nr. 1) und des Landesarbeitsgerichts wegen **Unzulässigkeit des Rechtswegs** (§ 17a Abs. 4 S. 3 GVG) nicht rügefähig.[18]

Zweifelhaft erscheint dies aber bei der **nachträglichen Zulassung der** 10
Kündigungsschutzklage (§ 5 Abs. 4 KSchG). Denn diese ist hinsichtlich der Verspätung und des Verschuldens der **Rechtskraft** fähig.[19]
Dementsprechend ist es auch hier konsequent, bei Nichtzulassung
der Rechtsbeschwerde durch das LAG die Rüge gegen die Beschwerdeentscheidung zuzulassen, um die nach der Verfassung gebotene
und vom Gesetzgeber vorgesehene Selbstüberprüfung und ggf. -korrektur zu ermöglichen.[20]

---

15 So auch *Schwab/Weth/Schwab* § 78a Rn. 15.
16 So zutr. BAG 14.2.2007, 5 AZA 15/06 (B), EzA § 78a ArbGG 1979 Nr. 4.
17 Nicht dagegen beim BAG, vgl. dazu BVerfG 23.10.2007, 1 BvR 782/07, MDR 2008, 223, mit erhebl. Kritik am Beschl. des BAG vom 14.2.2007, 5 AZA 15/06 (B), EzA § 78a ArbGG 1979 Nr. 4.
18 Wohl auch *Schwab/Weth/Schwab* § 78a Rn. 6; SPKArbR/*Klose* § 78a Rn. 3; a.A. GMPM-G/*Prütting* § 78a Rn. 11; ebenso für Rechtswegzulässigkeit LAG Hamm 20.6.2006, 2 Ta 641/05. Nach dem Beschluss des BVerfG vom 23.10.2007, 1 BvR 782/07, MDR 2008, 223, dürfte dieses aber bei Zuständigkeits- und Rechtswegentscheidungen (nach hier vertr. Auffassung zu Unrecht) wohl von einer Statthaftigkeit der Anhörungsrüge ausgehen.
19 BAG 28.5.1998, 2 AZR 615/97, EzA § 2 KSchG Nr. 29; zur teilweise deutlichen Erweiterung oder Einschränkung der Reichweite der Rechtskraft in der Rspr. der Landesarbeitsgerichte vgl. KR/*Friedrich* § 5 KSchG Rn. 134, 155 ff.
20 Ähnlich auch das BVerfG für die Erschöpfung des Rechtswegs vor der Verfassungsbeschwerde gegen Strafurteile bei Rechtskraft des Schuldspruchs, aber Zurückverweisung wegen des Strafausspruchs, BVerfG 3.6.1987, 1 BvR

Creutzfeldt

§ 78a Abhilfe bei Verletzung des Anspruchs auf rechtliches Gehör

11 Die Möglichkeit der Anhörungsrüge lässt in ihrem Anwendungsbereich **andere Rechtsbehelfe** (Gegenvorstellung, »außerordentliche Beschwerde«) nicht mehr zu.[21] Eine **Verfassungsbeschwerde** gegen die Ausgangsentscheidung ist gleichfalls ausgeschlossen, nicht dagegen eine solche gegen die (zurückweisende) Rügeentscheidung selbst.

C. Zulässigkeit

I. Frist

12 Die Rüge muss innerhalb einer Notfrist von zwei Wochen erhoben werden (Abs. 2). **Fristbeginn** ist die **Kenntniserlangung** von der Anhörungsverletzung, konkret: von den Tatsachen, die die Rechtsverletzung begründen (sollen).[22] Diese ist **i.d.R.** mit der Zustellung der betreffenden Entscheidung verbunden. Wird die Entscheidung nicht zugestellt, sondern nur übersandt, gilt sie mit dem dritten Tag nach Aufgabe zur Post als bekanntgegeben (Abs. 2 S. 3), wobei diese Regel nur dazu dient, den Nachweis des **Beginns der Jahresfrist** (Abs. 2 S. 2) nicht an eine förmliche Zustellung zu knüpfen. Es bleiben jedoch aufgrund des vom bisherigen Rechtszustand abweichenden Fristbeginns schwierige Abgrenzungsfragen:

13 Den von Abs. 2 für den Fristbeginn vorausgesetzten Kenntnisstand wird der Betroffene weder aus der Kenntnisnahme des Tenors allein noch aus evtl. mündlich verkündeten Entscheidungsgründen erlangen können. Die **Frist** beginnt deshalb regelmäßig erst dann, wenn die Entscheidung mit ihren Gründen in **schriftlicher Form** dem Beschwerten bekannt wird; erst dann kann er beurteilen, ob eine Anhörungsverletzung vorliegt. Ist gegen die Entscheidung ein Rechtsmittel nicht statthaft, ist eine Rüge innerhalb von zwei Wochen möglich.

14 Es sind aber auch Fälle denkbar, in denen die Zustellung allein nicht zu einer Kenntnis i.S.v. Abs. 2 S. 1 führt. Beispielsweise bei der **Ersatzzustellung durch Niederlegung** kann von einer Kenntnisnahme nicht ausgegangen werden, auch wenn man das (grob) fahrlässige Nichtkennen (»**Kennen-Müssen**«) mit dem Kennen gleichsetzt.[23] Zumindest in

---

313/85, BVerfGE 75, 369, 375; 26.6.1990, 1 BvR 776/84, BVerfGE 82, 236, 258; wie hier jetzt auch *Schwab/Weth/Schwab* § 78a Rn. 5; GMPM-G/*Prütting* § 78a Rn. 11.
21 BAG 8.8.2005, 5 AZB 31/05, NJW 2005, 3231.
22 SPKArbR/*Klose* § 78a Rn. 5.
23 So zutreffend BGH 11.5.2006, IX ZR 171/03, FamRZ 2006,1029; *Bepler* RdA 2005, 65, 67; *Oberthür* ArbRB 2005, 26, 27; *Treber* NJW 2005, 97, 99 in Anlehnung an § 234 Abs. 2 ZPO; a.A. BAG 31.5.2006, 5 AZR 342/06 (F), EzA § 78a ArbGG

der Literatur wird weiter der Fall erwähnt, in dem die Anhörungsverletzung nicht aus der Entscheidung selbst, sondern nur aus dem Zusammenhang mit weiteren, später erlangten Informationen ersichtlich wird, z.B. **Akteneinsicht**.[24] In diesen Fällen beginnt die Rügefrist erst nach der Zustellung. War gegen die Entscheidung vorher ein Rechtsmittel oder Rechtsbehelf zulässig, muss die Partei einen **Wiedereinsetzungsantrag** (§§ 233 ff. ZPO) stellen; die Anhörungsrüge bleibt dagegen ausgeschlossen (vgl. dazu oben Rn. 4). Soweit hier noch ein **Anschlussrechtsmittel** eingelegt werden kann (z.B. nach § 524 Abs. 2 S. 1 ZPO), ist dieses als Rechtsmittel i.S.v. Abs. 1 Nr. 1 anzusehen, eine Anhörungsrüge mithin unzulässig.[25]

Fristende ist das Ende desjenigen Wochentages, an dem (in der zweiten 15 davor liegenden Woche) die Kenntnis über die Anhörungsverletzung erlangt worden ist. Die Möglichkeit, überhaupt eine Rüge zu erheben, endet **spätestens 1 Jahr nach Bekanntgabe** der Entscheidung. Eine Wiedereinsetzung in den vorigen Stand ist bei Verstreichen der Jahresfrist nicht möglich,[26] ansonsten gelten §§ 233 ff. ZPO.

II. Form

Die Rüge ist **schriftlich** bei dem Gericht zu erheben, dessen Entschei- 16 dung angegriffen wird (Abs. 2 S. 4), beim Arbeitsgericht ist auch eine Erklärung zu Protokoll der Geschäftsstelle möglich. Soweit **Vertre-**

1979 Nr. 3; GK-ArbGG/*Dörner* § 78a Rn. 21: positive Kenntnis erforderlich; ebenso ErfK/*Koch* § 78a Rn. 4; GMPM-G/*Prütting* § 78a Rn. 15; *Zöller/Vollkommer* § 321a Rn. 14; einschr. *Schwab/Weth/Schwab* § 78a Rn. 18; *Natter* JbArbR Bd. 42 S. 95, 102; *Guckelberger* NVwZ 2005, 11, 14; *Rensen* MDR 2007, 695: Fristbeginn auch bei bewusstem Vermeiden der Kenntnisnahme.

24 *Zöller/Vollkommer* (Vorauflage) § 321a Rn. 14; *Treber* NJW 2005, 97, 99; *Natter* JbArbR Bd. 42, S. 95, 102; wobei in der Praxis kaum Fälle denkbar sind, in denen sich nicht aus der Kenntnis der vollständigen Entscheidung die Kenntnis einer (für die Entscheidung kausalen!) Anhörungsverletzung ergibt, die Entscheidung also scheinbar ohne Anhörungsverletzung ergangen ist, diese aber durch eine Akteneinsicht (nach Ablauf der Rechtsmittelfrist!) aufgedeckt werden könnte. Bei diesen eher theoretischen Konstellationen allerdings könnten im Falle einer bereits abgelaufenen Rechtsmittelfrist (vgl. dazu oben Rn. 4) dann auch der Beginn der Wiedereinsetzungsfrist und der Beginn der Rügefrist auseinanderfallen.

25 *Zöller/Vollkommer* § 321a Rn. 4 (auch zum weiteren Verfahren nach möglicher Rücknahme der Berufung); *Zuck* NJW 2005, 1226, 1227; a.A. *Musielak/Musielak* § 321a Rn. 5. Bei der Restitutionsklage ist die Anschlussberufung bereits nach dem Gesetzeswortlaut vorrangig (§ 582 ZPO).

26 Begr. RegE Drucks. 663/04 S. 38.

tungszwang besteht (§ 11 Abs. 2), gilt er auch für die Rüge.[27] Diese muss enthalten:

- Bezeichnung der angegriffenen Entscheidung.
- **Darlegung der Anhörungsverletzung**. Dies beinhaltet eine **substantiierte Darstellung** der Verletzung des rechtlichen Gehörs und (unverzichtbar) ihrer **Entscheidungserheblichkeit**.[28] Das erfordert eine Begründung, warum die Entscheidung ohne die Anhörungsverletzung **möglicherweise anders**, nämlich zu Gunsten des Rügenden ausgefallen wäre.[29] Hier ist eine Glaubhaftmachung nicht erforderlich. Bei der Rüge einer **Unterlassung einer Beweisaufnahme** ist das aus der Sicht der Partei zu erwartende Beweisergebnis und dessen Auswirkung auf das Ergebnis des Rechtsstreits darzulegen.[30]
- Benennung des **Zeitpunkts der Kenntniserlangung** und dessen **Glaubhaftmachung**.

Wie bei der Wiedereinsetzung in den vorigen Stand kann die Rügebegründung ergänzt werden, wenn die substantiellen Elemente bereits vorher enthalten waren.

D. Begründetheit

17 Die Rüge ist **begründet**, wenn der Anspruch auf rechtliches Gehör in entscheidungserheblicher Weise verletzt wurde. **Art. 103 GG** gewährleistet das Recht der von einer Entscheidung unmittelbar Betroffenen, zu den tatsächlich und rechtlich entscheidungserheblichen Gesichtspunkten Stellung und damit auf die Entscheidung Einfluss zu nehmen.[31] Dies konstituiert die Pflicht des Gerichts zur **Information**, das Recht des Betroffenen zur **Äußerung** und die Pflicht des Gerichts, diese Äußerung in die Entscheidungsbildung **einzubeziehen**.[32] Die Verlet-

---

27 LAG Rheinland-Pfalz 2.2.2005, 2 Sa 1212/03, LAGRep. 2005, 157.
28 *Zöller/Vollkommer* § 321a Rn. 13.
29 Bei der Rüge, ein gebotener Hinweis sei unterlassen worden, muss dieser genau bezeichnet und der daraufhin zu erbringende Vortrag nebst möglicherweise anders ausgefallener Entscheidung dargelegt werden BAG 14.3.2005, 1 AZN 1002/04, EzA § 72a ArbGG 1979 Nr. 100; dabei ist erforderlichenfalls der Inhalt des gesamten Rechtsgesprächs darzulegen BAG 1.3.2005, 9 AZN 29/05, NZA 2005, 654, jeweils zur Zulässigkeit der Nichtzulassungsbeschwerde gem. § 72a Abs. 3 S. 2 Nr. 3.
30 GK-ArbGG/*Dörner* § 78a Rn. 29; *Düwell* FA 2005, 75, 76.
31 BVerfG 24.3.1982, 1 BvR 1/82 u.a., BVerfGE 60, 175, 210 ff.
32 BVerfG 9.2.1982, 1 BvR 1379/80, BVerfGE 60, 1, 5; 30.1.1985, 1 BvR 876/84, BVerfGE 69, 145, 148.

zung anderer Verfahrensgrundrechte (z.B. gem. Art. 101 GG) ist ausgeschlossen, soweit sie nicht auf Ausstrahlungswirkungen des Anspruchs auf rechtliches Gehör beruhen,[33] wie etwa die Gewährleistung eines wirkungsvollen Rechtsschutzes.[34]

In der Praxis gelegentlich anzutreffende **Anhörungsverletzungen** sind beispielsweise: 18

– **Fehlende Information der Partei** über gegnerische Schriftsätze, über ein Sachverständigengutachten oder sonstige Auskünfte;

– **Fehlende Hinweiserteilung** auf bislang nicht erörterte, vom Gericht jedoch entscheidend herangezogene Gesichtspunkte (**Überraschungsentscheidung**), auf Substantiierungs- oder Beweisantrittsmängel,[35] aber nicht jeder Verstoß gegen die Hinweispflicht (§ 139 ZPO) ist zugleich ein Verstoß gegen Art. 103 Abs. 1 GG,[36] wenngleich die Abgrenzung im Einzelfall schwierig sein kann. **Art. 103 Abs. 1 GG** schützt die Parteien nur vor Anforderungen, denen auch eine **kundige und gewissenhafte Partei** nicht gewachsen wäre,[37] nicht dagegen vor einem Verstoß gegen allgemeine Hinweispflichten des Richters.[38] Bei § 139 Abs. 2 ZPO kommt es nicht darauf an, ob die Partei bzw. deren Vertreter die Lücke im Vortrag, den fehlenden Beweisantritt oder einen bestimmten tatsächlichen oder rechtlichen Gesichtspunkt selbst hätte sehen müssen.[39] Wenn das Gericht jedoch (zulässigerweise) von einem in einem rechtlichen Hinweis vertretenen rechtlichen Standpunkt wieder abzuweichen gedenkt, hat es dies den Parteien im Vorfeld der Entscheidung mitzuteilen.[40]

– **Nichtberücksichtigung von Vorbringen**, weil ein Schriftsatz in eine falsche Akte eingelegt oder **nicht rechtzeitig** vorgelegt worden ist;

---

33 Zöller/Vollkommer § 321a Rn. 3; sehr »weiträumig« insoweit die Beispiele bei BLAH/Hartmann § 321a Rn. 32 ff, aber § 78a ist kein »Auffangtatbestand« für die Verletzung auch anderer Verfahrens(grund)rechte, so auch GMPMG/Müller-Glöge § 72 Rn. 33; a.A. Natter JbArbR Bd. 42 S. 95, 105.
34 Vgl. zu einem solchen – relativ weit gezogenen – Anwendungsbereich der Rüge BAG 13.11.2007, 3 AZN 449/07, NZA 2008,246.
35 Vgl. hierzu i.E. oben § 57 Rn. 5 ff; jetzt auch BAG 31.8.2005, 5 AZN 187/05, NZA 2005, 1204.
36 BVerfG 23.7.1992, 1 BvR 14/90, NJW 1993,1699; so jetzt auch AnwK-ArbR/Treber § 78a Rn. 9; Schwab/Weth/Schwab § 78a Rn. 34 ff.; a.A. wohl HWK/Kalb § 78a Rn. 5; eher zurückhaltend auch GK-ArbGG/Dörner § 78a Rn. 30.
37 Std. Rspr., vgl. nur BVerfG 29.5.1991, 1 BvR 1383/90, BVerfGE 84, 188; jetzt auch BAG 31.8.2005, 5 AZN 187/05, NZA 2005, 1204.
38 BVerfG 25.1.1984, 1 BvR 272/81, BVerfGE 66, 115, 147.
39 Polep/Rensen Die Gehörsrüge, S. 45 m.w.N.
40 BAG 20.3.2008, 8 AZN 1062/07.

weil ein Parteiantrag oder ein erheblicher Beweisantritt oder relevanter Tatsachenvortrag **nicht zur Kenntnis** genommen wurde, aber allein der Umstand, dass sich die Gründe einer Entscheidung mit einem bestimmten Gesichtspunkt nicht ausdrücklich auseinander setzen, rechtfertigt ohne besondere Anhaltspunkte nicht die Annahme, das Gericht habe den Gesichtspunkt unter Verletzung des Anspruchs auf rechtliches Gehör übergangen;[41] weil die **Präklusionsvorschriften** falsch ausgelegt wurden; weil eine gesetzliche oder richterliche **Frist** zur Stellungnahme noch nicht abgelaufen oder evident zu kurz bemessen war; weil eine **Säumnis** unrichtig als verschuldet angesehen wurde.

– **Übergehen eines Beweisantrages** über eine vom Gericht selbst als entscheidungserheblich angesehene (streitige) Tatsache, was nach dem BAG auch für einen Antrag gilt, selbst als Partei zum Inhalt eines Vieraugengesprächs mit einem Zeugen der Gegenseite gehört zu werden.[42]

19 Die Anhörungsverletzung muss auch **entscheidungserheblich** gewesen sein. Dafür genügt es, dass **nicht ausgeschlossen** werden kann, dass das Gericht ohne die Verletzung des Anspruchs auf rechtliches Gehör zu einer **anderen Entscheidung** gekommen wäre.[43] Dies ist jedenfalls dann nicht der Fall, wenn das Gericht die Entscheidung auf **mehrere Gründe** tragend stellt und auch nur bei einem von ihnen auszuschließen ist, dass die Gewährung rechtlichen Gehörs zu einem anderen Ergebnis geführt hätte.[44]

E. Verfahren

20 Das Gericht unterzieht die Rüge zunächst einer **Zulässigkeitsprüfung**, an der die **ehrenamtlichen Richter nicht beteiligt** werden (Abs. 6 S. 2). Auch bei dieser Prüfung gelten die Verfahrensgrundrechte; sind Zulässigkeitsmängel fristgemäß behebbar, muss das Gericht insoweit einen Hinweis erteilen.

---

41 BAG 22.3.2005, 1 ABN 1/05, EzA § 72a ArbGG 1979 Nr. 101.
42 BAG 22.5.2007, 3 AZN 1155/06, EzA Art. 103 GG Nr. 8; dazu krit. *Deubner* JuS 2007, 1100 f: Argumentation mit Art. 103 GG nicht zur Durchsetzung der ZPO, sondern zur Beiseiteschiebung ihrer Vorschriften; vgl. dazu auch *Rensen* MDR 2008, 2, 4.
43 RegE BR-Drucks. 366/04 S. 37: Zöller/Vollkommer § 321a Rn. 12 m.w.N. und Beispielen.
44 So auch GK-ArbGG/*Dörner* § 78a Rn. 15; *Bepler* RdA 2005, 65, 68.

Abhilfe bei Verletzung des Anspruchs auf rechtliches Gehör § 78a

Hält das Gericht die Rüge für **unzulässig**, verwirft es sie durch einen **Beschluss**; eine vorherige Anhörung des Gegners ist dabei nicht zwingend erforderlich (Abs. 3). Spätestens jedoch, wenn das Gericht die Zulässigkeit bejaht, ist dem Gegner die Rügeschrift zuzuleiten und **Gelegenheit zur Stellungnahme** zu geben.

21

Beim weiteren Fortgang des Verfahrens ist zu unterscheiden: Hat das Gericht die **angegriffene Entscheidung** ohne die ehrenamtlichen Richter erlassen, befindet es auch in dieser Besetzung über die Begründetheit der Rüge. Ist die angegriffene Entscheidung unter **Beteiligung von ehrenamtlichen Richtern** ergangen, gilt dies auch für die Entscheidung über die Begründetheit der Rüge. **Streitig** ist, ob dazu diejenigen ehrenamtlichen Richter heranzuziehen sind, die an der angegriffenen Entscheidung beteiligt waren,[45] oder ob insoweit die jeweils aktuellen Richter von der Liste nach § 31 heranzuziehen sind.[46] Da die Auswahl der ehrenamtlichen Richter im Einzelfall vorher aufgrund einer **allgemeinen Regel** feststehen muss, da sonst die zwingende Vorschrift des **gesetzlichen Richters** (Art. 101 Abs. 1 S. 2 GG) verletzt wird,[47] können die an der angefochtenen Entscheidung beteiligten ehrenamtlichen Richter nur dann herangezogen werden, wenn der **Geschäftsverteilungsplan** dies **ausdrücklich** vorsieht. Eine hiervon abweichende allgemeine Regelung kann in § 78a nicht gesehen werden.[48]

22

Die **Entscheidung**, die Rüge sei **nicht begründet**, erfolgt durch einen **unanfechtbaren Beschluss** und ist kurz zu begründen; eine vorherige mündliche Verhandlung ist möglich, aber nicht erforderlich.[49] Gegen diesen Beschluss kann aber **Verfassungsbeschwerde** eingelegt werden,[50] die jedoch – wegen ihrer Subsidiarität gegenüber der Anhörungsrüge – nur mit dem Inhalt der Rüge selbst begründet werden kann.[51] Der verwerfende oder zurückweisende Beschluss ist mit einer Kostenentscheidung zu versehen, da die erfolglose Rüge Gerichtskosten von 40,- Euro auslöst (KV 8614); der Rechtsanwalt, der den Rügeführer im Rahmen des zugrunde liegenden Verfahrens vertreten hat, erhält

23

---

45 So *Bepler* RdA 2005, 65, 68, *Treber* NJW 2005, 97, 100; *Hauck/Helml* § 78a Rn. 12.
46 So GK-ArbGG/*Dörner* § 78a Rn. 39; GMPM-G/*Prütting* § 78a Rn. 23; *Schwab/Weth/Schwab* § 78a Rn. 54; SPKArbR/*Klose* § 78a Rn. 13.
47 BAG 26.9.1996, 8 AZR 126/95, EzA § 39 ArbGG 1979 Nr. 5.
48 Ebenso GK-ArbGG/*Dörner* § 78a Rn. 39; *Schwab/Weth/Schwab* § 78a Rn. 54; DFL/*Friedrich* § 78a Rn. 18; *Natter* JbArbR Bd. 42 S. 95, 103; BGH 28.7.2005, III ZR 443/04, NJW-RR 2006,63. .
49 SPKArbR/*Klose* § 78a Rn. 11 unter Hinweis auf § 128 Abs. 4 ZPO.
50 *Gravenhorst* NZA 2005, 24, 25.
51 *Zuck* NJW 2005, 1226, 1229, jetzt auch AnwBl. 2008, 168 mit praktischen Hinweisen für die Rüge im Hinblick auf eine mögl. nachfolgende Verfassungsbeschwerde.

für die Vertretung im Rügeverfahren keine gesonderte Gebühr (§ 19 Abs. 1 S. 2 Nr. 5 RVG).[52]

24 Hält die Kammer oder der Senat die **Rüge** dagegen für **begründet**, wird das Verfahren **fortgeführt**. Hierüber soll nach dem Gesetzeswortlaut **kein eigenständiger Beschluss** gefasst werden; vielmehr wird der von der Rüge betroffene Teil des Verfahrens in erforderlichem Maße fortgeführt, als sei die angegriffene Entscheidung nicht ergangen. Dies bedeutet eine **prozessleitende Entscheidung** und wird (jedenfalls in den Tatsacheninstanzen) i.d.R. die Anberaumung eines Verhandlungstermins sein. Für die **Auswahl** der heranzuziehenden **ehrenamtlichen Richter** gilt das oben unter Rn. 22 Ausgeführte. Dabei wird das bisher versagte rechtliche Gehör gewährt. Im Weiteren ist das Gericht bei der Entscheidung frei; insbesondere gilt das **Verschlechterungsverbot** nicht.[53] Gegenstand der Verhandlung ist nunmehr die angegriffene Entscheidung (ggf. auch Teilentscheidung, dazu oben Rn. 6), die im Ergebnis des weiteren Verfahrens entweder **aufrechterhalten** oder **aufgehoben** und durch eine andere ersetzt wird; insoweit verweist Abs. 5 S. 3 auf das Versäumnisverfahren (§ 343 ZPO).

25 Soweit die angegriffene Entscheidung im schriftlichen Verfahren ergangen ist, wird dieses in die Lage versetzt, in der es sich zu dem Zeitpunkt befand, bis zu dem Schriftsätze eingereicht werden konnten (Abs. 5 S. 4).

F. Rechtskraft und einstweilige Einstellung der Zwangsvollstreckung

26 Entgegen der Vorgängerregelung **durchbricht** die Erhebung der Rüge die **Rechtskraft** der angegriffenen Entscheidung **nicht**.[54] Die **einstweilige Einstellung der Zwangsvollstreckung** ist unter den Voraussetzungen des § 62 Abs. 1 S. 3 möglich (vgl. dazu ausf. die Erl. zu § 62 Rn. 58 f.). Nach dem neuen Wortlaut des § 707 Abs. 1 S. 1 ZPO **genügt** schon die **Erhebung** der Rüge, eine solche Entscheidung möglich zu machen. Insoweit gilt aber, dass die zumindest nicht auszuschließende **Erfolgsaus-**

---

[52] Entgegen *Schwab/Weth/Schwab* § 78a Rn. 57, hat der Gesetzgeber diese Vorschrift nicht gestrichen; VV 3330 betrifft nur den Fall, dass ein Rechtsanwalt im Rügeverfahren tätig wird, ohne den Rügeführer vorher vertreten zu haben.
[53] OLG Frankfurt/M. 5.11.2003, 16 U 116/03, NJW 2004, 165, 168; *Musielak/Musielak* § 321a Rn. 11.
[54] Was im Einzelfall zu Problemen führen kann, z.B. bei Gestaltungsurteilen oder Verurteilungen zur Abgabe einer Willenserklärung (§ 894 ZPO), die aber keine Besonderheit der Anhörungsrüge darstellen.

Abhilfe bei Verletzung des Anspruchs auf rechtliches Gehör § 78a

sicht des Rechtsbehelfs (und hier nicht nur unmittelbar der Anhörungsrüge selbst, sondern in der Fortsetzung auch des fortgeführten Verfahrens) eine Voraussetzung für die einstweilige Einstellung der Zwangsvollstreckung ist, da bei einer Vollstreckung eines Titels, an dessen Rechtmäßigkeit wenig Zweifel bestehen, **kein nicht zu ersetzender Nachteil** eintreten kann (dazu oben § 62 Rn. 62). Die Entscheidung hierüber obliegt dem Gericht ohne Beiziehung der ehrenamtlichen Richter.

G. Beschlussverfahren

Für das **Beschlussverfahren** gelten Regelungen **entsprechend**. Es ist allerdings davon auszugehen, dass sich insoweit kein allzu großer Anwendungsbereich erschließt, da die Verpflichtung des Gerichts, in dieser Verfahrensart den Sachverhalt »**von Amts wegen**« zu erforschen (§ 83 Abs. 1 S. 1), für Verletzungen des Anspruchs auf Gewährung rechtlichen Gehörs bereits strukturell deutlich weniger Raum lässt als im Urteilsverfahren, dass nach dem Beibringungsprinzip geführt wird. Die Reichweite des Schutzbereichs ist jedoch nicht eingeschränkt; jeder Beteiligter, der sich in seinem Anhörungsrecht verletzt fühlt, insbesondere, wenn er durch das Gericht fehlerhafterweise gar nicht erst beteiligt wird, kann unter den oben beschriebenen Voraussetzungen die Rüge erheben.

27

Fünfter Unterabschnitt
Wiederaufnahme des Verfahrens

§ 79

¹Die Vorschriften der Zivilprozeßordnung über die Wiederaufnahme des Verfahrens gelten für Rechtsstreitigkeiten nach § 2 Abs. 1 bis 4 entsprechend. ²Die Nichtigkeitsklage kann jedoch nicht auf Mängel des Verfahrens bei der Berufung der ehrenamtlichen Richter oder auf Umstände, die die Berufung eines ehrenamtlichen Richters zu seinem Amt ausschließen, gestützt werden.

Übersicht	Rn.
A. Allgemeines	1
B. Wiederaufnahmegründe	2
I. Nichtigkeitsklage	2
II. Restitutionsklage	11

A. Allgemeines

1 § 79 bestimmt die entsprechende Anwendung der Vorschriften der ZPO für das Wiederaufnahmeverfahren. Statthaftigkeitsvoraussetzung ist ein durch rechtskräftiges Endurteil abgeschlossenes Verfahren, § 578 ZPO.[1] Die Wiederaufnahme des Verfahrens ist auch dann statthaft, wenn die letzte Entscheidung ein urteilsvertretender Beschluss war, etwa bei Verwerfung der Berufung oder der Revision als unzulässig. Gleiches gilt auch für einen Beschluss, durch den eine Nichtzulassungsbeschwerde als unzulässig verworfen wird[2] oder als unbegründet zurückgewiesen wird. Nach § 80 Abs. 2 S. 1 gelten die Vorschriften über die Wiederaufnahme des Verfahrens entsprechend auch für das Beschlussverfahren. Die Wiederaufnahme des Verfahrens bezweckt eine neue Verhandlung und Entscheidung eines bereits durch rechtskräftige Entscheidung abgeschlossenen Verfahrens mit der Nichtigkeitsklage gem. § 579 ZPO bei schweren Verfahrensverstößen oder mit einer Restitutionsklage nach § 580 ZPO bei falschen Urteilsgrundlagen.[3]

---

1 Also nicht, wenn der Einspruch gegen ein Versäumnisurteil noch möglich war, vgl. den Fall ArbG Berlin 28.5.1975, 10 Ca 725/74, AP § 579 ZPO Nr. 1 m. zutr. Anm. *Mes.*
2 BAG 11.1.1995, 4 AS 24/94, EzA § 72a ArbGG 1979 Nr. 70 = AP § 579 ZPO Nr. 5 (III).
3 *Hauck/Helml* § 79 Rn. 1.

B. Wiederaufnahmegründe

I. Nichtigkeitsklage

§ 579 Abs. 1 Nr. 1 ZPO (nicht vorschriftsmäßige Besetzung des Gerichts) wird durch § 79 S. 2 eingeschränkt. Auf fehlerhafte Berufung des ehrenamtlichen Richters nach §§ 22 ff. kann die Nichtigkeitsklage nicht mit Erfolg gestützt werden. Die Heranziehung des ordnungsgemäß berufenen ehrenamtlichen Richters zu dem einzelnen Termin ist davon ebenso wenig erfasst wie ein Ausschluss von der Ausübung des Richteramtes nach § 41 im konkreten Verfahren.

Der Nichtigkeitsgrund der Nr. 1 liegt vor, wenn das Gericht mit zwei Arbeitnehmerbeisitzern/Arbeitgeberbeisitzern entschieden hat, d.h., die zwingend vorgeschriebene Parität (§ 16 Abs. 2) verletzt ist. Das ist auch der Fall, wenn die Kammerbesetzung nicht vorschriftsmäßig gewesen ist, weil die Heranziehung der ehrenamtlichen Richter aus dem ersten Kammertermin auch für den erforderlich gewordenen oder werdenden Kammertermin nicht im Voraus abstrakt generell im Geschäftsverteilungsplan bestimmt war/ist, sondern die Heranziehung derselben Richter durch den Vorsitzenden oder die Kammer beschlossen werden kann und somit ein Verstoß gegen Art. 101 Abs. 1 S. 2 GG vorliegt.[4] Das gilt auch, wenn der Vorsitzende allein an Stelle der Kammer entschieden hat, wenn die Voraussetzungen für eine Entscheidung durch den Vorsitzenden allein nicht vorgelegen haben; im Falle der Entscheidung der Kammer an Stelle des Vorsitzenden sind keine Rechtsfolgen geknüpft.[5]

Zu beachten ist, dass der Nichtigkeitsgrund Nr. 1 subsidiär ist, § 579 Abs. 2 ZPO, d.h., Rechtsmittel, aber auch Einspruch und Gehörsrüge nach § 78a gehen vor.[6]

§ 579 Abs. 1 Nr. 2 ZPO (Ausschluss vom Richteramt) bezieht sich auf § 41 ZPO. Die Nichtigkeitsklage ist nicht statthaft, wenn der Ausschließungsgrund erfolglos mit einem Ablehnungsgesuch oder durch ein Rechtsmittel geltend gemacht worden war, § 579 Nr. 2 Hs. 2 ZPO.

§ 579 Abs. 1 Nr. 3 ZPO (Befangenheit) bezieht sich auf § 42 ZPO und ist nur einschlägig, wenn der Richter erfolgreich abgelehnt worden war und gleichwohl bei der Entscheidung mitgewirkt hat.

---

4 BAG 2.12.1999, 2 AZR 843/98, EzA § 579 ZPO Nr. 3 (II2) = AP § 79 ArbGG 1979 Nr. 4.
5 GK-ArbGG/*Ascheid* § 79 Rn. 22.
6 ArbGG/*Lipke* § 79 Rn. 9

7 Zu beachten ist, dass der Nichtigkeitsgrund Nr. 3 subsidiär ist, § 579 Abs. 2 ZPO, d.h., Rechtsmittel, aber auch Einspruch und Gehörsrüge nach § 78a gehen vor

8 § 579 Abs. 1 Nr. 4 ZPO (Vertretungsmängel) soll die Partei schützen, die ihre Angelegenheiten nur mit Hilfe eines Dritten regeln kann. Sie muss also prozessunfähig und nicht durch ihren gesetzlichen Vertreter oder überhaupt nicht vertreten gewesen sein. Nr. 4 wird entsprechend angewendet, wenn die Parteifähigkeit fehlt, eine Partei tatsächlich nicht existiert oder die beklagte Partei unverschuldet keine Kenntnis von einem gegen sie angestrengten Prozess hatte.[7] Letzteres ist dann der Fall, wenn die Partei nicht zum Rechtsstreit geladen wird. Allerdings darf das nicht so verstanden werden, als jeder Verstoß gegen den Anspruch auf rechtliches Gehör[8] oder jeder Zustellungsfehler die Wiederaufnahme des Verfahrens begründet. Nr. 4 erfasst nur den Fall der Nichtverständigung einer Partei und wenn diese Partei zu der mündlichen Verhandlung, auf Grund derer die Endentscheidung ergeht, nicht geladen worden ist.[9] Dem Mangel der Vertretung ist das Fehlen der Postulationsfähigkeit nicht gleichzustellen.[10]

9 War die Partei bei Erteilung der Prozessvollmacht prozessfähig und hat sie wirksam einen Prozessbevollmächtigten bestellt, ist die später prozessunfähig gewordene Partei i.S.v. § 579 Abs. 1 Nr. 4 ZPO »nach den Vorschriften der Gesetze vertreten«, obwohl für sie zunächst kein gesetzlicher Vertreter bestellt ist und ein Mangel der Prozessfähigkeit gem. § 56 ZPO von Amts wegen zu beachten ist.[11]

10 Der Nichtigkeitsgrund Nr. 4 unterliegt keinen Einschränkungen, allerdings kann er mit Erfolg nur von der Partei geltend gemacht werden, die im vorausgegangenen Verfahren nicht gesetzlich vertreten war.[12]

---

7 BAG 18.10.1990, 8 AS 1/90, EzA § 79 ArbGG 1979 Nr. 1.
8 BAG 21.7.1993, 7 ABR 25/92, EzA § 579 ZPO Nr. 1, betr. betriebsverfassungsrechtliches Beschlussverfahren, Beanstandung des Beweisverfahrens.
9 BayVGH 24.4.1991, 17 P 91.916, PersR 1992, 79 betr. personalvertretungsrechtliches Beschlussverfahren (Ladung an die Bevollmächtigten des Personalrats ging zur Post; der Zugang bei den Bevollmächtigten nicht nachweisbar).
10 BAG 18.10.1990, 8 AS 1/90, EzA § 79 ArbGG 1979 Nr. 1; krit. GK-ArbGG/ *Ascheid* § 79 Rn. 28: Nur bei einem am Gericht nicht zugelassen Anwalt; anders, wenn eine sonstige Person auftritt.
11 BAG 20.1.2000, 2 AZR 733/98, EzA § 56 ZPO Nr. 2 (II2c).
12 GK-ArbGG/*Ascheid* § 79 Rn. 27, 34.

II. Restitutionsklage

Die Restitutionsklage ist stets subsidiär, § 582 ZPO. Sie soll verhindern, dass die Autorität der Gerichte und das Vertrauen der Allgemeinheit in die Rechtsprechung beeinträchtigt werden, wenn rechtskräftige Urteile nicht überprüft werden können, obwohl ihre Grundlage erschüttert wird.[13] Bei den Restitutionsgründen § 580 Nr. 1 bis 5 ist eine strafbare Handlung für das Urteil ursächlich. Die Restitutionsgründe § 580 Nr. 6 bis 8 beziehen sich auf neues Vorbringen, das die Grundlage des Urteils entweder beseitigt oder vervollständigt. Die Hauptsache soll, soweit sie vom Restitutionsgrund betroffen ist, von neuem verhandelt werden, § 590 Abs. 1 ZPO. Die Neuverhandlung der Hauptsache ist eine Fortsetzung des früheren Prozesses im Zeitpunkt vor Urteilserlass, soweit er von dem Restitutionsgrund betroffen ist. Ziel ist eine neue Entscheidung auf der Grundlage des Ergebnisses der neuen Verhandlung und der früheren Lage, soweit sie bindend geblieben ist.

Die Subsidiarität ist eine besondere Prozessvoraussetzung, die von Amts wegen zu prüfen ist. Dabei geht es darum, ob der Restitutionsgrund nicht früher hätte geltend gemacht werden können, also bereits in dem vorausgegangenen Verfahren.[14] War das der Fall, ist die Klage unzulässig.[15]

Die Restitutionsklage ist nur dann begründet, wenn der Restitutionsgrund für die Unrichtigkeit der angegriffenen Entscheidung kausal war. Bei § 580 Nr. 1 bis 5 ZPO ergibt sich das aus dem Zusammenhang zwischen der strafbaren Handlung und dem Urteil,[16] bei den weiteren Restitutionsgründen unmittelbar aus dem Gesetzeswortlaut.

Der Restitutionsgrund Nr. 1 (falscher Parteieid) bezieht sich auf die Parteivernehmung des Gegners, § 452 ZPO, § 426 S. 3 ZPO und den in diesem Zusammenhang geleisteten Meineid, § 154 StGB, fahrlässigen Falscheid, § 163 StGB. Die Beteuerung nach § 484 ZPO steht dem gleich, nicht aber die eidesstattliche Versicherung.[17]

Der Restitutionsgrund Nr. 2 (Urkundenfälschung) bezieht sich auf die §§ 267 ff. StGB im Rahmen des Urkundenbeweises nach §§ 415 ff. ZPO.

Der Restitutionsgrund Nr. 3 (falsches Zeugnis oder Gutachten) bezieht sich auf §§ 153 bis 156, 163 StGB bei Zeugen oder Sachverständigen,

---

13 GK-ArbGG/*Ascheid* § 79 Rn. 35 m.w.N.
14 GK-ArbGG/*Ascheid* § 79 Rn. 35 f. m.w.N.
15 *Thomas/Putzo/Reichold* § 582 Rn. 1.
16 GK-ArbGG/*Ascheid* § 79 Rn. 38; *Thomas/Putzo/Reichold* § 580 Rn. 18.
17 *Thomas/Putzo/Reichold* § 580 Rn. 5.

§§ 319 ff., 410 ZPO. Objektiv falsche Gutachten fallen nicht unter die Vorschrift.[18] Dolmetscher werden erfasst, §§ 189, 191 GVG.

17 Der Restitutionsgrund Nr. 4 (Urteilserschleichung) erfasst in erster Linie Straftaten im Zusammenhang mit Prozessbetrug, etwa §§ 156, 160, 240, 263, 266 StGB durch den eigenen Vertreter, den Gegner oder dessen Vertreter.

18 Der Restitutionsgrund Nr. 5 (Amtspflichtverletzung eines Richters) erfasst Straftaten des Richters nach §§ 334, 336, 348 StGB.

19 Der Restitutionsgrund § 580 Nr. 6 (Urteilsaufhebung) setzt voraus, dass drei Urteile vorliegen: Ein präjudizielles Urteil, das darauf beruhende angegriffene Urteil und ein rechtskräftiges Urteil, dass das präjudizielle Urteil aufgehoben hat. Zwischen dem Restitutionsgrund und der mit der Restitutionsklage angegriffenen Entscheidung muss ein Ursachenzusammenhang bestehen. Das mit der Restitutionsklage angegriffene Urteil muss in der aufgehobenen früheren Entscheidung irgendwie seine Stütze finden. Es genügt, dass sie die Feststellungen einer Tatsache, die Beweiswürdigung oder rechtliche Erwägungen mitbestimmt hat.[19]

20 Ist der Zustimmungsbescheid des Integrationsamtes zur Kündigung eines schwerbehinderten Menschen im verwaltungsgerichtlichen Verfahren rechtskräftig aufgehoben worden, so ist der Restitutionsgrund des § 580 Nr. 6 ZPO (Wegfall der Urteilsgrundlage) gegeben, wenn zuvor das ArbG wegen der Zustimmung die Rechtswirksamkeit der Kündigung festgestellt hatte.[20] Wird nach rechtskräftiger Abweisung der Kündigungsfeststellungsklage die zunächst von der zuständigen Landesbehörde erteilte Zustimmung zu einer in Aussicht genommenen außerordentlichen Kündigung einer Arbeitnehmerin während ihrer Schwangerschaft später im verwaltungsrechtlichen Klageverfahren aufgehoben, kann die Arbeitnehmerin im Wege der Restitutionsklage gem. § 586 ZPO die Abänderung des arbeitsgerichtlichen Urteils erreichen.[21] Wird nach Rechtskraft eines klageabweisenden Kündigungsschutzurteils durch Feststellungsbescheid die Schwerbehinderteneigenschaft zum Zeitpunkt der Kündigung festgestellt, so stellt das einen Restitutionsgrund analog § 580 Nr. 7b ZPO (andere Urkunde) dar.[22] Da § 127 Abs. 2 InsO vermeiden will, dass es nicht zu zwei widersprüchlichen Entscheidungen kommt – eine im Kündigungsschutzverfahren,

---

18 GK-ArbGG/*Ascheid* § 79 Rn. 42.
19 LAG Schleswig-Holstein 16.12.2004, 4 Sa 303/04.
20 BAG 25.11.1980, 6 AZR 210/80, EzA § 580 ZPO Nr. 1.
21 BAG 17.6.2003, 2 AZR 245/02, EzA § 9 MuSchG n.F. Nr. 39.
22 BAG 15.8.1984, 7 AZR 558/82, EzA § 580 ZPO Nr. 2.

eine im Beschlussverfahren nach § 126 InsO, und sich aus § 127 InsO ergibt, dass das Beschlussverfahren vorgehen soll, kann ein Urteil, das im Kündigungsschutzprozess gleichwohl gegen den Insolvenzverwalter – etwa im Wege des Versäumnisurteils – ergeht, für das Beschlussverfahren nicht bindend sein und kann daher in entsprechender Anwendung des Restitutionsgrundes der Nr. 6 beseitigt werden.[23] Eine analoge Anwendung des § 580 Nr. 6 ZPO im Falle der Aufhebung einer rechtskräftigen klageabweisenden Entscheidung im Kündigungsschutzverfahren durch das Bundesverfassungsgericht bei unterbliebener Wahrung der Verjährungsfrist für vom Ausgang des Kündigungsschutzprozesses abhängige Annahmeverzugsansprüche kommt dann nicht in Betracht, wenn es an einer rechtskräftigen klageabweisenden Entscheidung vom Arbeitnehmer verfolgter Zahlungsansprüche fehlt, jedenfalls die Frist des § 586 Abs. 1 ZPO, ein Monat ab Kenntnis von der Entscheidung des Bundesverfassungsgerichts, für die Zahlungsklage nicht gewahrt ist.[24]

Der Restitutionsgrund Nr. 7a (Auffinden eines früheren Urteils) bezieht 21 sich auf ein Urteil, das in derselben Sache ergangen und rechtskräftig ist, wobei es ausreicht, wenn sich die Rechtskraft nach §§ 325 ff. ZPO auf die Parteien erstreckt. Die zweite Entscheidung soll deshalb für unwirksam erklärt werden.[25] Eine grundlegende Änderung der Rechtsprechung nach Erlass des Urteils ist kein Restitutionsgrund i.S.v. § 580 Nr. 7a ZPO.[26]

Der Restitutionsgrund Nr. 7b (Auffinden einer anderen Urkunde) ist 22 der in der Praxis häufigste Fall der Restitutionsklage, wie ein Blick in die Rechtsprechung zeigt. Zu den die Restitution begründenden Urkunden gehören nicht nur Urkunden mit formeller Beweiskraft i.S.d. §§ 415 ff. ZPO, sondern auch Urkunden, die für die zu beweisende Tatsache nur einen frei zu würdigenden Beweiswert haben. Es geht dabei um Urkunden, die bei der letzten mündlichen Verhandlung in der Tatsacheninstanz des Vorprozesses hätten vorgelegt und vom Gericht hätten berücksichtigt werden können; die Urkunden müssen grundsätzlich zum Zeitpunkt des früheren Verfahrens bereits existiert haben. Nur ausnahmsweise wird auch eine nachträglich errichtete Urkunde als Restitutionsgrund anerkennt, und zwar dann, wenn sie ihrer Rechtsnatur nach nicht im zeitlichen Zusammenhang mit den durch sie bezeugten Tatsachen errichtet wurde und deshalb zwangsläufig Tatsa-

---

23 *Zwanziger* Das Arbeitsrecht der Insolvenzordnung, 3. Aufl., § 127 InsO Rn. 11; GK-ArbGG/*Ascheid* § 79 Rn. 51.
24 BAG 7.11.2002, 2 AZR 297/01, EzA § 206 BGB 2002 Nr. 1 (BI6).
25 GK-ArbGG/*Ascheid* § 79 Rn. 53
26 BAG 20.10.1955, 2 AZR 438/54, AP § 580 ZPO Nr. 1 m. zust. Anm. *Pohle.*

chen beweist, die einer zurückliegenden Zeit angehören.[27] Als Restitutionsgrund – in entsprechender Anwendung der Nr. 7b – ist der nach Rechtskraft eines klageabweisenden Kündigungsschutzurteils ergangene, die Schwerbehinderung zum Kündigungszeitpunkt feststellende Bescheid des Versorgungs-, heute Integrationsamtes, auch hier besteht trotz nachträglicher Errichtung ein hoher Grad an Missbrauch ausschließender Beweissicherheit, diese Urkunde hat Beweiskraft für zurückliegende Tatsachen.[28] Der Restitutionsgrund der Nr. 7b ist nicht gegeben, wenn ein nachträglich ergangenes Urteil oder ein nachträglich ergangener Strafbefehl vorgelegt wird; sie binden das Zivil- oder Arbeitsgericht gerade nicht. Das gilt auch für ein Vernehmungsprotokoll über entlastende Zeugenaussagen nach Rechtskraft und für einen Beschluss des Strafgerichts, mit dem die Eröffnung des Hauptverfahrens abgelehnt wird.[29]

23 Eine unbeglaubigte Fotokopie eines Schriftstücks genügt nicht.[30] Nr. 7b ist nicht – auch nicht analog – anwendbar auf Fotografien und Gegenstände der Augenscheinseinnahme wie Kfz-Kennzeichen, Tonträger.[31] Gutachten mit neuen wissenschaftlichen Erkenntnissen sind nicht erfasst.[32] Das gilt auch für Gesetzestexte und wissenschaftliche Veröffentlichungen.[33] Ein ärztliches Sachverständigengutachten ist keine Urkunde i.S.v. § 580 Nr. 7b ZPO.[34] Der eine Nichtzulassungsbeschwerde wegen Divergenz verwerfende Beschluss des Bundesarbeitsgerichts kann nicht mit Erfolg auf ein nachträglich aufgefundenes angeblich divergierendes nunmehr vorgelegtes Urteil gestützt werden, dieses ist keine Urkunde i.S.d. Nr. 7 b. Es sind nur solche Urkunden gemeint, die tatsächliche Grundlagen des Rechtsstreits betreffen und zu Beweiszwecken geeignet sind.[35]

24 Das »Auffinden« i.S.d. Nr. 7 ist dahin zu verstehen, dass die Existenz oder der Verbleib der Urkunde bis zum maßgeblichen Zeitpunkt –

---

27 BAG 22.1.1998, 2 AZR 455/97, EzA § 580 ZPO Nr. 3 (II2); Beispiele bei *Thomas/Putzo/Reichhold* § 580 Rn. 21 und BSG 20.12.1962, 3 RJ 85/55, AP § 580 ZPO Nr. 6.
28 BAG 15.8.1984, 7 AZR 558/82, EzA § 580 ZPO Nr. 2; 22.1.1998, 2 AZR 455/97, EzA § 580 ZPO Nr. 3 (II2d); vgl. BAG 25.4.2007, 6 AZR 436/05, EzA § 520 ZPO 2002 Nr. 5 (I5).
29 BAG 22.1.1998, 2 AZR 455/97, EzA § 580 ZPO Nr. 3 (II2e aa,bb).
30 *Thomas/Putzo/Reichold* § 580 Rn. 14; a.A. wohl GK-ArbGG/*Ascheid* § 79 Rn. 56.
31 GK-ArbGG/*Ascheid* § 79 Rn. 59.
32 *Thomas/Putzo/Reichold* § 580 Rn. 15.
33 GK-ArbGG/*Ascheid* § 79 Rn. 56.
34 BAG 9.9.1958, 3 AZR 11/58, AP § 580 ZPO Nr. 5; hinsichtlich Kontoauszügen über Geldeingänge offen gelassen von LAG München 12.5.2005, 4 Sa 1271/04.
35 BAG 4.3.1977, 5 AZR 65/77, AP § 580 ZPO Nr. 9.

Schluss der mündlichen Verhandlung beim nicht berufungsfähigen Urteil, beim berufungsfähigen Urteil der Ablauf der Berufungsfrist, beim Versäumnisurteil der Ablauf der Einspruchsfrist, bei Wiedereinsetzung der Ablauf der Antragsfrist – dem Kläger unverschuldet, § 582 ZPO, unbekannt war. Bloße Unkenntnis des Inhalts der Urkunde reicht nicht aus. Anders ist es, wenn die Relevanz der Urkunde trotz Anwendung der gebotenen Sorgfalt nicht erkannt wurde.[36] »Zu benutzen in den Stand gesetzt« bedeutet, dass eine an sich bekannte Urkunde bis zum maßgeblichen Zeitpunkt nicht vorgelegt werden konnte, etwa, weil sie im Besitz eines nicht vorlegungspflichtigen Dritten war.[37]

Die Urkunde müsste im Vorprozess eine günstigere Entscheidung herbeigeführt haben. Die Möglichkeit einer anderen Entscheidung reicht nicht aus.[38] § 580 Nr. 7 ZPO will den nachträglichen Urkundenbeweis ermöglichen. Die Urkunde allein muss dem früheren Urteil eine tragende Stütze nehmen. Nur dann hat das Aufhebungsverfahren Erfolg und erst danach kann in den weiteren Verfahrensabschnitt der neuen Verhandlung und Entscheidung eingetreten werden.[39]

Der Restitutionsgrund Nr. 8 (Verstoß gegen Europäische Menschenrechtskonvention) wurde durch Art. 10 Nr. 6 des Zweiten Gesetzes zur Modernisierung der Justiz vom 22.12.2006 (2. JuMoG, BGBl. I S. 3416) mit Wirkung vom 1.1.2007 angefügt und setzt eine Entscheidung des EGMR voraus, in der festgestellt wird, dass das Urteil gegen eine Norm der EMRK verstößt. Außerdem muss schlüssig dargelegt werden, dass das Urteil auf diesem Verstoß beruht.[40] Auf Verfahren, die vor dem 31.12.2006 rechtskräftig abgeschlossen sind, ist der neue Wiederaufnahmegrund der Nr. 8 nicht anzuwenden, § 35 EGZPO.

Die **Zuständigkeit** für Nichtigkeits- und Restitutionsklagen richtet sich nach § 584 ZPO: Es ist regelmäßig das Gericht sachlich zuständig, das zuletzt eine Sachentscheidung gefällt hat. Das Revisionsgericht ist nach § 584 Abs. 1 letzte Alt. zuständig, wenn ein in der Revisionsinstanz erlassenes Urteil nach § 579 ZPO angefochten wird,[41] und zwar auch dann, wenn der Nichtigkeitsgrund nicht nur die Revisionsentscheidung, sondern auch die Entscheidungen der Vorinstanzen betroffen sind.[42] Bei einem Vollstreckungsbescheid eines Arbeitsgerichts ist

---

36 *Thomas/Putzo/Reichold* § 580 ZPO Rn. 16 i.V.m. Rn. 20.
37 *Thomas/Putzo/Reichold* § 580 ZPO Rn. 17.
38 GK-ArbGG/*Ascheid* § 79 Rn. 62.
39 BAG 19.10.1967, 5 AZR 203/67, AP § 580 ZPO Nr. 7.
40 *Thomas/Putzo/Reichold* § 580 Rn. 23.
41 BAG 20.8.2002, 3 AZR 133/02, EzA § 586 ZPO 2002 Nr. 1 (I).
42 GK-ArbGG/*Ascheid* § 79 Rn. 64 m.w.N.; *Thomas/Putzo/Reichold* § 584 Rn. 4.

28 Das sachlich zuständige Gericht prüft die **Zulässigkeitsvoraussetzungen** von Amts wegen, somit, ob die Klageschrift den notwendigen Inhalt nach § 587 ZPO enthält, nämlich die Angabe des Urteils, gegen das die Nichtigkeits- oder Restitutionsklage gerichtet wird, und die Erklärung, welche der Klagen erhoben wird, wobei es ausreicht, wenn der Inhalt der Klage deutlich macht, welche Klage gemeint ist. Es wird geprüft, ob die Klage rechtzeitig erhoben worden ist, § 586 ZPO. Wiedereinsetzung in den vorigen Stand gegen die Versäumung der Notfrist von einem Monat seit Kenntnis des Anfechtungsgrundes ist möglich. »Kenntnis von dem Anfechtungsgrund« i.S.v. § 586 Abs. 2 S. 1 ZPO bedeutet grundsätzlich die positive, sichere Kenntnis der Tatsachen, die den Wiederaufnahmegrund ausmachen (sollen). Dem positiven Wissen stehen aber Tatsachen gleich, deren Kenntnisnahme sich die Partei bewusst verschließt.[44] Fünf Jahre ab Rechtskraft des Urteils im Vorprozess wird die Klage unstatthaft, § 586 Abs. 2 S. 2 ZPO. Ausgenommen von des Fristen des § 586 Abs. 1 sind Nichtigkeitsklagen wegen mangelnder Vertretung, § 586 Abs. 3, § 579 Nr. 4 ZPO, bei jenen beginnt der Lauf der Frist an dem Tag, an dem der Partei und bei mangelnder Prozessfähigkeit ihrem gesetzlichen Vertreter die Entscheidung zugestellt wurde. Zur Zulässigkeit eines **Nichtigkeitsantrags** gehört, dass ein Prozessverstoß geltend gemacht wird, der dem § 579 ZPO zugeordnet werden kann, andernfalls ist die Klage unzulässig.[45] Zur Zulässigkeit der **Restitutionsklage** gehört der Vortrag eines der gesetzlichen Restitutionsgründe des § 580 ZPO.[46] Inwieweit der Restitutionskläger mit dem Restitutionsgrund durchdringt, ist eine Frage der Begründetheit der Restitutionsklage.[47] Die Klage ist unzulässig, wenn der Kläger den Nichtigkeitsgrund Nr. 1 und Nr. 3 des § 579 ZPO bei Anwendung der gebotenen Sorgfalt durch Rechtsmittel hätte geltend machen können, § 579 Abs. 2 ZPO. Die Restitutionsklage ist nur zulässig, wenn der Restitutionsgrund nicht früher geltend gemacht werden konnte, § 582 ZPO.[48]

29 Ist die Wiederaufnahmeklage unzulässig, wird sie verworfen, § 589 Abs. 1 S. 2 ZPO.

---

43 GK-ArbGG/*Ascheid* § 79 Rn. 64 m.w.N.; *Thomas/Putzo/Reichold* § 584 Rn. 4.
44 BAG 20.8.2002, 3 AZR 133/02, EzA § 586 ZPO 2002 Nr. 1 (II4).
45 BAG 21.7.1993, 7 ABR 25/92, EzA § 579 ZPO Nr. 2 (BI3); 18.10.1990, 8 AS 1/90, AP § 579 ZPO Nr. 2 (II3).
46 BAG 15.8.1984, 7 AZR 558/82, EzA § 580 ZPO Nr. 2 (I5).
47 BAG 22.1.1998, 2 AZR 455/79, EzA § 580 ZPO Nr. 3 (II2a).
48 *Thomas/Putzo/Reichold* § 582 Rn. 1; a.A. GK-ArbGG/*Ascheid* § 79 Rn. 93: Bei der Begründetheit zu prüfen.

Ist sie zulässig, ist zu prüfen, ob sie begründet ist, also ein Wiederauf- 30
nahmegrund tatsächlich vorliegt, sog. aufhebendes Verfahren.[49] Ist
die Wiederaufnahmeklage unbegründet, ergeht klageabweisendes Urteil. Ist sie begründet, ergeht entweder ein Zwischenurteil nach § 303
ZPO oder es wird in den Gründen des Endurteils das frühere Urteil aufgehoben. Liegt ein Wiederaufnahmegrund vor, wird der Rechtsstreit
neu entschieden, sog. ersetzendes Verfahren.[50] Das Revisionsgericht
hat nach § 590 Abs. 3 ZPO selbst die notwendigen tatsächlichen Feststellungen über den Wiederaufnahmegrund zu treffen und verweist
im Übrigen erforderlichenfalls zur neuen Verhandlung und Entscheidung der Hauptdache an das Landesarbeitsgericht zurück. Bleibt es
bei der Entscheidung des Vorprozesses, so kann entweder das frühere
Urteil aufgehoben und mit dem gleichen Inhalt erneut erlassen werden
oder das frühere Urteil aufrechterhalten werden.[51]

Für Rechtsmittel gegen Entscheidungen im Wiederaufnahmeverfahren 31
bestimmt § 591 ZPO, dass sich diese nach den allgemeinen Vorschriften
richten.

Die Kosten der Wiederaufnahme trägt der Kläger, bei unzulässiger Wie- 32
deraufnahmeklage ohnehin, im Übrigen erfolgt je nach dem Ergebnis
der neuen Entscheidung ggf. eine Kostenquotelung.

---

49 GK-ArbGG/*Ascheid* § 79 Rn. 93.
50 GK-ArbGG/*Ascheid* § 79 Rn. 94.
51 *Thomas/Putzo/Reichold* § 590 Rn. 5.

Zweiter Abschnitt
Beschlußverfahren

Erster Unterabschnitt
Erster Rechtszug

§ 80 Grundsatz

(1) Das Beschlußverfahren findet in den in § 2a bezeichneten Fällen Anwendung.

(2) ¹Für das Beschlußverfahren des ersten Rechtszugs gelten die für das Urteilsverfahren des ersten Rechtszugs maßgebenden Vorschriften über Prozeßfähigkeit, Prozeßvertretung, Ladungen, Termine und Fristen, Ablehnung und Ausschließung von Gerichtspersonen, Zustellungen, persönliches Erscheinen der Parteien, Öffentlichkeit, Befugnisse des Vorsitzenden und der ehrenamtlichen Richter, Vorbereitung der streitigen Verhandlung, Verhandlung vor der Kammer, Beweisaufnahme, gütliche Erledigung des Verfahrens, Wiedereinsetzung in den vorigen Stand und Wiederaufnahme des Verfahrens entsprechend, soweit sich aus den §§ 81 bis 84 nichts anderes ergibt. ²Der Vorsitzende kann ein Güteverfahren ansetzen; die für das Urteilsverfahren des ersten Rechtszuges maßgebenden Vorschriften über das Güteverfahren gelten entsprechend.

(3) § 48 Abs. 1 findet entsprechende Anwendung.

1 Das Beschlussverfahren findet in den in § 2a abschließend aufgezählten Fällen, aber auch in den Fällen der §§ 122, 126 InsO statt. Es ist neben dem Urteilsverfahren die zweite eigenständige Verfahrensart der Arbeitsgerichtsbarkeit. Es geht im Gegensatz zum Urteilsverfahren um kollektivrechtliche Streitigkeiten. § 80 Abs. 2 verweist im Wesentlichen auf das arbeitsgerichtliche Urteilsverfahren.

2 Die Beschwerde gegen das Verfahren beendende Beschlüsse des Arbeitsgerichts (vgl. §§ 87 ff.) und die Rechtsbeschwerde gegen das Verfahren beendende Beschlüsse des Landesarbeitsgerichts (vgl. §§ 94 ff.) ist den Vorschriften über die Berufung und über die Revision angepasst.

3 Die Nichtzulassung der Rechtsbeschwerde durch das LAG kann nach § 92a selbständig angefochten werden.

Grundsatz § 80

Beschlussverfahren und Urteilsverfahren schließen sich gegenseitig 4
aus. Die richtige Verfahrensart ist als Prozessvoraussetzung von Amts
wegen zu prüfen.[1] Zu den Folgen der falschen Verfahrenswahl vgl.
§ 2 Rn. 3, § 48 Rn. 10.[2]

§ 80 Abs. 2 S. 1 verweist für im Einzelnen genannte Regelungsbereiche 5
auf die für das Urteilsverfahren des ersten Rechtszuges geltenden Vorschriften, soweit sich aus den §§ 81 bis 84 nichts anderes ergibt. Eine allgemeine Verweisung auf die ZPO fehlt.

Ausdrücklich in Bezug genommen sind die Vorschriften über die **Pro-** 6
zessfähigkeit, was nur als Hinweis auf § 46 Abs. 2 i.V.m. §§ 50 ff.
ZPO verstanden werden kann. Die Parteifähigkeit/Beteiligtenfähigkeit
richtet sich nach § 10 ArbGG. Die **Prozessvertretung** bestimmt sich
nach § 11. Wenn ein Beteiligter nicht selbst auftreten will, kann er sich
durch Verfahrensbevollmächtigte vertreten lassen, etwa durch einen
Rechtsanwalt oder von einem Verbandsvertreter, etwa von einer Gewerkschaft oder von der DGB-Rechtsschutz-GmbH auf Arbeitnehmerseite oder Vertreter einer Vereinigung von Arbeitgebern, z.B. eines Arbeitgeberverbandes. Dabei kann es sich auch um Zusammenschlüsse
solcher Verbände handeln. Voraussetzung ist Mitgliedschaft in dem entsprechenden Verband. Bei der Vertretung des Betriebsrats durch eine
Gewerkschaft reicht es aus, wenn ein Mitglied des Betriebsrats der betreffenden Gewerkschaft angehört.[3] Sind Mitglieder des Betriebsrats
in verschiedenen Verbänden organisiert, so wird durch Beschluss bestimmt, wer den Betriebsrat vertreten soll.[4] Ohnehin bedarf es eines Beschlusses des Gremiums hinsichtlich der Vertretung im Beschlussverfahren.[5] Der Betriebsrat kann wählen, ob er einen Rechtsanwalt oder
einen Gewerkschaftsvertreter mit der Vertretung betraut. Das gilt
auch für die jeweilige Instanz, so dass der Betriebsrat, der zunächst
den Rechtsschutz durch die Gewerkschaft in Anspruch genommen hatte, für das Beschwerdeverfahren einen Rechtsanwalt beauftragen
kann.[6] § 11a, **Beiordnung eines Rechtsanwalts**, ist anwendbar. Die **Bewilligung von Prozesskostenhilfe**, § 11a Abs. 3, bezieht sich nur auf
natürliche Personen, etwa das nach § 103 Abs. 2 S. 2 BetrVG zu beteiligende Mitglied des Betriebsrats, nicht aber auf betriebsverfassungsrechtliche Organe, deren Kosten der Arbeitgeber zu tragen hat, z.B.

---

1 Vgl. z.B. *LAG Hamm* 9.2.2007, 10 TaBV 54/06, Rn. 66 betr. § 103 Abs. 2 und § 23 Abs. 1 BetrVG, juris
2 Vgl. im Übrigen GK-ArbGG/*Dörner* § 80 Rn. 20 f.
3 HWK/*Bepler* § 80 Rn. 4.
4 HWK/*Bepler* § 80 Rn. 4.
5 DKK/*Wedde* § 40 Rn. 29.
6 Vgl. *Richardi/Thüsing* § 40 Rn. 24.

Friedrich

§ 40 BetrVG.[7] **Ladungen, Termine und Fristen** richten sich nach § 47 Abs. 1 und über § 46 Abs. 2 nach §§ 214 ff. ZPO. Die Ladungsfrist beträgt mindestens drei Tage, Abkürzung auf Antrag ist nach § 226 ZPO möglich. Die Einlassungsfrist beträgt auch für das Beschlussverfahren eine Woche und kann auf Antrag abgekürzt werden, § 226 ZPO. Für die **Ablehnung und Ausschließung von Gerichtspersonen** gelten über § 46 Abs. 2 die §§ 41 ff., wobei statt Partei Beteiligter zu lesen ist. Ob der Beteiligte Antragsteller oder sonstiger Beteiligter ist, ist unerheblich. Ist der Ausschließungsgrund nur hinsichtlich eines Mitglieds der betriebsverfassungsrechtlichen Stelle gegeben, ist der Richter nicht schon Kraft Gesetzes von der Ausübung des Richteramtes ausgeschlossen.[8] Entsprechend § 41 Nr. 6 ZPO ist in einem Verfahren, in dem es um die Wirksamkeit des Spruches einer Einigungsstelle geht, der Richter ausgeschlossen, der Mitglied der Einigungsstelle war.[9] **Zustellungen** richten sich nach § 50 ZPO; außerdem ist mit § 46 Abs. 2 auf die §§ 166 ff. ZPO verwiesen. Die Zustellung an den Betriebsrat oder an andere betriebsverfassungsrechtliche Stellen hat entsprechend § 170 Abs. 2 ZPO an den Vorsitzenden zu erfolgen. Eine Ersatzzustellung nach § 178 Abs. 1 Nr. 2 ZPO ist nur möglich, wenn der Betriebsrat ein eigenes Büro mit wenigstens einer beschäftigten Person hat,[10] auf deren Funktion kommt es nicht an. Der Betrieb als solcher ist nicht Geschäftsraum des Betriebsrats.[11] Eine Ersatzzustellung durch Einlegen in den Briefkasten nach § 180 ZPO ist nur möglich, wenn der Betriebsrat, dessen Vorsitzenden oder einer beschäftigten Person nicht zugestellt werden konnte, über einen Briefkasten verfügt, bei dem ein Zugriff Dritter ausgeschlossen ist.[12] Einem nach § 11 ArbGG zur Verfahrensvertretung zugelassenen Gewerkschaftsvertreter kann gegen Empfangsbekenntnis zugestellt werden.[13] Das **persönliche Erscheinen** der Beteiligten kann nach § 51, § 65 Abs. 1 Nr. 3 und § 141 ZPO angeordnet werden. Ein Ordnungsgeld kann nach § 143 Abs. 3 ZPO verhängt werden. Bei Organen ist Schuldner der Vorsitzende oder der an seiner Stelle geladene Vertreter.[14] Wegen des Amtsermittlungsgrundsatzes kommt eine Zurückweisung des Bevollmächtigten wegen Nichterscheinens des Beteiligten nach § 51 Abs. 2 nicht in Betracht.[15] Die **Öffentlichkeit** oder der Ausschluss der Öffentlichkeit bei der Anhörung der Beteiligten

---

7 GK-ArbGG/*Dörner* § 80 Rn. 35.
8 GK-ArbGG/*Dörner* § 80 Rn. 40.
9 GK-ArbGG/*Dörner* § 80 Rn. 41.
10 GK-ArbGG/*Dörner* § 80 Rn. 42 m.w.N.
11 ArbGG/*Koch* § 80 Rn. 6.
12 ArbGG/*Koch* § 80 Rn. 6.
13 GK-ArbGG/*Dörner* § 80 Rn. 43.
14 GK-ArbGG/*Dörner* § 80 Rn. 44.
15 GMPM-G/*Mattes* § 80 Rn. 52.

Grundsatz § 80

richten sich nach § 52 i.V.m. §§ 169, 173 bis 175 GVG. Für die **Befugnisse des Vorsitzenden und der ehrenamtlichen Richter** ist auf die §§ 53 bis 55 verwiesen, soweit nicht § 81 Abs. 2 eingreift (vgl. dort Rn. 12). Da es ein Versäumnisverfahren im Beschlussverfahren nicht gibt, ist § 55 Abs. 1 Nr. 4, 5 nicht anwendbar. Verfahrensbeendende Beschlüsse ergehen durch die Kammer, auch wenn nach § 83 Abs. 4 S. 3 (vgl. dort Rn. 7) im Einverständnis der Beteiligten ohne mündliche Anhörung entschieden wird, es sei denn, es ergeht eine Alleinentscheidung durch den Vorsitzenden nach § 55 Abs. 3, was möglich ist (vgl. unten Rn. 8). Für die Vorbereitung des Termins zur **Anhörung der Beteiligten** ist auf § 56 Abs. 1 verwiesen. Dabei wird es oft um die mitunter nicht ohne weiteres zu klärende Frage gehen, wer am Verfahren zu beteiligen ist.[16] Nach § 83 Abs. 1a kann der Vorsitzende den Beteiligten eine Frist für ihr Vorbringen setzen, nicht rechtzeitiges Vorbringen kann ausgeschlossen werden (Einzelheiten vgl. dort Rn. 3). Für die **Anhörung der Beteiligten vor der Kammer** gilt § 57: Das Beschlussverfahren soll möglichst in einem Anhörungstermin erledigt werden, was bei schwierigen Sachverhalten nicht immer möglich ist. Auch nach einem etwa erfolgten Gütetermin nach § 80 Abs. 2 S. 2 (dazu unten Rn. 8) soll eine gütliche Erledigung des Beschlussverfahrens angestrebt werden, § 57 Abs. 2, was voraussetzt, dass die Beteiligten über den Streitgegenstand verfügen können. Die **Beweisaufnahme** »erfolgt vor der Kammer«, § 58 Abs. 1 S. 1, soweit sie im Gerichtsgebäude möglich ist. Andernfalls kann die Beweisaufnahme dem Vorsitzenden übertragen werden. Außerhalb des Sitzes des Arbeitsgerichts kann sie nach § 13 im Wege der Rechtshilfe erfolgen. Die **Wiedereinsetzung in den vorigen Stand** bestimmt sich nach den §§ 233 ff. ZPO. Sie kommt nur für verfahrensrechtliche Fristen in Betracht, nicht aber für materielle Antragsfristen wie etwa § 19 Abs. 2 BetrVG.[17] Die Wiederaufnahme des Verfahrens richtet sich über §§ 80 Abs. 2, 79 nach den §§ 578 ff. ZPO, wobei die Wiederaufnahme von jedem Beteiligten beantragt werden kann.

Wenn sich Lücken im Rahmen der über § 80 Abs. 2 für anwendbar erklärten Vorschriften ergeben, ist trotz fehlender ausdrücklicher Verweisung auf die Regelungen der ZPO zurückzugreifen.[18] 7

Nicht anwendbar sind die §§ 331 ff. ZPO (Säumnis) und die §§ 688 ff. ZPO (Mahnverfahren). Die §§ 91 ff. ZPO sind im Beschlussverfahren nicht – auch nicht analog – anwendbar.[19] Im Beschlussverfahren ist kein Raum für eine Kostenentscheidung. Für die Gerichtskosten folgt 7a

---

16 GK-ArbGG/*Dörner* § 80 Rn. 57.
17 GK-ArbGG/*Dörner* § 80 Rn. 61.
18 HWK/*Bepler* § 80 Rn. 10.
19 GK-ArbGG/*Wenzel* § 12 Rn. 434.

das aus § 2 Abs. 2 GKG, das arbeitsgerichtliche Beschlussverfahren ist gerichtskostenfrei. Das soll auch hinsichtlich einer Erstattung der außergerichtlichen Kosten gelten,[20] und zwar auch dann, wenn es nicht um einen Streit zwischen Betriebsrat und Arbeitgeber geht, sondern um einen Unterlassungsantrag einer Gewerkschaft gegen eine Arbeitgeberin.[21] Indes spricht einiges dafür, auszusprechen, dass der Arbeitgeber die außergerichtlichen Kosten des Betriebsrats aus dem festgesetzten Gegenstandswert zu erstatten hat, was ein weiteres Beschlussverfahren gestützt auf die materiell-rechtliche Kostentragungspflicht des Arbeitgebers nach § 40 BetrVG und einen Antrag gem. § 33 RVG ersparen **kann**,[22] wobei der Antrag nach § 33 RVG unterstellt wird. Immerhin wird es für möglich gehalten, dass der Betriebsrat oder ein anderer Beteiligter **gleichzeitig** die Feststellung beantragt, dass der Arbeitgeber materiell nach § 40 BetrVG oder nach einer anderen Vorschrift, z.B. § 20 Abs. 3 S. 1 BetrVG verpflichtet ist, seine außergerichtlichen Kosten zu tragen, insbesondere seine Rechtsanwaltskosten; würde diesem – zusätzlichen – Sachantrag entsprochen, kommt die – entsprechende – Anwendung des § 104 ZPO, Kostenfestsetzungsverfahren, in Betracht.[23]

8 Das Gesetz verwendet für das Beschlussverfahren den Begriff »**Beteiligter**«, so dass an Stelle der Prozessfähigkeit der Begriff »Beteiligtenfähigkeit« tritt (vgl. dazu § 10). Die Rechtsfähigkeit ist keine Voraussetzung für die Fähigkeit, in einem Beschlussverfahren Beteiligter zu sein. Von der »Beteiligtenfähigkeit« ist die »Beteiligtenbefugnis« zu unterscheiden (dazu § 81).

9 Der **Vorsitzende** der Kammer des Arbeitsgerichts kann nach § 80 Abs. 2 S. 2 nach seinem Ermessen statt eines Termins zur Anhörung der Beteiligten vor der Kammer zunächst einen Gütetermin bestimmen. Das ist dann sinnvoll, wenn ein Vergleich wegen der Verfügungsbefugnis der

---

20 GMPM-G/*Matthes* § 84 Rn. 30 f.
21 LAG München 28,3.2001, 9 TaBV 14/01, NZA-RR 2001, 662 (II2); LAG Hamm 21.7.2006, 10 TaBV 11/06, ArbRB 2006, 357, Vorinstanz zu BAG 2.10.2007, 1 ABR 59/06, NZA 2008, 372, letztere auch zur materiellen Verpflichtung des Arbeitgebers, die Kosten der antragstellenden Gewerkschaft zu tragen; vgl. auch GMPM-G/*Matthes* § 84 Rn. 32 a.E., 33.
22 Andernfalls geht es um die Frage der »Kostenübernahme für Kostenfreistellungsverfahren« mit der Möglichkeit einer »Kostenübernahmespirale«, die nur gestoppt werden kann, wenn die Kosten für die Beauftragung eines Rechtsanwaltes in einem Streit über die Übernahme der Kosten des Rechtsanwalts in einem vorausgegangenen Beschlussverfahren i.d.R. nicht als »erforderlich« angesehen werden, vgl. für den kirchlichen Bereich KGH.EKD 31.10.2005, II-0124/L8–05, NZA-RR 2007, 55, 223.
23 GMPM-G/*Matthes* § 80 Rn. 33.

Beteiligten über den Streitgegenstand überhaupt möglich ist (vgl. § 83a und Anm. dort) und nach dem bisherigen Vortrag als nicht ausgeschlossen erscheint oder wenn eine ausführliche Erörterung des Sachverhalts zur Vorbereitung des Anhörungstermins vor der Kammer für erforderlich gehalten wird. Bei Einverständnis aller Beteiligter, also nicht nur des Antragstellers und des Antraggegners, kann der Vorsitzende nach § 55 Abs. 3 allein entscheiden.[24]

Nach Abs. 3 gelten für die Verfahrensart und die örtliche Zuständigkeit die §§ 17 bis 17b GVG mit den in § 48 Abs. 1 genannten Maßgaben entsprechend. Damit ist der Rechtsstreit nach Anhörung der Beteiligten gem. § 17a Abs. 2 GVG vom Beschlussverfahren in das Urteilsverfahren zu verweisen und umgekehrt, wenn er in der unzutreffenden Verfahrensart eingeleitet worden ist. Bei Streit über die richtige Verfahrensart, entscheidet das Arbeitsgericht darüber vorab durch Beschluss, gegen den die sofortige Beschwerde statthaft ist, § 17a Abs. 4 GVG. In den höheren Instanzen ist nicht zu prüfen, ob die Verfahrensart zulässig ist, §§ 88, 93 Abs. 2 i.V.m. § 65.

§ 83 Abs. 2 BPersVG erklärt für Rechtsstreitigkeiten aus dem Bundespersonalvertretungsgesetz die arbeitsgerichtsgesetzlichen Vorschriften über das Beschlussverfahren für entsprechend anwendbar. Die meisten Länder haben für Streitigkeiten aus ihrem Personalvertretungsrecht die Vorschriften über das Beschlussverfahren des ArbGG für entsprechend anwendbar erklärt.[25] Die Verweisung für personalvertretungsrechtliche Streitigkeiten umfasst auch § 92 ArbGG mit der Folge, dass die Rechtsbeschwerde auch hinsichtlich Landespersonalvertretungsrecht gegeben ist.[26]

§ 122 Abs. 2 S. 2 Hs. 1 InsO verweist für das Verfahren über die **gerichtliche Zustimmung zur Durchführung einer Betriebsänderung** auf die Vorschriften des ArbGG über das Beschlussverfahren, wobei nach dem zweiten Halbsatz der Insolvenzverwalter und der Betriebsrat Beteiligte sind. Die betroffenen Mitarbeiter sind nicht beteiligt. § 122 InsO soll eine schnelle Durchführung von Betriebsänderungen ermöglichen. Nur der Insolvenzverwalter kann einen Antrag stellen, von der Eigenverwaltung durch den Schuldner abgesehen. Eine Betriebsänderung i.S.d. § 111 BetrVG muss geplant sein. Die geplante Betriebsänderung,

---

24 Hauck/Helml § 80 Rn. 8; GMPM-G/Matthes § 80 Rn. 57; Schwab/Weth § 80 Rn. 36; a.A. ErfK/Eisemann § 80 Rn. 4; ArbGG/Koch § 80 Rn. 13.
25 Einzelheiten bei GMPM-G/Matthes § 80 Rn. 8; GK-ArbGG/Dörner § 80 Rn. 63.
26 GK-ArbGG/Dörner § 80 Rn. 64 unter Hinweis darauf, dass im PersVG Bayern der Verwaltungsgerichtshof abschließend entscheidet.

zu der das Gericht die Zustimmung erteilen soll, ist im Antrag so genau wie nur irgend möglich zu bezeichnen.[27]

13 Der Antrag ist nach § 122 Abs. 2 S. 3 InsO nach Maßgabe des § 61a Abs. 3 bis 6 vorrangig zu erledigen. Dadurch wird der Amtermittlungsgrundsatz zu Gunsten der Beschleunigung des Verfahrens zurückgedrängt.[28] Im Interesse der Beschleunigung des Verfahrens ist die Beschwerde an das Landesarbeitsgericht gegen den arbeitsgerichtlichen Beschluss ausgeschlossen, § 122 Abs. 3 S. 1 InsO. Es findet nur die Rechtsbeschwerde an das Bundesarbeitsgericht statt, wenn das Arbeitsgericht sie zugelassen hat, § 122 Abs. 3 S. 2 Hs. 1 InsO. Liegen die Voraussetzungen des § 72 Abs. 2 vor, ist die Rechtsbeschwerde zuzulassen. Das folgt aus § 122 Abs. 3 S. 2 Hs. 2 InsO. Eine Nichtzulassungsbeschwerde gegen den Beschluss des Arbeitsgerichts ist nicht statthaft.[29]

14 § 126 Abs. 2 InsO verweist für das besondere Beschlussverfahren, mit dem der Insolvenzverwalter beim Arbeitsgericht feststellen lassen kann, dass in seinem Antrag aufgeführte Arbeitnehmer auf Grund betrieblicher Erfordernisse gekündigt werden können, auf die Vorschriften des ArbGG über das Beschlussverfahren. Beteiligte sind der Insolvenzverwalter, der Betriebsrat – wenn einer besteht – und die im Antrag bezeichneten Arbeitnehmer, soweit sie nicht mit der Beendigung der Arbeitsverhältnisse oder mit den geänderten Arbeitsbedingungen einverstanden sind. Das **Beschlussverfahren zum Kündigungsschutz** setzt voraus, dass entweder kein Betriebsrat besteht oder wenn der Betriebsrat ordnungsgemäß unterrichtet wurde, aber innerhalb von drei Wochen kein Interessenausgleich mit Namensliste zustande gekommen ist. Der Antrag auf Feststellung, dass die Kündigung im Antrag im Einzelnen genau bezeichneter Arbeitnehmer durch dringende betriebliche Erfordernisse bedingt uns sozial gerechtfertigt ist, § 126 Abs. 1 S. 1 InsO sollte dahin ergänzt werden, dass die Kündigungen auch nicht wegen eines Betriebsübergangs ausgesprochen werden.[30] Hilfsanträge hinsichtlich anderer Arbeitnehmer sind zulässig, etwa, wenn die Sozialauswahl zweifelhaft ist.[31] Diese Arbeitnehmer sind dann Beteiligte des Beschlussverfahrens.[32] Ob und ab wann ein Erwerber gem. § 128 Abs. 1 S. 2 InsO weiterer Beteiligter an dem Beschlussverfahren ist, ist

---

27 *Zwanziger* Das Arbeitsrecht der Insolvenzordnung, 3. Aufl., § 122 Rn. 30; GK-ArbGG/*Dörner* § 80 Rn. 73.
28 Einzelheiten bei *Zwanziger* a.a.O., Rn. 32 ff.
29 BAG 14.8.2001, 2 ABN 20/01, AP § 72a ArbGG 1979 Divergenz Nr. 44; h.M., vgl. z.B. HWK/*Annuß* § 122 InsO Rn. 9; GK-ArbGG/*Dörner* § 80 Rn. 74.
30 *Zwanziger* a.a.O., § 126 InsO Rn. 28.
31 *Zwanziger* a.a.O., § 126 Rn. 30.
32 GK-ArbGG/*Dörner* § 80 Rn. 78.

nicht abschließend geklärt.³³ § 126 Abs. 2 S. 2 InsO mit dem Verweis auf § 122 Abs. 2 S. 3, Abs. 3 InsO zeigt, dass sich die Fristsetzungen nach § 61a Abs. 3 bis 6 richten und gegen die Entscheidung des Arbeitsgerichts nur die Rechtsbeschwerde möglich ist, wenn sie zugelassen wurde. Die Nichtzulassungsbeschwerde findet nicht statt. Hinsichtlich der Kosten verweist § 126 Abs. 3 InsO auf § 12a Abs. 1 S. 1 und Abs. 2. Daraus folgt, dass beim Arbeitsgericht Anwaltskosten nicht zu erstatten sind, die Anwaltskosten des Betriebsrats trägt der Insolvenzverwalter nach § 40 BetrVG. In der Rechtsbeschwerdeinstanz gelten die allgemeinen Regeln; über die Kosten des Betriebsrats wird nicht entschieden.³⁴

Seit dem 1.1.2004 finden für **Streitigkeiten aus dem Mitarbeitervertre-** 15 **tungsrecht der Evangelischen Kirche** in Deutschland nach §§ 62 MVG.EKD für das kirchengerichtliche Beschlussverfahren die Vorschriften des ArbGG über das Beschlussverfahren in der jeweils geltenden Fassung entsprechende Anwendung, soweit kirchengesetzlich nicht etwas anderes bestimmt ist. Allerdings sind die Vorschriften über Zwangsmaßnahmen ausgenommen, somit insbesondere § 85 Abs. 1, was darauf zurückzuführen ist, dass der Kirchengesetzgeber davon ausgeht, dass die verfasste Kirche und ihre Untergliederungen, etwa das Diakonische Werk, einer kirchengerichtlichen Entscheidung auch ohne Zwang Rechnung tragen, was aber leider nicht immer der Fall ist, wie die Praxis zeigt.³⁵ Auch für das Beschwerdeverfahren bei dem Kirchengerichtshof der evangelischen Kirche – KGH.EKD – mit Sitz in Hannover, das in letzter Instanz nach Annahme der Beschwerde entscheidet, finden nach § 63 Abs. 7 MVG.EKD im Übrigen, soweit kirchengesetzlich nichts anderes bestimmt ist, die Vorschriften des ArbGG in der jeweils geltenden Fassung entsprechende Anwendung. Nach § 29 S. 2 des Kirchengesetzes der Evangelischen Kirche in Deutschland (KiGG.EKD ABl.EKD 2003, 408) sind »ergänzend« die Vorschriften des KiGG.EKD anzuwenden.

Für das **Mitarbeitervertretungsrecht der Katholischen Kirche** in 16 Deutschland sind die Kirchengerichte für Arbeitssachen nach § 2 Abs. 2 der Kirchlichen Arbeitsgerichtsordnung – KAGO – (u.a. ABl. des Erzbistums Köln 2005 Nr. 100 S. 225) – zuständig für Rechtsstreitigkeiten

---

33 Dazu i.E. *Zwanziger* a.a.O., § 126 InsO Rn. 24 f. m.w.N.
34 Vgl. i.E. *Zwanziger* a.a.O., § 126 Rn. 35 ff., Rn. 39 auch zum Streitwert: Entweder nach § 42 Abs. 4 GKG höchstens der Betrag des für die Dauer eines Vierteljahres zu leistenden Arbeitsentgelts pro Arbeitnehmer oder nach § 23 Abs. 3 S. 2 RVG 4.000 € bis 500.000 €.
35 Vgl. dazu z.B. *Andelewski/Küfner-Schmitt/Schmitt/Bohnenkamp* MVG.EKD § 62 Rn. 4 f.; *Bauer* u.a. MVG.RWL § 62 Anm. 1.4; *Fey/Rehren* MVG.EKD Rn. 7.

aus der Mitarbeitervertretungsordnung – MAVO – und der diese ergänzenden Ordnungen einschließlich des Wahlverfahrensrechts und des Verfahrens vor der Einigungsstelle. § 27 KAGO verweist auf die Vorschriften des ArbGG über das Urteilsverfahren, soweit die KAGO nichts anderes bestimmt. Nach § 47 KAGO findet gegen das Urteil des Kirchlichen Arbeitsgerichts die Revision an den in letzter Instanz entscheidenden Kirchlichen Arbeitsgerichtshof – Sitz in Bonn – statt, wenn sie in dem Urteil des Kirchlichen Arbeitsgerichts oder durch Beschluss des Kirchlichen Arbeitsgerichtshofs auf Grund einer Nichtzulassungsbeschwerde zugelassen wurde. Auf das Verfahren vor dem kirchlichen Arbeitsgerichtshof im zweiten Rechtszug finden nach § 46 KAGO die Vorschriften über das Verfahren im ersten Rechtszug, §§ 27 bis 43 Anwendung, soweit die §§ 47 bis 51 KAGO nichts anderes bestimmen. Die Vollstreckung gerichtlicher Entscheidungen richtet sich nach § 53 KAGO, der in seinem Abs. 1 eine Berichtspflicht auferlegt, ob der Entscheidung Rechnung getragen wurde, andernfalls erfolgt eine Aufforderung, die Verpflichtungen aus der Entscheidung zu erfüllen. Bleibt das erfolglos, wird der kirchliche Vorgesetzte um Vollstreckungshilfe ersucht, der seinerseits zu berichten hat. Bleibt das erfolglos, sieht Abs. 3 eine Geldbuße bis zu 2.500 € vor und die Anordnung, dass »die Entscheidung des Gerichts unter Nennung der Verfahrensbeteiligten im Amtsblatt des für den säumigen Beteiligten zuständigen Bistums zu veröffentlichen ist«.

§ 81 Antrag

(1) Das Verfahren wird nur auf Antrag eingeleitet; der Antrag ist bei dem Arbeitsgericht schriftlich einzureichen oder bei seiner Geschäftsstelle mündlich zur Niederschrift anzubringen.

(2) [1]Der Antrag kann jederzeit in derselben Form zurückgenommen werden. [2]In diesem Fall ist das Verfahren vom Vorsitzenden des Arbeitsgerichts einzustellen. [3]Von der Einstellung ist den Beteiligten Kenntnis zu geben, soweit ihnen der Antrag vom Arbeitsgericht mitgeteilt worden ist.

(3) [1]Eine Änderung des Antrags ist zulässig, wenn die übrigen Beteiligten zustimmen oder das Gericht die Änderung für sachdienlich hält. [2]Die Zustimmung der Beteiligten zu der Änderung des Antrags gilt als erteilt, wenn die Beteiligten sich, ohne zu widersprechen, in einem Schriftsatz oder in der mündlichen Verhandlung auf den geänderten Antrag eingelassen haben. [3]Die Entscheidung, daß eine Änderung des Antrags nicht vorliegt oder zugelassen wird, ist unanfechtbar.

Das Beschlussverfahren wird nach § 81 Abs. 1 **nur** auf Antrag eingeleitet. Gemeint ist ein Sachantrag, über den das Arbeitsgericht entscheiden soll. Dieses prüft von Amts wegen, in welcher Verfahrensart – Beschlussverfahren oder Urteilsverfahren – über den durch den Sachantrag bestimmten Streitgegenstand zu entscheiden ist. Streiten sich die Parteien über die richtige Verfahrensart, entscheidet das Arbeitsgericht nach § 17a Abs. 3 S. 2 GVG durch Beschluss. Ein solcher Beschluss vorab ist möglich, wenn etwa in Literatur und/oder Rechtsprechung unterschiedliche Auffassungen darüber bestehen, welche Verfahrensart für den Streitgegenstand die richtige ist. Der Antrag muss beim Arbeitsgericht **schriftlich** eingereicht werden und muss vom Antragsteller oder von seinem Verfahrensbevollmächtigten unterschrieben sein. Der Antrag kann auch bei der Geschäftsstelle mündlich zur Niederschrift eingebracht werden. Für die modernen Kommunikationsmittel gelten die allgemeinen Grundsätze (vgl. dazu § 66 Rn. 24 ff.). 1

Die Antragsschrift muss dem § 253 Abs. 2 Nr. 2 ZPO entsprechen; d.h., sie muss einen **bestimmten** Antrag enthalten, damit der Streitgegenstand mit Rechtskraftwirkung zwischen den Beteiligten entschieden werden kann.[1] Besteht Streit über Mitbestimmungsrechte, so muss der- 2

---
1 BAG 10.6.1986, 1 ABR 61/84, EzA § 87 BetrVG 1972 Arbeitszeit Nr. 18; 29.6.1988, 7 ABR 15/87, EzA § 118 BetrVG 1972 Nr. 43.

jenige, der das Bestehen oder Nichtbestehen des Mitbestimmungsrechts festgestellt wissen will, diejenige Maßnahme des Arbeitgebers oder denjenigen betrieblichen Vorgang, für die bzw. für den er ein Mitbestimmungsrecht in Anspruch nimmt oder leugnet, so genau bezeichnen, dass mit der Entscheidung über den Antrag feststeht, für welche Maßnahme oder Vorgänge das Mitbestimmungsrecht bejaht oder verneint worden ist.[2] Erfasst ein Antrag auf Feststellung des Mitbestimmungsrechts des Betriebsrats alle Fälle der Anordnung von Mehrarbeit – sog. **Globalantrag** –, so ist das zwar bestimmt genug,[3] der Antrag ist jedoch schon dann **unbegründet**, wenn auch nur in einem Fall ein Mitbestimmungsrecht zu verneinen ist. Die Wiederholung des Gesetzeswortlauts im Antrag reicht nicht aus, auch wenn die Beteiligten sich über die zutreffende Auslegung einig sind. Auch ein bedingter Antrag ist unzulässig. Dagegen sind **Hilfsanträge** möglich und mitunter auch angebracht, macht doch gerade die richtige Antragstellung im Beschlussverfahren nicht unerhebliche Schwierigkeiten (z.B. bei erstrebter Verpflichtung eines Beteiligten, bestimmt zu bezeichnende Handlungen zu unterlassen,[4] oder ein bestimmtes Verhalten zu dulden). Allerdings reicht es aus, wenn sich das Antragsbegehren in der erforderlichen Bestimmtheit durch Auslegung ermitteln lässt,[5] die die Arbeitsgerichte auch vornehmen, von ihrer Verpflichtung auf sachdienliche Anträge hinzuwirken, ohnehin abgesehen. So heißt es in der Rechtsprechung der Ersten Senats des Bundesarbeitsgerichts fast regelmäßig: »Der Antrag des ... bedarf der Auslegung. Er ist auch der Auslegung fähig«.[6]

3 Die Antragsschrift hat nach § 253 Abs. 2 Nr. 2 ZPO eine **Begründung** zu enthalten. Es ist der Sachverhalt zu schildern, aus dem sich die vom Antragsteller gewünschte Rechtsfolge ergeben soll, wobei wegen des im Beschlussverfahren herrschenden Amtsermittlungsgrundsatzes keine großen Anforderungen an die Begründung gestellt werden. Die Antragsschrift muss den Namen des **Antragstellers** angeben, er muss hin-

---

2 BAG 10.6.1986, 1 ABR 61/84, EzA § 87 BetrVG 1972 Arbeitszeit Nr. 18.
3 BAG a.a.O. und BAG 3.5.1994, 1 ABR 24/93, EzA § 23 BetrVG 1972 Arbeitszeit Nr. 36: Dem Bestimmtheitserfordernis genügt ein sog. Globalantrag, mit dem für einen bestimmten Vorgang, z.B. Überschreitung der vertraglich vereinbarten Arbeitszeit, generell ein Mitbestimmungsrecht geltend gemacht wird.
4 LAG Köln 15.2.2001, 10 TaBV 74/00, LAGE § 87 BetrVG 1972 Arbeitszeit Nr. 26 (BI1): Die Anforderungen an die Bestimmtheit eines Unterlassungsantrags ergeben sich daraus, dass die beantragte Entscheidung als Vollstreckungstitel dienen soll. Der Schuldner muss dazu genau wissen, was er zu unterlassen hat und wann wer wegen Verstoßes mit der Verhängung eines Ordnungsgeldes rechnen muss.
5 GMPM-G/*Matthes* § 81 Rn. 34.
6 Z.B. 22.10.1985, 1 ABR 47/83, EzA § 87 BetrVG 1972 Werkwohnung Nr. 7.

reichend erkennbar sein, wobei auf Arbeitnehmerseite – Betriebsrat – oft nicht hinreichend deutlich wird, wer der Vorsitzende ist und unter welcher Anschrift er erreichbar ist. Der »Antragsgegner« sollte angegeben werden – von wem wird etwas verlangt oder soll ein Recht festgestellt werden ? –, wobei es im Gesetz einen »Antragsgegner« nicht gibt, sondern nur Beteiligte, es geht um den Beteiligten, der zu einer Leistung verpflichtet werden soll oder dem gegenüber eine Feststellung begehrt wird. Er ergibt sich häufig aus dem Zusammenhang der Antragsschrift. Nicht notwendig ist die Angabe der Namen der etwa übrigen »weiteren« Beteiligten, wenngleich dies zu empfehlen ist. Die Beteiligten ermittelt das Gericht von Amts wegen. Von der Beteiligung im formellen Sinn ist die Beteiligungsbefugnis zu unterscheiden; sie richtet sich nach materiellem Recht, § 83 Abs. 3 (vgl. dort Rn. 2 ff). Ist ein nach materiellem Recht nicht Beteiligter gleichwohl beteiligt worden, was immer wieder vorkommt, z.B. in Fällen des § 99 BetrVG,[7] und wird das – etwa in der zweiten Instanz – bemerkt, so wird – nach Anhörung – die Beteiligung beendet, ggf. durch einen Zwischenbeschluss nach § 303 ZPO, mit dem der unzutreffend Beteiligte aus dem Verfahren entlassen wird.[8]

3a Der Antragsteller bestimmt mit seinem Antrag den Streitgegenstand des Beschlussverfahrens. Mehrere Personen oder Stellen i.S.d. § 10 können einen Antrag stellen – so sind etwa bei einer Wahlanfechtung nur »mindestens drei Wahlberechtigte« zur Anfechtung berechtigt, § 19 Abs. 2 BetrVG –, auch mehrere Anträge können gestellt werden, von Hilfsanträgen ohnehin abgesehen.

3b Auch ein **Widerantrag** (Gegenantrag) ist möglich. Seine Zulässigkeit ist genau zu prüfen. Häufig ist sein Streitgegenstand bereits von den Anträgen des Antragstellers erfasst, etwa, wenn das Fehlen eines Mitbestimmungstatbestandes festgestellt werden soll. Eine positive und eine negative Feststellungsklage zu demselben Streitgegenstand schließen sich aus. Ein Feststellungsinteresse für den Widerantrag ist dann nicht gegeben, weil die Rechtsfrage durch den bereits rechtshängigen Antrag des Antragstellers geklärt wird; im Übrigen gilt § 261 Abs. 3 Nr. 1 ZPO: Der später rechtshängig gewordene Antrag mit demselben Streitgegenstand ist von Amts wegen als unzulässig zu verwerfen.

4 Für den Antrag muss auch im Beschlussverfahren ein **Rechtsschutzinteresse** bestehen.[9] Das Rechtsschutzinteresse fehlt für einen Gestaltungsantrag (z.B. Ersetzung der Zustimmung des Betriebsrats zur Kün-

---

7 Etwa unter Hinweis auf die Mindermeinung, z.B. *Richardi/Thüsing* § 99 Rn. 307; weitere Nachw. bei GK-BetrVG/*Kraft/Raab* § 99 Rn. 176.
8 *Hauck/Helml* § 83 Rn. 23.
9 BAG 18.2.2003, 1 ABR 2/02, EzA § 7 ArbZG Nr. 4.

digung eines Betriebsratsmitglieds oder zur in Aussicht genommenen Einstellung eines bestimmten Arbeitnehmers), wenn die beantragte Entscheidung eine gestaltende Wirkung nicht mehr entfalten kann, etwa der Bewerber nicht mehr zur Verfügung steht. Bei Leistungsanträgen ist das Rechtsschutzinteresse im Grundsatz stets vorhanden. Probleme kann es jedoch bei den häufigen **Feststellungsanträgen** bereiten. Streiten Betriebsrat und Arbeitgeber über ein Mitbestimmungsrecht, so entzündet sich der Streit oft an dem sog. **Anlassfall**. Das Feststellungsinteresse entfällt dann, wenn dieser Fall seine Bedeutung verloren hat, obwohl sich ein gleichgelagerter Fall in Zukunft durchaus wiederholen kann. Hier muss der Antragsteller unabhängig von dem strittigen Anlassfall einen auf den fortbestehenden Streit bezogenen Feststellungsantrag stellen, wenn er an der Entscheidung dieses (grundsätzlichen) Streits und nicht nur des Anlassfalles interessiert ist. Dieser weitergehende Antrag muss in der Tatsacheninstanz gestellt werden.[10] Auf diese Weise wird vermieden, dass das Gericht sich gutachtlich zu einer Rechtsfrage äußert. Das Rechtschutzinteresse für den Antrag muss auch noch in der Rechtsbeschwerdeinstanz gegeben sein, andernfalls der Antrag als unzulässig verworfen wird.

5 Wird die Feststellung der Unwirksamkeit des **Spruchs einer Einigungsstelle** beantragt, so besteht grundsätzlich ein Rechtsschutzinteresse.[11] Es kann zwar im Einzelfall entfallen (z.B. wenn der Anlass, der zum Verfahren geführt hat, in der Vergangenheit liegt), jedoch besteht das Rechtsschutzinteresse fort, wenn der Spruch – seine Wirksamkeit angenommen – für betroffene Arbeitsverhältnisse in der Zukunft noch Wirkungen hat, für Arbeitnehmer z.B. eine Anspruchsgrundlage darstellt.[12]

6 Ist für den Antrag eine gesetzliche Frist vorgesehen, so ist es erforderlich und ausreichend, dass die Antragschrift innerhalb dieser Frist beim Gericht eingeht. Wiedereinsetzung in den vorigen Stand ist nicht möglich, da die Fristen materiell-rechtliche Ausschlussfristen sind. Zum Beispiel: BetrVG 1972 §§ 19 Abs. 2; 103 Abs. 2 i.V.m. § 626 Abs. 2 BGB; § 76 Abs. 5 S. 4.

---

10 BAG 10.4.1984, 1 ABR 73/82, EzA § 81 ArbGG 1979 Nr. 5; 20.4.1999, 1 ABR 13/98, EzA § 81 ArbGG 1979 Nr. 17; LAG Rheinland-Pfalz 5.5.2000, 5 TaBV 3/00, MDR 2000, 1444 = BB 2001, 2066 betr. Feststellung eines Zustimmungsverweigerungsrechts zu der Eingruppierung einer Berufsgruppe ohne konkreten, wenn auch erledigten Vorgang, der zu dem Verfahren geführt hat, st. Rspr.
11 BAG 18.8.1987, 1 ABR 30/86, EzA § 77 BetrVG 1972 Nr. 18.
12 BAG 6.11.1990, 1 ABR 34/89, EzA § 4 TVG Metallindustrie Nr. 78.

Antragsteller eines Beschlussverfahrens können neben den natürlichen 7
und juristischen Person auch diejenigen Stellen sein, denen nach § 10
Parteifähigkeit zukommt (vgl. dazu die Erl. zu § 10). Dem Antragsteller
muss die **Antragsbefugnis** zustehen, d.h. das Recht, die gerichtliche
Entscheidung beantragen zu können. Die Antragsbefugnis ist nicht
identisch mit der Beteiligtenbefugnis des § 83 Abs. 3.[13] Einem »Beteiligungsbefugten« kann durchaus die Antragsbefugnis fehlen.[14]

Vielfach ergibt sich diese unmittelbar aus dem Gesetz. Ist das nicht der 7a
Fall, muss der Antragsteller geltend machen, durch das Verfahren
werde eine ihm zustehende **betriebsverfassungsrechtliche Position**
berührt.[15] Ob das tatsächlich der Fall ist, ist eine Frage der Begründetheit des Antrages. Die Antragsbefugnis ist in jeder Lage des Verfahrens
von Amts wegen zu prüfen. Ihr Fehlen führt zur Abweisung des Antrages als unzulässig.[16]

Einzelfälle: 8

– **Antragsbefugnis der Gewerkschaften:** Nach der Rechtsprechung
  des BAG fehlt den Gewerkschaften die Befugnis, im Beschlussverfahren die Feststellung der Unwirksamkeit einer Betriebsvereinbarung
  zu beantragen.[17] Anders ist es, wenn die Gewerkschaft verlangt,
  dass der Arbeitgeber eine nach § 77 Abs. 3 BetrVG unwirksame Betriebsvereinbarung nicht anwendet, weil sie damit ein eigenes Recht
  geltend macht.[18] Das BAG geht von dem Grundsatz aus, im Rahmen
  des Betriebsverfassungsgesetzes könnten Gewerkschaften durch eigenen Antrag Beschlussverfahren nur einleiten, wenn dies im Gesetz
  eindeutig vorgesehen sei.[19] Eine Gewerkschaft ist antragsberechtigt,
  wenn das Recht ihres Beauftragten auf Teilnahme an den Sitzungen
  des Wirtschaftsausschusses bestritten wird.[20]

---

13 LAG Düsseldorf 24.10.1989, 16(5) TaBV 67/89, LAGE § 81 ArbGG 1979 Nr. 2.
14 BAG 30.10.1986, 6 ABR 52/83, EzA § 47 BetrVG 1972 Nr. 4; LAG Düsseldorf
   15.1.1992, 5 TaBV 79/91, LAGE § 81 ArbGG 1979 Nr. 4.
15 Vgl. *Dütz* Anm. AP Nr. 8 zu § 118 BetrVG 1972.
16 Vgl. LAG Düsseldorf 24.10.1989, 16(5) TaBV 67/89, LAGE § 81 ArbGG 1979
   Nr. 2: Betr. Vertreter einer Minderheitsliste im Betriebsrat oder den Betriebsratsvorsitzenden auf Erteilung bestimmter Informationen.
17 BAG 18.8.1987, 1 ABR 65/86, EzA § 81 ArbGG 1979 Nr. 11; 23.2.1988, 1 ABR
   75/86, EzA § 81 ArbGG 1979 Nr. 13; GK-ArbGG/*Dörner* § 81 Rn. 109.
18 BAG 3.5.1994, 1 ABR 24/93, EzA § 23 BetrVG 1972 Nr. 36.
19 BAG 3.2.1976, 1 ABR 121/74, EzA § 118 BetrVG 1972 Nr. 12 = AP Nr. 8 zu § 118
   BetrVG 1972 m. teilw. krit. Anm. *Dütz*.
20 BAG 18.11.1980, 1 ABR 31/78, AP Nr. 2 zu § 108 BetrVG 1972 = EzA § 108
   BetrVG 1972 Nr. 4; vgl. BAG 14.2.1967, 1 ABR 7/66, AP Nr. 2 zu § 45 BetrVG
   1952 betr. Teilnahme eines bestimmten Gewerkschaftsvertreters an einer Betriebsversammlung.

§ 81 Antrag

– **Antragsbefugnis des Betriebsrates:** Der Betriebsrat ist immer dann antragsbefugt, wenn er durch die begehrte Entscheidung in seiner betriebsverfassungsrechtlichen Rechtsstellung betroffen wird. Das ist stets der Fall, wenn er eigene Rechte, z.B. Mitbestimmungsrechte, geltend macht. Er ist berechtigt, Freistellung seiner Mitglieder zum Besuch von Schulungsveranstaltungen zu beantragen,[21] und Kostenerstattungsansprüche seiner Mitglieder geltend zu machen.[22] Das gilt auch für den dem Betriebsrat als Kollektivorgan zustehenden Freistellungsanspruch aus § 37 Abs. 2 BetrVG.[23] Ob dem Betriebsrat die geltend gemachte betriebsverfassungsrechtliche Befugnis zusteht, ist eine Frage der Begründetheit des Anspruchs.[24] Ein Streit darüber, ob infolge eines Inhaberwechsels das betriebsverfassungsrechtliche Mandat des Betriebsrats fortbesteht, kann durch den Betriebsrat zur gerichtlichen Entscheidung gestellt werden.[25]

– **Antragsbefugnis der Betriebsratsmitglieder:** Betriebsratsmitglieder sind antragsbefugt, wenn sie eigene Rechte in ihrer Funktion als Betriebsratsmitglieder und nicht nur als Arbeitnehmer für sich in Anspruch nehmen.[26] Eine Antragsbefugnis einer Minderheit im Betriebsrat gegen den Willen der Mehrheit des Betriebsrats zur Durchsetzung von Rechten des Betriebsrats besteht nicht.[27] Anders ist es, wenn die Minderheit ein eigenes Recht auf Tätigwerden des Betriebsrats geltend macht.[28]

– **Antragsbefugnis der Arbeitgeber:** Arbeitgeber sind antragsbefugt, wenn Rechte des Betriebsrats oder einzelner seiner Mitglieder in Ab-

---

21 BAG 20.10.1993, 7 ABR 14/93, EzA § 37 BetrVG 1972 Nr. 116
22 BAG 30.3.1994, 7 ABR 45/93, EzA § 40 BetrVG 1972 Nr. 71 betr. Kostenerstattung an die einzelnen Schulungsteilnehmer oder Freistellung der einzelnen Mitglieder von Forderungen des Veranstalters, es sei denn, der Anspruch war an den Veranstalter abgetreten, BAG 15.1.1992, 7 ABR 23/90, EzA § 40 BetrVG Nr. 68, wobei Rückabtretung durch die Mitglieder dazu führt, dass der Betriebsrat wieder antragsbefugt ist, BAG 30.3.1994, 7 ABR 45/93, a.a.O. (BI2a).
23 BAG 27.6.1990, 7 ABR 43/98, EzA § 37 BetrVG 1972 Nr. 105 (II1).
24 BAG 10.6.1986, 1 ABR 59/84, EzA § 80 BetrVG 1972 Nr. 26.
25 BAG 11.10.1995, 7 ABR 17/95, EzA § 81 ArbGG 1979 Nr. 16.
26 BAG 6.11.1973, 1 ABR 26/73, AP BetrVG 1972 § 37 Nr. 6 = EzA § 37 BetrVG 1972 Nr. 17 betr. Erstattung von Auslagen (Fahrtkosten), die dem Betriebsratsmitglied im Hinblick auf seine Betriebsratstätigkeit (Teilnahme an einer Betriebsräteschulung auf Beschluss des Betriebsrats) erwachsen sind; weitere Beispiele bei GK-ArbGG/*Dörner* § 81 Rn. 92.
27 Vgl. LAG Düsseldorf 24.10.1989, 16(5) TaBV 67/89, LAGE § 81 ArbGG 1979 Nr. 2.
28 GMPM-G/*Matthes* § 81 Rn. 65.

Antrag § 81

rede gestellt werden oder sich der Betriebsrat eines Mitbestimmungsrechts ernsthaft berühmt.[29]

- **Antragsbefugnis der Arbeitnehmer:** Arbeitnehmer sind antragsbefugt, wenn ihre betriebsverfassungsrechtliche Rechtsstellung betroffen ist, es etwa um die Frage geht, ob ein Arbeitnehmer wahlberechtigt oder leitender Angestellter ist.[30]

Die Antragsschrift ist von Amts wegen allen Beteiligten zuzustellen, 9 § 80 Abs. 2 i.V.m. § 47 trotz § 81 Abs. 2 S. 3 Hs. 2, nach dem der Antrag »mitgeteilt« wird. Die Beteiligten sind zum Gütetermin oder zum Termin zur Anhörung vor der Kammer zu laden bei Zustellung der Ladung (§ 215 ZPO), wobei die Terminsbestimmung unverzüglich zu erfolgen hat, allerdings sinnvollerweise erst dann, wenn alle Beteiligten ermittelt sind, was im Einzelfall zu Schwierigkeiten führen kann, wenn z.B. zahlreiche Betriebsratsgremien Beteiligte sind.

§ 81 Abs. 3 stellt klar, dass der Antrag im Beschlussverfahren geändert 10 werden kann. Der geänderte Antrag ist allen Beteiligten zuzustellen.[31] Dies dient einer schnelleren Beendigung der Verfahren. § 81 Abs. 3 S. 1 entspricht der Regelung in § 263 ZPO für die Klageänderung, Satz 2 enthält wie § 267 ZPO und § 99 Abs. 2 SGG eine unwiderlegbare Vermutung für die Einwilligung. Schriftsätzliche widerspruchslose Einlassung reicht aus. Erklärt sich ein Beteiligter auf den geänderten Antrag nicht oder nicht mehr, ist die Zustimmung nicht gegeben, die Antragsänderung kann nur als sachdienlich angesehen werden.[32] § 264 ZPO ist im Beschlussverfahren entsprechend anwendbar.[33]

Der Antrag kann jederzeit, auch wenn eine Anhörung der Beteiligten 11 schon stattgefunden hat, zurückgezogen werden, § 81 Abs. 2 S. 1. Das kann durch Schriftsatz, zur Niederschrift der Geschäftsstelle oder im Termin durch Erklärung zu Protokoll erfolgen. Eine teilweise Rücknahme des Antrags ist zulässig, was allerdings nur bei Teilbarkeit des Streitgegenstandes möglich ist.[34] Die Beteiligten brauchen bis zur Verkündung einer die erste Instanz beendenden Entscheidung nach § 84 nicht zuzustimmen. Anders ist es für die Zeit nach Verkündung dieser Entscheidung: Die Beteiligten müssen der Antragsrücknahme zustim-

---

29 BAG 13.10.1987, 1 ABR 53/86, EzA § 81 ArbGG 1979 Nr. 12 (I3), betr. Inhalt und Umfang der Mitbestimmungsrechte des Betriebsrats bei der Regelung der Arbeitszeit teilzeitbeschäftigter Arbeitnehmer; weitere Beispiele bei GK-ArbGG/*Dörner* § 81 Rn. 94; GMPM-G/*Matthes* § 81 Rn. 66.
30 *Hauck/Helml* § 81 Rn. 8.
31 GK-ArbGG/*Dörner* § 81 Rn. 151.
32 GMPM-G/*Matthes* § 81 Rn. 89.
33 BAG 14.1.1983, 6 ABR 39/82, EzA § 81 ArbGG 1979 Nr. 1.
34 GK-ArbGG/*Dörner* § 81 Rn. 154.

men, arg. § 87 Abs. 2 S. 3.[35] Bei mehreren Antragstellern kann jeder einzelne seinen Antrag zurücknehmen, und zwar auch bei einer notwendigen Mindestzahl von Arbeitnehmern, z.B. § 19 Abs. 2 BetrVG 1972.[36] Die Anträge der verbliebenen sind zu verbescheiden, ggf. als unzulässig zu verwerfen, wenn es an einer erforderlichen Anzahl Antragsteller fehlt.[37]

12 Das Verfahren ist nach Antragsrücknahme vom Vorsitzenden des Arbeitsgerichts von Amts wegen einzustellen; ein Antrag ist nicht erforderlich. Bei teilweiser Rücknahme oder bei Rücknahme des Antrags einzelner Antragsteller wird das Verfahren insoweit eingestellt. Die Beteiligten sind nicht vorher zu hören.[38] Nach § 81 Abs. 2 S. 3 ist den Beteiligten von der Einstellung Kenntnis zu geben, soweit ihnen der Antrag vom Arbeitsgericht mitgeteilt worden war. Der Einstellungsbeschluss unterliegt als eine die Instanz beendende Entscheidung der Beschwerde nach § 87,[39] nach anderer Ansicht der einfachen Beschwerde nach § 83 Abs. 5 i.V.m. § 78.[40]

13 Wenn nur einzelne von mehreren Antragstellern den Antrag zurückgenommen haben, kann über die Wirksamkeit der Antragsrücknahme auch durch Zwischenbeschluss nach § 303 ZPO im Rahmen der noch anhängigen Anträge entschieden werden.[41]

---

35 GMPM-G/*Matthes* § 81 Rn. 74.
36 BAG 12.2.1985, 1 ABR 11/84, EzA § 19 BetrVG 1972 Nr. 21.
37 Das Anfechtungsverfahren wird nicht unzulässig, wenn zumindest die Betriebszugehörigkeit eines Antragstellers fortbesteht und seine Wahlanfechtung während des Beschlussverfahrens von mindestens zwei weiteren die Wahl ebenfalls anfechtenden wahlberechtigten Arbeitnehmern getragen wird, auch wenn diese inzwischen aus dem Betrieb ausgeschieden sind, BAG 15.2.1989, 7 ABR 9/88, EzA § 19 BetrVG 1972 Nr. 28 (S. 5 des Abdrucks); abl. GK-BetrVG/*Kreutz* § 19 Rn. 68.
38 GMPM-G/*Matthes* § 81 Rn. 77.
39 GMPM-G/*Matthes* § 81 Rn. 80 m.w.N.
40 LAG Hamm 26.5.1998, 8 TaBV 34/89, LAGE § 81 ArbGG 1979 Nr. 1.
41 GK-ArbGG/*Dörner* § 81 Rn. 157; GMPM-G/*Matthes* § 81 Rn. 81.

§ 82 Örtliche Zuständigkeit

(1) ¹Zuständig ist das Arbeitsgericht, in dessen Bezirk der Betrieb liegt. ²In Angelegenheiten des Gesamtbetriebsrats, des Konzernbetriebsrats, der Gesamtjugendvertretung oder der Gesamt-Jugend- und Auszubildendenvertretung, des Wirtschaftsausschusses und der Vertretung der Arbeitnehmer im Aufsichtsrat ist das Arbeitsgericht zuständig, in dessen Bezirk das Unternehmen seinen Sitz hat. ³Satz 2 gilt entsprechend in Angelegenheiten des Gesamtsprecherausschusses, des Unternehmenssprecherausschusses und des Konzernsprecherausschusses.

(2) ¹In Angelegenheiten eines europäischen Betriebsrats, im Rahmen eines Verfahrens zur Unterrichtung und Anhörung oder des besonderen Verhandlungsgremiums ist das Arbeitsgericht zuständig, in dessen Bezirk das Unternehmen oder das herrschende Unternehmen nach § 2 des Gesetzes über Europäische Betriebsräte seinen Sitz hat. ²Bei einer Vereinbarung nach § 41 des Gesetzes über Europäische Betriebsräte ist der Sitz des vertragschließenden Unternehmens maßgebend.

(3) In Angelegenheiten aus dem SE-Beteiligungsgesetz ist das Arbeitsgericht zuständig, in dessen Bezirk die Europäische Gesellschaft ihren Sitz hat; vor ihrer Eintragung ist das Arbeitsgericht zuständig, in dessen Bezirk die Europäische Gesellschaft ihren Sitz haben soll.

(4) In Angelegenheiten aus dem SCE-Beteiligungsgesetz ist das Arbeitsgericht zuständig, in dessen Bezirk die Europäische Genossenschaft ihren Sitz hat; vor ihrer Eintragung ist das Arbeitsgericht zuständig, in dessen Bezirk die Europäische Genossenschaft ihren Sitz haben soll.

(5) In Angelegenheiten nach dem Gesetz über die Mitbestimmung der Arbeitnehmer bei einer grenzüberschreitenden Gesellschaft ist das Arbeitsgericht zuständig, in dessen Bezirk die aus der grenzüberschreitenden Verschmelzung hervorgegangene Gesellschaft ihren Sitz hat; vor ihrer Eintragung ist das Arbeitsgericht zuständig, in dessen Bezirk die aus der grenzüberschreitenden Verschmelzung hervorgehende Gesellschaft ihren Sitz haben soll.

§ 82 regelt die örtliche Zuständigkeit im Beschlussverfahren. Die sachliche Zuständigkeit ergibt sich aus § 2a. 1

2 § 82 ist zwingendes Recht. Die Vorschriften der ZPO sind nicht anwendbar. Die Beteiligten können keinen Gerichtsstand vereinbaren. Die örtliche Zuständigkeit richtet sich in Beschlussverfahren grundsätzlich nach der Lage des Betriebes; es ist das Arbeitsgericht zuständig, in dessen Bezirk der Betrieb liegt. Nur in den Fällen des § 82 Abs. 1 S. 2 bis 5, Abs. 2 bis 5 ist der Sitz des Unternehmens entscheidend. Ein Wahlrecht des Antragstellers besteht nur in dem Fall, in dem nach § 82 S. 2 die Zuständigkeit von zwei Gerichten gegeben ist, d.h., wenn z.B. der Sitz des Unternehmens nach seiner Satzung von dem Ort, an dem sich seine Leitung befindet, getrennt ist. Maßgebend für die Anwendung des § 82 S. 2 ist, ob es sich um eine betriebsverfassungsrechtliche Angelegenheit auf Unternehmensebene handelt. Das ist der Fall, wenn über die Rechtswirksamkeit einer Betriebsvereinbarung gestritten wird, die der Gesamtbetriebsrat nach § 50 Abs. 1 BetrVG 1972 in originärer Zuständigkeit abgeschlossen hat.[1] Entscheidend ist, ob der Streitgegenstand betriebsbezogen oder unternehmensbezogen ist. Bei Streit darüber, ob ein Gemeinschaftsbetrieb vorliegt, liegt eine betriebliche Angelegenheit vor.[2] Bei Streitigkeiten im Rahmen des § 4 BetrVG ist der Ort des Betriebsteils für die örtliche Zuständigkeit maßgebend.[3] Wird über Angelegenheiten in vom BetrVG abweichender Gestaltung der betriebsverfassungsrechtlichen Organisationseinheiten i.S.v. § 3 BetrVG gestritten, ist regelmäßig das Arbeitsgericht am Sitz des Unternehmens zuständig, es sei denn, es handele sich um eine zusätzliche nur auf Betriebsebene betriebsverfassungsrechtliche Vertretung i.S.d. § 3 Abs. 1 Nr. 5 BetrVG.[4]

2 Für Beschlussverfahren nach § 122 Abs. 1 und § 126 Abs. 1 InsO ist das Arbeitsgericht örtlich zuständig, in dessen Bezirk der Betriebssitz ist; auf den Sitz des Unternehmens kommt es nicht an, weil es um Fragen im Zusammenhang mit dem Betrieb geht.[5]

3 In den in Satz 2 genannten Angelegenheiten ist der Sitz des Unternehmens maßgebend. Ist Streitgegenstand die von einem der Betriebsratsgremien geleugnete Wirksamkeit einer vom Gesamtbetriebsrat in originärer Zuständigkeit abgeschlossenen Gesamtbetriebsvereinbarung, so ist das Arbeitsgericht zuständig, in dessen Bezirk das Unternehmen seinen Sitz hat.[6] Anders ist es, wenn ein einzelnes Betriebsratsgremium oder gar sämtliche Betriebsräte den Gesamtbetriebsrat mit einer betrieb-

---

1 BAG 19.6.1986, 6 ABR 66/84, EzA § 82 ArbGG 1979 Nr. 1.
2 GK-ArbGG/*Dörner* § 82 Rn. 5b.
3 Vgl. i.E. GK-ArbGG/*Dörner* § 82 Rn. 6.
4 Vgl. i.E. GK-ArbGG/*Dörner* § 82 Rn. 6b und ArbG Frankfurt 19.5.1998, 2 BV 9/98, NZA-RR 1998, 408 zu § 3; Abs. 1 Nr. 3 BetrVG.
5 ArbG Bautzen 30.11.2005, 5 BV 5001/05, LAGE § 82 ArbGG 1979 Nr. 1.
6 BAG 19.6.1986, 6 ABR 66/84, EzA § 82 ArbGG 1979 Nr. 1.

Örtliche Zuständigkeit § 82

lichen Angelegenheit beauftragt haben; in einem solchen Fall ist das Arbeitsgericht zuständig, in dessen Bezirk der Betrieb liegt.[7] Eine unternehmenseinheitliche Regelung liegt gerade nicht vor.

In Angelegenheiten der Konzernvertretung des fliegenden Personals der Deutschen Lufthansa AG und der Condor Flugdienst GmbH war in entsprechender Anwendung des § 82 ArbGG der Unternehmenssitz für die örtliche Zuständigkeit maßgebend.[8]

4

Für Streitigkeiten aus dem Gesetz über den Europäischen Betriebsrat (EBRG) oder aus der Richtlinie (EG-EBR-RL) ist grundsätzlich das Arbeitsgericht zuständig, in dessen Bezirk das Unternehmen oder das herrschende Unternehmen seinen Sitz hat. Nach § 2 Abs. 2 EBRG ist dem Unternehmen die im Inland gelegene zentrale Leitung, das zum Vertreter bestimmte Unternehmen oder der Betrieb oder der in Mitgliedstaaten der EU größte im Inland belegene Betrieb des Unternehmens oder der Unternehmensgruppe. Die Anfechtung der in § 23 EBRG vorgeschriebenen Wahl der deutschen Vertreter für den Europäischen Betriebsrat einer Firma mit Sitz in Frankreich als zentrale Leitung einer Unternehmensgruppe, die Unternehmen und Betriebe in mehreren Mitgliedstaaten der Europäischen Union, u.a. in Deutschland und Frankreich, unterhält, ist eine »Angelegenheit eines Europäischen Betriebsrats« i.S.d. § 82 Abs. 2. Für die Frage der örtlichen und damit internationalen Zuständigkeit ist § 2 Abs. 4 EBRG einschlägig, auf den § 82 Abs. 2 S. 1 Bezug nimmt. Die Bestellung der inländischen Arbeitnehmervertreter für den in Frankreich sitzenden Europäischen Betriebsrat richtet sich nach § 23 Abs. 3 Buchst. a EBRG, der nach § 2 Abs. 4 EBRG anwendbar ist, wenn sich, wie in diesem Fall, die zentrale Leitung nicht im Inland befindet. Wenn die Wahl der inländischen Vertreter für den in Frankreich ansässigen Europäischen Betriebsrat im Bezirk eines Arbeitsgerichts in Deutschland stattzufinden hat und es um die Wirksamkeit der in Deutschland durchgeführten Wahl geht, ist die örtliche Zuständigkeit im Inland und damit zugleich die internationale Zuständigkeit der deutschen Arbeitsgerichtsbarkeit gegeben.[9] Nach § 82 Abs. 2 S. 2 ist für Streitigkeiten aus einer vor dem 22.9.1996 geschlossenen und gem. § 41 EBRG fortgeltenden Vereinbarung über grenzüberschreitende Unterrichtung und Anhörung der Arbeitnehmer das Arbeitsgericht zuständig, in dessen Bezirk das vertragschließende Unternehmen seinen Sitz hat.[10]

5

---

7 GK-ArbGG/*Dörner* § 82 Rn. 12 m.w.N.
8 ArbG Frankfurt 24.4.1986, 13 BV 33/85.
9 LAG Düsseldorf 15.12.2005, 11 TaBV 47/05, AuR 2006, 254; BAG 18.4.2007, 7 ABR 30/06, EzA § 82 ArbGG 1979 Nr. 2 = FA 2007, 327.
10 Dazu GK-ArbGG/*Dörner* § 82 Rn. 17; HWK/*Bepler* § 82 ArbGG Rn. 6.

§ 82 Örtliche Zuständigkeit

6 Das Arbeitsgericht prüft seine örtliche Zuständigkeit für ein Beschlussverfahren von Amts wegen. Hält es seine Zuständigkeit für nicht gegeben, verweist es das Verfahren an das örtlich zuständige Arbeitsgericht, § 48 Abs. 1 i.V.m. § 17a GVG. Es verfährt ebenso, wenn die Streitsache unrichtigerweise im Beschlussverfahren statt richtigerweise im Urteilsverfahren anhängig gemacht worden war.[11] Die Entscheidung, die der Vorsitzende bei freigestellter mündlicher Verhandlung allein trifft (§ 55 Abs. 1 Nr. 7, Abs. 2), ist unanfechtbar (§ 48 Abs. 1 Nr. 1).

7 Abs. 3 trifft für die Zuständigkeit in Angelegenheiten aus dem SE-Beteiligungsgesetz eine Regelung: Das Arbeitsgericht ist zuständig, in dessen Bezirk die Europäische Gesellschaft ihren Sitz hat oder haben soll. Das EBRG sieht in allen gemeinschaftsweit tätigen Unternehmen und Unternehmensgruppen, in denen die von § 3 EBRG geforderten Schwellenwerte hinsichtlich der Zahl der Arbeitnehmer/-innen überschritten werden, die Errichtung Europäischer Betriebsräte vor. Davon sind jedoch solche Unternehmen ausgenommen, die als Europäische (Aktien-)Gesellschaft (»Societas Europaea« = SE) verfasst sind. Die Beteiligung der Arbeitnehmer/-innen in einer SE ist in dem Gesetz über die Beteiligung der Arbeitnehmer in einer Europäischen Gesellschaft vom 22.12.2004 (BGBl. I S. 3675) – **SEBG** – geregelt. Dieses geht nach § 47 Abs. 1 Nr. 2 SEBG grundsätzlich dem EBRG vor.[12]

8 Abs. 4 wurde durch Art. 8 des Gesetzes zur Einführung der Europäischen Genossenschaft und zur Änderung des Genossenschaftsrechts vom 14.8.2006 (BGBl. I S. 1911, 1949) angefügt. Es ist das Arbeitsgericht zuständig, in dessen Bezirk die Europäische Genossenschaft ihren Sitz hat oder haben soll.

9 Abs. 5 wurde durch Art. 2 des Gesetzes zur Umsetzung der Reglungen über die Mitbestimmung der Arbeitnehmer bei einer Verschmelzung von Kapitalgesellschaften aus verschiedenen Mitgliedsstaaten vom 21.12.2006 (BGBl. I S. 3332, 3341) angefügt. Es ist das Arbeitsgericht zuständig, in dessen Bezirk die aus der grenzüberschreitenden Verschmelzung hervorgegangene Gesellschaft ihren Sitz hat oder haben soll.

10 Auf einige von § 82 nicht angesprochene Angelegenheiten ist noch hinzuweisen:

In Streitigkeiten um die Tariffähigkeit oder Tarifzuständigkeit einer Vereinigung nach § 2a Abs. 1 Nr. 4 ist das Arbeitsgericht örtlich zuständig,

---

11 *Hauck/Helml* § 82 Rn. 2.
12 Übersicht bei GK-BetrVG/*Oetker* vor § 106 Rn. 264 ff. m.w.N.

Örtliche Zuständigkeit § 82

in dessen Bezirk die Vereinigung ihren Sitz hat, deren Tariffähigkeit oder Tarifzuständigkeit im Streit ist.[13]

Bei Streit um die Anerkennung einer Schulungsveranstaltung nach § 37 Abs. 7 BetrVG ist das Arbeitsgericht örtlich zuständig, in dessen Bezirk die zuständige oberste Landesbehörde ihren Sitz hat.[14]

In Angelegenheiten der Schwerbehindertenvertretung nach SGB IX ist § 82 entsprechend anzuwenden: In betrieblichen Angelegenheiten der örtlichen Schwerbehindertenvertretung und des Werkstattrats richtet sich die örtliche Zuständigkeit nach dem Sitz des Betriebes.[15] In Angelegenheiten der Gesamt- und Konzernschwerbehindertenvertretung ist das Arbeitsgericht örtlich zuständig, in dessen Bezirk das Unternehmen seinen Sitz hat.[16]

Für Angelegenheiten der nur auf Betriebsebene möglichen Interessenvertretung der Auszubildenden nach § 51 BBiG ist das Arbeitsgericht zuständig, in dessen Bezirk der Betrieb liegt.[17]

Für den Erlass einer einstweiligen Verfügung ist das Gericht der Hauptsache zuständig, § 85 Abs. 2 i.V.m. §§ 937 Abs. 1, 943 Abs. 1 ZPO.[18]

---

13 H.M., vgl. z.B. *Hauck/Helml* § 82 Rn. 6; GK-ArbGG/*Dörner* § 82 Rn. 18 m.w.N.
14 GK-ArbGG/*Dörner* § 82 Rn. 20; ArbGG/*Koch* § 82 Rn. 4.
15 GK-ArbGG/*Dörner* § 82 Rn. 19.
16 ErfK/*Eisemann* § 82 Rn. 3.
17 GK-ArbGG/*Dörner* § 82 Rn. 21; ErfK/*Eisemann* § 82 Rn. 3.
18 Im arbeitsgerichtlichen Verfahren besteht die Wahlzuständigkeit des Amtsgerichts nach § 919 ZPO und die Notzuständigkeit gem. § 942 ZPO nicht mehr, dazu *Korinth* Einstweiliger Rechtsschutz im Arbeitsgerichtsverfahren, 2. Aufl., D Rn. 40 f. S. 99 f.

§ 83 Verfahren

(1) ¹Das Gericht erforscht den Sachverhalt im Rahmen der gestellten Anträge von Amts wegen. ²Die am Verfahren Beteiligten haben an der Aufklärung des Sachverhalts mitzuwirken.

(1a) ¹Der Vorsitzende kann den Beteiligten eine Frist für ihr Vorbringen setzen. ²Nach Ablauf einer nach Satz 1 gesetzten Frist kann das Vorbringen zurückgewiesen werden, wenn nach der freien Überzeugung des Gerichts seine Zulassung die Erledigung des Beschlussverfahrens verzögern würde und der Beteiligte die Verspätung nicht genügend entschuldigt. ³Die Beteiligten sind über die Folgen der Versäumung einer nach Satz 1 gesetzten Frist zu belehren.

(2) Zur Aufklärung des Sachverhalts können Urkunden eingesehen, Auskünfte eingeholt, Zeugen, Sachverständige und Beteiligte vernommen und der Augenschein eingenommen werden.

(3) In dem Verfahren sind der Arbeitgeber, die Arbeitnehmer und die Stellen zu hören, die nach dem Betriebsverfassungsgesetz, dem Sprecherausschussgesetz, dem Mitbestimmungsgesetz, dem Mitbestimmungsergänzungsgesetz, dem Drittelbeteiligungsgesetz, den §§ 94, 95, 139 des Neunten Buches Sozialgesetzbuch, dem § 18a¹ des Berufsbildungsgesetzes und den zu diesen Gesetzen ergangenen Rechtsverordnungen sowie nach dem Gesetz über Europäische Betriebsräte und dem SE-Beteiligungsgesetz, dem SCE-Beteiligungsgesetz und dem Gesetz über die Mitbestimmung der Arbeitnehmer bei einer grenzüberschreitenden Verschmelzung im einzelnen Fall beteiligt sind.

(4) ¹Die Beteiligten können sich schriftlich äußern. ²Bleibt ein Beteiligter auf Ladung unentschuldigt aus, so ist der Pflicht zur Anhörung genügt; hierauf ist in der Ladung hinzuweisen. ³Mit Einverständnis der Beteiligten kann das Gericht ohne mündliche Verhandlung entscheiden.

(5) Gegen Beschlüsse und Verfügungen des Arbeitsgerichts oder seines Vorsitzenden findet die Beschwerde nach Maßgabe des § 78 statt.

---

1 Jetzt § 51 BBiG i.d.F. des BerBiRefG v. 23.3.2005 BGBl. I S. 931, 942, allerdings wurde § 83 Abs. 3 anders als § 2a Abs. 1 Nr. 3c und § 10 nicht angepasst; vgl. Art. 4 Nr. 6 BerBiRefG a.a.O., S. 995.

Der **Untersuchungsgrundsatz** wird in § 83 Abs. 1 S. 1 im Rahmen der gestellten Anträge festgelegt. Gleichzeitig verpflichtet das Gesetz die Beteiligten zur Mitwirkung an der Aufklärung des Sachverhalts, was in Abs. 1a betont wird: Den Beteiligten können Fristen für ihr Vorbringen gesetzt werden, bei Fristversäumung kann Vorbringen zurückgewiesen werden, wenn ein entsprechender Hinweis vorausgegangen war. Das Gericht braucht also von sich aus nicht den für den Antrag erforderlichen Sachvortrag voll ins Verfahren einzubringen. Die Aufklärungspflicht des Gerichts erstreckt sich auch auf die Ermittlung der am Verfahren Beteiligten.

Die Beteiligten können den Sachvortrag des Antragstellers nicht zugestehen. Die §§ 138 Abs. 3 und 288 ZPO sind nicht anwendbar. Allerdings wird das Gericht grundsätzlich keine Veranlassung haben, von Amts wegen Beweise über Tatsachen zu erheben, die von allen Beteiligten übereinstimmend vorgetragen werden. Für die Beweisaufnahme gilt § 58 (vgl. § 80 Abs. 2).

Welche Personen und Stellen »Beteiligte« sind, bestimmt sich nach materiellem Recht. § 10 Hs. 2 enthält keine vollständige Aufzählung. Der **Antragsteller** kommt lediglich in § 83a Abs. 3 S. 1 vor. Den Antragsgegner kennt das Gesetz nicht, vgl. § 85 »der nach dem Beschluss Verpflichtete«. Das Arbeitsgericht hat von Amts wegen die Beteiligten festzustellen, was i.d.R. bei der Bestimmung eines Gütetermins oder eines Termins zur Anhörung der Beteiligten vor der Kammer geschieht. Dabei hat der »Antragsteller« auf Aufforderung mitzuwirken. Stellt sich im Verlaufe des Verfahrens heraus, dass eine weitere Person oder Stelle zu beteiligen ist, ist diese in das Verfahren einzubeziehen. Die Beteiligtenfähigkeit im Beschlussverfahren entspricht der Parteifähigkeit im Urteilsverfahren und ist notwendige in jeder Lage des Verfahrens von Amts wegen zu prüfende Verfahrensvoraussetzung.[2] Ist die Beteiligtenfähigkeit beim »Antragsteller« nicht gegeben, ist der Antrag als unzulässig zu verwerfen, allerdings ist bei Streit um die Beteiligtenfähigkeit die betreffende Person oder Stelle als beteiligtenfähig zu behandeln.[3] Der »Antragsteller« bestimmt mit seinem Antrag den Streitgegenstand. Der Gegenstand des Verfahrens ist die Grundlage dafür, wer Beteiligter ist oder sein könnte. Entscheidend ist die materiell-rechtliche Betroffenheit im Einzelfall. Beteiligter »Antragsgegner« ist derjenige, von dem etwas verlangt wird oder der das Bestehen oder Nichtbestehen eines Rechtsverhältnisses leugnet, was sich regelmäßig aus dem Antrag ergibt, z.B. »festzustellen, dass die Arbeitgeberin nicht berechtigt ist,

---

2 BAG 12.1.2000, 7 AZR 61/98, EzA § 24 BetrVG 1972 Nr. 2.
3 GK-ArbGG/*Dörner* § 83 Rn. 12.

die Hinzuziehung eines Mitglieds des Betriebsrats zu einem Personalgespräch über die Beendigung eines Arbeitsverhältnisses durch Aufhebungsvertrag zwischen einem Personalverantwortlichen oder einem Arbeitnehmer mit Vorgesetztenfunktion und einem/einer Arbeitnehmer/in zu unterbinden, sofern der/die Arbeitnehmer/in die Hinzuziehung verlangt hat«[4]. Für die verfahrensrechtliche Stellung des antragstellenden Betriebsrats ist der bloße Wechsel des Betriebsinhabers ohne Bedeutung.[5]

2a Die **sonstigen Beteiligten** ergeben sich aus dem Gesetz, z.B. ist im Zustimmungsersetzungsverfahren nach § 103 BetrVG der betroffene Arbeitnehmer Beteiligter, vgl. auch § 78a Abs. 4 S. 2 BetrVG, § 126 Abs. 2 InsO. Die übrigen Beteiligten bestimmen sich nach materiellem Recht: Die Person oder die Stelle ist beteiligt, die durch die vom »Antragsteller« erstrebte Entscheidung in ihrer betriebsverfassungsrechtlichen (ggf. personalvertretungsrechtlichen, mitbestimmungsrechtlichen, im Kirchenbereich mitarbeitervertretungsrechtlichen) Rechtsstellung unmittelbar betroffen ist, was das Gericht von Amts wegen auch noch in der Rechtsbeschwerdeinstanz zu beachten hat.[6]

2b Geht im Laufe eines Beschlussverfahrens die Zuständigkeit für die Wahrnehmung des im Verfahren umstrittenen Mitbestimmungsrechts auf ein anderes betriebsverfassungsrechtliches Organ – vom Betriebsrat auf den Gesamtbetriebsrat – über, so wird dieses Organ Beteiligter im anhängigen Beschlussverfahren und ist dann (rechts)beschwerdebefugt.[7] Wenn ein (kleinerer) Betrieb unter Verlust seiner Identität in einen (größeren) Betrieb eingegliedert wird, verliert der im aufgenommenen Betrieb gebildete Betriebsrat sein Amt, wenn auch im aufnehmenden Betrieb ein Betriebsrat gebildet ist. Da auch kein Übergangsmandat, § 21a BetrVG, verbleibt, wird der Betriebsrat des aufnehmenden Betriebes Beteiligter des vom Betriebsrat des aufgenommenen Betriebes eingeleiteten Beschlussverfahrens.[8]

2c Der **Arbeitgeber** ist zwar in jedem Verfahren zu hören (§ 83 Abs. 3), aber nur dann Beteiligter, wenn er durch die begehrte Entscheidung in seiner betriebsverfassungsrechtlichen oder mitbestimmungsrechtlichen Rechtsstellung unmittelbar betroffen ist,[9] was indes regelmäßig

---

[4] BAG 16.11.2004, 1 ABR 53/03, EzA § 82 BetrVG 2001 Nr. 1.
[5] LAG Köln 13.1.1998, 13 TaBV 60/97, AP § 98 ArbGG 1979 Nr. 9 (II1); BAG 28.9.1988, 1 ABR 37/87, EzA § 95 BetrVG 1972 Nr. 14 (I2a).
[6] BAG 28.3.2006, 1 ABR 59/04, EzA § 83 ArbGG 1979 Nr. 10 (BI1 Rn. 11); 16.5.2007, 7 ABR 63/06, FA 2007, 356, std. Rspr.
[7] BAG 18.10.1988, 1 ABR 31/87, EzA § 83 ArbGG 1979 Nr. 8.
[8] BAG 21.1.2003, 1 ABR 9/02, EzA § 77 BetrVG 2001 Nr. 3.
[9] GMPM-G/*Matthes* § 83 Rn. 40; a.A. GK-ArbGG/*Dörner* § 83 Rn. 71.

der Fall ist. Bei einer Anfechtung der Betriebsratswahl ist der Arbeitgeber Beteiligter, auch wenn er die Wahl nicht angefochten hat.[10] Das gilt auch bei internen Auseinandersetzungen innerhalb des Betriebsrats.[11] An die Stelle des Gemeinschuldners tritt der Insolvenzverwalter. Bei Betriebsübergang wird der Erwerber Beteiligter im laufenden Beschlussverfahren. Wie der neue Inhaber in die betriebsverfassungsrechtliche Stellung des bisherigen Betriebsinhabers eintritt, tritt er in die verfahrensrechtliche Stellung als Beteiligter des anhängigen Beschlussverfahrens ein.[12] Im Personalvertretungsrecht ist die Dienststelle Beteiligte. Im Mitarbeitervertretungsrecht der evangelischen Kirche ist Beteiligte die Dienststellenleitung der jeweiligen Dienststelle, vgl. § 4 MVG.EKD, im katholischen Bereich der Rechtssträger der Einrichtung oder sein vertretungsberechtigtes Organ oder die von ihm »bestellte Leitung«, § 2 MAVO. Ein **Arbeitnehmer** ist Beteiligter, wenn er durch die angestrebte Entscheidung unmittelbar in seiner betriebsverfassungsrechtlichen oder mitbestimmungsrechtlichen Stellung betroffen ist oder betroffen sein kann, wenn es also um seine Stellung als Belegschaftsmitglied geht,[13] was etwa der Fall ist, wenn es um die Wahlberechtigung, die Wählbarkeit, den Status als leitender Angestellter geht, nicht aber in den Fällen personeller Einzelmaßnahmen wie nach § 99 BetrVG, §§ 98 Abs. 5, 101, 104 BetrVG, was aus § 103 Abs. 2 BetrVG, § 47 Abs. 1 PersVG geschlossen wird.[14] Der Arbeitnehmer sei nicht in einer mitbestimmungsrechtlichen Position betroffen.[15]

Der **Betriebsrat** ist i.d.R. Beteiligter, auch der Personalrat und im kirchlichen Bereich die Mitarbeitervertretung. Die Arbeitsgruppe nach § 28a BetrVG kann Beteiligte sein. Das gilt auch für den Gesamtbetriebsrat, Konzernbetriebsrat, Gesamtsprecherausschuss, die Jugend- und Auszubildendenvertretung, Organmitglieder in Verfahren, in denen die verweigerte Zustimmung des Organs zur außerordentlichen Kündigung des Organmitglieds ersetzt werden soll. Der Wirtschaftsausschuss ist i.d.R. nicht beteiligt, es sei denn, es werden Rechte gegen 2d

---

10 BAG 6.12.2000, 7 ABR 34/99, EzA § 19 BetrVG 1972 Nr. 40.
11 BAG 14.11.2001, 7 ABR 31/00, AP § 38 BetrVG 1972 Nr. 24; 15.8.2001, 7 ABR 2/99, EzA § 47 BetrVG 1972 Nr. 8.
12 LAG Köln 13.1.1998, 13 TaBV 60/97, AP § 98 ArbGG 1979 Nr. 9 (II1).
13 GK-ArbGG/*Dörner* § 83 Rn. 79.
14 Zweifelhaft, a.A. *Schwab/Weth* § 83 Rn. 66 unter Hinweis auf *Grunsky* SAE 1983, 22: Beteiligung des Arbeitnehmers Kraft Eigeninitiative analog § 66 ZPO?; vgl. *Laux* Die Antrags- und Beteiligungsbefugnis im arbeitsgerichtlichen Beschlussverfahren, 1985, S. 122 f.; abl. h.M., z.B. GK-ArbGG/*Dörner* § 83 Rn. 54; GMPM-G/*Matthes* § 83 Rn. 23.
15 BAG 7.11.2000, 1 ABR 55/99, EzA § 83 ArbGG 1979 Nr. 9 (BIII2) zu § 83 Abs. 2 BPersVG m. Nachw. aus der Rspr. des BVerwG.

den Wirtschaftsausschuss geltend gemacht.[16] Beteiligte Stelle eines Beschlussverfahrens i.S.v. § 83 Abs. 3 ist ein Betriebsverfassungsorgan nur dann, wenn es als Inhaber des streitigen Anspruchs oder Rechts materiell-rechtlich ernsthaft in Frage kommt. Örtliche Betriebsratsgremien sind nicht unmittelbar betroffen, wenn einem Antrag des Gesamtbetriebsrats über einen betriebsverfassungsrechtlichen Anspruch oder über das Bestehen eines Mitbestimmungsrechts stattgegeben wird und damit inzident zugleich darüber entschieden wird, dass der Anspruch oder das Mitbestimmungsrecht den örtlichen Betriebsräten nicht zusteht, bei vertauschten Beteiligtenrollen umgekehrt.[17] Im Verfahren um die Wirksamkeit eines Spruchs der Einigungsstelle ist Letztere nicht Beteiligte.[18] Anders kann es sein, wenn die Betriebsparteien sich etwa gegen die Aussetzung des Verfahrens durch die Einigungsstelle oder gegen ein bestimmtes Tätigwerden wenden.[19] Im Wahlanfechtungsverfahren ist der Wahlvorstand nicht Beteiligter, wohl aber in Verfahren im Rahmen des Wahlverfahrens wegen Maßnahmen des Wahlvorstandes. Im Wahlanfechtungsverfahren ist nur die im Betrieb vertretene Gewerkschaft Beteiligte, die von ihrem Anfechtungsrecht Gebrauch gemacht hat.[20] Dem **Arbeitgeberverband** sind keine eigenen betriebsverfassungs- oder personalvertretungsrechtlichen Rechtspositionen eingeräumt, er ist daher nicht zu beteiligen.

3 Nach der Einleitung des Beschlussverfahrens und nach der Bestimmung des Streitgegenstandes durch den Antrag durch den »Antragsteller« als Herr des Verfahrens (er ist auch zur Rücknahme des Antrags berechtigt, § 81 Abs. 2 S. 1) ist das Arbeitsgericht verpflichtet, den Sachverhalt im Rahmen der gestellten Anträge von Amts wegen zu erforschen – **Amtsermittlungsgrundsatz** –. Eine **Darlegungslast** im eigentlichen Sinne ist dem Beschlussverfahren daher fremd. Das Gericht hat den Antragsteller ggf. aufzufordern, seine Antragsbegründung zu ergänzen, oder einem Beteiligten die Auflage zu machen, sich durch Sachvortrag an der Aufklärung des Sachverhalts zu beteiligen. Geschieht dies nicht, so gehen der Antragsteller oder ggf. der Beteiligte das Risiko einer für ihn nachteiligen Entscheidung ein. Mit dem Untersuchungsgrundsatz grundsätzlich unvereinbar ist die Zurückweisung verspäteten Vorbringens. Nach Abs. 1a **kann** der Vorsitzende den Beteiligten eine Frist für ihr Vorbringen setzen. Nach einem entsprechenden Hinweis **kann** das nach Ablauf der Frist Vorgebrachte zurückgewiesen

---

16 GMPM-G/*Matthes* § 83 Rn. 66.
17 BAG 28.3.2006, 1 ABR 59/04, EzA § 83 ArbGG 1979 Nr. 10 (BI2 Rn. 12 ff.).
18 GK-ArbGG/*Dörner* § 83 Rn. 94.
19 GMPM-G/*Matthes* § 83 Rn. 70.
20 BAG 19.9.1985, 6 ABR 4/85, EzA § 19 BetrVG 1979 Nr. 22.

werden, wenn nach der freien Überzeugung des Gerichts seine Zulassung die Erledigung des Verfahrens verzögern würde und der Beteiligte die Verzögerung nicht genügend entschuldigt. In der Regel wird im Interesse einer zutreffenden Sachentscheidung eine Verzögerung der Erledigung des Beschlussverfahrens in Kauf genommen. Als Mittel zur Aufklärung des Sachverhaltes zählt § 83 Abs. 2 die Einsichtnahme in Urkunden, die Einholung von Auskünften, die Einvernahme von Zeugen, Sachverständigen sowie die Einnahme eines Augenscheins auf. Außerdem kann das persönliche Erscheinen der Beteiligten bzw. des/der Vorsitzenden oder sonst vertretungsberechtigten Person angeordnet werden. Wird der Sachverhalt übereinstimmend vorgetragen oder wird das Vorbringen nicht bestritten, bedarf es keiner Beweisaufnahme. Das Arbeitsgericht ist andererseits verpflichtet, angetretene Beweise über entscheidungserhebliche, streitige Tatsachen zu erheben. Eine Ermessensfreiheit besteht insoweit auch nach dem Untersuchungsgrundsatz nicht.[21] Ist der Betriebsrat Beteiligter des Beschlussverfahrens, kann der Betriebsratsvorsitzende lediglich als Beteiligter, die übrigen Betriebsratsmitglieder können als Zeugen vernommen werden.[22] Die Beweisaufnahme erfolgt grundsätzlich vor der Kammer, allerdings kann sie dem Vorsitzenden übertragen werden, wenn sie nicht an Gerichtsstelle erfolgen kann oder im Wege der Rechtshilfe durchgeführt werden muss. Können die Tatsachen nicht geklärt werden, geht das zu Lasten des Beteiligten, der einen Anspruch durchsetzen oder ein Recht festgestellt wissen will, wenn dies von einem behaupteten, aber nicht bewiesenen Sachverhalt abhängt – Feststellungslast oder objektive Beweislast.

Im Verfahren sind die **Beteiligten vor der Kammer zu hören**, § 83 Abs. 3 S. 1, und zwar auch dann, wenn ein Güteverfahren stattgefunden hat, das erfolglos geblieben ist. Die mündliche Anhörung dient dazu, den Sachverhalt vollständig aufzuklären und den Beteiligten Gelegenheit zur Stellungnahme zu geben, rechtliches Gehör zu gewähren. Die Anhörung vor der Kammer ist öffentlich. Sie beginnt mit der Stellung der Anträge. Es ist ein Protokoll über den Anhörungstermin zu fertigen, die gestellten Anträge sind aufzunehmen. 4

Bleibt der Antragsteller dem Termin fern, was ihm unbenommen bleibt, arg. § 83 Abs. 4 S. 2, wird über den in der Antragsschrift enthaltenen Antrag verhandelt und entschieden. Das Arbeitsgericht hat auf sach- 4a

---

21 BAG 25.9.1986, 6 ABR 68/84, EzA § 1 BetrVG 1972 Nr. 6 a.E.
22 *Hauck/Helml* § 83 Rn. 7; GMPM-G/*Matthes* § 83 Rn. 104; KGH.EKD 24.1.2005, II-0124/K 56–04, ZMV 2006, 29 für das mitarbeitervertretungsrechtliche Beschlussverfahren des MVG.EKD.

dienliche Anträge hinzuwirken,[23] wobei, folgt der »Antragstellervertreter« dem, es sich als zweckmäßig erweisen kann, den oder die selbst formulierten Anträge als Hilfsanträge aufrecht zu erhalten, weil Landesarbeitsgericht und/oder Bundesarbeitsgericht die Frage des »richtigen« Antrages anders sehen können. Nach § 139 Abs. 4 ZPO sind die von der Kammer gegebene Hinweise in das Protokoll aufzunehmen, soweit sie nicht bereits anderweitig aktenkundig gemacht worden sind, etwa in einem Auflagenbeschluss.

5 Unterbleibt eine Beteiligung in erster Instanz, so kann sie im Beschwerdeverfahren nachgeholt werden. Eine Zurückverweisung ist nicht zulässig (§ 91 Abs. 1 S. 2). Hat auch das LAG eine gebotene Beteiligung unterlassen, so führt dies zur Aufhebung der Entscheidung und des ihr zugrunde liegenden Verfahrens, wenn die Beteiligung auch nur möglicherweise zu einem anderen Sachverhalt und somit zu einer anderen Entscheidung hätte führen können.[24]

5a Hat das Arbeitsgericht zu Unrecht jemanden als Beteiligten hinzugezogen, so ist er im Rechtsmittelverfahren nicht mehr anzuhören. Hat er das Rechtsmittel eingelegt, so ist es als unzulässig zu verwerfen.[25] Stellt der vorher am Verfahren Beteiligte einen Antrag, so ist er bei fehlender Beteiligungsbefugnis als unzulässig zurückzuweisen. Eine Aufhebung der Vorentscheidung kommt nicht in Betracht.

6 Schriftliche Äußerung ist nach § 83 Abs. 4 S. 1 zulässig. Sie kann nicht erzwungen werden.

6a Das Beschlussverfahren kennt kein **Versäumnisverfahren.** Eine Verpflichtung der Beteiligten zum Erscheinen im Anhörungstermin besteht nicht. Das gilt selbst für den Antragsteller. Das Gericht kann entscheiden.[26] Hat ein Beteiligter sein Fernbleiben genügend entschuldigt, ist ein neuer Termin zu bestimmen.

7 § 83 Abs. 4 S. 3 stellt klar, dass das Gericht mit Einverständnis der Parteien ohne mündliche Verhandlung entscheiden kann.

8 § 83 Abs. 5 verweist auf § 78 und damit auf die §§ 567 bis 577 ZPO (vgl. die Anm. zu § 78). Gemeint sind verfahrensleitende Beschlüsse, also Anordnungen und Entscheidungen im laufenden Verfahren;[27] gegen den das Beschlussverfahren beendenden Beschluss ist die Beschwerde

---

23 BAG 27.3.1979, 6 ABR 15/77, EzA § 89 ArbGG Nr. 9.
24 Vgl. BAG 13.1.1977, 1 ABR 19/75, EzA § 83 ArbGG Nr. 24; 1.8.1958, 1 ABR 6/58, AP Nr. 1 zu § 83 ArbGG 1953.
25 Vgl. BAG 3.10.1978, 6 ABR 102/76, EzA § 40 BetrVG 1972 Nr. 37.
26 LAG Berlin 5.3.1990, 9 TaBV 6/89, LAGE § 5 BetrVG 1972 Nr. 18.
27 Klargestellt durch BAG 23.1.2008, 1 ABR 64/06, (BI1).

Verfahren § 83

nach Maßgabe des § 87 gegeben. Das Landesarbeitsgericht kann auch im arbeitsgerichtlichen Beschlussverfahren die Rechtsbeschwerde gegen »verfahrensbegleitende« Beschlüsse jedenfalls dann zulassen, wenn es als Rechtsmittelgericht über eine sofortige Beschwerde nach § 78 i.V.m. § 83 Abs. 5 entscheidet.[28] Gegen den Aussetzungsbeschluss des Arbeitsgerichts nach 148 ZPO findet die Beschwerde nach § 252 ZPO i.V.m. § 78 statt.[29] Gegen den Beschluss des Landesarbeitsgerichts ist die Rechtbeschwerde nur dann gegeben, wenn das Landesarbeitsgericht sie zugelassen hat, § 78 S. 2.[30]

---

28 BAG 25.8.2004, 1 AZB 41/03, AP § 23 BetrVG 1972 Nr. 41 (BI betr. Festsetzung eines Ordnungsgeldes); BAG 28.2.2003, 1 AZB 53/02, EzA § 78 ArbGG 1979 Nr. 5 (Betr. Festsetzung eines Ordnungsgeldes).
29 Vgl. *LAG Düsseldorf/Kammer Köln* 9.3.1979, 8 TaBV 3/79, EzA § 148 ZPO Nr. 7.
30 ArbGG/*Kloppenburg/Ziemann* § 55 Rn. 29a.

§ 83a Vergleich, Erledigung des Verfahrens

(1) Die Beteiligten können, um das Verfahren ganz oder zum Teil zu erledigen, zur Niederschrift des Gerichts oder des Vorsitzenden einen Vergleich schließen, soweit sie über den Gegenstand des Vergleichs verfügen können, oder das Verfahren für erledigt erklären.

(2) Haben die Beteiligten das Verfahren für erledigt erklärt, so ist es vom Vorsitzenden des Arbeitsgerichts einzustellen. § 81 Abs. 2 Satz 3 ist entsprechend anzuwenden.

(3) [1]Hat der Antragsteller das Verfahren für erledigt erklärt, so sind die übrigen Beteiligten binnen einer von dem Vorsitzenden zu bestimmenden Frist von mindestens zwei Wochen aufzufordern, mitzuteilen, ob sie der Erledigung zustimmen. [2]Die Zustimmung gilt als erteilt, wenn sich der Beteiligte innerhalb der vom Vorsitzenden bestimmten Frist nicht äußert.

1 § 83a Abs. 1 stellt klar, dass die Beteiligten einen Vergleich schließen können, um das Verfahren zu beenden, was voraussetzt, dass die Beteiligten über den Gegenstand des Vergleichs verfügen können. Das wird angesichts vielfach zwingender Regeln im materiellen Betriebsverfassungsrecht nicht sehr häufig vorkommen. Die amtliche Begründung führt als Beispiel für einen Fall des zwingenden Rechts die Frage auf, ob jemand leitender Angestellter i.S.d. § 5 Abs. 3 BetrVG 1972 ist. Die Praxis zeigt jedoch, dass darüber in den Unternehmen Absprachen getroffen werden, obwohl man weiß, dass sie vor den Gerichten ggf. keinen Bestand haben. Können die Beteiligten über den Vergleichsgegenstand verfügen, was sich nach materiellem Recht richtet, beendet der gerichtlich protokollierte Vergleich das Verfahren. Vorher ergangene, noch nicht rechtskräftige Entscheidungen werden ohne Aufhebung wirkungslos. Eine Einstellung des Verfahrens durch den Vorsitzenden ist nicht vorgesehen. Können die Beteiligten nicht wirksam über den Vergleichsgegenstand verfügen, beendet ein gleichwohl geschlossener Vergleich das Verfahren nicht, der Vergleich ist unwirksam und das Verfahren ist fortzusetzen. Ein außergerichtlicher Vergleich beendet das Verfahren nicht. Das Verfahren ist einzustellen, ggf. nach Rücknahme des Antrags oder Erledigungserklärung der Beteiligten.

1a Zur Vollstreckung aus einem Vergleich vgl. LAG München 16.10.1986, 5 TaBV 45/86, LAGE § 83a ArbGG 1979 Nr. 2; LAG Berlin 9.4.2002, 8 Ta 235/02, AP ArbGG 1979 § 83 Nr. 31.

Vergleich, Erledigung des Verfahrens § 83a

§ 83a Abs. 1 ermöglicht die übereinstimmende Erledigungserklärung durch die Beteiligten.[1] Die **Erledigungserklärung** haben **alle** Beteiligten abzugeben. Sie erfolgt gegenüber dem Gericht schriftlich oder zu Protokoll und ist bis zur rechtskräftigen Entscheidung über den Antrag möglich. In den Rechtsmittelinstanzen ist Voraussetzung, dass das Rechtsmittel, also die Beschwerde nach § 87 oder die Rechtsbeschwerde nach § 92 zulässig ist.[2] Die Erledigungserklärung ist unwiderruflich.[3] Zu beachten ist, dass im **Verfahren vor dem Arbeitsgericht** der Antragsteller den Antrag ohne Zustimmung der übrigen Beteiligten jederzeit zurücknehmen kann. In der Erledigungserklärung des Antragstellers liegt im Zweifel auch eine Antragsrücknahme, so dass es hier der Erledigungserklärung der übrigen Beteiligten nicht bedarf, so dass § 83a Abs. 3 für das erstinstanzliche Verfahren keine Bedeutung hat. In der Beschwerde- und Rechtsbeschwerdeinstanz bedarf die Rücknahme des Antrags der Zustimmung der übrigen Beteiligten, § 87 Abs. 2 S. 3, § 92 Abs. 2 S. 3. Wird diese nicht gegeben, ist die Rücknahme des Antrags unzulässig; dieser ist nach wie vor gestellt, über ihn ist in der Sache zu entscheiden.

Nach § 83a Abs. 2 erfolgt im Falle der Erledigungserklärung durch die Beteiligten die Einstellung des Verfahrens durch den Vorsitzenden des Arbeitsgerichts, von der die Beteiligten nach Maßgabe des § 81 Abs. 2 S. 3 zu benachrichtigen sind. Der Vorsitzende prüft nicht, ob das Verfahren tatsächlich erledigt ist, insbesondere, ob ein erledigendes Ereignis eingetreten ist.[4] Gegen den Einstellungsbeschluss findet als ein das Verfahren beendenden Beschluss die Beschwerde nach § 87 statt.[5] Für eine Kostenentscheidung ist kein Raum.

§ 83a Abs. 3 enthält eine für die Praxis glückliche Lösung im Fall der Erledigungserklärung **durch den Antragsteller.** Hier gilt die Zustimmung der übrigen Beteiligten nach Ablauf der vom Vorsitzenden bestimmten Frist (die mindestens zwei Wochen beträgt) als erteilt, allerdings ist auf die Rechtsfolge ihres Schweigens hinzuweisen.

Stimmen die übrigen Beteiligten der Erledigungserklärung des Antragstellers zu oder gilt die jeweils erforderliche Zustimmung als erteilt, wird das Verfahren eingestellt und den Beteiligten davon Kenntnis gegeben.

---

1 BAG 27.8.1996, 3 ABR 21/95, EzA § 83a ArbGG 1979 Nr. 4.
2 BAG 15.8.2001, 7 ABR 2/99, EzA § 47 BetrVG 1972 Nr. 8.
3 *Hauck/Helml* § 83a Rn. 5.
4 BAG 26.4.1990, 1 ABR 79/89, EzA § 83a ArbGG 1979 Nr. 1(vor BI3b).
5 LAG Rheinland-Pfalz 25.6.1982, 6 TaBV 10/82, EzA § 92 ArbGG 1979 Nr. 1; GMPM-G/*Matthes* § 83a Rn. 14 m.w.N.; a.A. LAG Hamburg 27.8.1990, 5 TaBV 3/90, LAGE § 92 ArbGG 1979 Nr. 2.

5 Die **einseitige Erledigungserklärung** durch einen Beteiligten wird in § 83a nicht geregelt. Im Verfahren vor dem Arbeitsgericht ist aber zu beachten, dass der Antragsteller den Antrag jederzeit zurücknehmen kann (§ 81 Abs. 2). Befindet sich das Beschlussverfahren in den Rechtsmittelinstanzen, so kann der Antragsteller nicht mehr einseitig über die Beendigung des Verfahrens bestimmen (zur Zustimmungsfiktion nach der Fristsetzung des Vorsitzenden vgl. § 83a Abs. 3). Hat der Antragsteller das Beschlussverfahren für erledigt erklärt, aber mindestens einer der Beteiligten nicht zugestimmt, besser wegen der Fiktionsregelung des § 83a Abs. 3 S. 3 ausdrücklich widersprochen,[6] ist zu prüfen, **ob sich die Hauptsache erledigt hat**, also ein erledigendes Ereignis gegeben ist und deshalb der Antrag nach Rechtshängigkeit unzulässig oder unbegründet geworden ist.[7] Es kommt anders als im Urteilsverfahren nicht darauf an, ob der Antrag vor Eintritt des erledigenden Ereignisses **zulässig und begründet** war.[8] Liegt ein erledigendes Ereignis nicht vor, so ist in der Sache zu entscheiden. Voraussetzung ist eine wirksame Erledigungserklärung in der Rechtsmittelinstanz. Außerdem muss die Beschwerde oder die Rechtsbeschwerde zulässig und damit wirksam in die Rechtsmittelinstanz gelangt sein. Ist das nicht der Fall, ist das Rechtsmittel als unzulässig zu verwerfen. Liegt ein erledigendes Ereignis vor, ist das Verfahren entsprechend § 83 Abs. 2 einzustellen und es kann – auf Antrag muss – entsprechend § 269 ZPO festgestellt werden, dass die Entscheidung(en) der Vorinstanz(en) wirkungslos ist (sind).[9]

5a Über die einseitige Erledigungserklärung entscheidet die Kammer durch Beschluss nach § 84, gegen den die Beschwerde nach den §§ 87 ff. stattfindet.[10]

6 Erklären nicht der Antragsteller, sondern **andere Beteiligte** das Verfahren für erledigt, so ist das rechtlich unbeachtlich.[11] Die Erledigungserklärung eines anderen Beteiligten als des Antragstellers gibt aber Veranlassung zu prüfen, ob ein Rechtsschutzbedürfnis für den Antrag noch gegeben ist.[12]

---

6 *Schumann* Die geglückte Judikatur des Bundesarbeitsgerichts zur Erledigung der Hauptsache, FS für Reinhard Richardi, S. 403 ff, 413.
7 BAG 19.2.2008, 1 ABR 65/05.
8 BAG 27.8.1996, 3 ABR 21/95, EzA § 83a ArbGG 1979 Nr. 4; 19.6.2001, 1 ABR 48/00, EzA § 83a ArbGG 1979 Nr. 7.
9 GK-ArbGG/*Dörner* § 83a Rn. 24, dort auch Beispiele für erledigende Ereignisse Rn. 31a.
10 BAG 23.1.2008, 1 ABR 64/06.
11 BAG 26.1.1991, 1 ABR 43/90, EzA § 87 BetrVG 1972 Arbeitszeit Nr. 47 (BI).
12 GK-ArbGG/*Dörner* § 83a Rn. 32.

Vergleich, Erledigung des Verfahrens § 83a

Nach der Rechtsprechung ist ein Verfahren beendet, ohne dass es einer 7
Erledigungserklärung bedarf, und entsprechend § 81 Abs. 2 S. 2, § 83a
Abs. 2 S. 1 einzustellen in folgenden Fällen:

- Antrag des Arbeitgebers auf Ersetzung der Zustimmung des Betriebsrats zu einer personellen Einzelmaßnahme oder auf Feststellung, dass eine vorläufige personelle Maßnahme aus sachlichen Gründen dringend erforderlich ist, §§ 99 Abs. 4, 100 Abs. 2 S. 1 BetrVG sowie der Antrag des Betriebsrats auf Aufhebung einer personellen Maßnahme, § 101 BetrVG, wenn die betreffende personelle Einzelmaßnahme beendet ist.[13]

- Der Antrag des Arbeitgebers auf Ersetzung der vom Betriebsrat verweigerten Zustimmung zu einer in Aussicht genommenen außerordentlichen Kündigung gegenüber einem Mitglied des Betriebsrats erledigt sich mit der Erteilung der Zustimmung durch den Betriebsrat.[14]

- Antrag des Arbeitgebers nach § 100 Abs. 2 S. 3 BetrVG auf Feststellung der dringenden Erforderlichkeit der personellen Maßnahme, wenn diese endgültig zulässig wird[15] oder nicht mehr aufrechterhalten wird.[16] Er erledigt sich mit der Erledigung des Zustimmungsersetzungsverfahrens.[17]

---

13 BAG 26.4.1990, 1 ABR 79/89, EzA § 79 ArbGG 1979 Nr. 1 (BII3): Sei die streitige personelle Maßnahme beendet, könne die erst nach der Beendigung ergehende Entscheidung keine Wirkung mehr entfalten, was bedeute, dass mit der Beendigung der personellen Maßnahme der Antrag sich erledige.
14 BAG 23.6.1993, 2 ABR 58/92, EzA § 103 BetrVG 1972 Nr. 34.
15 BAG 19.6.1984, 1 ABR 65/82, AP ZA-Nato-Truppenstatut Art. 72 Nr. 1.
16 BAG 15.9.1987, 1 ABR 44/86, AP § 99 BetrVG 1972 Nr. 57.
17 BAG 18.10.88, 1 ABR 36/87, EzA § 100 BetrVG 1972 Nr. 4; zust. *Hauck/Helml* § 83a Rn. 9; GMPM-G/*Matthes* § 83a Rn. 12; zutr. krit. GK-ArbGG/*Dörner* § 83a Rn. 35.

§ 84 Beschluß

¹Das Gericht entscheidet nach seiner freien, aus dem Gesamtergebnis des Verfahrens gewonnenen Überzeugung. ²Der Beschluß ist schriftlich abzufassen. ³§ 60 ist entsprechend anzuwenden.

1 § 84 S. 1 legt fest, dass über den gestellten Antrag nicht durch Urteil, sondern durch Beschluss entschieden und damit das erstinstanzliche Verfahren abgeschlossen wird. Der Beschluss ergeht durch die Kammer unter Mitwirkung der ehrenamtlichen Richter, auch wenn im Einverständnis der Beteiligten ohne mündliche Anhörung der Beteiligten vor der Kammer entschieden wird, § 83 Abs. 4 S. 3. Werden die ehrenamtlichen Richter nicht hinzugezogen und liegt kein Fall der Alleinentscheidung des Vorsitzenden mit Zustimmung aller Beteiligten nach § 55 Abs. 3 oder ein Fall des § 96 vor, unterliegt der Beschluss der Beschwerde nach § 87 oder der Wiederaufnahme nach §§ 80 Abs. 2, 79 i.V.m. § 579 Abs. 1 Nr. 1 ZPO.[1] Ein Zwischenbeschluss, § 280 ZPO, z.B. über die Frage der internationalen Zuständigkeit der deutschen Arbeitsgerichtsbarkeit, kann ergehen.[2] Ein Teilbeschluss, § 301 ZPO, ist möglich. Ein Vorbehaltsbeschluss, § 302 ZPO, ist denkbar. Ein Anerkenntnis- oder Verzichtsbeschluss ist möglich, soweit die Beteiligten über den Streitgegenstand des Beschlussverfahrens verfügen können.[3] Das Gericht hat über den Antrag durch Beschluss zu entscheiden, wenn das Verfahren entscheidungsreif ist, § 300 ZPO, was dann der Fall ist, wenn der Sachverhalt, ggf. nach Beweisaufnahme geklärt oder unstreitig ist. Im Hinblick auf § 83 Abs. 4 S. 2 gibt es kein Säumnisverfahren, also auch keinen »Versäumnisbeschluss«.[4] Im Übrigen soll § 84 S. 1 klarstellen, dass das Gericht im Beschlussverfahren ebenso an die Normen des Verfahrensrechts und des materiellen Rechts gebunden ist wie im Urteilsverfahren. Eine freiere Stellung besteht nicht.

2 **Der Beschluss muss schriftlich** abgefasst werden. Das bezieht sich auf den gesamten Beschluss, d.h. den Tenor (sog. Beschlussformel) und die Gründe, die die Sachverhaltsschilderung (Tatbestand) und die Begründung für die getroffene Entscheidung enthalten. Der Beschluss einschließlich der Rechtsmittelbelehrung ist nur vom Vorsitzenden zu unterschreiben, § 60 Abs. 4 S. 1. Im Tenor muss zum Ausdruck gebracht werden, ob die Entscheidung vorläufig vollstreckbar ist oder nicht,

---

1 *Hauck/Helml* § 84 Rn. 2.
2 LAG Düsseldorf 15.12.2005, 11 TaBV 47/05, AuR 2006, 254.
3 *Hauck/Helml* § 84 Rn. 2.
4 GMPM-G/*Matthes* § 84 Rn. 7 i.V.m. § 83 Rn. 111; *Hauck/Helml* § 84 Rn. 2.

weil nicht immer erkennbar ist, ob es sich um eine vermögensrechtliche Streitigkeit handelt. Eine Kostenentscheidung hat zu unterbleiben, da nach § 2 Abs. 2 GKG in Verfahren nach § 2a Abs. 1 Kosten nicht erhoben werden und Auslagen von der Staatskasse getragen werden. Der Streitwert wird im Beschluss nicht festgesetzt, § 61 Abs. 1 ist wegen fehlenden Verweises in § 84 nicht anwendbar. Eine Streitwertfestsetzung kann nach § 33 RVG auf Antrag eines Rechtsanwaltes, seines Auftraggebers oder des erstattungspflichtigen Beteiligten erfolgen. Der Streitwert richtet sich nach § 23 RVG. Liegt eine vermögensrechtliche Streitigkeit nicht vor, ist i.d.R. von dem Hilfswert von 4.000 Euro auszugehen.

Auf die Verkündung des Beschlusses findet § 60 entsprechend Anwendung. Bei mündlicher Anhörung der Beteiligten vor der Kammer, ist der Beschluss i.d.R. am Schluss des Sitzungstages, an dem die Anhörung stattfand – nach geheimer Beratung der Kammer – zu verkünden. Ausnahmsweise kann ein Verkündungstermin bestimmt werden, wenn die sofortige Verkündung des Beschlusses nicht möglich ist, etwa, weil die Beratung der Kammer nicht mehr am Tage der Anhörung stattfinden kann. Die Verkündung des Beschlusses erfolgt durch Verlesen der Beschlussformel. Die Anwesenheit der ehrenamtlichen Richter ist bei der Verkündung nicht erforderlich, wenn die Beschlussformel auch von ihnen unterschrieben worden war. Der Vorsitzende muss den wesentlichen Inhalt der Entscheidungsgründe mitteilen, wenn auch nur ein Beteiligter oder sein Vertreter bei der Verkündung anwesend ist. Ist nach § 83 Abs. 4 S. 3 ein Termin zur Beratung und Entscheidung bestimmt, ist der Beschluss an diesem Tage zu verkünden.[5] War der Vorsitzende zu einer Alleinentscheidung durch alle Beteiligte ermächtigt worden, § 55 Abs. 3, was auch im Beschlussverfahren möglich ist,[6] findet die Verkündung am Tage der Güteverhandlung nach Schluss der Anhörung im Güteverfahren i.d.R. am Ende des Gütetermintages statt. 3

Der Beschluss beendet wie das Endurteil die Instanz. Gegen ihn ist die Beschwerde nach § 87 statthaft. Zur Beschwerde vgl. §§ 87 ff. 4

Der Beschluss hat nach § 9 Abs. 5 (s. die dortigen Erl.) eine zutreffende **Rechtsmittelbelehrung** zu enthalten. Hat das Arbeitsgericht in einem Fall der gerichtlichen Zustimmung zur Durchführung einer Betriebsänderung, § 122 InsO, oder in einem Beschlussverfahren zum Kündigungsschutz nach § 126 InsO die Rechtsbeschwerde zugelassen, § 122 Abs. 3 S. 2 InsO, § 126 Abs. 3 S. 1 InsO, ist eine entsprechende Rechtsmit- 5

---
5 GK-ArbGG/*Dörner* § 84 Rn. 15.
6 GMPM-G/*Matthes* § 80 Rn. 57.

telbelehrung zu erteilen. Das gilt auch für die Sprungrechtsbeschwerde nach § 96a nach deren Zulassung.[7]

6 Die Zustellung des Beschlusses erfolgt an alle Beteiligten nach den §§ 80 Abs. 2, 50 Abs. 1 von Amts wegen.

7 Beschlüsse im arbeitsgerichtlichen Beschlussverfahren nach § 2a Abs. 1 ArbGG sind der formellen und materiellen Rechtskraft fähig. Nach dem Eintritt ihrer Unanfechtbarkeit können die im Beschluss behandelten Fragen durch die am Verfahren Beteiligten bei unverändertem Sachverhalt nicht erneut einer arbeitsgerichtlichen Entscheidung zugeführt werden. Damit sollen der Gefahr widersprechender Entscheidungen entgegengewirkt und Rechtssicherheit und Rechtsfrieden gewährleistet werden.[8] Wird der Beschluss nicht rechtzeitig durch eine Beschwerde angegriffen, tritt **formelle Rechtskraft** ein. Der Umfang der **materiellen Rechtskraft**, die Folge der formellen Rechtskraft, richtet sich nach den §§ 323, 325 ZPO. Der Beschluss wirkt zwischen sämtlichen Beteiligten des Beschlussverfahrens, auch wenn sie sich nicht geäußert haben sollten. Ein erneutes Verfahren mit demselben Streitgegenstand ist unzulässig. Die Rechtskraft einer Entscheidung mit Dauerwirkung kann enden, soweit sich nach Eintritt der Unanfechtbarkeit die tatsächlichen oder rechtlichen Verhältnisse geändert haben. Dazu müssen gerade diejenigen Tatsachen oder Rechtsgrundlagen eine Änderung erfahren haben, die maßgebend für die in der früheren Entscheidung ausgesprochene Rechtsfolge waren.[9]

8 Wird die Zustimmung des Betriebsrats zur außerordentlichen Kündigung eines Mitglieds des Betriebsrats nach § 103 Abs. 2 BetrVG rechtskräftig ersetzt, steht für den etwa nachfolgenden Kündigungsschutzprozess zwischen Arbeitnehmer und Arbeitgeber bindend fest, dass

---

7 *Hauck/Helml* § 96a Rn. 4; BAG 16.4.2003, 7 ABR 27/02, EzA § 95 SGB IX Nr. 1 (BI): Zur Rechtsmittelbelehrung bei einer zugelassenen Sprungrechtsbeschwerde gehört die vollständige postalische Anschrift des Bundesarbeitsgerichts, um es dem Rechtsmittelführer zu ermöglichen, das Rechtsmittel unter Ausschöpfung der vollständigen Rechtsmittelfrist unmittelbar selbst dem Gericht zu überbringen, andernfalls die Jahresfrist des § 9 Abs. 5 S. 4 läuft, so dass es unschädlich ist, wenn die Zustimmungserklärung des Arbeitgebers zur Einlegung der Sprungrechtsbeschwerde nicht gem. § 74 Abs. 1 S. 1 innerhalb eines Monats nach Zustellung des vollständig abgesetzten Beschlusses des Arbeitsgerichts beim Bundesarbeitsgericht eingeht.
8 BAG 15.1.2002, 1 ABR 10/01, EzA § 50 BetrVG 1972 Nr. 19 (III1a).
9 BAG 6.6.2000, 1 ABR 222/99, EzA § 322 ZPO Nr. 12 (BII4a) betr. Gewerkschaftseigenschaft der CGM bezogen auf die Rechtskraft des Beschlusses des ArbG Stuttgart 4.2.1972, 6 BV 3/71; BAG 15.1.2002, 1 ABR 10/01, EzA § 50 BetrVG 1972 Nr. 19 (III3a).

die außerordentliche Kündigung berechtigt ist.[10] Das folgt schon aus § 103 Abs. 2 S. 2 BetrVG, nach dem der betroffene Arbeitnehmer Beteiligter ist. Das Betriebsratsmitglied kann nur mit Erfolg geltend machen, es lägen neue Tatsachen vor, die im Zustimmungsersetzungsverfahren noch nicht berücksichtigt werden konnten[11] oder solche, die er im Zustimmungsersetzungsverfahren nicht geltend gemacht hat und auch nicht hätte geltend machen können.[12] Das ist im **kirchenarbeitsrechtlichen Beschlussverfahren** schon deswegen anders, weil es eine entsprechende Bestimmung im MVG.EKD nicht gibt, das Mitglied der Mitarbeitervertretung also nicht Beteiligter des Beschlussverfahrens um die Ersetzung der Zustimmung der Mitarbeitervertretung ist.[13] Das hat zur Folge, dass das staatliche Arbeitsgericht im Rahmen einer Kündigungsschutzklage des betroffenen Mitglieds der Mitarbeitervertretung die Wirksamkeit der fristlosen Kündigung voll zu überprüfen hat; durch die Ersetzung der Zustimmung der Mitarbeitervertretung ist lediglich die Möglichkeit eröffnet worden, eine außerordentliche Kündigung wirksam zu erklären.

Die Ersetzung der Zustimmung des Betriebsrats zur Eingruppierung eines Arbeitnehmers bindet den Arbeitgeber hinsichtlich der zwischen den Betriebsparteien strittigen Eingruppierung; der Arbeitnehmer hat Anspruch auf die entsprechende Vergütung; er kann aber gleichwohl in einem Eingruppierungsfeststellungsstreit geltend machen, er sei in einer günstigeren Vergütungsgruppe eingruppiert, weil er deren Voraussetzungen erfülle.[14] 9

Eine im Beschlussverfahren ergangene rechtskräftige Entscheidung über das Bestehen eines Freistellungsanspruchs nach § 37 Abs. 2, 3, 6 und 7 BetrVG ist bindend für ein etwa nachfolgendes Urteilsverfahren eines einzelnen Betriebsratsmitglieds z.B. auf Vergütung oder bezahlte Freistellung. Das folgt aus der Beteiligung des Betriebsratsmitglieds in dem Beschlussverfahren oder – bei fehlender Beteiligung – aus der Vor- 10

---

10 St. Rspr. vgl. z.B. BAG 24.5.1975, 2 AZR 118/74, EzA § 103 BetrVG 1972 Nr. 8.
11 Etwa bei Verdachtskündigung die Behauptung, es hätten sich neue tatsächliche Umstände ergeben, die geeignet seien, nicht mehr von dem Vorliegen eines wichtigen Grundes i.S.d. § 626 Abs. 1 BGB auszugehen.
12 BAG 15.8.2002, 2 AZR 214/01, EzA § 103 BetrVG 1972 Nr. 44 (II1a).
13 KGH.EKD st. Rspr. vgl. z.B. 30.6.2006, I-0124/M 21–06, ZMV 2006, 307; im Bereich der MAVO wird die Erklärung einer außerordentlichen Kündigung gegenüber einem Mitglied der Mitarbeitervertretung nicht von der Zustimmung der Mitarbeitervertretung abhängig gemacht, § 19 Abs. 1 S. 1 MAVO, dazu *Bleistein/Thiel* MAVO, 5. Aufl., § 19 Rn. 35 ff.
14 BAG 3.5.1994, 1 ABR 58/93, EzA § 99 BetrVG 1972 Nr. 122; a.A. ArbGG/*Koch* § 84 Rn. 6 unter Hinweis auf die fehlende Beteiligung des Arbeitnehmers und auf die Tarifautomatik, »Eingruppiertsein« statt »Eingruppieren«.

greiflichkeit der Entscheidung über den Anspruch auf Freistellung als Voraussetzung für den nachfolgenden individualrechtlichen Anspruch auf Vergütung oder bezahlte Freistellung.[15] Wird in einem Beschlussverfahren zwischen Betriebsrat und Arbeitgeber rechtskräftig festgestellt, dass ein Mitbestimmungsrecht nicht besteht, gilt diese Feststellung auch für einzelarbeitsvertragliche Folgen. Arbeitnehmer können sich gegenüber Maßnahmen des Arbeitgebers nicht mit Erfolg auf die angebliche Verletzung eines Mitbestimmungsrechts berufen; insoweit hat das Beschlussverfahren präjudizielle Wirkung.[16]

11 Wird die Zustimmung der Mitarbeitervertretung zu einer außerordentliche Kündigung eines Mitglieds der Mitarbeitervertretung oder zu einer ordentlichen Kündigung eines Mitarbeiters kirchengerichtlich rechtskräftig ersetzt (§ 21 Abs. 2, § 42b) i.V.m. §§ 41 Abs. 3, 38 MVG.EKD), bindet diese Entscheidung den – am kirchengerichtlichen Beschlussverfahren nicht beteiligten – betroffenen Arbeitnehmer nur insoweit, als entschieden ist, dass die Zustimmung zur Kündigung ersetzt ist. Die Vorfrage, ob eine Kündigung überhaupt wirksam erklärt werden kann, ist entschieden. Im Kündigungsschutzprozess vor dem staatlichen Gericht geht es »nur« darum, ob die ausgesprochene Kündung den Prüfungsmaßstäben des § 626 BGB bzw. § 1 KSchG standhält. Hat die Mitarbeitervertretung der in Aussicht genommenen Kündigung zugestimmt, prüft das staatliche Arbeitsgericht, ob das Anhörungsverfahren kirchenarbeitsrechtlich ordnungsgemäß war.[17] Dem entspricht es, dass, stellt das Verwaltungsgericht rechtskräftig fest, dem Dienststellenleiter stehe die Letztentscheidungskompetenz über den Ausspruch einer Kündigung zu, die Gerichte für Arbeitssachen den Inhalt des Beschlusses der Verwaltungsgerichtsbarkeit in personalvertretungsrechtlichen Angelegenheiten ihrer Entscheidung im Kündigungsschutzprozess auch dann zugrunde zu legen haben, wenn der betroffene Arbeitnehmer am Verwaltungsstreitverfahren nicht beteiligt war.[18]

---

15 GK-ArbGG/*Dörner* § 84 Rn. 36 m.w.N.
16 BAG 10.3.1998, 1 AZR 658/97, EzA § 84 ArbGG 1979 Nr. 2; weitere Bespiele bei *Hauck/Helml* § 84 Rn. 8; GK-ArbGG/*Dörner* § 84 Rn. 30 ff.
17 Vgl. z.B. ArbG Essen 15.12.2006, 2 Ca 3652/05, EzA-SD 14/2007 S. 6 f. betr. MAVO.
18 BAG 3.7.1996, 2 AZR 813/95, EzA § 84 ArbGG 1979 Nr. 1 m. ausf. Anm. *Krause* unter Betonung, dass der Schlüssel der Lösung der Bindungsproblematik in erster Linie im Charakter der Vorfrage zu sehen sei, S. 24.

§ 85 Zwangsvollstreckung

(1) ¹Soweit sich aus Absatz 2 nichts anderes ergibt, findet aus rechtskräftigen Beschlüssen der Arbeitsgerichte oder gerichtlichen Vergleichen, durch die einem Beteiligten eine Verpflichtung auferlegt wird, die Zwangsvollstreckung statt. Beschlüsse der Arbeitsgerichte in vermögensrechtlichen Streitigkeiten sind vorläufig vollstreckbar; § 62 Abs. 1 Satz 2 bis 5 ist entsprechend anzuwenden. ²Für die Zwangsvollstreckung gelten die Vorschriften des Achten Buches der Zivilprozeßordnung entsprechend mit der Maßgabe, daß der nach dem Beschluß Verpflichtete als Schuldner, derjenige, der die Erfüllung der Verpflichtung auf Grund des Beschlusses verlangen kann, als Gläubiger gilt und in den Fällen des § 23 Abs. 3, des § 98 Abs. 5 sowie der §§ 101 und 104 des Betriebsverfassungsgesetzes eine Festsetzung von Ordnungs- oder Zwangshaft nicht erfolgt.

(2) ¹Der Erlaß einer einstweiligen Verfügung ist zulässig. ²Für das Verfahren gelten die Vorschriften des Achten Buches der Zivilprozeßordnung über die einstweilige Verfügung entsprechend mit der Maßgabe, daß die Entscheidungen durch Beschluß der Kammer ergehen, erforderliche Zustellungen von Amts wegen erfolgen und ein Anspruch auf Schadensersatz nach § 945 der Zivilprozeßordnung in Angelegenheiten des Betriebsverfassungsgesetzes nicht besteht.

§ 85 Abs. 1 regelt die Zwangsvollstreckung aus Beschlüssen des Arbeitsgerichts und gerichtlichen Vergleichen im Beschlussverfahren. Grundsätzlich sind vollstreckungsfähig nur rechtskräftige Beschlüsse, die einem Beteiligten des Beschlussverfahrens eine Verpflichtung auferlegen. Landesarbeitsgerichtliche Beschlüsse, in denen die Rechtsbeschwerde nicht zugelassen wird, werden rechtskräftig, wenn die Frist zur Einlegung der Nichtzulassungsbeschwerde abgelaufen ist. Die Verpflichtung ergibt sich aus dem materiellen Recht. Dabei kann es um die Verpflichtung zur Vornahme einer vertretbaren oder unvertretbaren Handlung, zur Unterlassung oder zur Duldung einer Handlung gehen. Um vollstreckungsfähig zu sein, muss die im Tenor enthaltene Verpflichtung hinreichend bestimmt sein. Bereits aus rechtsstaatlichen Gründen muss der Schuldner Klarheit darüber haben, in welchen Fällen er durch Verhängung eines Ordnungsgeldes bestraft werden kann.[1] Ausnahmsweise sind Beschlüsse in vermögensrechtlichen Streitigkeiten nach § 85 Abs. 1 S. 2 vorläufig vollstreckbar (vgl. die entsprechende Bestimmung für Urteile in § 62 Abs. 1 S. 1). Insbesondere Streitigkeiten 1

---

1 BAG 28.2.2003, 1 AZB 53/03, EzA § 78 ArbGG 1979 Nr. 5.

über Sachmittel und Kosten der Tätigkeiten des Betriebsrats einschließlich Wahlkosten sind vermögensrechtliche Streitigkeiten.[2] Beschlüsse, die nur ein Rechtsverhältnis oder ein Recht feststellen, sind nicht vollstreckbar.

1a Auch bei einem Vergleich in einem Verfahren nach § 23 Abs. 3 S. 1 BetrVG kann auf die allgemeinen Vollstreckungsmöglichkeiten zurückgegriffen werden, § 85 Abs. 1 S. 3 i.V.m. § 890 ZPO.[3] § 23 Abs. 3 S. 2 und 3 BetrVG sind keine Sonderregelung, die die allgemeine Zwangsvollstreckung nach § 85 Abs. 1 S. 1 ausschließt.[4] Allerdings ist die Verhängung von Ordnungshaft oder Ersatzordnungshaft nicht zulässig, § 85 Abs. 1 S. 3.[5]

2 Vor Erlass des Beschlusses kann ein Antrag gestellt werden, die vorläufige Vollstreckbarkeit im Beschluss auszuschließen. Ihm ist stattzugeben, sofern die Voraussetzungen, des § 62 Abs. 1 S. 2 vorliegen, also wenn ein Beteiligter glaubhaft macht, dass die Vollstreckung ihm einen nicht zu ersetzenden Nachteil bringen würde. Wird gegen den Beschluss Beschwerde eingelegt, so kann die Einstellung der Zwangsvollstreckung nach Maßgabe der §§ 85 Abs. 1 S. 2, 62 Abs. 1 S. 3 und § 719 ZPO erfolgen.

2a Durch das SGGArbGGÄndG vom 26.3.2008 (BGBl. I S. 444, 448) wurde mit Wirkung ab 1.4.2008 durch Art. 2 Nr. 10 die Verweisung in § 85 Abs. 1 S. 2 um die Sätze 4 und 5 des § 62 Abs. 1 n.F. ergänzt: Die Einstellung der Zwangsvollstreckung nach §§ 85 Abs. 1 S. 2, 62 Abs. 1 S. 3 erfolgt ohne Sicherheitsleistung, wobei die Entscheidung durch unanfechtbaren Beschluss ergeht.[6]

3 Zur Gläubiger- bzw. Schuldnerstellung i.S.d. Vollstreckungsrechts vgl. § 85 Abs. 1 S. 3: Der nach dem Beschluss Verpflichtete gilt als Schuldner, derjenige, der die Erfüllung der Verpflichtung auf Grund des Beschlusses verlangen kann, gilt als Gläubiger. Ohne Rücksicht auf ihre Rechtsfähigkeit können nach dem Betriebsverfassungsgesetz zu beteiligende Stellen, z.B. Betriebsrat, Wahlvorstand, Jugendvertretung, Vollstreckungsgläubiger oder Vollstreckungsschuldner sein. Wegen fehlender Vermögensfähigkeit sind Zwangsvollstreckungsmaßnahmen unmittelbar gegen Stellen der Betriebsverfassung nicht möglich, wenn ein Ver-

---

2 GK-ArbGG/*Vossen* § 85 Rn. 10.
3 BAG 25.8.2004, 1 AZB 41/03, EzA § 78 ArbGG 1979 Nr. 7, Vorinstanz: LAG Düsseldorf 26.6.2003, 16 Ta 47/03, LAGE § 85 ArbGG 1979 Nr. 5.
4 GK-ArbGG/*Vossen* § 85 Rn. 15.
5 GK-ArbGG/*Vossen* § 85 Rn. 16; *Hauck/Helml* § 85 Rn. 16.
6 Vgl. dazu *Francken/Natter/Rieker* NZA 2008, 377, 379.

mögen Voraussetzung für die Vollstreckung ist.[7] Daraus folgt, dass, schuldet der Betriebsrat eine unvertretbare Handlung, gegen ihn ein Zwangsgeld nach § 888 ZPO nicht festgesetzt werden kann; auch eine Verhängung von Zwangs- oder Ordnungshaft gegen den Betriebsrat ist nicht möglich, ein Kollegialorgan als solches kann nicht in Haft genommen werden.[8]

Aus einem Titel gegen den Betriebsrat kann nicht gegen ein Mitglied des 4 Betriebsrates vollstreckt werden.[9] Dazu ist vielmehr ein vollstreckbarer Titel gegen das Betriebsratsmitglied notwendig.

Für die Zwangsvollstreckung gelten die Vorschriften des 8. Buches der 5 ZPO, allerdings mit den in § 85 Abs. 1 S. 3 bestimmten Besonderheiten.

Wenn der Schuldner einer Verpflichtung zuwider handelt, eine näher 5a bezeichnete Handlung zu unterlassen, kann gegen den Schuldner ein Ordnungsgeld nach § 85 Abs. 1 S. 3 i.V.m. § 890 ZPO verhängt werden. Die allgemeinen Zwangsvollstreckungsvoraussetzungen müssen vorliegen: Rechtskräftiger Titel, der eine hinreichend bestimmte Unterlassungsverpflichtung enthält, z.B., dass es der Arbeitgeber zu unterlassen hat, in seinem Betrieb Mehrarbeit anzuordnen oder duldend entgegenzunehmen, ohne den Betriebsrat unter Einhaltung der Regeln des gesetzlichen Beteiligungsverfahrens nach § 87 BetrVG zu beteiligen,[10] Vollstreckungsklausel nach § 725 ZPO (vollstreckbare Ausfertigung), die im Beschwerdeverfahren gegen den Vollstreckungsbeschluss des Arbeitsgerichts nachgeholt werden kann,[11] und Zustellung des Beschlusses des Arbeitsgerichts (des Titels). Das Ordnungsmittel muss angedroht sein, § 890 Abs. 2 ZPO, was i.d.R. bereits im arbeitsgerichtlichen Beschluss erfolgt, aber durch zuzustellenden weiteren Beschluss nachgeholt werden kann. Es muss der Verpflichtung zuwider gehandelt worden sein. Die Verhängung eines Ordnungsgeldes setzt Verschulden voraus, Fahrlässigkeit genügt. Das Verschulden kann auch in einem Organisations-, Auswahl- oder Überwachungsfehler liegen. Der Schuldner muss alle erforderlichen und zumutbaren Maßnahmen treffen, um Zuwiderhandlungen durch Mitarbeiter oder Beauftragte zu verhindern. Der Arbeitgeber muss sich so organisieren, dass er der Unterlassungsverfügung genügen kann. Mitarbeiter müssen zur Einhaltung der Unterlassungsverfügung angehalten und überwacht wer-

---

7 Einzelheiten bei GK-ArbGG/*Vossen* § 85 Rn. 21 ff.
8 GK-ArbGG/*Vossen* § 85 Rn. 24 m.w.N.
9 Einzelheiten bei GMPM-G/*Matthes* § 85 Rn. 19; GK-ArbGG/*Vossen* § 85 Rn. 25.
10 Vgl. BAG 25.8.2004, 1 AZB 41/03, EzA § 78 ArbGG 1979 Nr. 7, dazu GK-ArbGG/*Vossen* § 85 Rn. 16 a.
11 LAG Hamm 3.5.2007, 10 Ta 692/06, juris.

§ 85 Zwangsvollstreckung

den.[12] Die Höhe des Ordnungsgeldes liegt im Ermessen, darf aber nicht höher als angedroht sein. Maßgebend ist, welcher Druck als erforderlich erscheint, um den Schuldner zur künftigen Titelbefolgung zu veranlassen. Art, Umfang und Dauer der Verletzungshandlung, der Grad des Verschuldens und die wirtschaftliche Leistungsfähigkeit und der Vorteil, der wirtschaftliche Erfolg, den der Schuldner bei einer weiteren Nichtbeachtung des Titels erzielen könnte, sind zu berücksichtigen.[13]

5b Organe der Zwangsvollstreckung sind der Gerichtsvollzieher und das Amtsgericht als Vollstreckungsgericht oder das Prozessgericht, also das Arbeitsgericht in den im arbeitsgerichtsgerichtlichen Beschlussverfahren häufigeren Verpflichtungen, die nach §§ 887, 890, 891 S. 1 und 2 ZPO durchzusetzen sind. Der Vorsitzende entscheidet durch Beschluss ohne mündliche Verhandlung.

5c Das Verfahren ist kostenfrei, § 2 Abs. 2 GKG analog.[14]

5d Gegen den arbeitsgerichtlichen Beschluss ist die sofortige Beschwerde statthaft, § 78 i.V.m. § 793, § 567 Abs. 1 Nr. 1 ZPO.[15] Auf das Abhilfeverfahren, § 572 Abs. 1 ZPO, wird in der Praxis nicht selten dann verzichtet, wenn die Beschwerde beim Beschwerdegericht eingelegt wurde; die ordnungsgemäße Durchführung des Abhilfeverfahrens wird nicht als Verfahrensvoraussetzung für die Beschwerde angesehen.[16] Der Vorsitzende entscheidet allein, auch wenn, was die Ausnahme ist, auf Grund mündlicher Verhandlung entschieden wird. Auch das Beschwerdeverfahren ist gebührenfrei.[17] Gegen die Entscheidung des Landesarbeitsgerichts findet die Rechtsbeschwerde, § 574 ZPO, nur bei deren Zulassung statt.

5e Über die selbständigen Klagen nach den §§ 767, 771 ZPO entscheidet das Arbeitsgericht im Beschlussverfahren.[18]

5f Schadenersatzansprüche nach § 717 Abs. 2 ZPO sind ausgeschlossen.[19] Es bleibt der Bereicherungsanspruch nach § 717 Abs. 3 i.V.m. § 85 Abs. 1 S. 3.[20]

---

12 LAG Hamm 3.5.2007, 10 Ta 692/06, juris Rn. 88.
13 *Thomas/Putzo/Hüßtege* § 890 Rn. 26.
14 GK-ArbGG/*Vossen* § 85 Rn. 30.
15 LAG Hamm 3.5.2007, 10 Ta 692/06, betr. § 23 Abs. 2 BetrVG.
16 LAG Hamm 3.5.2007, 10 Ta 692/06, juris Rn. 71 m.w.N.
17 Vgl. LAG Hamm 3.5.2007, 10 Ta 692/06, juris Rn. 96.
18 *Schwab/Weth/Walker* § 85 Rn. 41.
19 ErfK/*Eisemann* § 85 ArbGG Rn. 4; *Hauck/Helml* § 85 Rn. 6.
20 GK-ArbGG/*Vossen* § 85 Rn. 32.

Zwangsvollstreckung § 85

Im personalvertretungsrechtlichen Beschlussverfahren ist das Verwaltungsgericht zuständig, soweit es als Prozessgericht zu entscheiden hat; im Übrigen das Amtsgericht als Vollstreckungsgericht. 5g

Im **kirchenarbeitsrechtlichen** Beschlussverfahren ist § 85 Abs. 1 nicht anwendbar, vgl. § 62 S. 2 MVG.EKD für den evangelischen Bereich und § 27 Hs. 2 i.V.m. § 53 KAGO für den katholischen Bereich, insbesondere der MAVO; eine Durchsetzbarkeit eines nach § 60 Abs. 1 S. 8 MVG.EKD verbindlichen Beschlusses durch Zwangsmaßnahmen außerhalb des Kirchenrechts, etwa § 60 Abs. 8 S. 2 MVG.EKD oder § 53 KAGO, ist nicht gegeben,[21] was immer wieder zu Kritik Anlass gibt.[22] 5h

Einstweilige Verfügungen können auch im Beschlussverfahren erlassen werden (§ 85 Abs. 2). Der Arrest kommt zur Sicherung von Geldforderungen in Betracht (z.B. Kostenerstattungsansprüche betriebsverfassungsrechtlicher Organe[23]). Zuständig für den Erlass einer einstweiligen Verfügung ist das Gericht der Hauptsache. Das ist das Arbeitsgericht. Wenn die Hauptsache bereits beim LAG anhängig ist, ist dieses zuständig. Eine Ersatzzuständigkeit des Amtsgerichts, § 942 Abs. 1 ZPO, gibt es nicht mehr. Zu beachten ist, dass in den Fällen des § 97 und des § 98 ArbGG § 85 Abs. 2 nicht anwendbar ist. Bei den sog. personellen Einzelmaßnahmen im BetrVG gibt es Spezialvorschriften wie § 98 Abs. 5 S. 3, §§ 100, 101, 104 S. 2, die die Anwendung des § 85 Abs. 2 ausschließen. Das gilt auch dann, wenn der Arbeitgeber das Verfahren des § 100 Abs. 2 BetrVG nicht einhält: Mit einer einstweilige Verfügung kann eine vorläufige personelle Maßnahme bis zur ordnungsgemäßen Beteiligung nach § 99 und § 100 BetrVG nicht untersagt werden, § 101 BetrVG regelt abschließend die Einhaltung der in §§ 99, 100 BetrVG angeordneten Verfahren.[24] Im Übrigen kommt der Erlass einer einstweiligen Verfügung in Betracht, falls ein **Verfügungsanspruch** und ein **Verfügungsgrund** bestehen. Nach dem Amtsermittlungsgrundsatz sind unter Zugrundelegung der Glaubhaftmachung von Verfügungsanspruch, was eine Frage des materiellen Rechts ist,[25] und Verfügungsgrund (Besorgnis, dass die Verwirklichung eines Rechts ohne alsbaldige Regelung vereitelt oder wesentlich erschwert wird; § 920 Abs. 2 ZPO) 6

---

21 Das Kirchengericht ist kein Schiedsgericht i.S.d. §§ 1025 ff. ZPO, *Fey/Rehren* MVG.EKD § 62 Rn. 7.
22 Vgl. z.B. *Baumann/Dembski/Germer/Kopp* MVG-EKD, 2. Aufl., § 60 Rn. 14.
23 ArbGG/*Koch* § 38 Rn. 38.
24 Str., anders bei stetem Unterlaufen der Beteiligungsrechte zur Gewährung eines wirksamen Rechtsschutzes GK-ArbGG/*Vossen* § 85 Rn. 59 m.w.N.
25 BAG 17.5.1983, 1 ABR 21/80, EzA § 80 BetrVG 1972 Nr. 25, z.B. betriebsverfassungsrechtlicher Anspruch, Anspruch aus Tarifvertrag oder Betriebsvereinbarung.

§ 85 Zwangsvollstreckung

die Ermittlungen anzustellen, die erforderlich sind, um bei Beachtung der Dringlichkeit zu einer alsbaldigen Entscheidung zu gelangen. Denkbar sind Sicherheitsverfügung (§ 935 ZPO), Regelungsverfügung (§ 940 ZPO), aber auch – ausnahmsweise – eine Leistungs- oder Befriedigungsverfügung.

6a Als Beispiele seien genannt:

– Es wird glaubhaft gemacht, dass im konkreten Fall die Schulung eines Ersatzmitgliedes eines einköpfigen Betriebsrats zur Gewährleistung der Arbeitsfähigkeit des Betriebsrats erforderlich ist[26] (Verfügungsanspruch). Das Seminar steht unmittelbar bevor. Ein zeitnahes Ersatzseminar steht nach Bestätigung durch den Veranstalter nicht zur Verfügung. Andere Veranstalter bieten ein solches nicht an. Dadurch ist die besondere Eilbedürftigkeit belegt (Verfügungsgrund).[27]

– Der im Rahmen des § 87 BetrVG anerkannte vorbeugende Unterlassungsanspruch, dass der Betriebsrat vom Arbeitgeber verlangen kann, eine mitbestimmungspflichtige Maßnahme bis zur ordnungsgemäßen Beteiligung des Betriebsrats zu unterlassen, kann durch einstweilige Verfügung gesichert werden.[28] So steht dem Betriebsrat ein im Wege einstweiliger Verfügung durchsetzbarer Anspruch auf Unterlassung einer Betriebsänderung i.S.d. § 111 BetrVG zu bis zum Abschluss der Verhandlungen über einen Interessenausgleich oder deren endgültigem Scheitern.[29] Dagegen kann der Arbeitgeber nicht durch einstweilige Verfügung eine vorläufige Regelung einer streitigen Angelegenheit im Anwendungsbereich des § 87 Abs. 1 BetrVG vor Einigung der Betriebsparteien oder der Entscheidung der Einigungsstelle herbeiführen. Regelungsstreitigkeiten fallen in die ausschließliche Kompetenz der Einigungsstelle.[30] § 87 BetrVG

---

26 Vgl. BAG 19.9.2001, 7 ABR 32/00, EzA § 37 BetrVG 1972 Nr. 142.
27 ArbG Bremen-Bremerhaven 14.9.2006, 5 BVGa 28/06, NZA-RR 2007, 22 = AiB 2007, 250.
28 LAG Köln 12.8.2004, 6 TaBV 42/04, LAGE § 613a BGB 2002 Nr. 5a; LAG Hamburg 5.5.2000, 3 TaBV 6/00, AuR 2000, 356; GK-ArbGG/*Vossen* § 85 Rn. 44 m.w.N.; HWK/*Bepler* § 85 Rn. 10 m.w.N.
29 LAG Hamm 16.2.2007, 10 TaBVGa 3/07, juris, m. zahlr. Nachw., auch zur Gegenmeinung Rn. 46.
30 ArbGG/*Koch* § 85 Rn. 24; GK-ArbGG/*Vossen* § 85 Rn. 64; GMPM-G/*Matthes* § 85 Rn. 40; *Fitting* § 87 Rn. 25;GK-BetrVG/*Wiese* § 87 Rn. 161; a.A. *Worzalla* BB 2005, 1737 ff., der eine arbeitsgerichtliche Regelungsverfügung befürwortet, wenn in mitbestimmungspflichtigen Angelegenheiten das Zuwarten bis zum Spruch der Einigungsstelle dazu führen würde, dass die Maßnahme wegen Zeitablaufs ihren Sinn verlöre.

enthält keine Einschränkungen und keine Regelungen über vorläufige Maßnahmen wie in den §§ 100, 115 Abs. 7 BetrVG.[31]

- Die vorläufige Sicherung des Beratungsanspruchs des Betriebsrats aus § 111 BetrVG durch Aufschiebung der geplanten Betriebsänderung im Wege der einstweiligen Verfügung ist grundsätzlich möglich.[32] Will der Betriebsrat im arbeitsgerichtlichen Beschlussverfahren mit Hilfe einer einstweiligen Verfügung die Anwendung einer bestimmten, zwischen ihm und dem Arbeitgeber in einem weiteren Beschlussverfahren umstrittenen betrieblichen Regelung (Betriebsvereinbarung, Spruch der Einigungsstelle) verhindern, so kann er dies für die Dauer dieses weiteren Beschlussverfahrens aus eigenem Recht nur, wenn die Betriebsregelung nichtig oder offensichtlich rechtswidrig ist, arg. § 80 Abs. 1 Nr. 1 BetrVG einerseits und § 77 Abs. 1 BetrVG andererseits. Eine durchführungshindernde einstweilige Verfügung kann nicht erlassen werden, wenn nur streitig ist, ob die Einigungsstelle die Grenzen des ihr eingeräumten Ermessens (§ 76 Abs. 5 S. 4 BetrVG) überschritten hat.[33]

- Eine vorläufige Aussetzung einer bereits angesetzten Betriebsratswahl durch einstweilige Verfügung ist möglich, wenn bereits bei der Vorbereitung der Wahl erhebliche Mängel des Wahlverfahrens gegeben sind und eine weitere Durchführung der Wahl eine erfolgreiche Anfechtung nach sich ziehen würde oder die Wahl gar »den Stempel der Nichtigkeit auf der Stirn« trägt.[34] Schonender ist ein berichtigender Eingriff im laufenden Wahlverfahren. Die entsprechende Leistungsverfügung setzt aber einen so rechtzeitigen Antrag voraus, dass die Frist des § 3 Abs. 1 S. 1 WahlO noch gewahrt werden kann.[35] Für einen Eingriff in das laufende Wahlverfahren durch Abbruch der Betriebsratswahl im Wege einstweiliger Verfügung bedarf es eines ausreichenden Grundes i.S.d. §§ 935, 940 ZPO. Ein solcher ist gegeben, wenn die Betriebsratswahl nichtig wäre.[36] In Ausnahmefällen kann auch eine mit Sicherheit erfolgreiche Wahlanfechtung wegen unkorrigierbarer, feststehender Wahlfehler im Einzelfall zur Anordnung eines Wahlabbruchs führen. Das kann im Rahmen der nach

---

31 Anders § 38 Abs. 5 MVG.EKD: Die Dienststellenleitung darf bei Maßnahmen, die keinen Aufschub dulden, vorläufige Regelungen treffen.
32 HWK/*Bepler* § 85 Rn. 11; str. a.A. BAG 28.8.1991, 7 ABR 72/90, EzA § 113 BetrVG 1972 Nr. 21; Einzelheiten zu einstweiligen Verfügungen im Beschlussverfahren bei *Werwach* ZBVR 2000, 185.
33 LAG Frankfurt 14.9.1987, 12 TaBV/Ga 70/87, LAGE § 85 ArbGG 1979 Nr. 2.
34 GK-ArbGG/*Vossen* § 85 Rn. 55 m.w.N.
35 GK-ArbGG/*Vossen* § 85 Rn. 56 m.w.N.
36 Hess. LAG 17.2.2005, 9 TaBVGa 28/05, EzAÜG § 14 AÜG Betriebsverfassung Nr. 61.

§ 85 Abs. 2, §§ 935, 940 ZPO vorzunehmenden Abwägung der Fall sein, wenn eine Wahlanfechtung wegen eines schwerwiegenden Fehlers im Wahlverfahren mit Sicherheit zum Erfolg führen würde und eine nicht nur unerhebliche betriebsratslose Zeit nicht zu befürchten ist. Ein solcher Fall ist gegeben, wenn ein dreiköpfiger Betriebsrat gewählt werden soll, obwohl die Anzahl der Arbeitnehmer/innen erheblich unter 20 liegt.[37]

7 Die Entscheidung ergeht durch **Beschluss der Kammer**. Das gilt auch, wenn die Entscheidung ohne mündliche Verhandlung ergeht. § 53 Abs. 1 ist nicht anwendbar. Nur in dringenden Fällen, d.h., wenn die Heranziehung der ehrenamtlichen Richter zu einer nicht vertretbaren Hinauszögerung der Entscheidung führen würde, kann der Vorsitzende des Arbeitsgerichts allein entscheiden.[38]

8 Ergeht der Beschluss der Kammer auf Grund einer mündlichen Verhandlung, in der die Beteiligten angehört worden sind, so findet nach § 87 Abs. 1 die Beschwerde an das LAG statt ohne Rücksicht darauf, ob dem Antrag stattgegeben wurde oder nicht. Darüber ist zu belehren.

8a Wird der Beschluss ohne mündliche Verhandlung nach § 937 Abs. 2 ZPO erlassen, sei es durch die Kammer oder durch den Vorsitzenden allein, so findet gegen den Beschluss, sofern dem Antrag stattgegeben wird, **Widerspruch** nach § 924 ZPO statt. Der Widerspruch ist nicht fristgebunden. Er ist bei dem Arbeitsgericht einzulegen, das die einstweilige Verfügung erlassen hat. Es hat über den Widerspruch zu entscheiden auf Grund mündlicher Anhörung in einem zu bestimmenden Termin. Nach Anhörung der Beteiligten wird durch Beschluss über den Widerspruch entschieden.[39] Gegen diesen Beschluss findet nach § 87 Abs. 1 die Beschwerde an das LAG statt.

8b Wurde der Antrag auf Erlass einer einstweiligen Verfügung ohne mündliche Verhandlung abgewiesen, so ist gegen diese Entscheidung die **sofortige Beschwerde** nach § 567 Abs. 1 Nr. 2 ZPO i.V.m. § 78 S. 1, § 83 Abs. 5 gegeben. Wegen des Abhilfeverfahrens nach § 572 Abs. 1 S. 1 ZPO sollte die sofortige Beschwerde binnen der Notfrist von zwei Wochen, die mit der Zustellung beginnt, beim Arbeitsgericht eingelegt

---

37 LAG Hamburg 26.4.2006, 6 TaBV 6/06, NZA-RR 2006, 413.
38 Vgl. § 944 ZPO; *Schwab/Weth/Walker* § 85 Rn. 68 m.w.N.; *Hauck/Helml* § 85 Rn. 14; eingehend *Francken/Natter/Rieker* NZA 2008, 377, 383 f.; a.A. BAG 28.8.1991, 7 ABR 72/90, EzA § 113 BetrVG 1972 Nr. 21; GK-ArbGG/*Vossen* § 85 Rn. 80; GMPM-G/*Matthes* § 85 Rn. 45; *Ascheid* HzA Gruppe 21 Rn. 1434.
39 Das gilt auch für das kirchenarbeitsrechtliche Beschlussverfahren im Bereich des MVG.EKD (§ 62 S. 1 MVG.EKD, § 85 Abs. 2, § 925 ZPO), vgl. KGH.EKD 9.7.2007, I-0124/N31–07, ZMV 2007, 257.

werden, um unnötige Aktenversendung zu vermeiden. Die Beschwerde kann allerdings auch wirksam beim Landesarbeitsgericht eingelegt werden. Hilft das Arbeitsgericht der Beschwerde nicht ab, ist sie unverzüglich dem Landesarbeitsgericht als Beschwerdegericht vorzulegen.

Alle Zustellungen erfolgen im Verfahren über den Erlass einer einstweiligen Verfügung von Amts wegen, § 85 Abs. 2 S. 2. Von diesem Grundsatz besteht allerdings eine Ausnahme für die Zustellung der einstweiligen Verfügung durch den Antragsteller, um die Folgen des § 929 Abs. 2 ZPO, § 936 ZPO zu vermeiden. Um die Vollziehungsfrist zu wahren, ist die Verfügung im Parteibetrieb zuzustellen.[40]

9

Schadensersatzansprüche nach Maßgabe des § 945 ZPO sind ausgeschlossen, § 85 Abs. 2 S. 2. Dieser Ausschluss gilt umfassend, also nicht nur für den nicht rechtsfähigen und vermögenslosen Betriebsrat und andere betriebsverfassungsrechtliche Stellen, sondern auch für natürliche und juristische Personen.[41] Auch in personalvertretungsrechtlichen Streitigkeiten ist § 945 ZPO nicht anwendbar.[42] Das gilt auch für das kirchenarbeitsrechtliche Beschlussverfahren.

10

§ 86

(weggefallen)

---

40 BAG 28.8.1991, 7 ABR 72/90, EzA § 113 BetrVG 1972 Nr. 21; vgl. LAG Berlin 18.8.1987, 3 TaBV 4/87, LAGE § 85 ArbGG 1979 Nr. 1; GK-ArbGG/*Vossen* § 85 Rn. 86; a.A. LAG Hamm 7.8.1987, 8 Sa 1369/86, NZA 1987, 825; GMPM-G/*Matthes* § 85 Rn. 45; zur Zustellung im Parteibetrieb vgl. *Stackmann* JuS 2007, 634, 635.
41 ArbGG/*Koch* § 85 Rn. 37; GK-ArbGG/*Vossen* § 85 Rn. 88.
42 *Korinth* Einstweiliger Rechtsschutz im Arbeitsgerichtsverfahren, 2. Aufl., G Rn. 5 S. 168.

Zweiter Unterabschnitt
Zweiter Rechtszug

§ 87 Grundsatz

(1) Gegen die das Verfahren beendenden Beschlüsse der Arbeitsgerichte findet die Beschwerde an das Landesarbeitsgericht statt.

(2) [1]Für das Beschwerdeverfahren gelten die für das Berufungsverfahren maßgebenden Vorschriften über die Einlegung der Berufung und ihre Begründung, über Prozeßfähigkeit, Ladungen, Termine und Fristen, Ablehnung und Ausschließung von Gerichtspersonen, Zustellungen, persönliches Erscheinen der Parteien, Öffentlichkeit, Befugnisse des Vorsitzenden und der ehrenamtlichen Richter, Vorbereitung der streitigen Verhandlung, Verhandlung vor der Kammer, Beweisaufnahme, gütliche Erledigung des Rechtsstreits, Wiedereinsetzung in den vorigen Stand und Wiederaufnahme des Verfahrens sowie die Vorschriften des § 85 über die Zwangsvollstreckung entsprechend. [2]Für die Vertretung der Beteiligten gilt § 11 Abs. 1 bis 3 und 5 entsprechend. [3]Der Antrag kann jederzeit mit Zustimmung der anderen Beteiligten zurückgenommen werden; § 81 Abs. 2 Satz 2 und 3 und Absatz 3 ist entsprechend anzuwenden.

(3) [1]In erster Instanz zu Recht zurückgewiesenes Vorbringen bleibt ausgeschlossen. [2]Neues Vorbringen, das im ersten Rechtszug entgegen einer hierfür nach § 83 Abs. 1a gesetzten Frist nicht vorgebracht wurde, kann zurückgewiesen werden, wenn seine Zulassung nach der freien Überzeugung des Landesarbeitsgerichts die Erledigung des Beschlussverfahrens verzögern würde und der Beteiligte die Verzögerung nicht genügend entschuldigt. [3]Soweit neues Vorbringen nach Satz 2 zulässig ist, muss es der Beschwerdeführer in der Beschwerdebegründung, der Beschwerdegegner in der Beschwerdebeantwortung vortragen. [4]Wird es später vorgebracht, kann es zurückgewiesen werden, wenn die Möglichkeit, es vorzutragen, vor der Beschwerdebegründung oder der Beschwerdebeantwortung entstanden ist und das verspätete Vorbringen nach der freien Überzeugung des Landesarbeitsgerichts die Erledigung des Rechtsstreits verzögern würde und auf dem Verschulden des Beteiligten beruht.

(4) Die Einlegung der Beschwerde hat aufschiebende Wirkung; § 85 Abs. 1 Satz 2 bleibt unberührt.

Grundsatz § 87

Das Beschwerdeverfahren wird in den §§ 87 bis 91 geregelt. Die Beschwerde ist statthaft gegen alle Beschlüsse nach § 84 und entspricht der Berufung im Urteilsverfahren. Die Beschwerde nach § 87 ist nicht mit der Beschwerde nach § 78 S. 1 i.V.m. § 83 Abs. 5 gegen Beschlüsse und Verfügungen des Vorsitzenden oder des Arbeitsgerichts zu verwechseln, die nicht in der Sache selbst ergehen, also nicht das Verfahren erster Instanz beenden. Auch im Beschwerdeverfahren ist die vergleichsweise Erledigung des Rechtsstreits vorgesehen. Im Übrigen werden für die **Einlegung und die Begründung der Beschwerde** die entsprechenden Vorschriften über die Berufung für anwendbar erklärt. Die Beschwerde ist **beim LAG** einzulegen (vgl. § 89).

Die Beschwerde findet nach § 87 Abs. 1 gegen alle das Verfahren erster Instanz beendenden Beschlüsse statt, ohne Rücksicht auf einen Streitwert oder die Höhe der Beschwer. Eine Zulassung der Beschwerde durch das Arbeitsgericht ist nicht erforderlich.[1] Eine Beschwer ist für den Beschwerdeführer jedoch notwendig.[2] Das ist der Fall, wenn der Beschluss erster Instanz hinter dem dort gestellten Antrag zurückbleibt. Beschlüsse nach § 83 Abs. 5 fallen nicht unter § 87 (vgl. Rn. 1). Fraglich ist, ob **alle** Beteiligten Beschwerde einlegen können oder nur die, die durch Stellung eines Antrages am Verfahren teilgenommen haben. Das richtet sich materiell nach dem Inhalt der Entscheidung. Eine Beschwer liegt dann vor, wenn der Beteiligte durch die Entscheidung in seiner Rechtsstellung, die seine Beteiligung begründet, in irgendeiner Form beeinträchtigt wird, wobei eine »formelle« Beschwer, etwa, dass dem erstinstanzlichen Abweisungsantrag nicht entsprochen wurde, nicht ausreicht.[3]

Nach Angleichung des Beschwerdeverfahrens an das Berufungsverfahren ist die **Anschlussbeschwerde** im Beschlussverfahren zulässig, allerdings nur durch einen beschwerdebefugten Beteiligten, auch und gerade wenn die für ihn geltende Beschwerdefrist verstrichen ist. Es muss deutlich werden, ob es sich um eine selbständige Beschwerde ohne Bezug auf eine bereits eingegangene Beschwerde handelt, was dadurch erfolgt, dass der Beteiligte deutlich macht, ob er sich einer Beschwerde anschließt.[4] Die Anschlussbeschwerde ist innerhalb eines

---

1 *Francken/Natter/Rieker* NZA 2008, 377, 384 m.w.N. in Fn. 58, die de lege ferenda die Statthaftigkeit der Beschwerde von ihrer Zulassung durch das ArbG oder von einem Wert des Beschwerdegegenstandes von mehr als 600 Euro abhängig machen wollen, was zur Vereinheitlichung des Urteils- und Beschlussverfahrens und zur Entlastung des LAG von Bagatellverfahren führen würde.
2 Vgl. dazu LAG Köln 7.5.1992, 6(13) TaBV 7/92; GMPM-G/*Matthes* § 89 Rn. 7 f.
3 Vgl. dazu LAG Köln 7.5.1992, 6(13) TaBV 7/92; GMPM-G/*Matthes* § 89 Rn. 7 f.
4 ArbGG/*Breinlinger* § 89 Rn. 14.

§ 87 Grundsatz

Monats nach Zustellung der Beschwerdebegründungsschrift beim Beschwerdegericht einzulegen, § 524 Abs. 2 S. 2 ZPO, und zwar durch einen Rechtsanwalt oder einen gem. § 11 Abs. 2 S. 2 und 3 Vertretungsbefugten, und ist zugleich zu begründen. Sie verliert nach § 524 Abs. 4 ZPO ihre Wirkung, wenn die Beschwerde, der sich der Anschlussbeschwerdeführer angeschlossen hatte, zurückgenommen oder als unzulässig verworfen wird, aber auch dann, wenn das Verfahren durch sämtliche Beteiligte für erledigt erklärt, der Hauptantrag zurückgenommen oder der Gegenstand der Hauptbeschwerde verglichen wird.[5]

4 Nach § 87 Abs. 2 sind zahlreiche Vorschriften über das Berufungsverfahren entsprechend anzuwenden.[6] Nicht übernommen wurde die Berufungsbeantwortung (§ 66 Abs. 1 S. 3). § 90 S. 1 sieht eine »Äußerung« vor. Die Beteiligten sind mit Zustellung der Beschwerdebegründung »zur Äußerung« aufzufordern, wobei, ohne dass das vorgeschrieben ist, i.d.R. eine Frist gesetzt wird, die meist einen Monat beträgt; aber, wenn zugleich der Anhörungstermin bestimmt wurde, mindestens zwei Wochen betragen muss (§§ 87 Abs. 2 S. 1, 64 Abs. 6, §§ 523 Abs. 2, 274 Abs. 3 ZPO), wobei nach Ablauf dieser Frist Vorgebrachtes bei Erfüllung der Voraussetzungen des § 83 Abs. 1a, 90 Abs. 2 zurückgewiesen werden kann. Die Vertretung der Beteiligten richtet sich nach § 11 Abs. 1–3, 5, so dass sie das Verfahren auch selbst führen können oder sich dabei nach Maßgabe der Sonderregelungen des § 11 Abs. 2 Nr. 1–3 oder durch Vertreter ihrer Gewerkschaft oder ihrer Vereinigung von Arbeitgebern oder von Zusammenschlüssen solcher Verbände vertreten lassen können; die Vertretung durch einen Rechtsanwalt ist nicht erforderlich. Der **Vertretungszwang** besteht nur für die schriftliche Einreichung der Beschwerde, ihre Begründung sowie ihre Rücknahme, § 89 Abs. 1.

5 Die **Beschwerdeschrift** muss also nach § 89 Abs. 1 von einem Rechtsanwalt oder dem Vertreter eines Verbandes oder einer verbandsabhängigen Vertreterorganisation, § 11 Abs. 4 i.V.m. § 11 Abs. 2 S. 2 Nr. 4 und 5, unterzeichnet sein. Das gilt auch für die Beschwerdebegründung.[7] Für das Beschwerdeverfahren gilt im Übrigen kein Vertretungszwang, so dass sich die Beteiligten selbst vertreten können. Das bezieht sich auch auf den Beschwerdeführer, der im Anhörungstermin das Be-

---

5 ErfK/*Eisemann* § 89 Rn. 6.
6 Vgl. i.E. die Tabelle bei GK-ArbGG/*Dörner* § 87 Rn. 6. Beispiele: So ist das Beschwerdeverfahren gem. § 87 Abs. 2, § 64 Abs. 6, §§ 525, 246, 241 ZPO auszusetzen, wenn der beteiligte Betriebsrat »derzeit ohne gesetzlichen Vertreter ist«, Hess. LAG 1.12.2005, 9 TaBV 70/05, juris.
7 § 89 Abs. 1 i.d.F. ab 1.7.2008.

schlussverfahren selbst führen und zur Vorbereitung weitere Schriftsätze fertigen kann.

§ 87 Abs. 2 S. 3 bestimmt ausdrücklich, dass der Antrag mit Zustimmung der anderen Beteiligten jederzeit zurückgenommen werden kann. Es ist die Zustimmung aller Beteiligten erforderlich. Die Zustimmung muss ausdrücklich erklärt werden. § 83a Abs. 3 (Zustimmung durch Schweigen nach Fristsetzung) ist nicht entsprechend anwendbar. Zu beachten ist, dass die Zurücknahme des Antrages nicht mit der Rücknahme der Beschwerde zu verwechseln ist. § 87 Abs. 2 S. 3 bezieht sich nur auf den Antragsteller, und zwar unabhängig davon, ob er auch der Beschwerdeführer ist. Bei wirksamer Antragsrücknahme ist das Verfahren vom Vorsitzenden der Kammer einzustellen. Davon sind die Beteiligten zu unterrichten, soweit ihnen der Antrag vom Arbeitsgericht mitgeteilt worden war. Der Einstellungsbeschluss ist ein verfahrensbeendender Beschluss, gegen den die Rechtsbeschwerde nach § 92 bei deren Zulassung gegeben ist.[8]

Auch im Beschwerdeverfahren ist das Verfahren der Antragsänderung des § 81 Abs. 3 entsprechend anwendbar (§ 87 Abs. 2 S. 3). Sonach müssen alle übrigen Beteiligten zustimmen oder das Gericht die Antragsänderung für sachdienlich halten. So liegt in der Umstellung eines unzulässigen Feststellungsantrages auf einen Leistungsantrag eine auch in der Beschwerdeinstanz mögliche Klageerweiterung, weil sich der Leistungsantrag auf dasselbe Rechtsverhältnis bezieht, §§ 87 Abs. 2 S. 3 Hs. 2, 81 Abs. 1 S. 3, 264 Nr. 2, der zu Grunde liegende Lebenssachverhalt, auf den der Betriebsrat als Antragsteller seinen Anspruch stützt, bestimmte gekündigte Betriebsvereinbarungen unverändert über den Kündigungstermin hinaus anzuwenden, ist auch bei dem Leistungsantrag derselbe geblieben.[9] Die Entscheidung des Landesarbeitsgerichts, die Änderung zuzulassen oder nicht zuzulassen, ist unanfechtbar.[10]

§ 87 Abs. 3 regelt den Beschleunigungsgrundsatz im Beschlussverfahren in der Beschwerdeinstanz. Die Vorschrift ist der entsprechenden Regelung im Urteilsverfahren (§ 67) nachgebildet, so dass auf die Erläuterungen zu § 67 verwiesen werden kann. Streitiges Vorbringen in der Beschwerdeinstanz ist zwingend ausgeschlossen, wenn es bereits in erster Instanz vorgebracht worden war und vom Arbeitsgericht zutreffend

---

8 LAG Rheinland-Pfalz 25.6.1982, 6 TaBV 10/82, EzA § 92 ArbGG 1979 Nr. 1; GMPM-G/*Matthes* § 81 Rn. 80: GK-ArbGG/*Dörner* § 87 Rn. 25; a.A. LAG Hamm 26.5.1989, 8 TaBV 34/89, LAGE § 81 ArbGG 1979 Nr. 1.
9 LAG Hamm 4.3.2005, 10 TaBV 124/04, juris Rn. 31.
10 § 87 Abs. 2 S. 3 i.V.m. § 81 Abs. 3 S. 3; vgl. *Heither* B § 87 Rn. 16; GK-ArbGG/*Dörner* § 87 Rn. 26.

(§ 83 Abs. 1a S. 2) zurückgewiesen worden war, und zwar unabhängig davon, ob seine Berücksichtigung die Erledigung des Rechtsstreits verzögern würde. Erstmaliges Vorbringen in der Beschwerdeinstanz, für das in erster Instanz eine Frist gem. § 83 Abs. 1a S. 1, 3 gesetzt worden war, kann zurückgewiesen werden, wenn seine Zulassung die Erledigung des Verfahrens verzögern würde, es sei denn, dass die Nichteinhaltung der erstinstanzlich gesetzten Frist genügend entschuldigt wird. Nach § 87 Abs. 3 S. 2 zulässiges Vorbringen muss in der Beschwerdebegründung oder in der Beschwerdebeantwortung vorgebracht werden. Allerdings gibt es keine gesetzlich vorgeschriebene Beschwerdebeantwortungsfrist, so dass die Übernahme des § 67 Abs. 4 S. 1 für das Beschlussverfahren nicht passt.[11] Abgesehen davon können alle Beteiligten sich zur Beschwerdebegründung äußern, und zwar bei fehlender Fristsetzung bis unmittelbar vor dem Anhörungstermin. Neues Vorbringen außerhalb von Beschwerdebegründung und Beschwerdebeantwortung kann das Landesarbeitsgericht zurückweisen, wenn die Möglichkeit des Vortrags vor der Begründung oder Beantwortung entstanden ist, also mit der Begründung oder mit der Beantwortung hätte vorgetragen werden können **und** die Zulassung des Vorbringens die Erledigung des Verfahrens nach der freien Überzeugung des LAG verzögern würde **und** das verspätete Vorbringen auf Vorsatz oder Fahrlässigkeit des Beteiligten beruht. Diese Voraussetzungen werden selten sämtlich gegeben sein.

9 Die Einlegung der Beschwerde hat aufschiebende Wirkung, d.h., es tritt keine Rechtskraft ein. Mit Ausnahme der Beschlüsse in vermögensrechtlichen Streitigkeiten, die vorläufig vollstreckbar sind (§ 85 Abs. 1 S. 2), kann die Zwangsvollstreckung also nicht betrieben werden. § 87 Abs. 4 Hs. 2 stellt dies ausdrücklich klar.

---

11 GK-ArbGG/*Dörner* § 87 Rn. 31.

§ 88 Beschränkung der Beschwerde

§ 65 findet entsprechende Anwendung.

Die Verweisung stellt klar, dass die Beschwerde nicht mit Erfolg darauf gestützt werden kann, ob der beschrittene Rechtsweg und die Verfahrensart zulässig sind, ob das Gericht des ersten Rechtszuges seine Zuständigkeit zu Unrecht angenommen hat und ob bei der Berufung der ehrenamtlichen Richter Verfahrensmängel unterlaufen sind oder Umstände vorgelegen haben, die die Berufung eines ehrenamtlichen Richters zu seinem Amt ausschließen. Die fehlende Beeidigung eines beteiligten ehrenamtlichen Richters, seine Heranziehung abweichend von der nach der Liste (§ 31) gebotenen Reihenfolge oder nach Ablauf seiner Amtszeit, ist indes zu prüfen.[1] 1

Hat also das erstinstanzliche Gericht den zu ihm beschrittenen Rechtsweg und die eingeschlagene Verfahrensart jedenfalls konkludent dadurch bejaht, dass es in der Sache eine Entscheidung getroffen hat, so ist das Rechtsmittelgericht gehindert, die Frage des Rechtswegs und der Verfahrensart inhaltlich zu überprüfen.[2] Eine fehlerhafte Entscheidung kann nicht nur den Rechtsweg zu den Arbeitsgerichten in nicht arbeitsrechtlichen Angelegenheiten begründen, sondern auch dazu führen, dass das Landesarbeitsgericht über einen Streit im Beschlussverfahren entscheiden muss, der richtigerweise im Urteilsverfahren auszutragen gewesen wäre.[3] 2

Hatte das Arbeitsgericht unrichtig entgegen § 17a Abs. 2 und Abs. 3 nicht vorab durch Beschluss entschieden, sondern in den Gründen des Beschlusses in der Hauptsache, gilt der Grundsatz der Meistbegünstigung: Es kann wahlweise sofortige Beschwerde nach § 17a Abs. 4 S. 3 GVG i.V.m. § 78, § 577 ZPO eingelegt werden oder Beschwerde nach § 87. Das Landesarbeitsgericht entscheidet über die Frage der Zulässigkeit des Rechtswegs und führt das Verfahren in die richtige Bahn. Bejaht das Landesarbeitsgericht die Zulässigkeit des Rechtsweges, entscheidet es darüber durch Beschluss nach § 17a Abs. 4 S. 3 GVG. Wird die Beschwerde nach § 17a Abs. 3 S. 4 GVG zugelassen, setzt das Landesarbeitsgericht die Entscheidung in der Hauptsache bis zur Entscheidung durch das Bundesarbeitsgericht aus. Wird die Zulässigkeit des 3

---

1 HWK/*Bepler* § 88 Rn. 4; GK-ArbGG/*Dörner* § 88 Rn. 7.
2 OVG NRW 9.4.2003, 1 A 500/01.PVL, betr. Personalvertretungsrecht: Statthaftigkeit des Beschlussverfahrens nach Maßgabe des § 79 Abs. 1 LPVG NRW.
3 GK-ArbGG/*Dörner* § 88 Rn. 4; LAG Rheinland-Pfalz 8.11.2007, 9 TaBV 37/07.

Rechtswegs verneint, hebt es die Entscheidung des Landesarbeitsgerichts auf und verweist den Rechtsstreit an das zuständige Gericht.[4]

4 Entsprechendes gilt, wenn das Arbeitsgericht trotz entsprechender Rüge der unzulässigen Verfahrensart zu Unrecht nicht vorab über die zutreffende Verfahrensart durch Beschluss entschieden hat, sondern in den Gründen des Beschlusses in der Hauptsache das Beschlussverfahren für gegeben gehalten oder im Urteil das Urteilsverfahren: Der Betroffene kann entweder Berufung oder Beschwerde einlegen. Verneint das Landesarbeitsgericht entgegen dem Arbeitsgericht die Zulässigkeit des Beschlussverfahrens, entscheidet es darüber vorab durch Beschluss. Wenn dieser Beschluss rechtskräftig geworden ist, etwa erst nach Entscheidung durch das Bundesarbeitsgericht nach zugelassener Beschwerde nach § 17a Abs. 4 S. 4 GVG, entscheidet dann die nach dem Geschäftsverteilungsplan zuständige Kammer des Landesarbeitsgerichts über die Beschwerde als Berufung, also im Urteilsverfahren.[5] Bejaht es die Zulässigkeit des Beschlussverfahrens entgegen dem Arbeitsgericht, so entscheidet es darüber durch Beschluss und behandelt nach dessen Rechtskraft das eingelegte Rechtsmittel im Beschlussverfahren. Teilt das Landesarbeitsgericht die Auffassung des Arbeitsgerichts, ist eine Vorabentscheidung nicht erforderlich, es sei denn, die Beschwerde nach § 17a Abs. 4 S. 4 GVG soll zugelassen werden. Das LAG entscheidet in der Hauptsache.[6]

5 Hinsichtlich der örtlichen Zuständigkeit ergibt sich die fehlende Überprüfungsmöglichkeit aus § 80 Abs. 3 i.V.m. § 48 Abs. 1 Nr. 1. Eine Vorabentscheidung über die örtliche Zuständigkeit ist unanfechtbar. Dann ist auch die Annahme der örtlichen Zuständigkeit in der Hauptsacheentscheidung des Arbeitsgerichts nicht überprüfbar. Das Prinzip der Meistbegünstigung eröffnet keine Möglichkeiten, die auch bei richtiger Verfahrensweise nicht gegeben wären.[7]

Im Übrigen wird auf die Erl. zu § 65 verwiesen.

---

4 GMPM-G/*Matthes* § 88 Rn. 7 f.
5 HWK/*Bepler* § 88 Rn. 5.
6 HWK/*Bepler* § 88 Rn. 5.
7 HWK/*Bepler* § 88 Rn. 6; GK-ArbGG/*Vossen* § 65 Rn. 12; BAG 5.9.1995, 9 AZR 533/94, EzA § 4 TVG Ausschlussfristen Nr. 117 (I).

§ 89 Einlegung

(1) Für die Einlegung und Begründung der Rechtsbeschwerde gilt § 11 Abs. 4 und 5 entsprechend.

(2) ¹Die Beschwerdeschrift muß den Beschluß bezeichnen, gegen den die Beschwerde gerichtet ist, und die Erklärung enthalten, daß gegen diesen Beschluß die Beschwerde eingelegt wird. ²Die Beschwerdebegründung muß angeben, auf welche im einzelnen anzuführenden Beschwerdegründe sowie auf welche neuen Tatsachen die Beschwerde gestützt wird.

(3) ¹Ist die Beschwerde nicht in der gesetzlichen Form oder Frist eingelegt oder begründet, so ist sie als unzulässig zu verwerfen. ²Der Beschluss kann ohne vorherige mündliche Verhandlung durch den Vorsitzenden ergehen; er ist unanfechtbar. ³Er ist dem Beschwerdeführer zuzustellen. ⁴§ 522 Abs. 2 und 3 der Zivilprozessordnung ist nicht anwendbar.

(4) ¹Die Beschwerde kann jederzeit in der für ihre Einlegung vorgeschriebenen Form zurückgenommen werden. ²Im Falle der Zurücknahme stellt der Vorsitzende das Verfahren ein. ³Er gibt hiervon den Beteiligten Kenntnis, soweit ihnen die Beschwerde zugestellt worden ist.

§ 89 regelt die **Einlegung der Beschwerde** (§ 89 Abs. 1 und 2) und die 1
Verwerfung der nicht in der gesetzlichen Form und Frist eingelegten und/oder begründeten Beschwerde (§ 89 Abs. 3). § 89 Abs. 4 enthält Regeln über die **Zurücknahme** der Beschwerde. Die allgemeine Verweisung in § 87 Abs. 2 auf die Vorschriften über die Berufung bedingt die Anwendbarkeit des § 66 und über § 64 Abs. 6 weiterer einschlägiger Vorschriften der Zivilprozessordnung.

Nach § 89 Abs. 1 ist im Beschlussverfahren die Beschwerde gegen die 2
das Verfahren beendenden Beschlüsse der Arbeitsgerichte statthaft. Beschwerdebefugt sind **alle Beteiligten** des Verfahrens, soweit sie durch die Entscheidung beschwert sind. Eine Beschwer ergibt sich aus dem Vergleich zwischen dem gestellten Antrag und dem Inhalt der Entscheidung des Arbeitsgerichts.[1] Nicht erforderlich ist, dass der Beschwerdeführer das Verfahren eingeleitet hat. Es reicht aus, dass er als Beteiligter

---

1 *Heither* B § 89 Rn. 9; aus der Rspr. zur Beschwer LAG Köln 4.6.1987, 10 TaBV 15/87, LAGE § 87 ArbGG 1979 Nr. 1; 17.5.1992, 6(13) TaBV 7/92, LAGE § 87 ArbGG 1979 Nr. 2; BAG 19.11.1985, 1 ABR 37/83, EzA § 2 TVG Nr. 15.

durch den angegriffenen Beschluss in seiner materiellen Rechtsstellung objektiv nachteilig betroffen ist (vgl. § 87 Rn. 2), in seiner Rechtsstellung, die seine Beteiligung begründet, in irgendeiner Weise beeinträchtigt wird, beschwert ist, was sich nur aus dem Inhalt des arbeitsgerichtlichen Beschlusses ergeben kann.[2]

3 Die Beschwerde ist beim **Landesarbeitsgericht** innerhalb der Beschwerdefrist einzulegen, die nach § 87 Abs. 2 i.V.m. § 66 **einen Monat beträgt, die mit der Zustellung des in vollständiger Form abgefassten Beschlusses**, spätestens aber mit Ablauf von fünf Monaten nach der Verkündung des Beschlusses beginnt, § 66 Abs. 1 S. 2.[3] Wird die Beschwerde unrichtig beim Arbeitsgericht eingereicht, ist die Beschwerdefrist nur bei noch fristgerechtem Eingang beim Landesarbeitsgericht nach Weiterleitung gewahrt.[4]

4 Die **Beschwerdefrist** ist eine Notfrist; sie kann weder verlängert noch verkürzt werden; Wiedereinsetzung nach § 233 ZPO ist also zulässig. Weitere Einzelheiten vgl. die Bemerkungen zu § 66 über die Berufungsfrist.

5 Die **Beschwerdeschrift** muss von einem Rechtsanwalt oder einer nach § 11 Abs. 2 S. 2 Nr. 4 und 5 n.F. zur Vertretung befugten Person – Verbandsvertreter – unterzeichnet sein. Zu den modernen Kommunikationsmitteln wie Telefax, Telegramm vgl. § 66 Rn. 24 ff. Zur eigenhändigen Unterschrift vgl. § 66 Rn. 22.

6 Die Beschwerde muss den angegriffenen Beschluss genau bezeichnen, was durch Angabe des erstinstanzlichen Arbeitsgerichts, das den Beschluss erlassen hat, des Aktenzeichens und des Verkündungsdatums erfolgt. Entsprechend § 519 Abs. 3 ZPO sollte der Beschwerdeschrift eine Abschrift des angefochtenen Beschlusses beigefügt werden, wodurch Fehler oder Auslassungen in der Beschwerdeschrift geheilt werden: Es ist für das Beschwerdegericht dadurch erkennbar, welcher Beschluss angefochten wird. Außerdem ist der Beschwerdeführer mit Namen und Anschrift aufzuführen. Die Angabe der übrigen Beteiligten und deren **ladungsfähiger Anschrift(en) ist** nach der Entscheidung des Großen Senats des BAG[5] nicht mehr erforderlich. Das Landesar-

---

2 *Heither* B § 89 Rn. 9.
3 § 9 Abs. 5 ist nicht mehr anwendbar, ErfK/*Eisemann* § 89 Rn. 4; HWK/*Bepler* § 89 Rn. 3; so jetzt auch GK-ArbGG/*Dörner* § 89 Rn. 25.
4 ErfK/*Eisemann* § 89 Rn. 4; GK-ArbGG/*Dörner* § 89 Rn. 22.
5 BAG *GS* 16.9.1986, GS 4/85, EzA § 518 ZPO Nr. 31; vgl. aber LAG Hamm 15.4.2005, 10 TaBV 101/04, juris, wonach aus der Beschwerdeschrift selbst oder den ihr beigefügten Unterlagen innerhalb der Beschwerdefrist unzweifelhaft erkennbar sein muss, für wen **und gegen wen** Beschwerde eingelegt wird, es sei denn, der Beschwerdeführer ist auch Antragsteller, weil der Antragsteller

Einlegung § 89

beitsgericht als Beschwerdegericht ermittelt das von Amts wegen. Die Beschwerdeschrift muss erkennen lassen, dass gegen den Beschluss erster Instanz das zulässige Rechtsmittel eingelegt wird. Das Wort »Beschwerde« muss nicht benutzt werden. Eine der Zahl der Beteiligten entsprechende Anzahl von Abschriften der Beschwerdeschrift sollte dem Original der Beschwerde beigefügt werden, § 519 Abs. 4, 133 Abs. 1 S. 1 ZPO.

Die **Beschwerde ist schriftsätzlich zu begründen**, was bereits in der Beschwerdeschrift geschehen kann. Die Begründungsfrist beträgt **zwei Monate** (§ 87 Abs. 2 i.V.m. § 66 Abs. 1 S. 1). Sie beginnt mit der Zustellung des in vollständiger Form abgefassten Beschlusses, spätestens aber mit Ablauf von fünf Monaten seit Verkündung des angefochtenen Beschlusses. Die Begründungsfrist kann einmal vom Vorsitzenden verlängert werden (dazu die Erl. bei § 66). Dabei muss der Verlängerungsantrag innerhalb der zweimonatigen Begründungsfrist beim Landesarbeitsgericht eingehen. In der Regel wird die Begründungsfrist um einen Monat verlängert werden, es sei denn, der Beschleunigungsgrundsatz stehe dem entgegen. Bei schuldloser Versäumung der Beschwerdebegründungsfrist ist die Wiedereinsetzung in den vorigen Stand gegen die Versäumung der Beschwerdebegründungsfrist möglich, § 233 ZPO.[6] Nach dem Wortlaut des § 89 Abs. 1 n.F. muss auch die **Beschwerdebegründungsschrift** von einem Rechtsanwalt oder einer nach § 11 Abs. 2 S. 2 Nr. 4 und 5 n.F. zur Vertretung befugten Person unterzeichnet sein. 7

Der Beschwerdeführer hat zu beantragen, inwieweit eine Abänderung der Entscheidung begehrt wird. Das kann sich auch aus der Begründung ergeben. Ein ausdrücklicher Antrag ist nicht erforderlich. Die Beschwerdegründe sind im Einzelnen anzuführen. Ferner sind die neuen Tatsachen zu nennen, auf die die Beschwerde gestützt werden soll. Ob solche neuen Tatsachen zu berücksichtigen sind, richtet sich nach § 87 Abs. 3 (vgl. dort). Die Begründung muss sich mit dem angefochtenen Beschluss befassen und auseinandersetzen. Formelhafte Redewendungen reichen hier ebenso wenig aus wie bei der Berufungsbegründung.[7] Zweck des Begründungszwangs nach § 89 Abs. 2 S. 2 ist, eine ausrei- 8

---

niemals erst an zweiter Stelle genannt zu werden pflege, im entschiedenen Fall war der Arbeitgeber Antragsteller, Ersetzung der verweigerten Zustimmung des Betriebrats zur Einstellung einer bestimmten Arbeitnehmerin.

6 Z.B. LAG Hamm 7.10.2005, 10 TaBV 93/05, juris.

7 Vgl. ferner die Bemerkungen zur Berufungsbegründung und LAG Frankfurt 23.2.1988, 5 TaBV 18/87, LAGE § 89 ArbGG Nr. 1 sowie Sächsisches LAG 16.8.2006, 2 TaBV 11/05, juris, wo allerdings auf § 87 Abs. 2 i.V.m. § 520 ZPO abgestellt wird, ohne § 89 Abs. 2 auch nur zu erwähnen.

chende Vorbereitung und eine Konzentration des Streitstoffs zu erreichen. Der Beschwerdeführer muss deutlich machen, wie er durch die erstinstanzliche Entscheidung beschwert ist, also im Einzelnen angeben, welche Tatsachenfeststellungen und/oder welche die Entscheidung tragenden Rechtsansichten der ersten Instanz aus seiner Sicht unzutreffend sind.[8] Ist der angefochtene Beschluss zu mehreren Streitgegenständen ergangen, kann die Beschwerde auf einzelne Streitgegenstände beschränkt werden, ergibt sich das nicht aus dem Antrag, so muss sich die Begründung mit allen Streitgegenständen auseinandersetzen, andernfalls die Beschwerde insoweit unzulässig ist.[9] Der Anspruch auf Ersetzung der Zustimmung des Betriebsrats zur dauerhaften Durchführung einer personellen Maßnahme gem. § 99 Abs. 4 BetrVG und der Anspruch auf Feststellung der dringenden Erforderlichkeit der vorläufigen Durchführung einer solchen Maßnahme nach § 100 Abs. 2 BetrVG betreffen unterschiedliche Gegenstände mit unterschiedlichen Voraussetzungen. Letzterer betrifft die Zeit bis zur Entscheidung über die Zulässigkeit der dauerhaften Durchführung der personellen Maßnahme. Da beide Ansprüche voneinander unabhängig sind, bedürfen beide einer separaten Beschwerdebegründung. Fehlt diese hinsichtlich des Antrags gem. § 100 Abs. 2 S. 3 BetrVG, ist die Beschwerde insoweit unzulässig.[10]

8a Zur Zulässigkeit der Anschlussbeschwerde, die von einer selbständigen Beschwerde ohne Bezug zu einer bereits eingelegten Beschwerde zu unterscheiden ist, vgl. § 87 Rn. 3.

9 Ist die Beschwerde nicht in der **gesetzlichen Form eingelegt oder begründet worden,** so ist sie als unzulässig zu verwerfen. Der Beschluss kann nach § 89 Abs. 3 S. 2 i.d.F. des Gesetzes zur Änderung des Sozialgerichtsgesetzes und des Arbeitsgerichtsgesetzes vom 26.3.2008, das am 1.4.2008 in Kraft getreten ist (BGBl. I S. 444, 448), ohne mündliche Verhandlung durch den Vorsitzenden allein ergehen. Das entspricht der Regelung des § 66 Abs. 2 S. 2 n.F. Gegen den Beschluss findet kein Rechtsmittel statt (§ 89 Abs. 3 S. 2 Hs. 2 n.F.), und zwar auch dann nicht, wenn eine mündliche Anhörung erfolgt ist. Eine Zulassung der Rechtsbeschwerde ist unzulässig. Sie kann der Partei das nach dem Gesetz nicht gegebene Rechtsmittel nicht zuerkennen.[11] Fraglich ist, ob § 89

---

8 Hess. LAG 4.9.2007, 4/5 TaBV 88/07.
9 Vgl. etwa LAG Hamm 28.7.2006, 10 TaBV 12/06, juris.
10 Hess. LAG 3.7.2007, 4 TaBV 204/06, AuR 2008, 78 LS.
11 BAG 25.7.1989, 1 ABR 48/88, EzA § 89 ArbGG 1979 Nr. 3; a.A. LAG Frankfurt 23.2.1988, 5 TaBV 18/87, LAGE § 89 ArbGG Nr. 1, das die Zulassung der Rechtsbeschwerde für zulässig hält, wenn der Beschluss aufgrund mündlicher Verhandlung ergeht.

Einlegung § 89

Abs. 3 auch dann anwendbar ist, wenn die Beschwerde wegen anderer Unzulässigkeitsgründe, z.b. wegen **Fehlens der Beschwerdebefugnis** als unzulässig verworfen werden soll. Wenn, wie bei dem genannten Beispiel, eine Prüfung der materiellen Rechtslage zu erfolgen hat, ist eine Entscheidung nach Anhörung der Beteiligten durch Beschluss nach § 91 notwendig.[12]

Die **Beschwerderücknahme (nicht des Antrags)** ist jederzeit bis zum   10
Eintritt der Rechtskraft möglich. Auch eine teilweise Rücknahme der Beschwerde ist denkbar, soweit der Gegenstand teilbar ist[13] oder mehrere Ansprüche oder Rechte verfolgt werden. Sie unterliegt dem **Vertretungszwang**. Allerdings kann eine entgegen § 89 Abs. 1 von dem oder der Beteiligten selbst eingelegte Beschwerde von ihm oder ihr auf die gleiche Weise wirksam zurückgenommen werden.[14] Eine Zustimmung der Beteiligten ist nicht notwendig. Der angefochtene Beschluss wird damit rechtskräftig, wenn nicht noch eine Beschwerde eines anderen Beteiligten anhängig ist. Ist die Beschwerdefrist noch nicht abgelaufen, kann eine Beschwerde erneut eingelegt werden. Ist das nicht der Fall, ist nach Rücknahme der Beschwerde das Verfahren vom Vorsitzenden einzustellen. Gegen diesen verfahrensbeendenden Beschluss findet die – vom Landesarbeitsgericht oder vom Bundesarbeitsgericht auf Grund erfolgreicher Nichtzulassungsbeschwerde zugelassene – Rechtsbeschwerde statt.[15] Deshalb ist er förmlich zuzustellen.[16] Die Rücknahme der Beschwerde hat den Verlust des eingelegten Rechtsmittels zur Folge, § 516 Abs. 3 S. 1 ZPO in entsprechender Anwendung. Eine etwa bereits ergangene noch nicht rechtskräftige Entscheidung des Landesarbeitsgerichts wird wirkungslos.[17] In einem unanfechtbaren Beschluss, der ohne mündliche Verhandlung von Amts wegen ergeht, werden die Wirkungen der Rücknahme der Beschwerde ausgesprochen, § 516 Abs. 2 S. 2 ZPO.[18]

Auch ein **Verzicht** auf die Beschwerde ist entsprechend § 515 ZPO mög-   11
lich. Er führt im Gegensatz zur Rücknahme der Beschwerde zum endgültigen Verlust des Rechtsmittels. Er muss eindeutig erklärt werden und kann vor Erlass des arbeitsgerichtlichen Beschlusses, danach, aber auch in der Beschwerdeinstanz ohne Zustimmung der Beteiligten

---

12 GK-ArbGG/*Dörner* § 89 Rn. 52; GMPM-G/*Matthes* § 89 Rn. 46.
13 *Heither* B § 89 Rn. 33.
14 KGH.EKD 7.3.2008, I 0124/N73/07; vgl. BFH 27.3.2002, X B 35/02, zu § 62a FGO vom 19.8.12.2000; LG Bremen 21.8.1978, 7 S 293/78, NJW 1979, 987.
15 LAG Rheinland-Pfalz 25.6.1982, 6 TaBV 10/82, EzA § 92 ArbGG 1979 Nr. 1.
16 ErfK/*Eisemann* § 89 Rn. 8; a.A. *Hauck/Helml* § 89 Rn. 7; GK-ArbGG/*Dörner* § 89 Rn. 59.
17 HWK/*Bepler* § 89 Rn. 12.
18 GK-ArbGG/*Dörner* § 89 Rn. 60; vgl. *Thomas/Putzo/Reichold* § 516 Rn. 12.

abgegeben werden.[19] Der Verzicht kann gegenüber dem Landesarbeitsgericht erklärt werden, aber auch gegenüber den anderen Beteiligten und kann von diesen einredeweise geltend gemacht werden. Die Beschwerde ist dann als unzulässig zu verwerfen.[20]

12 Zur **Rücknahme des Antrags** ist die Zustimmung der Beteiligten notwendig.[21] Im Rechtsmittelverfahren kann der Antragsteller über die Beendigung des Verfahrens nicht mehr ohne Zustimmung der übrigen Beteiligten bestimmen. Die Zustimmung muss von den Beteiligten erklärt werden. § 83a Abs. 3 ist nicht anwendbar. **Der Antrag** kann im Beschwerdeverfahren **geändert** werden (§ 87 Abs. 2 S. 3 i.V.m. § 81 Abs. 3). Zustimmung der Beteiligten ist erforderlich oder die Entscheidung des Gerichts, dass die Antragsänderung sachdienlich ist.

---

19 GK-ArbGG/*Dörner* § 89 Rn. 62.
20 *Hauck/Helml* § 89 Rn. 7
21 GMPM-G/*Matthes* § 87 Rn. 24; BAG 10.6.1986, 1 ABR 59/84, EzA § 80 BetrVG 1972 Nr. 26.

§ 90 Verfahren

(1) ¹Die Beschwerdeschrift und die Beschwerdebegründung werden den Beteiligten zur Äußerung zugestellt. ²Die Äußerung erfolgt durch Einreichung eines Schriftsatzes beim Beschwerdegericht oder durch Erklärung zur Niederschrift der Geschäftsstelle des Arbeitsgerichts, das den angefochtenen Beschluß erlassen hat.

(2) Für das Verfahren sind die §§ 83 und 83a entsprechend anzuwenden.

(3) Gegen Beschlüsse und Verfügungen des Landesarbeitsgerichts oder seines Vorsitzenden findet kein Rechtsmittel statt.

§ 90 sieht einige Besonderheiten für das Beschwerdeverfahren im arbeitsrechtlichen Beschlussverfahren vor. Abs. 1 S. 1 schreibt die Zustellung der Beschwerdeschrift und der Beschwerdebegründungsschrift an die Beteiligten zur Äußerung vor. § 90 Abs. 1 S. 2 regelt die Äußerung der Beteiligten im Beschwerdeverfahren. Abs. 2 verweist auf die Vorschriften des § 83 über das Beschlussverfahren erster Instanz und auf die des § 83a über den Vergleich und über die Erledigung des Verfahrens. Abs. 3 sieht die Unanfechtbarkeit verfahrensbegleitender Beschlüsse des Landesarbeitsgerichts oder des Vorsitzenden der Kammer vor, also von solchen Entscheidungen, die der Endentscheidung vorausgehen und das Verfahren betreffen.

Die **Beschwerdeschrift und Beschwerdebegründung** sind den Beteiligten **zur Äußerung** von Amts wegen **zuzustellen**. Das Landesarbeitsgericht prüft von Amts wegen, wer Beteiligter ist. Auch denjenigen, die bislang unrichtig nicht beteiligt worden waren, ist zuzustellen.[1] War ein Beteiligter in erster Instanz von einem Rechtsanwalt oder einem Verbandsvertreter vertreten worden, ist an diesen zuzustellen, §§ 87 Abs. 2 S. 1, 64 Abs. 7, 50 Abs. 2, § 172 ZPO.[2] Wenn schon bei Eingang der Beschwerdeschrift oder der Beschwerdebegründungsschrift deutlich ist, dass die Beschwerde unzulässig ist, kann die Zustellung unterbleiben.[3] Der Verwerfungsbeschluss wird den Beteiligten formlos mitgeteilt.[4]

Mit der Zustellung der Beschwerdeschrift, die bereits eine Begründung enthält, spätestens mit Zustellung der Beschwerdebegründung sind die Beteiligten zur Äußerung aufzufordern. Mit dieser Aufforderung

---
1 GK-ArbGG/*Dörner* § 90 Rn. 3; ErfK/*Eisemann* § 90 Rn. 1.
2 GK-ArbGG/*Dörner* § 90 Rn. 3.
3 *Hauck/Helml* § 90 Rn. 2.
4 GK-ArbGG/*Dörner* § 90 Rn. 4.

kann nach § 90 Abs. 2 i.V.m. § 83 Abs. 1a eine Fristsetzung zur Stellungnahme erfolgen. Eine Verpflichtung zur Stellungnahme besteht nicht. Äußert sich ein Beteiligter nicht, bleibt er gleichwohl Beteiligter des Verfahrens. In der Praxis wird eine Frist zur Äußerung von einem Monat gesetzt. Die Einlassungsfrist muss mindestens zwei Wochen betragen, wenn mit der Zustellung zugleich ein Termin zur Anhörung der Beteiligten vor der Beschwerdekammer des Landesarbeitsgerichts anberaumt wird.[5] Versäumt ein Beteiligter die gesetzte Frist, kann er nach Maßgabe des § 90 Abs. 2 i.V.m. § 83 Abs. 1a mit neuem tatsächlichen Vorbringen ausgeschlossen werden (vgl. § 83 Rn. 1).[6]

4 **Die Äußerung der** Beteiligten erfolgt durch Einreichung eines Schriftsatzes beim Beschwerdegericht oder durch Erklärung zu Protokoll der Geschäftsstelle des Arbeitsgerichts, das den angegriffenen Beschluss erlassen hat. Vertretungszwang besteht nicht.[7] Der Vorsitzende bestimmt den Kreis der Beteiligten vorab. Diese müssen nicht mit denen identisch sein, die vom Arbeitsgericht beteiligt wurden und/oder die sich tatsächlich beteiligt haben. Entscheidend sind die materiell Beteiligten. Eine Pflicht zur Äußerung besteht nicht. Das Gesetz sieht auch keine Frist zur Äußerung vor. Auch der Beteiligte, der sich nicht äußert, ist zum Termin zur Anhörung vor der Kammer zu laden. Sein Vorbringen dort kann nicht als verspätet zurückgewiesen werden, es sei denn, es ist eine angemessene Frist zur Äußerung gesetzt worden, um den Anhörungstermin sinnvoll vorzubereiten. Dann kann, erfolgt Vortrag nach dieser Frist, der Vortrag bei Vorliegen der Voraussetzungen des § 83 Abs. 1a, 90 Abs. 2 zurückgewiesen werden.[8] Etwa eingehende Äußerungen sind dem Beschwerdeführer und den übrigen Beteiligten zur Kenntnis formlos zuzuleiten, § 270 ZPO. Eine Zustellung ist nicht erforderlich, es sei denn, es wird ein eigener Antrag gestellt, etwa im Rahmen einer Anschlussbeschwerde.

5 Der Vorsitzende der Beschwerdekammer bestimmt einen Termin zur Anhörung der Beteiligten und lädt sie zu diesem Termin, was tunlichst zugleich mit der Zustellung der eine Begründung enthaltenden Beschwerdeschrift, spätestens aber mit der Zustellung der Beschwerdebegründungsschrift erfolgen sollte. Die Ladungsfrist beträgt zwei Wochen.

---

5 GK-ArbGG/*Dörner* § 90 Rn. 5.
6 HWK/*Bepler* § 90 Rn. 2 i.V.m. § 83 Rn. 11.
7 BAG 20.3.1990, 1 ABR 20/89, AP § 99 BetrVG 1972 Nr. 79 (BI), insoweit in EzA § 99 BetrVG 1972 Nr. 87 nicht abgedruckt; h.M. vgl. nur HWK/*Bepler* § 90 Rn. 2.
8 HWK/*Bepler* § 90 Rn. 2.

Verfahren § 90

Die Beteiligten werden vor der Kammer angehört. Bleibt ein Beteiligter im Rechtssinne auf Ladung unentschuldigt fern, weil er in dem Anhörungstermin grundlos nicht vertreten ist, ist der Pflicht zu seiner Anhörung genügt, wenn er in der Ladung auf die Folgen unentschuldigten Ausbleibens hingewiesen worden war, § 90 Abs. 2 i.V.m. § 83 Abs. 4 S. 2. Fehlt dieser Hinweis, so liegt ein Verfahrensfehler vor, der mit der Rechtsbeschwerde gerügt werden kann.[9] 6

Das Landesarbeitsgericht hat den Sachverhalt im Rahmen der gestellten Anträge von Amts wegen aufzuklären, § 90 Abs. 2 i.V.m. § 83 Abs. 1 (Untersuchungsgrundsatz). Neues Vorbringen der Beteiligten ist im Rahmen des § 90 Abs. 2 i.V.m. § 83 Abs. 1a zu berücksichtigen, was den Untersuchungsgrundsatz abschwächt. Es kann gehalten sein, eine Beweisaufnahme durchzuführen. Es bleibt seinem Ermessen überlassen, ob es eine vom Arbeitsgericht durchgeführte Beweisaufnahme wiederholt. 7

Im Einverständnis mit den Beteiligten kann das Gericht ohne mündliche Verhandlung entscheiden (vgl. § 90 Abs. 2 i.V.m. § 83 Abs. 4 S. 3). 8

Für das Verfahren verweist § 90 auch auf § 83a. Es kann also auch im Beschwerdeverfahren ein Vergleich geschlossen oder das Verfahren für erledigt erklärt werden. Ein Vergleich setzt voraus, dass die Beteiligten über den Verfahrensgegenstand verfügen können. Das Landesarbeitsgericht hat auf eine gütliche Einigung hinzuwirken, arg. §§ 87 Abs. 2, 64 Abs. 7, 57 Abs. 2.[10] Die Beteiligten können auch in der Beschwerdeinstanz die Hauptsache übereinstimmend für erledigt erklären, was indes eine zulässige Beschwerde voraussetzt. Fehlt es daran, ist die Beschwerde als unzulässig zu verwerfen.[11] Nach übereinstimmender Erledigungserklärung ist das Verfahren einzustellen. Bei einer lediglich einseitigen Erledigungserklärung hat das Beschwerdegericht zu prüfen, ob das Verfahren tatsächlich erledigt ist. Ist das der Fall, so ist das Verfahren ebenso einzustellen, wie wenn die Beteiligten es übereinstimmend für erledigt erklärt hätten. Fehlt es an einem erledigenden Ereignis, so liegt in der Erledigungserklärung eine unzulässige Antragsrücknahme, so dass über den Antrag in der Sache zu entscheiden ist.[12] Der angefochtene Beschluss wird gegenstandslos, wenn das Verfahren übereinstimmend für erledigt erklärt wurde oder wegen eines erledigenden 9

---

9 GK-ArbGG/*Dörner* § 90 Rn. 12.
10 GK-ArbGG/*Dörner* § 90 Rn. 15.
11 BAG 27.8.1996, 3 ABR 21/95, EzA § 83a ArbGG 1979 Nr. 4 (III1a); 17.8.1961, 5 AZR 311/60, AP § 91a ZPO Nr. 9 betr. Urteilsverfahren.
12 BAG 27.8.1996, 3 ABR 21/95, EzA § 83a ArbGG 1979 Nr. 4 (III1b).

Ereignisses auf Grund einseitiger Erledigungserklärung tatsächlich erledigt ist.[13]

10 Beschlüsse und Verfügungen des LAG oder seines Vorsitzenden unterliegen nicht der Anfechtung. § 83 Abs. 5 findet also keine Anwendung. Dabei geht es um Beschlüsse und Verfügungen des Landesarbeitsgerichts oder des Vorsitzenden der Kammer, die nicht verfahrensbeendend sind, sondern um solche, die im Laufe des Verfahrens ergehen, es lenken oder begleiten. Das betrifft nur Beschlüsse und Verfügungen des Landesarbeitsgerichts oder des Vorsitzenden der Kammer, die als Ausgangsgericht getroffen werden, also im Rahmen des Beschwerdeverfahrens gegen einen die erste Instanz abschließenden Beschluss. Beschlüsse, die das Landesarbeitsgericht oder der Vorsitzende der Kammer als Rechtmittelgericht über verfahrensleitende oder verfahrensbegleitende Beschlüsse des Arbeitsgerichts als Rechtsmittelgericht treffen, sind nicht nach § 90 Abs. 3 anfechtbar, sondern es gelten die §§ 83 Abs. 5, 78 Abs. 1 und Abs. 2 i.V.m. § 574 Abs. 1 Nr. 2 ZPO: Das Landesarbeitsgericht kann auch im arbeitsgerichtlichen Beschlussverfahren die Rechtsbeschwerde gegen verfahrensbegleitende Beschlüsse des Arbeitsgerichts jedenfalls dann zulassen, wenn es als Rechtsmittelgericht über eine sofortige Beschwerde gegen einen solchen Beschluss nach § 78 i.V.m. § 83 Abs. 5 entscheidet.[14]

11 Eine Kostenentscheidung hat auch im Beschwerdeverfahren des arbeitsgerichtlichen Beschlussverfahrens nicht zu ergehen. Im Beschlussverfahren werden Kosten nicht erhoben; eine prozessuale Kostentragungspflicht besteht nicht. Der Streitwert des Beschwerdeverfahrens kann auf Antrag nach § 33 RVG festgesetzt werden.

---

13 Vgl. z.B. Bayerischer VGH 12.4.2006, 18 P 05.2101; 7.12.2005, 17 P 05.557, juris, zum personalvertretungsrechtlichen Beschlussverfahren; LAG Berlin 13.7.2004, 16 TaBV 2358/03, LAGE § 103 BetrVG 2001 Nr. 3 betr. erteilte, zuvor verweigerte Zustimmung des Betriebsrats zur außerordentlichen Kündigung seines Mitglieds als objektiv erledigendes Ereignis mit der Folge der Einstellung des Verfahrens auch gegen den Willen des Arbeitgebers.
14 BAG 28.2.2003, 1 AZB 53/02, EzA § 78 ArbGG 1979 Nr. 5; vgl. i.E. ErfK/*Eisemann* § 90 Rn. 3; GK-ArbGG/*Dörner* § 90 Rn. 17.

§ 91 Entscheidung

(1) ¹Über die Beschwerde entscheidet das Landesarbeitsgericht durch Beschluß. ²Eine Zurückverweisung ist nicht zulässig. ³§ 84 Satz 2 gilt entsprechend.

(2) ¹Der Beschluß nebst Gründen ist von den Mitgliedern der Kammer zu unterschreiben und den Beteiligten zuzustellen. ²§ 69 Abs. 1 Satz 2 gilt entsprechend.

§ 91 regelt die Form und den Inhalt, Verkündung und Zustellung der die zweite Instanz abschließenden Entscheidung des Landesarbeitsgerichts über die Beschwerde gegen einen die erste Instanz abschließenden Beschluss des Arbeitsgerichts im Beschlussverfahren. Lediglich die Verwerfung der Beschwerde als unzulässig ist in § 83 Abs. 3 gesondert geregelt.

Die Entscheidung des Landesarbeitsgerichts im Beschwerdeverfahren gegen einen Beschluss des Arbeitsgerichts ergeht im Rahmen der Anträge, die den Verfahrensgegenstand bestimmen, durch Beschluss der **Kammer**, also unter Beteiligung der ehrenamtlichen Richter. Die Kammer entscheidet auch dann in voller Besetzung, wenn ohne mündliche Anhörung der Beteiligten vor der Beschwerdekammer entschieden wird, was nach § 90 Abs. 2 i.V.m. § 83 Abs. 4 S. 3 möglich ist. Der Einstellungsbeschluss nach Antragsrücknahme, Beschwerderücknahme, Vergleich oder Erledigterklärung ergeht durch den Vorsitzenden allein (§ 87 Abs. 2 S. 3 i.V.m. § 81 Abs. 2 S. 2; § 89 Abs. 4 S. 2; § 90 Abs. 2 i.V.m. § 83a Abs. 2).

Eine Zurückverweisung ist unzulässig.¹ Ausnahmen bestehen hier, anders als im Urteilsverfahren (vgl. § 68), nicht. Verweist das Landesarbeitsgericht gleichwohl das Verfahren zurück, so ist es, falls die Rechtsbeschwerde nicht zugelassen ist oder erfolglos war, wieder beim Arbeitsgericht anhängig, das unter Beachtung der Rechtsauffassung des Landesarbeitsgerichts erneut zu entscheiden hat.²

Der Beschluss ist schriftlich abzufassen (§ 84 S. 2). Er enthält das Rubrum, also die Angabe der Beteiligten, ihrer Vertreter und ihrer Verfahrensbevollmächtigten, des entscheidenden Gerichts, des Aktenzeichens und des Datums der Entscheidung, ferner die Entscheidungsfor-

---

1 Vgl. LAG Köln 1.3.2001, 3 TaBV 92/00, AP § 98 ArbGG 1979 Nr. 11 (zu II1 der Gründe) betr. Entscheidung ohne mündliche Anhörung der Beteiligten ohne Einverständnis nach § 84 Abs. 4, schwerwiegender Verfahrensverstoß.
2 GK-ArbGG/*Dörner* § 91 Rn. 5 m.w.N.

mel (den Tenor). Das Landesarbeitsgericht hat auch darüber zu entscheiden, ob es die Rechtsbeschwerde an das Bundesarbeitsgericht zulässt oder nicht, wobei die Entscheidung über die Zulassung der Rechtsbeschwerde in den Tenor des Beschlusses aufzunehmen ist. Eine vorläufige Vollstreckbarkeit des Beschlusses ist in den Tenor aufzunehmen. Eine Kostenentscheidung ergeht nicht. Auch der Streitwert wird nicht festgesetzt. Für die Berechnung der Rechtsanwaltsgebühren erfolgt die Streitwertfestsetzung ggf. nach § 33 RVG. Unter der Überschrift »Gründe« sind stets Tatbestand und Entscheidungsgründe darzustellen. § 540 ZPO und § 69 sind nicht anwendbar.[3] Findet gegen den Beschluss die Rechtsbeschwerde statt, so muss er einen Tatbestand enthalten. Das ist auch dann der Fall, wenn die Rechtsbeschwerde erst aufgrund einer Nichtzulassungsbeschwerde zugelassen worden ist, denn auch dann findet gegen den Beschluss die Rechtsbeschwerde i.S.d. § 543 Abs. 2 ZPO statt.[4] Enthält der angefochtene Beschluss keinen Tatbestand, so ist er grundsätzlich wegen eines von Amts wegen zu beachtenden Mangels aufzuheben und das Verfahren ist an das Landesarbeitsgericht zurückzuverweisen.[5]

3a Der Beschluss ist zusammen mit den Gründen von den Mitgliedern der Kammer zu unterschreiben, also auch von den ehrenamtlichen Richtern, der Geschäftsstelle vor Ablauf von vier Wochen – vom Tage der Verkündung an gerechnet – zu übergeben (§ 91 Abs. 2 S. 2, 69 Abs. 1 S. 2, § 60 Abs. 4 S. 3) und den Beteiligten von Amts wegen binnen drei Wochen seit Übergabe an die Geschäftsstelle zuzustellen. Ist ein Richter verhindert zu unterschreiben, vermerkt dies der Vorsitzende der Kammer unter Angabe des Verhinderungsgrundes. Ist der Vorsitzende an der Unterschrift gehindert, vermerkt das der älteste ehrenamtliche Richter. § 315 Abs. 1 S. 2 ZPO gilt entsprechend.

3b Wird die Rechtsbeschwerde zugelassen, muss der Beschluss eine Rechtsmittelbelehrung enthalten, § 9 Abs. 5. Wird die Rechtsbeschwerde nicht zugelassen, ist ein Hinweis auf die Möglichkeit der Nichtzulassungsbeschwerde nach § 92a angebracht.

4 Der Beschluss ist zu verkünden, und zwar auch dann, wenn er ohne Anhörung der Beteiligten, also im schriftlichen Verfahren ergangen ist. Aus der Verweisung in § 91 Abs. 2 S. 2 auf § 69 Abs. 1 S. 2 und die in

---

3 Str. zutr. GK-ArbGG/*Dörner* § 91 Rn. 3.
4 BAG 31.1.1985, 6 ABR 25/82, EzA § 91 ArbGG 1979 Nr. 1.
5 GK-ArbGG/*Dörner* § 91 Rn. 3; BAG 26.4.2005, 1 ABR 1/04, BAGE 114, 272, 275 = EzA § 87 BetrVG 1972 Gesundheitsschutz Nr. 3, das eine Ausnahme dann annimmt, wenn für das Bundesarbeitsgericht der Streitstoff, über den das Landesarbeitsgericht entschieden hat, feststellbar ist.

ihm enthaltene Weiterverweisung ergibt sich, dass bei mündlicher Anhörung der Beschluss im Termin auf Grund der Anhörung verkündet werden soll. Wird ausnahmsweise ein besonderer Verkündungstermin anberaumt, muss der Beschluss bei Verkündung vollständig abgefasst, also mit Gründen und allen Unterschriften versehen, vorliegen, § 60 Abs. 4 S. 2. Bei der Verkündung müssen die ehrenamtlichen Richter nicht anwesend sein, allerdings ist dann die Beschlussformel von dem Vorsitzenden und den ehrenamtlichen Richtern zu unterschreiben, § 60 Abs. 3. Die Verkündung des Beschlusses hat in öffentlicher Sitzung zu erfolgen und besteht in der Verlesung der Entscheidungsformel und der Mitteilung der wesentlichen Gründe für den getroffenen Beschluss. Davon kann abgesehen werden, wenn keiner der Beteiligten oder ihrer Vertreter bei der Verkündung anwesend ist. Dann genügt die Bezugnahme auf die schriftliche Beschlussformel. Die Verkündung des Beschlusses ist als wesentliche Förmlichkeit in das Protokoll aufzunehmen.[6]

Enthält der Tenor des Beschlusses keine Entscheidung über die Zulassung oder Nichtzulassung der Rechtsbeschwerde, ist ein Antrag auf entsprechende Ergänzung des Beschlusses binnen zwei Wochen ab Verkündung des Beschlusses möglich, über welchen Antrag die Kammer in derselben Besetzung durch Beschluss entscheidet.[7]   5

Der Beschluss des Landesarbeitsgerichts beendet die zweite Instanz. Er wird, wenn die Rechtsbeschwerde nicht zugelassen wurde, mit Ablauf der Nichtzulassungsbeschwerdefrist oder mit der Verwerfung oder Zurückweisung der Nichtzulassungsbeschwerde durch das Bundesarbeitsgericht rechtskräftig.[8] Das ist insbesondere für solche Verfahren von Bedeutung, die lediglich eine Vorfrage für eine individualrechtliche Maßnahme klären, etwa die Ersetzung der Zustimmung des Betriebsrats zu einer in Aussicht genommenen personellen Maßnahme.[9]   6

---

6 Vgl. i.E. GK-ArbGG/*Dörner* § 91 Rn. 11.
7 *Hauck/Helml* § 91 Rn. 4.
8 BAG 9.7.1998, 2 AZR 142/98 , EzA § 103 BetrVG 1972 Nr. 39 (II2a).
9 *Heither* B § 91 Rn. 12.

Dritter Unterabschnitt
Dritter Rechtszug

§ 92 Rechtsbeschwerdeverfahren, Grundsatz

(1) ¹Gegen den das Verfahren beendenden Beschluß eines Landesarbeitsgerichts findet die Rechtsbeschwerde an das Bundesarbeitsgericht statt, wenn sie in dem Beschluß des Landesarbeitsgerichts oder in dem Beschluß des Bundesarbeitsgerichts nach § 92a Satz 2 zugelassen wird. ²§ 72 Abs. 1 Satz 2, Abs. 2 und 3 ist entsprechend anzuwenden. ³In den Fällen des § 85 Abs. 2 findet die Rechtsbeschwerde nicht statt.

(2) ¹Für das Rechtsbeschwerdeverfahren gelten die für das Revisionsverfahren maßgebenden Vorschriften über Einlegung der Revision und ihre Begründung, Prozeßfähigkeit, Ladung, Termine und Fristen, Ablehnung und Ausschließung von Gerichtspersonen, Zustellungen, persönliches Erscheinen der Parteien, Öffentlichkeit, Befugnisse des Vorsitzenden und der Beisitzer, gütliche Erledigung des Rechtsstreits, Wiedereinsetzung in den vorigen Stand und Wiederaufnahme des Verfahrens sowie die Vorschrift des § 85 über die Zwangsvollstreckung entsprechend, soweit sich aus den §§ 93 bis 96 nichts anderes ergibt. ²Für die Vertretung der Beteiligten gilt § 11 Abs. 1 bis 3 und 5 entsprechend. ³Der Antrag kann jederzeit mit Zustimmung der anderen Beteiligten zurückgenommen werden; § 81 Abs. 2 Satz 2 und 3 ist entsprechend anzuwenden.

(3) ¹Die Einlegung der Rechtsbeschwerde hat aufschiebende Wirkung. ²§ 85 Abs. 1 Satz 2 bleibt unberührt.

1 Das Rechtsbeschwerdeverfahren ist das Beschlussverfahren in der dritten Instanz. Die Rechtsbeschwerde ist das Rechtsmittel gegen verfahrensbeendende Beschlüsse des Landesarbeitsgerichts. Es ist in den §§ 92 bis 96a geregelt. Im Rechtsbeschwerdeverfahren wird die Entscheidung des Landesarbeitsgerichts, bei der Sprungrechtsbeschwerde, § 96a, wird der Beschluss des Arbeitsgerichts durch das Bundesarbeitsgericht als Rechtsbeschwerdegericht rechtlich überprüft. Es ist an die tatsächlichen Feststellungen, den festgestellten Sachverhalt gebunden. Eine vollständige eigene Regelung für das Rechtsbeschwerdeverfahren fehlt. Es wird weitgehend auf das Revisionsverfahren verwiesen.

1a § 92 Abs. 1 bestimmt, in welchen Fällen die Rechtsbeschwerde statthaft ist. § 92 Abs. 2 S. 1 verweist auf Bestimmungen über die Revision im ar-

Rechtsbeschwerdeverfahren, Grundsatz § 92

beitsgerichtlichen Urteilsverfahren. § 92 Abs. 2 S. 2 regelt die Vertretung der Beteiligten, Satz 3 die Antragsrücknahme im Rechtsbeschwerdeverfahren. § 92 Abs. 3 befasst sich mit der Wirkung der Einlegung der Rechtsbeschwerde und mit der Vollstreckbarkeit der Entscheidung der Vorinstanz in vermögensrechtlichen Streitigkeiten.

Das Rechtsbeschwerdeverfahren ist dem Revisionsverfahren angeglichen. Die Rechtsbeschwerde gegen das Verfahren beendende Beschlüsse des LAG nach § 91 an das BAG findet statt, wenn 1b

– das LAG die Rechtsbeschwerde im Beschluss zugelassen hat – eine teilweise Zulassung ist möglich, etwa wenn es um mehrere Anträge und damit um verschiedene Streitgegenstände geht, Beschränkung der Zulassung der Rechtsbeschwerde »auf einen tatsächlich und rechtlich abtrennbaren Teil des Streitstoffs«[1] – oder

– das BAG sie aufgrund einer Nichtzulassungsbeschwerde (§ 92a) durch Beschluss (vgl. § 92a S. 2 i.V.m. § 72a Abs. 5) zugelassen hat.

Das LAG hat die Beschwerde zuzulassen, wenn eine entscheidungserhebliche Rechtsfrage **grundsätzliche Bedeutung** hat (§ 92 Abs. 1 S. 2; § 72 Abs. 2 Nr. 1) oder einer der in § 72 Abs. 2 Nr. 2 aufgeführten Fälle einer **Divergenz** gegeben ist (§ 92 Abs. 1 S. 2, § 72 Abs. 2 Nr. 1[2]) oder der Zulassungsgrund des Verfahrensverstoßes vorliegt (§ 92 Abs. 1 S. 2, § 72 Abs. 2 Nr. 3). Die Entscheidung des Landesarbeitsgerichts, ob die Rechtsbeschwerde zugelassen wird oder nicht zugelassen wird, ist in den Tenor des landesarbeitsgerichtlichen auf die Beschwerde gegen den arbeitsgerichtlichen Beschluss ergehenden Beschluss aufzunehmen (§ 92 Abs. 1 S. 2, § 72 Abs. 1 S. 1, § 64 Abs. 3a). Die Regelung soll gewährleisten, dass im Zeitpunkt der Verkündung der Entscheidung feststeht, inwieweit die unterlegenen Beteiligten den Beschluss mit der Rechtsbeschwerde angreifen können und die anderen Beteiligten noch mit der Durchführung eines Rechtsbeschwerdeverfahrens rechnen müssen. Will das Landesarbeitsgericht die Rechtsbeschwerde nur für einen Beteiligten zulassen, hat es dies im Tenor auszusprechen. Eine nachträgliche Beschränkung der Rechtsbeschwerde in den Entscheidungsgründen oder in der Rechtsmittelbelehrung ist nicht mehr wirksam möglich.[3] An die Zulassung des Rechtsmittels ist das BAG ge- 2

---

1 BAG 2.4.1996, 1 ABR 47/95, AP § 87 BetrVG 1972 Gesundheitsschutz Nr. 5 (I), insoweit in EzA § 87 BetrVG 1972 Bildschirmarbeit Nr. 1 nicht abgedruckt; vgl. BAG 18.2.1986, 1 ABR 27/84, AP § 99 BetrVG 1972 Nr. 33 (BI1) zur Frage, ob die Zulassung der Rechtsbeschwerde auf die Begründetheit des Antrags beschränkt werden kann; insoweit in EzA § 95 BetrVG Nr. 12 nicht abgedruckt.
2 Vgl. § 72 Rn. 8.
3 BAG 14.2.2007, 7 ABR 26/06, EzA § 54 BetrVG 2001 Nr. 3 (II1b aa Rn. 21).

bunden (Verweisung auf § 72 Abs. 3). Das gilt nur dann nicht, wenn die Zulassung erfolgt, obwohl ein Rechtsmittel nach der gesetzlichen Regelung gar nicht möglich ist.[4] Eine Rechtsbeschwerde findet im einstweiligen Verfügungsverfahren nach § 85 Abs. 2 nicht statt, § 92 Abs. 1 S. 3. Nicht rechtsbeschwerdefähig ist auch der Verwerfungsbeschluss nach § 89 Abs. 3 und der Beschluss im Verfahren nach § 98.

3 Verfahrensbeendend sind auch Einstellungsbeschlüsse nach § 89 Abs. 4 S. 2 nach Rücknahme der Beschwerde, nach § 87 Abs. 2 S. 3, § 81 Abs. 2 S. 2 nach Rücknahme des Antrags, nach § 90 Abs. 2, § 83a Abs. 2 S. 1 nach Vergleichsabschluss oder Verfahrenserledigung, wobei die Zulassung der Rechtsbeschwerde eher die Ausnahme sein wird. Teilbeschlüsse entsprechend § 301 ZPO unterliegen der Rechtsbeschwerde, soweit sie abschließend sind. Zwischenbeschlüsse entsprechend § 303 ZPO sind rechtsbeschwerdefähig, soweit sie anfechtbar sind.[5] Nicht statthaft ist die Rechtsbeschwerde gegen Beschlüsse nach § 90 Abs. 3 (verfahrensleitende Beschlüsse des Landesarbeitsgerichts oder des Kammervorsitzenden, das Landesarbeitsgericht kann allerdings die Rechtsbeschwerde gegen verfahrensbegleitende Beschlüsse jedenfalls dann zulassen, wenn es als Rechtsmittelgericht über eine sofortige Beschwerde nach § 78 i.V.m. § 83 Abs. 5 entscheidet[6]) und nach § 89 Abs. 3 S. 2 (Verwerfung einer unzulässigen Beschwerde), nach § 98 Abs. 2 S. 4 (Beschwerde gegen den Beschluss des Arbeitsgerichts über die Besetzung der Einigungsstelle). Das Bundesarbeitsgericht ist allerdings auch mit der sog. Sprungrechtsbeschwerde nach § 96a befasst, also wenn das Arbeitsgericht die Rechtsbeschwerde unter Überspringung der zweiten Instanz unmittelbar zum Bundesarbeitsgericht zugelassen hat (vgl. Erl. zu § 96a). Eine Sprungrechtsbeschwerde liegt nicht im Fall des § 126 Abs. 2 S. 2 InsO i.V.m. § 122 Abs. 3 InsO vor. Hier ist als Rechtsmittel lediglich die Rechtsbeschwerde an das Bundesarbeitsgericht gegeben.

4 § 92 Abs. 2 S. 1 verweist auf zahlreiche Vorschriften über das Revisionsverfahren,[7] soweit sich aus den §§ 93 bis 96 nichts anderes ergibt. Der Umfang der Verweisung entspricht im Wesentlichen dem des § 87

---

[4] BAG 25.7.1989, 1 ABR 48/88, EzA § 89 ArbGG 1979 Nr. 3.
[5] GK-ArbGG/*Dörner* § 92 Rn. 5.
[6] BAG 28.2.2003, 1 AZB 53/02, 1 AZB 53/02, EzA § 78 ArbGG 1979 Nr. 5.
[7] Vgl. die Tabelle bei GK-ArbGG/*Dörner* § 92 Rn. 17 und die Aufstellung bei ArbGG/*Düwell* § 92 Rn. 1; vgl. z.B. BAG 3.5.2006, 4 ABR 8/05, ZTR 2007, 55 (B I): In der Gesamtbetrachtung beider fehlerhafter Faxe, die von der Geschäftsstelle innerhalb der Frist zur Einlegung der Rechtsbeschwerde auch zusammengeführt worden sind, entspricht die Einlegung des Rechtsmittels den gesetzlichen Anforderungen (§§ 92, 72 ArbGG, § 549 ZPO).

Abs. 2: An die Stelle der Berufungsvorschriften treten die der Revision. Die Verweisung auf die Vorschriften über **die Einlegung der Revision** und ihre **Begründung** hat zur Angleichung von Beschlussverfahren und Urteilsverfahren geführt. Die Fristen für die Einlegung der Rechtsbeschwerde und die Begründung entsprechen jetzt den Fristen im Revisionsverfahren (vgl. weiter die Hinweise zu § 84 und zu § 94). Die Anschlussrechtsbeschwerde ist zulässig,[8] aber von einer Beschwerde ohne Bezug auf eine bereits eingelegte Rechtsbeschwerde zu unterscheiden.

Die ehrenamtlichen Richter wirken unabhängig von § 95 immer dann an den Entscheidungen mit, die bei mündlicher Anhörung der Beteiligten vor dem Senat, die nicht ausgeschlossen – sondern die Regel – ist, mitzuwirken hätten, soweit nicht etwas anderes bestimmt ist wie nach § 94 Abs. 2 S. 3 i.V.m. § 74 Abs. 2 und § 92a S. 2 i.V.m. § 72a Abs. 5 S. 3 zur Verwerfung der Rechtsbeschwerde als unzulässig.[9] 4a

In der Rechtsbeschwerdeinstanz ist grundsätzlich eine Antragsänderung nicht mehr zulässig.[10] Das ergibt sich aus der fehlenden Verweisung auf § 81 Abs. 3 in § 92.[11] Hiervon besteht aus prozessökonomischen Gründen eine Ausnahme, wenn sich der geänderte Sachantrag auf den in der Beschwerdeinstanz festgestellten Sachverhalt stützen kann und der bisherige Streitstoff sowie das Verfahrensergebnis für die Entscheidung über den geänderten Antrag nutzbar gemacht werden kann.[12] Eine Antragsänderung in der Rechtsbeschwerdeinstanz ist trotz Wechsels der Person des Antragstellers bei Übergang des Betriebes auf einen neuen Inhaber nicht gegeben; er nimmt automatisch die verfahrensrechtliche Stellung des bisherigen Betriebsinhabers und Arbeitgebers ein.[13] 4b

Nach § 92 Abs. 2 S. 1 i.V.m. § 79 S. 1, § 578 Abs. 1 ZPO ist ein Nichtigkeitsantrag statthaft, wenn das Verfahren durch einen Beschluss des Bundesarbeitsgerichts als Rechtsbeschwerdegericht in der Sache selbst rechtskräftig abgeschlossen wurde.[14] 4c

---

8 Vgl. BAG 20.12.1988, 1 ABR 63/87, EzA § 80 BetrVG 1972 Nr. 33.
9 ErfK/*Eisemann* § 92 Rn. 3; GK-ArbGG/*Dörner* § 92 Rn. 20.
10 BAG 22.11.2005, 1 ABR 50/04, EzA § 85 BetrVG 2001 Nr. 1 (III1a); 16.5.2007, 7 ABR 63/06, FA 2007, 356.
11 GK-ArbGG/*Dörner* § 92 Rn. 25.
12 BAG 26.10.2004, 1 ABR 37/03, EzA § 99 BetrVG 2001 Umgruppierung Nr. 2 (BI1a); 16.5.2007, 7 ABR 63/06, Rn. 19.
13 BAG 22.11.2005, 1 ABR 50/04, EzA § 85 BetrVG 2001 Nr. 1 (III1a).
14 BAG 21.7.1993, 7 ABR 25/92, EzA § 579 ZPO Nr. 1 (BI1).

§ 92 Rechtsbeschwerdeverfahren, Grundsatz

5 Rechtsbeschwerdebefugt ist jeder Beteiligte des Verfahrens, der auch beschwert ist,[15] und zwar unabhängig davon, ob er sich durch Stellung eigener Anträge am Verfahren beteiligt hat.[16]

6 Die Antragsrücknahme ist auch im Rechtsbeschwerdeverfahren jederzeit mit Zustimmung der anderen Beteiligten möglich. Das Verfahren ist in diesem Fall vom **Vorsitzenden des Senats** durch Beschluss § 92 Abs. 2 S. 3 i.V.m. § 81 Abs. 2 S. 2 einzustellen. Davon zu unterscheiden ist die Beschwerderücknahme nach § 94 Abs. 3 (vgl. dort).

6a Fehlt eine Vorschrift über die Befugnis des Vorsitzenden, haben trotz der Verweisung in § 92 Abs. 2, § 76 Abs. 6 auf § 53 die berufsrichterlichen Mitglieder des Senats zu entscheiden. § 53 grenzt nur die Befugnisse der Berufsrichter von denen der ehrenamtlichen Richter ab.[17]

7 Die Beteiligten können sich im Rechtsbeschwerdeverfahren selbst vertreten. Das folgt aus der Verweisung in § 92 Abs. 2 S. 2 auf § 11 Abs. 1 bis 3 und 5. Nur die Rechtsbeschwerdeschrift und die Rechtsbeschwerdebegründung müssen von einem Rechtsanwalt oder Verbandsvertreter mit Befähigung zum Richteramt unterzeichnet sein (§ 94 Abs. 1 i.V.m. § 11 Abs. 4 und 5).

8 Die Einlegung der Rechtsbeschwerde hat aufschiebende Wirkung, d.h., der Beschluss des LAG wird nicht rechtskräftig (Suspensiveffekt). Das Verfahren gelangt durch die Einlegung der Rechtsbeschwerde in die nächst höhere Instanz (Devolutiveffekt). Die Vollstreckbarkeit aus vorläufig vollstreckbaren Beschlüssen des LAG nach § 85 Abs. 1 S. 2 bleibt auch nach Einlegung der Rechtsbeschwerde bestehen. Auf Antrag kann nach § 62 Abs. 1 S. 2 und 3 i.V.m. § 719 ZPO die Vollstreckung vorläufig eingestellt werden.

---

15 BAG 29.1.1992, 7 ABR 29/91, EzA § 11 ArbGG 1979 Nr. 11.
16 Vgl. GMPM-G/*Matthes* § 94 Rn. 2 und § 89 Rn. 3 ff.
17 GK-ArbGG/*Dörner* § 92 Rn. 20; vgl. BAG 10.12.1992, 8 AZB 6/92, EzA § 17a GVG Nr. 3 (II).

§ 92a Nichtzulassungsbeschwerde

¹Die Nichtzulassung der Rechtsbeschwerde durch das Landesarbeitsgericht kann selbständig durch Beschwerde angefochten werden.
²§ 72a Abs. 2 bis 7 ist entsprechend anzuwenden.

Das Gesetz über die Rechtsbehelfe bei Verletzung des Anspruchs auf rechtliches Gehör (Anhörungsrügengesetz) vom 9.12.2004 (BGBl. I S. 3220) hat für die Nichtzulassungsbeschwerde im arbeitsgerichtlichen Beschlussverfahren die Zulassungsgründe bei der Nichtzulassungsbeschwerde im Urteilsverfahren übernommen: Grundsätzliche Bedeutung einer entscheidungserheblichen Rechtsfrage, Divergenz, Verfahrensfehler nach § 547 ZPO und die Gehörsrüge. Die bisher in § 92a a.F. für Beschlussverfahren geltende Beschränkung der Grundsatzbeschwerde auf Streitigkeiten über die Tariffähigkeit und die Tarifzuständigkeit einer Vereinigung, also auf die abschließend aufgezählten besonderen Angelegenheiten, bei denen die nachträgliche Zulassung der Rechtsbeschwerde in Betracht kam, sind ab 1.1.2005 entfallen. Die Nichtzulassungsbeschwerde ist begründet:

a) Gemäß § 92a i.V.m. § 72 Abs. 2 Nr. 1, wenn eine entscheidungserhebliche Rechtsfrage grundsätzliche Bedeutung hat. Das ist der Fall, wenn die Entscheidung des Rechtsstreits von einer klärungsfähigen und klärungsbedürftigen Rechtsfrage abhängt und die Klärung entweder von allgemeiner Bedeutung für die Rechtsordnung ist oder wegen ihrer tatsächlichen Auswirkungen die Interessen zumindest eines größeren Teils der Allgemeinheit berührt. Klärungsfähig ist eine Rechtsfrage, wenn sie in der Rechtsbeschwerdeinstanz beantwortet werden kann. Klärungsbedürftig ist sie, wenn sie höchstrichterlich noch nicht entschieden ist und ihre Beantwortung nicht offenkundig ist. Entscheidungserheblich ist sie, wenn die Entscheidung des Landesarbeitsgerichts von ihr abhing.[1] Diese Voraussetzungen sind vom Beschwerdeführer darzulegen.

b) Gemäß § 92a i.V.m. § 72 Abs. 2 Nr. 2, wenn ein Fall der **Divergenz** vorliegt, also wenn in der landesarbeitsgerichtlichen Entscheidung ein abstrakter Rechtssatz aufgestellt wird, der von einem Rechtssatz eines der in § 72 Abs. 2 Nr. 2 genannten Gerichte zu derselben Rechtsfrage abweicht und die anzufechtende Entscheidung auf dieser Abweichung beruht. Diese Voraussetzungen sind in der Nichtzulassungsbeschwerde darzulegen. Eine lediglich fehlerhafte oder den

---

[1] BAG 22.3.2005, 1 ABN 1/05, EzA § 72a ArbGG 1979 Nr. 101 zu II2a der Gründe.

Grundsätzen der höchstrichterlichen Rechtsprechung nicht entsprechende Rechtsanwendung vermag eine rechtserhebliche Divergenz nicht zu begründen. Ein abstrakter Rechtssatz liegt nur vor, wenn durch fallübergreifende Ausführungen ein Grundsatz aufgestellt wird, der für eine Vielzahl von gleich liegenden Fällen Geltung beansprucht. Er kann auch in scheinbar einzelfallbezogenen Ausführungen enthalten sein. In diesem Fall muss der Beschwerdeführer den sog. verdeckten Rechtssatz selbst formulieren. Die voneinander abweichenden abstrakten Rechtssätze müssen sich aus der anzufechtenden und aus der oder den herangezogenen Entscheidungen unmittelbar ergeben und so deutlich ablesbar sein, dass nicht zweifelhaft ist, welche abstrakten Rechtssätze die Entscheidungen jeweils aufgestellt haben. Die anzufechtende Entscheidung beruht auf dem abstrakten Rechtssatz, wenn das Beschwerdegericht auf der Grundlage des in der herangezogenen Entscheidung enthaltenen Rechtssatzes möglicherweise eine andere, für den Nichtzulassungsbeschwerdeführer günstigere Entscheidung getroffen hätte. Der Nichtzulassungsbeschwerdeführer hat zum »Beruhen« vorzutragen. Hinsichtlich der Divergenzbeschwerde ist durch das Anhörungsrügengesetz vom 9.12.2004 (BGBl. I S. 3220) keine Änderung eingetreten.[2]

c) Gemäß § 92a i.V.m. § 72 Abs. 2 Nr. 3, wenn ein Verfahrensfehler nach § 547 Nr. 1 bis 5 ZPO vorliegt. Der Beschwerdeführer muss einen solchen absoluten Revisionsgrund darlegen.

d) Gemäß § 92a i.V.m. § 72 Abs. 2 Nr. 3, wenn eine entscheidungserhebliche Verletzung des Anspruchs auf rechtliches Gehör (Art. 103 Abs. 1 GG) geltend gemacht wird und vorliegt. Wird mit einer Nichtzulassungsbeschwerde gem. § 72 Abs. 2 Nr. 3 eine entscheidungserhebliche Verletzung des Anspruchs auf rechtliches Gehör geltend gemacht, muss nach § 72a Abs. 3 S. 2 Nr. 3 i.V.m. § 92a S. 2 die Beschwerdebegründung die Darlegung der Verletzung dieses Anspruchs und deren Entscheidungserheblichkeit enthalten. In inhaltlicher Hinsicht richten sich die an den Vortrag zu stellenden Anforderungen nach dem jeweils geltend gemachten Zulassungsgrund:

aa) Will der Nichtzulassungsbeschwerdeführer geltend machen, das Landesarbeitsgericht habe seinen Anspruch auf rechtliches Gehör verletzt, indem es seine Ausführungen nicht berücksichtigt habe, muss er konkret dartun, welches wesentliche Vorbringen das Landesarbeitsgericht bei seiner Entscheidung übergan-

---

2 Vgl. BAG 22.3.2005, 1 ABN 1/05, EzA § 72a ArbGG 1979 Nr. 101 zu II1a der Gründe.

gen haben soll. Grundsätzlich ist davon auszugehen, dass ein Gericht das Vorbringen der Beteiligten zur Kenntnis genommen und in Erwägung gezogen hat. Die Gerichte brauchen nicht jedes Vorbringen in den Gründen der Entscheidung ausdrücklich zu behandeln. Allein der Umstand, dass sich die Gründe einer Entscheidung mit einem bestimmten Gesichtspunkt nicht ausdrücklich auseinandersetzen, rechtfertigt nicht die Annahme, das Gericht habe diesen Gesichtspunkt bei seiner Entscheidung nicht erwogen. Vielmehr bedarf es hierzu besonderer Umstände. Darüber hinaus hat der Nichtzulassungsbeschwerdeführer die Entscheidungserheblichkeit der Gehörsverletzung darzutun. Hierzu muss nachvollziehbar dargelegt werden, dass das Landesarbeitsgericht nach seiner Argumentationslinie unter Berücksichtigung des in der Entscheidung vermissten Gesichtpunktes möglicherweise anders entschieden hätte.[3]

bb) Will der Nichtzulassungsbeschwerdeführer geltend machen, dass trotz Amtsermittlungsgrundsatzes ein Beweisantritt übergangen worden sei, muss er nach Beweisthema und Beweismittel angeben, zu welchem Punkt das Landesarbeitsgericht eine an sich gebotene Beweisaufnahme unterlassen habe. Dazu gehört i.d.R. die Darlegung, dass die Unterlassung der Beweiserhebung kausal für die Entscheidung des Landesarbeitsgerichts gewesen sei, mit anderen Worten, die Beweiserhebung zu einer anderen, für den Nichtzulassungsbeschwerdeführer günstigeren Entscheidung geführt hätte.[4]

cc) Will der Nichtzulassungsbeschwerdeführer geltend machen, das Landesarbeitsgericht sei seiner Hinweispflicht nach § 139 ZPO nicht nachgekommen, muss er im Einzelnen vortragen, welchen Hinweis das Landesarbeitsgericht hätte geben müssen und was er auf diesen Hinweis vorgetragen hätte und dass und warum das Landesarbeitsgericht dann möglicherweise anders entschieden hätte.[5]

dd) Will der Nichtzulassungsbeschwerdeführer geltend machen, das Landesarbeitsgericht habe eine Überraschungsentscheidung gefällt, so hat er dieses im Einzelnen und nachvollziehbar darzutun.[6]

---

3 BAG 22.3.2005, 1 ABN 1/05, EzA § 72a ArbGG 1979 Nr. 101 zu II3a der Gründe.
4 Vgl. BAG 10.5.2005, 9 AZN 195/05, EzA § 72a ArbGG 1979 Nr. 103.
5 Vgl. BAG 14.3.2005, 1 AZN 1002/04, EzA § 72a ArbGG 1979 Nr. 100.
6 Vgl. BAG 14.4.2005, 1 AZN 840/04, EzA § 72a ArbGG 1979 Nr. 102 zu 3b der Gründe.

ee) Entsprechendes gilt für andere Fälle der sog. Gehörsrüge.

2 Zum Verfahren verweist § 92a S. 2 auf § 72a Abs. 2 bis 7 (vgl. dazu § 72a Rn. 6 ff.).

3 Die Nichtzulassungsbeschwerde und ihre Begründung müssen von einem Rechtsanwalt oder von einem Verbandsvertreter mit Befähigung zum Richteramt unterzeichnet sein.[7] Für die übrigen Beteiligten besteht im Verfahren über die Nichtzulassungsbeschwerde kein Vertretungszwang.

4 Eine Kostenentscheidung entfällt, § 2 Abs. 2 GKG. Der Gegenstandswert zur Berechnung der Rechtsanwaltsgebühren wird auf Antrag nach § 33 RVG durch Beschluss der berufsrichterlichen Mitglieder des Senats ohne Mitwirkung der ehrenamtlichen Richter, § 33 Abs. 8 S. 3 RVG, festgesetzt.

5 Ist die Nichtzulassungsbeschwerde erfolgreich, wird das Beschwerdeverfahren als Rechtsbeschwerdeverfahren fortgesetzt. Mit der Zustellung der Entscheidung beginnt die zweimonatige Rechtsbeschwerdebegründungsfrist. Die Begründung sollte ernst genommen werden. Mit der Zulassung der Rechtbeschwerde ist der Erfolg der Rechtsbeschwerde nicht garantiert. Das wird in der Praxis nicht immer so gesehen. Das zeigt die Entscheidung des BAG vom 8.5.2008[8] deutlich: Eine gesonderte Begründung der Rechtsbeschwerde ist nicht deshalb entbehrlich, weil diese in Form der Begründung der Nichtzulassungbeschwerde bereits vorgelegen hätte. Zwar kann zur Begründung einer vom BAG zugelassenen Rechtsbeschwerde gem. § 92 Abs. 2 S. 1 i.V.m. § 72 Abs. 5, § 551 Abs. 3 S. 2 ZPO auf die Begründung der Nichtzulassungsbeschwerde Bezug genommen werden. Für die Zulässigkeit der Rechtsbeschwerde genügt dies aber nur, wenn zum einen die Begründung der Nichtzulassungsbeschwerde entweder den inhaltlichen Anforderungen des § 94 Abs. 2 S. 2 entspricht und zum anderen die Bezugnahme innerhalb der Zweiwochenfrist des § 92a S. 2 i.V.m. § 74 Abs. 1 S. 1 beim Bundesarbeitsgericht eingeht. Allerdings ist bei Stattgabe der Nichtzulassungsbeschwerde wegen entscheidungserheblicher Verletzung des Anspruchs auf rechtliches Gehör anstelle der Zulassung

---

7 Entsprechend § 94 Abs. 1 i.V.m. § 11 Abs. 4 und 5; vgl. HWK/*Bepler* § 92a Rn. 6.
8 1 ABR 56/06; anders wohl BGH 5.3.2008, XII ZB 182/04, NJW 2008, 1741 für die Berufungsbegründung, die auch dadurch erfolgen könne, dass auf andere Schriftsätze, z.B. solche in Prozesskostenhilfeverfahren, Bezug genommen werde, wenn diese von einem Rechtsanwalt unterzeichnet seien und inhaltlich den Anforderungen der Berufungsbegründung gerecht würden, wobei es nicht erforderlich sei, dass innerhalb der Begründungsfrist ausdrücklich auf solche Schriftsätze verwiesen werde, wenn sich eine entsprechende Bezugnahme aus den Begleitumständen und aus dem Zusammenhang ergeben.

der Rechtsbeschwerde die Aufhebung des angegriffenen Beschlusses des Landesarbeitsgerichts und die Zurückverweisung des Verfahrens an das Landesarbeitsgericht – auch an eine andere Kammer – möglich.

§ 92a ist abschließend. Eine Zulassung der Rechtsbeschwerde in anderen Fällen ist nicht möglich. In einem Beschlussverfahren nach § 126 InsO ist die Nichtzulassungsbeschwerde nicht statthaft. Das Gesetz sieht sie nicht vor.[9] Das gilt auch für das Beschlussverfahren nach § 122 InsO. Es fehlt die Verweisung auf §§ 92a, 72a in § 122 InsO.[10] Bei einem Verstoß gegen den Anspruch auf rechtliches Gehör ist allerdings eine Gehörsrüge nach § 78a möglich.[11]

Da nach §§ 93 Abs. 2, 65 in der Rechtsbeschwerdeinstanz nicht mehr zu prüfen ist, ob das Beschlussverfahren die zulässige Verfahrensart ist,[12] ist die Rechtsbeschwerde bei Vorliegen der genannten Voraussetzungen zuzulassen, auch wenn im Beschlussverfahren entschieden worden ist, obwohl im Urteilsverfahren hätte entschieden werden müssen.[13]

---

9 BAG 14.8.2001, 2 ABN 20/01, AP § 72a ArbGG 1979 Divergenz Nr. 44.
10 *Zwanziger* Das Arbeitsrecht in der Insolvenzordnung, 3. Aufl., § 122 InsO Rn. 46.
11 *Zwanziger* a.a.O., S. 216.
12 BAG 20.4.1999, 1 ABR 72/98, BAGE 91, 210, 218 = EzA Art 9 GG Nr. 65 (BI2a).
13 GK-ArbGG/*Mikosch* § 92a Rn. 3.

§ 92b Sofortige Beschwerde wegen verspäteter Absetzung der Beschwerdeentscheidung

¹Der Beschluss eines Landesarbeitsgerichts nach § 91 kann durch sofortige Beschwerde angefochten werden, wenn er nicht binnen fünf Monaten nach Verkündung vollständig abgefasst und mit den Unterschriften sämtlicher Mitglieder der Kammer versehen der Geschäftsstelle übergeben worden ist. ²§ 72b Abs. 2 bis 5 gilt entsprechend. ³§ 92a findet keine Anwendung.

1 Mit § 92b werden die Regelungen zur sofortigen Beschwerde gegen verspätete Entscheidungen im Urteilsverfahren (§ 72b), die sog. **Kassationsbeschwerde**, ohne Änderung auf verspätete zweitinstanzliche Beschlüsse i.S.d. § 91 im arbeitsgerichtlichen Beschlussverfahren übertragen. Das macht die Verweisung auf § 72b Abs. 2 bis 5 deutlich. Wegen dieses besonderen Rechtsmittels schließt § 92b S. 3 die Nichtzulassungsbeschwerde aus dem Grunde der verspäteten Absetzung der Beschwerdeentscheidung ausdrücklich aus; sie ist insoweit nicht mehr erforderlich.

2 Die Kassationsbeschwerde ist gegen Beschlüsse des Landesarbeitsgerichts nach § 91 gegeben, also gegen die die Beschwerdeinstanz abschließenden Sachentscheidungen des Landesarbeitsgerichts. Darunter fallen auch die entsprechend § 301 ZPO ergangenen Teilbeschlüsse.[1] Verfahrensbegleitende Entscheidungen nach § 90 Abs. 3, der Verwerfungsbeschluss nach § 83 Abs. 3, Beschwerdeentscheidungen im Verfahren der einstweiligen Verfügung im Beschlussverfahren, verfahrensbeendende Einstellungsbeschlüsse, Zwischenbeschlüsse entsprechend § 303 ZPO sowie Beschwerdeentscheidungen über die Besetzung der Einigungsstelle nach § 98 sind nicht erfasst.[2]

3 Ist die Rechtsbeschwerde im verkündeten, aber noch nicht zugestellten Beschluss zugelassen worden, kann die Rechtsbeschwerde eingelegt werden und der Versuch einer Rechtsbeschwerdebegründung an Hand der verkündeten oder auf Grund der Anhörung vor der Beschwerdekammer vermuteten Gründe unternommen werden. Davon ist abzuraten, zumal dann das Rechtsmittel der Verspätungsrüge nicht mehr möglich ist.[3]

---

1 GK-ArbGG/*Mikosch* § 92b Rn. 4.
2 GK-ArbGG/*Mikosch* § 92b Rn. 4.
3 HWK/*Bepler* § 92b Rn. 1.

Sofortige Beschwerde § 92b

Auch eine Nichtzulassungsbeschwerde ist an sich möglich,[4] sie hinreichend mit Aussicht auf Erfolg zu begründen, stößt auf dieselben Schwierigkeiten. 4

Kassationsbeschwerdeberechtigt ist jeder am Verfahren Beteiligter, der durch die ergangene Entscheidung beschwert ist, und zwar unabhängig davon, ob er sich tatsächlich an dem Verfahren durch Antragstellung oder auf sonstige Weise beteiligt hat. 5

Die Notfrist von einem Monat für die Einlegung/Begründung der Kassationsbeschwerde beginnt mit der Verkündung der Entscheidung im Beschwerdeverfahren – gegen die Versäumung der Frist ist Wiedereinsetzung in den vorigen Stand nach §§ 233 ZPO möglich.[5] Das Fehlen einer Rechtsmittelbelehrung ist unerheblich.[6] 6

Die Beschwerdeschrift muss den Beschluss bezeichnen, dessen verspätete Absetzung gerügt wird, und die Erklärung enthalten, dass die Verspätungsrüge erhoben werde. Die Beschwerdeschrift/Begründungsschrift bedarf der anwaltlichen Unterzeichnung oder der eines Verbandsvertreters mit Befähigung zum Richteramt, § 11 Abs. 4. Die Kassationsbeschwerde muss innerhalb der Einlegungsfrist begründet werden, was nach Einsicht in die Verfahrensakten möglich sein wird (vgl. dazu § 72b Rn. 3). 7

Die Kassationsbeschwerde ist begründet, wenn die Beschwerdeentscheidung tatsächlich verspätet zur Geschäftsstelle gelangt ist. Das wird von Amts wegen auf eine zulässige Verspätungsrüge hin geprüft. 8

Der zuständige Senat des Bundesarbeitsgerichts entscheidet durch seine berufsrichterlichen Mitglieder ohne Hinzuziehung der ehrenamtlichen Richter durch Beschluss. Ist die Verspätungsrüge begründet, wird der landesarbeitsgerichtliche Beschluss »ohne weiteres kassiert«[7] und das Verfahren an das Landesarbeitsgericht zurückverwiesen – ggf. an eine andere Kammer zur neuen Anhörung und Entscheidung. Ist die Verspätungsrüge unbegründet, wird die Beschwerde zurückgewiesen. Ist sie nicht fristgemäß und/oder ordnungsgemäß eingelegt worden, wird sie als unzulässig verworfen.[8] 10

Eine Kostenentscheidung entfällt, § 2 Abs. 2 GKG. Auf Antrag erfolgt eine Festsetzung des Gegenstandswertes zur Berechnung der Rechtsanwaltsvergütung nach § 33 RVG durch Beschluss des Bundesarbeitsgerichts. 11

---

4 GK-ArbGG/*Mikosch* § 92b Rn. 7.
5 GK-ArbGG/*Mikosch* § 92b Rn. 12.
6 *Heither* B § 92b Rn. 6.
7 HWK/*Bepler* § 92b Rn. 1.
8 GMPM-G/*Matthes* § 92a Rn. 9.

§ 93 Rechtsbeschwerdegründe

(1) ¹Die Rechtsbeschwerde kann nur darauf gestützt werden, daß der Beschluß des Landesarbeitsgerichts auf der Nichtanwendung oder der unrichtigen Anwendung einer Rechtsnorm beruht. ²Sie kann nicht auf die Gründe des § 92b gestützt werden.

(2) § 65 findet entsprechende Anwendung.

1 § 93 entspricht dem § 73. Inhaltlich bestehen keine Unterschiede. Die Rechtsbeschwerde kann nach Satz 1 zulässig nur auf die **Verletzung einer Rechtsnorm** gestützt werden. Der Beschluss muss auch darauf beruhen. Es findet also nur eine Rechtskontrolle statt. Ausdrücklich ausgenommen ist die Verspätungsrüge mit § 93 Abs. 1 S. 2. Außerdem kann nicht zulässig Rechtsweg und Verfahrensart, Zuständigkeit oder Berufung der ehrenamtlichen Richter, § 65, gerügt werden, § 93 Abs. 2.

2 Die Rechtsbeschwerde muss mit Nichtanwendung oder die unrichtige Anwendung einer Rechtsnorm begründet werden und dass darauf der Beschluss des Landesarbeitsgerichts beruht, das heißt, bei Anwendung oder richtiger Anwendung der Rechtsnorm eine andere Entscheidung ergangen wäre, es sei denn, die Entscheidung stelle sich aus anderen Gründen als richtig dar, § 561 ZPO – Auswechselung der Begründung. Aus diesem vorgegebenen Prüfungsmaßstab folgt, dass nur eine Kontrolle in rechtlicher Sicht stattfindet, das Bundesarbeitsgericht an den vom Landesarbeitsgericht festgestellten Sachverhalt gebunden ist. Eine Rechtsnorm ist allerdings auch dann verletzt, wenn das Beschwerdegericht einen Verfahrensfehler begangen hat, etwa den Amtsermittlungsgrundsatz verletzt hat oder ihm eine fehlerhafte Beteiligung oder Nichtbeteiligung unterlaufen ist. Solche Fehler sind ausdrücklich zu rügen und die Tatsachen sind vorzutragen, die den gerügten Fehler ausmachen sollen (vgl. § 94 Rn. 7). § 547 ZPO ist auch im Beschlussverfahren anwendbar (absolute Revisionsgründe).[1] Bei den absoluten Revisionsgründen wird unwiderleglich vermutet, dass die Entscheidung auf der Rechtsverletzung beruht. Wirken an der Entscheidung ehrenamtliche Richter mit, die nach dem Geschäftsverteilungsplan zur Sitzung nicht hätten herangezogen werden dürfen, so liegt ein Verstoß gegen § 551 Nr. 1 ZPO auch dann vor, wenn sich beide Parteien mit der Mitwirkung dieser ehrenamtlichen Richter einverstanden erklärt haben.[2]

---

1 ErfK/*Eisemann* § 93 Rn. 1; BAG 25.8.1983, 6 ABR 31/82, EzA § 39 ArbGG 1979 Nr. 3 zu § 551 ZPO a.F.; GK-ArbGG/*Dörner* § 93 Rn. 6 m.w.N.; GMPM-G/*Matthes* § 93 Rn. 6; vgl. die Aufstellung bei *Heither* B § 93 Rn. 10.
2 BAG 25.8.1983, 6 ABR 31/82, EzA § 39 ArbGG 1979 Nr. 3.

Rechtsbeschwerdegründe § 93

Rechtsnorm ist jede Regelung, die für eine Vielzahl von Fällen gelten soll.[3] Der normative Teil von Tarifverträgen und von Betriebsvereinbarungen sind Rechtsnormen i.S.v. § 93 Abs. 1 S. 1.[4]

Das BAG ist an den vom LAG festgestellten Sachverhalt gebunden. 3 Dem steht der Untersuchungsgrundsatz des Beschlussverfahrens nicht entgegen.[5] Offenkundige Tatsachen können noch im Rechtsbeschwerdeverfahren eingeführt werden.[6]

§ 93 Abs. 1 S. 2 ist durch das Anhörungsrügengesetz vom 9.12.2004 4 (BGBl. I S. 3220) angefügt worden. Damit wird festgelegt, dass die Rüge der verspäteten Beschlussabsetzung nur im Verfahren nach § 92b i.V.m. § 72b, nicht aber im Rahmen einer statthaften Rechtsbeschwerde erfolgreich geltend gemacht werden kann.

§ 93 Abs. 2 ist durch Gesetz vom 17.12.1990 (BGBl. I S. 2809) neu gefasst 5 worden. Diese Bestimmung schließt aus, dass in der Rechtsbeschwerdeinstanz Verfahrensmängel wie richtiger Rechtsweg, zutreffende Verfahrensart, Berufung ehrenamtlicher Richter und örtliche Zuständigkeit des angegangenen Gerichts erfolgreich geltend gemacht werden können (vgl. die Erl. zu § 65). Die Rechtsbeschwerde kann daher nicht zulässig darauf gestützt werden, die Verfahrensart sei unzulässig.[7] Nach § 93 Abs. 2, § 65 prüft das Rechtsbeschwerdegericht nicht, ob die Verfahrensart zulässig ist.[8]

---

3 GK-ArbGG/*Dörner* § 93 Rn. 3.
4 GK-ArbGG/*Dörner* § 93 Rn. 3; *Heither* B § 93 Rn. 5.
5 BAG 27.1.1977, 2 ABR 77/76, EzA § 103 BetrVG 1972 Nr. 16.
6 Vgl. dazu GMPM-G/*Matthes* § 93 Rn. 4 i.V.m. § 96 Rn. 13.
7 Vgl. BAG 20.4.1999, 1 ABR 72/98, BAGE 91, 210, 218 = EzA Art. 9 GG Nr. 65 (BI2a).
8 BAG 5.12.2007, 7 ABR 65/06, (II1a).

§ 94 Einlegung

(1) Für die Einlegung und Begründung der Rechtsbeschwerde gilt § 11 Abs. 4 und 5 entsprechend.

(2) ¹Die Rechtsbeschwerdeschrift muß den Beschluß bezeichnen, gegen den die Rechtsbeschwerde gerichtet ist, und die Erklärung enthalten, daß gegen diesen Beschluß die Rechtsbeschwerde eingelegt werde. ²Die Rechtsbeschwerdebegründung muß angeben, inwieweit die Abänderung des angefochtenen Beschlusses beantragt wird, welche Bestimmungen verletzt sein sollen und worin die Verletzung bestehen soll. ³§ 74 Abs. 2 ist entsprechend anzuwenden.

(3) ¹Die Rechtsbeschwerde kann jederzeit in der für ihre Einlegung vorgeschriebenen Form zurückgenommen werden. ²Im Falle der Zurücknahme stellt der Vorsitzende das Verfahren ein. ³Er gibt hiervon den Beteiligten Kenntnis, soweit ihnen die Rechtsbeschwerde zugestellt worden ist.

1 § 94 Abs. 1 und Abs. 2 regeln die Form der Rechtsbeschwerdeschrift und den Inhalt der Rechtsbeschwerdebegründung, § 94 Abs. 3 befasst sich mit der Rücknahme der Rechtsbeschwerde. Hinzukommt die Verweisung auf § 74. Die Rechtsbeschwerde ist beim BAG einzureichen. Durch Eingang der Rechtsbeschwerde beim LAG wird die Frist zur Einlegung der Rechtsbeschwerde nicht gewahrt. Wird sie vom LAG an das Bundesarbeitsgericht weitergeleitet, muss sie innerhalb der Rechtsbeschwerdefrist beim Bundesarbeitsgericht eingehen.

2 Die Rechtsbeschwerde richtet sich gegen die Instanz abschließende Beschlüsse des Landesarbeitsgerichts, wenn sie von ihm oder vom Bundesarbeitsgericht zugelassen worden ist.

2a Rechtsbeschwerdebefugt ist jeder Beteiligte. Die Rechtsmittelbefugnis folgt aus der Beteiligtenbefugnis.[1] Der Beteiligte muss durch den angefochtenen Beschluss beschwert sein, er also mit seinem Beschwerdeantrag ganz oder teilweise unterlegen sein und diese Beschwer ganz oder teilweise beseitigt wissen.

2b Die Frist für die Einlegung der Rechtsbeschwerde beträgt **einen Monat** (§ 92 Abs. 2 S. 1, § 74 Abs. 1). Sie kann nicht verlängert werden und beginnt mit der Zustellung des in vollständiger Form abgefassten Beschlusses des Landesarbeitsgerichts (§ 92 Abs. 2 S. 1, § 72 Abs. 5; § 552

---

1 BAG 4.12.1986, 6 AZR 48/85, EzA § 19 BetrVG Nr. 24 (II1); ErfK/*Eisemann* § 94 Rn. 1; GK-ArbGG/*Dörner* § 94 Rn. 5.

Einlegung § 94

ZPO). Ob eine zugestellte Ausfertigung als vollständig anzusehen ist, entscheidet sich daran, ob der Zustellungsempfänger aus der Ausfertigung den Inhalt der Urschrift und insbesondere den Umfang seiner Beschwer erkennen kann und damit die Entscheidung über die Einlegung des Rechtsmittels möglich ist.[2] Es handelt sich um eine Notfrist (§ 552 ZPO). § 233 ZPO ist anwendbar: Gegen die Versäumung der Rechtsbeschwerdefrist kann Wiedereinsetzung in den vorigen Stand beantragt und gewährt werden. Unabhängig davon, ob der landesarbeitsgerichtliche Beschluss vollständig mit Rechtsmittelbelehrung zugestellt wird, beginnt die Rechtsbeschwerdefrist in jedem Fall fünf Monate nach Verkündung des anzufechtenden Beschlusses zu laufen, § 92 Abs. 2 S. 1, § 74 Abs. 1 S. 2, auch wenn die Rechtsmittelbelehrung fehlt oder fehlerhaft ist.[3] Die Jahresfrist des § 9 Abs. 5 ist nach der ZPO-Reform nicht mehr hinzuzurechnen.[4] Wird die Rechtsbeschwerde durch Beschluss des Bundesarbeitsgerichts auf Grund einer Nichtzulassungsbeschwerde zugelassen, ist eine Rechtsbeschwerdeschrift nicht mehr erforderlich: Die form- und fristgerecht eingelegte Nichtzulassungsbeschwerde gilt als Einlegung der Rechtsbeschwerde, § 92a i.V.m. § 72a Abs. 6 S. 1 und 2. Mit der Zustellung des Zulassungsbeschlusses an den Beschwerdeführer beginnt die Rechtsbeschwerdebegründungsfrist, § 92a i.V.m. § 72a Abs. 6 S. 3.

Die **Rechtsbeschwerdeschrift** muss von einem **Rechtsanwalt oder einem Bevollmächtigten nach Maßgabe des § 11 Abs. 4 und Abs. 5** eigenhändig unterzeichnet sein, § 94 Abs. 1. Die Beschwerdeschrift kann durch Telekopie eingelegt werden.[5] Das gilt auch für die Begründungsschrift. Der erforderliche Inhalt der Rechtsbeschwerdeschrift ergibt sich aus § 94 Abs. 2 S. 1. Sie muss den Beschluss bezeichnen, gegen den die Rechtsbeschwerde gerichtet ist, und die Erklärung enthalten, dass gegen den Beschluss Rechtsbeschwerde eingelegt werde. Die Einlegung der Beschwerde muss unbedingt erfolgen. Es muss klar sein, ob der landesarbeitsgerichtliche Beschluss rechtskräftig wird oder nicht.[6] 3

Die Frist zur **Begründung der Rechtsbeschwerde**, falls die Begründung nicht bereits in der Beschwerdeschrift enthalten ist, beträgt 4

---

2 BAG 22.4.1997, 1 ABR 74/96, EzA § 99 BetrVG 1972 Einstellung Nr. 3 (BI2); HWK/*Bepler* § 94 Rn. 5.
3 ErfK/*Eisemann* § 94 Rn. 1; *Hauck/Helml* § 94 Rn. 2; BAG 16.1.2008, 7 AZR 1090/06, (I Rn. 9): Die in einer nicht tragenden Begründung zur Einlegung der Rechtsbeschwerde im arbeitsrechtlichen Beschlussverfahren vertretene abweichende Auffassung (BAG 14.2.2007, 7 ABR 26/06, EzA § 54 BetrVG 2001 Nr. 3 [II1b bb Rn. 22]) »hält der Senat nicht aufrecht«.
4 HWK/*Bepler* § 94 Rn. 5; a.A. GK-ArbGG/*Dörner* § 94 Rn. 11a.
5 BAG 14.1.1986, 1 ABR 86/83, EzA § 94 ArbGG 1979 Nr. 3.
6 GK-ArbGG/*Dörner* § 94 Rn. 9 mit Muster Rn. 10.

zwei **Monate** (§ 92 Abs. 2 S. 1, § 74 Abs. 1 S. 1). Sie beginnt mit der **Zustellung des anzufechtenden landesarbeitsgerichtlichen Beschlusses** (vgl. § 551 Abs. 2 ZPO). Die Verweisung in § 92 Abs. 2 S. 1 umfasst nicht die Regelung des § 74 Abs. 1 S. 3, die eine einmalige Verlängerung der Frist zur Begründung der Rechtsbeschwerde bis zu einem weiteren Monat ermöglicht.[7] Auf diese Unsicherheit sollten sich die Verfahrensvertreter einstellen und dafür Sorge tragen, dass ein Verlängerungsantrag nicht erforderlich wird. Obwohl das Gesetz nicht ausdrücklich von einer Notfrist spricht, ist auf Grund der Verweisung in § 92 Abs. 2 S. 1 auf die Vorschriften über die Begründung der Revision die mindestens entsprechende Anwendung des § 233 ZPO (Wiedereinsetzung) geboten, mit der Folge, dass Wiedereinsetzung in den vorigen Stand gegen die Versäumung der Rechtsbeschwerdebegründungsfrist beantragt und gewährt werden kann.

5 Abweichend davon ist im Beschlussverfahren zum Kündigungsschutz nach § 126 Abs. 2 S. 2, § 122 Abs. 3 InsO die Rechtsbeschwerde zum Bundesarbeitsgericht innerhalb eines Monats nach Zustellung der in vollständiger Form abgefassten Entscheidung einzulegen und zu begründen.

6 Die Rechtsbeschwerdebegründung muss durch einen Rechtsanwalt oder einen Bevollmächtigten nach Maßgabe des § 11 Abs. 4 und 5 eigenhändig unterzeichnet sein, § 94 Abs. 1 (vgl. dazu auch oben Rn. 4). Sie ist beim BAG einzureichen. Die Einreichung beim LAG wahrt die Frist nicht.

7 Die Rechtsbeschwerdebegründung muss angeben, inwieweit die Abänderung des angefochtenen Beschlusses beantragt wird, welche Bestimmungen verletzt sein sollen und worin die Verletzung bestehen soll, § 94 Abs. 2 S. 2. Wenngleich ein ausdrücklicher Antrag nicht erforderlich ist, wenn das Begehren aus der Beschwerdeschrift oder der Beschwerdebegründungsschrift hinreichend deutlich wird, ist eine korrekte Antragstellung angebracht, wobei es ausreicht, wenn beantragt wird, den landesarbeitsgerichtlichen Beschluss aufzuheben, wenn sich aus der Begründung ergibt, dass der Rechtsbeschwerdeführer seinen zuletzt gestellten Sachantrag weiterverfolgt. Eine Änderung des Sachantrages ist in der Rechtsbeschwerdeinstanz grundsätzlich nicht

---

7 GMPM-G/*Matthes* § 94 Rn. 15; *Hauck/Helml* § 94 Rn. 4; a.A. ErfK/*Eisemann* § 94 Rn. 2; *Schwab/Weth/Busemann* § 94 Rn. 5 i.V.m. § 92 Rn. 29; *Heither* B § 94 Rn. 12; HWK/*Bepler* § 94 Rn. 6; GK-ArbGG/*Dörner* § 94 Rn. 13: Einmalige Verlängerung bis zu einem weiteren Monat unter Hinweis auf §§ 92 Abs. 2 S. 1, 74 Abs. 1 S. 3 und auf die Praxis des Bundesarbeitsgerichts.

mehr zulässig.[8] Die Rechtsbeschwerdebegründung muss sich mit den Gründen des angefochtenen Beschlusses auseinandersetzen. Es muss dargelegt werden, warum der landesarbeitsgerichtliche Beschluss für falsch gehalten wird. Es bedarf einer ordnungsgemäßen Sachrüge und/oder einer zulässigen Verfahrensrüge. Gemäß § 551 Abs. 3 S. 1 Nr. 2a ZPO sind bei einer Sachrüge die Umstände zu bezeichnen, aus denen sich die Rechtsverletzung ergeben soll. Die Bezeichnung der verletzten Rechtsnorm ist nicht erforderlich.[9] Die Rechtsbeschwerdebegründung hat aber den Rechtsfehler des Landesarbeitsgerichts so aufzuzeigen, dass Gegenstand und Richtung des rechtsbeschwerderechtlichen Angriffs erkennbar sind. Dies erfordert eine Auseinandersetzung mit den tragenden Gründen der angefochtenen Entscheidung. Der Rechtsbeschwerdeführer muss darlegen, warum er die Begründung des Beschwerdegerichts für unrichtig hält. Er darf sich nicht darauf beschränken, seine Rechtsausführungen aus den Vorinstanzen zu wiederholen. Hierdurch soll u.a. sichergestellt werden, dass der Verfahrensbevollmächtigte des Rechtsbeschwerdeführers den angefochtenen Beschluss im Hinblick auf das Rechtsmittel überprüft und mit Blickrichtung auf die Rechtslage genau durchdenkt. Außerdem soll die Rechtsbeschwerdebegründung durch ihre Kritik der angefochtenen Entscheidung zur richtigen Rechtsfindung durch das Rechtsbeschwerdegericht beitragen.[10] Sonach genügt die bloße Bezeichnung der verletzten Rechtsnorm mit dem Hinweis nicht, das Beschwerdegericht habe den darin enthaltenen Rechtsbegriff verkannt.[11] Der Beschwerdeführer muss also darlegen, wie die angeblich verletzte Norm richtig auszulegen ist.[12]

Wird die Verletzung von Verfahrensvorschriften gerügt, sind nach § 551 Abs. 3 Nr. 2b ZPO auch die Tatsachen anzugeben, aus denen sich die Verletzung der Verfahrensvorschriften ergeben soll und wie sich der Verfahrensfehler auf die Entscheidung des Landesarbeitsgerichts ausgewirkt haben soll; die Rechtsbeschwerde ist insoweit nur begründet, wenn der angefochtene Beschluss auf dem Verfahrensverstoß be- 7a

---

8 Vgl. § 92 Rn. 4; BAG 26.10.2004, 1 ABR 37/03, EzA § 99 BetrVG 2001 Umgruppierung Nr. 2 (BI1): es sei denn, dass der geänderte Sachantrag sich auf einen in der Beschwerdeinstanz festgestellten Sachverhalt stützen kann; ausf. GK-ArbGG/*Dörner* § 94 Rn. 18 f.; 14.2.2007, 7 ABR 26/06, EzA § 54 BetrVG 2001 Nr. 3 (II3 Rn. 31); GMPM-G/*Matthes* § 94 Rn. 13.
9 Seit dem Inkrafttreten des Gesetzes zur Reform des Zivilprozesses vom 27.7.2001 BGBl. I S. 1887.
10 Vgl. z.B. BAG 14.2.2007, 7 ABR 26/06, EzA § 54 BetrVG 2001 Nr. 3 (II2b aa Rn. 27) m.w.N.
11 BAG 10.4.1984, 1 ABR 62/82, EzA § 94 ArbGG 1979 Nr. 2.
12 BAG 10.4.1984, 1 ABR 62/82, EzA § 94 ArbGG 1979 Nr. 2.

ruht.[13] Wird die Verletzung der Amtsermittlungspflicht gerügt, so bedarf es der Angabe, welche entscheidungserheblichen Tatsachen hätten ermittelt werden müssen.[14] Anders ist es nur bei absoluten Revisionsgründen, § 547 ZPO. Liegt einer dieser Gründe vor, wird unwiderleglich vermutet, dass der angegriffene Beschluss auf der Gesetzesverletzung beruht. Die Rechtsbeschwerde kann nicht mit Erfolg auf neue Tatsachen gestützt werden.

8 Hat der angefochtene Beschluss über zwei oder mehr verschiedene Streitgegenstände entschieden, so muss sich die Begründung der Rechtsbeschwerde mit **jedem Streitgegenstand** befassen. Geschieht dies hinsichtlich eines Streitgegenstandes nicht, ist die Rechtsbeschwerde insoweit als unzulässig zu verwerfen.[15] Das gilt nur dann nicht, wenn die Begründetheit des einen Anspruchs von der Begründetheit des anderen Anspruchs praktisch unmittelbar abhängt.[16] Hat das Landesarbeitsgericht seine Entscheidung auf zwei voneinander unabhängige, selbständig tragende Erwägungen gestützt, muss die Rechtsbeschwerdebegründung beide Erwägungen hinreichend angreifen. Setzt sich die Begründung nur mit einer der beiden Erwägungen auseinander, ist die Rechtsbeschwerde insgesamt unzulässig. Die Rechtsbeschwerdebegründung muss – im Falle ihrer Berechtigung – geeignet sein, die gesamte Entscheidung in Frage zu stellen.[17]

9 Entspricht die Rechtsbeschwerde nicht der gesetzlichen Form oder ist sie nicht innerhalb der gesetzlichen Frist eingelegt oder begründet worden, so ist sie durch Beschluss als unzulässig zu verwerfen, § 94 Abs. 2 S. 3, § 74 Abs. 2 S. 2; § 522 Abs. 1 ZPO.[18] Die Verwerfung kann ohne mündliche Anhörung der Beteiligten ergehen und erfolgt dann ohne Mitwirkung der ehrenamtlichen Richter des Senats, also durch die drei Berufsrichter allein. Findet eine mündliche Anhörung statt oder wird, wie es in der Praxis üblich ist, ein Termin zur Beratung anberaumt,[19] sind die ehrenamtlichen Richter heranzuziehen. Der Verwerfungsbeschluss ist dem Rechtsbeschwerdeführer und den übrigen Be-

---

13 BAG 14.2.2007, 7 ABR 26/06, EzA § 54 BetrVG 2001 Nr. 3 (II2a Rn. 24 f.) betr. Rüge der fehlenden Durchführung einer Güteverhandlung als unzulässige Verfahrensrüge.
14 GK-ArbGG/*Dörner* § 94 Rn. 21 m.w.N.
15 BAG 10.12.1986, 4 ABR 20/86, EzA § 4 TVG Druckindustrie Nr. 6.
16 BAG 2.4.1987, 2 AZR 418/86, EzA § 626 BGB n.F. Nr. 108.
17 BAG 11.2.2004, 7 ABR 33/03, EzA § 94 ArbGG 1979 Nr. 4 (II1).
18 BAG 10.4.1984, 1 ABR 62/82, EzA § 94 ArbGG 1979 Nr. 2; 1.12.1999, 7 ABR 53/98, betr. Verwerfung der Rechtsbeschwerde wegen unzureichender Begründung.
19 GK-ArbGG/*Dörner* § 94 Rn. 30.

teiligten formlos mitzuteilen, § 329 Abs. 2 ZPO. Der Verwerfungsbeschluss ist unanfechtbar. Bei Streit um die Zulässigkeit der Rechtsbeschwerde kann ihre Zulässigkeit durch einen unselbständigen Zwischenbeschluss entsprechend § 303 ZPO ausgesprochen werden.[20]

Im Rechtsbeschwerdeverfahren ist eine Anschlussrechtsbeschwerde zulässig.[21] Die Anschlussrechtsbeschwerde muss nach § 554 Abs. 2 S. 2 ZPO bis zum Ablauf eines Monats nach Zustellung der Rechtsbeschwerdebegründung beim Bundesarbeitsgericht eingelegt und innerhalb dieser Frist auch begründet werden, was in verschiedenen Schriftsätzen geschehen kann. Eine Verlängerung der Frist zur Anschließung und/oder Begründung ist ausgeschlossen.[22] Die Anschlussrechtsbeschwerde ist auch statthaft, wenn sie nicht zugelassen worden ist, § 554 Abs. 2 ZPO.[23] 10

Irreführend ist der Verweis auf § 74 Abs. 2 S. 1 in § 94 Abs. 2 S. 3. An sich wäre Termin zur mündlichen Anhörung der Beteiligten zu bestimmen. Die Auffassung des Bundesarbeitsgerichts[24] geht indes dahin, dass das Rechtsbeschwerdeverfahren als schriftliches Verfahren angelegt sei, aber eine mündliche Anhörung stattfinden könne. Jedenfalls bestimmt der Senatsvorsitzende, dem die Verfahrensleitung obliegt, einen Termin zur Beratung des Senats unter Einbeziehung der ehrenamtlichen Richter. Das schließt nicht aus, dass ein Anhörungstermin vor dem Senat unter Zuziehung der ehrenamtlichen Richter vom Senat aus eigener Entschließung oder auf Anregung eines Beteiligten beschlossen wird, wenn dies mit Rücksicht auf die Bedeutung der Rechtssache oder im Hinblick auf neue rechtliche Gesichtspunkte als geboten erscheint.[25] In der Praxis ist es so, dass in aller Regel Termin zur mündlichen Anhörung der Beteiligten bestimmt wird. 11

Nach § 94 Abs. 3 kann die Rechtsbeschwerde **jederzeit** in der für ihre Einlegung vorgeschriebenen Form zurückgenommen werden (Vertretungszwang). Der Vorsitzende des Senats stellt das Verfahren ein. Der 12

---

20 BAG 30.5.1974, 2 ABR 17/74, EzA § 212a ZPO Nr. 1.
21 BAG 20.12.1988, 1 ABR 63/87, EzA § 80 BetrVG 1972 Nr. 33.
22 HWK/*Bepler* § 94 Rn. 12 m.w.N in Fn. 13.
23 HWK/*Bepler* a.a.O.; BAG 3.12.2003, 10 AZR 124/03.
24 BAG 22.10.1985, 1 ABR 42/84, EzA § 99 BetrVG 1972 Nr. 44 (BI): § 95 verweist nicht auf § 83 Abs. 4.»Die Entscheidung über die Rechtsbeschwerde ist daher der gesetzliche Regelfall«.
25 BAG a.a.O.; GMPM-G/*Matthes* § 94 Rn. 33, der die Inbezugnahme als »verfehlt« bezeichnet; vgl. auch § 95 Rn. 2c und GK-ArbGG/*Dörner* § 95 Rn. 6, 9; krit. *Schwab/Weth/Busemann* § 94 Rn. 12 ff.: es sei regelmäßig ein Anhörungstermin zu bestimmen; schriftliches Verfahren nur bei Vorliegen der Voraussetzungen des § 128 Abs. 2, 3 ZPO oder bei Einverständnis nach § 83 Abs. 4 S. 3.

Beschluss ist den Beteiligten formlos mitzuteilen, soweit ihnen die Rechtsbeschwerde zugestellt worden ist.

Ein Verzicht auf das Rechtmittel der Rechtsbeschwerde ist möglich. Er führt zum endgültigen Verlust der Rechtsbeschwerde.

§ 95 Verfahren

¹Die Rechtsbeschwerdeschrift und die Rechtsbeschwerdebegründung werden den Beteiligten zur Äußerung zugestellt. ²Die Äußerung erfolgt durch Einreichung eines Schriftsatzes beim Bundesarbeitsgericht oder durch Erklärung zur Niederschrift der Geschäftsstelle des Landesarbeitsgerichts, das den angefochtenen Beschluß erlassen hat. ³Geht von einem Beteiligten die Äußerung nicht rechtzeitig ein, so steht dies dem Fortgang des Verfahrens nicht entgegen. ⁴§ 83a ist entsprechend anzuwenden.

§ 95 enthält in Ergänzung zu den nach § 92 Abs. 2 für entsprechend anwendbar erklärten Bestimmungen Sonderregelungen über das Rechtsbeschwerdeverfahren. 1

Rechtsbeschwerde und Rechtsbeschwerdebegründung werden sämtlichen übrigen Beteiligten zu Äußerung zugestellt, und zwar nicht nur an diejenigen, die im Beschwerdeverfahren beteiligt waren, und zwar unabhängig davon, ob sie Anträge gestellt oder sonst sich tatsächlich beteiligt haben, sondern auch an diejenigen, deren Beteiligung fehlerhaft unterblieben ist. Auch das Bundesarbeitsgericht hat die Beteiligten von Amts wegen zu ermitteln. Die Zustellung erfolgt unabhängig davon, ob über die Rechtsbeschwerde im schriftlichen Verfahren oder nach Anhörung entschieden werden soll. 2

Die Zustellung kann unterbleiben, wenn die Rechtsbeschwerde offensichtlich unzulässig und daher zu verwerfen ist, es sei denn, es kommt ein Antrag auf Wiedereinsetzung in den vorigen Stand gegen die Versäumung der Rechtsbeschwerdefrist oder der Rechtsbeschwerdebegründungsfrist in Betracht. Ein Verwerfungsbeschluss ist nicht nur dem Rechtsbeschwerdeführer, sondern auch den übrigen Beteiligten mitzuteilen.[1] 2a

Das Gesetz schreibt eine Äußerungsfrist nicht vor, wird aber aus § 95 S. 3 gefolgert.[2] Jedenfalls ist es zweckmäßig, dass den Beteiligten eine nicht zu kurze Frist zur Äußerung gesetzt wird. Sie muss so bemessen sein, dass die übrigen Beteiligten zu der jeweiligen Äußerung noch rechtzeitig vor dem vom Vorsitzenden des Senats angesetzten Beratungstermin oder Termin zur mündlichen Anhörung der Beteiligten vor dem Senat erwidern können. Notfalls kann die Äußerungsfrist auf entsprechenden Antrag bei Vorliegen wichtiger Gründe verlängert 2b

---
1 GK-ArbGG/*Dörner* § 95 Rn. 2.
2 GK-ArbGG/*Dörner* § 95 Rn. 3.

werden. In der Aufforderung zur fristgerechten Äußerung sollte auf § 95 S. 3 hingewiesen werden, also, dass über die Rechtsbeschwerde auch dann entschieden werden wird, wenn innerhalb der gesetzten oder im Einzelfall verlängerten Frist keine Äußerung eingeht. Das Gesetz (§ 95 S. 2) sieht schriftliche Äußerung durch das Einreichen eines Schriftsatzes oder durch Erklärung zur Niederschrift der Geschäftsstelle des Landesarbeitsgerichts vor, durch das der angegriffene Beschluss ergangen ist. Letztere Möglichkeit hat wenig praktische Bedeutung. Für diese Äußerung ist eine anwaltliche Vertretung oder durch einen Bevollmächtigten nach § 11 Abs. 4 und Abs. 5 nicht erforderlich. Die Äußerungen werden den übrigen Beteiligten formlos mitgeteilt; eine Zustellung ist nicht erforderlich.[3]

2c Nach h.M. **muss** das BAG über die Rechtsbeschwerde nicht mündlich verhandeln, **kann** aber die mündliche Verhandlung anordnen.[4] Eine Verweisung auf § 83 fehlt in § 95. Dadurch soll deutlich werden, dass die Anhörung der Beteiligten in einer Verhandlung nicht der Regelfall ist, sondern die Entscheidung über die Rechtsbeschwerde regelmäßig ohne mündliche Anhörung der Beteiligten erfolgt. Die Einwilligung der Beteiligten ist dazu nicht erforderlich.[5] Wird eine Frist zur Äußerung gesetzt, so darf vor Fristablauf nicht entschieden werden (rechtliches Gehör).

3 Zum Termin zur Anhörung der Beteiligten vor dem Senat sind die Beteiligten durch Zustellung zu laden. Auch für die mündliche Anhörung besteht kein Vertretungszwang.[6]

4 Durch die entsprechende Anwendung des § 83a im Rechtsbeschwerdeverfahren wird klargestellt, dass auch ein Vergleich abgeschlossen werden kann, wenn die Beteiligten über den Streitgegenstand verfügen können, und die Beendigung des Verfahrens durch übereinstimmende Erledigungserklärung zulässig ist. Das Verfahren ist dann durch die berufsrichterlichen Mitglieder des Senats einzustellen.[7] Der Einstellungsbeschluss setzt voraus, dass die Rechtsbeschwerde zulässig war, andernfalls ist sie durch Beschluss als unzulässig zu verwerfen.[8]

---

3 GK-ArbGG/*Dörner* § 95 Rn. 8.
4 Ebenso GMPM-G/*Matthes* § 95 Rn. 9; GK-ArbGG/*Dörner* § 95 Rn. 6; HWK/*Bepler* § 95 Rn. 2; vgl. auch oben § 94 Rn. 11.
5 BAG 22.10.1985, 1 ABR 42/84, EzA § 99 BetrVG 1972 Nr. 44; vgl. aber zu § 94 Abs. 2 S. 3 i.V.m. § 74 Abs. 2 S. 1 oben Anm. zu § 94.
6 *Heither* B § 95 Rn. 8.
7 HWK/*Bepler* § 95 Rn. 3.
8 GK-ArbGG/*Dörner* § 95 Rn. 10.

§ 96 Entscheidung

(1) ¹Über die Rechtsbeschwerde entscheidet das Bundesarbeitsgericht durch Beschluß. ²Die §§ 562 und 563 der Zivilprozeßordnung gelten entsprechend.

(2) Der Beschluß nebst Gründen ist von sämtlichen Mitgliedern des Senats zu unterschreiben und den Beteiligten zuzustellen.

§ 96 hat die Entscheidung des Bundesarbeitsgerichts als Rechtsbeschwerdegericht über eine zulässige Rechtsbeschwerde zum Gegenstand (zur unzulässigen Rechtsbeschwerde vgl. § 94 Abs. 2 S. 3, § 74 Abs. 2 i.V.m. § 552 ZPO und vorstehend § 94 Rn. 9). Abs. 1 S. 1 bestimmt, dass der Senat in der Besetzung mit den ehrenamtlichen Richtern durch Beschluss entscheidet. Abs. 1 S. 2 verweist auf § 562 ZPO (Aufhebung der Entscheidung) und 563 ZPO (Zurückverweisung an die Vorinstanz oder eigene ersetzende Entscheidung). Zwar ist § 561 ZPO nicht genannt. Die Zurückweisung der Rechtsbeschwerde als unbegründet ist selbstverständlich möglich.[1] § 96 Abs. 2 schreibt die Unterschriften aller Mitglieder des Senats und die Zustellung des Beschlusses an die Beteiligten vor.

Die Entscheidung über eine zulässige Rechtsbeschwerde ergeht durch Beschluss unabhängig davon, ob eine mündliche Anhörung der Beteiligten vor dem Senat stattgefunden hat. Ist die Beschwerde an sich nicht statthaft oder nicht in der gesetzlichen Form und Frist eingelegt oder begründet worden oder ist sie aus sonstigen Gründen unzulässig, ergeht Verwerfungsbeschluss (dazu o. § 94 Rn. 9). § 95 Abs. 1 S. 2 verweist auf die §§ 562 und 563 ZPO. Außerdem sind auch §§ 559, 561, 564 ZPO und die allgemeinen Bestimmungen der ZPO über Form und Inhalt gerichtlicher Entscheidungen anwendbar.[2]

Im Rahmen der Sachprüfung des angefochtenen landesarbeitsgerichtlichen Beschlusses ist das Bundesarbeitsgericht an die von dem Beschwerdeführer gestellten Anträge gebunden, § 557 Abs. 1 ZPO. Das Bundesarbeitsgericht hat die Entscheidung des Beschwerdegerichts in jeder rechtlichen Hinsicht zu überprüfen. Es ist an die Rechtsbeschwerdebegründung und an die Begründung der übrigen Beteiligten nicht gebunden. Auf die Überprüfung bestimmter Rechtsfragen kann das Bundesarbeitsgericht von den Beteiligten nicht beschränkt wer-

1   2   3

---

1 GK-ArbGG/*Dörner* § 96 Rn. 1 m.w.N.
2 HWK/*Bepler* § 96 Rn. 1; GMPM-G/*Matthes* § 96 Rn. 1.

den.[3] Grundlage für die Entscheidung des Rechtsbeschwerdegerichts sind die tatsächlichen Feststellungen des Beschwerdegerichts. Neues tatsächliches Vorbringen ist grundsätzlich nicht zu berücksichtigen. Ausnahmen: Unstreitiges oder offenkundig richtiges Vorbringen; neue Tatsachen zum Rechtschutzinteresse.[4] Verfahrensmängel müssen ordnungsgemäß gerügt sein, z.B. wenn das Beschwerdegericht eine materiell beteiligte Person oder Stelle nicht beteiligt hat.[5] Unabhängig davon hat das Bundesarbeitsgericht alle am Verfahren materiell Beteiligten von Amts wegen in der Rechtsbeschwerdeinstanz zu beteiligen.[6]

4 Hat das Landesarbeitsgericht in seiner Beschwerdeentscheidung keine Sachverhaltsfeststellungen getroffen, ist der angegriffene Beschluss ohne weiteres auf die Rechtsbeschwerde aufzuheben und zur neuen Verhandlung und Entscheidung an das Landesarbeitsgericht zurückzuverweisen, § 563 Abs. 1 S. 1 ZPO. Das gilt auch dann, wenn der Weg für die Rechtsbeschwerde erst durch eine Nichtzulassungsbeschwerde eröffnet worden war.[7] Bei Verfahrensfehlern ist der landesarbeitsgerichtliche Beschluss aufzuheben, wenn die Entscheidung auf dem Mangel beruht, was dann der Fall ist, wenn es ohne diesen Mangel möglicherweise zu einer anderen Entscheidung gekommen wäre. Sind materiell beteiligte Personen oder Stellen nicht beteiligt worden, kommt es nur dann zu einer Aufhebung der Beschwerdeentscheidung und zur Zurückverweisung zur neuen Verhandlung und Entscheidung an das Beschwerdegericht, wenn tatsächliche Feststellungen gerügt werden und davon auszugehen ist, dass aufgrund ihres in der Beschwerdeinstanz unterbliebenen Vorbringens das Landesarbeitsgericht zu anderen tatsächlichen Feststellungen und damit möglicherweise zu einer anderen Entscheidung gekommen wäre.[8]

5 Die Rechtsbeschwerde wird als unbegründet zurückgewiesen, wenn der angefochtene Beschluss auf Grund des festgestellten Sachverhaltes jedenfalls im Ergebnis richtig ist, also keine Rechtsverletzung enthält oder zwar in der Begründung ganz oder teilweise unrichtig ist, sich aber im Ergebnis als zutreffend erweist, § 561 ZPO.

6 Die Rechtsbeschwerde ist begründet, wenn gerügte Verfahrensfehler vorliegen und die angegriffene Entscheidung auf dem Verfahrensfehler beruht oder ein von Amts wegen zu berücksichtigender Verfahrensfeh-

---

3 GMPM-G/*Matthes* § 96 Rn. 4.
4 GK-ArbGG/*Dörner* § 96 Rn. 9 m.w.N.
5 BAG 20.2.1986, 6 ABR 25/85, EzA § 64 BetrVG 1972 Nr. 2; GK-ArbGG/*Dörner* § 96 Rn. 12.
6 GMPM-G/*Matthes* § 96 Rn. 8.
7 BAG 31.1.1985, 6 ABR 25/82, EzA § 91 ArbGG 1979 Nr. 1.
8 BAG 28.1.1975, 1 ABR 92/73, EzA § 37 BetrVG 1972 Nr. 37.

ler vorliegt oder sich der landesarbeitsgerichtliche Beschluss aus Rechtsgründen als unrichtig erweist. Die Beschwerdeentscheidung wird dann aufgehoben, § 562 Abs. 1 ZPO. Beruht der Beschwerdebeschluss auf einem Mangel im Verfahren, ist auch das Verfahren aufzuheben, § 562 Abs. 2 ZPO.[9] Das Verfahren wird zur neuen Verhandlung und Entscheidung an das Landesarbeitsgericht zurückverwiesen, wenn aus Verfahrens- oder Rechtsgründen eine weitere Sachaufklärung erforderlich ist, § 563 Abs. 1 S. 1 ZPO. Ist das Verfahren für eine abweichende Entscheidung in der Sache reif, entscheidet das Bundesarbeitsgericht selbst, »der Senat entscheidet durch«, § 563 Abs. 3 ZPO.

Die Entscheidung über die zulässige Rechtsbeschwerde trifft der Senat in voller Besetzung, d.h., die ehrenamtlichen Richter wirken mit. Der Beschluss über die Rechtsbeschwerde ist mit Gründen zu versehen und von allen an der Beschlussfassung beteiligten Mitgliedern des Senats, also auch von den ehrenamtlichen Richtern zu unterschreiben. Der Beschluss bedarf der Verkündung, wenn eine mündliche Anhörung der Beteiligten vor dem Senat stattgefunden hat. Er wird dann mit Gründen versehen den Beteiligten zugestellt. Im Falle eines Beratungstermins bedarf es keiner Verkündung, die Zustellung des mit Gründen versehenen Beschlusses reicht aus; allerdings schadet eine Verkündung nicht. 7

Zum Beschlussverfahren nach § 122 InsO und nach § 126 InsO: Da es keine Beschwerdeinstanz gibt und Entscheidungen des Bundesarbeitsgerichts nur auf Grund vom Arbeitsgericht zugelassener Rechtsbeschwerden möglich sind, hat eine erforderliche Zurückverweisung an das Arbeitsgericht – ggf. gem. § 563 Abs. 1 ZPO in entsprechender Anwendung an eine andere Kammer – zu erfolgen.[10] 8

---

9 HWK/*Bepler* § 96 Rn. 6.
10 BAG 20.1.2001, 2 ABR 30 /99, EzA § 126 InsO Nr. 1(III3); *Zwanziger* Das Arbeitsrecht in der Insolvenzordnung, 3. Aufl., § 122 Rn. 51; vgl. im Übrigen HWK/*Bepler* § 96 Rn. 7.

§ 96a Sprungrechtsbeschwerde

(1) ¹Gegen den das Verfahren beendenden Beschluß eines Arbeitsgerichts kann unter Übergehung der Beschwerdeinstanz unmittelbar Rechtsbeschwerde eingelegt werden (Sprungrechtsbeschwerde), wenn die übrigen Beteiligten schriftlich zustimmen und wenn sie vom Arbeitsgericht wegen grundsätzlicher Bedeutung der Rechtssache auf Antrag in dem verfahrensbeendenden Beschluß oder nachträglich durch gesonderten Beschluß zugelassen wird. ²Der Antrag ist innerhalb einer Notfrist von einem Monat nach Zustellung des in vollständiger Form abgefaßten Beschlusses schriftlich zu stellen. ³Die Zustimmung der übrigen Beteiligten ist, wenn die Sprungrechtsbeschwerde in dem verfahrensbeendenden Beschluß zugelassen ist, der Rechtsbeschwerdeschrift, andernfalls dem Antrag beizufügen.

(2) § 76 Abs. 2 Satz 2, 3, Abs. 3 bis 6 ist entsprechend anzuwenden.

1 Auch im Beschlussverfahren ist es unter bestimmten Bedingungen möglich, eine Tatsacheninstanz zu überspringen und den verfahrensbeendenden Beschluss unmittelbar vom Bundesarbeitsgericht überprüfen zu lassen. Von dieser Möglichkeit wird in der Praxis nicht oft Gebrauch gemacht, was daran liegen mag, dass die Sprungrechtsbeschwerde nicht einfach zu handhaben ist und nicht selten Fehler auftreten, die zu ihrer Unzulässigkeit führen. Die Voraussetzungen und Wirkungen entsprechen im Wesentlichen der Sprungrevision (§ 76), allerdings wird für die Zulässigkeit der Sprungrechtsbeschwerde allein auf die grundsätzliche Bedeutung der Rechtssache abgestellt. Der Begriff der grundsätzlichen Bedeutung entspricht dem der §§ 72, 76, 92.[1] Das Vorliegen sog. privilegierter Rechtsstreitigkeiten ist nicht erforderlich, was daraus folgt, dass § 96a Abs. 2 nicht auf § 76 Abs. 2 S. 1 verweist.[2] Die Zulassung der Sprungrechtsbeschwerde ist daher in allen Rechtsstreitigkeiten möglich, die im Beschlussverfahren, § 2a, entschieden werden.[3] Die Sprungrechtsbeschwerde soll der Beschleunigung des Verfahrens dienen und kann sinnvoll sein, wenn der Sachverhalt in der ersten Instanz geklärt ist, woran es nicht selten fehlt, und die Entscheidung über eine Rechtsfrage im Vordergrund steht, so dass ohnehin eine Entscheidung durch das Bundesarbeitsgericht angestrebt wird,

---

1 GMPM-G/*Matthes* § 96a Rn. 3.
2 BAG 16.5.2007, 7 ABR 63/06, (B I).
3 BAG 12.6.1996, 4 ABR 1/95, AP § 96a ArbGG 1979 Nr. 2 = EzA § 96a ArbGG 1979 Nr. 1 (BI1d); *Hauck/Helml* § 96a Rn. 1.

sich das Landesarbeitsgericht sich möglicherweise als unnötige Zwischenstation erweisen würde. Nicht selten ist es aber, dass das Bundesarbeitsgericht zu dem Ergebnis gelangt, auf die vom Arbeitsgericht entschiedene Rechtsfrage komme es in Anbetracht des festgestellten Sachverhalts gar nicht an.

Geht es um mehrere Anträge, die unterschiedliche Streitgegenstände betreffen, kann die Zulassung der Sprungrechtsbeschwerde auf solche beschränkt werden, die die Voraussetzungen für die Sprungrechtsbeschwerde erfüllen; im Übrigen bleibt es bei der Beschwerde.[4]   1a

Die Sprungrechtsbeschwerde ist nur auf Antrag (§ 96a Abs. 1 S. 1, 2) und nach ausdrücklicher Zulassung durch das Arbeitsgericht statthaft (§ 96a Abs. 1 S. 1). Das Gesetz sieht die Zulassung der Sprungrechtsbeschwerde in der die erste Instanz abschließenden Entscheidung, also in dem Beschluss des Arbeitsgerichts (§ 84) vor oder die nachträgliche Zulassung durch das Arbeitsgericht im Wege eines gesonderten Beschlusses nach § 96a Abs. 1 S. 2 2. Alt. Antragsbefugt sind alle Beteiligten des Verfahrens.   2

Der Antrag auf Zulassung der Sprungrechtsbeschwerde kann bereits während des erstinstanzlichen Verfahrens, also vor Verkündung des Beschlusses des Arbeitsgerichts gestellt werden. Für diesen Antrag besteht kein Vertretungszwang. Er kann schriftlich gestellt, zur Niederschrift der Geschäftsstelle oder zu Protokoll des Gerichts erklärt werden.   3

Der Antrag auf Zulassung der Sprungrechtsbeschwerde kann auch erst nach Verkündung des verfahrensbeendenden Beschlusses gestellt werden, allerdings nur innerhalb einer Notfrist von einem Monat nach Zustellung des in vollständiger Form abgefassten Beschlusses, § 96a Abs. 1 S. 2. Gegen die Versäumung dieser Frist kann Wiedereinsetzung in den vorigen Stand gewährt werden. Der Antrag hat schriftlich zu erfolgen. Vertretungszwang besteht auch für den nachträglichen Antrag nicht.   4

Die Einlegung der Sprungrechtsbeschwerde bedarf der Zustimmung der übrigen Beteiligten. Wird der Antrag auf Zulassung der Sprungrechtsbeschwerde bereits vor Erlass der erstinstanzlichen Entscheidung gestellt, muss die Zustimmung der übrigen Beteiligten noch nicht vorliegen. Es reicht aus, wenn sie der Rechtsbeschwerdeschrift beigefügt werden, § 96a Abs. 1 S. 3.[5] Bei nachträglichem Antrag muss die Zu-   5

---

4 *Heither* B § 96a Rn. 5.
5 Vgl. z.B. BAG 16.5.2007, 7 ABR 63/06, (BI); haben die in der Rechtsbeschwerdeeinstanz erstmals Beteiligten nicht zugestimmt, ist das unschädlich. Die nach

stimmung der übrigen Beteiligten der Antragsschrift beigefügt werden, § 96a Abs. 1 S. 3 letzter Hs.

6 Über die Zulassung der Sprungrechtsbeschwerde entscheidet die Kammer des Arbeitsgerichts in voller Besetzung, soweit der Antrag vor Verkündung des erstinstanzlichen Beschlusses gestellt worden war. Die Zulassung ist in die Beschlussformel aufzunehmen. Die Zulassung muss nicht begründet werden. Eine Rechtsmittelbelehrung ist dahin zu erteilen, dass gegen den arbeitsgerichtlichen Beschluss sowohl Beschwerde als auch Rechtsbeschwerde gegeben ist. Die beschwerten Beteiligten haben ein Wahlrecht. Sie müssen die Sprungrechtsbeschwerde nicht einlegen.[6] Die ebenfalls in den Tenor aufzunehmende Zurückweisung des Zulassungsantrages ist zu begründen.

6a Bei nachträglichem Antrag kann der Vorsitzende der Kammer des Arbeitsgerichts ohne mündliche Verhandlung allein entscheiden.

6b Wird die Sprungrechtsbeschwerde zugelassen, ist eine Rechtsmittelbelehrung zur Rechtsbeschwerde zu erteilen. Ist der nachträgliche gestellte Antrag abgelehnt worden (die Ablehnung des Antrages ist unanfechtbar), beginnt der Lauf der Beschwerdefrist mit der Zustellung dieser Entscheidung von neuem (§ 96a Abs. 2, § 76 Abs. 3), allerdings nur dann, wenn der Antrag in der gesetzlichen Form und Frist gestellt und die Zustimmungserklärung(en) beigefügt worden waren.[7]

7 Liegen die Voraussetzungen nach § 96a vor, muss die Sprungrechtsbeschwerde zugelassen werden. Ein Ermessensspielraum besteht nicht. Das Bundesarbeitsgericht ist an die Zulassung gebunden; es darf daher nicht überprüfen, ob die grundsätzliche Bedeutung (i.S.v. §§ 72, 76, 92) vom Arbeitsgericht zu Recht bejaht worden ist.[8]

8 Nach Zulassung der Sprungrechtsbeschwerde kann sie wirksam eingelegt werden. Die Rechtsbeschwerdefrist von einem Monat beginnt mit der Zustellung des Beschlusses zu laufen. Der Beschwerdebefugte braucht die Sprungrechtsbeschwerde nicht einzulegen, er kann auch Beschwerde beim Landesarbeitsgericht einlegen. Wählt er die Sprungrechtsbeschwerde, so ist darin der Verzicht auf die Beschwerde zu sehen. Legt ein Beteiligter die Sprungrechtsbeschwerde ein, ist die Beschwerde nicht mehr möglich. Die Einlegung gilt als Verzicht auf die Beschwerde, § 76 Abs. 5. Die Zustimmung der Beteiligten gilt ebenfalls als

---

§ 96a erforderliche Zustimmung der übrigen Beteiligten betrifft nur die vom ArbG als Beteiligte hinzugezogenen Personen und Stellen.

6 *Heither* B § 96a Rn. 21.
7 *Ascheid* HzA Gruppe 21 Stand 1/2006 Rn. 1485.
8 BAG 12.6.1996, 4 ABR 1/ 95, EzA § 96a ArbGG 1979 Nr. 1 (BI1c).

Verzicht auf die Beschwerde, wenn ein anderer Beteiligter die Rechtsbeschwerde tatsächlich einlegt. Wird die Sprungrechtsbeschwerde zurückgenommen oder als unzulässig verworfen, ist die Beschwerde nicht mehr möglich.[9]

Die Sprungrechtsbeschwerde kann nicht mit Erfolg auf Verfahrensmängel gestützt werden, es sei denn, diese seien von Amts wegen zu beachten. Allerdings kann ein materiell Beteiligter, der in erster Instanz nicht hinzugezogen wurde, dies in der Rechtsbeschwerdeinstanz rügen. 8a

Wird auf die Sprungrechtsbeschwerde der arbeitsgerichtliche Beschluss vom Bundesarbeitsgericht aufgehoben, kann das Verfahren an das Arbeitsgericht oder an das Landesarbeitsgericht zurückverwiesen werden.[10] 8b

Die Anschlusssprungrechtsbeschwerde ist möglich. Sie setzt voraus, dass erklärt oder erkennbar wird, dass ein Anschluss an eine bereits eingelegte Sprungrechtsbeschwerde vorgenommen wird. Die Anschlusssprungrechtsbeschwerde kann sich bei beschränkter Zulassung der Sprungrechtsbeschwerde auch auf einen anderen Streitgegenstand beziehen.[11] 9

---

9 *Heither* B § 96a Rn. 22.
10 BAG 12.6.1996, 4 ABR 1/95, EzA § 96a ArbGG 1979 Nr. 1.
11 GMPM-G/*Matthes* § 96a Rn. 14.

Vierter Unterabschnitt
Beschlußverfahren in besonderen Fällen

§ 97 Entscheidung über die Tariffähigkeit und Tarifzuständigkeit einer Vereinigung

(1) In den Fällen des § 2a Abs. 1 Nr. 4 wird das Verfahren auf Antrag einer räumlich und sachlich zuständigen Vereinigung von Arbeitnehmern oder von Arbeitgebern oder der obersten Arbeitsbehörde des Bundes oder der obersten Arbeitsbehörde eines Landes, auf dessen Gebiet sich die Tätigkeit der Vereinigung erstreckt, eingeleitet.

(2) Für das Verfahren sind die §§ 80 bis 84, 87 bis 96a entsprechend anzuwenden.

(3) Die Vorschrift des § 63 über die Übersendung von Urteilen gilt entsprechend für die rechtskräftigen Beschlüsse von Gerichten für Arbeitssachen im Verfahren nach § 2a Abs. 1 Nr. 4.

(4) [1]In den Fällen des § 2a Abs. 1 Nr. 4 findet eine Wiederaufnahme des Verfahrens auch dann statt, wenn die Entscheidung über die Tariffähigkeit und Tarifzuständigkeit darauf beruht, daß ein Beteiligter absichtlich unrichtige Angaben oder Aussagen gemacht hat. [2]§ 581 der Zivilprozeßordnung findet keine Anwendung.

(5) [1]Hängt die Entscheidung eines Rechtsstreits davon ab, ob eine Vereinigung tariffähig oder ob die Tarifzuständigkeit der Vereinigung gegeben ist, so hat das Gericht das Verfahren bis zur Erledigung des Beschlußverfahrens nach § 2a Abs. 1 Nr. 4 auszusetzen. [2]Im Falle des Satzes 1 sind die Parteien des Rechtsstreits auch im Beschlußverfahren nach § 2a Abs. 1 Nr. 4 antragsberechtigt.

1 Die Vorschrift sieht für das Beschlussverfahren nach § 2a Abs. 2 für die Entscheidung über die Tariffähigkeit oder Tarifzuständigkeit einer Vereinigung i.S.d. § 2a Abs. 1 Nr. 4 Sonderregelungen vor. Es findet auf Antrag einer räumlich und sachlich zuständigen Vereinigung von Arbeitnehmern oder von Arbeitgebern oder von der obersten Arbeitsbehörde des Bundes oder der obersten Arbeitsbehörde eines Landes, auf dessen Gebiet sich die Tätigkeit der Vereinigung erstreckt, statt. Nach § 10 Hs. 2 sind in Fällen des § 2a Abs. 1 Nr. 4 unabhängig von der eigenen Antragstellung die beteiligten Vereinigungen von Arbeitgebern oder Arbeitnehmern sowie die oberste Arbeitsbehörde des Bundes oder eines Landes parteifähig. Die Frage der Tariffähigkeit und der Tarifzuständigkeit

kann nicht im Wege der Feststellungsklage über den Geltungsbereich eines Tarifvertrages gegenüber einem einzelnen Arbeitgeber, sondern nur im Beschlussverfahren nach § 97 geklärt werden.[1] Das Urteilsverfahren ist ausgeschlossen. Über die Tariffähigkeit und die Tarifzuständigkeit kann nicht als Vorfrage in einem anderen Rechtsstreit entschieden werden. Erforderlich ist die Aussetzung des Verfahrens und die Durchführung des Beschlussverfahrens nach § 97. Die Vorschriften des Beschlussverfahrens gelten mit Ausnahme des § 85 Abs. 2 entsprechend, § 97 Abs. 2. Nach § 97 Abs. 3 sind in entsprechender Anwendung des § 63 rechtskräftige Beschlüsse in Verfahren nach § 2a Abs. 1 Nr. 4 zu übersenden. § 97 Abs. 4 enthält eine Sonderregelung über die Wiederaufnahme des Verfahrens. § 97 Abs. 5 regelt die Aussetzungspflicht und erweitert die Antragsberechtigung auf die Parteien oder Beteiligten des ausgesetzten Verfahrens, in dem die Frage der Tariffähigkeit oder der Tarifzuständigkeit entscheidungserheblich ist.

Tariffähigkeit ist die rechtliche Fähigkeit, mit dem sozialen Gegenspieler durch Tarifverträge Arbeitsbedingungen mit normativer Wirkung zu regeln, so dass sie für die tarifgebundenen Personen unabdingbar wie Rechtsnormen gelten. 2

Eine Arbeitnehmervereinigung muss bestimmte Mindestvoraussetzungen erfüllen, um tariffähig und damit eine Gewerkschaft i.S.v. § 2 Abs. 1 TVG zu sein. Sie muss sich als satzungsgemäße Aufgabe die Wahrnehmung der Interessen ihrer Mitglieder in deren Eigenschaft als Arbeitnehmer gesetzt haben und willens sein, Tarifverträge abzuschließen. Sie muss frei gebildet, gegnerfrei, unabhängig und auf überbetrieblicher Grundlage organisiert sein und das geltende Tarifrecht als verbindlich anerkennen. Außerdem muss sie ihre Aufgabe als Tarifpartnerin sinnvoll erfüllen können. Das setzt zum einen eine hinreichende Durchsetzungskraft gegenüber dem sozialen Gegenspieler, zum anderen eine gewisse Leistungsfähigkeit der Organisation voraus. Durchsetzungskraft ist erforderlich, damit sichergestellt ist, dass der soziale Gegenspieler Verhandlungsangebote nicht übergehen kann. Ein angemessener, sozial befriedigender Interessenausgleich kann nur zustande kommen, wenn die Vereinigung zumindest so viel Druck ausüben kann, dass die Arbeitgeberseite sich veranlasst sieht, sich auf Verhandlungen über tarifliche Regelungen einzulassen. Die Arbeitnehmervereinigung muss von der Arbeitgeberseite ernst genommen werden, so dass die Arbeitsbedingungen von ihr nicht einseitig festgelegt, sondern tatsächlich ausgehandelt werden. Ob eine Vereinigung eine derartige Durchsetzungsfähigkeit besitzt, ist aufgrund der Umstände des Einzel- 2a

---

1 BAG 10.5.1989, 4 AZR 80/89, EzA § 256 ZPO Nr. 32.

§ 97 Entscheidung über die Tariffähigkeit

falles festzustellen. Darüber hinaus muss die Vereinigung ihrem organisatorischem Aufbau nach in der Lage sein, die ihr gestellten Aufgaben zu erfüllen. Der Abschluss von Tarifverträgen erfordert Vorbereitungen. Hierfür sind die wirtschaftlichen Entwicklungen und die sonstigen Rahmenbedingungen zu prognostizieren, um daraus die Tarifforderungen zu entwickeln. Auch muss die tatsächliche Durchführung eines Tarifvertrages überwacht und abgesichert werden. Das Verhandlungsergebnis, das regelmäßig Kompromisscharakter hat, muss verbandsintern vermittelt und durchgesetzt werden. Um Tarifverträge abzuschließen, muss die Arbeitnehmervereinigung die Vorbereitungen dazu, die Vermittlung an die Mitgliedschaft und die tatsächliche Durchsetzung der Tarifverträge sicherstellen können.[2]

2b Arbeitgeber sind nach § 2 Abs. 1 TVG stets tariffähig. Ein Arbeitgeberverband ist tariffähig, ohne dass es darauf ankommt, dass er eine bestimmte Durchsetzungskraft (Mächtigkeit) hat.[3] Handwerkskammern sind gem. § 54 Abs. 3 Nr. 1 HandwO befugt, Tarifverträge abzuschließen, soweit und solange solche Verträge nicht durch den Innungsverband für den Bereich der Handwerksinnung geschlossen sind.[4]

2c Tarifzuständigkeit ist die in der Satzung geregelte Befugnis eines tariffähigen Verbandes, Tarifverträge mit einem bestimmten räumlichen, betrieblich-fachlichen und persönlichen Geltungsbereich abzuschließen.[5]

2d Die Tarifgebundenheit betrifft den einzelnen Arbeitnehmer oder Arbeitgeber. Die Tarifgebundenheit des einzelnen Arbeitgebers oder Arbeitnehmers ist, sofern es auf sie ankommt, inzident im jeweiligen Rechtsstreit zu prüfen.[6] Das Beschlussverfahren nach § 97 BetrVG zur Klärung der Tarifgebundenheit und damit auch eine Aussetzung des Rechtsstreits ist daher nicht gegeben.[7] Die OT-Mitgliedschaft betrifft die Tarifgebundenheit des Arbeitgebers als Mitglied im Arbeitgeberver-

---

2 Std. Rspr., vgl. BAG 28.3.2006, 1 ABR 58/04, EzA § 2 TVG Nr. 28 Rn. 34,39, 53 betr. Christliche Gewerkschaft Metall (CGM); 14.12.2004, 1 ABR 51/03, EzA § 2 TVG Nr. 27 betr. UFO (Unabhängige Flugbegleiterorganisation e.V., eine Arbeitnehmervereinigung, die ausschließlich aus Mitgliedern einer bestimmten Berufsgruppe besteht, die in der Kabine beschäftigten Flugbegleiter).
3 BAG 20.11.1990, 1 ABR 62/89, EzA § 2 TVG Nr. 20.
4 Dazu BAG 6.3.2003, 1 AZR 241/02, EzA § 2 TVG Nr. 26 (BI3b).
5 Std. Rspr. vgl. BAG 18.7.2006, 1 ABR 36/01, EzA § 2 TVG Tarifzuständigkeit Nr. 10; 27.9.2005, 1 ABR 41/04, EzA § 2 TVG Tarifzuständigkeit Nr. 9 (BII1a); 23.10.1996, 4 AZR 409/95A, EzA § 97 ArbGG Nr. 3.
6 BAG 18.7.2006, 1 ABR 36/05, EzA § 2 TVG Tarifzuständigkeit Nr. 10 (Rn. 35).
7 GK-ArbGG/*Dörner* § 97 Rn. 16; vgl. BAG 23.2.2005, 4 AZR 186/04, EzA § 3 TVG Verbandsaustritt Nr. 2.

band; eine Aussetzung kommt nicht in Betracht.[8] Während eine im Verfahren nach § 97 Abs. 1 ergehende Entscheidung über die Tarifzuständigkeit einer Arbeitnehmer- oder Arbeitgebervereinigung Bindungswirkung auch für am Verfahren nicht Beteiligte Dritte entfaltet, ist die Wirkung einer inzidenten Entscheidung über die Tarifgebundenheit einzelner Arbeitgeber oder Arbeitnehmer auf die jeweiligen Verfahrensbeteiligten beschränkt.[9]

Der Streit muss also darum gehen, ob eine Arbeitnehmervereinigung[10] Tarifverträge mit normativer Wirkung schließen kann, wobei die Frage der Tariffähigkeit auf Arbeitnehmerseite mit der Frage nach der Gewerkschaftseigenschaft gleichsteht[11] und/oder eine an sich tariffähige Vereinigung nach ihrer Satzung befugt ist, Tarifverträge mit einem bestimmten Geltungsbereich abzuschließen. Dabei ist es unerheblich, zwischen welchen Parteien der Streit besteht und aus welchem Anlass der Streit entflammt ist.[12]

Bei Entscheidungserheblichkeit der Tariffähigkeit und/oder Tarifzuständigkeit einer Vereinigung in einem Rechtsstreit ist das Verfahren nach § 97 Abs. 5 – nicht nach § 148 ZPO – von Amts wegen auszusetzen. Eine Aussetzung ist nur erforderlich, wenn die Entscheidung ausschließlich davon abhängt, ob der Arbeitgeberverband oder die Arbeitnehmervereinigung tariffähig ist und/oder ob Tarifzuständigkeit besteht.[13] Diese **Aussetzungspflicht** besteht nicht nur für die Arbeitsgerichtsbarkeit, sondern auch in einem anderen Rechtsweg und hat

---

8 LAG Baden-Württemberg 19.1.2007, 7 Sa 86/06, juris; BAG 18.7.2006, 1 ABR 36/05, EzA § 2 TVG Tarifzuständigkeit Nr. 10 Rn. 32 ff.
9 BAG 18.7.2006, 1 ABR 36/05, EzA § 2 TVG Tarifzuständigkeit Nr. 10 Rn. 40.
10 Z.B. eine Gewerkschaft, etwa UFO: Unabhängige Flugbegleiter Organisation e.V., Hess. LAG 8.8.2003, 12 TaBV 138/01, ArbuR 2004, 478; Rechtsbeschwerdeentscheidung BAG 14.12.2004, 1 ABR 51/03, EzA § 2 TVG Nr. 9 oder eine Arbeitgebervereinigung: z.B. Arbeiterwohlfahrt-Bundesverband e.V. als Spitzenverband der freien Wohlfahrtspflege, vgl. BAG 29.6.2004, 1 AZR 143/03, EzA § 1 TVG Nr. 46.
11 LAG Düsseldorf 2.3.2006, 6 Ta 89/06, juris, betr. Streit um die Gewerkschaftseigenschaft einer Arbeitnehmervereinigung, Christliche Gewerkschaft Postservice und Telekommunikation (CGRT) in einem Beschlussverfahren um Zutrittsrechte und Beteiligungsrechte an einer Betriebsversammlung; § 23 Abs. 3 BetrVG setzt die Gewerkschaftseigenschaft voraus; § 46 BetrVG verlangt im Betrieb der Betriebsrat »vertretene Gewerkschaften«; a.A. GK-ArbGG/*Dörner* § 97 Rn. 51 unter Hinweis auf den Wortlaut des § 97 Abs. 5.
12 *Heither* B § 97 Rn. 7.
13 BAG 29.6.2004, 1 AZR 143/03, EzA § 1 TVG Nr. 46 (II): Die Tariffähigkeit eines Arbeitgeberverbandes konnte offen bleiben, wenn sich seine Vertretungsbefugnis zum Abschluss des Tarifvertrags aus der (Duldungs-)Vollmacht seiner Mitglieder ergab; GK-ArbGG/*Dörner* § 97 Rn. 48.

auch noch im Rechtsmittelverfahren zu erfolgen.[14] Verletzt das Gericht die Aussetzungspflicht, kann dieser Verfahrensfehler mit Erfolg in der Berufungs- oder Revisionsinstanz gerügt werden: Das Verfahren wird dann ausgesetzt.[15] Die Parteien oder Beteiligten des Ausgangsverfahrens können die Tariffähigkeit und/oder Tarifzuständigkeit nicht wirksam unstreitig stellen, § 97 Abs. 5 ist zwingendes Recht. Die Aussetzung erfolgt von Amts wegen. Ein entsprechender Antrag ist nur eine Anregung an das Gericht. Zu prüfen ist aber stets, ob die Entscheidung des Rechtsstreits von der Tariffähigkeit und/oder Tarifzuständigkeit (z.B. wenn der »fremden« Arbeitnehmervereinigung, die einen Firmentarifvertrag abgeschlossen hat, die »Gewerkschaftseigenschaft« abgesprochen wird) abhängt, was nach dem Sächsischen LAG[16] nicht der Fall sein soll, wenn die Parteien den Rechtsstreit um die Frage des Vorrangs eines Haustarifvertrages gegenüber einem Flächentarifvertrag für erledigt erklärt haben und nur wechselseitige Kostenanträge gestellt haben, über die nach § 91a Abs. 1 S. 1 ZPO zu befinden ist. Das Verfahren ist nicht auszusetzen, wenn die Tariffähigkeit eines Bundesverbandes als Spitzenverband geleugnet wird, diese aber dahinstehen konnte, weil er »in Vollmacht« der Untergliederungen gehandelt hatte.[17] Nach dem Hessischen LAG[18] ist es sachgerecht und geboten, das Verfahren um Beiträge an eine gemeinsame Einrichtung der Tarifvertragsparteien gegen einen Arbeitgeber nach Allgemeinverbindlicherklärung (§ 5 TVG) eines Tarifvertrages bis zur rechtskräftigen Erledigung des bereits anhängigen verwaltungsgerichtlichen Rechtsstreits über die Aufhebung der Allgemeinverbindlicherklärung zwischen der gemeinsamen Einrichtung und der Bundesrepublik Deutschland in analoger Anwendung der §§ 148 ZPO i.V.m. 97 Abs. 5, 9 TVG auszusetzen, der Weg der Inzidentkontrolle einer Allgemeinverbindlicherklärung (AVE) in einem arbeitsgerichtlichen Rechtsstreit, in dem es auf die Frage der Wirksamkeit der AVE ankommt, sei »praktisch und dogmatisch nicht befriedigend«.[19] Wenn zwischen den Parteien über die Tariffähigkeit und/oder Tarifzuständigkeit kein Streit besteht und auch von Amts wegen insoweit keine ernsthaften Bedenken gerechtfertigt sind, besteht keine Veranlassung zur Aussetzung des Rechtsstreits nach § 97

---

14 BAG 23.10.1996, 4 AZR 409/95 A, EzA § 97 ArbGG 1979 Nr. 3.
15 *Ascheid* HzA Gruppe 21 Stand 1/2006 Rn. 1517 m.w.N.
16 21.8.2002, 2 Sa 312/01, LAGE § 4 TVG Tarifkonkurrenz Nr. 4.
17 BAG 29.6.2004, 1 AZR 143/03, EzA § 1 TVG Nr. 46.
18 17.9.1999, 15 Sa 1015/98A, NZA-RR 2000, 199; 15 Sa 1082/98, NL-BzAR 2000, 211.
19 Gegen die h.M. vgl. z.B. BAG 22.9.1993, 10 AZR 371/92, EzA § 5 TVG Nr. 11 betr. Arbeitnehmeransprüche aus für allgemeinverbindlich erklärtem Tarifvertrag; allgemein dazu *Löwisch/Rieble* TVG, 2. Aufl., § 5 Rn. 129 ff.; *Däubler/Lakies* TVG, § 5 Rn. 218 ff.

Abs. 5.[20] Ausnahmsweise ist die Aussetzung nicht im Eilverfahren der einstweiligen Verfügung geboten, weil sonst ein vorläufiger Rechtsschutz nicht gewährleistet werden kann.[21] Wird das Verfahren nach § 97 Abs. 5 ausgesetzt, kommt es nicht automatisch zu einem Beschlussverfahren, vielmehr bedarf es eines entsprechenden Antrages, den nach § 97 Abs. 5 S. 2 auch die Parteien oder Beteiligten des ausgesetzten Verfahrens stellen können, aber nicht müssen. Nicht selten unterbleibt eine Antragstellung der Parteien oder Beteiligten, deren Verfahren ausgesetzt wurde. Die Antragsbefugnis ist auf die Vorfrage beschränkt, deretwegen das Gericht sein Verfahren ausgesetzt hat.[22]

Gegen den Aussetzungsbeschluss nach § 97 Abs. 5 S. 1 in einem arbeitsgerichtlichen Urteilsverfahren ist die sofortige Beschwerde gem. § 252 ZPO i.V.m. § 78, ggf. die Rechtsbeschwerde, § 574 ZPO, möglich.[23] Gegen den Aussetzungsbeschluss in einem arbeitsgerichtlichen Beschlussverfahren nach § 97 Abs. 5 S. 1 ist die sofortige Beschwerde gegeben. Das Landesarbeitsgericht kann die Rechtsbeschwerde zulassen.[24] Wenn das Landesarbeitsgericht in einem Beschlussverfahren dieses ausgesetzt hat, ist ein Rechtsmittel nicht gegeben, § 90 Abs. 3.[25] Gegen die Aussetzung in der Revisions- oder Rechtsbeschwerdeinstanz ist allenfalls die Rüge nach § 78a[26] oder sind Gegenvorstellungen[27] möglich. 4a

An den Aussetzungsbeschluss ist das Arbeitsgericht, das über die Tariffähigkeit oder Tarifzuständigkeit zu entscheiden hat, gebunden. Es darf nicht nachprüfen, ob die Frage für das andere Verfahren tatsächlich vorgreiflich ist, sich die Tariffähigkeit oder Tarifzuständigkeit als Vorfrage überhaupt stellt. Das gilt auch dann, wenn es der Auffassung ist, die 4b

---

20 BAG 6.5.2003, 1 AZR 241/02, EzA § 2 TVG Nr. 26 zu BI4 a.E. der Gründe; vgl. ArbG Osnabrück Aussetzungsbeschluss 15.1.2007, 3 Ca 535/06, AuR 2007, 182: Tariffähigkeit der CGZP; ArbG Berlin 16.1.2007, 81 Ca 27913/05, AuR 2007, 182: Von Amts wegen Bedenken gegen die Tarifzuständigkeit der CGZP.
21 Hess. LAG 11.1.2007, 9 Sa Ga 2098 /06, Rn. 16, juris;; 22.7.2004, 9 SaGA 593/04, NZA-RR 2005, 262 (vor einer Entscheidung im Verfahren nach § 97 kann im Rahmen der Prüfung der Untersagung einer Streikmaßnahme im einstweiligen Verfügungsverfahren die geleugnete Gewerkschaftseigenschaft und damit Tariffähigkeit nur bejaht werden, wenn hinreichende Erfolgsaussichten im Verfahren nach § 97 bestehen); LAG Hamm 31.1.1991, 16 Sa 119/91; 12.6.1975, 8 TaBV 37/75, LAGE § 46 BetrVG 1972 Nr. 1 = EzA § 46 BetrVG 1972 Nr. 1.
22 BAG 29.6.2004, 1 ABR 14/03, EzA § 97 ArbGG 1979 Nr. 4 (BI2a).
23 BAG 18.7.2006, 1 ABR 36/05, EzA § 2 TVG Tarifzuständigkeit Nr. 10 Rn. 19.
24 BAG 28.2.2003, 1 AZB 53/02, EzA § 78 ArbGG 1979 Nr. 5.
25 GMPM-G/*Matthes* § 97 Rn. 13.
26 GK-ArbGG/*Dörner* § 97 Rn. 49.
27 Vgl. BAG 18.7.2006, 1 ABR 36/05, EzA § 2 TVG Tarifzuständigkeit Nr. 10 Rn. 19.

Vorfrage sei bereits rechtskräftig entschieden. Es hat dann in der Sache entsprechend dem rechtskräftigen Aussetzungsbeschluss zu entscheiden.[28]

5 **Antragsberechtigt** sind neben den Parteien oder Beteiligten, deren Verfahren ausgesetzt wurde, die räumlich und sachlich zuständigen Vereinigungen von Arbeitgebern oder Arbeitnehmern (§ 97 Abs. 1), die selber tariffähig i.S.d. § 2 TVG sein müssen oder ihre Tariffähigkeit und/oder Tarifzuständigkeit zumindest in Anspruch nehmen. Die Zuständigkeit muss mit der Zuständigkeit derjenigen Vereinigung konkurrieren, deren Tariffähigkeit oder Tarifzuständigkeit umstritten ist.[29] Der Umstand, dass an eine gemeinsame Einrichtung Beiträge abzuführen sind, begründet keine Antragsbefugnis der gemeinsamen Einrichtung nach § 97 Abs. 1.[30] Antragsbefugt ist die oberste Arbeitsbehörde des Bundes (das ist der Bundesminister für Wirtschaft und Arbeit, und zwar unabhängig davon, ob die Tätigkeit der Vereinigung, die im Streit steht, über das Gebiet eines Landes hinausreicht[31]), eines Landes (das ist der jeweilige Minister oder Senator für Arbeit, wobei die Bezeichnungen in den einzelnen Ländern unterschiedlich sind). Ferner sind antragsberechtigt einzelne Arbeitgeber, arg. § 81 Abs. 2 in entsprechender Anwendung; die betroffene Vereinigung, die ihre eigene Tariffähigkeit und/oder Tarifzuständigkeit festgestellt wissen will, arg. §§ 97 Abs. 2, 81. § 97 Abs. 5 S. 2 erweitert die Antragsbefugnis zur Einleitung eines Beschlussverfahrens nach § 2a Abs. 1 Nr. 4 in den Fällen, in denen ein Gericht einen Rechtsstreit gem. § 97 Abs. 5 S. 1 bis zur Erledigung eines Beschlussverfahrens nach § 2a Abs. 1 Nr. 4 ausgesetzt hat, über den Kreis der nach § 97 Abs. 1 Antragsbefugten hinaus auf die Parteien/Beteiligten des ausgesetzten Rechtsstreits. Die Antragsbefugnis nach § 97 Abs. 5 S. 2 beschränkt sich jedoch für diese auf die Vorfrage, deretwegen das Gericht sein Verfahren ausgesetzt hat. Die Partei/der/die Beteiligte des ausgesetzten Verfahrens ist nicht befugt, eine andere als die von dem aussetzenden Gericht für entscheidungserheblich angesehene Frage der Tariffähigkeit und/oder Tarifzuständigkeit gerichtlich klären zu lassen.[32] Die Möglichkeit des DGB-Schiedsverfahrens nach § 16 der DGB-Satzung schließt einen Antrag einer DGB-Gewerkschaft nicht aus, die eigene Tarifzuständigkeit im Verhältnis zu anderen DGB-Gewerkschaften klären zu lassen.[33]

---

28 GMPM-G/*Matthes* § 97 Rn. 13.
29 GMPM-G/*Matthes* § 97 Rn. 15
30 BAG 29.6.2004, 1 ABR 14/03, EzA § 97 ArbGG 1979 Nr. 4 zu BI1b der Gründe.
31 Str., wie hier *Schwab/Weth/Walker* § 97 Rn. 11.
32 BAG 29.6.2004, 1 ABR 14/03, EzA § 97 ArbGG Nr. 4 zu BI2a der Gründe.
33 HWK/*Bepler* § 97 Rn. 12.

An dem Verfahren nach § 2a Abs. 1 Nr. 4 zu **beteiligen** sind gem. §§ 97 Abs. 2, 83 Abs. 3 neben dem(n) Antragsteller(n) diejenigen, die durch das Verfahren unmittelbar in ihrer Rechtsstellung als Arbeitnehmer- oder Arbeitgebervereinigung betroffen sind. Dazu gehört stets der Verband, dessen Tariffähigkeit und/oder Tarifzuständigkeit im Streit ist,[34] und zwar unabhängig davon, ob sich der Antrag gegen ihn richtet. Beteiligt sind auf Arbeitnehmerseite konkurrierende Vereinigungen, auf Arbeitgeberseite Arbeitgebervereinigungen als tatsächliche oder mögliche Tarifpartner und einzelne Arbeitgeber in Fällen von üblicherweise abgeschlossenen Werk-, Firmen- oder Haustarifverträgen. Die oberste Arbeitsbehörde des Bundes ist als Vertreterin der Arbeitsverwaltung zu beteiligen, wenn sich die Zuständigkeit der Arbeitnehmervereinigung, deren Tariffähigkeit im Streit steht, auf das gesamte Bundesgebiet erstreckt, und zwar unabhängig davon, ob sie einen Antrag stellt oder gestellt hat.[35] Entsprechendes gilt für die oberste Arbeitsbehörde eines Landes. Grundsätzlich ist die Beteiligung der jeweiligen Spitzenverbände ausreichend.[36] Eine Spitzenorganisation wie der DGB ist nicht von Amts wegen zu beteiligen, wenn die antragstellende Gewerkschaft innerhalb des DGB die allein zuständige Gewerkschaft ist. Da er jedoch grundsätzlich zur Repräsentierung der Arbeitnehmerseite berufen ist, wird ihm der Beteiligtenstatus auch dann zugebilligt, wenn er sich durch diese nicht vertreten lassen will und sich selbst am Verfahren beteiligt.[37] In einem Verfahren nach §§ 2a Abs. 1 Nr. 4, 97 Abs. 1 über Tarifzuständigkeit ist der Gesamtbetriebrat einer GmbH nicht zu beteiligen, eine mittelbare Betroffenheit, etwa wegen Regelungsmöglichkeiten für die Betriebsparteien durch Öffnungsklauseln, reicht nicht aus.[38]

Die Entscheidung ergeht durch die nach der Geschäftsverteilung zuständige Kammer des Arbeitsgerichts. Gegen den Beschluss des Arbeitsgerichts ist die Beschwerde an das Landesarbeitsgericht gegeben. Sie setzt eine Beschwer voraus, die sich aus dem Vergleich zwischen Antrag und Entschiedenem ergibt. Eine Beschwer liegt auch vor, wenn der Antrag als unzulässig abgewiesen wurde, aber eine Sachentscheidung gewollt war.[39] Gegen die Entscheidung des Landesarbeitsgerichts ist die von ihm oder nach erfolgreicher Nichtzulassungsbeschwerde vom Bundesarbeitsgericht zugelassene Rechtsbeschwerde gegeben.

---

34 BAG 6.6.2000, 1 ABR 10/99, EzA § 2 TVG Nr. 24 zu BI3b der Gründe.
35 Str., wie hier Hess. LAG 8.4.2003, 12 TaBV 138/01, anders GMPM-G/*Matthes* § 97 Rn. 23.
36 BAG 14.12.2004, 1 ABR 51/03, NZA 2005, 697 zu I1 der Gründe.
37 Vgl. Hess. LAG 8.8.2003, 12 TaBV 138/01, offen gelassen von BAG 14.12.2004, 1 ABR 51/03, NZA 2005, 697 zu I2 der Gründe.
38 ArbG Frankfurt 29.8.2003, 14 BV 47/02.
39 Vgl. GK-ArbGG/*Dörner* § 97 Rn. 58.

6a Die **Rechtskraft** der Entscheidung in einem Verfahren nach § 97 wirkt nicht nur zwischen den Verfahrensbeteiligten, sondern sie wirkt gegenüber jedermann.[40] Für das Gericht, das sein Verfahren ausgesetzt hat, ist die Entscheidung nach § 97 bindend. Ist die Gewerkschaftseigenschaft und damit die Tariffähigkeit einer Arbeitnehmervereinigung rechtskräftig bejaht worden, steht die Rechtskraft dieser Entscheidung einer erneuten Entscheidung nicht entgegen, wenn sich die tatsächlichen oder rechtlichen Verhältnisse (wesentliche Änderung des Sachverhaltes, der rechtlichen Grundlagen zur Beurteilung der Gewerkschaftseigenschaft) wesentlich geändert haben.[41] Entsprechendes gilt für die rechtskräftige Verneinung der Tariffähigkeit einer Arbeitnehmervereinigung.[42]

6b Die rechtskräftigen Entscheidungen in den Verfahren nach § 97 sind nach Abs. 3 i.V.m. § 63 alsbald der zuständigen obersten Landesbehörde und dem Bundesministerium für Arbeit und Soziales in vollständiger Form abschriftlich zu übersenden.

6c Nach rechtskräftigem Abschluss des Verfahrens nach § 97 ist das ausgesetzte Verfahren fortzusetzen.

7 § 97 Abs. 4 sieht Erleichterungen der **Wiederaufnahme des Verfahrens** vor. Für eine Wiederaufnahme nach §§ 579, 580 ZPO genügt die beabsichtigte unrichtige Angabe oder Aussage. Ein Meineid oder fahrlässiger Falscheid ist nicht erforderlich. Da § 581 ZPO unanwendbar ist (§ 97 Abs. 4 S. 2), müssen seine Voraussetzungen nicht erfüllt sein: Rechtskräftige Verurteilung wegen der Straftat bzw. Wiederaufnahme des Verfahrens nur, wenn die Einleitung oder Durchführung eines Strafverfahrens aus anderen Gründen als wegen des Mangels an Beweisen nicht erfolgen kann.

---

40 BAG 15.3.1977, 1 ABR 16/75, EzA § 2 TVG Nr. 12; 25.11.1986, 1 ABR 222/85, EzA § 2 TVG Nr. 17; 15.11.2006, 10 AZR 665/05, EzA § 4 TVG Bauindustrie Nr. 131 Rn. 21; h.M., vgl. nur *Schwab/Weth/Walker* § 97 Rn. 34 S. 2210 m.w.N. Fn. 1; HWK/*Bepler* § 97 Rn. 15; a.A. GK-ArbGG/*Dörner* § 97 Rn. 56; *Ascheid* HzA Gruppe 21 Stand 1/2006 Rn. 1527; *ders.* Urteils- und Beschlussverfahren Rn. 1963.
41 BAG 6.6.2000, 1 ABR 21/99, EzA § 322 ZPO Nr. 12; Verfassungsbeschwerde nicht angenommen durch Beschluss BVerfG 23.2.2001, 1 BVR 4/01, EzA § 322 ZPO Nr. 12a.
42 BAG 1.2.1983, 1 ABR 33/78, EzA § 322 ZPO Nr. 4; 25.11.1986, 1 ABR 22/85, EzA § 2 TVG Nr. 17.

§ 98 Entscheidung über die Besetzung der Einigungsstelle

(1) ¹In den Fällen des § 76 Abs. 2 Satz 2 und 3 des Betriebsverfassungsgesetzes entscheidet der Vorsitzende allein. ²Wegen fehlender Zuständigkeit der Einigungsstelle können die Anträge nur zurückgewiesen werden, wenn die Einigungsstelle offensichtlich unzuständig ist. ³Für das Verfahren gelten die §§ 80 bis 84 entsprechend. ³Die Einlassungs- und Ladungsfristen betragen 48 Stunden. ⁴Ein Richter darf nur dann zum Vorsitzenden der Einigungsstelle bestellt werden, wenn aufgrund der Geschäftsverteilung ausgeschlossen ist, dass er mit der Überprüfung, der Auslegung oder der Anwendung des Spruchs der Einigungsstelle befasst wird. ⁵Der Beschluss des Vorsitzenden soll den Beteiligten innerhalb von zwei Wochen nach Eingang des Antrags zugestellt werden; er ist den Beteiligten spätestens innerhalb von vier Wochen nach diesem Zeitpunkt zuzustellen.

(2) ¹Gegen die Entscheidungen des Vorsitzenden findet die Beschwerde an das Landesarbeitsgericht statt. ²Die Beschwerde ist innerhalb einer Frist von zwei Wochen einzulegen und zu begründen. ³Für das Verfahren gelten § 87 Abs. 2 und 3 und die §§ 88 bis 90 Abs. 1 und 2 sowie § 91 Abs. 1 und 2 entsprechend mit der Maßgabe, dass an die Stelle der Kammer des Landesarbeitsgerichts der Vorsitzende tritt. ⁴Gegen dessen Entscheidungen findet kein Rechtsmittel statt.

§ 98 regelt das Beschlussverfahren in dem besonderen Fall der Bestellung des Vorsitzenden der Einigungsstelle und/oder der Bestimmung der Zahl der Beisitzer jeder Seite. Die Bestimmung ergänzt verfahrensrechtlich die materielle Regelung des § 76 Abs. 2 BetrVG. § 98 gilt nicht für die Errichtung der nach den Personalvertretungsgesetzen einzurichtenden Einigungsstellen. 1

Nach § 76 Abs. 1 BetrVG 1972 ist zur Beilegung von Meinungsverschiedenheiten zwischen den Betriebsparteien (also Arbeitgeber und Betriebsrat, Arbeitgeber und Gesamtbetriebsrat, Arbeitgeber und Konzernbetriebsrat) bei Bedarf eine Einigungsstelle zu bilden. Die Einigungsstelle nach § 76 Abs. 2 BetrVG 1972 besteht aus einer gleichen Anzahl von Beisitzern und einem unparteiischen Vorsitzenden. Die Beteiligten müssen sich über die Person des Vorsitzenden der Einigungsstelle und über die Zahl der Beisitzer einigen. Kommt eine Einigung nicht zustande, bestellt das Arbeitsgericht den Vorsitzenden und/ oder bestimmt die Zahl der Beisitzer nach § 76 Abs. 2, 3 BetrVG 1972. Es 2

§ 98 Entscheidung über die Besetzung der Einigungsstelle

entscheidet im Beschlussverfahren mit einigen verfahrensrechtlichen Besonderheiten nach § 98.

3 Die Entscheidung ergeht nach § 98 Abs. 1 S. 1 nicht durch die **Kammer**, sondern durch den **Vorsitzenden** der nach der Geschäftsverteilung zuständigen Kammer durch Beschluss und ist zu begründen, § 98 Abs. 1 S. 3, § 84 ArbGG. Das gilt auch dann, wenn zwischen Arbeitgeber und Betriebsrat Streit darüber besteht, ob sie sich bereits über die Person des Einigungsstellenvorsitzenden geeinigt haben.[1] Die Entscheidung setzt einen Antrag voraus, wobei diejenigen Stellen und Personen antragsbefugt sind, die die Einigungsstelle nach dem BetrVG »anrufen« können, also Arbeitgeber, Betriebsrat, Gesamtbetriebsrat oder Konzernbetriebsrat, also nicht der Wirtschaftsausschuss.[2] Der Antrag des Betriebsrats ist unzulässig, wenn er nicht auf einem ordnungsgemäßen Beschluss des Betriebsrats vor Einleitung des Verfahrens nach § 98 beruht.[3] Der Antrag geht etwa dahin, einen Vorsitzenden der Einigungsstelle gem. § 76 BetrVG zu bestellen, wobei eine Person vorgeschlagen werden kann, und/oder die Zahl der von jeder Seite zu benennenden Beisitzer auf z.B. zwei festzusetzen. Außerdem ist der Gegenstand des Verfahrens genau zu bezeichnen, wobei Schlagwörter wie z.B. Gesundheitsschutz oder Bildschirmarbeitsplätze nicht ausreichen. Wird unter dem Gesichtspunkt des Gesundheitsschutzes, § 87 Abs. 1 Nr. 7 BetrVG, die Bestellung eines Vorsitzenden verlangt, muss der Betriebsrat einen Sachverhalt vortragen, bei dem die Möglichkeit einer Handlungspflicht des Arbeitgebers nach § 3 Abs. 1 ArbSchG jedenfalls ernsthaft in Betracht kommt.[4] Außerdem ist zum Rechtsschutzinteresse vorzutragen, also anzugeben, dass die Verhandlungen gescheitert sind, wobei ein solches Scheitern schon dann angenommen werden kann, wenn sich die Gegenseite auf Aufforderungen zur Verhandlung nicht einlässt bzw. eingelassen hat,[5] dabei kommt es auf den Zeitpunkt der letzten Anhörung an, also ggf. in der Beschwerdeinstanz.[6] **Beteiligte** des Verfahrens sind Arbeitgeber und Betriebsrat (Gesamtbetriebsrat, Konzernbetriebsrat). Die Entscheidung kann nicht im einstweiligen Verfügungsverfah-

---

1 LAG Schleswig-Holstein 4.9.2002, 4 TaBV 8/02, LAGE § 98 ArbGG 1979 Nr. 39.
2 LAG Hamm 18.7.2007, 10 TaBV 71/07.
3 LAG Niedersachsen 14.2.2006, 1 TaBV 105/05, LAGE § 98 ArbGG 1979 Nr. 46 (II); vgl. BAG 29.4.2004, 1 ABR 30/02, EzA § 77 BetrVG 2001 Nr. 8 (BII1a aa).
4 LAG Hamburg 12.2.2007, 8 TaBV 18/06, juris; 17.8.2007, 6 TaBV 9/07, AiB 2008, 101 m. Anm. *Goergens* AiB 2008, 104.
5 LAG Rheinland-Pfalz 3.8.2006, 11 TaBV 23/06, Rn. 33, juris.
6 LAG Hamburg 27.10.1997, 4 TaBV 6/97, LAGE § 98 ArbGG 1979 Nr. 30; vgl. auch LAG Niedersachsen 7.12.1998, 1 TaBV 74/98, LAGE § 98 ArbGG 1979 Nr. 35; LAG Nürnberg 21.8.2001, 6 TaBV 24/01, LAGE § 98 ArbGG 1979 Nr. 37; Sächsisches LAG 12.8.2001, 3 TaBV 22/01, LAGE § 98 ArbGG 1979 Nr. 37a; Hess. LAG 13.6.2003, 4 TaBV 67/03, LAGE § 98 ArbGG 1979 Nr. 41.

Entscheidung über die Besetzung der Einigungsstelle § 98

ren erfolgen, da § 98 Abs. 1 S. 3 nicht auf § 85 Abs. 2 verweist.[7] Wegen der Verweisung auf die §§ 80 bis 84 unterscheidet sich das Verfahren nach § 98 nicht wesentlich von einem normalen Beschlussverfahren. Der Vorsitzende entscheidet nach mündlicher Anhörung der Beteiligten, wobei sich diese schriftlich äußern können (§ 83 Abs. 4 S. 1 i.V.m. § 98 Abs. 1 S. 3), es sei denn, die Beteiligten sind mit einer Entscheidung im schriftlichen Verfahren einverstanden.[8] § 98 Abs. 1 S. 3 verweist auf § 83 Abs. 4 S. 3. Allerdings ist wegen des beschleunigten Verfahrens nach § 98 trotz des Verweises auf § 80 Abs. 2 S. 3 in § 98 Abs. 1 S. 3 ein Güteverfahren ausgeschlossen.[9]

Wegen fehlender Zuständigkeit der Einigungsstelle können die Anträge 4 nur zurückgewiesen werden, wenn die Einigungsstelle **offensichtlich unzuständig ist**, § 98 Abs. 1 S. 2. Es geht darum, ob ein erzwingbares Mitbestimmungsrecht bestehen könnte.[10] Offenbar unzuständig ist die Einigungsstelle nur dann, wenn ihre Zuständigkeit unter keinem denkbaren rechtlichen Gesichtspunkt als möglich erscheint.[11] Anders ausgedrückt: Wenn die Zuständigkeit der Einigungsstelle bei fachkundiger Beurteilung durch das Gericht auf den ersten Blick unter keinem rechtlichen Gesichtspunkt als möglich erscheint.[12] Hat sich ein Arbeitnehmer wegen einer ihm erteilten Abmahnung an den Betriebsrat gewandt, so ist die Einigungsstelle nach § 85 Abs. 2 S. 1 BetrVG offensichtlich unzuständig.[13] Da Mitbestimmungsrechte des Betriebsrats hinsichtlich der Abberufung des Betriebsarztes offensichtlich weder gem. § 9 Abs. 3 ASiG noch gem. § 87 Abs. 1 Nr. 7 BetrVG in Betracht kom-

---

7 HWK/*Bepler* § 98 Rn. 4 m.w.N.; ArbGG/*Koch* § 98 Rn. 15 m.w.N.; GK-BetrVG/*Kreutz* § 98 Rn. 42, 63 m.w.N.; a.A. LAG Düsseldorf 8.2.1991, 15 TaBV 11/91, LAGE § 98 ArbGG 1979 Nr. 19.
8 Das betont das LAG Rheinland-Pfalz 29.1.2008, 3 TaBV 66/07, (II1), juris
9 GK-ArbGG/*Dörner* § 80 Rn. 56; HWK/*Bepler* § 98 Rn. 4; GMPM-G/*Matthes* § 98 Rn. 19: Anberaumung einer Güteverhandlung regelmäßig nicht angebracht; ErfK/*Eisemann* § 98 Rn. 4: Gütesitzung nur dann, wenn sich die streitige Verhandlung unmittelbar anschließt.
10 *Ascheid* HzA Gruppe 21 Stand 1/2006 Rn. 1533.
11 Vgl. LAG München 31.1.1985, 9 TaBV 27/84, LAGE § 98 ArbGG 1979 Nr. 5; LAG Hamburg 7.3.1985, 1 TaBV 1/84, LAGE § 98 ArbGG 1979 Nr. 6; LAG Köln 24.10.1996, 6 TaBV 59/96, AP § 98 ArbGG 1979 Nr. 7.
12 LAG Köln 19.8.1998, 7 TaBV 32/98, AP § 98 ArbGG 1979 Nr. 10; LAG Nürnberg 5.4.2005, 7 TaBV 7/05, LAGE § 98 ArbGG 1979 Nr. 44.
13 LAG Köln 2.9.1999, 10 TaBV 44/99, LAGE § 98 ArbGG 1979 Nr. 36; LAG Berlin 19.8.1988, 2 TaBV 4/88, LAGE § 98 ArbGG 1979 Nr. 11; LAG München 27.3.1987, 7(8) TaBV 47/86, EzA § 85 BetrVG 1972 Nr. 1; a.A. LAG Hamburg 9.7.1985, 8 TaBV 11/85, LAGE § 98 ArbGG 1979 Nr. 7; vgl. dazu auch LAG Frankfurt 8.12.1992, 4 TaBV 103/92, LAGE § 98 ArbGG 1979 Nr. 25; 15.9.1992, 4 TaBV 52/92, LAGE § 98 ArbGG 1979 Nr. 26.

men, ist die begehrte Einigungsstelle offensichtlich unzuständig.[14] Ergibt sich aus dem vom Antragsteller vorgetragenen Sachverhalt ohne weiteres, dass kein Raum für eine verbindliche Regelung durch einen Spruch der Einigungsstelle besteht, ist die Einigungsstelle offensichtlich unzuständig.[15] Das ist der Fall, wenn die Frage geklärt werden soll, ob Arbeitnehmer, die am Streik beteiligt waren, von der Zahlung einer Zuwendung ausgeschlossen werden dürfen, die nicht am Streik beteiligte Arbeitnehmer gerade wegen ihrer Nichtteilnahme am Streik erhalten hatten.[16] Die offensichtliche Unzuständigkeit ist aber auch dann gegeben, wenn eine Frage nicht der Mitbestimmung des Betriebsrats unterliegt, etwa, weil der Übergang eines Betriebes oder Betriebsteils durch Rechtsgeschäft auf einen anderen Inhaber für sich allein keine Betriebsänderung i.S.v. § 111 BetrVG darstellt und insoweit eben § 613a BGB greift.[17] Ist ein Initiativrecht des Betriebsrats im Rahmen der sozialen Mitbestimmung des § 87 BetrVG umstritten (z.B. Einführung eines Prämienlohnsystems), ist die Einigungsstelle nicht offensichtlich unzuständig.[18] Bei Streit der Beteiligten im **Tatsachenbereich** ist der Sachverhalt vom Gericht festzustellen. Das folgt aus dem Amtsermittlungsgrundsatz, § 83 Abs. 1 S. 1 i.V.m. § 98 Abs. 1 S. 3. Daher sind zwischen den Beteiligten streitige Tatsachen zu klären, die, liegen sie vor, zur offensichtlichen Unzuständigkeit der Einigungsstelle führen, ein schlüssiger Sachvortrag reicht nicht aus.[19] Daher ist im Wege der Beweisauf-

---

14 LAG Hamm 7.1.2008, 10 TaBV 125/07, juris. Offensichtliche Unzuständigkeit liegt z.B. nicht vor, wenn die Einrichtung einer Einigungsstelle hinsichtlich der Frage der Errichtung einer Beschwerdestelle nach § 13 Abs. 1 AGG begehrt wird, LAG Saarbrücken 6.6.2007, 2 TaBV 2/07, juris; dazu Bissels jurisPR-ArbR 9/2008 Anm. 3 m.w.N.; keine offensichtliche Unzuständigkeit der Einigungsstelle hinsichtlich der Nutzung von Diensthandys, ArbG Kaiserslautern 11.10.2007, 8 BV 52/07, juris; keine offensichtliche Unzuständigkeit der Einigungsstelle bei fehlender Regelung, an welchem Ort die Arbeitszeit beginnt und endet, LAG Hamm 24.9.2007, 10 TaBV 83/07, juris.
15 LAG Köln 5.12.2001, 7 TaBV 71/01, LAGE § 98 ArbGG 1979 Nr. 38.
16 LAG Niedersachsen 17.9.1985, 6 TaBV 5/85, LAGE § 98 ArbGG 1979 Nr. 8.
17 LAG München 13.3.1986, 7 TaBV 5/86, LAGE § 98 ArbGG 1979 Nr. 10; vgl. für die »Aufspaltung« LAG Hamburg 4.7.1991, 1 TaBV 2/91, LAGE § 98 ArbGG 1979 Nr. 22; zu Betriebsänderungen im Tendenzbetrieb LAG Niedersachsen 11.11.1993, 1 TaBV 59/93, LAGE § 98 ArbGG 1979 Nr. 27; LAG München 17.10.2007, 11 TaBV 73/07, LAGE § 98 ArbGG 1979 Nr. 50: Eine Betriebsänderung war zu keinem Zeitpunkt geplant.
18 LAG Schleswig-Holstein 28.1.1993, 4 TaBV 38/92, LAGE § 98 ArbGG 1979 Nr. 24; LAG Berlin 16.2.1980, 9 TaBV 5/79, EzA § 98 ArbGG 1979 Nr. 1; LAG Frankfurt NZA 1985, 33.
19 LAG München 31.1.1985, 9 TaBV 27/84, LAGE § 98 ArbGG 1979 Nr. 5; auch durch Zeugenbeweis, LAG Düsseldorf 21.8.1987, 9 TaBV 132/86, NZA 1988, 211; einschränkend LAG München 14.3.1989, 2 TaBV 53/88, LAGE § 98 ArbGG 1979 Nr. 18: keine Beweiserhebung durch Zeugeneinvernahme;

Entscheidung über die Besetzung der Einigungsstelle § 98

nahme zu klären, ob in dem betroffenen Betrieb überwiegend mehr als 20 Arbeitnehmer (§§ 111, 112, 112a BetrVG) beschäftigt sind.[20] Die Offensichtlichkeitsprüfung des Bestellungsverfahrens als summarisches Eilverfahren betrifft nur die Rechtsfrage, ob der Sachverhalt ein Mitbestimmungsrecht hergibt, nicht aber die Frage, ob die tatsächlichen Voraussetzungen gegeben sind.[21] Nach anderer Ansicht gilt der Maßstab der offensichtlichen Unzuständigkeit nicht nur für die Frage der Unzuständigkeit im engeren Sinn, sondern auch für alle sonstigen im Zusammenhang mit der Entscheidung zu prüfenden Fragen, z.b. auch für das Scheitern der Verhandlungen.[22] Das wird mit dem Zweck des § 98 begründet, eine schnelle Bildung der Einigungsstelle zu erreichen. Eine Mittelmeinung reduziert das auf **andere rechtliche Vorfragen**.[23]

Die Zuständigkeitsprüfung ist im Bestellungsverfahren weitgehend eingeschränkt worden. Es war offenbar das Ziel des Gesetzgebers, dass den Parteien möglichst schnell eine funktionsfähige Einigungsstelle zur Verfügung stehen sollte. Dem wird auch dadurch Rechnung getragen, dass der Vorsitzende der Kammer allein ohne die ehrenamtlichen Richter entscheidet und dass die Ladungs- und Einlassungsfristen nur 48 Stunden betragen. 5

Das Einigungsstellenverfahren ist keine Prozessvoraussetzung für ein arbeitsgerichtliches Beschlussverfahren, in dem über das Bestehen eines Mitbestimmungsrechts des Betriebsrates und damit über die Zuständigkeit der Einigungsstelle in einer bestimmten Angelegenheit ge- 6

LAG Köln 5.12.2001, 7 TaBV 71/01, LAGE § 98 ArbGG 1979 Nr. 38; zutr. HWK/*Bepler* § 98 Rn. 5.
20 A.A. LAG München 27.1.1993, 1 TaBV 5/92, AiB 1993, 733; vgl. LAG Niedersachsen 14.2.2006, 1 TaBV 105/05, LAGE § 98 ArbGG 1979 Nr. 46 betr. notwendige Größenordnung von mehr als 5 betroffenen Arbeitnehmern. § 111 S. 3 Nr. 1, Nr. 3 i.V.m. § 17 Abs. 1 Nr. 1 KSchG.
21 Zutr. GMPM-G/*Matthes* § 98 Rn. 19; LAG Niedersachsen 8.6.2007, 1 TaBV 27/07, LAGE § 98 ArbGG 1979 Nr. 49 (II2b).
22 LAG Nürnberg 5.4.2005, 7 TaBV 7/05, LAGE § 98 ArbGG 1979 Nr. 44 (IIA2b); dem folgt *Ascheid* HzA Gruppe 21 Stand 1/2006 Rn. 1533; LAG Rheinland-Pfalz 3.8.2006, 11 TaBV 23/06, Rn. 31, juris.
23 DKK/*Berg* § 76 Rn. 52 m. Beispielen; LAG Köln 1.3.2001, 3 TaBV 92/00, AP § 98 ArbGG 1979 Nr. 11 (betr. streitigen ordnungsgemäßen Beschluss des Betriebsrats zur Einleitung des Beschlussverfahrens). Dann ist die Entscheidung des LAG Nürnberg 5.4.2005, 7 TaBV 7/05, LAGE § 98 ArbGG 1979 Nr. 44 richtig, wenn man die Frage des Scheiterns der Verhandlungen als Frage des Rechtsschutzinteresses begreift; vgl. insoweit auch LAG Hamm 10.12.2007, 13 TaBV 118/07; dazu *Bissels* jurisPR-ArbR 11/2008 Anm. 4; vgl. auch LAG Hamm 11.2.2008, 11 TaBV 111/07, juris; 29.2.2008, 13 TaBV 6/08, (BI); vgl. auch LAG Schleswig-Holstein 24.8.2007, 3 TaBV 26/07, juris: Das Vermittlungsersuchen an den Vorstand der Bundesagentur für Arbeit hindert nicht die Anrufung der Einigungsstelle durch den Arbeitgeber.

stritten wird.[24] Auch ist eine Entscheidung im Bestellungsverfahren, es bestehe **offensichtlich keine Zuständigkeit** der Einigungsstelle, kein Hindernis, im Beschlussverfahren über das umstrittene Mitbestimmungsrecht des Betriebsrates zu streiten. Der Betriebsrat kann, nachdem sein Mitbestimmungsrecht rechtskräftig festgestellt worden ist, erneut die Bestellung eines Einigungsstellenvorsitzenden beantragen.[25]

7 Die **Aussetzung des Bestellungsverfahrens** nach § 98 bis zur Entscheidung eines schwebenden Beschlussverfahrens über die Zuständigkeit der Einigungsstelle nach § 148 ZPO ist nicht zulässig, da das Gesetz den Zweck verfolgt, den Beteiligten die Bildung einer Einigungsstelle bald zu ermöglichen. Die Einigungsstelle befindet dann in eigener Kompetenz über ihre Zuständigkeit.[26] Die Aussetzung eines Verfahrens nach § 98 ist aber dann möglich, wenn der Spruch der zum gleichen Regelungsgegenstand gebildeten Einigungsstelle gerichtlich angefochten ist: Bei erfolgreicher Anfechtung bliebe die »alte« Einigungsstelle zuständig.[27]

8 Der zu bestellende Vorsitzende sollte das Vertrauen beider Seiten haben. Deshalb reichen auch subjektive Vorbehalte gegen eine Person aus, die einer Plausibilitätskontrolle standhalten.[28] Der Vorsitzende soll die erforderlichen Sach- und Rechtskenntnisse haben.[29] Vielfach werden Richter der Arbeitsgerichtsbarkeit benannt und bestellt.[30] § 98 Abs. 1 S. 5 sieht vor, dass ein Richter nur dann zum Vorsitzenden der Einigungsstelle bestellt werden darf, wenn auf Grund der Geschäftsverteilung ausgeschlossen ist, dass er mit der Überprüfung, der Auslegung oder der Anwendung des Spruchs der Einigungsstelle befasst wird. Damit dürfte die Bestellung eines Richters der Arbeitsgerichtsbarkeit des zuständigen Arbeitsgerichts, aber auch eines Richters des zuständigen Landesarbeitsgerichts und des Bundesarbeitsgerichts ausgeschlossen sein, es sei denn, die Geschäftsverteilung sieht einen Vertretungsfall vor, wenn es in der Sache – auch in einer individualrechtlichen – auf die Wirksamkeit oder den Inhalt des Einigungsstellenspruches an-

---

24 Vgl. BAG 24.4.1981, 1 ABR 42/79, EzA § 76 BetrVG 1972 Nr. 33.
25 BAG 25.4.1989, 1 ABR 91/87, EzA § 98 ArbGG 1979 Nr. 6.
26 BAG 24.11.1981, 1 ABR 42/79, EzA § 76 BetrVG 1972 Nr. 33; GK-BetrVG/*Kreutz* § 76 Rn. 72 m.w.N.; DKK/*Berg* § 76 Rn. 71; a.A. LAG Rheinland-Pfalz 29.7.1985, 4 Ta 153/85, LAGE § 98 ArbGG 1979 Nr. 9.
27 LAG Berlin 24.4.2003, 10 Ta 598/03, LAGE § 98 ArbGG 1979 Nr. 40.
28 Vgl. LAG Frankfurt 23.6.1988, 12 TaBV 66/88, LAGE § 98 ArbGG 1979 Nr. 12; enger LAG Schleswig-Holstein 22.6.1989, 6 TaBV 23/89, LAGE § 98 ArbGG 1979 Nr. 17.
29 GMPM-G/*Matthes* § 98 Rn. 23.
30 Vgl. dazu LAG München 31.1.1998, 3 TaBV 62/88, LAGE § 98 ArbGG 1979 Nr. 14.

kommt, an dem der Richter beteiligt war.[31] Zweckmäßiger scheint es, Richter aus anderen Bezirken zu bestellen. Ein Verstoß gegen § 98 Abs. 1 S. 5 bleibt allerdings sanktionslos.[32] Indes können sich die Beteiligten auf eine Richterpersönlichkeit einigen, die an sich nach § 98 Abs. 1 S. 5 ausgeschlossen ist.[33] Der Vorsitzende ist an den Vorschlag des Antragstellers nicht gebunden. Er kann eine andere Person zum Vorsitzenden der Einigungsstelle bestimmen, allerdings nur dann, wenn Einwände gegen den Vorgeschlagenen erhoben werden und diese als ernsthaft angesehen werden müssen. Vielfach wird bei Streit um die Person des Vorsitzenden ein Vorsitzender bestellt, den kein Beteiligter benannt und gegen den kein Beteiligter Bedenken erhoben hat.[34] Aus Vorstehendem folgt bereits, dass der vom Arbeitsgericht ausgewählte Vorsitzende in der mündlichen Anhörung zur Diskussion gestellt werden muss, andernfalls gegen den Grundsatz des rechtlichen Gehörs verstoßen wird, Art. 103 GG.[35] Lehnen die Beteiligten im Bestellungsverfahren den jeweils von der Gegenseite benannten objektiv geeigneten Kandidaten für den Vorsitz der Einigungsstelle ab, ohne nachvollziehbare Gründe vorzutragen, und können sich die Beteiligten auf einen Dritten nicht verständigen, so hat nach LAG Nürnberg[36] das Beschwerdegericht den vom Arbeitsgericht eingesetzten Einigungsstellenvorsitzenden zu bestätigen.

Einigen sich die Betriebsparteien während des laufenden Bestellungsverfahrens auf einen Vorsitzenden der zu bildenden Einigungsstelle, so gilt die Vereinbarung; das Verfahren ist einzustellen.[37] Wird der Antrag zurückgenommen, was bis zur Rechtskraft des Beschlusses möglich ist, ergeht ebenfalls Einstellungsbeschluss.[38] 8a

---

31 So schon LAG Schleswig-Holstein 17.5.1989, 6 TaBV 23/89, LAGE § 98 ArbGG 1979 Nr. 17; LAG Hamburg 7.3.1985 NZA 1985, 604; GMPM-G/*Matthes* § 98 Rn. 24; *Schwab/Weth/Walker* § 98 Rn. 49; a.A. *Heither* B § 98 Rn. 14: Die häufig anzutreffende Regelung eines Geschäftsverteilungsplans, wonach ein Richter ausgeschlossen ist, wenn er zuvor Vorsitzender einer Einigungsstelle war, sei unzulässig. Die Verteilung der Geschäfte in einem Gericht habe unabhängig davon zu erfolgen, welche Nebentätigkeiten die Richter ausübten; die Wahrnehmung richterlicher Aufgaben gehe in jedem Fall vor; zur Nebentätigkeitsgenehmigung in diesem Zusammenhang vgl. ErfK/*Eisemann* § 98 Rn. 4; GK-BetrVG/*Kreutz* § 76 Rn. 62.
32 *Schwab/Weth/Walker* § 98 Rn. 50, a.A. GMPM-G/*Matthes* § 98 Rn. 25; GK-BetrVG/*Kreutz* § 76 Rn. 62.
33 GMPM-G/*Matthes* § 98 Rn. 24; a.A. GK-BetrVG/*Kreutz* § 98 Rn. 62 (Scheinlösung).
34 LAG Schleswig-Holstein 4.9.2002, 4 TaBV 8/02, LAGE § 98 ArbGG 1979 Nr. 39.
35 LAG München 31.1.1989, 3 TaBV 62/88, LAGE § 98 ArbGG 1979 Nr. 14.
36 2.7.2004, 7 TaBV 19/04, LAGE Art. 101 GG Nr. 2.
37 GK-BetrVG/*Kreutz* § 76 Rn. 73.
38 GK-BetrVG/*Kreutz* § 76 Rn. 73.

§ 98 Entscheidung über die Besetzung der Einigungsstelle

9   Die Zahl der Beisitzer beträgt i.d.R. zwei für jede Seite. Das ist sinnvoll, weil dann jede Seite die Möglichkeit hat, einen Betriebsangehörigen und einen Außenstehenden zum Beisitzer zu bestellen und auf diese Weise interne Kenntnisse und externe Fachkenntnisse eingebracht werden können,[39] wofür Vertreter im Verfahren vor der Einigungsstelle nicht ausreichen werden.[40] Entscheidend sind die Bedeutung, die Schwierigkeit und der Umfang der Angelegenheit.[41] Die Betriebspartei, die von der Regelbesetzung abweichen will, hat Tatsachen vorzutragen, die eine andere, zumeist höhere Anzahl von Beisitzern rechtfertigen sollen, etwa Komplexität des zu regelnden Sachverhaltes, die Anzahl der betroffenen Arbeitnehmer oder Arbeitnehmergruppen, die mit dem Regelungsgegenstand verbundenen Rechtsfragen und/oder Zumutbarkeit der Einigungsstellenkosten.[42] An den Antrag oder an die Vorstellungen der Beteiligten ist das Arbeitsgericht nicht gebunden.

9a Einigen sich die Betriebsparteien nachträglich auf eine andere als die vom Arbeitsgericht festgelegte Zahl der Beisitzer, so gilt diese.

10 Das Gericht hat in seiner Entscheidung im Tenor neben der Bestellung des Vorsitzenden unter Angabe seines Namens und, falls beantragt, der Festlegung der Zahl der Beisitzer (nicht der Personen) zu bestimmen, für welchen Regelungsstreit die Einigungsstelle zuständig ist[43] – »Kompetenzrahmen der Einigungsstelle«.[44] Die Einigungsstelle kann darüber hinaus nicht entscheiden, es sei denn, die Beteiligten führen insoweit eine Einigung herbei.

11 Nach § 98 Abs. 1 S. 6 soll die Entscheidung, also der Beschluss, innerhalb von zwei Wochen nach Eingang des Antrages zugestellt werden. Diese in der Praxis kaum erfüllbare Vorschrift ist später dahin ergänzt worden, dass der Beschluss spätestens innerhalb von vier Wochen zugestellt werden muss.

---

39 GMPM-G/*Matthes* § 98 Rn. 29 m.w.N.; LAG Niedersachsen 15.8.2006, 1 TaBV 43/06, LAGE § 98 ArbGG 1979 Nr. 47.
40 A.A. z.B. LAG Schleswig-Holstein 28.1.1993, 4 TaBV 38/92, DB 1991, 287 je ein betrieblicher Beisitzer für jede Seite als Regelbesetzung; vgl. auch LAG München 21.1.1989, 3 TaBV 62/88, LAGE § 98 ArbGG 1979 Nr. 14 i.d.R. nicht mehr als je drei Beisitzer.
41 Vgl. z.B. LAG Hamm 10.12.2007, 13 TaBV 118/07, juris, dazu *Bissels* jurisPR-ArbR 11/2008 Anm. 4, auch zu den Anforderungen an die Vortragslast des Arbeitgebers, wenn dieser eine Abweichung von der Regelbesetzung nach unten erreichen will.
42 LAG Niedersachsen 15.8.2006, 1 TaBV 43/06, LAGE § 98 ArbGG 1979 Nr. 47; 7.8.2007, 1 TaBV 63/07, juris: Die Erforderlichkeit weiterer Einigungsstellenmitglieder ist anhand von Tatsachen zu begründen.
43 Dazu das Beispiel bei GMPM-G/*Matthes* § 98 Rn. 27.
44 LAG Hamburg 1.2.2007, 8 TaBV 18/06, juris.

Entscheidung über die Besetzung der Einigungsstelle § 98

Gegen den Beschluss des Vorsitzenden der Kammer des Arbeitsgerichts findet die **Beschwerde** an das Landesarbeitsgericht statt. Beschwerdebefugt ist der durch den arbeitsgerichtlichen Beschluss Beschwerte, also der Beteiligte, der mit der zum Vorsitzenden der Einigungsstelle bestellten Persönlichkeit und/oder mit der festgesetzten Zahl der Beisitzer für jede Seite nicht einverstanden ist. Im Gegensatz zur Regelung im allgemeinen Beschlussverfahren ist die Beschwerde innerhalb **von zwei Wochen** einzulegen und zu begründen. Dadurch wird das Ziel des Gesetzes, schnell zu einer funktionsfähigen Einigungsstelle zu gelangen, sehr deutlich. Einlegung und Begründung können in verschiedenen Schriftsätzen erfolgen. Wiedereinsetzung in den vorigen Stand gegen die Versäumung der Einlegungs- oder Begründungsfrist ist möglich. Für das Beschwerdeverfahren sind die für das Beschwerdeverfahren im »normalen« Beschlussverfahren geltenden Vorschriften maßgebend, §§ 87 Abs. 2, 3, 88 bis 90 Abs. 1, 2, 91 Abs. 1, 2 i.V.m. § 98 Abs. 2 S. 3. — 12

Wird gegen die Bestellung des Vorsitzenden Beschwerde geführt, ist der vom Arbeitsgericht bestellte Vorsitzende wegen deren aufschiebenden Wirkung, §§ 98 Abs. 2 S. 3, 87 Abs. 3 S. 1, daran gehindert, das Einigungsstellenverfahren bereits einzuleiten.[45] — 12a

Die Entscheidung über die Beschwerde trifft **nicht die Kammer,** sondern der **Vorsitzende** allein. Er überprüft die erstinstanzliche Entscheidung in vollem Umfang hinsichtlich der Frage der offensichtlichen Unzuständigkeit. Der Vorsitzende entscheidet im Beschwerdeverfahren im Übrigen nach umstrittener Auffassung nach eigenem Ermessen, d.h., er kann einen anderen Vorsitzenden bestimmen und die Zahl der Beisitzer anders festsetzen.[46] Gegen die Entscheidung des Vorsitzenden des Landesarbeitsgerichts gibt es nach ausdrücklicher Vorschrift des § 98 Abs. 2 S. 4 kein Rechtsmittel. Die Rechtsbeschwerde ist zwingend ausgeschlossen. Eine gleichwohl vom Landesarbeitsgericht zugelassene Rechtsbeschwerde ist gesetzwidrig und bindet das Bundesarbeitsgericht nicht.[47] — 13

Da der zum Vorsitzenden der Einigungsstelle Bestellte nicht verpflichtet ist, das Amt anzunehmen, sollte der Vorsitzende der Kammer vorher durch Rückfrage die Bereitschaft klären. Lehnt der zum Vorsitzenden der Einigungsstelle Bestellte das Amt ab, ist ggf. ein neues Beschlussverfahren nach § 98 durchzuführen.[48] — 13a

---

45 GK-BetrVG § 76 Rn. 76.
46 GMPM-G/*Matthes* § 98 Rn. 39 m. Hinw.; anders z.B. *Schwab/Weth/Walker* § 98 Rn. 67: Überprüfung der Ermessensentscheidung des Arbeitsgerichts.
47 GMPM-G/*Matthes* § 98 Rn. 41; *Schwab/Weth/Walker* § 98 Rn. 68.
48 HWK/*Bepler* § 98 Rn. 10.

14 Der Streit um die Bestellung nach § 98 ist als Beschlussverfahren gerichtsgebührenfrei, § 2 Abs. 2 GKG. Es handelt sich nach LAG München[49] um einen nichtvermögensrechtlichen Streit. Als Streitwert ist der Hilfswert des § 23 Abs. 3 RVG (zurzeit 4.000 €) anzunehmen.[50]

15 Der Vorsitzende und die Beisitzer der Einigungsstelle können in entsprechender Anwendung der §§ 1036 Abs. 1, 1037 Abs. 2 und Abs. 3 ZPO wegen Besorgnis der **Befangenheit** abgelehnt werden.[51] Eine Abberufung scheidet aus. Nur durch Einigung der Beteiligten auf einen neuen Vorsitzenden verliert der Vorsitzende sein Amt.[52] Entstandene Honoraransprüche des früheren Vorsitzenden werden dadurch nicht berührt.

§§ 99, 100
(weggefallen)

---

49 LAG München 12.11.1982, 6 Ta 165/82, DB 1983, 2044.
50 LAG Hamm 26.9.1985, 8 TaBV 118/85, LAGE § 8 BRAGO Nr. 4; *Schwab/Weth/Walker* § 98 Rn. 69; str. nach anderen ist der Gegenstandswert unter Berücksichtigung des Gegenstandes des Einigungsstellenverfahrens festzusetzen, z.B. *Steffen* AR-Blattei SD 160.13.1 Rn. 200.
51 BAG 11.9.2001, 1 ABR 5/01, EzA § 76 BetrVG 1972 Nr. 68; 29.1.2002, 1 ABR 18/01, EzA § 76 BetrVG 1972 Nr. 70; vgl. bereits BAG 9.5.1995, 1 ABR 56/94, EzA § 76 BetrVG 1972 Nr. 66; vgl. dazu, auch zum Ablehnungsverfahren, GK-BetrVG/*Kreutz* § 76 Rn. 52 ff.
52 Vgl. GK-ArbGG/*Dörner* § 98 Rn. 40.

Vierter Teil
Schiedsvertrag in Arbeitsstreitigkeiten

§ 101 Grundsatz

(1) Für bürgerliche Rechtsstreitigkeiten zwischen Tarifvertragsparteien aus Tarifverträgen oder über das Bestehen oder Nichtbestehen von Tarifverträgen können die Parteien des Tarifvertrags die Arbeitsgerichtsbarkeit allgemein oder für den Einzelfall durch die ausdrückliche Vereinbarung ausschließen, daß die Entscheidung durch ein Schiedsgericht erfolgen soll.

(2) [1]Für bürgerliche Rechtsstreitigkeiten aus einem Arbeitsverhältnis, das sich nach einem Tarifvertrag bestimmt, können die Parteien des Tarifvertrags die Arbeitsgerichtsbarkeit im Tarifvertrag durch die ausdrückliche Vereinbarung ausschließen, daß die Entscheidung durch ein Schiedsgericht erfolgen soll, wenn der persönliche Geltungsbereich des Tarifvertrags überwiegend Bühnenkünstler, Filmschaffende, Artisten oder Kapitäne und Besatzungsmitglieder im Sinne der §§ 2 und 3 des Seemannsgesetzes umfaßt. [2]Die Vereinbarung gilt nur für tarifgebundene Personen. [3]Sie erstreckt sich auf Parteien, deren Verhältnisse sich aus anderen Gründen nach dem Tarifvertrag regeln, wenn die Parteien dies ausdrücklich und schriftlich vereinbart haben; der Mangel der Form wird durch Einlassung auf die schiedsgerichtliche Verhandlung zur Hauptsache geheilt.

(3) Die Vorschriften der Zivilprozeßordnung über das schiedsrichterliche Verfahren finden in Arbeitssachen keine Anwendung.

§ 102 Prozeßhindernde Einrede

(1) Wird das Arbeitsgericht wegen einer Rechtsstreitigkeit angerufen, für die die Parteien des Tarifvertrages einen Schiedsvertrag geschlossen haben, so hat das Gericht die Klage als unzulässig abzuweisen, wenn sich der Beklagte auf den Schiedsvertrag beruft.

(2) Der Beklagte kann sich nicht auf den Schiedsvertrag berufen,

1. wenn in einem Falle, in dem die Streitparteien selbst die Mitglieder des Schiedsgerichts zu ernennen haben, der Kläger dieser Pflicht nachgekommen ist, der Beklagte die Ernennung aber nicht binnen einer Woche nach der Aufforderung des Klägers vorgenommen hat;

2. wenn in einem Falle, in dem nicht die Streitparteien, sondern die Parteien des Schiedsvertrags die Mitglieder des Schiedsgerichts zu ernennen haben, das Schiedsgericht nicht gebildet ist und die den Parteien des Schiedsvertrags von dem Vorsitzenden des Arbeitsgerichts gesetzte Frist zur Bildung des Schiedsgerichts fruchtlos verstrichen ist;

3. wenn das nach dem Schiedsvertrag gebildete Schiedsgericht die Durchführung des Verfahrens verzögert und die ihm von dem Vorsitzenden des Arbeitsgerichts gesetzte Frist zur Durchführung des Verfahrens fruchtlos verstrichen ist;

4. wenn das Schiedsgericht den Parteien des streitigen Rechtsverhältnisses anzeigt, daß die Abgabe eines Schiedsspruchs unmöglich ist.

(3) In den Fällen des Absatzes 2 Nummern 2 und 3 erfolgt die Bestimmung der Frist auf Antrag des Klägers durch den Vorsitzenden des Arbeitsgerichts, das für die Geltendmachung des Anspruchs zuständig wäre.

(4) Kann sich der Beklagte nach Absatz 2 nicht auf den Schiedsvertrag berufen, so ist eine schiedsrichterliche Entscheidung des Rechtsstreits auf Grund des Schiedsvertrags ausgeschlossen.

§ 103 Zusammensetzung des Schiedsgerichts

(1) [1]Das Schiedsgericht muß aus einer gleichen Zahl von Arbeitnehmern und von Arbeitgebern bestehen; außerdem können ihm Unparteiische angehören. [2]Personen, die infolge Richterspruchs die Fähigkeit zur Bekleidung öffentlicher Ämter nicht besitzen, dürfen ihm nicht angehören.

(2) Mitglieder des Schiedsgerichts können unter denselben Voraussetzungen abgelehnt werden, die zur Ablehnung eines Richters berechtigen.

(3) [1]Über die Ablehnung beschließt die Kammer des Arbeitsgerichts, das für die Geltendmachung des Anspruchs zuständig wäre. [2]Vor dem Beschluß sind die Streitparteien und das abgelehnte Mitglied des Schiedsgerichts zu hören. [3]Der Vorsitzende des Arbeitsgerichts entscheidet, ob sie mündlich oder schriftlich zu hören sind. [4]Die mündliche Anhörung erfolgt vor der Kammer. [5]Gegen den Beschluß findet kein Rechtsmittel statt.

Nach § 4 kann in den Fällen des § 2 Abs. 1 und 2 die Arbeitsgerichtsbarkeit nach Maßgabe der §§ 101 bis 110 ausgeschlossen werden. Sinn der Regelung ist es, dass jede Arbeitsvertragspartei mit Hilfe staatlicher Gerichte ihre Ansprüche aus dem materiellen Arbeitsrecht soll durchsetzen können. Nur ausnahmsweise soll etwas anderes gelten: Es kann die Streitentscheidung durch Schiedsgerichte nach § 101 Abs. 1 und 2 vereinbart werden. Die Entscheidung durch die Arbeitsgerichte wird dadurch ausgeschlossen. Für arbeitsgerichtliche Beschlussverfahren gilt das nicht. Aus dem Ausnahmecharakter folgt, dass Schiedsgutachtenverträge ausgeschlossen sind.[1] Das arbeitsgerichtliche Schiedsverfahren ist in den §§ 101 bis 110 abschließend geregelt, die §§ 1025 ff. ZPO sind daneben nicht anwendbar, § 101 Abs. 3.

Für bürgerliche Rechtsstreitigkeiten zwischen Tarifvertragsparteien aus Tarifverträgen oder über das Bestehen von Tarifverträgen können die Tarifvertragsparteien die Arbeitsgerichtsbarkeit allgemein oder für den Einzelfall durch die ausdrückliche Vereinbarung ausschließen, dass die Entscheidung durch ein Schiedsgericht erfolgen soll, Abs. 1. Das ist der Fall des § 2 Abs. 1 Nr. 1.

Eine solche Vereinbarung – **Gesamtschiedsvereinbarung** – ist vor, während oder nach Entstehen der Streitigkeit möglich.

Nach § 101 Abs. 2 S. 1, der die **Einzelschiedsvereinbarung** regelt, können Tarifvertragsparteien auch für Streitigkeiten zwischen einzelnen Arbeitsvertragsparteien die Arbeitsgerichtsbarkeit im Tarifvertrag durch die ausdrückliche Vereinbarung ausschließen, dass die Entscheidung durch ein Schiedsgericht erfolgen soll. Das gilt nur für bestimmte Berufsgruppen: Der persönliche Geltungsbereich des Tarifvertrages muss überwiegend[2] **Bühnenkünstler, Filmschaffende, Artisten oder**

---

1 Str., wie hier GMPM-G/*Germelmann* § 4 Rn. 7 ff.; diff. GK-ArbGG/*Mikosch* § 101 Rn. 3 je m.w.N.; vgl. aus der neueren Rechtsprechung LAG Düsseldorf 12.1.2007, 10 Sa 1082/06, ZTR 2007, 314: die durch freiwillige Betriebsvereinbarung einzuführende paritätische Kommission, § 7 Abs. 2 Tarifvertrag zur Einführung des Entgeltrahmenabkommens für die Metall- und Elektro-Industrie NRW vom 18.12.2003 (ERA-TV), ist keine Schiedsgutachtenstelle i.S.v. § 101 ArbGG oder § 317 BGB, der Mitarbeitende kann uneingeschränkt das Arbeitsgericht anrufen, wenn er meint, seine Eingruppierung sei unzutreffend, dort auch zu 10.7 ERA Baden-Württemberg.
2 Dazu LAG Berlin-Brandenburg 27.9.2007, 14 Sa 943/07, das aus diesem Wortlaut ableitet, dass die Tarifvertragsparteien auch die Arbeitsverhältnisse von sonstigem Personal, das nicht künstlerisch tätig ist, durch den Tarifvertrag wirksam der Schiedsklausel unterwerfen können, wenn nur im Übrigen vom persönlichen Geltungsbereich überwiegend Bühnenkünstler erfasst werden, die einzelvertragliche Vereinbarung reicht aus; anders wohl BAG 6.8.1997, 7 AZR 156/96, AP § 101 ArbGG 1979 Nr. 5: das Arbeitsverhältnis muss zu den Be-

Kapitäne und Besatzungsmitglieder i.S.d. §§ 2 und 3 des Seemannsgesetzes[3] umfassen. Diese Regelung ist abschließend. Für weitere Berufsgruppen kann ein Schiedsvertrag nicht wirksam vereinbart werden.[4] Nach § 101 Abs. 2 S. 2 gilt die Vereinbarung nur für tarifgebundene Parteien. Das sind die Tarifunterworfenen, also die Mitglieder der Tarifvertragsparteien, § 4 Abs. 1 TVG. Tarifgebundenheit entsteht allerdings auch, wenn der Tarifvertrag für allgemeinverbindlich erklärt wird, § 5 TVG. Nach § 101 Abs. 2 S. 3 ist eine **einzelarbeitsvertragliche Erstreckung einer tarifvertraglichen Schiedsvereinbarung** möglich, und zwar durch ausdrückliche schriftliche Vereinbarung. Bei lediglich mündlicher Absprache kann der Mangel der Form durch Einlassung auf die schiedsgerichtliche Verhandlung zur Hauptsache geheilt werden, § 101 Abs. 2 S. 3 letzter Hs. Die in § 101 Abs. 2 S. 3 eröffnete Möglichkeit der einzelvertraglichen Vereinbarung geht nicht weiter als die entsprechende Regelungsbefugnis der Tarifvertragsparteien. Die Regelung ermöglicht nur, die fehlende Tarifgebundenheit durch einzelarbeitsvertragliche Inbezugnahme zu ersetzen. Für Mitglieder anderer Berufsgruppen ist die einzelarbeitsvertragliche Bezugnahme nicht möglich; insoweit gilt zwingendes Recht über den staatlichen Rechtsschutz. Die Vereinbarung kann nur für solche Arbeitsverhältnisse erfolgen, bei denen auch bei Tarifgebundenheit die Schiedsgerichtsbarkeit hätte Anwendung finden können. Ist das nicht der Fall, ist die Einrede des Schiedsvertrages nach § 102 Abs. 1 nicht erfolgreich.[5]

4 Wird das Arbeitsgericht wegen einer Rechtsstreitigkeit angerufen, obwohl die Tarifvertragsparteien einen Schiedsvertrag geschlossen ha-

---

rufsgruppen zählen; nach anderer Auffassung ist es unbeachtlich, ob das Arbeitsverhältnis selbst zu den Berufsgruppen zählt, vgl. ErfK/*Koch* 7. Aufl., § 110 ArbGG Rn. 3; ArbGG/*Schunck* § 101 Rn. 3.

3 SeemG, v. 26.7.1957 BGBl. II S. 713, zuletzt geändert durch Gesetz v. 8.6.2005 BGBl. I S. 1530.

4 GK-ArbGG/*Mikosch* § 101 Rn. 19; GMPM-G/*Germelmann* § 191 Rn. 21, vgl. aber Fn. 2.

5 BAG 6.8.1997, 7 AZR 156/96, AP § 101 ArbGG 1979 Nr. 5: betr. Tontechniker ohne künstlerische Aufgaben kein technischer Angestellter mit künstlerischen oder überwiegend künstlerischen Aufgaben i.S.d. Bühnentechniker-Tarifvertrags, BTT; vgl. in Abgrenzung dazu LAG Köln 24.5.2007, 10 Sa 593/06: betr. Tondesigner, Erstellung von Beschallungskonzepten als gestalterische künstlerische Leistung; ArbG Frankfurt 17.10.2002, 19 Ca 1042/02, juris: betr. Pressereferentin und persönliche Referentin des Intendanten; sie ist kein Bühnenmitglied oder Person in ähnlicher Stellung i.S.d. § 1 Normalvertrag Solo; LAG Düsseldorf 30.10.2007, 3 Sa 1388/07, ZTR 2008, 213: Maskenbildner und Normalvertrag(NV) Bühne, Bei arbeitsvertraglicher Inbezugnahme des NV-Bühne und bei Vereinbarung gem. § 1 Abs. 3 NV-Bühne, da überwiegend künstlerische Tätigkeit erbracht wird, muss der Umfang der künstlerischen Zeitanteile i.d.R. nicht aufgeklärt werden, Revision ist eingelegt, 4 AZR 987/07.

ben, kann sich die andere Partei mit Erfolg auf das Bestehen des Schiedsvertrages berufen. Der Schiedsvertrag begründet eine **prozesshindernde Einrede**. Die Schiedsabrede wird nicht von Amts wegen berücksichtigt. Beruft sich der Beklagte auf den Schiedsvertrag, ist die Klage als unzulässig abzuweisen, § 102 Abs. 1. Die Einrede verfängt allerdings nicht im Verfahren des Arrestes und der einstweiligen Verfügung, weil in diesen Fällen ausreichender Rechtsschutz vor dem Schiedsgericht nicht zu erreichen ist. Ordnet das Arbeitsgericht die Erhebung der Klage in der Hauptsache nach § 926 ZPO an, ist das Schiedsgericht anzurufen. Die Einrede entfällt nach der nicht abschließenden Aufzählung des § 102 Abs. 2

– bei Nichternennung eines Schiedsrichters durch die beklagte Partei,

– bei Nichternennung eines Schiedsrichters durch die Parteien des Schiedsvertrages nach erfolgloser Fristsetzung durch das Arbeitsgericht,

– bei Verzögerung des Verfahrens durch das Schiedsgericht nach erfolgloser Fristsetzung durch das Arbeitsgericht,

– bei Anzeige der Unmöglichkeit eines Schiedsspruchs.

In den genannten Fällen ist eine Entscheidung durch das Schiedsgericht ausgeschlossen. Das Arbeitsgericht kann unmittelbar angerufen werden.

Die **Zusammensetzung des Schiedsgerichts** ist in § 103 geregelt. Es muss mit einer gleichen Zahl von Arbeitnehmern und von Arbeitgebern besetzt sein. Dem Schiedsgericht können aber auch Unparteiische angehören, und zwar sowohl Vorsitzende als auch Beisitzer. Allerdings darf das Schiedsgericht nicht nur aus Unparteiischen bestehen. Der Wortlaut der Bestimmung steht auch dafür, dass das Schiedsgericht nicht nur aus einer Person bestehen darf.

Die Errichtung und Besetzung des Schiedsgerichts sind im Übrigen Sache der Tarifvertragsparteien. Auch die Rechtsstellung der Schiedsrichter ist gesetzlich nicht geregelt. Sie sind von Weisungen der Parteien des Ausgangsverfahrens unabhängig, haben in eigener Person das Amt wahrzunehmen. Durch die Ausübung des Amtes dürfen ihnen keine Nachteile entstehen. Sie haben einen Vergütungsanspruch nach § 612 Abs. 2 BGB, wenn sie nicht betriebsangehörig sind.[6]

Mitglieder des Schiedsgerichts können unter denselben Voraussetzungen **abgelehnt** werden wie Richter, § 103 Abs. 2 i.V.m. § 43. Über die Ab-

---

6 *Ascheid* HzA Gruppe 21 Stand 01/2006 Rn. 1566.

lehnung entscheidet nach § 103 Abs. 3 die vollbesetzte Kammer des Arbeitsgerichts (also unter Einbeziehung der ehrenamtlichen Richter), das für die Geltendmachung des Anspruchs zuständig wäre, durch Beschluss nach freigestellter mündlicher Anhörung. Gegen diesen Beschluss gibt es kein Rechtsmittel § 103 Abs. 3 S. 5.

§ 104 Verfahren vor dem Schiedsgericht

Das Verfahren vor dem Schiedsgericht regelt sich nach den §§ 105 bis 110 und dem Schiedsvertrag, im übrigen nach dem freien Ermessen des Schiedsgerichts.

§ 105 Anhörung der Parteien

(1) Vor der Fällung des Schiedsspruchs sind die Streitparteien zu hören.

(2) ¹Die Anhörung erfolgt mündlich. ²Die Parteien haben persönlich zu erscheinen oder sich durch einen mit schriftlicher Vollmacht versehenen Bevollmächtigten vertreten zu lassen. ³Die Beglaubigung der Vollmachtsurkunde kann nicht verlangt werden. ⁴Die Vorschrift des § 11 Abs. 1 bis 3¹ gilt entsprechend, soweit der Schiedsvertrag nichts anderes bestimmt.

(3) Bleibt eine Partei in der Verhandlung unentschuldigt aus oder äußert sie sich trotz Aufforderung nicht, so ist der Pflicht zur Anhörung genügt.

§ 106 Beweisaufnahme

(1) ¹Das Schiedsgericht kann Beweise erheben, soweit die Beweismittel ihm zur Verfügung gestellt werden. ²Zeugen und Sachverständige kann das Schiedsgericht nicht beeidigen, eidesstattliche Versicherungen nicht verlangen oder entgegennehmen.

(2) ¹Hält das Schiedsgericht eine Beweiserhebung für erforderlich, die es nicht vornehmen kann, so ersucht es um die Vornahme den Vorsitzenden desjenigen Arbeitsgerichts oder, falls dies aus Gründen der örtlichen Lage zweckmäßiger ist, dasjenige Amtsgericht, in dessen Bezirk die Beweisaufnahme erfolgen soll. ²Entsprechend ist zu verfahren, wenn das Schiedsgericht die Beeidigung eines Zeugen oder Sachverständigen gemäß § 58 Abs. 2 Satz 1 für notwendig oder eine eidliche Parteivernehmung für sachdienlich erachtet. ³Die durch die Rechtshilfe entstehenden baren Auslagen sind dem Gericht zu ersetzen; § 22 Abs. 1 und § 29 des Gerichtskostengesetzes finden entsprechende Anwendung.

---

1 In der ab 1.7.2008 geltenden Fassung, Gesetz zur Neuregelung des Rechtsberatungsgesetzes vom 12.12.2007 (BGBl. I S. 2840).

§ 107 Vergleich

Ein vor dem Schiedsgericht geschlossener Vergleich ist unter Angabe des Tages seines Zustandekommens von den Streitparteien und den Mitgliedern des Schiedsgerichts zu unterschreiben.

§ 108 Schiedsspruch

(1) Der Schiedsspruch ergeht mit einfacher Mehrheit der Stimmen der Mitglieder des Schiedsgerichts, falls der Schiedsvertrag nichts anderes bestimmt.

(2) [1]Der Schiedsspruch ist unter Angabe des Tages seiner Fällung von den Mitgliedern des Schiedsgerichts zu unterschreiben und muß schriftlich begründet werden, soweit die Parteien nicht auf schriftliche Begründung ausdrücklich verzichten. [2]Eine vom Verhandlungsleiter unterschriebene Ausfertigung des Schiedsspruchs ist jeder Streitpartei zuzustellen. [3]Die Zustellung kann durch eingeschriebenen Brief gegen Rückschein erfolgen.

(3) [1]Eine vom Verhandlungsleiter unterschriebene Ausfertigung des Schiedsspruchs soll bei dem Arbeitsgericht, das für die Geltendmachung des Anspruchs zuständig wäre, niedergelegt werden. [2]Die Akten des Schiedsgerichts oder Teile der Akten können ebenfalls dort niedergelegt werden.

(4) Der Schiedsspruch hat unter den Parteien dieselben Wirkungen wie ein rechtskräftiges Urteil des Arbeitsgerichts.

§ 109 Zwangsvollstreckung

(1) [1]Die Zwangsvollstreckung findet aus dem Schiedsspruch oder aus einem vor dem Schiedsgericht geschlossenen Vergleich nur statt, wenn der Schiedsspruch oder der Vergleich von dem Vorsitzenden des Arbeitsgerichts, das für die Geltendmachung des Anspruchs zuständig wäre, für vollstreckbar erklärt worden ist. [2]Der Vorsitzende hat vor der Erklärung den Gegner zu hören. [3]Wird nachgewiesen, daß auf Aufhebung des Schiedsspruchs geklagt ist, so ist die Entscheidung bis zur Erledigung dieses Rechtsstreits auszusetzen.

(2) Die Entscheidung des Vorsitzenden ist endgültig. Sie ist den Parteien zuzustellen.

§ 110 Aufhebungsklage

(1) Auf Aufhebung des Schiedsspruchs kann geklagt werden,

1. wenn das schiedsgerichtliche Verfahren unzulässig war;

2. wenn der Schiedsspruch auf der Verletzung einer Rechtsnorm beruht;

3. wenn die Voraussetzungen vorliegen, unter denen gegen ein gerichtliches Urteil nach § 580 Nr. 1 bis 6 der Zivilprozeßordnung die Restitutionsklage zulässig wäre.

(2) Für die Klage ist das Arbeitsgericht zuständig, das für die Geltendmachung des Anspruchs zuständig wäre.

(3) ¹Die Klage ist binnen einer Notfrist von zwei Wochen zu erheben. ²Die Frist beginnt in den Fällen des Absatzes 1 und 2 mit der Zustellung des Schiedsspruchs. ³Im Falle des Absatzes 1 Nr. 3 beginnt sie mit der Rechtskraft des Urteils, das die Verurteilung wegen der Straftat ausspricht, oder mit dem Tage, an dem der Partei bekannt geworden ist, daß die Einleitung oder die Durchführung des Verfahrens nicht erfolgen kann; nach Ablauf von zehn Jahren, von der Zustellung des Schiedsspruchs an gerechnet, ist die Klage unstatthaft.

(4) Ist der Schiedsspruch für vollstreckbar erklärt, so ist in dem der Klage stattgebenden Urteil auch die Aufhebung der Vollstreckbarkeitserklärung auszusprechen.

Das **Verfahren vor dem Schiedsgericht** ist in den §§ 104 bis 110 geregelt. 1
§ 104 enthält die Grundregel, nämlich, dass das Schiedsgericht sein Verfahren grundsätzlich nach freiem Ermessen bestimmt. Lediglich die zwingenden Vorschriften der §§ 105 bis 110 sind zu beachten. Außerdem sind die allgemeinen Grundsätze und Prozessvoraussetzungen auch im schiedsgerichtlichen Verfahren anzuwenden. Das bezieht sich etwa auf die Prüfung der sachlichen und örtlichen Zuständigkeit, der Voraussetzungen des § 101 Abs. 2, der Parteifähigkeit, des Rechtsschutzinteresses, der hinreichenden Bestimmtheit des Klageantrages, § 253 ZPO, Letzteres schon deswegen, weil der Schiedsspruch vollstreckbar ist und vollstreckbar sein muss.[1]

Nach § 105 Abs. 1 sind die Parteien vor Fällung des Schiedsspruchs zu 1a
hören, und zwar mündlich, § 105 Abs. 2 S. 1. Die **Anhörung** im Einzelnen ist in § 105 geregelt: Die Parteien haben persönlich zu erscheinen.

---

[1] Vgl. z.B. DLW/*Luczak* M Rn. 16.

Sie können das Verfahren selbst führen oder sich durch einen Verbandsvertreter oder Rechtsanwalt entsprechend § 11 Abs. 1 bis 3[2] vertreten lassen. Die Anhörung hat sich auf alle Tatsachen und rechtlichen Gesichtspunkte zu erstrecken. Das Schiedsgericht hat den Sachverhalt entsprechend § 139 ZPO aufzuklären. Dazu kann es den Parteien Auflagen unter Fristsetzung erteilen.[3] Der Termin zur Anhörung der Parteien vor dem Schiedsgericht entspricht der mündlichen Verhandlung vor dem Arbeitsgericht.[4]

1b Da § 105 Abs. 3 bei unentschuldigtem Ausbleiben der Partei nur anordnet, dass der Pflicht zur Anhörung genügt ist, gibt es keinen »Versäumnisschiedsspruch«. Wird die Säumnis hinreichend entschuldigt, was auch nach der mündlichen Verhandlung bis zur Zustellung des Beschlusses erfolgen kann, ist ein neuer Termin zu bestimmen.[5] Wird die Säumnis nach Zustellung des Schiedsspruchs entschuldigt, kann die Partei dies nur im Verfahren über die Anfechtung, § 110, geltend machen.[6]

1c Das Schiedsgericht ist zu einer **Beweisaufnahme** befugt. Beigebrachte Beweise sind nach schlüssigem und erheblich bestrittenem Sachvortrag zu erheben. Allerdings hat es keine Möglichkeiten, das Erscheinen von Zeugen und Sachverständigen zu erzwingen. Ein Beweislastschiedsspruch ist möglich. Hat eine Partei einen Beweis angeboten und hält das Schiedsgericht eine Beweisaufnahme für erforderlich, die es selbst nicht vornehmen kann, so muss das Schiedsgericht das zuständige Arbeitsgericht oder Amtsgericht, § 106 Abs. 2 S. 1, im Wege der **Rechtshilfe** ersuchen, die Beweisaufnahme durchzuführen, auch in dem Fall, in dem sich ein Zeuge oder Sachverständiger weigert, vor dem Schiedsgericht zu erscheinen. Entsprechendes gilt, wenn das Schiedsgericht (eher selten) die Beeidigung eines Zeugen oder eines Sachverständigen (§ 58 Abs. 2 S. 1) für notwendig oder eine eidliche Parteivernehmung als sachdienlich ansieht, § 106 Abs. 2 S. 2. Die durch die Rechtshilfe entstandenen baren Auslagen sind dem ersuchten Gericht zu ersetzen, § 22 Abs. 1 und § 29 GKG gelten entsprechend.

2 Die **Beendigung des Schiedsverfahrens** kann nach § 107 durch **Vergleich** vor dem Schiedsgericht erfolgen. § 278 Abs. 6 ZPO ist nicht anwendbar.[7] Der Schiedsvergleich ist unter Angabe des Tages seines Zu-

---

[2] In der ab 1.7.2008 geltenden Fassung; Gesetz zur Neuregelung des Rechtsberatungsrechts vom 12.12.2007 (BGBl. I S. 2840).
[3] *Heither* B § 105 Rn. 3.
[4] *Ascheid* HzA Gruppe 21 Rn. 1574.
[5] *Ascheid* HzA Gruppe 21 Rn. 1574.
[6] *Heither* B § 105 Rn. 6.
[7] *Heither* B § 107 Rn. 2.

standekommens von den Streitparteien und allen Mitgliedern des Schiedsgerichts zu unterschreiben. Ein Widerrufsvergleich ist möglich. Er wird wirksam, wenn die Widerrufsfrist abgelaufen ist. Der Vergleich beendet das Schiedsverfahren. Er kann vom Arbeitsgericht auf Antrag nach § 109 für vollstreckbar erklärt werden.

Kommt es nicht zu einem Vergleich, ergeht ein **Schiedsspruch** nach Maßgabe des § 108. Das Zustandekommen des Schiedsspruchs ist in Abs. 1 geregelt. Abs. 2 betrifft Form, Inhalt und die Zustellung des Schiedsspruchs. Abs. 3 befasst sich mit der Niederlegung des Schiedsspruchs und der Schiedsgerichtsakten. Die Wirkung des Schiedsspruchs ist in Abs. 4 geregelt.

§ 108 Abs. 1 sieht vor, dass der Schiedsspruch mit einfacher Mehrheit der Mitglieder des Schiedsgerichts ergeht. Allerdings kann der Schiedsvertrag etwas anderes vorsehen, etwa eine qualifizierte Mehrheit oder gar Einstimmigkeit. Der Schiedsspruch ergeht auf Grund der Anhörung einschließlich der etwa erfolgten Beweisaufnahme, des gesamten Akteninhalts nach Beratung und Abstimmung;[8] das Beratungsgeheimnis muss gewahrt werden.[9] Ist der Schiedsantrag unzulässig, wird er verworfen. Ist er zulässig, wird im Falle der Begründetheit diesem stattgegeben, andernfalls wird er abgewiesen.[10] Ein Teilschiedsspruch ist möglich.[11] Kommt die erforderliche Mehrheit für einen Schiedsspruch nicht zustande, so ist den Streitparteien mitzuteilen, dass die Fällung eines Schiedsspruchs nicht möglich ist; in einem solchen Fall entfällt die Einrede der Schiedsgerichtsbarkeit.[12] Nach § 108 Abs. 2 S. 1 ist anzugeben, an welchem Tag der Schiedsspruch gefällt worden ist. Er ist von sämtlichen Mitgliedern des Schiedsgerichts zu unterschreiben, und zwar einschließlich der Begründung,[13] derer es bedarf. Die Begründung muss den Sachverhalt enthalten, von dem das Schiedsgericht ausgegangen ist, sowie die tragenden rechtlichen Erwägungen, die zu seiner Entscheidung geführt haben, einschließlich einer etwaigen Beweiswürdigung. Allerdings können die Parteien auf eine schriftliche Begründung »ausdrücklich« verzichten, was von der Partei oder ihrem Vertreter zu erklären ist. Der Schiedsspruch muss eine Kostenentscheidung enthalten,[14] und zwar in entsprechender Anwendung der §§ 91 ff. ZPO.[15] Eine

---

8 GMPM-G/*Germelmann* § 108 Rn. 6; *Heither* B § 108 Rn. 3; GK-ArbGG/*Mikosch* § 108 Rn. 3.
9 ArbGG/*Schunck* § 108 Rn. 12.
10 *Ascheid* HzA Gruppe 21 Rn. 1580.
11 GK-ArbGG/*Mikosch* § 108 Rn. 4.
12 GK-ArbGG/*Mikosch* § 108 Rn. 6; GMPM-G/*Germelmann* § 108 Rn. 5.
13 ArbGG/*Schunck* § 108 Rn. 14, arg.: § 315 ZPO.
14 *Heither* B § 108 Rn. 6.
15 ArbGG/*Schunck* § 108 Rn. 5.

Rechtsmittelbelehrung ist im Gesetz nicht vorgeschrieben, ist aber mitunter in Schiedsverträgen vorgesehen.[16] Nach § 108 Abs. 2 S. 2 und 3 ist jeder »Streitpartei« eine vom Verhandlungsleiter unterschriebene Ausfertigung des gesamten Schiedsspruchs, also einschließlich Begründung, zuzustellen (§§ 166 ff. ZPO), was auch durch eingeschriebenen Brief gegen Rückschein möglich ist.

3b Der Schiedsspruch hat unter den Parteien dieselbe Wirkung wie ein rechtskräftiges Urteil des Arbeitsgerichts, § 108 Abs. 4, es sei denn, der Schiedsvertrag sieht ein Rechtsmittel vor wie etwa die Schiedsverträge im Bühnenbereich. Dann ist der letztinstanzliche Schiedsspruch maßgebend. Die Wirkung tritt »unter den Parteien« ein, indes entsprechend § 325 ZPO auch hinsichtlich der Rechtsnachfolger,[17] zumindest jedoch dann, wenn der Nachfolger auch an den Schiedsvertrag gebunden ist.[18] Allerdings sind tarifgebundene Dritte nach § 9 TVG gebunden, wenn die Tarifvertragsparteien vor dem Schiedsgericht ein Verfahren austragen.[19] Das Schiedsgericht ist an seinen Schiedsspruch gebunden, es darf ihn nach dessen Zustellung nicht mehr ändern.[20] Der Schiedsspruch hat präjudizielle Wirkung, wenn es um einen neuen Streitgegenstand geht, für den das rechtskräftig Entschiedene vorgreiflich ist.[21] Im Übrigen besteht die Wirkung in erster Linie darin, dass jede erneute Verhandlung und Entscheidung über denselben Streitgegenstand auch vor staatlichen Gerichten unzulässig ist.[22] Die Wirkungen des Abs. 4 sind auf Einrede zu berücksichtigen.[23] Eine Berücksichtigung von Amts wegen scheidet aus,[24] weil der Schiedsspruch kein Hoheitsakt ist.[25]

3c § 108 Abs. 3 soll den Streitparteien und den Gerichten jederzeit den sicheren Zugriff auf den Schiedsspruch ermöglichen. Eine Ausfertigung soll niedergelegt werden. Es handelt sich um eine Sollvorschrift. Der Verstoß gegen sie macht den Schiedsspruch nicht unwirksam.[26] Akten

---

16 ArbGG/*Schunck* § 108 Rn. 16
17 ArbGG/*Schunck* § 108 Rn. 33.
18 HWK/*Kalb* 1. Aufl., § 108 Rn. 12 m.w.N.
19 BAG 20.5.1960, 1 AZR 268/57, AP Nr. 8 zu § 101 ArbGG.
20 GK-ArbGG/*Mikosch* § 108 Rn. 20; *Hauck/Helml* § 108 Rn. 5.
21 HWK/*Kalb* 1. Aufl., § 108 14; ArbGG/*Schunck* § 108 Rn. 29.
22 Vgl. nur ArbGG/*Schunck* § 108 Rn. 28.
23 GK-ArbGG/*Mikosch* § 108 Rn. 19; str., a.A. HWK/*Kalb* 1. Aufl., § 108 Rn.14 »Einwand«.
24 GMPM-G/*Germelmann* § 108 Rn. 29; a.A. ArbGG/*Schunck* § 108 Rn. 28 arg.: Nur diese werde dem vom ArbGG gewollten Gleichstellungsgrundsatz gerecht.
25 *Thomas/Putzo/Reichold* ZPO § 1055 Rn. 2.
26 GMPM-G/*Germelmann* § 108 Rn. 24 ff.

des Schiedsgerichts oder Teile davon können beim zuständigen Arbeitsgericht niedergelegt werden. Damit sollen Informationen über das Zustandekommen des Schiedsspruchs ermöglicht werden.[27]

Die **Zwangsvollstreckung aus dem Schiedsspruch** oder aus einem Vergleich nach § 107 ist nur nach Vollstreckbarkeitserklärung durch den Vorsitzenden des Arbeitsgerichts, das für die Geltendmachung des Anspruchs zuständig wäre (sonach der nach der Geschäftsverteilung zuständige Kammervorsitzende), und zwar ausschließlich durch diesen,[28] auf Antrag nach Anhörung des Gegners möglich. Dabei prüft der Vorsitzende nicht, ob der Schiedsspruch inhaltlich richtig ist oder ob eine Aufhebungsklage nach § 110 Erfolg hätte. Er prüft nur, ob ein wirksamer Schiedsspruch oder ein wirksamer Vergleich vorliegt und ob diese einen vollstreckungsfähigen Inhalt aufweisen. Beim Schiedsspruch muss auch nachgewiesen werden, dass er den Streitparteien wirksam zugestellt worden ist.[29] Wird durch den Gegner nachgewiesen, dass auf Aufhebung des Schiedsspruchs geklagt wurde, hat der Vorsitzende die Entscheidung bis zur Erledigung der Aufhebungsklage auszusetzen. Die Entscheidung des Vorsitzenden ergeht durch zuzustellenden Beschluss. Sie ist endgültig. Wird der Schiedsspruch oder wird der Vergleich für vollstreckbar erklärt, wobei der Schiedsspruch oder der Vergleich genau zu bezeichnen ist, ist der Weg zur Vollstreckung frei. Liegen die Voraussetzungen für die Vollstreckbarkeitserklärung nicht vor, ist der Antrag zurückzuweisen.

4

Die **gerichtliche Kontrolle des Schiedsspruches** nach § 108 – nicht des Schiedsvergleichs nach § 107 – erfolgt eingeschränkt und abschließend nach Maßgabe des § 110 Abs. 1. Die **Aufhebungsklage**, nicht aber eine Klage auf Abänderung des Schiedsspruchs, ist nach der abschließenden Aufzählung der Aufhebungsgründe möglich

5

- wenn das schiedsgerichtliche Verfahren unzulässig war,

- der Schiedsspruch auf der Verletzung einer Rechtsnorm beruht,

- wenn die Voraussetzungen vorliegen, unter denen gegen ein gerichtliches Urteil nach § 580 Nr. 1 bis 6 ZPO die Restitutionsklage zulässig wäre.

Das Schiedsverfahren ist unzulässig, wenn ein Schiedsvertrag nicht bestand, das Schiedsgericht sachlich und/oder örtlich nicht zuständig war, das Schiedsgericht nicht ordnungsgemäß besetzt war oder wenn

5a

---

27 GK-ArbGG/*Mikosch* § 108 Rn. 16.
28 LAG Bremen 18.7.2003, AR 4/03, LAGE § 109 ArbGG 1979 Nr. 1.
29 GMPM-G/*Germelmann* § 109 Rn. 7; *Heither* B § 109 Rn. 5.

ein Verstoß gegen wesentliche Verfahrensgrundsätze vorliegt, wie etwa Verletzung des Anspruchs auf Gehör, nicht gesetzesmäßige Vertretung einer Partei, nicht ordnungsgemäße Besetzung des Schiedsgerichts, fehlende Begründung des Schiedsspruchs, es sei denn, die Streitparteien hätten auf sie verzichtet.[30] Der Verfahrensverstoß muss im Aufhebungsverfahren in entsprechender Anwendung des § 551 Abs. 1 Nr. 2b ZPO ausdrücklich gerügt werden, und zwar innerhalb der Notfrist von zwei Wochen des § 110 Abs. 3 S. 1.[31] Der Fehler muss für den Inhalt des Schiedsspruchs ursächlich sein.[32]

5b Als Verletzung einer Rechtsnorm können alle Verstöße gegen das geltende Recht vorgebracht werden. Der Schiedsspruch muss auf der Verletzung einer Norm beruhen.[33]

5c § 110 Abs. 1 Nr. 3 bezieht sich auf die Fälle, die von § 580 ZPO erfasst sind. Liegen die Voraussetzungen für eine Nichtigkeitsklage vor, kann die Aufhebungsklage auf Abs. 1 Nr. 1 gestützt werden.[34]

6 Die Klage ist innerhalb einer Notfrist von zwei Wochen (§ 110 Abs. 3. S. 1), die mit Zustellung des Schiedsspruchs an die aufhebungsklagende Streitpartei, im Falle des § 110 Abs. 1 Nr. 3 mit Rechtskraft des Urteils, das die Verurteilung wegen der Straftat ausspricht, oder mit dem Tag, an dem der Partei bekannt geworden ist, dass die Einleitung oder Durchführung des Verfahrens nicht erfolgen kann, maximal bis zum Ablauf von zehn Jahren seit Zustellung des Schiedsspruchs an gerechnet, beginnt, bei dem Arbeitsgericht zu erheben, das für die Geltendmachung des Anspruchs zuständig wäre (§ 110 Abs. 2). Wiedereinsetzung in den vorigen Stand gegen die Versäumung der Klagefrist ist nach § 233 ZPO möglich. Ist die Frist versäumt, ist die Aufhebungsklage unzulässig; der Schiedsspruch kann nicht mehr beseitigt werden.[35] Der Antrag lautet auf Aufhebung des genau zu bezeichnenden Schiedsspruchs.[36] Die Klage muss den Anforderungen des § 253 ZPO entsprechen. Es muss eine auf § 110 Abs. 1 zugeschnittene Begründung vorgetragen, und zwar innerhalb der Klagefrist.[37] Es entscheidet die Kammer in voller Besetzung, also unter Einbeziehung der ehrenamtlichen Rich-

---

30 Vgl. GMPM-G/*Germelmann* § 110 Rn. 8; GK-ArbGG/*Mikosch* § 110 Rn. 12.
31 GMPM-G/*Germelmann* § 110 Rn. 9.
32 *Ascheid* HzA Gruppe 21 Rn. 1588; GK-ArbGG/*Mikosch* § 110 Rn. 10.
33 Vgl. i.E. GK-ArbGG/*Mikosch* § 110 Rn. 15 ff.; LAG Köln 24.5.2007, 10 Sa 593/06, Rn. 24, juris, zur Rüge des Verstoßes gegen § 286 ZPO, § 139 ZPO.
34 Vgl. i.E. GK-ArbGG/*Mikosch* § 110 Rn. 18 f.
35 GK-ArbGG/*Mikosch* § 110 Rn. 24.
36 *Heither* B § 110 Rn. 12.
37 GK-ArbGG/*Mikosch* § 110 Rn. 25; vgl. BAG 12.1.2000,7 AZR 925/98, AP § 611 BGB Musiker Nr. 30.

ter. Liegen Verfahrensfehler und eine Rechtsverletzung nicht vor, wird die Aufhebungsklage abgewiesen. Mit der Rechtskraft dieser Entscheidung verbleibt es bei dem Schiedsspruch.[38] Wird der Schiedsspruch aufgehoben, entscheidet die Kammer auch in der Sache selbst, wenn ein entsprechender Antrag vorliegt. Nach rechtskräftiger Aufhebung des Schiedsspruchs steht die Kompetenz zur Sachentscheidung allein den Gerichten für Arbeitssachen zu. Eine Zurückverweisung an das Schiedsgericht kommt nicht in Betracht.[39] War der Schiedsspruch für vorläufig vollstreckbar erklärt worden, so ist in dem Urteil, das der Aufhebungsklage stattgibt, auch die Aufhebung der Vollstreckbarkeitserklärung auszusprechen, § 110 Abs. 4. Etwa bereits erbrachte Leistungen sind nach §§ 812 ff. BGB zurückzugeben. § 717 Abs. 3 ZPO ist nicht anwendbar. Das Urteil muss über die Kosten entscheiden und den Streitwert festsetzen. Das Aufhebungsurteil unterliegt der Berufung unter den Voraussetzungen des § 64. Gegen das Urteil des LAG kann die Revision durch das Landesarbeitsgericht oder auf Grund Nichtzulassungsbeschwerde durch das Bundesarbeitsgericht zugelassen werden.

---

38 GK-ArbGG/*Mikosch* § 110 Rn. 28; vgl. BAG 27.1.1993, 7 AZR 124/92, AP § 110 ArbGG 1979 Nr. 3 (III).
39 BAG 27.1.1993, 7 AZR 124/92, AP § 110 ArbGG 1979 Nr. 3 (IV2): 7.11.1995, 3 AZR 955/94, AP § 611 BGB Bühnenengagementvertrag Nr. 48.

Fünfter Teil
Übergangs- und Schlußvorschriften

§ 111 Änderung von Vorschriften

(1) [1]Soweit nach anderen Rechtsvorschriften andere Gerichte, Behörden oder Stellen zur Entscheidung oder Beilegung von Arbeitssachen zuständig sind, treten an ihre Stelle die Arbeitsgerichte. [2]Dies gilt nicht für Seemannsämter, soweit sie zur vorläufigen Entscheidung von Arbeitssachen zuständig sind.

(2) [1]Zur Beilegung von Streitigkeiten zwischen Ausbildenden und Auszubildenden aus einem bestehenden Berufsausbildungsverhältnis können im Bereich des Handwerks die Handwerksinnungen, im übrigen die zuständigen Stellen im Sinne des Berufsbildungsgesetzes Ausschüsse bilden, denen Arbeitgeber und Arbeitnehmer in gleicher Zahl angehören müssen. [2]Der Ausschuß hat die Parteien mündlich zu hören. [3]Wird der von ihm gefällte Spruch nicht innerhalb einer Woche von beiden Parteien anerkannt, so kann binnen zwei Wochen nach ergangenem Spruch Klage beim zuständigen Arbeitsgericht erhoben werden. [4]§ 9 Abs. 5 gilt entsprechend. [5]Der Klage muß in allen Fällen die Verhandlung vor dem Ausschuß vorangegangen sein. [6]Aus Vergleichen, die vor dem Ausschuß geschlossen sind, und aus Sprüchen des Ausschusses, die von beiden Seiten anerkannt sind, findet die Zwangsvollstreckung statt. [7]Die §§ 107 und 109 gelten entsprechend.

1 § 111 Abs. 1 S. 1 ist als Überleitungsvorschrift zur Einführung des ArbGG zu verstehen.[1] § 111 Abs. 1 S. 2 bestimmt, dass die Zuständigkeit der Seemannsämter, die sich aus dem Seemannsgesetz (SeemG) ergibt, erhalten bleibt. Die strittige Frage, ob und wenn ja, welches staatliche Gericht gegen die vorläufigen Entscheidungen der Seemannsämter angerufen werden kann, ist dahin zu beantworten, dass der Rechtsweg zu den Arbeitsgerichten gegeben ist,[2] es sei denn, es ist ein Schiedsgericht nach § 101 Abs. 2 zuständig. Für die Binnenschifffahrt gilt § 111 Abs. 1 S. 2 nicht.[3]

---

1 *Schwab/Weth/Zimmerling* § 111 Rn. 1.
2 Zutr. *Schwab/Weth/Zimmerling* § 111 Rn. 1 ff. mit Darstellung des Streitstandes und m.w.N.; vgl. auch ArbGG/*Schunck* § 111 Rn. 4.
3 GK-ArbGG/*Mikosch* § 111 Rn. 2.

Änderung von Vorschriften § 111

§ 111 Abs. 2 sieht eine Sonderregelung für Streitigkeiten aus einem bestehenden Berufsausbildungsverhältnis nach den §§ 10 ff. BBiG vor. Die Errichtung, Besetzung, das Verfahren und die Wirkung eines vor dem Ausschuss geschlossenen Vergleichs und aus einem von beiden Seiten anerkannten Spruch des Ausschusses sind geregelt. 2

Nach § 111 Abs. 2 S. 1 können zur Beilegung von Streitigkeiten zwischen Ausbildenden und Auszubildenden aus einem bestehenden Berufsausbildungsverhältnis im Bereich des Handwerks die Handwerksinnungen (also nicht die Handwerkskammern), im Übrigen die zuständigen Stellen i.S.d. BBiG Ausschüsse bilden, denen Arbeitgeber und Arbeitnehmer in gleicher Zahl angehören müssen. Die »zuständigen Stellen« i.S.d. des BBiG sind die Berufskammern, sonach die Industrie- und Handelskammern, die Landwirtschaftskammern, die Rechtsanwalts-, Patentanwalts- und Notarkammern, die Wirtschaftsprüferkammern sowie die Berufskammern der Steuerberater und Steuerbevollmächtigten, die Ärzte-, Zahnärzte- und Apothekerkammern. Für den öffentlichen Dienst und für Kirchen und Kirchengemeinschaften gibt es Sonderregelungen.[4] Die Errichtung von Schlichtungsausschüssen ist nicht zwingend, sie liegt im Ermessen der jeweils zuständigen Stelle. Für einige Teilbereiche sind Ausschüsse für Ausbildungsstreitigkeiten nicht gebildet worden (z.B. bei verschiedenen Rechtsanwaltskammern[5]). 2a

Die Ausschüsse ersetzen nicht die Arbeitsgerichte, sondern führen ein »Vorschaltverfahren« durch,[6] das aus unterschiedlichen Gründen auf Ablehnung stößt.[7] 2b

Die in § 111 Abs. 2 S. 5 vorgeschriebene Verhandlung vor dem Schlichtungsausschuss ist eine **unverzichtbare Prozessvoraussetzung** für die Klage.[8] Das muss von Amts wegen geprüft werden.[9] Die vor Anrufung des Ausschusses eingereichte Klage ist unzulässig. Sie wird aber nachträglich zulässig, wenn das nach Klageerhebung eingeleitete Verfahren beendet und der Spruch nicht anerkannt wurde.[10] Die Parteien können auf die Anrufung des Ausschusses nicht wirksam verzichten, 2c

---

4 Vgl. die Aufstellungen bei ArbGG/*Schunck* § 111 Rn. 6; *Schwab/Weth/Zimmerling* § 111 Rn. 9.
5 *Schwab/Weth/Zimmerling* § 111 Rn. 9.
6 GK-ArbGG/*Mikosch* § 111 Rn. 5.
7 GK-ArbGG/*Mikosch* § 111 Rn. 4; GMPM-G/*Prütting* § 111 Rn. 11; *Ramrath* FA 2000, 45, 47 ff.
8 BAG 13.4.1989, 2 AZR 441/88, EzA § 13 KSchG n.F. Nr. 4; LAG Rheinland-Pfalz 12.4.2007, 11 Sa 841/06, Rn. 51, juris.
9 KR-*Weigand* §§ 21, 22 BBiG Rn. 111.
10 BAG 25.11.1976, 2 AZR 751/75, EzA § 15 BBiG Nr. 3.

etwa durch rügeloses Verhandeln zur Hauptsache, § 295 ZPO ist nicht entsprechend anwendbar.[11] In der Praxis bereitet es mitunter Schwierigkeiten, festzustellen, ob die zuständige Stelle einen Ausschuss i.S.d. § 111 Abs. 2 gebildet hat. Da der Ausschuss der Stelle zuständig ist, bei der der Berufsaubildungsvertrag im Verzeichnis der Berufsausbildungsverhältnisse eingetragen ist, ist sinnvollerweise eine Auskunft bei dieser Stelle einzuholen. Ist eine Eintragung nicht oder noch nicht erfolgt, ist es die Stelle, bei der die Eintragung zu erfolgen hat.[12] Ist ein Ausschuss von der zuständigen Stelle nicht gebildet worden, kann das Arbeitsgericht unmittelbar angerufen werden. Die Pflicht, den Ausschuss anzurufen, setzt das Bestehen eines Berufsausbildungsverhältnisses voraus. Ist das Ausbildungsverhältnis beendet, braucht der etwa bestehende Ausschuss nicht angerufen zu werden, etwa wegen restlicher Ausbildungsvergütung.[13] Für das Schlichtungsverfahren gibt es nicht länger einen Grund, wenn das Arbeitsverhältnis endet, weil es danach nicht mehr mit einem Rechtsstreit belastet werden kann.[14] Bei Streit um Beendigung eines Ausbildungsverhältnisses ist zunächst ein errichteter Ausschuss anzurufen. Das folgt aus dem Zweck der Vorschrift, vor Anrufung des Arbeitsgerichts im Interesse der gütlichen Beilegung des Beendigungsstreits im Wege des Vorschaltverfahrens durch den besonders mit den Verhältnissen vertrauten Ausschuss auf die Parteien einzuwirken.[15] Für den einstweiligen Rechtsschutz gilt § 111 Abs. 2 nicht, zuständig ist ausschließlich die Arbeitsgerichtsbarkeit.

3 Streitig ist die Frage, ob und ggf. in welcher Frist der Auszubildende, insbesondere im Falle einer Kündigung aus wichtigem Grund den Ausschuss nach § 111 Abs. 2 anzurufen hat. Während nach überwiegender Auffassung in entsprechender Anwendung des § 4 KSchG auch bei der Anrufung des Schlichtungsausschusses eine Frist von drei Wochen nach Zugang der Kündigungserklärung einzuhalten ist,[16] hat das BAG die Anwendbarkeit der Vorschriften des KSchG über die fristgebundene Klageerhebung verneint für den Fall, dass eine Verhandlung vor einem

---

11 BAG 13.4.1989, 2 AZR 441/88, EzA § 13 KSchG n.F. Nr. 4; KR-*Weigand* §§ 21, 22 BBiG Rn. 111 m.w.N.; a.A. *Schaub* Arbeitsgerichtsverfahren, 7. Aufl., § 11 Rn. 17.
12 GMPM-G/*Prütting* § 111 Rn. 18.
13 BAG 18.10.1961, 1 AZR 437/60, AP ArbGG 1953 § 111 Nr. 1; LAG Rheinland-Pfalz 12.4.2007, 11 Sa 841/06, Rn. 52, juris.
14 BAG 16.2.2008, 9 AZR 1091/06 (AI); 22.1.2008, 9 AZR 999/06 (AI); 13.3.2007, 9 AZR 494/06, EzA § 14 BBiG Nr. 14.
15 BAG 17.6.1989, EzB § 15 Abs. 3 BBiG a.F. Nr. 37; 13.4.1989, EzA § 13 KSchG n.F. Nr. 4; vgl. schon BAG 18.9.1975, 2 AZR 602/74, EzA § 111 ArbGG Nr. 1; GMPM-G/*Prütting* § 111 Rn. 17.
16 KR-*Weigand* §§ 21, 22 BBiG Rn. 116 ff. m.w.N.

Ausschuss zur Beilegung von Streitigkeiten aus einem Berufsausbildungsverhältnis stattfinden muss.[17] Die Anrufung des Ausschusses und des Arbeitsgerichts ist danach unbefristet zulässig.[18] Der Klageerhebung kann nur der Einwand der Prozessverwirkung entgegengehalten werden.[19]

Besteht kein Schlichtungsausschuss, ist also der Weg zu den Arbeitsgerichten unmittelbar gegeben, ist die Klagefrist des § 13 Abs. 1 S. 2, § 4 KSchG einzuhalten.[20] In der Praxis sollte aus Vorsichtsgründen unter Einhaltung der Klagefrist Kündigungsfeststellungsklage beim Arbeitsgericht eingelegt werden, zumal einem Auszubildenden in entsprechender Anwendung des § 85 Abs. 2 ZPO das Verschulden des rechtzeitig eingeschalteten Prozessbevollmächtigten zuzurechnen sein soll, wenn dieser die dreiwöchige Frist zur Anfechtung einer außerordentlichen Kündigung verstreichen lässt, nachdem er sich an die zunächst nicht reagierende Innung gewandt hatte, bei der jedoch kein Ausschuss zur Beilegung von Ausbildungsstreitigkeiten besteht.[21] Gibt es entgegen der Vorstellung des Auszubildenden doch einen Ausschuss, ist die Klage zwar zunächst unzulässig, sie wird aber zulässig, wenn das Verfahren vor dem Ausschuss beendet ist, weil der Spruch von den Parteien nicht anerkannt wird.[22]

3a

§ 111 Abs. 2 S. 1 letzter Hs. regelt die Besetzung des Ausschusses dahin, dass er paritätisch mit Arbeitgebern und Arbeitnehmern besetzt ist. Nach § 111 Abs. 2 S. 2 sind die Parteien vor dem Ausschuss mündlich zu hören. Allerdings können Schriftsätze eingereicht werden. Die Parteien können sich vertreten lassen. § 11 Abs. 1 (§ 11 Abs. 2 in der ab 1.7.2008 geltenden Fassung[23]) gilt entsprechend.[24] Angebotene Beweise sind zu erheben. Der Ausschuss hat aber keine rechtliche Handhabe, Zeugen und Sachverständige zum Erscheinen und zur Aussage zu

4

---

17 BAG 13.4.1989, 2 AZR 441/88, EzA § 13 KSchG n.F. Nr. 4; a.A. GMPM-G/*Prütting* § 111 Rn. 22 ff.
18 LAG Rheinland-Pfalz 23.5.2007, 6 Ta 133/07, Rn. 10, juris.
19 HWK/*Kalb* § 111 Rn. 16 m.w.N.; LAG Rheinland-Pfalz 23.5.2007, 6 Ta 133/07, Rn. 2, 8, 11, juris.
20 BAG 5.7.1990, 2 AZR 53/90, EzA § 4 KSchG n.F. Nr. 39; 26.1.1999, 2 AZR 134/98, EzA § 4 KSchG n.F. Nr. 58.
21 LAG Berlin 30.6.2003, 6 Ta 1276/03, MDR 2004, 160; LAG Köln 10.3.2006, 3 Ta 47/06, LAGE § 111 ArbGG Nr. 4 betr. Unterlassen der Klageerhebung trotz Hinweises auf das Nichtbestehen eines Ausschusses nach § 111 Abs. 2, was der, leider !, h.M. entspricht, dazu KR-*Friedrich* § 5 KSchG Rn. 35c, 69b, 70.
22 Vgl. ArbGG/*Schunck* § 111 Rn. 15.
23 I.d.F. des Gesetzes zur Neuregelung des Rechtsberatungsrechts vom 12.12.2007 (BGBl. I S. 2840), gilt ab 1.7.2008.
24 ArbGG/*Schunck* § 111 Rn. 25; GMPM-G/*Prütting* § 111 Rn. 35.

zwingen. Erscheint eine der Parteien nicht, ergeht kein »Versäumnisspruch«, sondern es wird entweder ein neuer Termin anberaumt oder, der Sache nach, nach Lage der Akten entschieden.[25] Das Vorschaltverfahren endet entweder durch Vergleich, auf sonstige Weise[26] oder durch Spruch, der nicht verkündet zu werden braucht. Eine Zustellung des schriftlich abgefassten Beschlusses ist ausreichend, er muss aber in jedem Fall begründet und von allen Mitgliedern des Ausschusses unterschrieben werden. Dem Spruch ist nach § 111 Abs. 2 S. 4 i.V.m. § 9 Abs. 5 eine Belehrung beizufügen; die zweiwöchige Klagefrist des § 111 Abs. 2 beginnt erst zu laufen, wenn die klagende Prozesspartei über die einzuhaltende Frist und die Form der weiteren Rechtswahrung nach ergangenem Spruch des Ausschusses schriftlich belehrt worden ist.[27]

5 Wird der vom Ausschuss ergangene Spruch nicht innerhalb von einer Woche seit Zustellung des Spruches von beiden Parteien anerkannt, welche Anerkennung formlos gegenüber dem Ausschuss oder gegenüber der anderen Partei erklärt werden kann (für das Vollstreckungsverfahren ist indes die Nachweisbarkeit der Anerkennung notwenig, § 111 Abs. 2 S. 6, 7 i.V.m. § 109), kann binnen zwei Wochen nach Zustellung des Spruches Klage beim zuständigen Arbeitsgericht erhoben werden. Die Klagefrist beträgt auch dann zwei Wochen, wenn es sich um eine Kündigungsfeststellungsklage handelt.[28] Wird nicht fristgerecht Klage erhoben, so ist sie unzulässig. Der vor dem Ausschuss verhandelte Streitgegenstand kann nicht mehr vor die Arbeitsgerichte gebracht werden, ohne dass in der Sache selbst eine für die Parteien verbindliche Entscheidung ergangen ist. Rechtsschutz kann nicht mehr gewährt werden. Allerdings ist Wiedereinsetzung in den vorigen Stand gegen die Versäumung der Klagefrist des § 111 Abs. 2 S. 3 gem. § 233 ZPO möglich.[29] Wird Klage eingereicht, richtet sich das Verfahren nach §§ 46 ff., es ist eine Güteverhandlung anzuberaumen.[30] Zur Klageart werden unterschiedliche Auffassungen vertreten. Während es nach *Schaub*[31] um eine »Klage auf Aufhebung des Spruches des Ausschusses« geht, dürfte es richtig sein, im Falle des Unterliegens des Antragstellers vor dem

---

25 ArbGG/*Schunck* § 111 Rn. 23; a.A. GMPM-G/*Prütting* § 111 Rn. 31 f.: Spruch, gegen den es keinen Einspruch gibt, sondern gegen den nur Klage vor dem ArbG gegeben ist.
26 Dazu ArbGG/*Schunck* § 111 Rn. 36.
27 LAG Frankfurt 14.6.1989, 10 Sa 1678/88, LAGE § 111 ArbGG 1979 Nr. 2; LAG Düsseldorf 15.8.1997, 9 Sa 532/97, LAGE § 111 ArbGG 1979 Nr. 2.
28 ArbGG/*Schunck* § 111 Rn. 54.
29 HWK/*Kalb* § 111 Rn. 35.
30 ArbGG/*Schunck* § 111 Rn. 56.
31 Arbeitsgerichtsverfahren, 7. Aufl., § 11 Rn. 21.

Ausschuss von dem vor dem Ausschuss gestellten Antrag auszugehen.[32] Hatte der Antragsteller Erfolg, hat aber der Gegner den Spruch nicht anerkannt, muss der Antragsteller klageweise mit seinem ursprünglichen Antrag vorgehen, will er Rechtskraftwirkung und Vollstreckbarkeit erreichen, was durch die Nichtanerkennung gerade nicht eingetreten war.[33] Dem unterlegenen Antragssteller dürfte für eine negative Feststellungsklage i.d.R. das Rechtsschutzinteresse fehlen.[34] Dagegen ist eine Klage des im Vorschaltverfahren unterlegenen Arbeitgebers auf Feststellung, dass das Ausbildungsverhältnis zu einem bestimmten Zeitpunkt geendet hat, schon im Hinblick auf etwaige Ansprüche aus Annahmeverzug das Rechtsschutzinteresse nicht zu versagen.[35]

Aus Vergleichen, die vor dem Ausschuss geschlossen sind, und aus Sprüchen des Ausschusses, die von beiden Seiten anerkannt sind, findet die Zwangsvollstreckung statt, § 111 Abs. 2 S. 6. Der Vorsitzende des Arbeitsgerichts muss sie für vollstreckbar erklären (§ 111 Abs. 2 S. 5 i.V.m. § 109: »Aus dem ... findet die Zwangsvollstreckung statt«).[36] Dabei hat der Vorsitzende des Arbeitsgerichts zu überprüfen, ob der Ausschuss für die Entscheidung zuständig war, er ordnungsgemäß besetzt war, rechtliches Gehör gewährt und der Spruch angenommen worden sind. Er hat nicht zu prüfen, ob der Spruch inhaltlich richtig ist. War der Spruch nicht anerkannt worden, darf er nicht für vollstreckbar erklärt werden, auch wenn die Klagefrist von zwei Wochen (§ 111 Abs. 2 S. 3) abgelaufen ist.[37]

6

Für die Vertretung vor dem Ausschuss erhält der Rechtsanwalt eine Geschäftsgebühr nach Nr. 2303 VV in Höhe von 1,5.[38] Eine Terminsgebühr entsteht nicht. Nimmt ein anderer Rechtsanwalt als Terminsvertreter den Anhörungstermin vor dem Ausschuss wahr, entsteht auch für diesen eine Geschäftsgebühr nach Nr. 2303. Neben der Geschäftsgebühr kann eine Einigungsgebühr entstehen, wenn es zu einem Vergleich kommt.[39] Die Geschäftsgebühr wird auf die im arbeitsgerichtlichen Verfahren entstehenden Gebühren nicht angerechnet.[40] Ein prozessualer Kostenanspruch für die Kosten, die durch die Hinzuziehung eines Rechtsanwaltes entstehen, besteht nicht. Allenfalls sind materiell-recht-

7

---

32 HWK/*Kalb* § 111 Rn. 31.
33 ArbGG/*Schunck* § 111 Rn. 50; HWK/*Kalb* § Rn. 32.
34 Vgl. HWK/*Kalb* § 111 Rn. 32; ArbGG/*Schunck* § 111 Rn. 51.
35 Vgl. HWK/*Kalb* § 111 Rn. 33; ArbGG/*Schunck* § 111 Rn. 53.
36 *Schaub* Arbeitsgerichtsverfahren, § 11 Rn. 22.
37 *Schaub* a.a.O., Rn. 23.
38 GMPM-G/*Prütting* § 111 Rn. 64 zu Nr. 2403 VV a.F.
39 *Bischof/Jungbauer* RVG, 2. Aufl., Nr. 2303 VV Rn. 18, 19, 22.
40 GMPM-G/*Prütting* § 111 Rn. 64.

liche Kostenerstattungsansprüche denkbar im Rahmen geschuldeten Schadenersatzes, was § 12a ArbGG nicht ausschließt.[41] Prozesskostenhilfe für das Schlichtungsverfahren in Ausbildungsstreitigkeiten nach § 111 Abs. 2 kann nicht gewährt werden. Der sachliche Geltungsbereich der §§ 114 ff. ZPO bezieht sich auf staatliche Gerichte. Auch § 11a – Beiordnung eines Rechtsanwaltes – ist nicht anwendbar.[42] Für die anwaltliche Beratung zur Durchsetzung von Ansprüchen für die Wahrnehmung von Rechten außerhalb eines gerichtlichen Verfahrens gibt es die Beratungs- und Vertretungshilfe nach dem Gesetz über Rechtsberatung und Vertretung für Bürger mit geringem Einkommen (BerHG).[43]

§§ 112–116
(weggefallen)

---

41 GMPM-G/*Prütting* § 111 Rn. 65; HWK/*Kalb* § 111 Rn. 36.
42 LAG Nürnberg 30.4.1997, 4 Ta 52/97, LAGE § 114 ZPO Nr. 29; LAG Düsseldorf 1.3.1990, 14 Ta 371/89, JurBüro 1990, 748; GMPM-G/*Prütting* § 111 Rn. 69; HWK/*Kalb* § 111 Rn. 37.
43 Vom 18.6.1980 BGBl. I S. 689, i.d.F. v. 16.9.1995 BGBl. I S. 2323.

§ 117 Verfahren bei Meinungsverschiedenheiten der beteiligten Verwaltungen

Soweit in den Fällen der §§ 40 und 41 das Einvernehmen nicht erzielt wird, entscheidet die Bundesregierung.

Das erforderliche Einvernehmen zwischen dem Bundesministerium für Wirtschaft und Arbeit mit dem Bundesministerium der Justiz bedeutet vorherige Zustimmung.[1] Einvernehmen ist daher mehr als das nach § 42 Abs. 1 S. 2 Hs. 2 vorgesehene Benehmen,[2] was lediglich heißt, dass das BMJ angehört werden muss und dessen Argumente zur Kenntnis genommen werden müssen. Soweit das erforderliche Einvernehmen nicht erzielt wird, entscheidet die Bundesregierung.

§§ 118–120

(weggefallen)

§§ 121, 121a, 122

(aufgehoben)

Aufgehoben durch Erstes Gesetz über die Bereinigung von Bundesrecht im Zuständigkeitsbereich des Bundesministeriums der Justiz vom 19.4.2006 BGBl. I S. 866, 886 (gilt ab 25.4.2006).

§ 123

(entfallen)

Bei der Neubekanntmachung des Gesetzes vom 23.5.1979 (BGBl. I 1979 S. 853, ber. S. 1036) ist § 123 – Inkrafttreten – entfallen, ohne dass diese Bestimmung formell aufgehoben wurde.

---

[1] *Schwab/Weth/Zimmerling* § 117 Rn. 2 m.w.N.; GMPM-G/*Prütting* § 117 Rn. 2; GK-ArbGG/*Mikosch* § 117 Rn. 2.
[2] ArbGG/*Lipke* § 117 Rn. 2; GMPM-G/*Prütting* § 117 Rn. 4.

Anhang I

Kostenverzeichnis zum GKG
(Anlage 1 zu § 3 Abs. 2 GKG)
– Auszug –

Teil 8
Verfahren vor den Gerichten der Arbeitsgerichtsbarkeit

Nr.	Gebührentatbestand	Gebühr oder Satz der Gebühr nach § 34 GKG
	Vorbemerkung 8: Bei Beendigung des Verfahrens durch einen gerichtlichen Vergleich entfällt die in dem betreffenden Rechtszug angefallene Gebühr; im ersten Rechtszug entfällt auch die Gebühr für das Verfahren über den Antrag auf Erlass eines Vollstreckungsbescheids. Dies gilt nicht, wenn der Vergleich nur einen Teil des Streitgegenstands betrifft (Teilvergleich).	
	Hauptabschnitt 1 **Mahnverfahren**	
8100	Verfahren über den Antrag auf Erlass eines Vollstreckungsbescheids Die Gebühr entfällt bei Zurücknahme des Antrags auf Erlass des Vollstreckungsbescheids. Sie entfällt auch nach Übergang in das streitige Verfahren, wenn dieses ohne streitige Verhandlung endet; dies gilt nicht, wenn ein Versäumnisurteil ergeht. Bei Erledigungserklärungen nach § 91a ZPO entfällt die Gebühr, wenn keine Entscheidung über die Kosten ergeht oder die Kostenentscheidung einer zuvor mitgeteilten Einigung der Parteien über die Kostentragung oder der Kostenübernahmeerklärung einer Partei folgt.	0,4 mindestens 18,00 EUR
	Hauptabschnitt 2 **Urteilsverfahren**	
	Abschnitt 1 **Erster Rechtszug**	
8210	Verfahren im Allgemeinen (1) Soweit wegen desselben Anspruchs ein Mahnverfahren vorausgegangen ist, entsteht die Gebühr nach Erhebung des Widerspruchs, wenn ein Antrag auf Durchführung der mündlichen Verhandlung	2,0

Nr.	Gebührentatbestand	Gebühr oder Satz der Gebühr nach § 34 GKG
	gestellt wird, oder mit der Einlegung des Einspruchs; in diesem Fall wird eine Gebühr 8100 nach dem Wert des Streitgegenstands angerechnet, der in das Prozessverfahren übergegangen ist, sofern im Mahnverfahren der Antrag auf Erlass des Vollstreckungsbescheids gestellt wurde. (2) Die Gebühr entfällt bei Beendigung des gesamten Verfahrens ohne streitige Verhandlung, wenn kein Versäumnisurteil ergeht. Bei Erledigungserklärungen nach § 91a ZPO entfällt die Gebühr, wenn keine Entscheidung über die Kosten ergeht oder die Kostenentscheidung einer zuvor mitgeteilten Einigung der Parteien über die Kostentragung oder der Kostenübernahmeerklärung einer Partei folgt.	
8211	Beendigung des gesamten Verfahrens nach streitiger Verhandlung durch 1. Zurücknahme der Klage vor dem Schluss der mündlichen Verhandlung, wenn keine Entscheidung nach § 269 Abs. 3 Satz 3 ZPO über die Kosten ergeht oder die Entscheidung einer zuvor mitgeteilten Einigung der Parteien über die Kostentragung oder der Kostenübernahmeerklärung einer Partei folgt, 2. Anerkenntnisurteil, Verzichtsurteil oder Urteil, das nach § 313a Abs. 2 ZPO keinen Tatbestand und keine Entscheidungsgründe enthält, oder 3. Erledigungserklärungen nach § 91a ZPO, wenn keine Entscheidung über die Kosten ergeht oder die Entscheidung einer zuvor mitgeteilten Einigung der Parteien über die Kostentragung oder der Kostenübernahmeerklärung einer Partei folgt, es sei denn, dass bereits ein anderes als eines der in Nummer 2 genannten Urteile vorausgegangen ist: Die Gebühr 8210 ermäßigt sich auf	0,4
	Die Zurücknahme des Antrags auf Durchführung des streitigen Verfahrens, des Widerspruchs gegen den Mahnbescheid oder des Einspruchs gegen den Vollstreckungsbescheid stehen der Zurücknahme der Klage gleich. Die Gebühr ermäßigt sich auch, wenn mehrere Ermäßigungstatbestände erfüllt sind oder Ermäßigungstatbestände mit einem Teilvergleich zusammentreffen.	

Anlage 1 zu § 3 Abs. 2 GKG (Auszug) **Anhang I**

Nr.	Gebührentatbestand	Gebühr oder Satz der Gebühr nach § 34 GKG
	Abschnitt 2 **Berufung**	
8220	Verfahren im Allgemeinen	3,2
8221	Beendigung des gesamten Verfahrens durch Zurücknahme der Berufung oder der Klage, bevor die Schrift zur Begründung der Berufung bei Gericht eingegangen ist: Die Gebühr 8220 ermäßigt sich auf	0,8
	Erledigungserklärungen nach § 91a ZPO stehen der Zurücknahme gleich, wenn keine Entscheidung über die Kosten ergeht oder die Entscheidung einer zuvor mitgeteilten Einigung der Parteien über die Kostentragung oder der Kostenübernahmeerklärung einer Partei folgt.	
8222	Beendigung des gesamten Verfahrens, wenn nicht Nummer 8221 erfüllt ist, durch 1. Zurücknahme der Berufung oder der Klage vor dem Schluss der mündlichen Verhandlung, 2. Anerkenntnisurteil, Verzichtsurteil oder Urteil, das nach § 313a Abs. 2 ZPO keinen Tatbestand und keine Entscheidungsgründe enthält, oder 3. Erledigungserklärungen nach § 91a ZPO, wenn keine Entscheidung über die Kosten ergeht oder die Entscheidung einer zuvor mitgeteilten Einigung der Parteien über die Kostentragung oder der Kostenübernahmeerklärung einer Partei folgt, es sei denn, dass bereits ein anderes als eines der in Nummer 2 genannten Urteile vorausgegangen ist: Die Gebühr 8220 ermäßigt sich auf	1,6
	Die Gebühr ermäßigt sich auch, wenn mehrere Ermäßigungstatbestände erfüllt sind oder Ermäßigungstatbestände mit einem Teilvergleich zusammentreffen.	
8223	Beendigung des gesamten Verfahrens durch ein Urteil, das wegen eines Verzichts der Parteien nach § 313a Abs. 1 Satz 2 ZPO keine schriftliche Begründung enthält, wenn nicht bereits ein anderes als eines der in Nummer 8222 Nr. 2 genannten Urteile oder ein Beschluss in der Hauptsache vorausgegangen ist: Die Gebühr 8220 ermäßigt sich auf	2,4
	Die Gebühr ermäßigt sich auch, wenn daneben Ermäßigungstatbestände nach Nummer 8222 erfüllt	

Nr.	Gebührentatbestand	Gebühr oder Satz der Gebühr nach § 34 GKG
	sind oder Ermäßigungstatbestände mit einem Teilvergleich zusammentreffen.	
	Abschnitt 3 **Revision**	
8230	Verfahren im Allgemeinen	4,0
8231	Beendigung des gesamten Verfahrens durch Zurücknahme der Revision oder der Klage, bevor die Schrift zur Begründung der Revision bei Gericht eingegangen ist: Die Gebühr 8230 ermäßigt sich auf Erledigungserklärungen nach § 91a ZPO stehen der Zurücknahme gleich, wenn keine Entscheidung über die Kosten ergeht oder die Entscheidung einer zuvor mitgeteilten Einigung der Parteien über die Kostentragung oder der Kostenübernahmeerklärung einer Partei folgt.	0,8
8232	Beendigung des gesamten Verfahrens, wenn nicht Nummer 8231 erfüllt ist, durch 1. Zurücknahme der Revision oder der Klage vor dem Schluss der mündlichen Verhandlung, 2. Anerkenntnis- oder Verzichtsurteil oder 3. Erledigungserklärungen nach § 91a ZPO, wenn keine Entscheidung über die Kosten ergeht oder die Entscheidung einer zuvor mitgeteilten Einigung der Parteien über die Kostentragung oder der Kostenübernahmeerklärung einer Partei folgt, es sei denn, dass bereits ein anderes als eines der in Nummer 2 genannten Urteile vorausgegangen ist: Die Gebühr 8230 ermäßigt sich auf Die Gebühr ermäßigt sich auch, wenn mehrere Ermäßigungstatbestände erfüllt sind oder Ermäßigungstatbestände mit einem Teilvergleich zusammentreffen.	2,4
	Hauptabschnitt 3 **Arrest und einstweilige Verfügung**	

Vorbemerkung 8.3:
Im Verfahren über den Antrag auf Anordnung eines Arrests oder einer einstweiligen Verfügung und im Verfahren über den Antrag auf Aufhebung oder Abänderung (§ 926 Abs. 2, §§ 927, 936 ZPO) werden die Gebühren jeweils gesondert erhoben. Im Fall des § 942 ZPO gilt dieses Verfahren und das Verfahren vor dem Gericht der Hauptsache als ein Rechtsstreit.

Anlage 1 zu § 3 Abs. 2 GKG (Auszug) **Anhang I**

Nr.	Gebührentatbestand	Gebühr oder Satz der Gebühr nach § 34 GKG
	Abschnitt 1 **Erster Rechtszug**	
8310	Verfahren im Allgemeinen	0,4
8311	Es wird durch Urteil entschieden oder es ergeht ein Beschluss nach § 91a oder § 269 Abs. 3 Satz 3 ZPO, es sei denn, der Beschluss folgt einer zuvor mitgeteilten Einigung der Parteien über die Kostentragung oder der Kostenübernahmeerklärung einer Partei: Die Gebühr 8310 erhöht sich auf Die Gebühr wird nicht erhöht, wenn durch Anerkenntnisurteil, Verzichtsurteil oder Urteil, das nach § 313a Abs. 2 ZPO keinen Tatbestand und keine Entscheidungsgründe enthält, entschieden wird. Dies gilt auch, wenn eine solche Entscheidung mit einem Teilvergleich zusammentrifft.	2,0
	Abschnitt 2 **Berufung**	
8320	Verfahren im Allgemeinen	3,2
8321	Beendigung des gesamten Verfahrens durch Zurücknahme der Berufung, des Antrags oder des Widerspruchs, bevor die Schrift zur Begründung der Berufung bei Gericht eingegangen ist: Die Gebühr 8320 ermäßigt sich auf Erledigungserklärungen nach § 91a ZPO stehen der Zurücknahme gleich, wenn keine Entscheidung über die Kosten ergeht oder die Entscheidung einer zuvor mitgeteilten Einigung der Parteien über die Kostentragung oder der Kostenübernahmeerklärung einer Partei folgt.	0,8
8322	Beendigung des gesamten Verfahrens, wenn nicht Nummer 8321 erfüllt ist, durch 1. Zurücknahme der Berufung oder des Antrags vor dem Schluss der mündlichen Verhandlung, 2. Anerkenntnisurteil, Verzichtsurteil oder Urteil, das nach § 313a Abs. 2 ZPO keinen Tatbestand und keine Entscheidungsgründe enthält, oder 3. Erledigungserklärungen nach § 91a ZPO, wenn keine Entscheidung über die Kosten ergeht oder die Entscheidung einer zuvor mitgeteilten Einigung der Parteien über die Kostentragung oder der Kostenübernahmeerklärung einer Partei folgt,	

Anhang I Anlage 1 zu § 3 Abs. 2 GKG (Auszug)

Nr.	Gebührentatbestand	Gebühr oder Satz der Gebühr nach § 34 GKG
	es sei denn, dass bereits ein anderes als eines der in Nummer 2 genannten Urteile vorausgegangen ist: Die Gebühr 8320 ermäßigt sich auf	1,6
	Die Gebühr ermäßigt sich auch, wenn mehrere Ermäßigungstatbestände erfüllt sind oder Ermäßigungstatbestände mit einem Teilvergleich zusammentreffen.	
8323	Beendigung des gesamten Verfahrens durch ein Urteil, das wegen eines Verzichts der Parteien nach § 313a Abs. 1 Satz 2 ZPO keine schriftliche Begründung enthält, wenn nicht bereits ein anderes als eines der in Nummer 8322 Nr. 2 genannten Urteile oder ein Beschluss in der Hauptsache vorausgegangen ist: Die Gebühr 8320 ermäßigt sich auf	2,4
	Die Gebühr ermäßigt sich auch, wenn daneben Ermäßigungstatbestände nach Nummer 8322 erfüllt sind oder solche Ermäßigungstatbestände mit einem Teilvergleich zusammentreffen.	
Abschnitt 3 Beschwerde		
8330	Verfahren über Beschwerden gegen die Zurückweisung eines Antrags auf Anordnung eines Arrests oder einer einstweiligen Verfügung	1,2
8331	Beendigung des gesamten Verfahrens durch Zurücknahme der Beschwerde: Die Gebühr 8330 ermäßigt sich auf	0,8
Hauptabschnitt 4 Besondere Verfahren		
8400	Selbständiges Beweisverfahren	0,6
8401	Verfahren über Anträge auf Ausstellung einer Bestätigung nach § 1079 ZPO	12,00 EUR
Hauptabschnitt 5 Rüge wegen Verletzung des Anspruchs auf rechtliches Gehör		
8500	Verfahren über die Rüge wegen Verletzung des Anspruchs auf rechtliches Gehör (§ 78a des ArbeitsgerichtsgesetzesArbGG): Die Rüge wird in vollem Umfang verworfen oder zurückgewiesen	40,00 EUR

Anlage 1 zu § 3 Abs. 2 GKG (Auszug)   **Anhang I**

Nr.	Gebührentatbestand	Gebühr oder Satz der Gebühr nach § 34 GKG
	Hauptabschnitt 6 **Sonstige Beschwerden und Rechtsbeschwerden**	
	Abschnitt 1 **Sonstige Beschwerden**	
8610	Verfahren über Beschwerden nach § 71 Abs. 2, § 91a Abs. 2, § 99 Abs. 2, § 269 Abs. 5 ZPO	60,00 EUR
8611	Beendigung des Verfahrens ohne Entscheidung: Die Gebühr 8610 ermäßigt sich auf (1) Die Gebühr ermäßigt sich auch im Fall der Zurücknahme der Beschwerde vor Ablauf des Tages, an dem die Entscheidung der Geschäftsstelle übermittelt wird. (2) Eine Entscheidung über die Kosten steht der Ermäßigung nicht entgegen, wenn die Entscheidung einer zuvor mitgeteilten Einigung der Parteien über die Kostentragung oder der Kostenübernahmeerklärung einer Partei folgt.	40,00 EUR
8612	Verfahren über die Beschwerde gegen die Nichtzulassung der Revision: Soweit die Beschwerde verworfen oder zurückgewiesen wird	1,6
8613	Verfahren über die Beschwerde gegen die Nichtzulassung der Revision: Soweit die Beschwerde zurückgenommen oder das Verfahren durch anderweitige Erledigung beendet wird Die Gebühr entsteht nicht, soweit die Revision zugelassen wird.	0,8
8614	Verfahren über nicht besonders aufgeführte Beschwerden, die nicht nach anderen Vorschriften gebührenfrei sind: Die Beschwerde wird verworfen oder zurückgewiesen Wird die Beschwerde nur teilweise verworfen oder zurückgewiesen, kann das Gericht die Gebühr nach billigem Ermessen auf die Hälfte ermäßigen oder bestimmen, dass eine Gebühr nicht zu erheben ist.	40,00 EUR

Anhang I — Anlage 1 zu § 3 Abs. 2 GKG (Auszug)

Nr.	Gebührentatbestand	Gebühr oder Satz der Gebühr nach § 34 GKG
\multicolumn{3}{c}{**Abschnitt 2 — Sonstige Rechtsbeschwerden**}		
8620	Verfahren über Rechtsbeschwerden in den Fällen des § 71 Abs. 1, § 91a Abs. 1, § 99 Abs. 2, § 269 Abs. 4 oder § 516 Abs. 3 ZPO	120,00 EUR
8621	Beendigung des gesamten Verfahrens durch Zurücknahme der Rechtsbeschwerde, des Antrags oder der Klage, bevor die Schrift zur Begründung der Rechtsbeschwerde bei Gericht eingegangen ist: Die Gebühr 8620 ermäßigt sich auf	40,00 EUR
8622	Beendigung des gesamten Verfahrens durch Zurücknahme der Rechtsbeschwerde, des Antrags oder der Klage vor Ablauf des Tages, an dem die Entscheidung der Geschäftsstelle übermittelt wird, wenn nicht Nummer 8621 erfüllt ist: Die Gebühr 8620 ermäßigt sich auf	60,00 EUR
8623	Verfahren über nicht besonders aufgeführte Rechtsbeschwerden, die nicht nach anderen Vorschriften gebührenfrei sind: Die Rechtsbeschwerde wird verworfen oder zurückgewiesen Wird die Rechtsbeschwerde nur teilweise verworfen oder zurückgewiesen, kann das Gericht die Gebühr nach billigem Ermessen auf die Hälfte ermäßigen oder bestimmen, dass eine Gebühr nicht zu erheben ist.	80,00 EUR
8624	Beendigung des gesamten Verfahrens durch Zurücknahme der Rechtsbeschwerde, des Antrags oder der Klage vor Ablauf des Tages, an dem die Entscheidung der Geschäftsstelle übermittelt wird: Die Gebühr 8623 ermäßigt sich auf	40,00 EUR
\multicolumn{3}{c}{**Hauptabschnitt 7 — Besondere Gebühr**}		
8700	Auferlegung einer Gebühr nach § 38 GKG wegen Verzögerung des Rechtsstreits	wie vom Gericht bestimmt

Anlage 1 zu § 3 Abs. 2 GKG (Auszug) Anhang I

Teil 9
Auslagen

Nr.	Auslagentatbestand	Höhe GKG
	Vorbemerkung 9: (1) Auslagen, die durch eine für begründet befundene Beschwerde entstanden sind, werden nicht erhoben, soweit das Beschwerdeverfahren gebührenfrei ist; dies gilt jedoch nicht, soweit das Beschwerdegericht die Kosten dem Gegner des Beschwerdeführers auferlegt hat. (2) Sind Auslagen durch verschiedene Rechtssachen veranlasst, werden sie auf die mehreren Rechtssachen angemessen verteilt.	
9000	Pauschale für die Herstellung und Überlassung von Dokumenten: 1. Ausfertigungen, Ablichtungen und Ausdrucke, die auf Antrag angefertigt, per Telefax übermittelt oder angefertigt worden sind, weil die Partei oder ein Beteiligter es unterlassen hat, die erforderliche Zahl von Mehrfertigungen beizufügen, oder wenn per Telefax übermittelte Mehrfertigungen von der Empfangseinrichtung des Gerichts ausgedruckt werden: für die ersten 50 Seiten je Seite für jede weitere Seite 2. Überlassung von elektronisch gespeicherten Dateien anstelle der in Nummer 1 genannten Ausfertigungen, Ablichtungen und Ausdrucke: je Datei (1) Die Höhe der Dokumentenpauschale nach Nummer 1 ist in jedem Rechtszug und für jeden Kostenschuldner nach § 28 Abs. 1 GKG gesondert zu berechnen; Gesamtschuldner gelten als ein Schuldner. Die Dokumentenpauschale ist auch im erstinstanzlichen Musterverfahren nach dem KapMuG gesondert zu berechnen. (2) Frei von der Dokumentenpauschale sind für jede Partei, jeden Beteiligten, jeden Beschuldigten und deren bevollmächtigte Vertreter jeweils 1. eine vollständige Ausfertigung oder Ablichtung oder ein vollständiger Ausdruck jeder gerichtlichen Entscheidung und jedes vor Gericht abgeschlossenen Vergleichs, 2. eine Ausfertigung ohne Tatbestand und Entscheidungsgründe und 3. eine Ablichtung oder ein Ausdruck jeder Niederschrift über eine Sitzung.	 0,50 EUR 0,15 EUR 2,50 EUR

Anhang I Anlage 1 zu § 3 Abs. 2 GKG (Auszug)

Nr.	Auslagentatbestand	Höhe GKG
	§ 191a Abs. 1 Satz 2 GVG bleibt unberührt. (3) Für die 1. Ablichtung oder den 1. Ausdruck eines mit eidesstattlicher Versicherung abgegebenen Vermögensverzeichnisses und der Niederschrift über die Abgabe der eidesstattlichen Versicherung wird von demjenigen Kostenschuldner eine Dokumentenpauschale nicht erhoben, von dem die Gebühr 2115 oder 2116 zu erheben ist.	
9001	Auslagen für Telegramme	in voller Höhe
9002	Pauschale für Zustellungen mit Zustellungsurkunde, Einschreiben gegen Rückschein oder durch Justizbedienstete nach § 168 Abs. 1 ZPO je Zustellung Neben Gebühren, die sich nach dem Streitwert richten, mit Ausnahme der Gebühr 3700, wird die Zustellungspauschale nur erhoben, soweit in einem Rechtszug mehr als 10 Zustellungen anfallen. Im erstinstanzlichen Musterverfahren nach dem KapMuG wird die Zustellungspauschale für sämtliche Zustellungen erhoben.	3,50 EUR
9003	Pauschale für 1. die Versendung von Akten auf Antrag je Sendung 2. die elektronische Übermittlung einer elektronisch geführten Akte auf Antrag (1) Die Hin- und Rücksendung der Akten durch Gerichte oder Staatsanwaltschaften gelten zusammen als eine Sendung. (2) Die Auslagen werden von demjenigen Kostenschuldner nicht erhoben, von dem die Gebühr 2116 zu erheben ist.	12,00 EUR 5,00 EUR
9004	Auslagen für öffentliche Bekanntmachungen 1. bei Veröffentlichung in einem elektronischen Informations- und Kommunikationssystem, wenn ein Entgelt nicht zu zahlen ist oder das Entgelt nicht für den Einzelfall oder ein einzelnes Verfahren berechnet wird: je Veröffentlichung pauschal 2. in sonstigen Fällen Auslagen für die Bekanntmachung eines besonderen Prüfungstermins (§ 177 InsO, § 11 SVertO) werden nicht erhoben.	1,00 EUR in voller Höhe

Anlage 1 zu § 3 Abs. 2 GKG (Auszug) Anhang I

Nr.	Auslagentatbestand	Höhe GKG
9005	Nach dem JVEG zu zahlende Beträge (1) Nicht erhoben werden Beträge, die an ehrenamtliche Richter (§ 1 Abs. 1 Satz 1 Nr. 2 JVEG) gezahlt werden. (2) Die Beträge werden auch erhoben, wenn aus Gründen der Gegenseitigkeit, der Verwaltungsvereinfachung oder aus vergleichbaren Gründen keine Zahlungen zu leisten sind. Ist auf Grund des § 1 Abs. 2 Satz 2 JVEG keine Vergütung zu zahlen, ist der Betrag zu erheben, der ohne diese Vorschrift zu zahlen wäre. (3) Auslagen für Übersetzer, die zur Erfüllung der Rechte blinder oder sehbehinderter Personen herangezogen werden (§ 191a Abs. 1 GVG), werden nicht, Auslagen für Gebärdensprachdolmetscher (§ 186 Abs. 1 GVG) werden nur nach Maßgabe des Absatzes 4 erhoben. (4) Ist für einen Beschuldigten oder Betroffenen, der der deutschen Sprache nicht mächtig, hör- oder sprachbehindert ist, im Strafverfahren oder im gerichtlichen Verfahren nach dem OWiG ein Dolmetscher oder Übersetzer herangezogen worden, um Erklärungen oder Schriftstücke zu übertragen, auf deren Verständnis der Beschuldigte oder Betroffene zu seiner Verteidigung angewiesen oder soweit dies zur Ausübung seiner strafprozessualen Rechte erforderlich war, werden von diesem die dadurch entstandenen Auslagen nur erhoben, wenn das Gericht ihm diese nach § 464c StPO oder die Kosten nach § 467 Abs. 2 Satz 1 StPO, auch in Verb. mit § 467a Abs. 1 Satz 2 StPO, auferlegt hat; dies gilt auch jeweils in Verb. mit § 46 Abs. 1 OWiG. (5) Im Verfahren vor den Gerichten für Arbeitssachen werden Kosten für vom Gericht herangezogene Dolmetscher und Übersetzer nicht erhoben, wenn ein Ausländer Partei und die Gegenseitigkeit verbürgt ist oder ein Staatenloser Partei ist.	in voller Höhe
9006	Bei Geschäften außerhalb der Gerichtsstelle 1. die den Gerichtspersonen auf Grund gesetzlicher Vorschriften gewährte Vergütung (Reisekosten, Auslagenersatz) und die Auslagen für die Bereitstellung von Räumen	in voller Höhe
	2. für den Einsatz von Dienstkraftfahrzeugen für jeden gefahrenen Kilometer	0,30 EUR
9007	An Rechtsanwälte zu zahlende Beträge mit Ausnahme der nach § 59 RVG auf die Staatskasse übergegangenen Ansprüche	in voller Höhe

Anhang II

Gebührentabelle zu § 34 GKG

Streitwert bis ... €	Gebühr ... €	Streitwert bis ... €	Gebühr ... €
300	25	40 000	398
600	35	45 000	427
900	45	50 000	456
1 200	55	65 000	556
1 500	65	80 000	656
2 000	73	95 000	756
2 500	81	110 000	856
3 000	89	125 000	956
3 500	97	140 000	1 056
4 000	105	155 000	1 156
4 500	113	170 000	1 256
5 000	121	185 000	1 356
6 000	136	200 000	1 456
7 000	151	230 000	1 606
8 000	166	260 000	1 756
9 000	181	290 000	1 906
10 000	196	320 000	2 056
13 000	219	350 000	2 206
16 000	242	380 000	2 356
19 000	265	410 000	2 506
22 000	288	440 000	2 656
25 000	311	470 000	2 806
30 000	340	500 000	2 956
35 000	369		

Anhang III

Gebührenverzeichnis zum RVG
(Anlage 1 zu § 2 Abs. 2 RVG)
– Auszug –

Teil 1
Allgemeine Gebühren

Nr.	Gebührentatbestand	Gebühr oder Satz der Gebühr nach § 13 RVG
\multicolumn{3}{l}{Vorbemerkung 1:}		

Nr.	Gebührentatbestand	Gebühr oder Satz der Gebühr nach § 13 RVG
	Vorbemerkung 1: Die Gebühren dieses Teils entstehen neben den in anderen Teilen bestimmten Gebühren.	
1000	Einigungsgebühr (1) Die Gebühr entsteht für die Mitwirkung beim Abschluss eines Vertrags, durch den der Streit oder die Ungewissheit der Parteien über ein Rechtsverhältnis beseitigt wird, es sei denn, der Vertrag beschränkt sich ausschließlich auf ein Anerkenntnis oder einen Verzicht. Dies gilt auch für die Mitwirkung bei einer Einigung der Parteien in einem der in § 36 RVG bezeichneten Güteverfahren. Im Privatklageverfahren ist Nummer 4147 anzuwenden. (2) Die Gebühr entsteht auch für die Mitwirkung bei Vertragsverhandlungen, es sei denn, dass diese für den Abschluss des Vertrags im Sinne des Absatzes 1 nicht ursächlich war. (3) Für die Mitwirkung bei einem unter einer aufschiebenden Bedingung oder unter dem Vorbehalt des Widerrufs geschlossenen Vertrag entsteht die Gebühr, wenn die Bedingung eingetreten ist oder der Vertrag nicht mehr widerrufen werden kann. (4) Soweit über die Ansprüche vertraglich verfügt werden kann, gelten die Absätze 1 und 2 auch bei Rechtsverhältnissen des öffentlichen Rechts. (5) Die Gebühr entsteht nicht in Ehesachen (§ 606 Abs. 1 Satz 1 ZPO) und in Lebenspartnerschaftssachen (§ 661 Abs. 1 Nr. 1 bis 3 ZPO). Wird ein Vertrag, insbesondere über den Unterhalt, im Hinblick auf die in Satz 1 genannten Verfahren geschlossen, bleibt der Wert dieser Verfahren bei der Berechnung der Gebühr außer Betracht.	1,5
1001	Aussöhnungsgebühr …	

Anhang III   Anlage 1 zu § 2 Abs. 2 RVG (Auszug)

Nr.	Gebührentatbestand	Gebühr oder Satz der Gebühr nach § 13 RVG
1002	Erledigungsgebühr …	
1003	Über den Gegenstand ist ein anderes gerichtliches Verfahren als ein selbständiges Beweisverfahren anhängig: Die Gebühren 1000 bis 1002 betragen Dies gilt auch, wenn ein Verfahren über die Prozesskostenhilfe anhängig ist, soweit nicht lediglich Prozesskostenhilfe für ein selbständiges Beweisverfahren oder die gerichtliche Protokollierung des Vergleichs beantragt wird oder sich die Beiordnung auf den Abschluss eines Vertrags im Sinne der Nummer 1000 erstreckt (§ 48 Abs. 3 RVG). Das Verfahren vor dem Gerichtsvollzieher steht einem gerichtlichen Verfahren gleich.	1,0
1004	Über den Gegenstand ist ein Berufungs- oder Revisionsverfahren anhängig: Die Gebühren 1000 bis 1002 betragen	1,3
1005	Einigung oder Erledigung in sozialrechtlichen Angelegenheiten, in denen im gerichtlichen Verfahren Betragsrahmengebühren entstehen (§ 3 RVG): Die Gebühren 1000 und 1002 betragen	40,00 bis 520,00 EUR
1006	Über den Gegenstand ist ein gerichtliches Verfahren anhängig: Die Gebühr 1005 beträgt	30,00 bis 350,00 EUR
1007	Über den Gegenstand ist ein Berufungs- oder Revisionsverfahren anhängig: Die Gebühr 1005 beträgt	40,00 bis 460,00 EUR
1008	Auftraggeber sind in derselben Angelegenheit mehrere Personen: Die Verfahrens- oder Geschäftsgebühr erhöht sich für jede weitere Person um (1) Dies gilt bei Wertgebühren nur, soweit der Gegenstand der anwaltlichen Tätigkeit derselbe ist. (2) Die Erhöhung wird nach dem Betrag berechnet, an dem die Personen gemeinschaftlich beteiligt sind. (3) Mehrere Erhöhungen dürfen einen Gebührensatz von 2,0 nicht übersteigen; bei Festgebühren dürfen die Erhöhungen das Doppelte der Festgebühr und bei Betragsrahmengebühren das	0,3 oder 30 % bei Festgebühren, bei Betragsrahmengebühren erhöhen sich der Mindest- und Höchstbetrag um 30 %

Anlage 1 zu § 2 Abs. 2 RVG (Auszug) **Anhang III**

Nr.	Gebührentatbestand	Gebühr oder Satz der Gebühr nach § 13 RVG
	Doppelte des Mindest- und Höchstbetrags nicht übersteigen.	
1009	Hebegebühr	
	1. bis einschließlich 2 500,00 EUR	1,0 %
	2. von dem Mehrbetrag bis einschließlich 10 000,00 EUR	0,5 %
	3. von dem Mehrbetrag über 10 000,00 EUR	0,25 % des aus- oder zurückgezahlten Betrags mindestens 1,00 EUR
	(1) Die Gebühr wird für die Auszahlung oder Rückzahlung von entgegengenommenen Geldbeträgen erhoben. (2) Unbare Zahlungen stehen baren Zahlungen gleich. Die Gebühr kann bei der Ablieferung an den Auftraggeber entnommen werden. (3) Ist das Geld in mehreren Beträgen gesondert ausgezahlt oder zurückgezahlt, wird die Gebühr von jedem Betrag besonders erhoben.(4) Für die Ablieferung oder Rücklieferung von Wertpapieren und Kostbarkeiten entsteht die in den Absätzen 1 bis 3 bestimmte Gebühr nach dem Wert.(5) Die Hebegebühr entsteht nicht, soweit Kosten an ein Gericht oder eine Behörde weitergeleitet oder eingezogene Kosten an den Auftraggeber abgeführt oder eingezogene Beträge auf die Vergütung verrechnet werden.	

Teil 2
Außergerichtliche Tätigkeiten einschließlich der Vertretung im Verwaltungsverfahren

...

Anhang III Anlage 1 zu § 2 Abs. 2 RVG (Auszug)

Teil 3
Bürgerliche Rechtsstreitigkeiten, Verfahren der freiwilligen Gerichtsbarkeit, der öffentlich-rechtlichen Gerichtsbarkeiten, Verfahren nach dem Strafvollzugsgesetz StVollzG, auch in Verb. mit § 92 des Jugendgerichtsgesetzes JGG, und ähnliche Verfahren

Nr.	Gebührentatbestand	Gebühr oder Satz der Gebühr nach § 13 RVG

Vorbemerkung 3:
(1) Für die Tätigkeit als Beistand für einen Zeugen oder Sachverständigen in einem Verfahren, für das sich Gebühren nach diesem Teil bestimmen, entstehen die gleichen Gebühren wie für einen Verfahrensbevollmächtigten in diesem Verfahren.
(2) Die Verfahrensgebühr entsteht für das Betreiben des Geschäfts einschließlich der Information.
(3) Die Terminsgebühr entsteht für die Vertretung in einem Verhandlungs-, Erörterungs- oder Beweisaufnahmetermin oder die Wahrnehmung eines von einem gerichtlich bestellten Sachverständigen anberaumten Termins oder die Mitwirkung an auf die Vermeidung oder Erledigung des Verfahrens gerichteten Besprechungen auch ohne Beteiligung des Gerichts; dies gilt nicht für Besprechungen mit dem Auftraggeber.
(4) Soweit wegen desselben Gegenstands eine Geschäftsgebühr nach den Nummern 2300 bis 2303 entstanden, wird diese Gebühr zur Hälfte, jedoch höchstens mit einem Gebührensatz von 0,75, auf die Verfahrensgebühr des gerichtlichen Verfahrens angerechnet. Sind mehrere Gebühren entstanden, ist für die Anrechnung die zuletzt entstandene Gebühr maßgebend. Die Anrechnung erfolgt nach dem Wert des Gegenstands, der auch Gegenstand des gerichtlichen Verfahrens ist.
(5) Soweit der Gegenstand eines selbständigen Beweisverfahrens auch Gegenstand eines Rechtsstreits ist oder wird, wird die Verfahrensgebühr des selbständigen Beweisverfahrens auf die Verfahrensgebühr des Rechtszugs angerechnet.
(6) Soweit eine Sache an ein untergeordnetes Gericht zurückverwiesen wird, das mit der Sache bereits befasst war, ist die vor diesem Gericht bereits entstandene Verfahrensgebühr auf die Verfahrensgebühr für das erneute Verfahren anzurechnen.
(7) Die Vorschriften dieses Teils sind nicht anzuwenden, soweit Teil 6 besondere Vorschriften enthält.

Abschnitt 1
Erster Rechtszug

Vorbemerkung 3.1:
(1) Die Gebühren dieses Abschnitts entstehen in allen Verfahren, für die in den folgenden Abschnitten dieses Teils keine Gebühren bestimmt sind.
(2) Dieser Abschnitt ist auch für das Rechtsbeschwerdeverfahren nach § 1065 ZPO anzuwenden.

Anlage 1 zu § 2 Abs. 2 RVG (Auszug) **Anhang III**

Nr.	Gebührentatbestand	Gebühr oder Satz der Gebühr nach § 13 RVG
3100	Verfahrensgebühr, soweit in Nummer 3102 nichts anderes bestimmt ist (1) Die Verfahrensgebühr für ein vereinfachtes Verfahren über den Unterhalt Minderjähriger wird auf die Verfahrensgebühr angerechnet, die in dem nachfolgenden Rechtsstreit entsteht (§§ 651 und 656 ZPO). (2) Die Verfahrensgebühr für einen Urkunden- oder Wechselprozess wird auf die Verfahrensgebühr für das ordentliche Verfahren angerechnet, wenn dieses nach Abstandnahme vom Urkunden- oder Wechselprozess oder nach einem Vorbehaltsurteil anhängig bleibt (§§ 596, 600 ZPO). (3) Die Verfahrensgebühr für ein Vermittlungsverfahren nach § 52a FGG wird auf die Verfahrensgebühr für ein sich anschließendes Verfahren angerechnet.	1,3
3101	1. Endigt der Auftrag, bevor der Rechtsanwalt die Klage, den ein Verfahren einleitenden Antrag oder einen Schriftsatz, der Sachanträge, Sachvortrag, die Zurücknahme der Klage oder die Zurücknahme des Antrags enthält, eingereicht oder bevor er für seine Partei einen gerichtlichen Termin wahrgenommen hat, 2. soweit lediglich beantragt ist, eine Einigung der Parteien oder mit Dritten über in diesem Verfahren nicht rechtshängige Ansprüche zu Protokoll zu nehmen oder festzustellen (§ 278 Abs. 6 ZPO) oder soweit lediglich Verhandlungen vor Gericht zur Einigung über solche Ansprüche geführt werden oder 3. soweit in einem Verfahren der freiwilligen Gerichtsbarkeit lediglich ein Antrag gestellt und eine Entscheidung entgegengenommen wird, beträgt die Gebühr 3100 (1) Soweit in den Fällen der Nummer 2 der sich nach § 15 Abs. 3 RVG ergebende Gesamtbetrag der Verfahrensgebühren die Gebühr 3100 übersteigt, wird der übersteigende Betrag auf eine Verfahrensgebühr angerechnet, die wegen desselben Gegenstands in einer anderen Angelegenheit entsteht. (2) Nummer 3 ist in streitigen Verfahren der freiwilligen Gerichtsbarkeit, insbesondere in Familiensachen und in Verfahren nach dem Gesetz über das gerichtliche Verfahren in Landwirtschaftssachen, nicht anzuwenden.	0,8

Anhang III Anlage 1 zu § 2 Abs. 2 RVG (Auszug)

Nr.	Gebührentatbestand	Gebühr oder Satz der Gebühr nach § 13 RVG
3102	Verfahrensgebühr für Verfahren vor den Sozialgerichten, in denen Betragsrahmengebühren entstehen (§ 3 RVG)	40,00 bis 460,00 EUR
3103	Es ist eine Tätigkeit im Verwaltungsverfahren oder im weiteren, der Nachprüfung des Verwaltungsakts dienenden Verwaltungsverfahren vorausgegangen: Die Gebühr 3102 beträgt Bei der Bemessung der Gebühr ist nicht zu berücksichtigen, dass der Umfang der Tätigkeit infolge der Tätigkeit im Verwaltungsverfahren oder im weiteren, der Nachprüfung des Verwaltungsakts dienenden Verwaltungsverfahren geringer ist.	20,00 bis 320,00 EUR
3104	Terminsgebühr, soweit in Nummer 3106 nichts anderes bestimmt ist (1) Die Gebühr entsteht auch, wenn 1. in einem Verfahren, für das mündliche Verhandlung vorgeschrieben ist, im Einverständnis mit den Parteien oder gemäß § 307 oder § 495a ZPO ohne mündliche Verhandlung entschieden oder in einem solchen Verfahren ein schriftlicher Vergleich geschlossen wird, 2. nach § 84 Abs. 1 Satz 1 VwGO oder § 105 Abs. 1 SGG ohne mündliche Verhandlung durch Gerichtsbescheid entschieden wird oder 3. das Verfahren vor dem Sozialgericht nach angenommenem Anerkenntnis ohne mündliche Verhandlung endet. (2) Sind in dem Termin auch Verhandlungen zur Einigung über in diesem Verfahren nicht rechtshängige Ansprüche geführt worden, wird die Terminsgebühr, soweit sie den sich ohne Berücksichtigung der nicht rechtshängigen Ansprüche ergebenden Gebührenbetrag übersteigt, auf eine Terminsgebühr angerechnet, die wegen desselben Gegenstands in einer anderen Angelegenheit entsteht. (3) Die Gebühr entsteht nicht, soweit lediglich beantragt ist, eine Einigung der Parteien oder mit Dritten über nicht rechtshängige Ansprüche zu Protokoll zu nehmen. (4) Eine in einem vorausgegangenen Mahnverfahren oder vereinfachten Verfahren über den Unterhalt Minderjähriger entstandene Terminsgebühr	1,2

Anlage 1 zu § 2 Abs. 2 RVG (Auszug) **Anhang III**

Nr.	Gebührentatbestand	Gebühr oder Satz der Gebühr nach § 13 RVG
	wird auf die Terminsgebühr des nachfolgenden Rechtsstreits angerechnet.	
3105	Wahrnehmung nur eines Termins, in dem eine Partei nicht erschienen oder nicht ordnungsgemäß vertreten ist und lediglich ein Antrag auf Versäumnisurteil oder zur Prozess- oder Sachleitung gestellt wird: Die Gebühr 3104 beträgt (1) Die Gebühr entsteht auch, wenn 1. das Gericht bei Säumnis lediglich Entscheidungen zur Prozess- oder Sachleitung von Amts wegen trifft oder 2. eine Entscheidung gemäß § 331 Abs. 3 ZPO ergeht. (2) Absatz 1 der Anmerkung zu Nummer 3104 gilt entsprechend.(3) § 333 ZPO ist nicht entsprechend anzuwenden.	0,5
3106	Terminsgebühr in Verfahren vor den Sozialgerichten, in denen Betragsrahmengebühren entstehen (§ 3 RVG) Die Gebühr entsteht auch, wenn 1. in einem Verfahren, für das mündliche Verhandlung vorgeschrieben ist, im Einverständnis mit den Parteien ohne mündliche Verhandlung entschieden wird, 2. § 105 Abs. 1 SGG ohne mündliche Verhandlung durch Gerichtsbeschied entschieden wird oder 3. das Verfahren nach angenommenem Anerkenntnis ohne mündliche Verhandlung endet.	20,00 bis 380,00 EUR

Abschnitt 2
Berufung, Revision, bestimmte Beschwerden und Verfahren vor dem Finanzgericht

Vorbemerkung 3.2:
(1) Dieser Abschnitt ist auch in Verfahren vor dem Rechtsmittelgericht über die Zulassung des Rechtsmittels anzuwenden.
(2) Wenn im Verfahren über einen Antrag auf Anordnung, Abänderung oder Aufhebung eines Arrests oder einer einstweiligen Verfügung das Berufungsgericht als Gericht der Hauptsache anzusehen ist (§ 943 ZPO), bestimmen sich die Gebühren nach Abschnitt 1. Dies gilt entsprechend im Verfahren vor den Gerichten der Verwaltungs- und Sozialgerichtsbarkeit auf Anordnung oder Wiederherstellung der aufschiebenden Wirkung, auf Aussetzung oder Aufhebung der Vollziehung oder Anordnung der sofortigen Vollziehung eines Verwaltungsakts und in Verfahren auf Erlass einer einstweiligen Anordnung.

Anhang III Anlage 1 zu § 2 Abs. 2 RVG (Auszug)

Nr.	Gebührentatbestand	Gebühr oder Satz der Gebühr nach § 13 RVG
	Satz 1 gilt ferner entsprechend in Verfahren über einen Antrag nach § 115 Abs. 2 Satz 2 und 3, § 118 Abs. 1 Satz 3 oder nach § 121 GWB.	
	Unterabschnitt 1 **Berufung, bestimmte Beschwerden und Verfahren vor dem Finanzgericht**	

	Vorbemerkung 3.2.1:
	(1) Dieser Unterabschnitt ist auch anzuwenden
	1. in Verfahren vor dem Finanzgericht,
	2. in Verfahren über Beschwerden oder Rechtsbeschwerden gegen die den Rechtszug beendenden Entscheidungen
	   a) in Familiensachen,
	   b) in Lebenspartnerschaftssachen,
	   c) in Verfahren nach dem Gesetz über das gerichtliche Verfahren in Landwirtschaftssachen und
	   d) im Beschlussverfahren vor den Gerichten für Arbeitssachen,
	3. in Beschwerde- und Rechtsbeschwerdeverfahren gegen den Rechtszug beendende Entscheidungen über Anträge auf Vollstreckbarerklärung ausländischer Titel oder auf Erteilung der Vollstreckungsklausel zu ausländischen Titeln sowie Anträge auf Aufhebung oder Abänderung der Vollstreckbarerklärung oder der Vollstreckungsklausel,
	4. in Beschwerde- und Rechtsbeschwerdeverfahren nach dem GWB,
	5. in Beschwerdeverfahren nach dem WpÜG,
	6. in Beschwerdeverfahren nach dem WpHG,
	7. in Verfahren vor dem BGH über die Beschwerde oder Rechtsbeschwerde gegen Entscheidungen des Bundespatentgerichts,
	8. in Rechtsbeschwerdeverfahren nach dem StVollzG, auch in Verb. mit § 92 JGG,
	9. in Beschwerde- und Rechtsbeschwerdeverfahren nach dem EnWG,
	10. in Beschwerde- und Rechtsbeschwerdeverfahren nach dem VSchDG.
	(2) Für die in Absatz 1 genannten Verfahren ist Unterabschnitt 2 anzuwenden, wenn sich die Parteien nur durch einen beim BGH zugelassenen Rechtsanwalt vertreten lassen können.	

3200	Verfahrensgebühr, soweit in Nummer 3204 nichts anderes bestimmt ist	1,6
3201	Vorzeitige Beendigung des Auftrags: Die Gebühr 3200 beträgt Eine vorzeitige Beendigung liegt vor, 1. wenn der Auftrag endigt, bevor der Rechtsanwalt das Rechtsmittel eingelegt oder einen Schriftsatz, der Sachanträge, Sachvortrag, die Zurücknahme der Klage oder die Zurücknahme des Rechtsmittels enthält, eingereicht oder bevor er für seine Partei einen gerichtlichen Termin wahrgenommen hat, oder	1,1

Anlage 1 zu § 2 Abs. 2 RVG (Auszug) **Anhang III**

Nr.	Gebührentatbestand	Gebühr oder Satz der Gebühr nach § 13 RVG
	2. soweit lediglich beantragt ist, eine Einigung der Parteien oder mit Dritten über in diesem Verfahren nicht rechtshängige Ansprüche zu Protokoll zu nehmen oder festzustellen (§ 278 Abs. 6 ZPO), oder soweit lediglich Verhandlungen zur Einigung über solche Ansprüche geführt werden.	
	Soweit in den Fällen der Nummer 2 der sich nach § 15 Abs. 3 RVG ergebende Gesamtbetrag der Verfahrensgebühren die Gebühr 3200 übersteigt, wird der übersteigende Betrag auf eine Verfahrensgebühr angerechnet, die wegen desselben Gegenstands in einer anderen Angelegenheit entsteht.	
3202	Terminsgebühr, soweit in Nummer 3205 nichts anderes bestimmt ist (1) Die Anmerkung zu Nummer 3104 gilt entsprechend. (2) Die Gebühr entsteht auch, wenn nach § 79a Abs. 2, §§ 90a, 94 a FGO oder § 130a VwGO ohne mündliche Verhandlung entschieden wird.	1,2
3203	Wahrnehmung nur eines Termins, in dem eine Partei, im Berufungsverfahren der Berufungskläger, nicht erschienen oder nicht ordnungsgemäß vertreten ist und lediglich ein Antrag auf Versäumnisurteil oder zur Prozess- oder Sachleitung gestellt wird: Die Gebühr 3202 beträgt Die Anmerkung zu Nummer 3105 und Absatz 2 der Anmerkung zu Nummer 3202 gelten entsprechend.	0,5
3204	Verfahrensgebühr für Verfahren vor den Landessozialgerichten, in denen Betragsrahmengebühren entstehen (§ 3 RVG)	50,00 bis 570,00 EUR
3205	Terminsgebühr in Verfahren vor den Landessozialgerichten, in denen Betragsrahmengebühren entstehen (§ 3 RVG) Die Anmerkung zu Nummer 3106 gilt entsprechend.	20,00 bis 380,00 EUR

Anhang III Anlage 1 zu § 2 Abs. 2 RVG (Auszug)

Nr.	Gebührentatbestand	Gebühr oder Satz der Gebühr nach § 13 RVG
	Unterabschnitt 2 **Revision**	
	Vorbemerkung 3.2.2: Dieser Unterabschnitt ist auch anzuwenden 1. in den in Vorbemerkung 3.2.1 Abs. 1 genannten Verfahren, wenn sich die Parteien nur durch einen beim BGH zugelassenen Rechtsanwalt vertreten lassen können, 2. in Verfahren über die Rechtsbeschwerde nach § 15 des Kapitalanleger-Musterverfahrensgesetzes KapMuG.	
3206	Verfahrensgebühr, soweit in Nummer 3212 nichts anderes bestimmt ist	1,6
3207	Vorzeitige Beendigung des Auftrags: Die Gebühr 3206 beträgt Die Anmerkung zu Nummer 3201 gilt entsprechend.	1,1
3208	Im Verfahren können sich die Parteien nur durch einen beim BGH zugelassenen Rechtsanwalt vertreten lassen: Die Gebühr 3206 beträgt	2,3
3209	Vorzeitige Beendigung des Auftrags, wenn sich die Parteien nur durch einen beim BGH zugelassenen Rechtsanwalt vertreten lassen können: Die Gebühr 3206 beträgt Die Anmerkung zu Nummer 3201 gilt entsprechend.	1,8
3210	Terminsgebühr, soweit in Nummer 3213 nichts anderes bestimmt ist Die Anmerkung zu Nummer 3104 gilt entsprechend.	1,5
3211	Wahrnehmung nur eines Termins, in dem der Revisionskläger nicht ordnungsgemäß vertreten ist und lediglich ein Antrag auf Versäumnisurteil oder zur Prozess- oder Sachleitung gestellt wird: Die Gebühr 3210 beträgt Die Anmerkung zu Nummer 3105 und Absatz 2 der Anmerkung zu Nummer 3202 gelten entsprechend.	0,8
3212	Verfahrensgebühr für Verfahren vor dem BSG, in denen Betragsrahmengebühren entstehen (§ 3 RVG)	80,00 bis 800,00 EUR

Anlage 1 zu § 2 Abs. 2 RVG (Auszug) **Anhang III**

Nr.	Gebührentatbestand	Gebühr oder Satz der Gebühr nach § 13 RVG
3213	Terminsgebühr in Verfahren vor dem BSG, in denen Betragsrahmengebühren entstehen (§ 3 RVG) Die Anmerkung zu Nummer 3106 gilt entsprechend.	40,00 bis 700,00 EUR
	Abschnitt 3 **Gebühren für besondere Verfahren**	
	Unterabschnitt 1 **Besondere erstinstanzliche Verfahren ...**	
	Unterabschnitt 2 **Mahnverfahren**	
	Vorbemerkung 3.3.2: Die Terminsgebühr bestimmt sich nach Abschnitt 1.	
3305	Verfahrensgebühr für die Vertretung des Antragstellers Die Gebühr wird auf die Verfahrensgebühr für einen nachfolgenden Rechtsstreit angerechnet.	1,0
3306	Beendigung des Auftrags, bevor der Rechtsanwalt den verfahrenseinleitenden Antrag oder einen Schriftsatz, der Sachanträge, Sachvortrag oder die Zurücknahme des Antrags enthält, eingereicht hat: Die Gebühr 3305 beträgt	0,5
3307	Verfahrensgebühr für die Vertretung des Antragsgegners Die Gebühr wird auf die Verfahrensgebühr für einen nachfolgenden Rechtsstreit angerechnet.	0,5
3308	Verfahrensgebühr für die Vertretung des Antragstellers im Verfahren über den Antrag auf Erlass eines Vollstreckungsbescheids Die Gebühr entsteht neben der Gebühr 3305 nur, wenn innerhalb der Widerspruchsfrist kein Widerspruch erhoben oder der Widerspruch gemäß § 703a Abs. 2 Nr. 4 ZPO beschränkt worden ist. Nummer 1008 ist nicht anzuwenden, wenn sich bereits die Gebühr 3305 erhöht.	0,5

Anhang III Anlage 1 zu § 2 Abs. 2 RVG (Auszug)

Nr.	Gebührentatbestand	Gebühr oder Satz der Gebühr nach § 13 RVG
\multicolumn{3}{c}{**Unterabschnitt 3** Zwangsvollstreckung und Vollziehung einer im Wege des einstweiligen Rechtsschutzes ergangenen Entscheidung}		

Nr.	Gebührentatbestand	Gebühr oder Satz der Gebühr nach § 13 RVG
	Unterabschnitt 3 **Zwangsvollstreckung und Vollziehung einer im Wege des einstweiligen Rechtsschutzes ergangenen Entscheidung**	
	Vorbemerkung 3.3.3: Dieser Unterabschnitt gilt auch für Verfahren auf Eintragung einer Zwangshypothek (§§ 867 und 870 a ZPO), Verfahren nach § 33 FGG und für gerichtliche Verfahren über einen Akt der Zwangsvollstreckung (des Verwaltungszwangs).	
3309	Verfahrensgebühr Die Gebühr entsteht für die Tätigkeit in der Zwangsvollstreckung, soweit nachfolgend keine besonderen Gebühren bestimmt sind.	0,3
3310	Terminsgebühr Die Gebühr entsteht nur für die Teilnahme an einem gerichtlichen Termin oder einem Termin zur Abnahme der eidesstattlichen Versicherung.	0,3
	Unterabschnitt 4 **Zwangsversteigerung und Zwangsverwaltung ...**	
	Unterabschnitt 5 **Insolvenzverfahren, Verteilungsverfahren nach der Schifffahrtsrechtlichen Verteilungsordnung SVertO ...**	
	Unterabschnitt 6 **Sonstige besondere Verfahren**	
	Vorbemerkung 3.3.6: Die Terminsgebühr bestimmt sich nach Abschnitt 1, soweit in diesem Unterabschnitt nichts anderes bestimmt ist.	
3324	Verfahrensgebühr für das Aufgebotsverfahren	1,0
3325	Verfahrensgebühr für Verfahren nach § 148 Abs. 1 und 2, §§ 246a, 319 Abs. 6 AktG, auch in Verb. mit § 327e Abs. 2 AktG, oder nach § 16 Abs. 3 UmwG	0,75
3326	Verfahrensgebühr für Verfahren vor den Gerichten für Arbeitssachen, wenn sich die Tätigkeit auf eine gerichtliche Entscheidung über die Bestimmung einer Frist (§ 102 Abs. 3 des Arbeitsgerichtsgesetzes ArbGG), die Ablehnung eines Schiedsrichters (§ 103 Abs. 3 ArbGG) oder die Vornahme einer Beweisaufnahme oder einer Vereidigung (§ 106 Abs. 2 des Arbeitsgerichtsgesetzes ArbGG) beschränkt	0,75

Anlage 1 zu § 2 Abs. 2 RVG (Auszug) **Anhang III**

Nr.	Gebührentatbestand	Gebühr oder Satz der Gebühr nach § 13 RVG
3327	Verfahrensgebühr für gerichtliche Verfahren über die Bestellung eines Schiedsrichters oder Ersatzschiedsrichters, über die Ablehnung eines Schiedsrichters oder über die Beendigung des Schiedsrichteramts, zur Unterstützung bei der Beweisaufnahme oder bei der Vornahme sonstiger richterlicher Handlungen anlässlich eines schiedsrichterlichen Verfahrens	0,75
3328	Verfahrensgebühr für Verfahren über die vorläufige Einstellung, Beschränkung oder Aufhebung der Zwangsvollstreckung Die Gebühr entsteht nur, wenn eine abgesonderte mündliche Verhandlung hierüber stattfindet. Wird der Antrag beim Vollstreckungsgericht und beim Prozessgericht gestellt, entsteht die Gebühr nur einmal.	0,5
3329	Verfahrensgebühr für Verfahren auf Vollstreckbarerklärung der durch Rechtsmittelanträge nicht angefochtenen Teile eines Urteils (§§ 537, 558 ZPO)	0,5
3330	Verfahrensgebühr für Verfahren über eine Rüge wegen Verletzung des Anspruchs auf rechtliches Gehör	0,5
3331	Verfahrensgebühr für das Verfahren über einen Antrag auf Abänderung eines Vollstreckungstitels nach § 655 Abs. 1 ZPO Der Wert bestimmt sich nach § 42 GKG.	0,5
3332	Terminsgebühr in den in Nummern 3324 bis 3331 genannten Verfahren	0,5
3333	Verfahrensgebühr für ein Verteilungsverfahren außerhalb der Zwangsversteigerung und der Zwangsverwaltung Der Wert bestimmt sich nach § 26 Nr. 1 und 2 RVG. Eine Terminsgebühr entsteht nicht.	0,4
3334	Verfahrensgebühr für Verfahren vor dem Prozessgericht oder dem Amtsgericht auf Bewilligung, Verlängerung oder Verkürzung einer Räumungsfrist (§§ 721, 794 a ZPO), wenn das Verfahren mit dem Verfahren über die Hauptsache nicht verbunden ist	1,0

Anhang III   Anlage 1 zu § 2 Abs. 2 RVG (Auszug)

Nr.	Gebührentatbestand	Gebühr oder Satz der Gebühr nach § 13 RVG
3335	Verfahrensgebühr für das Verfahren über die Prozesskostenhilfe, soweit in Nummer 3336 nichts anderes bestimmt ist (1) Im Verfahren über die Bewilligung der Prozesskostenhilfe oder die Aufhebung der Bewilligung nach § 124 Nr. 1 ZPO bestimmt sich der Gegenstandswert nach dem für die Hauptsache maßgebenden Wert; im Übrigen ist er nach dem Kosteninteresse nach billigem Ermessen zu bestimmen. (2) Entsteht die Verfahrensgebühr auch für das Verfahren, für das die Prozesskostenhilfe beantragt worden ist, werden die Werte nicht zusammengerechnet.	in Höhe der Verfahrensgebühr für das Verfahren, für das die Prozesskostenhilfe beantragt wird, höchstens 1,0
3336	Verfahrensgebühr für das Verfahren über die Prozesskostenhilfe vor Gerichten der Sozialgerichtsbarkeit, wenn in dem Verfahren, für das Prozesskostenhilfe beantragt wird, Betragsrahmengebühren entstehen (§ 3 RVG)	30,00 bis 320,00 EUR
3337	Vorzeitige Beendigung des Auftrags im Fall der Nummern 3324 bis 3327, 3334 und 3335: Die Gebühren 3324 bis 3327, 3334 und 3335 betragen Eine vorzeitige Beendigung liegt vor, 1. wenn der Auftrag endigt, bevor der Rechtsanwalt den das Verfahren einleitenden Antrag oder einen Schriftsatz, der Sachanträge, Sachvortrag oder die Zurücknahme des Antrags enthält, eingereicht oder bevor er für seine Partei einen gerichtlichen Termin wahrgenommen hat, oder 2. soweit lediglich beantragt ist, eine Einigung der Parteien zu Protokoll zu nehmen.	0,5

Anlage 1 zu § 2 Abs. 2 RVG (Auszug) **Anhang III**

Nr.	Gebührentatbestand	Gebühr oder Satz der Gebühr nach § 13 RVG
	Abschnitt 4 **Einzeltätigkeiten**	

Vorbemerkung 3.4:(1) Für in diesem Abschnitt genannte Tätigkeiten entsteht eine Terminsgebühr nur, wenn dies ausdrücklich bestimmt ist.
(2) Im Verfahren vor den Sozialgerichten, in denen Betragsrahmengebühren entstehen (§ 3 RVG), vermindern sich die in den Nummern 3400, 3401, 3405 und 3406 bestimmten Höchstbeträge auf die Hälfte, wenn eine Tätigkeit im Verwaltungsverfahren oder im weiteren, der Nachprüfung des Verwaltungsakts dienenden Verwaltungsverfahren vorausgegangen ist. Bei der Bemessung der Gebühren ist nicht zu berücksichtigen, dass der Umfang der Tätigkeit infolge der Tätigkeit im Verwaltungsverfahren oder im weiteren, der Nachprüfung des Verwaltungsakts dienenden Verwaltungsverfahren geringer ist.

3400	Der Auftrag beschränkt sich auf die Führung des Verkehrs der Partei mit dem Verfahrensbevollmächtigten: Verfahrensgebühr Die gleiche Gebühr entsteht auch, wenn im Einverständnis mit dem Auftraggeber mit der Übersendung der Akten an den Rechtsanwalt des höheren Rechtszugs gutachterliche Äußerungen verbunden sind.	in Höhe der dem Verfahrensbevollmächtigten zustehenden Verfahrensgebühr, höchstens 1,0, bei Betragsrahmengebühren höchstens 260,00 EUR
3401	Der Auftrag beschränkt sich auf die Vertretung in einem Termin im Sinne der Vorbemerkung 3 Abs. 3: Verfahrensgebühr	in Höhe der Hälfte der dem Verfahrensbevollmächtigten zustehenden Verfahrensgebühr
3402	Terminsgebühr in dem in Nummer 3401 genannten Fall	in Höhe der einem Verfahrensbevollmächtigten zustehenden Terminsgebühr

Anhang III   Anlage 1 zu § 2 Abs. 2 RVG (Auszug)

Nr.	Gebührentatbestand	Gebühr oder Satz der Gebühr nach § 13 RVG
3403	Verfahrensgebühr für sonstige Einzeltätigkeiten, soweit in Nummer 3406 nichts anderes bestimmt ist Die Gebühr entsteht für sonstige Tätigkeiten in einem gerichtlichen Verfahren, wenn der Rechtsanwalt nicht zum Prozess- oder Verfahrensbevollmächtigten bestellt ist, soweit in diesem Abschnitt nichts anderes bestimmt ist.	0,8
3404	Der Auftrag beschränkt sich auf ein Schreiben einfacher Art: Die Gebühr 3403 beträgt Die Gebühr entsteht insbesondere, wenn das Schreiben weder schwierige rechtliche Ausführungen noch größere sachliche Auseinandersetzungen enthält.	0,3
3405	Endet der Auftrag 1. im Fall der Nummer 3400, bevor der Verfahrensbevollmächtigte beauftragt oder der Rechtsanwalt gegenüber dem Verfahrensbevollmächtigten tätig geworden ist, 2. im Fall der Nummer 3401, bevor der Termin begonnen hat: Die Gebühren 3400 und 3401 betragen Im Fall der Nummer 3403 gilt die Vorschrift entsprechend.	höchstens 0,5, bei Betragsrahmengebühren höchstens 130,00 EUR
3406	Verfahrensgebühr für sonstige Einzeltätigkeiten in Verfahren vor Gerichten der Sozialgerichtsbarkeit, wenn Betragsrahmengebühren entstehen (§ 3 RVG) Die Anmerkung zu Nummer 3403 gilt entsprechend.	10,00 bis 200,00 EUR
Abschnitt 5 **Beschwerde, Nichtzulassungsbeschwerde und Erinnerung**		
Vorbemerkung 3.5: Die Gebühren nach diesem Abschnitt entstehen nicht in den in Vorbemerkung 3.1 Abs. 2 und Vorbemerkung 3.2.1 genannten Beschwerdeverfahren.		
3500	Verfahrensgebühr für Verfahren über die Beschwerde und die Erinnerung, soweit in diesem Abschnitt keine besonderen Gebühren bestimmt sind	0,5

Anlage 1 zu § 2 Abs. 2 RVG (Auszug) **Anhang III**

Nr.	Gebührentatbestand	Gebühr oder Satz der Gebühr nach § 13 RVG
3501	Verfahrensgebühr für Verfahren vor den Gerichten der Sozialgerichtsbarkeit über die Beschwerde und die Erinnerung, wenn in den Verfahren Betragsrahmengebühren entstehen (§ 3 RVG), soweit in diesem Abschnitt keine besonderen Gebühren bestimmt sind	15,00 bis 160,00 EUR
3502	Verfahrensgebühr für das Verfahren über die Rechtsbeschwerde (§ 574 ZPO, § 78 Satz 2 des ArbeitsgerichtsgesetzesArbGG)	1,0
3503	Vorzeitige Beendigung des Auftrags: Die Gebühr 3502 beträgt Die Anmerkung zu Nummer 3201 ist entsprechend anzuwenden.	0,5
3504	Verfahrensgebühr für das Verfahren über die Beschwerde gegen die Nichtzulassung der Berufung, soweit in Nummer 3511 nichts anderes bestimmt ist Die Gebühr wird auf die Verfahrensgebühr für ein nachfolgendes Berufungsverfahren angerechnet.	1,6
3505	Vorzeitige Beendigung des Auftrags: Die Gebühr 3504 beträgt Die Anmerkung zu Nummer 3201 ist entsprechend anzuwenden.	1,0
3506	Verfahrensgebühr für das Verfahren über die Beschwerde gegen die Nichtzulassung der Revision, soweit in Nummer 3512 nichts anderes bestimmt ist Die Gebühr wird auf die Verfahrensgebühr für ein nachfolgendes Revisionsverfahren angerechnet.	1,6
3507	Vorzeitige Beendigung des Auftrags: Die Gebühr 3506 beträgt Die Anmerkung zu Nummer 3201 ist entsprechend anzuwenden.	1,1
3508	...	
3513	Terminsgebühr in den in Nummer 3500 genannten Verfahren	0,5

Anhang III Anlage 1 zu § 2 Abs. 2 RVG (Auszug)

Nr.	Gebührentatbestand	Gebühr oder Satz der Gebühr nach § 13 RVG
3514	Das Beschwerdegericht entscheidet über eine Beschwerde gegen die Zurückweisung des Antrags auf Anordnung eines Arrests oder Erlass einer einstweiligen Verfügung durch Urteil: Die Gebühr 3513 beträgt	1,2
3515	Terminsgebühr in den in Nummer 3501 genannten Verfahren	15,00 bis 160,00 EUR
3516	Terminsgebühr in den in Nummern 3502, 3504, 3506 und 3510 genannten Verfahren	1,2
3517	Terminsgebühr in den in Nummer 3511 genannten Verfahren	12,50 bis 215,00 EUR
3518	Terminsgebühr in den in Nummer 3512 genannten Verfahren	20,00 bis 350,00 EUR

...

Anlage 1 zu § 2 Abs. 2 RVG (Auszug) **Anhang III**

Teil 7
Auslagen

Nr.	Auslagentatbestand	Höhe
	Vorbemerkung 7: (1) Mit den Gebühren werden auch die allgemeinen Geschäftskosten entgolten. Soweit nachfolgend nichts anderes bestimmt ist, kann der Rechtsanwalt Ersatz der entstandenen Aufwendungen (§ 675 in Verb. mit § 670 BGB) verlangen. (2) Eine Geschäftsreise liegt vor, wenn das Reiseziel außerhalb der Gemeinde liegt, in der sich die Kanzlei oder die Wohnung des Rechtsanwalts befindet. (3) Dient eine Reise mehreren Geschäften, sind die entstandenen Auslagen nach den Nummern 7003 bis 7006 nach dem Verhältnis der Kosten zu verteilen, die bei gesonderter Ausführung der einzelnen Geschäfte entstanden wären. Ein Rechtsanwalt, der seine Kanzlei an einen anderen Ort verlegt, kann bei Fortführung eines ihm vorher erteilten Auftrags Auslagen nach den Nummern 7003 bis 7006 nur insoweit verlangen, als sie auch von seiner bisherigen Kanzlei aus entstanden wären.	

7000	Pauschale für die Herstellung und Überlassung von Dokumenten:
	
	1. für Ablichtungen und Ausdrucke
	  a) aus Behörden- und Gerichtsakten, soweit deren Herstellung zur sachgemäßen Bearbeitung der Rechtssache geboten war,
	  b) zur Zustellung oder Mitteilung an Gegner oder Beteiligte und Verfahrensbevollmächtigte auf Grund einer Rechtsvorschrift oder nach Aufforderung durch das Gericht, die Behörde oder die sonst das Verfahren führende Stelle, soweit hierfür mehr als 100 Seiten zu fertigen waren,
	  c) zur notwendigen Unterrichtung des Auftraggebers, soweit hierfür mehr als 100 Seiten zu fertigen waren,
	  d) in sonstigen Fällen nur, wenn sie im Einverständnis mit dem Auftraggeber zusätzlich, auch zur Unterrichtung Dritter, angefertigt worden sind:	

	für die ersten 50 abzurechnenden Seiten je Seite	0,50 EUR
	für jede weitere Seite	0,15 EUR
	2. für die Überlassung von elektronisch gespeicherten Dateien anstelle der in Nummer 1 Buchst. d genannten Ablichtungen und Ausdrucke: je Datei	2,50 EUR
	Die Höhe der Dokumentenpauschale nach Nummer 1 ist in derselben Angelegenheit und in gerichtlichen Verfahren in demselben Rechtszug einheitlich zu berechnen. Eine Übermittlung durch den	

Anhang III — Anlage 1 zu § 2 Abs. 2 RVG (Auszug)

Nr.	Auslagentatbestand	Höhe
	Rechtsanwalt per Telefax steht der Herstellung einer Ablichtung gleich.	
7001	Entgelte für Post- und Telekommunikationsdienstleistungen Für die durch die Geltendmachung der Vergütung entstehenden Entgelte kann kein Ersatz verlangt werden.	in voller Höhe
7002	Pauschale für Entgelte für Post- und Telekommunikationsdienstleistungen Die Pauschale kann in jeder Angelegenheit anstelle der tatsächlichen Auslagen nach Nummer 7001 gefordert werden.	20 % der Gebühren höchstens 20,00 EUR
7003	Fahrtkosten für eine Geschäftsreise bei Benutzung eines eigenen Kraftfahrzeugs für jeden gefahrenen Kilometer Mit den Fahrtkosten sind die Anschaffungs-, Unterhaltungs- und Betriebskosten sowie die Abnutzung des Kraftfahrzeugs abgegolten.	0,30 EUR
7004	Fahrtkosten für eine Geschäftsreise bei Benutzung eines anderen Verkehrsmittels, soweit sie angemessen sind	in voller Höhe
7005	Tage- und Abwesenheitsgeld bei einer Geschäftsreise 1. von nicht mehr als 4 Std. 2. von mehr als 4 bis 8 Std. 3. von mehr als 8 Std. Bei Auslandsreisen kann zu diesen Beträgen ein Zuschlag von 50 % berechnet werden.	 20,00 EUR 35,00 EUR 60,00 EUR
7006	Sonstige Auslagen anlässlich einer Geschäftsreise, soweit sie angemessen sind	in voller Höhe
7007	...	
7008	Umsatzsteuer auf die Vergütung Dies gilt nicht, wenn die Umsatzsteuer nach § 19 Abs. 1 UStG unerhoben bleibt.	in voller Höhe

Anhang IV

Gebührentabelle zu § 13 Abs. 1 RVG

Gegenstandswert bis ... €	Gebühr ... €	Gegenstandswert bis ... €	Gebühr ... €
300	25	40 000	902
600	45	45 000	974
900	65	50 000	1 046
1 200	85	65 000	1 123
1 500	105	80 000	1 200
2 000	133	95 000	1 277
2 500	161	110 000	1 354
3 000	189	125 000	1 431
3 500	217	140 000	1 508
4 000	245	155 000	1 585
4 500	273	170 000	1 662
5 000	301	185 000	1 739
6 000	338	200 000	1 816
7 000	375	230 000	1 934
8 000	412	260 000	2 052
9 000	449	290 000	2 170
10 000	486	320 000	2 288
13 000	526	350 000	2 406
16 000	566	380 000	2 524
19 000	606	410 000	2 642
22 000	646	440 000	2 760
25 000	686	470 000	2 878
30 000	758	500 000	2 996
35 000	830		

Stichwortverzeichnis

Die fettgedruckten Zahlen verweisen auf die Paragraphen des Gesetzes, die nachgestellten mageren Zahlen auf die Randziffern der Erläuterungen.

Abfassung des Urteils
- Folgen der Nichtbeachtung **60** 14 ff.
- Form **60** 9 f.
- Zeitpunkt **60** 11 ff.

Abhilfeverfahren 78 5

Ablehnung eines Richters 49 5 ff.

Ablehnung von Gerichtspersonen 49 1 ff.
- Ablehnung eines Richters **49** 5 ff.
- Ablehnungsgesuch **49** 11
- Ausschließung eines Richters **49** 2 ff.
- Rechtsmittel **49** 17
- Verfahren **49** 12 ff.

Abmahnung
- Klage auf Entfernung **46** 42

Abtretung 3 5

Alleinentscheidung des Vorsitzenden 53 4; **55** 1 ff.
- Anhörungsrüge **78a** 20 ff.
- auf Antrag der Parteien **55** 17 ff.
- Beschlüsse **53** 8
- Beweisbeschluss **55** 22
- streitige Verhandlung **55** 1a ff.
- Voraussetzungen im Einzelnen **55** 4 ff.

Allgemeine Verfahrensvorschriften 9 1 ff.

Amtsenthebung
- Verfahren **26** 6 ff.

Anerkenntnisurteil 64 8

Anfechtbare Entscheidungen 78a 2 ff.
- Arbeitsgericht **78a** 3 ff.
- Bundesarbeitsgericht **78a** 8
- Landesarbeitsgericht **78a** 7

Anfechtung
- eines Beschlusses **77** 1

Anhörungsrüge 78a 1 ff.
- anfechtbare Entscheidungen **78a** 2 ff.
- Anschlussrechtsmittel **78a** 13
- Begründetheit **78a** 17 ff.
- Beschlussverfahren **78a** 27
- einstweilige Einstellung der Zwangsvollstreckung **78a** 26
- Form **78a** 16 ff.
- Frist **78a** 12 ff.
- Fristende **78a** 15
- Rechtskraft der angegriffenen Entscheidung **78a** 26
- Verfahren **78a** 20 ff.
- Verfassungsbeschwerde **78a** 11
- Versäumnisurteil **78a** 14
- Vollstreckungsbescheid **78a** 14
- Zulässigkeit **78a** 12 ff.
- Zulässigkeitsprüfung **78a** 20 ff.
- Zwischenentscheidungen **78a** 9

Anhörungsrügengesetz 78a 1

Anschlussberufung 64 9 ff.

Antrag
- Protokoll **57** 3
- Übergehen eines Antrags im Urteil **61** 12 ff.

Arbeitgeberbegriff 5 4

Arbeitgebervereinigungen
- *s. unter Prozessvertretung*

Arbeitnehmer
- Beispiele **5** 2

915

Stichwortverzeichnis

Arbeitnehmerähnliche Personen 1 19; 5 6 ff.
Arbeitnehmerbegriff 5 1 ff.
- als Arbeitnehmer Geltende 5 5
- arbeitnehmerähnliche Personen 5 6 ff.
- Arbeitnehmer 5 1 ff.
- Beamte 5 15
- Handelsvertreter 5 9 ff.
- Vertretungsorgane 5 12 ff.

Arbeitnehmerentsendung 1 6
Arbeitnehmererfindungs- und Urheberrechtsstreitigkeiten 2 20
Arbeitnehmervereinigungen
- s. unter Prozessvertretung

Arbeitsgericht
- s.a. Kammern
- Errichtung und Organisation 14 1 ff.
- Verwaltungs- und Dienstaufsicht 15 1 ff.
- Zusammensetzung 16 1 ff.
- Zusammensetzung der Kammern 16 4

Arbeitsgerichtsbarkeit
- Ausschluss der ~ 4 1 ff.

Arbeitsgerichtsgesetz
- Anwendbarkeit 1 3 ff.
- Internationale Zuständigkeit 1 5 ff.

Arbeitskampf 2 6
Arbeitsort 48 16 ff.
Arbeitspapiere 2 12
Arbeitssachen 1 1
Arbeitsverhältnis
- Eingehung 2 10
- Nachwirkungen 2 10

Arbeitsverhältnisse mit Kirchen 1 13
Arrest
- Anordnung 62 92
- Rechtsbehelfe 62 129
- Vollziehung 62 126

Assessor 11 10
Aufbau der Arbeitsgerichtsbarkeit 1 2
Auflagenbeschluss 56 4 ff.
Augenschein
- Beweisantritt 58 41
- Beweisaufnahme 58 49 f.

Auslagen, anwaltliche 12, 12a 131
Auslagen, gerichtliche 12, 12a 100 ff.
Ausschließung eines Richters 49 2 ff.
Außergerichtliche Kosten 12, 12a 107 ff.
- sonstige 12, 12a 132

Ausschuss der ehrenamtlichen Richter
- Befugnisse 29 5
- Einberufung 29 4
- Geschäftsordnung 29 4
- Größe 29 2
- Landesarbeitsgericht 38 1 f.
- Wahl 29 3

Aussetzung des Verfahrens 55 14 ff.
- funktionelle Zuständigkeit 55 12 ff.

Auswärtige Kammern 14 3

Beamte 2 4; 5 15
Befangenheit des Richters 49 5 ff.
Befugnisse des Vorsitzenden 53 1 ff.
Beibringungsgrundsatz 46 13 ff.
Beiordnung eines Rechtsanwalts 11a 54 ff.
- Anwendungsbereich 11a 55
- Unterbleiben 11a 61
- Verfahren 11a 62
- Voraussetzungen 11a 56
- Wirkung der ~ 11a 63

Beistand 11 41

Beratung und Abstimmung 9 6
Beratungshilfe 11a 65 ff.
Berufsausbildung 5 3
Berufsrichter 16 1, 2
- Rechtsstellung 6 11

Berufung
- s.a. Berufungsfrist
- Ablehnung von Richtern 64 17
- Anerkenntnisurteil 64 8
- Anschluss~ 64 11
- Berichtigung des Tatbestandes 64 14
- Berufungsbeantwortungsfrist 66 11
- Berufungsbegründung 66 31 ff.
- Berufungsfrist 66 6 ff.
- Berufungsschrift 66 22 ff.
- Beschränkung 65 1 ff.
- Einlegung 66 1 ff.
- Ende der Berufungsfrist 66 10
- formelle Beschwer 64 8
- Fristablauf 66 21
- gegen zweite Versäumnisurteile 64 11a
- Klageerweiterung 66 42b
- Lauf der Berufungsfrist 66 9
- materielle Beschwer 64 8
- mehrerer Streitgenossen 64 9
- Prozesskostenhilfe 66 20
- Rechtsstreitigkeiten über das Bestehen, das Nichtbestehen oder die Kündigung eines Arbeitsverhältnisses 64 10b
- Rücknahme 64 13 f.; 66 5
- Statthaftigkeit 64 4 f.
- Urteil 69 1 ff.
- Verwerfung der ~ 66 44 f.; 77 2
- Versäumnisurteil 64 16, 18
- vor Zustellung des Urteils 66 4
- vorrangige Erledigung 64 21
- Zulassung neuer Angriffs- und Verteidigungsmittel 67 1 ff.
- Zulassung 64 6 ff.
- Zulassungsentscheidung 61 23 f.
- Zurückverweisung 68 1 ff.

Berufungsfrist
- s.a. Versäumung der Berufungsfrist
- Berichtigungsbeschluss 66 6a
- Ende der ~ 66 10
- Ergänzungsurteil 66 6b
- Fristenkontrolle 66 16a
- Lauf der ~ 66 9
- Notfrist 66 2, 13
- Rechtsmittelbelehrung 66 8, 20d
- Verlängerungsverfügung 66 34a ff.
- Versäumung 66 13 ff.

Berufungsgericht 1 2; 8 3 f.; 64 2
Berufungsurteil 69 1 ff.
Berufungsverfahren 64 ff.
- Anspruch auf Terminsverlegung 64 20
- s.a. Berufung

Beschäftigungsklage 46 35
Beschleunigungsgebot
- im Kündigungsschutzverfahren 61a 3 ff.

Beschleunigungsgrundsatz 9 2 f.
Beschluss 96 1 ff.
- Anfechtung 77 1
- Beschlussverfahren des ersten Rechtszuges 84 1 ff.

Beschlussverfahren 8 1 ff.
- s.a. Beschlussverfahren des ersten Rechtszuges
- s.a. Beschlussverfahren des zweiten Rechtszuges
- s.a. Beschlussverfahren in besonderen Fällen
- s.a. Zuständigkeit im Beschlussverfahren
- kirchenarbeitsrechtliches 85 5h
- über Tariffähigkeit und Tarifzuständigkeit 63 4

Stichwortverzeichnis

- Zuständigkeit im ~ **2a** 1 ff.
Beschlussverfahren des ersten Rechtszuges 80 1 ff.
- Amtsermittlungsgrundsatz **83** 3
- Antrag **81** 1 ff.
- Antragsbefugnis **81** 7 f.
- Antragsrücknahme **81** 12
- Antragsschrift **81** 2 ff.
- Beschluss **84** 1 ff.
- Beteiligte **83** 2 ff.
- Erledigungserklärung **83a** 2 ff.
- örtliche Zuständigkeit **82** 1 ff.
- Rechtsschutzinteresse **81** 4
- Untersuchungsgrundsatz **83** 1
- Verfahren **83** 1 ff.
- Vergleich **83a** 1 ff.
- Versäumnisverfahren **83** 6a
- Zwangsvollstreckung **85** 1 ff.
Beschlussverfahren des zweiten Rechtszuges 87 1 ff.
- Anschlussbeschwerde **87** 3
- Antragsrücknahme **89** 12
- Begründung der Beschwerde **87** 1
- Beschleunigungsgrundsatz **87** 8
- Beschränkung der Beschwerde **88** 1 ff.
- Beschwerdebegründungsschrift **89** 7
- Beschwerdefrist **89** 4
- Beschwerdeschrift **87** 5; **89** 5
- Einlegung der Beschwerde **89** 1 ff.
- Entscheidung **91** 1 ff.
- Rechtsbeschwerde **91** 5
- Rücknahme der Beschwerde **89** 1, 10
- Verfahren, Besonderheiten **90** 1 ff.
- Zurückverweisung **91** 3

Beschlussverfahren in besonderen Fällen 97 1 ff.
- Antragsberechtigte **97** 5
- Beschwerde **98** 12
- Besetzung der Einigungsstelle **98** 1 ff.
- Rechtskraft der Entscheidung **97** 6a
- über Tariffähigkeit **97** 1 ff.
- über Tarifzuständigkeit **97** 1 ff.
- Wiederaufnahmeverfahren **97** 7
Beschwer
- bei unbeziffertem Klageantrag **64** 10
- formelle **64** 8
- materielle **64** 8
Beschwerde
- Beschränkung der ~ **88** 1 ff.
- Streitwert **12, 12a** 57
Beschwerdegericht 1 2; **8** 3 f.
Beschwerdeverfahren 78 1 ff.
- *s.a. Anhörungsrüge*
- Abhilfeverfahren **78** 5
- Anspruch auf rechtliches Gehör **78a** 1 ff.
- Frist **78** 8
- nachträgliche Klagezulassung **78** 7a
- Nichtabhilfeverfahren **78** 4
- Rechtsmittel **78** 10
- sofortige Beschwerde **78** 4 f.
- Zulassung **78** 1
- Zurückverweisungsverbot **78** 6
Beschwerdewert 64 10
Bestandsstreitigkeiten 2 9
Beteiligtenfähigkeit 10 1, 5 ff.
Betriebliche Altersversorgung 2 13
Betriebsgeheimnis
- Ausschließung der Öffentlichkeit **52** 3
Betriebsratsmitglieder
- Ansprüche **2** 8

Betriebsübergang 3 5
Bevollmächtigte 11 1 ff.
- *s.a. Prozessvertretung*
- *s.a. Rechtsanwalt*
- *s.a. Verbandsvertreter*
- Zurückweisung eines ~ 55 16c
Beweisaufnahme
- *s.a. Rechtshilfeersuchen*
- Augenscheinseinnahme 58 49 f.
- Beweisanordnung 58 46 ff.
- Beweislast 58 3 ff.
- Beweismittel 58 40 ff.
- Parteivernehmung 58 63
- Sachverständigengutachten 58 58 ff.
- Urkundenvorlage 58 61 f.
- Voraussetzungen 58 2
- Zeugenvernehmung 58 51 ff.
Beweisbeschluss
- vor der Kammerverhandlung 55 22
Beweiserleichterungen 58 9 ff.
Beweislast 58 7 ff.
Beweismittel 58 40 ff.
- Augenschein 58 41
- Parteivernehmung 58 45
- Sachverständige 58 43
- Urkunden 58 44
- Zeugen 58 42
Beweiswürdigung 58 64 ff.
Bilaterale Staatsverträge 1 10
Brüsseler Übereinkommen 1 7
Bruttolohnklage 46 31 ff.
- Zwangsvollstreckung 62 35
Bürgerliche Rechtsstreitigkeiten 2 4 f., 7
Bürgschaft 3 5
Bundesarbeitsgericht 1 2; 8 3 f. 1 ff.
- Bundesrichter 42 1 ff.
- ehrenamtliche Richter 43 1 ff.
- Errichtung 40 1 ff.
- Geschäftsordnung 44 4
- Geschäftsverteilungsplan 44 2

- Großer Senat 45 1 ff.
- Revisionsverfahren 72 1 ff.
- Zusammensetzung 41 1 ff.
Bundesrichter 42 1 ff.
- persönliche Voraussetzungen 42 3
- Rückberufungen 42 5
- Wahlverfahren 42 2
Bundesverfassungsgericht 1 14
Bürovorsteher 11 10

Dienstaufsicht 15 1 ff.
Dienstaufsichtsbeschwerde 15 2
Dienstordnungs-Angestellte 2 4
Diplomjuristen
- *s. unter Prozessvertretung*
Drittschuldnerklage 62 38

Ehrenamtliche Richter 6 1 ff.; 16 1, 3
- Abgrenzung zur Alleinentscheidungsbefugnis des Vorsitzenden 6 6
- Ablehnung des Amtes 24 1 ff.
- Altersteilzeit 21 4
- Amtsenthebung 27 1 ff.
- Amtspflichtverletzung 27 2 ff.; 28 2; 29 1 ff.
- Anbindung an Gerichtsbezirk 21 3 ff.
- Arbeitslose 21 6; 23 1
- Aufstellung der Liste 31 2
- aus Kreisen der Arbeitgeber 21 3; 22 1 ff.
- aus Kreisen der Arbeitnehmer 21 2; 23 1 f.
- Ausschluss 29 1 ff.
- Auswahl 20 9 f.
- Beamte 21 12; 22 4
- Befugnisse 53 1 f.
- Beamte 22 4
- Beratung und Abstimmung 6 4
- Berufung 20 1 ff.

919

Stichwortverzeichnis

- Besetzung der Fachkammern 30 1 ff.
- Betriebsleiter 22 3
- Bundesarbeitsgericht 43 1 ff.
- Dauer der Berufung 20 4 ff.
- Ende der Amtszeit 21 17 ff.
- Entbindung vom Amt 21 20 ff.
- Entschädigung 6 8 f.
- Haftung 6 10 f.
- Heranziehung bei Anhörungsrüge 78a 22
- in Fachkammern 30 3
- Generalbevollmächtigte 22 3
- gesetzlicher Richter 31 1, 8, 10
- Heranziehung der ~ 31 1 ff., 7 ff.
- Hilfsliste 31 5
- Kündigungsschutz 26 7
- Landesarbeitsgericht 37 1 ff.
- negative Berufungsvoraussetzungen 21 7 ff.
- Niederlegung des Amtes 24 1 ff.
- Ordnungsgeld gegen ~ 28 1 ff.
- Personalleiter 22 3
- persönliche Rechtsstellung 6 10
- positive Berufungsvoraussetzungen 21 1 ff.
- Prokuristen 22 3
- Rechte und Pflichten 6 7
- rechtliche Überprüfung der Auswahl 20 11
- Rechtsanwalt 21 14
- Rechtsstellung 6 3 ff.
- Tätigkeit im Gerichtsbezirk 21 3 ff.
- Schutz 6 10; 26 1 ff.
- Unabhängigkeit 6 3, 11
- Unterrichtung 6 5
- Urteilsunterschrift 6 4
- Verbandsvertreter 21 14
- Verfahren der Amtsentbindung 21 22 f.
- Vereidigung 20 3
- Vermögensverfall 21 11
- Voraussetzungen für die Berufung 21 1 ff.
- Vorschlagslisten 20 7 f.
- Wahlrecht zum Bundestag 21 10
- Wohnen im Gerichtsbezirk 21 5a
- Zuständigkeit für Berufung 20 6
- Zuständigkeit zu Spruchkörpern 6a 1

Ehrenamtliche Richter, Bundesarbeitsgericht
- Anhörung 44 1 ff.

Ehrenamtliche Richter, Landesarbeitsgericht
- Ausschuss 39
- Heranziehung 39

Ehrverletzende Behauptungen 2 6

Eingruppierungsfeststellungsklage 46 56 ff.

Einigungsstelle 4 4
- Beschlussverfahren über Besetzung der ~ 98 1 ff.

Einlassungsfrist
- Auslandszustellung 47 7
- Folgen der Nichteinhaltung 47 8
- Inlandszustellung 47 5 f.

Einlegung der Rechtsbeschwerde
- Begründung 94 4 ff.
- Entscheidung 96 1 ff.
- Frist 94 2b
- Rechtsbeschwerdeschrift 94 3
- Rücknahme 94 12
- Streitgegenstand 94 8
- Verfahren 95 1 ff.

Einspruch
- Termin 59 23
- Zulässigkeit 59 18
- zweites Versäumnisurteil 59 25 ff.

Einspruchsverfahren
- keine Güteverhandlung **54** 1

Einstweilige Einstellung der Zwangsvollstreckung
- funktionelle Zuständigkeit **55** 10

Einstweilige Verfügung 62 61 ff., 95 ff.
- Beispiele **62** 99 ff.
- Gerichtskosten **12, 12a** 24
- keine Güteverhandlung **54** 1
- Rechtsbehelfe **62** 129 ff.
- Streitwert **12, 12a** 58
- Verfahren **62** 119 ff.
- Vollziehung **62** 126 ff.
- vorläufige Vollstreckbarkeit **62** 12

Einzelschiedsvereinbarung 101–103 3

Elektronische Akte 46b–d 1 ff.

Elektronische Dokumente 46b–d 1 ff.

Ende der Güteverhandlung
- Anerkenntnis-, Verzichts- oder Versäumnisurteil **54** 14
- Erfolglosigkeit **54** 20
- Erledigung der Hauptsache **54** 13
- gerichtlicher Vergleich **54** 10 ff.
- Klagerücknahme **54** 9
- Protokoll **54** 21
- Ruhen des Verfahrens **54** 15 ff.

Entscheidung nach Lage der Akten 59 28 f.

Entwicklungsdienst 2 16

Entwicklungshelfer 2 16

Erfüllungsort 1 10 f.; **48** 16

Erledigung der Hauptsache
- Güteverhandlung **54** 13

Erledigung des Rechtsstreits
- Gerichtskosten **12, 12a** 18
- Streitwert **12, 12a** 59

EuGVVO 1 9

EuGVÜ 1 7

Europäische Union
- Beweisaufnahme **13a** 4
- justizielle Zusammenarbeit **13a**
- Mahnbescheid **13a** 1b, 7; **46a** 19 f.
- Prozesskostenhilfe **13a** 5
- Vollstreckung **13a** 6
- Zustellung **13a** 3

Europäischer Gerichtshof 1 8 f., 15

Europäischer Mahnbescheid 13a 1b, 7; **46a** 19 f

Europäisches Recht
- materielles Recht **1** 15
- Verfahrensrecht **1** 15; **13a**

Exterritorialität 1 3, 4

Fachkammern 17 5 ff.; **30** 1 ff.

Fahrgemeinschaft 2 18

Faktisches Arbeitsverhältnis 2 7

Feststellungsklage 2 5; **46** 44 f.
- Kündigungsschutzverfahren **46** 50 ff.
- Streitwert **12, 12a** 61

Funktionelle Zuständigkeit 8 1
- *s.a. Alleinentscheidung durch den Vorsitzenden*

Geistliche 1 13

Gemeinsame Arbeit 2 18

Gemeinsame Einrichtungen der Tarifvertragsparteien 2 13

Gerichte für Arbeitssachen 1 1 ff.
- Besetzung **6** 1 ff.
- Gang des Verfahrens **8** 1 ff.
- Geschäftsstelle **7** 1 ff.
- Geschäftsverteilung **6a** 1 ff.
- Geschäftsverteilungsplan **6a** 6 ff.
- örtliche Zuständigkeit **1** 11 ff.
- Präsidium **6a** 1 ff.

- Rechtswegzuständigkeit 1 1
- sonstige Zuständigkeit 3 1 ff.

Gerichtliche Auslagen 12, 12a, 100 ff.

Gerichtsferien 9 4

Gerichtsgebühren
- Auslagen 12, 12a 100 ff.
- Berufsverfahren 12, 12a 88 ff.
- Beschlussverfahren 12, 12a 99
- Beschwerdeverfahren 12, 12a, 94 ff.
- Beschwerde- und Abänderungsverfahren 12, 12a 81 ff.
- Bundesarbeitsgericht 12, 12a, 92 f.
- Eilverfahren 12, 12a 24
- Entfallen der ~ 12, 12a 16 ff.
- Ermäßigung 12, 12a 19 ff.
- Ermäßigungstatbestände 12, 12a 15
- Festgebühren 12, 12a 25
- Festsetzungsverfahren 12, 12a, 71 ff.
- Fälligkeit 12, 12a 26 ff.
- Gerichtskostenstreitwert 12, 12a 36 ff.
- Grundgebühr 12, 12a 14
- Höhe 12, 12a 12 ff.
- Kostenentscheidung 12, 12a, 28 ff.
- Mahnverfahren 12, 12a 23
- sonstige Verfahren 12, 12a 98

Gerichtskosten 12, 12a 9 ff.
- Auslagen 12, 12a 9 f.
- Erstattungspflicht 12, 12a, 142 ff.
- Gebühren 12, 12a 11 ff.
- Kostenentscheidung 12, 12a, 135 ff.
- Kostengrundentscheidung 12, 12a 133
- Kostenschuldner 12, 12a, 139 ff.

Gerichtssprache 9 6

Gerichtsstand 1 11; 48 16 ff.

Gerichtsstandsvereinbarungen 1 12

Gerichtstage 14 4

Gerichtsverwaltung 7 1; 15 2; 17 3

Gesamtschiedsvereinbarung 101–103 2

Geschäftsstelle
- Gerichte für Arbeitssachen 7 1 ff.

Geschäftsverteilungsplan 6a 6 f.

Gesetzlicher Richter 1 14; 6 6; 16 4; 31 1, 8, 10

Gesetzlicher Vertreter
- juristischer Personen des Privatrechts 2 25

Gesetzliche Vertretung 1 5, 7

Gewöhnlicher Arbeitsort 48 16 ff.

Gleichgestellte (§ 1 Abs. 2 HAG) 5 5

Globalantrag 81 2

Grenzüberschreitende Prozesskostenhilfe 11a 1; 13a 1, 5

Gruppenarbeitsverhältnis 2 18

Güteverfahren 54 1 ff.
- *s.a. Ende der Güteverhandlung*
- Ende der Güteverhandlung 54 8 ff.
- Gang der Güteverhandlung 54 4
- Vorbereitung der Güteverhandlung 54 3
- zweiter Gütetermin 54 6 f.

Handelsvertreter 5 9 ff.

Hausgewerbetreibende 5 5

Heimarbeit 5 5

Hilfskammer 17 4

Hilfsliste der ehrenamtlichen Richter 31 5

Hinterbliebene 2 13 f.

Hinweispflichten 57 5 ff.

Immunität 1 3, 4

Insolvenzsicherung 2 14
Insolvenzverwalter 3 5 f.
Instanzenzug 8 2
Internationale Verfahren 13a 1 ff.
- europäische Vollstreckungstitel 13a 6
- justizielle Zusammenarbeit in der EU 13a 1
- Prozesskostenhilfe 13a 5
- Vorschriften über die justizielle Zusammenarbeit 13a 2 ff.

Internationale Zuständigkeit 1 3, 5 ff.
- Brüsseler Abkommen 1 7
- Erfüllungsort 1 10
- EuGVÜ 1 7
- EuGVVO 1 9
- gewöhnlicher Arbeitsort 1 10
- lex causae 1 10
- lex fori 1 10
- Luganer Abkommen 1 8
- Niederlassung 1 9
- Prozessvoraussetzung 1 5
- rügelose Einlassung 1 5, 9, 10
- Vereinbarung 1 9, 10

Juristische Personen 5 13 f.
Justizverwaltung 15 2

Kammern
- Bildung von ~ 17 1 ff.
- Ernennung des Vorsitzenden 18 1 ff.
- Anzahl 17 1 f.

Kammerrechtsbeistände
- s. unter *Prozessvertretung*

Kammerverhandlung
- s.a. *Beweisaufnahme*
- Beendigung im ersten Termin 57 11 f.
- Beweisaufnahme 58 1 ff.
- Gang der ~ 57 2 ff.
- gütliche Einigung 57 16
- richterliche Hinweispflichten 57 5 ff.
- streitige Verhandlung 55 1a ff.
- Vertagung 57 13 ff.
- Vorbereitung 56 1 ff.
- Vorbereitung durch den Vorsitzenden 56 1 ff.

Kammervorsitzende
- Befugnisse 18 1
- Ernennung 18 1 ff.
- Ernennungsverfahren 18 2 ff.
- Stellung 18 1
- Übertragung eines weiteren Richteramtes 18 6
- Vertretung 19 1 ff.
- Voraussetzungen 18 1

Kassationsbeschwerde 72 8; 92b 1 ff.
- s. *sofortige Beschwerde*

Kirche 1 13
Kirchliche Beamte 1 13
Kirchliche Mitarbeitervertretung 1 13
Kirchenarbeitsrechtliches Beschlussverfahren 85 5h

Klagearten
- Auskunftsklage 46 37
- Beschäftigungsklage 46 35 f.
- Eingruppierungsfeststellungsklage 46 56 ff.
- Feststellungsklage 46 44 ff.
- Gestaltungsklage 46 59 f.
- Herausgabeklage 46 38
- Konkurrentenklage 46 41
- Kündigungsschutzklage 46 50 ff.
- Leistungs- und Unterlassungsklage 46 29
- Stufenklage 46 37
- Unterlassungsklage 46 39 f.
- wegen Benachteiligung 61b 1 ff.
- Zahlungsklage 46 30 ff.

- Zwischenfeststellungsklage **46** 49
- **Klageerhebung 47** 1 f.
- **Klageerwiderung 47** 9
- **Klagerücknahme**
  - Folgeentscheidung **55** 4
  - Gerichtskosten **12, 12a** 17
  - nach sechsmonatigem Ruhen **54** 16 ff.
- **Klageschrift 46** 22 ff.
  - Zustellung **47** 1
- **Klageverfahren**
  - Klagearten **46** 29 ff.
  - Klageerhebung **46** 22 ff.
  - Prozessvoraussetzungen **46** 19 ff.
- **Klage wegen Benachteiligung**
  - Klagefrist **61b** 2
  - örtliche Zuständigkeit **61b** 6
  - Verzögerung der mündlichen Verhandlung **61b** 11
- **Konkurrentenklage 46** 41
- **Kosten, Kostentragungspflicht 12, 12a** 1 ff.
- *s.a. Streitwert; Gerichtskosten*
- **Kostenentscheidung 12, 12a** 28 f.
- **Kostenerstattungspflicht**
  - Rechtsanwaltskosten **12, 12a,** 143 ff.
  - Sonderfälle **12, 12a** 151
  - sonstige außergerichtliche Kosten **12, 12a** 149 f.
  - Umfang **12, 12a** 142 ff.
  - Urteilsverfahren **12, 12a** 148
  - Zwangsvollstreckung **12, 12a,** 152
- **Kostenrechtsmodernisierungsgesetz 12, 12a** 1
- **Kostenschlussurteil 55** 16a
- **Kostenschuldner 12, 12a** 139 ff.
- **Kostenstreitwerte 12, 12a** 41 ff.
  - Höhe bei Sonderfragen **12, 12a** 55 ff.

- **Kostenverzeichnis Anh. I**
  - Anlage 2 zu § 34 GKG **Anh. II**
- **Kündigungsschutzklage 46** 50 ff.
- **Kündigungsverfahren**
  - Prozessförderung in ~ **61a** 1 ff.

- **Ladung**
  - Folgen fehlerhafter **59** 11
- **Ladungsfrist 47** 3 f.
- **Landesarbeitsgericht 1** 2; **8** 3 f.; **33** 1 ff.
  - Ausschuss der ehrenamtlichen Richter **38** 1 f.
  - Befugnisse des Vorsitzenden **35** 2
  - Bestellung des Vorsitzenden **36** 1 f.
  - Bildung der Kammern **35** 3
  - Dienstaufsicht **34** 1
  - ehrenamtliche Richter **37** 1 ff.
  - Fachkammern **35** 3
  - Errichtung und Organisation **33** 1 ff.
  - Heranziehung der ehrenamtlichen Richter **39** 1
  - Hilfskammern **35** 3
  - Verwaltung und Dienstaufsicht **34** 1
  - Vorsitzende **36** 1 ff.
  - Zahl der Kammern **35** 3
  - Zusammensetzung und Bildung von Kammern **35** 1 ff.
- **Landesverfassungsgericht 1** 14
- **Leistungsklage 2** 5
- **Liste der ehrenamtlichen Richter 31** 2 ff.
  - Aufstellung **31** 2 ff.
  - Heranziehung zur Sitzung **31** 6
  - Verstoß gegen Heranziehung nach Liste **31** 10
- **Luganer Übereinkommen 1** 8

Stichwortverzeichnis

Mahnverfahren 46a 1 ff.
- Antrag auf Erlass eines Mahnbescheides **46a** 6 f.
- Automatisierung **46a** 1
- Beschlussverfahren **46a** 2
- Einspruch gegen Vollstreckungsbescheid **46a** 16
- Entscheidung über Mahnbescheid **46a** 8 f.
- Europäischer Mahnbescheid **13a** 1b, 7; **46a** 19 f.
- Formularbenutzung **46a** 2, 10
- Gerichtskosten **12, 12a** 23
- Inhalt **46a** 5
- Kosten **46a** 17 f.
- mehrere Ansprüche **46a** 3
- örtliche Zuständigkeit **46a** 4
- Prozesskostenhilfe **46a** 17 f.
- Streitgenossen **46a** 3
- Urkunden-, Wechsel- und Scheckverfahren **46a** 2
- Vollstreckungsbescheid **46a** 14 f.
- Voraussetzungen **46a** 3 ff.
- Widerspruch gegen Mahnbescheid **46a** 10 ff.
- Zurückweisung des Antrags auf Erlass eines Mahnbescheids **46a** 9
- Zuständigkeit **46a** 8
Mietstreitigkeiten 2 13
Mündlichkeitsprinzip 46 9 ff.

NATO-Truppe
- zivile Arbeitskräfte **1** 4; **3** 6; **11** 7
Nettolohnklage 46 31 f.
Nettolohnvereinbarung 2 8
Nichtzulassungsbeschwerde 69 4; **72a** 1 ff.; **92a** 1 f.
- Frist **72a** 6 f.
- unrichtige Rechtsanwendung **72a** 4

Öffentlicher Dienst 2 4
Öffentlichkeit 9 7
Öffentlichkeit der Verhandlung 52 1 ff.
- Einschränkungen **52** 2 ff.
Ordnung in der Sitzung 9 6
Ordnungsgeld 51 8 ff.
Örtliche Zuständigkeit 1 11 f.; **48** 1 ff., 9, 16 ff.
- Außendienst **48** 18 f.
- Erfüllungsort **1** 11; **48** 16 f.
- Festlegung durch Tarifvertrag **48** 21 ff.
- Gerichtsstandsvereinbarung **1** 12
- gewöhnlicher Arbeitsort **48** 16 ff.
- Montage **48** 18
- Rechtsmittel **48** 11
- Tarifvertrag **48** 21 ff.
- Verweisung an anderes Gericht **48** 9
- Verweisungsbeschluss **48** 14
- Wahlrecht **1** 11

Parteifähigkeit 10 1 ff.
- Arbeitgebervereinigungen **10** 4
- Gesellschaft bürgerlichen Rechts **10** 2
- Gewerkschaften **10** 3
- im Beschlussverfahren **10** 5 ff.
- im Urteilsverfahren **10** 2 ff.
- juristische Personen **10** 2
- Spitzenverbände **10** 4
Pensionssicherungsverein 2 14 f.
Personalverwaltung 15 2
Persönliches Erscheinen der Parteien 51 1 ff.
- Anordnung **51** 1 ff.
- Ausnahmen **51** 5 ff.
- Ladung **51** 4
- Ordnungsgeld **51** 8 ff.
Parteivernehmung
- Beweisantritt **58** 45

925

Stichwortverzeichnis

- Beweisaufnahme **58** 63
Präsident des LAG 15 5; **19** 3
Präsidium 6a 1 ff.; **19** 3 f.
- Regelung der Vertretung **6a** 5
Presseinformation 15 2
Protokoll
- Anträge **57** 3
- Güteverhandlung **54** 21
- richterliche Hinweispflicht **56** 5
Prozessfähigkeit 11 4 ff.
Prozessförderung
- in Kündigungsverfahren **61a** 1 ff.
Prozessführungsbefugnis 3 6; **11** 8 f.
Prozesskostenhilfe 11a 1 ff.
- Abzüge vom Einkommen **11a** 21 ff.
- Antrag **11a** 10 ff.
- Anwendungsbereich **11a** 4 ff.
- Beiordnung eines Rechtsanwalts **11a** 42
- Berufungsverfahren **66** 20
- Beschlussverfahren **11a** 9
- Beurteilungszeitpunkt **11a** 35
- Einkommen **11a** 18 ff.
- Entscheidung **11a** 39 ff.
- Erklärung über die persönlichen und wirtschaftlichen Verhältnisse **11a** 14 f.
- Folgen der Bewilligung **11a** 46 ff.
- hinreichende Erfolgsaussichten **11a** 34
- Insolvenzverwalter **11a** 5
- Instanzen **11a** 8
- internationale Verfahren **13a** 5
- juristische Personen **11a** 6
- kein Mutwille **11a** 34
- monatliche Raten (Tabelle) **11a** 27 f.
- persönliche und wirtschaftliche Verhältnisse **11a** 16 ff.

- Personenkreis **11a** 4
- Rechtsanwaltsbeiordnung **11a** 42
- Rechtsmittel **11a** 50 ff.
- Reformbestrebungen **11a** 68
- Umfang der Bewilligung **11a** 44
- Verfahren **11a** 36 ff.
- Verfahrensarten **11a** 8
- Verkehrsanwalt **11a** 42
- Vermögen **11a** 29 ff.
- Voraussetzungen **11a** 10 ff.
- zeitliche Geltung der Bewilligung **11a** 35
Prozesskostenhilfeantrag 11a 39 ff.
- Rechtsmittel **11a** 50 ff.
Prozessstandschaft
- gewillkürt **3** 6; **11** 8 f., 10
- kraft Gesetzes **3** 6; **11** 8 f.
Prozessvertretung 11 1 ff.
- bei Abtretung **11** 10
- Antidiskriminierungsverbände **11** 23
- Anwaltskosten **11** 12; **12**, **12a** 131 ff., 143 ff.
- vor dem Arbeitsgericht **11** 11 ff.
- Arbeitgebervereinigungen **11** 22, 23, 25 ff.
- Assessor **11** 12
- von Behörden **11** 16
- Berufsrichter **11** 39
- Beschäftigte **11** 15, 15
- im Beschlussverfahren **11** 36 ff.
- Bürovorsteher **11** 12
- vor dem Bundesarbeitsgericht **11** 34 f., 38
- Diplomjuristen **11** 19
- ehrenamtlicher Richter **11** 40
- eigene Prozessführung **11** 10, 27, 33
- Familienangehörige **11** 17
- Gewerkschaften **11** 22, 23, 25 ff.
- Handwerksinnungen **11** 23

- von juristischen Personen **11** 16
- juristische Personen für Rechtsberatung und Prozessführung **11** 28
- Kammerrechtsbeistand **11** 13
- vor dem Landesarbeitsgericht **11** 32 f., 37
- Personen mit Befähigung zum Richteramt **11** 18
- Rechtsanwalt **11** 12, 34, 36
- Rechtsanwaltsgesellschaft **11** 12
- Registrierter Erlaubnisinhaber **11** 13
- Richter **11** 39, 40
- Selbständige Arbeitnehmervereinigungen **11** 24
- Stationsreferendar **11** 12
- Streitgenossen **11** 20
- Unentgeltlichkeit **11** 21
- Untersagung weiterer Vertretung **11** 31, 39, 40
- Verbandsvertreter **11** 11, 12, 22 ff., 32, 34, 36, 37, 38
- bei verbundenen Unternehmen **11** 15
- Vollmacht **11** 1, 14, 15, 16
- Zurückweisung von Bevollmächtigten **11** 29 f., 39, 40

Rechtliches Gehör 1 14
- Abhilfe bei Verletzung des Anspruchs **78a** 1 ff.
- Anhörungsverletzungen **78a** 18
- Verfahren **78a** 20 ff.

Rechtsantragsstelle 7 3
Rechtsanwälte 11 10, 15, 17, 18 ff.
Rechtsanwaltsgebühren 12, 12a, 108 ff.
- Auslagen **12, 12a** 131
- Einigungsgebühr **12, 12a** 114
- Gegenstandswert **12, 12a,** 115
- Höhe **12, 12a** 116 ff.
- Terminsgebühr **12, 12a** 113
- Verfahrensgebühr **12, 12a,** 110 ff.

Rechtsanwaltskosten
- Erstattungspflicht **12, 12a,** 143 ff.

Rechtsbeschwerdegründe 93 1 ff.
Rechtsbeschwerdeverfahren 1 2; **8** 3 f.; **92** 1 ff.
- *s.a. Einlegung der Rechtsbeschwerde*
- Antragsrücknahme **92** 6
- Einlegung der Rechtsbeschwerde **94** 1 ff.
- Entscheidung **96** 1 ff.
- Gründe **93** 1 ff.
- Nichtzulassungsbeschwerde **92a** 1 f.
- Revisionsverfahren **92** 4
- Sonderregelungen **95** 1 ff.
- Sprungsrechtsbeschwerde **96a** 1 ff.
- Zustellung von Beschwerde und Begründung **95** 2 ff.

Rechtshilfe 13 1 ff.
- Amtsgerichte **13** 1, 9
- Arbeitsgerichte **13** 1, 8
- Ausland **13** 10
- Mitteilungen von Amts wegen **13** 11
- Rechtsmittel **13** 5

Rechtshilfeersuchen 13 3
- Ablehnung **13** 5
- Beweisaufnahme **13** 7; **13a** 4
- Durchführung **13** 4

Rechtshilfegerichte 13 8 f.
Rechtshilfeverfahren im Inland 13 3 ff.
Rechtshilfeverkehr mit dem Ausland 13 10
Rechtsmittelbelehrung 9 11 f.; **66** 8
- Berichtigung unrichtiger **9** 16
- Folgen fehlender oder fehlhafter **9** 15 ff.

Stichwortverzeichnis

- Form und Inhalt **9** 13
- unzutreffende oder fehlerhafte **66** 20d

Rechtsmittelfrist
- Höchstfristen **9** 18 f.

Rechtsnachfolge 3 3 ff.
- Einzelrechtsnachfolge **3** 3 ff.
- Funktionsnachfolge **3** 4
- Gesamtrechtsnachfolge **3** 3 f.
- prozessuale Rechtsnachfolge **3** 3 ff.
- rechtsgeschäftliche Rechtsnachfolge **3** 3

Rechtspfleger 7 4; **9** 8 f.
- Bestellung **9** 8
- Zuständigkeit **9** 9

Rechtsschutzbedürfnis
- als Prozessvoraussetzung **46** 21

Rechtsweg 1 1; **2** 1 ff., **48** 1 ff.
- örtliche Zuständigkeit **48** 9, 16 ff.
- Rechtsmittel **48** 11
- Verweisung an Gericht eines anderen ~ **48** 6 ff.

Rechtswegzuständigkeit
- Amtsprüfung **2** 3
- Ausschließlichkeit **2** 2, 24
- Beschlussverfahren **2** 2
- Parteivereinbarung **2** 2, 25
- rügelose Einlassung **2** 2, 25
- sonstige Fälle **3** 1 f.
- Urteilsverfahren **2** 2, 5 ff.

Referendare
- Wahrnehmung richterlicher Geschäfte **9** 5

Regelungskommission 4 2

Registrierte Erlaubnisinhaber
- s. unter Prozessvertretung

Reisende 1 11

Revision
- Beschwerde **77** 1 ff.
- Einlegung **74** 1 ff.
- Einlegungsfrist **74** 2 ff.
- Begründung **73** 6 ff.
- Revisionsschrift **74** 4 ff.
- Sprungrevision **76** 1 ff.
- Terminbestimmung **74** 9
- Urteilsverkündung **75** 1 ff.

Revisionsbeschwerde 77 1 ff.
- s. Beschwerdeverfahren
- Frist **77** 6
- Nichtzulassung **77** 4
- Zulassung **77** 3

Revisionsgericht 72 1 ff.
Revisionsgrund 73 1 ff.
- absoluter **73** 6

Revisionsurteil
- Kosten **75** 11
- Verkündung **75** 1 ff.

Revisionsverfahren 1 2; **8** 3 f.
- Erledigung der Hauptsache **75** 10a
- Sprungrevision **76** 1 ff.
- zuständiges Gericht **72** 1 ff.

Richter
- s.a. Ehrenamtliche Richter, Berufsrichter
- s.a. unter Prozessvertretung
- ehrenamtliche **6** 3 ff.

Richter auf Probe 18 2
Richter kraft Auftrags 18 2
Richterlicher Hinweis 78a 18
- Befangenheit **49** 7

Richterwahlausschuss 18 3
Rüge der Verletzung rechtlichen Gehörs
- s. Anhörungsrüge

Rügelose Einlassung 1 12; **2** 2
Ruhen des Verfahrens
- Gerichtskosten **12, 12a** 31
- Güteverhandlung **54** 15 ff.

Sachverständige
- Beweisantritt **58** 43
- Beweisaufnahme **58** 46 ff.
- Entschädigung **9** 10

Stichwortverzeichnis

- Vergütung **9** 10
- **Schiedsgerichte 1** 1; **4** 1 f.
- *s.a. Verfahren vor dem Schiedsgericht*
- Ablehnung von Mitgliedern **101–103** 7
- Errichtung und Besetzung **101–103** 6
- Verfahren **104–110** 1 ff.
- **Schiedsgerichtliches Vorverfahren 4** 2
- **Schiedsgutachtenvertrag 4** 3
- **Schiedsspruch**
  - gerichtliche Kontrolle des ~ **104–110** 5
  - Zwangsvollstreckung aus ~ **104–110** 4
- **Schiedsvereinbarungen 2** 25
- **Schiedsverfahren 4** 1
- **Schiedsvertrag 101–103** 1 ff.
  - prozesshindernde Einrede **101–103** 4
- **Schlichtungsausschuss 111** 3a ff.
  - Gebühren **111** 7
- **Schlichtungsstelle 4** 2
- **Seemannsämter 111** 1
- **Serviceeinheit 7** 2
- **sic-non-Klage 2** 21
- **Sofortige Beschwerde**
  - bei verspätet abgesetzten Urteilen **72b** 1 ff.
  - wegen verspäteter Absetzung der Beschwerdeentscheidung **92b** 1 ff.
- **Sozialeinrichtungen 2** 13
- **Sozialversicherungsbeiträge 2** 8
- **Sprungrechtsbeschwerde 96a** 1 ff.
- **Sprungrevision 76** 1 ff.
- **Stationsreferendar 11** 10
- **Steuern 2** 8
- **Streitige Verhandlung 55** 1a ff.
  - *s. Kammerverhandlung*

- **Streitwert 12, 12a** 3 ff.
- Berufungsverfahren **12, 12a** 89 f.
- Beschlussverfahren **12, 12a** 118 ff.
- Festsetzungsverfahren **12, 12a** 71 ff.
- Höhe (Einzelfälle) **12, 12a** 39 ff.
- Gebührenstreitwert **12, 12a** 115 ff.
- Gerichtskostenstreitwert **12, 12a** 36 ff.
- prozessuale Sonderfälle **12, 12a** 55 ff.
- Urteilsstreitwert **61** 17 ff.
- **Streitwertfestsetzung**
  - Gebührenstreitwert **12, 12a** 127 ff.
  - Rechtsmittel **12, 12a** 81 ff.
  - Verfahren **12, 12a** 71 ff.

- **Tariffähigkeit 2** 6; **10** 7; 97
- **Tarifvertrag**
  - Auslegung **2** 5
  - Festlegung örtlicher Zuständigkeit **48** 21 ff.
  - Geltungsbereich **2** 5
  - Inhalt **2** 5
  - Wirksamkeit **2** 5
- **Tarifvertragsparteien 2** 5
  - Festlegung örtlicher Zuständigkeit **48** 21 ff.
  - Urteile in bürgerlichen Rechtsstreitigkeiten **63** 3
- **Tarifzuständigkeit 10** 7
- **Tatbestand**
  - Berichtigung ohne mündliche Verhandlung **55** 16b
- **Tenor 61** 9 ff.
  - Hauptsacheentscheidung **61** 11 ff.
  - Kostenentscheidung **61** 16
  - Streitwertfestsetzung **61** 17 ff.

- Zulassung der Berufung 61 23 f.
Territorialitätsprinzip 1 3

Übermittlung von Urteilen in Tarifvertragssachen 63 1 ff.
Unerlaubte Handlung 1 11; 2 6, 11, 18
Unterlassungsanspruch
- gewerkschaftlicher 2 6

Untervollmacht 11 10
Urkundsbeamte 7 4
Urkundsbeweis
- Beweisantritt 58 44
- Beweisaufnahme 58 61 f.

Urteil
- s.a. *Abfassung des Urteils*
- s.a. *Tenor*
- Abfassung 60 9 ff.
- abgekürztes 61 30 ff.
- Aktenzeichen 61 4
- Berufungs~ 69 1 ff.
- Eingangsformel 61 2
- Entscheidungsgründe 61 26 f.
- Inhalt 61 2 ff.
- Rechtsmittelbelehrung 61 28
- Rubrum 61 5 ff.
- Tatbestand 61 25
- Tenor 61 9 f.
- Unterschriften 61 29
- Urteilsart 61 3
- Verurteilung zur Vornahme einer Handlung 61 35 ff.
- Zustellung 50 1 ff.
- Zwischenurteil, Anfechtbarkeit 61 49 ff.

Urteil nach Lage der Akten 59 28
- funktionelle Zuständigkeit 55 9

Urteilsstreitwert 61 17 ff.
Urteilsverfahren 8 1 ff.
- s.a. *Zuständigkeit im Urteilsverfahren*
- Beibringungsgrundsatz 46 13 ff.
- Beschleunigungsgrundssatz 46 18
- Dispositionsgrundsatz 46 17
- Mündlichkeitsprinzip 46 9 ff.
- Verfahrensgrundsätze 46 1 ff.
- Zuständigkeit im ~ 2 1 ff.

Urteilsverkündung 60 1 ff.
- s. *Verkündung des Urteils*
- Öffentlichkeit 52 7

Urteilszustellung 50 1 ff.

Verbandsklage 2 5
Verbandsvertreter 11 9, 11, 12 ff., 15, 18 f.
Vereinigungsfreiheit 2 6
Verfahren bei Meinungsverschiedenheiten der beteiligten Verwaltungen 117
Verfahrensfähigkeit 11 3, 5
Verfahrensführungsbefugnis 11 8
Verfahren vor dem Schiedsgericht
- Anhörung 104–110 1a ff.
- Beendigung 104–110 2
- Beweisaufnahme 104–110 1c
- gerichtliche Kontrolle des Schiedsspruchs 104–110 5
- Rechtshilfeersuchen 104–110 1c
- Schiedsspruch 104–110 3 ff.
- Zwangsvollstreckung aus Schiedsspruch 104–110 4

Verfahrensarten
- Verweisung zwischen ~ 48 10

Verfahrensvorschriften
- allgemeine 9 1 ff.

Verfassungswidrigkeit eines Gesetzes 1 14
Vergleich 83a 1 ff.
Vergleich, gerichtlicher
- Anfechtung 54 1
- Gerichtskosten 12, 12a 16
- Kostenentscheidung 55 5
- schriftlicher 54 12

930

Stichwortverzeichnis

- Streitwert **12, 12a** 67
Vergütung
- von Zeugen und Sachverständigen **9** 10
Vergütungsverzeichnis
- Anlage 1 zu § 2 Abs. 2 RVG **Anh. III**
- Anlage 2 zu § 13 Abs. 1 RVG **Anh. IV**
Verhandlung
- s. *Kammerverhandlung, Güteverfahren*
Verkehrsanwalt 11a 42
Verkündung des Urteils
- Abfassung des Urteils **60** 9 ff.
- Beratung und Entscheidung **60** 2
- Form **60** 7 f.
- Notwendigkeit **60** 3
- Zeitpunkt **60** 4 ff.
Versäumnisurteil
- s. *Versäumnisverfahren*
Versäumnisverfahren 59 1 ff.
- Antrag **59** 4 f.
- Einspruch **59** 17 ff.
- Entscheidung nach Lage der Akten **59** 28 f.
- klägerischer Vortrag **59** 14 ff.
- Ladung **59** 11
- Sachurteilsvoraussetzungen **59** 6 ff.
- Säumnis **59** 3
- unverschuldetes Nichterscheinen **59** 12
- Versäumnisurteil gegen Kläger **59** 13
- zweites Versäumnisurteil **46a** 16
Versäumung der Berufungsfrist
- Fallgruppen **66** 16 ff.
Versäumnisurteil
- funktionelle Zuständigkeit **55** 8
Vertagung, Kammertermin 57 13 f.

Vertrag mit Schutzwirkung für Dritte 3 5
Vertretung
- s. *unter Prozessvertretung*
Verurteilung zur Vornahme einer Handlung 61 35 ff.
Verwaltung 15 1 ff.
- Verfahren bei Meinungsverschiedenheiten der beteiligten ~en **117**
Verwaltungs- und Dienstaufsicht 15 1 ff.
Verweisung
- Allgemeines **48** 1 ff.
- andere Verfahrensart **48** 10
- Bindungswirkung **48** 13 f.
- Folgen der Entscheidung über Zuständigkeit **48** 13 f.
- Kompetenzkonflikt **48** 15
- örtliche Zuständigkeit **48** 9
- Rechtsmittel **48** 11 f.
- Rechtsweg **48** 6 ff.
Verweisungsbeschluss
- Bindungswirkung **48** 13
Vollmacht
- s. *unter Prozessvertretung*
Vollstreckungsbescheid 46a 14 f.
- Einspruch dagegen **46a** 16
Vollstreckungsklausel
- Rechtsbehelfe des Gläubigers **62** 74 ff.
- Rechtsbehelfe des Schuldners **62** 78 ff.
Vollstreckungstitel
- Bestimmtheit **62** 6 ff.
Vorschaltverfahren 111 2b ff.
Vorsitzender
- s.a. *Alleinentscheidung durch den Vorsitzenden*
- Auflagenbeschluss an die Parteien **56** 4 ff.
- Maßnahmen des ~ **56** 7 ff.

Stichwortverzeichnis

- Vorbereitung der streitigen Verhandlung 56 1 ff.
- Zurückweisung verspäteten Vorbringens 56 12 ff.

Weiterbeschäftigungsantrag 46 51 ff.
Werkstattvertrag 2 19; 5 6
Wettbewerbsverbote 2 10
Wiedereinsetzungsantrag 9 18
Wiederaufnahmeverfahren 79 1 ff.
- Nichtigkeitsklage 79 2 ff.
- Restitutionsklage 79 11 ff.
- Wiederaufnahmegründe 79 2 ff.

Widerklage 1 11; 64 10
Widerrufsvergleich 54 11
Wirtschaftliche Abhängigkeit 5 6 ff.
Wohnen 21 5a

Zeugen
- Entschädigung 9 10
- Vergütung 9 10

Zeugenbeweis
- Beweisantritt 58 42
- Beweisaufnahme 58 51 ff.

Zinsen 46 34
Zurückverweisung 68 1 ff.
Zurückverweisungsverbot 78 6
Zurückweisung
- des Prozessbevollmächtigten 11 29 f., 39, 40; 51 6
- eines Bevollmächtigten 55 16c

Zurückweisung verspäteten Vorbringens
- Anhörung der Partei 56 24
- ausreichende Frist 56 15 ff.
- Belehrung der Parteien 56 18
- Entscheidung über ~ 56 25 ff.
- formelle Ordnungsgemäßheit 56 19
- konkrete Auflage 56 14

- Prozessförderungspflicht, Verstoß gegen ~ 56 28
- Vermeidung der ~ 56 29 ff.
- Verschulden der Partei 56 23
- Voraussetzungen 56 13 ff.
- Zulassung verspäteten Vorbringens 56 20 ff.

Zusammenhang 2 13, 18
Zusammenhangsklage 2 21
Zuständigkeit im Beschlussverfahren 2a 1 ff.
- Streitigkeiten aus dem BetrVG 2a 3

Zuständigkeit im Urteilsverfahren 2 1 ff.
- Rechtswegzuständigkeit 2 1 ff.
- Zuständigkeitskatalog 2 5 ff.

Zuständigkeitskatalog 2 5 ff.
- Einzelbestimmungen 2 5 ff.
- Urteilsverfahren 2 4 ff.

Zuständigkeitsprüfung
- s.a. *Rechtsweg, Rechtswegzuständigkeit*
- Zeitpunkt 5 16

Zustellung des Urteils 50 1 ff.
Zustellungs- und Vollstreckungsbeamte 9 6
Zwangsvollstreckung 62 1 ff.
- s.a. *Vollstreckungsklausel*
- allgemeine Prozessvoraussetzungen 62 33
- Antrag 62 28
- Antrag bei Angriff auf Vollstreckbarkeit 62 67 f.
- Antrag bei fehlender Rechtskraft 62 62 ff.
- Arrest 62 92 ff.
- Beschlussverfahren des ersten Rechtszuges 85 1 ff.
- Beschwerde 62 88
- Drittschuldnerklage 62 39 ff., 87
- Durchführung 62 28 ff.
- Einstellung 85 2a

- einstweilige Einstellung **62** 61 ff.
- einstweilige Verfügung **62** 95 ff.
- einstweiliger Rechtsschutz im Arbeitsgerichtsverfahren **62** 89 ff.
- Entscheidung über Anträge **62** 69 ff.
- Herausgabe, Vollstreckung der ~ **62** 47 f.
- Kosten **62** 34
- Kostenerstattungsausschluss **12, 12a** 152
- Lohnpfändung **62** 39 ff.
- Rechtsbehelfe **62** 60 ff.
- Schadensersatzpflicht **62** 71 ff.
- sofortige Beschwerde **62** 82
- vollstreckbarer Titel **62** 4 ff.
- Vollstreckung von Geldforderungen **62** 35 ff.
- Vollstreckung von Handeln, Dulden, Unterlassen **62** 49 ff.
- Vollstreckungsgegenklage **62** 83 ff.
- Vollstreckungsklausel **62** 23 f., 73 ff.
- Vollstreckungsorgane **62** 29 ff.
- Voraussetzungen **62** 3 ff.
- Zustellung **62** 25 ff.

Zwischenfeststellungsklage 2 21 ff.; **46** 49

Zwischenurteil
- Anfechtbarkeit **61** 49 ff.